भारतीय विदेश नीति

भूमंडलीकरण के दौर में

भारतीय विदेश नीति

भूमंडलीकरण के दौर में

पांचवां संस्करण

राजेश मिश्रा

ओरियंट ब्लैकस्वॉन

भारतीय विदेश नीति : भूमंडलीकरण के दौर में (पांचवां संस्करण)

ओरियंट ब्लैकस्वॉन प्राइवेट लिमिटेड

मुख्य कार्यालय
3-6-752 हिमायतनगर, हैदराबाद 500 029, तेलंगाना, भारत
ई-मेल: centraloffice@orientblackswan.com

शाखाएँ
बंग्लुरु, चेन्नई, गुवाहाटी, हैदराबाद, कोलकाता,
मुंबई, नई दिल्ली, नोएडा, पटना

पांचवां संस्करण, 2026
चौथा संस्करण, 2022
पुनर्मुद्रित 2024, 2025
तीसरा संस्करण ओरियंट ब्लैकस्वॉन द्वारा प्रकाशित 2018
पुनर्मुद्रित 2019, 2020

ISBN 978-93-6973-047-6

मानचित्रः द एग्रीकल्चरल डेवलपमेंट कमर्शियल क्रेडिट एंड इंडस्ट्रियल इन्वेस्टमेंट कंपनी प्राइवेट लिमिटेड

"The external boundary and coastline of India as depicted in the map is based upon maps certified by Survey of India in 2018."

पुस्तक सज्जा : ओरियंट ब्लैकस्वॉन
आवरण सज्जा : ओरियंट ब्लैकस्वॉन

लेज़रटाइपसेटर
डीजीअल्ट्राबुक्स प्रा.लि., नई दिल्ली द्वारा (कोकिला) 13.5/15.9 में टंकणांकित

मुद्रक
बी.बी. प्रेस, ट्रॉनिका सिटी, गाज़ियाबाद

प्रकाशक
ओरियंट ब्लैकस्वॉन प्राइवेट लिमिटेड
3-6-752 हिमायतनगर, हैदराबाद 500 029. तेलंगाना, भारत
ई-मेल: info@orientblackswan.com

042356

विषय-सूची

भाग 4- दक्षिण-पूर्व एशिया 127

भाग 5- पूर्व एशिया एवं एशिया-प्रशांत 145

भाग 6- पश्चिम एशिया 153

भाग 7- मध्य एशिया 191

भाग 8- भारत और महाशक्तियां 197

भाग 9- वैश्विक संस्थाएं 265

भाग 10- भारत एवं विकासशील देश 297

भाग 11- क्षेत्रीय आर्थिक संगठन एवं समूह 313

भाग 12- भाग प्रवासी (डायस्पोरा) 355

संदर्भ-ग्रंथ सूची 369

मानचित्र सूची

आभार

भारतीय दर्शन एवं परंपरा की मूल मान्यता के अनुसार, व्यक्ति अनेक प्रकार के ऋण लेकर पैदा होता है। इसलिए व्यक्ति के किसी भी कार्य में अनंत लोगों का योगदान सम्मिलित होता है। इसमें कुछ लोगों का नाम उल्लेखनीय है। भारतीय विदेश नीति की समझ विकसित करने तथा विषय के संबंध में अंतर्दृष्टि एवं अनुसंधानात्मक दृष्टिकोण के विकास के लिए मैं **प्रोफेसर प्रियंकर उपाध्याय सर** का आभारी हूं, जिन्होंने भारतीय विदेश नीति के महत्त्वपूर्ण ग्रंथों के अध्ययन के लिए मुझे प्रेरित किया।

माता-पिता के आशीर्वाद के बिना कोई भी कार्य संभव नहीं है। इसके अतिरिक्त "**सरस्वती** IAS" संस्थान के प्रबंधक **राकेश जी** का योगदान उल्लेखनीय है, जिन्होंने मुझे प्रबंधकीय कार्यों से मुक्त रखा। मैं अपनी पत्नी **सुनीता** के सहयोग के लिए आभारी हूं, जिन्होंने मुझे घरेलू दायित्व से मुक्त रखा तथा मेरे बच्चों **अदिति** एवं **नंदिता** के स्नेह ने यह कार्य ज्यादा आसान बना दिया।

मेरे मित्र **विनीत वर्मा** का योगदान भी सराहनीय है, जिन्होंने सदैव नवीन विचारों एवं मौलिक चिंतन के लिए प्रेरित किया। **विजय श्याम**, **इन्द्रसेन सिंह** एवं **मनीष कुमार शुक्ला** के सहयोग के बिना यह कार्य संभव ही नहीं था, जिन्होंने पुस्तक लेखन में अथक परिश्रम किया। इसके अतिरिक्त मैं **मो. अब्दुल्लाह जी** एवं **दिवस चंद** को भी धन्यवाद देना चाहता हूं, जिन्होंने इस पुस्तक को अंतिम रूप देने में अत्यंत महत्त्वपूर्ण भूमिका निभाई है। अंततः उन हजारों विद्यार्थियों का आभार व्यक्त करता हूं, जिन्होंने कक्षा में विचार-विमर्श द्वारा सदैव नवीन विचारों तक पहुंच बनाने में मेरी सहायता की।

राजेश मिश्रा

पांचवें संस्करण की भूमिका

प्रतियोगी परीक्षाओं एवं प्रतिस्पर्धाओं के वर्तमान युग में प्रत्येक परीक्षा का अपना विशिष्ट महत्त्व है, परंतु सिविल सेवा परीक्षा का स्थान सबसे प्रतिष्ठित एवं निर्णायक है। इस परीक्षा में अभ्यर्थी के विश्लेषणात्मक दृष्टिकोण के मूल्यांकन तथा अनुप्रयोगात्मक प्रश्नों पर बल दिया जाता है। सिविल सेवा अधिकारी भारत की विदेश नीति को जमीनी स्तर पर लागू करते हैं, जो देश के वैश्विक कद और प्रगति के लिए अपरिहार्य है, और यही कारण है कि यह सिविल सेवा परीक्षा का एक महत्त्वपूर्ण हिस्सा है। एक प्रभावी विदेश नीति देश के समावेशी विकास के लिए अनुकूल वातावरण बनाती है। भारतीय सिविल सेवा परीक्षा में सफलता के लिए विदेश नीति की व्यापक और अद्यतन जानकारी होनी आवश्यक है।

प्रस्तुत पुस्तक में विश्लेषणात्मक एवं व्यावहारिक दृष्टिकोण पर अत्यधिक बल दिया गया है। भारतीय विदेश नीति का अध्ययन विशिष्ट एवं गतिशील होता है, जिसमें अखबार के दृष्टिकोण के बजाय, संकल्पनात्मक दृष्टिकोण को अपनाने की आवश्यकता होती है।

भारतीय विदेश नीति की यह पाठ्यपुस्तक मेरे भारतीय विदेश नीति के 8 वर्षों की विश्वविद्यालयी शिक्षा के परिश्रम का परिणाम है तथा विगत् 25 वर्षों से भारतीय विदेश नीति के अध्यापन के अनुभवों का फल है। इस पुस्तक के पांचवें संस्करण में महत्त्वपूर्ण अंतर्राष्ट्रीय एवं क्षेत्रीय संगठनों के नवीनतम सम्मेलनों के परिणामों, बांग्लादेश एवं नेपाल में हुए सत्ता परिवर्तन, ट्रंप की 20 सूत्री गाजा शांति योजना, इत्यादि महत्त्वपूर्ण अंतर्राष्ट्रीय समसामयिक मुद्दों को शामिल किया गया है। विदेश नीति का अध्ययन करते समय केवल घटनाओं को समझना ही पर्याप्त नहीं होता। इसलिए विभिन्न राष्ट्राध्यक्षों एवं शासनाध्यक्षों की यात्राओं में विद्यमान मुद्दों के पर्याप्त विश्लेषण पर बल दिया गया है, जिससे परीक्षा में आने वाले प्रत्येक प्रश्न का उत्तर दिया जा सकता है तथा सभी आयामों का उल्लेख करना भी संभव होगा।

यह पुस्तक विशेष रूप से संघ लोक सेवा आयोग द्वारा आयोजित सिविल सेवा मुख्य परीक्षा के सामान्य अध्ययन के द्वितीय प्रश्नपत्र एवं राज्य लोक सेवा आयोगों द्वारा आयोजित की जाने वाली राज्य सिविल सेवा परीक्षाओं के लिए समान रूप से विशेष उपयोगी है। इसके अतिरिक्त स्नातक एवं परास्नातक के छात्रों के लिए भी बेहद महत्त्वपूर्ण है, जो भारतीय विदेश नीति को सरल एवं सटीक रूप में समझना चाहते हैं।

राजेश मिश्रा

नई दिल्ली
2026

चौथे संस्करण की भूमिका

विदेश नीति निरंतर परिवर्तनशीलता का पर्याय है। चीन की विस्तारवादी नीति के परिणामस्वरूप, अमेरिका एवं चीन के बीच नवीन शीतयुद्ध उत्पन्न हो रहा है। सोवियत संघ के विघटन के बाद देशों के बीच आर्थिक आत्मनिर्भरता में वृद्धि हुई। व्यापार, निवेश विदेश नीति के प्राथमिक उद्देश्य बन गए। परंतु चीन की नौसेना अब संघात्मक रूप में विश्व की सबसे बड़ी नौसेना बन चुकी है। चीन की सैन्य शक्ति से उसका आर्थिक प्रभुत्व भी बढ़ता जा रहा है। कोविड-19 संकट ने तानाशाही शासनों की गोपनीयता से होने वाले वैश्विक खतरों के प्रति विश्व को आगाह कर दिया है। इस पुस्तक के चौथे संस्करण में उपरोक्त सभी मुद्दों पर विचार किया गया है।

अमेरिका के नेतृत्व में सामरिक चौकोण (QUAD) का निर्माण हो चुका है, क्योंकि चीन की विस्तारवादी नीति से लोकतांत्रिक व्यवस्था के लिए खतरा उत्पन्न हो चुका है। इसी परिप्रेक्ष्य में ऑस्ट्रेलिया, यूनाइटेड किंगडम और अमेरिका (AUKUS) का सैन्य त्रिकोण शीतयुद्ध की राजनीति को व्यावहारिक बना रहा है। इस संदर्भ में, भारतीय विदेश नीति के लिए कठिन चुनौती उत्पन्न हो रही है। चीन की आक्रामक नीति से भारत-चीन सीमा पर तनाव बना हुआ है। चीन, रूस एवं पाकिस्तान मित्रता ने भारत के लिए अफगानिस्तान में नई चुनौती खड़ी कर दी है। भारत ने अमेरिका के साथ सामरिक संबंधों को सुदृढ़ किया है। यद्यपि रूस के साथ, मित्रता अभी भी विदेश नीति की प्राथमिकता है। दक्षिण-पूर्व एशिया एवं पश्चिम एशिया में भारत अपनी भूमिका बढ़ा रहा है।

नई दिल्ली
2022

राजेश मिश्रा

तीसरे संस्करण की भूमिका

परीक्षाओं एवं प्रतिस्पर्धाओं के वर्तमान युग में प्रत्येक परीक्षा का विशिष्ट महत्त्व है, परंतु सिविल सेवा परीक्षा का स्थान सबसे प्रतिष्ठित एवं निर्णायक है। इस परीक्षा में अभ्यर्थी के विश्लेषणात्मक दृष्टिकोण का मूल्यांकन किया जाता है तथा अनुप्रयोगात्मक प्रश्नों पर बल दिया जाता है।

भारतीय विदेश नीति की इस पुस्तक में विश्लेषणात्मक एवं व्यावहारिक दृष्टिकोण पर अत्यधिक बल दिया गया है। भारतीय विदेश नीति का अध्ययन विशिष्ट एवं गतिशील होता है, जिसमें अखबार के दृष्टिकोण के बजाय, संकल्पनात्मक दृष्टिकोण अपनाने की आवश्यकता होती है।

भारतीय विदेश नीति की यह पाठ्यपुस्तक मेरे भारतीय विदेश नीति के 8 वर्षों की विश्वविद्यालयी शिक्षा के परिश्रम का परिणाम है तथा 16 वर्षों की भारतीय विदेश नीति के अध्यापन के अनुभवों का फल है। विदेश नीति अत्यधिक परिवर्तनशील विषय है। परंतु लेखन में संकल्पनात्मक दृष्टिकोण अपनाने पर बल देना चाहिए, इस पाठ्यपुस्तक में अवधारणाओं पर विशेष बल दिया गया है। विदेश नीति का अध्ययन करते समय केवल घटनाओं को समझना ही पर्याप्त नहीं होता, बल्कि विभिन्न राष्ट्राध्यक्षों एवं शासनाध्यक्षों की यात्राओं में विद्यमान मुद्दों के पर्याप्त विश्लेषण पर बल दिया गया है, जिससे परीक्षा में आने वाले प्रत्येक प्रश्न का उत्तर दिया जा सकता है एवं सभी आयामों का भी उल्लेख संभव होगा। वर्तमान में विद्यमान भारतीय विदेश नीति के अधिकांश मुद्दों का उल्लेख सहज एवं सरल रूप में प्रस्तुत किया गया है। यह पुस्तक सिविल सेवा प्रतियोगी परीक्षाओं के अलावा स्नातक एवं परास्नातक के छात्रों के लिए भी समान रूप में उपयोगी है, जो भारतीय विदेश नीति को सरल एवं सटीक रूप में समझना चाहते हैं।

इस पुस्तक की महत्त्वपूर्ण विशेषता सिविल सेवा मुख्य परीक्षा के सामान्य अध्ययन के द्वितीय प्रश्न पत्र विश्लेषणात्मक दृष्टिकोण का समावेश करना है। अतः भारतीय विदेश नीति की यह पाठ्यपुस्तक स्वयं में संपूर्ण है।

नई दिल्ली
2018

राजेश मिश्रा

पारिभाषिक शब्दावली

अंजुस (ANZUS)
एशियाई प्रशांत क्षेत्र में नाटो का संस्करण जिसकी स्थापना शीत युद्ध के दौरान अमेरिका, न्यूजीलैंड और ऑस्ट्रेलिया द्वारा मिलकर की गई। यह उल्लेखनीय है कि चीन के साम्यवादी होने और कोरियाई संकट (1950) के बाद अमेरिका साम्यवाद के प्रसार को रोकने के लिए प्रतिबद्ध था।

अंतर्राष्ट्रीयतावाद (Internationalism)
आदर्शवादी, अंतर्राष्ट्रीयतावाद में विश्वास रखते हैं, जिनके अनुसार राष्ट्र-राज्यों के मध्य शांतिपूर्ण समाधान संभव है। अंतर्राष्ट्रीयतावादी, अंतर्राष्ट्रीय संगठनों और अंतर्राष्ट्रीय विधि में अपनी आस्था व्यक्त करते हैं। यह विचार यथार्थवाद की मान्यता का खंडन करता है, जो राज्य को ही केंद्र मानते हैं।

अधिराष्ट्रीय कर्ता (Supra National Actor)
राज्यों की सदस्यता से निर्मित होने वाले दक्षेस, यूरोपीय यूनियन जैसे क्षेत्रीय संगठनों को ही अधिराष्ट्रीय कर्ता कहा जाता है।

अमेरिकी राज्यों के मध्य एकता या सार्वभौमिक अमेरिकीवाद (Pan-Americana)
अमेरिकी महाद्वीप में एकता के विचार को ही पैन-अमेरिकाना कहा गया। उत्तरी अमेरिका और दक्षिणी अमेरिका के मध्य एकता का विचार ही पैन-अमेरिकाना है। 'Organisation of American State (OAS)' का विचार पैन-अमेरिकाना के अंतर्गत ही किया गया। नाफ्टा के निर्माण के बाद अमेरिका ने पुनः सर्व अमेरिकीवाद पर बल दिया। वेनेजुएला और अन्य लैटिन अमेरिकी देश अमेरिकी प्रभुत्व के विरोधी हैं, जो पैन-अमेरिकाना पर संकट है।

आतंक का संतुलन (Balance of Terror)
परमाणु शक्ति संपन्न राज्य एक-दूसरे पर आक्रमण नहीं करते, क्योंकि इनके मध्य के संघर्ष से दोनों का विनाश होगा। शीत युद्ध के दौर में सोवियत संघ और अमेरिका के बीच आतंक का संतुलन विद्यमान था। आतंक का यह संतुलन भारत और पाकिस्तान के मध्य भी बना हुआ है। इसलिए परमाणु हथियारों का प्रसार युद्ध रोकने में सहायक है, जबकि कुछ लोगों के अनुसार यह विनाशकारी है।

आतंकवाद (Terrorism)
राजनीतिक उद्देश्यों की प्राप्ति के लिए हिंसा का व्यवस्थित प्रयोग आतंकवाद है। आतंकवादियों का मूल उद्देश्य आम लोगों में भय पैदा करना है। आज का आतंकवाद, वैश्विक आतंकवाद है, जो समूचे राष्ट्र-राज्यों की सुरक्षा के लिए बड़ा खतरा बना हुआ है। कुछ राज्य अपनी विदेश नीति के उद्देश्य की प्राप्ति के लिए इसे साधन के रूप में प्रयोग करते हैं। पाकिस्तान द्वारा प्रायोजित सीमापार आतंकवाद से भारत दशकों से पीड़ित है।

आदर्शवाद (Idealism)
आदर्शवादियों के अनुसार, अंतर्राष्ट्रीय राजनीति, शक्ति एवं सहयोग का क्षेत्र है, ये अंतर्राष्ट्रीयतावाद के समर्थक हैं। इनके अनुसार, अंतर्राष्ट्रीय विधि, अंतर्राष्ट्रीय संगठनों द्वारा विश्व में शांतिपूर्ण सहअस्तित्व का विकास संभव है तथा ये मानव स्वभाव को अच्छा मानते हैं। इनके अनुसार, लोकतंत्र, शिक्षा व नैतिकता के प्रसार से शांति स्थापना संभव है।

उदारीकरण (Liberalisation)
आर्थिक गतिविधियों पर राज्य के सीमित नियंत्रण का नाम ही उदारीकरण है। इसके अंतर्गत उत्पादन एवं वितरण से निजी क्षेत्रों को बढ़ावा दिया जाता है, इसलिए इसे निजीकरण भी कहा जाता है। बाजार, अर्थव्यवस्था का नियंत्रण करता है। अतः उदारवादी अर्थव्यवस्था मूलतः पूंजीवादी अर्थव्यवस्था का ही पर्याय है।

एकध्रुवीय विश्व (Unipolar World)

शीत युद्धोत्तर विश्व को कई विचारकों ने एकध्रुवीय विश्व के रूप में चित्रित किया, जिसमें अमेरिका एकमात्र सुपर पावर बनकर उभरा। यद्यपि इस दृष्टिकोण पर भिन्नता है कि वर्तमान विश्व एकध्रुवीय है या बहुध्रुवीय। लेकिन यह सत्य है कि वर्तमान विश्व बहुध्रुवीय है, जिसमें अमेरिका का निर्णायक प्रभुत्व कायम है। इसलिए इसे एकध्रुवीय विश्व भी कहा जाता है।

कठोर शक्ति (Hard Power)

राष्ट्रीय सैन्य शक्ति को कठोर शक्ति के अंतर्गत रखा जाता है। इसलिए प्रत्येक राज्य अधिकाधिक हथियार अर्जित करता है।

गुटनिरपेक्षता (Non-Alignment)

गुटनिरपेक्षता, तीसरी दुनिया की सामूहिक आवाज है। यह स्वतंत्र और स्वायत्त विदेश नीति का पर्याय है। आंदोलन के रूप में यह साम्राज्यवाद, उपनिवेशवाद, रंगभेद की नीति और हथियारों की दौड़ का विरोधी है। यह विश्व को आर्थिक रूप में समतामूलक और लोकतांत्रिक बनाने की मांग है। गुटनिरपेक्षता एक गुट नहीं, बल्कि समूची दुनिया को गुटविहीन बनाने की मांग है।

गैर-राष्ट्रीय कर्ता (Non-State Actor)

राज्य के अलावा अन्य कर्ताओं को गैर-राष्ट्रीय कर्ता कहा जाता है, जैसे बहुराष्ट्रीय कंपनियां (MNC), यूरोपीय यूनियन (EU), विश्व व्यापार संगठन (WTO) इत्यादि। परंपरागत रूप में अंतर्राष्ट्रीय राजनीति को राज्य केंद्रित विषय माना गया। लेकिन समकालीन भूमंडलीकरण के युग में इन गैर-राष्ट्रीय कर्ताओं का अत्यधिक प्रभाव है। गैर-राष्ट्रीय कर्ताओं के प्रभाव के कारण ही दुनिया में सहयोग उत्पन्न हो रहा है। अलकायदा जैसे संगठन समूचे विश्व की सुरक्षा के लिए खतरा भी पैदा कर रहे हैं।

ग्लासनोस्त (Glasnost) **(खुलापन की नीति)**

सोवियत संघ की राजनीतिक व्यवस्था में खुलापन लाया गया एवं अभिव्यक्ति की स्वतंत्रता दी गई। चुनावों में भाग लेने के लिए गैर-साम्यवादी दलों को भी अनुमति दी गई और लोगों को सरकार के विरोध का अधिकार दिया गया अर्थात् सोवियत संघ को लोकतांत्रिक बनाने का प्रयत्न किया गया तथा सरकार की आलोचना पर प्रतिबंधों को हटाया गया। वर्ष 1988 में जिनेवा की संधि के अंतर्गत सोवियत संघ की सेनाएं अफगानिस्तान से वापस लौट गईं।

घातक नरसंहार के हथियार (Weapons of Mass Destruction)

परमाणु हथियार, रासायनिक हथियार और जैविक हथियारों को घातक नरसंहार के हथियार कहा जाता है, क्योंकि इनके प्रयोग से आम लोगों का विनाश हो जाता है। इसलिए ये हथियार परंपरागत हथियारों से अलग माने जाते हैं। परंपरागत हथियारों से किसी देश की सेना को निशाना बनाया जाता है, आम लोगों को नहीं।

चीन का शांतिपूर्ण उदय (Peaceful Rising of China)

चीन द्वारा प्रतिपादित विचार, जिसमें चीन ने अपने उदय को पाश्चात्य देशों के उदय से अलग बताया। चीन के अनुसार, चीन का उदय समूची दुनिया के लिए लाभकारी होगा तथा चीन के लिए भी। चीन की बढ़ती आर्थिक और सैन्य ताकत के कारण ही चीन की विदेश नीति में यह शब्द प्रभावी हो रहा है।

जीरो-सम-गेम (Zero-Sum-Game)

अंतर्राष्ट्रीय राजनीति की ऐसी प्रतिस्पर्धात्मक स्थिति जिसमें एक राज्य की विजय का परिणाम, दूसरे राज्य की पराजय है। अंतर्राष्ट्रीय राजनीति में युद्ध की स्थिति को जीरो-सम-गेम द्वारा व्यक्त किया जाता है। वर्ष 1971 में भारत-पाकिस्तान युद्ध में पाकिस्तान की पराजय हुई, अतः इसे जीरो प्राप्त हुआ।

दुष्ट राज्य (Axis of Evil)

दुष्ट राज्यों की धुरी का विचार वर्ष 2002 में अमेरिकी राष्ट्रपति जॉर्ज बुश ने दिया तथा उन्होंने ईरान, इराक और उत्तर कोरिया को दुष्ट राज्यों में सम्मिलित किया, क्योंकि वे आतंकवाद को बढ़ा रहे हैं और परमाणु हथियारों की प्राप्ति का प्रयत्न कर रहे हैं।

देतांत (वर्ष 1963 से 1978 तक)

अंतर्राष्ट्रीय राजनीति में तनाव की शिथिलता को देतांत कहा गया। शीत युद्ध के दौरान अमेरिका और सोवियत संघ के मध्य तनाव में कमी के लिए इस शब्द का प्रयोग विशेष रूप से किया गया। इसके अतिरिक्त देतांत में अमेरिका और सोवियत संघ के बीच कुछ समझौते हुए। देतांत, अमेरिका और चीन के मध्य संबंधों की बहाली तथा पश्चिमी यूरोप और पूर्वी यूरोप के बीच संबंधों की निकटता के रूप में भी प्रयोग किया गया।

द्विध्रुवीय विश्व (Bipolar World)
शक्ति संतुलन की यह मान्यता, जिसमें दो महाशक्तियां विश्व में शक्ति का केंद्र होती हैं एवं अन्य राज्य इन राज्यों के अनुसरणकर्ता होते हैं। द्विध्रुवीय संतुलन (वर्ष 1945 से 1990) शीत युद्ध में विद्यमान था।

परमाणु अप्रसार (Nuclear Non Proliferation)
परमाणु हथियारों के प्रसार पर पांच परमाणु शक्ति संपन्न देशों के अलावा अन्य देशों में प्रतिबंध है। अतः परमाणु अप्रसार क्षैतिज है, ऊर्ध्वाधर नहीं, क्योंकि पांच परमाणु शक्ति संपन्न राज्य अपने परमाणु हथियारों को बनाय रखने के लिए स्वतंत्र हैं। इसलिए भारत ने अप्रसार के बजाय, सदैव निःशस्त्रीकरण का समर्थन किया है, क्योंकि इस अप्रसार द्वारा कुछ राज्यों का विशेषाधिकार स्थापित हो जाता है।

परमाणु आतंकवाद (Nuclear Terrorism)
वर्तमान युग में आतंकवादी परमाणु सामग्री या तकनीकी को चुराकर परमाणु हथियार का निर्माण कर सकते हैं। अलकायदा जैसे गैर-राष्ट्रीय कर्ता परमाणु हथियारों की प्राप्ति के लिए प्रयत्नशील हो सकते हैं। इन आतंकवादी संगठनों द्वारा परमाणु अनुसंधान केंद्रों पर हमले की भी आशंका है। पाकिस्तान, ईरान और अवैध लेन-देन से परमाणु आतंकवाद का खतरा बढ़ गया है।

पीस बिल्डिंग (Peace Building)
किसी भी देश में संघर्ष के बाद शांति स्थापना के लिए राजनीतिक, आर्थिक एवं सामाजिक संस्थाओं का निर्माण ही 'पीस बिल्डिंग' कहलाता है। जैसाकि वर्तमान समय में अफगानिस्तान में यह जारी है, जहां संयुक्त राष्ट्र संघ द्वारा अफगानिस्तान की संसद का निर्माण किया गया तथा आधारभूत संरचनाओं का निर्माण किया जा रहा है।

पीस मेकिंग (Peace Making)
पीस मेकिंग, संयुक्त राष्ट्र संघ के चार्टर-VI के अंतर्गत किया गया प्रावधान है, जिसे 'प्रतिबंधात्मक कूटनय' के रूप में भी जाना जाता है। इसके अंतर्गत संयुक्त राष्ट्र संघ दो विवादरत राज्यों के मध्य विवाद सुलझाने का प्रयत्न करता है।

पेरेस्त्रोइका (Prestroika) **(पुनःसंरचना)**
गोर्वाच्योब ने पेरेस्त्रोइका द्वारा सोवियत संघ की अर्थव्यवस्था को उदार बनाने का प्रयत्न किया। पहली बार प्रत्यक्ष विदेशी निजी निवेश को आकर्षित किया गया और संयुक्त उद्यमों को बढ़ावा दिया गया तथा अर्थव्यवस्था पर राज्य के एकाधिकार को शिथिल करने का प्रयत्न किया गया।

पैक्स-अमेरिकाना (Pax-Americana)
पैक्स-अमेरिकाना का शाब्दिक अर्थ है, अमेरिका द्वारा स्थापित शांति। आलोचक इसे साम्राज्यवाद और आधिपत्य मानते हैं। द्वितीय विश्व युद्ध के बाद अमेरिका ने अपनी 'मुनरो नीति' का परित्याग करते हुए विश्व में शांति बनाए रखने का प्रयत्न किया। पैक्स-अमेरिकाना के अंतर्गत ही 11 सितंबर, 1990 को तत्कालीन अमेरिकी राष्ट्रपति जॉर्ज बुश सीनियर ने नई विश्व व्यवस्था का नारा दिया। 11 सितंबर, 2001 के बाद जॉर्ज बुश जूनियर ने पैक्स-अमेरिकाना (Pax-Americana) के अंतर्गत 'आतंक के विरुद्ध युद्ध' का नारा दिया।

पैक्स-ब्रिटिकाना (Pax-Briticana)
पैक्स-ब्रिटिकाना का शाब्दिक अर्थ है, ब्रिटेन द्वारा स्थापित शांति। यद्यपि आलोचक इसे ब्रिटेन द्वारा स्थापित साम्राज्यवाद और आधिपत्यवाद के रूप में चित्रित करते हैं। ब्रिटेन का आधिपत्य प्रथम विश्व युद्ध के बाद से कमजोर पड़ने लगा। द्वितीय विश्व युद्ध के बाद अमेरिका और सोवियत संघ दो महाशक्तियों के रूप में उभरे एवं ब्रिटेन द्वितीय दर्जे की शक्ति बन गया।

पैक्स-सोवियिटिका (Pax-Sovietica)
पैक्स-सोवियिटिका का शाब्दिक अर्थ है, सोवियत संघ द्वारा स्थापित शांति। सोवियत संघ ने वैचारिक रूप में पूंजीवाद, साम्राज्यवाद और उपनिवेशवाद के विरुद्ध संघर्ष किया। सोवियत संघ द्वारा तीसरी दुनिया के देशों का भी प्रभावी समर्थन किया गया। विचारकों के अनुसार, सोवियत संघ भी अपने राष्ट्रीय हितों की पूर्ति के लिए विचारधारा का प्रयोग कर रहा था। वर्तमान विश्व में सोवियत संघ का उत्तराधिकारी रूस है।

प्रैगमेटिकवाद (Pragmatism)
प्रत्येक राज्य द्वारा राष्ट्रीय हितों की पूर्ति के लिए आवश्यकता के अनुसार, आदर्शवाद एवं यथार्थवाद का समन्वित प्रयोग किया जाता है।

प्रतिरोध (Deterrence)
डिटरेंस एक सैन्य शब्दावली है, जिसमें एक राज्य, दूसरे राज्य के आक्रामक व्यवहार को प्रतिसंतुलित करता है।

डिटरेंस परंपरागत भी होता है, जिसके द्वारा एक राज्य अधिक से अधिक सैन्य हथियारों का भंडारण करता है। समकालीन विश्व में परमाणु डिटरेंस का अत्यधिक प्रभाव है, जिसके अंतर्गत एक परमाणु संपन्न राज्य, दूसरे परमाणु शक्ति संपन्न राज्य पर आक्रमण नहीं करता।

बफर राज्य (Buffer State)
दो महाशक्तियों के मध्य स्थित छोटे और कमजोर राज्य को ही बफर राज्य कहा जाता है। इस बफर राज्य द्वारा दोनों महाशक्तियों में प्रत्यक्ष संघर्ष नहीं होता। बफर राज्य, भू-राजनीति का शब्द है। जैसे- नेपाल चीन और भारत के मध्य बफर राज्य है।

बहुध्रुवीय विश्व (Multipoar World)
शक्ति संतुलन की मान्यता जिसके अनुसार, दो से अधिक महाशक्तियों के मध्य शक्ति केंद्रित हो, जैसाकि 18वीं तथा 19वीं शताब्दी में था, जब ब्रिटेन, फ्रांस, रूस जैसे राज्य शक्ति के मूल केंद्र थे। वर्तमान शीत युद्धोत्तर विश्व में बहुध्रुवीय शक्ति संतुलन भी विद्यमान है। जैसे- अमेरिका, रूस, ब्रिटेन एवं भारत इत्यादि।

बीमार राज्य (Rogue State)
अमेरिका ने क्यूबा, लीबिया और सीरिया को बीमार राज्यों की श्रेणी में रखा है। क्योंकि यह अंतर्राष्ट्रीय मान्यताओं की अवहेलना करते हैं और घातक नरसंहार के हथियार प्राप्त करने का प्रयत्न करते हैं।

ब्रेटेनवुड्स व्यवस्था
अमेरिका के हैम्पशायर राज्य में स्थित शहर जहां द्वितीय विश्व युद्ध के दौरान गैट (GATT), अंतर्राष्ट्रीय मुद्रा कोष (IMF) एवं विश्व बैंक (IBRD) की स्थापना की गई। वर्ष 1995 में गैट (GATT) को विश्व व्यापार संगठन (WTO) में परिवर्तित कर दिया गया। ब्रेटेनवुड्स व्यवस्था, मुक्त व्यापार, उदारीकरण और भूमंडलीकरण का समर्थन करती है।

भू-आबद्ध देश (Landlock State)
भू-राजनीति से संबंधित संकल्पना, जिसमें भू-आबद्ध देश की कोई भी सीमा समुद्र से नहीं मिलती है। अतः यह देश चारों ओर अन्य देशों से ही घिरा रहता है। जैसे- नेपाल, भूटान, अफगानिस्तान। भू-आबद्ध देशों की विदेश नीति पर इनके पड़ोसी देशों का काफी प्रभाव होता है।

भूमंडलीकरण (Globalisation)
विश्व में वस्तु, वित्त और सेवाओं के मुक्त आदान-प्रदान को ही भूमंडलीकरण कहा जाता है। यह एक देश का विश्व अर्थव्यवस्था के साथ एकीकरण है। सूचना क्रांति ने विश्व को एक गांव बना दिया है। आलोचकों के अनुसार, अभी भी भूमंडलीकरण में श्रम के मुक्त आदान-प्रदान को शामिल नहीं किया जाता, जो विकासशील देशों की मांग है।

भू-राजनीति (Geo-politics)
समकालीन उदारीकरण, भूमंडलीकरण के युग में भू-अर्थ ज्यादा महत्त्वपूर्ण बन गया है। वायुसेना के विकास और अंततः महाद्वीपीय प्रक्षेपास्त्रों ने भू-राजनीति के महत्त्व को सीमित किया है।

नरम शक्ति (Soft Power)
राज्य की वैचारिक, तकनीकी और आर्थिक शक्ति को नरम शक्ति (Soft Power) कहा जाता है। अमेरिकी फिल्में एवं मैकडॉनल्ड्स साफ्ट पावर के उदाहरण हैं।

नव-अंतर्राष्ट्रीय आर्थिक व्यवस्था (NIEO)
तीसरी दुनिया द्वारा विश्व में आर्थिक समानता और दुनिया को न्यायपूर्ण बनाने की मांग, जो औपचारिक रूप से वर्ष 1974 में आरंभ हुई। इसके द्वारा 'ब्रेटेनवुड्स' आर्थिक प्रणाली के बजाय, एक नई आर्थिक व्यवस्था की मांग उठाई गई, जिसमें तीसरी दुनिया के देशों के कर्ज की समस्या और उनके लिए तकनीकी हस्तांतरण की मांग उठाई गई। इसका नारा था— अनुदान नहीं, व्यापार।

नाटो (NATO)
नाटो (NATO) की स्थापना वर्ष 1949 में ब्रुसेल्स संधि के द्वारा हुई। शीत युद्ध के दौरान अमेरिका ने साम्यवाद का प्रतिरोध करने के लिए नाटो जैसे सैन्य संगठन की स्थापना की, जिसका उद्देश्य था अमेरिकी सुरक्षा को प्रभावी बनाना, साथ ही पूर्वी जर्मनी को पीछे ढकेलना और सोवियत संघ को बाहर करना था। इसके संस्थापकों में अमेरिका, इंग्लैंड, फ्रांस, लक्जमबर्ग, नीदरलैंड, बेल्जियम और नॉर्वे सम्मिलित थे। शीत युद्ध के समापन (1991) के बाद भी नाटो बना हुआ है।

नॉन-जीरो-सम-गेम (Non-Zero-Sum-Game)
अंतर्राष्ट्रीय राजनीति में ऐसी स्थिति जब दोनों राज्य साथ-साथ विजयी हों या साथ-साथ पराजित हों। अंतर्राष्ट्रीय

राजनीति में इसे आर्थिक सहयोग और परमाणु अप्रसार के संदर्भ में देखा जा सकता है। क्योंकि आर्थिक सहयोग से दोनों को लाभ होता है, जबकि परमाणु संघर्ष की स्थिति में दोनों की क्षति होगी। इसे मिश्रित अभिप्रेरणा का खेल भी कहा जाता है।

निःशस्त्रीकरण (Disarmament)
एक आदर्शवादी विचारक के अनुसार, समूची दुनिया से हथियार और सेनाओं को क्रमशः समाप्त कर दिया जाए। वर्तमान समय में यह परमाणु निःशस्त्रीकरण के लिए प्रयोग हो रहा है, जिसके अनुसार, समूची दुनिया से परमाणु हथियारों को समाप्त कर दिया जाना चाहिए। भारत शुरू से ही परमाणु निःशस्त्रीकरण का समर्थक रहा है। इसलिए भारत ने परमाणु अप्रसार संधि (NPT) व व्यापक परमाणु परीक्षण प्रतिबंध संधि (CTBT) पर हस्ताक्षर नहीं किए।

नृजातीय संघर्ष (Ethanic Conflict)
जाति, धर्म एवं प्रजाति के आधार पर विद्यमान संघर्ष जो विभिन्न राज्यों के भीतर चल रहा है। अफगानिस्तान, सीरिया, सूडान नृजातीय संघर्ष के उदाहरण हैं।

यथार्थवाद (Realism)
अंतर्राष्ट्रीय राजनीति का सिद्धांत, जिसमें अंतर्राष्ट्रीय राजनीति को शक्ति संघर्ष के रूप में चित्रित किया गया। इनके अनुसार, प्रत्येक राज्य अपने राष्ट्रीय हितों की पूर्ति के लिए कार्य करता है तथा राष्ट्रीय सुरक्षा सबसे महत्त्वपूर्ण राष्ट्रीय हित है। यथार्थवादी अंतर्राष्ट्रीय विधि, अंतर्राष्ट्रीय संगठन और नैतिकता को नहीं मानते।

राज्य (State)
भौगोलिक क्षेत्र में समाज के प्रशासन एवं नियंत्रण के लिए स्थापित सरकार, जिसके द्वारा पुलिस एवं सेना के माध्यम से सर्वोच्च शक्ति का प्रयोग किया जाता है। इसे संप्रभुता का भी नाम दिया गया है। राज्य वैधानिक विचार है क्योंकि यह विधि निर्माण करता है एवं दण्ड भी देता है।

राष्ट्र (Nation)
एक भावनात्मक एवं मनोवैज्ञानिक विचार, जिसके अनुसार भू-भाग विशेष में निवास करने वाले व्यक्तियों के बीच, भाषायी, धार्मिक और प्रजातीय आधार पर मनोवैज्ञानिक एकता का निर्माण होता है। राष्ट्र एक सामूहिक पहचान है। मनोवैज्ञानिक एकता को संरक्षित करने के लिए राज्य का निर्माण किया जाता है।

राष्ट्र-राज्य (Nation-State)
राष्ट्र मनोवैज्ञानिक एकता का प्रतीक है, जबकि राज्य, विधायिका, कार्यपालिका एवं न्यायपालिका का संकेतक है। मनोवैज्ञानिक एकता के लिए प्रशासनिक-राजनीतिक संस्थाओं का निर्माण किया जाता है। इसीलिए राष्ट्र-राज्य को पर्याय के रूप में व्यक्त किया जाता है।

वारसा पैक्ट (1955) (Warsaw Pact)
साम्यवादी सैन्य संगठन की स्थापना 1955 में वारसा सम्मेलन के दौरान हुई। साम्यवादी गुट का नेतृत्व सोवियत संघ के पास था। सोवियत संघ ने नाटो के विकल्प में वारसा पैक्ट की नींव रखी, जिसमें सोवियत संघ के अतिरिक्त पूर्वी यूरोपीय देश हंगरी, पोलैंड व बुल्गारिया थे। सोवियत संघ के विघटन के बाद वारसा का भी औपचारिक विघटन कर दिया गया।

वैश्विक दक्षिण (Global South)
एशियाई, अफ्रीकी एवं दक्षिण अमेरिकी (लैटिन अमेरिकी) देशों को सामूहिक रूप में तीसरा विश्व कहा गया जिसे अब वैश्विक दक्षिण कहा जाता है। क्योंकि विकासशील देश दक्षिणी गोलार्ध में स्थित हैं।

शस्त्र नियंत्रण (Arms Control)
शस्त्र नियंत्रण एक व्यावहारिक उपाय है, जिसे आंशिक निःशस्त्रीकरण के रूप में भी जानते हैं। शस्त्र नियंत्रण में हथियारों की कटौती तथा हथियारों का सीमांकन शामिल है। उदाहरण के लिए, सामरिक हथियारों को सीमित करने का समझौता (SALT) हथियारों के सीमांकन की संधि है।

शक्ति (Power)
यथार्थवादियों के अनुसार, अंतर्राष्ट्रीय राजनीति, शक्ति संघर्ष है। अतः शक्ति, हिंसा और बल से अलग है। एक राज्य का शक्तिशाली होना उसके विभिन्न अवयवों (जनसंख्या, आकार, संसाधन, नेतृत्व एवं मनोबल आदि) पर निर्भर करता है।

शक्ति का संतुलन (Balance of Power)
यह महाशक्तियों के बीच शक्ति संघर्ष का परिणाम है। पांच या छह महाशक्तियों के मध्य शक्ति के लगभग समान वितरण

को ही, शक्ति संतुलन कहते हैं। कुछ विचारकों के अनुसार, शक्ति संतुलन, शक्ति आधिक्य का परिणाम है। शक्ति संतुलन, एकध्रुवीय, द्विध्रुवीय और बहुध्रुवीय भी हो सकता है। समकालीन युग में शक्ति संतुलन के साथ आतंक का संतुलन भी बना हुआ है।

शांति निर्माण सेना (Peace Building Force)
संयुक्त राष्ट्र संघ द्वारा चैप्टर-VI के अंतर्गत शांति सेनाएं भेजी जाती हैं। शांति सेनाएं युद्धरत पक्षों के अनुरोध पर भेजी जाती हैं। ये युद्धरत पक्षों को अलग-अलग करने का कार्य करते हैं तथा इनके द्वारा हथियारों का प्रयोग आत्मरक्षा के अलावा नहीं किया जाता। शीत युद्धोत्तर विश्व में शांति सेनाओं की तैनाती में अत्यधिक बढ़ोत्तरी हुई है।

शीत युद्ध (Cold war)
वर्ष 1945 से लेकर 1991 के बीच संयुक्त राज्य अमेरिका एवं सोवियत संघ के बीच चलने वाला शक्ति संघर्ष था, जिससे विश्व का भौगोलिक, आर्थिक एवं वैचारिक विभाजन हो गया। यह दो महाशक्तियों (सोवियत संघ एवं संयुक्त राज्य अमेरिका) के मध्य शक्ति संघर्ष था। यह पूंजीवादी एवं साम्यवादी विचारधाराओं के मध्य संघर्ष था। पूंजीवाद का समर्थक अमेरिका तथा साम्यवाद का समर्थक सोवियत संघ था।

शीत युद्ध न ही शांति और न ही युद्ध की अवस्था थी, बल्कि एक-दूसरे को हानि पहुंचाने के लिए प्रत्येक उपायों का सहारा लिया गया।

शीत युद्धोत्तर विश्व
सोवियत संघ के विघटन के बाद के युग को अंतर्राष्ट्रीय राजनीति में शीत युद्धोत्तर विश्व के रूप में चित्रित किया गया, जहां अमेरिका की एकध्रुवीय शक्ति का उदय हुआ एवं वैचारिक संघर्ष समाप्त हो गया, लेकिन उत्तर-दक्षिण के मध्य का संघर्ष अभी भी जारी है।

स्टार वार (Star War)
अमेरिकी राष्ट्रपति रीगन द्वारा वर्ष 1980 के दशक में की गई पहल। नव-शीत युद्ध के इस युग में रीगन ने अमेरिका को बाहरी प्रक्षेपास्त्रों के हमले से बचाने के लिए आकाश में कंप्यूटर जनित सुरक्षा प्रणाली की योजना की घोषणा की, जिसे आज 'राष्ट्रीय मिसाइल रक्षा कार्यक्रम' के नाम से भी जाना जाता है।

संयुक्त राष्ट्र संघ (United Nations)
यह मानवता की शांति की आकांक्षा है। संयुक्त राष्ट्र संघ का आधार अंतर्राष्ट्रीय विधि और बहुपक्षवाद है। सामूहिक सुरक्षा स्थापित करने का संस्थात्मक प्रबंध (वर्ष 1945) है। संयुक्त राष्ट्र संघ, विश्व सरकार और शक्ति संतुलन के मध्य का विकल्प है। यह आदर्शवादी संकल्पना का भाग है, जिसके द्वारा राज्यों के मध्य विवादों का शांतिपूर्ण समाधान किया जाता है।

सामूहिक सुरक्षा (Collective Security)
संयुक्त राष्ट्र संघ या एक वैश्विक संगठन द्वारा की गई सुरक्षा ही सामूहिक सुरक्षा है। यह इस मत में विश्वास करता है कि एक के लिए सभी तथा सभी के लिए एक है। यह सुरक्षा की आदर्शवादी संकल्पना है, जिसका व्यावहारिक प्रयोग संयुक्त राष्ट्र संघ द्वारा चैप्टर-VII के अंतर्गत किया जाता है। इसी के अंतर्गत संयुक्त राष्ट्र संघ के शांति निर्माण कार्यक्रम भी संचालित होते हैं।

सिएटो (SEATO)
सिएटो (1954) नाटो का एशियाई संस्करण है, जिसका निर्माण शीत युद्ध के दौरान हुआ। इसका मूल उद्देश्य, 'डोमिनो सिद्धांत' (साम्यवाद के प्रसार को रोकना) को प्रभावी रूप में लागू करना था। इसके संस्थापकों में अमेरिका, ऑस्ट्रेलिया, न्यूजीलैंड, ब्रिटेन, थाईलैंड, फिलीपींस और पाकिस्तान थे।

सुपर पावर (Super Power)
विश्व की सर्वश्रेष्ठ सैन्य शक्ति का निर्माण करने वाला देश जो विश्व व्यवस्था हो तथा जो दुनिया में शक्ति का व्यावहारिक प्रयोग भी कर सके। आर्थिक रूप में सर्वोच्च शक्ति हो, जो वर्तमान में यूएसए है।

सुरक्षा (Security)
यथार्थवादियों के अनुसार, 'सुरक्षा, राष्ट्रीय हित का केंद्रीय बिंदु है। एक राज्य द्वारा अपने कुल मूल्यों को बनाए रखना ही सुरक्षा है। सुरक्षा का अभिप्राय, दूसरा राज्य आक्रमण करने का दुस्साहस न कर सके तथा आक्रमण की स्थिति में उसे पराजित किया जा सके।' समकालीन विश्व में सुरक्षा केवल सैन्य ही नहीं, बल्कि आर्थिक, पर्यावरणीय और मानवीय सुरक्षा भी है।

सुरक्षा उभयपाश (सुरक्षा दुविधा) (Security Dilemma)
यथार्थवादियों की मान्यता के अनुसार, एक राज्य हथियारों के बिना भी असुरक्षित है और हथियारों के साथ भी असुरक्षित है। इसलिए प्रत्येक राज्य का उद्देश्य अपनी शक्ति को बढ़ाना और दूसरे राज्यों में यह विश्वास पैदा करना है कि यह शक्ति उनके लिए खतरा नहीं है।

सुरक्षा के गैर-परंपरागत खतरे (Non-Traditional Threats of Security)
आतंकवाद, नशीली दवाओं का अवैध व्यापार, पर्यावरणीय संकट गैर-परंपरागत खतरे हैं। सेंट्रल ट्रीटी ऑर्गेनाइजेशन **(बगदाद संधि)** (CENTO-1955) नाटो का पश्चिमी एशियाई संस्करण, जिसकी स्थापना साम्यवाद के प्रसार को पश्चिमी एशिया में रोकने के लिए हुई। इसके सदस्यों में ब्रिटेन, ईरान, तुर्की और पाकिस्तान थे, क्योंकि पश्चिमी एशिया में अमेरिका ने सेन्टो के माध्यम से इस क्षेत्र के प्रभावशाली देशों को साथ लेने का प्रयत्न किया। उल्लेखनीय है कि इजरायल, अमेरिका का पहले से ही प्रभावशाली मित्र था।

भाग I

भारतीय विदेश नीति का ऐतिहासिक विकास

1. भारतीय विदेश नीति का ऐतिहासिक विकास
2. भारतीय विदेश नीति के निर्धारक तत्त्व
3. विदेश नीति-निर्माण की संस्थाएं
4. भारत, एन.पी.टी. (NPT) / सी.टी.बी.टी. (CTBT) एवं परमाणु नीति
5. गुटनिरपेक्ष आंदोलन और भारत

अध्याय 1

भारतीय विदेश नीति का ऐतिहासिक विकास

Historical Development of Foreign Policy of India

● आदर्शवादी, नैतिकतावादी विदेश नीति (1947-64) [नेहरू की विदेश नीति]/[विदेश नीति का प्रथम चरण] ● स्वतंत्र एवं स्वायत्त विदेश नीति ● आर्थिक विकास ● एशियाई-अफ्रीकी देशों की एकता ● चीन के साथ बेहतर संबंध ● गुटनिरपेक्ष नीति ● संयुक्त राष्ट्र संघ को शक्तिशाली बनाने पर बल ● तीसरी दुनिया का नेतृत्व ● यथार्थवादी विदेश नीति [विदेश नीति का दूसरा चरण] ● इंदिरा गांधी का कार्यकाल (1966-77) ● जनता पार्टी (1977-1980) ● कांग्रेस की वापसी (1980-1989) ● 1990 के बाद वैश्विक परिवर्तन ● गुजराल सिद्धांत ● वाजपेयी का कार्यकाल (1998 से 2004) ● महाशक्ति के रूप में उभार ● भारत और तीसरी दुनिया ● मनमोहन सिंह का कार्यकाल (2004-2014) ● नरेन्द्र मोदी का कार्यकाल (2014-) ● विदेश नीति की आलोचना ● विदेश नीति में स्थायित्व एवं परिवर्तन

विश्व में संप्रभु राष्ट्र-राज्य विद्यमान हैं। इन संप्रभु राष्ट्रों का आपसी संबंध अंतर्राष्ट्रीय संबंध कहलाता है। अंतर्राष्ट्रीय संबंधों के अंतर्गत केवल राष्ट्र ही नहीं, बल्कि क्षेत्रीय संगठन, गैर-सरकारी संगठन एवं अंतर्राष्ट्रीय संगठन, जैसे– संयुक्त राष्ट्र संघ एवं विश्व व्यापार संगठन भी सम्मिलित किए जाते हैं। एक राष्ट्र अन्य राष्ट्रों तथा संगठनों के साथ कुछ निश्चित नीतियों और सिद्धांतों के आधार पर संबंध निर्धारित करता है, जिसका केंद्र राष्ट्रीय हित होता है। ऐसी नीतियों और सिद्धांतों के समुच्चय को विदेश नीति कहा जाता है। अन्य राज्यों (अर्थात् राष्ट्रों) के व्यवहार को बदलने तथा अंतर्राष्ट्रीय परिवेश में अपनी गतिविधियों को समायोजित करने की व्यवस्था विदेश नीति है। किसी देश के लिए विदेश नीति उन संबंधों का समग्र रूप है, जो वह अपनी आंतरिक आवश्यकताओं को पूर्ण करने के लिए अन्य देशों एवं संगठनों के साथ बनाता है।

आदर्शवादी, नैतिकतावादी विदेश नीति (1947-64) [नेहरू की विदेश नीति]/[विदेश नीति का प्रथम चरण]

1. स्वतंत्र एवं स्वायत्त विदेश नीति

स्वतंत्र भारत के पहले प्रधानमंत्री पंडित जवाहरलाल नेहरू द्वारा स्वतंत्र विदेश नीति पर बल प्रदान किया गया तथा उन्होंने प्रत्येक देश के साथ अपने संबध बेहतर करने की कोशिश की और सैनिक गुटों से भारत को अलग रखा। शीत युद्ध के दौरान सैन्य गुटों के संघर्ष से अलग, 'गुटनिरपेक्षता' की नीति अपनाई तथा विदेश नीति की स्वायत्तता पर बल दिया। आर्थिक क्षेत्र में पंडित नेहरू ने मिश्रित अर्थव्यवस्था (Mixed Economy) अर्थात् समाजवादी एवं पूंजीवादी अर्थव्यवस्था के मिश्रण का मॉडल अपनाया व सार्वजनिक उद्यमों को प्राथमिकता दी तथा

उनके द्वारा देश के सामाजिक एवं आर्थिक विकास पर प्रमुख रूप से बल दिया गया। उन्होंने शिक्षा, स्वास्थ्य तथा लोगों के सामाजिक कल्याण पर बल दिया। नेहरू शस्त्रों की होड़ को त्यागकर आर्थिक विकास तथा बाजारवादी अर्थव्यवस्था (पूंजीवादी अर्थव्यवस्था) और समाजवादी अर्थव्यवस्था दोनों के अच्छे तत्त्वों का समन्वय करना चाहते थे। उनका किसी विशेष विचारधारा के प्रति झुकाव नहीं था।

2. आर्थिक विकास

नेहरू द्वारा देश के औद्योगीकरण को अत्यधिक महत्त्व दिया गया, जिससे भारत का विकास आधुनिक समाज के अनुरूप किया जा सके। उन्होंने सैन्य शक्ति को बढ़ाने को प्राथमिकता नहीं दी, बल्कि देश के आर्थिक विकास पर बल दिया एवं सार्वजनिक उद्यमों की प्राथमिकता को स्वीकार किया। स्वतंत्रता के समय भारत आर्थिक रूप से पिछड़ा था, क्षेत्रीय विषमताएं विद्यमान थीं, इसलिए घरेलू आवश्यकताओं को पूर्ण करने के लिए भारत ने अमेरिका एवं सोवियत संघ दोनों देशों से आर्थिक एवं तकनीकी सहायता प्राप्त करने का प्रयत्न किया।

3. एशियाई-अफ्रीकी देशों की एकता

वर्ष 1947 में नई दिल्ली में एशियाई संबंधों (Asian Relations Conference) की बैठक हुई तथा वर्ष 1955 में बांडुंग सम्मेलन (एशियाई और अफ्रीकी राज्यों की पहली बड़े पैमाने की बैठक) आयोजित किया गया। नेहरू के अनुसार एशियाई-अफ्रीकी देश उपनिवेश से स्वतंत्र हुए हैं, इसलिए उनके हित एकसमान हैं। उन्होंने एशियाई-अफ्रीकी देशों की एकता द्वारा समतामूलक विश्व के निर्माण पर बल दिया। इसी क्रम में नेहरू ने चीन से बेहतर संबंध बनाने का प्रयत्न किया। भारत द्वारा समूचे विश्व से साम्राज्यवाद एवं उपनिवेशवाद समाप्त करने का प्रयत्न किया गया और भारत की स्वतंत्रता के समय विकसित देश अत्यधिक शक्तिशाली थे, जिनका सामना करने के लिए एशियाई-अफ्रीकी देशों ने सामूहिक एकता पर बल दिया।

4. चीन के साथ बेहतर संबंध

एशियाई एकता के लिए चीन के साथ बेहतर संबंध बनाना आवश्यक था। चीन, भारत का पड़ोसी था परंतु चीन साम्यवादी सैनिक संगठन का सदस्य था। स्वतंत्रता के बाद पाकिस्तान का दृष्टिकोण भारत के प्रतिकूल था। इसलिए चीन के साथ मित्रतापूर्ण संबंध भारत के लिए आवश्यक था, क्योंकि पड़ोस में स्थित दोनों देशों के साथ प्रतिकूल संबंध भारत के हितों के विरुद्ध थे।

5. गुटनिरपेक्ष नीति

यह एक स्वतंत्र और स्वायत्त विदेश नीति है। यह साम्राज्यवाद, उपनिवेशवाद व शस्त्रीकरण के विरुद्ध एक आंदोलन है। यह शांतिपूर्ण सहअस्तित्व का आंदोलन था और यह तीसरी दुनिया की साझी आवाज थी एवं एक समतामूलक व्यवस्था स्थापित करने के लिए किया गया आंदोलन था। यह तीसरी दुनिया में एकता स्थापित करने का मंच और दुनिया से शोषण समाप्त करने का एक सम्मेलन था। गुटनिरपेक्षता का तात्पर्य, दुनिया में तीसरे गुट का निर्माण नहीं, वरन् दुनिया से गुट की समाप्ति करने का एक मंच था। गुटनिरपेक्षता का अभिप्राय, अमेरिका और सोवियत संघ का ही विरोध नहीं, बल्कि विश्व में विद्यमान सैनिक गुटों का विरोध था और भारत के अनुसार सैनिक गुटों का पिछलग्गू बनना स्वतंत्र विदेश नीति के विरुद्ध था। वर्तमान में इसी स्वतंत्र विदेश नीति को सामरिक स्वायत्तता का नाम दिया जा रहा है।

6. संयुक्त राष्ट्र संघ को शक्तिशाली बनाने पर बल

नेहरू ने सदैव संयुक्त राष्ट्र संघ को प्रभावशाली बनाने की रणनीति अपनाई। उन्होंने संयुक्त राष्ट्र संघ द्वारा विश्व में शांतिपूर्ण सहअस्तित्व पर बल दिया। उन्होंने विश्व में विद्यमान विवादों के शांतिपूर्ण समाधान को अत्यधिक महत्त्व दिया। संयुक्त राष्ट्र संघ के आदर्शों के अनुरूप भारत में विदेश नीति के मूल सिद्धांतों का निर्माण किया गया। इसलिए भारत द्वारा समूचे विश्व से परमाणु हथियारों को समाप्त करने की मांग की गई।

7. तीसरी दुनिया का नेतृत्व

नेहरू द्वारा तृतीय विश्व के नेतृत्व की नीति अपनाई गई। भारतीय स्वतंत्रता संघर्ष केवल भारत की स्वतंत्रता की लड़ाई नहीं थी, बल्कि इसके द्वारा समूचे विश्व से साम्राज्यवाद एवं उपनिवेशवाद समाप्त करने का प्रयत्न किया गया। इसलिए वर्ष 1947 में नई दिल्ली में एशियाई संबंधों की बैठक आयोजित की गई तथा वर्ष 1955 में बांडुंग में 'एशियाई-अफ्रीकी सम्मेलन' आयोजित किया गया, जिसमें भारत की केंद्रीय भूमिका थी।

नेहरू की इन्हीं उपर्युक्त नीतियों को विदेश नीति की भाषा में 'आदर्शवाद' कहा जाता है। भारतीय विदेश नीति में नेहरू द्वारा

शांतिपूर्ण सहअस्तित्व, परमाणु हथियारों का विरोध तथा संयुक्त राष्ट्र को प्रभावशाली बनाने का नारा दिया गया। इसलिए नेहरू की विदेश नीति आदर्शवादी कही जाती है। उन्होंने हथियारों के संग्रह तथा सुरक्षा के बजाय, शांति स्थापना पर बल दिया। इनके अनुसार सामाजिक एवं आर्थिक विकास भारत की सबसे बड़ी प्राथमिकता थी। उन्होंने परमाणु क्षमता के शांतिपूर्ण प्रयोग का समर्थन किया और एशिया एवं समूचे विश्व में शांति स्थापना का प्रयत्न किया तथा न्यायपूर्ण विश्व के निर्माण की मांग की। इनके अनुसार हथियारों की दौड़ में शामिल होने से आर्थिक विकास प्रभावित होगा। नेहरू की इस आदर्शवादी सोच का आधार राष्ट्रीय आंदोलन के आदर्श थे, जिसमें साम्राज्यवाद एवं उपनिवेशवाद का विरोध किया गया था।

नेहरू द्वारा देश के सामाजिक एवं आर्थिक विकास की नींव रखी गई तथा भारत द्वारा तीसरी दुनिया का नेतृत्व किया गया। परंतु वर्ष 1962 में चीन द्वारा भारत पर आक्रमण किया गया, जिसे नेहरू की विदेश नीति की असफलता कहा गया। वर्ष 1964 में चीन द्वारा परमाणु परीक्षण किया गया, जिससे भारत की सुरक्षा के लिए गंभीर चुनौती उत्पन्न हो गई। यह संयोग का विषय है कि वर्ष 1964 में नेहरू की मृत्यु हो गई और लाल बहादुर शास्त्री देश के नए प्रधानमंत्री बने। वर्ष 1965 में भारत-पाकिस्तान के बीच युद्ध हुआ और वर्ष 1966 में ताशकंद समझौते (उज्बेकिस्तान) के दौरान लाल बहादुर शास्त्री की मृत्यु हो गई, जिसके परिणामस्वरूप इंदिरा गांधी भारत की नई प्रधानमंत्री बनीं, जिससे भारत में नेतृत्व परिवर्तन हुआ तथा क्षेत्रीय और वैश्विक परिस्थितियां भी बदल गईं, जिसके बाद भारतीय विदेश नीति में गुणात्मक परिवर्तन हुआ।

यथार्थवादी विदेश नीति [विदेश नीति का दूसरा चरण]

1. इंदिरा गांधी का कार्यकाल (1966-1977)

इस दौरान विदेश नीति में सुरक्षा एवं सैन्य सामग्री के भंडारण पर विशेष बल दिया गया, क्योंकि पाकिस्तान और चीन दोनों पड़ोसी देश भारत के विरोधी हो गए। भारतीय सेना के आकार में भारी वृद्धि की गई एवं सैन्य आधुनिकीकरण पर बल दिया गया। वर्ष 1965 के बाद अमेरिका द्वारा भारत के लिए हथियार निर्यात को प्रतिबंधित कर दिया गया। वर्ष 1971 में अमेरिका और चीन के बीच कूटनीतिक संबंधों की स्थापना हुई, और इसी वर्ष भारत एवं सोवियत संघ के मध्य शांति और मित्रता की संधि हुई, जिसमें यथार्थवाद साफ तौर पर दिखता है। कई विचारकों ने तो यहां तक कहा कि अब भारत, गुटनिरपेक्षता के बजाय, गुटों में शामिल हो गया है, क्योंकि इस संधि में इस बात का स्पष्ट उल्लेख था कि यदि दोनों देशों के ऊपर किसी भी प्रकार का आक्रमण होगा, तो वे एक-दूसरे की सहायता करेंगे। यद्यपि कुछ विचारकों ने इसे गुटनिरपेक्षता का उल्लंघन नहीं माना, क्योंकि सोवियत संघ ने भारत की गुटनिरपेक्ष नीति को मान्यता प्रदान की थी। यह संधि शांति और मित्रता की थी, सैन्य गठबंधन की नहीं।

वर्ष 1974 में भारत द्वारा शांतिपूर्ण परमाणु विस्फोट किया गया, जिससे भारत ने यह प्रदर्शित किया कि वह परमाणु हथियार बना सकता है। वर्ष 1971 में भारत द्वारा पाकिस्तान को पराजित किया गया और पड़ोसी देशों ने भारत की सैनिक क्षमता को स्वीकार किया। वर्ष 1975 में सिक्किम का भारत में विलय हो गया। अतः भारत द्वारा सुरक्षा एवं शक्ति पर बल दिया गया। अब भारत द्वारा सोवियत संघ से बड़ी मात्रा में हथियारों की खरीदारी करना प्रारंभ किया गया और इसी दौरान भारतीय विदेश नीति में अमेरिका और पश्चिम का विरोध भी किया गया।

इंदिरा गांधी के कार्यकाल के दौरान भारतीय विदेश नीति में यथार्थवाद का प्रभावी विकास हुआ, परंतु इस परिवर्तन के बावजूद भारतीय विदेश नीति में आदर्शवादी तत्त्व निरंतर बने रहे, क्योंकि इंदिरा गांधी ने भी भारत की गुटनिरपेक्षता की नीति को बनाए रखा तथा उन्होंने साम्राज्यवादी एवं उपनिवेशवाद विरोधी नीति को आगे बढ़ाया। साथ ही साथ इंदिरा गांधी ने निःशस्त्रीकरण का जोरदार समर्थन किया और हिंद महासागर एवं दक्षिण एशिया में महाशक्तियों के हस्तक्षेप का विरोध किया।

2. जनता पार्टी (1977-1980)

मोरारजी देसाई ने अमेरिका के साथ बेहतर संबंध बनाने पर विशेष बल दिया और जनता पार्टी सरकार ने वास्तविक गुटनिरपेक्षता का नारा दिया। इसके अंतर्गत जनता पार्टी ने यह बताने का प्रयत्न किया कि भारतीय विदेश नीति का झुकाव सोवियत संघ की ओर अधिक है। इसे संतुलित करने की आवश्यकता है तथा उन्होंने अमेरिका के साथ संबंधों पर प्रभावी बल दिया। इसी का परिणाम था कि जनवरी,

1978 में अमेरिकी राष्ट्रपति जिमी कार्टर भारत की यात्रा पर आए, जो वर्ष 1959 में राष्ट्रपति आइजनहावर की भारत यात्रा के बाद किसी अमेरिकी राष्ट्रपति की पहली भारत यात्रा थी तथा स्वयं मोरारजी देसाई द्वारा भी वर्ष 1978 में अमेरिका की यात्रा की गई।

जनता पार्टी सरकार के विदेश मंत्री अटल बिहारी वाजपेयी द्वारा इसी समय चीन की यात्रा की गई, परंतु चीन के वियतनाम आक्रमण के कारण वे तुरंत वापस लौट आए व चीन के साथ संबंधों को सामान्य करने का प्रयत्न भी असफल रहा। जनता पार्टी सरकार अमेरिका के साथ सुदृढ़ संबंधों का विकास नहीं कर सकी, क्योंकि वर्ष 1979 में सोवियत संघ की सेनाओं ने अफगानिस्तान में हस्तक्षेप किया। सोवियत संघ के इस हस्तक्षेप के विरोध में अमेरिका ने पाकिस्तान का प्रयोग फ्रंट लाइन राज्य के रूप में किया। अमेरिका एवं पाकिस्तान की बढ़ती मित्रता के कारण भारत एवं अमेरिकी संबंधों में लगातार दूरी बनती गई। अतः शासन के परिवर्तन के बावजूद भारतीय विदेश नीति में कोई आमूल-चूल परिवर्तन नहीं हुआ।

3. कांग्रेस की वापसी (1980-1989)

इंदिरा गांधी वर्ष 1980 में पुनः प्रधानमंत्री बनीं। उन्होंने देश के आर्थिक विकास पर अधिक बल दिया। उन्होंने सोवियत संघ के साथ मित्रता को प्रभावी बनाया एवं दक्षिण एशिया तथा हिंद महासागर के क्षेत्र को महाशक्तियों की प्रतिस्पर्धा से दूर रखने की नीति अपनाई। इस दौरान विदेश नीति में अमेरिकी विरोध व पश्चिमी विरोध लगातार बना रहा। वर्ष 1974 में 'नव-अंतर्राष्ट्रीय आर्थिक व्यवस्था' (NIEO) की मांग की गई। इस दौरान सोवियत संघ की आर्थिक स्थिति कमजोर हो रही थी तथा जापान और दक्षिण-पूर्वी देशों की अर्थव्यवस्था तेजी से भाग रही थी। इसी दौरान चीन द्वारा भी आर्थिक विकास की नीति अपनाई गई थी।

प्रधानमंत्री इंदिरा गांधी की हत्या वर्ष 1984 में कर दी गई तथा कांग्रेस पार्टी द्वारा उनके पुत्र राजीव गांधी को प्रधानमंत्री बनाया गया। राजीव गांधी ने तकनीकी और आर्थिक विकास पर बल दिया। उन्होंने भारतीय अर्थव्यवस्था को उदारीकृत करने का भी प्रयत्न किया। उन्होंने अमेरिका से तकनीकी विशेषकर कंप्यूटर तकनीकी और जापान के ऑटोमोबाइल उद्योग को भारत लाने का प्रयत्न किया। राजीव गांधी की विदेश नीति की सबसे बड़ी पहल वर्ष 1988 में चीन की यात्रा थी, जिसके अंतर्गत उन्होंने चीन के साथ संबंधों को सामान्य बनाने का प्रयत्न किया। राजीव गांधी के अनुसार, भारत एवं चीन के मध्य का सीमा विवाद एक जटिल मुद्दा है, जिसे धीरे-धीरे हल किया जाएगा। चीन के साथ अन्य क्षेत्रों में संबंध बनाने पर बल दिया। अतः सीमा विवाद को चीन के साथ संबंधों को सामान्य बनाने में बाधा नहीं माना जाएगा।

राजीव गांधी ने भारत की विदेश नीति के आदर्शवादी तत्त्वों को नहीं छोड़ा और वर्ष 1988 में उन्होंने संयुक्त राष्ट्र संघ में भाषण देते हुए कहा कि पूरी दुनिया से 20 वर्षों की निश्चित समय सीमा के भीतर परमाणु हथियारों को समाप्त कर दिया जाना चाहिए। राजीव गांधी के कार्यकाल के दौरान भारत के उसके पड़ोसी देशों के साथ संबंध अत्यधिक प्रतिकूल हुए।

भारत एवं नेपाल के बीच पारगमन मार्ग को लेकर विवाद उत्पन्न हुआ। राजीव गांधी ने हिंद महासागर क्षेत्र में महाशक्तियों की उपस्थिति का विरोध किया।

4. 1990 के बाद वैश्विक परिवर्तन

वर्ष 1989 में सोवियत संघ का विघटन हो गया तथा रूस, सोवियत संघ का उत्तराधिकारी बना। विश्व राजनीति में वैचारिक संघर्ष एवं शीत युद्ध की समाप्ति, साथ ही अमेरिका और रूस के मध्य बेहतर संबंधों की स्थापना हुई। दुनिया में वैश्वीकरण एवं उदारीकरण का प्रभाव बढ़ा, जिससे क्षेत्रीय आर्थिक संगठनों का विकास हुआ। वारसा नामक सैन्य संगठन का विघटन हो गया तथा विश्व एकध्रुवीय बन गया, जिसे कुछ लोगों ने ध्रुवविहीन विश्व का नाम दिया। अमेरिका इस एकध्रुवीय विश्व का नियंत्रणकर्ता बन गया। वर्ष 1971 के बाद हथियारों के आयात के लिए भारत पूर्णतः सोवियत संघ पर निर्भर हो गया था। सोवियत संघ के विघटन के बाद हथियारों की आपूर्ति को लेकर रूस के प्रति संशय उत्पन्न हो गया। वर्ष 1990 के पहले भारत का सबसे बड़ा द्विपक्षीय व्यापार सोवियत संघ के साथ था। सोवियत संघ के विघटन से आयात और निर्यात का भी संकट उत्पन्न हो गया, क्योंकि सोवियत संघ की अर्थव्यवस्था धराशायी हो गई। इसलिए भारत द्वारा सोवियत संघ के लिए होने वाला निर्यात लगभग समाप्त हो गया।

शीत युद्धोत्तर युग में भारत की स्थिति

भारतीय अर्थव्यवस्था वर्ष 1990 के दौरान संकटग्रस्त हो गई और भारत की आर्थिक विकास दर एक प्रतिशत तक सीमित

हो गई। देश में इस दौरान मंदिर निर्माण का आंदोलन चल रहा था तथा आरक्षण के लिए भी आंदोलन जारी था। देश की आर्थिक साख दांव पर लग गई एवं देश के लोकतंत्र के इतिहास में पहली बार वर्ष 1989 में राष्ट्रीय मोर्चे की सरकार का निर्माण हुआ, जिसका लोक सभा में पूर्ण बहुमत नहीं था। विश्वनाथ प्रताप सिंह के नेतृत्व में सरकार का गठन किया गया, जो भारतीय जनता पार्टी और साम्यवादी दलों के बाहरी समर्थन पर निर्भर थी। यह सरकार अस्थायी साबित हुई, क्योंकि सरकार अनेक दलों के समर्थन पर आधारित थी। वर्ष 1991 में पुनः लोक सभा चुनाव हुआ और नरसिम्हा राव की अल्पमत सरकार का निर्माण हुआ।

भारत विदेशी वस्तुओं के आयात के लिए विदेशी मुद्रा का भुगतान करने में अक्षम हो गया और भारत के समक्ष भुगतान के संतुलन का संकट (BOP) उत्पन्न हो गया।

शीत युद्ध के बाद विदेश नीति में परिवर्तन

स्वतंत्रता के बाद पहली बार भारतीय विदेश नीति में गुणात्मक परिवर्तन हुआ। नेहरू द्वारा निर्मित समाजवाद और गुटनिरपेक्ष विदेश नीति में परिवर्तन किया गया तथा विचारधारा के बजाय, राष्ट्रीय हितों को प्राथमिकता प्रदान की गई, जिसे व्यावहारिक (Pragmatic) विदेश नीति भी कहा जाता है। नरसिम्हा राव (प्रधानमंत्री) और डॉ. मनमोहन सिंह (वित्त मंत्री) ने भारतीय आर्थिक नीति में भारी परिवर्तन किया और उदारीकरण की नीति अपनाई तथा सार्वजनिक उद्यमों की प्राथमिकता के सिद्धांत का परित्याग कर दिया गया। उदारीकरण और भूमंडलीकरण के युग में व्यापार, निवेश एवं वाणिज्य पर बल प्रदान किया गया। विदेश नीति में अमेरिका के साथ संबंध बनाने पर मूल बल प्रदान किया गया, क्योंकि शीत युद्ध की समाप्ति के बाद अमेरिका विश्व की एकमात्र महाशक्ति बनकर उभरा। इसलिए अमेरिका के साथ संबंध भारत के लिए विकल्प न होकर एक अनिवार्य आवश्यकता थी। अमेरिका के कारण भारत को 'अंतर्राष्ट्रीय मुद्रा कोष' (IMF) से बड़ी मात्रा में आर्थिक सहायता प्रदान की गई, जिससे भारत का आर्थिक संकट समाप्त हुआ।

'पूर्व की ओर देखो' की नीति

भारत द्वारा आसियान देशों के साथ आर्थिक संबंधों पर अत्यधिक बल दिया गया। वर्ष 1992 में भारतीय विदेश नीति में 'पूर्व की ओर देखो' की नीति को अपनाया गया और आसियान देशों (दक्षिण-पूर्व एशिया के देशों का समूह) के साथ आर्थिक संबंधों को अत्यधिक सुदृढ़ करने पर बल दिया गया, क्योंकि ये क्षेत्र आर्थिक विकास के प्रभावी केंद्र के रूप में उभर रहे थे। 'पूर्व की ओर देखो' नीति के अंतर्गत भारत ने दक्षिण कोरिया, ऑस्ट्रेलिया, न्यूज़ीलैंड एवं जापान जैसे देशों के साथ भी संबंध सुदृढ़ करने पर बल दिया। शीत युद्ध के बाद भारतीय विदेश नीति में सक्रिय यथार्थवाद देखा गया। उदाहरण के लिए, भारत ने म्यांमार के सैन्य शासन से भी मित्रतापूर्ण संबंध स्थापित किए।

नरसिम्हा राव सरकार ने चीन के साथ संबंधों को सुधारने पर विशेष बल दिया। भारतीय विदेश नीति में आर्थिक तत्त्व प्रभावी बनकर उभरे और भारत द्वारा दक्षेस (SAARC) को आर्थिक रूप से प्रभावी बनाने पर बल दिया गया। वर्ष 1992 में भारत ने इजरायल के साथ भी कूटनीतिक संबंधों की स्थापना की, जो विदेश नीति में बड़ा परिवर्तन था। वर्ष 1992 के पहले भारत ने फिलिस्तीन के साथ मित्रतापूर्ण संबंधों का निर्माण किया था और फिलिस्तीन के समर्थन के कारण इजरायल के साथ कूटनीतिक संबंध स्थापित नहीं किए गए, क्योंकि इजरायल ने फिलिस्तीनियों की भूमि पर नियंत्रण कर लिया था। परंतु वर्ष 1992 में इजरायल के साथ कूटनीतिक संबंध स्थापित हो गए और फिलिस्तीन के साथ परंपरागत संबंध बने रहे। अतः विदेश नीति में व्यावहारिकता और मध्यम मार्ग पर बल प्रदान किया गया। यूरोपीय यूनियन (EU) के साथ आर्थिक संबंधों के विकास पर बल दिया गया तथा विदेश नीति में निवेश, व्यापार एवं निर्यात को केंद्रीय महत्त्व दिया गया। अफ्रीका और लैटिन अमेरिका के साथ आर्थिक और व्यापारिक संबंधों पर भी बल दिया गया।

5. गुजराल सिद्धांत

भारतीय विदेश नीति में वर्ष 1990 के बाद पड़ोसी देशों के प्रति बहुत बड़ा परिवर्तन हुआ तथा इस नीति को 'गुजराल सिद्धांत' का नाम दिया जाता है, क्योंकि वर्ष 1996 में गुजराल विदेश मंत्री थे, उन्होंने पड़ोसी देशों के साथ संबंध बनाने में पारस्परिकता की मान्यता को परिवर्तित किया और

1. पड़ोसी देशों को एकतरफा छूट देने की रणनीति अपनाई और छोटे पड़ोसी देशों के साथ बराबरी का व्यवहार नहीं किया जाएगा। चीन एवं पाकिस्तान के अलावा सभी देशों को छोटे पड़ोसी देशों में शामिल किया गया।

2. गुजराल सिद्धांत के अनुसार सभी पड़ोसी देशों के साथ विवादों का समाधान द्विपक्षीय एवं शांतिपूर्ण रूप में होना चाहिए।

3. दक्षिण एशिया का कोई भी देश अपनी भूमि का प्रयोग दूसरे के विरुद्ध नहीं करेगा।

4. दक्षिण एशिया के सभी देशों की प्रादेशिक एकता एवं अखंडता का सम्मान किया जाएगा।

5. किसी भी देश के आंतरिक मामलों में हस्तक्षेप नहीं होगा।

एकतरफा छूट के लाभ-

(i) छोटे पड़ोसी देशों का आर्थिक विकास होगा, एवं सीमाएं शांत रहेंगी।

(ii) पड़ोसी देशों में चीन का प्रभाव भी कम होगा।

(iii) वर्तमान उदारीकरण के युग में भारत को आर्थिक लाभ होगा, क्योंकि छोटे पड़ोसी देशों के साथ द्विपक्षीय व्यापार में व्यापारिक लाभ भारत के पक्ष में है।

वर्तमान मोदी सरकार द्वारा गुजराल सिद्धांत को ही पड़ोसी पहले की नीति (Neighbour First Policy) के रूप में लागू किया गया है। अतः छोटे पड़ोसी देशों के प्रति भारत का दृष्टिकोण बड़े भाई (Elder Brother) की भांति होना चाहिए, जिसके अनुसार छोटे पड़ोसी देशों को आवश्यकता के अनुसार सहायता प्रदान करनी चाहिए। पड़ोसी देशों के साथ बिग ब्रदर (Big Brother) का व्यवहार नहीं होना चाहिए। अतः पड़ोसियों के प्रति आधिपत्यपूर्ण दृष्टिकोण हानिकारक है।

6. वाजपेयी का कार्यकाल (1998-2004)

वर्ष 1998 में भारत द्वारा पोखरण परमाणु परीक्षण किया गया। भारत ने इस परमाणु परीक्षण का उद्देश्य निर्धारित करते हुए कहा कि यह न्यूनतम परमाणु प्रतिरोधक क्षमता के विकास के लिए है। अतः भारत का यह परमाणु परीक्षण वर्ष 1974 के परमाणु परीक्षण से भिन्न था, क्योंकि इससे परमाणु हथियारों के विकास का लक्ष्य निर्धारित किया गया, क्योंकि पाकिस्तान ने चीन की सहायता से परमाणु हथियारों का विकास कर लिया था। विचारकों के अनुसार, भारत ने एक महाशक्ति के दर्जे का दावा प्रस्तुत किया, क्योंकि परमाणु परीक्षण के साथ ही भारत ने संयुक्त राष्ट्र सुरक्षा परिषद की स्थायी सदस्यता का भी दावा प्रस्तुत कर दिया।

अटल बिहारी वाजपेयी के कार्यकाल में पाकिस्तान के साथ संबंधों को मधुर बनाने के लिए 'लाहौर घोषणा-पत्र (1999)' एक महत्त्वपूर्ण उपलब्धि थी। वाजपेयी के कार्यकाल में अमेरिका के साथ संबंधों को बेहतर बनाने पर महत्त्वपूर्ण बल प्रदान किया गया। इसी संबंध में वाजपेयी तथा अमेरिकी राष्ट्रपति बिल क्लिंटन के मध्य वर्ष 2000 में 'भारत एवं अमेरिका संबंध : 21वीं शताब्दी की दृष्टि का घोषणा-पत्र' (India-US Relations: A Vision for the 21st Century) नामक समझौते पर हस्ताक्षर किए गए। वाजपेयी के कार्यकाल के दौरान वर्ष 2000 में रूसी राष्ट्रपति व्लादिमीर पुतिन की भारत यात्रा के दौरान भारत और रूस के मध्य रक्षा सहयोग समझौते पर हस्ताक्षर किए गए।

इस समय भारत का एक आर्थिक महाशक्ति के रूप में उभार हुआ तथा भारत द्वारा विविधांगीय विदेश नीति को अपनाया गया। इसका अभिप्राय है कि भारत द्वारा सभी देशों के साथ राष्ट्रीय हितों के आधार पर संबंध निर्मित करने पर बल दिया गया। ईरान के साथ मित्रतापूर्ण संबंधों का विकास किया गया तथा इजरायल के साथ नवीन संबंधों का निर्माण किया गया। ईरान और इजरायल एक-दूसरे के विरोधी हैं, परंतु भारत द्वारा दोनों देशों के साथ समानांतर संबंधों का विकास किया गया। सऊदी अरब के साथ सामरिक संबंधों के निर्माण की पहल अत्यधिक महत्त्वपूर्ण थी, क्योंकि परंपरागत रूप में सऊदी अरब, पाकिस्तान का समर्थन करने वाला देश है। सऊदी अरब और ईरान के बीच अत्यधिक कटु संबंध हैं, परंतु भारत द्वारा दोनों देशों के साथ अलग-अलग संबंधों का विकास किया गया है। वर्ष 2001 के उपरांत भारत एवं अमेरिका के संबंध तेजी से आगे बढ़े और सितंबर, 2003 के बाद भारतीय विदेश नीति में 'आतंक के विरुद्ध युद्ध' में अमेरिका के सहयोग का निर्णय किया गया। भारत ने पूरी दुनिया को यह बताने का प्रयत्न किया कि भारत विगत् दो दशकों से सीमापार आतंकवाद से प्रभावित है। इसलिए भारतीय विदेश नीति में आतंकवाद एक बड़ा मुद्दा बनकर उभरा।

7. महाशक्ति के रूप में उभार

भारत एवं अमेरिकी संबंधों में वर्ष 2001 के बाद निर्णायक वृद्धि हुई। वर्ष 2005 का भारत एवं अमेरिकी सिविल परमाणु समझौता भारत एवं अमेरिकी संबंधों में एक महत्त्वपूर्ण घटना है। यह समझौता दोनों देशों के मध्य केवल ऊर्जा उत्पादन के लिए न होकर दोनों देशों के मध्य सामरिक संबंधों को शक्तिशाली बनाता है, क्योंकि इस समझौते से भारत को समूचे विश्व में उत्तरदायी राज्य का दर्जा प्राप्त हो गया।

भारत, विश्व का एकमात्र ऐसा देश है, जिसने परमाणु अप्रसार संधि (NPT) पर हस्ताक्षर नहीं किए हैं, फिर भी उसे परमाणु तकनीकी और परमाणु ईंधन प्राप्त हो रहे हैं। भारत ने वर्ष 2003 के बाद ईरान जैसे देशों के साथ मधुर और मित्रतापूर्ण संबंधों को विकसित किया। वर्तमान में भारत क्रमश: रूस, फ्रांस, संयुक्त राज्य अमेरिका से सबसे अधिक मात्रा में हथियारों का आयात कर रहा है। इतना ही नहीं, भारत वर्तमान में विश्व में रक्षा सामग्री एवं हथियारों का बड़ा आपूर्तिकर्ता देश भी बन गया है। भारतीय विदेश नीति में यह यथार्थवाद का परिचायक है। भारत एक महाशक्ति है। इसलिए उसके हित अत्यधिक व्यापक और विविधतापूर्ण हैं और भारत के लिए सभी प्रकार के संबंधों का अपना विशेष महत्त्व है। यह उल्लेखनीय है कि वर्ष 1997 के आर्थिक संकट के बाद वैश्विक आर्थिक गतिविधियों के संबंध में विचार-विमर्श के लिए समूह 20 (G-20) की स्थापना हुई। इस समूह में अमेरिका, जर्मनी, जापान जैसे विकसित देश तथा भारत, चीन एवं ब्राजील जैसे विकासशील देश भी शामिल हैं। यह भी उल्लेखनीय है कि विश्व शक्ति का केंद्र एशिया-प्रशांत क्षेत्र बनकर उभर रहा है।

8. भारत और तीसरी दुनिया (Global South)

वर्तमान समय में भारत का उभार एक महाशक्ति के रूप में हुआ है। परंतु इसका अभिप्राय यह नहीं है कि भारत के सरोकार अब तीसरी दुनिया के देशों के साथ नहीं हैं, बल्कि भारत आज भी दक्षिण-दक्षिण एकता (विकासशील देशों की एकता) पर प्रभावी बल प्रदान कर रहा है। भारत, विकासशील देशों के साथ मिलकर विकसित देशों द्वारा संचालित भेदभाव की नीतियों का विरोध कर रहा है। वर्ष 2003 में इब्सा (IBSA) की स्थापना हुई, जिसमें भारत, ब्राजील और दक्षिण अफ्रीका सम्मिलित हैं। वर्ष 2009 में ब्रिक्स (BRICS) की स्थापना भारत के बहुपक्षीय कूटनीति का प्रमाण है। ब्रिक्स में ब्राजील, रूस, भारत, चीन और दक्षिण अफ्रीका सदस्य हैं। आज भी पर्यावरण के मुद्दे पर एवं विश्व व्यापार संगठन की वार्ताओं के मुद्दों पर भारत के हित विकासशील देशों के हितों के समान हैं।

9. मनमोहन सिंह का कार्यकाल (2004-2014)

डॉ. मनमोहन सिंह के नेतृत्व में वर्ष 2004 में बनी यू.पी.ए. (UPA) सरकार ने भी एन.डी.ए. (NDA) सरकार की विदेश नीति को आगे बढ़ाया। वर्ष 2005 में सुदूरवर्ती पड़ोसी (Extended Neighbourhood) नीति के अंतर्गत दक्षिण-पूर्व एशिया एवं पश्चिम एशिया के साथ संबंध बनाने पर बल दिया गया। वर्ष 2005 में 'पश्चिम की ओर देखो' नीति अपनाई गई। वर्ष 2008 के बाद विश्व में व्याप्त आर्थिक मंदी से भारतीय अर्थव्यवस्था और विदेश नीति प्रभावित हुई। भारत ने इस बिंदु पर बल दिया कि विश्व अर्थव्यवस्था के प्रबंध में विकासशील देशों की भूमिका में वृद्धि होनी चाहिए। भारत ने भूमंडलीकरण को सर्वसमावेशी बनाने पर बल दिया और वर्तमान विश्व अर्थव्यवस्था प्रणाली [ब्रेटेनवुड्स संस्थाओं (IMF, World Bank) और WTO] में सुधार की मांग कर रहा है।

वर्ष 2010 में सुरक्षा परिषद के सभी पांचों स्थायी सदस्य राष्ट्रों के राष्ट्राध्यक्षों ने भारत की यात्रा की, जिसमें अमेरिकी राष्ट्रपति बराक ओबामा की यात्रा अत्यधिक उल्लेखनीय है। अमेरिकी राष्ट्रपति ने पहली बार संयुक्त राष्ट्र सुरक्षा परिषद की स्थायी सदस्यता हेतु भारत का समर्थन किया और कहा कि भारत, एक महाशक्ति के रूप में उभर चुका है। अमेरिका सहित अन्य देशों ने सीमापार आतंकवाद के मुद्दे पर भारत के पक्ष का समर्थन किया। भारतीय विदेश नीति में अमेरिका के साथ संबंधों को प्रगाढ़ बनाया जा रहा है। चीन के उभार (Rising China) से दक्षिण एशिया और विश्व राजनीति में बड़ा परिवर्तन हो रहा है। विदेश नीति में पड़ोसी का कोई विकल्प नहीं होता इसलिए चीन के साथ संबंध बेहतर बनाना भारतीय विदेश नीति के समक्ष सबसे बड़ी चुनौती है। चीन के शक्तिशाली उभार के परिणामस्वरूप भारत अपनी रक्षा तैयारियों को और बेहतर बना रहा है।

दूसरी तरफ, चीन के साथ व्यापारिक और आर्थिक संबंधों पर भी बल दिया जा रहा है। भारत-अमेरिका और भारत-जापान के बढ़ते संबंध चीन के विरुद्ध नहीं हैं क्योंकि भारत-चीन संबंध अलग हैं तथा भारत के अमेरिका एवं जापान के साथ संबंध अलग हैं। इसलिए चीन के प्रति भारत को स्वतंत्र नीति का निर्माण करना चाहिए। चीन के प्रति भारतीय विदेश नीति अमेरिका निर्देशित नहीं है, न ही होनी चाहिए। भारत द्वारा वर्ष 2012 में मध्य एशियाई देशों को जोड़ने (Connect Central Asia) की नीति की घोषणा की गई।

10. नरेन्द्र मोदी का कार्यकाल (2014-)

भारत में गठबंधन सरकार के युग का अंत हुआ और भारतीय जनता पार्टी को पूर्ण बहुमत प्राप्त हुआ। नरेन्द्र मोदी देश के नए

प्रधानमंत्री बने। मोदी ने विदेश नीति पर अपना ध्यान केंद्रित किया। उन्होंने अपने कार्यकाल में कई देशों की यात्राएं कीं और विदेशी संबंधों को मजबूत बनाने की पहल की।

(i) विदेश नीति में निर्णायक परिवर्तन

वर्ष 2014 के बाद सरकार द्वारा अमेरिका और चीन दोनों के साथ समानांतर संबंधों के निर्माण का प्रयास किया गया, परंतु वर्ष 2020 में लद्दाख क्षेत्र की गलवान घाटी में चीन-भारत के बीच हुई हिंसक झड़प के बाद भारत द्वारा अमेरिका के साथ सामरिक संबंधों पर सर्वाधिक महत्त्व दिया जा रहा है, क्योंकि वर्तमान विश्व में चीन और रूस के बीच संबंध मित्रतापूर्ण बने हुए हैं, इसलिए भविष्य में होने वाले भारत एवं चीन के बीच संघर्ष की स्थिति में रूस भारत की सहायता नहीं करेगा, इसलिए अमेरिका के साथ मित्रता चीन को प्रतिसंतुलित करने के लिए आवश्यक है।

(ii) मल्टी एलायनमेंट (Multi-alignment)

विदेश नीति में गुटनिरपेक्षता के अंतर्गत सामरिक संबंधों पर बल नहीं दिया गया था, परंतु मल्टी एलायनमेंट नीति के अंतर्गत अमेरिका के साथ सामरिक संबंधों के अलावा रूस, जापान, फ्रांस एवं जर्मनी के साथ संबंधों को प्रगाढ़ बनाया जा रहा है। भारत द्वारा क्वाड (QUAD) को सुदृढ़ करने पर बल दिया गया है। दूसरी ओर भारत संघाई सहयोग संगठन का सदस्य भी है।

(iii) वैक्सीन डिप्लोमेसी

भारत द्वारा सॉफ्ट पावर का प्रयोग करते हुए वैक्सीन मैत्री कूटनीति का प्रयोग किया गया, जिसके अंतर्गत भारत ने 100 से अधिक देशों को कोरोना महामारी से लड़ने के लिए वैक्सीन प्रदान किया, जिसमें अफगानिस्तान, बांग्लादेश, भूटान, श्रीलंका, मालदीव, म्यांमार, नेपाल, सेशेल्स, कंबोडिया, मंगोलिया जैसे देश प्रमुख हैं।

(iv) पहले पड़ोस की नीति

पहली बार किसी भारतीय प्रधानमंत्री द्वारा (2014 में) अपने शपथ ग्रहण समारोह में दक्षेस (SAARC) के सभी सदस्यों को आमंत्रित किया गया। प्रधानमंत्री की पहली विदेश यात्रा भारत के सबसे छोटे पड़ोसी देश भूटान के लिए निर्धारित की गई। प्रधानमंत्री द्वारा अपने कार्यकाल के पहले ही वर्ष में नेपाल, श्रीलंका एवं बांग्लादेश की यात्राएं की गईं और बांग्लादेश के साथ अत्यधिक महत्त्वपूर्ण अंतःक्षेत्रों के लेन-देन का समझौता (100वें संविधान संशोधन अधिनियम, 2015 द्वारा) किया गया, जो वर्ष 1974 से लंबित था। यह नीति गुजराल सिद्धांत से प्रभावित है, जो वर्ष 1996 में विदेश मंत्री रहे इंद्र कुमार गुजराल द्वारा लागू की गई थी।

(v) आर्थिक विकास

भारत को विनिर्माण का केंद्र बनाने के लिए सरकार द्वारा 'मेक इन इंडिया' का नारा दिया गया तथा भारत को विश्व के निवेश केंद्र के रूप में विकसित करने का प्रयत्न किया गया। भारत तेजी से प्रत्यक्ष विदेशी निवेश (FDI) आकर्षित कर रहा है। वित्त वर्ष 2023-24 में भारत ने 70.95 बिलियन डॉलर कुल प्रत्यक्ष विदेशी निवेश (Gross FDI) आकर्षित किया है। भारत को व्यापार के लिए सरल और सुविधाजनक देश के रूप में निर्मित किया जा रहा है और वर्तमान में भारत में निवेश के लिए इसे एक बेहतर विकल्प माना जा रहा है।

(vi) सांस्कृतिक कूटनीति

सांस्कृतिक कूटनीति द्वारा सरकार ने भारत की वैचारिक शक्ति को विस्तारित करने का प्रयत्न किया है तथा इसके द्वारा लोगों के बीच संबंधों को बढ़ाया जा रहा है। सांस्कृतिक कूटनीति पहले भी अपनाई गई थी, परंतु इसका प्रभावी प्रयोग वर्तमान सरकार द्वारा किया जा रहा है। प्रधानमंत्री ने जापान की यात्रा के लिए क्योटो शहर का चुनाव किया और वाराणसी तथा क्योटो के बीच बौद्ध धर्म के सांस्कृतिक संबंधों पर बल दिया। प्रधानमंत्री द्वारा म्यांमार यात्रा के दौरान भी सांस्कृतिक संबंधों द्वारा आर्थिक एवं व्यापारिक संबंधों को सुदृढ़ किया गया। भारत में पहली बार योग दिवस का सार्वजनिक आयोजन किया गया और समूचे विश्व में योग दिवस के कार्यक्रम आयोजित हुए, जो भारत की सॉफ्ट पावर को बढ़ाने में सहायक हैं।

(vii) एक्ट ईस्ट पॉलिसी

'पूर्व की ओर देखो' की नीति भारत द्वारा वर्ष 1992 में अपनाई गई, परंतु इसके व्यावहारिक क्रियान्वयन में अनेक प्रकार की बाधाएं बनी हुई हैं। इसलिए आधारभूत संरचना के बेहतर विकास द्वारा आसियान देशों के साथ संबंधों को सुदृढ़ करने पर बल दिया जा रहा है तथा दक्षिण कोरिया एवं जापान जैसे पूर्व में स्थित देशों के साथ संबंधों को बेहतर करने की रणनीति अपनाई जा रही है। इसलिए 'लुक ईस्ट पॉलिसी' की जगह पर 'एक्ट ईस्ट पॉलिसी' की जरूरत पर जोर दिया जा रहा है।

(viii) अनौपचारिक कूटनीति

प्रधानमंत्री मोदी ने वुहान में चीनी राष्ट्रपति शी जिनपिंग के साथ बातचीत की, जिसके माध्यम से विश्वास बढ़ाने पर बल दिया गया। इस वार्ता का कोई विशेष निर्धारित मुद्दा नहीं था, न ही वार्ता के बाद कोई घोषणा-पत्र जारी किया गया। प्रधानमंत्री द्वारा जापानी प्रधानमंत्री शिन्जो अबे के साथ अहमदाबाद में पतंगबाजी द्वारा तथा फ्रांसीसी राष्ट्रपति मैक्रान के साथ वाराणसी में गंगा में नौका विहार द्वारा व्यक्तिगत संबंधों को सुदृढ़ किया गया।

(ix) मुखर विदेश नीति (Assertive Policy)

डोकलाम विवाद पर चीन के भारी दबाव के बावजूद भारतीय सेना द्वारा पीछे हटने से इनकार किया गया, चीन की 'बेल्ट एंड रोड इनिशिएटिव' परियोजना (BRI)/वन बेल्ट वन रोड (OBOR) परियोजना को समर्थन नहीं दिया गया, पूर्व के देशों के साथ सैन्य संबंधों पर बल दिया गया, पाकिस्तान के विरुद्ध सर्जिकल स्ट्राइक द्वारा आत्म संयम की नीति में बदलाव दिखता है। सभी परियोजनाओं (विभिन्न देशों के साथ की गई संधियों के तहत परिवहन, संचार एवं ऊर्जा संबंधी परियोजनाएं) को समयबद्ध रूप में पूर्ण करके डेफिसिट डिलीवरी (Deficit Delivery) की समस्या को सीमित किया जा रहा है।

(x) प्रवासी (डायस्पोरा) को जोड़ने पर बल

वर्तमान सरकार की विदेश नीति में गुणात्मक परिवर्तन नहीं है, बल्कि परिवर्तन शैली का ज्यादा है। भारत द्वारा प्रवासियों को भारत से जोड़ने की नीति की शुरुआत वर्ष 1998 के बाद आरंभ हुई, परंतु वर्तमान सरकार द्वारा पहली बार सीधे प्रवासियों से भावनात्मक जुड़ाव स्थापित करने का प्रयत्न किया गया। प्रधानमंत्री मोदी की अमेरिका यात्रा के दौरान भारतीय मूल के अमेरिकी लोगों को प्रधानमंत्री द्वारा सार्वजनिक रूप में संबोधित किया गया। प्रधानमंत्री की ऑस्ट्रेलिया यात्रा के दौरान भी भारतीय मूल के लोगों के लिए सार्वजनिक कार्यक्रम आयोजित किया गया। प्रवासियों के साथ बेहतर संबंध द्वारा ही 'मेक इन इंडिया' जैसे कार्यक्रम को सफल बनाया जा सकता है तथा भारत में बड़ी मात्रा में निवेश आकर्षित किया जा सकता है।

(xi) सैन्य सामग्री में आत्मनिर्भरता

वर्तमान सरकार द्वारा राष्ट्रीय सुरक्षा को बेहतर करने के लिए सामरिक सहभागिता का सिद्धांत अपनाया गया है। इसके अंतर्गत भारत की निजी कंपनियों, जैसे– रिलायंस, महिंद्रा तथा विदेशों की निजी कंपनियों जैसे- राफेल, लॉकहीड मॉर्टिन के साथ रक्षा उत्पादन क्षेत्र में साझेदारी होगी। इसके अंतर्गत लड़ाकू जहाज, टैंक, परमाणु पनडुब्बी जैसे घातक हथियारों का भी निर्माण किया जाएगा। रक्षा उत्पादन में साझेदारी जो कि पहले 49 प्रतिशत (विदेशी कंपनी की) : 51 प्रतिशत (भारतीय कंपनी की) थी, अब उसमें विदेशी कंपनियों की सीमा को बढ़ाकर 74 प्रतिशत तक कर दिया गया है। अर्थात् रक्षा सामग्री उत्पादन में FDI की सीमा को बढ़ाकर 74 प्रतिशत तक कर दिया है। कोविड-19 महामारी के दौरान प्रधानमंत्री मोदी ने भी मई 2020 में आत्मनिर्भर भारत का नारा दिया था। भारत सरकार द्वारा हाल में जारी एक रिपोर्ट के अनुसार वित्त वर्ष 2023-24 में भारत का रक्षा निर्यात 21,083 करोड़ रुपये था। वित्त वर्ष 2013-14 की तुलना में भारत ने वित्त वर्ष 2023-24 में 31 गुना ज्यादा रक्षा निर्यात किया। वर्तमान में भारत 85 से अधिक देशों को रक्षा सामग्री का निर्यात कर रहा है, जिसमें मिसाइलें, रॉकेट, हेलिकॉप्टर, रडार एवं अन्य उपकरण शामिल हैं।

विदेश नीति की आलोचना

आलोचकों के अनुसार, भारतीय विदेश नीति के निर्माण में अभी भी नौकरशाहों का प्रभाव है तथा विशेषज्ञों का अभाव है। राष्ट्रीय सुरक्षा परिषद के गठन के बाद भी विदेश नीति के निर्धारण में नौकरशाहों का आधिपत्य स्वाभाविक रूप में देखा जा सकता है। विदेश नीति का निर्माण दीर्घकालिक लक्ष्यों के अनुसार नहीं किया जा रहा है, बल्कि विदेश नीति में तदर्थ अथवा अल्पकालिक निर्णय लिए जा रहे हैं। भारतीय विदेश नीति में सिद्धांतों का अभाव प्रतीत होता है, जिस प्रकार विदेश नीति के आरंभ में विभिन्न सिद्धांतों का निर्माण किया गया था। इसमें गुटनिरपेक्ष विदेश नीति का सिद्धांत प्रमुख है। विदेश नीति पहलकारी न होकर, प्रतिक्रियात्मक ज्यादा है। उदाहरण के लिए, चीन द्वारा अफ्रीकी महाद्वीप के देशों की बैठक बुलाई गई, जिसके बाद भारत ने भी अफ्रीकी महाद्वीप के देशों की बैठक का आयोजन किया। चीन द्वारा प्रशांत महासागरीय देशों की बैठक बुलाई गई, उसके बाद भारत ने भी इन देशों की बैठक बुलाने का प्रयास किया। इससे यह प्रतीत होता है कि भारतीय विदेश नीति-निर्माता, विदेश नीति के मूल लक्ष्यों को निर्धारित करने में विफल रहे हैं।

एक प्रभावशाली विदेश नीति के निर्माण के लिए अर्थव्यवस्था का शक्तिशाली होना भी आवश्यक है और भारतीय अर्थव्यवस्था

अभी भी कमजोर स्थिति में है। इसलिए भारत पड़ोसी देशों को पर्याप्त सहायता नहीं दे पाता है तथा जिस सहायता का आश्वासन दिया जाता है, उसमें भी अत्यधिक विलंब होता है। विदेश नीति द्वारा जितनी शीघ्रता से निर्णय लिए जाते हैं, उसे लागू करने में प्रतिबद्धता का अभाव दिखता है और वर्तमान उदारीकरण एवं निजीकरण के युग में विदेश नीति के निर्धारण में सरकारी लोगों के दबदबे के कारण प्रक्रियाएं जटिल बनाई गई हैं तथा औपचारिकता परिणाम से ज्यादा महत्त्वपूर्ण बन गई है।

विदेश नीति में स्थायित्व एवं परिवर्तन

विदेश नीति का निर्माण राष्ट्रीय हितों के अनुसार होता है। इसलिए भौगोलिक एकता एवं अखंडता बनाए रखना तथा आर्थिक विकास राष्ट्र की स्थायी आवश्यकताएं हैं। अतः शांतिपूर्ण सहअस्तित्व का सिद्धांत, स्वतंत्र विदेश नीति एवं संयुक्त राष्ट्र के सिद्धांतों को स्वीकार करना विदेश नीति के आवश्यक लक्षण है। वर्ष 1998 में भारत द्वारा परमाणु परीक्षण किया गया और भारत में परमाणु बम का निर्माण भी कर लिया गया है। लेकिन भारत अभी भी विश्व भर में परमाणु हथियारों के उन्मूलन का समर्थन करता है, बशर्ते विश्व के सभी देश अपने परमाणु हथियारों को समाप्त कर दें।

विदेश नीति घरेलू परिस्थितियों के अलावा क्षेत्रीय एवं वैश्विक वातावरण से प्रभावित होती है, जो निरंतर परिवर्तनशील होता है। इसीलिए वर्ष 1991 में भारत द्वारा उदारीकरण एवं निजीकरण की नीति अपनाई गई। भारत द्वारा सुरक्षा परिषद की स्थायी सदस्यता की मांग की जा रही है तथा भारत ने परमाणु बम का निर्माण भी कर लिया जो विदेश नीति में महत्त्वपूर्ण परिवर्तन के प्रतीक हैं। इसीलिए विदेश नीति में परिवर्तन होना स्वाभाविक है, क्योंकि राष्ट्रीय हित समय के अनुसार परिवर्तित होते रहते हैं।

निष्कर्ष

राष्ट्र की विदेश नीति में स्थायित्व एवं निरंतरता दोनों तत्त्व विद्यमान होते हैं। प्रत्येक राज्य राष्ट्रीय हितों को पूर्ण करना चाहता है। परिवर्तित परिवेश के कारण राष्ट्रीय हित के मायने भी बदल जाते हैं। नेहरू से लेकर नरेन्द्र मोदी तक विदेश नीति की अनेक विशेषताएं स्थायी हैं, जबकि इनमें परिवर्तन भी देखे जा सकते हैं।

अध्याय 2

विदेश नीति के निर्धारक तत्त्व

Determinants of Foreign Policy

● विदेश नीति के निर्धारक तत्त्व ● भौगोलिक कारक ● जनसंख्या ● शासन प्रणाली ● आर्थिक विकास ● इतिहास एवं संस्कृति ● क्षेत्रीय वातावरण ● वैश्विक वातावरण ● सैन्य शक्ति ● नवीन वैश्विक व्यवस्था

भारत का आकार उपमहाद्वीपीय है। इसकी जनसंख्या लगभग 143 करोड़ है, जो विश्व की सर्वाधिक जनसंख्या है। भारत विश्व की सर्वाधिक प्राचीन एवं जीवंत सभ्यता है। भारत विश्व का सबसे विशाल लोकतंत्र है। सैन्य दृष्टिकोण से भारत की सेना चीन एवं अमेरिका के बाद तीसरी सबसे बड़ी सेना है। वायुसेना में भारत चौथे स्थान पर है। इसके पहले अमेरिका, रूस एवं चीन हैं। नौसेना (Navy) में अमेरिका, रूस, चीन, जापान, ब्रिटेन के बाद भारत का छठा स्थान है। इससे यह प्रतीत होता है कि भारत एक महाशक्ति है।

एक देश की विदेश नीति का निर्धारण अनेक कारकों द्वारा होता है, जिनमें उस देश का भौगोलिक आकार, भौगोलिक अवस्थिति एवं पर्यावरण जैसे कारक महत्त्वपूर्ण होते हैं। भू-भाग में पाए जाने वाले प्राकृतिक संसाधन, तकनीकी और पूंजीगत क्षमता, राजनीतिक व्यवस्था की प्रकृति या शासन प्रणाली, देश के इतिहास और संस्कृति द्वारा विदेश नीति प्रभावित होती है। इसके अतिरिक्त क्षेत्रीय और वैश्विक कारक भी विदेश नीति के महत्त्वपूर्ण निर्धारक तत्त्व हैं।

विदेश नीति के निर्धारक तत्त्व

भारत की विदेश नीति के निर्धारण में भौगोलिक, ऐतिहासिक, राजनीतिक व सामाजिक-आर्थिक कारकों का अत्यंत महत्त्वपूर्ण योगदान रहा है। इसके साथ ही क्षेत्रीय एवं वैश्विक वातावरण ने भी विदेश नीति को यह रूप देने में केंद्रीय भूमिका अदा की है।

1. भौगोलिक कारक

भू-भागया भौगोलिक कारकों द्वारा विदेश नीति अत्यधिक प्रभावित होती है, जिसे परंपरागत रूप में भू-राजनीति (geopolitics) की संज्ञा दी गई है। भू-भागीय कारकों में देश की अवस्थिति, आकार, स्थलाकृति इत्यादि कारक अत्यधिक महत्त्वपूर्ण होते हैं। भारत विश्व का सातवां सबसे बड़ा देश है, भारत का क्षेत्रफल 32,87,263 वर्ग किमी. है। भारत का हिंद महासागर क्षेत्र में स्थित होना विदेश नीति को प्रभावित करता है। भौगोलिक रूप में भारत का विशाल क्षेत्र हिमालय से घिरा हुआ है। भारतीय विदेश नीति के निर्माण में एवं सुरक्षा बनाए रखने के लिए हिमालय जैसे प्राकृतिक प्रहरी की भूमिका अत्यधिक महत्त्वपूर्ण है। वर्ष 1962 के युद्ध के बाद चीन ने लद्दाख और तिब्बत के मध्य स्थित महत्त्वपूर्ण दर्रों पर अपना नियंत्रण कायम कर लिया है और अक्साई चिन से होकर सिक्यांग-तिब्बत राजमार्ग का निर्माण किया गया है। इसके अतिरिक्त चीन ने नेपाल को जोड़ने वाले कुछ महत्त्वपूर्ण दर्रों, जिसमें कोदारी दर्रा भी शामिल है, पर भी अपना प्रभाव स्थापित किया है। चीन, अरुणाचल प्रदेश के एक बड़े भाग पर अपना दावा कर रहा है, जिससे भारतीय विदेश नीति स्पष्टतः प्रभावित होती

है। इसलिए विदेश नीति में हिमालयी राज्यों विशेषकर नेपाल, भूटान, म्यांमार के साथ संबंध बनाने पर विशेष बल दिया गया है, क्योंकि चीन जैसी महाशक्ति का सीमा पर स्थित होने से और उत्तर-पूर्वी राज्यों में व्याप्त आंतरिक सुरक्षा की समस्या से विदेश नीति पर अत्यधिक प्रभाव पड़ता है।

एक विशाल आकार का देश होने के कारण सुरक्षा व्यवस्था बनाए रखना बड़ी चुनौती होती है। पंडित जवाहरलाल नेहरू ने भारत की अवस्थिति के बारे में कहा है कि भारत की स्थिति एशिया में केंद्रीय है तथा दक्षिणी-पूर्वी एशिया एवं मध्य एशिया में होने वाली किसी भी घटना का प्रभाव भारतीय विदेश नीति पर पड़ता है। यद्यपि विशाल आकार राष्ट्रीय सुरक्षा के लिए लाभदायक भी होता है, क्योंकि कोई भी बाहरी सेना देश को आसानी से नियंत्रित नहीं कर सकती।

पाकिस्तान द्वारा अभी भी मध्य एशिया और पश्चिम एशिया के लिए भारत को पारगमन मार्ग उपलब्ध नहीं कराया जाता। हिंद महासागर भारत के व्यापार के लिए अत्यधिक महत्त्वपूर्ण है। परिणामस्वरूप भारत ने एक विशाल नौसेना का निर्माण किया है। वर्तमान युग में हिंद महासागर एक महत्त्वपूर्ण व्यापारिक, समुद्री एवं संचार मार्ग है। इसलिए भारत, हिंद महासागर को अपने प्रभाव क्षेत्र में बनाए रखना चाहता है और अमेरिका, जापान व सिंगापुर जैसे देशों के साथ मिलकर भारत ने हिंद महासागर में शांति एवं सुरक्षा बनाए रखने का निरंतर प्रयत्न किया है।

हिंद महासागर

हिंद महासागर भारत के दक्षिण में अवस्थित है और यह विश्व का तीसरा बड़ा महासागर है। यह तीन तरफ से महाद्वीपों से घिरा हुआ है। इस महासागर का क्षेत्रफल 7.2 करोड़ वर्ग किमी. है। हिंद महासागर में भारत की केंद्रीय एवं प्रभुत्वपूर्ण स्थिति इसे वैश्विक महत्त्व की भूमिका निभाने में सहायता प्रदान करती है। हिंद महासागर विशेषकर स्वेज नहर से मलक्का जलसंधि के बीच अपने प्रभाव को बनाए रखने के लिए भारत द्वारा वर्ष 1999 में सुदूर पूर्वी नौसैनिक कमांड की स्थापना अंडमान एवं निकोबार द्वीप समूह में की गई। यह उल्लेखनीय है कि म्यांमार का कोकोद्वीप, जहां चीन ने एक नौसैनिक अड्डे का विकास किया है, इस सैनिक कमांड से यह मात्र 40 किमी. दूर है। भारत और इंडोनेशिया के मध्य वर्ष 2001 में एक सैन्य समझौता हुआ। इसलिए हिंद महासागर सुरक्षा और आर्थिक दोनों कारणों से भारत के लिए अत्यधिक महत्त्वपूर्ण है। वर्ष 1997 में 'इंडियन ओशियन रिम एसोसिएशन फॉर रीजनल को-ऑपरेशन' (हिमतक्षेस) की स्थापना हुई। इसके अतिरिक्त बिम्सटेक (BIMSTEC) की स्थापना भी वर्ष 1997 में हुई। वर्ष 2000 में गंगा-मेकांग परियोजना को आगे बढ़ाया गया। डियागो गार्सिया में पहले ही अमेरिका का सैनिक अड्डा बना हुआ है।

उभरते चीन ने हिंद महासागर में अपने प्रभाव को बनाए रखने के लिए 'स्ट्रिंग ऑफ पर्ल्स' की नीति को बढ़ावा दिया, जिसका अभिप्राय है, हांगकांग से लेकर सूडान के पत्तन तक समुद्री संचार पर चीन का नियंत्रण बना रहे, जिसमें मलक्का जलसंधि से होर्मुज जलसंधि तक चीन अपना प्रभाव बनाए रखना चाहता है। इसके अंतर्गत चीन द्वारा पाकिस्तान (ग्वादर पत्तन), बांग्लादेश (चटगांव), मालदीव, हैम्बनटोटा द्वीप (श्रीलंका), कोकोद्वीप (म्यांमार) और सोमालिया तक अपने नौसैनिक हितों को बनाए रखना है। 'स्ट्रिंग ऑफ पर्ल्स' के सिद्धांत के बारे में अमेरिका के रक्षा विभाग द्वारा निर्मित रिपोर्ट 'एशिया में ऊर्जा का भविष्य' में उल्लेख किया गया। क्रिस्टोफर प्रियर्सन ने इसको व्याख्यायित करते हुए कहा कि 'स्ट्रिंग ऑफ पर्ल्स' चीन के उभरते भू-राजनीतिक प्रभाव का परिणाम है, जिसके द्वारा चीन पत्तन (बंदरगाह) और वायु सेना अड्डों पर अपनी पहुंच बेहतर करना चाहता है। विभिन्न राज्यों के साथ बेहतर कूटनीतिक संबंध बनाना, चीनी सेना का आधुनिकीकरण करके दक्षिणी चीन सागर, मलक्का की संधि, हिंद महासागर और पर्शिया की खाड़ी तक अपने प्रभाव का विस्तार करना है। ऐसा माना जा रहा है कि 21वीं शताब्दी में अमेरिका के अतिरिक्त चीन और भारत, हिंद महासागर में प्रतिस्पर्धा बनाए रखने वाले मूल देश होंगे।

2. जनसंख्या

वर्तमान में भारत विश्व की सर्वाधिक जनसंख्या वाला देश है। भारत की जनसंख्या लगभग 143 करोड़ है। भारत में विश्व की कुल जनसंख्या की लगभग 18 प्रतिशत जनसंख्या निवास करती है, वहीं इसका क्षेत्रफल विश्व के कुल क्षेत्रफल का मात्र 2.4 प्रतिशत है। भारत की विशाल जनसंख्या भी विदेश नीति को प्रभावित करती है, क्योंकि विशाल जनसंख्या के लिए खाद्य सुरक्षा बनाए रखना और मानवीय विकास की मूलभूत सुविधाएं प्रदान करना

एक बड़ी चुनौती है। अभी भी भारत की एक बड़ी आबादी भुखमरी और गरीबी का शिकार है, जिसका स्पष्ट प्रभाव विदेश नीति पर पड़ता है। एक ओर, बेहतर मानवीय संसाधन के कारण देश का तीव्र विकास हो रहा है, तो दूसरी ओर, भारत को एक महाशक्ति के रूप में बनाए रखने के लिए गरीबी, अशिक्षा एवं कुपोषण जैसी समस्याओं को दूर करना महत्त्वपूर्ण चुनौती है।

जनसंख्या का प्रभाव विदेश नीति पर केवल आंतरिक ही नहीं होता, अपितु अनेक देशों में प्रवासी भारतीयों और भारतीय मूल के लोगों के कारण भी विदेश नीति प्रभावित होती है। उदाहरण के लिए, श्रीलंका में जारी नृजातीय संघर्ष से भारत अत्यधिक प्रभावित हुआ, क्योंकि तमिल मूल के लोगों का संबंध भारत से था। दूसरी ओर, भारत-अमेरिका संबंधों के प्रगाढ़ होने में अमेरिका में रह रहे भारतीय मूल के लोगों की भूमिका अत्यधिक महत्त्वपूर्ण है तथा इनकी बढ़ती भूमिका के कारण विदेश मंत्रालय में एक प्रभाग भारतीय मूल के लोगों का बनाया गया, जो अब एक मंत्रालय के रूप में विकसित हो चुका है।

3. शासन प्रणाली

विदेश नीति के निर्धारण में राजनीतिक व्यवस्था की अहम् भूमिका होती है। दुनिया का सबसे बड़ा लोकतांत्रिक देश होने के कारण भारत ने सदैव शांतिपूर्ण सहअस्तित्व पर बल दिया तथा विश्व में लोकतंत्र के प्रसार का समर्थन किया। वर्तमान समय में अनेक विकसित लोकतांत्रिक देशों ने भारत के लोकतंत्र को स्थायी लोकतंत्र का दर्जा दिया। अमेरिका, यूरोपीय यूनियन एवं जापान जैसे लोकतांत्रिक देशों के साथ निरंतर मजबूत होते संबंध लोकतांत्रिक व्यवस्था के महत्त्व को प्रदर्शित करते हैं। यह उल्लेखनीय है कि लोकतांत्रिक शासन प्रणाली में अनेक दलों का अस्तित्व होता है। वर्ष 1990 के बाद बनने वाली गठबंधन सरकारों के दौर में गठबंधन सहयोगियों के मध्य विदेश नीति से संबंधित मुद्दों पर मतभेद उत्पन्न हुए, जिसमें सबसे उल्लेखनीय मतभेद वर्ष 2005 में किए गए भारत-अमेरिका सिविल परमाणु समझौते के मुद्दे पर देखा गया, जहां वामपंथी दल एवं कांग्रेस के मध्य स्पष्ट मतभेद उभरे।

भारतीय लोकतंत्र में संसदीय शासन प्रणाली के साथ संघात्मक व्यवस्था को भी अपनाया गया है। इसलिए विदेश नीति के निर्माण में राज्य सरकारों की भूमिका भी महत्त्वपूर्ण हो जाती है। उदाहरण के लिए, श्रीलंका में जारी तमिल संघर्ष मुद्दे पर तमिलनाडु सरकार द्वारा संघ सरकार पर दबाव बनाने का प्रयत्न किया गया। शीत युद्धोत्तर विश्व में भी भारत ने लोकतंत्र के प्रसार का समर्थन किया है, लेकिन भारत की स्पष्ट मान्यता है कि वह किसी देश पर लोकतंत्र को बाहर से आरोपित नहीं करेगा। इसलिए भारत एवं म्यांमार के मध्य संबंधों को मधुर बनाया गया। वर्तमान समय में भारत में विद्यमान सांप्रदायिकता, नृजातीय संघर्ष और नक्सलवाद जैसी समस्या से विदेश नीति स्पष्ट रूप में प्रभावित होती है। इसलिए इन समस्याओं को हल करना विदेश नीति की मूल चुनौती है।

4. आर्थिक विकास

वर्तमान में भारत विश्व की चौथी सबसे बड़ी अर्थव्यवस्था है (Nominal GDP के अनुसार), वहीं PPP (Purchasing Power Parity) आधारित GDP के अनुसार भारत विश्व की तीसरी सबसे बड़ी अर्थव्यवस्था है। तथा मुख्य अर्थव्यवस्थाओं में सबसे तीव्र गति से बढ़ती अर्थव्यवस्था है। भारत एक व्यापक बाजार है जो विश्व के देशों को आकर्षित करता है, साथ ही निवेश का महत्त्वपूर्ण गंतव्य है। भारत के विकास की व्यापक संभानताएं है। परिणामतः विदेश नीति में आर्थिक तत्त्वों की महत्ता बढ़ती जा रही है। देश का आर्थिक विकास भी विदेश नीति को अत्यधिक प्रभावित करता है। 'मेक इन इंडिया' कार्यक्रम द्वारा भारत में ज्यादा से ज्यादा निवेश आकर्षित करने का प्रयत्न किया जा रहा है। उदाहरण के लिए, भारत की बढ़ती आर्थिक वृद्धि दर को बनाए रखने के लिए भारत को विशाल मात्रा में ऊर्जा की आवश्यकता है, क्योंकि भारत मूलतः तेल पर पराश्रित राष्ट्र है। इसलिए पश्चिमी एशिया के साथ बेहतर संबंध बनाए रखने पर बल दिया जाता है। ऊर्जा सुरक्षा की रणनीति के अंतर्गत भारत का यह भी प्रयत्न है कि तेल के बजाय, गैस के उपयोग को ज्यादा से ज्यादा बढ़ाया जाए। इसलिए म्यांमार और तुर्कमेनिस्तान के साथ गैस पाइप लाइन बिछाने के प्रस्ताव पर विचार किया जा रहा है। भारत की ऊर्जा आपूर्ति का अभी भी बड़ा भाग पश्चिम एशिया से आयात किया जाता है।

राष्ट्रीय हित में यह आवश्यक है कि ऊर्जा के लिए हम किसी एक ही स्रोत पर निर्भर न हों। इसलिए अफ्रीकी देशों, मध्य एशिया और रूस के साथ भी ऊर्जा आदान-प्रदान से संबंधित सहयोग हो रहे हैं। यहां तक कि लैटिन अमेरिकी देशों (वेनेजुएला) से भी ऊर्जा आपूर्ति के समझौते किए जा चुके हैं। विदेश नीति में ऊर्जा

सुरक्षा की नीतियों के निर्धारण में पेट्रोलियम एवं प्राकृतिक गैस मंत्रालय, कोयला मंत्रालय, गैर-परंपरागत ऊर्जा संसाधन मंत्रालय एवं परमाणु ऊर्जा विभाग की भूमिका महत्त्वपूर्ण होती है। वर्तमान युग में आर्थिक विकास बनाए रखने के साथ पर्यावरणीय प्रदूषण को भी नियंत्रित करना मूल चुनौती है। इसलिए परमाणु ऊर्जा के मुद्दे पर विभिन्न देशों के साथ समझौते किए गए।

5. इतिहास एवं संस्कृति

विदेश नीति के निर्माण में देश के इतिहास एवं संस्कृति का अत्यधिक प्रभाव होता है। यद्यपि भारतीय इतिहास में अशोक और कौटिल्य दोनों ही परंपराएं विद्यमान हैं। अशोक द्वारा शांति एवं सहअस्तित्व पर बल दिया गया, जबकि कौटिल्य का मानना था कि राज्य को शक्तिशाली बनाने के लिए किसी भी उपाय का सहारा लिया जा सकता है। परंतु विदेश नीति के आरंभिक काल में अशोक द्वारा अपनाए गए शांतिपूर्ण सहअस्तित्व का प्रभाव अधिक रहा है। भारतीय समाज न केवल विविधतापूर्ण है, बल्कि सहिष्णु भी है।

विदेश नीति के निर्माण में राष्ट्रीय आंदोलन का अत्यधिक प्रभाव है। विदेश नीति के मूलभूत आदर्श राष्ट्रीय आंदोलन से ही निर्मित हुए, जिनमें साम्राज्यवाद, उपनिवेशवाद, रंगभेद की नीति और हथियारों की दौड़ का विरोध किया गया। ऐसा माना जाता है कि विदेश नीति का आरंभिक काल राष्ट्रीय आंदोलन का ही रूपांतरण था। नेहरू के कार्यकाल में विदेश नीति आदर्शवादी और नैतिकतावादी थी, जबकि इंदिरा गांधी के कार्यकाल से विदेश नीति में यथार्थवाद अत्यधिक प्रभावी हुआ। विदेश नीति के निर्धारण में निम्नलिखित ऐतिहासिक घटनाओं का अत्यधिक महत्त्व है।

(i) वर्ष 1962 का भारत-चीन युद्ध।
(ii) वर्ष 1965 का भारत-पाकिस्तान युद्ध।
(iii) वर्ष 1971 का भारत-पाकिस्तान युद्ध।
(iv) वर्ष 1971 में भारत-सोवियत संघ शांति एवं मित्रता की संधि।

6. क्षेत्रीय वातावरण

विदेश नीति के निर्माण में घरेलू कारकों के अलावा क्षेत्रीय एवं वैश्विक कारकों का भी अत्यधिक प्रभाव होता है। आरंभ में प्रधानमंत्री नेहरू ने एशियाई-अफ्रीकी सुदृढ़ता की नीति पर बल दिया, परंतु पाकिस्तान की भारत विरोधी नीति और चीन की विस्तारवादी आकांक्षाओं के कारण नेहरू का सपना साकार नहीं हो सका। भारत द्वारा पड़ोसी देशों के प्रति सद्भावपूर्ण नीति अपनाई गई, परंतु पड़ोसी देशों ने भारत के प्रति संदेह और अविश्वास व्यक्त किया। 70 के दशक में अमेरिका, चीन एवं पाकिस्तान सामरिक गठजोड़ के कारण भारत की सुरक्षा पर गहरा खतरा उत्पन्न हुआ। इसी कारण भारत और सोवियत संघ के मध्य शांति और मित्रता की संधि (1971) संपन्न हुई।

विश्व में व्याप्त शीत युद्ध और हथियारों की दौड़ के कारण भारत चाहकर भी सभी देशों के साथ संबंध बेहतर नहीं कर सका। भारत की गुटनिरपेक्षता की नीति को अमेरिका जैसे देशों ने सीधे नकार दिया। शीत युद्धोत्तर विश्व में क्षेत्रीय और वैश्विक कारकों में महत्त्वपूर्ण परिवर्तन हुए हैं तथा भारतीय विदेश नीति में परिवर्तन स्पष्ट रूप में दिखते हैं। भारत में उदारीकरण और निजीकरण की नीतियों को अपनाया गया। विदेश नीति में भू-अर्थ को प्राथमिकता दी गई तथा एकध्रुवीय विश्व में अमेरिका के साथ बेहतर संबंध बनाने पर बल दिया गया। विदेश नीति में व्यापार एवं निवेश जैसे मुद्दे प्राथमिक हुए, परंतु दक्षिण एशिया में उभरते चीन के परिणामस्वरूप और चीन-पाकिस्तान गठजोड़ अभी भी भारतीय विदेश नीति एवं सुरक्षा के लिए एक गंभीर चुनौती बना हुआ है।

वर्ष 1990 के बाद विश्व राजनीति में व्यापक परिवर्तन हुए। अमेरिका-रूस के मध्य मित्रतापूर्ण संबंधों का विकास हुआ। अब रूस और चीन भी सामरिक मित्र बन गए तथा विश्व से पूंजीवाद बनाम् साम्यवाद का विभाजन समाप्त हो गया। अतः भारत ने 'लुक ईस्ट पॉलिसी' (वर्ष 1992) अपनाई, जिससे दक्षिण-पूर्व एशियाई देशों के साथ आर्थिक संबंधों को सुदृढ़ किया जा सके। दक्षेस (SAARC) को मुक्त व्यापार क्षेत्र (साफ्टा) के रूप में स्थापित किया गया है, जिससे कि दक्षेस राष्ट्रों के बीच सहयोग बढ़े। वर्तमान में भारत-आसियान के मध्य मुक्त व्यापार के समझौते पर हस्ताक्षर हो चुके हैं। वर्ष 2014 में प्रधानमंत्री नरेन्द्र मोदी द्वारा 'लुक ईस्ट पॉलिसी' से एक कदम आगे बढ़कर 'एक्ट ईस्ट पॉलिसी' का नारा दिया गया, जिसका आसियान सदस्य देशों द्वारा स्वागत भी किया गया। भारत-यूरोपीय यूनियन के मध्य मुक्त व्यापार समझौते पर विचार चल रहा है।

7. वैश्विक वातावरण

वर्तमान युग उदारीकरण एवं भूमंडलीकरण का युग है। क्षेत्रीय आर्थिक संगठनों एवं विश्व व्यापार संगठन (WTO) के युग

में विविधताकारी विदेश नीति अपनाते हुए अफ्रीका, लैटिन अमेरिका, लुक वेस्ट पॉलिसी, मध्य एशिया के साथ भी व्यापारिक आर्थिक संबंधों को सुदृढ़ बनाने का प्रयत्न किया। शीत युद्ध की समाप्ति और बढ़ते भारतीय-अमेरिकी संबंधों के परिणामस्वरूप भारत के जापान, ऑस्ट्रेलिया, दक्षिण कोरिया के साथ भी मधुर और मित्रतापूर्ण संबंध विकसित हो रहे हैं, जिसका परिणाम है कि ऑस्ट्रेलिया और भारत के बीच भी असैन्य परमाणु समझौता (वर्ष 2014 में) संपन्न हुआ।

शीत युद्धोत्तर विश्व में रूस के साथ सदाबहार मित्रतापूर्ण संबंध कायम हैं। यद्यपि अब भारत और रूस के संबंध यथार्थवादी आधार पर निर्मित हैं। भारत अपनी सैन्य सुरक्षा सामग्री की आपूर्ति के लिए रूस के अतिरिक्त अमेरिका, इजरायल, फ्रांस व ब्रिटेन सभी देशों के साथ समझौता कर रहा है, क्योंकि हथियारों की आपूर्ति के लिए किसी एक देश पर निर्भर रहना राष्ट्रीय सुरक्षा के अनुकूल नहीं है। चीन का उभार भारतीय विदेश नीति के लिए सर्वाधिक महत्त्वपूर्ण चुनौती है। भारत द्वारा एक ओर सामरिक सुरक्षा सुदृढ़ करने के लिए न्यूनतम परमाणु प्रतिरोधक क्षमता का विकास किया गया और सैन्य आधुनिकीकरण पर बल दिया जा रहा है, तो दूसरी ओर, चीन के साथ द्विपक्षीय व्यापारिक संबंधों को बढ़ाने का भी प्रयत्न किया जा रहा है, क्योंकि चीन, वर्तमान विश्व की दूसरी सबसे बड़ी अर्थव्यवस्था है व उससे भी बढ़कर भारत का पड़ोसी है।

वर्तमान विश्व में व्याप्त वैश्विक आतंकवाद से भारतीय विदेश नीति पर इसके स्पष्ट प्रभाव देखे जा सकते हैं। इसलिए भारत ने अफगानिस्तान में एक सर्वसमावेशी सरकार के निर्माण का समर्थन किया, जिसमें सभी नृजातीय समुदायों को प्रतिनिधित्व प्राप्त हो और मानवाधिकार सुरक्षित हों तथा सीमापार आतंकवाद के मुद्दे पर पाकिस्तान पर अंतर्राष्ट्रीय दबाव बनाने का प्रयत्न किया गया। भारत की अभी भी यह मान्यता है कि आतंकवाद के विरुद्ध दोहरे मानदंडों का प्रयोग नहीं होना चाहिए। आतंकवाद को किसी भी आधार पर औचित्यपूर्ण नहीं ठहराया जा सकता। भारत ने सदैव सतत् विकास का समर्थन किया, परंतु विकासशील देशों के हितों को संरक्षित करने की मांग भी उठाई। भारत के अनुसार, पर्यावरणीय समस्या के समाधान के लिए साझे परंतु अलग-अलग उत्तरदायित्व के सिद्धांत का प्रयोग होना चाहिए। विश्व में व्याप्त सुरक्षा की नई चुनौतियों या सुरक्षा के गैर-परंपरागत खतरों को सुलझाने के लिए एक शक्तिशाली संयुक्त राष्ट्र (UN) की आवश्यकता है। इसलिए भारत ने संयुक्त राष्ट्र के सुधार पर बल दिया तथा स्थायी सदस्यता का दावा भी प्रस्तुत किया।

8. सैन्य शक्ति

विदेश नीति के निर्धारण में सैनिक शक्ति को किसी भी राष्ट्र की शासन प्रणाली का आधार माना जाता है। यदि किसी राज्य के पास शक्तिशाली सेना हो तो वह अपने प्रतिद्वंद्वियों से सफलतापूर्वक समझौता कर सकता है। भारत की विश्व में तीसरी सबसे बड़ी सैनिक व्यवस्था है। भारत एक परमाणु शक्ति संपन्न देश है। यह अपनी परमाणु शक्ति का प्रयोग बाहरी खतरों के विरुद्ध भय निवारण के रूप में करता है। भारत के दोनों पड़ोसी पाकिस्तान और चीन भारत के साथ संघर्ष की स्थिति में देखे जाते हैं। ऐसी स्थिति में सशक्त सैन्य शक्ति तथा उसका और अधिक विकास विदेश नीति का एक अत्यंत महत्त्वपूर्ण निर्धारक बन गया है।

9. नवीन वैश्विक व्यवस्था

चीन की नौसेना विश्व की दूसरी सबसे बड़ी नौसेना बन गई है। हिंद महासागर में चीनी नौसेना का प्रभाव लगातार बढ़ता जा रहा है। अमेरिका और चीन के बीच नवीन शीतयुद्ध बना हुआ है और चीन की नीतियां आक्रामक और विस्तारवादी हैं। भारत द्वारा नियम आधारित विश्व के निर्माण का समर्थन किया जा रहा है। कोविड-19 के संकटकाल में भी चीन द्वारा भारत के हिमालय क्षेत्र में सीमा रेखा को बदलने का प्रयास किया गया, जो वैश्विक शांति के लिए एक बड़ी चुनौती बन गया है, जबकि अमेरिका और रूस के बीच टकराव भारतीय विदेश नीति के लिए एक चुनौती बना हुआ है, क्योंकि अमेरिका भारत का सर्वाधिक महत्त्वपूर्ण सामरिक सहयोगी बन चुका है और दूसरी ओर रूस भारत का सदाबहार मित्र रहा है।

निष्कर्ष

विदेश नीति के निर्धारण में अनेक अवयव विद्यमान होते हैं। सभी तत्त्वों के मिले-जुले प्रभाव विदेश नीति की दिशा एवं दशा सुनिश्चित करते हैं। परंतु ये अवयव निरंतर परिवर्तित होते रहते हैं, इसलिए विदेश नीति में बदलाव देखने को मिलता है।

अध्याय 3

विदेश नीति-निर्माण की संस्थाएं

Institutions Shaping the Foreign Policy

● विदेश मंत्रालय ● विशेषज्ञ एवं सहायता डिविजन ● क्षेत्रीय डिविजन ● विदेश मंत्रालय का पुनर्गठन ● पब्लिक डिप्लोमेसी ● राष्ट्रीय सुरक्षा परिषद ● रक्षा नियोजन समिति ● आसूचना इकाइयां ● संसद ● चीफ ऑफ डिफेंस स्टाफ ● थिंक टैंक

विदेश नीति-निर्माण एक जटिल प्रक्रिया है, जिसमें अनेक संस्थाएं संलग्न होती हैं। भारत में लोकतांत्रिक शासन प्रणाली है जिसमें संसदीय शासन को अपनाया गया है। इस व्यवस्था में, शासन का संवैधानिक अध्यक्ष राष्ट्रपति होता है तथा शासन का वास्तविक अध्यक्ष प्रधानमंत्री होता है। प्रधानमंत्री, समकक्षों में प्रधान होता है तथा मंत्रिपरिषद के सदस्यों से वरिष्ठ होता है। विदेश मंत्री, मंत्रिपरिषद का सदस्य होता है। इसलिए प्रधानमंत्री, विदेश मंत्री से प्रभावशाली होता है। प्रधानमंत्री द्वारा आर्थिक, सामाजिक एवं विदेश नीति के मामलों में नीति का निर्माण किया जाता है तथा प्रधानमंत्री देश का सर्वोच्च नीति-निर्माता होता है। विदेश नीति के निर्माण में भारत के पहले प्रधानमंत्री जवाहरलाल नेहरू का अत्यधिक प्रभाव था। इंदिरा गांधी के प्रधानमंत्रित्व काल के दौरान स्वर्ण सिंह विदेश मंत्री थे, परंतु इंदिरा गांधी का विदेश नीति-निर्माण में अत्यधिक प्रभाव था।

वर्ष 1996-97 में इंद्र कुमार गुजराल विदेश मंत्री थे और देवगौड़ा प्रधानमंत्री थे, परंतु विदेश नीति-निर्माण में इंद्र कुमार गुजराल का अत्यधिक प्रभाव था। वर्तमान समय में डॉ. एस. जयशंकर विदेश मंत्री हैं, परंतु प्रधानमंत्री नरेन्द्र मोदी द्वारा विदेश नीति-निर्माण में महत्त्वपूर्ण भूमिका का निर्वाह किया जा रहा है। प्रधानमंत्री, मंत्रिपरिषद का अध्यक्ष होता है। इसलिए प्रधानमंत्री सभी मंत्रालयों के बीच समन्वय एवं सामंजस्य का कार्य करता है।

प्रधानमंत्री की भूमिका प्रधानमंत्री के दल की लोक सभा में सदस्य संख्या से निर्धारित होती है। यदि प्रधानमंत्री गठबंधन सरकार का मुखिया है, तो विदेश नीति के निर्माण में उसकी भूमिका प्रभावी नहीं हो सकती। इसलिए मनमोहन सिंह सरकार के दौरान विदेश नीति के निर्णयों को गठबंधन सरकार के सहयोगियों ने प्रभावित किया। वर्तमान लोक सभा में भारतीय जनता पार्टी का पूर्ण बहुमत है और प्रधानमंत्री, भारतीय जनता पार्टी के सर्वमान्य नेता हैं। इसलिए विदेश नीति-निर्माण में उनकी प्रमुख भूमिका हो गई है।

विदेश मंत्रालय

संसदीय व्यवस्था में विभिन्न मंत्रालयों को अलग-अलग कार्य सौंपे जाते हैं और विदेश नीति के निर्माण का मूल दायित्व विदेश मंत्रालय का है। विदेश मंत्रालय का प्रधान विदेश मंत्री होता है, जिसकी सहायता के लिए राज्य मंत्रियों की नियुक्ति भी की जाती है तथा मंत्रियों की सहायता के लिए सचिवों के समूह की नियुक्ति की जाती है। वर्तमान में विदेश मंत्रालय में सचिव पूर्व, सचिव पश्चिम, सचिव आर्थिक संबंध और विशेष सचिव की नियुक्ति की जाती है तथा इनके अधीन पांच अतिरिक्त सचिव कार्य करते हैं।

इन सचिवों का प्रधान अधिकारी विदेश सचिव है, जिसके द्वारा विदेश मंत्री को सलाह दी जाती है। विदेश मंत्रालय में दो डिविजन हैं-

1. विशेषज्ञ एवं सहायता डिविजन

इसके अंतर्गत (i) प्रशासनिक डिविजन, (ii) आर्थिक डिविजन, (iii) प्रचार डिविजन, (iv) वित्त डिविजन, (v) विदेश सेवा संस्थान वैधानिक और संधि डिविजन, (vi) नीति नियोजन और अनुसंधान डिविजन सम्मिलित हैं। विदेश सेवा संस्थान का गठन वर्ष 1986 में किया गया, जिसके द्वारा विदेश सेवा के अधिकारियों को प्रशिक्षण दिया जाता है। विदेश सेवा संस्थान द्वारा अन्य देशों के कूटनीतिज्ञों को भी प्रशिक्षण दिया जाता है। इस संस्थान द्वारा विदेश सेवा अधिकारियों को विशेषज्ञता प्रदान करने का प्रयत्न किया गया। अनुसंधान डिविजन द्वारा विदेश मंत्रालय विश्व में होने वाली अनेक घटनाओं पर अनुसंधान करता है तथा नीति-निर्माण में सहायता प्रदान करता है। इसी के अंतर्गत तकनीकी डिविजन, प्रोटोकॉल डिविजन तथा संयुक्त राष्ट्र संघ डिविजन को शामिल किया गया है, जिनके द्वारा मंत्रालय के विभिन्न सचिवों को सलाह दी जाती है। वर्ष 1986 में विदेश सेवा के अधिकारियों को प्रशिक्षण देने के लिए विदेश सेवा संस्थान की स्थापना की गई।

वर्ष 2017 में संसदीय समिति ने अपनी रिपोर्ट में भारतीय विदेश सेवा के अधिकारियों की योग्यता तथा गुणवत्ता में क्षरण को रेखांकित किया। समिति ने कहा है कि वर्तमान सिविल सेवा से आने वाले अधिकारी 'सामान्य' होते हैं उनमें कूटनीतिक गुणों तथा विशेष ज्ञान का अभाव देखा गया है। समिति ने सिफारिश की कि भारतीय विदेश सेवा के लिए 'विशेषज्ञता' की आवश्यकता है जिसमें राजनयिकों को सैद्धांतिक कूटनीति तथा ऐतिहासिक ज्ञान की आवश्यकता होती है। यह ज्ञान प्रशिक्षण से पहले प्राप्त होना चाहिए। अतः विदेश सेवा में भर्ती के मानकों में परिवर्तन किया जाना चाहिए। भारतीय विदेश सेवा को सिविल सेवा परीक्षा से अलग किया जाए तथा भारतीय आर्थिक सेवा के समान अलग से परीक्षा आयोजित की जानी चाहिए। साथ ही अलग से विशेषज्ञों, प्रोफेसरों, एकेडेमिक्स को भी सम्मिलित किया जाए, जहां किसी परीक्षा की आवश्यकता नहीं है। मंत्रालय द्वारा भारत की वैचारिक शक्ति अथवा सॉफ्ट पावर को बढ़ाने के लिए भारतीय सांस्कृतिक संबंध परिषद (Indian Council of Cultural Relations) की स्थापना की गई है, जिसके द्वारा भारत के सांस्कृतिक कार्यों का विदेशों में आयोजन किया जाता है तथा विभिन्न प्रकार के सेमिनार का आयोजन भी होता है। प्रदर्शनियों का आयोजन तथा विदेशी विश्वविद्यालयों में भारतीय अध्ययन केंद्रों की स्थापना की जाती है।

2. क्षेत्रीय डिविजन

समूचे विश्व का एक लघु रूप विदेश मंत्रालय में स्थित होता है। विदेश मंत्रालय द्वारा विश्व के अनेक भागों को डिविजन में विभाजित किया गया है तथा प्रत्येक डिविजन का कार्यभार अलग-अलग

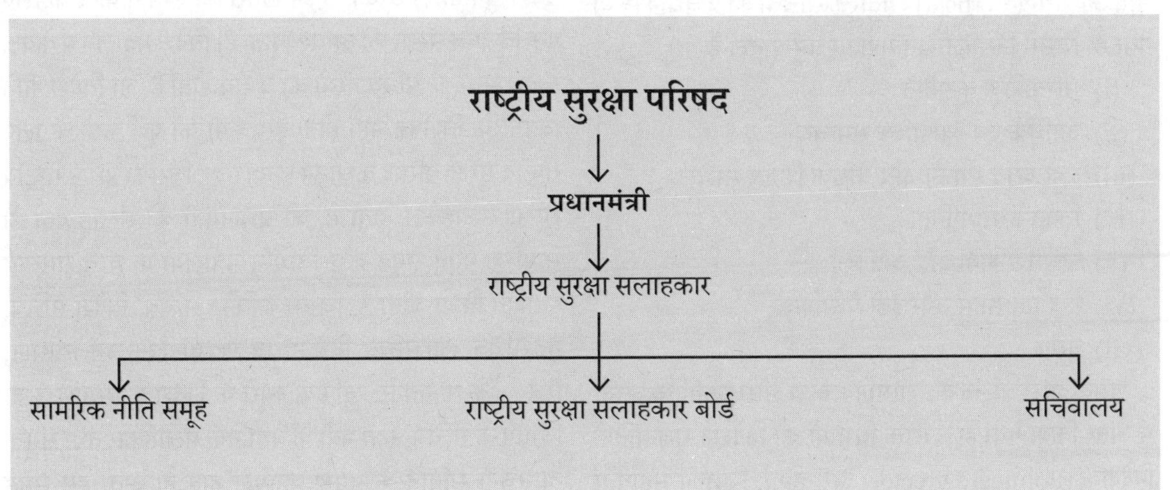

प्रशासनिक अधिकारियों को सौंपा गया है। विदेश मंत्रालय में विश्व के विभिन्न देशों एवं क्षेत्रों के नियंत्रण के लिए अनेक डिविजन बनाए गए हैं, जिसमें अफ्रीका डिविजन, पूर्व एशिया डिविजन, यूरोप डिविजन, खाड़ी डिविजन, दक्षिण डिविजन तथा पश्चिमी एशियाई एवं उत्तरी अफ्रीकी डिविजन प्रमुख हैं।

विदेश मंत्रालय द्वारा विश्व में लगभग सभी देशों में दूतावास एवं उच्चायोग की स्थापना की गई है, जो विदेश मंत्रालय के निर्णयों को व्यावहारिक रूप में लागू करते हैं। दूतावासों द्वारा विदेश मंत्रालय को विभिन्न प्रकार की घटनाओं की रिपोर्ट दी जाती है तथा विदेश मंत्रालय द्वारा इस रिपोर्ट की बारीकी से जांच की जाती है। इसके पश्चात् मंत्रालय के सचिव विदेश मंत्री को सलाह देते हैं। विश्व में स्थित सभी दूतावास विदेश मंत्रालय के अधीन होते हैं। इसलिए विदेश नीति-निर्माण में मंत्रालय की भूमिका केंद्रीय होती है। वर्तमान युग में वाणिज्य मंत्रालय द्वारा विश्व व्यापार संगठन की वार्ताओं में भारत का प्रतिनिधित्व किया जाता है तथा ऊर्जा एवं प्राकृतिक गैस मंत्रालय द्वारा विभिन्न प्रकार के तेल व गैस के समझौते किए जाते हैं। अतः इन मंत्रालयों के महत्त्व से इनकार नहीं किया जा सकता है। अन्य मंत्रालयों की भूमिका बढ़ने के बाद भी विदेश नीति के निर्धारण में विदेश मंत्रालय की भूमिका सर्वाधिक प्रभावशाली होती है, क्योंकि दूतावास विदेश मंत्रालय के अधीन ही होते हैं।

विदेश मंत्रालय का पुनर्गठन

विदेश नीति को प्रभावी बनाने के लिए वर्ष 2020 में विदेश मंत्रालय का पुनर्गठन किया गया है, जिसके अनुसार मंत्रालय में सात ऊर्ध्वाधर (Vertical) अतिरिक्त सचिवों का प्रावधान किया गया है, जिसमें निम्नलिखित मुद्दों पर प्रमुख बल है-

(i) सांस्कृतिक कूटनीति
(ii) आर्थिक एवं व्यापारिक समन्वय
(iii) बहुराष्ट्रीय संगठन और वैश्विक शिखर सम्मेलन
(iv) विकास सहभागिता
(v) पश्चिम एशिया और अफ्रीका
(vi) हिंद महासागर और इंडो-पैसिफिक
(vii) यूरोप

इसके द्वारा मंत्रालय के प्रशासनिक कार्य और कूटनीतिक कार्यों में अंतर किया गया है। उपरोक्त विभागों का निर्देशन राजनीतिक निदेशक (Political Director) द्वारा होगा, जिसकी सहायता के लिए अतिरिक्त सचिव की नियुक्ति होगी, अब मंत्रालय का आकार पिरामिड की भांति नहीं होगा।

पब्लिक डिप्लोमेसी

वर्तमान डिजिटल युग में ट्विटर द्वारा विदेश मंत्रालय आम व्यक्तियों के साथ जुड़ गया है। अतः आम जनता विदेश नीति के मुद्दे पर अपना परामर्श सरकार को दे सकती है और सरकार विभिन्न मुद्दों पर अपना दृष्टिकोण आम जनता तक पहुंचाती है। पाकिस्तान के एक नागरिक द्वारा भारत में इलाज के लिए विदेश मंत्री के ट्विटर पर अनुरोध किया गया जिसे भारत में आने की अनुमति दे दी गई। पब्लिसिटी डिविजन द्वारा भारत की छवि बेहतर करने के लिए प्रचार किया जाता है तथा फेसबुक व ट्विटर जैसे माध्यमों से विदेश मंत्रालय एवं अन्य देशों की आम जनता के बीच पहुंच बनाने का प्रयत्न करता है।

राष्ट्रीय सुरक्षा परिषद

राष्ट्रीय सुरक्षा परिषद का निर्माण अमेरिका से प्रभावित है। अमेरिका में विदेश नीति के निर्माण में राष्ट्रीय सुरक्षा परिषद की भूमिका अत्यधिक महत्त्वपूर्ण है। वर्ष 1998 में अटल बिहारी वाजपेयी सरकार द्वारा विदेश नीति को प्रभावी बनाने के लिए राष्ट्रीय सुरक्षा परिषद का निर्माण किया गया। विदेश नीति का मूल उद्देश्य राष्ट्रीय हितों को पूर्ण करना है। राष्ट्रीय हितों का सर्वाधिक महत्त्वपूर्ण पक्ष राष्ट्रीय सुरक्षा बनाए रखना है। वर्तमान में सुरक्षा का विचार अत्यधिक जटिल हो गया है। साइबर खतरा, पर्यावरणीय समस्या तथा आतंकवाद देश की सुरक्षा के लिए नवीन चुनौती हैं। सुरक्षा के इन खतरों का सामना करने के लिए एक विशेषज्ञ संस्था की आवश्यकता है। विदेश मंत्रालय में केवल विदेश सेवा के अधिकारियों का प्रभाव होता है, जो विदेश नीति विषयों के विशेषज्ञ नहीं होते। इस कमी को पूर्ण करने के लिए राष्ट्रीय सुरक्षा परिषद का गठन किया गया, जिसका प्रधान राष्ट्रीय सुरक्षा सलाहकार होता है, जो प्रधानमंत्री को सलाह देता है। सामरिक नीति समूह द्वारा विभिन्न मंत्रालयों के बीच समन्वय स्थापित किया जाता है, जिसमें कैबिनेट सचिव, विदेश सचिव, गृह सचिव, रक्षा सचिव, वित्त सचिव तथा तीनों सेनाओं के प्रधान, रिजर्व बैंक के गवर्नर, खुफिया ब्यूरो के निदेशक, परमाणु ऊर्जा विभाग के सचिव, रक्षा मंत्री के वैज्ञानिक सलाहकार तथा संयुक्त आसूचना समिति के प्रमुख शामिल होते हैं। अतः इस समूह

में विभिन्न क्षेत्रों के विभिन्न विशेषज्ञों को शामिल किया जाता है, जिससे विदेश नीति का समग्र और व्यापक परिप्रेक्ष्य निर्मित किया जाता है। राष्ट्रीय सुरक्षा सलाहकार बोर्ड में सुरक्षा मामलों के विशेषज्ञ विभिन्न विश्वविद्यालयों के विदेश नीति के विशेषज्ञों तथा अवकाश प्राप्त सेना के अधिकारियों को शामिल किया जाता है, जिससे विदेश नीति-निर्माण में गैर-सरकारी और विशेषज्ञों का प्रतिनिधित्व सुनिश्चित हो सके। सचिवालय के अंतर्गत आसूचना इकाइयों को शामिल किया जाता है।

रक्षा नियोजन समिति (Defence Planning Committee)

विदेश नीति के निर्माण में विभिन्न मंत्रालयों के बीच सहयोग महत्त्वपूर्ण है और उससे भी बढ़कर प्रशासनिक अधिकारियों एवं सैन्य अधिकारियों के बीच बेहतर तालमेल की आवश्यकता है। वर्ष 2018 में रक्षा व्यवस्था को बेहतर करने तथा सिविल प्रशासन एवं सेना के बीच सामंजस्य स्थापित करने के लिए समिति का गठन किया गया है। रक्षा मंत्रालय का सचिव प्रशासनिक सेवा का अधिकारी होता है और तीनों सेनाओं के अध्यक्ष के साथ इसका बेहतर समन्वय होना चाहिए। इसीलिए समिति का अध्यक्ष राष्ट्रीय सुरक्षा सलाहकार होगा। इसमें तीनों सेनाओं के अध्यक्ष सेना का प्रतिनिधित्व करेंगे तथा विदेश सचिव, रक्षा सचिव एवं वित्त सचिव प्रशासनिक अधिकारियों का पक्ष रखेंगे। समिति द्वारा राष्ट्रीय सुरक्षा के संबंध में एकीकृत दृष्टिकोण का निर्माण किया जाएगा तथा रक्षा सामग्री की खरीद एवं रक्षा सामग्री के उत्पादन में आत्म निर्भरता के लिए भी प्रयास किए जाएंगे।

आसूचना इकाइयां (Intelligence Agencies)

विदेश नीति-निर्माण की प्रक्रिया में आसूचना का निर्णायक महत्त्व होता है, जिनके आधार पर मंत्रालय विभिन्न रणनीतियों का निर्माण करता है। भारत में इंटेलिजेंस ब्यूरो (IB) को घरेलू एवं विदेशी सूचनाएं एकत्रित करने का दायित्व दिया गया था। इंटेलिजेंस ब्यूरो द्वारा जिन सूचनाओं को प्रदान किया जाता था, उनका विश्लेषण मिलिट्री इंटेलिजेंस द्वारा किया जाता था। इसलिए इंटेलिजेंस ब्यूरो का कार्य सूचना प्रदान करना था, जबकि मिलिट्री इंटेलिजेंस द्वारा इसका विश्लेषण किया जाता था। वर्ष 1962 में भारत-चीन युद्ध के बाद आसूचनाओं की आपूर्ति एवं विश्लेषण के संदर्भ में विवाद उत्पन्न हो गया। वर्ष 1968 में रिसर्च एंड एनालिसिस विंग (RAW) का गठन किया गया, जिसका दायित्व विदेशी सूचनाएं इकट्ठा करना था। अतः वर्तमान में घरेलू आसूचनाओं को एकत्रित करने का दायित्व इंटेलिजेंस ब्यूरो को दिया गया है तथा विदेशी सूचनाओं को

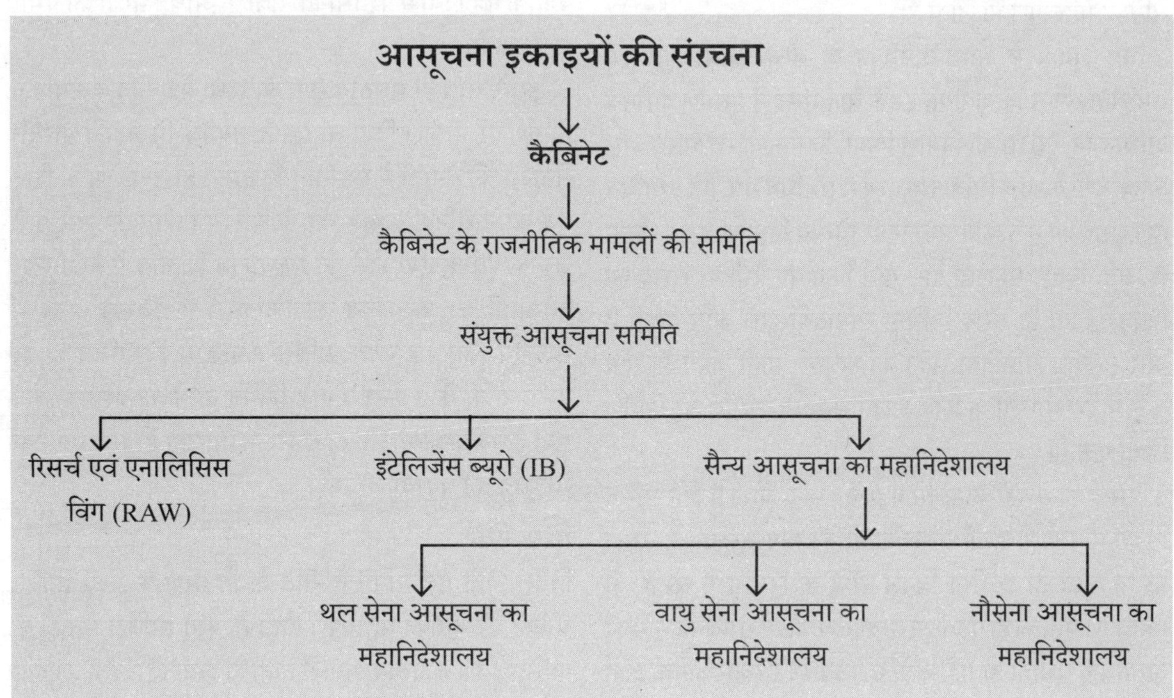

एकत्रित करने का दायित्व रॉ (RAW) को सौंपा गया है। सैन्य आसूचना को भी वायु सेना, नौसेना तथा थल सेना की तीन इकाइयों में विभाजित किया गया है। वर्ष 2008 में मुंबई में ताज होटल पर एक बड़ा आतंकवादी हमला हुआ, जिसकी सूचना खुफिया सूत्रों द्वारा नहीं दी गई, जिसे आसूचना की विफलता कहा गया। वर्तमान में भारत के आसूचना इकाइयों द्वारा अमेरिकी, इजरायली आसूचना इकाइयों के साथ सहयोग किया जाता है, क्योंकि वैश्विक आतंकवाद का खतरा समूचे विश्व में फैला हुआ है।

संसद

संसदीय लोकतंत्र में संसद को शासन का केंद्र माना जाता है। संसद, जनता की इच्छाओं का प्रतिनिधित्व करने वाली सबसे बड़ी संस्था है। इसके द्वारा विदेश नीति के विभिन्न विषयों पर विचार विमर्श किया जाता है। अतः संसद द्वारा चीन के भारतीय सीमा क्षेत्र में अतिक्रमण की आलोचना की गई और वर्ष 2008 में मुंबई आतंकवादी हमले के बाद संसद द्वारा सरकार से पाकिस्तान के विरुद्ध कठोर कदम उठाने का आग्रह किया गया। सरकार द्वारा विभिन्न प्रकार की अंतर्राष्ट्रीय संधियां संपन्न होती हैं। अंतर्राष्ट्रीय संधियों के परिणामस्वरूप घरेलू विधि के निर्माण में संसद की भूमिका महत्त्वपूर्ण हो जाती है।

वर्ष 2008 में भारत-अमेरिका के बीच सिविल परमाणु समझौता संपन्न किया गया। इसके बाद संसद ने परमाणु दायित्व अधिनियम, 2010 का निर्माण किया, जिसके कारण भारत और अनेक देशों के बीच सिविल परमाणु से संबंधित समझौते प्रभावित हुए। संसद का मूल कार्य सरकार पर वित्तीय नियंत्रण बनाए रखना है। अतः विदेश मंत्रालय द्वारा खर्च किए गए पैसों पर संसद का नियंत्रण होता है। संसद विभिन्न समितियों द्वारा कार्य करती है और संसदीय समितियां सदन का लघुरूप मानी जाती हैं। रक्षा और विदेश मामलों के लिए अलग संसदीय समिति का निर्माण किया गया है।

संसद को सूचना का सबसे बड़ा केंद्र माना जाता है और सांसद विदेश मामलों से संबंधित सूचनाओं की मांग सरकार के समक्ष प्रस्तुत करते हैं। इसलिए विदेश नीति के निर्माण में संसद की महत्त्वपूर्ण भूमिका है। गठबंधन सरकारों के दौर में संसद की भूमिका अत्यधिक प्रभावी हो गई, क्योंकि गठबंधन सरकार अनेक दलों के समर्थन पर निर्भर थी। भारत में अंतर्राष्ट्रीय संधि को पूर्ण करने का दायित्व कार्यपालिका का है, इसलिए अंतर्राष्ट्रीय संधियों के निर्माण में विधायिका की कोई भूमिका नहीं होती, परंतु अंतर्राष्ट्रीय संधियों को क्रियान्वित करने के लिए जब किसी घरेलू विधि के निर्माण की आवश्यकता होती है, तब विधायिका द्वारा विधि का निर्माण किया जाता है।

चीफ ऑफ डिफेंस स्टाफ

राष्ट्रीय सुरक्षा को प्रभावी बनाते हुए रक्षा मंत्रालय में भी एक गुणात्मक एवं ऐतिहासिक परिवर्तन किया गया है, जिसके अनुसार पहली बार रक्षा मंत्रालय के सैन्य मामलों के विभाग (Department of Military Affairs) का प्रमुख चीफ ऑफ डिफेंस स्टाफ होगा। इससे भारतीय विदेश हित में सामरिक संस्कृति का प्रभाव बढ़ेगा और सेना के अधिकारियों के प्रशिक्षण, हथियारों की खरीद एवं सैन्य व्यवस्था के संचालन के संबंध में चीफ ऑफ डिफेंस स्टाफ (CDS) द्वारा रक्षा मंत्री को सलाह दी जाएगी, जबकि इसके पहले रक्षा मंत्री को सलाह देने के लिए तीनों सेनाओं के प्रमुखों को बुलाया जाता था। चीफ ऑफ डिफेंस स्टाफ (CDS) की नियुक्ति से पहले रक्षा मंत्रालय में सीधा सैन्य अधिकारियों का प्रतिनिधित्व नहीं था, क्योंकि मंत्रालयों में प्रशासनिक सेवा के अधिकारियों का प्रभाव बना रहा है।

इसके साथ ही भारतीय सैन्य व्यवस्था में एकीकृत कमांड के निर्माण पर भी बल दिया जा रहा है, क्योंकि फिलहाल भारतीय सेनाओं की तैनाती में विसंगति विद्यमान है। उदाहरण के लिए, पूर्व का नौसैनिक कमांड का मुख्यालय विशाखापट्टनम में है, जबकि पूर्व के एयरफोर्स का मुख्यालय शिलांग में है और पूर्व के आर्मी का मुख्यालय कोलकाता में है, जिससे आज भी भारतीय सेना 17 पृथक सर्विस कमांड में विभाजित है। इसे एकीकृत करके 3 सैन्य कमांड निर्मित करने का प्रस्ताव किया गया है, जिससे सेनाओं का संचालन आसान हो सके एवं उनमें समन्वय को बढ़ाया जा सके।

थिंक टैंक

विदेश नीति एवं सामरिक नीति के निर्धारण के लिए सिविल सेवकों की भूमिका महत्त्वपूर्ण होती है। परंतु सिविल सेवकों की पोस्टिंग विश्व के प्रत्येक भाग में होती है। इसलिए उन्हें क्षेत्र विशेष

अथवा विषय की विशेषज्ञता नहीं होती, जिसके लिए विशेषज्ञों की आवश्यकता पड़ती है। भारत में इंडियन काउंसिल ऑफ वर्ल्ड अफेयर्स, इंस्ट्रीटयूट ऑफ डिफेंस स्टडीज एंड एनालिसिस, ऑब्जर्वर रिसर्च फाउंडेशन (ORF) तथा सेंटर फॉर पॉलिसी रिसर्च (CPR) जैसी संस्थाओं की थिंक टैंक के रूप में महत्त्वपूर्ण भूमिका है। इसके अतिरिक्त जवाहरलाल नेहरू विश्वविद्यालय में अंतर्राष्ट्रीय राजनीति के अध्ययन केंद्र में भी वैश्विक मामले के अनेक विशेषज्ञ हैं जिनका विभिन्न नीतियों के दीर्घकालिक निर्धारण में उपयोग किया जा सकता है।

निष्कर्ष

विदेश नीति एक घटना नहीं है, अपितु निरंतर चलायमान एक प्रक्रिया है जिसके निर्धारण में सरकारी एवं गैर-सरकारी तत्त्वों का प्रभाव होता है। नागरिक समाज एवं सांस्कृतिक संगठन भी विदेश नीति-निर्माण को प्रभावित करते हैं।

अध्याय 4

भारत-एन.पी.टी./सी.टी.बी.टी. एवं परमाणु नीति

India-NPT/CTBT and Nuclear Policy

• पहला चरण • दूसरा चरण • परमाणु अप्रसार संधि • शांतिपूर्ण परमाणु परीक्षण • समग्र परमाणु परीक्षण प्रतिबंध संधि • पोखरण परमाणु परीक्षण • भारत की परमाणु नीति • पहले प्रयोग न करने की नीति • अंतर्राष्ट्रीय प्रतिक्रिया • भारतीय रणनीति • विश्वसनीय परमाणु क्षमता के बाद भी हस्ताक्षर से इनकार करना • परमाणु प्रतिरोधक • महाशक्तियों का भारत के प्रति परिवर्तित दृष्टिकोण • वर्तमान में भारत के समक्ष विकल्प • परमाणु निर्यात नियंत्रण व्यवस्था • वाजीनार समूह • मिसाइल तकनीकी नियंत्रण व्यवस्था • ऑस्ट्रेलिया समूह • परमाणु आपूर्तिकर्ता समूह • परमाणु सुरक्षा शिखर सम्मेलन • भारत का नया सैन्य सिद्धांत-2017 • एकीकृत सैन्य कमान • नागरिक समाज द्वारा परमाणु हथियारों के समापन की पहल

भारतीय विदेश नीति का मूल आधार राष्ट्रीय आंदोलन से ही निर्मित हुआ। भारत की विदेश नीति महात्मा गांधी की अहिंसा की नीति से गहन रूप से प्रभावित हुई है। गांधी की अहिंसात्मक नीति का विदेश नीति पर अत्यधिक प्रभाव पड़ा है।। आरंभ में पंडित जवाहरलाल नेहरू ने विदेश नीति में आदर्शवादी तत्त्वों को प्राथमिकता दी, जिसमें उन्होंने शांति, निःशस्त्रीकरण, उपनिवेशवाद, साम्राज्यवाद एवं रंगभेद नीति का विरोध तथा संयुक्त राष्ट्र संघ को शक्तिशाली बनाने पर बल दिया।

पहला चरण

पंडित जवाहरलाल नेहरू ने वर्ष 1954 में संयुक्त राष्ट्र के मंच से समूचे विश्व से परमाणु हथियारों के उन्मूलन की मांग की, यद्यपि नेहरू ने परमाणु ऊर्जा के शांतिपूर्ण प्रयोग का समर्थन किया। उनके नेतृत्व में भारत में परमाणु ऊर्जा आयोग की स्थापना हुई। द्वितीय विश्व युद्ध के बाद के शीत युद्ध के युग में महाशक्तियों के मध्य परमाणु हथियारों को असीमित रूप में संगृहीत करने के संघर्ष जारी थे। वर्ष 1949 में रूस द्वारा परमाणु परीक्षण किया गया तथा वर्ष 1954 में ब्रिटेन ने भी परमाणु परीक्षण किया। पंडित जवाहरलाल नेहरू ने आदर्शवादी नीतियों पर अमल करते हुए एशियाई एवं अफ्रीकी देशों की एकता का समर्थन किया तथा चीन के साथ पंचशील समझौते पर हस्ताक्षर भी किए।

दूसरा चरण

भारत-चीन युद्ध (1962) के पश्चात् भारतीय विदेश नीति में यथार्थवाद अत्यधिक प्रभावी हुआ। शांति के बजाय, सुरक्षा को विदेश नीति में प्राथमिक महत्त्व दिया गया। दक्षिण एशिया और समूचे विश्व में इससे भारत के सम्मान को गहरी ठेस पहुंची। पड़ोसी देशों ने भारत के विरुद्ध 'चीन कार्ड' का प्रयोग किया। दक्षिण-पूर्वी एशियाई देशों ने भी यह महसूस किया कि भारत, चीन से अपनी रक्षा करने में सक्षम नहीं है। गुटनिरपेक्ष राष्ट्रों से भी भारत को उचित समर्थन प्राप्त नहीं हुआ। यद्यपि यह उल्लेखनीय है कि वर्ष 1963 में प्रस्तावित पी.टी.बी.टी. (Partial Test Ban Treaty) का भारत ने समर्थन किया। लेकिन वर्ष 1964 में चीन द्वारा परमाणु विस्फोट करने के पश्चात् भारतीय विदेश नीति में परमाणु हथियारों के प्रति परंपरागत दृष्टिकोण में परिवर्तन हुआ, क्योंकि चीन के परमाणु हथियारों से भारतीय सुरक्षा को सीधे

खतरा था। यह उल्लेखनीय है कि चीन-पाकिस्तान की बढ़ती मित्रता भारतीय सुरक्षा के लिए अत्यधिक संवेदनशील मुद्दा था।

परमाणु अप्रसार संधि

(Nuclear Non-Proliferation Treaty) (1968)

- इस संधि के अनुसार, जिन राज्यों ने 1 जनवरी, 1968 से पहले परमाणु परीक्षण किया है, वे परमाणु शक्ति संपन्न राज्य कहलाएंगे।
- इनके अनुसार अमेरिका, रूस, ब्रिटेन, फ्रांस और चीन परमाणु शक्ति संपन्न राज्य हैं।
- परमाणु शक्ति संपन्न राज्य, गैर-परमाणु शक्ति संपन्न राज्यों को परमाणु ऊर्जा के लिए ईंधन और तकनीकी सहायता प्रदान करेंगे। परंतु गैर-परमाणु शक्ति संपन्न राज्यों को परमाणु अप्रसार संधि पर हस्ताक्षर करने होंगे।
- इसमें क्षेत्रीय स्तर पर परमाणु मुक्त क्षेत्र का भी प्रावधान है।
- गैर-परमाणु शक्ति संपन्न राज्यों के परमाणु अनुसंधान केंद्रों का निरीक्षण अंतर्राष्ट्रीय परमाणु ऊर्जा एजेंसी (IAEA) द्वारा किया जाएगा।
- यह संधि वर्ष 1970 में लागू हुई, जिसका प्रत्येक पांच वर्षों के बाद पुनरावलोकन किया जाना था। वर्ष 1995 में इस संधि को अनिश्चितकाल के लिए लागू कर दिया गया।

भारत की आपत्ति

परमाणु हथियारों का विरोध करने के बावजूद भारत ने एन.पी.टी. पर हस्ताक्षर नहीं किए तथा भारत ने इस संधि पर निम्नलिखित आपत्तियां उठाईं-

- भारत ने निःशस्त्रीकरण का समर्थन किया, जबकि एन.पी.टी. परमाणु अप्रसार की संधि है न कि निःशस्त्रीकरण की।
- यह संधि अत्यधिक भेदभावपूर्ण है, क्योंकि इसमें राज्यों को दो श्रेणियों में बांटा गया है– परमाणु शक्ति संपन्न एवं गैर-परमाणु शक्ति संपन्न। यह संधि अंतर्राष्ट्रीय विधि के प्रतिकूल थी, क्योंकि अंतर्राष्ट्रीय विधि में प्रत्येक राज्य को एकसमान इकाई माना जाता है।
- इस संधि द्वारा परमाणु शक्ति संपन्न राज्यों का परमाणु हथियारों पर विशेषाधिकार बनाए रखने का प्रावधान किया गया और गैर-परमाणु शक्ति संपन्न राज्यों के लिए इसमें सुरक्षा का कोई प्रावधान नहीं था।
- यह संधि मूलतः तकनीकी हस्तांतरण में बाधा है। संधि में इस बात का कोई उल्लेख नहीं है कि परमाणु क्लब के राज्य अपने परमाणु हथियारों की कटौती करेंगे या नहीं।

यद्यपि उपरोक्त आपत्तियों के बावजूद इस संधि पर हस्ताक्षर न करने का सबसे बड़ा कारण भारत की राष्ट्रीय सुरक्षा के लिए उत्पन्न खतरा था।

इंदिरा गांधी ने वर्ष 1970 के दशक में विदेश नीति को यथार्थवादी दिशा में आगे बढ़ाया। शीत युद्ध के इस युग में भारत-सोवियत संघ के मध्य शांति एवं मित्रता की संधि (1971) हुई, क्योंकि 70 के दशक में अमेरिका और चीन के संबंध मित्रतापूर्ण हो गए। यह शीत युद्ध की राजनीति की अत्यधिक महत्त्वपूर्ण घटना थी। यह उल्लेखनीय है कि चीन, अमेरिका और पाकिस्तान के मध्य एक त्रिकोण स्थापित हुआ, जिससे भारत की सुरक्षा के लिए गंभीर खतरा उत्पन्न हो गया।

शांतिपूर्ण परमाणु परीक्षण

(Peaceful Nuclear Explosion)

वर्ष 1974 में भारत ने शांतिपूर्ण परमाणु परीक्षण किया। भारत, विश्व का एकमात्र राज्य है, जिसने शांतिपूर्ण परीक्षण का दावा किया, क्योंकि भारत द्वारा यह स्पष्ट कहा गया कि वह परमाणु हथियारों का निर्माण नहीं करेगा, लेकिन परमाणु हथियारों के विषय में सभी विकल्पों को खुला रखने की नीति की घोषणा की। चीन द्वारा इसे 'परमाणु-ब्लैकमेल' की संज्ञा दी गई। पाकिस्तान ने कहा, इससे दक्षिण एशिया में परमाणु हथियारों की दौड़ बढ़ेगी। इसके परिणामस्वरूप अमेरिका सहित अन्य विकसित देशों ने भारत पर तकनीकी एवं आर्थिक प्रतिबंध आरोपित कर दिए। सुरक्षा के मुद्दे पर दीर्घकालिक नीति के अंतर्गत वर्ष 1983 में भारत ने 'समग्र प्रक्षेपास्त्र विकास कार्यक्रम' आरंभ किया। यद्यपि यह उल्लेखनीय है कि प्रक्षेपास्त्रों के हस्तांतरण को रोकने के लिए वर्ष 1987 में कनाडा, फ्रांस, जर्मनी, इटली, ब्रिटेन और अमेरिका जैसे देशों ने एम.टी.सी.आर. (Missile Technology Control Regime) पर हस्ताक्षर किए। इनके अनुसार, वे किसी अन्य राज्य को यह तकनीक हस्तांतरण नहीं करेंगे। यह भी उल्लेखनीय है कि वर्ष 1979 में सोवियत संघ द्वारा अफगानिस्तान में हस्तक्षेप

के कारण अमेरिका के लिए पाकिस्तान 'फ्रंट लाइन राज्य' के रूप में उभरा और अमेरिका द्वारा पाकिस्तान को भारी सैन्य सहायता दी गई। चीन और पाकिस्तान के मध्य परमाणु सामग्री एवं तकनीकी हस्तांतरण किया गया, जिससे 80 के दशक में ही पाकिस्तान परमाणु हथियारों के निर्माण की क्षमता प्राप्त कर चुका था। पाकिस्तानी राष्ट्रपति जियाऊल हक ने इसके स्पष्ट संकेत दिए।

यह भी ज्ञात हुआ कि चीन ने अपने परमाणु हथियारों की तैनाती तिब्बत के क्षेत्र में की है। इसलिए दो परमाणु शक्ति संपन्न राज्यों के समीप होने के कारण भारतीय सुरक्षा के लिए एक दीर्घकालिक खतरा उत्पन्न हो रहा था। सोवियत संघ के विघटन तथा शीत युद्ध की समाप्ति के पश्चात् अमेरिका नियंत्रित एकध्रुवीय विश्व में परमाणु अप्रसार को मूल उद्देश्य बनाया गया। अब अमेरिका के दबाव के कारण रूस ने भी अप्रसार का समर्थन प्रभावी रूप में किया। यह उल्लेखनीय है कि भारत के परंपरागत मित्र रूस ने यूरोप, अमेरिका को अपनी विदेश नीति में प्राथमिकता दी। तात्कालिक समय तक अपनी रक्षा आपूर्ति में भारत मूलतः रूस पर निर्भर था। अतः शीत युद्धोत्तर विश्व में भारतीय विदेश नीति के लिए परमाणु अप्रसार का मामला और चुनौतीपूर्ण हो गया, क्योंकि एन.पी.टी. और सी.टी.बी.टी. पर हस्ताक्षर करने के लिए भारत पर लगातार दबाव बनाया गया। वर्ष 1990 के बाद आर्थिक रूप में भारत की स्थिति कमजोर थी। इसलिए परमाणु विस्फोट के संदर्भ में एक स्पष्ट निर्णय लेने में कठिनाई आ रही थी।

समग्र परमाणु परीक्षण प्रतिबंध संधि

(Comprehensive Nuclear-Test-Ban Treaty, CTBT)
यह संधि वर्ष 1996 में प्रस्तुत की गई, जो परमाणु अप्रसार संधि की पूरक है। इस संधि में परमाणु परीक्षण को प्रतिबंधित करके परमाणु प्रसार को रोकने का प्रावधान किया गया है, जिसके मूल प्रावधान निम्नलिखित हैं–

- 'समग्र' शब्द का अभिप्राय है कि सभी प्रकार के परमाणु परीक्षणों को प्रतिबंधित कर दिया गया। (सैन्य एवं शांतिपूर्ण उद्देश्यों दोनों को)
- इसमें भूमिगत, जल और आकाश में परीक्षण प्रतिबंधित किया गया है और इसके तहत अब परमाणु शक्ति संपन्न एवं गैर-परमाणु शक्ति संपन्न कोई भी राज्य परमाणु परीक्षण नहीं करेगा।
- सभी देशों के ऊपर यह प्रतिबंध समान रूप में लागू हुआ कि वे परमाणु परीक्षण नहीं कर सकते।
- इस संधि में यह भी प्रावधान था कि तत्कालीन वे 44 राज्य, जिनके पास परमाणु अनुसंधान की सुविधा है, 90 दिनों की अवधि में समग्र परमाणु परीक्षण प्रतिबंध संधि पर हस्ताक्षर करेंगे, तभी यह संधि लागू होगी।
- समग्र परमाणु परीक्षण प्रतिबंध संधि में अंतर्राष्ट्रीय पर्यवेक्षण केंद्र (International Monitoring Centre) की स्थापना का प्रावधान किया गया।
- समग्र परमाणु परीक्षण प्रतिबंध संधि में अंतर्राष्ट्रीय डाटा केंद्र के निर्माण का भी प्रावधान किया गया, जिसके विश्व में 300 केंद्र होंगे।
- वर्तमान समय तक भी समग्र परमाणु परीक्षण प्रतिबंध संधि (CTBT) लागू नहीं हो सकी है, क्योंकि 44 देशों ने अभी भी इस पर हस्ताक्षर नहीं किए। भारत, पाकिस्तान एवं इजरायल ने इस पर हस्ताक्षर नहीं किए। दूसरी श्रेणी में वे देश हैं, जिन्होंने इस पर हस्ताक्षर किए हैं, लेकिन उनकी विधायिका द्वारा इसे अनुसमर्थन नहीं दिया गया, जैसे- अमेरिका, चीन, ईरान, मिस्र एवं उत्तर कोरिया आदि राज्य।

भारत की आपत्ति

भारत ने सी.टी.बी.टी. पर आपत्ति दर्ज करते हुए इसे अस्वीकृत कर दिया। भारत के अनुसार, तकनीकी रूप में यह संधि निरर्थक है, क्योंकि विकसित देशों ने कंप्यूटर सिमुलेशन तकनीक का विकास कर लिया है, जिससे उन्हें परमाणु परीक्षण की आवश्यकता नहीं होगी। इसलिए यह संधि मूलतः विकासशील देशों को परमाणु तकनीक से वंचित करने का प्रयत्न है। 'इन्ट्री इन टू फोर्स' का प्रावधान राज्यों की संप्रभुता की संकल्पना के विरुद्ध है, क्योंकि इसके अंतर्गत यह कहा गया कि व्यापक परमाणु परीक्षण प्रतिबंध संधि तभी लागू होगी, जब वे 44 राज्य इस पर हस्ताक्षर करेंगे जिनके पास परमाणु अनुसंधान की सुविधा है। परमाणु अप्रसार का दायरा अब और भी व्यापक हो गया है। इसलिए सी.टी.बी.टी. पर हस्ताक्षर करने का अभिप्राय, एम.टी.सी.आर. और एफ.एम. सी.टी. पर हस्ताक्षर करने होंगे।

पोखरण परमाणु परीक्षण

एक महत्त्वपूर्ण निर्णय लेते हुए 11 मई, 1998 को भारत द्वारा शक्ति शृंखला के नाम से परमाणु विस्फोट किए गए। भारत ने स्पष्ट कहा कि इस विस्फोट का उद्देश्य न्यूनतम परमाणु प्रतिरोधक क्षमता

अर्जित करना है। भारत के अनुसार, सुरक्षा के मुद्दे पर जापान और दक्षिण कोरिया की भांति वह अमेरिका से परमाणु सुरक्षा प्राप्त नहीं कर सकता, क्योंकि इससे भारत की स्वतंत्र विदेश नीति प्रभावित होगी। भारत, नेपाल एवं भूटान जैसा छोटा राज्य भी नहीं है। इसलिए भारत की सुरक्षा का दायित्व स्वयं भारत का है। अतः भारत द्वारा परमाणु विस्फोट करके आर्थिक प्रतिबंधों को स्वीकार किया गया, क्योंकि विदेश नीति विशेषज्ञों का स्पष्ट मानना था कि परीक्षण के बाद आर्थिक प्रतिबंध आरोपित होंगे, लेकिन यथार्थवादी निर्णय के अंतर्गत सुरक्षा को ज्यादा प्राथमिकता दी गई।

यथार्थवादियों ने भारतीय विदेश नीति के लिए इसे एक बहुत बड़ी उपलब्धि माना तथा इसे एक लंबी छलांग माना गया। इन्होंने यह भी तर्क दिया कि इससे समूचा विश्व, भारत को गंभीरता के साथ लेगा। यद्यपि यह उल्लेखनीय है कि भारत ने न्यूनतम परमाणु प्रतिरोधक क्षमता का उद्देश्य निर्धारित किया तथा यह स्पष्ट रूप में कहा कि उसका उद्देश्य राष्ट्रीय सुरक्षा है, परमाणु हथियारों की दौड़ को बढ़ाना नहीं।

भारत की परमाणु नीति

परमाणु परीक्षण (1998) के बाद भारत द्वारा परमाणु नीति की घोषणा की गई। जिसमें यह उल्लिखित है कि भारत किसी गैर-परमाणु शक्ति संपन्न देश पर परमाणु हथियार से हमला नहीं करेगा। परंतु वर्ष 2003 में इसमें संशोधन करते हुए यह कहा गया कि रासायनिक अथवा जैविक हथियारों के हमले के विरुद्ध परमाणु हथियार से हमला किया जा सकता है। वर्ष 2018 में नई रक्षा नीति में न्यूनतम शब्द भी हटा दिया गया। परमाणु शक्ति पर्याप्त, प्रकार्यात्मक एवं सुरक्षित होनी चाहिए तथा एक प्रभावी कमान और नियंत्रण व्यवस्था होनी चाहिए। एक प्रभावी सूचना और पहले सावधान करने वाली क्षमता होनी चाहिए। उपरोक्त रणनीति के अनुसार, व्यावहारिक रूप में व्यवस्थित योजना और प्रशिक्षण होना चाहिए तथा अंत में परमाणु हथियारों की तैनाती आवश्यक है।

(i) परमाणु शक्ति

इसके अंतर्गत युद्ध का खतरा उत्पन्न होने के दौरान कम से कम समय में भारत अपनी परमाणु क्षमता की तैनाती कर सके। भारत की परमाणु शक्ति प्रभावकारी, विविधतापूर्ण, लचीली, विश्वसनीय तथा न्यूनतम प्रतिरोध की आवश्यकताओं के अनुसार होगी, जिसके अनुसार समुद्र, भू-भाग, गतिशील वाहन और परमाणु हथियारों के प्रयोग की वायु क्षमता का भी विकास किया जाएगा।

(ii) विश्वसनीय और बचाव

विरोधी राज्यों के विरुद्ध परमाणु शक्ति के प्रयोग की प्रभावी क्षमता तथा परमाणु क्षमता विश्वसनीय, सटीक एवं समयबद्ध होनी चाहिए। भारत की परमाणु शक्ति तथा कमान और नियंत्रण व्यवस्था का इस प्रकार निर्माण होगा कि अचानक होने वाले हमले के विरुद्ध भारत त्वरित प्रतिक्रिया कर सके।

(iii) कमान और नियंत्रण व्यवस्था

भारतीय परमाणु नीति के अंतर्गत एक प्रभावी कमान व्यवस्था का निर्माण किया गया है। परमाणु हथियारों के प्रयोग का अंतिम अधिकार प्रधानमंत्री का अथवा प्रधानमंत्री द्वारा नियुक्त व्यक्ति के हाथ में होगा। एक प्रभावी कमान और नियंत्रण व्यवस्था द्वारा एकीकृत प्रकार्यात्मक योजना का निर्माण किया जाएगा तथा परमाणु प्रक्षेपण को भी प्रभावी रूप मे तैनात किया जाएगा। भारतीय रक्षा बल की योजना को क्रियान्वित करने के लिए तैयार रहना होगा।

(iv) सुरक्षा एवं संरक्षा

परमाणु हथियारों के निर्माण, परिवहन और भंडारण पर प्रभावी बल दिया जाएगा, जिससे वे खो न सकें, उनकी हानि न हो अथवा वे किसी अनाधिकृत व्यक्ति के पास न पहुंचे। परमाणु दुर्घटनाओं को टालने की पर्याप्त व्यवस्था की जाएगी तथा आपदा प्रबंधन के लिए प्रभावी इंतजाम किए जाएंगे।

(v) अनुसंधान एवं विकास

भारत को इस क्षेत्र में अनुसंधान और विकास पर प्रभावी बल देना होगा तथा अनुसंधान और विकास पर लागू होने वाले प्रतिबंधों को भारत स्वीकार नहीं करेगा।

(vi) निःशस्त्रीकरण एवं हथियारों का नियंत्रण

एक वैश्विक भेदभावरहित परमाणु निःशस्त्रीकरण भारत का मूल उद्देश्य है। भारत, परमाणु रहित विश्व के निर्माण का समर्थक है। भारत द्वारा अन्य राज्यों को भी नीति के लिए सहमत किया जाएगा। परमाणु हथियारों की घातक प्रकृति को देखते हुए विश्वास निर्माण के उपायों को अपनाया जाएगा

तथा उनके संभावित खतरे को भी न्यूनतम किया जाएगा। परमाणु हथियारों का नियंत्रण भी भारतीय सुरक्षा के लिए आवश्यक है।

पहले प्रयोग न करने की नीति (No First Use)

भारत की परमाणु नीति का मुख्य भाग किसी भी राज्य पर पहले परमाणु हथियारों का उपयोग नहीं करने की है। आलोचकों के अनुसार, पहले न प्रयोग करने की नीति अत्यधिक कमजोर है, क्योंकि परमाणु शक्ति संपन्न राज्य द्वारा जब हमला किया जाएगा, तो भारत को पलटवार करने का अवसर प्राप्त नहीं होगा। वर्तमान समय में चीन के प्रभावी सैन्य आधुनिकीकरण को देखते हुए भारत से पहले न प्रयोग करने की नीति पर पुनर्विचार की अपेक्षा की जा रही है। पाकिस्तान द्वारा कभी भी पहले न प्रयोग करने की नीति का पालन नहीं किया जाता। पाकिस्तान द्वारा यह स्पष्ट रूप में कहा जाता है कि वह भारत के विरुद्ध संघर्ष में किसी भी उपाय का प्रयोग करेगा। पाकिस्तान परंपरागत सैनिक क्षमता के दृष्टिकोण से भारत से पीछे है। इसलिए पाकिस्तान द्वारा भारत पर परमाणु हमले की आशंका बनी रहती है। इसलिए इस नीति के पुन: अवलोकन की मांग की जा रही है।

पक्ष में तर्क

अनेक विचारक भारत की इस नीति को उपयुक्त मानते हैं, क्योंकि भारत ने परमाणु हथियारों का निर्माण अपनी सुरक्षा के लिए किया है, न कि किसी दूसरे राज्य पर हमला करने के लिए। चीन के पास परमाणु हथियार हैं और चीन ने भी पहले न प्रयोग करने की नीति अपना रखी है। इसलिए भारत द्वारा इस नीति को परिवर्तित करने से भारत और चीन के बीच अनावश्यक संदेह और सैन्य प्रतिस्पर्धा बढ़ेगी। पहले न प्रयोग करने की नीति भारत के उत्तरदायी राज्य होने के अनुरूप है। भारत की परमाणु क्षमता अपनी सुरक्षा के लिए है, आक्रमण के लिए नहीं।

इसलिए वर्तमान समय में भारत के पहले न प्रयोग करने की नीति बेहतर और कारगर है। यह भी उल्लेखनीय है कि आकस्मिक और युद्ध की परिस्थितियों में कोई भी देश किसी भी नीति को तत्काल बदल देता है।

अंतर्राष्ट्रीय प्रतिक्रिया

अमेरिका ने आर्थिक और तकनीकी प्रतिबंध आरोपित किए। जापान ने भारत से अपना राजदूत और ऑस्ट्रेलिया ने भारत से अपना उच्चायुक्त वापस बुला लिया। चीन ने सुरक्षा परिषद में भारत के विरुद्ध प्रस्ताव संख्या-1172 के अंतर्गत कठोर प्रतिबंध लगाने की मांग की। रूस ने भी परमाणु विस्फोट की आलोचना की, यद्यपि कड़े प्रतिबंधों का विरोध किया। पाकिस्तान ने छगाई (बलूचिस्तान) में परमाणु बम का विस्फोट किया। दक्षिण-पूर्वी एशियाई देशों ने भी इसका विरोध किया, यद्यपि वियतनाम ने इसका समर्थन करते हुए कहा कि यह चीन जैसे देशों को संतुलित करने के लिए बेहतर है।

भारतीय रणनीति

पोखरण में द्वितीय परमाणु विस्फोट के बाद भारतीय विदेश नीति में बहुआयामी रणनीति का प्रयोग किया गया। जसवंत सिंह और अमेरिकी विदेश उपसचिव स्ट्रोब टॉलबोट के मध्य कई चक्रों की वार्ता आयोजित हुई। भारत ने अमेरिका को यह बताने का प्रयत्न किया कि भारतीय परमाणु विस्फोट उसकी अपनी विशिष्ट सुरक्षा चिंताओं के कारण किया गया। भारत का उद्देश्य हथियारों की दौड़ को बढ़ावा देना नहीं है। भारत ने यह भी आश्वासन दिया कि वह परमाणु अप्रसार की सभी मान्यताओं का पालन करेगा। चीन के साथ भी संबंधों को सामान्य बनाने का प्रयत्न किया गया। जापान और दक्षिण-पूर्वी एशियाई देशों को भारत ने अपनी सुरक्षा चिंताओं से अवगत कराया। पाकिस्तान के साथ परमाणु विश्वास निर्माण के उपायों पर वार्ता हुई। अटल बिहारी वाजपेयी और तत्कालीन पाकिस्तानी प्रधानमंत्री नवाज शरीफ के मध्य विश्वास निर्माण के उपायों पर सहमति बनी तथा दोनों देशों ने विश्व जनमत को यह भरोसा दिलाया कि दक्षिण एशिया में परमाणु हथियारों का प्रयोग नहीं होगा। आंतरिक रूप में भारत ने न्यूनतम परमाणु प्रतिरोधक क्षमता अर्जित करने के लिए मिसाइल के विकास पर भी बल प्रदान किया। इसी के साथ भारत ने अपनी स्पष्ट परमाणु नीति का भी निर्माण किया।

विश्वसनीय परमाणु क्षमता के बाद भी हस्ताक्षर से इनकार करना

एन.पी.टी. पर हस्ताक्षर करने से भारत के समूचे परमाणु केंद्रों पर अंतर्राष्ट्रीय परमाणु ऊर्जा आयोग (IAEA) की निगरानी स्थापित हो जाएगी, जिससे भारत का परमाणु अनुसंधान कार्यक्रम प्रभावित होगा और यदि भारत को परमाणु शक्ति संपन्न देश का दर्जा दे दिया जाए तो भारत को एन.पी.टी. पर हस्ताक्षर करने में कोई

कठिनाई नहीं होगी। भारत ने अभी तीन परमाणु परीक्षण किए हैं, जबकि अमेरिका तथा रूस ने हजारों परमाणु परीक्षण किए हैं। इसीलिए सी.टी.बी.टी. पर हस्ताक्षर करने से भारत के भविष्य के परमाणु अनुसंधान कार्यक्रम पर नकारात्मक प्रभाव हो सकता है।

परमाणु प्रतिरोधक (Nuclear Deterrence)

वर्तमान में परमाणु हथियारों को पृथ्वी एवं अग्नि प्रक्षेपास्त्र में तैनात किया गया है। समुद्र में आई.एन.एस. अरिहंत को परमाणु हथियार क्षमता संपन्न बना दिया गया है। सुखोई विमान को भी परमाणु हथियार प्रक्षेपण योग्य बनाया गया है। अतः व्यावहारिक रूप में परमाणु हमले का प्रत्युत्तर देने की क्षमता भारत के पास विद्यमान है।

महाशक्तियों का भारत के प्रति परिवर्तित दृष्टिकोण

वर्ष 2000 के बाद अमेरिकी नीति में भारतीय विदेश नीति के प्रति परिवर्तन देखा गया। अमेरिका ने अब भारत को अलग-थलग करने के बजाय, भारत को साथ लेकर चलने की नीति अपनाई। अमेरिका ने विश्व में परमाणु अप्रसार की नीति को कारगर बनाने के लिए भारत से सहयोग की नीति अपनाई। सितंबर, 2001 में अमेरिका पर बड़ा आतंकवादी हमला हुआ, जिसके बाद अमेरिका द्वारा 'आतंक के विरुद्ध युद्ध' का नारा दिया गया और भारत ने इस अभियान में अमेरिका का पूर्ण सहयोग किया। इसलिए सितंबर, 2001 के बाद भारत पर आरोपित अनेक प्रतिबंधों को अमेरिका ने धीरे-धीरे समाप्त करने की घोषणा की। अमेरिका की इस परिवर्तित नीति के कारण जापान, दक्षिण-पूर्वी एशियाई देशों ने भी भारत के प्रति अपनी नीति में परिवर्तन किया। भारतीय अर्थव्यवस्था वर्तमान में दुनिया की सबसे बड़ी अर्थव्यवस्थाओं में सबसे तेजी से बढ़ती हुई अर्थव्यवस्था है। वित्त वर्ष 2023-24 में भारत की आर्थिक वृद्धि दर 8.2 प्रतिशत रही। समूचे विश्व समुदाय ने भारतीय लोकतंत्र को स्थायी लोकतंत्र की श्रेणी में रखा। परिणामस्वरूप समूचे विश्व में व्याप्त समस्याओं, जैसे- आतंकवाद, पर्यावरणीय समस्या, नशीली दवाओं के व्यापार को हल करने के लिए भारत के महत्त्व को स्वीकार किया गया।

वर्तमान में भारत के समक्ष विकल्प

वर्ष 1998 में भारत द्वारा पोखरण परमाणु परीक्षण किया गया, जो विदेश नीति में एक लंबी छलांग मानी जाती है, क्योंकि परंपरागत रूप में भारत परमाणु हथियारों का विरोधी रहा है। भारत द्वारा न्यूनतम परमाणु प्रतिरोधक क्षमता का विकास कर लिया गया है, जिसके अंतर्गत भारत द्वारा अग्नि-V का विकास किया गया है, इसकी मारक क्षमता 5,000 किलोमीटर की है। इसके साथ राफेल, सुखोई में भी परमाणु हथियारों की तैनाती की गई है और आई.एन. एस. अरिहंत पनडुब्बी में परमाणु हथियारों की तैनाती की गई है। यद्यपि भारत को तीन और परमाणु पनडुब्बी की आवश्यकता है।

परंतु भारत द्वारा आज भी परमाणु अप्रसार संधि (NPT) पर हस्ताक्षर करने से इनकार किया गया है, क्योंकि परमाणु अप्रसार संधि पर हस्ताक्षर करने से भारत के समस्त परमाणु रियेक्टर अंतर्राष्ट्रीय परमाणु ऊर्जा एजेंसी (IAEA) की निगरानी में होंगे, जिससे भारत का परमाणु अनुसंधान प्रभावित होगा और चीन की बढ़ती शक्ति को देखते हुए भारत अपने परमाणु कार्यक्रम के विकास को प्रतिबंधित करने के लिए तैयार नहीं है। इसके साथ भारत समग्र परमाणु परीक्षण प्रतिबंध संधि (CTBT) पर भी हस्ताक्षर के लिए तैयार नहीं है। यह उल्लेखनीय है कि अमेरिका की सीनेट ने समग्र परमाणु परीक्षण प्रतिबंध संधि को अनुमोदित करने से इनकार कर दिया, जबकि अमेरिका द्वारा हजारों परमाणु परीक्षण किए गए हैं। संयुक्त राष्ट्र संघ के आंकड़ों के अनुसार प्रमुख महाशक्तियों द्वारा परमाणु परीक्षणों की संख्या निम्नलिखित है-

1. अमेरिका - 1032
2. रूस - 715
3. यूके - 45
4. फ्रांस - 210
5. चीन - 45
6. भारत - 03

भारत ने अभी तक केवल तीन परमाणु परीक्षण किए हैं, जबकि महाशक्तियों द्वारा अनेक परमाणु परीक्षण किए गए है और इनके द्वारा कंप्यूटर सिमुलेशन तकनीकी का विकास भी कर लिया गया है, जिससे ये राष्ट्र कंप्यूटर द्वारा अपने परमाणु परीक्षण कर सकते हैं। इससे भी बढ़कर भारत द्वारा सदैव परमाणु हथियार मुक्त विश्व का समर्थन किया गया, जबकि महाशक्तियों द्वारा परमाणु अप्रसार के नाम पर तकनीकी हस्तांतरण को प्रतिबंधित किया जा रहा है।

परमाणु निर्यात नियंत्रण व्यवस्था
(Nuclear Export Control Regime)

वर्तमान में परमाणु अप्रसार को प्रतिबंधित करने के लिए परमाणु अप्रसार संधि तथा समग्र परमाणु परीक्षण प्रतिबंध संधि के

अतिरिक्त अनेक प्रकार के प्रावधान किए गए हैं, जिनमें केवल हथियारों के प्रसार को रोकने का ही प्रावधान नहीं है, बल्कि प्रक्षेपास्त्रों तथा अन्य सामग्रियों के प्रसार को भी प्रतिबंधित करने का उद्देश्य निश्चित किया गया है, जो अग्रलिखित हैं—

वाजीनार समूह (Wassenaar Arrangement)

इसकी स्थापना वर्ष 1996 में हॉलैंड (वाजीनार शहर) में हुई। इसके 42 सदस्य हैं और इस समझौते का उद्देश्य परंपरागत हथियारों के निर्यात तथा दोहरी तकनीक के प्रसार को रोकना है। 8 दिसंबर 2017 को वाजीनार व्यवस्था में भारत को सम्मिलित किया गया। भारत इस व्यवस्था में सम्मिलित होने वाला 42वां देश है। 1 जनवरी 2023 से एक वर्ष के लिए भारत द्वारा इसकी अध्यक्षता की गई। चीन एवं पाकिस्तान इसके सदस्य नहीं हैं।

मिसाइल तकनीकी नियंत्रण व्यवस्था

(Missile Technology Control Regime, MTCR)

यह एक अनौपचारिक संधि है, जिसमें 35 देशों के बीच स्वैच्छिक सहभागिता है, जिसका उद्देश्य प्रक्षेपास्त्रों और मानव रहित यानों के तकनीकी प्रसार का नियंत्रण करना है। इसकी स्थापना वर्ष 1987 में हुई, जिसके संस्थापक देश कनाडा, फ्रांस, जर्मनी, इटली एवं अमेरिका हैं। एम.टी.सी.आर. का मूल कार्य प्रक्षेपास्त्रों का नियंत्रण करना है, लेकिन ईरान, उत्तरी कोरिया और पाकिस्तान जैसे राज्य लगातार अपने प्रक्षेपास्त्रों को बेहतर बना रहे हैं। इसके प्रावधानों के तहत गैर-सदस्य देशों को 500 कि.ग्रा. विस्फोटकों के साथ 300 किमी. या उससे अधिक दूरी तक मार करने में सक्षम खतरनाक मिसाइलों, अन्य हथियारों या उपकरणों का निर्यात नहीं किया जा सकता। इसमें अनमैंड एरियल व्हीकल (UAV) अर्थात् मानव रहित यान, जिसे आमतौर पर ड्रोन के रूप में जाना जाता है, भी शामिल हैं।

भारत की सदस्यता

जून, 2016 में भारत को 35वें सदस्य के रूप में इस समूह की सदस्यता प्राप्त हो गई। वर्ष 1998 के परमाणु परीक्षण के बाद पहली बार भारत किसी परमाणु अप्रसार समूह का सदस्य बना। चीन द्वारा एन.एस.जी. में भारत की सदस्यता रोकने के बाद भारत द्वारा एम.टी.सी.आर. की सदस्यता महत्त्वपूर्ण है। यह उल्लेखनीय है कि चीन, एम.टी.सी.आर. का सदस्य नहीं है। इसकी सदस्यता के बाद इस समूह के देशों से भारत को उच्चतर तकनीक प्राप्त हो सकती है। अब भारत को अंतरिक्ष अभियान के लिए भी बेहतर तकनीक मिल सकती है। क्योंकि रूस द्वारा भारत को क्रायोजेनिक इंजन देने पर एम.टी.सी.आर. ने प्रतिबंध लगा दिया था। भारत ब्रह्मोस प्रक्षेपास्त्र को वियतनाम और अन्य देशों को भी प्रदान कर सकता है। इससे भारत की छवि एक उत्तरदायी राज्य के रूप में उभरी है।

ऑस्ट्रेलिया समूह (Australia Group)

ऑस्ट्रेलियाई समूह का निर्माण 1985 में किया गया। यह समूह 1984 में इराक द्वारा रासायनिक हथियारों के उपयोग के विरुद्ध प्रतिक्रिया के रूप में सामने आया। इसका उद्देश्य रासायनिक और जैविक हथियारों के प्रसार का नियंत्रण करना और उन देशों की पहचान करना है, जो इसका निर्यात करते हैं। वर्तमान समय में इसके 43 सदस्य हैं, जिसमें यूरोपीय यूनियन के 27 सदस्य भी शामिल हैं। भारत 2018 में इसमें 43वें सदस्य के रूप में शामिल हुआ।

परमाणु आपूर्तिकर्ता समूह

(Nuclear Supplier Group)

इसकी स्थापना भारत के परमाणु परीक्षण (1974) के बाद वर्ष 1975 में हुई। इसे 'लंदन क्लब' के नाम से भी जाना जाता है। एन.एस.जी. में 48 सदस्य हैं। एन.एस.जी. का प्रावधान है कि जिन देशों ने एन.पी.टी. संधि पर हस्ताक्षर किए हैं, उन्हीं को ये परमाणु ईंधन और तकनीक प्रदान करेंगे। भारत, एकमात्र ऐसा देश है, जो एन.पी.टी. पर हस्ताक्षर किए बिना भी एन.एस.जी. से ईंधन प्राप्त कर रहा है। भारत, इसका सदस्य नहीं है।

भारत की सदस्यता

भारत परमाणु क्षेत्र में अत्यधिक विकसित राज्य है, परंतु परमाणु अप्रसार को सुनिश्चित करने वाली किसी भी अंतर्राष्ट्रीय संधि पर हस्ताक्षर नहीं किए हैं। इसलिए परमाणु अप्रसार को प्रभावी बनाने के लिए भारत को सदस्यता प्रदान करना एक बेहतर विकल्प है। एन.एस.जी. का सदस्य होने के लिए एन.पी.टी. पर हस्ताक्षर करना पहली और प्राथमिक शर्त है। एन.एस.जी. का गठन वर्ष 1975 में किया गया, जिसमें वे देश शामिल थे, जो परमाणु रिएक्टर संचालित करते थे तथा उन्होंने परमाणु अप्रसार संधि पर हस्ताक्षर कर दिए थे।। वर्ष 2010 से और उसके बाद अमेरिकी राष्ट्रपति बराक ओबामा ने 'परमाणु आपूर्तिकर्ता समूह' में भारत

की सदस्यता का स्पष्ट समर्थन किया। भारत परमाणु अनुसंधान के क्षेत्र में अत्यधिक विकसित राज्य है। इसलिए भारत की इस संगठन में सदस्यता का समर्थन किया जा रहा है, जिससे परमाणु अप्रसार को प्रभावी बनाया जा सके। यह अपने आप में उल्लेखनीय है कि वर्ष 1974 में एन.एस.जी. की स्थापना भारत के परमाणु परीक्षण के बाद की गई। वर्तमान समय में इसके 48 सदस्य हैं तथा सभी सदस्य एन.पी.टी. पर हस्ताक्षर करने वाले राज्य हैं। वर्तमान समय में एन.एस.जी. ने भारत को परमाणु तकनीकी और ईंधन के मामले में एक विशेष छूट दे रखी है, क्योंकि एन.एस.जी. द्वारा केवल उन्हीं राज्यों को परमाणु तकनीकी और ईंधन दिया जाता है, जिन्होंने एन.पी.टी. पर हस्ताक्षर किए हैं।

सदस्यता का लाभ

यह बिंदु ध्यान देने योग्य है कि भारत को एन.एस.जी. द्वारा सभी सुविधाएं प्राप्त हो रही हैं, तो एन.एस.जी. की सदस्यता प्राप्त करने का क्या औचित्य है? भारत को एन.एस.जी. द्वारा विशेष छूट दी गई है, क्योंकि एन.एस.जी. भारत को परमाणु ईंधन एवं तकनीक प्रदान कर रहा है। एन.एस.जी. से यह छूट वर्ष 2008 में भारत-अमेरिकी सिविल परमाणु समझौते के बाद प्राप्त हुई। इसकी सदस्यता से भारत को एक उत्तरदायी राज्य का दर्जा प्राप्त हो जाएगा और भारत का परमाणु निर्यात व्यवस्था से अलगाव समाप्त हो जाएगा। एन.एस.जी. के प्रावधानों में होने वाले परिवर्तन में भी भारत की भूमिका महत्त्वपूर्ण हो जाएगी और अन्य संगठनों में भारत को सदस्यता प्राप्त करना भी आसान हो जाएगा।

सदस्यता में बाधा

एन.एस.जी. का निर्णय आम सहमति से होता है, जबकि चीन, भारत की सदस्यता का बड़ा विरोधी है। चीन के अतिरिक्त स्विट्जरलैंड, ऑस्ट्रिया व आयरलैंड जैसे देश भी भारत की सदस्यता के विरोधी हैं। ये देश यह मानते हैं कि भारत को सदस्यता देने से परमाणु अप्रसार कमजोर हो जाएगा।

भारत, एन.पी.टी. पर हस्ताक्षर कर देगा तो उसके सभी परमाणु अनुसंधान केंद्रों पर 'अंतर्राष्ट्रीय परमाणु ऊर्जा एजेंसी' (IAEA) को निरीक्षण करने का अधिकार मिल जाएगा। भारत के समर्थक लोगों ने कहा कि एन.एस.जी. में भारत की सदस्यता महत्त्वपूर्ण है, क्योंकि भारत एक उत्तरदायी राज्य है। भारत की सदस्यता के लिए या तो भारत को परमाणु शक्ति संपन्न देश का दर्जा दे दिया जाए अथवा एन.एस.जी. की सदस्यता शर्तों में परिवर्तन कर दिया जाए। फ्रांस, एन.एस.जी. का संस्थापक सदस्य है, परंतु उसने परमाणु अप्रसार पर वर्ष 1992 में हस्ताक्षर किए, जिससे यह प्रतीत होता है कि एन.पी.टी. की सदस्यता के बिना भी कोई देश एन.एस.जी. का सदस्य हो सकता है।

चीन का दृष्टिकोण

एन.एस.जी. के सदस्यों में अमेरिका, रूस, जापान, कनाडा, इंग्लैंड, जर्मनी एवं ऑस्ट्रेलिया द्वारा भारत की सदस्यता का समर्थन किया गया और अन्य सदस्यों के द्वारा भारत के समर्थन के लिए कूटनीतिक पहल की गई। जबकि ऑस्ट्रिया, न्यूजीलैंड तथा आयरलैंड द्वारा कहा गया कि भारत को सदस्यता देने से पहले एन.एस.जी. द्वारा उन मानकों एवं प्रक्रियाओं का निर्माण करना चाहिए, जिसके आधार पर उन देशों को शामिल किया जा सके, जिन्होंने एन.पी.टी. पर हस्ताक्षर नहीं किए हैं। चीन द्वारा इसी दृष्टिकोण का समर्थन किया गया। इसके अतिरिक्त चीन का यह भी मानना है कि यदि भारत इस समूह में सम्मिलित हो गया, तो भविष्य में पाकिस्तान के शामिल होने का मार्ग बंद हो जाएगा।

अमेरिकी दृष्टिकोण

अमेरिका द्वारा भारत की सदस्यता के समर्थन के अनेक कारण हैं। पेरिस पर्यावरणीय वार्ताओं को सफल बनाने के लिए भारत के समर्थन की आवश्यकता है। भारत द्वारा वर्ष 2030 तक अपनी ऊर्जा आवश्यकता का 40 प्रतिशत भाग गैर-परंपरागत स्रोतों से पूर्ण करने का लक्ष्य रखा गया है। वर्ष 2032 तक 63 हजार मेगावॉट बिजली परमाणु रिएक्टर से उत्पादित करने का लक्ष्य निर्धारित किया गया है। इसके अतिरिक्त चीन के बढ़ते वैश्विक प्रभाव को प्रतिसंतुलित करने के लिए अमेरिका, भारत के साथ समझौते का समर्थन कर रहा है।

परमाणु सुरक्षा शिखर सम्मेलन

अंतर्राष्ट्रीय राजनीति में एक नवीन पहल के अंतर्गत परमाणु सुरक्षा सम्मेलन आयोजित किया गया, जिसका परमाणु प्रसार से संबंध नहीं है, बल्कि परमाणु हथियारों और सामग्री को सुरक्षित रखने की पहल है। अमेरिकी राष्ट्रपति बराक ओबामा की पहल से पहला परमाणु सुरक्षा शिखर सम्मेलन 2010 में वाशिंगटन में हुआ। इसमें 47 देशों एवं तीन अंतर्राष्ट्रीय संगठनों ने भाग लिया। वर्तमान युग में अनेक आतंकवादी संगठन परमाणु हथियारों के

निर्माण का संकेत देते हैं। इसलिए इस सम्मेलन द्वारा परमाणु सामग्री को सुरक्षित रखने पर बल दिया गया है। परमाणु सामग्री की सुरक्षा और संरक्षा (Safety And Security) हेतु मार्च, 2012 में सिओल (दक्षिण कोरिया) में दूसरा परमाणु सुरक्षा शिखर सम्मेलन हुआ, जिसमें-

- वैश्विक परमाणु सुरक्षा संरचना जिसके अंतर्गत संयुक्त राष्ट्र सुरक्षा परिषद की प्रस्ताव संख्या-1540 और 1977 को शक्तिशाली बनाने पर बल दिया गया। इस सम्मेलन में परमाणु आतंकवाद को नियंत्रित करने के लिए वैश्विक सहयोग और सहभागिता पर बल दिया गया।
- अंतर्राष्ट्रीय परमाणु ऊर्जा एजेंसी को और शक्तिशाली बनाने पर बल दिया गया।
- प्लूटोनियम जैसे परमाणु पदार्थों की सुरक्षा पर बल दिया गया।
- रेडियोएक्टिव स्रोतों को भी सुरक्षित करने पर बल दिया गया।
- परमाणु सुरक्षा और संरक्षा पर बल दिया गया। इसके अंतर्गत परमाणु अनुसंधान केंद्रों का डिजाइन इस प्रकार बनाया जाए कि वे सुरक्षित रहें तथा मानवीय जीवन और पर्यावरण भी सुरक्षित रहे एवं परमाणु कचरे का सही प्रबंधन किया जाए।
- परमाणु सामग्री के परिवहन के दौरान उसकी सुरक्षा आवश्यक है। अवैध आदान-प्रदान को नियंत्रित किया जाए।
- परमाणु सुरक्षा संस्कृति का निर्माण किया जाए। अतः परमाणु हथियारों की रक्षा के लिए गैर-सरकारी स्वैच्छिक संगठनों की भी सहायता ली जाए।
- सूचना सुरक्षा आवश्यक है, जिससे गैर-राष्ट्रीय कर्ता परमाणु तकनीकी और पदार्थों का दुरुपयोग न कर सकें।
- अंतर्राष्ट्रीय सहयोग की अपेक्षा है। चौथा सम्मेलन वर्ष 2016 में पुनः वाशिंगटन में आयोजित हुआ, जिसमें परमाणु सामग्री की सुरक्षा पर बल दिया गया। वर्ष 2016 में वाशिंगटन में आयोजित चौथा सम्मेलन परमाणु सुरक्षा शिखर सम्मेलन का नवीनतम सम्मेलन है। इसके पश्चात नए सम्मेलनों का आयोजित न होना इसकी प्रासंगिकता एवं महत्त्व को लेकर देशों की अरुचि को दिखाता है। तीसरा परमाणु सुरक्षा शिखर सम्मेलन द हेग (नीदरलैंड) में आयोजित किया गया था।

भारत का नया सैन्य सिद्धांत-2017

(New Military Doctrine)

भारतीय सेना अध्यक्ष द्वारा वर्ष 2017 में नए सैन्य सिद्धांत (New Military Doctrine) की घोषणा की गई, जिसमें यह कहा गया कि भारत को चीन एवं पाकिस्तान की ओर से सुरक्षा का परंपरागत खतरा विद्यमान है। इसके अतिरिक्त आतंकवाद भी सुरक्षा के लिए एक गंभीर चुनौती है। इस सिद्धांत के अनुसार, भारत की साइबर सुरक्षा एवं अंतरिक्ष सुरक्षा पर विशेष ध्यान देने की आवश्यकता है। भारत की परमाणु नीति में बदलाव करते हुए न्यूनतम शब्द को हटाकर विश्वसनीय परमाणु प्रतिरोधक क्षमता का प्रयोग किया गया। भारत में एकीकृत सैन्य कमान के गठन की सिफारिश की गई।

एकीकृत सैन्य कमान

(Integrated Military Command)

वर्ष 1999 में कारगिल अतिक्रमण के दौरान भारतीय सेनाओं के तीनों अंगों में समन्वय एवं सामंजस्य का अभाव दिखा। अतः वर्ष 2000 में अंडमान और निकोबार द्वीप समूह में एकीकृत सैन्य कमान का गठन किया गया।

1. भारत के अंडमान और निकोबार द्वीप समूह में पहले से ही एकीकृत सैन्य कमान की स्थापना हो चुकी है और यह सुझाव दिया गया कि भारत को चार एकीकृत सैन्य कमान में विभाजित कर दिया जाए जिससे सेनाओं के विंग के बीच सामंजस्य एवं समन्वय संभव हो।
2. अमेरिका और चीन ने पहले से ही एकीकृत कमान को स्थापित कर लिया है परंतु भारत में इसे लागू करने में निम्नलिखित समस्याएं विद्यमान हैं–
   (i) भारत में एकीकृत कमान से सेना की तीनों इकाइयों के बीच कमाडिंग के लिए प्रतिस्पर्धा बढ़ेगी। सेना की संख्या अधिक है, जबकि वायु सेना सर्वाधिक महत्त्वपूर्ण सेना मानी जाती है। अतः एकीकृत कमान में सेना के अधिकारी ही ज्यादा संख्या में एकीकृत सेना के अध्यक्ष होंगे।
   (ii) भौगोलिक रूप में उत्तर एवं पश्चिम क्षेत्र में नौसेना की आवश्यकता नहीं है जबकि वायु सेना की तैनाती थोड़े समय में देश के किसी भी भाग में संभव है, इसलिए एकीकृत कमान के बजाय सैन्य आधुनिकीकरण भी

ज्यादा आवश्यक है। चीफ ऑफ डिफेंस स्टाफ की नियुक्ति के बाद एकीकृत कमान के निर्माण का रास्ता साफ हो गया है।

नागरिक समाज द्वारा परमाणु हथियारों के समापन की पहल

परमाणु हथियारों के उन्मूलन के लिए अंतर्राष्ट्रीय पहल (International Campaign to Abolish Nuclear Weapons) नामक संस्था ने वैश्विक स्तर पर परमाणु हथियारों के पूर्णतः उन्मूलन का प्रयास किया है। इस प्रयास को वर्ष 2017 में नोबेल पुरस्कार भी दिया गया है। इस संस्था को विश्व के बौद्धिक वर्ग, पत्रकार, मीडिया, सिविल सोसायटी का समर्थन प्राप्त है। इस कैंपेन का उद्देश्य परमाणु हथियारों के प्रयोग से होने वाले प्रभावों पर विश्व का ध्यान केंद्रित करना है, जिसमें इन हथियारों के समापन के लिए एक अंतर्राष्ट्रीय संधि को प्रस्तावित किया है। परमाणु हथियारों से पर्यावरण, स्वास्थ्य, पेयजल आदि गंभीर रूप से क्षतिग्रस्त होते हैं। आईकैन (ICAN) की स्थापना वर्ष 2007 में की गई थी। ऑस्ट्रेलिया में इसकी स्थापना हुई। बाद में जेनेवा में इसका कार्यालय बनाया गया। परंतु महाशक्तियों द्वारा इस पहल को अस्वीकार कर दिया गया। लगभग 120 देशों द्वारा इसका समर्थन किया गया। परंतु परमाणु शक्ति संपन्न देशों ने इसे मानने से इनकार कर दिया, भारत द्वारा भी इसका समर्थन नहीं किया गया है। अतः विश्व में कोई भी राज्य अपनी सुरक्षा से समझौता करने के लिए तैयार नहीं है। विश्व में आज भी राज्यों की सुरक्षा का कोई ठोस प्रबंध नहीं है।

निष्कर्ष

भारतीय परमाणु नीति में समूचे विश्व से परमाणु हथियार समाप्त करने पर बल दिया गया है। एक राष्ट्र के परमाणु हथियार अन्य राज्यों की सुरक्षा के लिए खतरा बन जाते हैं। इसलिए परमाणु हथियारों के अप्रसार के बजाय इनके उन्मूलन की आवश्यकता है।

अध्याय

5 गुटनिरपेक्ष आंदोलन और भारत

Non-Aligned Movement and India

● अमेरिका एवं यूरोप का दृष्टिकोण ● ऐतिहासिक विकास ● प्रथम चरण (1961-72) ● द्वितीय चरण (1973-91) ● तृतीय चरण (1991 के बाद) ● 1991 के बाद महत्त्वपूर्ण गुटनिरपेक्ष सम्मेलन ● भारतीय विदेश नीति में गुटनिरपेक्षता ● घरेलू कारण ● नेहरू के पश्चात् गुटनिरपेक्ष नीति ● वास्तविक गुटनिरपेक्षता ● प्रासंगिकता का सवाल ● गुटनिरपेक्षता-2 ● गुटनिरपेक्षता से मल्टी अलाइनमेंट (बहुगुटता) की ओर

द्वितीय विश्व युद्ध के बाद विश्व दो सैनिक गुटों नाटो (NATO) तथा वारसा में विभाजित हो गया। संयुक्त राज्य अमेरिका एवं सोवियत संघ के बीच शक्ति प्रतिस्पर्धा आरंभ हो गई। विश्व साम्यवादी एवं पूंजीवादी विचारधारा में तथा यूरोप पूर्वी और पश्चिमी भाग में बंट गया। द्वितीय विश्व युद्ध के बाद एशियाई-अफ्रीकी देश उपनिवेशवाद एवं साम्राज्यवाद से मुक्त हुए और इन्होंने एक नवीन आंदोलन स्थापित किया, जो गुटनिरपेक्षता कहलाता है।

गुटनिरपेक्षता का अभिप्राय नकारात्मक तथा सकारात्मक दो रूपों में लिया जाता है। नकारात्मक रूप में गुटीय राजनीति का विरोध, शस्त्रीकरण तथा परमाणु हथियारों का विरोध, सैन्य गठबंधनों का विरोध आदि है। सकारात्मक रूप से गुटनिरपेक्षता का अभिप्राय, संयुक्त राष्ट्र संघ एवं अंतर्राष्ट्रीय विधि के अनुसार, अंतर्राष्ट्रीय राजनीति का संचालन करना है। इसके अतिरिक्त गुटनिरपेक्षता का आशय, स्वतंत्र और स्वायत्त विदेश नीति का निर्माण है और विश्व को शांतिपूर्ण बनाने का आंदोलन तथा विश्व को गुटों से मुक्त करने का आंदोलन है। यह कोई तीसरा गुट नहीं है।

अंतर्राष्ट्रीय राजनीति में सदैव शक्तिशाली देशों का प्रभुत्व रहा है, जबकि तीसरी दुनिया के देश शोषित रहे हैं। इसलिए गुटनिरपेक्षता, तीसरी दुनिया की सामूहिक आवाज है तथा यह विश्व को लोकतांत्रिक बनाने की साझी मांग है। यह साम्राज्यवाद, उपनिवेशवाद एवं रंगभेद की नीति को समाप्त करने का सामूहिक आंदोलन है। यह शांति एवं हथियारों की दौड़ समाप्त करने का आंदोलन भी है। इसके द्वारा तीसरी दुनिया के बीच एकता स्थापित करने का प्रयत्न किया गया।

गुटनिरपेक्ष आंदोलन, विश्व के प्रत्येक मुद्दे पर उसके गुण और अवगुण के आधार पर सक्रिय सहभागिता है। अतः गुटनिरपेक्षता, तटस्थता और अलगाववाद से भिन्न है। गुटनिरपेक्ष राज्यों द्वारा अन्याय एवं आधिपत्य का विरोध किया गया। गुटनिरपेक्ष राज्यों के मध्य विद्यमान भिन्नताओं से इसका महत्त्व कम नहीं होता, क्योंकि इसका उद्देश्य एक न्यायपूर्ण लोकतंत्र की स्थापना करना है। वर्ष 1961 के गुटनिरपेक्ष आंदोलन में सदस्यों को सम्मिलित करने के लिए निम्नलिखित मानकों का निर्माण किया गया–

- गुटनिरपेक्ष संगठन की सदस्यता के लिए यह शर्त आवश्यक है कि वह किसी भी सैन्य संगठन का सदस्य नहीं होना चाहिए।
- किसी भी सदस्य राष्ट्र की भूमि पर किसी भी महाशक्ति या बड़े राष्ट्रों के सैनिक अड्डे नहीं होने चाहिए।

- गुटनिरपेक्ष राष्ट्र किसी भी महाशक्ति से द्विपक्षीय सैन्य समझौते नहीं करेंगे, जिससे अंतर्राष्ट्रीय विवादों को बढ़ावा मिले और शांति भंग हो।
- गुटनिरपेक्ष राष्ट्र सकारात्मक दृष्टिकोण को आधार बनाकर अपनी स्वतंत्र व स्वायत्त विदेश नीति बनाए रखना चाहते हैं, जो साम्राज्यवादी शक्तियों से उन्हें लंबे राष्ट्रीय आंदोलन के बाद प्राप्त हुई है।
- गुटनिरपेक्ष राष्ट्र संसार में सभी प्रकार के उपनिवेशवाद एवं साम्राज्यवाद का विरोध करते हैं तथा राष्ट्रीय आंदोलनों को अपना समर्थन देते हैं।

अमेरिका एवं यूरोप का दृष्टिकोण

पाश्चात्य विचारकों के अनुसार, गुटनिरपेक्षता थोथी व अवसरवादी विचारधारा है, जिसमें प्रत्येक राज्य अवसरवादी नीतियों का प्रयोग अपने हितों में वृद्धि के लिए करता है। जॉन फॉस्टर डलेस के अनुसार, 'शीत युद्ध के वैचारिक ध्रुवीकरण के युग में गुटनिरपेक्षता की संकल्पना निरर्थक है।' अनेक पाश्चात्य विचारकों ने गुटनिरपेक्षता को तटस्थता के रूप में परिभाषित किया। कुछ अमेरिकी विचारकों ने इसे सोवियत संघ के खेमे का विस्तार कहा। इसलिए पाश्चात्य विचारकों ने आरंभ से ही गुटनिरपेक्ष आंदोलन की प्रासंगिकता पर सवाल उठाए। इन विचारकों ने शीत युद्ध में देतांत के समय भी गुटनिरपेक्षता को अप्रासंगिक कहा। जब शीत युद्ध की समाप्ति या सोवियत संघ का विखंडन हुआ, तब स्वाभाविक रूप में गुटनिरपेक्षता की प्रासंगिकता पर सवाल खड़े किए गए।

ऐतिहासिक विकास

प्रथम चरण (1961-72)
[राजनीतिक वैचारिक मुद्दे (1961-72)]

गुटनिरपेक्ष आंदोलन की औपचारिक शुरुआत वर्ष 1961 से हुई। इसकी स्थापना मुख्यतया भारत, मिस्र, यूगोस्लाविया और इंडोनेशिया द्वारा की गई। यूगोस्लाविया के राष्ट्रपति मार्शल टीटो ने पहले सम्मेलन में कहा कि गुटनिरपेक्षता का आशय, स्वतंत्र विकास का अधिकार है तथा अंतर्राष्ट्रीय मंचों पर समान रूप में भागीदारी करने की मांग है। इन राज्यों ने शीत युद्ध की विश्व राजनीति में स्वतंत्र और स्वायत्त विदेश नीति तथा संयुक्त राष्ट्र संघ को प्रभावशाली करने की मांग उठाई, क्योंकि तत्कालीन समय में दुनिया के अनेक भागों में साम्राज्यवादी और उपनिवेशवादी व्यवस्था बनी हुई थी। पहले चरण के [गुटनिरपेक्ष आंदोलन का पहला सम्मेलन 1961 में बेलग्रेड (यूगोस्लाविया) में हुआ।] बेलग्रेड (1961), काहिरा (1964), लुसाका (1970) के सम्मेलन में गुटनिरपेक्ष आंदोलन द्वारा साम्राज्यवाद एवं उपनिवेशवाद का विरोध, नि:शस्त्रीकरण का समर्थन तथा रंगभेद का विरोध इत्यादि मांगें उठाई गईं। इन सम्मेलनों के दौरान गुटनिरपेक्ष राष्ट्रों की संख्या में वृद्धि हुई और इन्होंने संयुक्त राष्ट्र संघ के मंच से अपनी सामूहिक आवाज उठाई। अतः अंतर्राष्ट्रीय राजनीति में गुटनिरपेक्ष आंदोलन का महत्त्व बढ़ने लगा। संख्यात्मक वृद्धि के अलावा गुणात्मक रूप में भी इनकी मांगें प्रभावी हुईं।

द्वितीय चरण (1973-91)
[आर्थिक मुद्दों की प्राथमिकता (1973-91)]

अल्जीयर्स सम्मेलन (1973) के मंच से गुटनिरपेक्ष आंदोलन में आर्थिक मुद्दों को प्राथमिकता प्रदान की गई, क्योंकि तीसरी दुनिया के देशों को ऐसा प्रतीत हुआ कि समूची आर्थिक व्यवस्था पर विकसित देशों का अधिकार है तथा वे इसका प्रयोग अपने हितों के लिए कर रहे हैं। गुटनिरपेक्ष आंदोलन के कारण विकासशील देशों ने संयुक्त राष्ट्र संघ के मंच से वर्ष 1974 में नव-अंतर्राष्ट्रीय आर्थिक व्यवस्था (NIEO) की मांग उठाई। गुटनिरपेक्ष राष्ट्र चाहते थे कि तीसरी दुनिया के देशों के ऋण के बोझ को कम किया जाए तथा विकासशील देशों का उनके प्राकृतिक संसाधनों पर स्वामित्व स्वीकार किया जाए। इसके अतिरिक्त गुटनिरपेक्ष राष्ट्र बहुराष्ट्रीय कंपनियों की गतिविधियों पर नियंत्रण रखना चाहते थे, जिससे उनकी संप्रभुता बनी रहे तथा बाह्य हस्तक्षेप कम हो। गुटनिरपेक्ष राष्ट्र असमान अंतर्राष्ट्रीय आर्थिक व्यवस्था को समाप्त करना चाहते थे, जिसके लिए वे ब्रेटेनवुड्स आर्थिक प्रणाली में सुधार की मांग कर रहे थे।

इसके पश्चात् वर्ष 1976 के कोलंबो सम्मेलन, वर्ष 1979 के हवाना सम्मेलन एवं वर्ष 1983 के नई दिल्ली सम्मेलन तथा वर्ष 1986 के हरारे सम्मेलन में भी 'नव-अंतर्राष्ट्रीय आर्थिक व्यवस्था' की मांग को प्रभावी रूप में उठाया गया। नई दिल्ली सम्मेलन में उत्तर-दक्षिण संवाद पर बल दिया गया तथा यह स्पष्ट कहा गया कि पूरे विश्व पर एक छोटे से विशेषाधिकारी समूह का अधिकार नहीं हो सकता, चाहे वे कितने ही शक्तिशाली क्यों न

हों? नई दिल्ली सम्मेलन में यह भी कहा गया कि विश्व व्यवस्था का निर्माण राज्यों की स्वतंत्रता, संप्रभुता, क्षेत्रीय अखंडता, न्याय और सहयोग पर आधारित होना चाहिए। विश्व एक है और इस विश्व को राजनीतिक, आर्थिक या वैचारिक गुटों में विभाजित नहीं किया जा सकता। सम्मेलन में सभी प्रकार के आधिपत्य और शोषण के सभी रूपों का विरोध किया गया। इसके अतिरिक्त इसमें ईरान-इराक संघर्ष, सोवियत संघ का अफगानिस्तान में हस्तक्षेप और नामीबिया की स्वतंत्रता जैसे मुद्दे भी उठाए गए। हरारे सम्मेलन में अफ्रीका के विकास के लिए अफ्रीकी कोष के गठन का निर्णय लिया गया और कोलंबो सम्मेलन में दक्षिण-दक्षिण सहयोग को प्रभावी बनाने पर बल दिया गया।

नव-अंतर्राष्ट्रीय सूचना व्यवस्था की मांग

गुटनिरपेक्ष राष्ट्रों ने सभी राष्ट्रों के मध्य समान सूचना एवं संचार को बेहतर करने के लिए नव-अंतर्राष्ट्रीय सूचना व्यवस्था की मांग उठाई। नव-उपनिवेशवादी विरासत के कारण विकासशील राज्यों के पास सूचना एवं संचार के साधनों का अभाव था। इस नई सूचना व्यवस्था के माध्यम से साम्राज्यवादी व्यवस्था के विरोधी थे। नई सूचना व्यवस्था विकासशील देशों के आपसी सहयोग के लिए आवश्यक है जिससे पश्चिमी विश्व के वैचारिक आधिपत्य को समाप्त किया जा सके। वर्ष 1976 में नई दिल्ली में गुटनिरपेक्ष राष्ट्रों के सूचना मंत्रियों की बैठक हुई, जिसमें यह कहा गया कि नई सूचना व्यवस्था का निर्माण भी आवश्यक है। हवाना सम्मेलन में भी इस पर महत्त्वपूर्ण बल दिया गया।

प्राकृतिक मित्र का सिद्धांत

गुटनिरपेक्ष आंदोलन के द्वितीय चरण में आर्थिक मुद्दे प्राथमिक हो गए परंतु राजनीतिक मुद्दे भी बने रहे। फिदेल कास्त्रो ने वर्ष 1979 के सम्मेलन में साम्यवादी सोवियत संघ को गुटनिरपेक्ष आंदोलन का स्वाभाविक मित्र कहा, क्योंकि सोवियत संघ और विकासशील देश दोनों साम्राज्यवाद और उपनिवेशवाद के विरोध में संघर्ष कर रहे हैं। यह बिंदु ध्यान देने योग्य है कि सोवियत संघ की विदेश नीति में विकासशील देशों के मुक्ति आंदोलन को प्रोत्साहित किया गया तथा सोवियत संघ ने सदैव गुटनिरपेक्ष आंदोलन का समर्थन किया। परंतु इसका अभिप्राय यह नहीं है कि गुटनिरपेक्ष आंदोलन सोवियत गुट का विस्तार है, क्योंकि गुटनिरपेक्ष आंदोलन का मूल उद्देश्य गुटविहीन विश्व का निर्माण करना था। इसलिए भारत ने क्यूबा के प्रस्ताव को अमान्य करार दिया। इंदिरा गांधी व जूलियस नरेरे जैसे लोगों ने गुटनिरपेक्ष आंदोलन को आगे बढ़ाया।

तृतीय चरण (1991 के बाद) [गुटनिरपेक्षता की प्रासंगिकता (1991 के बाद)]

शीत युद्धोत्तर विश्व में दुनिया में कई निर्णायक परिवर्तन हुए, जिसमें सोवियत संघ का विघटन और वारसा नामक सैन्य गुट की समाप्ति की घोषणा की गई तथा अब विश्व अमेरिकी प्रभुत्व में एकध्रुवीय हो गया। इस दौरान क्षेत्रीय आर्थिक संगठनों का प्रभाव बढ़ने लगा, क्योंकि संपूर्ण विश्व ने समान रूप से उदारवादी प्रणालियों को स्वीकार किया। वर्ष 1991 तक नामीबिया और दक्षिण अफ्रीका सहित समस्त विश्व से उपनिवेशवाद और रंगभेद को समाप्त कर दिया गया। यह सत्य है कि सभी गुटनिरपेक्ष राष्ट्रों ने स्वतंत्र और स्वायत्त नीतियों का प्रयोग नहीं किया। उदाहरण के लिए, मिस्र, पाकिस्तान व अमेरिका सामरिक गठबंधन के सदस्य बन गए। सऊदी अरब और वियतनाम ने अपनी भूमि पर महाशक्तियों के सैनिक अड्डों का निर्माण करवाया। जबकि दूसरी ओर सिंगापुर, श्रीलंका के पश्चात् मलेशिया व इंडोनेशिया जैसे राज्य भी महाशक्तियों के साथ सैन्य रूप में बंध गए।

उपरोक्त परिप्रेक्ष्य में यूगोस्लाविया और मिस्र ने गुटनिरपेक्ष आंदोलन की प्रासंगिकता पर सवाल उठाया। यह बिंदु उल्लेखनीय है कि दोनों देश गुटनिरपेक्ष आंदोलन के संस्थापक तथा इसके अध्यक्ष भी रह चुके थे। वर्ष 1991 की गुटनिरपेक्ष विदेश मंत्रियों की बैठक में यूगोस्लाविया ने गुटनिरपेक्षता के नाम को परिवर्तित करने का प्रस्ताव किया। मिस्र ने तो यहां तक कहा कि गुटनिरपेक्ष आंदोलन का विलय जी-77 में हो जाना चाहिए।

शीत युद्धोत्तर विश्व में जकार्ता सम्मेलन (1992), कॉर्टाजेना सम्मेलन (1995), डरबन (1998), क्वालालंपुर (2003), हवाना (2006) और शर्म-अल-शेख सम्मेलन (2009) में लगातार गुटनिरपेक्षता की प्रासंगिकता पर बल प्रदान किया गया। एम.एस. राजन के अनुसार, 'कुछ लोगों ने गुटनिरपेक्षता की प्रासंगिकता पर शुरू से ही प्रश्न उठाया। इसलिए यह कोई नवीन प्रवृत्ति नहीं है।' अन्य लोगों के अनुसार, जब गुटनिरपेक्ष राष्ट्र ही गुटनिरपेक्षता का पालन नहीं करते, तब यह प्रासंगिक कैसे है? अन्य के अनुसार, गुटनिरपेक्षता इसलिए भी अप्रासंगिक है कि गुट ही नहीं है। ये

सभी मान्यताएं गुटनिरपेक्षता के वास्तविक और पूर्ण अर्थ को स्वीकार नहीं करती, बल्कि गुटनिरपेक्षता को संकीर्ण दृष्टि से देखते हैं, जबकि एक लोकतांत्रिक एवं समतामूलक विश्व की मांग गुटनिरपेक्षता का व्यापक और वास्तविक अर्थ है।

नि:शस्त्रीकरण

गुटनिरपेक्ष आंदोलन द्वारा आरंभ से ही निःशस्त्रीकरण का समर्थन किया गया। परमाणु शक्ति संपन्न विकसित देश निःशस्त्रीकरण के बजाय, परमाणु हथियारों पर अपना आधिपत्य कायम रखना चाहते हैं और शेष विश्व को इससे वंचित करने के लिए प्रयत्नशील हैं। इससे स्पष्ट है कि अंतर्राष्ट्रीय व्यवस्था में अभी भी प्रभुत्व एवं आधिपत्य कायम है।

सुरक्षा परिषद का लोकतांत्रिकरण

संयुक्त राष्ट्र संघ के निर्माण का मूल आधार सभी राज्यों की समानता पर आधारित सहयोग और समन्वय में वृद्धि करना है। परंतु सुरक्षा परिषद में अभी भी पांच महाशक्तियों का आधिपत्य कायम है। विश्व व्यवस्था, लोकतंत्र और न्याय के बजाय, शक्ति संतुलन द्वारा संचालित है, इसलिए गुटनिरपेक्षता की प्रासंगिकता स्वाभाविक है। एकध्रुवीय विश्व राज्यों की समान संप्रभुता की संकल्पना के प्रतिकूल है, क्योंकि इस विश्व में अशक्त एवं छोटे राज्यों के विकल्प अत्यधिक सीमित हो गए हैं। अतः सोवियत संघ के विघटन के पश्चात् इसकी प्रासंगिकता बढ़ गई है।

उत्तर-दक्षिण के बीच विषमता

शीत युद्धोत्तर विश्व में विकासशील देशों को आर्थिक एवं सैन्य सहायता प्राप्त करने के लिए विकसित देशों की कठोर शर्तों का सामना करना पड़ रहा है। विकासशील देशों के समक्ष इन शर्तों को मानने से इनकार करने का विकल्प नहीं है। शीत युद्ध के युग में विकासशील देशों को दोनों महाशक्तियों से सहायता प्राप्त होती थी। समकालीन भूमंडलीकृत उदारीकरण की अर्थव्यवस्था में वैश्विक संस्थाओं पर चुनिंदा महाशक्तियों का आधिपत्य है। वर्तमान आर्थिक संकट के युग में विकासशील देशों की अर्थव्यवस्थाएं अत्यंत प्रतिकूल स्थिति में हैं। अतः वर्तमान परिप्रेक्ष्य में एक नई ब्रेटेनवुड्स आर्थिक प्रणाली के निर्माण की आवश्यकता है। गुटनिरपेक्ष आंदोलन की 15वीं बैठक में भूमंडलीकरण को सर्वसमावेशी बनाने पर बल दिया गया, जबकि विकसित देश भूमंडलीकरण का प्रयोग केवल अपने हितों के लिए करना चाहते हैं। उत्तर-दक्षिण के मध्य का विभाजन अभी भी बरकरार है तथा विकासशील देशों में अभी भी विकास की समस्या विद्यमान है।

नवीन विश्व व्यवस्था

गुटनिरपेक्ष आंदोलन की प्रासंगिकता इससे स्वयं सिद्ध है। वर्तमान विश्व में वैश्विक आतंकवाद, पर्यावरणीय समस्या, नशीली दवाओं का बढ़ता व्यापार समूची मानवता के समक्ष उत्पन्न साझे खतरे हैं और इन समस्याओं का समाधान बहुपक्षीय रूप में ही किया जा सकता है। इसलिए एक लोकतांत्रिक विश्व के निर्माण की गुटनिरपेक्ष आंदोलन की मांग ज्यादा प्रासंगिक है।

1991 के बाद महत्त्वपूर्ण गुटनिरपेक्ष सम्मेलन

जकार्ता सम्मेलन, 1992

शीत युद्ध के अंत के बाद यह गुटनिरपेक्ष आंदोलन का पहला सम्मेलन था। इस सम्मेलन में शीत युद्ध के बाद के विश्व के समक्ष आने वाली समस्याओं पर विचार किया गया। सदस्य देशों ने नई प्राथमिकताओं पर विचार किया, जिसमें मानवाधिकार, नशीली दवाओं के व्यापार, पर्यावरणीय मुद्दे तथा बहुसंस्कृतिवाद को गुटनिरपेक्ष आंदोलन की नई प्राथमिकताओं में रखा तथा सदस्य देशों ने संयुक्त राष्ट्र संघ द्वारा शांति अभिरक्षा हेतु तैनात सेनाओं के लिए नई गाइड लाइन पर विचार किया।

कार्टाजेना सम्मेलन, 1995

इस सम्मेलन में विश्व को परमाणु भयावहता से सावधान किया गया तथा कहा गया कि यदि महाशक्तियां इसी तरह परमाणु सामग्री का विकास और संग्रहण करती रहीं, तो मानव जाति का भविष्य अंधकारमय हो जाएगा। सम्मेलन में यह भी कहा गया कि निःशस्त्रीकरण के लिए आवश्यक और ठोस कार्रवाई की जानी चाहिए। सम्मेलन में परमाणु ऊर्जा के उपयोग की तकनीक के हस्तांतरण तथा शांतिपूर्ण उपयोग की बात कही गई।

डरबन सम्मेलन, 1998

इस सम्मेलन में अंतर्राष्ट्रीय सुरक्षा और निःशस्त्रीकरण पर बल दिया गया तथा परमाणु शस्त्रों के पूर्ण समापन की मांग की गई।

इस सम्मेलन में जैविक और रासायनिक हथियारों के समापन हेतु अभिसमय की आवश्यकता की बात कही गई। इस सम्मेलन में परमाणु हथियार मुक्त क्षेत्र की आवश्यकता पर बल दिया गया तथा मध्य पूर्व क्षेत्र को परमाणु हथियार मुक्त क्षेत्र घोषित करने की मांग की गई।

क्वालालंपुर सम्मेलन, 2003

इस सम्मेलन में एक पक्षीय कार्रवाइयों के बजाय, संयुक्त राष्ट्र संघ समर्थित बहुपक्षीय कार्रवाइयों की आवश्यकता पर बल दिया गया, क्योंकि संयुक्त राज्य अमेरिका बिना संयुक्त राष्ट्र संघ की सहमति से इराक में सैन्य कार्रवाई कर रहा था। इस सम्मेलन में जैविक हथियारों के समापन पर बल दिया गया तथा सभी राष्ट्रों से इस अभिसमय (Convention) पर हस्ताक्षर करने का आह्वान किया गया।

हवाना सम्मेलन, 2006

इस सम्मेलन में वैश्विक, क्षेत्रीय, उपक्षेत्रीय स्तर के सामाजिक, राजनीतिक और सुरक्षात्मक मुद्दों पर विचार किया गया, जिसमें निःशस्त्रीकरण, अंतर्राष्ट्रीय सुरक्षा तथा शक्ति के उपयोग से उत्पन्न समस्याओं को सम्मिलित किया गया। इस सम्मेलन में कहा गया कि परमाणु अप्रसार को परमाणु उन्मूलन की तरफ मोड़ा जाना चाहिए तथा मध्य पूर्व क्षेत्र में परमाणु हथियार मुक्त क्षेत्र की आवश्यकता पर बल दिया गया।

शर्म-अल-शेख सम्मेलन, 2009

शर्म-अल-शेख सम्मेलन में आर्थिक मंदी से उबरने के लिए साझे प्रयासों पर बल दिया गया। अफ्रीकी देशों की सहायता का प्रस्ताव किया गया। पर्यावरणीय वार्ताओं में विकासशील देशों के हितों को सुरक्षित करने की मांग की गई। साथ ही यह भी कहा गया कि सुरक्षा और निःशस्त्रीकरण एक-दूसरे के पूरक हैं। इसलिए विश्व सुरक्षा के लिए निःशस्त्रीकरण आवश्यक है। संयुक्त राष्ट्र संघ के लोकतांत्रिकरण पर बल प्रदान किया गया तथा कहा गया कि आतंकवाद को किसी भी आधार पर उचित नहीं ठहराया जा सकता।

तेहरान सम्मेलन, 2012

इस सम्मेलन के घोषणा-पत्र में विश्व को सर्वसमावेशी, उचित एवं पारदर्शी बनाने के लिए वैश्विक शासन पर बल दिया गया, जो न्याय और समान सहभागिता पर आधारित हो। समकालीन विश्व में पर्यावरणीय खतरे, जलवायु परिवर्तन व गरीब शरणार्थियों की समस्या विश्व सुरक्षा के समक्ष नवीन खतरे हैं। इन समस्याओं को हल करने के लिए एक सार्वभौमिक बहुपक्षीय संस्था की आवश्यकता पर बल दिया गया है। यह संस्था संयुक्त राष्ट्र संघ है, जो वैश्विक शासन को प्रभावी बना सकती है। वैश्विक शासन को प्रभावी बनाने के लिए वर्तमान नीति-निर्माण करने वाली संस्थाओं में सुधार की आवश्यकता है। विशेष रूप में वर्तमान आर्थिक संकट के दौर में अंतर्राष्ट्रीय वित्तीय संस्थाओं (IMF, World Bank) में सुधार की आवश्यकता है।

अंतर्राष्ट्रीय समुदाय में प्रत्येक राज्य के मूल्य एवं विचार अलग-अलग हैं। इसलिए दुनिया में शांति एवं सामंजस्य की स्थापना के लिए विविधता को स्वीकार करना होगा। मानवाधिकार अविभाजित, परस्पर निर्भर और आपस में संबंधित है। मानवाधिकार की रक्षा चयनात्मक रूप में और राजनीतिक उद्देश्यों से प्रेरित होकर नहीं होनी चाहिए। मानवाधिकार की रक्षा करते हुए राष्ट्रीय संप्रभुता और राज्य की भौगोलिक अखंडता का भी ध्यान रखना चाहिए, क्योंकि परमाणु हथियार मानवता के लिए सबसे घातक हैं। इसलिए परमाणु शक्ति संपन्न राज्यों द्वारा भी परमाणु हथियार समाप्त करने की आवश्यकता है। सभी राज्यों को परमाणु क्षमता के शांतिपूर्ण प्रयोग का अधिकार है तथा यह अधिकार ईरान को भी प्राप्त है। परमाणु क्षमता के शांतिपूर्ण प्रयोग के विरुद्ध किसी भी प्रकार का सैनिक आक्रमण खतरनाक है और यह अंतर्राष्ट्रीय विधि के भी विरुद्ध है। इस संबंध में किसी भी समस्या का समाधान बहुपक्षीय बातचीत द्वारा होना चाहिए।

ईरान सम्मेलन में अमेरिका के विरोध के बावजूद भारी संख्या में गुटनिरपेक्ष राज्यों ने ईरान सम्मेलन में भाग लिया, जो विकासशील देशों के बीच एकजुटता का प्रमाण है। अमेरिका और इजरायल द्वारा विश्व के अनेक नेताओं को इस सम्मेलन में आने से मना किया गया। इसके बावजूद तेहरान गुटनिरपेक्ष सम्मेलन में अधिकांश राज्यों ने भाग लिया।

वेनेजुएला सम्मेलन, 2016

यह सम्मेलन लैटिन अमेरिकी देश वेनेजुएला के मार्गरीटा द्वीप (Margarita Island) में संपन्न हुआ। इसमें भारत की तरफ से तत्कालीन उप-राष्ट्रपति हामिद अंसारी ने भाग लिया। इस सम्मेलन में भारतीय प्रधानमंत्री नरेन्द्र मोदी ने भाग नहीं लिया।

इसके पहले 1979 में कार्यवाहक प्रधानमंत्री चौधरी चरण सिंह ने भी गुटनिरेपक्ष सम्मेलन में भाग नहीं लिया था। इस सम्मेलन में भारत ने संयुक्त राष्ट्र सुरक्षा परिषद में सुधार, आतंकवाद का विरोध तथा एक व्यापक संयुक्त राष्ट्र कंवेंशन पर बल दिया। भारत ने सीमापार आतंकवाद संबंधी एक कंवेंशन लाने का भी प्रयास किया।

इस सम्मेलन में पहली बार कई राष्ट्रों के प्रमुखों ने भाग नहीं लिया। साथ ही भारतीय प्रधानमंत्री भी इस सम्मेलन का हिस्सा नहीं बने। अतः इससे गुटनिरपेक्ष आंदोलन के प्रभाव में कमी का संकेत मिलता है।

अजरबैजान सम्मेलन, 2019

अजरबैजान सम्मेलन गुटनिरपेक्ष आंदोलन का 18वां सम्मेलन है, जो वर्ष 2019 में आयोजित हुआ। इस सम्मेलन का आयोजन वर्चुअल तरीके से किया गया। जिसमें भारतीय प्रधानमंत्री की भागीदारी भी हुई। इसके माध्यम से कोविड-19 के विरुद्ध देशों के बीच सहयोग पर बल दिया गया।

कंपाला (युगांडा) सम्मेलन, 2024

कंपाला में आयोजित इस 19वें सम्मेलन की थीम "साझा वैश्विक समृद्धि के लिए सहयोग को गहन बनाना" था। कंपाला सम्मेलन में 'कंपाला घोषणा' को अपनाया गया। भारतीय विदेश मंत्री ने इस सम्मेलन में भारत का प्रतिनिधित्व किया। इस सम्मेलन में विकासशील देशों के मुद्दों, पश्चिम एशिया में संघर्ष को कम करने एवं गाजा संकट के स्थायी समाधान की बात की गई।

भारतीय विदेश नीति में गुटनिरपेक्षता

प्रथम प्रधानमंत्री नेहरू ने भारतीय विदेश नीति में पंचशील एवं शांतिपूर्ण सहअस्तित्व पर अत्यधिक बल प्रदान किया। उनकी नीति आदर्शवादी थी, वे राष्ट्रीय हितों को आदर्शवादी रूप में प्राप्त करना चाहते थे। परंतु पाकिस्तान व चीन जैसे राष्ट्रों के कारण नेहरू की एशियाई एकता का विचार विफल हो गया। क्योंकि चीन द्वारा समाजवादी सुदृढ़ता एवं पाकिस्तान द्वारा अमेरिका के सैन्य संगठन का समर्थन किया गया। भारत ने अमेरिका एवं सोवियत संघ दोनों के साथ संबंध बेहतर बनाने का प्रयास किया, लेकिन वह सैनिक गठबंधन से अलग रहा।

घरेलू कारण

विदेश नीति को किसी भी देश की आंतरिक परिस्थितियों का बाहरी परिणाम कहा जाता है। इसलिए स्वतंत्रता के बाद भारत के विकास के लिए नेहरू ने दोनों महाशक्तियों से आर्थिक और तकनीकी सहायता प्राप्त करने का प्रयत्न किया। स्वतंत्र भारत में आर्थिक विकास देश की मूलभूत आवश्यकता थी। नव-स्वतंत्र भारत की सबसे बड़ी आवश्यकता– शिक्षा-स्वास्थ्य, आवास एवं उद्योगों के विकास पर ध्यान केंद्रित किया गया। सैनिक सामग्री पर पैसा खर्च करने के बजाय आम जनता के जीवन को बेहतर बनाने का लक्ष्य रखा गया। इसलिए नेहरू ने सैनिक संगठनों में भागीदारी करने से इनकार कर दिया। आजादी के बाद भारत में लोकतांत्रिक सरकार का गठन किया गया। इसलिए विदेश नीति में स्वायत्तता की नीति अपनाई गई। भारत में कुछ राजनीतिक दल अमेरिका के साथ संबंध बेहतर करने के समर्थक थे, तो अन्य दलों द्वारा रूस के साथ बेहतर संबंध का पक्ष लिया गया। जबकि गुटनिरपेक्ष नीति के अंतर्गत भारत ने दोनों महाशक्तियों के साथ संबंध मधुर एवं मित्रतापूर्ण बनाने का प्रयत्न किया। सोवियत संघ के साथ मधुर संबंधों का निर्माण करके भारत में सार्वजनिक उद्यमों के विकास के लिए सहायता प्राप्त की गई। जबकि अमेरिका से तकनीकी एवं आर्थिक सहायता ली गई।

प्रारंभिक चरण में (1947-1959) गुटनिरपेक्षता की नीति काफी सफल रही है और भारत ने इस नीति के माध्यम से न केवल शीत युद्ध का सकारात्मक विरोध किया, बल्कि अपने राष्ट्रीय हितों के अनुरूप विदेश नीति को दिशा प्रदान की। वर्ष 1947 में एशियाई सम्मेलन, वर्ष 1955 में बांडुंग सम्मेलन में गुटनिरपेक्षता की नीति भी सफल दिखती है। भारतीय विदेश नीति में गुटनिरपेक्षता का आधार अंतर्निहित है। वर्ष 1961 में गुटनिरपेक्ष आंदोलन की स्थापना में नेहरू की भूमिका अग्रणी थी। नेहरू ने गुटनिरपेक्षता को तीसरा गुट नहीं, बल्कि 'शांति का गुट' कहा। इसलिए उन्होंने गुटनिरपेक्ष आंदोलन में शांति व निःशस्त्रीकरण पर मूल बल प्रदान किया। इनके अनुसार, गुटनिरपेक्षता महाशक्तियों का विरोध नहीं, अपितु स्वतंत्रता के विस्तार की मांग है।

वर्ष 1962 में भारत पर चीन ने आक्रमण किया। इस युद्ध में किसी भी गुटनिरपेक्ष राष्ट्र ने भारत का साथ नहीं दिया तथा किसी ने भी चीन को आक्रामक राष्ट्र नहीं कहा। अतः युद्ध के बाद भारतीय विदेश

नीति के मूल आधारों पर प्रश्न उठाए गए। आलोचकों ने भारतीय गुटनिरपेक्ष नीति की कड़ी आलोचना की। परंतु इस युद्ध के बाद भी भारत ने गुटनिरपेक्ष विदेश नीति का पालन किया। विचारकों के अनुसार, गुटनिरपेक्ष विदेश नीति विफल नहीं हुई, क्योंकि वर्ष 1962 के भारत-चीन युद्ध में अमेरिका ने भारत का पूर्ण समर्थन किया तथा इस दौरान सोवियत संघ पूर्णतः तटस्थ रहा तथा सोवियत संघ ने चीन के मत का समर्थन नहीं किया, क्योंकि चीन ने इस युद्ध को साम्यवाद व साम्राज्यवाद के मध्य का युद्ध कहा।

इस युद्ध के समय भारत की सामरिक व रणनीतिक विफलता स्पष्ट रूप में सामने आई, क्योंकि भारत युद्ध के लिए तैयार नहीं था। जबकि चीन ने एक सोची-समझी रणनीति के तहत भारत पर आक्रमण किया था। गुटनिरपेक्ष विदेश नीति की असफलता को भारत-चीन युद्ध से जोड़ना तार्किक नहीं है, क्योंकि गुटनिरपेक्षता एक नैतिक व आदर्शवादी दृष्टिकोण है। यह बिंदु उल्लेखनीय है कि भारत यदि किसी सैन्य गुट का सदस्य होता, तो भारत पर चीन आक्रमण नहीं करता, यह कहना कठिन है।

नेहरू के पश्चात् गुटनिरपेक्ष नीति

चीनी आक्रमण के कुछ समय पश्चात् पंडित नेहरू की मृत्यु (1964) हो गई। परिणामस्वरूप भारतीय विदेश नीति में कुछ परिवर्तन आया। भारत अब गुटनिरपेक्षता के साथ-साथ सुरक्षा को भी महत्त्व देने लगा, जिससे भारतीय विदेश नीति व्यावहारिकता की तरफ झुकी। इंदिरा गांधी के कार्यकाल में गुटनिरपेक्ष विदेश नीति बनाए रखने के बावजूद राष्ट्रीय सुरक्षा, राष्ट्रीय एकता, अखंडता व संप्रभुता के मुद्दों पर मुख्य रूप से ध्यान दिया गया। अतः इंदिरा गांधी की नीति ज्यादा व्यावहारिक व यथार्थवादी थी। क्षेत्रीय व वैश्विक सुरक्षा के परिवर्तित परिवेश के कारण वर्ष 1971 में भारत व सोवियत संघ के मध्य शांति व मित्रता की संधि हुई। इस दशक में श्रीमती गांधी ने अंगोला व मोजांबिक में उपनिवेशवाद विरोधी आंदोलन का समर्थन किया। जिम्बाब्वे की अल्पमत सरकार का विरोध व रंगभेद नीति की आलोचना की गई एवं भारत ने फिलिस्तीन मुद्दे पर भी अपना स्पष्ट समर्थन किया।

इंदिरा गांधी के सत्ता में आने के बाद भारत में समाजवादी झुकाव की नीतियों का व्यापक प्रयोग किया गया। उदाहरण के तौर पर बैंकों का राष्ट्रीयकरण, प्रिवी पर्स (Privy Purse) की समाप्ति, गरीबी हटाओ का नारा इत्यादि। यह परिवर्तन भारत को समाजवाद की तरफ ले जा रहा था, जो पश्चिमी देशों को अच्छा नहीं लग रहा था। इंदिरा गांधी के शासन के दौरान भारत और सोवियत संघ के मध्य संबंध अत्यधिक प्रगाढ़ हुए व इंदिरा गांधी की विदेश नीति में अमेरिका व पाश्चात्य विश्व का आक्रामक विरोध भी दिखता था। अतः साम्राज्यवाद का विरोध अमेरिका का विरोध प्रतीत होने लगा। भारत-सोवियत संघ मैत्री और सहयोग संधि हुई। आलोचकों ने भारत-सोवियत मैत्री संधि को गुटनिरपेक्षता के विरुद्ध माना तथा इसे गुटनिरपेक्ष नीतियों का उल्लंघन कहा। परंतु यह बिंदु ध्यान देने योग्य है कि गुटनिरपेक्षता विदेश नीति का एक अवयव मात्र है, विदेश नीति का पर्याय नहीं। राष्ट्रीय सुरक्षा, एकता व अखंडता किसी भी विदेश नीति का मार्मिक हित होता है, जिससे कोई भी राष्ट्र समझौता नहीं कर सकता। इस संधि के बावजूद भारत ने स्वतंत्र विदेश नीति का अनुसरण किया व गुटनिरपेक्षता को बनाए रखा, क्योंकि यह संधि गुटनिरपेक्षता का उल्लंघन नहीं था।

वर्ष 1971 की भारत-सोवियत मित्रता संधि के खंड 4 में यह स्पष्ट उल्लिखित था कि सोवियत संघ, भारत की स्पष्ट गुटनिरपेक्ष नीति का समर्थक है तथा यह भी महत्त्वपूर्ण है कि भारत-सोवियत मैत्री संधि सैन्य गठबंधन से अलग थी। साथ ही, भारत ने ब्रेझनेव द्वारा प्रस्तुत एशियाई सुरक्षा सिद्धांत की संकल्पना को अस्वीकृत कर दिया, जिससे स्पष्ट है कि भारत ने गुटनिरपेक्ष विदेश नीति बनाए रखी। वर्ष 1973 के अल्जीयर्स सम्मेलन से गुटनिरपेक्ष आंदोलन में आर्थिक मुद्दे केंद्रीय बन गए तथा भारत ने नव-अंतर्राष्ट्रीय आर्थिक व्यवस्था की मांग में महत्त्वपूर्ण भूमिका का निर्वाह किया। वर्ष 1976 के कोलंबो सम्मेलन में भारत ने 'तीसरी दुनिया के बैंक' के निर्माण का प्रस्ताव रखा, जिसके द्वारा विकासशील देशों को आर्थिक सहायता देने का प्रस्ताव था।

वास्तविक गुटनिरपेक्षता (Genuine Non-Alignement)

जनता पार्टी सरकार ने वर्ष 1977 में वास्तविक गुटनिरपेक्षता का नारा दिया। जनता पार्टी के अनुसार, भारतीय विदेश नीति का झुकाव साम्यवाद के पक्ष में था तथा जनता पार्टी ने दोनों महाशक्तियों के साथ समान रूप में मित्रतापूर्ण संबंध बनाने का प्रयास किया तथा अमेरिका के साथ संबंधों को बेहतर करने पर बल प्रदान किया। परंतु क्षेत्रीय और वैश्विक परिस्थितियों के कारण अमेरिका और भारत के मध्य दूरी बनी रही।

सोवियत संघ द्वारा वर्ष 1979 में अफगानिस्तान में हस्तक्षेप से एक नया शीत युद्ध आरंभ हो गया। भारतीय सरकार द्वारा अमेरिका से बेहतर संबंध बनाने का प्रयास विफल हो गया। जनता पार्टी सरकार, संघ शासन में पहली गैर-कांग्रेसी सरकार थी, जिसने गुटनिरपेक्ष नीति को कायम रखा। इसके द्वारा यह सिद्ध हो गया कि भारतीय विदेश नीति में गुटनिरपेक्षता की नीति पर एक आम सहमति है। भारत ने वर्ष 1979 के हवाना सम्मेलन में क्यूबा के 'प्राकृतिक मित्र' के सिद्धांत को अस्वीकृत कर दिया, क्योंकि भारत ने वर्ष 1979 में सोवियत संघ द्वारा अफगानिस्तान में हस्तक्षेप का समर्थन नहीं किया तथा अफगानिस्तान की एकता, अखंडता एवं संप्रभुता का समर्थन किया।

नई दिल्ली सम्मेलन, 1983

गुटनिरपेक्ष देशों का सम्मेलन वर्ष 1982 में बगदाद में आयोजित होने वाला था, परंतु ईरान एवं इराक के मध्य युद्ध के कारण यह 1983 में नई दिल्ली में आयोजित किया गया। भारत ने इस सम्मेलन में 'नव-अंतर्राष्ट्रीय आर्थिक व्यवस्था' का प्रभावी रूप से समर्थन किया। इंदिरा गांधी के अनुसार, विकास, निःशस्त्रीकरण और स्वतंत्रता एक-दूसरे से जटिल रूप में अंतर्संबंधित हैं। इन्होंने अंतर्राष्ट्रीय संस्थाओं के लोकतांत्रिकरण पर भी बल दिया। इनके अनुसार, कोई पहली, दूसरी या तीसरी दुनिया नहीं है, बल्कि पूरा विश्व एक है।

राजीव गांधी सरकार ने भी गुटनिरपेक्ष विदेश नीति को बनाए रखा। वर्ष 1986 के हरारे सम्मेलन में भारतीय सरकार ने आर्थिक मुद्दों के अलावा अफगानिस्तान समस्या, अफ्रीका से रंगभेद नीति की समाप्ति तथा नामीबिया की स्वतंत्रता का समर्थन किया। राजीव गांधी ने अमेरिका के साथ संबंधों को सामान्य करने का प्रयत्न किया तथा चीन और पाकिस्तान की ऐतिहासिक यात्राएं भी कीं। राजीव गांधी के सत्ता में आने के पश्चात् अंतर्राष्ट्रीय राजनीति में निर्णायक परिवर्तन हो रहे थे। इस समय पूर्वी यूरोपीय राज्यों में साम्यवाद का अवसान आरंभ हो गया था। इसके अतिरिक्त, अमेरिका एवं सोवियत संघ के मध्य संबंधों को सामान्य करने का प्रयत्न किया जा रहा था तथा सोवियत संघ द्वारा आर्थिक सुधार कार्यक्रम अपनाए जा रहे थे। वर्ष 1991 में औपचारिक रूप में सोवियत संघ का विघटन हो गया। पूर्वी यूरोप और पश्चिमी यूरोप के बीच एकीकरण हो गया। वारसा नामक सैनिक संगठन का विघटन हो गया और विश्व में उदारीकरण एवं निजीकरण की नीतियों को बढ़ावा दिया गया तथा आर्थिक सहयोग और क्षेत्रीय आर्थिक संगठनों का निर्माण किया गया।

प्रासंगिकता का सवाल

शीत युद्धोत्तर विश्व में सोवियत संघ के विघटन और वारसा पैक्ट के अंत के पश्चात् गुटनिरपेक्ष विदेश नीति पर प्रश्न उठाए जाने लगे। विचारकों के अनुसार, अब तीसरा विकल्प अप्रासंगिक है। वर्ष 1990 के पश्चात् भारतीय विदेश नीति में यथार्थवाद प्रभावी हुआ। भारत ने पहलकारी विदेश नीति का प्रयोग करते हुए सभी देशों के साथ बेहतर संबंधों के निर्माण का प्रयत्न किया तथा विदेश नीति में भू-अर्थ का महत्त्व बढ़ा और अमेरिका के साथ संबंधों को सुदृढ़ करने पर महत्त्वपूर्ण बल दिया गया। इसलिए कुछ यथार्थवादी विचारकों में सी. राजामोहन ने कहा कि नरसिम्हा राव से लेकर अटल बिहारी वाजपेयी तक के कार्यकाल में गुटनिरपेक्षता का मूल आधार विदेश नीति से विलुप्त हो गया। वर्ष 2016 में वेनेजुएला में आयोजित गुटनिरपेक्ष बैठक में प्रधानमंत्री नरेन्द्र मोदी द्वारा भाग नहीं लिया गया। बल्कि उप-राष्ट्रपति हामिद अंसारी को सम्मेलन में भेजा गया। जिससे यह प्रतीत होता है कि भारतीय विदेश नीति के लिए गुटनिरपेक्षता का महत्त्व नहीं रहा।

अब विदेश नीति में इसका प्रयोग केवल आलंकारिक रूप में किया जाता है। इन विचारकों के अनुसार, भारत तथा अमेरिका में अब वैचारिक मतभेद समाप्त हो गए हैं तथा अब भारत अपने राष्ट्रीय हितों को अधिक महत्त्व देने लगा है। साथ ही, परमाणु शक्ति संपन्न भारत एक महाशक्ति के रूप में उभर रहा है। विचारकों ने तो यहां तक कहा कि विगत् वर्षों में गुटनिरपेक्ष विदेश नीति से भारत को अपेक्षित लाभ प्राप्त नहीं हुआ।

इस मत से सभी लोग सहमत नहीं हैं, जैसाकि एम.एस. राजन ने कहा कि गुटनिरपेक्ष विदेश नीति स्वतंत्र एवं स्वायत्त विदेश नीति का पर्याय है। इसलिए यह कभी अप्रासंगिक नहीं हो सकती तथा भारतीय विदेश नीति में आज भी प्रत्येक अंतर्राष्ट्रीय मुद्दे पर उसके गुण और अवगुण के आधार पर निर्णय किया जाता है।

- **स्वायत्त विदेश नीति** (Autonomous Foreign Policy)

भारतीय विदेश नीति में गुटनिरपेक्षता अभी भी कायम है। अमेरिका से मित्रतापूर्ण संबंध और सुदृढ़ किए जा रहे हैं। रूस के साथ पहले से ही सदाबहार संबंध बने हुए हैं। इसलिए भारतीय विदेश नीति में गुटनिरपेक्षता स्पष्ट रूप में विद्यमान है। परंतु वर्तमान परिदृश्य

में गुटनिरपेक्ष विदेश नीति में महाशक्तियों की सीधी आलोचना एवं विरोध के बजाय, विकासशील देशों के हितों को पूर्ण करने पर ज्यादा महत्त्व दिया जा रहा है। अतः भारतीय विदेश नीति में गुटनिरपेक्षता कायम है, लेकिन महाशक्तियों का विरोध नहीं, यह एक मध्यममार्गी एवं व्यावहारिक तरीका है।

अमेरिका द्वारा वर्ष 2003 में इराक पर आक्रमण करने के पश्चात् भारत ने इराक में अपनी सेना नहीं भेजी। वर्ष 2012 के तेहरान गुटनिरपेक्ष सम्मेलन में भारत ने भाग लिया। इस 16वें गुटनिरपेक्ष सम्मेलन में भाग न लेने के लिए अमेरिका द्वारा भारत के ऊपर दबाव का प्रयोग किया गया। इजरायल भी भारत के इस सम्मेलन में सहभागिता का समर्थक नहीं था। इसके बावजूद भारतीय प्रधानमंत्री इस सम्मेलन में भाग लेने पहुंचे। यह भारतीय विदेश नीति के स्वतंत्र एवं स्वायत्त होने का प्रमाण है।

- **सुरक्षा परिषद का लोकतांत्रिकरण**

भारत ने सुरक्षा परिषद के विस्तार की मांग तथा संयुक्त राष्ट्र संघ को लोकतांत्रिक बनाने का समर्थन किया। वर्ष 1945 में संयुक्त राष्ट्र संघ की स्थापना हुई। 51 देशों द्वारा इसकी नींव रखी गई, जिसमें पांच स्थायी सदस्य थे। वर्तमान में संयुक्त राष्ट्र संघ की संख्या बढ़कर 193 हो गई है। परंतु स्थायी सदस्य अभी भी पांच ही हैं।

- **सर्वसमावेशी भूमंडलीकरण**

(Inclusive Globalisation)

भारत ने ब्रेटेनवुड्स संस्थाओं की पुनर्संरचना की मांग की, जिसमें भारत सहित विकासशील देशों को अधिक भागीदारी प्रदान की जाए। भारत ने विश्व व्यापार संगठन (WTO) में विकासशील देशों के साथ मिलकर विकसित देशों की भेदभावकारी नीतियों का विरोध किया। शर्म-अल-शेख गुटनिरपेक्ष शिखर सम्मेलन में प्रधानमंत्री ने स्पष्ट कहा कि भूमंडलीकरण सर्वसमावेशी होना चाहिए तथा वर्तमान आर्थिक मंदी के दौर में विकासशील देशों के हितों का संरक्षण होना चाहिए।

- **परमाणु निःशस्त्रीकरण** (Nuclear Disarmament)

भारत द्वारा वर्ष 1998 में राष्ट्रीय सुरक्षा के हितों को देखते हुए परमाणु परीक्षण किया गया। परंतु भारत द्वारा निर्मित परमाणु नीति में यह उल्लखित है कि भारत परमाणु हथियार समाप्त कर देगा। यदि विश्व के सभी देश परमाणु हथियार समाप्त कर दें। भारत द्वारा सार्वभौमिक एवं समग्र निःशस्त्रीकरण का समर्थन किया गया।

- **दक्षिण-दक्षिण सहयोग** (South-South Cooperation)

भारत द्वारा दक्षिण-दक्षिण सहयोग को मजबूत करने पर बल दिया गया, क्योंकि भारत का दक्षिण-दक्षिण सहयोग अभी भी विदेश नीति का मूल आधार है। विकासशील देशों के साथ साझे आर्थिक सहयोग द्वारा पारस्परिक लाभ प्राप्त होंगे तथा विश्व में शांतिपूर्ण सहअस्तित्व का आदर्श और प्रभावी होगा। भारतीय विदेश नीति में तीसरी दुनिया के देशों के साथ संबंध को अभी भी निर्णायक महत्त्व प्रदान किया जाता है। अफ्रीका, लैटिन अमेरिका व पश्चिम एशिया के साथ संबंधों के निर्माण पर विशेष बल दिया गया है। दक्षिण-पूर्व एशियाई देशों के साथ संबंधों को प्रगाढ़ किया गया।

गुटनिरपेक्षता-2 (NAM-2)

भारत द्वारा 21वीं सदी में अपनाई जाने वाली स्वायत्त तथा स्वतंत्र विदेश नीति को गुटनिरपेक्षता- 2 कहा गया है। इसमें 21वीं सदी में अपनाए जाने वाले आधारभूत सिद्धांतों व रणनीतियों (Strategic Policies) का उल्लेख किया गया है। यह भारत द्वारा अंतर्राष्ट्रीय अवसरों का प्रभावकारी ढंग से उपयोग करने तथा अंतर्राष्ट्रीय परिस्थितियों में अपने विकल्पों के बढ़ाने से संबंधित है। यह नीति नेहरू की उदारवादी स्वायत्त नीतियों का व्यावहारिक रूप है। इस दस्तावेज में यह कहा गया है कि भारत द्वारा अंतर्राष्ट्रीय संबंधों के निर्माण में स्वायत्तता की नीति पर बल दिया गया। एक राष्ट्र, दूसरे राष्ट्र से बनने वाले संबंधों में बाधक नहीं होंगे। यह दस्तावेज (NAM-2) कहता है कि भारत का विश्व पर भौतिक प्रभावों से अधिक नैतिक प्रभाव है। गुटनिरपेक्षता-2 रणनीतिक स्वायत्तता (Strategic Autonomy) पर जोर देते हुए महाशक्तियों के साथ-साथ पड़ोसी देशों से विशेष संबंधों पर बल देती है। साथ ही यह नीति भारत की घरेलू नीतियों और विदेश नीति पर सहसंबंध बनाने पर जोर देती है तथा प्रयास करती है कि विदेश नीति कैसे राष्ट्रीय विकास में सहायक हो सकती है? इस रिपोर्ट के अनुसार, भविष्य में भारत की विदेश नीति तीन मुख्य उद्देश्यों द्वारा संचालित होगी– प्रथम, भारत, विचारधारा तथा उद्देश्यों से अपने राष्ट्रीय हितों को सीमित नहीं करेगा। द्वितीय, भारत, अधिकतम रणनीतिक स्वायत्तता अर्जित करते हुए अपने विकास लक्ष्यों को प्राप्त करेगा, तथा तृतीय, एक समतामूलक विश्व व्यवस्था के निर्माण का प्रयास करेगा। गुटनिरपेक्षता-2 में गुटनिरपेक्षता की प्रासंगिकता को स्वीकार करते हुए यह कहा गया है कि सामरिक स्वायत्तता

गुटनिरपेक्ष विदेश नीति का मूल आधार है। गुटनिरपेक्षता का महत्त्व आंदोलन के रूप में समाप्त हो सकता है, क्योंकि आरंभ में गुटनिरपेक्षता को साम्राज्यवाद, उपनिवेशवाद विरोधी आंदोलन के रूप में चित्रित किया गया, परंतु स्वतंत्र विदेश नीति के रूप में इसका महत्त्व हमेशा बना रहेगा।

गुटनिरपेक्षता से मल्टी अलाइनमेंट (बहुगुटता) (Multi-Alignment) की ओर

वर्तमान में विश्व बहुध्रुवीय बन गया है। भारत का एक महाशक्ति के रूप में उभार हो रहा है और भारत द्वारा रूस के साथ परंपरागत संबंधों को सुदृढ़ किया जा रहा है। अमेरिका के साथ सामरिक संबंधों पर प्रभावी बल दिया गया है। जापान व जर्मनी भारत के नवीन सामरिक साझेदार हैं। यूरोपीय यूनियन के साथ सामरिक और आर्थिक दोनों संबंध बेहतर किए जा रहे हैं। इसके अलावा, चीन के साथ संबंधों को मित्रतापूर्ण बनाने की पहल की जा रही है। इसलिए वर्तमान में भारत सभी देशों और समूहों के साथ समानांतर संबंधों का विकास कर रहा है। चूंकि भारत सदृश महाशक्ति के हितों का विस्तार समूचे विश्व में फैला है। इसलिए वर्तमान नीति को बहुगुटता के रूप में भी प्रदर्शित किया जा रहा है, जिसकी मूल विशेषता सामरिक स्वायत्तता की नीति है।

सामरिक प्रभाव (Strategic Influence)

भारत का मानना है कि गुटनिरपेक्ष विदेश नीति का अभिप्राय सामरिक स्वायत्तता है, क्योंकि सामरिक स्वायत्तता स्वतंत्र विदेश नीति का पर्याय है। सी. राजा मोहन के अनुसार, वर्तमान दौर में भारत एक महाशक्ति है, इसलिए भारत अपना प्रभाव समूचे विश्व में स्थापित करना चाहता है न कि शेष विश्व से तटस्थ रहने का इच्छुक है, इसीलिए गुटनिरपेक्ष विदेश नीति प्रासंगिक नहीं है। गुटनिरपेक्ष विदेश नीति में सामरिक संबंधों पर बल नहीं दिया गया और यदि इंदिरा गांधी द्वारा वर्ष 1971 में सोवियत संघ के साथ मित्रता की जा सकती है तो वर्तमान विश्व में भारत अमेरिका के साथ अपने संबंधों को बढ़ाकर अपने सामरिक हितों की रक्षा कर सकता है। भारत नेट सिक्यूरिटी प्रोवाइडर की भूमिका का निर्वाह कर रहा है, इसलिए इन्होंने सामरिक स्वायत्तता की नीति का समर्थन नहीं किया है।

निष्कर्ष

वर्ष 2019 में आयोजित वर्चुअल गुटनिरपेक्ष सम्मेलन में प्रधानमंत्री मोदी ने पहली बार भाग लिया और कोविड-19 के विरुद्ध आपसी सहयोग पर बल दिया। गुटनिरपेक्षता की प्रासंगिकता उदारवादियों के लिए अभी भी कायम है, जबकि यथार्थवादी इसे प्रासंगिक नहीं मानते। गुटनिरपेक्षता विश्व राजनीति के लिए भारत की महत्त्वपूर्ण देन है, जिसमें शांतिपूर्ण सहअस्तित्व एवं सहयोग पर बल दिया गया है। शांति न केवल अविभाज्य है बल्कि मानवीय समाज की सबसे बड़ी आवश्यकता भी है। नरसंहार के घातक हथियारों के युग में युद्ध का विकल्प समाप्त हो गया है।

भाग

2

भारत-दक्षिण एशिया

1. भारत-पाकिस्तान
2. भारत-बांग्लादेश
3. भारत-श्रीलंका
4. भारत-नेपाल
5. भारत-भूटान
6. भारत-मालदीव
7. भारत-अफगानिस्तान
8. भारत की पड़ोसी देशों के प्रति नीति

अध्याय

1 भारत-पाकिस्तान

India-Pakistan

● राष्ट्र निर्माण में भिन्नता ● भारत-पाकिस्तान संबंधों में पाकिस्तान का दृष्टिकोण ● 1965 का युद्ध ● ताशकंद समझौता ● पाकिस्तान का विभाजन ● शिमला समझौता ● पाकिस्तान का इस्लामिकरण ● शीत युद्ध के बाद संबंध ● परमाणु परीक्षण ● लाहौर घोषणा-पत्र ● कारगिल संघर्ष ● आतंक के विरुद्ध युद्ध ● लोकतंत्र की बहाली ● सेना शासन का केंद्र ● पाकिस्तान के छद्म युद्ध की रणनीति ● भारतीय प्रधानमंत्री की पाकिस्तान यात्रा ● विवाद के मूल मुद्दे ● कश्मीर मुद्दा ● बलूचिस्तान का मुद्दा ● कश्मीर समस्या का समाधान ● पाकिस्तान और आतंकवाद ● सिंधु नदी जल समझौता ● सियाचिन विवाद ● कच्छ के रन का विवाद ● सहयोग के आधार ● ट्रैक-2 कूटनीति ● पारगमन मार्ग ● परंपरागत सी.बी.एम. ● पीपल टू पीपल कान्टैक्ट ● परमाणु सी.बी.एम. ● समग्र वार्ता ● भारत की रणनीति ● चीन-पाकिस्तान आर्थिक गलियारा ● चीन-पाकिस्तान संबंध और भारत पर प्रभाव

भारत की पश्चिमी सीमा पाकिस्तान से लगती है, पाकिस्तान भारतीय उपमहाद्वीप का भाग है। 1971 में पाकिस्तान का विभाजन हो गया तथा पूर्वी पाकिस्तान आधुनिक बांग्लादेश बन गया। पाकिस्तान में लगभग 24 करोड़ जनसंख्या निवास करती है। इसका क्षेत्रफल 7 लाख, 7 हजार वर्ग किमी. है। यहां 96 प्रतिशत जनसंख्या इस्लाम धर्म को मानती है।

राष्ट्र निर्माण में भिन्नता

भारत-पाकिस्तान के मध्य वैचारिक द्वंद्व को समझने के लिए हमें भारतीय स्वतंत्रता संघर्ष के दौरान आरंभ हुई राजनीतिक प्रक्रिया को देखना होगा, क्योंकि अविभाजित भारत के दो प्रमुख राजनीतिक दल कांग्रेस और मुस्लिम लीग यद्यपि ब्रिटिश साम्राज्यवाद के विरुद्ध लड़ रहे थे, लेकिन दोनों ही दलों का भारतीय समाज की बनावट को लेकर दृष्टिकोण एकदम अलग था। वर्ष 1946 के चुनाव में मुस्लिम लीग के अनुसार, 'मुसलमानों को मुस्लिम लीग को ही वोट देना चाहिए, क्योंकि मुस्लिम लीग को वोट देने का मतलब पाकिस्तान को वोट देना है तथा पाकिस्तान को वोट देने का मतलब इस्लाम को वोट देना है।' इसलिए मुस्लिम लीग ने मुसलमानों के हितों की रक्षा के लिए एक पृथक् राष्ट्र की मांग की। जबकि कांग्रेस का दृष्टिकोण बिल्कुल अलग था। वह जिन्ना के द्वि-राष्ट्रवाद के सिद्धांत (Two-nation theory) को स्वीकार नहीं करती थी, बल्कि कांग्रेस द्वारा एक बहुलवादी पंथनिरपेक्ष समाज का समर्थन किया गया। इस प्रकार, भारतीय उपमहाद्वीप में विभाजन हुआ और कट्टर प्रतिद्वंद्विता के फलस्वरूप पाकिस्तान का निर्माण हुआ और यह ऐतिहासिक आधार भारत-पाकिस्तान के संबंधों को आज भी प्रभावित कर रहा है। अतः भारत विभाजन के पश्चात् कांग्रेस एवं मुस्लिम लीग की यह प्रतिद्वंद्विता भारत और पाकिस्तान की प्रतिद्वंद्विता में परिवर्तित हो गई।

स्वतंत्र भारत का आधार लोकतांत्रिक, पंथनिरपेक्ष एवं बहुलवादी राज्य के रूप में रहा है। पाकिस्तान ने भारत के विभाजन को अपूर्ण मानते हुए यह कहा कि कश्मीर के बिना पाकिस्तान का निर्माण अधूरा है। पाकिस्तान ने कश्मीर लेने के लिए सैनिक

मानचित्र 1

सरकार को वैधता प्रदान की। इसलिए पाकिस्तान में लोकतंत्र की प्रक्रिया कभी प्रभावी नहीं हुई। पाकिस्तानी विदेश नीति में भारत विरोध को मूल आधार बनाया गया। पाकिस्तान ने यह भी कहा कि भारत, पाकिस्तान का स्वतंत्र अस्तित्व नहीं देखना चाहता।

दक्षिण एशिया, शक्ति संतुलन की दृष्टि से भारत केंद्रित क्षेत्र है, क्योंकि भारत का आकार और जनसंख्या पड़ोसी देशों के कुल आकार और जनसंख्या से भी ज्यादा है, लेकिन पाकिस्तान इसे मानने के लिए तैयार नहीं है। वह भारत की बराबरी करने की नीति अपनाता है। पाकिस्तान ने भारत को प्रतिसंतुलित करने के लिए सदैव महाशक्तियों का सहारा लिया, क्योंकि पाकिस्तान को यह पता है कि वह अकेले भारत को प्रतिसंतुलित नहीं कर सकता। शीत युद्ध के दिनों में पाकिस्तान ने पहले अमेरिका का सहारा लिया, फिर अमेरिका और चीन दोनों का प्रयोग भारत के विरुद्ध किया। शीत युद्धोत्तर युग में पाकिस्तान, चीन का इस्तेमाल भारत के विरोध में कर रहा है। पाकिस्तान में लोकतंत्र की विफलता के कारण पाकिस्तान का विभाजन भी हो गया,

परंतु पाकिस्तान के अनुसार, इसके लिए भी भारत उत्तरदायी है। अभी भी बलूचिस्तान में उत्पन्न समस्या के लिए वह भारत को दोषी मानता है, जबकि पाकिस्तान की समस्या उसकी आंतरिक है। पाकिस्तान में बढ़ता तालिबानीकरण उसके राष्ट्र निर्माण के त्रुटिपूर्ण तरीके का परिणाम है। पाकिस्तान में लोकतंत्र की बहाली के बाद भी सेना सबसे शक्तिशाली है तथा वही वास्तविक शक्तियों का प्रयोग करती है।

भारत-पाकिस्तान संबंधों में पाकिस्तान का दृष्टिकोण

ऐतिहासिक रूप में पाकिस्तानी विदेश नीति के अनुसार, 'पाकिस्तान के लिए भारत सुरक्षा का सबसे बड़ा खतरा है। पाकिस्तान यह भी मानता है कि भारत ने विभाजन के समय पाकिस्तान को उसका वास्तविक हिस्सा प्रदान नहीं किया। इसका सबसे बेहतर उदाहरण, मुस्लिम बहुल कश्मीर क्षेत्र का भारत द्वारा बलपूर्वक नियंत्रण है।' इसी असुरक्षा की भावना से ग्रस्त होकर पाकिस्तान ने सदैव भारत की बराबरी करने की विदेश नीति को अपनाया। पाकिस्तान के अनुसार, उपमहाद्वीप में भारत के विभाजन को भारत अभी भी स्वीकार नहीं करता। पाकिस्तान के अनुसार कश्मीर कोर मुद्दा है जिसके हल हुए बिना भारत के साथ अन्य क्षेत्रों में सहयोग संभव नहीं है।

1965 का युद्ध

अक्टूबर, 1947 में पाकिस्तान द्वारा कश्मीर पर कबायली आक्रमण किया गया और पाकिस्तान ने कश्मीर के लगभग एक-तिहाई भाग पर नियंत्रण कर लिया, जिसे पाकिस्तान अधिकृत कश्मीर के रूप में जाना जाता है। लियाकत अली खान पाकिस्तान के पहले प्रधानमंत्री थे। वर्ष 1956 में पाकिस्तान का संविधान लागू हुआ और पाकिस्तान ने इस्लाम धर्म के साथ संसदीय लोकतांत्रिक शासन अपनाया, परंतु पाकिस्तान में लोकतंत्र स्थायी नहीं हो सका और वर्ष 1958 में पाकिस्तान में सेना द्वारा शासन पर नियंत्रण कर लिया गया और मार्शल अयूब खान पाकिस्तान के नए राष्ट्रपति बने और पाकिस्तान में सैनिक शासन को कश्मीर प्राप्त करने के लिए औचित्यपूर्ण सिद्ध किया गया। पाकिस्तान के अनुसार, भारत में मुसलमान अल्पसंख्यकों की सुरक्षा और भविष्य के प्रश्न पर तथा उनके हितों के संरक्षण के लिए पाकिस्तान को सक्रिय भूमिका का निर्वाह करना चाहिए। इसी भारत विरोधी विदेश नीति एवं भारत की बराबरी करने के कारण पाकिस्तान ने एक ओर, चीन के साथ मित्रता की, तो दूसरी ओर, वह अमेरिका द्वारा प्रायोजित सैन्य गठबंधन सिएटो (SEATO) एवं सेंटो (CENTO) का सदस्य बना।

पाकिस्तानी विदेश नीति में सेना, राजनीतिक दलों एवं कट्टरपंथियों के मध्य सत्ता के लिए सदैव खींचतान देखी जाती है। इसलिए सैन्य शासकों और अभिजात्य वर्गों ने पाकिस्तान में भारत विरोध के नाम पर सदैव अधिनायकवादी एवं निरंकुश शासन का प्रयोग किया है। पाकिस्तान की विदेश नीति में वर्ष 1960 के दशक में कश्मीर मुद्दे पर प्रभावी रणनीति अपनाई गई तथा 60 के दशक में जैसे ही भारत-चीन संबंध बिगड़ने शुरू हुए, उसी समय चीन एवं पाकिस्तान ने संयुक्त रूप में भारत विरोधी नीति अपनाई। यद्यपि इसी संदर्भ में विशेषज्ञों का यह भी मानना है कि शीत युद्ध की विश्व राजनीति में पंडित जवाहरलाल नेहरू के पश्चात् अमेरिकी विदेश नीति ने कश्मीर मुद्दे पर पाकिस्तान से समझौता करने के लिए भारत पर दबाव बनाया था। लेकिन भारतीय विदेश नीति में इस दबाव को अस्वीकार कर दिया गया। यहां यह ध्यान देने योग्य बिंदु है कि जहां अमेरिका, दक्षिण एशिया में भारत व पाकिस्तान दोनों देशों को साथ लेकर चीन के विरुद्ध मोर्चा बनाना चाहता था, वहीं दूसरी ओर, सोवियत संघ का भी दबाव था कि भारत और पाकिस्तान दोनों देश उसके मित्र बन जाएं। चूंकि वर्ष 1962 में सोवियत संघ और चीन के मध्य ऊसरी नदी पर सीमा विवाद के मुद्दे को लेकर झड़प हुई थी। वर्ष 1960 का दशक भारतीय विदेश नीति में चुनौतीपूर्ण था, क्योंकि पंडित जवाहरलाल नेहरू की मृत्यु के पश्चात् चीन युद्ध तथा देश में सूखा पड़ने एवं लाल बहादुर शास्त्री के नए नेतृत्व के रूप में उभरने के कारण पाकिस्तान ने भारत को एक कमजोर एवं अशक्त देश मानकर वर्ष 1965 में आक्रमण कर दिया। वर्ष 1965 में दोनों देशों के बीच कच्छ के रन के मुद्दे पर विवाद उत्पन्न हुआ और पाकिस्तान ने कच्छ क्षेत्र में भारत पर आक्रमण किया और कश्मीर में भी भारत पर हमला कर दिया तथा जवाब में भारत ने लाहौर की ओर पाकिस्तान पर हमला किया। पाकिस्तान को इस युद्ध में बुरी तरह से असफलता हाथ लगी, परिणामस्वरूप ताशकंद समझौता (वर्ष 1966) हुआ।

ताशकंद समझौता (1966)

इस समझौते के मूल प्रावधान निम्नलिखित हैं-

- भारत और पाकिस्तान आपस में अच्छे पड़ोसियों के रूप में संबंध स्थापित करने का प्रयास करेंगे तथा वे कभी एक-दूसरे के विरुद्ध बल प्रयोग नहीं करेंगे तथा विवादों का निपटारा शांतिपूर्ण ढंग से करेंगे।
- भारत-पाकिस्तान के बीच आर्थिक एवं व्यापारिक संबंध, दूर संचार व्यवस्था तथा सांस्कृतिक आदान-प्रदान पुनः स्थापित किए जाएंगे।
- दोनों देशों के बीच सामान्य राजनीतिक संबंध बहाल किए जाएंगे तथा दोनों देशों के उच्चायुक्त अपने-अपने पदों पर पुनः कार्य करेंगे।
- युद्ध बंदियों की अदला-बदली की जाएगी।
- दोनों देशों से संबंधित अन्य मामलों पर सिफारिश करने के लिए (भारत-पाकिस्तान) संयुक्त दल की स्थापना होगी।
- लेकिन भारत व पाकिस्तान के मध्य यह ऐतिहासिक समझौता बहुत दिनों तक कायम नहीं रह सका। परिणामस्वरूप भारत और पाकिस्तान के मध्य फरक्का बांध को लेकर विवाद हुआ।

पाकिस्तान का विभाजन

पाकिस्तान में सैनिक शासन के विरोध में धीरे-धीरे आवाज उठने लगी। वर्ष 1969 में एक सैनिक विद्रोह के अंतर्गत जनरल याह्या खान ने फील्ड मार्शल अयूब खान को सत्ता से हटा दिया। पाकिस्तान में अयूब खान वर्ष 1958 से ही शासन कर रहे थे। पाकिस्तान में लोकतंत्र की बहाली की मांग जोर पकड़ने लगी। पश्चिमी पाकिस्तान में जुल्फिकार अली भुट्टो ने लोकतंत्र का आंदोलन आगे बढ़ाया तथा पूर्वी पाकिस्तान में मुजीबुर्रहमान ने लोकतंत्र का समर्थन किया। परिणामस्वरूप वर्ष 1970 में याह्या खान ने पाकिस्तान में चुनाव की घोषणा की एवं चुनाव के बाद मुजीबुर्रहमान को पूर्वी पाकिस्तान में बहुमत प्राप्त हुआ, तथा पश्चिमी पाकिस्तान में भी अच्छी सीटें मिलीं, जिससे उन्हें पाकिस्तान की ससंद में पूर्ण बहुमत प्राप्त हुआ। परंतु जुल्फिकार अली भुट्टो और याह्या खान ने आपस में मिल कर मुजीबुर्रहमान को पाकिस्तान का प्रधानमंत्री बनने से रोकने का प्रयत्न किया। इसके बाद मुजीबुर्रहमान ने मुक्ति आंदोलन आरंभ करने का नारा दिया और उन्हें 21 मार्च को गिरफ्तार कर लिया गया। याह्या खान ने पूर्वी पाकिस्तान पर बर्बर हिंसा का प्रयोग किया तथा पूर्वी पाकिस्तान से भारी संख्या में शरणार्थी भारत के उत्तर-पूर्वी राज्य में आ गए, जिससे भारत की सुरक्षा पर भी प्रभाव पड़ने लगा। इससे स्पष्ट है कि पाकिस्तान ने लोकतंत्र के आंदोलन को दबाने का प्रयत्न किया और दिसंबर, 1971 में पाकिस्तान ने भारत पर आक्रमण कर दिया, जिसके जवाब में भारत ने भी पाकिस्तान पर आक्रमण किया और पाकिस्तान पराजित हुआ तथा पूर्वी पाकिस्तान, बांग्लादेश राज्य के रूप में निर्मित हुआ। यह पाकिस्तान के द्वि-राष्ट्रवाद के सिद्धांत का भी खंडन था। इस युद्ध के बाद पाकिस्तानी लेखक हुसैन हक्कानी ने भुट्टो की महत्त्वाकांक्षा को पाकिस्तान विभाजन का मूल कारण माना है। इंदिरा गांधी और जुल्फिकार अली भुट्टो के बीच शिमला समझौता हुआ (वर्ष 1972)।

शिमला समझौता (1972)

इस समझौते का उद्देश्य उन युद्ध बंदियों को छुड़ाना था जो भारत एवं पाकिस्तान की सेना के अधीन थे एवं बांग्लादेश को मान्यता देना था।

इस समझौते के प्रावधान निम्नलिखित थे-

- दोनों देश सभी विवादों और समस्याओं के शांतिपूर्ण समाधान के लिए सीधी बातचीत करेंगे एवं एकतरफा कार्रवाई नहीं करेंगे तथा एक-दूसरे के विरुद्ध बल का प्रयोग नहीं करेंगे। प्रादेशिक अखंडता की अवहेलना नहीं करेंगे एवं एक-दूसरे की राजनीतिक स्वतंत्रता में हस्तक्षेप नहीं करेंगे।
- दोनों देशों के संबंधों को सामान्य बनाने के लिए निम्नलिखित उपाय किए जाएंगे-
  (i) सभी संचार संबंध फिर से स्थापित किए जाएंगे।
  (ii) आवागमन की सुविधा दी जाएगी, जिससे दोनों देशों में घनिष्ठ संबंध स्थापित हो सकें।
  (iii) व्यापारिक एवं आर्थिक क्षेत्रों में सहयोग किया जाएगा।
  (iv) विज्ञान एवं संस्कृति के क्षेत्र में आदान-प्रदान बढ़ाया जाएगा।
- 17 सितंबर, 1971 की युद्ध विराम रेखा को नियंत्रण रेखा (LOC) की मान्यता दी जाएगी।
- स्थायी शांति के हित में इस बात पर सहमति हुई कि भारत और पाकिस्तान की सेनाएं अपने-अपने क्षेत्रों में वापस हो जाएंगी।

वर्तमान में पाकिस्तान ने (पहलगाम आतंकी हमले के बाद) इसे निलंबित कर दिया है।

वर्ष 1978 में पाकिस्तान में पुनः सैनिक शासन स्थापित हो गया।

पाकिस्तान का इस्लामिकरण

जनरल जिया-उल-हक पाकिस्तान के नए राष्ट्रपति बने और उन्होंने इस्लामिकरण की नीतियों को बढ़ावा दिया। पाकिस्तान ने सीधे युद्ध द्वारा कश्मीर को लेने का प्रयास किया, लेकिन उसे प्रत्येक बार असफलता ही हाथ लगी। इसलिए वर्ष 1980 के दशक में कश्मीर मुद्दे पर पाकिस्तान ने अनेक रणनीतियों का प्रयोग किया। पाकिस्तान ने कश्मीर मुद्दे को विश्व के प्रत्येक मंच पर उठाया तथा इस मुद्दे का अंतर्राष्ट्रीयकरण करने का प्रयास किया। पाकिस्तान ने अब भारत में कश्मीर एवं पंजाब जैसे क्षेत्रों में आतंकवादी गतिविधियों को समर्थन दिया एवं भारत के विरुद्ध एक छद्म युद्ध की शुरुआत की। पाकिस्तान ने भारत की बराबरी करने के लिए एवं अपने सैन्यीकरण को प्रभावी करने के लिए परमाणु हथियारों के निर्माण की कोशिश की और सफलता प्राप्त की। यहां यह महत्त्वपूर्ण है कि दक्षिण एशिया में बांग्लादेश में वर्ष 1980 के दशक में तानाशाही शासन आ गया एवं बांग्लादेश में भी धार्मिक कट्टरता बढ़ने लगी। 80 के दशक में नए शीत युद्ध के परिप्रेक्ष्य में अमेरिका के लिए पाकिस्तान की भूमिका अत्यधिक महत्त्वपूर्ण हो गई। जिमी कार्टर एवं रीगन ने जनरल जिया-उल-हक का प्रयोग सोवियत संघ द्वारा अफगानिस्तान में हस्तक्षेप के विरुद्ध किया। वर्ष 1988 में सोवियत संघ की सेनाएं अफगानिस्तान से लौट गईं तथा वर्ष 1991 में सोवियत संघ का विघटन हो गया और विश्व से शीत युद्ध की समाप्ति हो गई।

शीत युद्ध के बाद संबंध

शीत युद्ध की समाप्ति के बाद दोनों देशों के बीच आर्थिक सहयोग बढ़ाने पर बल दिया गया तथा वर्ष 1991 के बाद विश्व में हो रहे महत्त्वपूर्ण परिवर्तन को देखते हुए भारत-पाकिस्तान संबंधों में भी सकारात्मक सुधार की आशा उत्पन्न हुई। भारत द्वारा दक्षिण एशिया में आर्थिक सहयोग बेहतर करने के लिए दक्षेस (SAARC) को प्रभावी बनाना तथा पाकिस्तान के साथ आर्थिक संबंधों को सुदृढ़ करने पर बल दिया गया। शीत युद्धोत्तर विश्व राजनीति में भारतीय विदेश नीति में अनेक परिवर्तन हुए, पाकिस्तान में भी लोकतंत्र की बहाली हुई।

परमाणु परीक्षण

वर्ष 1998 में भारत-पाकिस्तान दोनों देशों ने परमाणु परीक्षण किया और दोनों देश पुनः एक-दूसरे को अपनी सुरक्षा के लिए खतरे के रूप में देख रहे थे, जिससे यह माना गया कि दोनों देशों के बीच कश्मीर मुद्दे को लेकर परमाणु संघर्ष होगा।

भारत का दृष्टिकोण

भारतीय परमाणु परीक्षण का उद्देश्य राष्ट्रीय सुरक्षा एवं राष्ट्रीय हितों पर आधारित था, क्योंकि गुटनिरपेक्ष विदेश नीति एवं एक बड़ा देश होने के कारण भारत ने अन्य राष्ट्रों से परमाणु सुरक्षा प्राप्त करने के विकल्प का चयन नहीं किया। दूसरी ओर, विकसित देशों का मानना है कि निःशस्त्रीकरण की संकल्पना सार्वभौमिक और विश्वव्यापी रूप में स्वीकार नहीं की जा सकी। इसीलिए भारत ने परमाणु विस्फोट के पश्चात् कहा कि वह निःशस्त्रीकरण की मान्यता में पूर्ण विश्वास करता है यदि ऐसी संधि समूचे राष्ट्रों के लिए लागू हो। भारत ने परमाणु अप्रसार (NPT) और समग्र परमाणु परीक्षण निषेध संधि (CTBT) पर भेदभावकारी होने के कारण हस्ताक्षर नहीं किए।

पाकिस्तान का दृष्टिकोण

पाकिस्तान के अनुसार, वह एन.पी.टी. व सी.टी.बी.टी. पर तभी हस्ताक्षर करेगा, जब भारत इस पर हस्ताक्षर करेगा। वर्ष 2008 में भारत-अमेरिकी सिविल परमाणु समझौते के बाद पाकिस्तान ने कहा कि अब वह परमाणु अप्रसार संधि एवं समग्र परमाणु परीक्षण प्रतिबंध संधि पर हस्ताक्षर नहीं करेगा, चाहे भारत इस पर हस्ताक्षर कर दे, क्योंकि इस समझौते के बाद भारत और पाकिस्तान के बीच परमाणु क्षमता में बड़ा अंतर आ गया है। पाकिस्तान ने वैश्विक नि:शस्त्रीकरण के बजाय, दक्षिणी एशिया परमाणु मुक्त क्षेत्र बनाने का प्रयास आगे किया। पाकिस्तान ने स्पष्ट रूप में कहा कि भारत के परमाणु विस्फोट के कारण ही पाकिस्तान ने परमाणु विस्फोट किया, इसीलिए मूल दोषी भारत है। भारत ही दक्षिण एशिया में हथियारों की प्रतिस्पर्धा को बढ़ा रहा है।

लाहौर घोषणा-पत्र

यद्यपि अटल बिहारी वाजपेयी ने वर्ष 1999 में पाकिस्तान की बस यात्रा की, जिससे संबंधों में अत्यधिक सकारात्मक उम्मीदें जगीं। भारत-पाकिस्तान के बीच लाहौर घोषणा-पत्र पर हस्ताक्षर हुए और शिमला समझौते की भावना को दोहराते हुए कहा गया

कि दोनों देश विवादों का द्विपक्षीय और शांतिपूर्ण समाधान करेंगे। भारत और पाकिस्तान के मध्य लाहौर घोषणा-पत्र द्वारा इस मान्यता को खंडित करने का प्रयास किया गया कि दोनों परमाणु शक्ति संपन्न राष्ट्र आपस में युद्धरत होंगे एवं लाहौर घोषणा-पत्र में निम्न मुद्दों पर सहमति व्यक्त की गई-

- परस्पर शांति एवं स्थायित्व को बढ़ाएंगे तथा लोगों के विकास एवं समृद्धि के लिए कार्य किया जाएगा।
- स्थायी शांति एवं सुखद संबंध दोनों देशों की जनता के भविष्य के लिए आवश्यक हैं।
- सुरक्षा के क्षेत्र में परमाणु हथियारों के दृष्टिकोण ने दोनों देशों के उत्तरदायित्व को बढ़ा दिया है।
- शिमला समझौते में दोनों देशों ने वचनबद्धता व्यक्त की।
- संयुक्त राष्ट्र चार्टर में आस्था तथा शांतिपूर्ण सहअस्तित्व को मान्यता दी गई।

लाहौर घोषणा-पत्र के इन मूल सिद्धांतों के अतिरिक्त विदेश सचिवों के मध्य भी सहमति के ज्ञापन पर निम्नलिखित विषयों पर हस्ताक्षर हुए-

- दोनों देश सुरक्षा के संदर्भ में परमाणु संघर्ष रोकने हेतु, आपसी विश्वसनीयता बढ़ाने हेतु, परमाणु विश्वास बहाली जैसे (Nuclear CBMs) कदमों की पहल करेंगे।
- दोनों देश आपस में परमाणु हथियारों के अचानक एवं अनधिकृत उपयोग की संभावनाओं को रोकने हेतु एक-दूसरे को प्रक्षेपास्त्रों की परीक्षण की सूचना उपलब्ध कराएंगे।
- इसके अतिरिक्त दोनों देश अपने यहां अलग से परमाणु परीक्षण पर प्रतिबंध रखने का प्रयत्न करेंगे।

कारगिल संघर्ष

लाहौर घोषणा-पत्र से उत्पन्न हुई सकारात्मक उम्मीदें जल्द ही समाप्त हो गईं। वर्ष 1999 में ही पाकिस्तानी सेना द्वारा कारगिल में घुसपैठ की गई, जिससे दोनों देशों के संबंध अत्यधिक प्रतिकूल हो गए। वर्ष 1999 में ही पाकिस्तान में सेना प्रमुख परवेज मुशर्रफ ने पाकिस्तानी प्रधानमंत्री नवाज शरीफ को सत्ता से हटा कर, सत्ता पर नियंत्रण कर लिया। परिणामस्वरूप भारत ने पाकिस्तान के साथ वार्ता को पूर्णतः समाप्त कर दिया। भारत ने यह तर्क दिया कि सैनिक शासक के साथ बातचीत नहीं होगी। इसलिए दक्षेस का सम्मेलन जो वर्ष 1999 में होने वाला था, वह वर्ष 2002 में काठमांडू में आयोजित हुआ।

पाकिस्तान का रणनीतिक उद्देश्य

कारगिल संघर्ष के माध्यम से पाकिस्तान ने निम्नलिखित उद्देश्य प्राप्त करने का प्रयास किया-

- लेह को श्रीनगर से जोड़ने वाली सामरिक महत्त्व की सड़कों को बंद करके शीतकाल में लद्दाख में आवश्यक वस्तुओं की आपूर्ति को रोकना था, यहां पर यह भी ध्यान देने योग्य है कि यही राजमार्ग भारत को सियाचिन से भी जोड़ता है, जिसका महत्त्व भारत के लिए सामरिक और सुरक्षा की दृष्टि से निर्विवाद रूप में महत्त्वपूर्ण है।
- द्रास एवं कारगिल क्षेत्रों पर कब्जा करके पाकिस्तान उसका प्रयोग नियंत्रण रेखा को खुलवाने एवं कश्मीर मुद्दे पर दबाव बनाने के लिए कर सकता था।
- कारगिल के समीप मश्कोह घाटी के नाले पर नियंत्रण करके इसे कश्मीर में घुसपैठ के लिए मार्ग बनाने की सोच रहा था।
- सबसे महत्त्वपूर्ण रूप में पाकिस्तान का उद्देश्य कश्मीर मुद्दे को अंतर्राष्ट्रीय मंच पर लाना था या उसका अंतर्राष्ट्रीयकरण करना था।
- पाकिस्तान, चुघ (Chugh) घाटी, बटालिक और तुतुर्क क्षेत्रों की पहाड़ियों पर कब्जा करके भारत को सियाचिन से पीछे हटने के लिए मजबूर करने की रणनीति बना रहा था।

कारगिल मुद्दे पर भारत को अप्रत्याशित वैश्विक समर्थन प्राप्त हुआ। अमेरिका, यूरोपीय यूनियन सहित चीन ने भी पाकिस्तान को अंतर्राष्ट्रीय नियंत्रण रेखा (LOC) के सम्मान करने का निर्देश दिया तथा भारत के संयमपूर्ण व्यवहार की प्रशंसा की गई। यह उल्लेखनीय है कि कश्मीर मुद्दे पर अमेरिका द्वारा भारत का समर्थन भारतीय विदेश नीति के लिए अत्यधिक सकारात्मक था, क्योंकि वर्ष 1998 की 'शक्ति शृंखला परमाणु विस्फोट' के बाद भारत पर समूचे विश्व की महाशक्तियों ने आर्थिक प्रतिबंध आरोपित किया था। वर्ष 1999 में पाकिस्तान में लोकतंत्र समाप्त हो गया और सैनिक शासक परवेज मुशर्रफ ने निर्वाचित प्रधानमंत्री नवाज शरीफ को सरकार से बेदखल कर दिया। परिणामस्वरूप भारत द्वारा पाकिस्तान से सभी प्रकार की वार्ताएं स्थगित कर दी गईं। भारत

के अनुसार, सैनिक शासक से बातचीत करने का सकारात्मक परिणाम नहीं होगा। परंतु वर्ष 2001 में भारत ने पाकिस्तान के साथ संबंधों को सामान्य करने के लिए पाकिस्तानी राष्ट्रपति परवेज मुशर्रफ को भारत आमंत्रित किया गया और दोनों के बीच आगरा शिखर वार्ता का आयोजन हुआ, परंतु शिखर वार्ता दोनों देशों के बीच विद्यमान गहरे अविश्वास को समाप्त करने में विफल रही और आगरा शिखर वार्ता असफल हो गई।

आतंक के विरुद्ध युद्ध

सितंबर, 2001 में अमेरिका के 'विश्व व्यापार केंद्र' पर आतंकवादी हमला हुआ, जिसके बाद तत्कालीन अमेरिकी राष्ट्रपति जॉर्ज बुश ने 'आतंक के विरुद्ध युद्ध' का नारा दिया तथा आतंकवादियों के सफाए के लिए अमेरिका द्वारा अफगानिस्तान पर हमला किया गया, जिसे अमेरिका ने 'ऑपरेशन इंड्यूरिंग फ्रीडम' का नाम दिया। दिसंबर, 2001 में भारतीय संसद पर आतंकवादी हमला हुआ, जिसे भारतीय लोकतंत्र पर आक्रमण माना गया। इसे भारत ने पाकिस्तान द्वारा प्रायोजित आतंकवाद कहा। भारत ने भी पाकिस्तान पर हमले की धमकी दी, क्योंकि पाकिस्तान में आतंकवादियों को प्रशिक्षण दिया जा रहा था। एन.डी.ए. सरकार द्वारा 'ऑपरेशन पराक्रम' के अंतर्गत सीमा पर भारतीय सेनाओं की तैनाती की गई। वर्ष 1971 के बाद भारतीय सेनाओं की यह सीमा पर सबसे बड़ी तैनाती थी। भारत ने अमेरिका से पाकिस्तान को आतंकवादी राज्य घोषित करने की मांग की तथा 'आतंकवाद के विरुद्ध युद्ध' में दोहरे मानदंड अपनाने का विरोध भी किया, क्योंकि 'आतंक के विरुद्ध युद्ध' में पाकिस्तान, अमेरिका का सहयोगी राष्ट्र बन गया, जबकि भारत ने तर्क दिया कि आतंकवाद प्रायोजित करने वाला राज्य 'आतंकवाद के विरुद्ध युद्ध' में सहयोगी नहीं हो सकता। भारत द्वारा पाकिस्तान पर हमले न करने के पक्ष में निम्नलिखित तर्क दिए गए-

- भारत-पाकिस्तान दोनों देशों के पास परमाणु हथियार थे, ऐसी परिस्थिति में दोनों देशों के मध्य का संघर्ष अत्यधिक विनाशक सिद्ध हो सकता था।
- पाकिस्तान पर आक्रमण करने से आतंकवाद के बजाय, भारत-पाकिस्तान के बीच संघर्ष प्राथमिक हो जाता।
- वर्ष 1998 के बाद भारत पर आरोपित आर्थिक प्रतिबंधों के बाद भारतीय अर्थव्यवस्था पर नकारात्मक प्रभाव पड़ा था, ऐसी परिस्थिति में युद्ध राष्ट्रीय हितों के लिए अनुकूल नहीं था।

दिसंबर, 2001 के बाद भारतीय विदेश नीति में 'आतंकवाद के विरुद्ध युद्ध' का मुद्दा अत्यधिक महत्त्वपूर्ण बन गया तथा भारत द्वारा विश्व जनमत को यह बताया गया कि भारत पिछले तीन दशकों से सीमापार आतंकवाद का शिकार है। वर्ष 2001 के बाद पाकिस्तान के साथ रेल संबंध और लोगों की आवाजाही भी समाप्त हो गई तथा दक्षेस की बैठक भी स्थगित हो गई। भारत ने पाकिस्तान पर अंतर्राष्ट्रीय कूटनीतिक दबाव बनाया। यह भी उल्लेखनीय है कि अमेरिका द्वारा वर्ष 2001 के बाद भारत पर पहले से लागू आर्थिक प्रतिबंध धीरे-धीरे हटाए जाने लगे। भारत-सऊदी अरब के मध्य भी अत्यधिक बेहतर संबंध स्थापित हुए, जबकि सऊदी अरब, पाकिस्तान का परंपरागत मित्र है। भारत-पाकिस्तान के बीच वर्ष 2004 के काठमांडू में आयोजित दक्षेस सम्मेलन के बाद पुनः बातचीत आरंभ हुई तथा विश्वास निर्माण के उपायों पर वार्ता आयोजित हुई। इससे यह प्रतीत होता है कि पड़ोसी देश के साथ संबंध सामान्य करना अंतर्राष्ट्रीय राजनीति की बाध्यता है। भारत-पाकिस्तान के बीच संबंधों को पुनः सामान्य करने के लिए बातचीत करने का निर्णय किया गया।

लोकतंत्र की बहाली

पाकिस्तान पर वर्ष 2006 के बाद फौजी शासन समाप्त करने के लिए घरेलू एवं अंतर्राष्ट्रीय दबाव बढ़ने लगे। वर्ष 2007 में (मार्च) पाकिस्तानी राष्ट्रपति परवेज मुशर्रफ ने पाकिस्तान के मुख्य न्यायाधीश इफ्तिखार मुहम्मद चौधरी को बर्खास्त कर दिया, जिसके कारण वकीलों ने मुख्य न्यायाधीश की बहाली और न्यायपालिका की स्वतंत्रता बनाए रखने की मांग की। पाकिस्तान के उच्चतम न्यायालय ने भी नवंबर, 2007 में मुख्य न्यायाधीश को बहाल करने का निर्णय दिया। इसके परिणामस्वरूप वर्ष 2007 में राष्ट्रपति ने आपातकाल लागू कर दिया और अस्थायी संवैधानिक व्यवस्था की आज्ञा जारी की। उन्होंने पाकिस्तान के संघीय न्यायालय और प्रांतीय न्यायालयों के साठ न्यायाधीशों को बर्खास्त कर दिया, जिसके कारण राष्ट्रपति के विरुद्ध भारी प्रदर्शन हुए। राष्ट्रपति ने वर्ष 2007 में सेना के प्रमुख का पद छोड़ दिया। पाकिस्तानी नेता बेनजीर भुट्टो और नवाज शरीफ भी पाकिस्तान लौट आए, जो निर्वासित जीवन बिता रहे थे। अब पाकिस्तान

में लोकतंत्र की बहाली की मांग होने लगी, परंतु बेनजीर भुट्टो की दिसंबर, 2007 में सरेआम हत्या कर दी गई। फरवरी, 2008 में पाकिस्तान में पुनः लोकतांत्रिक चुनाव संपन्न हुए एवं चुनाव में पाकिस्तान पीपुल्स पार्टी और पाकिस्तान मुस्लिम लीग को विजय प्राप्त हुई। पाकिस्तान में दो दलों की गठबंधन सरकार की स्थापना हुई और अगस्त, 2008 में पाकिस्तानी राष्ट्रपति मुशर्रफ ने त्यागपत्र दे दिया। वर्ष 2013 में पहली बार पाकिस्तान में शासन का लोकतांत्रिक परिवर्तन हुआ तथा नवाज शरीफ नए प्रधानमंत्री बने। परंतु वर्ष 2017 में पाकिस्तान के उच्चतम न्यायालय द्वारा नवाज शरीफ को चुनाव में नामांकन पत्र में झूठी सूचना देने के कारण पद से बर्खास्त कर दिया गया और उन्हें चुनाव में भाग लेने से आजीवन प्रतिबंधित कर दिया गया। इसके बाद शाहिद अब्बासी पाकिस्तान के नए प्रधानमंत्री बने। जुलाई 2018 में हुए आम चुनावों के पश्चात् अगस्त 2018 में इमरान खान प्रधानमंत्री बने, जो अप्रैल 2022 तक इस पद पर रहे। इमरान खान की भ्रष्टाचार के आरोप में गिरफ़्तारी के बाद शाहबाज शरीफ पाकिस्तान के नए प्रधानमंत्री बने। फरवरी 2024 में पाकिस्तान में हुए आम चुनावों के बाद शाहबाज शरीफ पुनः पाकिस्तान के प्रधानमंत्री बने।

सेना शासन का केंद्र

पाकिस्तान में शासन में सदैव सेना का वर्चस्व कायम रहा है। सेना ही शासन का सर्वाधिक प्रभावशाली अंग है और पहली बार 1958 में सेना ने शासन पर नियंत्रण कर लिया था। मार्शल अयूब खान ने 1971 तक शासन किया। इसके बाद जनरल जियाउल हक पाकिस्तान के नए सैनिक शासक बने। जिन्होंने 1978 से लेकर 1988 तक शासन संभाला। जनरल परवेज मुशर्रफ ने 1999 में पाकिस्तान के निर्वाचित प्रधानमंत्री नवाज शरीफ को शासन से बर्खास्त कर दिया और वर्ष 2008 तक सत्ता पर नियंत्रण रखा। वर्तमान में पाकिस्तान में लोकतांत्रिक सरकार है, परंतु शासन पर वास्तविक नियंत्रण सेना का है और सेना अपने हितों को संरक्षित करने के लिए भारत से शांति स्थापना के प्रयासों की विरोधी है। पाकिस्तानी लेखक हुसैन हक्कानी का तर्क है कि सेना (Military) तथा मस्जिद (Mosque) पाकिस्तान की राजनीति का निर्धारण करते हैं। पाकिस्तान में सेना के व्यावसायिक हित हैं इसलिए सेना के शक्तिशाली होने के कारण भारत-पाकिस्तान संबंध प्रतिकूल बने रहते हैं।

पाकिस्तान के छद्म युद्ध (Proxy War) की रणनीति

वर्ष 2008 में पाकिस्तान प्रायोजित सीमापार आतंकवाद का शिकार मुंबई का ताज होटल बना, जिससे भारत-पाकिस्तान संबंध अत्यधिक कटु हो गए। पाकिस्तान पर अंतर्राष्ट्रीय दबाव बढ़ने लगा, क्योंकि भारत के अनुसार, इस हमले में पाकिस्तान सीधा संलग्न था। पाकिस्तानी आतंकवादी कसाब को जीवित पकड़ लिया गया। पहली बार भारत के हाथों में सीधा सबूत प्राप्त हुआ, बाद में अमेरिकी आतंकवादी हेडली ने भी यह माना कि मुंबई आतंकवादी हमले की योजना पाकिस्तानी खुफिया एजेंसी आई.एस.आई. द्वारा बनाई गई थी। भारत के अनुसार, पाकिस्तान जब तक मुंबई बम विस्फोट में सम्मिलित लोगों के विरुद्ध कार्रवाई नहीं करेगा, तब तक उसके साथ किसी प्रकार की वार्ता नहीं होगी। मुंबई बम विस्फोट में हाफिज सईद, जो कि लश्कर-ए-तैयबा का संस्थापक भी है, के शामिल होने के प्रमाण हैं तथा इसके अतिरिक्त सात अन्य व्यक्तियों पर भी इसमें शामिल होने के आरोप हैं। पाकिस्तान के अनुसार, इन लोगों के ऊपर मुकदमा चलाया जा रहा है। यद्यपि वास्तविक रूप में ये लोग पाकिस्तान में खुले घूम रहे हैं। 28 अप्रैल, 2010 को दक्षेस की थिंपू बैठक आयोजित हुई, जिसमें भारतीय प्रधानमंत्री डॉ. मनमोहन सिंह और पाकिस्तानी प्रधानमंत्री यूसुफ रजा गिलानी के बीच सद्भावपूर्ण मुलाकात हुई तथा पाकिस्तान ने आतंकवाद को नियंत्रित करने का वादा किया। इसी के साथ भारत-पाकिस्तान के बीच वार्ता का मार्ग पुनः साफ हो गया और भारतीय प्रधानमंत्री ने स्पष्ट कहा कि दोनों देशों के बीच संबंध सामान्य होने के लिए आतंकवाद समाप्त होना चाहिए।

भारतीय प्रधानमंत्री की पाकिस्तान यात्रा

प्रधानमंत्री मोदी द्वारा वर्ष 2016 में पाकिस्तान की यात्रा की गई। यह यात्रा 12 वर्षों बाद किसी भारतीय प्रधानमंत्री की पाकिस्तान यात्रा थी। प्रधानमंत्री द्वारा पाकिस्तान की यह यात्रा अचानक की गई जो पहले से घोषित नहीं थी। प्रधानमंत्री अफगानिस्तान यात्रा से सीधे पाकिस्तान के लिए गए। इससे यह प्रतीत होता है कि भारत, पाकिस्तान के साथ संबंध बनाए रखने के प्रति गंभीर है तथा भारत द्वारा संबंध बेहतर करने की पहल की गई, जो बेहतर रणनीति है। परंतु प्रधानमंत्री की यात्रा के बाद भारत के पंजाब प्रांत के पठानकोट जनपद में स्थित एयरफोर्स स्टेशन पर आतंकवादी हमला हुआ, जिसमें पाकिस्तान के आतंकवादी संगठन जैश-

ए-मोहम्मद का हाथ था। इसकी जांच के लिए पाकिस्तान द्वारा संयुक्त जांच दल भी भेजा गया, जिसे अत्यधिक महत्त्वपूर्ण माना गया। क्योंकि पहली बार भारत पर किसी आतंकवादी हमले के बाद पाकिस्तान का दृष्टिकोण अत्यधिक सकारात्मक था। परंतु इस जांच दल की वापसी के बाद पाकिस्तान ने इस हमले को भारत की योजना कहा, जो पाकिस्तान को बदनाम करने के लिए की गई। इस घटना से यह साबित होता है कि भारत-पाकिस्तान के बीच गहरे अविश्वास विद्यमान हैं।

विवाद के मूल मुद्दे

कश्मीर मुद्दा

भारत के विभाजन के बाद कश्मीर देशी रियासत का भारत में विलय हो गया, परंतु पाकिस्तान द्वारा इस विलय को स्वीकार नहीं किया गया और वर्ष 1948 में भारत पर पाकिस्तान समर्थित कबायली आक्रमण किया गया। वर्ष 1965 और 1971 में दोनों देशों के बीच युद्ध हुए तथा परंपरागत युद्ध में पराजित होने के बाद पाकिस्तान द्वारा कश्मीर में सीमापार आतंकवाद को बढ़ावा दिया गया। वर्तमान में पाकिस्तान लगातार कश्मीर में आतंकवाद को बढ़ा रहा है तथा कश्मीर पर नियंत्रण करने का लगातार प्रयत्न कर रहा है। इस विवाद के संबंध में दोनों देशों के दृष्टिकोण अलग-अलग हैं।

पाकिस्तान का तर्क

(i) पाकिस्तान द्वि-राष्ट्रवाद के तर्क के आधार पर कश्मीर की मांग करता है, क्योंकि कश्मीर मुस्लिम बहुल क्षेत्र है।

(ii) भौगोलिक रूप में भी कश्मीर की सीमा पाकिस्तान से ज्यादा लगती है तथा पाकिस्तान में बहने वाली तीन मुख्य नदियों का उद्गम कश्मीर से माना जाता है। पाकिस्तानी कृषि इन्हीं नदियों के जल पर निर्भर है।

(iii) पाकिस्तान के अनुसार, कश्मीर राज्य की अर्थव्यवस्था पूर्णतः पाकिस्तान पर निर्भर है, क्योंकि कश्मीर के अधिकतर प्राकृतिक उत्पादों को पाकिस्तान में बेचने के लिए भेजा जाता था तथा कश्मीर के लिए खाद्य पदार्थों का आयात भी पाकिस्तान से किया जाता है।

(iv) सामरिक और सैन्य दृष्टिकोण से कश्मीर के महत्त्व को देखते हुए पाकिस्तान ने इसे अपना भाग बनाने का प्रयास किया।

भारत का तर्क

(i) भारत ने विभाजन को एक अनिवार्य बुराई के रूप में स्वीकार किया, लेकिन द्वि-राष्ट्रवाद के सिद्धांत को नहीं, क्योंकि भारत अनेक धर्मों का देश है तथा यह मूल रूप में बहुलवादी पंथनिरपेक्ष देश है। संप्रति इंडोनेशिया और पाकिस्तान के बाद सबसे बड़ी मुस्लिम जनसंख्या भारत में है।

(ii) राष्ट्रीय आंदोलन के समय मुस्लिम लीग का प्रभाव कभी भी कश्मीर में नहीं रहा है, बल्कि कश्मीर में शेख अब्दुल्ला के नेतृत्व में नेशनल कांफ्रेन्स प्रभावी रहा। नेशनल कांफ्रेन्स का संबंध कांग्रेस के साथ अत्यंत घनिष्ठ था।

(iii) पाकिस्तान में विलय के बजाय, कश्मीर के महाराजा हरि सिंह ने कश्मीर का विलय भारत में किया। यह 27 अक्टूबर, 1947 को हुआ। इस विलय को वर्ष 1954 में जम्मू एवं कश्मीर की लोकतांत्रिक तरीके से निर्मित संविधान सभा ने स्वीकार कर लिया था, जो निर्विवाद है।

(iv) अतः भारत के अनुसार, पाकिस्तान समर्थित कबायलियों ने कश्मीर के एक-तिहाई भाग पर अनाधिकृत रूप में नियंत्रण कर लिया। वर्तमान में इसके अंतर्गत 32,000 वर्ग किमी. का क्षेत्र आता है। भारत में इसे 'पाक अधिकृत कश्मीर' के नाम से जाना जाता है।

कश्मीर से अनुच्छेद 370 की समाप्ति

भारत द्वारा कश्मीर के संबंध में एक आमूलकारी नीति का निर्माण किया गया, जिसके अंतर्गत कश्मीर से अनुच्छेद 370 समाप्त कर दिया गया और एक ऐतिहासिक निर्णय लेते हुए कश्मीर राज्य को जम्मू-कश्मीर और लद्दाख नामक दो केंद्रशासित क्षेत्रों में परिवर्तित कर दिया गया। सामरिक रूप में कश्मीर की अवस्थिति अत्यधिक महत्त्वपूर्ण है, जो चीन और पाकिस्तान की सीमा पर स्थित है। चीन और पाकिस्तान का दृष्टिकोण भारत विरोधी है और दोनों भारत की भूमि पर अपना दावा भी करते हैं। लद्दाख के अक्साई चिन पर पहले से ही चीन का नियंत्रण है, जबकि पाकिस्तान अधिकृत कश्मीर जम्मू-कश्मीर का भाग है, जिस पर पाकिस्तान ने अवैध कब्जा किया है। चीन-पाकिस्तान आर्थिक कॉरिडोर के निर्माण से भारत की सुरक्षा के लिए अतिरिक्त खतरा उत्पन्न हो गया है, ऐसी

परिस्थिति में कश्मीर पर भारत का प्रभावी नियंत्रण राष्ट्रीय सुरक्षा के लिए अत्यधिक महत्वपूर्ण है। अफगानिस्तान में तालिबान के बढ़ते प्रभाव से कश्मीर की सुरक्षा और संवेदनशील हो गई है।

भारतीय रणनीति

भारत कश्मीर में प्रायोजित सीमापार आतंकवाद का विरोधी है। इसे रोकने के लिए सीमा प्रबंध को सुदृढ़ बनाने पर बल दिया गया है। कश्मीर में लोकतांत्रिक प्रक्रिया सुदृढ़ करने पर बल दिया जा रहा है। मानव अधिकार हनन को प्रतिबंधित करना तथा कश्मीर को ज्यादा से ज्यादा स्वायत्तता दी जा रही है। कश्मीर भारत का अभिन्न अंग है। पाकिस्तान को आतंकवाद के मुद्दे पर अलग-थलग करने का प्रयत्न किया जा रहा है।

पाकिस्तान की रणनीति

पाकिस्तान इसे विवादास्पद मानता है तथा भारत के विरुद्ध एक प्रकार का छद्म युद्ध संचालित कर रहा है। पाकिस्तान सदैव कश्मीर मुद्दे का अंतर्राष्ट्रीयकरण करना चाहता है तथा कश्मीरी अलगाववादियों को सदैव समर्थन देता रहता है। अतः भारतीय सुरक्षा के लिए यह एक गंभीर खतरा है।

बलूचिस्तान का मुद्दा

वर्ष 2016 में भारत ने पाकिस्तान के विरुद्ध आक्रामक रणनीति अपनाते हुए पाकिस्तानी प्रांत बलूचिस्तान में मानव अधिकार हनन का मुद्दा उठाया। बलूचिस्तान पाकिस्तान का सबसे बड़ा प्रांत है, जहां बलूच अलगाववादी आंदोलन चला रहे हैं। बलूचिस्तान आर्थिक संसाधनों से संपन्न है परंतु सामाजिक-आर्थिक रूप में पाकिस्तान का सबसे पिछड़ा प्रांत है। बलूची यह आरोप लगाते हैं कि पाकिस्तानी शासन द्वारा बलूचिस्तान का उपनिवेश की भांति शोषण किया जाता है। बलूचिस्तान में ही चीन द्वारा ग्वादर पत्तन का निर्माण किया जा रहा है। इसलिए बलूचिस्तान का मुद्दा उठाने से चीन ने भी नाराजगी जताई है। आलोचकों के अनुसार, भारत ने बलूचिस्तान का मुद्दा उठाकर भारत की अहस्तक्षेपवादी नीति का उल्लंघन किया है।

वर्ष 2016 में ही भारत ने गिलगित-बाल्तिस्तान का मुददा भी उठाया। पाकिस्तान द्वारा पाकिस्तान अधिकृत कश्मीर को आजाद कश्मीर एवं गिलगित-बाल्तिस्तान क्षेत्र में विभाजित कर दिया गया है। गिलगित-बाल्तिस्तान पाकिस्तान का कोई प्रांत नहीं है। इसलिए संविधान में गिलगित-बाल्तिस्तान की स्थिति स्पष्ट नहीं है। गिलगित-बाल्तिस्तान में निवास करने वाली जनता भी पाकिस्तान सरकार से नाराज है। पाकिस्तान द्वारा कश्मीर पर आक्रामक रणनीति अपनाने के बाद भारत ने बलूचिस्तान एवं गिलगित-बाल्तिस्तान का मुद्दा उठाया। यद्यपि भारत अभी भी पाकिस्तान के साथ वार्ता के लिए तैयार है।

कश्मीर समस्या का समाधान

कश्मीर समस्या के समाधान के लिए वर्ष 1994 में भारतीय संसद ने विकल्प प्रस्ताव पारित करते हुए पाकिस्तान अधिकृत कश्मीर को भारत का भाग बताया तथा इसे प्राप्त करने का संकल्प दोहराया गया। लेकिन संप्रति परिवर्तित परिस्थितियों में कश्मीर समस्या का यह व्यावहारिक समाधान प्रतीत नहीं होता। स्वयं भारतीय प्रधानमंत्री यह कह चुके हैं कि फिलहाल सीमाओं का पुनर्निर्धारण व्यावहारिक रूप में संभव नहीं है। दूसरी ओर, पाकिस्तान के अनुसार, इस समस्या का समाधान हो जाएगा, यदि कश्मीर का विलय पाकिस्तान में हो जाए। कहने का अभिप्राय यह है कि पाकिस्तान, कश्मीर के भारत में विलय को अभी भी वैध नहीं मानता। लेकिन व्यावहारिक दृष्टिकोण से पाकिस्तान की यह मांग अतिवादी है। विशेषकर वर्ष 1999 के कारगिल संकट के समय जिस प्रकार अंतर्राष्ट्रीय जनमत का दबाव पाकिस्तान पर देखा गया उससे यह स्पष्ट है कि आज पाकिस्तान द्वारा कश्मीर के विलय की मांग अप्रासंगिक एवं अव्यावहारिक हो गई है, क्योंकि विश्व के सभी नेताओं ने पाकिस्तान को नियंत्रण रेखा का सम्मान करने को कहा है। समस्या समाधान का तीसरा विकल्प है कि दोनों क्षेत्रों के कश्मीर को मिलाकर एक स्वतंत्र जम्मू एवं कश्मीर का निर्माण कर लिया जाए। इस विकल्प पर शीत युद्ध के समय विचार हुआ था, परंतु आज यह अव्यावहारिक एवं अप्रासंगिक है। समाधान का सबसे व्यावहारिक एवं कारगर विकल्प नियंत्रण रेखा को अंतर्राष्ट्रीय रेखा में परिवर्तित कर देना है। लेकिन स्वाभाविक रूप में पाकिस्तान के लिए यह मांग स्वीकार करना अत्यधिक कठिन है, क्योंकि पाकिस्तानी विदेश नीति में कश्मीर को सदैव केंद्र में रखा गया है। भारत की ओर से भी अंतर्राष्ट्रीय रेखा के विकल्प पर अभी भी कोई आधिकारिक प्रतिक्रिया नहीं दी गई है, लेकिन इसे तुलनात्मक रूप में सहजता से स्वीकार कर सकता है। अतः भारतीय विदेश नीति के अनुसार, कश्मीर ही एकमात्र समस्या नहीं है, बल्कि अनेक समस्याओं में कश्मीर भी एक समस्या है।

पाकिस्तान और आतंकवाद

पाकिस्तान अभी भी आतंकवादियों के प्रशिक्षण केंद्रों का संचालन कर रहा है एवं सीमापार आतंकवाद को पूर्ण रूप में नियंत्रित नहीं कर रहा है। भारत ने उन 35 वांछित व्यक्तियों की सूची पाकिस्तान को सौंपी है, जिन पर भारत में आतंकवादी गतिविधियों में संलिप्त होने का आरोप है, जिसमें मुख्य रूप में इब्राहिम सैयद सलाउद्दीन, जो जेहादी संघ का चेयरमैन है एवं हिजबुल मुजाहिद्दीन से संबंधित है। दूसरा, दाऊद इब्राहीम, जिसे मुंबई बम विस्फोट के लिए उत्तरदायी माना जाता है एवं मसूद अजहर, जो जैश-ए-मोहम्मद से संबंधित है। भारत के अनुसार, पाकिस्तान, भारत में जाली नोटों एवं नशीली दवाओं के व्यापार को बढ़ावा दे रहा है और यह गतिविधियां विशेष रूप में भारत-नेपाल सीमा पर देखी जा रही हैं।

अमेरिकी दृष्टिकोण

अमेरिका ने पाकिस्तान से स्पष्ट कहा है कि वह आतंकवादी संगठनों के खिलाफ दोहरा रवैया न अपनाए। पाकिस्तान में चलने वाली सभी प्रकार की गतिविधियों को प्रतिबंधित करे। अमेरिका का मानना है कि पाकिस्तान उन संगठनों के खिलाफ कार्रवाई नहीं करता है, जो अफगानिस्तान तथा भारत में आतंकवादी कार्रवाई करते हैं, बल्कि केवल उन्हीं संगठनों पर कार्रवाई करता है, जो पाकिस्तान के भीतर कार्रवाई करते हैं। अमेरिका ने अपनी नई एशियाई नीति तथा सुरक्षा रणनीति 2017 में इस बात की स्पष्ट घोषणा की है। अमेरिका ने कहा है कि यदि पाकिस्तान ऐसा नहीं करता है तो अमेरिका स्वतः कार्रवाई करेगा। अमेरिकी प्रशासन ने आतंकवाद में सहयोग के लिए पाकिस्तान को दी जाने वाली आर्थिक सहायता भी रोक दी है और कहा है कि आर्थिक सहायता तभी बहाल की जाएगी जब पाकिस्तान आतंकियों के खिलाफ ठोस कार्रवाई करेगा।

सर्जिकल स्ट्राइक

वर्ष 2016 में भारत ने पठानकोट और उरी आतंकवादी हमले के बाद पाकिस्तान के विरुद्ध सर्जिकल स्ट्राइक की, जिसमें पाकिस्तान अधिकृत कश्मीर क्षेत्र में आतंकवादी समूहों पर हमला किया गया। वर्ष 1971 के बाद भारत द्वारा अपनाए गए सामरिक संयम के सिद्धांत का परित्याग करते हुए आक्रामक नीति अपनाई और नियंत्रण रेखा को भी पार किया गया। भारत के अनुसार, यह हमला आत्मरक्षा के कारण किया गया और यह हमला पाकिस्तान पर नहीं, बल्कि आतंकवाद के विरुद्ध किया गया आक्रमण है। जिस पर पाकिस्तान को भी भारत का सहयोग करना चाहिए। पाकिस्तान द्वारा भारत के सर्जिकल स्ट्राइक के दावे को झूठा कहा गया। भारत की इस कार्रवाई का अमेरिका जैसे देशों द्वारा भी समर्थन किया गया।

सर्जिकल स्ट्राइक के तहत दुश्मन देश के भू-भाग में अंदर तक घुसकर निश्चित ठिकानों को नष्ट करना है। 19 सितंबर 2016 को भारतीय सेना ने पाकिस्तान अधिकृत कश्मीर में स्थित आतंकवादी ठिकानों पर हमला बोला तथा कुछ आतंकवादी प्रशिक्षण केंद्रों को नष्ट किया। यह कार्रवाई भारत की बदलती विदेश नीति को स्पष्ट करती है, जिससे यह प्रकट होता है कि अब भारत सॉफ्ट पावर नहीं रह गया है। यह भारतीय विदेश नीति की आक्रामकता तथा शक्ति को भी प्रदर्शित करता है। इसके अतिरिक्त 2019 में पुलवामा आतंकी हमले के बाद भी भारत द्वारा बालाकोट एयर स्ट्राइक की गई। पहलगाम आतंकी हमले (अप्रैल 2025) के जवाब में भी भारत ने ऑपरेशन सिंदूर के तहत पाकिस्तान के आतंकी समूहों को निशाना बनाया।

सिंधु नदी जल समझौता

वर्ष 1960 में भारत और पाकिस्तान के बीच नदी जल के विभाजन के लिए सिंधु नदी जल समझौता किया गया। यह समझौता विश्व बैंक की मध्यस्थता द्वारा हुआ। इस समझौते द्वारा सिंधु, झेलम और चिनाब जैसी पश्चिमी नदियों को पाकिस्तान की नदी कहा गया तथा सतलज, रावी एवं व्यास को भारतीय नदियों के रूप में चिह्नित किया गया (पूर्वी नदियां)। इस समझौते के अनुसार, पाकिस्तान की नदियों पर भारत को जल के सीमित प्रयोग की अनुमति दी गई। अतः इस समझौते के अनुसार, भारत जल विद्युत परियोजनाओं के निर्माण के लिए इन नदियों के पानी का सीमित उपयोग कर सकता है। सिंधु नदी का जल समझौता भारत और पाकिस्तान के बीच सहयोग का एक अनूठा उदाहरण है, क्योंकि दोनों देशों के बीच दो बड़े युद्ध (वर्ष 1965 एवं वर्ष 1971 में) हुए इसके बावजूद भी यह समझौता बना रहा।

नवीन विवाद

भारत द्वारा चिनाब नदी पर बगलिहार बांध बनाने का पाकिस्तान ने विरोध किया। भारत की किशनगंगा परियोजना के निर्माण पर

भी पाकिस्तान ने आपत्ति दर्ज की। इसके अतिरिक्त, भारत कश्मीर के डोडा जिले में सलाल और दुलहस्ती परियोजना के विकास पर भी कार्य कर रहा है, जिस पर पाकिस्तान द्वारा बार-बार आपत्ति जताई जाती है। पाकिस्तान का यह आरोप है कि भारत उसके हिस्से के पानी का उपयोग कर रहा है। पाकिस्तान का यह तर्क उसकी अपनी घरेलू राजनीति पर आधारित है।

पाकिस्तान में पंजाब द्वारा सिंधु नदी के जल का ज्यादातर भाग इस्तेमाल कर लिया जाता है। इसलिए सिंध और बलूचिस्तान जैसे प्रांतों को पानी का वास्तविक भाग नहीं मिलता और इन राज्यों की मांगों को भटकाने के लिए पाकिस्तान, भारत विरोध का स्वर उठाता है। वर्तमान समय में ग्लेशियर पर बर्फ की कम मात्रा के कारण नदी में पानी का प्रवाह कम हो रहा है और बरसात की मात्रा कम होने के कारण भी पानी के प्रवाह में कमी आ रही है। पाकिस्तान द्वारा सीमापार आतंकवाद के मुद्दे से ध्यान भटकाने के लिए बार-बार सिंधु नदी जल समझौते का मुद्दा उठाया जाता है।

वर्ष 1960 के सिंधु नदी जल समझौते में यह भी उल्लेखित है कि दोनों देशों के बीच विवाद का समाधान किस प्रकार किया जाएगा। विवाद समाधान के उपाय निम्नलिखित हैं-

(i) दोनों देशों की सरकारों द्वारा विवाद का समाधान।

(ii) अंतर्राष्ट्रीय न्यायालय द्वारा विवाद का समाधान।

यह उल्लेखनीय है कि बगलिहार परियोजना तथा किशनगंगा जलविद्युत परियोजना में अंतर्राष्ट्रीय न्यायालय ने भारत के पक्ष में निर्णय दिया और दोनों मामलों में पाकिस्तान की हार हुई। सिंधु नदी जल समझौते में यह उल्लिखित किया गया है कि नदी के पानी की मात्रा के संबंध में दोनों देशों के बीच सहयोग किया जाएगा। वर्तमान समय में सिंधु नदी जल समझौते के दायरे (परिक्षेत्र) को और बढ़ाने की आवश्यकता है। इसमें संयुक्त जल प्रबंधन और पर्यावरणीय संरक्षण को भी शामिल करने की आवश्यकता है तथा दोनों देश आंतरिक रूप में अपना जल प्रबंधन बेहतर करें। पानी के आंकड़ों के लेन-देन में पारदर्शिता अपनाने की आवश्यकता है। संयुक्त नदी जल आयोग के कार्य के दायरे का विस्तार किया जाए और आपसी सहयोग से समस्या समाधान करने की आवश्यकता है।

सितंबर 2016 में पठानकोट आतंकवादी हमले के पश्चात् भारत ने दबाव बनाने के लिए सिंधु जल समझौते की समीक्षा की बात कही। प्रधानमंत्री मोदी ने कहा कि खून और पानी दोनों साथ-साथ नहीं बह सकते हैं। भारत द्वारा सिंधु जल समझौता भंग करने की बात कही गई। अप्रैल 2025 में हुए पहलगाम आतंकी हमले के जवाब में भारत ने सिंधु नदी जल समझौते को निलंबित कर दिया है।

सियाचिन विवाद

सियाचिन, विश्व का सबसे ऊंचा युद्ध क्षेत्र है। इसीलिए सामरिक रूप से महत्त्वपूर्ण है। इसके पश्चिम में बाल्टेरो पहाड़ियां तथा पूर्व में कराकोरम शृंखला है। यह 72 किमी. लंबा है और यह क्षेत्र अत्यधिक दुर्गम होने के कारण अभी भी भारत और पाकिस्तान के मध्य अविभाजित है, जबकि भारत और पाकिस्तान के मध्य लगभग 765 किमी. लंबी सीमा (LoC) है। शिमला समझौते द्वारा युद्ध विराम रेखा को नियंत्रण रेखा (LoC) में परिवर्तित कर दिया गया, लेकिन सियाचिन क्षेत्र का विभाजन अभी भी स्पष्ट नहीं था।

भारत और पाकिस्तान के बीच सियाचिन क्षेत्र में क्रमांक रांगणा NJ 9842 के आगे सीमा का विभाजन नहीं किया जा सका है, क्योंकि यह क्षेत्र अत्यधिक दुर्गम है। वर्ष 1984 में पाकिस्तान ने सियाचिन क्षेत्र पर नियंत्रण करने का प्रयत्न किया , वहां पर्वतारोहियों को भेजा यहां तक कि सेना भी भेज दी। इसके विरोध में भारतीय सरकार ने वर्ष 1986 में 'ऑपरेशन मेघदूत' आरंभ किया और समूचे सियाचिन क्षेत्र को पाकिस्तानी सैनिकों से खाली करा लिया गया। इसलिए सियाचिन क्षेत्र से चीन की सक्षगाम घाटी पर निगरानी की जा सकती है। इस सक्षगाम घाटी को वर्ष 1963 में पाकिस्तान द्वारा चीन को सौंप दिया गया था, जो पाकिस्तान अधिकृत कश्मीर का एक भाग है। सियाचिन पर नियंत्रण द्वारा कराकोरम दर्रा की भी निगरानी की जा सकती है। सियाचिन पर नियंत्रण द्वारा कश्मीर-लद्दाख राजमार्ग पर भी निगरानी बेहतर रूप में की जा सकती है। लद्दाख में बहने वाली नेब्रू नदी सियाचिन से निकलती है।

वर्तमान समय में इस क्षेत्र पर भारतीय सेना का नियंत्रण बना हुआ है। वर्ष 2012 में हिमस्खलन में 100 से ज्यादा पाकिस्तानी सैनिकों की मृत्यु हो गई। पाकिस्तान ने भारत के सामने प्रस्ताव रखा कि सियाचिन क्षेत्र को विसैन्यीकृत कर दिया जाए। पाकिस्तान अपनी सेनाओं को अफगानिस्तान सीमा पर लगाना चाहता है, इसलिए वह इस क्षेत्र को विसैन्यीकृत करने का प्रस्ताव रख रहा है।

पाकिस्तान के अतीत के व्यवहार को देखते हुए भारत ने इस क्षेत्र को विसैन्यीकृत करने का निर्णय नहीं लिया। भारतीय सेना

द्वारा यहां आपूर्ति व्यवस्था बनाए रखने का बेहतर प्रबंध कर लिया गया है। इसलिए भारत इस क्षेत्र को खाली करने पर विचार नहीं कर रहा है। सियाचिन का सामरिक महत्त्व बहुत अधिक है। यह भी उल्लेखनीय है कि पाकिस्तान अधिकृत क्षेत्र में चीन की उपस्थिति बढ़ रही है इससे सियाचिन का महत्त्व और अधिक बढ़ जाता है।

कच्छ के रन का विवाद

भारत और पाकिस्तान के बीच अथवा पाकिस्तान के सिंध प्रांत और भारतीय गुजरात प्रांत के बीच समुद्री सीमा रेखा का विभाजन अभी भी नहीं हुआ है, यही विवाद का मूल कारण है। कच्छ के रन के क्षेत्र में तेल और प्राकृतिक गैस के विशाल भंडार होने की संभावनाएं हैं। इसलिए इसका महत्त्व अधिक है तथा भारत की समुद्री तटीय सुरक्षा के लिए भी इसका विशेष महत्त्व है।

पाकिस्तान का दावा

पाकिस्तान का दावा है कि कच्छ की सीमा रेखा का विभाजन 240° समानांतर रेखा को आधार मानकर होना चाहिए। पाकिस्तान इस समस्या के समाधान के लिए वर्ष 1914 के मानचित्र को आधार मानता है। इस मानचित्र में पूर्वी किनारे पर एक हरी रेखा खींची गई है, जिसे पाकिस्तान वास्तविक सीमा रेखा मानता है। भारत इस क्षेत्र की सीमा रेखा को निर्धारित करने के लिए वर्ष 1925 के मानचित्र को आधार मानता है, जिसमें सरक्रीक के बीचो-बीच सीमा रेखा होनी चाहिए। सरक्रीक, कच्छ के रन में भारत एवं पाकिस्तान के बीच विवादित पानी की एक 96 किमी. लंबी पट्टी है। जल की इस धारा को मूल रूप में बान गंगा के रूप में जाना जाता है। सरक्रीक की यह धारा पाकिस्तान के सिंध प्रांत को गुजरात के कच्छ क्षेत्र से विभाजित करती हुई अरब सागर में जा गिरती है। सरक्रीक सीमा रेखा का यह नाम एक ब्रिटिश प्रतिनिधि के नाम पर रखा गया है।

भारत का दावा

भारत के अनुसार, समुद्री सीमा विभाजन का 'थालबेग नियम' समुद्री सीमा को मध्य जल क्षेत्र (Mid-Channel) के अनुसार विभाजित करता है। पाकिस्तान ने थालबेग नियम के अनुसार, सीमा विभाजित करने पर आपत्ति व्यक्त की है, क्योंकि यह नियम उन क्षेत्रों में लागू होता है, जहां समुद्री नौवहन (नेविगेशन) की सुविधा होती है। इसके विरुद्ध भारत का तर्क है कि उच्च ज्वार के समय यह क्षेत्र समुद्री नौवहन का क्षेत्र बन जाता है। इसलिए यहां थालबेग का नियम लागू होता है। वस्तुतः कच्छ का विवाद भौगोलिक क्षेत्र का विवाद नहीं है, बल्कि राजनीतिक विवाद का परिणाम है। पाकिस्तान द्वारा इन विवादों के माध्यम से भारत विरोध की नीति को बढ़ावा दिया जाता है।

पाकिस्तान की विदेश नीति का मूल आधार भारत विरोध है। वह सीमा विवाद का उपयोग अपने भारत विरोध को आगे बढ़ाने के लिए करता है। इसलिए भारत और पाकिस्तान के बीच सीमा विवाद मूल कारण नहीं, बल्कि विवाद का मूल कारण राजनीतिक है।

सहयोग के आधार

ट्रैक-2 कूटनीति

भारत-पाकिस्तान के बीच वर्ष 1990 के बाद संबंधों को बेहतर करने की एक नवीन पहल की गई और दोनों देशों के बीच ट्रैक-2 वार्ता की शुरुआत हुई। इस वार्ता में दोनों देशों के अवकाश प्राप्त विदेश सेवा के अधिकारी, अवकाश प्राप्त मंत्री तथा विदेश एवं सुरक्षा मामलों के विशेषज्ञ भाग लेते हैं तथा इनके द्वारा दोनों देशों के बीच संबंध सामान्य करने का प्रयत्न और विश्वास निर्माण किया जाता है। ट्रैक-2 की वार्ताओं द्वारा दोनों देशों के बीच ट्रैक-1 की वार्ताओं का आधार निर्मित किया जाता है। ट्रैक-1 की वार्ता में मंत्री अथवा सरकारी अधिकारी शामिल होते हैं। दोनों देशों के बीच ट्रैक-2 की पहली वार्ता 1991 में राजस्थान के नीमराना किले में हुई। ट्रैक-2 की वार्ताओं का आयोजन विभिन्न प्रकार के गैर-सरकारी स्वैच्छिक संगठनों तथा शांति स्थापना करने वाले संगठनों द्वारा किया जाता है। वर्ष 2014 में भारत और पाकिस्तान के बीच सीमा पर तनाव बना हुआ था। उसी दौरान दोनों के बीच दुबई में ट्रैक-2 की वार्ताएं आयोजित की गईं।

पारगमन मार्ग (Transit Route)

पाकिस्तान द्वारा अभी भी भारत को पारगमन मार्ग प्रदान नहीं किया गया है। इसलिए अफगानिस्तान जाने के लिए भारत द्वारा ईरान के समुद्री मार्ग का प्रयोग किया जा रहा है। पाकिस्तान के इस व्यवहार के कारण भारत का मध्य एशियाई क्षेत्र में भी प्रवेश नहीं हो पा रहा है। वर्तमान भूमंडलीकरण के दौर में दोनों देशों में

वाणिज्यिक दूतावास भी अनुपस्थित हैं जिससे व्यापारिक संबंध अत्यधिक मुश्किल हैं।

परंपरागत सी.बी.एम.

सी.बी.एम. को हिंदी में विश्वास बहाली मानक कहा जाता है। अर्थात् दो देशों के संबंधों के सुधार के लिए या वार्तालाप के लिए राष्ट्र विशेष द्वारा जो प्रयास किया जाता है उसे विश्वास बहाली मानक या सी.बी.एम. कहा जाता है। भारत और पाकिस्तान के मध्य संबंधों को बेहतर करने के लिए विश्वास निर्माण (Confidence Building Measures, CBM), के उपाय किए जा रहे हैं, विशेषकर सीमा के आर-पार के क्षेत्रों में। इसी संदर्भ में मई, 2006 में दोनों देशों के विदेश सचिवों ने अंतःक्रिया एवं सहयोग को बढ़ाने का निर्णय लिया। श्रीनगर-मुजफ्फराबाद बस सेवा की प्रगति पर समीक्षा की गई एवं जुलाई, 2006 से श्रीनगर-मुजफ्फराबाद के मध्य ट्रक सेवा को भी आरंभ करने का निर्णय लिया गया, जिससे दोनों देशों के मध्य वस्तुओं का आदान-प्रदान बढ़ सके एवं व्यापार में वृद्धि हो सके। यह भी निर्णय लिया गया कि वाणिज्यिक चैंबर्स के सदस्य दोनों देशों की यात्रा करके व्यापार के संबंध में विभिन्न मुद्दों पर चर्चा करेंगे और इसी संबंध में पुंछ-रावलकोट बस सेवा को भी जून, 2006 में आरंभ करने का निर्णय लिया गया।

अक्टूबर, 2006 में भारत और पाकिस्तान में भूकंप आने के पश्चात् नियंत्रण रेखा की पांच चौकियों को लोगों की आवाजाही के लिए खोला गया। 19 जून, 2006 को पुंछ और रावलकोट के मध्य सड़क निर्माण को पूरा करके आवाजाही के लिए खोल दिया गया, जो कि 50 वर्षों के पश्चात् पहली बार किया गया। तत्कालीन भारतीय प्रधानमंत्री वाजपेयी द्वारा जब 'बस डिप्लोमेसी' का आरंभ किया गया, तो इसे दोनों देशों के मध्य विश्वास बढ़ाने का एक महत्त्वपूर्ण माध्यम माना गया। यह बस सेवा अब अमृतसर और ननकाना साहब के मध्य भी आरंभ की गई। मुनाबाओ-खोखरापार रेल संपर्क को भी बहाल किया गया, जो दोनों देशों के मध्य बढ़ते संबंधों का स्पष्ट प्रमाण हैं। इसी के साथ पाकिस्तान के तत्कालीन राष्ट्रपति परवेज मुशर्रफ ने यह भी घोषणा की थी कि जो भारतीय युद्धबंदी पाकिस्तान की जेलों में बंद हैं, उन्हें मुक्त कर दिया जाएगा।

सी.बी.एम. का अगला उपाय मछुआरों के संदर्भ में भी देखा जा सकता है, क्योंकि अरब सागर में मछुआरे अनचाहे ढंग से एक-दूसरे की सीमा को पार कर जाते हैं, जिससे उन्हें हिरासत में ले लिया जाता है तथा लंबे समय तक वे जेलों में बंद रहते हैं। एक अनुमान के अनुसार, लगभग 500 भारतीय मछुआरे पाकिस्तानी जेल में बंद हैं। दिसंबर, 2004 में आयोजित भारत-पाकिस्तान की विदेश सचिव स्तर की वार्ता में इन मछुआरों की समस्याओं को हल करने का निर्णय लिया गया है जिसके अनुसार, दोनों देश मछुआरों को हिरासत में लेने के तीन महीने की अवधि के अंदर उच्चायोगों को सूचना देंगे। इसके लिए भारत-पाकिस्तान के तट रक्षकों के मध्य भी एक सहमति पत्र पर हस्ताक्षर किए गए। इसी समझौते के परिणामस्वरूप भारत ने पाकिस्तानी मछुआरों को मुक्त किया और पाकिस्तान ने भी भारतीय मछुआरों को मुक्त किया, लेकिन जहां तक मछुआरों की संख्या का प्रश्न है, तो भारतीय मछुआरों की संख्या ज्यादा है, जो पाकिस्तान की जेलों में बंद हैं। सी.बी.एम. के अंतर्गत वर्ष 2004 में एक लंबी अवधि के पश्चात् दोनों देशों के मध्य पाकिस्तान में क्रिकेट मैच आयोजित किए गए। इसी सी.बी.एम. को नीमराना प्रक्रिया के नाम से जाना जाता है।

पीपल टू पीपल कॉन्टेक्ट (People to People Contact)

करतारपुर गलियारा

भारत-पाकिस्तान के बीच पीपल टू पीपल कॉन्टेक्ट बढ़ाने के लिए 2019 में करतारपुर गलियारे का निर्माण में किया गया। यह गलियारा गुरुद्वारा डेरा बाबा नानक एवं गुरुद्वारा श्रीकरतारपुर साहिब के बीच बनाया गया है, जिसके अंतर्गत भारतीय नागरिक वीजा के बिना पाकिस्तान जा सकते हैं और करतारपुर गुरुद्वारे का दर्शन कर सकते हैं। इससे यह प्रतीत होता है कि भारत-पाकिस्तान की सांस्कृतिक विरासत साझी है, परंतु पाकिस्तान का दृष्टिकोण भारत के प्रति परिवर्तित नहीं हुआ है और पाकिस्तान अभी भी कश्मीर में सीमापार आतंकवाद को समर्थन देता है, इसीलिए भारत-पाकिस्तान के बीच संबंध बनाने के अनेक प्रयास विफल हो जाते हैं। छात्रों, पर्यटकों, कलाकारों और खिलाड़ियों के आवागमन द्वारा पीपल टू पीपल कॉन्टेक्ट को प्रभावी बनाया जा सकता है।

परमाणु सी.बी.एम.

वस्तुतः भारत-पाकिस्तान के मध्य वर्ष 1999 के लाहौर घोषणा-पत्र को परमाणु सी.बी.एम. का आधार माना जा सकता है। लाहौर घोषणा-पत्र के पश्चात् यद्यपि कारगिल की घटना एवं भारत में

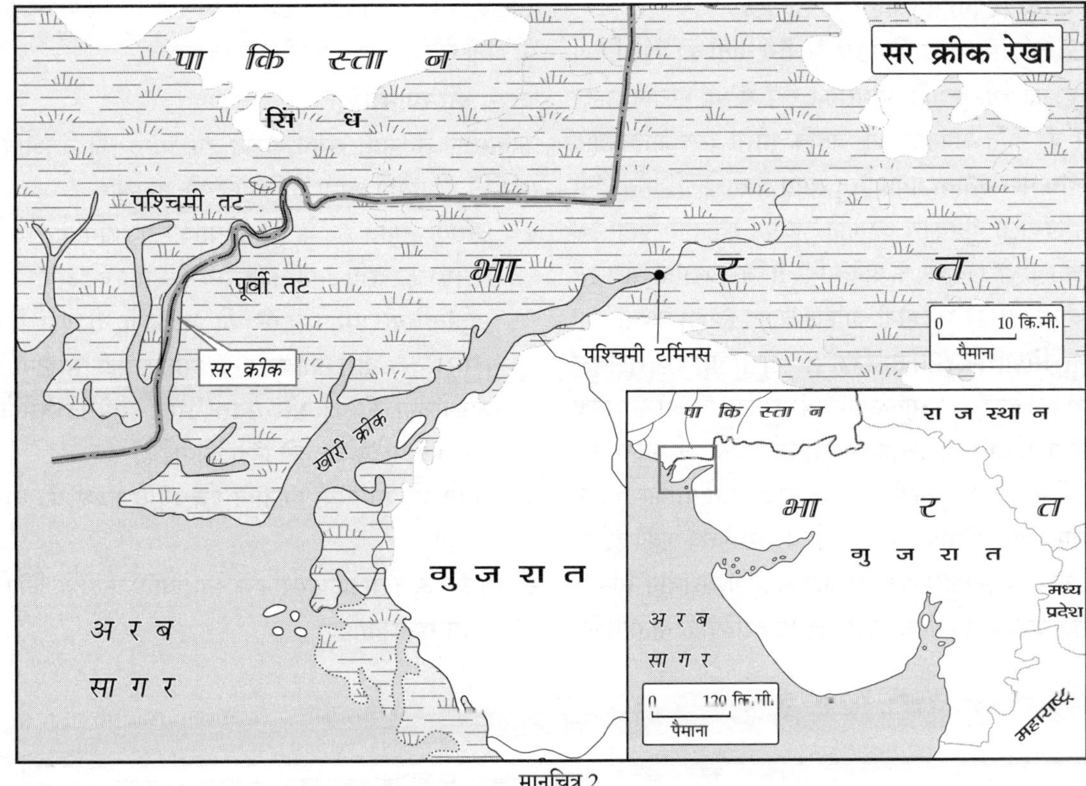

मानचित्र 2

संसद पर हमले को लेकर दोनों देशों के मध्य संबंध निम्नतम बिंदु पर आ गए, लेकिन संप्रति परमाणु क्षेत्र में सी.बी.एम. पर प्रगति देखी गई, जिसके अंतर्गत अप्रैल, 2006 में परमाणु सी.बी.एम. को लेकर चौथे दौर की वार्ता हुई। परमाणु सी.बी.एम. के संदर्भ में मुख्य मुद्दे निम्नलिखित हैं-

- विदेश सचिवों के मध्य सुरक्षा एवं परमाणु सिद्धांत के संबंध में परस्पर विचार-विमर्श करना।
- दोनों देशों के मध्य सुरक्षा एवं शांति के स्थायी वातावरण का निर्माण करना।
- प्रक्षेपास्त्रों के परीक्षण के संदर्भ में पूर्व सूचना एवं पूर्व अधिसूचना जारी करने के संबंध में समझौता।
- दोनों देशों के विदेश सचिवों के मध्य हॉटलाइन को प्रकार्यात्मक बनाना।
- परमाणु मुद्दे के संदर्भ में परमाणु खतरे को कम करने के उपाय करना तथा परमाणु क्षेत्र में दुर्घटनाओं को रोकने (परमाणु संयंत्रों या परमाणु हथियारों की) का उपाय करना।

वस्तुतः परमाणु क्षेत्र में इस सी.बी.एम. का अत्यधिक महत्त्व है, क्योंकि दोनों देशों को परमाणु संघर्ष क्षेत्र (Nuclear Flashpoint) माना जाता है या दूसरे शब्दों में, अंतर्राष्ट्रीय विचारक मानते हैं कि इन देशों के मध्य परमाणु हथियारों के प्रयोग की सर्वाधिक संभावना है, लेकिन भविष्य में दोनों देशों के परमाणु हथियारों के संबंध में रणनीतिक विचारकों में मतवैभिन्नता पाई जाती है-

- प्रथम मत के अनुसार, दोनों देशों का इतिहास संघर्ष का रहा है। इसलिए इनके मध्य भविष्य में परमाणु हथियारों के प्रयोग की संभावना है।
- दूसरे दृष्टिकोण के अनुसार, दोनों देशों के मध्य नागरिक समाज के संबंध को प्रगाढ़ करके आपसी संबंधों को संतुलित किया जा सकता है।
- तीसरे दृष्टिकोण के अनुसार, दोनों देशों का परमाणु शक्ति संपन्न होना आपसी संबंधों में स्थिरता प्रदान करेगा, क्योंकि डिटरेंस की मान्यता के अनुसार, एक परमाणु शक्ति संपन्न देश, दूसरे परमाणु शक्ति संपन्न देश पर आक्रमण नहीं करता।

समग्र वार्ता (Composite Dialogue)

वर्ष 2004 में भारत एवं पाकिस्तान के बीच वार्ता की नई प्रक्रिया की शुरुआत हुई। क्योंकि परंपरागत रूप में पाकिस्तान पहले कश्मीर की नीति अपनाता था, जबकि भारत द्वारा आतंकवाद को केंद्रीय मुद्दा बताया गया। परंतु समग्र वार्ता के अंतर्गत दोनों देशों ने लचीला दृष्टिकोण अपनाते हुए यह स्वीकार किया कि दोनों देशों के बीच विवाद के अनेक बिंदु हैं जिस पर एक साथ एवं संस्थात्मक रूप में वार्ता होनी चाहिए। वे मुद्दे हैं- (i) कश्मीर का मुद्दा, (ii) सियाचिन, (iii) सरक्रीक, (iv) वूलर बैराज या तुलबुल नेविगेशन प्रोजेक्ट, (v) आतंकवाद एवं नशीली दवाओं के अवैध व्यापार पर प्रतिबंध, (vi) व्यापारिक संबंधों को बहाल करना। वर्ष 2008 में मुंबई आतंकवादी हमले के बाद भारत पाकिस्तान के बीच समग्र वार्ता स्थिगित कर दी गई, जो अभी तक रुकी हुई है। वार्ता स्थगित करने का मूल कारण पाकिस्तान में विद्यमान अस्थिर राजनीतिक कारण है। सरकार द्वारा यह स्पष्ट संकेत दिया गया कि पाकिस्तान या तो भारतीय सरकार से बात करे या अलगाववादियों से। दोनों से एक साथ बातचीत संभव नहीं है।

भारत की रणनीति

पाकिस्तान के साथ संबंध बनाते हुए भारत को बहुआयामी रणनीति का प्रयोग करना चाहिए जिसके अनुसार-

- वैश्विक आतंकवाद के मुद्दे पर पाकिस्तान लगातार अलग-थलग पड़ रहा है। अमेरिका द्वारा पाकिस्तान को आतंकवादी गतिविधियां समाप्त करने की चेतावनी दी गई। ब्रिक्स (BRICS) द्वारा पाकिस्तानी आतंकवादी संगठनों की आलोचना की गई और संयुक्त अरब अमीरात जैसे देशों द्वारा भी आतंकवाद की निंदा की गई है।
- भारत की सामरिक रणनीति एवं सीमा प्रबंध को बेहतर करना।
- इसके अलावा पाकिस्तान के साथ वार्ता करने के लिए भी तैयार रहना चाहिए।

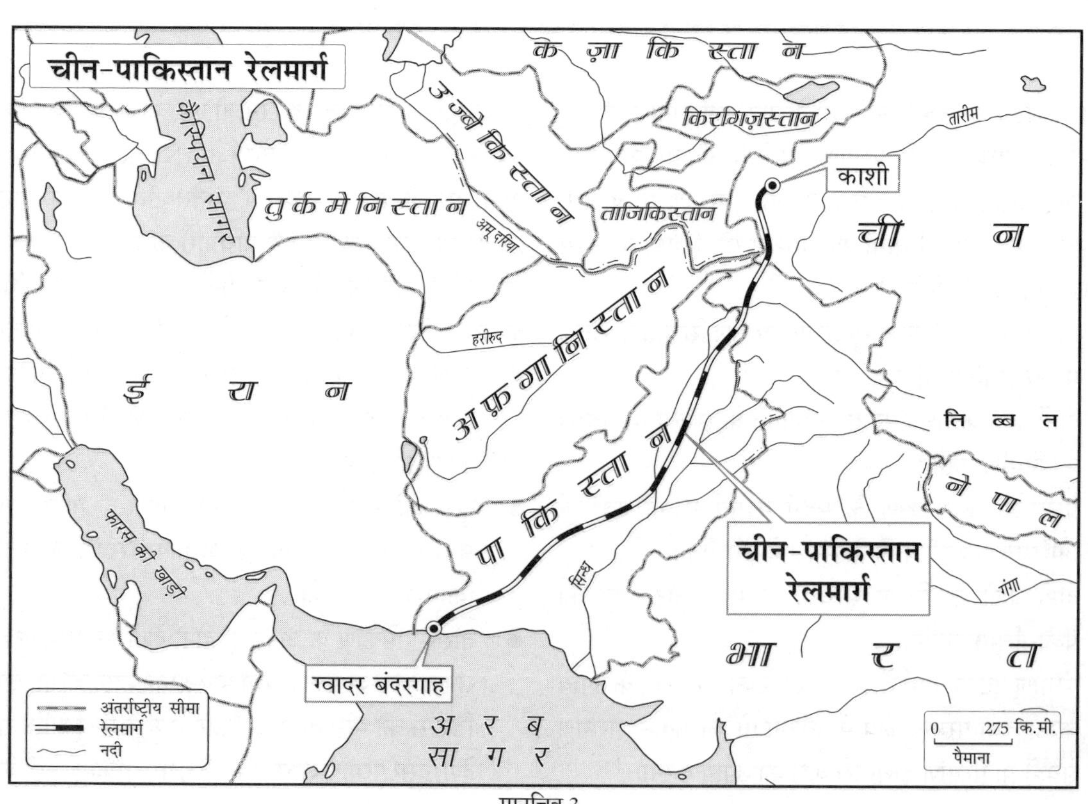

मानचित्र 3

चीन-पाकिस्तान आर्थिक गलियारा

China-Pakistan Economic Corridor (CPEC)

वर्तमान में पाकिस्तान में निवेश करने वाला सबसे बड़ा देश चीन है। चीन द्वारा वन बेल्ट वन रोड (OBOR) परियोजना के अंतर्गत सिक्यांग के काशगर को बलूचिस्तान के ग्वादर पत्तन से जोड़ा जा रहा है जिससे चीन को सिक्यांग प्रांत में तेल एवं वस्तुएं भेजने में आसानी होगी तथा सिक्यांग में प्रवेश के लिए समूचे हिंद महासागर की यात्रा नहीं करनी पड़ेगी अब सिक्यांग का हिंद महासागर में सीधे प्रवेश सुनिश्चित होगा।

पाकिस्तान को लाभ

बलूचिस्तान पाकिस्तान का सबसे पिछड़ा प्रांत है। यद्यपि प्राकृतिक संसाधनों के मामले में सबसे संपन्न है और ग्वादर पत्तन और CPEC के विकास से बलूचिस्तान में अलगाववादी गतिविधियों पर भी नियंत्रण होगा और पाकिस्तान को कराची पत्तन का विकल्प भी प्राप्त हो जाएगा।

भारत और CPEC

CPEC पाकिस्तान अधिकृत कश्मीर से होकर जा रहा है और इसकी सुरक्षा के लिए चीनी अधिकारियों और सैनिकों को तैनात किया जा रहा है। अतः पाक अधिकृत कश्मीर में सीधे चीन की उपस्थिति बढ़ रही है, जो भारतीय सुरक्षा के लिए एक गंभीर चिंता का विषय है। इसके अतिरिक्त ग्वादर पत्तन का भी सैन्य उपयोग किया जा रहा है, जिससे हिंद महासागर में भारतीय सुरक्षा के लिए नई चुनौती पैदा होगी और इससे भी बढ़कर भारत पाकिस्तान को आतंकवाद के मुद्दे पर अलग-थलग करना चाहता है। अतः चीन पाकिस्तान का उपयोग करके भारतीय हितों के लिए गंभीर चुनौती पैदा कर रहा है।

गहरे अविश्वास (Deep Mistrust)

भारत पाकिस्तान के बीच विवाद का मूल कारण दोनों देशों के बीच गहरे अविश्वास हैं, क्योंकि पाकिस्तान ने भारत के विरुद्ध छद्म युद्ध संचालित कर रखा है, जो भारतीय सुरक्षा के लिए एक गंभीर खतरा है। जबकि दूसरी ओर पाकिस्तान को यह भय है कि भारत उसका विनाश कर देगा। अतः दोनों देशों के बीच विद्यमान नदी जल विवाद, भूमि विवाद तथा कश्मीर आपसी अविश्वास का ही परिणाम है। कुलभूषण जाधव विवाद भी इसी अविश्वास का परिणाम है, जिससे दक्षिण एशिया में अशांति बनी हुई है तथा दक्षेस प्रभावी नहीं हो पा रहा है।

पाकिस्तान ने जून, 2016 में भारतीय व्यवसायी कुलभूषण जाधव को बलूचिस्तान से गिरफ्तार किया तथा आरोप लगाया कि यह भारतीय खुफिया एजेंसी 'रॉ' (RAW) का सदस्य है तथा बलूचिस्तान में कई आतंकवादी गतिविधियों में सम्मिलित रहा है। इसी आधार पर पाकिस्तान की सैन्य अदालत ने गुप्त रूप से अभियोग चलाकर कुलभूषण जाधव को मृत्युदंड दे दिया। इस संबंध में भारत सरकार का मानना है कि कुलभूषण जाधव एक भारतीय व्यवसायी है, जिसे पाकिस्तान ने ईरान से गिरफ्तार किया है तथा कुलभूषण जाधव ने दबाव में आकर अपना बयान जारी किया, जिसमें वह स्वयं को रॉ का अधिकारी स्वीकार कर रहा है।

पाकिस्तानी अदालत के निर्णय के विरोध में भारत ने अंतर्राष्ट्रीय न्यायालय में याचिका दायर की तथा कहा कि पाकिस्तानी सैन्य अदालत द्वारा दिया गया निर्णय मानवाधिकार के खिलाफ तथा प्राकृतिक न्याय के प्रावधानों के विपरीत है। पाकिस्तान ने कुलभूषण जाधव को न तो काउंसलर एक्सेस दिया और न ही खुली अदालत में इस मामले की सुनवाई हुई। भारत ने पाकिस्तान के इस व्यवहार को अंतर्राष्ट्रीय न्यायालय (ICJ) में चुनौती दी। जुलाई 2019 में अंतर्राष्ट्रीय न्यायालय ने भारत के पक्ष को सही मानते हुए यह फैसला दिया कि कुलभूषण जाधव को कांउसलर एक्सेस प्रदान किया जाए।

चीन-पाकिस्तान संबंध और भारत पर प्रभाव

चीन-पाकिस्तान के बीच सामरिक मित्रता भारत की सुरक्षा के लिए महत्त्वपूर्ण चुनौती है। चीन-पाकिस्तान के बीच मित्रतापूर्ण संबंधों की शुरुआत वर्ष 1963 से हुई, जब चीन द्वारा वर्ष 1962 के युद्ध में भारत को हरा दिया गया। चीन द्वारा पाकिस्तान के परमाणु कार्यक्रम में सहायता दी जा रही है तथा दोनों देशों के बीच द्विपक्षीय व्यापार भी बढ़ रहा है। पाकिस्तान द्वारा चीन को सर्वाधिक वरीय राज्य (MFN) का दर्जा भी दिया गया है। चीन द्वारा पाकिस्तान के बलूचिस्तान प्रांत में ग्वादर पत्तन का विकास किया गया है। ग्वादर पत्तन को कराकोरम राजमार्ग द्वारा चीन के जिंगजियांग प्रांत से जोड़ा जा रहा है। चीन द्वारा कराकोरम राजमार्ग पर आर्थिक कॉरिडोर का भी विकास किया जा रहा है। यह उल्लेखनीय है कि चीन के सैनिक पाकिस्तान अधिकृत कश्मीर के गिलगित-बाल्तिस्तान क्षेत्र में तैनात हैं।

पाकिस्तान द्वारा जम्मू एवं कश्मीर का एक भू-भाग सक्षगाम घाटी का क्षेत्र चीन को प्रदान कर दिया गया है और वर्तमान में चीनी हथियारों का सबसे बड़ा खरीदार पाकिस्तान बन गया है। यह बिंदु ध्यान रखने योग्य है कि वर्ष 2000 के बाद चीन और रूस के बीच भी सामरिक संबंधों की स्थापना हो चुकी है और रूस द्वारा चीन को अत्यधिक महत्त्वपूर्ण हथियार प्रदान किए जा रहे हैं और चीन इन हथियारों को पाकिस्तान को प्रदान करता है। चीन द्वारा पाकिस्तान का प्रयोग करके भारत को सदैव संतुलित करने का प्रयत्न किया जाता है। चीन और पाकिस्तान के बीच सिविल परमाणु समझौता भी संपन्न हो चुका है। इसलिए चीन और पाकिस्तान के सामरिक संबंध भारतीय सुरक्षा के लिए महत्त्वपूर्ण चुनौती हैं।

वर्तमान में भारत द्वारा चीन के साथ संबंधों को बेहतर करने पर बल दिया जा रहा है। चीन और भारत के बीच द्विपक्षीय व्यापार 118.4 बिलियन डॉलर तक पहुंच चुका है। इसलिए चीन, भारत के बाजारों पर अपनी पहुंच बनाए रखना चाहता है तथा भारत के साथ चीन के निवेश समझौते भी क्रियान्वित किए जा रहे हैं। भारत चीन द्वारा प्रस्तावित 'एशियाई आधारभूत संरचना निवेश बैंक' (Asian Infrastructure Investment Bank, AIIB) का भी सदस्य बन गया है। इसलिए चीन और पाकिस्तान के मधुर संबंध से उत्पन्न होने वाले प्रभाव को कम करने के लिए भारत, चीन के साथ विवादों को सुलझाने का प्रयत्न कर रहा है तथा भारत द्वारा पाकिस्तान पर दबाव बनाने के लिए अफगानिस्तान के साथ संबंधों को बेहतर करने पर बल दिया जा रहा है।

पाकिस्तान से उत्पन्न होने वाली आतंकवादी गतिविधियों का प्रभाव चीन के जिंगजियांग प्रांत तक देखा जा सकता है। चीन द्वारा पाकिस्तान पर आतंकवादी गतिविधियों पर नियंत्रण करने का दबाव बनाया जा रहा है। वर्तमान में चीन का जिंगजियांग प्रांत आतंकवाद से अत्यधिक प्रभावित है और भारत द्वारा आतंकवाद को नियंत्रित करने के लिए चीन से सहयोग का आह्वान किया जा रहा है। यद्यपि चीन कभी भी आतंकवाद के मुद्दे पर पाकिस्तान की सीधी आलोचना नहीं करता। इसलिए चीन और पाकिस्तान के संबंध अत्यधिक महत्त्वपूर्ण और मित्रतापूर्ण हैं। इस प्रभाव को कम करने के लिए भारत को चीन के साथ संबंध बेहतर करने होंगे और भारत की सुरक्षा तैयारियों को भी बेहतर बनाने की आवश्यकता है। दोनों देशों के बढ़ते संबंधों को प्रतिसंतुलित करने के लिए भारत द्वारा जापान और वियतनाम के साथ भी संबंध मधुर बनाए जा रहे हैं और भारत-अमेरिकी संबंधों को भी प्रगाढ़ बनाया जा रहा है।

निष्कर्ष

भारत-पाकिस्तान संबंध विश्व के सर्वाधिक जटिल संबंध हैं जिनके बीच केवल विवाद है। दोनों के बीच सीमा पर गोलीबारी होती रहती है। परमाणु क्षमता वाले भारत-पाकिस्तान के बीच सहयोग दक्षिण एशिया में स्थिरता तथा अंतर्राष्ट्रीय शांति के लिए आवश्यक है।

अध्याय

2 भारत-बांग्लादेश

India-Bangladesh

● बांग्लादेश का उदय ● लोकतंत्र की हत्या ● भारत विरोधी नीति ● लोकतंत्र की बहाली ● आंतरिक दलीय राजनीति ● कनेक्टिविटी ● संबंधों का स्वर्णिम युग ● सीमा विवाद ● अंतःक्षेत्र (Enclave) ● गंगा नदी जल विभाजन समझौता ● रोहिंग्या शरणार्थी ● तीस्ता नदी जल विवाद ● तिपाई मुख बांध का मुद्दा ● आंतरिक सुरक्षा ● आर्थिक विकास के प्रगति पथ पर ● धार्मिक कट्टरवाद एवं आतंकवादी हमला ● राष्ट्रवादी एवं धार्मिक कट्टरवादी विचारधारा के बीच संघर्ष ● समुद्री सीमा रेखा का विभाजन ● चीन-पाकिस्तान कारक

बांग्लादेश भारत की पूर्वी सीमा पर स्थित एक राज्य है। यह तीन तरफ भारत से घिरा हुआ राज्य है। इसका क्षेत्रफल 1 लाख, 48 हजार वर्ग किमी. है तथा जनसंख्या 17 करोड़, 40 लाख है। पूर्वी राज्यों के संपर्क हेतु बांग्लादेश भारत के लिए अत्यधिक महत्त्वपूर्ण पड़ोसी देश है।

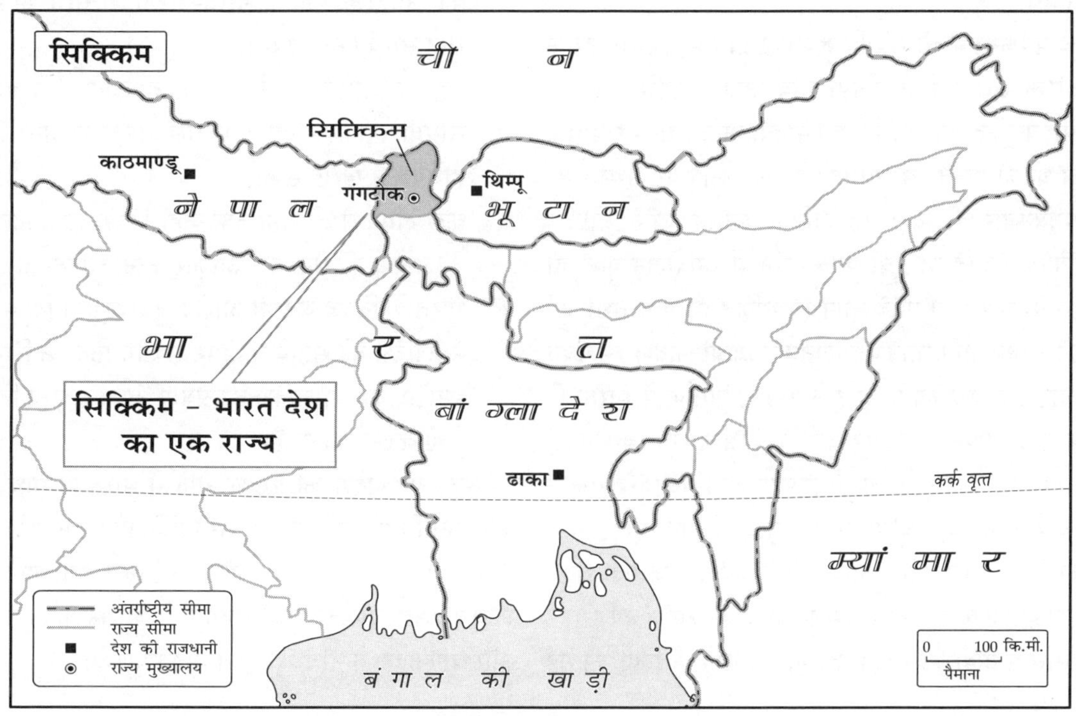

मानचित्र 4

बांग्लादेश का उदय

भारत के विभाजन के पश्चात् भारत और पाकिस्तान दो स्वतंत्र राज्यों का निर्माण हुआ। पाकिस्तान का निर्माण पूर्वी पाकिस्तान एवं पश्चिमी पाकिस्तान को मिलाकर हुआ। पूर्वी एवं पश्चिमी पाकिस्तान के बीच भौगोलिक, सांस्कृतिक एवं आर्थिक विषमता विद्यमान थी।

भौगोलिक

पाकिस्तान के दोनों भागों के बीच में भारत का भू-भाग विद्यमान था। पूर्वी पाकिस्तान तीन ओर से भारत के उत्तर-पूर्वी राज्यों से घिरा हुआ था। पूर्वी पाकिस्तान से पश्चिमी पाकिस्तान में प्रवेश के लिए भारतीय भू-भाग का प्रयोग किया जाता था।

सांस्कृतिक

पाकिस्तान का निर्माण धार्मिक आधार पर हुआ परंतु सांस्कृतिक आधार पर भी पूर्वी और पश्चिमी पाकिस्तान दोनों में अंतर विद्यमान था और पूर्वी पाकिस्तान में बांग्ला भाषी लोगों का निवास था, जबकि पश्चिमी पाकिस्तान में उर्दू भाषी लोग थे। पाकिस्तान में उर्दू को आधिकारिक भाषा का दर्जा दिया गया, जिससे बांग्ला भाषियों में अलगाव की भावना पैदा हुई।

आर्थिक

समूचे पाकिस्तान का सर्वाधिक समृद्ध प्रांत पंजाब था। इसके अतिरिक्त सिंध प्रांत भी पश्चिमी पाकिस्तान में शामिल था। जो व्यापार का केंद्र था। आर्थिक रूप में पूर्वी पाकिस्तान अत्यधिक गरीब था जो मूलतः आजीविका के लिए कृषि पर निर्भर था।

पाकिस्तान में चल रहे सैनिक शासन और धार्मिक एकीकरण के विरुद्ध पूर्वी पाकिस्तान में आंदोलन शुरू हो गए, परिणामस्वरूप पाकिस्तान विभाजित हो गया तथा वर्ष 1971 में पूर्वी पाकिस्तान एक स्वतंत्र राज्य बांग्लादेश बन गया। बांग्लादेश के एक स्वतंत्र राष्ट्र के रूप में निर्माण में भारत की भूमिका उल्लेखनीय एवं महत्त्वपूर्ण रही है। वस्तुतः बांग्लादेश का एक स्वतंत्र राष्ट्र के रूप में निर्माण शेख मुजीबुर्रहमान के नेतृत्व में हुआ। मुजीबुर्रहमान के नेतृत्व में आवामी लीग ने बांग्लादेश में पंथनिरपेक्ष, लोकतांत्रिक एवं समाजवादी राज्य की स्थापना की। बांग्लादेश से मधुर संबंध का प्रमाण वर्ष 1972 की संधि में देखा जा सकता है, जो 25 वर्षों के लिए की गई थी। बांग्लादेश के एक स्वतंत्र राष्ट्र के रूप में निर्माण से भारत को वैचारिक और भू-राजनीति क्षेत्र में अत्यधिक बढ़त मिली, क्योंकि इसमें द्वि-राष्ट्रवाद का सिद्धांत आंशिक और सतही सिद्ध हुआ। पड़ोस में एक बड़े मित्र राष्ट्र का उदय हुआ एवं भारत-चीन युद्ध की स्मृति को वर्ष 1971 के भारत-पाकिस्तान युद्ध ने पीछे छोड़ दिया।

बांग्लादेश के एक स्वतंत्र राष्ट्र के निर्माण के साथ ही आवामी लीग का विरोध भी बांग्लादेश में आरंभ हो गया, विशेषकर बांग्लादेश में वे कट्टरपंथी तत्त्व, जो मुजीबुर्रहमान के पंथनिरपेक्ष लोकतांत्रिक शासन के विरुद्ध थे। बांग्लादेश में मुजीबुर्रहमान का विरोध भारत के विरोध में परिवर्तित हो गया, क्योंकि ऐसा माना गया कि वर्ष 1972 की संधि में कुछ गुप्त प्रावधान हैं, जो बांग्लादेश की स्वतंत्रता और राष्ट्रीय संप्रभुता के विरुद्ध हैं। अतः इस संधि तथा भारत के विरुद्ध निम्न आरोप लगाए गए-

- मुजीबुर्रहमान भारत के साथ मित्रता द्वारा बांग्लादेश के राष्ट्रीय हितों का बलिदान कर रहे हैं।
- भारत के कारण ही बांग्लादेश को अंतर्राष्ट्रीय राजनीति में मान्यता प्राप्त नहीं हो रहा है, क्योंकि भारत-सोवियत संघ की मित्रता के कारण, भारत-बांग्लादेश संधि का अनेक राष्ट्र समर्थन नहीं करते।
- यह भी आरोप था कि भारत, बांग्लादेश को हथियार सामग्री प्रदान कर रहा है, जिससे बांग्लादेश अन्य देशों से हथियार न खरीद सके।
- कुछ लोगों ने तो यहां तक कहा कि भारत जानबूझकर बांग्लादेश की सेना को कमजोर करना चाहता है।
- भारत के विरुद्ध यह भी आरोप लगाया गया कि भारत ने बांग्लादेश की सहायता अपने राष्ट्रीय हितों के लिए की, इसलिए वह बांग्लादेश का प्रयोग अपने राष्ट्रीय हितों के लिए करना चाहता है।

अतः बांग्लादेश की विदेश नीति में भारत के साथ संबंध को लेकर विदेश नीति का आधार निर्मित होने लगा और भारत के साथ संबंध को राष्ट्रीय सम्मान के विरुद्ध देखा जाने लगा, लेकिन इसके बावजूद मुजीबुर्रहमान के शासन काल में भारत और बांग्लादेश के संबंध अत्यंत मित्रतापूर्ण थे।

उपरोक्त तथ्यों से यह सिद्ध है कि वर्ष 1972 की भारत-बांग्लादेश मित्रता संधि का समर्थन बांग्लादेश में सभी लोग नहीं करते थे, विशेषकर ऐसे लोग जो बांग्लादेश के पृथक् अस्तित्व का समर्थन ही नहीं करते थे, अपितु उसको पाकिस्तान के भाग के रूप में देखना चाहते थे।

लोकतंत्र की हत्या

वर्ष 1975 में जब शेख मुजीबुर्रहमान की हत्या कर दी गई, तो बांग्लादेश में लोकतांत्रिक, पंथनिरपेक्ष, समाजवादी शासन प्रणाली के बजाय, तानाशाही सैन्य शासन प्रणाली स्थापित हुई तथा इस्लामी दलों पर लगे प्रतिबंध को उठा लिया गया। बांग्लादेश के नए शासक जियाउल रहमान ने विदेश नीति में धार्मिक कट्टरता को प्रकट करते हुए मुस्लिम देशों के साथ बेहतर संबंध निर्मित करने का प्रयास किया। जियाउल रहमान ने मुजीबुर्रहमान की विरोधी नीतियां अपनाते हुए बांग्लादेशी विदेश नीति में भारत विरोध के स्वर को मुखर किया, तो दूसरी ओर, पाकिस्तान के साथ अपने संबंधों को सुधारने की कोशिश की। यहां यह उल्लेखनीय है कि वर्ष 1974 में पाकिस्तान ने बांग्लादेश को एक पृथक् राज्य के रूप में मान्यता प्रदान कर दी थी तथा दूसरी ओर, जियाउल रहमान ने बांग्लादेश के चीन के साथ बेहतर संबंध बनाने का प्रयास किया। यहां यह ध्यान देने योग्य बिंदु है कि पाकिस्तान एवं चीन दोनों देशों का संबंध भारत के प्रतिकूल था। जैसे ही सोवियत संघ ने वर्ष 1979 में अफगानिस्तान में हस्तक्षेप किया, वैसे ही नव-शीत युद्ध का आरंभ हुआ। इसके परिणामस्वरूप अमेरिका ने पाकिस्तानी मुजाहिद्दीनों के प्रशिक्षण द्वारा सोवियत हस्तक्षेप को विफल करने का प्रयास किया। अतः इस संदर्भ में अमेरिका ने सोवियत संघ को प्रतिसंतुलित करने के लिए धार्मिक कट्टरता का प्रयोग किया, जिसका प्रभाव अफगानिस्तान, पाकिस्तान एवं बांग्लादेश में भी देखा गया। दूसरी ओर, वर्ष 1979 में ईरान की इस्लामी क्रांति के पश्चात् दुनिया में इस्लामी शासन को एक विकल्प के रूप में देखा जाने लगा। अतः इन घटनाओं के परिप्रेक्ष्य में बांग्लादेश में धार्मिक कट्टरता और सैनिक शासन ज्यादा प्रभावी होता गया।

भारत विरोधी नीति

वर्ष 1981 में जियाउल रहमान की हत्या के पश्चात् जनरल इरशाद ने बांग्लादेश के नए शासक के रूप में शासन संभाला। इरशाद ने देश को स्पष्ट रूप से इस्लामी आधार पर चलाने का प्रयास किया। इसी घटनाक्रम के अंतर्गत भारत विरोधी नीति बांग्लादेश में प्रभावी होने लगी तथा भारत-बांग्लादेश के मध्य गंगा नदी जल के बंटवारे की समस्या थी, उसे भी भावनात्मक मुद्दा बनाने का प्रयास किया गया। जैसाकि स्वयं जनरल इरशाद ने कहा था कि 'समस्त उत्तरी बंगाल भले ही रेगिस्तान बन जाए, बांग्लादेश फरक्का के प्रश्न पर कभी भी नहीं झुकेगा, बांग्लादेशी सच्चे मुसलमान हैं और अल्लाह उनकी सहायता अवश्य करेगा। फरक्का के साथ या उसके बिना भी बांग्लादेशी जीवित रहेंगे, क्योंकि इस्लाम धर्म तो रेगिस्तान में पैदा हुआ था।' अतः इरशाद की नीतियां स्पष्ट रूप में धार्मिक कट्टरता से ग्रस्त थीं। यह तब आधिकारिक नीति बन गई, जब वर्ष 1988 में बांग्लादेश ने इस्लाम को देश का राजधर्म घोषित कर दिया। बांग्लादेश में पनपी यह प्रवृत्ति बांग्लादेश के स्वतंत्र राष्ट्र की आरंभिक प्रवृत्ति के बिल्कुल प्रतिकूल थी।

लोकतंत्र की बहाली

वर्ष 1990 में बांग्लादेश में सैनिक तानाशाही का अंत हुआ तथा बहुदलीय लोकतांत्रिक व्यवस्था को स्वीकार किया गया। इस लोकतांत्रिक व्यवस्था में आवामी लीग ने वर्ष 1972 के संविधान और पंथनिरपेक्षता के सिद्धांत को पुनर्जीवित करने का प्रयास किया। ऐसा माना जाता है कि आवामी लीग का दृष्टिकोण भारत के प्रति तुलनात्मक रूप में ज्यादा बेहतर एवं अनुकूल रहा है। जबकि बांग्लादेशी राष्ट्रीय पार्टी (BNP) का दृष्टिकोण भारत विरोधी माना जाता है। बांग्लादेश के इस स्वतंत्र लोकतांत्रिक चुनाव में बांग्लादेशी राष्ट्रीय पार्टी की विजय और भारत-बांग्लादेश के मध्य सीमा संबंधित विवाद, शरणार्थियों की समस्या, फरक्का बांध का मुद्दा, उत्तर-पूर्वी राज्यों में आतंकवाद की समस्या, पारगमन मार्ग तथा व्यापार असंतुलन को लेकर भारत और बांग्लादेश में विवाद बने रहे। वर्ष 1990 के पश्चात् पाकिस्तान ने बांग्लादेश का प्रयोग भारत के विरुद्ध 'छद्म युद्ध' चलाने के लिए किया। अब बांग्लादेश, भारत के लिए सुरक्षा के दृष्टिकोण से अतिसंवेदनशील हो गया। यद्यपि वर्ष 1996 में शेख हसीना वाजिद (आवामी लीग) के सत्ता में आने से भारत-बांग्लादेश के संबंधों में महत्त्वपूर्ण प्रगति देखी गई। इसका सर्वाधिक महत्त्वपूर्ण उदाहरण, गंगा नदी के जल बंटवारे के संबंध में किया गया समझौता है।

आंतरिक दलीय राजनीति

बांग्लादेश की लोकतांत्रिक व्यवस्था में दो राजनीतिक दलों का

प्रभाव है, जिसमें बांग्लादेश के संस्थापक शेख मुजीबुर्रहमान की आवामी लीग है। जिसका वर्तमान नेतृत्व शेख हसीना कर रही हैं तथा बांग्लादेश नेशनलिस्ट पार्टी की नेता बेगम खालिदा जिया हैं। दोनों राजनीतिक दलों की विचारधाराएं अलग हैं। आवामी लीग पंथ निरपेक्ष, लोकतांत्रिक एवं राष्ट्रवादी विचारधारा का प्रतिनिधित्व करती है। इसलिए आवामी लीग का दृष्टिकोण भारत के प्रति सकारात्मक होता है एवं आवामी लीग के शासन में आने पर भारत-बांग्लादेश संबंध मित्रतापूर्ण हो जाते हैं। उदाहरण के लिए, 1996 में शेख हसीना के शासनकाल में भारत-बांग्लादेश के बीच गंगा नदी जल के विभाजन का समझौता संपन्न हुआ। वर्ष 2001 से 2006 के बीच खालिदा जिया की सरकार थी। जिस दौरान भारत बांग्लादेश के बीच अनेक मतभेद उत्पन्न हुए और वर्ष 2006 में बांग्लादेश में विद्यमान आंतरिक समस्याओं के कारण आपातकाल की घोषणा की गई। वर्ष 2008 में संपन्न चुनाव में पुनः शेख हसीना सरकार को भारी बहुमत से विजय प्राप्त हुई। वर्ष 2014 के चुनाव में पुनः शेख हसीना की सरकार का निर्माण हुआ जिससे भारत-बांग्लादेश संबंधों में आशातीत वृद्धि हुई। 2018 एवं 2024 में हुए आम चुनावों में भी शेख हसीना को सफलता प्राप्त हुई। शेख हसीना पांचवीं बार बांग्लादेश की प्रधानमंत्री बनीं।

मार्च, 2013 में तत्कालीन भारतीय राष्ट्रपति प्रणव मुखर्जी ने बांग्लादेश की यात्रा की। राष्ट्रपति बनने के बाद यह उनकी पहली विदेश यात्रा थी। इससे स्पष्ट है कि भारत द्वारा बांग्लादेश के साथ संबंधों को अत्यधिक महत्त्व दिया जा रहा है। राष्ट्रपति की यह यात्रा वर्ष 1971 के बाद पहली बार किसी भारतीय राष्ट्रपति की बांग्लादेश यात्रा थी। इस यात्रा के दौरान बांग्लादेश में आंतरिक हिंसा विद्यमान थी, क्योंकि जमायते इस्लामी तथा बांग्लादेशी राष्ट्रवादी दल ने बांग्लादेश बंद का आह्वान किया था। वर्ष 1971 में बांग्लादेश के मुक्ति आंदोलन के दौरान जमायते इस्लामी के कार्यकर्ताओं ने आम जनता का नरसंहार किया था। इसी गतिविधि के कारण जमायते इस्लामी के कुछ बड़े नेताओं को मृत्यु दंड की सजा दी गई, जिसके विरोध में कट्टरपंथी तत्त्वों ने हिंसा फैलाई। इससे यह स्पष्ट है कि बांग्लादेश में कट्टरवादी तत्त्व अभी भी प्रभावी हैं तथा पंथनिरपेक्ष तत्त्वों को कड़ी चुनौती प्राप्त हो रही है। इस यात्रा के दौरान बांग्लादेश की विपक्षी नेता खालिदा जिया के साथ प्रणव मुखर्जी की वार्ता पहले से तय थी, लेकिन खालिदा जिया ने राष्ट्रपति से भेंट नहीं की। यह भी उल्लेखनीय है कि राष्ट्रपति की यात्रा से पहले विदेश मंत्री सलमान खुर्शीद ने बांग्लादेश की यात्रा की थी। जनवरी, 2014 में हुए आम चुनाव में शेख हसीना के पुनः प्रधानमंत्री पद पर निर्वाचित होने से भारत एवं बांग्लादेश के आपसी संबंधों के और सुदृढ़ होने की उम्मीद जगी। बांग्लादेश के इस चुनाव में विपक्षी दल बांग्लादेशी नेशनलिस्ट पार्टी ने भाग नहीं लिया। इसलिए चुनाव की वैधता पर लगातार सवाल उठे थे।

वर्ष 2015 में भारतीय प्रधानमंत्री मोदी की बांग्लादेश यात्रा के दौरान दोनों देशों के बीच अंतःक्षेत्र के लेन-देन का ऐतिहासिक समझौता कर दिया गया और कोलकाता तथा अगरतला के बीच बस सेवा की शुरुआत हुई, जो ढाका होकर जाएगी। इससे कोलकाता और अगरतला के बीच की दूरी घटकर 350 किमी. हो जाएगी। 2021 में प्रधानमंत्री नरेन्द्र मोदी ने पुनः बांग्लादेश की यात्रा की।

प्रधानमंत्री शेख हसीना और राजनीतिक स्थायित्व का परिणाम यह हुआ कि 2023-24 में बांग्लादेश की आर्थिक विकास की दर लगभग छह प्रतिशत रही। इस प्रकार बांग्लादेश दक्षिण एशिया में तेजी से प्रगति करने वाली अर्थव्यवस्था बन गई है। इसका अर्थ यह भी है कि दक्षिण एशिया में अब आर्थिक मुद्दे प्रमुख होते जा रहे हैं।

कनेक्टिविटी

बांग्लादेश पूर्वोत्तर राज्यों की कनेक्टिविटी के लिए अत्यधिक महत्त्वपूर्ण है। कोलकाता और अगरतला के बीच की दूरी 1,200 किमी. कम हो जाएगी। बांग्लादेश ने यह भी आश्वासन दिया है कि मोंगला और चटगांव पत्तन का प्रयोग भारत कर सकेगा, जिससे भारत रेल और सड़क मार्ग से पत्तन को जोड़ेगा। इस संदर्भ में अगरतला और बांग्लादेश में अखौर को जोड़ने के लिए 11.5 किमी. लंबी रेल लाइन बिछाने के समझौते पर सहमति व्यक्त की गई। यदि चटगांव पत्तन को अगरतला से रेल मार्ग से जोड़ दिया जाए, तो उत्तर-पूर्वी राज्यों से भारत के अन्य क्षेत्रों के लिए सामानों की आवाजाही सरल हो जाएगी। उदारीकरण एवं भूमंडलीकरण के इस युग में परस्पर सहयोग द्वारा दोनों देशों को लाभ प्राप्त हो सकता है। बांग्लादेश तीन ओर से पूर्वोत्तर राज्यों से घिरा हुआ है, जबकि पूर्वोत्तर का प्रांत त्रिपुरा तीन ओर से बांग्लादेश से घिरा है। भारत-बांग्लादेश के बीच महत्त्वपूर्ण संबंध के परिणामस्वरूप भारत-बांग्लादेश के चटगांव एवं मोगला पत्तन का प्रयोग भारत

की वस्तुओं को उत्तर-पूर्वी राज्यों में भेजने के लिए कर रहा है तथा वर्ष 2015 में कोलकाता और त्रिपुरा के बीच बस सेवा की शुरुआत हुई, जो ढाका होकर जाएगी। यह समझौता भारत के लिए निर्णायक महत्त्व का विषय है। इसके द्वारा कोलकाता और त्रिपुरा के बीच की दूरी लगभग 350 किमी. हो जाएगी। जबकि वर्तमान में कोलकाता से त्रिपुरा जाने के लिए सिलीगुड़ी गलियारे का प्रयोग किया जाता है, जिनके बीच की दूरी 1,700 किमी. है। इसके अतिरिक्त कोलकाता और असम के बीच भी बस सेवा शुरू की गई, जो ढाका होकर जाएगी। वर्ष 2016 में बांग्लादेश और भारत के बीच पेट्रोपोल एवं बेनापोल के बीच व्यापार मार्ग की शरूआत हुई, जो दोनों देशों के बीच व्यापार के लिए महत्त्वपूर्ण है।

संबंधों का स्वर्णिम युग

बांग्लादेश में शेख हसीना लगातार चौथी बार प्रधानमंत्री बनीं। इस राजनीतिक स्थायित्व के परिणामस्वरूप बांग्लादेश का तीव्र गति से आर्थिक विकास हुआ और बांग्लादेश की पहचान एक नवीन आर्थिक विकास केंद्र के रूप में उभरी। भारत-बांग्लादेश संबंधों के 50 वर्ष भी पूर्ण हो चुके हैं और परिणामस्वरूप वर्ष 2021 के गणतंत्र दिवस के परेड में बांग्लादेशी सैनिकों की भी भागीदारी हुई। भारत द्वारा एक्ट ईस्ट की नीति पर बल देने के कारण बांग्लादेश का महत्त्व भारत के लिए बढ़ता जा रहा है। वर्ष 2021 में कोविड संकट के दौरान प्रधानमंत्री द्वारा बांग्लादेश का चयन प्रथम विदेश यात्रा के रूप में किया गया और कनेक्टिविटी को सुदृढ़ करते हुए फेनी नदी पर मैत्री सेतु का उद्घाटन किया गया और मैताली एक्सप्रेस नामक यात्री गाड़ी हल्दीबाड़ी एवं चिलाहाटी के बीच नई पैंसेजर ट्रेन का भी संचालन आरंभ किया गया। इसके अलावा, अंतरदेशीय जल परिवहन को सुदृढ़ करने का समझौता हुआ। भारत में नागरिकता संशोधन अधिनियम 2019 के परिणामस्वरूप भारत-बांग्लादेश संबंधों में गिरावट की आशंका व्यक्त की गई थी, परंतु इसका दोनों देशों के द्विपक्षीय संबंधों पर कोई असर नहीं हुआ, जिससे यह प्रतीत होता है कि यदि पड़ोसी देशों में भारत विरोध की प्रवृत्ति अनुपस्थित है तो दोनों देशों के संबंध सदैव मित्रतापूर्ण रहेंगे।

सीमा विवाद

भारत की सबसे लंबी सीमा बांग्लादेश के साथ लगती है। भारत-बांग्लादेश की यह सीमा पश्चिम बंगाल, असम, मेघालय, त्रिपुरा एवं मिजोरम से होकर गुजरती है। इतनी लंबी सीमा में विवाद केवल 6.1 किमी. सीमा के ऊपर है, जो कि अभी भी दोनों के मध्य विभाजित नहीं है। इस अविभाजित सीमा में पश्चिम बंगाल में दैखाता का 1.5 किमी. क्षेत्र, त्रिपुरा में बेलोनिया का 1.6 किमी. क्षेत्र विवादास्पद है। इस क्षेत्र में मुहरी नदी के कारण सीमा विवाद उत्पन्न हुआ, क्योंकि यह नदी बहाव की दिशा परिवर्तित करती रहती है। इसीलिए इस क्षेत्र में सीमा का निर्धारण नहीं किया जा सकता है। तीन किमी. असम का क्षेत्र जिसमें लाठी, तीलिया एवं दुबारी का क्षेत्र है, जहां पर सीमा का विभाजन नहीं किया जा सकता है। यद्यपि इतनी बड़ी सीमा के संदर्भ में छह किमी. सीमा का विवादास्पद होना अत्यधिक गौण माना जा सकता है, लेकिन इसी विवाद को लेकर भारतीय बी.एस.एफ. और बांग्लादेशी राइफल्स के मध्य निरंतर गोलीबारी होती रहती है तथा यह मुद्दा भावनात्मक बन जाता है। जैसाकि वर्ष 2001 में देखा गया कि जब बांग्लादेशी राइफल्स के जवानों ने 15 भारतीय जवानों को मार दिया, तो इस सीमा विवाद को सुलझाने के लिए एक संयुक्त सीमा कार्यदल का गठन किया गया, जिसके द्वारा सीमा विवाद सुलझाया जा सके और इस कार्यदल की बैठक जुलाई, 2006 में संपन्न हुई।

अंत:क्षेत्र (Enclave)

अंतःक्षेत्र से अभिप्राय कुछ भारतीय भू-भाग जो बांग्लादेश में तथा बांग्लादेश के कुछ भू-भाग जो भारतीय सीमा क्षेत्र में स्थित थे, से था। यह समस्या भारत विभाजन के बाद आरंभ हुई। बांग्लादेश का यह अंतःक्षेत्र भारत में कूचबिहार जनपद में था, जबकि भारतीय अंतःक्षेत्र बांग्लादेश के पंचगढ़ जिले में था। अंतःक्षेत्र की समस्या का मूल कारण, भारत विभाजन के बाद देशी रियासतों के एकीकरण का उत्पन्न होना, जिसमें कूचबिहार और रंगपुर की देशी रियासतों ने अपना विलय क्रमशः भारत एवं पाकिस्तान में किया। 111 भारतीय अंतःक्षेत्र बांग्लादेश की सीमा में थे, जिसमें लगभग 1.5 लाख भारतीय रहते थे एवं 51 बांग्लादेशी अंतःक्षेत्र भारत की सीमा में स्थित थे, जिनमें लगभग 50 हजार बांग्लादेशी रहते थे।

अंतःक्षेत्रों में रहने वाले नागरिकों को किसी प्रकार की सुविधा प्राप्त नहीं थी। भारतीय नागरिक भारत में प्रवेश नहीं कर पाते थे, क्योंकि भारत में प्रवेश के लिए उन्हें बांग्लादेश की सीमा पार

करनी होती थी, जिसकी अनुमति बांग्लादेश सरकार द्वारा नहीं दी जाती थी। ठीक यही स्थिति भारत में बांग्लादेशी अंतःक्षेत्रों की थी। अंतःक्षेत्रों के कारण अवैध घुसपैठ एवं नशीली दवाओं के अवैध व्यापार की समस्या उत्पन्न होती थी। इसके अतिरिक्त, दोनों देशों के बीच सीमा के विभाजन और बाड़ लगाने में भी समस्या बनी हुई थी। इन क्षेत्रों में नागरिकों का जीवन अमानवीय था, क्योंकि उन्हें शिक्षा एवं स्वास्थ्य की सुविधा उपलब्ध नहीं थी। वर्ष 2002 में इसके लिए बैठक भी संपन्न हुई। इन अंतःक्षेत्रों में कुल 7,110 एकड़ भूमि पर विवाद था। अंतःक्षेत्रों के लेनदेन से भारत को 7 हजार 110 एकड़ भूमि का नुकसान हुआ, क्योंकि भारत के अंतःक्षेत्र बांग्लादेश में ज्यादा थे, परंतु बांग्लादेश में स्थित भारतीय भू-भाग का कोई व्यावहारिक महत्त्व नहीं था। आरंभ में इस समझौते का पश्चिम बंगाल सरकार द्वारा विरोध किया गया, परंतु बाद में पश्चिम बंगाल सरकार ने समझौते का समर्थन किया, जिसके परिणामस्वरूप यह समझौता दोनों देशों के बीच संपन्न हो गया। तत्कालीन प्रधानमंत्री डॉ. मनमोहन सिंह की सितंबर, 2011 की यात्रा के दौरान अंतःक्षेत्रों की समस्या को भी हल करने पर सहमति व्यक्त की गई थी। वर्ष 2015 में भारतीय प्रधानमंत्री मोदी की बांग्लादेश यात्रा के दौरान अंतःक्षेत्रों के लेन-देन का ऐतिहासिक समझौता हो गया और भारत द्वारा इसे लागू करने के लिए 119वां संविधान संशोधन पारित कर दिया गया, जिससे सीमा पर बाड़ लगाने की समस्या और सीमा विभाजन की समस्या आसान हो गई तथा दोनों देशों के निवासियों को किसी भी देश की नागरिकता प्राप्त करने की स्वतंत्रता है।

गंगा नदी जल विभाजन समझौता

संपूर्ण दक्षिण एशियाई उपमहाद्वीप प्राकृतिक रूप में एक है, लेकिन भारत-पाकिस्तान विभाजन के बाद नदी जल के बंटवारे का मुद्दा पड़ोसी देशों के मध्य विवादास्पद बना हुआ है। भारत-बांग्लादेश के मध्य विवाद का मूल कारण फरक्का बांध का निर्माण है। इस बांध के निर्माण का उद्देश्य गंगा के पानी को हुगली नदी की ओर मोड़ना है, जिससे कोलकाता पत्तन को चलाने हेतु पानी की पर्याप्त मात्रा बनी रहे। एक आंकड़े के अनुसार, कोलकाता पत्तन को चलाने हेतु 40,000 क्यूसेक पानी की आवश्यकता है। बांध निर्माण का दूसरा उद्देश्य, कोलकाता में पीने तथा औद्योगिक कार्यों हेतु पानी की आपूर्ति करना है। गंगा नदी के जल बंटवारे की समस्या 'लीन सीजन' (कम बहाव की अवधि) में है। यह अवधि 1 जनवरी से 31 मई तक होती है। भारत और बांग्लादेश के मध्य जल विभाजन को लेकर 80 के दशक में समस्या उत्पन्न हुई और बांग्लादेश द्वारा इस मुद्दे को भारत विरोध से जोड़ दिया गया। इससे पहले वर्ष 1977 में बांग्लादेश के साथ एक समझौता किया गया, लेकिन जल बंटवारे की समस्या का दीर्घकालिक समाधान वर्ष 1996 में संपन्न हुआ, जब प्रधानमंत्री देवगौड़ा तथा शेख हसीना के मध्य एक ऐतिहासिक समझौता हुआ तथा यह 30 वर्षों के लिए लागू किया गया।

बांग्लादेश का तर्क

- फरक्का बांध द्वारा गंगा नदी के पानी को हुगली नदी में प्रवाहित किया जाएगा, इससे बांग्लादेश को जल की उचित मात्रा प्राप्त नहीं होगी।
- इस बांध के निर्माण से भारत अपने छोटे और कमजोर पड़ोसी राष्ट्रों के हितों की अवहेलना कर रहा है।
- बांग्लादेश, मुख्यतः एक कृषि प्रधान देश है, जिसे पानी की आवश्यकता है।
- बांग्लादेश के अनुसार, नदी जल समझौते में नदी के प्रवाह के निचले क्षेत्रों का भी पानी पर अधिकार होता है।

भारत का तर्क

- गंगा नदी, भारत की राष्ट्रीय नदी तथा मूल पहचान है और भारत के एक बड़े भू-भाग में कृषि, सिंचाई और पीने का पानी गंगा नदी से प्राप्त होता है।
- भौगोलिक रूप में गंगा नदी का सर्वाधिक बहाव क्षेत्र भारत में है। इसलिए पानी पर सबसे बड़ा अधिकार भारत का है।
- बांग्लादेश, प्राकृतिक रूप से वर्षा संपन्न है, वह केवल गंगा नदी के पानी पर निर्भर नहीं है।

फरक्का समझौता

वर्ष 1996 में गंगा नदी जल के बंटवारे पर तत्कालीन प्रधानमंत्री देवगौड़ा तथा बांग्लादेशी प्रधानमंत्री शेख हसीना के मध्य समझौता हुआ, जिसके अनुसार, जनवरी से मई तक के महीने के लिए दस-दस दिन की अवधि के हिसाब से जल का विभाजन सुनिश्चित किया गया तथा समझौते के अनुसार, भारत को 40,000 क्यूसेक की दर से पानी मिलेगा। जबकि बांग्लादेश का हिस्सा लगभग 67,000 क्यूसेक होगा। अतः

भारत का दृष्टिकोण स्पष्ट है कि भारत को केवल उतना ही पानी चाहिए, जिससे हुगली नदी में गाद जमा होने से रोका जाए तथा कोलकाता पत्तन को सुचारू रूप से संचालित किया जा सके। यह समझौता पुनः इस तथ्य पर प्रमाणित है कि भारत ने पड़ोसी देशों के साथ सदैव बेहतर संबंध निर्मित करने का प्रयास किया। उदाहरण के लिए, इससे पहले भी तीन बीघे के गलियारे को भारत ने बांग्लादेश को पट्टे पर सौंप दिया (वर्ष 1981 में)। भारत और बांग्लादेश के मध्य नदियों के जल के बंटवारे से संबंधित संयुक्त नदी आयोग की 38वीं बैठक वर्ष 2022 में हुई, जिसमें नदियों के जल बंटवारे के संबंध में प्रगति पर समीक्षा की गई। संप्रति, भारत द्वारा आरंभ की गई नदियों को आपस में जोड़ने की परियोजना पर भी बांग्लादेश को आशंका है, लेकिन भारत ने बांग्लादेश को आश्वासन दिया है कि गंगा और ब्रह्मपुत्र नदियों के पानी को बांग्लादेश की ओर से मोड़ा नहीं जाएगा। दोनों देशों के मध्य मोनू, खोबई, गुमटी, मोहरी, धारला, दूधाकुमार एवं तीस्ता नदियों के जल विभाजन पर भी विचार-विमर्श किया गया। लेकिन दोनों देशों के मध्य अभी भी इन नदियों के जल बंटवारे पर कोई अंतिम समाधान निर्मित नहीं हो सका है। हाल ही में भारतीय प्रधानमंत्री ने घोषणा की है कि दोनों देश गंगा नदी जल विभाजन समझौते का नवीनीकरण करेंगे, क्योंकि 2026 में इस समझौते की अवधि पूर्ण हो रही है।

रोहिंग्या शरणार्थी

भारत ने संयुक्त राष्ट्र के शरणार्थी कन्वेंशन पर हस्ताक्षर नहीं किए हैं। इसके बावजूद शरणार्थियों के संबंध में भारत का रिकॉर्ड सदैव अच्छा रहा है क्योंकि तिब्बत से आने वाले शरणार्थियों को भारत में शरण दी गई। श्रीलंका से आए शरणार्थी अभी भी तमिलनाडु में बसे हुए हैं और लगभग 40 हजार रोहिंग्या शरणार्थी पहले से ही जम्मू एवं कश्मीर में रह रहे हैं। वर्तमान में, भारत ने रोहिंग्या शरणार्थियों को लेने से स्पष्ट रूप में इनकार कर दिया है। यद्यपि शरणार्थियों के प्रति मानवीय दृष्टिकोण अपनाते हुए बांग्लादेश के लिए खाद्यान्न सामग्री की सहायता भेजी गई। वर्तमान में भारत-बांग्लादेश के बीच अत्यधिक मधुर एवं मित्रतापूर्ण संबंध कायम हैं। इसलिए शरणार्थियों के मुद्दे पर भारत ने बांग्लादेश को खाद्यान्न सहायता दी है। परंतु रोहिंग्या शरणार्थियों के संबंध पाकिस्तान एवं ISIS के साथ भी हैं इसलिए सुरक्षा आधारों पर भारत ने इन्हें शरण देने से इनकार कर दिया। वर्तमान में भारत के संबंध म्यांमार के साथ भी अत्यधिक मित्रतापूर्ण हैं इसलिए रोहिंग्या शरणार्थियों के मुद्दे पर भारत म्यांमार की सीधी आलोचना नहीं करना चाहता और भारत एक मध्य मार्ग की नीति अपनाते हुए बांग्लादेश और म्यांमार दोनों के साथ अपने संबंध सुदृढ़ कर रहा है। यह भी उल्लेखनीय है कि चीन रोहिंग्या शरणार्थियों के मुद्दे पर पूर्णतः म्यांमार का समर्थन कर रहा है। राष्ट्रीय मानव अधिकार आयोग द्वारा रोहिंग्या शरणार्थियों के पक्ष में उच्चतम न्यायालय में याचिका दायर की गई, परंतु संघ सरकार द्वारा इन्हें शरण देने से इनकार कर दिया गया। इससे यह प्रतीत होता है कि मानव अधिकारों के बजाय सुरक्षा के मुद्दे को प्राथमिकता दी गई।

तीस्ता नदी जल विवाद

भारत-बांग्लादेश के बीच तीस्ता नदी के जल विभाजन के संबंध में पहली बार वर्ष 1983 में तदर्थ समझौता हुआ। इसके तहत यह तय हुआ कि तीस्ता नदी के जल के 75 प्रतिशत भाग का बंटवारा भारत तथा बांग्लादेश के बीच किया जाएगा, जिसमें 39 प्रतिशत जल भारत को तथा 36 प्रतिशत जल बांग्लादेश को प्रदान किया गया तथा शेष 25 प्रतिशत पानी मुक्त प्रवाह के लिए छोड़ा गया। वर्तमान में तीस्ता नदी जल विभाजन का स्थायी समझौता प्रस्तावित किया गया है, जिसके अंतर्गत भारत को जल का 42.5 प्रतिशत तथा बांग्लादेश को 37.5 प्रतिशत एवं 20 प्रतिशत पानी मुक्त प्रवाह के लिए छोड़ा जाएगा।

बांग्लादेश का तर्क है कि भारत एवं बांग्लादेश के बीच तीस्ता नदी जल का विभाजन आधा-आधा होना चाहिए। परंतु पानी के आधे-आधे विभाजन को पश्चिम बंगाल की मुख्यमंत्री ममता बनर्जी ने अस्वीकार कर दिया और उनका तर्क था कि भारत को पानी का ज्यादा हिस्सा प्राप्त होना चाहिए।

वर्ष 1972 में भारत-बांग्लादेश के बीच नदी जल बटवारे के लिए एक संयुक्त नदी आयोग का गठन किया गया था। इसलिए यह मामला संयुक्त नदी आयोग को सौंपा जाए और इस समस्या का तकनीकी समाधान करने की आवश्यकता है। इसी के साथ दोनों देशों के बीच जल प्रबंधन एवं जल संभरण पर भी साझे सहयोग की आवश्यकता है।

तिपाई मुख बांध का मुद्दा

तिपाई मुख बांध बराक एवं तुबई नामक नदियों के संगम पर

बन रहा है, जिसका बांग्लादेश द्वारा विरोध किया जा रहा है। बांग्लादेश के अनुसार, इस बांध से बांग्लादेश के हिस्से का पानी उसे प्राप्त नहीं होगा, क्योंकि इस बांध के कारण बांग्लादेश की दो नदियों– कशियारा एवं सुरमा में पानी का प्रवाह कम हो जाएगा। बांग्लादेश के अनुसार, उसकी मूल आजीविका कृषि पर आधारित है। इसलिए इन बांधों का निर्माण बांग्लादेश के लिए अत्यधिक हानिकारक है।

भारत के अनुसार, इस बांध से बाढ़ नियंत्रण में सहायता मिलेगी तथा इस बांध से जल परिवहन भी बेहतर होगा तथा बांध के कारण मत्स्य पालन बढ़ेगा। यह उल्लेखनीय है कि तिपाई मुख बांध का मुद्दा वर्ष 1972 में संयुक्त नदी आयोग को सौंपा गया, लेकिन वर्ष 2005 में इस पर पुनः विवाद हो गया। तिपाई मुख बांध के मुद्दे के समाधान हेतु दोनों देश संयुक्त तकनीकी सर्वेक्षण कर सकते हैं और संयुक्त नदी आयोग की सहायता से इस मुद्दे का समाधान किया जा सकता है।

आंतरिक सुरक्षा

भारत द्वारा अपने उत्तर-पूर्वी क्षेत्र में जाने के लिए बांग्लादेश से पारगमन मार्ग की मांग की जा रही है। भारत के विभाजन के बाद भारत का उत्तर-पूर्वी क्षेत्र 'भू-आबद्ध' क्षेत्र बन गया। इस क्षेत्र का शेष भारत के साथ जुड़ाव सिलीगुड़ी गलियारे द्वारा होता है, जो लगभग 40 किमी. चौड़ा है। यह एक ओर चीन तथा दूसरी ओर बांग्लादेश से घिरा हुआ है। भारत के उत्तर-पूर्वी क्षेत्र के लिए यह एकमात्र संपर्क मार्ग है। अतः उत्तर-पूर्वी क्षेत्र के विकास के लिए तथा इस क्षेत्र में जारी उग्रवादी गतिविधियों पर नियंत्रण के लिए पारगमन मार्ग का अत्यधिक महत्त्व है। बांग्लादेश से आने वाले अवैध घुसपैठिए भारत की सुरक्षा के लिए बड़ी चुनौती उत्पन्न कर रहे हैं, विशेष रूप में उत्तर-पूर्वी राज्यों में जनांकिकीय आंकड़ों में भारी फेरबदल हो रहा है। असम में कोकराझार, गोलपारा जैसे जनपदों में स्थानीय निवासी अल्पसंख्यक होते जा रहे हैं तथा घुसपैठियों का बहुमत होता जा रहा है। उत्तर-पूर्वी राज्यों में बोडोलैंड समस्या के पीछे अवैध घुसपैठ प्रमुख कारण है। इसके अतिरिक्त, बांग्लादेश से आए अवैध घुसपैठियों द्वारा बिहार के बौद्ध गया मंदिर में बम विस्फोट किया गया। बांग्लादेश के उग्रवादी संगठन पश्चिम बंगाल में भी आतंकवादी गतिविधियों में संलग्न हैं। वर्ष 2014 में बर्धमान बम विस्फोट इसका प्रमाण है। इन अवैध घुसपैठियों के माध्यम से चीन और पाकिस्तान भी भारत विरोधी गतिविधियों में संलग्न हैं।

इस अवैध घुसपैठ को रोकने के लिए भारत द्वारा सीमा प्रबंध बेहतर बनाने का प्रयत्न किया जा रहा है। बांग्लादेश के विकास के लिए भारत द्वारा आर्थिक सहायता भी प्रदान की गई है तथा बांग्लादेशी सरकार से बातचीत द्वारा इन्हें बांग्लादेश वापस भेजने का प्रयत्न भी किया जा रहा है। यद्यपि विभिन्न राजनीतिक दलों द्वारा संकीर्ण दलीय स्वार्थों के आधार पर अवैध घुसपैठिये का समर्थन और विरोध किया जाता है। यह भी उल्लेखनीय है कि कुछ राजनीतिक दलों का यह भी मानना है कि बांग्लादेश से आए हिंदू शरणार्थी हैं, जबकि मुसलमान घुसपैठिये हैं। असम सरकार ने अवैध घुसपैठियों की पहचान के लिए वर्ष 1983 में एक अधिनियम का निर्माण किया था, परंतु इसमें विद्यमान विसंगतियों के कारण उच्चतम न्यायालय ने इसे रद्द कर दिया। भारत और बांग्लादेश की 3,034 मीटर लंबी सीमा पर बाड़ लगाई जा चुकी, जबकि शेष सीमा पर भी बाड़ लगाने का कार्य चल रहा है, जिससे बांग्लादेश से आने वाले अवैध शरणार्थियों तथा आतंकवादी गतिविधियों को भी नियंत्रित किया जा सके। यद्यपि बांग्लादेश सीमा पर बाड़ लगाए जाने को भारत-बांग्लादेश समझौते का उल्लंघन मानता है, लेकिन उत्तर-पूर्वी राज्यों में बढ़ती आतंकवादी समस्या से निपटने के लिए भारत ने सीमा पर बाड़ लगाने को प्राथमिकता प्रदान की है। इसी सीमा पर बाड़ लगाने को लेकर बांग्लादेश राइफल्स तथा बी.एस.एफ. के मध्य निरंतर मुठभेड़ भी होती रहती है।

आर्थिक विकास के प्रगति पथ पर

उल्लेखनीय है कि बांग्लादेश के निर्माण के समय इसकी जीडीपी पाकिस्तान की जीडीपी से लगभग 40 प्रतिशत कम थी, जबकि वर्तमान में बांग्लादेश की जीडीपी पाकिस्तान की जीडीपी से डेढ़ गुनी ज्यादा हो गई है। बांग्लादेश के इस आर्थिक विकास का कारण बांग्लादेश में विद्यमान राजनीतिक स्थिरता है। वर्ष 2024 में शेख हसीना लगातार चौथी बार प्रधानमंत्री निर्वाचित हुई। शेख हसीना द्वारा भारत के साथ आर्थिक संबंधों को अत्यधिक महत्त्व दिया गया, जिससे बांग्लादेश को लाभ हुआ। इससे यह प्रतीत होता है कि भारत छोटे पड़ोसी देशों के लिए एक अवसर है, खतरा नहीं है। शेख हसीना द्वारा भारत विरोध की प्रवृत्ति नहीं अपनाई जाती। इसीलिए

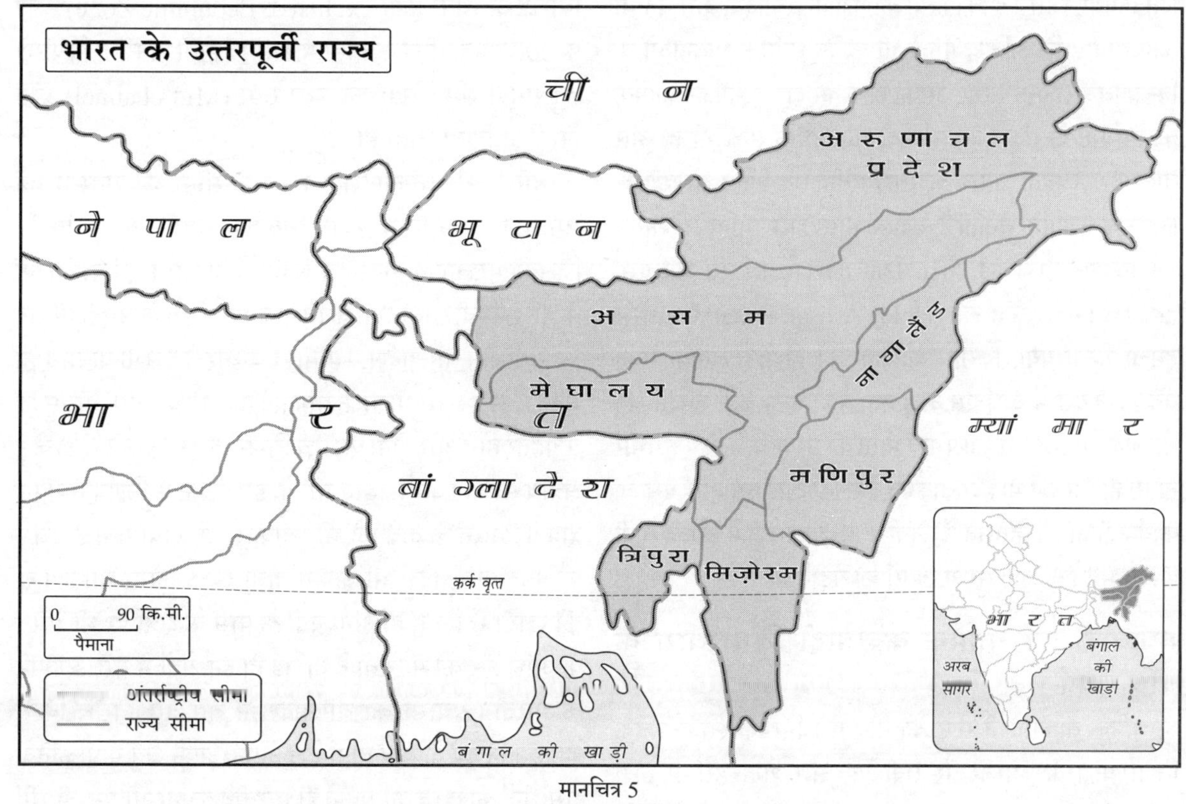

मानचित्र 5

नागरिकता संशोधन अधिनियम भी भारत-बांग्लादेश संबंधों के बीच विवाद का कारण नहीं बना। अगस्त, 2010 में भारत ने बांग्लादेश को एक बिलियन डॉलर की सहायता प्रदान की, जिसे लाइन ऑफ क्रेडिट (line of credit or Soft loan) कहा जाता है। पहली बार भारत ने बांग्लादेश के वस्त्र उत्पादों के निर्यात की कुछ वस्तुओं को शुल्क मुक्त रूप में (लगभग 17) भारत में आयात की अनुमति प्रदान की। भारत ने बांग्लादेश के लिए भूटान और नेपाल में जाने के लिए भारत से होकर पारगमन मार्ग की सुविधा देने की घोषणा की। भारत-बांग्लादेश के बीच मुक्त व्यापार के समझौते पर भी वार्ता चल रही है और भविष्य में इसे क्रियान्वित करने का प्रयत्न किया जा रहा है। वित्त वर्ष 2023-24 में दोनों देशों के मध्य लगभग 14.22 अरब डॉलर का व्यापार रहा जिसमें व्यापार असंतुलन है। इसीलिए बांग्लादेश की मांग है कि भारतीय बाजार में बांग्लादेशी वस्तुओं को शुल्क मुक्त प्रवेश की सुविधा दी जाए, जिससे बांग्लादेश के व्यापार असंतुलन को दूर किया जा सके। आर्थिक संबंधों में अगला मुद्दा निवेश का है, जिसके अंतर्गत भारत हैवी इलेक्ट्रिकल लिमिटेड (BHEL) ने बांग्लादेश में 124 मेगावाट गैस आधारित परियोजना का निर्माण किया है। वर्ष 2005 में भारत के टाटा समूह ने 1,000 मेगावाट की कोयला आधारित शक्ति परियोजना निर्मित करने का प्रस्ताव किया है। इसी के साथ गैस अथॉरिटी ऑफ इंडिया ने एक सहमति पत्र पर हस्ताक्षर किए हैं। भारत-बांग्लादेश के बीच विद्यमान द्विपक्षीय व्यापार में बांग्लादेश को बड़ा व्यापारिक घाटा है, जिसे संतुलित करने के लिए बांग्लादेश की वस्तुओं को भारत में शुल्क मुक्त रूप में आयात की सुविधा प्रदान की गई है।

धार्मिक कट्टरवाद एवं आतंकवादी हमला

बांग्लादेश की स्थापना लोकतांत्रिक और पंथनिरपेक्ष मूल्यों के आधार पर हुई थी। परंतु पंथनिरपेक्ष विचारधारा एवं धार्मिक कट्टरवाद के बीच बांग्लादेश में अभी भी संघर्ष बना हुआ है। बांग्लादेश में कट्टरवादियों द्वारा चार व्यक्तियों की पंथनिरपेक्ष विचारधारा के ब्लॉग लिखने के विरोध में हत्या कर दी गई। कट्टरवादियों के अनुसार, इन व्यक्तियों द्वारा धर्म के विरुद्ध ब्लॉग

लिखा गया, जिससे इनकी हत्या की गई। कट्टरवादियों द्वारा यह भी कहा गया है कि भविष्य में जो भी व्यक्ति धार्मिक भावनाओं के विरुद्ध विचार व्यक्त करेगा, उसकी हत्या कर दी जाएगी। इन धार्मिक कट्टरपंथियों के संबंध आतंकवादी संगठनों के साथ भी हैं, और बांग्लादेश में बढ़ती धार्मिक कट्टरता भारतीय राजनीतिक व्यवस्था के लिए एक वैचारिक चुनौती है, क्योंकि भारत द्वारा पंथनिरपेक्ष शासन अपनाया गया है। जुलाई, 2016 में बांग्लादेश में आई.एस.आई.एस. द्वारा ढाका में बेकरी हाऊस (Holey Artisan Bakerycafe) पर हमला किया गया, जिसमें विदेशियों को निशाना बनाया गया। यह बांग्लादेश में आई.एस.आई.एस. का पहला बड़ा हमला था। बांग्लादेश में इसका बढ़ता प्रभाव भारत की सुरक्षा के लिए एक गंभीर खतरा है। भारत में भी हैदराबाद एवं केरल में आई.एस.आई.एस. के कार्यकर्ताओं को हिरासत में लिया गया। बांग्लादेश में आतंकवादी हमला भारत के लिए सुरक्षा खतरों को बढ़ाने वाला है।

राष्ट्रवादी एवं धार्मिक कट्टरवादी विचारधारा के बीच संघर्ष

आधुनिक बांग्लादेशी राष्ट्र की नींव पंथ निरपेक्ष लोकतांत्रिक विचारधारा के आधार पर रखी गई और शेख हसीना तथा आवामी लीग इसी विचारधारा का प्रतिनिधित्व करती है। वर्तमान में इस प्रवृत्ति को बांग्लादेश में प्रभावी बनाने का प्रयास किया जा रहा है।

वर्ष 1971 में किए गए युद्ध अपराध एवं मानव नरसंहार के दोषी व्यक्तियों को सजा देने के लिए अंतर्राष्ट्रीय आपराधिक न्यायाधिकरण के एक अधिकरण का गठन बांग्लादेश में भी किया गया जिसके द्वारा युद्ध अपराध के दोषी व्यक्तियों को मृत्युदंड की सजा दी गई। बांग्लादेश में विद्यमान इस लोकतांत्रिक प्रवृत्ति के विरुद्ध धार्मिक कट्टरवादी एकजुट होने का प्रयास करते हैं। बांग्लादेश के गुलशन कैफे में हुए आतंकवादी हमले की जिम्मेदारी ISIS द्वारा ली गई। यह भी उल्लेखनीय है कि शेख हसीना द्वारा कहा गया कि वैश्विक आतंकवाद को बढ़ाने में पाकिस्तान की बड़ी भूमिका है जिससे यह प्रतीत होता है कि भारत बांग्लादेश के सुरक्षा हित साझे हैं।

समुद्री सीमा रेखा का विभाजन

एक देश के भू-भाग से 12 नॉटिकल मील समुद्र में उसकी संप्रभुता का विस्तार होता है। 200 नॉटिकल मील राज्य का विशिष्ट आर्थिक क्षेत्र (Exclusive Economic Zone) होता है। 200 समुद्री मील के बाहर मुक्त समुद्र होता है। सीमा निर्धारण हेतु समुद्री सीमा रेखा को मध्य रेखा (Mid channel) द्वारा निर्धारित किया जाता है।

भारत और बांग्लादेश की समुद्री सीमा की समस्या का समाधान अंतर्राष्ट्रीय न्यायाधिकरण न्यायालय ने किया, जिसका मुख्यालय नीदरलैंड के हेग में है। भारत एवं बांग्लादेश के बीच समुद्री सीमा रेखा के विभाजन से भारत के समुद्री विवाद का समाधान बांग्लादेश, म्यांमार एवं थाईलैंड सभी के साथ हो चुका है और इससे भारत के बांग्लादेश के साथ संबंध और सुदृढ़ व बेहतर होंगे और दोनों के बीच बिम्सटेक (BIMSTEC) जैसे क्षेत्रीय सहयोग आगे बढ़ाए जाएंगे। इस पंचाट के निर्णय से न्यूमूर द्वीप पर भारत के दावे को भी स्वीकार कर लिया गया है, जिस पर पहले बांग्लादेश भी अपना दावा व्यक्त करता था। बंगाल की खाड़ी में स्थित हरिभंगा नदी के पास के क्षेत्रों पर भी भारत के अधिकार को मान्यता दे दी गई है। इन क्षेत्रों में गैस उत्खनन के भारतीय प्रयासों का बांग्लादेश ने बार-बार विरोध किया था। इस निर्णय के बाद दोनों देश अपने-अपने क्षेत्र में प्राकृतिक संसाधनों की खोज कर सकते हैं। भारतीय कंपनी ओ.एन.जी.सी. (ONGC) को बांग्लादेशी भू-भाग में स्थित तेल व गैस उत्खनन हेतु आमंत्रित किया जा सकता है। इसलिए दोनों देशों के बीच ऊर्जा क्षेत्र में सहयोग के रास्ते भी साफ हो गए हैं।

चीन-पाकिस्तान कारक

चीन और पाकिस्तान सदैव बांग्लादेश में अपना प्रभाव बढ़ाने का प्रयत्न करते हैं, जिससे भारत को प्रतिसंतुलित किया जा सके। बांग्लादेश में बढ़ते चीनी प्रभाव से भारतीय सुरक्षा पर सीधा प्रभाव पड़ता है। वर्तमान समय में चीन के शांतिपूर्ण उभार से दक्षिण एशिया में भी वह भारत के प्रभाव को प्रतिसंतुलित करना चाहता है। इसी योजना के अंतर्गत चीन कुनमिंग परियोजना के अंतर्गत चीन-म्यांमार के रास्ते चटगांव और कुनमिंग (चीन) को 900 किमी. लंबे राजमार्ग से जोड़ने की योजना बना रहा है, जिससे व्यापार में वृद्धि हो। बांग्लादेश भी म्यांमार से होकर चीन के युआन प्रांत तक राजमार्ग बनाने के लिए अनुरोध कर रहा है। यह उल्लेखनीय है कि बांग्लादेश इस समय चीन से सर्वाधिक मात्रा में हथियारों का आयात कर रहा है। दोनों देशों के बीच

वर्ष 2002 में रक्षा सहयोग का समझौता भी संपन्न हुआ। चीन-बांग्लादेश को परमाणु ऊर्जा के विकास में भी सहायता प्रदान कर रहा है। बांग्लादेश जैसे छोटे देशों का यह प्रयत्न होता है कि वे दोनों महाशक्तियों से सहायता प्राप्त कर सकें। चीन और पाकिस्तान के इस प्रभाव को प्रतिसंतुलित करने के लिए भारत, बांग्लादेश को प्रत्येक प्रकार की सहायता उपलब्ध करा रहा है। यह भी उल्लेखनीय है कि भारत, म्यांमार के साथ संबंध प्रगाढ़ करने पर लगातार बल दे रहा है। इसीलिए पड़ोसी देशों को भारत द्वारा दी गई एकतरफा सहायता भारत के राष्ट्रीय हितों के लिए अत्यधिक महत्त्वपूर्ण हैं। जनवरी, 2010 में बांग्लादेशी प्रधानमंत्री ने भारत की यात्रा के बाद चीन की यात्रा भी की, जिससे यह स्पष्ट है कि बांग्लादेश, भारत और चीन दोनों देशों से बेहतर संबंध बनाए रखना चाहता है।

बांग्लादेश में नवीन सरकार का निर्माण एवं भारत के लिए उत्पन्न होने वाली चुनौतियाँ

अगस्त 2024 में शेख हसीना को हटाकर मुहम्मद यूनुस नई अंतरिम सरकार के मुखिया बने। नई सरकार लोकतांत्रिक राष्ट्रवादी विचारधारा के बजाय इस्लामी विचारधारा को प्रभावी बना रही है, जिससे बांग्लादेश और पाकिस्तान के बीच निकटता बढ़ेगी जो भारत के लिए एक स्वाभाविक चुनौती है। एक्ट ईस्ट पॉलिसी भारत सरकार की प्राथमिकता है, लेकिन यह संयोग का विषय है कि एक्ट ईस्ट के दोनों प्रवेश द्वार बांग्लादेश एवं म्यांमार अस्थायित्व की चपेट में आ गए हैं। इसके अतिरिक्त बांग्लादेश में भारत विरोधी सरकार होने से पूर्वोत्तर में उग्रवाद की समस्या बढ़ सकती है। बांग्लादेश सरकार वर्तमान में शेख हसीना के प्रत्यर्पण की मांग कर रही है, वहीं भारत का तर्क है कि शेख हसीना को बांग्लादेश विरोधी गतिविधियों की छूट नहीं दी गई है।

निष्कर्ष

बांग्लादेश के साथ मधुर संबंध भारतीय सुरक्षा के लिए आवश्यक है। यह बांग्लादेश की समृद्धि में भी सहायक है। बांग्लादेश भी यह मानता है, कि सीमापार आतंकवाद क्षेत्रीय शांति एवं स्थिरता के लिए बड़ी चुनौती है। एनक्लेव के लेन-देन से यह प्रतीत होता है कि राजनीतिक विश्वास सभी समस्याओं के समाधान में सहायक है।

अध्याय

3 भारत-श्रीलंका

India–Sri Lanka

● तमिल समस्या ● अल्पसंख्यकों के साथ भेदभाव ● एल.टी.टी.ई. की स्थापना ● लाल बहादुर शास्त्री एवं इंदिरा गांधी का कार्यकाल ● राजीव-जयवर्धने समझौता ● शीत युद्धोत्तर संबंध ● नृजातीय संघर्ष ● एल.टी.टी.ई. की समाप्ति ● मछुआरों की समस्या ● कच्चातीवू द्वीप विवाद ● सामरिक संबंध ● 19वां संविधान संशोधन ● मानवाधिकार ● आर्थिक संबंध ● तमिलनाडु का प्रभाव ● सुरक्षा प्रत्यक्षण ● 13वां संविधान संशोधन 1987 ● भू-राजनीति ● आतंकवाद एक साझी समस्या ● प्रो-इस्टैब्लिशमेंट नीति

भारत-श्रीलंका के मध्य प्राचीन सांस्कृतिक व धार्मिक संबंध रहे हैं। श्रीलंका भारत के सुदूर दक्षिण में स्थित द्वीपीय देश है, जो एक पतले चैनल से भारत के स्थलीय भाग से अलग है। हिंद महासागर में श्रीलंका की रणनीतिक स्थिति अत्यंत महत्त्वपूर्ण है।

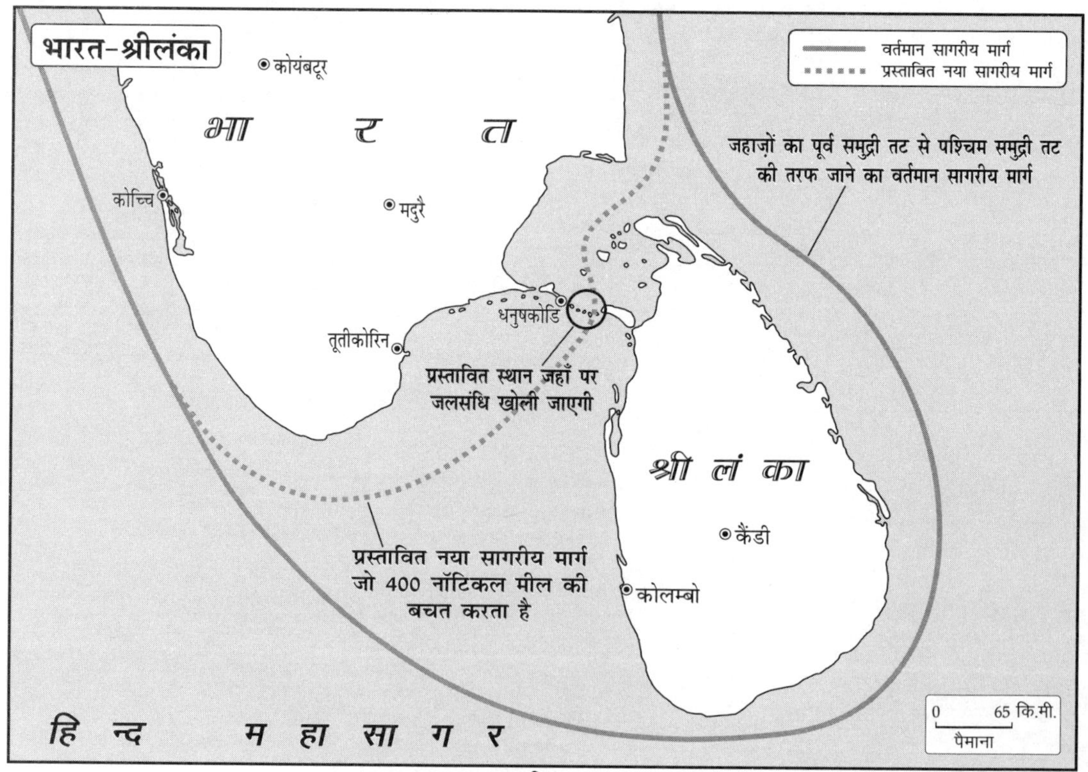

मानचित्र 6

यह हिंद महासागर के समुद्री संचार मार्ग पर स्थित है। श्रीलंका की जनसंख्या 2 करोड़, 31 लाख तथा क्षेत्रफल 65 हजार वर्ग किमी. है। श्रीलंका में 74 प्रतिशत सिंहली भाषी व 18 प्रतिशत तमिल भाषी समुदाय के लोग निवास करते हैं। ज्यादातर सिंहली बौद्ध धर्म को तथा तमिल हिंदू धर्म को मानते हैं। भारत वर्ष 1947 में स्वतंत्र हुआ तो वहीं श्रीलंका ब्रिटिश शासन से 1948 में स्वतंत्र हुआ। परंतु दोनों देशों ने अलग-अलग तरीकों की विदेश नीति को स्वीकार किया।

पंडित जवाहरलाल नेहरू ने भारतीय विदेश नीति में शांतिपूर्ण सहअस्तित्व एवं पंचशील की नीति को मूल आधार बनाया, तो श्रीलंकाई विदेश नीति का आधार रखने वाले डी.एस. सेनानायके ने श्रीलंकाई द्वीप की सुरक्षा के लिए पड़ोसी भारत को खतरे के रूप में देखा, लेकिन सेनानायके ने कभी भी ऐसा सार्वजनिक वक्तव्य नहीं दिया और न ही उन्होंने प्रत्यक्ष रूप में कभी ऐसा कहा। लेकिन श्रीलंकाई विदेश नीति में भारत भय की प्रवृत्ति विभिन्न उदाहरणों से देखी जा सकती है, जिसमें नवंबर, 1947 में श्रीलंका और ब्रिटेन के मध्य की गई रक्षा की संधि थी। मूल प्रश्न यह है कि श्रीलंका ने ब्रिटेन के साथ ऐसी संधि क्यों की? जबकि पड़ोसी देश भारत के साथ ऐसी संधि नहीं की, तो इसका उत्तर स्वाभाविक रूप में श्रीलंकाई विदेश नीति में भारत भय के रूप में देखा जा सकता है। वस्तुतः जिस भारत भय को डी.एस. सेनानायके ने कभी सार्वजनिक रूप में व्यक्त नहीं किया, उसे श्रीलंका के अगले प्रधानमंत्री कोतेलवाला ने ज्यादा स्पष्टता से व्यक्त किया। कोतेलवाला के अनुसार, 'यदि श्रीलंकाई द्वीप से ब्रिटिश अड्डा हट जाएगा, तो हमारा पड़ोसी देश (भारत) इस द्वीप को हथिया सकता है।'

भारत का प्रारंभ से ही पड़ोसी देशों के साथ बेहतर संबंध निर्मित करने का प्रयास रहा है। भारत-श्रीलंका के संबंध भी इसके अपवाद नहीं हैं, लेकिन दोनों देशों के मित्रतापूर्ण एवं सहयोगपूर्ण संबंधों में तमिल मूल के लोगों की समस्या तथा कच्चातीवू द्वीप विवाद आरंभ में उभरे तथा दोनों देशों के मध्य संबंध सहयोगात्मक एवं संघर्षमूलक भी रहे, क्योंकि दोनों देशों की विदेश नीति के हितों और प्रत्यक्षण में भिन्नता पाई जाती थी, विशेषकर सामरिक या सुरक्षा के मुद्दे को लेकर दोनों देशों का दृष्टिकोण भिन्न था।

इसे श्रीलंका की असुरक्षा का मूल कारण माना जा सकता है, पंडित जवाहरलाल नेहरू ने श्रीलंका के भय को दूर करने के अनेक प्रयास किए। परंतु श्रीलंका की विदेश नीति में यह भय केंद्रीय बना रहा। जहां एक ओर श्रीलंका ने ब्रिटेन से सामरिक मित्रता स्थापित की, तो वहीं श्रीलंका में सिंहली राष्ट्रवाद को स्थापित करने का प्रभावी प्रयास किया गया, जिससे तमिल मूल के लोगों के संबंध में श्रीलंका, भारत से सौदेबाजी कर सके।

तमिल समस्या

भारत और श्रीलंका के मध्य प्रतिकूल संबंध होने में तमिल समस्या मूल कारण मानी जाती है। श्रीलंका में रहने वाले तमिल अल्पसंख्यक हैं, जिनकी आबादी लगभग 20 प्रतिशत है। इन तमिलों का जुड़ाव भारत से माना जाता है, लेकिन इन तमिलों की भी दो श्रेणी हैं-

(i) जो सदियों पूर्व भारत से श्रीलंका जाकर बस गए थे, जिनकी जनसंख्या करीब 10 लाख है और ये मूल रूप में श्रीलंका के जाफना प्रांत में निवास करते हैं।

(ii) दूसरी श्रेणी के तमिल ब्रिटिश सरकार द्वारा श्रीलंका ले जाए गए, जिन्हें चाय बागानों में कार्य करने के लिए लगाया गया। इनकी जनसंख्या भी लगभग 10 लाख है तथा इन तमिलों की संख्या बट्टीकलोवा और ट्रिंकोमाली क्षेत्र में है।

अल्पसंख्यकों के साथ भेदभाव

वर्ष 1948 के नए नागरिकता संबंधी कानूनों से 10 लाख तमिल देश विहीन हो गए। यह कानून भारतीय मूल के तमिलों के लिए प्रतिकूल था, जिससे उनकी नागरिकता समाप्त हो गई। इस प्रावधान से केवल भारतीय मूल के तमिल प्रभावित थे तथा दूसरी ओर, वर्ष 1956 में सिंहली को देश की एकमात्र सरकारी काम-काज की भाषा घोषित कर दिया गया। यह सभी तमिलों के लिए भेदभावपूर्ण कानून था, अर्थात् श्रीलंका सरकार की नीतियां तमिल अल्पसंख्यकों के प्रतिकूल थी। यहीं से तमिल समस्या का जन्म होता है। सरकार द्वारा जानबूझकर तमिलों के साथ भेदभाव किया गया।

श्रीलंका में ब्रिटिश शासन समाप्त होने के पश्चात् तमिल समुदाय के लोग आर्थिक, व्यापारिक एवं शैक्षणिक रूप में अत्यधिक

शक्तिशाली थे। अतः वहां के बहुसंख्यक समुदाय सिंहलियों ने तमिलों की प्रभावपूर्ण स्थिति को समाप्त करने का प्रयास किया, जिससे तमिल समस्या का प्रभाव भारत पर स्पष्ट रूप में देखा गया, क्योंकि तमिल मूल के लोग तमिलनाडु प्रांत से श्रीलंका गए थे। तमिलों द्वारा इस भेदभाव के विरुद्ध शांतिपूर्ण आंदोलन किया गया। परंतु श्रीलंकाई सरकार द्वारा इसका दमन करने का प्रयास किया गया, जिसके परिणामस्वरूप समस्या में आमूलचूल परिवर्तन देखा गया।

एल.टी.टी.ई. की स्थापना

एल.टी.टी.ई. (Liberation Tigers of Tamil Eelam) की स्थापना (वर्ष 1976) से श्रीलंका गृह युद्ध का शिकार हो गया, क्योंकि एल.टी.टी.ई. का मानना था कि-

(i) उन्हें पृथक राज्य (ईलम) चाहिए, स्वायत्तता नहीं।
(ii) पृथक राज्य हिंसात्मक संघर्ष द्वारा बनाया जाएगा। अतः श्रीलंका के साथ कोई वार्ता नहीं होगी।

इस तमिल समस्या को ही लेकर श्रीलंकाई विदेश नीति में भारत के प्रति एक असुरक्षा की भावना उत्पन्न हुई, जिसके लिए श्रीलंका ने ब्रिटेन के सैनिक अड्डे को अपनी भूमि पर निर्मित करने की इजाजत दी। जयवर्धने तथा पंडित जवाहरलाल नेहरू के मध्य अत्यधिक मित्रतापूर्ण संबंध स्थापित हुआ एवं सैनिक अड्डों को तो हटा दिया गया, लेकिन श्रीलंका ने ब्रिटेन के साथ रक्षा समझौते को समाप्त नहीं किया। श्रीलंका की इस कार्रवाई से हिंद महासागर में महाशक्तियों का हस्तक्षेप बढ़ा, जबकि भारतीय विदेश नीति का मूल आधार दक्षिण एशिया में महाशक्तियों के प्रभाव को रोकना तथा विवादों को द्विपक्षीय रूप में हल करना था। वर्ष 1953 में नेहरू-कोतेलवाला समझौता हुआ। इस समझौते में भारतीय विदेश नीति तमिल समस्या को लेकर बिल्कुल स्पष्ट थी। नेहरू के अनुसार, उन्हीं भारतीय मूल के लोगों को भारत में आने की अनुमति होगी, जो भारत में स्वेच्छा से आना चाहते हों, लेकिन जो तमिल मूल के लोग श्रीलंका में रहना चाहते हैं, उन्हें श्रीलंका से निकालने का प्रयास नहीं किया जाना चाहिए या तो उन्हें नागरिकता प्रदान की जाए या उन्हें विदेशियों के रूप में श्रीलंका में रहने दिया जाए।

लाल बहादुर शास्त्री एवं इंदिरा गांधी का कार्यकाल

नेहरू के पश्चात् तमिल समस्या के संदर्भ में भारतीय विदेश नीति में परिवर्तन आया, जैसाकि वर्ष 1964 के लाल बहादुर शास्त्री-श्रीमावो समझौते में देखा जा सकता है। इस समझौते द्वारा तमिल मूल के 9,75,000 नागरिकता विहीन लोगों की समस्या सुलझाने का प्रयास किया गया। इसके अंतर्गत श्रीलंकाई सरकार तमिल मूल के 3,00,000 व्यक्तियों को नागरिकता प्रदान करेगी एवं तमिल मूल के 5,25,000 लोगों को भारत वापस बुलाया जाएगा। इसके लिए 15 वर्ष का समय सुनिश्चित किया गया तथा अन्य 1,50,000 नागरिकता विहीन व्यक्तियों के भविष्य का निर्णय बाद में लिया जाएगा। लाल बहादुर शास्त्री और श्रीमती गांधी के काल में भारतीय विदेश नीति में तमिलों को वापस बुलाने का प्रयास किया गया, जबकि नेहरू तमिलों को वापस बुलाने के पक्ष में नहीं थे।

इसके बावजूद श्रीलंकाई सरकार की नीति तमिल अल्पसंख्यकों के उत्पीड़न व अत्याचार की रही, जिससे तमिल समस्या का नेतृत्व उन तमिलों ने करना आरंभ कर दिया, जो श्रीलंकाई तमिल माने जाते थे तथा उनकी नागरिकता पर कोई विवाद नहीं था। कहने का आशय है कि तमिल समस्या का आरंभ भारतीय तमिलों को लेकर हुआ, लेकिन बाद में इस समस्या का नेतृत्व श्रीलंकाई तमिलों ने करना आरंभ कर दिया। अतः तमिल आंदोलन और तमिल संघर्ष दोनों प्रश्न आपस में जुड़ गए। पहला नागरिकता की समस्या और दूसरा बहुमत (सिंहलियों) का अत्याचार। अब तमिलों ने श्रीलंका में अपने लिए स्वायत्त क्षेत्र की मांग उठाई। श्रीलंकाई सरकार ने आरोप लगाया कि इन तमिलों को भारत का समर्थन प्राप्त हो रहा है। यहां पर यह ध्यान देने योग्य बिंदु है कि वर्ष 1962 के भारत-चीन युद्ध के पश्चात् श्रीलंका का झुकाव चीन की ओर हुआ। वर्ष 1970 के दशक में भारत-सोवियत मैत्री के परिणामस्वरूप श्रीलंका ने हिंद महासागर क्षेत्र में महाशक्तियों (अमेरिका एवं इजरायल) के साथ संबंधों को और बेहतर बनाने का प्रयास किया, जिससे भारत व श्रीलंका के मध्य दूरी बढ़ती गई।

श्रीलंकाई विदेश नीति में श्रीमावो भंडारनायके ने अपने संबंध चीन और पाकिस्तान के साथ भी बेहतर करने शुरू कर दिए। श्रीलंका की यह चीन और पाकिस्तान के प्रति झुकाव की विदेश नीति स्वाभाविक रूप में भारत के अनुकूल नहीं थी। वर्ष 1962 में जब भारत-चीन का युद्ध हुआ, तो श्रीलंका ने उस पर अपना एक तटस्थ दृष्टिकोण अपनाया। इससे भी बढ़कर युद्ध के केवल नौ महीने बाद श्रीलंका ने चीन के साथ एक समुद्री समझौता किया, जो चीन को हिंद महासागर क्षेत्र में सामरिक शक्ति प्रदान

करने वाला था। दूसरी ओर, वर्ष 1971 के भारत-पाकिस्तान युद्ध में श्रीलंका ने पाकिस्तानी वायुयानों को अपने क्षेत्र से उड़ने की इजाजत दी। जब बांग्लादेश एक स्वतंत्र राष्ट्र के रूप में निर्मित हुआ, तो श्रीलंका ने उसे मान्यता प्रदान करने में भी देरी की। भारत ने वर्ष 1974 में परमाणु विस्फोट किया, तो श्रीलंका ने पाकिस्तान के उस प्रस्ताव का समर्थन किया, जिसमें पाकिस्तान ने दक्षिण एशिया को परमाणु हथियार मुक्त क्षेत्र घोषित करने की मांग की थी। स्वाभाविक रूप में ये नीतियां भारत और श्रीलंकाई संबंधों को प्रतिकूल बनाती रहीं।

श्रीलंकाई सरकार ने ट्रिंकोमाली जैसे सामरिक पत्तन को एक अमेरिकी कंपनी को सौंप दिया। वर्ष 1983 में "वॉयस ऑफ अमेरिका" का रेडियो स्टेशन भी श्रीलंका में लगाया गया। भारतीय विदेश नीति के अनुसार, अमेरिका इस रेडियो स्टेशन का प्रयोग खुफिया सूचनाओं के लिए कर रहा है। यहां यह ध्यान देने योग्य है कि अमेरिकी नेवी पहले ही हिंद महासागर में उपस्थित थी। भारत-श्रीलंका के बिगड़ते संबंधों को वर्ष 1987 के राजीव-जयवर्धने समझौते से पुनः बहाल करने की कोशिश की गई।

राजीव-जयवर्धने समझौता

वर्ष 1980 के दशक से श्रीलंका की जातीय समस्या (तमिल समस्या) ने एक नया रूप धारण किया, क्योंकि तमिलों ने अब अत्याचार का मुकाबला करने के लिए हिंसक गतिविधियों का सहारा लेना आरंभ कर दिया तथा दूसरी ओर, श्रीलंकाई सेना ने तमिलों का बर्बरतापूर्ण दमन किया। वर्ष 1983 से वर्ष 1986 के मध्य लगभग 25,000 तमिल शरणार्थी भारत पहुंचे। वर्ष 1986 में ही जाफना के तमिल क्षेत्रों को श्रीलंकाई सेना द्वारा पूर्णतः घेर लिया गया तथा उनकी नाकेबंदी कर दी गई। इसके परिणामस्वरूप भारत ने मानवीय आधार पर तमिलों के लिए खाद्य सामग्री देने का निर्णय किया। भारतीय वायुसेना द्वारा 'ऑपरेशन ईगल' प्रारंभ किया गया। श्रीलंकाई सरकार ने भारत की इस कार्रवाई की कड़ी आलोचना की एवं इसे अपनी संप्रभुता पर सीधा आक्रमण कहा। दूसरी ओर, तमिल समस्या स्वायत्तता की मांग से बढ़कर गृह युद्ध की ओर बढ़ने लगी तथा तमिल लोगों ने एक पृथक् राज्य की मांग का निर्णय लिया। अतः 'ऑपरेशन ईगल' से दोनों देशों के मध्य संबंध अत्यंत कटु हो गए। श्रीलंका ने भारत की नीति को आक्रामक एवं साम्राज्यवादी कहा। इसके बाद दोनों देशों के मध्य समस्या का समाधान करने के लिए वर्ष 1987 में राजीव गांधी-जयवर्धने समझौता हुआ एवं इस समझौते के माध्यम से तमिल समस्या को हल करने का प्रयास किया गया। भारत ने अपनी शांति सेना श्रीलंका में भेजने का निर्णय किया। इस समझौते के प्रावधान निम्नलिखित थे-

(i) इस समझौते द्वारा पहली बार श्रीलंका के एकात्मक शासन में नौ प्रांतीय सरकारों के गठन का प्रावधान किया गया, जिससे तमिलों को स्वायत्तता प्राप्त हो सके। उत्तरी एवं पूर्वी प्रांतों के तमिलों के लिए भी दो पृथक प्रांतों का गठन किया गया।

(ii) इन प्रांतीय सरकारों को शासन के स्थानीय विषय, शिक्षा, स्वास्थ्य, परिवहन इत्यादि सौंपे गए।

(iii) वर्तमान में इन प्रांतीय सरकारों में लगातार निर्वाचन भी आयोजित हो रहे हैं।

इस समझौते को लागू करने के लिए श्रीलंकाई सरकार ने तेरहवां संविधान संशोधन किया। यह बिंदु उल्लेखनीय है कि यह संविधान संशोधन आज तक व्यावहारिक रूप में लागू नहीं हो सका। पुलिस एवं भूमि जैसे विषय प्रांतीय सरकारों को नहीं दिए गए, जबकि संविधान संशोधन में इनका उल्लेख किया गया था।

समझौते का विरोध

यह समझौता न तमिलों को स्वीकार था, न ही श्रीलंकाई सरकार को। तमिलों ने राजीव-जयवर्धने समझौते को अस्वीकार कर दिया, क्योंकि तमिल मूल के लोग पृथक् राज्य की मांग पर अड़े हुए थे। श्रीलंकाई सरकार ने कभी मूल रूप में इस समझौते का पालन किया ही नहीं तथा श्रीलंकाई सरकार जानबूझकर भारतीय शांति सेना को असफल करने में लगी थी। भारतीय शांति सेना की उपस्थिति को श्रीलंका की संप्रभुता के विरुद्ध देखा जाने लगा। इसीलिए जब प्रेमदासा श्रीलंका के नए राष्ट्रपति बने, तो उन्होंने भारतीय शांति सेना की वापसी का आग्रह किया, वर्ष 1989 में विश्वनाथ प्रताप सिंह भारत के नए प्रधानमंत्री बने और उन्होंने श्रीलंका के राष्ट्रपति के अनुरोध पर भारतीय शांति सेना को वापस बुला लिया। परिणामतः भारतीय सेना श्रीलंका से वापस आनी शुरू हो गई। इससे भारतीय विदेश नीति को काफी क्षति हुई, क्योंकि न केवल भारी धन-जन की हानि हुई, अपितु भारतीय सैन्य मनोबल को

भी धक्का लगा। भारत का श्रीलंका में सेना भेजे जाने का निर्णय निम्न आधारों पर लिया गया था-

(i) शांति सेना द्वारा श्रीलंका और हिंद महासागर में महाशक्तियों के बाहरी हस्तक्षेप को रोका जा सकता था।
(ii) इस समझौते द्वारा तमिल समस्या का समाधान करने का प्रयास किया गया, क्योंकि इस समस्या से भारत भी प्रभावित हो रहा था।
(iii) इसके पूर्व वर्ष 1971 में भी भारतीय सेना ने श्रीलंकाई सरकार के विरुद्ध वामपंथी विद्रोह को समाप्त करने में निर्णायक भूमिका का निर्वाह किया था।

शीत युद्धोत्तर संबंध

श्रीलंका की तमिल समस्या से श्रीलंका में गृह युद्ध छिड़ गया तथा भारत पर भी इसका अत्यधिक नकारात्मक परिणाम हुआ और श्रीलंका में शांति स्थापना संभव नहीं हो सकी। शांति सेना भेजने के विरोध में लिट्टे द्वारा भारत के पूर्व प्रधानमंत्री राजीव गांधी की वर्ष 1991 में हत्या कर दी गई, जिसके बाद भारत में लिट्टे को एक आतंकवादी संगठन घोषित कर दिया गया तथा भारत द्वारा लिट्टे को दी जा रही सहायता बंद कर दी गई। परंतु भारत ने तमिलों की स्वायत्तता का समर्थन किया। वर्ष 1991 के बाद श्रीलंका में शांति स्थापना के लिए एक तटस्थ देश नॉर्वे द्वारा मध्यस्थता की गई और श्रीलंकाई सरकार और तमिलों के बीच वार्ता आयोजित की गई। वर्ष 1998 के बाद श्रीलंकाई सरकार और तमिलों के बीच सीधी वार्ता शुरू हुई।

नृजातीय संघर्ष (Ethnic Conflict)

सितंबर, 2001 के बाद अमेरिका द्वारा आतंकवाद को नियंत्रित करने के लिए विश्वव्यापी पहल की गई और श्रीलंका में लिट्टे को प्राप्त होने वाली वित्तीय और आर्थिक सहायता पर पूर्णतः प्रतिबंध लगा दिया गया। लिट्टे को अमेरिका और यूरोप में रहने वाले तमिल अप्रवासियों से वित्तीय सहायता प्राप्त होती थी। वर्ष 2002 में श्रीलंकाई सरकार और लिट्टे के बीच युद्ध विराम

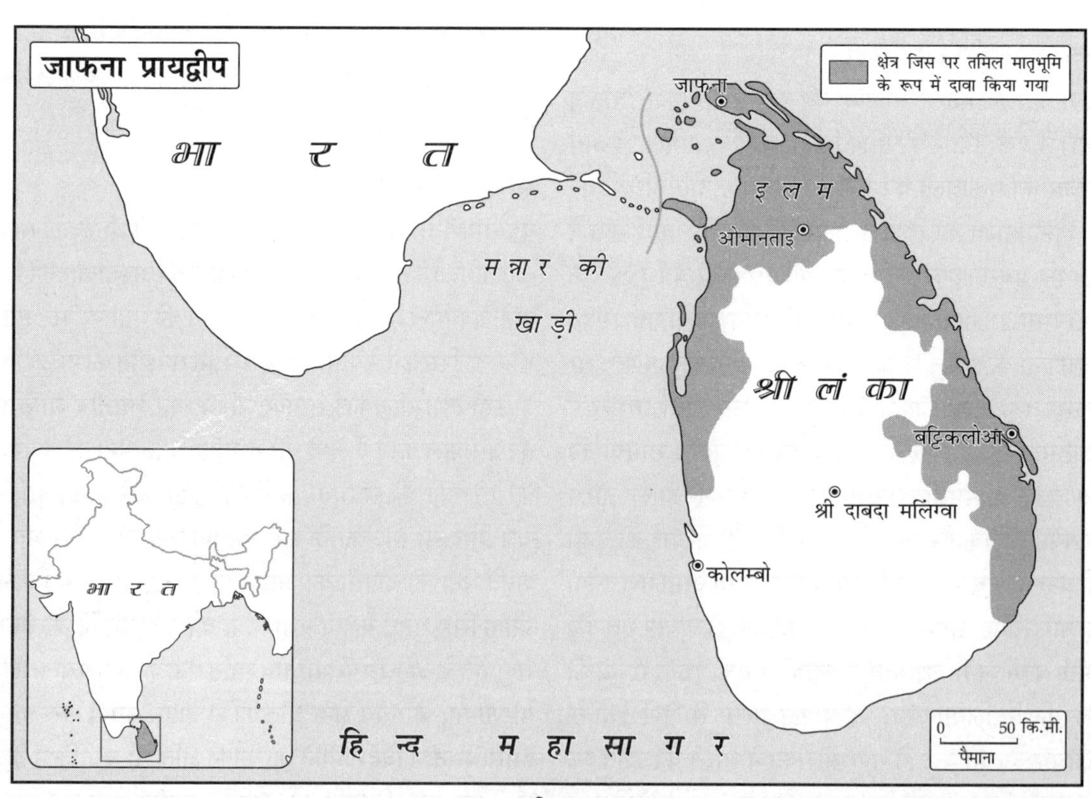

मानचित्र 7

का समझौता हो गया तथा वर्ष 2004 में लिट्टे में आंतरिक विभाजन हो गया और लिट्टे के पूर्वी एवं उत्तरी भाग में अलगाव हो गया तथा प्रभाकरन का मुख्य सहयोगी कर्नल करूना, लिट्टे से अलग हो गया, जिसमें नॉर्वे द्वारा मध्यस्थता की गई। परंतु वर्ष 2006 में दोनों पक्षों के बीच युद्ध विराम का समझौता भंग हो गया और संघर्ष आरंभ हो गया। श्रीलंकाई सरकार ने लिट्टे का सफाया करने के लिए चीन एवं पाकिस्तान से आर्थिक एवं सैनिक सहायता प्राप्त की।

एल.टी.टी.ई. की समाप्ति

श्रीलंका में सेना द्वारा आक्रामक सैन्य अभियान चलाते हुए वर्ष 2009 में प्रभाकरन की हत्या की गई एवं एल.टी.टी.ई. का सफाया हो गया। श्रीलंकाई सरकार द्वारा यह तर्क दिया गया कि एल.टी.टी.ई. की समाप्ति से श्रीलंका में आतंकवादी समस्या का समाधान हो गया है। जबकि तमिलों का तर्क है कि श्रीलंका में नृजातीय भेदभाव के कारण आतंकवाद उत्पन्न हुआ। इसलिए एल.टी.टी.ई. के खात्मे से समस्या का समाधान नहीं हुआ है। परंतु औपचारिक रूप में श्रीलंका में चल रहा गृह युद्ध समाप्त हो गया।

मछुआरों की समस्या

वर्ष 1974 में भारत-श्रीलंका के बीच समुद्री सीमा रेखा का विभाजन कर लिया गया। परंतु पाक खाड़ी अत्यधिक संकरी है, जिससे दोनों देशों के मछुआरे एक-दूसरे की सीमा का उल्लंघन करते हैं। भारत-श्रीलंका के बीच समुद्र की चौड़ाई 10 मील से लेकर 30 मील तक है। दोनों देशों के स्थानीय निवासियों की आजीविका मछली पकड़ने पर निर्भर है। अंतर्राष्ट्रीय समुद्री कानून के अनुसार देश के भू-भाग से 12 नॉटिकल मील तक देश की संप्रभुता का विस्तार होता है तथा दोनों देशों के बीच संकरा जल क्षेत्र होने के कारण विवाद उत्पन्न होते हैं। वर्ष 2006 से वर्ष 2009 के बीच श्रीलंका में सरकार एवं लिट्टे के बीच संघर्ष चल रहा था, इसलिए श्रीलंकाई सरकार ने मछुआरों को लिट्टे के समर्थकों के रूप में देखा। श्रीलंकाई सेना द्वारा मछुआरों पर गोली चलाई गई। भारत के अनुसार, मछुआरों का मुद्दा 'आजीविका का मुद्दा' है। अतः मछुआरों पर गोलीबारी करना ठीक नहीं है। हाल ही में श्रीलंका में मौत की सजा पाए पांच भारतीय मछुआरों के लिए श्रीलंकाई राष्ट्रपति से क्षमादान हेतु भारत के प्रयास और श्रीलंका सरकार की ओर से सकारात्मक प्रतिक्रिया यह दर्शाने के लिए पर्याप्त हैं कि दोनों देश उत्कृष्ट द्विपक्षीय संबंधों का लाभ उठा रहे हैं। भारत, श्रीलंका और मालदीव क्षेत्रीय सुरक्षा को सुनिश्चित करने के क्रम में क्षेत्रीय सहयोग की भावना से एक साथ काम कर रहे हैं।

समस्या के समाधान के लिए जीपीएस तकनीक का प्रयोग किया जा सकता है, जिससे मछुआरे सीमा का उल्लंघन ना करें। मछुआरों को पहचान पत्र प्रदान करके भी सुरक्षा समस्या का समाधान संभव है। मशीनीकृत नौकाओं द्वारा पाक खाड़ी के संकरे क्षेत्र में मछली पकड़ने पर प्रतिबंध होना चाहिए और उन्हें गहरे समुद्रीय क्षेत्र में मछली पकड़ने के लिए निर्देशित किया जाए।

कच्चातीवू द्वीप (Katchatheevu or Kachchativu) विवाद

इस द्वीप पर वर्तमान में कोई मानवीय बस्ती नहीं है और इसका उपयोग केवल मछुआरे करते हैं। पाक जलडमरूमध्य अवस्थित यह क्षेत्र दोनों देशों के बीच विवाद का केंद्र रहा है तथा दोनों देश इतिहास का हवाला देकर अपना स्वामित्व पेश करते रहे हैं। कच्चातीवू द्वीप मछुआरों के लिए अत्यधिक महत्त्वपूर्ण है तथा भारत और श्रीलंका दोनों देशों की बड़ी आबादी अपनी आजीविका के लिए मछली पकड़ने पर निर्भर है। इसलिए कच्चातीवू का मुद्दा लोगों की आजीविका का एक भावनात्मक मुद्दा है। वर्ष 1973 तक इस द्वीप पर दोनों देशों के मछुआरे मत्स्यन करते थे तथा विराम लेते थे। वर्ष 1974 में श्रीमती इंदिरा गांधी ने कच्चातीवू द्वीप श्रीलंका को सौंप दिया तथा तमिलनाडु सरकार द्वारा उच्चतम न्यायालय में याचिका दायर की गई। तमिलनाडु सरकार के अनुसार, संसद की अनुमति के बिना यह द्वीप श्रीलंका को सौंपना असंवैधानिक है और तमिलनाडु सरकार ने तर्क दिया कि भारत के बेरूबारी क्षेत्र को बांग्लादेश को सौंपने के लिए संविधान संशोधन किया गया। लेकिन बेरूबारी भारतीय क्षेत्र का भाग था, परंतु कच्चातीवू भारत के भौगोलिक क्षेत्र का सीधा हिस्सा नहीं था। कुछ लोगों का तर्क है कि पहले कच्चातीवू पर भारत के एक राजा का नियंत्रण था। इसलिए बिना संविधान संशोधन के इसे श्रीलंका को सौंपना असंवैधानिक है। अतः यह मुद्दा उच्चतम न्यायालय के समक्ष लंबित है।

सामरिक संबंध

श्रीलंकाई सैनिकों को प्रशिक्षण देने वाला सबसे बड़ा देश भारत है। एल.टी.टी.ई. की समाप्ति के बाद भारत द्वारा श्रीलंका को सैन्य सामग्री भी प्रदान की जा रही है तथा समुद्री सुरक्षा के लिए परस्पर सहयोग हो रहा है। 'गाले वार्ता-2014' अंतर्राष्ट्रीय समुद्री सम्मेलन 1 और 2 दिसंबर, 2014 को गाले नामक बंदरगाह शहर में आयोजित किया गया। द्विपक्षीय रक्षा संबंधों को बढ़ावा देने के लिए भारत और श्रीलंका "मित्र शक्ति" नामक संयुक्त सैन्य अभ्यास एवं "SLINEX" नामक संयुक्त नौसेना अभ्यास आयोजित कर रहे हैं। हाल ही में 12 से 25 अगस्त 2024 तक भारत-श्रीलंका संयुक्त सैन्य अभ्यास "मित्र शक्ति" का आयोजन श्रीलंका में हुआ है।

19वां संविधान संशोधन (2015)

श्रीलंका में अध्यक्षीय एवं संसदीय शासन के मिले-जुले रूप को अपनाया गया है। इसमें राष्ट्रपति को निर्णायक शक्तियां प्राप्त हैं। वर्ष 1978 में निर्मित श्रीलंका के नए संविधान में राष्ट्रपति संवैधानिक एवं वास्तविक दोनों प्रधान है। श्रीलंका में महिंदा राजपक्षे के राष्ट्रपति बनने के बाद राष्ट्रपति की शक्तियों में निर्णायक वृद्धि की गई थी। उन्होंने राष्ट्रपति के कार्यकाल को पांच वर्ष से बढ़ाकर छह वर्ष कर दिया था तथा संविधान संशोधन से यह प्रावधान किया कि श्रीलंका का राष्ट्रपति अनगिनत बार राष्ट्रपति के चुनाव में भाग ले सकता है। राष्ट्रपति की शक्तियों को सीमित करने के लिए सिरीसेना सरकार द्वारा 19वां संविधान संशोधन पारित किया गया, जिसके अनुसार, राष्ट्रपति का कार्यकाल केवल पांच वर्षों का होगा तथा राष्ट्रपति दो बार से ज्यादा कार्यकाल के लिए निर्वाचित नहीं होगा। संशोधन में यह भी प्रावधान किया गया है कि राष्ट्रपति साढ़े चार वर्ष से पूर्व संसद भंग नहीं कर सकता। विभिन्न संवैधानिक पदों पर नियुक्तियों के लिए संवैधानिक परिषद का प्रावधान किया गया है, जो बहुसदस्यीय होगी। अतः राष्ट्रपति की असीमित शक्तियों पर प्रतिबंध लगाया गया।

मानवाधिकार

वर्ष 2009 में श्रीलंकाई सेना और एल.टी.टी.ई. के बीच होने वाले हिंसक संघर्ष में लगभग 40 हजार नागरिक मारे गए। इसे युद्ध अपराध की संज्ञा दी जा रही है, क्योंकि नागरिकों की हत्या सरकार द्वारा नहीं हो सकती, जिसके कारण संयुक्त राष्ट्र मानवाधिकार परिषद द्वारा श्रीलंका के विरुद्ध प्रस्ताव पारित किए गए हैं। भारत, वर्ष 2015 में संयुक्त राष्ट्र मानवाधिकार परिषद में श्रीलंका के खिलाफ हुए मतदान में अनुपस्थित रहा, जबकि विगत् वर्षों (2009, 2012, 2013) में भारत ने श्रीलंका के खिलाफ संयुक्त राष्ट्र मानवाधिकार परिषद में मतदान किया था। वर्ष 2022 में हुए मतदान में भी भारत अनुपस्थित रहा था। वर्तमान परिस्थितियों में भारत का मानना है कि अब श्रीलंका में एक नई सरकार का गठन हुआ है, जो समय के साथ मानवाधिकार संबंधी विवादों तथा तमिल समस्या के समाधान हेतु प्रतिबद्ध है। भारत का मतदान से अनुपस्थित रहना भू-राजनीतिक दृष्टि से भी महत्त्वपूर्ण है। यह माना जा रहा है कि नई सरकार भारत के साथ अच्छे संबंधों हेतु प्रतिबद्ध है। भारत मतदान में बाहर रहकर हिंद महासागरीय रणनीति में श्रीलंका से अपने संबंधों को मजबूत बनाना चाहता है। यद्यपि तमिलनाडु में भारत के इस कदम का विरोध हो रहा है। ज्ञातव्य है कि संयुक्त राष्ट्र मानवाधिकार परिषद में यह प्रस्ताव पश्चिमी देशों द्वारा लाया गया था तथा इस प्रस्ताव के पास होने पर एक वैधानिक निकाय का गठन किया जाना है, जो श्रीलंका में मानवाधिकार संबंधी हनन के दावों की जांच करेगा। इस प्रस्ताव में मानवाधिकार हनन की जांच अंतर्राष्ट्रीय एजेंसियों से कराने की मांग की गई थी, जिसका भारत ने विरोध किया था। यह प्रस्ताव 23 सदस्यों की सहमति से पास हो गया, जबकि पाकिस्तान, चीन जैसे देशों ने श्रीलंका के पक्ष में मतदान किया।

आर्थिक संबंध

वर्ष 1991 के बाद भारत में आर्थिक उदारीकरण की नीति अपनाई गई तथा भारत द्वारा श्रीलंका के साथ आर्थिक संबंधों को प्रगाढ़ करने पर मूल बल दिया गया। वर्तमान समय में चीन, श्रीलंका को आर्थिक सहायता प्रदान करने वाला सबसे बड़ा राज्य है, उसके बाद दूसरा स्थान भारत का है। श्रीलंका द्वारा सबसे ज्यादा वस्तुओं का आयात भारत से किया जाता है। भारत, श्रीलंका का सबसे बड़ा व्यापारिक भागीदार है। वर्तमान समय में भारत, श्रीलंका में निवेश करने वाले सबसे बड़े देशों में से एक है। वर्तमान समय में भारत-श्रीलंका के बीच समुद्री स्टीमर की सेवा भी बहाल कर दी गई है। भारतीय रेल कंपनी इरकॉन श्रीलंका में रेल बिछाने का भी कार्य कर रही है। वर्तमान समय में भारत द्वारा तमिलों के पुनर्वास में भारी योगदान दिया जा रहा है।

नवंबर, 2011 में भारत के तत्कालीन विदेश मंत्री एस.एम. कृष्णा ने श्रीलंका की यात्रा की। उनकी इस यात्रा के दौरान श्रीलंका के उत्तरी प्रांत में रेल निर्माण और पुनर्वास कार्यों के लिए श्रीलंका को 1.7 बिलियन डॉलर की आर्थिक सहायता प्रदान की गई। यह उल्लेखनीय है कि श्रीलंका के उत्तरी और पूर्वी प्रांतों में तमिलों की आबादी बहुमत में है। भारतीय विदेश मंत्री ने उत्तरी जाफना और दक्षिणी हैम्बनटोटा में दो नए वाणिज्यिक दूतावास खोलने का समझौता किया। इससे यह स्पष्ट है कि भारत, श्रीलंका के साथ आर्थिक संबंधों को लगातार प्रगाढ़ बना रहा है। दोनों देशों के मध्य कोलंबो से तूतीकोरिन और तेलई मन्नार से रामेश्वरम् के मध्य समुद्री नाव सेवा को बहाल करने का समझौता हुआ। इस सेवा को वर्ष 1983 के बाद प्रतिबंधित कर दिया गया था, क्योंकि श्रीलंका में तमिलों का हिंसक संघर्ष इसी समय से आरंभ हुआ था। इससे यह प्रतीत होता है कि भारत-श्रीलंका के बीच तमिल मुद्दा संबंधों में अब बाधा नहीं है।

भारत, श्रीलंका के लिए एक अवसर है। वर्ष 2022 में श्रीलंका में आर्थिक संकट के दौरान भारत द्वारा लगभग चार बिलियन डॉलर की आर्थिक सहायता दी गई, जो भारत द्वारा किसी भी पड़ोसी देश को दी गई सबसे बड़ी एकमुश्त आर्थिक सहायता है। इस आर्थिक संकट से यह भी सिद्ध होता है कि श्रीलंका की चीन पर अतिनिर्भरता की नीति हानिकारक है। भारत का अडानी समूह कोलंबो पत्तन पर टर्मिनल का निर्माण कर रहा है। जाफना क्षेत्र में भारत द्वारा रेल, सड़क जैसी आधारभूत संरचनाओं का विकास किया जा रहा है।

समग्र आर्थिक सहभागिता समझौते (CEPA) का भविष्य

भारत-श्रीलंका के बीच मुक्त व्यापार का समझौता पहले ही लागू हो चुका है। यह न केवल दोनों देशों के लिए महत्त्वपूर्ण है, बल्कि समूचे दक्षिण एशिया के लिए मॉडल है। इस मुक्त व्यापार के समझौते को आगे बढ़ाकर वर्तमान समय में समग्र आर्थिक सहभागिता के समझौते पर विचार किया जा रहा है। यद्यपि श्रीलंका के कुछ लोग इसे अपने हितों के प्रतिकूल मानते हैं। भारत द्वारा मानवाधिकार परिषद में श्रीलंका के विरुद्ध मतदान के कारण भी गतिरोध पैदा हुआ था। वास्तविक रूप में दोनों देशों को इससे लाभ होगा, विशेष तौर पर पर्यटन, सॉफ्टवेयर, विज्ञान, वित्तीय और गैर-वित्तीय सेवाएं, स्वास्थ्य, होटल तथा रिटेल सेवाओं में लाभ प्राप्त होंगे।

तमिलनाडु का प्रभाव

तमिलनाडु एवं श्रीलंका के बीच लगभग 20 मील की दूरी है तथा तमिलनाडु में रहने वाले तमिलों का निवास श्रीलंका में भी है। इसलिए तमिलनाडु एवं श्रीलंका के बीच निकटवर्ती भौगोलिक एवं सांस्कृतिक संबंध विद्यमान हैं। श्रीलंका में तमिल समस्या उत्पन्न होने के बाद भी तमिलनाडु सरकार द्वारा तमिलों का समर्थन किया गया और श्रीलंका का तमिल मुद्दा तमिलनाडु के चुनाव को प्रभावित करने लगा। यह भी माना जाता है कि लिट्टे को भी तमिलनाडु द्वारा समर्थन दिया गया था। वर्ष 1991 में भारतीय प्रधानमंत्री राजीव गांधी की हत्या के बाद भारत सरकार ने लिट्टे के प्रति सख्त दृष्टिकोण अपनाया और लिट्टे को आतंकवादी संगठन घोषित कर दिया। परंतु तमिलनाडु के राजनीतिक दलों द्वारा तमिलों का समर्थन किया गया। सरकार के अनुसार, लिट्टे सभी तमिलों का प्रतिनिधित्व नहीं करता, इसलिए तमिलों का समर्थन, लिट्टे का समर्थन नहीं है।

भारत एक संघीय व्यवस्था वाला देश है, जहां विदेश नीति के निर्माण का अधिकार संघ सरकार का है, परंतु संघीय व्यवस्था में राज्यों के महत्त्व से इनकार नहीं किया जा सकता। गठबंधन सरकार के युग में विदेश नीति के मसलों पर राज्य सरकारों का प्रभाव अधिक रहता है। वर्ष 1996 से 2014 के बीच संघ में गठबंधन सरकारों का निर्माण हुआ, जिसमें संघ सरकारें क्षेत्रीय दलों के समर्थन पर निर्भर हो गईं और तमिलनाडु के विभिन्न दलों द्वारा संघ सरकार का समर्थन किया गया। इसलिए तमिलनाडु द्वारा संघ सरकार की श्रीलंका के प्रति नीति को प्रभावित किया गया। वर्ष 2012 में तमिलनाडु में श्रीलंका से आए पर्यटकों पर हमला हुआ तथा मुख्यमंत्री ने श्रीलंका के फुटबॉल खिलाड़ियों को भी वापस भेज दिया, इससे बढ़कर तमिलनाडु में यह मांग उठी कि भारत, श्रीलंकाई सैनिकों को प्रशिक्षण देना बंद करे। तमिलनाडु के लोगों की यह मांग इसलिए और भी प्रभावी हो जाती है, क्योंकि 50 हजार से ज्यादा तमिल शरणार्थी अभी भी भारत में बने हुए हैं। इसलिए भारतीय विदेश नीति के समक्ष यह चुनौती विद्यमान है कि तमिलनाडु के लोगों को विश्वास दिलाया जाए और तमिलों की स्वायत्तता तथा उनके पुनर्वास के लिए भारत सकारात्मक योगदान

दे। 2014 एवं 2019 के लोक सभा चुनावों में भारतीय जनता पार्टी को लोक सभा में पूर्ण बहुमत प्राप्त हुआ, जिससे विदेश नीति के निर्माण में तमिलनाडु का प्रभाव तुलनात्मक रूप में कमजोर हुआ है। वर्ष 2024 के लोक सभा चुनावों में भी भारतीय जनता पार्टी को मजबूत स्थिति प्राप्त हुई है, हालांकि उसको पूर्ण बहुमत प्राप्त नहीं हुआ है।

सुरक्षा प्रत्यक्षण (Security Perception)

भारतीय विदेश नीति में पूरे दक्षिण एशियाई क्षेत्र की सुरक्षा का मुद्दा मुख्य था, जिसके लिए इस क्षेत्र को महाशक्तियों की होड़ से बचाया जा सके। श्रीलंकाई विदेश नीति मुख्यतया भारत केंद्रित थी तथा उसका मूल कारण दोनों देशों के आकार और शक्तियों में भिन्नता मानी जाती है। ऐसी ऐतिहासिक मान्यता भी है कि दक्षिण भारत के तमिलों ने सिंहलियों को पराजित किया था। इसलिए तमिल मूल के लोगों को लेकर श्रीलंकाई विदेश नीति में असुरक्षा का भाव निर्मित हो रहा था तथा श्रीलंकाई सुरक्षा एवं अस्थिरता के लिए भारत को सबसे बड़ा खतरा माना गया। दूसरी ओर, विचारकों की यह भी मान्यता है कि दक्षिण एशियाई देशों में सांस्कृतिक, ऐतिहासिक एवं धार्मिक एकता जटिल होने के कारण राजनीतिक पहचान का संकट मुख्य मुद्दा बन जाता है।

श्रीलंकाई विदेश नीति में स्वतः भारत भय को निर्मित कर लिया गया। भारत इसके लिए उत्तरदायी नहीं था और न ही भारतीय विदेश नीति में कभी ऐसी कार्रवाई की गई, जिससे श्रीलंका के मन में भय उत्पन्न हो। लेकिन कुछ मान्यताकारों के अनुसार, 'तमिल मूल के लोगों की श्रीलंका में उपस्थिति और श्रीलंका की स्वतंत्रता के समय कुछ भारतीय नेताओं के बयान से यह अनुमान लगाया जा सकता है कि श्रीलंका को भारत में मिलाया जा सकता है।'

13वां संविधान संशोधन, 1987

वर्ष 2009 में लिट्टे की समाप्ति के बाद श्रीलंकाई राष्ट्रपति महिंदा राजपक्षे द्वारा कहा गया कि श्रीलंका की समस्या का समाधान हो गया है, क्योंकि श्रीलंका की मूल समस्या आतंकवाद की थी, जो लिट्टे की समाप्ति के बाद स्वाभाविक रूप में समाप्त हो गई है। वर्तमान समय में श्रीलंका में तमिलों का नेतृत्व तमिल गठबंधन (Tamil Alliance) द्वारा किया जा रहा है, जिनके अनुसार, लिट्टे के खात्मे से श्रीलंका की तमिल समस्या का समाधान नहीं हुआ है और अभी भी तमिलों की स्वायत्तता की मांग को लागू करना शेष है।

- श्रीलंका में अभी भी 13वां संविधान संशोधन लागू नहीं हो सका, इसलिए तमिलों को आज भी स्वायत्तता प्राप्त नहीं हुई। श्रीलंका में 13वें संविधान संशोधन द्वारा नौ प्रांतीय सरकारों का गठन किया गया और इन सरकारों को सुशासन के लिए स्थानीय महत्त्व के अनेक विषय सौंपे गए, परंतु भूमि एवं पुलिस का विषय स्थानीय शासन को नहीं सौंपा गया और उत्तरी प्रांत की स्थानीय सरकार द्वारा पुलिस एवं भूमि पर प्रांतीय सरकारों के नियंत्रण की मांग की जा रही है, परंतु श्रीलंकाई सरकार प्रांतीय सरकारों को भूमि एवं पुलिस के विषय सौंपने की समर्थक नहीं है और वर्तमान में श्रीलंका की दो-तिहाई सेना को तमिल बहुमत वाले उत्तरी प्रांत में तैनात किया गया है तथा उत्तरी प्रांत की सरकार द्वारा श्रीलंकाई सरकार पर गृह युद्ध के दौरान मानव नरसंहार का आरोप लगाया गया है।
- श्रीलंकाई सरकार को यह भी भय है कि इन क्षेत्रों को स्वायत्तता देने से पुनः तमिल पृथकतावाद आरंभ हो सकता है। यह भी उल्लेखनीय है कि तमिलों में भी दो विभाजन हैं- मुस्लिम तमिल, तमिलों से अपना अलगाव व्यक्त करते हैं, क्योंकि लिट्टे ने मुस्लिम तमिलों की भी हत्या की थी एवं उनके ऊपर आरोप लगाया था कि वे श्रीलंकाई सरकार के समर्थक हैं, क्योंकि श्रीलंकाई सरकार को भारत के प्रभावी होने का भय है।
- वर्ष 2010 में श्रीलंका के राष्ट्रपति महिंदा राजपक्षे ने श्रीलंकाई सेना एवं तमिलों के बीच संघर्ष तथा युद्ध विराम के उल्लंघन की जांच के लिए 'सामंजस्यकारी आयोग' (Lessons Learnt and Reconciliation Commission) की स्थापना की। इस आयोग ने अपनी रिपोर्ट में यह कहा कि सिंहलियों एवं तमिलों के बीच सामंजस्य एवं एकता पैदा करने पर बल दिया गया है।
- आयोग के अनुसार, तमिल भाषा को भी समान महत्त्व दिया जाए तथा तमिल क्षेत्रों में सेना की अधिक तैनाती नहीं होनी चाहिए।
- भारत ने इस आयोग की अनुशंसाओं का स्वागत किया, यद्यपि मानवाधिकार संगठनों ने इसका विरोध किया। उनके अनुसार, आयोग की रिपोर्ट केवल दिखावा है। अतः लिट्टे

की समाप्ति के बाद भी तमिल समस्या का पूर्ण समाधान नहीं हुआ है।

भारत के अनुसार, तमिल समस्या केवल श्रीलंका की समस्या नहीं है, बल्कि इससे भारत पर भी बहुत बड़ा प्रभाव पड़ता है, क्योंकि लगभग 50,000 तमिल शरणार्थी अभी भी तमिलनाडु में शरण लिए हुए हैं तथा श्रीलंकाई सरकार अभी भी 13वां संविधान संशोधन लागू नहीं कर सकी है। इसलिए तमिल समस्या के समाधान द्वारा सक्रिय पहल नहीं दिखाई गई। भारत, श्रीलंका की एकता एवं अखंडता का सदैव समर्थक रहा है तथा वह तमिलों की स्वायत्तता का श्रीलंकाई संविधान के अंतर्गत समर्थन करता है।

भू-राजनीति (Geo-Politics)

श्रीलंका हिंद महासागर के समुद्री संचार मार्ग पर स्थित है, जो वैश्विक व्यापार के लिए अत्यधिक महत्त्वपूर्ण माना जाता है। भारत के पूर्वी तट एवं पश्चिमी तट के बीच होने वाला व्यापार भी श्रीलंका होकर जाता है, क्योंकि सेतुसमुद्रम के कारण पाक की खाड़ी से आवागमन संभव नहीं है।

श्रीलंकाई सैनिकों और लिट्टे के बीच संघर्ष के दौरान चीन द्वारा श्रीलंका का पूर्ण समर्थन किया गया। श्रीलंका के पक्ष में चीन ने संयुक्त राष्ट्र सुरक्षा परिषद में वीटो का प्रयोग भी किया। चीन के अनुसार, यह श्रीलंका का आंतरिक मामला है। चीन के लिए हिंद महासागर में श्रीलंका का अत्यधिक महत्त्व है तथा चीन, श्रीलंका को हथियारों की आपूर्ति करने वाला सबसे बड़ा देश है, उससे भी बढ़कर चीन द्वारा इस समय श्रीलंका को सबसे बड़ी आर्थिक सहायता प्रदान की जा रही है। इसके अतिरिक्त चीन, श्रीलंका में सबसे बड़ा निवेशक भी है।

चीन द्वारा कोलंबो पोर्ट सिटी प्रोजेक्ट का निर्माण किया जा रहा है। चीन द्वारा मताला एयरपोर्ट भी बनाया गया है। चीन, श्रीलंका के हैम्बनटोटा पत्तन के निर्माण में भी सहायता प्रदान कर रहा है। इस पत्तन का उपयोग भविष्य में सैनिक कार्यों के लिए भी हो सकता है, जो भारतीय सुरक्षा के लिए एक बड़ी चुनौती है, क्योंकि चीन, हिंद महासागर में अपनी उपस्थिति बढ़ाने का लगातार प्रयत्न कर रहा है। पाकिस्तान के अनेक सैनिक भी श्रीलंका में तैनात हैं, क्योंकि चीन, श्रीलंका में पाकिस्तान की उपस्थिति को भी बढ़ावा दे रहा है। इसलिए भारत द्वारा श्रीलंका के साथ आर्थिक संबंधों को प्रगाढ़ बनाया जा रहा है, क्योंकि चीन के प्रभाव को नियंत्रित करने का सबसे कारगर तरीका पड़ोसी देशों के साथ संबंधों को बेहतर करना है। भारत-श्रीलंका के मध्य मुक्त व्यापार समझौते के बाद श्रीलंका में जाने वाले पर्यटकों की सबसे बड़ी संख्या भारतीयों की है।

आतंकवाद एक साझी समस्या

वर्ष 2019 में श्रीलंका में ईस्टर के मौके पर एक भीषण आतंकवादी हमला हुआ, जिसमें ढाई सौ से ज्यादा नागरिक मारे गए। इससे श्रीलंका के पर्यटन उद्योग पर भी भारी संकट उत्पन्न हो गया, जबकि भारत पहले से ही आतंकवादी समस्या से जूझ रहा है, इसलिए भारत का मानना है कि श्रीलंका के साथ साझे सहयोग से दक्षिण एशिया को शांतिपूर्ण एवं स्थायी बनाया जा सकता है।

प्रो-इस्टैब्लिशमेंट नीति (Pro-Establishment Policy)

2024 में हुए चुनावों में दिसानायके राष्ट्रपति बने (National people's power दल के) और हरिनी अमरसूर्या प्रधानमंत्री बनीं। भारत सरकार ने यह स्पष्ट संदेश दिया कि भारत के लिए श्रीलंका का महत्त्व है, किसी राजनीतिक दल का नहीं, इसलिए पड़ोसी देशों में किसी भी दल की सरकार बने भारत द्वारा उसके साथ संबंध प्रभावी बनाए जाएंगे।

निष्कर्ष

भारत-श्रीलंका के बीच सांस्कृतिक एवं भौगोलिक निकटता है और आर्थिक आत्मनिर्भरता का विकास हो रहा है। इसके बावजूद राजनीतिक कारणों से समय-समय पर मतभेद उत्पन्न हो जाते हैं। भारत-श्रीलंका मुक्त व्यापार समझौता समूचे दक्षिण एशिया के लिए सहयोग का मॉडल है। अतः पारस्परिक सहयोग सभी के लिए लाभदायी है। इसी का परिणाम है कि भारत-श्रीलंका संबंधों को सुदृढ़ करने हेतु वर्ष 2015 में किसी भारतीय प्रधानमंत्री द्वारा 28 वर्ष बाद श्रीलंका की यात्रा की गई।

अध्याय

4 भारत-नेपाल

India-Nepal

• भू-राजनीति • केवल भारत मित्र • नेपाल के समान दूरी का सिद्धांत • बहुदलीय लोकतंत्र की स्थापना • माओवाद का बढ़ता प्रभाव • दूसरा जन आंदोलन • लोकतांत्रिक, गणतांत्रिक, पंथनिरपेक्ष नेपाल का उदय • माओवादी समस्या • नवीन संविधान का क्रियान्वयन • मधेशी समस्या • आर्थिक संबंध • मित्रता एवं शांति की संधि (1950) के मूल प्रावधान • काला पानी विवाद • जल परियोजना पर सहयोग • चीन के नेपाल में हित • पाकिस्तान-नेपाल संबंध • भारतीय विकल्प • नेपाल की राजनीतिक अस्थिरता • कोविड-19 के दौर में राजनीतिक अस्थिरता • नेपाल की मुखर विदेश नीति • भारत के समक्ष चुनौती

नेपाल, भारत के उत्तर में हिमालय की तलहटी में बसा राज्य है। यह देश भारत से धार्मिक, सांस्कृतिक एवं भाषायी रूप से अत्यधिक नजदीक है और दोनों देशों के मध्य खुली सीमाएं हैं। नेपाल की जनसंख्या लगभग तीन करोड़, तथा क्षेत्रफल 1 लाख, 47 हजार वर्ग किमी. है।

डॉ. एम.एस. राजन के शब्दों में, 'भाषा, धर्म, देवी-देवताओं तथा खान-पान के क्षेत्र में जितने नजदीक भारत तथा नेपाल हैं, उतने दुनिया के कोई अन्य देश नहीं हैं।' प्रधानमंत्री नरेन्द्र मोदी ने वर्ष 2018 में नेपाल में जनकपुर की यात्रा करते हुए कहा कि वे अपने घर आए हैं। भारत और नेपाल के मध्य संबंध अत्यंत मजबूत हैं। भारत और नेपाल प्रारंभ से ही शांति प्रेमी देश रहे हैं एवं स्वतंत्रता के बाद भारत ने सदैव ही नेपाल के साथ अच्छे संबंधों को बनाए रखने तथा नेपाल के विकास के लिए योगदान दिया है। नेपाल का पशुपतिनाथ मंदिर भारत-नेपाल की सांस्कृतिक साझेदारी का प्रतीक है। नेपालवासी भी अपने पूर्वजों की अस्थियां गंगा नदी में प्रवाहित करते हैं। यह अयोध्या एवं जनकपुर की भांति निकट है।

भू-राजनीति (Geo-Politics)

भारत तथा नेपाल भौगोलिक, ऐतिहासिक तथा सांस्कृतिक संबंधों के दृढ़ धागों से बंधे हैं। नेपाल, भगवान बुद्ध के जन्म की पवित्र भूमि रहा है। नेपाल, भारत और चीन के बीच एक अंत:स्थ राज्य (Buffer State) है। इस देश की उत्तरी सीमा तिब्बत, पूर्वी सीमा सिक्किम, दक्षिणी सीमा बिहार एवं उत्तर प्रदेश द्वारा निर्धारित की जाती है। भारत और नेपाल के बीच 1850 किमी. की खुली सीमा है, जहां पर लोगों और सामान की मुक्त आवाजाही होती है। नेपाल में भारतीय रुपये को वैधानिक मान्यता प्राप्त है। नेपाल का 60 प्रतिशत से अधिक सार्वभौम व्यापार भारत में केंद्रित है तथा देश का लगभग आधा प्रत्यक्ष विदेशी निवेश (FDI) भारत से होता है। एक देश की घटनाएं, दूसरे देश को प्रभावित करती हैं। भारतीय विदेश नीति के सामरिक व सुरक्षा हित नेपाल से सीधे जुड़े हुए हैं। दोनों ही देशों ने अपने-अपने राष्ट्रीय हितों के उद्देश्यों की समानता तथा संपर्कों के आधार पर मित्रता तथा सहयोग करने की आवश्यकता को सदैव स्वीकार किया है। भारत, नेपाल की संप्रभुता तथा स्वतंत्रता का पूर्ण रूप से सम्मान करता है, नेपाल भी भारत के साथ अपने संबंधों की महत्ता को पहचानता है। समुद्र से दूर एक भूखंड होने के नाते नेपाल को यह पता है कि उत्तर की सीमा अर्थात् नेपाल-चीन सीमा के रास्ते विश्व व्यापार करना असंभव नहीं है, परंतु बहुत कठिन अवश्य है। भारत द्वारा प्रदत्त व्यापार

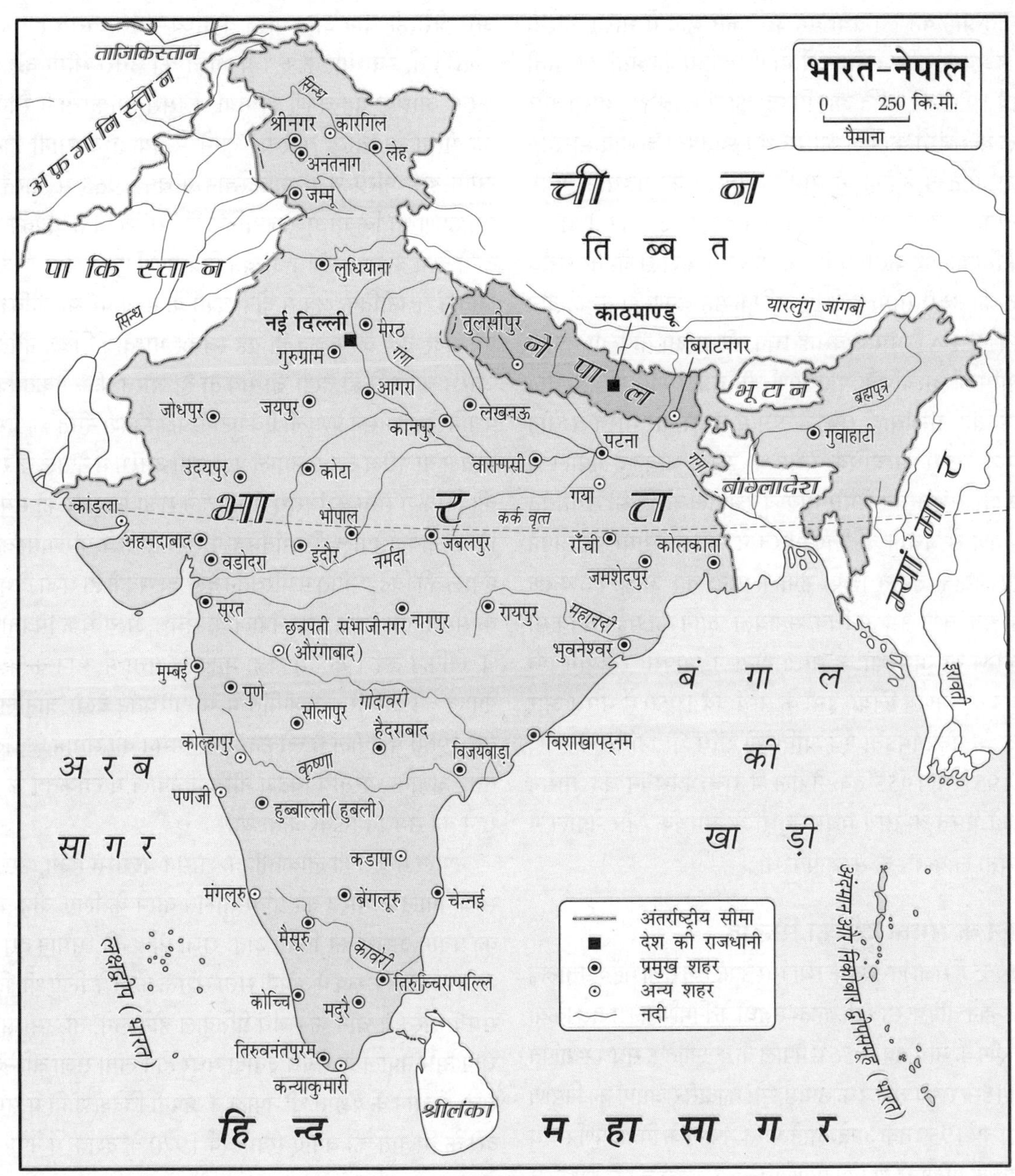

मानचित्र 8

तथा पारगमन की सुविधाओं पर नेपाल का विश्व व्यापार तथा आर्थिक सहयोग काफी सीमा तक निर्भर करता है तथा भारत की सुरक्षा के साथ ही नेपाल की सुरक्षा जुड़ी हुई है, विशेषकर चीन की तिब्बत नीति को देखते हुए नेपाल भी उत्तर में चीन के खतरे को महसूस करता है।

केवल भारत मित्र

भारत-नेपाल संबंधों का प्रारंभ सुखद एवं मैत्रीपूर्ण तरीके से हुआ है। वस्तुतः यह ब्रिटिश शासन में भी देखा जा सकता है। इसलिए ब्रिटिश शासन ने सदैव नेपाल के राजतंत्र का समर्थन किया और ब्रिटिश सेना में नेपाल के गोरखा सैनिकों की भर्ती किए जाने की

इजाजत प्राप्त कर ली तथा यह अधिकार बाद में भारत को भी प्राप्त हुआ। भारतीय सेनाओं में भी गोरखाओं की भर्ती की जाती है। वर्ष 1923 की शांति और मित्रता की संधि ब्रिटिश भारत और नेपाल के संबंधों का मूल आधार थी। स्वतंत्रता के बाद भारतीय विदेश नीति में नेपाल के सामरिक महत्त्व को पहचाना गया, विशेषकर जैसे ही चीन में साम्यवादी क्रांति हुई, चीन ने अपना दावा तिब्बत पर करना प्रारंभ कर दिया। नेपाल से बेहतर संबंध भारत की उत्तरी सीमा के लिए अधिक महत्त्वपूर्ण हैं। तत्कालीन नेफा (NEFA) और अक्साई चिन की सुरक्षा के लिए नेपाल की भूमिका अत्यधिक महत्त्वपूर्ण थी। वर्ष 1949 में जब चीन एक स्वतंत्र साम्यवादी राष्ट्र के रूप में उभरा, तो भारत व चीन के मध्य संबंध अत्यधिक मधुर थे, इसके बावजूद नेपाल में उपस्थिति सशक्त करने और भविष्य में नेपाल को किसी संभावित आक्रमण से बचाने के लिए भारत ने नेपाली सीमा पर अपने सुरक्षा सैनिक तैनात किए। नेपाली सेना का आधुनिकीकरण किया गया तथा उसे आर्थिक सहायता प्रदान की गई एवं किसी आक्रमण या असुरक्षा के समय दोनों ने आपसी सहयोग एवं समर्थन का निर्णय लिया। इसी के साथ वर्ष 1950 में भारत और नेपाल के मध्य मित्रता एवं शांति की संधि भी निर्मित की गई। वर्ष 1951 से 1955 तक नेपाल में राजा त्रिभुवन का शासन था, जो भारत के साथ मधुर संबंधों के समर्थक और नेपाल में पंचायती लोकतंत्र के संस्थापक थे।

नेपाल के समान दूरी का सिद्धांत

वर्ष 1955 में राजा त्रिभुवन के स्थान पर नेपाल के राजा महेंद्र सत्तारूढ़ हुए। उन्होंने चीन के साथ भी बेहतर संबंधों के निर्माण का प्रयास किया तथा चीन के साथ वर्ष 1956 में नेपाल के कूटनीतिक संबंध स्थापित हो गए। इसी समय चीन ने काठमांडू और कोदारी राजमार्ग का निर्माण किया। वर्ष 1959 तक आते-आते भारत-नेपाल के मित्रतापूर्ण संबंध अत्यधिक प्रतिकूल हो गए। परिणामस्वरूप नेपाल की विदेश नीति में चीन की ओर स्पष्ट झुकाव देखा जाने लगा। अतः राजा महेंद्र ने भारत को संतुलित करने के लिए चीन कार्ड का प्रयोग किया। राजा महेंद्र ने यहां तक कहा कि किसी विदेशी असुरक्षा के मसले पर चीन, नेपाल की सहायता करेगा।

भारतीय विदेश नीति की दक्षिण एशिया में मुख्यतः दो चुनौतियां, चीन और पाकिस्तान के साथ संबंधों को लेकर हैं और जैसे ही चीन और भारत के मध्य संबंध खराब हुए, (वर्ष 1962) तो स्वाभाविक रूप में भारत की उत्तरी सीमा की रक्षा करना अधिक महत्त्वपूर्ण हो गया, जिससे पाकिस्तानी सैनिकों को भारत के विरुद्ध कार्रवाई करने में ज्यादा आसानी दिखने लगी। इसी परिप्रेक्ष्य में पाकिस्तान ने वर्ष 1965 में भारत पर आक्रमण भी किया। भू-राजनीतिक एवं सांस्कृतिक दृष्टिकोण से दोनों देशों के मध्य संबंध अत्यंत मित्रतापूर्ण एवं परस्पर पूरक हैं, लेकिन राजनीतिक क्षेत्र में दोनों देशों के मध्य परस्पर अविश्वास एवं संदेह देखे जा सकते हैं। यह स्वतंत्र भारतीय विदेश नीति के आरंभ काल से ही देखा जा सकता है। भारत की लोकतांत्रिक, पंथनिरपेक्ष शासन प्रणाली एवं गुटनिरपेक्ष विदेश नीति का प्रभाव प्रत्यक्ष या परोक्ष रूप से नेपाल पर हुआ। आरंभ में नेपाल के राणा की निरंकुश सत्ता के विरोध में भारत ने राजा त्रिभुवन को समर्थन दिया, लेकिन नेपाल की आंतरिक परिस्थितियों के परिणामस्वरूप नेपाल की विदेश नीति में परिवर्तन देखे जा सकते हैं। राजा त्रिभुवन के समय तक भारत और नेपाल के संबंध अत्यधिक मित्रतापूर्ण थे, लेकिन वर्ष 1955 में राजा महेंद्र के सत्ता में आने के पश्चात् नेपाल की आंतरिक राजनीति में भी परिवर्तन देखा जाने लगा। वर्ष 1960 में नेपाल में लोकतांत्रिक शासन को समाप्त कर दिया गया, जबकि भारतीय विदेश नीति में नेपाल में लोकतंत्र के बने रहने का समर्थन किया जाता था।

नेपाल में जैसे ही लोकतांत्रिक शासन बर्खास्त हुआ, उसी के साथ नेपाल ने भारत को प्रतिसंतुलित करने के लिए चीन कार्ड का प्रयोग आरंभ कर दिया। अतः राजा महेंद्र की 'समान दूरी की नीति' आंतरिक रूप में अपनी सत्ता सशक्त करने के लिए थी, जिस समय भारत व चीन के संबंध प्रतिकूल होने लगे, तो उसी समय चीन और नेपाल के संबंध ज्यादा मधुर होने लगे। राजा वीरेन्द्र के सत्ता में आने के पश्चात् भी नेपाल ने अपनी विदेश नीति में समान दूरी के सिद्धांत को बनाए रखा। वर्ष 1970 के दशक में नेपाल ने नेपाली क्षेत्र को शांति क्षेत्र घोषित करने का (सिक्किम के भारत विलय वर्ष 1975 के बाद) नारा भी दिया। अतः 70 के दशक में भारत और नेपाल के मध्य संबंध कटु हुए, जिसका कारण सिक्किम का विलय (वर्ष 1975), भारत का परमाणु विस्फोट (वर्ष 1974) करना एवं भारत-सोवियत मैत्री की संधि, 1971 भी मानी जाती है।

1980 के दशक में भारत और नेपाल के संबंध राजीव गांधी के कार्यकाल में अधिक कटु हुए। राजीव गांधी ने नेपाल के चीन

कार्ड के विरुद्ध सख्त और यथार्थवादी प्रत्युत्तर दिया। राजीव गांधी की यह नीति वैचारिक के बजाय, सामरिक रणनीति पर आधारित थी। प्रधानमंत्री राजीव गांधी के कार्यकाल के दौरान भारत-नेपाल संबंध अत्यधिक कटुतापूर्ण बन गए और नेपाल सरकार ने चीन से हथियारों का आयात किया तथा भारत से किसी प्रकार का परामर्श नहीं किया। इसे वर्ष 1950 की शांति एवं मित्रता की संधि का उल्लंघन माना गया। भारत-नेपाल के बीच व्यापार के लिए पारगमन मार्ग का समझौता किया जाता है, जिसके समाप्ति के बाद भारत-नेपाल ने इसे आगे नहीं बढ़ाया। अतः भारत से नेपाल जाने वाले सभी मार्गों को बंद कर दिया गया तथा नेपाल ने इसे भारत की आधिपत्यवादी नीति कहा।

बहुदलीय लोकतंत्र की स्थापना

वर्ष 1990 के बाद नेपाल में पहली बार बहुदलीय लोकतंत्र की बहाली हुई और बहुदलीय व्यवस्था पर आधारित लोकतांत्रिक चुनाव आयोजित किए गए। इसमें आम लोगों ने लोकतंत्र की बहाली का समर्थन किया, इसलिए इसे जन-आंदोलन कहा गया। यह उल्लेखनीय है कि भारत ने नेपाल में लोकतंत्र का सदैव समर्थन किया तथा इस लोकतांत्रिक व्यवस्था में राजा संवैधानिक प्रधान हो गया और सरकार की वास्तविक शक्तियां संसद में निहित हो गईं। नेपाल में लोकतांत्रिक शासन स्थायी सरकार देने में असफल रहा और अस्थिर सरकारें बनीं, जिससे आम लोग अत्यधिक निराश हुए।

माओवाद का बढ़ता प्रभाव

शीत युद्धोत्तर विश्व राजनीति में भारत ने एक ओर अपने संबंध महाशक्तियों के साथ अनुकूल करने का प्रयास किया, तो दूसरी ओर, पड़ोसी देशों के साथ मित्रतापूर्ण संबंधों पर बल दिया। प्रधानमंत्री आई. के. गुजराल के कार्यकाल में भारतीय विदेश नीति में पड़ोसी देशों के लिए एकतरफा छूट की घोषणा भी की गई, लेकिन नेपाल में लोकतंत्र राजनीतिक स्थायित्व को प्राप्त नहीं कर सका। इसलिए नेपाल में वर्ष 1995 के पश्चात् माओवाद का प्रभाव देखा गया, जो संप्रति पूरे नेपाल में विद्यमान है। परिणामस्वरूप नेपाल में एक ओर राजा, तो दूसरी ओर लोकतांत्रिक शक्तियां और तीसरी ओर माओवादी संघर्ष के मध्य संतुलन बैठाने की समस्या उत्पन्न हुई। इसी बढ़ती माओवादी हिंसा के दौरान राजा वीरेन्द्र की हत्या हुई, जो कि खुद उनके पुत्र द्वारा की गई। परिणामस्वरूप नेपाल में अत्यधिक अस्थिरता का वातावरण पैदा हुआ। वर्ष 2000 में राजा ज्ञानेंद्र ने शासन संभाला, परंतु अस्थिरता समाप्त नहीं हुई। परिणामस्वरूप वर्ष 2002 में नेपाल की संसद को भंग कर दिया गया और वर्ष 2005 में नेपाल में आपातकाल की घोषणा कर दी गई।

दूसरा जन आंदोलन

नेपाल में पहला जन आंदोलन वर्ष 1990 में आरंभ हुआ, जबकि दूसरा जन आंदोलन वर्ष 2006 में आरंभ हुआ, जब नेपाल के महाराजा ने वर्ष 2005 में शासन पर नियंत्रण कर लिया, जिस पर प्रतिक्रिया करते हुए भारत ने कहा कि यह नेपाल में लोकतंत्र के लिए सदमा है, जिससे भारत भी चिंतित है। भारत ने परंपरागत रूप में नेपाल के प्रति विदेश नीति को दो मूल आधारों पर अपनाया है-

(i) बहुदलीय लोकतंत्र का समर्थन।
(ii) संवैधानिक राजतंत्र।

भारत ने महाराजा ज्ञानेंद्र पर दबाव बनाया तथा नेपाल को दी जा रही हथियारों की आपूर्ति भी रोक दी गई। भारत ने वर्ष 2005 में ढाका में आयोजित दक्षेस बैठक में भी भाग लेने से मना कर दिया, जिसके कारण दक्षेस बैठक स्थिगित हो गई। भारत द्वारा अमेरिका और यूरोपीय यूनियन के साथ समान दृष्टिकोण अपनाते हुए नेपाल में लोकतंत्र की बहाली का समर्थन किया गया। भारत ने माओवादियों को आतंकवादी संगठन पहले ही घोषित किया था। भारत ने यह भी कहा कि माओवादी समस्या का समाधान केवल सैनिक रूप में संभव नहीं है। माओवादियों को नेपाल में चीन और पाकिस्तान द्वारा लगातार समर्थन दिया गया, जबकि नेपाल के प्रति भारत का दृष्टिकोण अमेरिका और यूरोपीय यूनियन के समान था। चीन, पाकिस्तान का नेपाल में बढ़ता प्रभाव भारत की सुरक्षा के लिए गंभीर चुनौती उत्पन्न करता है तथा भारत द्वारा नेपाल के राजा से बातचीत करने के लिए डॉ. कर्ण सिंह को विशेष दूत के रूप में भेजा गया। अतः भारत और अंतर्राष्ट्रीय दबाव के कारण नेपाल में आपातकाल समाप्त हुआ।

लोकतांत्रिक, गणतांत्रिक, पंथनिरपेक्ष नेपाल का उदय

एक अत्यधिक महत्त्वपूर्ण घटना के अंतर्गत माओवादियों ने नेपाल में मुख्य राजनीतिक धारा में सम्मिलित होने का निर्णय लिया,

जिससे विष्णु के अवतार के रूप में माने जा रहे राजा एवं राजशाही का नेपाल में अंत हो गया।

माओवादियों तथा सात दलों के गठबंधन के मध्य समझौते के बाद एक नवीन नेपाल का उदय हुआ। पहले नेपाल राजतंत्रीय व्यवस्था पर आधारित था, बाद में नेपाल में संवैधानिक राजतंत्र का उदय हुआ। वर्ष 2006 के बाद नेपाल लोकतांत्रिक, समाजवादी, पंथनिरपेक्ष, संप्रभु एवं गणतांत्रिक राज्य बन गया। इस नवीन नेपाल के निर्माण के लिए माओवादियों तथा अन्य दलों के बीच समझौता हुआ, जिसके मूल बिंदु निम्नलिखित हैं-

(i) माओवादी दल ने बहुदलीय प्रतिस्पर्धी राजनीतिक व्यवस्था को स्वीकार किया है, जिसमें नागरिकों के अधिकार, मूल अधिकार, मानवाधिकार एवं विधि के शासन का भी समर्थन किया है।

(ii) संक्षेप में नेपाल एक पंथनिरपेक्ष एवं लोकतांत्रिक राज्य होगा, न कि हिंदू एवं राजशाही व्यवस्था के अंतर्गत शासित होगा।

पहली बार माओवादियों ने नेपाल की राजनीतिक व्यवस्था में भागीदारी का निर्णय किया। नेपाली राजनीतिक दलों ने माओवादियों की मांगों के अनुसार, यह घोषणा की कि संविधान सभा चुनाव के बाद राजतंत्र को समाप्त कर दिया जाएगा। परिणामस्वरूप 28 मई, 2008 को नेपाल में राजतंत्र का अंत कर दिया गया तथा नेपाल एक लोकतंत्रीय गणतंत्र बन गया।

नेपाल में वर्ष 2012 में नेपाली माओवादी दल में विभाजन हो गया और पुष्पकमल दहल (प्रचंड) से अलग होकर मोहन वैद्य (किरण) ने अलग दल का निर्माण किया। किरण ने भारत का प्रबल विरोध किया और यह कहा कि नेपाल में संविधान न बनने के लिए भारत उत्तरदायी है। उन्होंने प्रचंड के ऊपर आरोप लगाया कि वे भारत से मिल गए हैं तथा उन्होंने यह भी संकेत दिया कि वे नेपाल में हिंसक क्रांति द्वारा व्यवस्था बदलेंगे, जिससे नेपाल में पुनः आंतरिक संकट गहरा हो गया। यह उल्लेखनीय है कि नेपाल, भारत के ऊपर भौगोलिक एवं आर्थिक रूप में निर्भर है। इसलिए कोई भी दल यदि सरकार संचालित करेगा, तो उसे भारत से बेहतर संबंध का निर्माण करना होगा। लेकिन जब तक ये दल विपक्ष में रहते हैं, तब तक भारत विरोध इनका मुख्य मुद्दा होता है, लेकिन माओवादी दल के नेता प्रचंड ने चीन और भारत के साथ बेहतर संबंध निर्मित करने की पहल भी की है।

माओवादी समस्या

लोकतांत्रिक सरकार आम लोगों की आशाओं को पूर्ण करने में विफल रही, जिससे नेपाल में माओवादियों को अपना प्रभाव बढ़ाने का अवसर प्राप्त हुआ और नेपाल में वर्ष 1996 तक माओवादी अत्यधिक प्रभावी हो गए। माओवादियों के प्रभावी होने से भारत-नेपाल संबंध भी प्रभावित हुए। वर्ष 1990 के बाद के शीत युद्धोत्तर युग में नेपाल में माओवाद के बढ़ते प्रभाव से भारतीय सुरक्षा के लिए नई चुनौती उत्पन्न हुई, क्योंकि माओवादियों का दृष्टिकोण भारत विरोधी रहा है।

भारत के लिए समस्याएं

- माओवादियों का झुकाव चीन के प्रति ज्यादा माना जाता है।
- माओवादियों का ऐसा मानना है कि भारत एक साम्राज्यवादी शक्ति है, और नेपाल के संसाधनों का प्रयोग अपने हितों के लिए कर रहा है।
- माओवादी वर्ष 1950 की भारत-नेपाल संधि को समाप्त करने की मांग कर रहे हैं। ये गोरखाओं के भारतीय सेना में भर्ती के भी विरोधी हैं। इन्होंने भारत-नेपाल के बीच जल समझौतों का भी विरोध किया। माओवादी, भारत विरोध को ग्रामीणों तक पहुंचा रहे हैं।
- नेपाली और भारतीय माओवादियों के बीच संबंध बन रहे हैं।
- वर्ष 2012 में माओवादी दल का विभाजन हो गया और माओवादी दल के नेता किरण वैद्य ने अपना अलग दल बना लिया। उनका यह कहना है कि वे नेपाल की चुनावी प्रणाली में भाग नहीं लेंगे और वे हिंसक संघर्ष जारी रखेंगे। किरण वैद्य भारत के बड़े आलोचक हैं। किरण वैद्य के अनुसार, 'प्रचंड भारत से मिलकर कार्य कर रहे हैं। यह उल्लेखनीय है कि नेपाल में जब भी कोई दल सरकार का निर्माण करता है, तो उसका भारत के साथ संबंध बनाना अनिवार्य हो जाता है।'

नवीन संविधान का क्रियान्वयन

वर्ष 2013 में नेपाल में संविधान सभा का दूसरा निर्वाचन आयोजित हुआ और अनेक मतभेदों के बावजूद वर्ष 2015 में नेपाल में नवीन संविधान के निर्माण का कार्य पूर्ण हो गया तथा (सितंबर, 2015) इसे लागू कर दिया गया। इस संविधान के अनुसार, नेपाल में संसदीय, संघात्मक, पंथनिरपेक्ष शासन प्रणाली को अपनाया गया है। संविधान में मूल अधिकारों एवं मूल कर्त्तव्यों का प्रावधान है और इसमें स्थानीय शासन का भी उल्लेख है तथा नवीन संविधान में सात प्रांतों का निर्माण किया गया है।

मधेशी समस्या

नेपाल के दक्षिणी भाग (तराई क्षेत्र) में रहने वाले लोगों को मधेशी कहा जाता है। मधेशी क्षेत्र भारत की सीमा से लगता है। मधेशियों में भारतीय मूल के मधेशी और नेपाली मधेशी भी हैं। नेपाल की जनसंख्या का लगभग 40 प्रतिशत से अधिक हिस्सा इस भाग में निवास करता है। नेपाल के कृषि उत्पादन का 65 प्रतिशत तथा नेपाल के कुल राजस्व का 76 प्रतिशत भाग इसी क्षेत्र से प्राप्त होता है। मधेशी मैथिली, भोजपुरी एवं हिंदी भाषा बोलते हैं। इसलिए इनके सांस्कृतिक और वैवाहिक संबंध भारतीयों से हैं।

मधेशियों के साथ अनेक प्रकार के भेदभाव हुए। उदाहरण के लिए, वर्ष 1964 के नागरिकता अधिनियम के अनुसार, मधेशियों को नागरिकता के सर्टिफिकेट से वंचित कर दिया गया, जिससे उन्हें नेपाल में भूमि खरीदने के अधिकार से भी वंचित होना पड़ा। मधेशियों के अनुसार, मधेशी क्षेत्र का विकास नेपाल के पहाड़ी क्षेत्र की तुलना में अत्यधिक कम हुआ है। मधेशी यह भी मानते हैं कि भारत का दृष्टिकोण सदैव काठमांडू केंद्रित होता है और भारत भी मधेशियों के हितों की उपेक्षा करता है। मधेशियों का सांस्कृतिक एवं भौगोलिक संबंध भारत से जुड़ा हुआ है और नेपाल में मधेशियों द्वारा सदैव अपने लिए समान सुविधाओं की मांग की गई, जबकि नेपाल सरकार, मधेशियों को भारत समर्थक मानती है। माओवादियों और मधेशियों के बीच भी हिंसक संघर्ष हो चुके हैं। माओवादियों ने आरोप लगाया कि मधेशियों को भारत उकसाता है। इससे यह प्रतीत होता है कि पड़ोसी देशों की आंतरिक समस्याएं ही भारत विरोध का कारण बन जाती हैं।

मधेशियों का विरोध

संविधान के निर्माण के बाद मधेशियों द्वारा संवैधानिक प्रावधानों को भेदभावपूर्ण माना गया। मधेशियों ने अपने लिए दो प्रांतों के निर्माण की मांग की, क्योंकि नेपाल के 75 जनपदों में से 22 जनपदों में मधेशियों की बड़ी आबादी है और 5 जनपदों में मधेशियों का एकतरफा बहुमत है, परंतु राज्यों के निर्माण के दौरान मधेशी बहुमत वाले जनपदों को पहाड़ी क्षेत्रों के साथ जोड़ दिया गया। प्रत्येक राज्य में पहाड़ी, मैदानी तथा तराई क्षेत्रों को शामिल किया गया, जबकि मधेशी तराई क्षेत्रों के लिए अलग मधेशी राज्य के निर्माण की मांग कर रहे थे।

संविधान में संसद की सीटों के परिसीमन के लिए भू-भाग को आधार बनाया गया। जबकि मधेशियों ने जनसंख्या के अनुसार संसदीय क्षेत्रों के परिसीमन का समर्थन किया। संविधान में उच्च सदन में प्रत्येक राज्य को समान प्रतिनिधित्व दिया गया, जबकि मधेशियों ने जनसंख्या के आधार पर प्रतिनिधित्व की मांग की। मधेशियों द्वारा नेपाल के प्रशासन, सैन्य व्यवस्था तथा संसद में मधेशियों के लिए आरक्षण की मांग भी उठाई गई। वर्तमान संविधान में यह प्रावधान है कि जिन नेपाली नागरिकों के माता-पिता भी नेपाली हैं, उन्हें ही राष्ट्रपति, प्रधानमंत्री जैसे संवैधानिक पदों पर नियुक्त किया जाएगा। जबकि मधेशियों के माता-पिता नेपाल के नागरिक नहीं हैं। संविधान के उपरोक्त प्रावधानों को भेदभावपूर्ण कहा गया, जिसका मधेशियों ने हिंसक विरोध किया तथा भारत-नेपाल के बीच आवागमन के मार्ग को भी अवरुद्ध कर दिया। नेपाल ने यह आरोप लगाया कि भारत द्वारा पारगमन मार्ग रोका गया है। नेपाल द्वारा चीन के साथ निकटता बनाने का प्रयत्न किया गया तथा चीन-नेपाल के बीच रेलमार्ग बिछाने का भी समझौता हो गया है। नेपाल ने चीन से तेल का आयात भी आरंभ कर दिया है, जिसके लिए पहले नेपाल केवल भारत पर निर्भर था। भारत के अनुसार, यह नेपाल की आंतरिक समस्या है और नेपाल अपनी आंतरिक समस्या से ध्यान भटकाने के लिए भारत विरोध को बढ़ावा दे रहा है। वर्ष 2014 में भारतीय प्रधानमंत्री द्वारा 17 वर्षों बाद नेपाल की यात्रा की गई तथा वर्ष 2015 में नेपाल में भयंकर भूकंप के बाद भारत ने "ऑपरेशन मैत्री" के अंतर्गत नेपाल की बड़ी सहायता की, परंतु मधेशी समस्या के बाद नेपाल में पुनः भारत विरोध अत्यधिक प्रभावी बन गया।

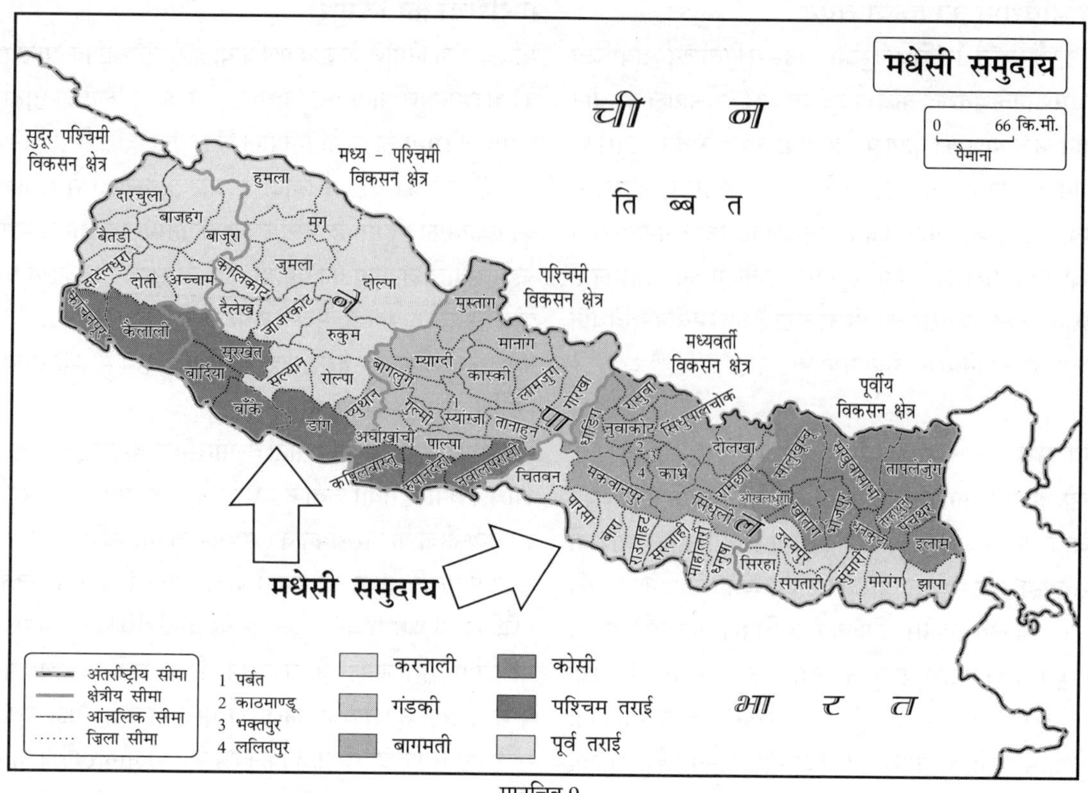

मानचित्र 9

नृजातीय समस्या एवं भारत पर प्रभाव

नेपाल की आंतरिक समस्या सीधे भारत-नेपाल संबंधों को प्रभावित करती है, क्योंकि नेपाली सरकार का तर्क है कि मधेशी आंदोलन भारत द्वारा समर्थित हैं जबकि भारत का कहना है कि नेपाल की इस समस्या से भारत प्रभावित हो रहा है, क्योंकि भारत-नेपाल के बीच मुक्त सीमा है जिसका फायदा उठाकर भारत विरोधी ताकतें भारत में अस्थिरता उत्पन्न करने का प्रयास करती हैं। मधेशियों के पारिवारिक संबंध भारत से हैं इसलिए नेपाल में मधेशियों के साथ भेदभाव का विरोध भारतीय भी करते हैं। भारतीय सरकार पर नेपाल के प्रति कठोर दृष्टिकोण अपनाने के लिए दबाव का प्रयोग करते हैं।

पहला संविधान संशोधन, 2016

नेपाल में विद्यमान इस गतिरोध को देखते हुए नेपाली सरकार ने पहला संविधान संशोधन किया और संसद में जनसंख्या के आधार पर सीटों का निर्धारण किया गया। सरकार ने मधेशी समुदाय के लोगों के लिए शासन तथा सेना में उचित प्रतिनिधित्व देने का प्रावधान किया। परंतु मधेशी अभी भी अपने लिए दो प्रांतों के निर्माण की मांग कर रहे हैं। भारत द्वारा नेपाल के पहले संविधान संशोधन को सकारात्मक कहा गया।

आर्थिक संबंध

भारत की स्वतंत्रता के बाद से ही भारत द्वारा नेपाल के आर्थिक विकास में पूर्ण सहायता प्रदान की गई तथा नेपाल की अधिकांश आधारभूत संरचनाओं का निर्माण भारत के सहयोग द्वारा किया गया और नेपाल के सैनिकों को भी भारत द्वारा प्रशिक्षण दिया गया। वर्तमान में भारत नेपाल का सबसे बड़ा व्यापारिक भागीदार है तथा भारत द्वारा ही नेपाल में सर्वाधिक FDI किया जाता है। नेपाल की वस्तुओं को भारत में शुल्क मुक्त रूप में आयातित करने की सुविधा प्रदान की गई। भारत ने नेपाल की वस्तुओं के आयात

के लिए भारतीय भू-भाग से होकर पारगमन की सुविधा प्रदान की, क्योंकि नेपाल की वस्तुओं का आयात कोलकाता पत्तन द्वारा होता है। भारत-नेपाल के मध्य व्यापार का आधार वर्ष 1996 में संपन्न व्यापार संधि है, जिसे वर्ष 2009 में संशोधित किया गया। इस संधि में वरीयता व्यापार, प्रक्रियाओं का सरलीकरण, सीमा शुल्क, तकनीकी के बारे में प्रावधान हैं तथा इसमें व्यापार संबंधित समस्याओं हेतु संयुक्त कमेटी के गठन का भी प्रावधान है। भारत ने नेपाल के साथ महाकाली परियोजना के समझौते पर भी हस्ताक्षर किए, जिसके अंतर्गत भारत में महाकाली नदी पर बांध बनाकर बिजली उत्पादन के लिए निवेश किया गया। वर्तमान समय में नेपाल में चल रही अस्थिरता के कारण आर्थिक स्थिति अत्यधिक बदतर हो गई है।

मित्रता एवं शांति की संधि के मूल प्रावधान

भारत एवं नेपाल के बीच मित्रतापूर्ण संबंधों का आधार वर्ष 1950 की संधि में विद्यमान है, जो दोनों देशों के बीच के विशिष्ट संबंधों का उदाहरण है। इस संधि के अनुसार, दोनों देशों के बीच लोगों के मुक्त आवागमन की सुविधा प्रदान की गई तथा दोनों देश सुरक्षा के मुद्दे पर एक-दूसरे का सहयोग करेंगे। नेपाल, दुनिया के किसी भी देश से हथियार खरीदने से पहले भारत से परामर्श करेगा और दोनों देशों के नागरिकों को दोनों देशों (भारत-नेपाल) में कार्य करने की अनुमति होगी। विदेश नीति के मुद्दे पर भी वे एक-दूसरे का सहयोग करेंगे।

नेपाल की आपत्ति

यह संधि वर्ष 1950 में संपन्न की गई थी, जब नेपाल में राजा का शासन था। वर्तमान में नेपाल एक गणतांत्रिक राज्य बन चुका है, इसलिए नेपाल में बड़ा परिवर्तन हो चुका है और नेपाल द्वारा संधि के पुनरावलोकन की मांग की जा रही है। नेपाल के अनुसार, यह संधि नेपाल की स्वतंत्रता एवं संप्रभुता के विपरीत है, क्योंकि नेपाल को हथियार खरीदने से पहले भारत से परामर्श की अपेक्षा की गई है। नेपाल के अनुसार, इस संधि द्वारा नेपाल, भारत से बंध गया है। इस संधि से भारत को लाभ है, नेपाल को नहीं।

वर्ष 1965 की हथियारों से संबंधित संधि, जो एक प्रकार से वर्ष 1950 की संधि का ही विस्तार है और इस संधि में यह प्रावधान है कि नेपाल, भारत से ही हथियार खरीदेगा और यदि दूसरे देशों से हथियार खरीदता है, तो नेपाल को भारत की पूर्व अनुमति लेनी होगी।

नेपाल को लाभ

वर्तमान समय में 50 लाख नेपाली भारत में काम कर रहे हैं तथा लगभग छह लाख भारतीय नेपाल में रह रहे हैं। भारत सरकार द्वारा भारतीय सेना से अवकाश प्राप्त एक लाख से ज्यादा गोरखा सैनिकों को पेंशन प्रदान किया जा रहा है। भारतीय सेना में गोरखा रेजीमेंट के माध्यम से नेपालियों को बेहतर रोजगार प्राप्त है। भारत की कई सेवाओं में नेपालियों को भी प्रवेश का अधिकार है।

भारत का तर्क

भारत के अनुसार, यह संधि भारत-नेपाल के मित्रतापूर्ण संबंध का बड़ा प्रमाण है। भारत का मानना है कि नेपाल ने कभी स्पष्ट रूप में नहीं कहा कि संधि के किस भाग को बदला जाए। भारत इस संधि के पुनरावलोकन हेतु तैयार है, लेकिन यह स्पष्ट नहीं है कि नेपाल संधि का पूर्ण पुनरावलोकन चाहता है, या आंशिक पुनरावलोकन करना चाहता है।

कालापानी विवाद

भारत और नेपाल के मध्य 1,850 किमी. लंबी सीमा है। अतः सामान्यतः भारत और नेपाल के मध्य सीमा विवाद नहीं है, यदि केवल कालापानी क्षेत्र को अपवाद मान लिया जाए। इस क्षेत्र के विवाद को शीघ्रतया हल करने की कोशिश की जा रही है और यह कालापानी का क्षेत्र भू-सामरिक रूप में महत्त्वपूर्ण है क्योंकि भारत, चीन और नेपाल तीनों की सीमा यहां मिलती है और लगभग 372 वर्ग किमी. का यह क्षेत्र विवादास्पद है। भारत-नेपाल विवाद का मूल कारण राजनीतिक है क्योंकि नेपाली मार्क्सवादी नेता के.पी. शर्मा ओली ने भारत विरोधी विचारों को प्रभावी रूप से आगे बढ़ाया तथा भारत-चीन के बीच उत्पन्न होने वाले डोकलाम विवाद पर नेपाल द्वारा तटस्थ दृष्टिकोण अपनाया गया। इसी क्षेत्र से कैलाश मानसरोवर की यात्रा भी की जाती है। सीमा विवाद से जुड़ा एक अन्य पहलू सीमा के नियंत्रण से भी है, क्योंकि भारत और नेपाल के बीच मुक्त सीमा है, जहां संप्रति पाकिस्तान द्वारा प्रायोजित आतंकवादी तत्त्वों की गतिविधियां बढ़ रही हैं। पाकिस्तान, नेपाल और बांग्लादेश दोनों की भूमि को भारत के विरुद्ध छद्म युद्ध के लिए प्रयुक्त कर रहा है।

भारत एवं नेपाल की पश्चिमी सीमा का निर्धारण 1816 की सुगौली की संधि के तहत किया गया है। इसके तहत भारत-नेपाल की सीमा महाकाली नदी द्वारा निर्धारित होती है, जिसे

शारदा नदी भी कहा जाता है। यह विवाद उस समय उत्पन्न हुआ है जब भारत सरकार द्वारा वर्ष 2019 में एक नवीन मानचित्र प्रकाशित किया गया, जिसमें कालापानी क्षेत्र को उत्तराखंड के पिथौरागढ़ जनपद के अंतर्गत प्रदर्शित किया गया। समस्या का मूल कारण महाकाली नदी अथवा काली नदी के उद्गम को लेकर है। भारत का तर्क है कि महाकाली नदी कालापानी से निकलती है, जबकि नेपाल का तर्क है कि महाकाली नदी लिंपियाधुरा से निकलती है।

कालापानी का भू-भाग सामरिक रूप में अत्यधिक महत्त्वपूर्ण है, जो नेपाल, भारत एवं चीन के त्रिकोण पर स्थित है और जहां लिपुलेख दर्रा भी है, जिसका अत्यधिक सामरिक महत्त्व है। नेपाल द्वारा सीमा विवाद उस समय उठाया गया है, जब चीन-भारत के बीच तनाव कायम है एवं अनुच्छेद 370 की समाप्ति के बाद पाकिस्तान का दृष्टिकोण भारत के प्रति पहले से ही आक्रामक है। कालापानी विवाद इस बात का प्रमाण है कि छोटे पड़ोसी देशों में राष्ट्रवाद उत्पन्न करने के लिए और राजनीतिक रूप में अपनी स्थिति सुदृढ़ करने के लिए भारत विरोध उत्पन्न किया जाता है, इसलिए मूल समस्या भू-भाग नहीं है, अपितु राजनीतिक है।

जल परियोजना पर सहयोग

भारत, विश्व का तीसरा सबसे बड़ा तेल आयातक देश है और 'मेक इन इंडिया' के कार्यक्रम को सफल बनाने के लिए भारत को विशाल ऊर्जा संसाधनों की आवश्यकता है, जबकि नेपाल जल विद्युत क्षमता से संपन्न देश है। भारत एवं नेपाल के बीच जल संसाधन क्षेत्र में सहयोग की व्यापक संभावनाएं हैं। नेपाल के पास 83,000 मेगावाट जल विद्युत ऊर्जा क्षमता विद्यमान है तथा इस क्षेत्र में दोनों देशों के मध्य सहयोग के अनेक आधार हैं।

नेपाल में महाकाली, करनाली, कोसी और गंडक जैसी बड़ी नदियां हैं, जिनकी जल विद्युत की क्षमता लगभग 40-43 हजार मेगावाट की है। वर्तमान समय में नेपाल केवल 600 मेगावाट जल विद्युत का ही उत्पादन कर रहा है। इसलिए भारत और नेपाल के बीच जल विद्युत के क्षेत्र में सहयोग की असीम संभावनाएं हैं। वर्तमान समय में नेपाल, भारत से बिजली का आयात कर रहा है। भारत एवं भूटान के बीच जल विद्युत उत्पादन के लिए प्रभावी सहयोग हो रहा है, जिससे भूटान को अत्यधिक लाभ प्राप्त हो रहा है तथा नेपाल इस उदाहरण से सीख सकता है।

जल विद्युत के मुद्दे पर होने वाले सहयोग

- शारदा बांध, वर्ष 1927
- कोसी समझौता, वर्ष 1954
- गंडक समझौता, वर्ष 1959
- टनकपुर समझौता, वर्ष 1991
- महाकाली संधि, वर्ष 1996 पंचेश्वर समझौता।

नेपाल को लाभ

नेपाल को पर्याप्त मात्रा में बिजली प्राप्त होगी तथा भारत द्वारा नेपाल को बिजली के बदले आर्थिक भुगतान किए जाएंगे। वर्तमान समय में नेपाल गहरे आर्थिक संकट से जूझ रहा है। इसलिए उसके लिए यह अत्यधिक लाभकारी है। नेपाल का भारत के साथ व्यापार में व्यापारिक घाटा भी कम होगा, क्योंकि भारत-नेपाल द्विपक्षीय व्यापार में नेपाल को गहरा व्यापारिक घाटा है।

समस्या

महाकाली समझौता वर्ष 1996 में हुआ, लेकिन वर्तमान समय में भी यह क्रियान्वित नहीं हो पा रहा है। नेपाल द्वारा विशेषकर माओवादी इस समझौते को नेपाल के हितों के प्रतिकूल मान रहे हैं। नेपाल की मांग है कि बांध से बनने वाली बिजली का विभाजन भारत और नेपाल के बीच आधा-आधा होना चाहिए। नेपाल का यह भी तर्क है कि बिजली की कीमत नेपाल का बिजली बोर्ड तय करेगा। वर्ष 2014 में प्रधानमंत्री मोदी की पहली नेपाल यात्रा के दौरान जल विद्युत क्षेत्र में सहयोग को क्रियान्वित करने का समझौता किया गया था। वर्ष 2018 में प्रधानमंत्री मोदी की नेपाल यात्रा के दौरान, अरुण-III परियोजना की आधारशिला रखी गई। यह 300 मेगावाट क्षमता वाली जल विद्युत परियोजना है जिसका निर्माण सतलुज जल विद्युत निगम द्वारा किया जाएगा, जिससे यह प्रतीत होता है कि भारत-नेपाल के आर्थिक हित एक-दूसरे के पूरक हैं।

चीन के नेपाल में हित

चीन द्वारा नेपाल तक रेल लाइन बिछाने के प्रस्ताव से चीन और नेपाल के बीच भौगोलिक दूरी को निकट बनाने में सहायता मिलेगी। नेपाल में तिब्बती शरणार्थी बड़ी मात्रा में रहते हैं और चीन इन

शरणार्थियों पर नियंत्रण के लिए नेपाल के साथ मित्रतापूर्ण संबंध बनाए रखना चाहता है। नेपाल की सीमा तिब्बत से मिलती है और तिब्बत, चीन के लिए लगातार सुरक्षा चुनौतियों को बढ़ाता है। नेपाल के साथ व्यापार बढ़ाना चीनी सरकार की बड़ी प्राथमिकता है। नेपाल के साथ बेहतर संबंधों द्वारा चीन, भारत पर भी दबाव बनाना चाहता है। चीन द्वारा नेपाल को भारी आर्थिक सहायता दी जा रही है तथा नेपाल के आधारभूत संरचना के विकास में भी चीन का बड़ा योगदान है। नेपाल के समर्थन के कारण चीन को दक्षेस में पर्यवेक्षक राज्य का दर्जा दिया गया और नेपाल, चीन के साथ संबंधों को बेहतर करके भारत पर अपनी निर्भरता कम करना चाहता है।

पाकिस्तान-नेपाल संबंध

पाकिस्तान के लिए नेपाल का वही महत्त्व है, जो भारत के लिए अफगानिस्तान का है। पाकिस्तान द्वारा प्रायोजित आतंकवादी गतिविधियां नेपाल की भूमि से संचालित की जाती हैं। नेपाल के तराई क्षेत्रों में बनने वाले मदरसों द्वारा पाकिस्तान, भारत विरोधी गतिविधियों को बढ़ावा देता है। नेपाल में परंपरागत रूप से भारत विरोधी गतिविधियां चल रही हैं तथा पाकिस्तान इसे और बढ़ावा देता है। कश्मीर से पाकिस्तान जाने वाले आतंकवादी नेपाल के मार्ग से पुनः भारत में प्रवेश कर जाते हैं। यह उल्लेखनीय है कि भारत और नेपाल के बीच मुक्त सीमा का प्रावधान है, जिसका पाकिस्तान द्वारा लाभ उठाया जाता है। वर्तमान में भारत में आतंकवादी गतिविधियों में संलग्न अनेक संगठन और व्यक्ति नेपाल में शरण ले रहे हैं।

भारतीय विकल्प

• आर्थिक सहायता

नेपाल को आर्थिक विकास के लिए भारत द्वारा ज्यादा से ज्यादा आर्थिक सहायता प्रदान की जानी चाहिए और जल विद्युत परियोजनाओं के समझौते को क्रियान्वित करने के लिए भारत को निरंतर प्रयत्न करना चाहिए।

• पीपल टू पीपल कॉन्टेक्ट (People to People Contact)

नेपाल में विद्यमान भारत विरोधी प्रवृत्तियों को कम करने हेतु लोगों के आदान-प्रदान को बढ़ावा दिया जाए, विशेषतः मीडियाकर्मी व छात्रों के आदान-प्रदान को। प्रधानमंत्री मोदी ने नेपाली संविधान सभा को संबोधित करते हुए कहा भारत, नेपाल को स्थायी रूप में संप्रभु देखना चाहता है।

• कनेक्टिविटी

नेपाली प्रधानमंत्री के.पी. शर्मा ओली की वर्ष 2018 में यात्रा के दौरान भारत द्वारा काठमांडू तक रेल संपर्क निर्मित करने की घोषणा की गई जिससे चीन द्वारा काठमांडू तक बिछाई जाने वाली रेल परियोजना का प्रभावी जवाब दिया जा सके और चीन के बढ़ते प्रभाव को भी संतुलित किया जा सके।

भारत द्वारा मधेशी क्षेत्र में रेल का विकास किया जा रहा है तथा भारत और काठमांडू के बीच रेल लाइन बिछाने का समझौता हुआ है। इसके अलावा मोतीहारी जनपद और नेपाल के अमलेखगंज के बीच 69 किलोमीटर की तेल पाइप लाइन बिछाई गई है, जिससे कि नेपाल को सस्ती और अबाध रूप में ऊर्जा आपूर्ति बनाए रखी जाए, क्योंकि भारत-नेपाल सीमा पर होने वाले तनाव से नेपाल की ऊर्जा आपूर्ति बाधित होती है। भारत द्वारा कनेक्टिविटी के विकास से नेपाल में चीन के बढ़ते प्रभाव को नियंत्रित किया जा सकता है।

नेपाल की राजनीतिक अस्थिरता

वर्ष 1990 के बाद नेपाल में लोकतंत्र की बहाली के बाद नेपाल में लगातार राजनीतिक अस्थिरता बनी हुई है। नेपाल की इस राजनीतिक अस्थिरता से नेपाल का आर्थिक विकास बुरी तरह प्रभावित हुआ है और जनता अत्यधिक निराश है। लोकतांत्रिक प्रणाली लागू होने के बाद गत 16 वर्षों में नेपाल में 14 बार सरकारें (जुलाई 2024 तक) बदल चुकी हैं। नेपाल अपनी इस आंतरिक समस्या से ध्यान भटकाने के लिए भारत विरोध का मुद्दा और प्रभावी बनाने का प्रयत्न करता है।

कोविड-19 के दौर में राजनीतिक अस्थिरता

एक ओर नेपाल कोविड की स्वास्थ्य समस्या से जूझ रहा था तो राजनीतिक अस्थिरता ने इस समस्या को और बढ़ा दिया। वर्ष 2021 में नेपाल की संसद को राष्ट्रपति द्वारा दो बार भंग किया गया और नेपाल का राजनीतिक भविष्य अत्यधिक समस्याग्रस्त हो गया। पड़ोसी देशों में राजनीतिक अस्थिरता से भारत विरोध में वृद्धि होती है और के.पी. शर्मा ओली द्वारा भारत विरोध बढ़ाकर स्वयं को राजनीतिक रूप में शक्तिशाली बनाने का प्रयास किया गया, जिसके परिणामस्वरूप नेपाल द्वारा कालापानी विवाद उठा दिया गया।

नेपाल की मुखर विदेश नीति

(Assertive Foreign Policy)

नेपाल के प्रधानमंत्री के.पी. शर्मा ओली द्वारा यह स्पष्ट कहा गया कि नेपाल के लिए भारत का अत्यधिक महत्त्व है लेकिन वे चीन के साथ भी संबंधों को सुदृढ़ बनाएंगे। यह उल्लेखनीय है कि वर्तमान में नेपाल में आधारभूत संरचना के विकास के लिए सर्वाधिक सहायता चीन द्वारा प्रदान की जा रही है। नेपाल में अर्थव्यवस्था अत्यधिक खराब है और नेपाल में पर्यटन को बढ़ावा देने के लिए आधारभूत संरचना का विकास आवश्यक है। अतः नेपाल, चीन एवं भारत के साथ संबंधों में अलगाव स्थापित कर रहा है।

भारत के समक्ष चुनौती

भारत-नेपाल के संबंध राष्ट्रीय हितों पर आधारित हैं। नेपाल, एक भूमि आबद्ध देश है, जिसकी 1,850 किमी. लंबी सीमा भारत के साथ साझी है। इसलिए भौगोलिक रूप में नेपाल के लिए भारत का अन्य विकल्प नहीं हो सकता तथा नेपाल का 60 प्रतिशत व्यापार भारत के साथ होता है। नेपाल के जल संसाधन का प्रयोग भारत की ऊर्जा सुरक्षा के लिए महत्त्वपूर्ण है। नेपाल में 83,000 मेगावाट जल विद्युत उत्पादन की क्षमता है तथा नेपाल की आवश्यकता की मूलभूत वस्तुओं का निर्यात भी भारत से होता है। नेपाल के चीन की सीमा पर स्थित होने से इसका भारतीय सुरक्षा के लिए अत्यधिक महत्त्व है। इसलिए भारत, नेपाल में प्रत्येक दल के साथ संबंध बेहतर बनाने के लिए प्रयत्नशील है तथा भारत को भी नेपाल के विकास में योगदान करना चाहिए। वर्तमान समय में भारत, नेपाल की आधारभूत संरचना, स्वास्थ्य, शिक्षा और ग्रामीण विकास में सहायता प्रदान कर रहा है। यह सतर्कता भी बरती जाए कि भारत, नेपाल की घरेलू राजनीति में सम्मिलित न हो। नेपाल में माओवादी और गैर-माओवादियों के बीच ध्रुवीकरण बन चुका है तथा पड़ोसी देश अपनी आंतरिक समस्याओं के लिए भारत को दोषी मानते हैं। उदाहरण के लिए, जब नेपाल में मधेशी मोर्चे का विभाजन हुआ, तब माओवादियों ने इसके पीछे भारत का हाथ बताया।

एक विशाल देश होने के कारण भारत के हित अधिक हैं। इसलिए पड़ोसी देशों के प्रतिकूल व्यवहार के बावजूद भी भारत, पड़ोसी देशों को एकतरफा छूट प्रदान करता है। यद्यपि यह भी उल्लेखनीय है कि आतंकवाद और सुरक्षा के मुद्दे पर भारत किसी प्रकार का समझौता करने के लिए तैयार नहीं है।

तीसरा जन आंदोलन

अगस्त 2025 में नेपाल में भ्रष्टाचार एवं सरकार द्वारा सोशल मीडिया पर प्रतिबंध के विरोध में तीसरा जन आंदोलन शुरू हुआ। इसे "जेन-जी आंदोलन" का नाम दिया जा रहा है। इसके परिणामस्वरूप के.पी. शर्मा ओली को प्रधानमंत्री का पद छोड़ना पड़ा और सुशीला कार्की ने अंतरिम प्रधानमंत्री के रूप में शपथ ली। यह आंदोलन नेपाल में पुनः अस्थिरता पैदा कर सकता है। इससे भारतीय हितों पर भी प्रतिकूल प्रभाव पड़ सकता है।

निष्कर्ष

निष्कर्ष स्वरूप हम कह सकते हैं कि भारत-नेपाल संबंध मूलतः मित्रतापूर्ण रहे हैं, लेकिन कभी-कभी मतभेदों के शिकार भी रहे हैं। मुख्य तौर पर चीन को लेकर दोनों देशों के संबंधों में टकराव आया है, लेकिन दोनों देशों की ओर से संयम बरतने से स्थिति में सुधार हो गया। नेपाल के लिए इसका भू-आबद्ध राज्य होना तथा अपनी आवश्यकताओं हेतु भारत पर निर्भर होना सबसे बड़ी मजबूरी है। दूसरी ओर, भारत के लिए नेपाल सामरिक महत्त्व का ऐसा क्षेत्र है, जो चीन और उसके बीच में मध्य राज्य की भूमिका निभा सकता है। अतः भारत, नेपाल से कभी भी अमैत्रीपूर्ण संबंध नहीं रखना चाहेगा। भारत, नेपाल की प्रभुसत्ता तथा अखंडता का सम्मान करता है तथा नेपाल की स्थिर एवं शक्तिशाली स्थिति भारत के राष्ट्रीय हित में है।

अध्याय

5 भारत-भूटान

India-Bhutan

● भू-राजनीति ● ऐतिहासिक संबंध ● भूटान में लोकतंत्र ● सैन्य संबंध ● ऊर्जा सुरक्षा ● आंतरिक सुरक्षा ● पड़ोसी पहले की नीति ● चीन और भूटान के संबंध ● भारतीय रणनीति ● नृजातीय संघर्ष ● डोकलाम विवाद ● संबंधों को विविधतापूर्ण बनाने पर बल

भूटान, पूर्वी हिमालय में स्थित एक छोटा-सा देश है। भूटान की जनसंख्या में बौद्ध धर्मावलंबियों का बहुमत (लगभग 75 प्रतिशत) है। भूटान की सुरक्षा, विदेश नीति या बाह्य मामलों का दायित्व मूलतः भारत पर ही है।

भू-राजनीति (Geo-Politics)

उत्तर-पूर्वी राज्यों के सीमावर्ती होने और चीन के साथ भौगोलिक निकटता के कारण भूटान का भारत के लिए विशेष महत्त्व है। यह उल्लेखनीय है कि वर्ष 1949 में चीन में साम्यवादी सरकार की

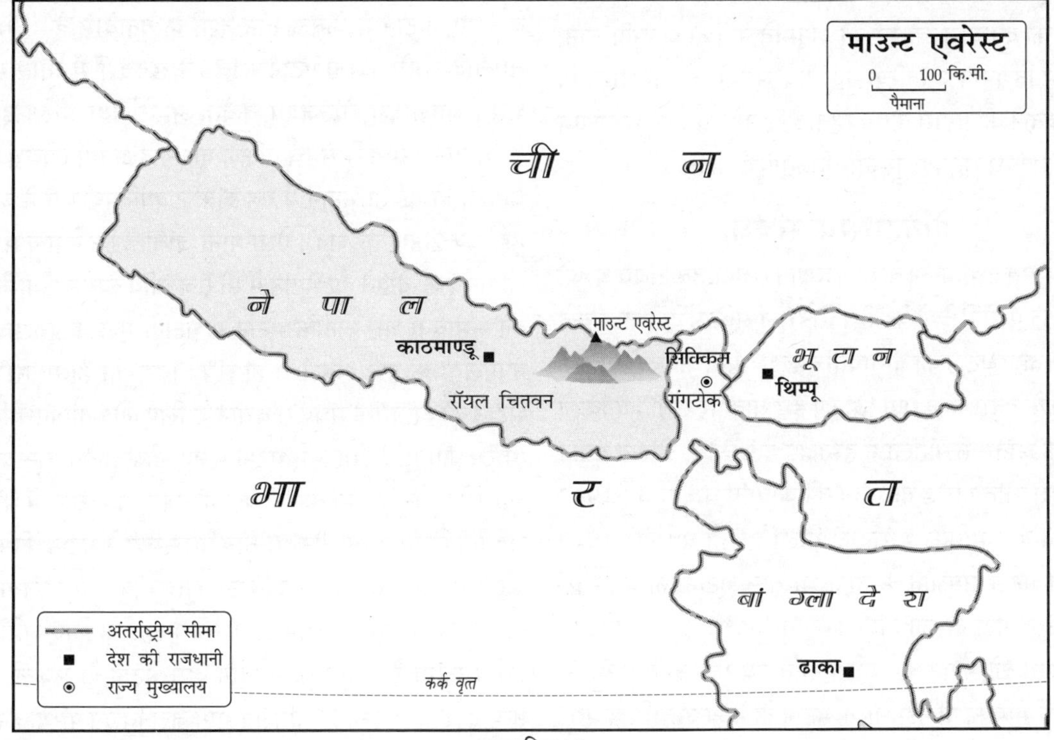

मानचित्र 10

स्थापना हुई तथा इसी समय चीन द्वारा तिब्बत पर नियंत्रण स्थापित कर लिया गया। परिणामतः भारत के लिए भूटान, सिक्किम और नेपाल तीनों का महत्त्व अत्यधिक बढ़ गया। भारतीय सुरक्षा संरचना के अंतर्गत इन हिमालयी राज्यों की सुरक्षा अत्यधिक महत्त्वपूर्ण है। यह नीति ब्रिटिश भारत के समय से ही संचालित है। यह उल्लेखनीय है कि नेपाल, भूटान और सिक्किम तीनों की वैधानिक प्रकृति में भिन्नता है, क्योंकि नेपाल पूर्णतः एक संप्रभु देश है, जबकि आरंभ में सिक्किम एक संरक्षित प्रांत था, जिसका वर्ष 1975 में भारत में विलय हो गया। भूटान, एक स्वतंत्र देश है, जो संयुक्त राष्ट्र संघ का सदस्य भी है।

चीन के नेता माओ ने अपनी एक मान्यता में यह प्रतिपादित किया कि 'चीन हाथ है तथा तिब्बत हथेली, जिसकी पांच अंगुलियां (लद्दाख, नेपाल, भूटान, सिक्किम व अरुणाचल प्रदेश) हैं।' वर्ष 1962 के भारत-चीन युद्ध के बाद, चीन द्वारा भारत विरोधी नीति के परिणामस्वरूप चीन की नेपाल में बढ़ती सक्रियता के कारण भूटान का महत्त्व निर्विवाद रूप में देखा गया तथा चीन ने लगातार यह प्रयत्न किया कि वह भूटान में अपने दूतावास खोल सके। परंतु भूटान द्वारा यह स्पष्ट कहा गया है कि जब तक भूटान एवं चीन के बीच के सीमा विवाद हल नहीं होंगे, तब तक भूटान में चीन को दूतावास खोलने की अनुमति नहीं दी जाएगी। चीन, भूटान में विद्यमान आंतरिक नृजातीय संघर्षों को भी भारत के विरुद्ध बताने का प्रयास करता रहता है। इसके बावजूद भारत एवं भूटान के संबंध सदैव मधुर और मित्रतापूर्ण रहे हैं।

ऐतिहासिक संबंध

ब्रिटिश भारत तथा भूटान के मध्य विशेष राजनीतिक संबंध थे, जो वर्ष 1865 में दोनों देशों के बीच सिनचुलु संधि में देखे जा सकते हैं। इसके तहत भूटान को सीमावर्ती कुछ भू-भागों के बदले वार्षिक अनुदान के करार किए गए। ब्रिटिश इस बात पर राजी हुए कि वे भूटान के आंतरिक मामलों में हस्तक्षेप नहीं करेंगे, लेकिन भूटान की विदेश नीति इंग्लैंड द्वारा तय की जाएगी। बाद में वर्ष 1947 के पश्चात् यही भूमिका भारत को मिली एवं दो वर्ष बाद 1949 में भारत-भूटान समझौते के तहत भारत ने भूटान की वह सारी जमीन उसे लौटा दी, जो अंग्रेजों के अधीन थी। इस समझौते के तहत भारत को भूटान की विदेश नीति एवं रक्षा नीति में काफी महत्त्वपूर्ण भूमिका दी गई। भारत-भूटान के मध्य अत्यधिक मधुर एवं मित्रतापूर्ण संबंध बने हुए हैं। भारत और भूटान के बीच आरंभ से ही मधुर और मित्रतापूर्ण संबंध थे और भूटान, दक्षिण एशिया का एक मात्र देश है, जिसका चीन के साथ कूटनीतिक संबंध नहीं है। वर्ष 1962 में भारत-चीन युद्ध के बाद भूटान का महत्त्व भारत के लिए और बढ़ गया तथा भारत और भूटान के बीच औपचारिक कूटनीतिक संबंधों की स्थापना वर्ष 1968 में हुई। वर्ष 1971 में भूटान, संयुक्त राष्ट्र संघ का सदस्य बन गया, जिससे यह स्पष्ट है कि भूटान, एक स्वतंत्र और संप्रभु राज्य है तथा भूटान में राजतंत्रीय शासन विद्यमान था। परंतु वर्ष 2006 में भूटान ने संवैधानिक राजतंत्र को स्वीकार कर लिया तथा भूटान राजतंत्रीय शासन से शांतिपूर्ण रूप में लोकतांत्रिक शासन में परिवर्तित हो गया। भूटान में पहला बहुदलीय लोकतांत्रिक चुनाव वर्ष 2008 में हुआ और भारत-भूटान के बीच संबंध और प्रगाढ़ हुए।

भूटान में लोकतंत्र

वर्ष 2008 में भूटान में लोकतंत्र की बहाली हुई। यह बिंदु उल्लेखनीय है कि भूटान में लोकतंत्र का यह परिवर्तन शांतिपूर्ण रूप में हुआ, जिसमें भारत की निर्णायक भूमिका थी। भूटान और भारत के बीच मधुर राजनीतिक संबंध बने हुए हैं। उदाहरण के लिए, भूटान में केवल तीन देशों के दूतावास हैं— भारत, बांग्लादेश और कुवैत। भूटान के विश्व के छह देशों में दूतावास हैं– भारत, बांग्लादेश, बेल्जियम, कुवैत, ऑस्ट्रेलिया और थाईलैंड।

वर्तमान समय में समूचे दक्षिण एशियाई क्षेत्र में लोकतंत्र की बहाली हो गई है। भूटान में यह प्रक्रिया शांतिपूर्ण रूप में आरंभ हुई (वर्ष 2004 के बाद)। ऐसा माना जाता है कि नेपाल में चल रहे संघर्ष को देखते हुए भूटान में भी राजतंत्रीय व्यवस्था के विरोध की संभावना थी, क्योंकि भूटान में भूटानी मूल के द्रुकपा और नेपालियों के मध्य पहले से ही संघर्ष विद्यमान है। महाराजा ने भूटान को आंतरिक संघर्ष से बचाने के लिए लोकतांत्रिक प्रक्रिया आरंभ की। मार्च 2008 में भूटान में नए लोकतांत्रिक चुनाव हुए। भारत ने भूटान में लोकतंत्र की बहाली एवं चुनाव कराने में भी पूर्ण सहयोग दिया। तत्कालीन भारतीय प्रधानमंत्री ने भूटान की संसद को संबोधित करते हुए कहा कि लोकतंत्र मात्र चुनाव आयोजित करना नहीं है, बल्कि आम लोगों की भलाई के लिए शक्ति का प्रयोग करना है। भारत के सहयोग द्वारा भूटान के सकल घरेलू उत्पाद (GDP) का 42 प्रतिशत भाग जल विद्युत परियोजनाओं

से प्राप्त होता है। भूटान के पास जल विद्युत संसाधन का बहुत बड़ा भाग है।

सैन्य संबंध

भारत-भूटान के मध्य शांति और मित्रता की संधि नेपाल के समान ही है। भारत-भूटान संबंधों का आधार वर्ष 1949 में हस्ताक्षरित संधि है, जिसमें उल्लिखित है कि भूटान अपनी विदेश नीति का संचालन भारत के निर्देशों के अनुसार करेगा। परंतु भारत, भूटान के आंतरिक मामले में हस्तक्षेप नहीं करेगा तथा साथ ही संधि में यह उल्लेख था कि भूटान, भारत की अनुमति के बिना अन्य देशों से अस्त्र-शस्त्र तथा अन्य हथियार नहीं खरीदेगा। व्यावहारिक रूप में भूटान की सुरक्षा का समूचा दायित्व भारत का है। भारतीय सेनाएं भूटान की सुरक्षा भी करती हैं।

भूटान में लोकतंत्र की बहाली के बाद वर्ष 1949 की मित्रता की संधि में संशोधन किया गया। इससे पहले इस संधि में यह उल्लिखित था कि भूटान की विदेश नीति भारत द्वारा निर्धारित होगी। परंतु वर्ष 2007 में इसे संशोधित करके कहा गया है कि भारत और भूटान आपसी सहायता द्वारा विदेश नीति का निर्माण करेंगे और भूटान को अन्य देशों से हथियार खरीदने की भी अनुमति दे दी गई।

ऊर्जा सुरक्षा (Energy Security)

भारत के तत्कालीन प्रधानमंत्री डॉ. मनमोहन सिंह ने 16-17 मई, 2008 के दौरान भूटान की यात्रा की, जिसमें उन्होंने लोकतांत्रिक ढंग से चुनी हुई संसद के प्रथम अधिवेशन को संबोधित किया। इस यात्रा के दौरान प्रधानमंत्री ने घोषणा की कि वर्ष 2020 तक भारत, भूटान में पनबिजली विकास का लक्ष्य दोगुना करेगा, ताकि भूटान, भारत को 10,000 मेगावाट बिजली का निर्यात कर सके। भारत और भूटान के बीच कायम किए जा रहे प्रथम रेल संपर्क के लिए भारत सरकार सहायता जारी करेगी और भूटान के विद्यार्थियों के लिए प्रतिष्ठित 'नेहरू-वांगचुक स्कॉलरशिप' की स्थापना की गई।

वर्तमान आर्थिक उदारीकरण के दौर में भी भारत-भूटान के मध्य बेहतर संबंधों का निर्माण किया जा रहा है। भूटान पनबिजली क्षमता से संपन्न राष्ट्र है, जबकि भारत को अपनी आर्थिक वृद्धि दर बनाए रखने के लिए बड़ी मात्रा में ऊर्जा की आवश्यकता है। चुक्खा पन बिजली (जल विद्युत) परियोजना दोनों देशों के मध्य आर्थिक सहयोग का बेहतर उदाहरण है। यह उल्लेखनीय है कि भूटान के समूचे सामाजिक एवं आर्थिक विकास में भारत की भूमिका अत्यधिक निर्णायक है। दक्षेस के थिम्पू सम्मेलन में 'साफ्टा' के अंतर्गत सेवाओं के व्यापार की अनुमति दी गई है। कुरिछु और मांगदेछु जल विद्युत परियोजनाओं का भी वर्तमान में संचालन शुरू हो गया है। इनसे भारत को विद्युत की आपूर्ति हो रही है। इनका निर्माण भारत द्वारा किया गया है।

आंतरिक सुरक्षा

भारत के पूर्वोत्तर राज्य उग्रवादी हिंसा से प्रभावित हैं और पूर्वोत्तर राज्यों में कार्य करने वाले उग्रवादी संगठन भूटान में शरण प्राप्त करते हैं। नेपाल में विद्यमान नक्सलवादी भी भूटान में अपना प्रभाव बनाने का प्रयत्न कर रहे हैं। भूटान, भारत के सिलीगुड़ी गलियारे के निकट स्थित है। इसलिए भूटान की असुरक्षा भारत की सुरक्षा चिंता बन जाती है।

दिसंबर, 2003 में भारत और भूटान द्वारा संयुक्त रूप से भूटान में उग्रवादियों के विरुद्ध 'ऑपरेशन ऑल क्लियर' आरंभ किया गया और उग्रवादी संगठनों के विरुद्ध प्रभावी कार्रवाई की गई, परिणामस्वरूप उग्रवादी संगठन भूटान में शरण नहीं लेते। इसलिए भूटान, भारत के लिए निर्विवाद तौर पर महत्त्वपूर्ण है।

पड़ोसी पहले की नीति

भारतीय प्रधानमंत्री नरेन्द्र मोदी ने अपनी भूटान यात्रा (16 जून, 2014) के दौरान भूटान में संसद की संयुक्त बैठक को संबोधित किया तथा 600 मेगावाट की खोलोंगचु जल विद्युत परियोजना की आधारशिला रखते हुए दोनों देश जल विद्युत क्षेत्र में सहयोग करने पर सहमत हुए। भूटान, भारत का विश्वसनीय पड़ोसी देश है, जिसके साथ भारत के आपसी रिश्ते बहुत मधुर हैं। भारत के ऊर्जा संकट को भूटान कम कर सकता है। भारत-भूटान दोनों चीनी सैनिकों की घुसपैठ से परेशान हैं, जो दोनों देशों को करीब लाते हैं।

सहयोग का मॉडल

वर्तमान समय में भारत को अपनी आर्थिक वृद्धि दर को बढ़ाने के लिए विशाल ऊर्जा संसाधनों की आवश्यकता है। चुक्खा और ताला जल विद्युत परियोजनाएं भारत और भूटान के बीच जल विद्युत ऊर्जा के क्षेत्र में सहयोग के उल्लेखनीय उदाहरण हैं। इन परियोजनाओं में भारत ने 100 प्रतिशत निवेश किया है तथा यह समझौता 99 वर्षों के लिए है।

भूटान का आर्थिक व्यापार मुख्यतया भारत के साथ है और भूटान के कुल निर्यात का लगभग 85 प्रतिशत भाग भारत को दिया जाता है तथा भूटान अपने समूचे आयात का लगभग 72 प्रतिशत भाग भारत से आयात करता है। सबसे ज्यादा FDI भी भूटान को भारत से प्राप्त हो रहा है। भारत और भूटान के बीच (वर्ष 2024) कुल द्विपक्षीय व्यापार की मात्रा लगभग 115 बिलियन रुपये थी। अक्टूबर-नवंबर 2013 में भारत ने भूटान की नई सरकारी प्रोत्साहन योजना में सहायता के लिए 100 करोड़ रुपये दिए हैं। यह राशि भूटान की 11वीं योजना में सहायता के अलावा 500 करोड़ रुपये उपलब्ध कराने के केंद्र सरकार के पैकेज का हिस्सा है। भारत-भूटान के बीच आर्थिक सहयोग के अलावा पर्यावरण संरक्षण के लिए भी सहयोग हो रहे हैं, क्योंकि पर्यावरणीय समस्या आर्थिक विकास को प्रभावित कर रही है। पर्यावरणीय क्षेत्र में दोनों देशों के बीच सहयोग का उदाहरण 'ऑपरेशन राइनो' है। अक्टूबर, 2013 में दोनों देशों ने दुर्लभ प्रजाति के जीव राइनो को बचाने हेतु 'ऑपरेशन राइनो' आरंभ किया तथा दोनों देशों के मध्य पर्यावरणीय और प्रजातीय संरक्षण का यह सर्वोत्तम उदाहरण है।

चीन और भूटान के संबंध

चीन और भूटान के बीच सीमा विवाद बने हुए हैं। चीन द्वारा भूटान के 300 वर्ग किमी. के क्षेत्र पर अपना दावा किया जा रहा है। चीन और भूटान के बीच सीमा विवाद चुंबी घाटी के क्षेत्र में है, जो भारत के सिलीगुड़ी कॉरिडोर से अत्यधिक निकट है (पांच किलोमीटर की दूरी पर) तथा चुंबी घाटी की सामरिक अवस्थिति अत्यधिक महत्त्वपूर्ण है, क्योंकि चीन, तिब्बत, भूटान और भारत की सीमाएं यहां मिलती हैं। चीन और भूटान के बीच सीमा विवाद इस क्षेत्र में बना हुआ है। इसीलिए यह भारत के लिए भी अत्यधिक महत्त्वपूर्ण बन जाता है। चीन, वर्तमान समय में भूटान में अपना दूतावास खोलने का प्रयत्न कर रहा है तथा चुंबी घाटी तक रेल लाइन बिछाने की योजना पर भी विचार कर रहा है।

भारतीय रणनीति

भारत द्वारा भूटान के साथ सांस्कृतिक संबंध सुदृढ़ करने की आवश्यकता है। दोनों देशों के बीच बौद्ध धर्म का साझा सांस्कृतिक आधार है। वर्तमान में भूटान को सबसे बड़ी आर्थिक सहायता भारत द्वारा प्रदान की जा रही है, जिसे बढ़ाने की आवश्यकता है। भूटान के कुछ लोग चीन के साथ बेहतर संबंध बनाने की वकालत कर रहे हैं। उनका तर्क है कि चीन के साथ व्यापार से भूटान को ज्यादा फायदा होगा।

भूटान के लिए कोलकाता से व्यापार करना ज्यादा खर्चीला होता है। भूटान ने जापान को दूतावास खोलने की अनुमति प्रदान कर दी है। भारत और भूटान के बीच विकास एवं व्यापार को और प्रभावी करने पर बल दिया जा रहा है तथा पर्यावरणीय क्षेत्रों में भी दोनों देशों के बीच सहयोग हो रहे हैं।

भारत-भूटान संबंध फिलहाल जल विद्युत सहयोग पर निर्भर हैं, जिसे विविधतापूर्ण बनाने की आवश्यकता है। भूमि आबद्ध देश होने के नाते भूटान की भारत पर निर्भरता स्वाभाविक है तथा भारत, भूटान को दक्षेस के माध्यम से भी प्रभावी सहयोग कर रहा है। भारत, चीन के प्रभाव को भूटान में कम करने का प्रयत्न कर रहा है, लेकिन चीन को पूर्णतया प्रतिबंधित कर देना संभव नहीं है।

नृजातीय संघर्ष

भूटान में बौद्ध धर्म को मानने वाले ड्रुकपा समुदाय का बहुमत है और नेपाली मूल के लोग रोजगार के लिए भूटान में जाते हैं, जिसका स्थानीय ड्रुकपा समुदाय द्वारा विरोध किया जा रहा है। भारत और भूटान के मध्य किसी प्रकार के विवाद नहीं हैं, परंतु भूटान में भूटानी मूल के ड्रुकपा और नेपाली मूल के लोगों के मध्य संघर्ष के परिणामस्वरूप भारत प्रभावित हो जाता है, क्योंकि भूटानी मूल के लोगों का यह आरोप है कि नेपालियों के आने से भूटानी अपने ही देश में अल्पसंख्यक बनने के कगार पर हैं। यह भी उल्लेखनीय है कि सिक्किम में भोटिया और लेप्चा तथा भूटान में पाए जाने वाले ड्रुकपा और तिब्बतियों के मध्य घनिष्ठ सांस्कृतिक और धार्मिक संबंध पाए जाते हैं। भूटानी, नेपाली मूल के लोगों को अपने देश से भगा रहे हैं, जो भारत और नेपाल में आकर शरण लेते हैं। नेपाल इस समस्या को सुलझाने के लिए भारत से हस्तक्षेप करने का अनुरोध करता है। वर्ष 2012 में भूटानी सरकार ने भारतीयों को कार्य करने हेतु 'वर्क परमिट' अनिवार्य कर दिया, जबकि दोनों देशों के नागरिकों को एक-दूसरे के भू-भाग में कार्य करने एवं विचरण की स्वतंत्रता लंबे समय से प्राप्त है। भूटानी नागरिक भारत में सरकारी नौकरी हेतु आवेदन कर सकते हैं। भूटान इमिग्रेशन विभाग ने वर्क परमिट के बगैर कार्य करने वाले भारतीयों पर 9,990 रुपये का जुर्माना लगाया। यह प्रावधान दोनों देशों के मध्य संपन्न वर्ष 2007 के समझौते का

स्पष्ट उल्लंघन है, जिसमें कहा गया है कि दोनों देशों के नागरिकों को समान मान्यता मिलेगी।

डोकलाम विवाद

1949 की भारत-भूटान संधि के अनुसार भूटान की सुरक्षा का दायित्व भारत का है और भूटान में भारतीय सेनाओं की तैनाती है। चीन और भूटान के बीच सीमा विवाद बने हुए हैं, जिसमें डोकलाम भी शामिल है।

भारत की मुखर विदेश नीति (Assertive Foreign Policy of India)

डोकलाम विवाद भारत और चीन के बीच में विवाद के रूप में परिवर्तित हो गया, क्योंकि भूटान की सुरक्षा का दायित्व भारत का है। महाशक्ति होने के कारण भारत को अपने छोटे पड़ोसी देशों को सुरक्षा भी प्रदान करनी चाहिए। भारत द्वारा चीन में सड़क निर्माण को रोक दिया गया, जिसके विरोध में चीन ने अत्यधिक हिंसक और आक्रामक प्रतिक्रिया की। हालाँकि, भारत ने अपनी सेना वापस नहीं बुलाई, और चीन की आक्रामक रणनीति के समक्ष न झुकना भारत की कूटनीतिक विजय है।

डोकलाम विवाद एवं वैश्विक जनमत

जापान द्वारा डोकलाम मुद्दे पर भारत का समर्थन किया गया और हिंसक तरीके से एकतरफा रूप में सीमा में बदलाव का विरोध किया गया। चीन ने नेपाल पर दबाव बनाकर भारत के समक्ष कालापानी विवाद उठाने के लिए कहा, परंतु नेपाल ने इस मुद्दे पर चीन का समर्थन नहीं किया। रूस ने भी तटस्थता की नीति अपनाई तथा अमेरिका द्वारा समस्या के कूटनीतिक समाधान पर बल दिया गया, जिसका अभिप्राय है कि विश्व जनमत ने परोक्ष रूप में भारतीय दृष्टिकोण का ही समर्थन किया।

डोकलाम का भू-सामरिक महत्त्व

चुंबी घाटी सामरिक रूप में अत्यधिक महत्त्वपूर्ण है, क्योंकि यह ऊंचाई पर स्थित है, उससे भी बढ़कर यह सिलीगुड़ी गलियारे के अत्यधिक निकट है, जो समूचे पूर्वोत्तर क्षेत्र को भारत के साथ जोड़ता है। इसलिए यहां चीन की सेनाओं की तैनाती से समूचे पूर्वोत्तर क्षेत्र की सुरक्षा खतरे में आ जाती है। यद्यपि यह उल्लेखनीय है कि डोकलाम विवाद का शांतिपूर्ण समाधान हो गया है। परंतु चीन के नेता शी जिनपिंग की साम्यवादी दल में अत्यधिक शक्तिशाली स्थिति हो गई है। इसलिए भविष्य में भी चीन की नीतियां अत्यधिक आक्रामक होंगी, जो भारत की सुरक्षा के लिए बड़ी चुनौती बनी रहेगी और विचारकों का यह भी कहना है कि डोकलाम मुद्दे पर चीन के आक्रामक दृष्टिकोण का कारण भारत द्वारा चीन की प्रस्तावित वन बेल्ट वन रोड परियोजना में भाग लेने से इनकार करना भी था।

भूटान नरेश जिग्मे खेसर नामग्याल वांगचुक (Jigme Khesar Namgyel Wangchuck) नवंबर, 2017 में भारत की यात्रा पर आए। यह यात्रा इसलिए भी महत्त्वपूर्ण रही, क्योंकि यह डोकलाम विवाद के तुरंत बाद की भारत यात्रा थी। इस यात्रा के दौरान दोनों देशों के मध्य व्यापारिक, सुरक्षा संबंधों को आगे ले जाने पर सहमति बनी। भूटान ने डोकलाम पर चीनी अतिक्रमण का विरोध किया।

संबंधों को विविधतापूर्ण बनाने पर बल

वर्ष 2018 में भूटान में संसदीय निर्वाचन में नई सरकार का गठन किया गया और वर्ष 2019 में भारतीय प्रधानमंत्री की भूटान यात्रा का आयोजन किया गया था। भारत-भूटान संबंध का केंद्रीय बिंदु जल विद्युत ऊर्जा के क्षेत्र में साझा उत्पादन है। प्रधानमंत्री की यात्रा के दौरान मेंगदेक्षु परियोजना का उद्घाटन भी किया गया। प्रधानमंत्री ने संबंधों को गहरा बनाने के लिए रुपे कार्ड का उद्घाटन किया, जिससे दोनों देशों के बीच आवागमन और व्यापार आसान होगा और भूटान में पर्यटन की भी वृद्धि होगी। इसरो द्वारा भूटान में एक ग्राउंड अर्थ स्टेशन का निर्माण किया गया है जिससे भूटान भी भारतीय उपग्रहों का लाभ ले सकेगा। भूटान विश्वविद्यालय और भारतीय प्रौद्योगिकीय संस्थान के बीच आपसी सहयोग का समझौता किया गया तथा विधि के क्षेत्र में भी सहयोग और प्रशिक्षण पर बल दिया गया। मार्च 2024 में भारतीय प्रधानमंत्री द्वारा भूटान की यात्रा की गई। भूटान ने भारतीय प्रधानमंत्री को भूटान के सर्वोच्च नागरिक सम्मान 'ऑर्डर ऑफ द ड्रुक ग्यालपो' से सम्मानित किया।

निष्कर्ष

भारत, विश्व के सर्वाधिक विशाल देशों में से एक है जबकि भूटान, दुनिया का एक छोटा देश है। इसके बावजूद भारत-भूटान संबंध मधुर व मित्रतापूर्ण हैं। इससे यह प्रतीत होता है कि भारत का दृष्टिकोण छोटे पड़ोसियों के प्रति आधिपत्यपूर्ण नहीं है। भारत छोटे पड़ोसी देशों के लिए एक अवसर है।

अध्याय

6 भारत-मालदीव

India-Maldives

● भू-राजनीति ● राजनीतिक संबंध ● आर्थिक संबंध ● लोकतंत्र का आरंभ ● धार्मिक कट्टरवाद ● समस्या का राजनीतिक रूपांतरण ● मालदीव में सत्ता परिवर्तन और भारत ● लोकतंत्र पर संकट ● चीन और मालदीव ● राजनीतिक अस्थायित्व ● मालदीव की इंडिया फर्स्ट की नीति

मालदीव की जनसंख्या 5 लाख, 28 हजार है। यहां इस्लाम धर्म के अनुयायी लगभग 90 प्रतिशत हैं। मालदीव में भारतीय प्रवासी निवास करते हैं, जिनकी जनसंख्या लगभग 29,000 है, इनमें मुख्यतः डॉक्टर, नर्स एवं तकनीशियन शामिल हैं। इसके अतिरिक्त श्रमिक व शिक्षक भी यहां निवास करते हैं। मालदीव में निवास करने वाले प्रवासी मुख्यतः केरल तथा तमिलनाडु से संबंध रखते हैं। भारत के साथ मालदीव के जातीय, भाषाई, सांस्कृतिक एवं व्यापारिक संबंध हैं। बांग्लादेशी मूल के लोगों के बाद यहां भारतीय मूल के लोगों की संख्या सर्वाधिक है। मालदीव, लक्षद्वीप के दक्षिण में स्थित द्वीपों की एक शृंखला है, जो हिंद महासागर में स्थित है।

वर्ष 1965 में मालदीव, ब्रिटिश शासन के नियंत्रण से स्वतंत्र हो गया और मालदीव में राजतंत्रीय शासन की स्थापना हुई तथा मामून अब्दुल गयूम मालदीव के राष्ट्रपति बन गए। भारत द्वारा मालदीव के साथ बेहतर संबंधों का निर्माण किया गया। वर्ष 1988 में मालदीव में विद्रोहियों द्वारा गयूम के विरुद्ध संघर्ष आरंभ कर दिया गया और भारत ने 'ऑपरेशन कैक्टस' द्वारा मालदीव को विद्रोहियों से मुक्त कराया। वर्ष 1990 के बाद भारत द्वारा मालदीव के साथ आर्थिक संबंधों के निर्माण पर महत्त्वपूर्ण बल दिया गया। वर्ष 2004 में मालदीव में सुनामी से बड़ा आर्थिक नुकसान हुआ था और भारत द्वारा मालदीव को सहायता प्रदान की गई थी। वर्ष 2008 में मालदीव में पहली बार बहुदलीय लोकतांत्रिक निर्वाचन हुआ। परंतु मालदीव में लोकतांत्रिक शासन स्थायी नहीं हो सका। वर्ष 2008 के चुनाव में जो मालदीव का पहला लोकतांत्रिक चुनाव था, मोहम्मद नाशिद को विजय प्राप्त हुई। परंतु वर्ष 2012 में नाशिद को शासन से हटा दिया गया और मो. वाहिद मालदीव के नए राष्ट्रपति बन गए। अतः मालदीव में राजनीतिक अस्थायित्व उत्पन्न हो गया। वर्ष 2013 में पुनः राष्ट्रपति का निर्वाचन हुआ और मो. अब्दुल्ला यामिन मालदीव के नए राष्ट्रपति निर्वाचित हुए। इसके परिणामस्वरूप मालदीव में स्थायित्व की स्थापना हुई। परंतु इसी बीच वर्ष 2015 में पूर्व राष्ट्रपति मोहम्मद नाशिद को 13 वर्षों की कैद की सजा सुना दी गई। मालदीव के इसी राजनीतिक अस्थायित्व के कारण भारतीय प्रधानमंत्री द्वारा मालदीव की प्रस्तावित यात्रा स्थगित कर दी गई। भारतीय प्रधानमंत्री की यह यात्रा वर्ष 2019 में संपन्न हुई।

भू-राजनीति (Geo-Politics)

मालदीव, हिंद महासागर में अवस्थित एक देश है, जहां से विश्व के महत्त्वपूर्ण व्यापारिक मार्ग गुजरते हैं। हिंद महासागर में स्थित अमेरिकी नौसैनिक अड्डा 'डिएगो गार्सिया' मालदीव के निकट है। मालदीव, भारतीय प्रदेश लक्षद्वीप के अत्यधिक निकट है। भारत-श्रीलंका और मालदीव ने संयुक्त रूप से हिंद महासागर में सुरक्षा हेतु एक तंत्र की स्थापना की है, जिसमें व्यापार, पर्यावरण

एवं सागरीय प्रदूषण इत्यादि विषय सम्मिलित हैं। यह जहाजों के आवागमन से संबंधित सूचनाओं का आदान-प्रदान करेगा तथा अवैध रूप से होने वाली समुद्री गतिविधियों के बारे में जानकारी देगा एवं समुद्री डकैतों से सुरक्षा हेतु सहयोग करेगा। साथ ही हिंद महासागर में होने वाले तेल प्रदूषण को रोकने के लिए आपसी सहमति व्यक्त की गई। मालदीव, चीन द्वारा अपनाई जा रही 'स्ट्रिंग ऑफ पर्ल्स' की नीति का भी हिस्सा है। यह नीति चीन द्वारा हिंद महासागर में वर्चस्व स्थापित करने तथा भारत को घेरने के लिए अपनाई जा रही है। चीन समय-समय पर मालदीव को सहायता प्रदान कर भारत से दूर करने का प्रयास करता रहा है तथा भारत का प्रयास यह रहा है कि मालदीव 'चीनी पहुंच' से दूर रहे।

राजनीतिक संबंध

भारत, मालदीव से राजनयिक संबंध स्थापित करने वाले देशों में सबसे प्रथम था। मालदीव के सभी प्रधानमंत्रियों ने भारत का दौरा किया है। संयुक्त राष्ट्र संघ, राष्ट्रमंडल, गुटनिरपेक्ष आंदोलनों तथा दक्षेस सम्मेलनों में दोनों देशों में सहयोग होता रहा है। मालदीव ने भारत के संयुक्त राष्ट्र सुरक्षा परिषद में स्थायी सदस्यता के दावों का समर्थन किया है। वर्ष 2008 में मालदीव में लोकतंत्र की बहाली का भारत ने स्वागत किया। चुनाव जीतने वाले राष्ट्रपति मोहम्मद नाशिद ने सर्वप्रथम भारत की यात्रा की एवं मोहम्मद नाशिद के कार्यकाल में भारत-मालदीव संबंध बहुत अच्छे थे तथा आर्थिक रूप से दोनों देशों में व्यापक संबंधों की स्थापना हुई और अब तक भारत-मालदीव आर्थिक सहयोग इस प्रकार रहे हैं।

आर्थिक संबंध

वर्ष 1986 में तत्कालीन भारतीय प्रधानमंत्री राजीव गांधी द्वारा मालदीव में 'इंदिरा गांधी मेमोरियल अस्पताल' की स्थापना की गई तथा 200 बिस्तरों वाला यह अस्पताल मालदीव में सबसे अच्छे अस्पतालों में से एक है। मालदीव में व्यावसायिक शिक्षा को बढ़ावा देने हेतु भारत ने एक इंजीनियरिंग प्रौद्योगिकी संकाय खोला है, जिसमें प्रतिवर्ष 200 छात्रों को प्रशिक्षित किया जाता है। भारत-मालदीव को ऋण सहायता देने वाला एक प्रमुख देश है। वर्ष 2008 तथा वर्ष 2011 में भारत ने मालदीव को 100-

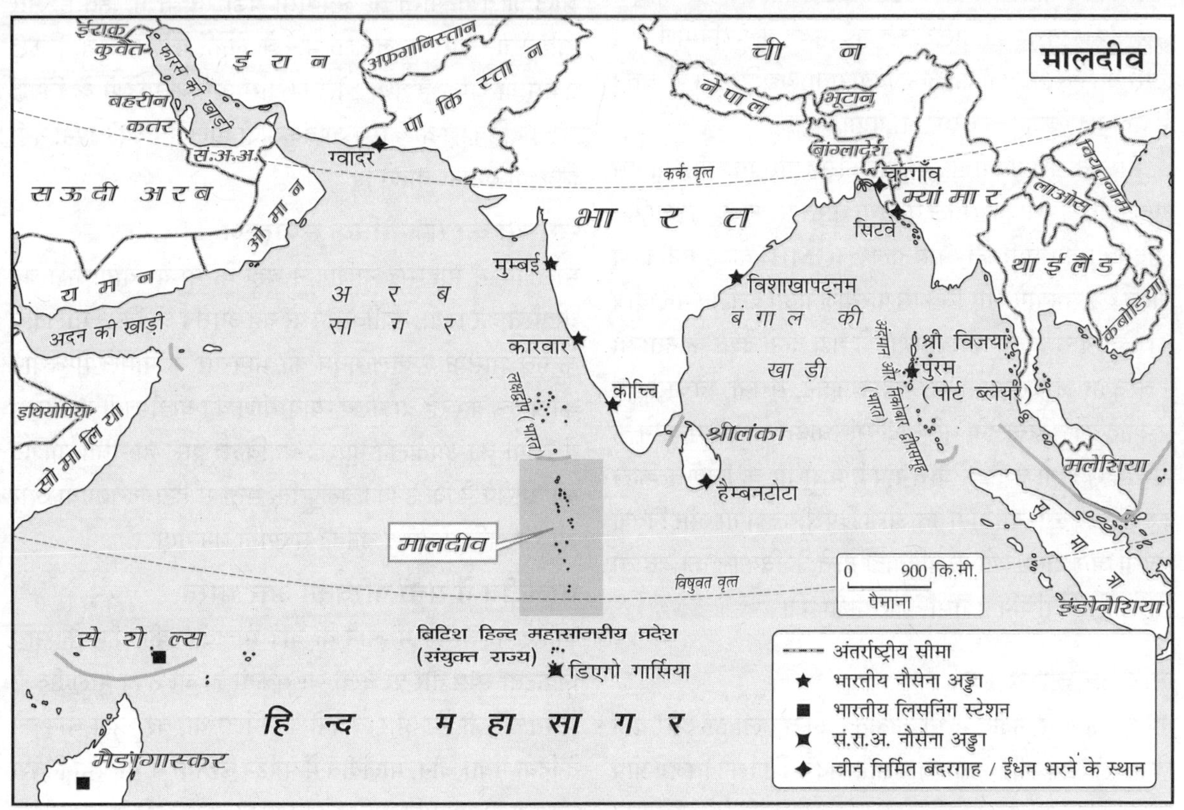

मानचित्र 11

100 मिलियन डॉलर की अतिरिक्त ऋण सुविधा प्रदान की। वर्ष 2009 में मालदीव में उत्पन्न हुए भुगतान संकट के समय मालदीव द्वारा जारी बॉन्डों को स्टेट बैंक द्वारा ग्रहण (सब्सक्राइब्ड) किया गया एवं दोनों देशों के मध्य व्यापार सहयोग भी व्यापक है। वर्ष 2023 में भारत, मालदीव के सबसे बड़े व्यापारिक भागीदार के रूप में उभरा है। दोनों देशों का व्यापार वर्ष 1981 में संपन्न एक व्यापार समझौते (Trade Agreement) द्वारा संचालित होता है। भारत, मालदीव को कृषि, पोल्ट्री उत्पाद, चीनी, फल, सब्जियां, वस्तुएं, दवाएं, इंजीनियरिंग उत्पाद, मसाले, चावल इत्यादि निर्यात करता है तथा मालदीव, भारत को स्क्रैप धातुएं निर्यात करता है। वर्ष 2023 में भारत-मालदीव द्विपक्षीय व्यापार 548 मिलियन अमेरिकी डॉलर रहा।

भारत ने मालदीव में निवेश को बढ़ावा दिया है तथा भारतीय स्टेट बैंक (SBI) की मालदीव के विकास में व्यापक भूमिका रही है। स्टेट बैंक ने यहां पर पर्यटन एवं निर्यात क्षेत्र में व्यापक निवेश किया है। वर्ष 2009 में भारतीय कंपनी सुजलॉन ने एक पवन ऊर्जा फार्म स्थापित किया। वर्ष 2010 में भारतीय कंपनी जी.एम. आर. इंफ्रास्ट्रक्चर को मालदीव हवाई अड्डे के पुनर्निर्माण तथा रखरखाव हेतु 25 वर्षों का ठेका दिया गया, यद्यपि सत्ता परिवर्तन के बाद यह विवाद के घेरे में आ गया।

भारत के प्रधानमंत्री डॉ. मनमोहन सिंह द्वारा मालदीव पुलिस अकादमी की स्थापना (माले में) तथा भारत सरकार द्वारा स्थापित 'इंदिरा गांधी मेमोरियल अस्पताल' (IGMH) का नवीनीकरण सहित कई सहयोग और विकास परियोजनाओं के लिए मालदीव को वित्तीय सहायता की घोषणा की गई। दोनों देशों के नेताओं ने वस्तुओं और सेवाओं के आदान-प्रदान, सूचना, विचारों एवं संस्कृति को बढ़ावा देने, बुनियादी सुविधाओं को सक्षम करने के माध्यम से दोनों देशों के बीच संपर्क में सुधार के लिए तत्काल जरूरत पर बल दिया। दोनों नेताओं ने द्विपक्षीय व्यापार और निवेश संबंधों और दोनों देशों के बुनियादी ढांचे के विकास को बढ़ावा देने के लिए विभिन्न प्रयासों की समीक्षा की।

लोकतंत्र का आरंभ

वर्ष 2008 में मालदीव में भी लोकतंत्र की बहाली हुई और यहां होने वाले लोकतांत्रिक चुनाव में मोहम्मद नाशिद को विजय प्राप्त हुई। मोहम्मद नाशिद का दृष्टिकोण सदैव भारत के समर्थन में रहा। यह उल्लेखनीय है कि मालदीव का राजधर्म सुन्नी इस्लाम है, (पंथनिरपेक्ष नहीं)। मालदीव की अर्थव्यवस्था का मूल आधार पर्यटन है। मोहम्मद नाशिद ने पर्यटन उद्योग को बढ़ावा देने का प्रयत्न किया, उनके कार्यकाल में कई भारतीय कंपनियों और व्यापारियों को भी मालदीव में कार्य करने का अवसर मिला, जिसमें जी.एम.आर. (GMR) का उदाहरण उल्लेखनीय है।

धार्मिक कट्टरवाद

मोहम्मद नाशिद की उदारीकरण और पर्यटन को बढ़ावा देने की नीतियों का इस्लामी कट्टरपंथियों द्वारा घोर विरोध किया गया। कट्टरपंथियों का आरोप था कि मालदीव में शराब उद्योग को बढ़ावा दिया जा रहा है। इसलिए कट्टरपंथियों ने विदेशी पर्यटकों का विरोध करना शुरू कर दिया। इजरायल के पर्यटकों को मालदीव न आने की धमकी दी गई, जिससे मालदीव की अर्थव्यवस्था प्रभावित हुई। कट्टरपंथियों ने मालदीव में आयोजित आंडू दक्षेस सम्मेलन में प्रदर्शित प्रतीकों को तोड़ दिया और यह आरोप लगाया कि यह प्रतीक इस्लाम के विरुद्ध है। मालदीव में बांग्लादेश, श्रीलंका तथा भारत के अप्रवासी बड़ी संख्या में रहते हैं और पाकिस्तान द्वारा बांग्लादेशी मूल के लोगों को भारत के विरुद्ध उकसाया जाता है तथा श्रीलंका द्वारा आतंकवादियों के विरुद्ध सख्त दृष्टिकोण के कारण आतंकवादी मालदीव को अपना नया ठिकाना बनाना चाहते हैं।

समस्या का राजनीतिक रूपांतरण

मालदीव में मोहम्मद नाशिद ने वहां के मुख्य न्यायाधीश को बर्खास्त कर दिया, क्योंकि उन पर यह आरोप था कि वे मालदीव के पूर्व शासक अब्दुल गयूम को भ्रष्टाचार के मामले में बचाने का प्रयत्न कर रहे थे। मुख्य न्यायाधीश की बर्खास्तगी के विरोध में लोगों का आंदोलन नाशिद के विरुद्ध शुरू हो गया। नाशिद का आरोप है कि उनको बलपूर्वक सत्ता से हटा दिया गया और उप-राष्ट्रपति मोहम्मद वाहिद राष्ट्रपति बन गए।

मालदीव में सत्ता परिवर्तन और भारत

वाहिद के शासन में आने के बाद मालदीव की चीन के साथ निकटता स्पष्ट तौर पर देखी जा सकती है, जो ठेका मालदीव में भारत की जी.एम.आर. कंपनी को मिला था, वह ठेका चीन को दे दिया गया। चीन, मालदीव में पर्यटन उद्योगों में भी बड़ा निवेश कर रहा है। राष्ट्रपति वाहिद ने मोहम्मद नाशिद की गिरफ्तारी का

तरीका ढूंढ़ निकाला और उन्हें जेल में डाल दिया गया। परंतु वर्ष 2018 में उन्हें जेल से रिहा कर दिया गया है। सितंबर, 2013 में मालदीव में द्वितीय लोकतांत्रिक चुनाव संपन्न होने से पहले पूर्व राष्ट्रपति मोहम्मद नाशिद, जो भारत के समर्थक हैं तथा इस्लामिक कट्टरपंथ के खिलाफ हैं, उन पर एक स्थानीय अदालत ने भ्रष्टाचार और गलत ढंग से पूर्व न्यायाधीश को हटाने का मामला तय किया। अक्टूबर-नवंबर, 2013 में मालदीव में हुए चुनाव में प्रोग्रेसिव पार्टी ऑफ मालदीव के उम्मीदवार अब्दुल्ला यामीन ने राष्ट्रपति पद का चुनाव जीत लिया। अब्दुल्ला यामीन मालदीव में लोकतांत्रिक रूप से निर्वाचित दूसरे राष्ट्रपति हैं।

भारत के अनुसार, वह लोकतंत्र का समर्थक है। भारत ने मालदीव के लोकतांत्रिक चुनाव में मोहम्मद नाशिद के निर्वाचन में भाग लेने को प्रतिबंधित करने के प्रयत्नों का विरोध किया।

लोकतंत्र पर संकट

वर्ष 2015 में मालदीव के राष्ट्रपति पर जानलेवा हमला हुआ, जिसके बाद मालदीव में आपातकाल की घोषणा की गई। यद्यपि 30 दिन के भीतर आपातकाल समाप्त कर दिया गया। परंतु लोकतंत्र के स्थायित्व पर संकट उत्पन्न हो गया। मालदीव के रक्षा मंत्री को राष्ट्रपति द्वारा बर्खास्त कर दिया गया तथा जम्हूरी पार्टी द्वारा सरकार से समर्थन भी वापस ले लिया गया। इस बीच मानवाधिकार संगठनों के दबाव तथा भारत एवं श्रीलंका के अनुरोध के कारण मालदीव के पूर्व राष्ट्रपति मोहम्मद नाशिद को इलाज के लिए ब्रिटेन जाने की अनुमति दे दी गई।

चीन और मालदीव

वर्ष 2013 में मालदीव में अब्दुल्ला यामिन के सत्ता में आने के बाद चीन और मालदीव के बीच सामरिक संबंधों में तीव्र वृद्धि हुई और चीन द्वारा मालदीव में निवेश की मात्रा बढ़ाई गई। मालदीव में आने वाले पर्यटकों में सबसे बड़ी संख्या चीन से आने वाले पर्यटकों की है। चीन द्वारा प्रस्तावित समुद्री सिल्क परियोजना में मालदीव शामिल हो चुका है। चीन द्वारा मालदीव के साथ अपने संबंधों को सुदृढ़ करने के लिए चीन के राष्ट्रपति शी जिनपिंग ने वर्ष 2014 में मालदीव की यात्रा की। चीन द्वारा मालदीव में फ्रेंडशिप ब्रिज का निर्माण किया जा रहा है। मालदीव की हिंद महासागर में अत्यधिक महत्त्वपूर्ण अवस्थिति है। चीन द्वारा मालदीव को 16 बिलियन डॉलर की आर्थिक सहायता प्रदान की गई है। भारत के समूचे तेल आयात का 63 प्रतिशत भाग हिंद महासागर की होर्मुज संधि द्वारा होता है तथा कुल व्यापार का 40 प्रतिशत भाग हिंद महासागर से होता है। इसलिए चीन का बढ़ता प्रभाव भारत की सुरक्षा के लिए एक बड़ी चुनौती है। मालदीव द्वारा भारत पहले के बजाय चीन पहले की नीति अपनाई जा रही है, जो भारतीय हितों के लिए उचित नहीं है। इसलिए वर्ष 2018 में संयुक्त राष्ट्र सुरक्षा परिषद की अस्थायी सदस्यता के लिए भारत ने मालदीव का समर्थन नहीं किया, बल्कि एशिया-प्रशांत क्षेत्र से इंडोनेशिया की सदस्यता का पक्ष लिया गया। अतः मालदीव अस्थायी सदस्यता का निर्वाचन हार गया।

राजनीतिक अस्थायित्व

दक्षिण एशिया में नृजातीय संघर्ष एवं राजनीतिक अस्थायित्व एक बड़ी समस्या है। मालदीव के राष्ट्रपति अब्दुल्ला यामिन से अब्दुल गयूम ने समर्थन वापस ले लिया और पूर्व राष्ट्रपति मोहम्मद नाशिद का समर्थन किया गया जिससे सरकार के अस्तित्व पर खतरा उत्पन्न हो गया। परिणामस्वरूप राष्ट्रपति अब्दुल्ला यामिन द्वारा विपक्षी नेताओं को जेल में बंद कर दिया गया तथा न्यायाधीशों को भी हिरासत में ले लिया गया। अब्दुल्ला यामिन ने भारत पर यह आरोप लगाया कि वह मोहम्मद नाशिद का समर्थन कर रहा है। इसलिए राष्ट्रपति अब्दुल्ला यामिन ने भारत विरोधी दृष्टिकोण अपनाया एवं चीन का खुला समर्थन किया।

मालदीव का यह विवाद राजनीतिक कैदियों की रिहाई से संबंधित है। वहां के उच्चतम न्यायालय ने निर्णय दिया कि मालदीव की जेल में बंद राजनीतिक कैदियों को रिहा कर दिया जाए। इन नेताओं को 2015 में आतंकवाद के समर्थन के आरोप में गिरफ्तार किया गया था, जिन्हें 13 वर्ष की सजा दी गई थी। ये राजनीतिक आरोपी पूर्व राष्ट्रपति मुहम्मद नाशिद के समर्थक माने जाते हैं, जिन्हें 2012 में एक तख्तापलट द्वारा राष्ट्रपति पद से हटा दिया गया था।

उच्चतम न्यायालय के आदेश को अब्दुल्ला यामिन सरकार ने मानने से इनकार कर दिया तथा देश में राष्ट्रपति शासन लागू करके न्यायाधीशों को गिरफ्तार कर लिया गया। मालदीव की सेना भी राष्ट्रपति अब्दुल्ला यामिन की सरकार का समर्थन कर रही थी। इस घटना का भारत तथा संयुक्त राज्य अमेरिका ने विरोध किया।

इन देशों का कहना था कि जल्दी से जल्दी मालदीव में संवैधानिक स्थिति बहाल की जाए। चीन ने अब्दुल्ला यामिन सरकार का समर्थन करते हुए कहा कि यह उसका आंतरिक मामला है इसलिए अंतर्राष्ट्रीय समुदाय को इससे दूर रहना चाहिए।

मालदीव की इंडिया फर्स्ट की नीति

वर्ष 2018 में मालदीव में मोहम्मद सोलिह नए राष्ट्रपति बने और उन्होंने मालदीव की चीन के प्रति अतिरिक्त झुकाव की नीति को परिवर्तित किया और भारत के साथ संबंधों को प्राथमिकता प्रदान की। इसीलिए भारतीय प्रधानमंत्री नरेन्द्र मोदी द्वारा वर्ष 2019 में मालदीव की यात्रा की गई, जिसमें मालदीव को 1.4 बिलियन डॉलर की आर्थिक सहायता प्रदान की गई और एक हजार छात्रों के लिए छात्रवृत्ति का प्रावधान किया गया। मालदीव जैसे देशों की अर्थव्यवस्था पर्यटन पर आधारित है और कोविड-19 के संकट के दौरान सबसे ज्यादा भारतीयों द्वारा मालदीव की यात्रा की गई। इससे यह प्रतीत होता है कि भारत पड़ोसी देशों के लिए अवसर है खतरा नहीं है। पर्यटन को बढ़ाने के लिए कोच्चि से मालदीव के बीच समुद्री परिवहन की भी शुरुआत हुई।

मालदीव के विदेश मंत्री का संयुक्त राष्ट्र महासभा के अध्यक्ष पद के लिए भारत द्वारा समर्थन किया गया। कुल मिलाकर, भारत-मालदीव के वर्तमान संबंध अत्यधिक मित्रतापूर्ण एवं मधुर हैं। परंतु वर्ष 2023 में मालदीव में मोहम्मद मुइज्जू नए राष्ट्रपति बने हैं, जिनका झुकाव चीन की तरफ ज्यादा देखने को मिल रहा है।

निष्कर्ष

दक्षिण एशियाई क्षेत्र में विवाद का मूल कारण राजनीतिक अस्थायित्व, नृजातीय संघर्ष एवं आर्थिक पिछड़ापन है। अतः छोटे पड़ोसी देश अपनी आंतरिक समस्याओं का दोष भारत पर मढ़ देते हैं एवं भारत विरोध बढ़ाते हैं। इसके बावजूद भारत छोटे पड़ोसी देशों के प्रति सद्भावपूर्ण नीति पर बल देता है।

अध्याय 7

भारत-अफगानिस्तान

India-Afghanistan

● भू-राजनीति ● भारत के लिए महत्त्व ● शीत युद्ध के संबंध ● सोवियत संघ का सैन्य हस्तक्षेप ● अमेरिकी रणनीति ● तालिबान का उदय ● आतंक के विरुद्ध युद्द ● नवीन संबंधों की शुरुआत ● अफगानिस्तान का परिवर्तन ● राष्ट्रीय एकता सरकार का गठन ● सैन्य संबंध ● अमेरिका एवं अफगानिस्तान ● तालिबान का अफगानिस्तान पर नियंत्रण ● अफगानिस्तान से अमेरिकी सैनिकों की वापसी ● पाकिस्तान और अफगानिस्तान ● रूस एवं अफगानिस्तान ● चीन एवं अफगानिस्तान ● तुर्कमेनिस्तान-अफगानिस्तान-पाकिस्तान-भारत (TAPI) गैस पाइप लाइन ● तालिबान की वापसी ● अफगानिस्तान में भारतीय चुनौती

भू-राजनीति

मध्य एशिया, दक्षिण एशिया तथा मध्य पूर्व के द्वार पर स्थित अफगानिस्तान एक इस्लामिक देश है। अफगानिस्तान की सीमाएं पूर्व में पाकिस्तान, पश्चिम में ईरान, उत्तर में तुर्कमेनिस्तान, उज्बेकिस्तान तथा ताजिकिस्तान से लगती हैं। उत्तर-पूर्व में अफगानिस्तान की सीमा चीन तथा पाक अधिकृत गिलगित-बाल्तिस्तान से मिलती है, जिस पर भारत भी दावा करता है। अफगानिस्तान का क्षेत्रफल 6 लाख, 52 हजार वर्ग किमी तथा जनसंख्या 4 करोड़, 30 लाख है, जो इस्लाम धर्म को मानती है।

अफगानिस्तान एक भूमि आबद्ध राज्य है तथा यहां पश्तून, उज्बेक, ताजिक एवं हजारा नामक नृजातीय समूहों का निवास है। अफगानिस्तान समाज अभी भी कबायली है तथा यहां आर्थिक विकास का अभाव है।

भारत के लिए महत्त्व

अफगानिस्तान, एक भूमि आबद्ध देश है। इसलिए व्यापार हेतु पाकिस्तान पर निर्भर है। पाकिस्तान, अफगानिस्तान में प्रवेश के लिए पारगमन मार्ग प्रदान नहीं कर रहा है। परिणामस्वरूप भारत, ईरान के चाबहार पत्तन का प्रयोग करते हुए अफगानिस्तान में प्रवेश कर रहा है। अफगानिस्तान में भारत की उपस्थिति से पाकिस्तान पर दबाव पड़ता है क्योंकि पाकिस्तान, भारत और अफगानिस्तान के मध्य स्थित है। अफगानिस्तान में बेहतर स्थिति के परिणामस्वरूप कश्मीर में आतंकवाद पर भी नियंत्रण किया जा सकता है। यह भी उल्लेखनीय है कि पाकिस्तान एवं अफगानिस्तान के बीच संबंध प्रतिकूल हैं। इसीलिए अफगानिस्तान में भारत की उपस्थिति का पाकिस्तान विरोध करता है।

शीत युद्ध के संबंध

स्वतंत्र भारतीय विदेश नीति में गुटनिरपेक्षता की नीति अपनाई गई तथा अफगानिस्तान के शासक जहीर शाह (वर्ष 1933-73) ने भी गुटनिरपेक्षता की नीति अपनाई। फलस्वरूप भारत और अफगानिस्तान के मध्य क्षेत्रीय एवं वैश्विक मुद्दों पर मित्रतापूर्ण संबंध बने रहे। इस काल में अफगानिस्तान एक शांतिप्रिय देश था। यह बिंदु उल्लेखनीय है कि अफगानिस्तान एवं पाकिस्तान के मध्य आरंभ से ही 'डूरंड रेखा' को लेकर विवाद कायम था। डूरंड रेखा भारत एवं अफगानिस्तान के बीच सीमा विभाजित करने वाली रेखा थी, परंतु भारत के विभाजन के बाद डूरंड रेखा पाकिस्तान एवं अफगानिस्तान के बीच विभाजित रेखा बन गई। अफगानिस्तान

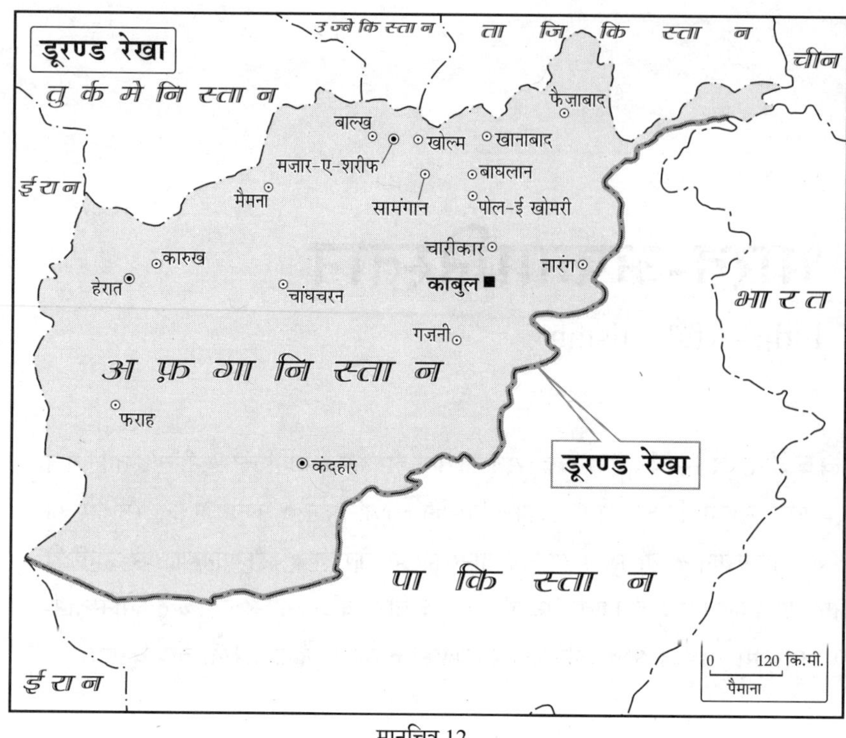

मानचित्र 12

के अनुसार, 'पाकिस्तान, एक नया राज्य है, ब्रिटिश साम्राज्य का उत्तराधिकारी नहीं।' इसलिए पाकिस्तान और अफगानिस्तान के मध्य सीमा रेखा का पुनर्निर्धारण होना चाहिए।

आरंभ में अफगानिस्तान में राजतंत्रीय शासन था। वर्ष 1973 में अफगानिस्तान में राजतंत्र समाप्त हो गया तथा मोहम्मद दाऊद नए प्रधानमंत्री बने, जिन्होंने 'डूरंड रेखा' के मुद्दे पर आक्रामक दृष्टिकोण अपनाया। वर्ष 1978 में प्रधानमंत्री दाऊद को मार्क्सवादी नेता मो. नूर तराकी द्वारा सत्ता से हटा दिया गया और उन्होंने शासन पर नियंत्रण कर लिया। पाकिस्तान द्वारा नूर तराकी का समर्थन नहीं किया गया। शीत युद्ध के दौरान पाकिस्तान, अमेरिका के सैनिक गठबंधन का सदस्य था।

सोवियत संघ का सैन्य हस्तक्षेप

अफगानिस्तान में पाकिस्तान और अमेरिका के बढ़ते प्रभाव को रोकने के लिए सोवियत संघ द्वारा अफगानिस्तान में सेना भेजी गई, जिसके लिए प्रधानमंत्री मो. नूर तराकी ने सोवियत संघ से अनुरोध किया था। मो. नूर तराकी और मो. आमिन के बीच शासन सत्ता के लिए संघर्ष होने लगा और तराकी के शासन को बचाने के लिए सोवियत संघ ने सैनिक हस्तक्षेप किया।

सोवियत संघ द्वारा अफगानिस्तान में सैनिक हस्तक्षेप के दौरान भारतीय विदेश नीति के समक्ष जटिल चुनौती उत्पन्न हो गई। अफगानिस्तान, भारत का परंपरागत मित्र रहा है। इसलिए भारत द्वारा अफगानिस्तान की एकता एवं अखंडता का समर्थन किया गया। परंतु भारत द्वारा सोवियत संघ के सैनिक हस्तक्षेप का विरोध नहीं किया गया, क्योंकि अफगानिस्तान में सोवियत संघ की उपस्थिति भारत के हितों के प्रतिकूल नहीं थी। वर्ष 1971 में भारत और सोवियत संघ के बीच मित्रता एवं शांति के समझौते पर हस्ताक्षर हो चुके थे। इसलिए भारत-सोवियत संघ संबंध अत्यधिक मधुर और मित्रतापूर्ण थे।

अमेरिकी रणनीति

सोवियत संघ के अफगानिस्तान में सैनिक हस्तक्षेप को संतुलित करने के लिए अमेरिका के द्वारा पाकिस्तान का प्रयोग 'फ्रंट लाइन' राज्य के रूप में किया गया। पाकिस्तान के तत्कालीन शासक जनरल जिया-उल-हक को अमेरिका द्वारा बड़ी आर्थिक और सैनिक सहायता प्राप्त हुई तथा पाकिस्तान का समर्थन चीन और सऊदी अरब द्वारा भी किया गया। पाकिस्तान ने मुजाहिद्दीनों को प्रशिक्षित करके सोवियत संघ की सेनाओं के विरुद्ध अफगानिस्तान में तैनात किया। इस दौरान सोवियत संघ ने मो. नजीबुल्ला को अफगानिस्तान का राष्ट्रपति बना दिया। अफगानियों द्वारा सोवियत सेनाओं के विरुद्ध गोरिल्ला युद्ध का प्रयोग किया गया। सोवियत संघ की आर्थिक स्थिति बदहाल होने के कारण वर्ष 1988 के जिनेवा समझौते द्वारा सोवियत संघ की सेनाओं को अफगानिस्तान से वापस आने का निर्देश दिया गया, परंतु अफगानिस्तान में शांति स्थापना नहीं हो सकी।

सोवियत सेनाओं की अफगानिस्तान से वापसी के बाद अफगानिस्तान के विभिन्न नृजातीय समूहों के बीच आपस में

संघर्ष होने लगे और नजीबुल्ला सरकार को शासन से हटा दिया गया। मुजाहिद्दीनों ने बुरहानुद्दीन रबानी के नेतृत्व में एक अंतरिम सरकार का निर्माण किया। अब्दुल रसीद दोस्तम द्वारा उत्तरी गठबंधन का नेतृत्व किया गया, जिसे भारत और अन्य देशों द्वारा समर्थन दिया गया। परिणामस्वरूप मुजाहिद्दीनों और उत्तरी गठबंधन के बीच संघर्ष शुरू हो गया, जिसमें मुजाहिद्दीनों को सफलता प्राप्त हुई और अफगानिस्तान में वर्ष 1996 में तालिबान शासन की स्थापना हुई।

तालिबान का उदय

तालिबान इस्लामी छात्रों का एक राजनीतिक आंदोलन था और ये अफगानिस्तान में इस्लाम के अनुसार शासन व्यवस्था, अर्थव्यवस्था तथा समाज को संचालित करना चाहता था। तालिबान द्वारा महिलाओं की शिक्षा का विरोध किया गया तथा महिलाओं के सार्वजनिक जीवन पर भी अनेक प्रतिबंध लगाए गए। इनके द्वारा उन महिलाओं को दंडित किया गया, जो सार्वजनिक रूप में पुरुषों के साथ दिखाई देती थीं। तालिबान के प्रभावी होने से अफगानिस्तान में पाकिस्तान का प्रभाव बढ़ गया, क्योंकि तालिबान, पाकिस्तान और उसकी खुफिया एजेंसी आई.एस.आई. द्वारा समर्थित शासन था। तालिबानियों द्वारा कश्मीर में सीमा पर आतंकवाद को बढ़ावा दिया गया और तालिबान सरकार को मान्यता दुनिया में केवल तीन राज्यों (पाकिस्तान, सऊदी अरब तथा संयुक्त अरब अमीरात) द्वारा दी गई। भारत द्वारा तालिबान सरकार को मान्यता नहीं दी गई। तालिबान के नेता मुल्ला उमर के शासन के दौरान भारत-अफगानिस्तान के बीच सर्वाधिक प्रतिकूल संबंध थे। वर्ष 1999 में इंडियन एयरलाइंस के विमान-IC-814 को काठमांडू से अपहृत करके कंधार ले जाया गया तथा भारत को मसूद अजहर जैसे आतंकवादी को रिहा करना पड़ा। इस दौरान तालिबानी नेता मुल्ला उमर और अलकायदा के मुखिया ओसामा बिन लादेन के बीच प्रगाढ़ संबंध बन गए और ओसामा बिन लादेन अफगानिस्तान आ गया। अलकायदा द्वारा सितंबर, 2001 में अमेरिका के विश्व व्यापार केंद्र पर आतंकवादी हमला किया गया।

आतंक के विरुद्ध युद्ध (War against Terror)

सितंबर, 2001 में विश्व व्यापार केंद्र पर आतंकवादी हमले के पश्चात् अमेरिका ने तालिबान के विरुद्ध 'ऑपरेशन इनड्यूरिंग फ्रीडम' (Operation Enduring Freedom, OEF) आरंभ किया, जिसका समर्थन उत्तरी गठबंधन और भारत ने भी किया। अमेरिका द्वारा गठबंधन सेनाओं का प्रयोग करते हुए अफगानिस्तान पर हमला किया गया और अमेरिका ने इस हमले को आतंक के विरुद्ध युद्ध का नाम दिया। इस दौरान अमेरिका ने पाकिस्तान का भी सहयोग लिया तथा पाकिस्तान के लिए यह अत्यधिक चुनौतीपूर्ण समय था, क्योंकि पाकिस्तान को तालिबानियों के विरुद्ध हमले का समर्थन करना पड़ा, जबकि पाकिस्तान तालिबानियों का सबसे बड़ा समर्थक था। इस हमले के बाद वर्ष 2001 में तालिबानी शासन का अंत हो गया।

नवीन संबंधों की शुरुआत

तालिबानी शासन समाप्त होने के बाद भारत द्वारा पुनः अफगानिस्तान के साथ प्रगाढ़ संबंधों का विकास किया गया। अफगानिस्तान में शांति एवं लोकतांत्रिक सरकार के निर्माण के लिए दिसंबर, 2001 में जर्मनी में 'बोन समझौता' हुआ, जिसके द्वारा अफगानिस्तान में एक अंतरिम प्रशासन का निर्माण किया गया, जिसके चेयरमैन हामिद करजई थे। वर्ष 2004 में अफगानिस्तान में पहला राष्ट्रपति चुनाव हुआ एवं हामिद करजई राष्ट्रपति के रूप में निर्वाचित हुए। भारत-अफगानिस्तान संबंधों को नई सुदृढ़ता प्राप्त हुई तथा अफगानिस्तान के साथ द्विपक्षीय एवं क्षेत्रीय मुद्दों पर संबंधों में प्रगाढ़ता उत्पन्न हुई। 14वें दक्षेस सम्मेलन के दौरान अफगानिस्तान को दक्षेस का सदस्य भी बना दिया गया। भारत, अफगानिस्तान में आधारभूत संरचना के विकास में सक्रिय भूमिका का निर्वाह कर रहा है। अफगानिस्तान के पुनर्निर्माण के लिए संयुक्त राष्ट्र संघ द्वारा प्रायोजित 21 देशों का सम्मेलन न्यूयॉर्क में हुआ, जिसमें भारत की भूमिका उल्लेखनीय थी।

आधारभूत संरचना का विकास

भारतीय सरकार ने अफगानिस्तान को 100 मिलियन डॉलर की आर्थिक सहायता प्रदान की। एक मिलियन टन गेहूं के अतिरिक्त भारत ने 'जेरांग-देलराम सड़क परियोजना' के निर्माण हेतु 70 मिलियन डॉलर की आर्थिक सहायता का प्रस्ताव किया। भारतीय सीमा सड़क संगठन द्वारा निर्मित इस सड़क का वर्ष 2009 में उद्घाटन भी किया गया। हेरात में सलमा बांध शक्ति परियोजना के लिए 80 मिलियन डॉलर की सहायता राशि देने

का आश्वासन दिया। भारत द्वारा अफगानिस्तान की आधारभूत संरचना के विकास तथा क्षमता निर्माण कार्यक्रम में महत्त्वपूर्ण सहयोग दिया गया। अफगानिस्तान में ज्यादा से ज्यादा निवेश आकर्षित करने के लिए वर्ष 2012 में नई दिल्ली में एक निवेश सम्मेलन भी आयोजित किया गया। अमेरिका द्वारा शांति स्थापना के लिए अंतर्राष्ट्रीय सैनिकों की तैनाती की गई, जबकि भारत द्वारा अफगानिस्तान में कभी भी सेना की तैनाती के विकल्प पर विचार नहीं किया गया। अफगानिस्तान में निवेश के लिए दिल्ली सम्मेलन आयोजित किया गया। सबसे महत्त्वपूर्ण बात यह है कि भारत में किसी अन्य देश के लिए आयोजित किया जाने वाला यह पहला शिखर सम्मेलन था। भारतीय व्यवसाय समूह द्वारा इस कार्यक्रम के प्रति सकारात्मक प्रक्रिया दिखाना अपने एक ऐसे पड़ोसी देश के साथ हमारी घनिष्ठता और एकजुटता का प्रतीक है, जिसके साथ हमारे लंबे ऐतिहासिक एवं सभ्यतामूलक संबंध रहे हैं। वर्ष 2014 में नाटो (NATO) के सैनिकों की वापसी और आतंकवाद के कारण हो रही जनहानि को देखते हुए अफगानिस्तान पर एक बड़ा निवेश सम्मेलन आयोजित करना अपने आप में अभूतपूर्व कदम था, क्योंकि अफगानिस्तान पिछले तीन दशक से हिंसा और संघर्ष से परेशान था। इसलिए अफगानिस्तान की भलाई के लिए यह कदम पड़ोसी देशों और संपूर्ण विश्व की सुरक्षा के लिए आवश्यक है।

क्षमता निर्माण (Capacity Development)

भारत द्वारा अफगानिस्तान में क्षमता निर्माण का कार्य महत्त्वपूर्ण रहा जिसके तहत 'इंदिरा गांधी शिशु स्वास्थ्य केंद्र' का निर्माण और काबुल में हबीबी स्कूल की स्थापन की गई। इसके अतिरिक्त कृषि, बैंकिंग तथा कंप्यूटर के क्षेत्रों में भी महत्त्वपूर्ण सहयोग किया गया। अफगानिस्तान के स्थायी विकास के लिए भारत द्वारा सहायता कार्यक्रम चलाया जा रहा है। भारत सरकार ने अन्य महत्त्वपूर्ण क्षेत्रों के अतिरिक्त कृषि, खनन (Mining) और स्वास्थ्य क्षेत्र में सहायता करने के लिए प्रतिबद्धता व्यक्त की है। भारत द्वारा बुनियादी स्तर पर विकास के लिए निर्माणाधीन लघु विकास परियोजनाओं के विस्तार के लिए भी सहमति व्यक्त की गई है। भारत द्वारा अफगानिस्तान की जरूरत के अनुसार भारत में चिकित्सा, इंजीनियरिंग और प्रबंधन संस्थानों में छात्र एवं व्यक्तियों की संख्या बढ़ाने पर सहमति व्यक्त की गई है तथा दोनों देश स्कूल, विश्वविद्यालय स्तर पर छात्रों के वार्षिक आवागमन कार्यक्रमों को बढ़ावा देने पर सहमत हुए। भारत कार्यपालिका, न्यायपालिका एवं विधायिका के विभिन्न विभागों को तकनीकी, प्रशिक्षण एवं अन्य प्रकार से क्षमता निर्माण में सहायता करता रहेगा।

सामाजिक एवं सांस्कृतिक संबंध

भारत-अफगानिस्तान के बीच संबंधों को बढ़ाने के लिए मीडिया, शैक्षणिक, सांस्कृतिक, बौद्धिक एवं धार्मिक व संसदीय हस्तियों के बीच संबंधों को बढ़ाने की प्रतिबद्धता व्यक्त की गई। भारत-अफगानिस्तान फाउंडेशन द्वारा दोनों देश कला, साहित्य, कविता इत्यादि क्रियाकलापों द्वारा सामाजिक एवं सांस्कृतिक संबंधों को बढ़ाने और एक-दूसरे की सांस्कृतिक विरासत को बढ़ावा देने के लिए सहमत हुए। भारत-अफगानिस्तान संसदीय शिष्टमंडलों का दौरा आयोजित करने और संसदीय मैत्री समूह स्थापित करके संसदीय ज्ञान के आदान-प्रदान पर भी सहमत हुए।

अफगानिस्तान का परिवर्तन

वर्ष 2001 के बाद समूचे वैश्विक समुदाय द्वारा अफगानिस्तान के सामाजिक-आर्थिक विकास के लिए बड़ी मात्रा में आर्थिक सहायता प्रदान की गई। वर्ष 2012 में टोकियो सम्मेलन द्वारा विश्व समुदाय ने यह आश्वासन दिया कि वर्ष 2016 तक अफगानिस्तान को 16 बिलियन डॉलर की आर्थिक सहायता प्रदान की जाएगी। अफगानिस्तान द्वारा 40 बिलियन डॉलर सहायता की मांग की गई थी। इस सहायता के कारण अफगानिस्तान में शिक्षा, स्वास्थ्य एवं संचार की बेहतर सुविधा उपलब्ध हुई है तथा आधारभूत संरचना का विकास हुआ है। अफगानिस्तान में बेहतर सड़कें तथा बिजली की सुविधा भी प्रदान की गई है और लोकतांत्रिक संस्थाओं की भी स्थापना हुई है। इसलिए अफगानिस्तान में ये परिवर्तन अत्यधिक सकारात्मक थे, जिससे अफगानियों को सीधे आर्थिक लाभ प्राप्त हुए। इसके साथ यह भी सत्य है कि अफगानिस्तान में सामाजिक एवं आर्थिक विषमताएं अत्यधिक गहरी हैं और धार्मिक कट्टरवाद अभी भी बना हुआ है, जिसका लाभ तालिबानियों को प्राप्त होता है।

राष्ट्रीय एकता सरकार का गठन

अशरफ गनी अहमदजई ने 19 सितंबर, 2014 को अफगानिस्तान के नए राष्ट्रपति के रूप में शपथ ग्रहण की। अफगानिस्तान में वर्ष 2001 के बाद पहली बार लोकतांत्रिक तरीके से सत्ता का

हस्तांतरण हुआ। 5 अप्रैल और 14 जून, 2014 को दो चरणों में राष्ट्रपति चुनाव संपन्न हुए, जिसमें स्वतंत्र उम्मीदवार अशरफ गनी अहमदजई ने 'नेशनल कोएलिशन ऑफ अफगानिस्तान पार्टी' (National Coalition of Afghanistan) के उम्मीदवार अब्दुल्ला को पराजित किया।

राष्ट्रीय एकता सरकार द्वारा अफगानिस्तान में नृजातीय एकता निर्मित करने का प्रयत्न किया गया। अशरफ गनी पश्तून समुदाय से तथा मो. अब्दुल्ला ताजिक समुदाय से संबंधित हैं। नृजातीय समीकरण द्वारा अफगानिस्तान में सरकार को स्थायी बनाने का प्रयत्न किया गया। समाज में सामंजस्य बनाए रखने के लिए सभी नृजातीय समूहों को अफगानिस्तान की सरकार में प्रतिनिधित्व दिया गया। नई सरकार द्वारा पाकिस्तान के साथ संबंध को सुदृढ़ करने पर बल दिया गया, जबकि अफगानिस्तान के पूर्व राष्ट्रपति हामिद करजई द्वारा भारत के साथ संबंधों को अत्यधिक महत्त्व दिया गया था। इसलिए नई सरकार की रणनीति में संतुलित नीति अपनाने पर बल दिया गया।

सैन्य संबंध

भारत द्वारा अफगानी सेना एवं पुलिस को प्रशिक्षण दिया जा रहा है। दोनों के बीच सामरिक सहभागिता का भी समझौता हो चुका है। वर्ष 2016 में भारतीय प्रधानमंत्री ने अफगानिस्तान की यात्रा की। भारत द्वारा अफगानिस्तान को दो हेलिकॉप्टर दिए गए और पहली बार भारत ने अफगानिस्तान को मारक हथियार प्रदान किए, जिससे यह प्रतीत होता है कि भारत-अफगानिस्तान संबंध द्विपक्षीय राष्ट्रीय हितों पर आधारित हैं, जो सरकार के परिवर्तन के साथ परिवर्तित नहीं होंगे।

अमेरिका एवं अफगानिस्तान

अमेरिका के तत्कालीन राष्ट्रपति बराक ओबामा द्वारा अफगानिस्तान और पाकिस्तान के संबंध में नीति का निर्माण किया गया, जिसे 'अफ-पाक नीति' का नाम भी दिया गया। उन्होंने अफगानिस्तान में एक लोकतांत्रिक एवं स्थायी सरकार बनाने का प्रयत्न किया। अफगानी सैनिकों को प्रशिक्षित करके अफगानिस्तान की सुरक्षा का दायित्व अफगानिस्तान के सैनिकों को सौंपा जाए और क्रमिक रूप में अमेरिकी सेनाओं को अफगानिस्तान से वापस बुलाया जाए। इसी नीति के अंतर्गत अमेरिका द्वारा वर्ष 2014 में अफगानिस्तान से अमेरिकी सेनाओं को वापस बुलाने का निर्देश दिया गया और अमेरिका द्वारा तालिबान के साथ बातचीत आरंभ की गई। अमेरिका के लिए तालिबान समस्या नहीं है, बल्कि वह अलकायदा को अपना दुश्मन मानता है और अफगानिस्तान में आतंकवाद को सीमित करने के लिए अमेरिका द्वारा पाकिस्तान को बड़ी मात्रा में सैनिक एवं आर्थिक सहायता प्रदान की गई। अमेरिका ने अफगानिस्तान में शांति बहाली के लिए भारत और पाकिस्तान के बीच सहयोग स्थापित करने का भी दबाव बनाया तथा अमेरिका द्वारा अफगानिस्तान की सेनाओं को प्रशिक्षित किया गया।

तालिबान का अफगानिस्तान पर नियंत्रण

अफगानिस्तान में तालिबानियों के पुनरुत्थान के कई आंतरिक और घरेलू कारण भी हैं, जो निम्नलिखित हैं-

(i) तालिबान के प्रभावी होने का बड़ा कारण प्रशासन में व्यापक भ्रष्टाचार का पाया जाना है।

(ii) आम जनता के समक्ष दोहरी समस्या, क्योंकि वे सरकार से असंतुष्ट हैं तथा तालिबान के भी समर्थक नहीं हैं।

(iii) भ्रष्ट अधिकारियों की सहायता से अभी भी अफीम की खेती की जाती है।

(iv) औद्योगीकरण का अभाव, आर्थिक पिछड़ेपन और बेरोजगारी के कारण लोग अफीम के अवैध व्यापार में संलिप्त हैं।

वर्ष 2021 में तालिबानियों ने पुनः अफगानिस्तान पर अपना नियंत्रण स्थापित कर लिया है, जिससे समूचे क्षेत्र में सुरक्षा की नवीन चुनौती उत्पन्न हो गई है। अमेरिका द्वारा अचानक अफगानिस्तान से सेनाओं के वापस बुलाने से संघर्ष की स्थिति उत्पन्न हो गई है। यद्यपि वर्ष 1996 के तालिबान एवं वर्तमान तालिबान में अंतर है। कोई भी राज्य तालिबान की हिंसा का समर्थक नहीं है और अफगानिस्तान में लोकतांत्रिक सरकार के गठन से सभी नृजातीय समूहों को शासन में सहभागिता प्राप्त हो गई है, इसलिए तालिबान का एकतरफा आदेश प्रभावी नहीं होगा।

अफगानिस्तान से अमेरिकी सैनिकों की वापसी

सितंबर 2021 तक अफगानिस्तान से सभी अमेरिकी सैनिकों ने अफगानिस्तान छोड़ दिया। स्वाभाविक रूप में यह भारत के लिए एक चुनौती है, क्योंकि अफगानिस्तान में तालिबान अत्यधिक शक्तिशाली है और तालिबान मूलतः पाकिस्तानी

हितों का अफगानिस्तान में विस्तार है। इस चुनौती को देखते हुए भारत द्वारा सऊदी अरब एवं संयुक्त अरब अमीरात के साथ संबंध मित्रतापूर्ण बनाए जा रहे हैं, क्योंकि इनका पाकिस्तान पर अत्यधिक प्रभाव है। तालिबान में भी बड़ा बदलाव देखा जा सकता है, क्योंकि वर्ष 2021 का तालिबान वर्ष 1996 की भांति नहीं है और अफगानिस्तान की तीन-चौथाई जनसंख्या 30 वर्ष की उम्र के नीचे की है, जिन्हें बेहतर रोजगार की तलाश है।

अफगानिस्तान में परिवर्तित शक्ति समीकरण को देखते हुए ही कश्मीर से अनुच्छेद 370 हटाया गया है, जिसके अंतर्गत कश्मीर की सुरक्षा के लिए कश्मीर पुलिस एवं भारतीय सेना साझे प्रयासों द्वारा आतंकवादी गतिविधियों को सीमित करने का प्रयास कर रही है। वास्तविक रूप में अफगानिस्तान में भारत का प्रभाव भारत के महाशक्ति के दावे का वास्तविक परीक्षण है, क्योंकि चीन के अलावा अफगानिस्तान की सीमा अन्य छोटे देशों से मिलती है। भारत, रूस एवं मध्य एशियाई देशों के साथ संबंध सुदृढ़ करके अफगानिस्तान में शांति निर्माण में सहायक हो सकता है। भारत की कनेक्ट सेन्ट्रल एशिया नीति द्वारा मध्य एशियाई देशों में अपनी पहुंच मजबूत करने का प्रयास किया गया है, जिससे धार्मिक कट्टरवाद को नियंत्रित किया जा सके।

पाकिस्तान और अफगानिस्तान

पाकिस्तान द्वारा अफगानिस्तान में सदैव पाकिस्तान समर्थित शासन को बढ़ावा दिया जाता है। इसलिए पाकिस्तान का यह आरोप है कि अफगान सरकार, पाकिस्तान में बलूच अलगाववाद को बढ़ावा दे रही है तथा पाकिस्तान ने यह भी कहा कि अफगानिस्तान द्वारा पश्तूनी इस्लामी आतंकवादियों को भी समर्थन दिया जाता है। पाकिस्तान द्वारा अफगानिस्तान में भारत की उपस्थिति पर गहरी आपत्ति है, क्योंकि पाकिस्तान के हित अफगानिस्तान में अभी भी बने हुए हैं। इसलिए पाकिस्तान का केवल व्यवहार परिवर्तित हुआ है, हित नहीं। इसलिए पाकिस्तान ने भारत पर भी आरोप लगाया कि वह पाकिस्तान में अलगाववादी गतिविधियों को प्रोत्साहित कर रहा है, जबकि वास्तविक रूप में तालिबान मूलत: आई.एस.आई. का ही भाग है और समस्या की मूल जड़ पाकिस्तान है। पाकिस्तान द्वारा अफगानिस्तान में भारतीय दूतावासों पर हमले कराए गए। पाकिस्तान, अफगानिस्तान में भारत की उपस्थिति स्वीकार करने के लिए तैयार नहीं है। अफगानिस्तान के पूर्व राष्ट्रपति हामिद करजई द्वारा यह कहा गया था कि भारत, अफगानिस्तान का मित्र है, जबकि पाकिस्तान, अफगानिस्तान का छोटा भाई है। यद्यपि अफगानिस्तान के लोग भारत की भूमिका को अत्यधिक सकारात्मक मानते हैं।

रूस एवं अफगानिस्तान

वर्तमान में रूस का दृष्टिकोण अफगानिस्तान के प्रति परिवर्तित हो रहा है। रूस का मानना है कि अफगानिस्तान में स्थायित्व के लिए तालिबान के साथ वार्ता होनी चाहिए। रूस के अनुसार, अफगानिस्तान के स्थायित्व के लिए आई.एस.आई.एस. बड़ा खतरा है, तालिबान से समस्या नहीं है। रूस का यह दृष्टिकोण पाकिस्तान के समान प्रतीत होता है। यह भी उल्लेखनीय है कि वर्तमान में रूस-चीन संबंध अत्यधिक महत्त्वपूर्ण बन चुके हैं तथा रूस-पाकिस्तान के साथ मित्रतापूर्ण संबंधों का विकास कर रहा है।

चीन एवं अफगानिस्तान

चीन के वर्तमान राष्ट्रपति शी जिंगपिंग आजीवन राष्ट्रपति बन गए हैं और चीन की नीति में परिवर्तन भी दिखाई देता है। चीन द्वारा विश्व के राजनीतिक विवादों को हल करने में भी रुचि दिखाई जा रही है तथा जिबूती में सैनिक अड्डा भी बनाया गया है। इसलिए अफगानिस्तान में शांति स्थिरता द्वारा चीन-पाकिस्तान आर्थिक गलियारे को पूर्ण करना चाहता है तथा चीन के शिनजियांग प्रांत में पनपते आतंकवाद को भी नियंत्रित करने का प्रयत्न किया जा रहा है।

तुर्कमेनिस्तान-अफगानिस्तान-पाकिस्तान-भारत (TAPI) गैस पाइप लाइन

भारत और पाकिस्तान के हित अफगानिस्तान में एक-दूसरे के विरोधी नहीं हैं, बल्कि दोनों देशों के बीच सहयोग से समूचे क्षेत्र में स्थायित्व एवं विकास संभव है। भारत द्वारा अपनी ऊर्जा सुरक्षा बनाए रखने के लिए तथा पश्चिम एशिया पर ऊर्जा आयात की अतिनिर्भरता कम करने के लिए तुर्कमेनिस्तान से गैस पाइप लाइन का समर्थन किया गया है। भारत और पाकिस्तान दोनों ऊर्जा आयात पर निर्भर राज्य हैं। जबकि तुर्कमेनिस्तान गैस के बड़े निर्यातकों में एक है। वर्तमान में तुर्कमेनिस्तान गैस के निर्यात के लिए चीन पर निर्भर है। इसलिए वह अन्य बाजारों की तलाश कर रहा है।

तालिबान की वापसी

वर्ष 2021 में अमेरिकी सेनाओं की पूर्ण वापसी से अफगानिस्तान में एक नवीन शक्ति संतुलन उभर रहा है। चीन, पाकिस्तान एवं रूस की भूमिका अफगानिस्तान में प्रभावी हो रही है। तालिबान के सत्ता में आने से भारत की सुरक्षा चुनौतियों में वृद्धि हो गई है। क्योंकि अफगानिस्तान में जैश-ए-मोहम्मद, लश्कर-ए-तैयबा जैसे आतंकी संगठन विद्यमान हैं। पाकिस्तान, तालिबान को अपने मोहरे के रूप में प्रयोग कर रहा है। भारत के विरुद्ध आतंकवाद को बढ़ावा देने के लिए अफगानिस्तानी भूमि का प्रयोग करने की रणनीति बना रहा है।

अफगानिस्तान में भारतीय चुनौती

अफगानिस्तान में तालिबान के आने से भारत के 3.0 बिलियन डॉलर के निवेश पर संकट के बादल उत्पन्न हो गए थे। भारत ने अफगानिस्तान में अपना दूतावास बंद कर दिया था। भारत ने अफगानिस्तान को मान्यता भी प्रदान नहीं की है। हालांकि जून 2023 में काबुल दूतावास में भारत ने पदाधिकारियों की नियुक्ति की है। भारत के लिए मूल समस्या पाकिस्तान की भारत विरोधी नीति है। अफगानिस्तान के सहारे पाकिस्तान कश्मीर में पुनः आतंकवाद को बढ़ाने का प्रयास कर रहा है। वास्तविक रूप में तालिबान का सत्ता में आना आतंकवाद के विरुद्ध वैश्विक संघर्ष के लिए सबसे बड़ी चुनौती है, क्योंकि हक्कानी नेटवर्क के नेता तालिबान सरकार का हिस्सा हैं, जिन्हें अमेरिका वैश्विक आतंकवादी घोषित कर चुका है। इसलिए अफगानिस्तान समूची वैश्विक सुरक्षा के लिए खतरा है। सुरक्षा परिषद के माध्यम से भारत द्वारा समूचे विश्व को आतंकवादी खतरे के संबंध में आगाह किया गया है। आतंकवाद को लेकर संयुक्त अरब अमीरात ने भी पाकिस्तान का समर्थन नहीं किया है। भविष्य में यह देखना महत्त्वपूर्ण होगा कि तालिबान स्वायत्त रूप में कार्य करता है, अथवा पाकिस्तान की कठपुतली के रूप में कार्य करेगा।

निष्कर्ष

भारतीय विदेश नीति के अनुसार, अफगानिस्तान और पाकिस्तान में आतंकवादियों की उपस्थिति केवल भारतीय सुरक्षा के लिए ही नहीं, अपितु समूचे विश्व के लिए सबसे बड़ा खतरा है। इसलिए भारत, अफगानिस्तान में एक लोकतांत्रिक और स्थायी सरकार का समर्थक है। अफगानिस्तान के पुनर्निर्माण और विकास में भारत की उल्लेखनीय भूमिका है। जबकि भारतीयों के प्रति अफगानियों का दृष्टिकोण अत्यधिक सकारात्मक है, वे भारतीयों को विदेशी नहीं मानते। अफगानिस्तान में विकास और लोकतंत्र के परिणामस्वरूप क्षेत्रीय स्थिरता में वृद्धि होगी एवं आतंकवाद की समस्या का समाधान होगा

अध्याय

8 भारत की पड़ोसी देशों के प्रति नीति

India's Policy Towards Neighbours

● गुजराल सिद्धांत ● भारतीय नीति ● पड़ोसी देशों की भारत के प्रति नीति ● पड़ोसी देशों में भू-राजनीतिक एवं सामरिक विकास

दक्षिण एशिया में भारत का आकार अत्यधिक विशाल है, जबकि पड़ोसी देश छोटे भौगोलिक आकार के हैं। भारत की जनसंख्या 1 अरब, 43 करोड़ है,जबकि भारत के पड़ोसी देशों की कुल जनसंख्या 40 करोड़ है। आर्थिक रूप में भी भारत पड़ोसी देशों की तुलना में अत्यधिक शक्तिशाली है। इसलिए दक्षिण एशिया में भारत का भीमकाय आकार पड़ोसी देशों के साथ संबंध निर्माण में चुनौती प्रस्तुत करता है।

भारत द्वारा पड़ोसी देशों के साथ सदैव मधुर एवं मित्रतापूर्ण संबंध बनाने का प्रयत्न किया गया है। भारत के पहले प्रधानमंत्री नेहरू द्वारा पड़ोसी देशों के प्रति किसी पृथक् नीति का निर्माण नहीं किया गया, बल्कि पड़ोसी देशों को एशियाई, अफ्रीकी देशों की एकता के विचार के साथ जोड़ दिया गया। इसलिए पड़ोसी देशों के साथ संबंध मित्रतापूर्ण थे। इंदिरा गांधी एवं राजीव गांधी के प्रधानमंत्री कार्यकाल के दौरान पड़ोसी देशों के प्रति आक्रामक नीति अपनाई गई तथा उनके साथ जैसे को तैसा का व्यवहार अपनाया गया। यद्यपि इंदिरा गांधी द्वारा श्रीलंका को कच्चातीवू द्वीप सौंप दिया गया और बांग्लादेश को तीन बीघा गलियारा दे दिया गया। उनके अनुसार, छोटे पड़ोसी देशों को एकतरफा छूट प्रदान करनी चाहिए तथा पड़ोसी देशों के आंतरिक मामलों में हस्तक्षेप नहीं किया जाएगा और कोई भी देश अपनी भूमि का प्रयोग पड़ोसी देशों के विरुद्ध नहीं करेगा।

गुजराल सिद्धांत

वर्ष 1996 में तत्कालीन विदेश मंत्री इंद्र कुमार गुजराल ने पड़ोसी देशों के साथ संबंधों को सौहार्दपूर्ण बनाने पर विशेष बल दिया जिसे भारत की विदेश नीति में मील का पत्थर माना जाता है। इस नीति को 'गुजराल सिद्धांत' का नाम दिया गया है। गुजराल सिद्धांत के प्रमुख बिंदु निम्नलिखित हैं–

(i) इसके अंतर्गत भारत को अपने पड़ोसी देशों नेपाल, श्रीलंका, बांग्लादेश, भूटान और मालदीव के साथ विश्वसनीय संबंध बनाने और विवादों को बातचीत से सुलझाने पर बल दिया गया।

(ii) यह स्वीकार किया गया कि कोई भी देश दूसरे के आंतरिक मामलों में दखल नहीं देगा।।

(iii) कोई भी देश अपनी जमीन से किसी दूसरे के खिलाफ देश विरोधी गतिविधियां नहीं चलाएगा।

(iv) सभी देश एक-दूसरे की संप्रभुता और अखंडता का सम्मान करेंगे और संकट के समय एक-दूसरे की मदद करेंगे।

(v) सभी प्रकार के विवादों को शांतिपूर्ण तरीके से निपटाया जाएगा।

इस प्रकार शीत युद्धोत्तर विश्व में भारतीय विदेश नीति में पड़ोसी देशों के प्रति गुणात्मक परिवर्तन हुआ। पड़ोसी देशों के साथ संबंध बनाने में पारस्परिकता की मान्यता को परिवर्तित किया और पड़ोसी देशों को एकतरफा छूट देने की रणनीति अपनाई।

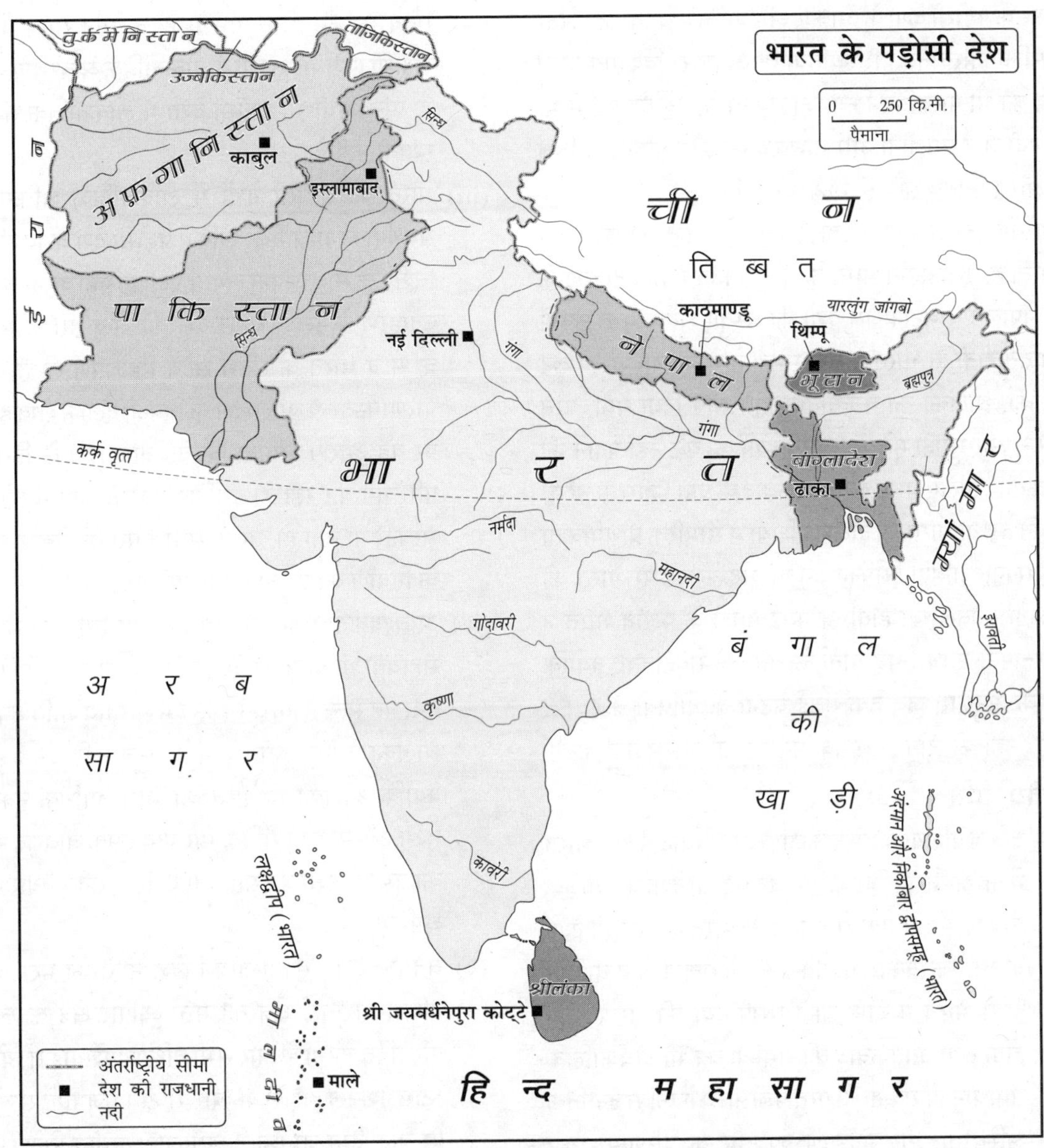

मानचित्र 13

चीन एवं पाकिस्तान को एकतरफा छूट नहीं मिलेगी, क्योंकि एकतरफा छूट की नीति केवल छोटे पड़ोसी देशों के प्रति थी और पड़ोसी देशों के साथ विद्यमान सभी समस्याओं का शांतिपूर्ण एवं द्विपक्षीय समाधान किया जाएगा।

गुजराल सिद्धांत में पड़ोसी देशों के साथ संबंध बेहतर करने पर बल दिया गया और एक-दूसरे की संप्रभुता के सम्मान का आश्वासन दिया गया। यह भी निर्णय किया गया कि एक राज्य, दूसरे राज्य के विरुद्ध कार्य नहीं करेगा। गुजराल सिद्धांत के अनुसार, यह भी कहा गया कि दक्षिण एशिया का कोई भी देश अपने भू-भाग का इस्तेमाल किसी दूसरे देश के विरुद्ध नहीं होने देगा। गुजराल सिद्धांत द्वारा पड़ोसी देशों को एकतरफा छूट इसलिए दी गई, क्योंकि विदेश नीति में पड़ोसी देशों का कोई विकल्प नहीं होता।

विचारकों के अनुसार, भारत को समस्याओं के समाधान के लिए द्विपक्षीय वार्ता पर ही जोर नहीं देना चाहिए, क्योंकि भारत

और उसके पड़ोसी देशों के आकार और शक्ति में बहुत बड़ा अंतर है। इसलिए परिवर्तित परिस्थितियों के अनुसार, द्विपक्षीय वार्ता के मुद्दे को भी परिवर्तित किया जा सकता है, क्योंकि पूर्व में भी सिंधु नदी जल समझौता और ताशकंद समझौते में क्रमशः विश्व बैंक और सोवियत संघ की मध्यस्थता थी।

भारतीय विदेश नीति में पड़ोसी देशों को एकतरफा छूट प्रदान की जाती है, ऐसा करना भारत के राष्ट्रीय हित में है। उदाहरण के लिए, नेपाल एवं भूटान जैसे देशों की वस्तुएं शुल्क मुक्त रूप में आयातित होती हैं। भारत ने जल समझौते में बांग्लादेश को छूट प्रदान की, श्रीलंका को कच्चातीवू द्वीप सौंप दिया गया, परंतु सामरिक और सुरक्षा मुद्दे पर पड़ोसी देशों को छूट नहीं प्रदान की जा सकती। इसलिए भारत की आतंकवाद के प्रति 'जीरो टॉलरेंस' की नीति है तथा भारत को दक्षिण एशिया में सामरिक प्राथमिकता बनाए रखनी चाहिए। इसलिए आतंकवाद के मुद्दे पर भारत की प्रतिक्रिया सदैव सख्त होती है। मुंबई हमले के पश्चात् भारत ने पाकिस्तान के साथ समग्र वार्ता के चक्र को रोक दिया, क्योंकि भारत के अनुसार, जब तक मुंबई घटना के दोषियों के विरुद्ध कार्रवाई नहीं की जाती, तब तक समग्र वार्ता आरंभ नहीं होगी।

भारतीय नीति

(i) दक्षिण एशिया में भारत का महत्त्व निर्विवाद है तथा भारत में वह क्षमता है, जिसके द्वारा वह पड़ोसी देशों के आर्थिक विकास में सहायक हो सकता है। भारत को पड़ोसी देशों के आर्थिक विकास में सक्रिय रूप में संलग्न होना चाहिए। इससे भारत में आने वाले घुसपैठियों की संख्या कम होगी तथा आतंकवाद की समस्या का भी दीर्घकालिक समाधान हो सकता है। परंतु पड़ोसी देशों की राजनीतिक अस्थिरता और संदेहपूर्ण व्यवहार के परिणामस्वरूप भारत की नीति व्यावहारिक रूप में कारगर सिद्ध नहीं हो रही है। भारत, दक्षिण एशियाई पड़ोसी देशों के लिए एक अवसर है, खतरा नहीं।

(ii) भारत ने सदैव लोकतांत्रिक देशों का समर्थन किया तथा लोकतांत्रिक शासन के प्रसार को महत्त्व दिया, क्योंकि लोकतंत्र का प्रसार भारतीय राष्ट्रीय हित के अनुकूल है। परंतु पड़ोसी देशों में गैर-लोकतांत्रिक देशों के साथ भी भारत ने संबंध बनाए रखे, क्योंकि लोकतंत्र की स्थापना राज्य का आंतरिक मामला है। वर्तमान समय में सभी दक्षिणी एशियाई राज्यों में लोकतांत्रिक व्यवस्थाएं कायम हैं, परंतु अभी भी पड़ोसी देशों में लोकतांत्रिक संस्कृति स्थायी नहीं है।

(iii) भारत को पड़ोसी देशों में लोकतांत्रिक शक्तियों का समर्थन करना चाहिए, लेकिन पड़ोसी देश के किसी नेता विशेष के साथ अपना लगाव प्रदर्शित नहीं करना चाहिए। उदाहरण के लिए, बांग्लादेश की शेख हसीना सरकार के साथ भारत के संबंध सदैव महत्त्वपूर्ण रहे हैं। इसके परिणामस्वरूप बांग्लादेश के विपक्षी दलों ने शेख हसीना पर यह आरोप लगाया कि वह बांग्लादेश के हितों का परित्याग कर रही हैं। इसलिए पड़ोसी देशों में कोई भी सरकार या नेता हो, उसके साथ भारत को बेहतर संबंधों के निर्माण का प्रयत्न करना चाहिए।

(iv) आवश्यकता पड़ने पर भारत को पड़ोसी देशों में सैन्य सहायता भी करनी चाहिए, यदि पड़ोसी देश इसकी मांग करें। यह सत्य है कि वर्ष 1987 में भारतीय शांति सेना को श्रीलंका भेजना राष्ट्रीय हितों के अनुकूल सिद्ध नहीं हुआ, क्योंकि श्रीलंका में भारत का भारी आर्थिक नुकसान हुआ और सैकड़ों सैनिक मारे गए। इसके बावजूद भारत को पड़ोसी देशों की सहायता के लिए सदैव तैयार रहना चाहिए।

(v) वर्तमान समय में भारतीय विदेश नीति का मूल उद्देश्य दक्षिण एशियाई क्षेत्र को मुक्त व्यापार क्षेत्र के रूप में परिवर्तित करना है और सभी दक्षिण एशियाई राज्यों को 'ट्रांस नेशनल हाइवे' या 'पार-राष्ट्रीय राजमार्ग' से जोड़ने पर बल दिया जा रहा है। इसलिए भारतीय विदेश नीति में पड़ोसी देशों के साथ अच्छे संबंध का कोई विकल्प नहीं है इसलिए विदेश नीति के समक्ष सबसे बड़ी चुनौती पड़ोसी देशों के साथ संबंधों को मधुर करना है।

(vi) भारत का संबंध महाशक्तियों के साथ बेहतर है। दक्षिण-पूर्वी एशियाई देशों और पश्चिमी एशियाई देशों से भी संबंध मधुर हैं, परंतु पड़ोसी देशों के साथ बेहतर संबंध के ये विकल्प नहीं हैं। भारतीय विदेश नीति में पंडित जवाहरलाल नेहरू से लेकर प्रधानमंत्री नरेन्द्र मोदी तक

पड़ोसियों के साथ बेहतर संबंध बनाने पर अत्यधिक महत्त्व प्रदान किया गया।

(vii) नेपाल और भूटान में जल विद्युत क्षमता का बड़ा भंडार है, जबकि भारत को आर्थिक विकास की दर को बढ़ाने के लिए ऊर्जा संसाधनों की आवश्यकता है।

(viii) भारत द्वारा सभी पड़ोसी देशों के साथ विद्यमान विवाद को शांतिपूर्ण रूप में हल करने पर बल दिया जाता है।

(ix) पड़ोसी देशों के विकास के लिए भारत द्वारा निर्मित परियोजनाएं सही समय पर पूर्ण होनी चाहिए, लेकिन वर्तमान में भारत की परियोजनाएं (Deficit Delivery) लंबित हो रही हैं।

विदेश नीति में पड़ोसी देशों के साथ संबंधों को सर्वाधिक महत्त्व दिया जाता है। प्रधानमंत्री मोदी के शपथ ग्रहण समारोह में सार्क (SAARC) सदस्य देशों के प्रमुखों को आमंत्रित किया गया था, जो पड़ोसी देशों से बेहतर संबंध बनाने की भारत की मंशा को स्पष्ट करता है। भारत के पूर्व प्रधानमंत्री अटल बिहारी वाजपेयी द्वारा कहा गया था कि 'मित्र का चयन हो सकता है, परंतु पड़ोसी का नहीं।' भारत द्वारा पड़ोसियों के साथ बेहतर संबंध शांति स्थापना के लिए आवश्यक है और इससे भी बढ़कर भारत के आर्थिक विकास के लिए यह प्राथमिक शर्त है। शांति के बिना आर्थिक विकास संभव नहीं है। पड़ोसी देशों के साथ संवेदनशील संबंध होने चाहिए, क्योंकि भारत का आकार व अर्थव्यवस्था पड़ोसी देशों की तुलना में अत्यधिक बड़ी है। इसलिए पड़ोसी देशों में भारत के प्रति मनोवैज्ञानिक भय होता है तथा पड़ोसी भारत को खतरे के रूप में देखते हैं। इस सुरक्षा प्रत्यक्षण (Perception) को बदलने के लिए भारत को पड़ोसी देशों को ज्यादा से ज्यादा आर्थिक सहायता प्रदान करनी चाहिए तथा दक्षिण एशिया में भारत को अपनी सामरिक प्राथमिकता भी बनाए रखने का प्रयत्न करना चाहिए।

पड़ोसी देशों की भारत के प्रति नीति

भारत के पड़ोसी देशों में भूटान सदाबहार मित्र है, जिसकी भारत के साथ किसी भी प्रकार की असहमति नहीं है। भूटान ही एकमात्र पड़ोसी देश है, जिसका चीन के साथ कूटनीतिक संबंध नहीं है। दूसरी ओर पाकिस्तान जिसके साथ संबंधों का प्रबंध भी अत्यधिक कठिन है और जो सदैव भारत विरोधी नीति अपनाता है तथा प्रत्येक मुद्दे पर पाकिस्तान का केवल भारत के साथ विवाद है। श्रीलंका, नेपाल, बांग्लादेश एवं मालदीव के साथ सांस्कृतिक, भौगोलिक एवं आर्थिक संबंध मित्रतापूर्ण हैं। परंतु अनेक मुद्दों पर विवाद भी बने हुए हैं। श्रीलंका, नेपाल, बांग्लादेश एवं मालदीव जैसे छोटे पड़ोसी देशों में राष्ट्रवाद का विकास स्वाभाविक रूप में भारत विरोध में परिवर्तित हो जाता है। इन देशों में नृजातीय संघर्ष विद्यमान हैं और लोकतांत्रिक शासन अस्थायी है तथा आर्थिक विकास का भी अभाव है। ये देश अपनी प्रत्येक घरेलू समस्या के लिए भारत को उत्तरदायी मानते हैं। सांस्कृतिक समानता होने के कारण इन देशों की समस्याएं भारत की समस्या बन जाती है। चीन, भारत का सबसे विशाल पड़ोसी देश है, जिसके साथ व्यापारिक संबंध मित्रतापूर्ण हैं। परंतु सामरिक रूप में भारत के साथ संघर्ष बने हुए हैं। चीन का दक्षिण एशिया में बढ़ता प्रभाव छोटे पड़ोसी देशों की भारत विरोधी नीति को प्रोत्साहित करने में सहायक हो जाता है।

पड़ोसी देशों में भू-राजनीतिक एवं सामरिक विकास

दक्षिण एशिया में भारत की सीमा सभी पड़ोसी देशों के साथ लगती है। परंतु पड़ोसी देशों की सीमाएं आपस में नहीं मिलती तथा पड़ोसी देशों का आकार भारत की तुलना में अत्यधिक छोटा है। इसलिए भारत के छोटे पड़ोसी देशों में भारत विरोधी प्रवृत्ति विद्यमान हैं तथा छोटे पड़ोसी देश मनोवैज्ञानिक रूप में भारत के प्रति असुरक्षा की भावना से ग्रस्त होते हैं। पड़ोसी देशों के छोटे आकार के कारण पड़ोसी देशों में राष्ट्रवाद का विकास भारत विरोधी बन जाता है। नेपाल और भूटान भू-आबद्ध देश हैं। इसलिए भारत पर इनकी निर्भरता अनिवार्य है। बांग्लादेश तीन ओर से भारतीय भू-भाग से घिरा हुआ है। इसलिए बांग्लादेश में उत्पन्न होने वाली समस्याएं सीधे भारत की समस्या बन जाती हैं। भारत की सीमा पर चीन की अवस्थिति भारत की भू-राजनीति को महत्त्वपूर्ण रूप में प्रभावित करती है। नेपाल और भूटान, भारत और चीन के बीच स्थित बफर राज्य हैं। इसलिए नेपाल, चीन की सहायता लेकर भारत को संतुलित करने का प्रयत्न करता है तथा पाकिस्तान, चीन का सदाबहार मित्र है। भारत के लिए चीन और पाकिस्तान दोनों की मित्रता भारतीय सुरक्षा के लिए गंभीर चुनौती प्रस्तुत करती है। हिंद महासागर में भारत की स्थिति केंद्रीय है और हिंद महासागर में स्थित श्रीलंका और मालदीव महत्त्वपूर्ण समुद्री

संचार मार्ग पर स्थित हैं। इन देशों पर चीन अपना प्रभाव बनाने का प्रयत्न कर रहा है तथा भारत इन देशों पर अपना परंपरागत प्रभाव बनाए रखना चाहता है।

चीन के सैनिक रूप में शक्तिशाली उभार के कारण भारत की सुरक्षा पर गंभीर खतरा उत्पन्न होता है। चीन द्वारा पाकिस्तान को भी प्रभावी सैन्य सहायता उपलब्ध कराई जा रही है। चीन, श्रीलंका में भी समुद्री पत्तन का विकास कर रहा है और पाकिस्तान में पहले ही ग्वादर पत्तन का विकास कर चुका है। चीन, बांग्लादेश और म्यांमार को हथियार आपूर्ति करने वाला सबसे बड़ा देश बन गया है और नेपाल भी चीन से हथियार खरीद रहा है। श्रीलंका द्वारा लिट्टे का सामना करने के लिए चीन से भारी मात्रा में हथियार आयात किए गए, जो भारत के लिए महत्त्वपूर्ण सामरिक चुनौती है। चीन द्वारा लगभग 3,000 किमी. लंबे चीन-पाकिस्तान आर्थिक कॉरिडोर (CPEC) का निर्माण किया जा रहा है तथा समुद्री सिल्क रोड परियोजना द्वारा महासागर में भी अपना प्रभाव स्थापित करने का प्रयत्न किया जा रहा है।

निष्कर्ष

पड़ोसी देशों के साथ संबंध अनिवार्य होता है। यह स्वैच्छिक नहीं होता। भारत के लिए चीन सुरक्षा की गंभीर चुनौती है, परंतु आर्थिक सहयोग जारी है। पाकिस्तान के साथ कोई संबंध ही नहीं है। भूटान के साथ मतभेद नहीं है जबकि नेपाल, श्रीलंका, बांग्लादेश, म्यांमार के साथ संबंध मित्रतापूर्ण हैं, परंतु मतभेद भी उभरते रहते हैं।

भाग

3

हिंद महासागर

अध्याय

1 हिंद महासागर

Indian Ocean

● शीत युद्ध के दौरान ● शांति का क्षेत्र ● शीत युद्ध के बाद ● प्रधानमंत्री की हिंद महासागर देशों की यात्रा ● मोतियों की माला ● भारत की नीति ● मालाबार सैन्याभ्यास ● जिबूती में चीन का नया सैन्य अड्डा ● प्रशांत महासागरीय द्वीपीय देशों के साथ सम्मेलन ● हिंद महासागर तटीय क्षेत्रीय सहयोग संगठन ● भारत-ऑस्ट्रेलिया-जापान-संयुक्त राज्य अमेरिका सम्मेलन ● भारत-प्रशांत सहयोग ● भारतीय सागर

हिंद महासागर, विश्व का तीसरा सबसे बड़ा महासागर है, जो समूचे विश्व के भू-भाग के लगभग 20 प्रतिशत भाग पर फैला हुआ है। इसका क्षेत्रफल 7.3 करोड़ वर्ग किमी. है। यह तीन तरफ से उत्तर में एशिया, पश्चिम में अफ्रीका एवं पूर्व में ऑस्ट्रेलिया, महाद्वीपों से घिरा है। हिंद महासागर भू-आबद्ध महासागर है। हिंद महासागर में अनेक छोटे द्वीप जैसे- मेडागास्कर, बहरीन, कोमोरोस, मालदीव, मॉरीशस, सेशेल्स और श्रीलंका स्थित हैं तथा इन द्वीपों का समुद्री संचार मार्गों के लिए अत्यधिक महत्त्व है। हिंद महासागर द्वारा विश्व के तेल एवं गैस का व्यापार होता है। भारत की अवस्थिति हिंद महासागर में केंद्रीय है। भारत के इसी भौगोलिक महत्त्व को देखते हुए इस महासागर का नाम हिंद महासागर रखा गया।

शीत युद्ध के दौरान

शीत युद्ध के दौरान अमेरिका और सोवियत संघ द्वारा हिंद महासागर में अपने प्रभाव को बढ़ाने के लिए परस्पर संघर्ष किया गया। वर्ष 1971 में हिंद महासागर के डियागो गार्सिया में अमेरिका द्वारा सैनिक अड्डे की स्थापना की गई, परिणामस्वरूप सोवियत संघ ने भी इस क्षेत्र में अपना सैनिक प्रभाव बढ़ाने का प्रयत्न किया। वर्ष 1971 में भारत-सोवियत संघ के बीच शांति और मित्रता की संधि संपन्न हो चुकी थी। इसलिए अमेरिका द्वारा हिंद महासागर में भारत का भी विरोध किया गया और भारत-पाकिस्तान (1971) युद्ध में अमेरिका ने अपना सातवां जहाजी बेड़ा हिंद महासागर में भेज दिया था।

शांति का क्षेत्र

इसके द्वारा हिंद महासागर का प्रयोग व्यापारिक उद्देश्यों के लिए किया जाएगा। इसलिए सैनिक अड्डों का निर्माण नहीं होगा तथा परमाणु पनडुब्बियों के प्रवेश की अनुमति भी नहीं होगी। महाशक्तियों की सैन्य प्रतिस्पर्धा को देखते हुए संयुक्त राष्ट्र महासभा द्वारा वर्ष 1971 में हिंद महासागर को शांति का क्षेत्र (Zone of Peace) बनाने का प्रस्ताव पारित किया गया। इस प्रस्ताव को श्रीलंका द्वारा आरंभ किया गया, जिसका भारत द्वारा समर्थन किया गया। यह उल्लेखनीय है कि शांति क्षेत्र का यह विचार पहली बार वर्ष 1970 में लुसाका गुटनिरपेक्ष सम्मेलन में प्रस्तावित किया गया था। शांति क्षेत्र का अभिप्राय है कि नौसेना, नौसैनिक अड्डे, परमाणु पनडुब्बियों और परमाणु हथियारों की तैनाती इस क्षेत्र में नहीं की जाएगी। इस क्षेत्र का प्रयोग व्यापारिक गतिविधियों के लिए किया जाएगा। परंतु महाशक्तियों द्वारा इस प्रस्ताव को अनदेखा कर दिया गया। वर्तमान में भारत द्वारा पुनः

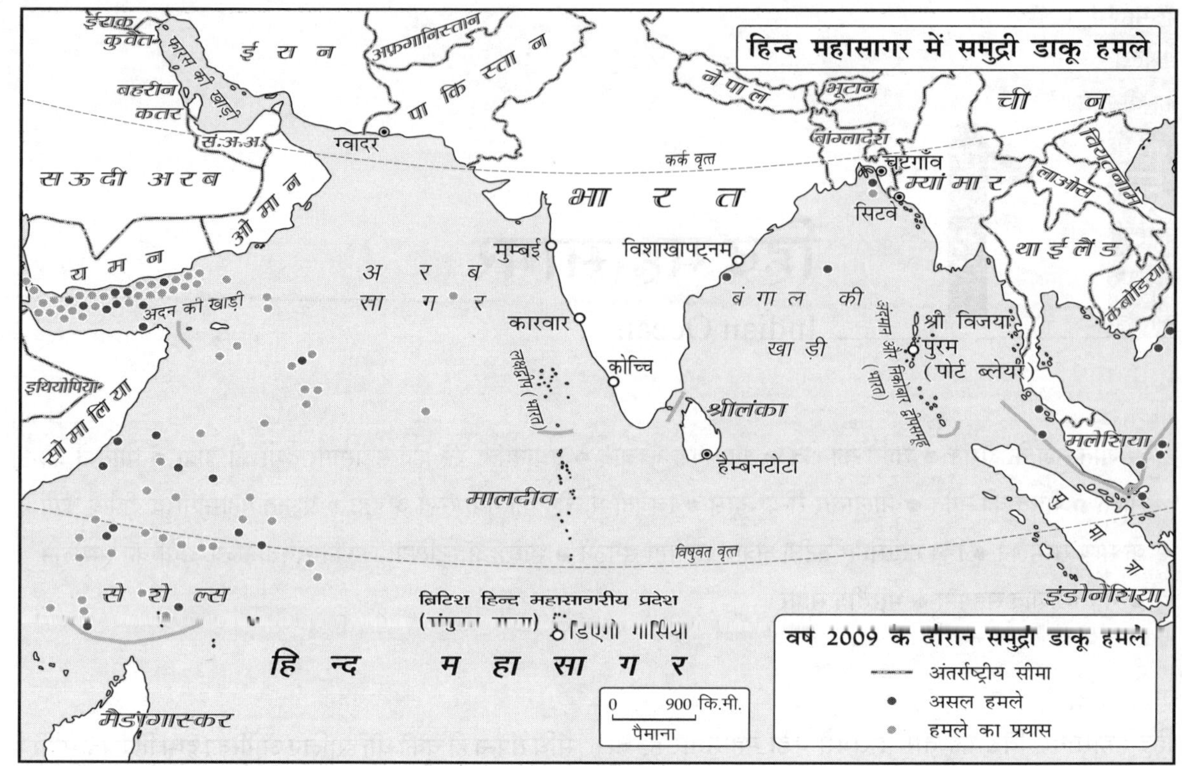

मानचित्र 14

इस क्षेत्र को शांति के क्षेत्र के रूप में घोषित करने का समर्थन किया गया है। चीन की परमाणु पनडुब्बियां श्रीलंका के तटों पर पहुंच रही हैं, जिस पर भारत द्वारा आपत्ति व्यक्त की गई।

शीत युद्ध के बाद

वर्ष 1991 में सोवियत संघ विघटित हो गया एवं शीत युद्ध औपचारिक रूप में समाप्त हो गया। इसलिए हिंद महासागर में सोवियत संघ के प्रभाव में कमी आई और चीन के शक्तिशाली उभार के बाद चीन ने हिंद महासागर में अपना प्रभाव बढ़ाने का प्रयत्न किया। वर्तमान में भारत को हिंद महासागर में अमेरिकी उपस्थिति के कारण चिंता नहीं है, बल्कि चीन का बढ़ता प्रभाव भारतीय सुरक्षा के लिए उभरती नई चुनौती है। चीन ने 'मोतियों की माला नीति' द्वारा इस क्षेत्र में अपने प्रभाव को शक्तिशाली बनाने का प्रयत्न किया। वर्ष 2014 में चीन के राष्ट्रपति द्वारा मालदीव की यात्रा की गई, जिससे चीनी विदेश नीति में हिंद महासागर का महत्त्व स्पष्ट रूप में दिखता है।

प्रधानमंत्री की हिंद महासागर देशों की यात्रा

भारत के तेल एवं गैस की आपूर्ति के लिए हिंद महासागर अत्यधिक महत्त्वपूर्ण है और पश्चिम एशिया से होने वाली ऊर्जा आपूर्ति हिंद महासागर होकर आती है। यहां प्राकृतिक संसाधनों का बड़ा भंडार है और भारत का अंतर्राष्ट्रीय व्यापार इसी पर निर्भर है तथा हिंद महासागर के मार्ग से ही वर्ष 2008 में मुंबई आतंकवादी हमला हुआ था। इसलिए सुरक्षा की चुनौती भी बनी हुई है। महासागर में होने वाली समुद्री डकैतियां तथा नशीली दवाओं के अवैध आदान-प्रदान से भी भारतीय सुरक्षा के लिए चुनौती उत्पन्न होती है। भारत के इन्हीं हितों को ध्यान में रखते हुए पहली बार किसी प्रधानमंत्री द्वारा केवल हिंद महासागर के देशों की अलग से यात्रा की गई। प्रधानमंत्री ने सेशेल्स, मॉरीशस, श्रीलंका की यात्रा की तथा मालदीव में हो रहे राजनीतिक परिवर्तन के कारण मालदीव की यात्रा स्थगित कर दी।

एक महत्त्वपूर्ण प्रगति के अंतर्गत भारत द्वारा सेशेल्स के एजम्पशन द्वीप (Assumption Island) तथा मॉरीशस के अगलेगा द्वीप

पर महत्त्वपूर्ण आधारभूत संरचना के विकास का समझौता हुआ। सेशेल्स में भारत द्वारा पहली बार समुद्र तटीय निगरानी रडार स्टेशन का भी उद्घाटन किया गया। 28 वर्षों बाद श्रीलंका की यात्रा करने वाले नरेन्द्र मोदी भारत के पहले प्रधानमंत्री हैं। सेशेल्स द्वारा चीन के युद्ध पोतों को तेल भरने की सुविधा उपलब्ध कराई जाती है तथा चीन द्वारा इससे समुद्री डकैतियों को नियंत्रित किया जाता है। मॉरीशस में बहुसंख्यक जनसंख्या भारतीय मूल के लोगों की है। अतः इसे छोटा भारत भी कहा जाता है।

मोतियों की माला (String of Pearls)

'स्ट्रिंग ऑफ पर्ल्स' की नीति, चीन द्वारा हिंद महासागर क्षेत्र में अपना प्रभाव बढ़ाने के लिए अपनाई जा रही है। इस शब्द का प्रयोग अमेरिकी रक्षा मंत्रालय पेंटागन द्वारा किया गया। हिंद महासागर का क्षेत्र दुनिया के मुख्य व्यापारिक मार्गों में शामिल है। फिलहाल यहां अमेरिका का पहले से ही प्रभाव है। भारत एवं चीन भी इस क्षेत्र पर अपना प्रभाव बढ़ाने के लिए प्रतिस्पर्धा कर रहे हैं। उभरते चीन ने हिंद महासागर में अपने प्रभाव को बनाए रखने के लिए 'स्ट्रिंग ऑफ पर्ल्स' की नीति को बढ़ावा दिया, जिसका अभिप्राय है, हांगकांग से लेकर सूडान के पत्तन तक समुद्री संचार पर चीन का नियंत्रण बना रहे, जिसमें मलक्का जलसंधि से होर्मुज जलसंधि तक चीन अपना प्रभाव बनाए रखना चाहता है। इसके अंतर्गत चीन, पाकिस्तान (ग्वादर पत्तन), बांग्लादेश (चटगांव), मालदीव, हैम्बनटोटा द्वीप, कोकोद्वीप और सोमालिया तक अपने नौसैनिक हितों को बनाए रखना चाहता है। 'स्ट्रिंग ऑफ पर्ल्स सिद्धांत' के बारे में अमेरिका के रक्षा विभाग द्वारा निर्मित रिपोर्ट, 'एशिया में ऊर्जा का भविष्य' में उल्लेख किया गया। क्रिस्टोफर प्रियर्सन ने इसको व्याख्यायित करते हुए कहा कि 'स्ट्रिंग ऑफ पर्ल्स' चीन के उभरते भू-राजनीतिक प्रभाव का परिणाम है, जिसके द्वारा चीन पत्तन (बंदरगाह) और वायु सेना अड्डों पर अपनी पहुंच बेहतर करना चाहता है। इसका उद्देश्य विभिन्न राज्यों के साथ बेहतर कूटनयिक संबंध बनाना, चीनी सेना का आधुनिकीकरण करके दक्षिणी चीन सागर, मलक्का जलसंधि, हिंद महासागर और पर्शिया की खाड़ी तक अपने प्रभाव का विस्तार करना है।

भारत की नीति

वर्ष 1999 में कारगिल अतिक्रमण के बाद भारत की सुरक्षा नीति का पुनरावलोकन किया गया एवं समुद्री सुरक्षा पर अत्यधिक बल दिया गया। भारत और इंडोनेशिया के मध्य वर्ष 2001 में एक सैन्य समझौता हुआ। क्योंकि हिंद महासागर सुरक्षा और आर्थिक दोनों कारणों से भारत के लिए अत्यधिक महत्त्वपूर्ण है। वर्ष 1997 में 'इंडियन ओशियन रिम एसोसिएशन फॉर रीजनल कोऑपरेशन' (हिमतक्षेस) की स्थापना हुई। इसके अतिरिक्त बिम्सटेक की स्थापना भी वर्ष 1997 में हुई। वर्ष 2000 में गंगा-मेकांग परियोजना को आगे बढ़ाया गया।

वर्ष 2000 के बाद भारत की सुरक्षा नीति में कई महत्त्वपूर्ण बदलाव हुए। हिंद महासागर की सुरक्षा के लिए भारत के अंडमान-निकोबार द्वीप में एकीकृत सैनिक कमान की स्थापना की गई है। अंडमान-निकोबार द्वीप समूह म्यांमार के कोकोद्वीप से लगभग 60 किमी. तथा इंडोनेशिया से करीब 150 किमी. दूर है, जबकि भारत से इसकी दूरी तकरीबन 1,200 किमी. है। अमेरिका, सिंगापुर, ऑस्ट्रेलिया एवं जापान जैसे देशों के साथ मालाबार नौसैनिक अभ्यास भी आयोजित किया गया। इसके अतिरिक्त भारत द्वारा आसियान देशों के साथ भी सैनिक अभ्यास आयोजित किया जा रहा है। वर्ष 2008 में भारत द्वारा इंडियन ओसियन नेवल सिंपोजियम का आयोजन किया गया, जिसमें हिंद महासागर में स्थित सभी देशों की नौ सेनाओं को आपसी सहयोग एवं विचार-विमर्श के लिए आमंत्रित किया गया।

मालाबार सैन्याभ्यास

हिंद महासागर में भारत द्वारा मालाबार नौसैनिक अभ्यास का आयोजन किया गया। इस सैनिक अभ्यास की शुरुआत वर्ष 1992 में हुई थी। परंतु इस सैनिक अभ्यास को वर्ष 2002 के बाद प्रभावी स्वरूप प्रदान किया गया तथा इसमें अमेरिका, जापान, सिंगापुर, ऑस्ट्रेलिया जैसे देशों को शामिल किया गया। जापान के इस सैनिक अभ्यास में शामिल होने पर चीन द्वारा आपत्ति दर्ज की गई। चीन के अनुसार, भारत अन्य महाशक्तियों के साथ मिलकर चीन को घेरने की नीति अपना रहा है। भारत के अनुसार, इस सैनिक अभ्यास द्वारा समुद्री डकैती, आतंकवाद, नशीली दवाओं की तस्करी को रोकने का प्रयत्न किया जा रहा है। वर्तमान में हिंद महासागर में शांति एवं सुरक्षा बनाए रखने के लिए ऑस्ट्रेलिया, सिंगापुर, इंडोनेशिया, जापान तथा अमेरिका के साथ समुद्री सुरक्षा के मुद्दे पर सहयोग किया जा रहा है, जिसके द्वारा समुद्री डकैतियों को नियंत्रित किया जाएगा। समुद्री क्षेत्र में आपदा एवं राहत कार्यों का संचालन होगा। खोज अभियान में एक-दूसरे का सहयोग किया

जाएगा और सभी देश इस मुद्दे पर सहमत हैं कि समुद्री संचार मार्ग को खुला रखा जाए।

जिबूती में चीन का नया सैन्य अड्डा

चीन ने हिंद महासागर में हॉर्न ऑफ अफ्रीका के पास अपना पहला सैन्य अड्डा स्थापित किया है। 590 मिलियन डॉलर की लागत से बना यह बेस हिंद महासागर तथा अफ्रीका में चीन की स्थिति को मजबूत करेगा। संयुक्त राज्य अमेरिका के बाद चीन द्वारा यह बेस स्थापित किया गया है। हिंद महासागर में ही पाकिस्तान के ग्वादर बंदरगाह पर भी चीन ने सैन्य बेस स्थापित करने की घोषणा की है। चीन द्वारा मालदीव में भी सैनिक अड्डे के निर्माण का प्रयास किया जा रहा है।

प्रशांत महासागरीय द्वीपीय देशों के साथ सम्मेलन

भारतीय विदेश नीति में समुद्र एवं समुद्री संचार मार्गों पर नियंत्रण के लिए अनेक उपाय किए जा रहे हैं। प्रधानमंत्री द्वारा वर्ष 2014 में फिजी की यात्रा के दौरान प्रशांत महासागरीय देशों के सम्मेलन का विचार दिया गया और इसमें 14 द्वीप शामिल हैं। वर्ष 2015 में इन देशों की दूसरी बैठक जयपुर में आयोजित हुई। इसके द्वारा इन देशों के बीच कृषि, खाद्य प्रसंस्करण, मछली पालन, सौर ऊर्जा, टेली मेडिसिन, टेली एजुकेशन, अंतरिक्ष सहयोग तथा जलवायु परिवर्तन और ई-नेटवर्किंग के क्षेत्र में सहयोग को बढ़ावा दिया जाएगा। इन देशों के नागरिकों को भारत में 'वीजा ऑन अराइवल' की सुविधा दी जाएगी तथा सस्ते ऋण प्रदान किए जाएंगे। इसके अतिरिक्त ग्लोबल वार्मिंग का सामना करने के लिए विशेष तकनीकी सहायता तथा क्षमता निर्माण में सहयोग किया जाएगा तथा ग्लोबल वार्मिंग का सामना करने के लिए एक विशेष कोष का भी निर्माण होगा।

भारत द्वारा इन देशों के साथ व्यापारिक एवं आर्थिक संबंधों को सुदृढ़ करने का प्रयत्न किया जा रहा है और इससे भी बढ़कर इन देशों में चीन के बढ़ते प्रभाव को प्रतिसंतुलित करने का प्रयत्न किया जा रहा है। चीन द्वारा इन महासागरीय देशों को बड़ी आर्थिक सहायता प्रदान की जा रही है। फिजी को सबसे बड़ी आर्थिक और कुक द्वीपसमूह को दूसरी सबसे बड़ी आर्थिक सहायता देने वाला देश चीन है। पापुआ न्यूगिनी, समोया और टोंगा को भी चीन द्वारा आर्थिक सहायता दी जाती है। चीन द्वारा फिजी को दी गई आर्थिक सहायता ऑस्ट्रेलिया और जापान से भी ज्यादा है। चीन द्वारा वर्ष 2015 में इन महासागरीय देशों का सम्मेलन आयोजित किया गया तथा चीन द्वारा 55 बिलियन यूआन की आर्थिक सहायता इन देशों को प्रदान की गई। इन महासागरीय द्वीपों में भारत भी अपना प्रभाव बेहतर करने का प्रयत्न कर रहा है और प्रशांत महासागर क्षेत्र में वर्तमान में भारत के संबंध ऑस्ट्रेलिया, जापान एवं अमेरिका जैसे देशों के साथ अत्यधिक मधुर एवं मित्रतापूर्ण हैं। यह उल्लेखनीय है कि फिजी में बड़ी संख्या में भारतीय मूल के लोगों का निवास है, जिससे भारत का इस देश में वैचारिक प्रभाव बना हुआ है।

एशिया प्रशांत क्षेत्र में अमेरिका, रूस, जापान, ऑस्ट्रेलिया का परंपरागत रूप में प्रभाव रहा है और चीन द्वारा अपने प्रभाव का लगातार विस्तार किया जा रहा है तथा भारत द्वारा भी इस क्षेत्र में अपने प्रभाव को स्थापित करने का प्रयत्न किया जा रहा है। इस क्षेत्र के देशों में फिजी का अत्यधिक महत्त्व है, इसके अतिरिक्त इस क्षेत्र में अनेक छोटे-छोटे देश हैं, जिसमें तुवालू, नौरू, किरिबाती, तानुआतु, सोलोमन द्वीप, पलाऊ, मार्शल द्वीप, माइक्रोनेशिया तथा न्यूगिनी शामिल हैं।

हिंद महासागर तटीय क्षेत्रीय सहयोग संगठन

(Indian Ocean Rim Association for Regional Cooperation)

वर्ष 1994 में दक्षिण अफ्रीका से रंगभेद नीति की समाप्ति हो गई। इसलिए दक्षिण अफ्रीका अंतर्राष्ट्रीय राजनीति में अपना प्रभाव बढ़ाने के लिए तत्पर था और भारत द्वारा हिंद महासागर के देशों के बीच व्यापारिक एवं आर्थिक सहयोग के लिए हिमतक्षेस के निर्माण की पहल की गई। इस संगठन में पाकिस्तान को शामिल नहीं किया गया, जबकि पाकिस्तान भी हिंद महासागर में स्थित देश है। पाकिस्तान को सम्मिलित न करने के पीछे यह तर्क दिया गया कि संगठन की सदस्यता क्रमिक रूप में बढ़ाई जाएगी। संगठन का सचिवालय मॉरीशस में स्थापित किया गया है। मॉरीशस में भारतीय मूल के लोगों की बड़ी संख्या है।

हिमतक्षेस के मंच पर आपदा प्रबंधन, मछली पकड़ने, समुद्री डकैती रोकने, पर्यटन तथा व्यापार और निवेश के क्षेत्र में सहयोग किया जा रहा है। हिंद महासागर में चीन द्वारा अपना प्रभाव बढ़ाने के लिए स्ट्रिंग ऑफ पर्ल्स की नीति अपनाई जा रही है, जिसका सामना करने के लिए हिमतक्षेस एक बेहतर संगठन सिद्ध हो सकता है।

हिंद महासागर के लगातार बढ़ते महत्त्व के कारण 90 के दशक के मध्य में इस संगठन की स्थापना की गई। आरंभ में तीन महाद्वीपों (एशिया, अफ्रीका एवं ऑस्ट्रेलिया) के 14 देशों ने मिलकर वर्ष 1997 में इस संगठन की स्थापना की। इस संगठन के माध्यम से क्षेत्रीय सहयोग किया जा रहा है तथा व्यापार व विकास को बढ़ावा मिला है। वर्ष 2012 में संयुक्त राज्य अमेरिका इसका पर्यवेक्षक राज्य बन गया।

वर्तमान में हिमतक्षेस में 23 देश शामिल हैं, जिनमें भारत, ऑस्ट्रेलिया, इंडोनेशिया, श्रीलंका, सिंगापुर, मलेशिया, ओमान, यमन, केन्या, तंजानिया, दक्षिण अफ्रीका, मोजाम्बिक, मॉरीशस, मेडागास्कर, संयुक्त अरब अमीरात, थाईलैंड, बांग्लादेश, सेशेल्स, ईरान, मालदीव, कोमोरोस, सोमालिया, और फ्रांस हैं। इसके अतिरिक्त संयुक्त राज्य अमेरिका तथा चीन जैसे 11 देशों को पर्यवेक्षक का दर्जा दिया गया है। इस संगठन में शामिल सदस्यों को देखने से प्रतीत होता है कि इसमें केवल विकासशील देश ही नहीं हैं। इसलिए यह केवल विकासशील देशों के बीच सहयोग का संगठन नहीं है, इसमें ऑस्ट्रेलिया जैसे विकसित देश भी शामिल हैं।

भारत-ऑस्ट्रेलिया-जापान-संयुक्त राज्य अमेरिका सम्मेलन (QUAD)

अमेरिका का एशियाई प्रशांत क्षेत्र में अत्यधिक प्रभाव है और अमेरिका का सैन्य गठबंधन जापान एवं ऑस्ट्रेलिया के साथ भी है। अतः इन देशों की सुरक्षा का दायित्व अमेरिका का है। अमेरिका एवं भारत के बीच सैन्य गठबंधन नहीं है, परंतु अत्यधिक महत्त्वपूर्ण सामरिक सहयोग निर्मित हो चुका है। ये सभी देश चीन के बढ़ते प्रभाव को संतुलित करने के लिए आपसी सहयोग कर रहे हैं। फिलहाल इस सम्मेलन का कोई संस्थात्मक अथवा औपचारिक रूप विकसित नहीं हुआ है। डियागो गार्सिया में पहले ही अमेरिका का सैनिक अड्डा बना हुआ है। ऐसा माना जा रहा है कि 21वीं शताब्दी में अमेरिका के अतिरिक्त चीन और भारत हिंद महासागर में प्रतिस्पर्धा बनाए रखने वाले मूल देश होंगे। मनीला में संपन्न यह सम्मेलन समुद्री क्षेत्रों में चीनी आधिपत्य का विरोध करता है। इस संगठन का उद्देश्य सागरीय नौवहन की सुरक्षा को बनाए रखना है। सदस्य देशों ने इस क्षेत्र में भारत की महत्त्वपूर्ण भूमिका का उल्लेख किया। यह संगठन हिंद महासागर तथा प्रशांत महासागर में आतंकवाद, नशीली दवा, सुरक्षा तथा स्वतंत्र नौवहन इत्यादि मुद्दों पर सहयोग पर विचार कर रहा है।

भारत-प्रशांत (Indo-Pacific) **सहयोग**

परंपरागत रूप में एशिया-प्रशांत शब्द का प्रयोग किया जाता था, परंतु अमेरिकी राष्ट्रपति ट्रम्प द्वारा इंडो-पैसेफिक शब्द का उपयोग किया गया। अमेरिका द्वारा हवाई द्वीप में स्थित अपने पैसेफिक कमांड का नाम परिवर्तित करके इंडो-पैसेफिक कमांड रख दिया गया है। जापान के तत्कालीन प्रधानमंत्री शिन्जो अबे ने भी इंडो-पैसेफिक को मुक्त एवं खुला रखने का समर्थन किया। भारतीय प्रधानमंत्री नरेन्द्र मोदी द्वारा इंडो-पैसेफिक का प्रयोग आरंभ किया गया। यह भारत के केंद्रीय महत्त्व का प्रमाण है।

भारत-चीन के बीच वर्ष 2020 में गलवान संघर्ष के बाद भारत ने इंडो-पैसेफिक नीति को चीन के बढ़ते प्रभाव को प्रतिसंतुलित करने के लिए प्रयोग करने का निर्णय किया है। विदेश मंत्री एस. जयशंकर ने कहा कि इंडो-पैसेफिक नीति का केंद्रीय बिंदु हिंद महासागर है। परंतु पश्चिम एशिया, अफ्रीका एवं आसियान देशों के साथ प्रभावी आर्थिक, सामरिक एवं सांस्कृतिक संबंधों को प्रगाढ़ करने पर बल दिया गया है।

महाशक्ति होने के कारण भारत हिंद महासागर क्षेत्र के बाहर भी अपने प्रभाव का विस्तार करना चाहता है। चीन के दक्षिण चीन सागर में बढ़ते आक्रामक दृष्टिकोण के कारण इंडोनेशिया ने दक्षिण चीन सागर स्थित नातुना द्वीप पर अपना दावा प्रस्तुत किया है। प्रधानमंत्री मोदी द्वारा दक्षिण-पूर्व एशियाई देशों को इंडो-पैसेफिक के केंद्र में रखा गया है। चीन, हिंद महासागर में आधारभूत संरचनाओं के विकास द्वारा अपना प्रभाव बढ़ा रहा है। चीन के बढ़ते प्रभाव के कारण अमेरिका, जापान, दक्षिण-पूर्व एशियाई देशों के साथ भारत इंडो-पैसेफिक क्षेत्र में सहयोग बढ़ा रहा है।

भारत द्वारा इंडो-पैसेफिक रणनीति के माध्यम से निम्नलिखित उद्देश्यों को पूर्ण करने का प्रयास किया जा रहा है–

1. समुद्री अर्थव्यवस्था का विकास (blue economy)।
2. पारस्परिक संपन्नता।
3. नौसैनिक क्षमता का विकास व सैन्य संचालन में सहयोग।
4. आधारभूत संरचना का निर्माण एवं कनेक्टिविटी पर बल।
5. सुरक्षा एवं मानवीय सहायता के लिए सहयोग।
6. दक्षिण-पूर्व एशियाई देशों को केंद्रीय महत्त्व देना। इंडो-

पैसेफिक के प्रयोग से अनेक चुनौतियां भी उत्पन्न हो रही हैं क्योंकि रूस, भारत का सदाबहार सामरिक सहयोगी है। इंडो-पैसेफिक से भारत-अमेरिका की सामरिक निकटता दिखाई देती है। चीन आधारभूत संरचना के विकास में जो निवेश कर रहा है वह भारत के लिए फिलहाल संभव नहीं है, परंतु आकांक्षाएं सकारात्मक हैं। यह भी उल्लेखनीय है कि चीन के पास दुनिया की सबसे बड़ी नौसेना है।

भारतीय सागर (SAGAR)

भारत द्वारा समुद्री शक्ति के विकास के लिए मौसम परियोजना का नारा दिया गया, जिसमें मानसून की हवाओं का प्रयोग करते हुए एशियाई-अफ्रीकी देशों के परंपरागत व्यापारिक-सांस्कृतिक संबंधों को सुदृढ़ करने पर बल दिया गया है। भारत के समुद्री पतनों के विकास के लिए सागरमाला नीति पर बल दिया गया, जिसके अंतर्गत राष्ट्र के प्रमुख 12 समुद्री पत्तनों के आधुनिकीकरण पर बल दिया गया है, जिससे कि समुद्री आधारभूत संरचना का विकास हो सके। वर्ष 2015 में सागर नीति पर बल दिया गया जिसका अभिप्राय Security and Growth for All in the Region (SAGAR) है। इसके द्वारा भारत-चीन के बढ़ते समुद्री प्रभाव को नियंत्रित करना है तथा हिंद महासागर में अपनी परंपरागत उपस्थिति को सुदृढ़ बनाना है। भारत के अनुसार, समुद्री संचार बाधित करने का प्रयत्न नहीं होना चाहिए। समुद्री जल विवादों को हल करने के लिए अंतर्राष्ट्रीय विधियों का प्रयोग आवश्यक है। समुद्री डकैती को रोकने एवं आपदा प्रबंध के क्षेत्र में सहयोग पर बल दिया गया है। ईरान में चाबहार पत्तन का निर्माण किया जा रहा है। ओमान के दुकम के पत्तन का प्रयोग भारतीय नौसेना द्वारा किया जाएगा। बांग्लादेश के पाथरा में पत्तन विकास की संभावना तलाश की जा रही है। श्रीलंका के त्रिंकोमाली एवं म्यांमार के क्याउकफ्यू में पत्तन विकास के विकल्प पर विचार हो रहा है।

निष्कर्ष

वर्ष 2000 के बाद समुद्री सुरक्षा, समुद्री अर्थव्यवस्था एवं समुद्री संचार पर विशेष बल दिया जा रहा है। मॉरीशस, सेशेल्स के साथ सहयोग द्वारा भारतीय प्रभाव को सुदृढ़ किया जा रहा है। परंतु चीन का मुकाबला करने के लिए आर्थिक क्षमता का विकास आवश्यक है। अर्थव्यवस्था को शक्तिशाली किए बिना सामरिक एवं सांस्कृतिक शक्ति का विस्तार संभव नहीं है।

भाग

4

दक्षिण-पूर्व एशिया

1. भारत एवं दक्षिण-पूर्व एशिया
2. भारत-म्यांमार संबंध

अध्याय

1 भारत एवं दक्षिण-पूर्व एशिया

India and South-East Asia

● शीत युद्ध के दौरान संबंध ● शीत युद्ध के बाद संबंध : सुधार की ओर ● आर्थिक विकास का मॉडल ● 'पूर्व की ओर देखो' की नीति ● आर्थिक सहयोग का मुद्दा ● भविष्य की चुनौतियां ● चीन एवं दक्षिण-पूर्व एशिया ● अमेरिका और दक्षिण-पूर्व एशिया ● एक्ट ईस्ट नीति ● बिम्सटेक का केंद्रीय महत्त्व ● इंडो-पैसेफिक ● भारत-सिंगापुर संबंध ● भारत-इंडोनेशिया संबंध ● भारत-थाईलैंड संबंध ● भारत-वियतनाम संबंध ● चीन-भारत-वियतनाम

शीत युद्ध के दौरान संबंध

दक्षिण-पूर्व एशियाई देश सांस्कृतिक रूप से भारत के अत्यधिक निकट हैं। इस क्षेत्र पर भारत का सांस्कृतिक प्रभाव स्पष्ट रूप में दिखाई देता है। थाईलैंड और म्यांमार बौद्ध धर्म प्रधान देश हैं। इंडोनेशिया का नाम इंडिया से प्रभावित है।

अफ्रीकी-एशियाई एकता

इंडोनेशिया में आज भी रामलीला का मंचन होता है और सिंगापुर पर भारतीय शहरों के नाम का प्रभाव है। स्वतंत्र भारतीय विदेश नीति में एशियाई-अफ्रीकी एकता पर अत्यधिक बल प्रदान किया गया। एशियाई संबंधों में बांडुंग सम्मेलन द्वारा एशियाई-अफ्रीकी एकता निर्मित करने का प्रयत्न किया गया। भारत ने इंडोनेशिया की स्वतंत्रता के लिए नई दिल्ली में एशियाई संबंधों की बैठक (वर्ष 1947) आयोजित की। भारत ने बांडुंग सम्मेलन (वर्ष 1955) में एशियाई-अफ्रीकी एकता के विचार का समर्थन किया। इंडोनेशिया के प्रधानमंत्री सुकार्नो के साथ पंडित जवाहरलाल नेहरू ने गुटनिरपेक्ष आंदोलन की नींव रखी। वियतनाम की मुक्ति का भारत ने सदैव समर्थन किया तथा म्यांमार के साथ भारत के मित्रतापूर्ण संबंध थे। आसियान (ASEAN) देशों में थाईलैंड और फिलीपींस, सिएटो (SEATO) के सदस्य थे, जो अमेरिका द्वारा प्रायोजित एक सैनिक गठबंधन था, जबकि भारत ने गुटनिरपेक्ष विदेश नीति को अपनाया। इसलिए इन आसियान देशों के साथ भारत के संबंध बेहतर नहीं हो सके। वर्ष 1962 में म्यांमार में सेना द्वारा शासन पर नियंत्रण कर लिया गया। इस सैनिक सरकार ने चीन के साथ मित्रतापूर्ण संबंधों का निर्माण किया, जबकि म्यांमार में रह रहे भारतीय मूल के लोगों को म्यांमार से भगा दिया गया, जिससे भारत-म्यांमार के संबंध कटु हो गए।

सैन्य शासन का बढ़ता प्रभाव

इंडोनेशिया के प्रधानमंत्री सुकार्नो का झुकाव बाद में चीन की ओर होने लगा, जबकि भारत और चीन के बीच वर्ष 1962 में युद्ध हुआ था। इंडोनेशिया में सुकार्नो के स्थान पर सुहार्तो ने शासन पर नियंत्रण कर लिया। इंडोनेशिया में सुहार्तो का सैनिक शासन वर्ष 1966 में स्थापित हुआ, जिसके बाद सुहार्तो ने अमेरिका के साथ बेहद मित्रतापूर्ण संबंध स्थापित किए। वर्ष 1971 में भारत-सोवियत संघ के बीच शांति एवं मित्रता की संधि हुई, जिससे भारत और आसियान देशों के बीच दूरी बढ़ गई, क्योंकि अधिकांश आसियान देश अमेरिका समर्थित थे। वर्ष 1971 में चीन एवं अमेरिका के बीच कूटनीतिक संबंध बहाल हो गए। अतः आसियान देश चीन के निकट हो गए, जबकि वर्ष 1967

में आसियान की स्थापना साम्यवादी चीन को प्रतिसंतुलित करने के लिए हुई थी। इससे आसियान के साथ चीन के संबंध लगातार बेहतर हुए।

भारत ने 60 के दशक में चीन के साथ युद्ध का सामना किया तथा वर्ष 1965 में पाकिस्तान ने भारत पर आक्रमण किया। वर्ष 1971 में भारत-पाकिस्तान के मध्य एक और युद्ध हुआ, जिससे भारत, दक्षिण एशिया में ही उलझ कर रह गया और अन्य क्षेत्रों पर प्रभावी रूप से ध्यान नहीं दे सका। आसियान में साम्यवाद के प्रसार के लिए संघर्ष जारी था।

कंबोडिया संकट

वर्ष 1979 में कंपूचिया (अब कंबोडिया) में पोलपोट और हेंगसामरिन के बीच सत्ता के लिए संघर्ष चल रहा था। पोलपोट का समर्थन चीन, थाईलैंड और अमेरिका ने किया, जबकि हेंगसामरिन का समर्थन वियतनाम, भारत और सोवियत संघ ने किया। भारत ने वियतनाम और हेंगसामरिन सरकार का समर्थन किया, जिसके कारण आसियान देश भारत विरोधी हो गए। वर्ष 1980 के दशक में दक्षिण कोरिया, सिंगापुर, ताइवान तथा मलेशिया जैसे देशों ने तीव्र आर्थिक प्रगति दर्ज की, जिससे आसियान क्षेत्र विश्व अर्थव्यवस्था का उभरता क्षेत्र बन गया। वर्ष 1984 में ब्रूनेई, ब्रिटेन से स्वतंत्र हो गया और आसियान का सदस्य बन गया।

आसियान देशों में जनसंख्या

देश	जनसंख्या
इंडोनेशिया	28 करोड़, 35 लाख
फिलीपींस	11 करोड़, 58 लाख
वियतनाम	10 करोड़, 10 लाख
थाईलैंड	7 करोड़, 16 लाख
म्यांमार	5 करोड़, 45 लाख
मलेशिया	3 करोड़, 55 लाख
कंबोडिया	1 करोड़, 76 लाख
लाओस	77 लाख
सिंगापुर	58 लाख
ब्रूनेई	46 लाख

शीत युद्ध के बाद संबंध : सुधार की ओर

वर्ष 1990 में सोवियत संघ का विघटन हो गया, जिससे आसियान में उदारवादी और साम्यवादी विचारधारा के बीच का संघर्ष समाप्त हो गया। अब वियतनाम (1995), लाओस (1997) एवं कंबोडिया (1999) जैसे समाजवादी देश भी आसियान के सदस्य बन गए और कंबोडिया का गृह युद्ध समाप्त हो गया एवं आसियान के सभी देश आर्थिक विकास के लिए आपस में सहयोग करने लगे। वर्ष 1990 के बाद भारत और अमेरिका के मध्य मित्रतापूर्ण संबंधों का विकास हुआ। वर्ष 1991 में भारत ने आर्थिक उदारीकरण (Liberalisation) को अपनाया तथा आसियान देशों के साथ आर्थिक संबंधों पर बल दिया। सोवियत संघ के विघटन के बाद भारत को नए निर्यात बाजारों की तलाश थी। इसलिए आसियान देश भारत के लिए प्राथमिकता के रूप में उभरकर सामने आए। यह उल्लेखनीय है कि आसियान देशों और भारत के बीच सांस्कृतिक एकता विद्यमान है तथा ये भारत के सुदूरवर्ती पड़ोसी (Extended Neighbour) हैं, जैसाकि अटल बिहारी वाजपेयी सरकार द्वारा कहा गया।

आर्थिक विकास का मॉडल

विकासशील देशों में दक्षिण कोरिया, सिंगापुर, ताइवान द्वारा आर्थिक विकास में तीव्र वृद्धि दर्ज की गई। इनका अनुकरण इंडोनेशिया, मलेशिया एवं थाईलैंड जैसे देशों द्वारा किया गया। इन्होंने पूंजीवादी आर्थिक प्रणाली एवं निर्यात आधारित अर्थव्यवस्था का विकास किया और समूचे क्षेत्र में व्यापार के लिए आधारभूत संरचनाओं का विकास किया गया। इन देशों के बीच विवाद भी अनुपस्थित है। इस क्षेत्र में लोकतंत्र अस्थायी रहा है परंतु आर्थिक विकास के लिए ये देश प्रेरणास्रोत हैं। भारत ने इन देशों के लिए स्वाधीनता का संघर्ष किया था, परंतु आर्थिक विकास के बिना राजनीतिक नेतृत्व प्रभावी नहीं हो सकता।

'पूर्व की ओर देखो' की नीति

प्रधानमंत्री नरसिम्हा राव ने 'पूर्व की ओर देखो' (Look East policy) का नारा दिया, जिसका अभिप्राय दक्षिण-पूर्व एशियाई देशों के साथ भौगोलिक, आर्थिक एवं संस्थागत संबंधों की स्थापना करने का प्रयत्न किया गया। आसियान देशों को इस नीति का केंद्रीय भाग माना गया तथा इसके अतिरिक्त 'पूर्व की ओर देखो' का अभिप्राय, दक्षिण-पूर्व एशियाई देशों के अलावा दक्षिण कोरिया, जापान, ऑस्ट्रेलिया और न्यूजीलैंड के साथ भी बेहतर संबंधों का निर्माण करना है। वर्ष 1992 में भारत को आसियान देशों के क्षेत्रीय वार्ताकार सहयोगी का दर्जा दिया गया। साथ ही भारत को व्यापार, निवेश और पर्यटन के क्षेत्र में क्षेत्रीय वार्ताकार का सहयोगी बनाया गया तथा वर्ष 1996 में भारत पूर्ण वार्ताकार

सहयोगी बन गया। वर्ष 2002 से भारत और आसियान के मध्य भारत-आसियान शिखर वार्ता आरंभ हुई। 2024 में इसके 21वें संस्करण का आयोजन हुआ, जिसमें प्रधानमंत्री मोदी ने भागीदारी की और 'कनेक्टिविटी एवं एक्सपोजर' विषय पर 10 सूत्रीय योजना की घोषणा की। उल्लेखनीय है कि म्यांमार के आसियान का सदस्य बनने के बाद से भारत आसियान के साथ भूमि सीमा साझा करता है। भारत, इंडोनेशिया, मलेशिया, सिंगापुर और थाईलैंड के साथ समुद्री सीमाओं को साझा करता है।

आर्थिक सहयोग का मुद्दा

भारत-आसियान के मध्य वर्ष 2009 में मुक्त व्यापार क्षेत्र का समझौता हुआ, जो दोनों देशों के मध्य बढ़ते आर्थिक संबंधों का प्रमाण है। मुक्त व्यापार समझौते से दोनों देशों को लाभ होगा, जिसके कारण निम्नलिखित हैं-

(i) दोनों देशों की अर्थव्यवस्थाएं प्रतिस्पर्धी न होकर, पूरक हैं, क्योंकि आसियान हल्की विनिर्मित वस्तुओं का मुख्य निर्यातक है, जबकि भारत सेवा क्षेत्र में निर्यातक है। यह बिंदु ध्यान देने योग्य है कि वर्तमान समय में भारत के सकल घरेलू उत्पाद (GDP) में सेवा क्षेत्र का योगदान 50 प्रतिशत से अधिक है।

(ii) भौगोलिक निकटता, जिससे व्यापार में परिवहन का खर्च कम तथा समय की भी बचत होती है।

(iii) निकट सांस्कृतिक एवं ऐतिहासिक संबंध तथा भारतीय मूल के लोगों की बड़ी संख्या के इन क्षेत्रों में रहने के कारण भारतीय वस्तुओं की भारी मांग है। इससे भी बढ़कर भारतीय सॉफ्टवेयर इंजीनियर, वित्तीय प्रबंधक एवं विशेषज्ञ इन क्षेत्रों में कुशल सेवाएं प्रदान कर रहे हैं।

(iv) सूचना प्रौद्योगिकी के क्षेत्र में भारत का प्रमुख स्थान है और मुक्त व्यापार से निर्यात की संभावना में वृद्धि होगी।

(v) इंडोनेशिया और सिंगापुर जैसे देशों ने भारत में भारी मात्रा में निवेश किया है।

(vi) भारत और दक्षिण-पूर्व एशियाई देशों के मध्य अनेक संयुक्त उद्यम स्थापित किए गए हैं। सिंगापुर और थाईलैंड के साथ भारत पहले ही मुक्त व्यापार समझौता संपन्न कर चुका है।

(vii) भारत और म्यांमार के मध्य गैस के आयात के लिए भी समझौता हुआ, क्योंकि म्यांमार में प्राकृतिक गैस का बड़ा भंडार पाया जाता है।

(viii) भारत और आसियान देशों का आर्थिक संबंध दो स्तर पर विद्यमान हैं-

1. वियतनाम, कंबोडिया तथा लाओस के साथ संबंध, जो आसियान के पिछड़े राष्ट्र हैं। इन क्षेत्रों में भारत आधारभूत संरचना और क्षमता निर्माण कार्यक्रम में भी संलग्न है।
2. दूसरी श्रेणी में अन्य आसियान देशों के साथ संबंध हैं।

(ix) भारत और दक्षिण-पूर्व एशियाई देशों के संबंध उप-क्षेत्रीय स्तर पर भी कायम हैं, जिसमें भारत, बांग्लादेश, भूटान, म्यांमार, नेपाल, श्रीलंका और थाईलैंड सम्मिलित हैं। एक महत्त्वपूर्ण निर्णय के अंतर्गत वर्ष 2017 तक बिम्सटेक (BIMSTEC) को मुक्त व्यापार क्षेत्र के रूप में निर्मित करने का निर्णय लिया गया था लेकिन 20 से अधिक दौर की वार्ताओं के बावजूद यह संभव नहीं हो पाया है। मुक्त व्यापार क्षेत्र के लिए 13 मुख्य मुद्दों की पहचान की गई है। अतः बिम्सटेक, दक्षेस और आसियान के मध्य का एक सेतु है। बिम्सटेक के मुक्त व्यापार समझौते में सेवा और निवेश को भी सम्मिलित करने का निर्णय लिया गया है। अप्रैल 2025 में हुए छठे बिम्सटेक सम्मेलन में प्रधानमंत्री नरेन्द्र मोदी ने भाग लिया। इसकी थीम "बिम्सटेक: समृद्ध, लचीला और खुला" थी। भारतीय प्रधानमंत्री ने इस सम्मेलन में व्यापार, आपदा, प्रबंधन एवं तकनीकी एकीकरण हेतु 21 सूत्रीय कार्य योजना प्रस्तुत की।

(x) इस समूचे क्षेत्र में आर्थिक सहयोग द्वारा क्षेत्रीय विकास करने का प्रयत्न किया जा रहा है तथा इस क्षेत्र में चीन ने कुनमिंग पहल की है, जिसके अंतर्गत चीन के युआंग प्रांत, भारत के उत्तर-पूर्वी राज्य, म्यांमार और बांग्लादेश को मिलाकर क्षेत्रीय सहयोग की पहल की गई है।

भारत और आसियान के बीच सहयोग विविध क्षेत्रों में देखा जा सकता है। व्यापार, विज्ञान एवं प्रौद्योगिकी, कृषि, पर्यावरण, मानव संसाधन, विकास, अंतरिक्ष विज्ञान, नवीन और नवीकरणीय ऊर्जा, सूचना एवं संचार प्रौद्योगिकी, दूरसंचार, परिवहन और बुनियादी ढांचे, पर्यटन, संस्कृति, स्वास्थ्य और औषधि सहयोग के मुख्य विषय हैं। आसियान के आंकड़ों के अनुसार, कुल व्यापार वर्ष 1993 में 2.9 बिलियन डॉलर से वर्ष 2019-20 में 86 बिलियन डॉलर तक पहुंच गया, जबकि कुल

आसियान व्यापार में भारत का हिस्सा वर्ष 1993 में सिर्फ 0.7 प्रतिशत (लगभग) से वर्ष 2008 में 2.8 प्रतिशत (चौगुना) हो गया। आसियान भारत का चौथा सबसे बड़ा व्यापारिक साझेदार बन गया है। वित्त वर्ष 2023-24 में भारत-आसियान व्यापार 122.67 बिलियन डॉलर रहा।

दक्षिण-पूर्व एशियाई देशों द्वारा परंपरागत रूप में यूरोप और अमेरिका के साथ व्यापारिक संबंधों पर बल दिया जाता था। परंतु वर्तमान में यूरोप और अमेरिका के बाजार आर्थिक मंदी के दौर से गुजर रहे हैं। जबकि भारत विश्व के सबसे बड़े बाजारों में एक बनकर उभर रहा है। भारतीय अर्थव्यवस्था सेवा प्रधान अर्थव्यवस्था है, जबकि आसियान (Association of South East Asian Nations, ASEAN) देशों की अर्थव्यवस्थाएं हल्के विनिर्मित क्षेत्रों/उद्योगों में अग्रणी हैं।

इसके अलावा, भारत-आसियान के बीच मुक्त व्यापार का समझौता हो चुका है। दक्षिण कोरिया के साथ समग्र आर्थिक सहभागिता समझौता (Comprehensive Economic Partnership Agreement) किया गया है। भारत द्वारा पूर्व के देशों के साथ आर्थिक संबंध को प्रभावी बनाने में निम्नलिखित बाधाएं आ रही हैं-

(i) बेहतर आधारभूत संरचनाओं का अभाव।
(ii) भूमि अधिग्रहण एवं श्रम कानून का कठोर होना।
(iii) सरकारी तंत्र के निर्णय की प्रक्रिया अत्यधिक औपचारिक और जटिल है।
(iv) ईज ऑफ डूइंग बिजनेस सूचकांक (Ease of Doing Business index) में भारत की स्थिति को सुधारने की आवश्यकता है और इन्हीं कमियों को वर्तमान सरकार द्वारा दूर करने की जो पहल की जा रही है उसे ही 'एक्ट ईस्ट पॉलिसी' का नाम दिया गया है जिसमें लाओस, म्यांमार, कंबोडिया, वियतनाम जैसे देशों के साथ व्यापारिक संबंधों को सुदृढ़ करने पर बल दिया जा रहा है।
    एक्ट ईस्ट पॉलिसी के अंतर्गत व्यापारिक संबंधों को बेहतर करने के लिए सांस्कृतिक कूटनीति पर भी बल दिया गया है।

भविष्य की चुनौतियाँ

भारत और आसियान के द्विपक्षीय व्यापार में निर्णायक वृद्धि हुई है, परंतु यह अभी भी आशानुरूप नहीं है। भारत और आसियान का द्विपक्षीय व्यापार वर्ष 2023-24 में 122.67 बिलियन डॉलर था। यह भी उल्लेखनीय है कि 2020 में आसियान चीन का सबसे बड़ा व्यापारिक भागीदार बन गया। दोनों के बीच लगभग 912 बिलियन डॉलर का व्यापार हुआ। चीन पिछले 15 वर्षों से आसियान का सबसे बड़ा व्यापारिक भागीदार है।

आसियान के लिए भारत के निर्यात में तेल, जवाहरात और आभूषण, मांस और मांस से तैयार पदार्थ, सूती धागा, कपड़ा, मशीनरी, चावल, ड्राग्स और फार्मास्यूटिकल्स, रसायन इत्यादि शामिल हैं। आसियान देशों से भारत के आयात में कृत्रिम रेजिन, प्लास्टिक सामग्री, प्राकृतिक रबड़, लकड़ी के उत्पादों, इलेक्ट्रॉनिक सामान, कार्बनिक रसायन, खाद्य तेल एवं उर्वरक इत्यादि शामिल हैं।

दक्षिण-पूर्व एशियाई राज्य आर्थिक रूप से अभी भी समृद्ध हैं, लेकिन यहां राजनीतिक अस्थिरता भी कायम है। इसलिए विदेश नीति में राजनीतिक और आर्थिक मुद्दों को अलग-अलग किया जाना चाहिए।

आर्थिक मंदी से दक्षिण-पूर्व एशियाई देशों की अर्थव्यवस्थाएं बुरी तरह से प्रभावित हुईं, क्योंकि इस क्षेत्र की अर्थव्यवस्थाएं निर्यात पर आधारित हैं। भारत दुनिया के 10 विशाल बड़े बाजारों में से एक है। इसलिए दक्षिण-पूर्व एशियाई देशों ने भी भारत को महत्त्व दिया, परंतु भारत में अभी भी बेहतर आधारभूत संरचनाओं का अभाव है।

कनेक्टिविटी

पूर्वोत्तर क्षेत्र के साथ बेहतर संचार के लिए कालादान मल्टीमॉडल ट्रांजिट ट्रांसपोर्ट परियोजना का निर्माण किया जा रहा है जिसके द्वारा कोलकाता पत्तन को समुद्री मार्ग से म्यांमार के सितवे पत्तन से जोड़ा जाएगा। (539 किमी.) यहां से म्यांमार की कालादान नदी से म्यांमार के पालेतवा तक वस्तुओं की ढुलाई होगी। (154 किमी.) इसी स्थान से मिजोरम राज्य को राजमार्ग से जोड़ा जाएगा। (110 किमी.) अतः पूर्वोत्तर राज्यों में प्रवेश के लिए भारत को केवल बांग्लादेश पर निर्भर नहीं रहना होगा। मुक्त व्यापार को प्रभावी बनाने के लिए बेहतर आधारभूत संरचनाओं और परिवहन सुविधा का विकास होना चाहिए। इस संबंध में मोरेह (मणिपुर)-तामू (म्यांमार)-कालेवा (थाईलैंड) में मार्ग का निर्माण किया गया

है और भविष्य में नई दिल्ली और वियतनाम के मध्य रेलमार्ग बिछाने की योजना है।

परमाणु मुद्दा (Nuclear Issue)

आसियान देशों ने इस क्षेत्र को परमाणु मुक्त क्षेत्र घोषित किया है, जिसका अभिप्राय है कि आसियान देश परमाणु हथियार प्राप्त नहीं करेंगे तथा इस क्षेत्र में परमाणु पनडुब्बियों का प्रवेश वर्जित होगा और परमाणु हथियारों की तैनाती नहीं होगी, जबकि भारत द्वारा वर्ष 1998 में परमाणु परीक्षण किया गया, जिसका मूल उद्देश्य परमाणु बम का निर्माण करना था। वर्ष 1998 में भारतीय परमाणु परीक्षण की मलेशिया और थाईलैंड ने आलोचना की, परंतु वियतनाम ने समर्थन किया। वियतनाम ने तो यहां तक कहा कि भारत की परमाणु शक्ति अन्य आक्रामक राज्यों के संभावित हमले से रक्षा करने में समर्थ होगी। पोखरण परमाणु परीक्षण के पश्चात् भारत ने स्पष्ट किया कि उसका उद्देश्य क्षेत्र में आधिपत्यवादी नीतियों का प्रयोग करना नहीं, अपितु भारत ने सुरक्षा और क्षेत्रीय बाध्यताओं के कारण ऐसा किया। बाद में आसियान देशों ने भारत के इस पक्ष को स्वीकार किया तथा परमाणु मुद्दे को लेकर दोनों के संबंध प्रतिकूल नहीं हुए। सितंबर, 2001 के पश्चात् आसियान और भारत के मध्य सामरिक गठजोड़ और प्रभावी हुआ। भारत ने दक्षिण-पूर्व एशियाई देशों के परमाणु मुक्त क्षेत्र समझौते पर हस्ताक्षर किए। भारत ने आसियान के साथ सौहार्द और सहयोग के समझौते पर भी हस्ताक्षर किए।

सामरिक मुद्दा (Strategic Issues)

वर्ष 1994 में आसियान रीजनल फोरम का गठन किया गया, जिसका मूल उद्देश्य राजनीतिक एवं सुरक्षा के समान हितों पर सकारात्मक संवाद एवं परामर्श को बढ़ावा देना है। साथ ही इसके द्वारा एशिया प्रशांत क्षेत्र में विभिन्न देशों के बीच विश्वास निर्माण के उपाय अपनाए जाएंगे तथा विवादों का कूटनीतिक समाधान किया जाएगा। इसके द्वारा सुरक्षा के बहुपक्षीय तंत्र का निर्माण किया गया है, जो राज्यों के बीच आपसी सहयोग के विकास में सहायक होगा। इस फोरम में भाग लेने वाले देशों में ऑस्ट्रेलिया, बांग्लादेश, ब्रूनेई, दार-ए-इस्लाम, कंबोडिया, कनाडा, चीन, कोरियाई गणतंत्र, यूरोपीय यूनियन, भारत, लाओस, इंडोनेशिया, जापान, मलेशिया, मंगोलिया, म्यांमार, न्यूजीलैंड, पाकिस्तान, पापुआ न्यूगिनी, फिलीपींस, दक्षिण कोरिया, रूस, सिंगापुर, श्रीलंका, थाईलैंड, तिमोर-लेस्ते, संयुक्त राज्य अमेरिका तथा वियतनाम शामिल हैं। आसियान देश, भारत के निकटवर्ती पड़ोसी हैं। भारत-आसियान के संबंध आर्थिक क्षेत्र के अलावा सामरिक क्षेत्र में भी सुदृढ़ हैं। भारत वर्ष 1996 में आसियान क्षेत्रीय मंच (ARF) का सदस्य बना।

सैन्य संबंध

भारत-आसियान द्वारा संयुक्त रूप से हिंद महासागर, मलक्का जलसंधि की सुरक्षा की जा रही है। भारत, सिंगापुर और इंडोनेशिया के मध्य नौसैनिक अभ्यास भी हुए हैं। आसियान क्षेत्र में चीन के महाशक्ति के रूप में उभरने से इस क्षेत्र का सामरिक समीकरण परिवर्तित हो रहा है।

भारत और दक्षिण-पूर्व एशियाई देशों के साथ सामरिक संबंधों का प्रभावी विकास हुआ है। भारत-सिंगापुर के मध्य प्रति वर्ष सैन्य अभ्यास होता है। वर्ष 2005 में भारत-सिंगापुर के बीच समुद्री द्विपक्षीय अभ्यास समझौते पर हस्ताक्षर हुए। सिंगापुर की सेनाओं के तीनों अंगों को प्रशिक्षण भारत द्वारा दिया जाता है। ऐसा प्रशिक्षण देने प्राप्त करने वाला सिंगापुर एकमात्र देश है। सिंगापुर द्वारा अपने प्रक्षेपास्त्रों का परीक्षण चांदीपुर में किया जाता है। वर्ष 1993 में भारत ने मलेशिया के साथ पायलटों को विमान उड़ाने का प्रशिक्षण देने का समझौता किया। वर्ष 2001 में भारत एवं इंडोनेशिया के बीच सैन्य समझौता तथा थाईलैंड के साथ वर्ष 2005 में नौसैनिक अभ्यास का समझौता हुआ और म्यांमार के साथ भी भारत का सैन्य अभ्यास जारी है। मलक्का जलसंधि का भी दोनों देशों के लिए अत्यधिक महत्त्व है, क्योंकि दुनिया के समूचे व्यापार का लगभग 40 प्रतिशत भाग मलक्का जलसंधि से होकर गुजरता है। यह भी उल्लेखनीय है कि अंडमान-निकोबार द्वीप समूह भारत की मुख्य भूमि से 1,400 किमी. दूर है। यह दक्षिण-पूर्व एशियाई देशों के अत्यधिक निकट है। इसलिए भारत ने पोर्टब्लेयर में तीनों सेनाओं की कमान की स्थापना की।

इस क्षेत्र में भारत की स्थिति अत्यधिक बेहतर है, क्योंकि भारत ने कभी भी हस्तक्षेपवादी नीति का समर्थन नहीं किया है। भारत का इंडोनेशिया, थाईलैंड और म्यांमार के साथ सीमा निर्धारण किया जा चुका है, जबकि दक्षिणी चीन सागर को लेकर चीन और दक्षिण-पूर्व एशियाई देशों के बीच विवाद कायम है तथा आसियान देशों का भी आपस में सीमा विवाद है।

आतंकवाद

आतंकवाद का मुकाबला करने के लिए भारत-आसियान के मध्य प्रभावी सहयोग हो रहा है। आसियान में अबू सैय्यद, मोरो इस्लामिक लिबरेशन फ्रंट जैसे संगठनों का अलकायदा के साथ संबंध हैं। इंडोनेशिया में जिम्माह इस्लामिया भी अलकायदा से प्रेरित है। इसके अतिरिक्त, इंडोनेशिया का मजलिसे मुजाहिद्दीन आतंकवादी गतिविधियों में अत्यधिक सक्रिय है। वर्ष 2002 में बाली बम विस्फोट, वर्ष 2003 और वर्ष 2009 में मेरियट होटल में बम विस्फोट तथा वर्ष 2004 में जकार्ता में गतिविधियों की सक्रियता के स्पष्ट प्रमाण हैं। भारत में लश्कर-ए-तैयबा, हरकत-उल-जेहादी इस्लामी जैसे संगठन आतंकवादी गतिविधियों में सक्रिय हैं। भारत पिछले तीन दशकों से आतंकवाद से पीड़ित राष्ट्र है। वर्ष 2001 का भारतीय संसद पर हमला, वर्ष 2008 का मुंबई हमला आतंकवादियों की विनाशकारी क्षमता के उदाहरण हैं।

आतंक की बढ़ती घटनाओं को देखते हुए भारत-आसियान के मध्य आतंकवाद को रोकने हेतु सूचना का आदान-प्रदान द्विपक्षीय और बहुपक्षीय समझौतों को लागू करना और आसियान देशों में सुरक्षा परिषद के प्रस्ताव संख्या-1373, 1267, 1390 को दृढ़ता से लागू करने का निर्णय लिया गया है, जो आतंकवाद को रोकने हेतु हैं।

पूर्वोत्तर राज्य

पूर्वोत्तर राज्यों में कार्य करने वाले अनेक उग्रवादी संगठन म्यांमार एवं थाईलैंड में शरण लेते हैं और इस सीमा से होकर हथियारों की अवैध तस्करी एवं नशीली दवाओं का अवैध व्यापार भी करते हैं। पूर्वोत्तर राज्यों में सक्रिय उल्फा तथा एनएससीएन के कार्यकर्ता इन देशों में रहकर भारत के विरुद्ध सुरक्षा चुनौती उत्पन्न करते हैं। आसियान देश, भारत के निकटवर्ती पड़ोसी हैं। उत्तर-पूर्वी राज्यों के साथ म्यांमार की 1,400 किमी. लंबी सीमा लगती है। अंडमान-निकोबार द्वीप समूह से इंडोनेशिया अत्यधिक निकट है। वर्तमान में पूर्वोत्तर राज्यों में आधारभूत संरचना के विकास पर प्रमुख बल दिया जा रहा है। भारत के पूर्वोत्तर राज्य भूमि आबद्ध राज्य हैं और आसियान के साथ सड़क संपर्क द्वारा इनके विकास का प्रयत्न किया जा रहा है। इसलिए गुवाहाटी को अब दक्षिण-पूर्व एशियाई देशों के साथ संबंध निर्मित करने का प्रवेश द्वार माना जा रहा है।

चीन एवं दक्षिण-पूर्व एशिया

स्प्रॉटले द्वीप को लेकर अभी भी चीन और आसियान के मध्य विवाद कायम है। चीन द्वारा किए गए प्रभावी सैन्य आधुनिकीकरण तथा उसकी म्यांमार और हिंद महासागर में बढ़ती उपस्थिति के कारण आसियान देश चीन को प्रतिसंतुलित करने के लिए भारत का समर्थन चाहते हैं। चीन द्वारा फिलीपींस, लाओस, कंबोडिया जैसे देशों को आर्थिक सहायता द्वारा अपने पक्ष में किया जा रहा है। चीन, सिंगापुर को बुलेट ट्रेन से जोड़ने का कार्य कर रहा है और चीन का आसियान देशों के साथ लगभग 600 बिलियन डॉलर का व्यापार भी है।

अमेरिका और दक्षिण-पूर्व एशिया

दक्षिण-पूर्व एशियाई क्षेत्र परंपरागत रूप में अमेरिकी प्रभाव वाला क्षेत्र माना जाता है। परंतु चीन के शक्तिशाली उभार के कारण अमेरिका के प्रभाव में निर्णायक कमी आ रही है और चीन का बढ़ता प्रभाव भारत एवं अमेरिका दोनों के हितों के लिए एक साझी चुनौती है। इसलिए हिंद महासागर क्षेत्र में चीन की सक्रिय पहुंच के विरुद्ध भारत 'एक्ट ईस्ट नीति' पर बल दे रहा है।

एक्ट ईस्ट नीति

प्रधानमंत्री नरेन्द्र मोदी द्वारा 'लुक ईस्ट नीति' को 'एक्ट ईस्ट नीति' के रूप में परिवर्तित किया गया है जिसके अंतर्गत पूर्वोत्तर राज्यों में आधारभूत संरचना के विकास पर अत्यधिक बल दिया गया है। उड़ान योजना के अंतर्गत पूर्वोत्तर राज्यों में क्षेत्रीय कनेक्टिविटी को बेहतर किया गया है। असम में भूटान एवं अन्य दक्षिण-पूर्व एशियाई देशों के वाणिज्यिक दूतावास स्थापित करने का भी प्रस्ताव है। दक्षिण-पूर्व एशियाई देशों की कनेक्टिविटी के लिए संचालित कालादान मल्टीमॉडल ट्रांजिट ट्रांसपोर्ट परियोजना को 2025 तक पूर्ण करने का लक्ष्य निर्धारित किया गया है। मणिपुर और म्यांमार के बीच सड़क संपर्क को बेहतर बनाने के लिए नए पुल बनाए जा रहे हैं तथा सड़क को चौड़ा किया जा रहा है। इस नीति के अंतर्गत पूर्व के देशों के साथ सैन्य संबंधों को भी बेहतर बनाने पर ध्यान केंद्रित किया जा रहा है। वियतनाम को सैनिक सहायता देने का प्रस्ताव किया गया है तथा सिंगापुर के साथ लॉजिस्टिक सहयोग समझौता किया गया है, जिससे भारतीय नौसैनिक जहाज सिंगापुर में रुक सकेंगे।

वर्तमान में भारत का व्यापार इंडोनेशिया, मलेशिया, सिंगापुर, थाईलैंड के साथ सीमित है जिसे वियतनाम, लाओस, कंबोडिया और म्यांमार तक बढ़ाया जाएगा। इन देशों के साथ भारत का व्यापार अपेक्षाकृत कम है।

पूर्वी क्षेत्रों में भारत का सांस्कृतिक प्रभाव सर्वाधिक दिखाई देता है। इसलिए इस क्षेत्र में सॉफ्ट पावर के माध्यम से आर्थिक एवं सामरिक हितों को बढ़ाया जा सकता है।

बिम्सटेक (BIMSTEC) का केंद्रीय महत्व

एक्ट ईस्ट नीति के अंतर्गत यह स्वीकार किया गया है कि दक्षेस के प्रभावी होने की संभावनाएं कम हैं इसीलिए बिम्सटेक को दक्षेस के विकल्प के रूप में विकसित किया जा रहा है और बिम्सटेक की बैठकों में मालदीव, अफगानिस्तान को भी शामिल किया जा रहा है। अतः पाकिस्तान के अलावा बिम्सटेक की बैठकों में सभी देशों को आमंत्रित किया जा रहा है। क्योंकि बिम्सटेक देशों के बीच राजनीतिक विवाद का अभाव है और आर्थिक, सांस्कृतिक एवं सामरिक क्षेत्र में सहयोग पर सहमति है।

इंडो-पैसेफिक

पूर्व के देशों की ओर संबंध निर्मित करते हुए भारत चीनी चिंताओं को क्षतिग्रस्त करने से परहेज करता था, परंतु गलवान संघर्ष के बाद चीन के आक्रामक दृष्टिकोण को देखते हुए भारत ने पूर्व के देशों के साथ संबंध प्रगाढ़ करते हुए चीनी चिंताओं को दरकिनार कर दिया है और अपने हितों को सर्वाधिक महत्त्व दिया है।

भारत-सिंगापुर संबंध

सिंगापुर वर्ष 1965 में मलेशिया से अलग होकर स्वतंत्र राज्य बना और वर्ष 1967 में सिंगापुर आसियान का सदस्य बन गया, जबकि भारत द्वारा इस दौरान गुटनिरपेक्ष विदेश नीति अपनाई गई। इसलिए भारत ने आसियान के साथ निकट संबंध नहीं बनाए, क्योंकि आसियान, अमेरिका समर्थित संगठन था, जबकि भारत के संबंध सोवियत संघ के साथ थे। वर्ष 1991 में सोवियत संघ के विघटन के बाद शीत युद्ध का शक्ति समीकरण परिवर्तित हो गया और भारत-सिंगापुर के बीच मधुर एवं मित्रतापूर्ण संबंधों का विकास हुआ।

आर्थिक संबंध

सिंगापुर विकासशील देशों के लिए आर्थिक विकास एवं सुशासन का मॉडल है तथा वर्तमान में सिंगापुर का आर्थिक विकास विकसित देशों के समान है। सिंगापुर में बड़ी संख्या में भारतीय मूल के लोगों का निवास है। 'पूर्व की ओर देखो' की नीति के अंतर्गत भारत के आसियान देशों के साथ मित्रतापूर्ण एवं मधुर संबंध बने, जिसमें सिंगापुर के साथ संबंधों का विशेष महत्त्व है। वर्तमान 'एक्ट ईस्ट नीति' के अंतर्गत सिंगापुर के साथ बेहतर संबंध बनाने पर अत्यधिक बल दिया ज़ा रहा है। वर्तमान में सिंगापुर, आसियान देशों में भारत का दूसरा सबसे बड़ा द्विपक्षीय व्यापारिक भागीदार है और वैश्विक स्तर पर विदेशी निवेश का भी एक बड़ा स्रोत है। सिंगापुर, पहला ऐसा राज्य है, जिसके साथ भारत ने 'समग्र आर्थिक सहभागिता समझौते' (CEPA) पर हस्ताक्षर किए। सिंगापुर को भारत के लिए 'आसियान का प्राकृतिक सहयोगी' कहा जाता है तथा दोनों देशों के बीच पिछले लगभग दो दशक के दौरान द्विपक्षीय व्यापार 4.2 बिलियन डॉलर से बढ़कर 2023-24 में 35.61 बिलियन डॉलर हो गया है।

सामरिक संबंध

भारत और सिंगापुर के बीच सैन्य सहयोग भी अत्यधिक बेहतर है तथा दोनों देशों के बीच बायोनिक्स (BIONIX), SIMBEX और बोल्ड कुरूक्षेत्र (Bold Kurukshetra) नामक सैनिक अभ्यास आयोजित किए जा रहे हैं। दोनों देशों के बीच सांस्कृतिक संबंध भी अत्यधिक बेहतर हैं। वर्ष 2005 में पूर्वी एशिया सम्मेलन आरंभ हुआ, जिसका सदस्य भारत भी है। आरंभिक रूप में चीन द्वारा भारत की पूर्वी एशिया सम्मेलन में सदस्यता का विरोध किया गया था। सिंगापुर के सहयोग से ही भारत, पूर्वी एशिया सम्मेलन में भागीदार बना। इस क्षेत्र में चीन के उभार को देखते हुए भारत-सिंगापुर के संबंधों का विशेष महत्त्व है। उल्लेखनीय है कि सिंगापुर को राजनयिक तौर पर मान्यता देने वाला भारत विश्व का पहला देश था। 24 अगस्त, 1965 को दोनों देशों के बीच राजनयिक संबंध स्थापित हुए।

लॉजिस्टिक सहयोग

एक्ट ईस्ट नीति को क्रियान्वित करते हुए भारत ने सिंगापुर के साथ लॉजिस्टिक सहयोग समझौता किया है। इसके अंतर्गत सिंगापुर के नौसैनिक जहाजों को भारतीय नौसैनिक पत्तनों पर रुकने की सुविधा होगी एवं भारतीय नौसैनिक जहाजों को सिंगापुर के नौसैनिक पत्तनों पर लॉजिस्टिक सुविधा प्रदान की जाएगी और

अमेरिका के बाद भारत का यह लॉजिस्टिक सहयोग का दूसरा समझौता है।

डायस्पोरा

सिंगापुर में लगभग 6.5 लाख भारतीय मूल के लोगों का निवास है, जिसमें ज्यादातर तमिल मूल के लोग हैं। भारतीयों की संख्या सिंगापुर की कुल आबादी का लगभग 10 प्रतिशत है और सिंगापुर में भारतीय व्यापार, राजनीति एवं प्रशासन जैसे सभी क्षेत्रों में प्रभावशाली हैं।

भारत-इंडोनेशिया संबंध

सांस्कृतिक

इंडोनेशिया, दक्षिण-पूर्व एशिया का सबसे बड़ा देश है। इंडोनेशिया, विश्व का सबसे बड़ी इस्लामी जनसंख्या वाला देश भी है। भारत-इंडोनेशिया के बीच के संबंध वर्ष 1955 में आयोजित बांडुंग सम्मेलन जितने पुराने हैं। इंडोनेशिया में भारत के प्रसिद्ध पौराणिक ग्रंथ महाभारत और रामायण का प्रभाव दिखाता है। अतः सांस्कृतिक संबंध अत्यधिक प्राचीन हैं।

आर्थिक

वर्तमान में दोनों देशों के बीच व्यापारिक और आर्थिक संबंधों पर मुख्य रूप से बल दिया जा रहा है। इंडोनेशिया, विश्व की उभरती हुई अर्थव्यवस्थाओं में से एक है। इंडोनेशिया, आसियान में भारत का सबसे बड़ा व्यापारिक भागीदार बन गया है। दोनों देशों के बीच द्विपक्षीय व्यापार 38.85 बिलियन डॉलर (वित्त वर्ष 2022-23) पहुंच गया है और दोनों देशों के बीच सामरिक सहयोग का समझौता हो चुका है। भारत एवं इंडोनेशिया दोनों देशों की समुद्री सीमा निकट है और भारत का अंडमान-निकोबार द्वीप समूह इंडोनेशिया के निकट है। अतः हिंद महासागर में दोनों देश एक-दूसरे के निकटवर्ती पड़ोसी हैं। वर्ष 2004 की सुनामी से इंडोनेशिया और भारत दोनों देश प्रभावित हुए।

सामरिक

वर्तमान समय में भारत-इंडोनेशिया के साथ द्विपक्षीय संबंधों को सामरिक संबंधों तक बढ़ाने का इच्छुक है। हिंद महासागर में समुद्री संचार मार्गों पर इंडोनेशिया का प्रभाव है, मलक्का, सुन्डा और लौम्बोक संधि इंडोनेशिया के निकट हैं तथा इन्हीं मार्गों से होकर चीन, जापान के लिए जाने वाले समुद्री जहाज गुजरते हैं। प्रधानमंत्री नरेन्द्र मोदी की वर्ष 2018 की इंडोनेशिया यात्रा के दौरान समुद्री सुरक्षा एवं सैन्य सहयोग पर अत्यधिक बल दिया गया, क्योंकि अंडमान और निकोबार द्वीप समूह एवं सुमात्रा के बीच की दूरी महज 160 किमी. है। भारत सुमात्रा द्वीप के शावाह पत्तन के विकास में सहयोग करेगा। हिंद महासागर क्षेत्र में सहयोग एवं आतंकवाद के संबंध में सहयोग के साथ-साथ दोनों देशों के बीच ''मिलन'' नामक सैनिक अभ्यास प्रतिवर्ष आयोजित होता है। इंडोनेशिया में वर्ष 1996 से लोकतांत्रिक शासन की स्थापना हो चुकी है और इंडोनेशिया के लिए वैश्विक आतंकवाद एक नवीन खतरा है तथा भारत, सीमापार आतंकवाद से पिछले तीन दशकों से त्रस्त है।

भारत-थाईलैंड संबंध

थाईलैंड वर्ष 1945 के बाद अमेरिका द्वारा निर्मित सैनिक संगठन का सदस्य बन गया, जबकि भारत द्वारा गुटनिरपेक्ष विदेश नीति अपनाई गई। इसलिए दोनों देशों के बीच निकटता नहीं बन सकी। थाईलैंड द्वारा उदारवादी आर्थिक प्रणाली अपनाई गई, जबकि भारत द्वारा मिश्रित अर्थव्यवस्था अपनाई गई थी। इसलिए शीत युद्ध के दौरान दोनों देशों के बीच दूरी बनी रही। वर्ष 1991 में शीत युद्ध की समाप्ति के बाद भारत और थाईलैंड के बीच नवीन सबंधों की स्थापना हुई।

आर्थिक

भारत द्वारा उदारीकरण की आर्थिक प्रणाली अपनाई गई तथा अर्थव्यवस्था को सुदृढ़ करने के लिए दक्षिण-पूर्व एशियाई देशों के साथ संबंधों पर महत्त्वपूर्ण बल दिया गया। थाईलैंड के साथ संबंध भारत की 'पूर्व की ओर देखो' की नीति का भाग है तथा थाईलैंड द्वारा भारत में बड़ा निवेश किया जा रहा है। दोनों देशों के बीच का द्विपक्षीय व्यापार 16 बिलियन डॉलर से अधिक हो गया है एवं दोनों देशों के बीच मुक्त व्यापार समझौता भी संपन्न हो चुका है। वर्तमान में भारत और थाईलैंड को राजमार्ग से जोड़ा जा रहा है, जो म्यांमार होकर जाएगा। इस राजमार्ग से भारत की 'एक्ट ईस्ट नीति' को प्रभावी रूप में लागू करने का प्रयत्न किया जा रहा है। भारत और थाईलैंड के बीच का सहयोग बिम्सटेक और आसियान के मंच पर भी है।

सामरिक

भारत ने थाईलैंड को म्यांमार के रास्ते जोड़ने की योजना का निर्माण किया है तथा भारत और थाईलैंड के बीच सामरिक और रक्षा

सहयोग भी किया जा रहा है एवं दोनों देशों ने सुरक्षा पर सहयोग बढ़ाने के लिए एक संयुक्त कार्यदल का निर्माण किया है। भारत और थाईलैंड के बीच वर्ष 2013 में प्रत्यर्पण का समझौता भी हो चुका है। भारत और थाईलैंड दोनों ही देश आतंकवाद से प्रभावित हैं, इससे थाईलैंड में रह रहे उत्तर-पूर्वी राज्यों के उग्रवादी संगठनों के लोगों के प्रत्यर्पण में सहायता मिलेगी। उत्तर-पूर्वी राज्यों में आतंकवादी गतिविधियों में सम्मिलित संगठन थाईलैंड में जाकर शरण लेते हैं। लोगों के बीच आदान-प्रदान (People to people contact) के संबंध में सहयोग बढ़ाने का निर्णय लिया गया है। भारत और थाईलैंड के बीच बौद्ध धर्म का साझा सांस्कृतिक महत्त्व विद्यमान हैं। इसलिए दोनों देशों के बीच छात्रों के आदान-प्रदान का समझौता किया गया है एवं सांस्कृतिक आदान-प्रदान का भी समझौता किया गया है। यह निर्णय भी किया गया है कि लोगों की आपसी सहभागिता को भारत-थाईलैंड संबंधों का मूल आधार बनाया जाएगा। भारत और थाईलैंड के बीच सुरक्षा एवं सामरिक संबंधों की स्थापना पर प्रमुख बल दिया जा रहा है और वर्तमान में दोनों देशों के बीच आर्थिक और व्यापारिक संबंधों को सामरिक रूप में परिवर्तित किया जा रहा है।

भारत-वियतनाम संबंध

भारत और वियतनाम के बीच परंपरागत रूप में बेहतर संबंध रहे हैं। वर्ष 1945 के बाद वियतनाम द्वारा स्वतंत्रता की मांग की गई और फ्रांसीसी शासन द्वारा वियतनाम छोड़ने की घोषणा की गई। परंतु वियतनाम में समाजवाद के प्रभावी होने के भय के कारण अमेरिका द्वारा वर्ष 1954 में अमेरिकी सेनाएं भेजी गईं। वियतनामियों द्वारा अमेरिकी सेनाओं के विरुद्ध संघर्ष किया गया और वियतनाम के इस संघर्ष में भारत ने वियतनाम का समर्थन किया। वियतनाम और सोवियत संघ के बीच मित्रतापूर्ण संबंध विद्यमान थे तथा भारत और सोवियत संघ के बीच शांति एवं मित्रता की संधि वर्ष 1971 में संपन्न हुई।

वर्ष 1971 में सोवियत संघ और चीन के बीच संघर्ष उत्पन्न हो गया और दोनों समाजवादी देश अलग-अलग हो गए। वियतनाम द्वारा सोवियत संघ का समर्थन किया गया और चीन की आलोचना की गई। इसलिए वियतनाम एवं चीन के बीच संबंध प्रतिकूल हो गए और यह उल्लेखनीय है कि वर्ष 1962 में भारत और चीन के बीच युद्ध हुआ। दोनों देशों के बीच संबंध शत्रुतापूर्ण हो गए। इसलिए भारत-वियतनाम के बीच सहयोग और बेहतर हो गया। वियतनाम से वर्ष 1975 में अमेरिकी सेनाएं वापस लौट गईं और वियतनाम में समाजवादी शासन की स्थापना हुई। वियतनाम के समाजवादी शासन के विरुद्ध चीन व थाईलैंड द्वारा कंबोडिया में पोलपोट के शासन का समर्थन किया गया। कंबोडिया में पोलपोट और हेंगसामरिन के बीच संघर्ष चल रहा था तथा दोनों शासन पर अपना नियंत्रण बनाना चाहते थे। पोलपोट का समर्थन अमेरिका, चीन, थाईलैंड और आसियान द्वारा किया गया, जबकि हेंगसामरिन का समर्थन सोवियत संघ एवं भारत द्वारा किया गया। वियतनाम द्वारा कंबोडिया में सैनिक हस्तक्षेप किया गया, जिसके विरुद्ध चीन ने वियतनाम पर वर्ष 1979 में हमला कर दिया।

आर्थिक

वर्ष 1991 में सोवियत संघ के विघटन के बाद शीत युद्ध समाप्त हो गया। वियतनाम ने समाजवाद के बजाय, उदारीकरण की आर्थिक प्रणाली को अपनाया। भारत द्वारा आर्थिक उदारीकरण की नीति स्वीकार की गई। इसलिए भारत ने वियतनाम के साथ परंपरागत संबंधों को आर्थिक और सामरिक रूप में सुदृढ़ करने का प्रयत्न किया। दोनों देशों के बीच टैक्सटाइल, कृषि, दवाइयों और ऊर्जा के क्षेत्र में सहयोग किया गया। वर्तमान में दोनों देशों के बीच का द्विपक्षीय व्यापार लगभग 15 बिलियन डॉलर (वित्त वर्ष 2023-24 में) है। भारत द्वारा वियतनाम को आर्थिक सहायता प्रदान की जा रही है और भारत की 'एक्ट ईस्ट नीति' के अंतर्गत वियतनाम के साथ संबंधों पर विशेष बल दिया गया है।

सामरिक

भारत और वियतनाम के बीच सामरिक संबंधों के विकास पर प्रमुख बल दिया गया है और वर्ष 2015 में दोनों देशों के बीच पांच वर्ष के रक्षा समझौते पर हस्ताक्षर किए गए। इसके द्वारा दोनों देशों के समुद्री तटीय रक्षकों के बीच समुद्री सुरक्षा एवं वियतनाम के सैनिकों के प्रशिक्षण की सुविधा उपलब्ध कराई गई है। वियतनाम की नौसैनिक पनडुब्बियों में कार्य करने वाले सैनिकों को भारत प्रशिक्षण देगा और भारत द्वारा वियतनाम को ब्रह्मोस प्रक्षेपास्त्र देने पर भी विचार किया जा रहा है। भारत द्वारा वियतनाम को 100 मिलियन डॉलर की आर्थिक सहायता प्रदान की गई, जिसके द्वारा वियतनाम, भारत से सैनिक सामग्री की खरीद करेगा।

चीन-भारत-वियतनाम

भारत और वियतनाम के बीच दक्षिण चीन सागर क्षेत्र में प्राकृतिक गैस के उत्खनन का समझौता किया गया। इस पर चीन द्वारा आपत्ति व्यक्त की गई है, क्योंकि चीन एवं वियतनाम के बीच दक्षिण चीन सागर के मुद्दे पर विवाद विद्यमान है। भारत के अनुसार, इस समस्या का समाधान संयुक्त राष्ट्र संघ के समुद्री कानून द्वारा होना चाहिए।

चीन द्वारा भारत को प्रतिसंतुलित करने के लिए पाकिस्तान को भारी आर्थिक एवं सैनिक सहायता दी जाती है। इसलिए भारत द्वारा वियतनाम के साथ सामरिक संबंधों का विकास किया जा रहा है, जिससे चीन पर दबाव बनाया जा सके। वर्तमान में भारत एवं अमेरिका के बीच अत्यधिक मित्रतापूर्ण संबंध हैं तथा एक महत्त्वपूर्ण परिवर्तन के अंतर्गत अमेरिका और वियतनाम के बीच मित्रतापूर्ण संबंधों का विकास हो चुका है। जबकि चीन एवं वियतनाम के बीच वर्तमान संबंध भी तुलनात्मक रूप में मधुर नहीं हैं।

निष्कर्ष

दक्षिण-पूर्वी एशियाई देशों पर भारत का अत्यधिक सांस्कृतिक प्रभाव है जो विश्व के किसी अन्य क्षेत्र में नहीं है। वर्तमान में सांस्कृतिक संबंधों को आर्थिक एवं सामरिक रूप में सुदृढ़ किया जा रहा है। 'एक्ट ईस्ट नीति' में सैन्य संबंधों पर भी प्रभावी बल दिया गया है।

अध्याय

2 भारत-म्यांमार

India-Myanmar

● सांस्कृतिक संबंध ● ऐतिहासिक संबंध ● प्रैगमैटिक नीति ● लुक ईस्ट का प्रवेश द्वार ● क्षमता निर्माण कार्यक्रम ● कनेक्टिविटी ● सुरक्षा सहयोग ● भारत की सैनिक कार्रवाई ● ऐतिहासिक निर्वाचन ● सैनिक शासन की वापसी ● रोहिंग्या समस्या ● राष्ट्रीय सुरक्षा का विषय ● आंतरिक सुरक्षा ● इंडियन डायस्पोरा ● चीन का प्रभुत्व ● अमेरिका-म्यांमार ● भारत-जापान-म्यांमार

म्यांमार, भारत के पूर्व में स्थित एशियाई देश है। इसे पूर्व में बर्मा संघीय गणराज्य के नाम से जाना जाता था। यह बौद्ध जनसंख्या बाहुल्य देश है। यहां सेना का अत्यधिक प्रभाव है। म्यांमार की जनसंख्या 5 करोड़, 50 लाख है। म्यांमार में भारतीय मूल के चेट्टियार बड़ी संख्या में निवास करते हैं। नागा जनजाति के लोग भी म्यांमार में हैं। म्यांमार के साथ भारत की 1,433 किमी. सीमा उत्तर-पूर्वी राज्यों

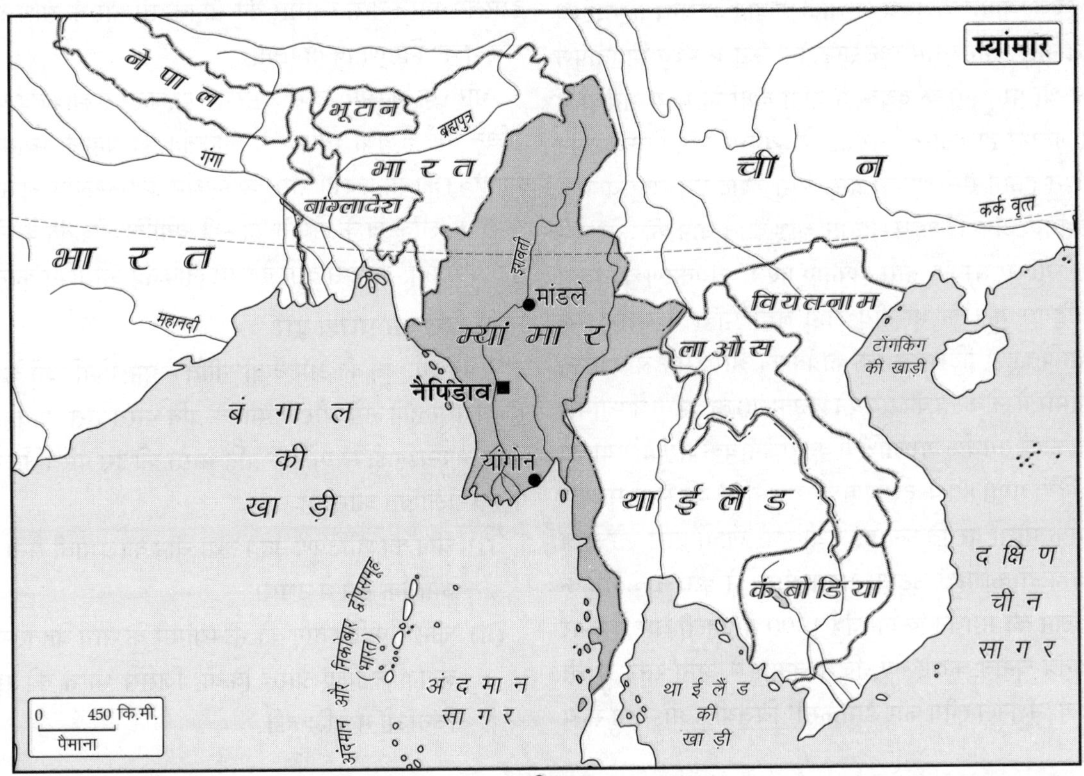

मानचित्र 15

के साथ लगती है। भारत की पूर्वी सीमा पर दक्षिण-पूर्वी एशिया का एक महत्त्वपूर्ण राज्य म्यांमार स्थित है। अरुणाचल प्रदेश, नागालैंड, मणिपुर तथा मिजोरम सीमावर्ती प्रदेश हैं। भारत तथा म्यांमार की तटीय सीमाएं भी साथ-साथ लगती हैं। इस तरह दोनों देशों में से कोई भी देश दूसरे की सुरक्षा स्थिति से अप्रभावित नहीं रह सकता है। म्यांमार, भारत एवं चीन के मध्य एक अवरोधक का कार्य करता है। पटकोई पर्वत शृंखला, घने जंगल तथा बंगाल की खाड़ी दोनों देशों के मध्य प्राकृतिक सीमा है।

सांस्कृतिक संबंध

म्यांमार, हिंदू संस्कृति से इतना अधिक प्रभावित है कि इसके नगरों के नाम जैसे, अयशिया अथवा अयोध्या संस्कृत नामों पर रखे जाने लगे थे और बाद में अशोक के काल में बौद्ध धर्म और संस्कृति का म्यांमार में इतना अधिक प्रसार हुआ कि आज भी वहां के बहुसंख्यक बौद्ध मतावलंबी हैं। म्यांमार के अधिकतर लोगों के बौद्ध होने के कारण हमारा सांस्कृतिक संबंध एवं पड़ोसी देश होने के कारण भारत के लिए म्यांमार का आर्थिक, राजनीतिक और रणनीतिक महत्त्व भी है।

ऐतिहासिक संबंध

भारत एवं म्यांमार के संबंध आजादी के बाद अत्यधिक मधुर थे। पंडित नेहरू और म्यांमार के राष्ट्रपिता ऊनु के मध्य मित्रतापूर्ण संबंध थे। परंतु 60 के दशक में दोनों देशों के मध्य संबंधों में दरार उत्पन्न हो गई। वर्ष 1962 में म्यांमार में सैनिक शासन स्थापित हुआ। सैन्य शासन द्वारा समाजवाद एवं राष्ट्रीयकरण की नीतियां अपनाईं गईं व म्यांमार का झुकाव चीन की ओर होने लगा। म्यांमार सरकार द्वारा अपनाए गए राष्ट्रीयकरण कार्यक्रम से चेट्टियार मूल के भारतीय लोग बड़ी मात्रा में म्यांमार से विस्थापित हुए। इंदिरा गांधी के कार्यकाल और उसके बाद भारत ने म्यांमार में लोकतंत्र का समर्थन किया। 70 के दशक में म्यांमार के लोकतंत्र समर्थक शरणार्थियों को राजनयिक शरणार्थियों का दर्जा दिया गया। 80 के दशक में जनरल नेविन की सैन्य सरकार आर्थिक मोर्चों पर विफल हुई तथा पुनः छात्रों द्वारा लोकतंत्र की बहाली का मुद्दा उठाया गया। भारत ने इस लोकतांत्रिक आंदोलन का समर्थन किया। वर्ष 1990 में पहली बार म्यांमार में स्वतंत्र चुनाव कराए गए, जिस चुनाव में आंग सान सू ची का दल 'नेशनल लीग फॉर डेमोक्रेसी' विजयी हुआ, परंतु सैन्य सरकार ने चुनावी जनादेश मानने से इनकार कर दिया। भारत द्वारा म्यांमार की सैनिक सरकार का विरोध किया गया तथा आंग सान सू ची का समर्थन किया गया और भारत ने लोकतंत्र की बहाली का जोरदार समर्थन किया, जिससे म्यांमार एवं भारत के बीच संबंध अत्यधिक कटु हो गए। परंतु बाद में भारत ने म्यांमार के साथ संबंध को बेहतर करने का प्रयास किया।

प्रैगमैटिक नीति (Pragmatic Policy)

वर्ष 1988 में पुनः राजीव गांधी द्वारा म्यांमार से संबंधों को सुधारने का प्रयत्न किया गया, क्योंकि उत्तर-पूर्वी राज्यों में उग्रवादी घटनाओं पर म्यांमार के सहयोग के बिना नियंत्रण स्थापित करना कठिन है तथा म्यांमार में चीन के बढ़ते प्रभाव से भारत सतर्क हो गया। वर्ष 1990 के बाद भारत की म्यांमार नीति में परिवर्तन स्पष्ट दिखाई देता है। यह उल्लेखनीय है कि वर्ष 1990 के बाद अमेरिका, ब्रिटेन, जर्मनी और जापान ने सैन्य शासन का विरोध किया तथा लोकतंत्र की बहाली का नारा दिया। भारत द्वारा म्यांमार का सीधा विरोध नहीं किया गया, बल्कि मध्यममार्गी विदेश नीति अपनाते हुए लोकतंत्र की बहाली को म्यांमार का आंतरिक मुद्दा माना और म्यांमार के साथ संबंध सुदृढ़ करने पर बल दिया गया। इसलिए भारत द्वारा म्यांमार की सैनिक सरकार के साथ बेहतर संबंधों का निर्माण किया गया।

भारत के अनुसार, किसी दूसरे देश पर बाहर से लोकतंत्र थोपना उचित नहीं है तथा म्यांमार में लोकतंत्र की बहाली म्यांमार के नागरिकों का दायित्व है। भारत के अनुसार, वह लोकतंत्र का समर्थन करता है, लोकतंत्र के निर्यात का नहीं, क्योंकि लोकतंत्र के निर्यात का अभिप्राय, बाहर से दूसरे देश पर लोकतंत्र आरोपित करना है।

लुक ईस्ट का प्रवेश द्वार

वर्ष 1992 में 'पूर्व की ओर देखो' नीति से पुन: दोनों देशों के मध्य संबंध मधुर होने लगे और म्यांमार के प्रति भारत द्वारा व्यावहारिक नीति अपनाई गई। म्यांमार के प्रति भारत की इस परिवर्तित नीति के निम्नलिखित कारण हैं-

(i) चीन का शांतिपूर्ण उदय तथा चीन का प्रभावी सैन्य और आर्थिक रूप में उभार।

(ii) चीन ने पाकिस्तान को भी म्यांमार के साथ बेहतर संबंध बनाने के लिए प्रेरित किया, जिससे भारत की सुरक्षा चिंताओं में वृद्धि हुई।

(iii) भारत में कार्यरत उत्तर-पूर्वी राज्यों के आतंकवादी संगठनों ने म्यांमार में शरण ली।

(iv) भारत के लिए समस्या इसलिए और गंभीर हो गई, जब बांग्लादेश ने भी उत्तर-पूर्वी राज्यों के आतंकियों को शरण दी तथा नेपाल में भी माओवाद का प्रभाव बढ़ने लगा। अतः भारत की सुरक्षा के लिए चीन, म्यांमार, बांग्लादेश से सीधे खतरे उत्पन्न हुए। इसलिए म्यांमार के प्रति संबंधों को पुनरावलोकित किया गया।

(v) वर्ष 1991 में तत्कालीन प्रधानमंत्री नरसिम्हा राव ने 'पूर्व की ओर देखो' विदेश नीति का नारा दिया, जिससे म्यांमार का स्वाभाविक महत्त्व बढ़ गया। भारत और म्यांमार के मध्य लगभग 1,600 किमी. लंबी सीमा आपस में मिलती है। उत्तर-पूर्वी राज्यों में अरुणाचल प्रदेश, नागालैंड, मणिपुर और मिजोरम की सीमाएं म्यांमार से मिलती हैं। अभी भी म्यांमार में भारतीय मूल के 2.5 मिलियन लोग निवास करते हैं तथा नागा जनजातियों के लोग सीमाओं के दोनों ओर स्थित हैं।

(vi) वर्ष 1991 में भारत ने आर्थिक उदारीकरण की नीति अपनाई फलस्वरूप भारतीय अर्थव्यवस्था इस समय विश्व की प्रमुख अर्थव्यवस्थाओं में सबसे तेजी से बढ़ती हुई अर्थव्यवस्था है। इस आर्थिक वृद्धि दर को बनाए रखने के लिए भारत को विशाल मात्रा में ऊर्जा की आवश्यकता है। ऊर्जा सुरक्षा के अंतर्गत, भारत का यह भी प्रयत्न है कि वह तेल पर निर्भरता को कम करे। इसलिए म्यांमार की प्राकृतिक गैस भारत के लिए अत्यधिक महत्त्वपूर्ण है।

म्यांमार, आसियान का एकमात्र राज्य है, जिसके साथ भारत की समुद्री और भू-भागीय दोनों सीमाएं मिलती हैं। म्यांमार में प्राकृतिक गैस का भंडार भारी मात्रा में पाया जाता है। चीन, कोकोद्वीप (म्यांमार) पर अपना सैन्य अड्डा स्थापित कर रहा है तथा म्यांमार की भौगोलिक स्थिति भारत की सुरक्षा की दृष्टि से महत्त्वपूर्ण है। म्यांमार, भारत की 'पूर्व की ओर देखो' विदेश नीति का प्रवेश द्वार है।

क्षमता निर्माण कार्यक्रम
(Capacity Building Programme)

भारत के तत्कालीन प्रधानमंत्री डॉ. मनमोहन सिंह की तीन दिवसीय म्यांमार यात्रा (27-29 मई, 2012) संपन्न हुई। भारत के किसी प्रधानमंत्री द्वारा म्यांमार की यह राजकीय यात्रा 25 वर्षों के अंतराल पर हुई। दोनों देशों के बीच द्विपक्षीय सहयोग के तहत प्रधानमंत्री डॉ. मनमोहन सिंह ने म्यांमार को तात्कालिक 50 करोड़ डॉलर की ऋण सहायता देने की घोषणा की। प्रधानमंत्री की म्यांमार की इस ऐतिहासिक यात्रा के दौरान दोनों देशों ने व्यापार, ऊर्जा एवं यातायात संपर्क जैसे क्षेत्रों में सहयोग के कुल 15 समझौते भी किए। प्रधानमंत्री डॉ. मनमोहन सिंह और म्यांमार के राष्ट्रपति थीन सीन के नेतृत्व में दोनों देशों के प्रतिनिधि मंडल स्तर पर व्यापक चर्चा हुई और द्विपक्षीय संबंधों की विस्तृत समीक्षा की गई। इस यात्रा के दौरान भारत के एक्सिम (Exim) बैंक और म्यांमार के विदेश व्यापार बैंक के बीच समझौता हुआ है, जिसके तहत म्यांमार को पांच अरब डॉलर का रियायती कर्ज दिया जाएगा। इससे दोनों देशों के आपसी कारोबार को बढ़ावा मिलेगा। भारतीय बैंक म्यांमार में प्रतिनिधि शाखाएं खोलने की इजाजत देंगे। भारतीय रिजर्व बैंक और सेंट्रल बैंक ऑफ म्यांमार ने करेन्सी प्रबंधन के लिए समझौते पर हस्ताक्षर किए। इसके अलावा अकादमिक सहयोग के लिए भी समझौता हुआ, जिसके तहत म्यांमार का दागोन विश्वविद्यालय और भारत का कोलकाता विश्वविद्यालय आपस में सहयोग करेंगे।

कनेक्टिविटी (Connectivity)

प्रधानमंत्री की म्यांमार यात्रा से इंफाल-मांडले बस सेवा पर सहमति बनी तथा इसके जरिए सड़क मार्ग द्वारा दोनों देशों के लोग कम खर्च में आ-जा सकते हैं। इंफाल-मांडले बस सेवा शुरू होने से पूर्वोत्तर के राज्यों में विकास की रोशनी फैलेगी। यह बस सेवा नई दिल्ली-लाहौर और कोलकाता-ढाका बस सेवा की तर्ज पर भारत और म्यांमार के बीच संबंध सुधारने का काम करेगी। एक प्रमुख समझौता सीमा पर सड़क मार्ग के विकास को लेकर हुआ। प्रधानमंत्री ने घोषणा की कि भारत, तामू-कलेवा मार्ग पर 71 पुलों की मरम्मत कराएगा एवं दोनों देश एक प्रमुख मार्ग को राजमार्ग में तब्दील करने का काम करेगा। यह बांग्लादेश की सीमा पर स्थित हाट की तरह काम करेगी। इससे पूर्वोत्तर के लिए व्यापार की संभावनाएं बढ़ेंगी, जिनका लोग पहले से भी ज्यादा इस्तेमाल कर रहे हैं। सरहदी हाट खोलने से इस तरह की वस्तुएं आसानी से पूर्वोत्तर के गांवों में उपलब्ध हो सकेंगी।

सुरक्षा सहयोग (Security cooperation)

प्रधानमंत्री की यह यात्रा पूर्वोत्तर के लिए एक और मामले में अहम रही, उन दिनों 'यूनाइटेड लिबरेशन फ्रंट ऑफ असम' (उल्फा) के प्रमुख परेश बरुआ म्यांमार में थे, क्योंकि जबसे बांग्लादेश की शेख हसीना सरकार ने उल्फा सहित पूर्वोत्तर के विभिन्न आतंकवादी संगठनों के खिलाफ अपना अभियान तेज किया, तब से इन संगठनों के लोगों ने म्यांमार को अपनी शरणस्थली बना लिया। यदि म्यांमार सरकार भी बांग्लादेश की तर्ज पर अपना अभियान तेज कर दे, तो उक्त आतंकवादी संगठन अपने-अपने राज्यों में वापस आने और देश की मुख्यधारा से जुड़ने के लिए विवश हो जाएंगे। म्यांमार ने कहा भी है कि वह आतंकवादियों को भारत विरोधी गतिविधियों के लिए अपनी जमीन का इस्तेमाल नहीं करने देगा। सेना ने पूर्वोत्तर क्षेत्र के चरमपंथियों से कहा कि वे अविलंब म्यांमार छोड़ दें।

भारत की सैनिक कार्रवाई (Hot pursuit)

भारत-म्यांमार की सीमा के दोनों ओर नागा, कुकी जनजातियों की बड़ी आबादी है, जिनके बीच सांस्कृतिक एवं साझे सामाजिक संबंध भी हैं। इसीलिए दोनों देशों के बीच 16 किमी. के क्षेत्र में मुक्त आवागमन (Free Movement) का प्रावधान है। दोनों देशों के बीच सुरक्षा के मुद्दे पर प्रभावी सहयोग बना हुआ है और उग्रवादी संगठनों के विरुद्ध साझी सैनिक कार्रवाई भी की गई है। एन.एस.सी.एन. (NSCN) नामक उग्रवादी संगठन द्वारा भारतीय सेना पर हमला किया गया था। जवाब में वर्ष 2015 में भारतीय सेना द्वारा म्यांमार की सीमा में घुसकर उग्रवादियों को मार गिराया गया। यह उग्रवाद के प्रति भारत की आक्रामक कार्रवाई प्रतीत होती है। यद्यपि यह सरकार की कोई व्यवस्थित नीति नहीं है, बल्कि एक कार्रवाई है, जिस पर अनेक विवाद भी विद्यमान हैं।

ऐतिहासिक निर्वाचन

म्यांमार में वर्ष 1990 के बाद पहली बार लोकतांत्रिक निर्वाचन वर्ष 2015 में संपन्न हुआ, जिससे म्यांमार में लोकतंत्र की प्रगति का मार्ग साफ हो गया। संसदीय चुनाव में नेशनल लीग को बहुमत प्राप्त हुआ और तिन क्या (Htin Kyaw) म्यांमार के नए राष्ट्रपति निर्वाचित हुए, जो आंग सान सू ची के अत्यधिक विश्वसनीय थे। क्योंकि नेशनल लीग की नेता सू ची के बच्चे इंग्लैंड के नागरिक हैं इसलिए संवैधानिक रूप में सू ची राष्ट्रपति नहीं हो सकतीं। इसलिए उन्होंने अपने विश्वास पात्र तिन क्या को राष्ट्रपति के रूप में निर्वाचित कराया। सू ची ने तीन मंत्रालय अपने पास रखे। इसलिए शासन की वास्तविक प्रधान आंग सान सू ची ही प्रतीत होती हैं। अभी भी म्यांमार की संसद में सेना का एक-चौथाई प्रतिनिधित्व है और सेना के अधिकारियों को तीन मंत्रालय भी प्रदान किए गए। म्यांमार के संविधान के अनुसार, उप-राष्ट्रपति, गृह मंत्री, रक्षा मंत्री तथा सीमा मामलों का मंत्री सेना का अधिकारी होगा। इसलिए म्यांमार का लोकतंत्र की ओर संक्रमण अभी भी चुनौतीपूर्ण है। म्यांमार में लोकतंत्र के प्रभावी होने से भारत एवं म्यांमार के संबंध और सुदृढ़ होंगे।

सैनिक शासन की वापसी

फरवरी 2021 में आंग सान सू ची की लोकतांत्रिक सरकार को सेना द्वारा बर्खास्त कर दिया गया, जबकि वर्ष 2020 में सू ची शासन सत्ता में आई थी, जिनका आम जनता द्वारा भारी समर्थन किया गया था। भारत द्वारा पड़ोसी देशों में लोकतांत्रिक शासन का समर्थन किया जाता है और पड़ोसी देशों में होने वाली समस्या से सीधा भारत प्रभावित होता है, क्योंकि म्यांमार में सैनिक शासन के विरुद्ध आम जनता का प्रदर्शन जारी है, जिससे म्यांमार से भारत में भी शरणार्थी आ रहे हैं।

वास्तविक रूप में म्यांमार भारत के लिए पूर्व का प्रवेश द्वार है और म्यांमार में शांति भारत के पूर्वोत्तर राज्यों में स्थायित्व के लिए अत्यधिक आवश्यक है। इसलिए भारत का यह मानना है कि सैनिक शासन के आगमन पर भारत-म्यांमार संबंध प्रभावित नहीं होंगे, क्योंकि लोकतांत्रिक शासन म्यांमार का आंतरिक मुद्दा है। म्यांमार में सैनिक शासन से भी बड़ी चिंता चीन के बढ़ते प्रभाव से है और पड़ोसी देशों में लोकतंत्र को लेकर भारतीय दुविधा आसानी से समझी जा सकती है। छोटे पड़ोसी देशों में अनावश्यक दबाव बनाने से ये देश चीन के प्रति अपना झुकाव प्रभावी बनाते हैं, जो भारत के लिए समस्या उत्पन्न करता है। म्यांमार में विद्यमान रोहिंग्या समस्या एवं राजनीतिक अस्थिरता से कालादान मल्टीमॉडल परियोजना भी प्रभावित हो रही है, इसे 2025 तक पूर्ण करने का लक्ष्य रखा गया है, जबकि परियोजना की शुरुआत 2010 में हुई थी और इसे 2014 तक पूर्ण करने का लक्ष्य रखा गया था।

रोहिंग्या समस्या

रोहिंग्या मुस्लिम धर्म को मानते हैं, जो म्यांमार के रखाइन प्रांत में रहते हैं। म्यांमार की पूर्व सैनिक सरकार द्वारा इनको नागरिकता प्रदान नहीं की गई और इन्हें अवैध शरणार्थी कहा जा रहा है। म्यांमार की सैनिक सरकार ने वर्ष 1982 में नागरिकता का कानून बनाते हुए आठ लाख रोहिंग्या (Rohingya) मुसलमानों को देश विहीन या राज्य विहीन करार दिया। जून, 2012 में बर्मी मूल के बर्मियों और रोहिंग्याओं के बीच हिंसक झड़पें हुईं, जिससे लगभग दो लाख रोहिंग्या व्यक्तियों ने म्यांमार छोड़ दिया और वे बांग्लादेश आ गए तथा बांग्लादेश होते हुए भारत के उत्तर-पूर्वी राज्यों में भी प्रवेश कर गए। वर्ष 2015 में पुनः बर्मियों और रोहिंग्याओं के बीच हिंसक संघर्ष हुआ, जिसके परिणामस्वरूप रोहिंग्या समुदाय के लोगों ने इंडोनेशिया, मलेशिया तथा सिंगापुर में शरण लेने का प्रयत्न किया, परंतु इन देशों ने रोहिंग्याओं को शरण देने से इनकार कर दिया, इसलिए रोहिंग्या समस्या मानवाधिकार की समस्या बन गई। संयुक्त राष्ट्र शरणार्थी उच्चायुक्त (United Nations High Commissioner for Refugees) द्वारा इन निर्वासित व्यक्तियों को सहायता प्रदान की गई तथा म्यांमार से इस समस्या के समाधान का अनुरोध किया गया। रोहिंग्याओं और बर्मियों के बीच संघर्ष से भारत भी प्रभावित होता है और रोहिंग्या, भारत में आकर बौद्ध धार्मिक स्थानों पर हमला करने की योजना बनाते हैं।

रोहिंग्या मुसलमानों के खिलाफ बौद्ध संगठनों द्वारा हिंसा ने म्यांमार में सांप्रदायिक सौहार्द को बिगाड़ दिया है। बौद्ध नेता आशीन विरातु द्वारा शुरू किए गए 'आंदोलन-969' द्वारा पश्चिमी प्रांत के माइकातिला शहर से यह हिंसा शुरू हुई। बौद्ध चरमपंथी संगठनों का मानना है कि रोहिंग्या बांग्लादेशी हैं। ये लोग हमारे रोजगार तथा विकास के अवसरों को छीन रहे हैं और म्यांमार में मुस्लिम जनसंख्या तेजी से बढ़ रही है, जिसका विरोध भी बौद्ध संगठन कर रहे हैं। अब तक 200 से अधिक रोहिंग्या मुसलमानों की हत्या की जा चुकी है एवं इन घटनाओं से भारत भी सतर्क हो गया है। पूर्वोत्तर के राज्यों में भी इसी तरह हिंसा की संभावना हमेशा बनी रहती है।

अगस्त, 2017 में म्यांमार में भौंगडोव सीमा पर नौ पुलिस अधिकारियों की हत्या कर दी गई। सरकार का मानना था कि यह हत्या रोहिंग्या समुदाय के आतंकवादियों ने की है। परिणामस्वरूप रखाइन प्रांत में सुरक्षा बलों ने व्यापक कार्रवाई आरंभ की और इस दौरान 100 से अधिक रोहिंग्या कार्यकर्ता मारे गए तथा सैकड़ों को गिरफ्तार किया गया। साथ ही, म्यांमार से व्यापक पैमाने पर पलायन आरंभ हो गया। लाखों शरणार्थी बांग्लादेश, भारत तथा अन्य देशों में पलायन करने लगे। म्यांमार के सैनिकों पर हत्या, बलात्कार, प्रताड़ना संबंधी मानवाधिकार उल्लंघन के आरोप लगे।

म्यांमार की स्टेट काउंसलर तथा नोबेल पुरस्कार विजेता आंग सान सू ची पर भी आरोप लगे, क्योंकि वे सरकार में थीं और रोहिंग्या पर हो रहे अत्याचारों के खिलाफ चुप थीं।

राष्ट्रीय सुरक्षा का विषय

रखाइन प्रांत में विद्यमान संघर्ष में रोहिंग्या समुदाय के व्यक्तियों द्वारा ऐसे संगठनों का निर्माण किया गया, जिनके संबंध आई.एस. आई.एस. के साथ हैं। पाकिस्तान में विद्यमान कई आतंकवादी संगठनों जैसे- लश्कर-ए-तैयबा के साथ भी इनका जुड़ाव माना जाता है। यह उल्लेखनीय है कि भारत में बोधगया में होने वाले बम विस्फोट में रोहिंग्या समुदाय के लोगों का हाथ था। इसलिए भारत-बांग्लादेश को मानवीय आधार पर सहायता प्रदान कर रहा है, लेकिन शरणार्थियों को भारत में रहने की अनुमति फिलहाल नहीं दे रहा है।

भारत में तिब्बती, श्रीलंकाई शरणार्थी रह रहे हैं, तो रोहिंग्या शरणार्थियों को भी रहने की अनुमति दी जानी चाहिए और राष्ट्रीय मानवाधिकार आयोग द्वारा सरकार के विरुद्ध उच्चतम न्यायालय में याचिका दायर की गई है। इसके अतिरिक्त United Nations Human Rights Council (UNHRC) ने भारत के दृष्टिकोण की निंदा की।

विदेश नीति में राष्ट्रीय सुरक्षा का महत्त्व सर्वाधिक होता है और रोहिंग्या शरणार्थियों के मुद्दे पर भारत एक मध्यम मार्गी (Middle Path) दृष्टिकोण अपना रहा है जिसके अनुसार, रोहिंग्या समुदाय के लोगों को मानवीय आधार पर सहायता प्रदान की जाए एवं बांग्लादेश के साथ सहयोग द्वारा इन्हें वापस भेजने का प्रयत्न किया जाए।

आंतरिक सुरक्षा

पूर्वोत्तर राज्यों में सुरक्षा सुनिश्चित करना भारत के लिए सदा चुनौतीपूर्ण रहा है। पूर्वोत्तर राज्य में उग्रवाद की समस्या समाप्त करना तथा इस क्षेत्र का विकास सरकार की बड़ी प्राथमिकता है। उत्तर-पूर्वी राज्यों में कार्य करने वाले उग्रवादी संगठन म्यांमार में शरण लेकर भारत की सुरक्षा एजेंसियों से बचने का प्रयत्न करते

हैं। भारत और म्यांमार के बीच सीमा पर 16 किमी. के क्षेत्र में दोनों देशों की ओर मुक्त आवागमन का प्रावधान है, लेकिन यह विशेष प्रावधान सीमा पर बसे हुए जनजातीय समुदायों के आवागमन के लिए किया गया है। नागा जनजाति के लोग भारतीय सीमा क्षेत्र और म्यांमार के सीमा क्षेत्रों में भी बसे हुए हैं। भारत और म्यांमार के बीच संबंध बेहतर होने के बाद दोनों देशों ने उग्रवादियों के विरुद्ध साझा अभियान शुरू किया। वर्ष 1995 में 'गोल्डन बर्ड' ऑपरेशन द्वारा भारत और म्यांमार के आपसी सैनिक सहयोग द्वारा दर्जनों आतंकवादियों का सफाया किया गया।

इंडियन डायस्पोरा

भारत-म्यांमार संबंधों में अन्य महत्त्वपूर्ण बिंदुओं के साथ सबसे जरूरी मामला वहां बसे भारतीय मूल के लोगों के अधिकारों को सुनिश्चित करना है। म्यांमार में लगभग 29 लाख भारतीय हैं, जिनमें 25 लाख लोग भारतीय मूल के हैं, दो हजार भारतीय नागरिक हैं और चार लाख लोग बिना नागरिकता के हैं। चिंताजनक बात यह है कि बिना नागरिकता वाले या राज्य विहीन चार लाख लोग बर्मा (अब म्यांमार) में ही पैदा हुए हैं और बहुत पहले ले जाए गए गिरमिटिया मजदूरों के वंशज हैं। वर्ष 1982 में बने कठोर बर्मी नागरिकता कानूनों के अनुसार इनके पास नागरिकता का दावा पेश करने का कोई दस्तावेजी आधार भी नहीं है तथा इन्हें किसी भी तरह के नागरिक और आर्थिक अधिकार से वंचित रखा गया है।

चीन का प्रभुत्व

भारत के लिए पड़ोसी होने के नाते म्यांमार का विशेष महत्त्व है। म्यांमार में चीन की सक्रियता के कारण यह स्थिति भारत के लिए खतरनाक है। चीन, धीरे-धीरे म्यांमार में आर्थिक और सामरिक समीकरणों का जाल बुनता जा रहा है। चीन ने हर तरह से म्यांमार को अपनी गिरफ्त में ले लिया है और चीन की नीति म्यांमार में मुख्यतया दो महत्त्वपूर्ण बिंदुओं पर टिकी है। पहला, म्यांमार में शांति का माहौल बना रहे तथा दूसरा, बाहरी शक्तियों का हस्तक्षेप म्यांमार में न हो, विशेषकर भारत की पहुंच म्यांमार में नियंत्रित हो, क्योंकि क्यांमार के माध्यम से भारत, आसियान देशों तक पहुंचने का प्रयास करेगा। वर्तमान में चीन म्यांमार के रखाइन प्रांत में विशेष आर्थिक क्षेत्र (Special Economic Zone) का निर्माण कर रहा है। म्यांमार से चीन के बीच गैस पाइप लाइन भी बिछाई जा चुकी है। म्यांमार को सबसे बड़ी सैनिक और आर्थिक सहायता चीन प्रदान कर रहा है। बेल्ट रोड परियोजना द्वारा चीन म्यांमार की आधारभूत संरचना का विकास कर रहा है।

अमेरिका-म्यांमार

अमेरिका द्वारा म्यांमार पर आरोपित प्रतिबंध क्रमिक रूप में हटाए जा रहे हैं। चीन के प्रभुत्व को देखते हुए अमेरिका, म्यांमार में अपनी स्थिति और शक्तिशाली बनाने का इच्छुक है। भारत और अमेरिका के बीच के संबंध मित्रतापूर्ण हैं। इसलिए अमेरिका की म्यांमार में उपस्थिति भारत के लिए सकारात्मक है।

भारत-जापान-म्यांमार

भारत-जापान और म्यांमार तीनों देशों में बौद्ध धर्मावलंबियों का साझा सांस्कृतिक आधार है। इसलिए आधारभूत संरचना के विकास में जापान, म्यांमार का अत्यधिक सहयोग कर सकता है। जापान द्वारा पूर्वोत्तर राज्यों में भारत की आधारभूत संरचना के विकास में सहयोग किया जा रहा है और म्यांमार में जापान के बढ़ते प्रभाव से वहां चीन का प्रभाव भी कम होगा।

निष्कर्ष

वर्तमान सरकार द्वारा 'एक्ट ईस्ट नीति' के अंतर्गत म्यांमार को अत्यधिक महत्त्व प्रदान किया जा रहा है। म्यांमार के साथ भारत के सांस्कृतिक संबंधों के बावजूद व्यापारिक संबंध अपेक्षा से कम हैं और सामरिक संबंधों को प्रगाढ़ बनाने की आवश्यकता है। म्यांमार के विकास में भारत सकारात्मक भूमिका का निर्वाह कर सकता है और क्षमता निर्माण कार्यक्रम के माध्यम से म्यांमार में कौशल विकास किया जा सकता है। दोनों देशों के बीच पर्यटन में वृद्धि की अत्यधिक संभावना है। भारत द्वारा म्यांमार में आधारभूत संरचना विकास कार्यक्रम को और प्रभावी बनाने की आवश्यकता है। कालादान मल्टीमॉडल ट्रांजिट ट्रांसपोर्ट प्रोजेक्ट को त्वरित रूप में पूर्ण करने की आवश्यकता है।

भाग

5

पूर्व एशिया एवं एशिया-प्रशांत

1. भारत-दक्षिण कोरिया
2. भारत-ऑस्ट्रेलिया

अध्याय

1 भारत-दक्षिण कोरिया

India–South Korea

● आर्थिक ● सामरिक ● परमाणु आपूर्तिकर्ता समूह ● उत्तर कोरिया संकट

दक्षिण कोरिया, पूर्वी एशिया में स्थित एक तटीय देश है। यह पूर्व में जापान तथा पश्चिम में चीन द्वारा आबद्ध देश है। कोरियाई शासन व्यवस्था अध्यक्षात्मक एवं लोकतंत्रीय है। यहां की जनसंख्या 5 करोड़, 14 लाख है। यह उदारवादी, पूंजीवादी तथा अत्यधिक विकसित राज्य है।

आर्थिक

भारत द्वारा वर्ष 1991 में उदारीकरण की नीति अपनाने के बाद वाणिज्य एवं व्यापार पर प्रभावी बल दिया गया। दक्षिण कोरिया द्वारा भारत जैसे वृहद् बाजार में अपनी वस्तुओं के निर्यात का प्रयत्न किया गया। दक्षिण कोरिया की कंपनियां भारत के उपभोक्ताओं के लिए घरेलू नाम बन गई हैं। वर्ष 1991 के बाद दोनों देशों के बीच संबंधों में तीव्र प्रगति दर्ज की जा रही है। भारत और दक्षिण कोरिया के बीच आर्थिक और व्यापारिक संबंध तीव्र गति से बढ़ रहे हैं तथा दोनों देशों का वित्त वर्ष 2023-24 में द्विपक्षीय व्यापार लगभग 27 बिलियन डॉलर था। दक्षिण कोरिया, भारत में निवेश करने वाला एक प्रमुख राज्य है। दक्षिण कोरिया के पॉस्को स्टील प्लांट की स्थापना का प्रस्ताव अब तक भारत में किया गया सबसे बड़ा एकल निवेश है। दक्षिण कोरिया की अन्य कंपनियों ने भी भारत में निवेश किया है। भारत और दक्षिण कोरिया के संबंधों में वर्ष 2012 में एक नए अध्याय की शुरुआत हुई, जब दोनों देशों के बीच सिविल परमाणु समझौता संपन्न हुआ। वर्ष 2012 में ही दक्षिण कोरिया के साथ 'समग्र आर्थिक सहभागिता का समझौता' (CEPA) भी संपन्न हुआ, जिससे दोनों देशों का व्यापार केवल वस्तुओं तक सीमित नहीं रहेगा। दक्षिण कोरिया वीजा नियमों में ढील देने पर भी विचार कर रहा है, जिससे कि भारतीय शिक्षक कोरिया को English Programme in Korea Initiative के अंतर्गत शिक्षित कर सकें।

सामरिक

वर्तमान समय में भारत और दक्षिण कोरिया के बीच केवल आर्थिक और व्यापारिक संबंध ही नहीं हैं, बल्कि दोनों देशों के बीच सामरिक सहभागिता के समझौते पर भी हस्ताक्षर हो चुके हैं। वर्ष 2015 में भारतीय प्रधानमंत्री द्वारा "एक्ट ईस्ट नीति" के अंतर्गत दक्षिण कोरिया का दौरा किया गया तथा दोनों देशों में विशेष सामरिक सहभागिता (Special Strategic Partnership) के समझौते हुए। दोनों देशों के बीच 2+2 संवाद की शुरुआत हुई, जिसके अंतर्गत भारत और दक्षिण कोरिया के रक्षा और विदेश सचिव विभिन्न मुद्दों पर आपस में संवाद करेंगे। दक्षिण कोरिया के अलावा भारत का यह संवाद जापान के साथ है। प्रधानमंत्री के अनुसार, भारत के आर्थिक आधुनिकीकरण तथा "मेक इन इंडिया" के कार्यक्रम को सफल बनाने के लिए दक्षिण कोरिया के साथ आर्थिक संबंधों का अत्यधिक महत्त्व है।

दक्षिण कोरिया एक पिछड़ी अर्थव्यवस्था पर आधारित देश से आधुनिक देश बन गया है, जो विश्व में वस्तुओं के निर्यात का पावर

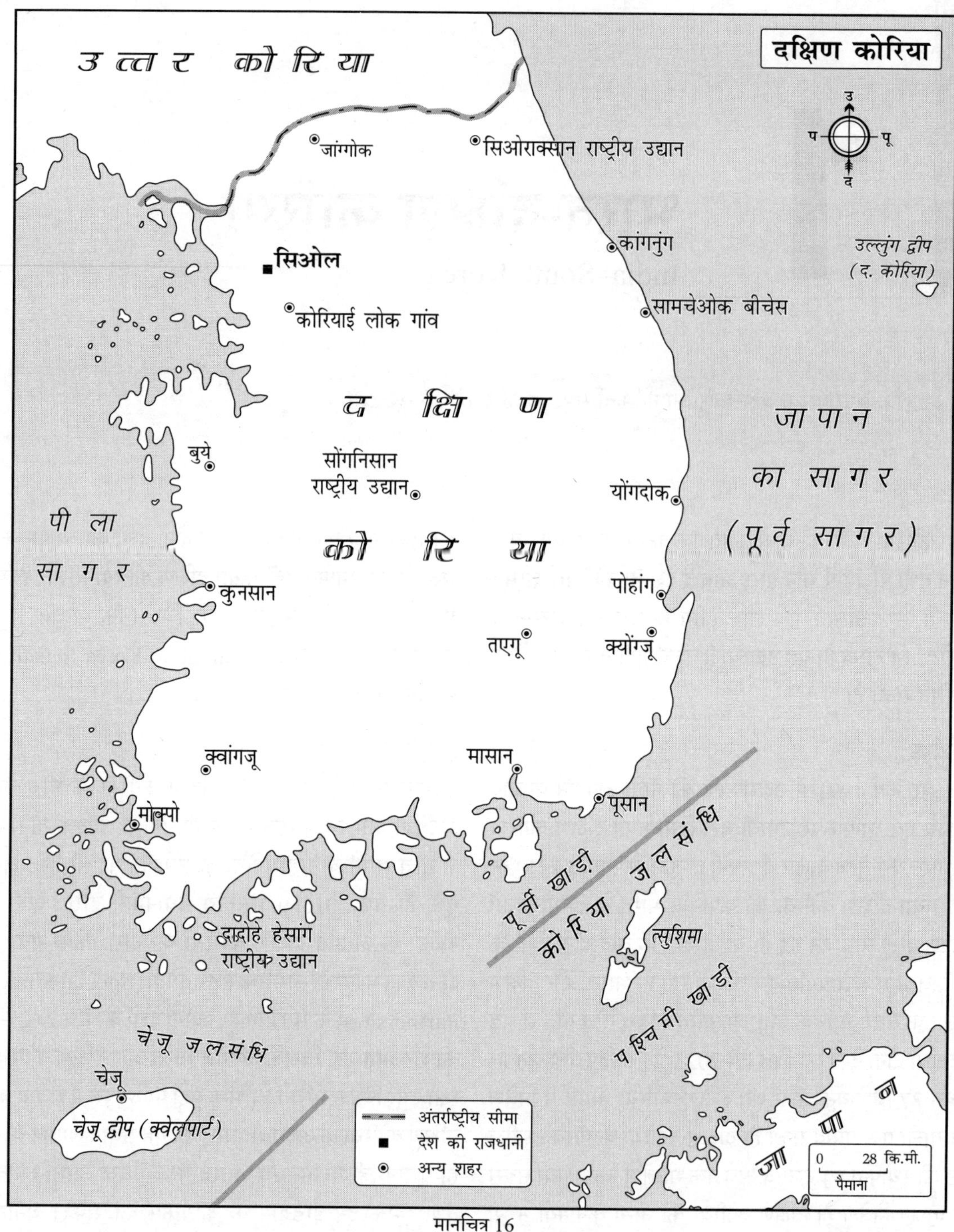

मानचित्र 16

हाउस है। दोनों देशों के बीच सूचना-तकनीकी क्षेत्र में सहयोग की असीम संभावनाएं हैं, क्योंकि दक्षिण कोरिया हार्डवेयर का निर्यातक है, जबकि भारत सॉफ्टवेयर के निर्यात में अग्रणी है। भारत में स्मार्ट सिटी के निर्माण में भी दक्षिण कोरिया महत्त्वपूर्ण सहयोग प्रदान कर सकता है। अतः भारत-दक्षिण कोरिया के बीच प्रभावी संबंध एशियाई शताब्दी के विचार को प्रभावी बना सकते हैं।

परमाणु आपूर्तिकर्ता समूह

(Nuclear Supplier Group)

भारत-दक्षिण कोरिया के बीच सिविल परमाणु समझौता संपन्न हो चुका है। परमाणु आपूर्तिकर्ता समूह के 48 सदस्यों में दक्षिण कोरिया भी शामिल है। दक्षिण कोरिया द्वारा समूह में भारत की सदस्यता का समर्थन किया जा रहा है। दक्षिण कोरिया का प्रमुख सामरिक सहयोगी अमेरिका है। भारत-अमेरिका-कोरिया मित्र के मित्र हैं।

उत्तर कोरिया संकट

कोरिया का विभाजन शीत युद्ध का परिणाम है। उत्तर कोरिया साम्यवाद का समर्थक बन गया, जबकि दक्षिण कोरिया, अमेरिका का मित्र बन गया। उत्तर कोरिया, चीन का प्रमुख सामरिक सहयोगी है। वर्ष 1985 में उत्तर कोरिया ने परमाणु अप्रसार संधि पर हस्ताक्षर कर दिए, परंतु वर्ष 2003 में इससे अलग होने की घोषणा कर दी। वर्ष 2006 में परमाणु विस्फोट किया। अमेरिका का तर्क है कि उत्तर कोरिया अपने परमाणु एवं प्रक्षेपास्त्र हथियार समाप्त कर दे। उत्तर कोरिया का मानना है कि समूचे क्षेत्र को परमाणु हथियार मुक्त क्षेत्र घोषित किया जाए, क्योंकि जापान एवं दक्षिण कोरिया को परमाणु सुरक्षा अमेरिका प्रदान कर रहा है तथा गुयाम द्वीप पर भी अमेरिकी सैनिक तैनात हैं। अमेरिका इस प्रस्ताव को मानने के लिए सहमत नहीं है।

परिणामस्वरूप उत्तर कोरिया पर सुरक्षा परिषद द्वारा आर्थिक प्रतिबंध आरोपित किया गया है। उत्तर कोरिया, समूचे विश्व से अलग-थलग हो गया है। उत्तर कोरिया पर यह भी आरोप है कि यह पाकिस्तान एवं ईरान को प्रक्षेपास्त्र तकनीकी प्रदान करता है।

वर्ष 2003 में अमेरिका द्वारा इराक पर हमले के बाद उत्तर कोरिया ने अपनी सुरक्षा के लिए परमाणु हथियारों के विकल्प पर विचार किया। उत्तर कोरिया का पड़ोसी दक्षिण कोरिया दोनों के एकीकरण का समर्थक है जिसे दक्षिण कोरिया ने सनशाइन नीति का नाम दिया, परंतु चीन, कोरिया की एकता का समर्थक नहीं है, क्योंकि दक्षिण कोरिया, अमेरिका का मित्र है। अतः कोरिया के एकीकरण से अमेरिका का क्षेत्र में प्रभाव बढ़ेगा। उत्तर कोरिया का शासक किम जोंग उन तानाशाह है, जिसकी आक्रामक नीतियों से विश्व शांति के लिए खतरा उत्पन्न हो रहा है। परंतु परमाणु हथियारों पर चुनिंदा देशों का नियंत्रण अन्य देशों को असुरक्षित बना रहा है। इसलिए परमाणु हथियारों के समग्र उन्मूलन की आवश्यकता है।

निष्कर्ष

उत्तर कोरिया एवं अमेरिका के बीच वर्ष 2018 में सिंगापुर में पहली बार शिखर वार्ता का आयोजन किया गया, जिससे शांति की संभावना में वृद्धि हुई। उत्तर कोरिया एवं पाकिस्तान के बीच परमाणु एवं प्रक्षेपास्त्र कार्यक्रमों के अवैध लेन-देन हैं। दोनों चीन के घनिष्ठ सामरिक सहयोगी हैं। भारत ने जापानी दृष्टिकोण का समर्थन करते हुए उत्तर कोरिया के परमाणु कार्यक्रम की निंदा की थी, क्योंकि भारत-जापान संबंध मित्रतापूर्ण हैं। उत्तर कोरिया का परमाणु कार्यक्रम जापानी सुरक्षा के लिए खतरा है। इसके बावजूद भारत, उत्तर कोरिया का तीसरा बड़ा व्यापारिक सहयोगी भी था, परंतु उत्तर कोरिया पर आर्थिक प्रतिबंधों के कारण व्यापार प्रभावित हो गया। अतः उत्तर कोरिया का भारत से द्विपक्षीय विवाद नहीं है। परंतु अमेरिका-भारत मित्र हैं तथा अमेरिका-उत्तर कोरिया के संबंध प्रतिकूल हैं। इसलिए क्षेत्रीय एवं वैश्विक घटनाएं भारत-उत्तर कोरिया संबंधों को निर्धारित करती है। उत्तर कोरिया मूलतः चीन का पिछलग्गू है, अतः भारत-उत्तर कोरिया संबंध चीन द्वारा भी निश्चित होते हैं।

अध्याय

2 भारत-ऑस्ट्रेलिया

India-Australia

● सिविल परमाणु सहयोग ● डायस्पोरा ● आर्थिक संबंध ● एक्ट ईस्ट नीति ● सामरिक ● चीन का प्रभुत्व ● कोविड-19 एवं ऑस्ट्रेलिया-चीन संबंध

आस्ट्रेलिया, दक्षिणी गोलार्द्ध में पूर्वी हिंद महासागर तथा पश्चिमी प्रशांत महासागर के मध्य स्थित देश है। यहां संसदीय लोकतंत्र व्यवस्था को अपनाया गया है। ऑस्ट्रेलिया की जनसंख्या लगभग 2 करोड़, 70 लाख है। भारत तथा ऑस्ट्रेलिया दोनों राष्ट्रमंडल (Commonwealth) के सदस्य हैं तथा दोनों इंग्लैंड के उपनिवेश रहे हैं। दोनों देशों में अंग्रेजी एक प्रमुख भाषा है। ऑस्ट्रेलिया तथा भारत दोनों ही हिंद महासागर को साझा करते है और दोनों देशों में लोकतंत्र की उदारवादी प्रवृत्तियां मजबूत हैं। परंतु जहां

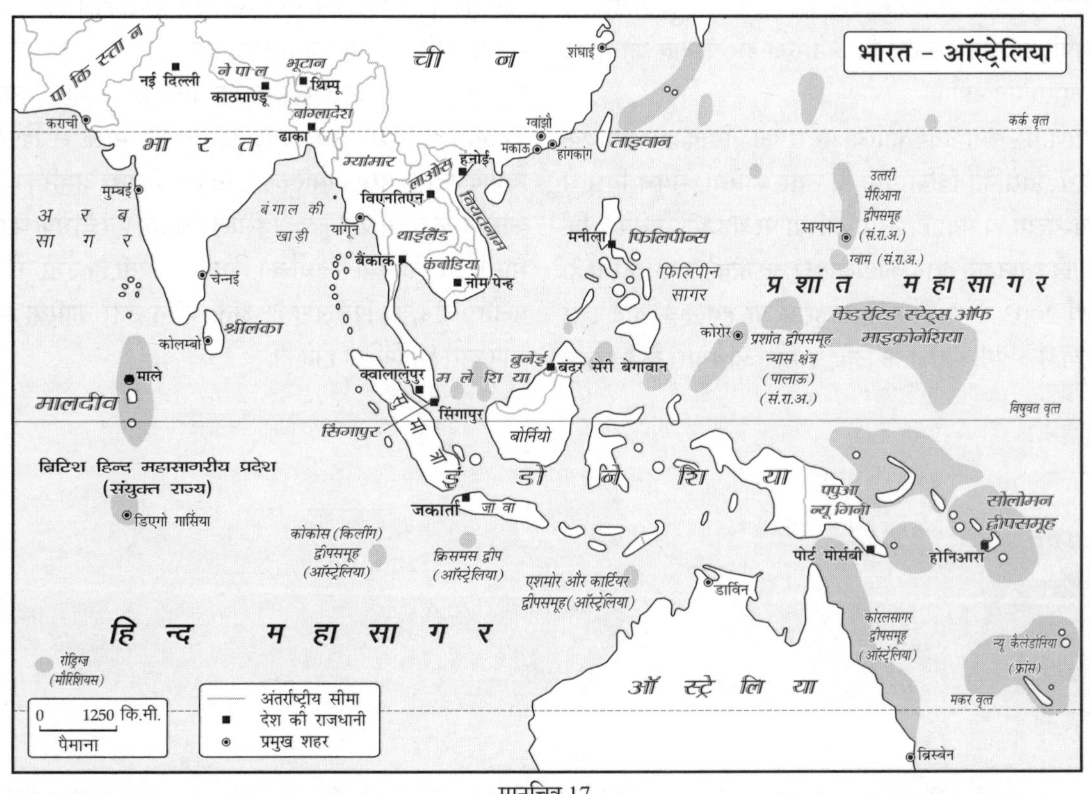

मानचित्र 17

ऑस्ट्रेलिया में एंग्लो-यूरोपीयन प्रजाति के लोग निवास करते हैं, वहीं भारत में स्थानीय देशी लोगों का बाहुल्य है। ऑस्ट्रेलिया एक विकसित, कम सघन, संसाधन बाहुल्य देश है, जबकि भारत विकासशील देश है।

सिविल परमाणु सहयोग

भारत-ऑस्ट्रेलिया के बीच क्रिकेट के संबंध अत्यधिक पुराने रहे हैं तथा ऑस्ट्रेलिया, अमेरिका के मित्र देशों में से एक है। वर्ष 1991 में सोवियत संघ के विघटन के बाद भारत-ऑस्ट्रेलिया के बीच आर्थिक संबंध भी तीव्र गति से बढ़ रहे हैं। वर्ष 2008 में भारत एवं अमेरिका के बीच सिविल परमाणु समझौता संपन्न हुआ, जिसके बाद भारत का अन्य देशों के साथ सिविल परमाणु समझौते का मार्ग साफ हो गया। आरंभ में, ऑस्ट्रेलिया द्वारा भारत के साथ समझौता करने से इनकार किया गया, क्योंकि भारत ने परमाणु अप्रसार संधि (NPT) पर हस्ताक्षर नहीं किए हैं। वर्तमान में, भारत के प्रति ऑस्ट्रेलिया के दृष्टिकोण में परिवर्तन हुआ है। विश्व के समूचे यूरेनियम भंडार का 23 प्रतिशत भाग ऑस्ट्रेलिया के पास है। वर्तमान समय में ऑस्ट्रेलिया द्वारा अमेरिका, इंग्लैंड, चीन, जापान और दक्षिण कोरिया को यूरेनियम का निर्यात किया जाता है। दिसंबर, 2011 में ऑस्ट्रेलियाई संसद ने अपने कानून में एक बड़ा बदलाव किया, जिसके अनुसार, ऑस्ट्रेलिया अब उन राज्यों को भी यूरेनियम का निर्यात कर सकेगा, जिन्होंने एन.पी.टी. (NPT) पर हस्ताक्षर नहीं किए हैं। इससे भारत-ऑस्ट्रेलिया सिविल परमाणु समझौते का मार्ग प्रशस्त हो गया और भारत-ऑस्ट्रेलिया के बीच वर्ष 2014 में सिविल परमाणु समझौता संपन्न हुआ। यह ऑस्ट्रेलियाई अर्थव्यवस्था के लिए लाभकारी है, क्योंकि ऑस्ट्रेलिया, यूरेनियम का बड़ा निर्यातक देश है तथा विश्व के अनेक राज्यों ने भारत के साथ सिविल परमाणु समझौता संपन्न कर लिया है। इसलिए ऑस्ट्रेलिया का यह दृष्टिकोण अंतर्राष्ट्रीय जनमत के अनुरूप है। इसके द्वारा भारत स्वच्छ ऊर्जा का उत्पादन करेगा, जो लोगों के विकास के लिए बेहतर होगा।

डायस्पोरा

ऑस्ट्रेलिया में रहने वाले भारतीयों की संख्या लगातार बढ़ रही है, जो ऑस्ट्रेलिया की अर्थव्यवस्था में शिक्षकों, डॉक्टरों, एकाउंटेंटों, इंजीनियरों और आईटी विशेषज्ञों के रूप में सहयोग कर रहे हैं।

ऑस्ट्रेलिया में भारतीय समुदाय के लोग इंग्लैंड के बाद दूसरी सबसे बड़ी संख्या में हैं। ऑस्ट्रेलिया में भारत से दूसरी सबसे बड़ी संख्या में कुशल मजदूर और व्यवसायी कार्य करते हैं। वर्तमान में लगभग 1 लाख, 20 हजार भारतीय छात्र ऑस्ट्रेलिया में शिक्षा प्राप्त कर रहे हैं। ऑस्ट्रेलिया में भारतीय छात्रों की सुरक्षा का मुद्दा भारत के लिए चिंता का विषय है। ऑस्ट्रेलिया द्वारा वीजा के नियमों को सख्त बनाया जा रहा है। वर्ष 2019-20 में लगभग 21,000 भारतीय छात्रों ने ऑस्ट्रेलिया में अध्ययन के लिए अपना नामांकन कराया था।

आर्थिक संबंध

ऑस्ट्रेलिया, भारत का सत्रहवां सबसे बड़ा व्यापारिक भागीदार है, जबकि भारत, ऑस्ट्रेलिया का नौवां बड़ा व्यापारिक भागीदार है। वर्ष 2023-24 में दोनों देशों के बीच का द्विपक्षीय व्यापार 24 बिलियन डॉलर था। दोनों देश हिमतक्षेस के सदस्य हैं तथा दोनों देशों के बीच रक्षा संबंधों के विकास की संभावना पर विचार एवं समुद्री सुरक्षा के मुद्दे पर सहयोग किया जा रहा है।

गुजरात मे वर्ष 2015 मे वैश्विक निवेश सम्मेलन आयोजित किया गया, जिसमें ऑस्ट्रेलिया को भागीदार देश का दर्जा दिया गया। भारत द्वारा संचालित स्वच्छ गंगा योजना में भी ऑस्ट्रेलिया द्वारा सहयोग दिया जा रहा है।

एक्ट ईस्ट नीति

उल्लेखनीय है कि प्रधानमंत्री नरेन्द्र मोदी ने 'पूर्व की ओर देखो नीति' से एक कदम आगे बढ़ते हुए भारत-आसियान सम्मेलन, 2014 में 'पूर्व की ओर काम करो की नीति' पर बल दिया, जिसका आसियान सदस्य देशों द्वारा स्वागत किया गया। वर्ष 2014 में समूह-20 की बैठक ऑस्ट्रेलिया में आयोजित की गई और भारतीय प्रधानमंत्री द्वारा ऑस्ट्रेलिया की सफल यात्रा की गई।

सामरिक

भारत और ऑस्ट्रेलिया द्वारा समुद्री सुरक्षा के संबंध में महत्त्वपूर्ण समझौता किया गया तथा दोनों देशों द्वारा रक्षा अधिकारियों का आदान-प्रदान तथा समुद्री सैन्य अभ्यास आयोजित किए जाएंगे। भारत के घरेलू निर्मित नौसैनिक समुद्री जहाज आई.एन.एस. सह्याद्री ने सिडनी में आयोजित अंतर्राष्ट्रीय फ्लीट रिव्यू में भाग लिया। चूंकि भारत, हिंद महासागर में सुरक्षा प्रदान करने वाला एक प्रमुख देश है, इसलिए समुद्री सुरक्षा के अंतर्गत आपदा

और मानवीय सहायता खोज अभियान में भी परस्पर सहयोग का निर्णय लिया है। भारत-ऑस्ट्रेलिया के बीच पहला समुद्री सैन्य अभ्यास वर्ष 2007 में हुआ था, जिसे अब लगातार आयोजित किया जाएगा। ऑस्ट्रेलिया के साथ एशिया प्रशांत क्षेत्र में शांति एवं स्थायित्व के लिए सहयोग किया जा रहा है। ऑस्ट्रेलिया द्वारा जापानी पनडुब्बियों के खरीदने पर विचार किया जा रहा है। यह उल्लेखनीय है कि अमेरिका, जापान और ऑस्ट्रेलिया के बीच पहले से ही प्रभावी सामरिक संबंध स्थापित हैं।

वर्ष 2014 में प्रधानमंत्री नरेन्द्र मोदी की ऑस्ट्रेलिया यात्रा 20 वर्षों बाद किसी भारतीय प्रधानमंत्री की ऑस्ट्रेलियाई यात्रा थी। भारत-ऑस्ट्रेलिया के बीच अनेक समानताएं विद्यमान हैं तथा दोनों देशों में अंग्रेजी भाषी लोगों का निवास है एवं दोनों देशों की शासन प्रणाली लोकतांत्रिक और संघात्मक है और दोनों देशों का समाज अत्यधिक विविधतापूर्ण है। ऑस्ट्रेलिया के संबंध अमेरिका, जापान और सिंगापुर के साथ अत्यधिक मधुर हैं। ठीक इसी प्रकार भारत-ऑस्ट्रेलिया संबंध मित्रतापूर्ण और मधुर बन रहे हैं।

चीन का प्रभुत्व

अनेक भारतीयों का यह मानना है कि भारत-ऑस्ट्रेलिया संबंध अत्यधिक महत्त्वपूर्ण हैं, ऑस्ट्रेलिया के आर्थिक संबंध चीन के साथ लगातार बढ़ रहे है, परंतु चीन की प्रभावी और आक्रामक नीति से ऑस्ट्रेलिया सशंकित भी है। वर्तमान में ऑस्ट्रेलिया का सबसे बड़ा व्यापारिक भागीदार चीन है। परंतु अमेरिका, भारत, ऑस्ट्रेलिया और जापान के बीच सामरिक सहयोग के चतुष्कोण का विकास हो रहा है जिससे चीन के बढ़ते सामरिक प्रभाव को संतुलित किया जा सके।

वर्ष 2017 में ऑस्ट्रेलिया के प्रधानमंत्री मैल्कम टर्नबुल भारत के दौरे पर आए। अपनी पहली भारत यात्रा के दौरान प्रधानमंत्री मैल्कम टर्नबुल द्वारा आतंकवाद सहित छह विभिन्न समझौतों पर हस्ताक्षर किए गए। दोनों देशों ने हिंद-प्रशांत क्षेत्र में स्थिरता, साइबर सुरक्षा व आपसी व्यापार पर चर्चा की।

कोविड-19 एवं ऑस्ट्रेलिया-चीन संबंध

कोविड-19 के दौरान ऑस्ट्रेलिया और चीन के बीच विवाद खुलकर सामने आ गए और ऑस्ट्रेलिया ने कोरोना वायरस की उत्पत्ति की जांच की मांग की। ऑस्ट्रेलिया द्वारा भारत के साथ संबंधों को भी नवीन महत्त्व प्रदान किया गया, क्योंकि चीन का शक्तिशाली होना लोकतंत्र के लिए भी एक चुनौती बन रहा है।

निष्कर्ष

भारत-ऑस्ट्रेलिया संबंध एलन बार्डर एवं सुनील गावस्कर के संबंधों की भाँति मित्रतापूर्ण हैं। वर्तमान में सामरिक एवं सैन्य संबंधों को सुदृढ़ करने पर अतिरिक्त बल दिया जा रहा है।

भाग

6

पश्चिम एशिया

1. भारत-पश्चिम एशिया
2. भारत-ईरान
3. भारत-सऊदी अरब
4. भारत-संयुक्त अरब अमीरात
5. भारत-इजरायल
6. फिलिस्तीन समस्या

7 इस्लामिक स्टेट इन इराक एंड सीरिया (ISIS)

अध्याय

1 भारत-पश्चिम एशिया

India–West Asia

● भारत का हित ● डायस्पोरा ● व्यापारिक संबंध ● ऊर्जा सुरक्षा ● सांस्कृतिक संबंध ● भारत की पश्चिम एशिया की नीति ● भू-राजनीति और भारत ● सामरिक संबंध ● परिवर्तित शक्ति संतुलन ● भारत की कूटनीतिक सक्रियता ● नेट सिक्योरिटी प्रवाइडर ● मल्टी-अलाइनमेंट की नीति ● महाशक्तियां एवं पश्चिम एशिया ● भारत की पश्चिम एशिया नीति में समस्याएं ● भारत-इराक संबंध ● वर्ष 1990 के बाद ● कुवैत संकट ● सद्दाम हुसैन के पश्चात् इराक ● भारत का दृष्टिकोण ● आई.एस.आई.एस. की समाप्ति और कुर्द विवाद ● ईरान-सऊदी अरब शक्ति संघर्ष और इराक ● अमेरिका का हित और भारत-इराक ● ईरान-इराक संघर्ष

पश्चिम एशिया, जिसे मध्य पूर्व (Middle-East) के नाम से भी जाना जाता है, मिस्र जैसे- उत्तरी अफ्रीकी देश तथा ईरान के बीच स्थित भौगोलिक क्षेत्र है। इसमें ईरान, ओमान, लेबनान, सीरिया, इराक, सऊदी अरब, संयुक्त अरब अमीरात, कतर, बहरीन, कुवैत, जॉर्डन एवं यमन जैसे देश सम्मिलित हैं। पश्चिम एशिया में खाड़ी के देशों को सम्मिलित किया जाता है तथा इसमें पर्शिया की खाड़ी के निकट स्थित देश सम्मिलित होते हैं। इन देशों को अरब देश भी कहा जाता है, क्योंकि यहां अरबी भाषा बोली जाती है। तेल और गैस उत्पादन के लिए इस क्षेत्र का समूचे विश्व में महत्त्व है। परंतु इस क्षेत्र में शिया और सुन्नी के बीच सदैव संघर्ष होते रहते हैं तथा आर्थिक रूप से संपन्न होने के बावजूद भी यहां लोकतांत्रिक शासन का अभाव है।

भारत का हित

डायस्पोरा

पश्चिम एशिया में भारतीय मूल के लगभग 87 लाख लोग निवास करते हैं। सऊदी अरब में भारतीय मूल के 25 लाख लोगों का निवास है एवं संयुक्त अरब अमीरात में 35 लाख भारतीय रहते हैं तथा ओमान, कुवैत एवं कतर में भी क्रमशः 7 लाख, 10 लाख, एवं 7.5 लाख भारतीयों की उपस्थिति है। बड़ी संख्या में भारतीयों के निवास से भारत को विदेशी मुद्रा प्राप्त होती है।

व्यापारिक संबंध

खाड़ी सहयोग परिषद जिसमें सऊदी अरब, कुवैत, कतर, ओमान, बहरीन एवं संयुक्त अरब अमीरात शामिल हैं, भारत के महत्त्वपूर्ण व्यापारिक भागीदार हैं और इन देशों के साथ भारत का सामूहिक द्विपक्षीय व्यापार लगभग 200 बिलियन डॉलर हो गया है। इसके अतिरिक्त भारत द्वारा ईरान के चाबहार के विशेष आर्थिक क्षेत्र (Special Economic Zone) में निवेश किया गया है। भारत के सॉफ्टवेयर और दवाइयों का निर्यात इस क्षेत्र में बढ़ रहा है। भारत की वस्तुओं की इन देशों में मांग बढ़ रही है, जिससे भारत के निर्यात में भी वृद्धि होती है। पश्चिमी एशियाई क्षेत्र भारत की वस्तुओं के बड़े निर्यात केंद्र के रूप में उभरे हैं।

ऊर्जा सुरक्षा

भारत, ऊर्जा आयात पर निर्भर राज्य है और भारत के कुल तेल एवं गैस के आयात का लगभग 60 प्रतिशत भाग पश्चिमी

एशियाई देशों से आता है। पश्चिमी एशियाई देशों में मुस्लिम आबादी बहुमत में है, इसलिए पाकिस्तान स्वयं को पश्चिम एशिया से जोड़ने का प्रयत्न करता है। पाकिस्तान द्वारा पश्चिम एशिया में भारत विरोध का मुकाबला करने के लिए पश्चिमी एशियाई देशों के साथ मधुर एवं मित्रतापूर्ण संबंध आवश्यक हैं और यह भी कि पश्चिम एशियाई देश कश्मीर मुद्दे पर पाकिस्तान का समर्थन न करें।

सांस्कृतिक संबंध

इंडोनेशिया और पाकिस्तान के बाद विश्व की तीसरी सबसे बड़ी मुस्लिम जनसंख्या का निवास भारत में है। पश्चिम एशिया में मक्का एवं मदीना का धार्मिक महत्त्व पूरे विश्व में है और भारत से लाखों लोग हज की यात्रा पर प्रत्येक वर्ष सऊदी अरब जाते हैं। वर्तमान में भारत द्वारा वाणिज्य एवं व्यापार को बढ़ाने पर प्रभावी बल दिया जा रहा है, इसलिए प्रत्येक क्षेत्र के साथ द्विपक्षीय व्यापार को बढ़ाया जा रहा है। इसलिए पश्चिमी एशियाई देशों का व्यापारिक महत्त्व भी है। भारत एक पंथनिरपेक्ष देश है, जहां अनेक धर्मों के अनुयायियों का निवास है। अतः, पश्चिम एशिया में बढ़ता धार्मिक कट्टरवाद भारत के हितों के लिए प्रतिकूल है। पश्चिम एशिया में आई.एस. आई.एस. का प्रभाव भारत के लिए अत्यधिक नकारात्मक है।

भारत की पश्चिम एशिया की नीति

1. वर्तमान में भारत द्वारा ईरान, सऊदी अरब और संयुक्त अरब अमीरात (UAE) तीनों के साथ संबंधों को समानांतर रूप में सुदृढ़ किया जा रहा है। इन देशों के साथ भारत के ऐतिहासिक व सांस्कृतिक संबंध विद्यमान रहे हैं। इसे वर्तमान में राजनीतिक एवं सामरिक रूप में सुदृढ़ किया जा रहा है।
2. परंपरागत रूप में पश्चिमी एशियाई देशों के साथ भारत के सांस्कृतिक संबंध विद्यमान रहे हैं। भारत ऊर्जा आयात पर निर्भर राज्य है, इसलिए तेल और गैस का आयात पश्चिमी एशियाई देशों से हमेशा होता रहा है। परंतु वर्तमान में पश्चिमी एशियाई देशों के साथ राजनीतिक एवं सामरिक संबंधों में निर्णायक प्रगति हो रही है।
3. वर्तमान में आधारभूत संरचनाओं के विकास के लिए भारत में निवेश की आवश्यकता है तथा भारत और यूएई के बीच भारत में निवेश के लिए 75 बिलियन डॉलर का समझौता किया गया है। यूएई तथा सऊदी अरब के पास Sovereign wealth/cash बड़ी मात्रा में है। इसलिए ये भारत के बड़े बाजार में निवेश करके इसका लाभ उठाना चाहते हैं। संयुक्त अरब अमीरात भारत का तीसरा सबसे बड़ा द्विपक्षीय व्यापारिक सहयोगी बन गया है और सऊदी अरब के साथ निरंतर व्यापार में वृद्धि हो रही है।
4. परंपरागत रूप में भारत की पश्चिमी एशियाई नीति का एक बड़ा उद्देश्य पश्चिम एशिया में पाकिस्तान के प्रभाव को कम करना था। जबकि वर्तमान में भारत के बड़े बाजार के रूप में उभार के कारण संयुक्त अरब अमीरात, सऊदी अरब भारत के साथ संबंधों को अत्यधिक महत्त्व दे रहे हैं तथा कश्मीर के मुद्दे पर इन देशों का दृष्टिकोण परिवर्तित हो रहा है। इनके अनुसार कश्मीर, भारत एवं पाकिस्तान के बीच विद्यमान एक द्विपक्षीय मुद्दा है।

भू-राजनीति और भारत

वर्तमान 'थिंक वेस्ट' नीति (Think West Policy) के अंतर्गत पश्चिम एशिया के सभी देशों के साथ उनके महत्त्व के आधार पर अलग-अलग (Delink) नीतियों का निर्माण किया जा रहा है। ईरान और सऊदी अरब के बीच शक्ति संघर्ष बना हुआ है। परंतु भारत दोनों देशों के साथ संबंध निर्माण पर बल दे रहा है। ईरान-इजरायल के बीच कूटनीतिक संबंध नहीं है, परंतु भारत के लिए दोनों का महत्त्व है। वर्तमान में प्रधानमंत्री मोदी की ओमान यात्रा एवं जॉर्डन के प्रधानमंत्री का भारत आना विदेश नीति में इस बात का सूचक है कि भारत इनके क्षेत्रीय विवादों में शामिल नहीं होना चाहता। ओमान एवं जॉर्डन चूंकि ईरान और सऊदी अरब के बीच संघर्ष से अपने को अलग रखते हैं।

सामरिक संबंध

परंपरागत रूप में भारत-पश्चिम एशिया संबंध सांस्कृतिक एवं ऊर्जा आयात पर निर्भर थे, जो अब राजनीतिक और सामरिक रूप में भी विकसित हो रहे हैं। भारत-पश्चिमी एशियाई देशों के बीच बढ़ते सामरिक संबंध अत्यधिक महत्त्वपूर्ण प्रगति है, क्योंकि सितंबर, 2001 के बाद यूएई, सऊदी अरब भी आतंकवाद का सामना कर रहे हैं। इसलिए भारत-सऊदी अरब के बीच आतंकवाद के विरुद्ध प्रशिक्षण, संयुक्त सैनिक अभ्यास का आयोजन किया जा रहा है।

वर्ष 2018 में प्रधानमंत्री मोदी की ओमान यात्रा के दौरान दुकाम पत्तन के प्रयोग की अनुमति भारत को भी दी गई, जो सामरिक रूप से अत्यधिक महत्त्वपूर्ण है, क्योंकि यह पाकिस्तान के ग्वादर पत्तन के निकट है। इसके अतिरिक्त, भारत-ईरान दोनों देश रूस से हथियार प्राप्त करते हैं, इसलिए सैनिक अधिकारियों के प्रशिक्षण तथा उपकरणों की रिपेयरिंग में भी सहयोग किया जा रहा है। भारत-सऊदी अरब के बीच तेल संबंधों को केवल क्रेता-विक्रेता तक सीमित नहीं किया गया है, बल्कि भारतीय कंपनियों द्वारा पश्चिम एशिया में तथा सऊदी अरब और संयुक्त अरब अमीरात की कंपनियों द्वारा भारत में निवेश किया जाएगा। भारत एवं संयुक्त अरब अमीरात के बीच साइबर सुरक्षा तथा हवाला व्यापार को प्रतिबंधित करने के लिए भी समझौता हुआ है।

परिवर्तित शक्ति-संतुलन

पश्चिम एशिया में अब्राहम एकॉर्ड (2020) द्वारा नवीन शक्ति संतुलन का निर्माण हो रहा है। इजरायल का प्रभाव पश्चिम एशिया में बढ़ रहा है। मिस्र एवं जॉर्डन ने इजरायल के साथ पहले से ही कूटनीतिक संबंध स्थापित कर लिए हैं और अब संयुक्त अरब अमीरात, बहरीन एवं कतर ने भी इजरायल के साथ कूटनीतिक संबंधों के निर्माण की घोषणा कर दी है। वर्तमान में पश्चिमी एशियाई राज्य ईरान की नीतियों से ज्यादा आतंकित एवं असुरक्षित महसूस कर रहे हैं। संयुक्त अरब अमीरात का आरोप है कि ईरान, यमन में हौथी (Houthi) शियाओं के माध्यम से संयुक्त अरब अमीरात में आतंकवाद फैला रहा है, जबकि इजरायल का आरोप है कि ईरान हमास एवं हिजबुल्लाह को समर्थन देकर आतंकवाद बढ़ा रहा है।

भारत की कूटनीतिक सक्रियता

सऊदी अरब की सबसे बड़ी तेल कंपनी आरामको द्वारा भारत में निवेश किया जा रहा है। संयुक्त अरब अमीरात का भारत में लगभग 15 बिलियन डॉलर का निवेश हो चुका है। अतः पाकिस्तान का इस्लामिक कार्ड अब पश्चिम में प्रभावी नहीं हो रहा है। भारत को इस्लामिक सहयोग संगठन (OIC) में पर्यवेक्षक सदस्य के रूप में आमंत्रित किया गया। अतः भारत का बाजार पश्चिमी एशियाई देशों के लिए आकर्षक हो गया है। पाकिस्तान द्वारा इस्लामिक सुदृढ़ता की नीति पश्चिम एशिया में प्रभावी नहीं हो रही है, क्योंकि संयुक्त अरब अमीरात ने कश्मीर मुद्दे पर भारत का समर्थन किया, जबकि सऊदी अरब द्वारा पाकिस्तानी पक्ष का समर्थन नहीं किया गया।

नेट सिक्योरिटी प्रोवाइडर

भारत महाशक्ति है। केवल क्षेत्रीय शक्ति नहीं है, इसीलिए इजरायल एवं फिलिस्तीन विवाद के शांतिपूर्ण समाधान में भारत सकारात्मक भूमिका का निर्वाह करना चाहता है। भारत न तो हमास की हिंसा का समर्थक है, न ही इजरायल द्वारा फिलिस्तीनी भूमि के कब्जे का पक्षधर है।

मल्टी-अलाइनमेंट की नीति

भारत ने पश्चिम एशिया में प्रैगमैटिक नीति अपनाते हुए पश्चिमी एशिया के सभी महत्त्वपूर्ण देशों के साथ संबंध स्थापित किए हैं, जबकि सऊदी अरब और ईरान के बीच संघर्ष विद्यमान है। इजरायल और ईरान एक-दूसरे के विरोधी हैं, परंतु भारत सभी देशों के साथ पृथक आधारों पर संबंधों का निर्माण कर रहा है और इस क्षेत्र में विद्यमान विपक्षी विवादों में किसी भी देश के साथ जाने से परहेज कर रहा है।

महाशक्तियां एवं पश्चिम एशिया

अमेरिका द्वारा ईरान पर कठोर प्रतिबंध आरोपित किए गए हैं। ईरान को पश्चिम एशिया में अलग-थलग करने के लिए अमेरिका, सीरिया के शासक असद को सत्ता से हटाना चाहता है, जबकि रूस, पश्चिम एशिया पर तेल और गैस के लिए निर्भर नहीं है, परंतु इस क्षेत्र में हथियारों का निर्यात बढ़ाने का इच्छुक है। इसलिए असद को शासन में बनाए रखने का समर्थक है और चीन का व्यापार इस क्षेत्र के साथ लगातार बढ़ रहा है। चीन विश्व का ऊर्जा आयात करने वाला सबसे बड़ा देश बन गया है। वह पश्चिम एशिया पर अपना प्रभाव बढ़ाना चाह रहा है। इसलिए जिबूती में चीन द्वारा अपना सैनिक अड्डा बनाया गया है। पश्चिम एशिया में रूस, चीन का समर्थन कर रहा है।

भारत की पश्चिमी एशिया नीति में समस्याएं

भारत और संयुक्त अरब अमीरात के बीच 75 बिलियन डॉलर के निवेश का समझौता हो चुका है, परंतु अभी भी यह व्यवहार में लागू नहीं हो पाया है, क्योंकि न तो इसकी शर्तें स्पष्ट हैं, न ही यह उल्लेखित किया गया है कि किन क्षेत्रों में और किस प्रकार इसका क्रियान्वयन होगा। अभी भी पश्चिमी एशियाई देश भारत

की ऊर्जा आवश्यकताओं के 70 प्रतिशत भाग की आपूर्ति करते हैं, परंतु इनके साथ आज भी तेल खरीदने और बेचने वाले संबंध हैं। जबकि इनके साथ निवेश तथा पाइप लाइन बिछाने के प्रस्ताव पर भी विचार करना चाहिए। इन देशों के साथ व्यापारिक संबंधों का पूर्ण फायदा उठाने के लिए ईज ऑफ डूइंग बिजनेस को बेहतर करने की आवश्यकता है तथा सामरिक संबंध के स्तर को और बढ़ाना चाहिए।

पश्चिम एशिया की जनसंख्या (2025)

देश	जनसंख्या
तुर्की	8 करोड़ 60 लाख
इराक	4 करोड़ 60 लाख
सऊदी अरब	3 करोड़ 70 लाख
यमन	3 करोड़ 70 लाख
सीरिया	2 करोड़
अजरबैजान	1 करोड़ 5 लाख
जॉर्डन	1 करोड़ 16 लाख
यूएई	1 करोड़ 2 लाख
इजरायल	98 लाख
लेबनान	57 लाख
फिलिस्तीन	60 लाख
ओमान	52 लाख
कुवैत	49 लाख
कतर	30 लाख

विश्व में सबसे बड़े पेट्रोलियम आयातक देश

1. चीन
2. संयुक्त राज्य अमेरिका
3. भारत
4. दक्षिण कोरिया
5. जापान

विश्व में सबसे बड़े तेल निर्यातक देश (2024)

1. सऊदी अरब
2. रूस
3. इराक
4. संयुक्त राज्य अमेरिका
5. कनाडा

विश्व के सबसे बड़े कच्चे तेल उत्पादक देश (2024)

1. संयुक्त राज्य अमेरिका
2. सऊदी अरब
3. रूस
4. कनाडा

भारत-इराक संबंध

इराक, पश्चिम एशिया में स्थित एक अरब देश है। वर्तमान समय में यहां पर लोकतांत्रिक सरकार की स्थापना की गई है। इराक की जनसंख्या 4 करोड़, 64 लाख है। यह एक प्रमुख तेल उत्पादक देश है। पंडित जवाहरलाल नेहरू ने भारतीय विदेश नीति का आधार रखते हुए साम्राज्यवाद विरोधी, रंगभेद विरोधी नीति तथा राष्ट्रीय मुक्ति आंदोलनों का समर्थन किया तथा किसी भी भूमि पर विदेशी आधिपत्य का विरोध और गुटनिरपेक्ष विदेश नीति इनके मूल आधार थे। पश्चिम एशियाई नीति के संदर्भ में फिलिस्तीन मुद्दा महत्त्वपूर्ण था तथा भारत ने आरंभ से ही एक स्वतंत्र संप्रभु फिलिस्तीन राज्य का समर्थन किया। यह बिंदु उल्लेखनीय है कि वर्ष 1950 में ही भारत ने इजरायल को मान्यता प्रदान कर दी, लेकिन इजरायल के साथ कूटनीतिक संबंध स्थापित नहीं किए गए। विदेश नीति में आरंभ से ही अरब राष्ट्रवाद का समर्थन किया गया, जिसका सबसे प्रभावी नेतृत्व अब्दुल गमाल नासिर था। मिस्र ने अमेरिका समर्थित बगदाद संधि (जिसे सेंटो के नाम से भी जाना जाता है।) का भी विरोध किया, जिसमें अमेरिका के अलावा ईरान, इराक, तुर्की, ब्रिटेन एवं पाकिस्तान सम्मिलित थे। अतः अब्दुल नासिर और पंडित जवाहरलाल नेहरू गुटनिरपेक्ष आंदोलन के मुख्य समर्थक थे। भारत-इराक के बीच वर्ष 1952 में शांति एवं मित्रता की संधि हुई एवं इराक में पंथनिरपेक्ष बाथ पार्टी का शासन स्थापित हुआ, जिसे भारत ने मान्यता प्रदान की। वर्ष 1965 में भारत-पाकिस्तान के बीच युद्ध के दौरान इराक ने तटस्थ दृष्टिकोण अपनाया। यद्यपि वर्ष 1971 में भारत-पाकिस्तान युद्ध के दौरान इराक ने पाकिस्तान का समर्थन किया था। वर्ष 1980 से 1988 के दौरान ईरान एवं इराक के बीच 8 वर्षों का लंबा संघर्ष हुआ, जिस संघर्ष में भारत ने तटस्थ दृष्टिकोण अपनाया। परंतु भारत और इराक के बीच सैन्य संबंध स्थापित हो गए थे। भारतीय वायुसेना द्वारा इराकी सैनिकों को प्रशिक्षित किया गया। इसके अतिरिक्त, इराक से भारत, तेल और गैस का भी आयात करता था और भारतीय मूल के लोग भी इराक में कार्य करते हैं।

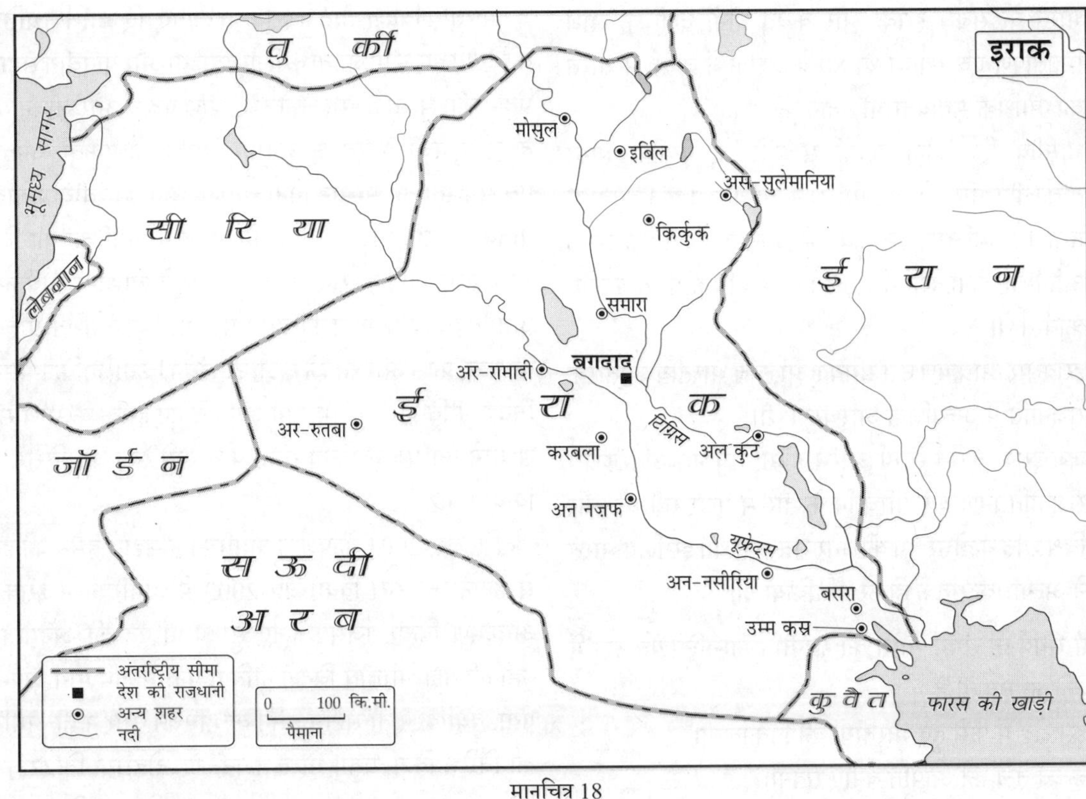

मानचित्र 18

वर्ष 1990 के बाद

वर्ष 1991 में इराक द्वारा कुवैत पर नियंत्रण कर लिया गया, जिसके विरोध में संयुक्त राष्ट्र संघ के प्रस्ताव द्वारा अमेरिका ने इराक पर आक्रमण किया। भारत ने इराक पर सैनिक शक्ति के प्रयोग का समर्थन नहीं किया तथा संयुक्त राष्ट्र संघ द्वारा इराक पर लगाए गए प्रतिबंधों का भी भारत ने समर्थन नहीं किया। परंतु इराक पर आरोपित प्रतिबंधों के कारण भारत-इराक व्यापारिक संबंध प्रभावित हुए।

वर्ष 1991 के बाद भारत द्वारा उदारीकरण एवं निजीकरण की नीति अपनाई गई तथा विदेश नीति में व्यापार एवं वाणिज्य पर अत्यधिक बल दिया गया और पश्चिम एशियाई देशों के साथ व्यापारिक संबंधों को सुदृढ़ करने का प्रयत्न किया गया। परंपरागत रूप में भारत के संबंध फिलिस्तीन, इराक, सीरिया, लीबिया एवं मिस्र जैसे देशों के साथ मधुर एवं मित्रतापूर्ण थे, लेकिन भारत ने इजरायल के साथ कूटनीतिक संबंध स्थापित नहीं किए थे। परंतु वर्ष 1991 के बाद विदेश नीति में यथार्थवाद प्रभावी हुआ और व्यावहारिकता को महत्त्व दिया गया। इसलिए वर्ष 1992 में इजरायल के साथ कूटनीतिक संबंध स्थापित कर लिए गए तथा सऊदी अरब के साथ संबंधों पर महत्त्वपूर्ण बल दिया गया और ईरान के साथ मित्रतापूर्ण संबंधों का विकास हुआ। वर्तमान में पश्चिम एशियाई देशों के साथ राजनीतिक एवं सामरिक संबंधों पर विशेष बल दिया जा रहा है।

कुवैत संकट

शीत युद्धोत्तर विश्व में भारत के समक्ष सबसे बड़ी चुनौती इराक द्वारा कुवैत पर आक्रमण (वर्ष 1990) से उत्पन्न हुई। तत्कालीन विश्वनाथ प्रताप सिंह सरकार ने इराकी सैनिकों से कुवैत खाली करने का अनुरोध किया, परंतु विदेश नीति में किसी का स्पष्ट पक्ष नहीं लिया गया। तत्कालीन समय में भारत-इराक के मध्य संबंध अत्यधिक महत्त्वपूर्ण थे। इसलिए इराकी आक्रमण की निंदा भी नहीं की गई। भारत की इस दुविधापूर्ण स्थिति के निम्न कारण थे-

- भारत के संबंध इराक और कुवैत दोनों देशों के साथ मित्रतापूर्ण एवं स्थायी थे। 80 के दशक में कुवैत ने भारत को आर्थिक सहायता भी प्रदान की थी।
- भारतीय हित दोनों राज्यों से जुड़े थे, क्योंकि भारत तत्कालीन समय में 2.2 मिलियन टन कच्चा तेल इराक से तथा 1.5 मिलियन टन कुवैत से आयात करता था। इसके अतिरिक्त, दोनों देशों में 1.5 लाख से अधिक भारतीय लोग कार्यरत थे।
- इराक पर आक्रमण उस समय हुआ, जब भारतीय आंतरिक राजनीति में अत्यधिक अस्थिरता थी।
- जब इराक-कुवैत संघर्ष आरंभ हुआ, तब नव-अंतर्राष्ट्रीय राजनीति निर्णायक परिवर्तन के दौर से गुजर रही थी और विश्व शीत युद्धोत्तर युग की ओर संक्रमित था। इसलिए भारत ने अत्यधिक सतर्क होकर प्रतिक्रिया दी।

इस संघर्ष के समय भारत की रणनीति निम्नलिखित रूप में व्यक्त की जा सकती है-

- इस क्षेत्र में फंसे हुए भारतीयों को निकालना।
- कच्चे तेल की आपूर्ति बनाए रखना।
- भारत ने सुरक्षा परिषद के प्रस्ताव का समर्थन किया जिसमें इराक को कुवैत छोड़ने का निर्देश दिया गया था। तत्कालीन चन्द्रशेखर सरकार ने अमेरिका का स्पष्ट समर्थन किया, लेकिन इराक का भी सीधे विरोध नहीं किया तथा अमेरिकी जहाजों को भारत में तेल भरने की सुविधा भी प्रदान की गई और भारत ने सुरक्षा परिषद की प्रस्ताव संख्या-687 के पक्ष में मतदान किया, जिसमें कुवैत को मुक्त कराने का प्रस्ताव था। अतः भारत ने एक मध्यममार्गी विदेश नीति का पालन किया। सुरक्षा परिषद द्वारा निर्देशित सैन्य कार्यवाई द्वारा कुवैत को मुक्त करा लिया गया, जिसके लिए अमेरिकी नेतृत्व में 'ऑपरेशन डेजर्ट स्टॉर्म' शुरू किया गया था। कुवैत को मुक्त कराने के पश्चात् अमेरिका द्वारा इराक पर अनेक प्रतिबंध आरोपित किए गए, जिसमें प्रमुख निम्नलिखित हैं-

 (i) इराक को केवल खाद्यान्न खरीदने के लिए तेल निर्यात की अनुमति दी गई (Oil for Food Programme)|
 (ii) इराक के कुर्द क्षेत्र को अमेरिका ने वायुयान निषिद्ध क्षेत्र (No fly zone) घोषित कर दिया।

भारतीय विदेश नीति में इराक पर लगाए गए आर्थिक प्रतिबंधों को देखते हुए आम जनता के लिए दवाइयां और मानवीय सहायता प्रदान की। भारत ने इराक को दूध, खाद्य पदार्थ और जीवन रक्षक दवाइयां भेजीं। भारत के अनुसार, इराक की एकता, अखंडता एवं संप्रभुता का सम्मान होना चाहिए। अतः भारतीय प्रतिक्रिया नैतिकतावादी और मानवीय थी। भारत ने अमेरिका का विरोध नहीं किया, लेकिन इराक को तेल के बदले खाद्यान्न कार्यक्रम के अंतर्गत सहायता प्रदान की। इराक पर आरोपित आर्थिक प्रतिबंधों का रूस, फ्रांस और चीन ने खुला उल्लंघन किया। लेकिन भारतीय विदेश नीति द्वारा मध्यम मार्ग अपनाते हुए इराक के साथ संबंध सुधारने का प्रयत्न किया गया, परंतु अमेरिका का विरोध नहीं किया गया।

सितंबर, 2001 के पश्चात् अमेरिका ने सद्दाम हुसैन को इराक से हटाने का नारा दिया। वर्ष 2003 में अमेरिका ने इराक पर आक्रमण किया, जिसके लिए सुरक्षा परिषद की अनुमति भी नहीं ली गई। भारतीय विदेश नीति में पुनः मध्यम मार्ग अपनाया गया, क्योंकि न तो सद्दाम हुसैन का समर्थन और न ही अमेरिका का विरोध किया गया। भारत ने पुनः यह दोहराया कि इराक की एकता, अखंडता एवं संप्रभुता का सम्मान होना चाहिए। यह बिंदु उल्लेखनीय है कि भारतीय विदेश नीति में लोकतंत्र के निर्यात का समर्थन नहीं किया गया।

सद्दाम हुसैन के पश्चात् इराक

पश्चिमी एशियाई क्षेत्र प्राकृतिक तेल संसाधनों से संपन्न है, परंतु यहां विद्यमान शिया-सुन्नी विवाद, अरब बनाम् गैर-अरब विवाद अत्यधिक महत्त्वपूर्ण हैं। इराक की जनांकिकीय (Demography) और भौगोलिक स्थिति अत्यधिक जटिल है, जिसके कारण निम्नलिखित हैं-

 (i) केंद्रीय और दक्षिणी इराक में शियाओं का प्रभुत्व है।
 (ii) उत्तरी इराक में कुर्दों का प्रभुत्व है।
 (iii) केंद्रीय (मध्य) और पश्चिम इराक में सुन्नियों का प्रभाव है।

सऊदी अरब, जॉर्डन तथा मिस्र जैसे सुन्नी राष्ट्र, इराक में सुन्नी शासन के समर्थक हैं। यह भी महत्त्वपूर्ण बिंदु है कि ये सभी राष्ट्र अमेरिकी समर्थक हैं, परंतु ईरान, इराक में शिया सरकार बनाने हेतु प्रयासरत है। जनांकिकीय आंकड़ों के अनुसार, इराक में शियाओं

का बहुमत है जबकि अमेरिका, शियाओं की सरकार का समर्थक नहीं है, क्योंकि शियाओं के प्रभुत्व में आने से इराक में ईरान का प्रभाव बढ़ेगा। वर्ष 2008 में इराक में महत्त्वपूर्ण परिवर्तन हुए। क्योंकि पहली बार बाथ पार्टी के सदस्यों को सैन्य तथा सिविल क्षेत्रों में प्रवेश की अनुमति प्रदान की गई तथा बाथ पार्टी पर वर्ष 2003 से आरोपित प्रतिबंध हटा लिया गया। वर्ष 2009 में अमेरिका ने इराक में एक नया आधुनिक दूतावास खोलने का निर्णय लिया। इराक में संपन्न चुनाव में अमेरिका समर्थित सरकार को महत्त्वपूर्ण विजय प्राप्त हुई, परंतु दूसरी ओर, वर्ष 2008 में इराक में शिया नेता 'मुक्तदा अल सदर' ने एक प्रभावी शिया आंदोलन खड़ा किया, जिसे उन्होंने 'महादी सेना' का नाम दिया।

इराक में सद्दाम हुसैन के सत्ता से हटने के पश्चात् कुर्दिस्तान की मांग और प्रभावी हुई। कुर्द सुन्नी मुसलमान हैं, जो इराक, ईरान तथा तुर्की में निवास करते हैं तथा इन तीनों देशों में रहने वाले कुर्दों ने अलग राज्य कुर्दिस्तान की मांग उठाई। अमेरिका द्वारा इराक के राष्ट्रपति सद्दाम हुसैन को कमजोर करने के लिए कुर्दिस्तान की मांग को बढ़ावा दिया गया। अमेरिका ने इराक के पूर्व राष्ट्रपति सद्दाम हुसैन पर कुर्दों के मानव अधिकारों के हनन का आरोप लगाया। परंतु सद्दाम हुसैन को सत्ता से हटाने के बाद अमेरिका ने कुर्दिस्तान की मांग को अस्वीकार कर दिया। तुर्की, जिसमें कुर्दों की बड़ी आबादी है, अमेरिका का मित्र है। इसलिए अमेरिका, तुर्की में रहने वाले कुर्दों के अधिकारों का समर्थक नहीं है। तुर्की सरकार ने कुर्दों के आंदोलन को कुचलने के लिए वर्ष 2008 में 'ऑपरेशन सन' आरंभ किया, जिसके अंतर्गत तुर्की ने इराकी भू-भाग में कुर्दों के विरुद्ध सैन्य कार्रवाई की, जिससे यह प्रतीत होता है कि कुर्दिस्तान की मांग पर अमेरिका द्वारा सद्दाम हुसैन को शासन से हटाने का प्रयत्न किया गया।

इराक और तुर्की ने आपसी सहमति से कुर्द क्षेत्रों में पारगमन मार्ग के निर्माण का निर्णय लिया और व्यापार एवं वाणिज्य बढ़ाने पर बल दिया। आर्थिक विकास से कुर्दों के आंदोलन पर नियंत्रण स्थापित किया जा सकता है।

भारत का दृष्टिकोण

भारत, सदैव पश्चिम एशिया में लोकतंत्र के विकास का समर्थक रहा है। परंतु भारत, लोकतंत्र को बाहर से थोपने का समर्थक नहीं है। भारत, पश्चिमी एशियाई क्षेत्र में राज्यों के मध्य विद्यमान संघर्ष में किसी एक देश का समर्थक नहीं है, क्योंकि भारत के संबंध लगभग सभी पश्चिमी एशियाई देशों के साथ बेहतर हैं। भारत किसी भी देश के आंतरिक मामलों में हस्तक्षेप का समर्थक नहीं है। भारत, इराक की क्षेत्रीय एकता, अखंडता एवं संप्रभुता का समर्थक है। इस क्षेत्र में शांति और स्थायित्व दीर्घकालिक रूप में भारत के हित में है। इसलिए भारत, कट्टरपंथ और अतिवादी प्रवृत्तियों का विरोधी है।

आई.एस.आई.एस. की समाप्ति और कुर्द विवाद

वर्ष 2017 में इराकी सेनाओं ने समूचे इराक को आई.एस. आई.एस. (ISIS) से मुक्त करा लिया। किरकुक, मोसूल, बसरा आदि शहर इराकी सेनाओं के नियंत्रण में आ गए। इस लड़ाई में कुर्दों ने इराकी सेनाओं का साथ दिया। इस लड़ाई के बाद कुर्द बहुल उत्तरी इराक में जनमत संग्रह कराया गया, जिसमें कुर्द क्षेत्र के इराक से स्वतंत्र होने की घोषणा की गई। परंतु तत्कालीन इराकी राष्ट्रपति हैदर अल अबादी ने जनमत संग्रह के परिणाम को निरस्त करने के लिए कहा तथा कुर्दिस्तान क्षेत्रीय सरकार (KRG) को बातचीत के लिए बुलाया, जिससे एक सर्वसम्मति वाला संविधान बनाया जा सके। परंतु कुर्द सैन्य संगठन पंशमर्गा ने इराकी सरकार की घोषणा पर ध्यान नहीं दिया।

परिणामतः इराकी सेनाओं ने कुर्द नियंत्रित शहर किरकुक में प्रवेश किया तथा नियंत्रण कर लिया। धीरे-धीरे इराकी सेनाओं ने पंशमर्गा से मोसूल डैम, जलावला, बशीका सिंजर आदि क्षेत्रों को अपने अधीन कर लिया। परिणामस्वरूप बड़ी मात्रा में कुर्द किरकुक, तुज छोड़कर उत्तरी क्षेत्रों में पलायन कर गए। यद्यपि वर्तमान समय में इराक को पूर्णतः आई.एस.आई.एस. के नियंत्रण से मुक्त कर लिया गया है। परंतु अब भी यह शिया, सुन्नी, कुर्द क्षेत्रों में विभाजित है तथा नृजातीय संघर्ष विद्यमान हैं। ईरान यहां शिया समुदाय का समर्थन करता है। शिया इराक में बहुमत में हैं।

ईरान-सऊदी अरब शक्ति संघर्ष और इराक

ईरान-इराक के बीच सदैव शक्ति संघर्ष चलता रहा क्योंकि ईरान इराक में शिया शासक स्थापित करना चाहता था। सद्दाम हुसैन की मृत्यु के बाद ईरान ने इराक में अपना प्रभाव बनाने का प्रयास किया, जबकि सऊदी अरब ने इराक पर अपना प्रभाव बनाने का प्रयास किया और सऊदी अरब ने जिन सुन्नी समर्थकों को समर्थन दिया वही आगे चलकर आई.एस.आई.एस. के रूप में परिवर्तित हो गए।

अमेरिका का हित और भारत-इराक

अमेरिका ने इराक को अलग-थलग करने के लिए इराक में एक कठपुतली सरकार का निर्माण किया और सुन्नी समूहों को समर्थन दिया क्योंकि अमेरिका सऊदी अरब के बीच सदैव सामरिक रूप में मित्रतापूर्ण संबंध रहे हैं। इसलिए महाशक्तियों के हितों ने इराक में अस्थायित्व पैदा कर दिया।

ईरान-इराक संघर्ष (Iran-Iraq Conflict)

पश्चिम एशिया में ईरान और इराक दोनों शिया प्रधान देश हैं। इसलिए ईरान सरकार द्वारा सदैव इराक में अपना प्रभुत्व बनाए रखने का प्रयत्न किया जाता है जिससे ईरान के प्रभाव में वृद्धि हो सके। परंतु अमेरिका, सऊदी अरब और इजरायल ईरान के प्रभाव को सदैव सीमित करने का प्रयास करते हैं। ईरान-इराक की साझी समस्या कुर्द (नृजातीय नाम) समस्या है और वर्तमान में कतर और ईरान के बीच बढ़ते संबंधों के कारण सऊदी अरब ने कतर के साथ संबंध तोड़ लिए। सऊदी अरब के अनुसार, कतर को अल जजीरा टेलीविजन चैनल बंद कर देना चाहिए। ईरान से अपने संबंध समाप्त करने चाहिए। कतर से भारत सबसे बड़ी मात्रा में प्राकृतिक गैस का आयात करता है और भारत स्वयं को इन क्षेत्रीय संघर्षों से दूर रखने का प्रयास करता है।

निष्कर्ष

भारत-इराक संबंध परंपरागत रूप में मित्रतापूर्ण रहे हैं। ऊर्जा सुरक्षा के लिए इराक का अत्यधिक महत्त्व है। इराक में अस्थायित्व के कारण तेल की कीमतें बढ़ सकती हैं जिसका भारतीय अर्थव्यवस्था पर अत्यधिक नकारात्मक प्रभाव पड़ता है।

अध्याय

2 भारत-ईरान

India-Iran

● शीत युद्ध के दौरान ● शीत युद्ध के बाद ● भारत के लिए ईरान का महत्त्व ● गैस पाइप लाइन ● परमाणु ऊर्जा का मुद्दा ● लिंक वेस्ट ● चीन-ईरान ● ईरानी राष्ट्रपति की भारत यात्रा

शीत युद्ध के दौरान

ईरान, पाकिस्तान के पश्चिम में स्थित देश है। इसे पश्चिम एशिया का प्रवेश द्वार कहा जाता है। ईरान में फारसी भाषा बोली जाती है और यहां की जनसंख्या लगभग 9 करोड़ है। ईरान एक इस्लामिक गणराज्य है, जहां धर्म संरक्षित लोकतांत्रिक व्यवस्था का प्रचलन है। दोनों देशों के बीच प्राचीन समय से ही सांस्कृतिक संबंध

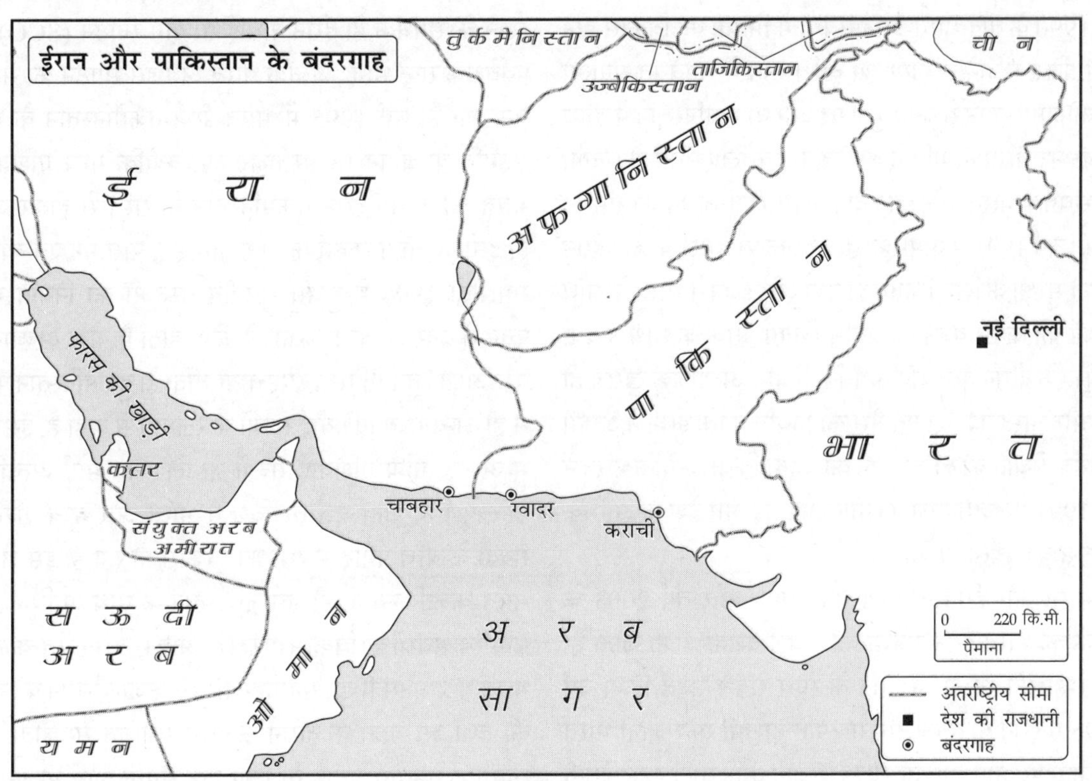

मानचित्र 19

रहे हैं। वर्ष 1950 में दोनों देशों के बीच कूटनीतिक संबंधों की स्थापना हुई। भारत ने गुटनिरपेक्ष नीति अपनाई तथा भारत और सोवियत संघ के बीच शांति एवं मित्रता की संधि हुई, जबकि ईरान, अमेरिकी सैनिक संगठन का सदस्य था। ईरान की शाह सरकार के अमेरिका के साथ मधुर संबंध थे। ईरान द्वारा पाकिस्तान का लगातार समर्थन किया गया। वर्ष 1979 में ईरान में इस्लामी क्रांति हुई। इसके परिणामस्वरूप ईरान में धार्मिक शासन की स्थापना हुई। इस्लामी क्रांति के बाद ईरान एवं अमेरिका के बीच संबंध अत्यधिक कटु हो गए, क्योंकि ईरान द्वारा अपनी तेल कंपनियों का राष्ट्रीयकरण किया गया और अमेरिका विरोधी नीति अपनाई गई। ईरान में शासन के इस परिवर्तन के बाद भी भारत-ईरान के बीच संबंध बेहतर नहीं हुए, क्योंकि ईरान ने भारत पर यह आरोप लगाया कि भारत, कश्मीर में मुसलमानों के साथ सही बर्ताव नहीं कर रहा है। यद्यपि भारत द्वारा ईरान से तेल आयात किया गया। वर्ष 1980 से 1988 के बीच ईरान-इराक के बीच आठ वर्ष तक युद्ध हुआ, जिसमें भारत ने किसी भी पक्ष का समर्थन नहीं किया।

शीत युद्ध के बाद

वर्ष 1990 के बाद भारत-ईरान संबंधों में मित्रता का विकास होने लगा, जिसके अनेक कारण थे। वर्ष 1988 में सोवियत सेनाओं की अफगानिस्तान से वापसी हो गई और अफगानिस्तान में उत्तरी गठबंधन तथा तालिबानियों के बीच सत्ता के लिए संघर्ष होने लगा। इस संघर्ष में भारत और ईरान दोनों ने उत्तरी गठबंधन का समर्थन किया। वर्ष 1991 में अमेरिका द्वारा इराक पर हमले के बाद ईरान अपनी सुरक्षा के लिए चिंतित हो गया और ईरान ने भारत के साथ संबंधों को बेहतर करने का प्रयत्न किया। इराक के साथ 8 वर्षों के युद्ध के दौरान ईरान की आर्थिक स्थिति अत्यधिक खराब हो गई और भारत को तेल एवं गैस का निर्यात करके ईरान ने अपनी आर्थिक स्थिति को बेहतर करने का प्रयत्न किया, क्योंकि भारत ने वर्ष 1991 में उदारीकरण की नीति अपनाई और देश के आर्थिक विकास का प्रयत्न किया।

भारत और ईरान के मध्य वर्ष 1993 और वर्ष 2003 के दशक को भारत-ईरान संबंधों का 'स्वर्ण दशक' कहा जाता है। नरसिम्हा राव सरकार ने ईरान के साथ संबंध सुदृढ़ किए। वर्ष 1995 में ईरान के तत्कालीन राष्ट्रपति हाशमी रफशंजानी भारत की यात्रा पर आए, जो वर्ष 1979 के बाद आने वाले पहले ईरानी राष्ट्रपति थे। एन.डी.ए. सरकार ने ईरान के साथ संबंध को सुधारने का प्रयत्न किया। वर्ष 2003 में ईरानी राष्ट्रपति मोहम्मद खातमी गणतंत्र दिवस समारोह के मुख्य अतिथि थे। अतः आलोचकों की यह मान्यता निरर्थक सिद्ध हुई कि भारतीय जनता पार्टी के आने से ईरान के साथ संबंध प्रभावित होंगे। भारत के लिए ईरान का निम्नलिखित महत्त्व है-

भारत के लिए ईरान का महत्त्व

- **मध्य एशिया का प्रवेश द्वार**

सोवियत संघ के विघटन के बाद कजाकिस्तान, किर्गीस्तान, ताजिकिस्तान, तुर्कमेनिस्तान और उज्बेकिस्तान जैसे नव स्वतंत्र राज्यों का उदय हुआ, जो पहले सोवियत संघ का हिस्सा थे। पश्चिमी एशिया और दक्षिणी एशिया दोनों क्षेत्रों के लिए इसका निर्विवाद सामरिक महत्त्व है। यहां प्राकृतिक संसाधनों का बड़ा भंडार है। भारत की तेल आपूर्ति के लिए इन देशों का बड़ा महत्त्व है। ईरान इस क्षेत्र में पहुंचने के लिए भूमि सेतु (Land Bridge) की भूमिका में है।

भारत और ईरान दोनों मध्य एशिया में सुरक्षा स्थायित्व बनाए रखने के समर्थक हैं। ईरान शंघाई सहयोग संगठन (SCO) का पर्यवेक्षक राष्ट्र भी है, जबकि भारत अब इस संगठन का सदस्य बन गया है। वर्ष 1995 में भारत-ईरान-तुर्कमेनिस्तान के मध्य सहमति के ज्ञापन पर हस्ताक्षर हुए, क्योंकि मध्य एशिया में भारत की वस्तुएं ईरान-तुर्कमेनिस्तान के रास्ते से होकर जाती हैं। इसलिए तीनों राज्यों के मध्य परिवहन, पारगमन एवं व्यापार समझौता 1995 में हुआ। भारतीय वस्तुओं का निर्यात मुंबई पत्तन से बंदर अब्बास (ईरान) के लिए होता है। बंदर अब्बास से वस्तुओं को तुर्कमेनिस्तान पहुंचाया जाता है। तुर्कमेनिस्तान पहले से ही अन्य मध्य एशियाई राज्यों के रेलमार्ग से जुड़ा है, इसलिए भू-आबद्ध मध्य एशियाई राज्यों के लिए यह मार्ग अत्यधिक महत्त्वपूर्ण है। शीत युद्धोत्तर विश्व में भारत और मध्य एशियाई राज्यों के बीच प्रगाढ़ संबंधों का विकास हो रहा है। इस क्षेत्र में भारत-कजाकिस्तान और ताजिकिस्तान के साथ आर्थिक और सामरिक संबंधों का विकास हो रहा है। अप्रैल, 2011 में तत्कालीन भारतीय प्रधानमंत्री डॉ. मनमोहन सिंह ने कजाकिस्तान की यात्रा की तथा इस यात्रा के दौरान ऊर्जा से संबंधित समझौता और सामरिक सहयोग बढ़ाने के लिए एक संयुक्त कार्य योजना का

निर्माण हुआ। अफगानिस्तान मुद्दे पर भी दोनों देशों के दृष्टिकोण समान हैं, जबकि ताजिकिस्तान में भारत का सैनिक अड्डा भी है और ताजिकिस्तान से होकर भारत गैस पाइप लाइन बिछाने की योजना पर भी विचार कर रहा है।

भारत, ईरान और रूस के मध्य भी समझौता हुआ, जिसके द्वारा ईरान होकर मध्य एशियाई राज्यों के निर्यात हेतु एक उत्तर-दक्षिण कॉरिडोर का निर्माण किया जा सके। इससे यह सिद्ध है कि ईरान, यूरेशिया और हिंद महासागर के मध्य एक प्राकृतिक प्रवेश द्वार है, जिससे भारत की वस्तुओं का निर्यात रूस और यूरोप के लिए भी हो सकता है। मध्य एशियाई राज्यों की सीमा चीन से मिली हुई है। ताजिकिस्तान, कश्मीर से लगा हुआ है। इसलिए इस क्षेत्र की गतिविधियों की भारत उपेक्षा नहीं कर सकता। भारत और ईरान इस क्षेत्र में शांति स्थापित करने के लिए सहयोग कर रहे हैं।

- **अफगानिस्तान के लिए कनेक्टिविटी**

शीत युद्धोत्तर विश्व में भारत और ईरान के मध्य संबंधों में उल्लेखनीय सुधार हुआ। अफगानिस्तान में वर्ष 1996 में तालिबान शासन के आने के बाद ईरान की इस्लामी सुदृढ़ता के नेतृत्व की मान्यता को चुनौती दी गई। परिणामस्वरूप ईरान और भारत दोनों देश तालिबान के विरोधी हो गए। तालिबान का विरोध भारत ने निम्न कारणों से किया-

(i) तालिबान को पाकिस्तान शासन का समर्थन प्राप्त था।

(ii) तालिबान की कट्टरपंथी एवं अतिवादी विचारधारा भारतीय विदेश नीति के लिए महत्त्वपूर्ण चुनौती सिद्ध हुई।

(iii) कश्मीर में आतंकवाद की घटनाओं में वृद्धि हुई।

ईरान के अनुसार, तालिबान ने सुन्नी कट्टरपंथ को बढ़ावा दिया। इसलिए भारत और ईरान दोनों देशों ने अफगानिस्तान में उत्तरी गठबंधन का समर्थन किया, क्योंकि तालिबानियों ने अफगानिस्तान में शिया अल्पसंख्यक लोगों के साथ अत्याचार किया। भारत और ईरान दोनों देशों के अनुसार, तालिबानी शक्तियों द्वारा इस पूरे क्षेत्र में अस्थिरता और कट्टरपंथी प्रवृत्तियों को बढ़ावा दिया गया। वर्ष 2001 में अमेरिका द्वारा 'आतंक के विरुद्ध युद्ध' (War against terrorism) के अंतर्गत अफगानिस्तान पर किए गए हमले का समर्थन भारत और ईरान दोनों देशों ने किया। वर्ष 2001 में तालिबानी शासन समाप्त होने के पश्चात् भारत-अफगानिस्तान संबंधों में उल्लेखनीय प्रगति हुई तथा अफगानिस्तान जाने के लिए ईरान ने पारगमन मार्ग उपलब्ध कराया। चाबहार (ईरान) से देलाराम जेरांग (अफगानिस्तान) मार्ग का निर्माण किया गया, जिसका कार्य वर्ष 2009 में पूर्ण हो चुका है।

- **ऊर्जा सुरक्षा (Energy Security)**

भारत को ऊर्जा की विशाल आवश्यकता है इसलिए भारत-ईरान के बीच गैस पाइप लाइन बिछाने का समझौता हुआ, जिससे भारत की तेल पर अतिरिक्त निर्भरता कम होगी तथा ईरान को बड़ी मात्रा में आर्थिक लाभ की प्राप्ति होगी, क्योंकि ईरान के ऊपर पहले से ही आर्थिक प्रतिबंध आरोपित था। ऊर्जा सुरक्षा, भारतीय विदेश नीति के लिए अत्यधिक महत्त्वपूर्ण मुद्दा है। भारत, पाकिस्तान एवं ईरान के मध्य गैस पाइप लाइन बिछाने पर विचार किया जा रहा है, क्योंकि ईरान में ऊर्जा का बड़ा भंडार है, जबकि भारत को ऊर्जा की अत्यधिक आवश्यकता है।

गैस पाइप लाइन

ईरान द्वारा निर्धारित की गई गैस की कीमत अधिक होने के कारण भारत ने इस कीमत पर आपत्ति उठाई है। गैस पाइप लाइन की सुरक्षा भी भारत के लिए एक चिंता का विषय है, क्योंकि यह गैस पाइप लाइन पाकिस्तान से होकर आएगी। भारत के अनुसार, यदि गैस पाइप लाइन को समुद्री मार्ग से बिछाया जाएगा, तो इसकी कीमत बहुत ज्यादा होगी और यदि इसे जमीन से लाया जाएगा, तो सुरक्षा खतरे में होगी। यह उल्लेखनीय है कि मार्च 2013 में पाकिस्तान और ईरान के बीच गैस पाइप लाइन बिछाने के लिए उद्घाटन किया गया। ईरान ने अपने भू-भाग में गैस पाइप लाइन बिछा दी है। ऐसा माना जा रहा है कि चीन इस पाइप लाइन का बड़ा समर्थक है। चीन इस पाइप लाइन को चीन तक ले जाने की योजना पर विचार कर रहा है। ईरान के अनुसार, गैस की कीमत ईरान से छोड़ी गई मात्रा के अनुसार निर्धारित होगी, जबकि भारत का तर्क है कि वह गैस की जितनी मात्रा प्राप्त करेगा, उतनी मात्रा की कीमत देगा।

परमाणु ऊर्जा का मुद्दा

वर्ष 2005 के बाद भारत एवं ईरान के बीच विकसित होते मधुर संबंधों में ईरान का परमाणु कार्यक्रम बाधा बन गया। अंतर्राष्ट्रीय परमाणु ऊर्जा एजेंसी (IAEA) के अनुसार, ईरान परमाणु संयंत्रों में यूरेनियम का उच्चतम संवर्धन कर रहा है, जो परमाणु हथियारों के निर्माण के लिए आवश्यक होता है, जबकि

बिजली के उत्पादन के लिए यूरेनियम के उच्चतम संवर्धन की आवश्यकता नहीं होती। एजेंसी द्वारा यह भी आरोप लगाया गया कि ईरान ने कुछ परमाणु संयंत्रों को एजेंसी की निगरानी से गुप्त रखा था, जबकि ईरान परमाणु अप्रसार संधि पर हस्ताक्षर करने वाला देश है तथा जिसके संयंत्रों की निगरानी एजेंसी द्वारा की जाती है। इसके बाद भी सुरक्षा परिषद द्वारा ईरान के विरुद्ध प्रस्ताव पारित किया गया तथा अंतर्राष्ट्रीय परमाणु ऊर्जा एजेंसी में मतदान कराया गया। भारत ने अंतर्राष्ट्रीय परमाणु ऊर्जा एजेंसी में ईरान के विरुद्ध मतदान किया तथा रूस और चीन ने भी ईरान के विरुद्ध मतदान किया था। इस क्षेत्र में परमाणु हथियारों का प्रसार क्षेत्रीय शांति और स्थिरता के लिए घातक है। ईरान को परमाणु ऊर्जा के शांतिपूर्ण प्रयोग का अधिकार है। ईरान एन.पी.टी. पर हस्ताक्षर करने वाला राष्ट्र है, इसलिए उसे इसका पालन करना चाहिए। ईरान के परमाणु मुद्दे का समाधान शांतिपूर्ण होना चाहिए, सैन्य कार्रवाई द्वारा नहीं, ऐसा भारत का दृष्टिकोण था।

ईरान का पक्ष

ईरान के अनुसार, ईरान परमाणु अप्रसार संधि पर हस्ताक्षर करने वाला राज्य है। इस संधि के अंतर्गत प्रत्येक राज्य को परमाणु ऊर्जा के शांतिपूर्ण प्रयोग का अधिकार है। ईरान के पास दुनिया का दूसरा सबसे बड़ा तेल भंडार है। अतः परमाणु ऊर्जा की आवश्यकता ईरान को भविष्य के लिए है। इस्लामी देशों का कॉन्फ्रेंस (ओ.आई.सी.) की मांग है कि पूरे पश्चिम एशिया को परमाणु हथियार मुक्त क्षेत्र बनाया जाए। ईरान के अनुसार, इजरायल के परमाणु हथियार ईरान की सुरक्षा को गंभीर खतरा पहुंचाते हैं। इसलिए पहले इजरायल के परमाणु हथियारों को समाप्त करने की बात होनी चाहिए और समूचे पश्चिम एशिया को परमाणु मुक्त क्षेत्र के रूप में विकसित किया जाए।

ऐतिहासिक समझौता (वॉन समझौता)

वर्ष 2013 में ईरान के नए राष्ट्रपति रोहानी चुनाव में विजयी हुए और उन्होंने ईरान के ऊपर लागू प्रतिबंधों को समाप्त करने की कूटनीतिक पहल की। उन्होंने अमेरिका के साथ संबंधों को बेहतर बनाने की पहल भी की और ईरान की परमाणु समस्या के समाधान के लिए सुरक्षा परिषद के पांच स्थायी सदस्यों– अमेरिका, रूस, ब्रिटेन, फ्रांस, चीन तथा एक अन्य महाशक्ति जर्मनी को शामिल किया गया। इन वार्ताओं को P-5+1 का नाम दिया तथा जुलाई, 2015 में ईरान और इन देशों के मध्य एक ऐतिहासिक समझौता हुआ, जिसके द्वारा ईरान अपने यूरेनियम के संवर्धन के लिए आवश्यक सेंट्रीफ्यूज की दो-तिहाई कटौती करेगा तथा उसके सभी रिएक्टर की निगरानी अंतर्राष्ट्रीय परमाणु ऊर्जा एजेंसी (IAEA) करेगी। कुछ रिएक्टर में यूरेनियम संवर्धन को सीमित करने का समझौता हुआ, जिसके बदले ईरान पर लागू सभी आर्थिक प्रतिबंध समाप्त हो जाएंगे। अमेरिका के अनुसार, इस समझौते से परमाणु अप्रसार को बेहतर करने में सहायता मिलेगी। इजरायल ने इस समझौते की कड़ी आलोचना की और इसे विश्व की ऐतिहासिक भूल कहा।

समझौते पर संकट

अमेरिका में वर्ष 2016 में सत्ता परिवर्तन का ईरान पर गहरा प्रभाव पड़ा। नए राष्ट्रपति डोनाल्ड ट्रम्प ने इस परमाणु समझौते को सबसे खराब समझौता 'न्यूक्लीयर होलोकास्ट' कहा तथा परमाणु समझौते से अलग होने की घोषणा कर दी और इसके अतिरिक्त, संयुक्त राज्य अमेरिका ने ईरान पर आर्थिक प्रतिबंधों को कड़ा कर दिया। ईरानी नागरिकों को संयुक्त राज्य अमेरिका में प्रवेश से प्रतिबंधित कर दिया। अमेरिकी राष्ट्रपति जो बाइडेन ने भी ईरान के प्रति पूर्व की नीति का ही पालन किया।

भारत पर प्रभाव

ईरान से भारत तेल और गैस का आयात करता है। प्रतिबंधों के परिणामस्वरूप भारत में तेल कीमतें बढ़ेंगी। भारत, ईरान के चाबहार पत्तन का विकास कर रहा है, जो प्रभावित होगा। ईरान पर अमेरिकी प्रतिबंधों से ईरान का झुकाव चीन की ओर बढ़ेगा, जो भारत के लिए अतिरिक्त चुनौती है। इसीलिए भारत का मानना है कि वह संयुक्त राष्ट्र संघ के प्रतिबंधों का समर्थक है। किसी एक राष्ट्र द्वारा एकतरफा प्रतिबंध आरोपित करने का पक्षधर नहीं है।

लिंक वेस्ट

मई, 2016 में भारत द्वारा ईरान के चाबहार पत्तन के निर्माण के लिए समझौता किया गया। भारत इस परियोजना में 500 मिलियन डॉलर का निवेश करेगा। इसके द्वारा भारत ने पहली बार हिंद महासागर क्षेत्र में किसी बड़ी आधारभूत संरचना के निर्माण की परियोजना की शुरुआत की है। इसके द्वारा मध्य एशियाई देशों में भारत की पहुंच और आसान होगी तथा इसके द्वारा भारत सीधे अफगानिस्तान में प्रवेश करेगा। भविष्य में रूस के साथ व्यापार

के लिए भी इस पत्तन का प्रयोग किया जाएगा, जिससे वर्तमान परिवहन की लागत 30 प्रतिशत घट जाएगी क्योंकि ईरान और रूस के बीच रेल लाइन बिछाने का भी प्रस्ताव किया गया है। यह पत्तन चीन द्वारा पाकिस्तान में निर्मित ग्वादर पत्तन से मात्र 72 किमी. की दूरी पर है। इससे हिंद महासागर में चीन के बढ़ते प्रभाव को नियंत्रित करने में सहायता मिलेगी। यह उल्लेखनीय है कि आरंभ में हैम्बनटोटा पत्तन के निर्माण के लिए श्रीलंका ने भारत को आमंत्रित किया था। परंतु भारत ने इस पत्तन के विकास में असमर्थता व्यक्त की। वर्तमान में भारत, बांग्लादेश के पत्तनों के विकास की योजना भी बना रहा है। भारत द्वारा बांग्लादेश के पायरा पत्तन (Payra Port) के विकास पर विचार किया जा रहा है। चीन द्वारा सोनादिया पत्तन के विकास के प्रयास को बांग्लादेश ने रद्द कर दिया है। अतः चाबहार पत्तन द्वारा भारत की सॉफ्ट पावर में वृद्धि होगी तथा पश्चिम एशिया से आने वाली ऊर्जा सुरक्षा बेहतर करने में सहायता मिलेगी क्योंकि चाबहार होर्मुज जलसंधि के निकट स्थित है, जहां से भारत बड़ी मात्रा में तेल एवं गैस का आयात करता है।

दिसंबर 2017 में भारत ने चाबहार पत्तन को आरंभ कर दिया है। भारत द्वारा अफगानिस्तान के लिए गेहूं की खेप के साथ भेजा गया पहला पोत पहुंच गया है। यह पत्तन अमेरिका तथा ईरान के साथ संबंधों में पुल का कार्य कर सकता है क्योंकि पाकिस्तान तथा अमेरिका के संबंध खराब हो रहे हैं। अतः अमेरिका के लिए अफगानिस्तान तक पहुंचने का वैकल्पिक मार्ग चाबहार पत्तन ही हो सकता है।

चीन-ईरान

चीन द्वारा ईरान के साथ संबंध सुदृढ़ करके अमेरिका पर दबाव बनाने की रणनीति अपनाई जा रही है। वर्ष 2021 में चीन द्वारा ईरान में 400 बिलियन डॉलर के निवेश की घोषणा की गई। चाबहार और जाहेदान के बीच रेल लाइन बिछाने का कार्य चीन को प्राप्त हो गया है। यह उल्लेखनीय है कि पहले यह कॉन्ट्रेक्ट भारत को दिया गया था, परंतु कोविड-19 संकट के कारण भारत इस परियोजना पर समय से कार्य नहीं कर सका, इसलिए ईरान ने इसे चीन को सौंप दिया है। पश्चिम एशिया में रूस भी चीन का समर्थन कर रहा है। अमेरिका द्वारा अफगानिस्तान से सैनिकों की वापसी से चीन का प्रभाव पश्चिम एशिया में भी बढ़ेगा।

ईरानी राष्ट्रपति की भारत यात्रा

वर्ष 2018 में 10 वर्षों के पश्चात् किसी ईरानी राष्ट्रपति (हसन रूहानी) ने पहली भारत यात्रा की। पश्चिमी एशिया में चल रहे शक्ति संघर्षों की दृष्टि से यह यात्रा काफी महत्त्वपूर्ण रही। इस यात्रा के दौरान ऊर्जा सुरक्षा, चाबहार बंदरगाह, तेल एवं गैस निर्यात आदि पर चर्चा हुई। साथ ही इस यात्रा के दौरान क्षेत्रीय कनेक्टिविटी के संदर्भ में भी सहयोग की बात कही गई। दोनों देशों में दोहरे करारोपण से बचाव, राजनयिकों को वीजा से छूट, चाबहार बंदरगाह को लीज पर देने, कृषि तथा अन्य क्षेत्रों में सहयोग के लिए समझौता किया गया।

निष्कर्ष

पश्चिम एशिया में भारत द्वारा इजरायल के साथ संबंधों को सुदृढ़ करने पर लगातार बल दिया जा रहा है। इजरायल एवं भारत के बीच सामरिक संबंधों का विकास हो रहा है, जबकि ईरान एवं इजरायल के बीच कूटनीतिक संबंध नहीं हैं और ईरान, इजरायल का प्रमुख विरोधी है। इजरायल द्वारा ईरान के परमाणु विवाद के शांतिपूर्ण समाधान का विरोध किया गया था, इसलिए इजरायल एवं ईरान दोनों के साथ समानांतर संबंधों का निर्माण भारत के लिए चुनौती है। इसके अतिरिक्त, भारत के संबंध सऊदी अरब के साथ लगातार बेहतर हो रहे हैं तथा ईरान और सऊदी अरब के बीच पश्चिम एशिया में अपना प्रभाव बढ़ाने के लिए लगातार संघर्ष हो रहा है। वर्तमान में यमन में चलने वाला संघर्ष ईरान एवं सऊदी अरब का संघर्ष है, जो यमन की भूमि पर लड़ा जा रहा है।

अध्याय

3 भारत-सऊदी अरब

India-Saudi Arab

● शीत युद्ध के बाद ● व्यापारिक संबंध ● सामरिक संबंध ● रियाद घोषणा-पत्र, वर्ष 2010 ● भारत, सऊदी अरब और पाकिस्तान ● शिया-सुन्नी संघर्ष ● लिंक वेस्ट ● सऊदी अरब में सत्ता परिवर्तन

सऊदी अरब पश्चिम एशिया में स्थित एक सुन्नी देश है। यहां की शासन प्रणाली इस्लामिक राजतंत्र पर आधारित है। यह इस्लाम धर्म के लिए सबसे पवित्र देश है, क्योंकि यहां पवित्र इस्लामिक स्थल मक्का तथा मदीना स्थित हैं। सऊदी अरब की जनसंख्या 3 करोड़, 40 लाख है। भारत और सऊदी अरब के बीच ऐतिहासिक सांस्कृतिक संबंध विद्यमान रहे हैं। सऊदी अरब

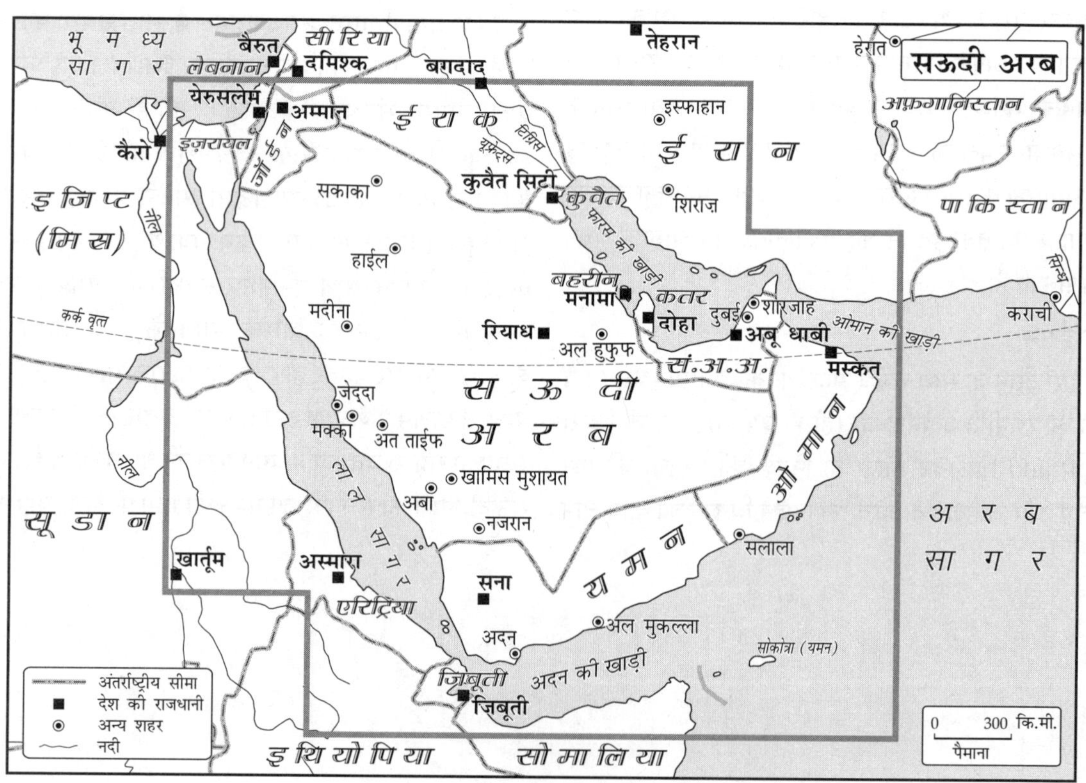

मानचित्र 20

में मक्का स्थित है, जो समूचे विश्व के इस्लाम के अनुयायियों के लिए अत्यधिक महत्त्वपूर्ण है। सऊदी अरब में अंतर्राष्ट्रीय इस्लामिक संगठन का मुख्यालय भी है। सऊदी अरब विश्व का प्रमुख तेल उत्पादक देश भी है। भारत द्वारा शुरू से ही सऊदी अरब के साथ संबंध बेहतर बनाने का प्रयत्न किया गया। वर्ष 1955 में सऊदी अरब के राजा द्वारा भारत की यात्रा की गई तथा भारत के लिए तेल आपूर्ति करने वाला सऊदी अरब एक प्रमुख देश है। भारतीय मूल के 25 लाख लोग सऊदी अरब में कार्य करते हैं एवं सांस्कृतिक और आर्थिक संबंधों के बेहतर होने के बावजूद राजनीतिक रूप में दोनों देशों के बीच अनेक मतभेद भी बने हुए थे।

शीत युद्ध के दौरान सऊदी अरब और पाकिस्तान के बीच अत्यधिक बेहतर संबंध थे। इसलिए कश्मीर मुद्दे पर सऊदी अरब ने पाकिस्तान का समर्थन किया, जिससे भारत-सऊदी अरब संबंध प्रतिकूल हुए। स्वतंत्रता के बाद भारत ने गुटनिरपेक्ष विदेश नीति अपनाई, जबकि सऊदी अरब, अमेरिका के साथ सैनिक गठबंधन का सदस्य था। यह भी उल्लेखनीय है कि अमेरिका और पाकिस्तान के संबंध भी अत्यधिक बेहतर थे। सऊदी अरब ने इस्लामिक सुदृढ़ता की नीति अपनाकर पाकिस्तान का समर्थन किया। भारत द्वारा अरब राष्ट्रवाद का समर्थन किया गया, क्योंकि अरब राष्ट्रवाद एक पंथनिरपेक्ष विचारधारा है, जिसका नेतृत्व पश्चिम एशिया में मिस्र कर रहा था, जबकि सऊदी अरब ने अरब राष्ट्रवाद का समर्थन नहीं किया, बल्कि इस्लामी दुनिया में 'सर्व-इस्लामवाद' (Pan Islamism) पैदा करने का प्रयत्न किया। शीत युद्ध काल में अमेरिका, सऊदी अरब और पाकिस्तान के मध्य त्रिकोण का निर्माण हुआ। वर्ष 1979 में सोवियत संघ ने अफगानिस्तान में सैनिक हस्तक्षेप किया तथा अफगानिस्तान में सऊदी अरब ने सोवियत हस्तक्षेप के विरुद्ध मुजाहिद्दीनों का समर्थन किया। सऊदी अरब और पाकिस्तान ने मिलकर सोवियत संघ के विरुद्ध कार्य किया, जबकि भारत और सोवियत संघ के बीच मित्रतापूर्ण संबंध थे।

शीत युद्ध के बाद

वर्ष 1991 में सोवियत संघ के विघटन के बाद भारत की विदेश नीति में गुणात्मक परिवर्तन हुआ, परंतु भारत-सऊदी अरब के बीच संबंध इस दौर में भी बेहतर नहीं हो पाए। वर्ष 1992 में भारत में राम जन्मभूमि-बाबरी मस्जिद विवादास्पद ढांचे का विध्वंस तथा उस पर सऊदी अरब की नकारात्मक प्रतिक्रिया रही। अफगानिस्तान में सऊदी अरब द्वारा तालिबानी शासन का समर्थन किया गया, जबकि भारत द्वारा तालिबान का विरोध किया गया। वर्ष 1994 में पाकिस्तान द्वारा संयुक्त राष्ट्र संघ में जम्मू एवं कश्मीर में मानवाधिकार उल्लंघन के प्रस्तुत प्रस्ताव का सऊदी अरब द्वारा समर्थन किया गया। अतः सऊदी अरब द्वारा पाकिस्तान का समर्थन किया गया और भारत के साथ मधुर संबंधों का विकास नहीं हुआ।

व्यापारिक संबंध

वर्ष 1991 में भारत द्वारा उदारीकरण की नीति अपनाई गई, इसके परिणामस्वरूप भारतीय अर्थव्यवस्था का विकास हुआ। भारत तेल के बड़े आयातक देश के रूप में उभरा एवं सऊदी अरब विश्व के बड़े तेल निर्यातक देशों में से एक है। भारत वर्तमान में विश्व का तीसरा सबसे बड़ा तेल आयातक देश बन गया है। यहां यह उल्लेखनीय है कि सऊदी अरब की सबसे बड़ी तेल कंपनी आरामको द्वारा भारत में लगभग 15 बिलियन डॉलर का निवेश किया जा रहा है।

सामरिक संबंध

वर्ष 1999 में पाकिस्तान द्वारा कारगिल अतिक्रमण किया गया, जिसका सऊदी अरब ने समर्थन नहीं किया। सितंबर, 2001 के बाद वैश्विक आतंकवाद राज्यों की सुरक्षा के लिए एक बड़ी चुनौती बनकर उभरा और सऊदी अरब भी आतंकवाद के खतरे का सामना करने लगा। सऊदी अरब और यमन सीमा पर आतंकवाद एक बड़ी चुनौती रहा है। इसलिए वर्ष 2001 के बाद सऊदी अरब का दृष्टिकोण भारत के प्रति परिवर्तित हुआ और सऊदी अरब ने भारत के साथ संबंधों को बेहतर करने पर बल दिया। परिणामस्वरूप वर्ष 2006 में सऊदी अरब के महाराजा अब्दुल अजीज भारत की यात्रा पर आए और दोनों देशों के बीच अपराध रोकने, दोहरे करारोपण को समाप्त करने तथा निवेश प्रोत्साहन एवं संरक्षण के समझौते हुए तथा युवा और खेल मामलों पर भी आपसी सहयोग की घोषणा की गई, जिसे दिल्ली घोषणा-पत्र का नाम दिया गया।

रियाद घोषणा-पत्र, वर्ष 2010

वर्ष 2010 में तत्कालीन भारतीय प्रधानमंत्री मनमोहन सिंह ने सऊदी अरब की यात्रा की, जिसमें रियाद घोषणा-पत्र स्वीकार किया गया, इसमें दोनों देशों ने आतंकवाद और उग्रवाद की निंदा की। आतंकवादी गतिविधियों, नशीली दवाओं, मुद्रा और मानव की अवैध तस्करी के संबंध में सूचना का आदान-प्रदान, आधारभूत संरचना, ऊर्जा, व्यापार बढ़ाने के लिए व्यापक आर्थिक सहयोग और सामरिक सहभागिता के नए युग की शुरुआत की। इसके साथ ही दोनों देशों ने ऊर्जा के क्रय-विक्रय के बजाय, व्यापक ऊर्जा सहभागिता बढ़ाने पर बल दिया। दोनों देशों के बीच प्रत्यर्पण संधि (extradition treaty) पर भी हस्ताक्षर हुए, जो आतंकवादियों को भारत लाने में अत्यधिक सहायक होगी, क्योंकि आतंकवादी गतिविधियों में संलग्न अनेक व्यक्तियों ने इन देशों में शरण ले रखी है। दोनों देशों के बीच सामरिक संबंधों को बढ़ाने पर बल दिया जा रहा है। वर्ष 2012 में तत्कालीन भारतीय रक्षा मंत्री ए.के. एंटनी ने सऊदी अरब की यात्रा की। यह किसी भारतीय रक्षा मंत्री की पहली सऊदी अरब यात्रा थी। दोनों देशों के बीच नौसैनिक अभ्यास हुआ तथा रक्षा सहयोग बढ़ाने के लिए एक संयुक्त समिति की स्थापना की गई थी। यह उल्लेखनीय है कि पश्चिम एशिया में भारत के ओमान, संयुक्त अरब अमीरात तथा कतर के बीच रक्षा संबंध कायम हैं। वर्तमान समय में भारत ऊर्जा का आयात करने वाला तीसरा सबसे बड़ा देश है। इसलिए भारत के लिए सऊदी अरब का महत्त्व निर्विवाद है।

भारत, सऊदी अरब और पाकिस्तान

वर्तमान में भारत-सऊदी अरब के संबंध केवल व्यापारिक ही नहीं हैं, बल्कि इन संबंधों को राजनीतिक और सामरिक स्वरूप देने का प्रयत्न किया जा रहा है। दोनों देशों के बीच रक्षा संबंधों का विकास हो रहा है और यह भारत के लिए महत्त्वपूर्ण उपलब्धि है। सऊदी अरब के साथ संबंध सुदृढ़ करके भारत, पाकिस्तान पर भी दबाव का प्रयोग कर सकता है, क्योंकि पाकिस्तान को सऊदी अरब द्वारा वित्तीय सहायता दी जाती है। भारत-सऊदी अरब के बीच द्विपक्षीय व्यापार 43 बिलियन डॉलर हो चुका है। इसके अतिरिक्त आतंकवाद और समुद्री डकैती का सामना करने के लिए प्रभावी सहयोग हो रहा है, परंतु सऊदी अरब के संबंध पाकिस्तान के साथ अभी भी बने हुए हैं और भविष्य में दोनों देशों के बीच बेहतर संबंधों की संभावना है।

भारत-सऊदी अरब संबंधों को बेहतर करने में भारत-ईरान संबंध भी चुनौती हैं, क्योंकि ईरान-सऊदी अरब एक-दूसरे की शक्ति को सीमित करना चाहते हैं। दोनों देश पश्चिम एशिया में अपना प्रभाव बढ़ाना चाहते हैं, जबकि भारत के सऊदी अरब के अलावा ईरान के साथ भी अत्यधिक मधुर संबंध बने हुए हैं।

शिया-सुन्नी संघर्ष

पश्चिम एशिया में इजरायल के अलावा सभी देश इस्लाम धर्म को मानते हैं। परंतु इस्लाम के अनुयायियों के बीच संघर्ष सदैव होता रहता है। इस्लाम धर्म के प्रवर्तक पैगंबर मोहम्मद साहब की मृत्यु के बाद उनके समर्थकों के बीच उत्तराधिकार के संबंध में विवाद उत्पन्न हो गया। एक समूह के लोगों ने पैगंबर साहब के परंपरागत विचारों और उपदेशों को वास्तविक रूप में मानने का समर्थन किया। उनके अनुसार मोहम्मद साहब के उत्तराधिकारी का लोकतांत्रिक रूप में चयन होगा। इन्हीं को वर्तमान में सुन्नी कहा जाता है, जिनकी संख्या इस्लाम धर्म के मानने वाले लोगों की कुल संख्या का 90 प्रतिशत है।

पैगंबर साहब की मृत्यु के बाद इस्लाम धर्म के मानने वाले एक समूह ने कहा कि पैगंबर के उत्तराधिकारी उनके दामाद एवं भतीजे अली होंगे, क्योंकि उनके परिवार का व्यक्ति ही उनका वास्तविक उत्तराधिकारी हो सकता है। इनके अनुसार, मोहम्मद साहब द्वारा अनेक पैगंबर भेजे गए हैं। परंतु अली की हत्या कर दी गई और उनके पुत्र हसन और हुसैन की भी हत्या कर दी गई। इन्हें शिया समुदाय के रूप में जाना जाता है, जिनकी आबादी मुस्लिम धर्म के मानने वाले लोगों में केवल 10 प्रतिशत है। ईरान, इराक व लेबनान में शियाओं की बड़ी संख्या है। ईरान के बाद दूसरी सबसे बड़ी संख्या में शिया आबादी भारत में है। सुन्नी, शिया को इस्लाम का वास्तविक रूप नहीं मानते।

शिया-सुन्नी के बीच धार्मिक संघर्ष के साथ-साथ राजनीतिक संघर्ष भी होता है। ईरान, शिया प्रधान देश है, जबकि सऊदी अरब में सुन्नी आबादी बहुमत में है। दोनों के बीच पश्चिम एशिया में अपना प्रभाव बनाए रखने के लिए संघर्ष होता रहता है। आई.एस.आई.एस. मूलतः सुन्नी समर्थक संगठन है, जो शियाओं के विरुद्ध हिंसा करता है। सीरिया का शासक असद शिया समुदाय से संबंधित है, जबकि

सीरिया में सुन्नी जनसंख्या का बहुमत है और सुन्नी समुदाय के लोग असद को सत्ता से हटाने के लिए संघर्ष कर रहे हैं।

लिंक वेस्ट

सऊदी अरब भारत की रिलायंस रिफाइनरी में 20 प्रतिशत हिस्सेदारी खरीद रहा है। सऊदी अरब की कंपनी आरामको रिलायंस के साथ समझौता कर रही है, जिससे भारत-सऊदी अरब के बीच अब केवल क्रेता और विक्रेता के संबंध नहीं होगे और सामरिक संबंधों का विकास होगा। अप्रैल 2016 में प्रधानमंत्री नरेन्द्र मोदी ने सऊदी अरब की यात्रा की। दोनों देशों के नेताओं ने विश्व में शांति, स्थिरता और सुरक्षा को प्रोत्साहन हेतु अपने दायित्वों पर जोर दिया। दोनों देशों ने खाड़ी क्षेत्र तथा हिंद महासागर में सहयोग बढ़ाने पर सहमति व्यक्त की। साथ ही, प्राकृतिक आपदाओं तथा खतरनाक परिस्थितियों में बचाव कार्य के लिए द्विपक्षीय योगदान को बढ़ाने पर सहमति व्यक्त की। दोनों देशों ने आतंकवाद का विरोध किया तथा कहा कि आतंकवाद का सबंध धर्म तथा नस्ल से नहीं है। साथ ही, दोनों देशों ने साइबर सुरक्षा हेतु सहयोग पर सहमति व्यक्त की। दोनों देशों ने पेट्रो रसायन परिसरों के संयुक्त उपक्रम लगाने, संयुक्त रूप से किसी तीसरे देश में अन्वेषण से संबंधित समझौता किया। भारतीय प्रधानमंत्री नरेन्द्र मोदी की 2019 की सऊदी अरब की यात्रा के दौरान भारत-सऊदी अरब रणनीतिक साझेदारी परिषद (SPC) की स्थापना की गई। 2023 में इसकी पहली शिखर वार्ता में भारतीय प्रधानमंत्री और सऊदी अरब के क्राउन प्रिंस ने सह-अध्यक्षता की।

सऊदी अरब में सत्ता परिवर्तन

सऊदी अरब में वर्तमान में व्यापक उथल-पुथल हो रही है। वर्तमान में सत्ता की वास्तविक बागडोर किंग सलमान के बेटे मोहम्मद बिन सलमान के पास है। राजकुमार सलमान ने सऊदी अरब के आधुनिकीकरण की घोषणा की है तथा कई कट्टर इस्लामिक प्रथाओं में परिवर्तन की घोषणा की है। आर्थिक रूप से सऊदी अरब को वर्ष 2030 तक तेल मुक्त अर्थव्यवस्था बनाए जाने की घोषणा की है। साथ ही सऊदी अरब मध्य-पूर्व में आक्रामक विदेश नीति अपना रहा है।

निष्कर्ष

पश्चिम एशिया, भारत की सुदूर पड़ोस (Extended Neighbourhood) की नीति का प्रमुख अंग है। इस क्षेत्र में विद्यमान आंतरिक संघर्षों से पृथक रहकर भारत अपने हितों को पूर्ण करना चाहता है। भारत का उभरता बाजार सऊदी अरब के लिए एक बड़ा आकर्षण है। सऊदी अरब पाकिस्तान के प्रति अतिरिक्त झुकाव की नीति में परिवर्तन कर भारत को महत्त्व प्रदान कर रहा है।

अध्याय

4 भारत-संयुक्त अरब अमीरात

India-United Arab Amirates

● व्यापार ● सुरक्षा ● आर्थिक विकास का मॉडल ● अमीरात में डायस्पोरा ● यू.ए.ई. के प्रिंस की भारत यात्रा

संयुक्त अरब अमीरात, पश्चिम एशिया में स्थित एक इस्लामिक संघीय राजतंत्र है। यह सात शेखों (अमीर) द्वारा शासित राज्य है। संयुक्त अरब अमीरात की जनसंख्या एक करोड़, 10 लाख है और यह अत्यधिक समृद्ध तथा उदार राज्यों में से एक है। भारत एवं अरब देशों के बीच ऐतिहासिक सांस्कृतिक संबंध विद्यमान रहे हैं। अरब देश, अरबी भाषा बोलने वाले देश हैं, जो पश्चिम एशिया तथा अफ्रीका महाद्वीप में स्थित हैं। भारत द्वारा परंपरागत रूप में अरब राष्ट्रवाद का समर्थन किया गया है। संयुक्त अरब अमीरात

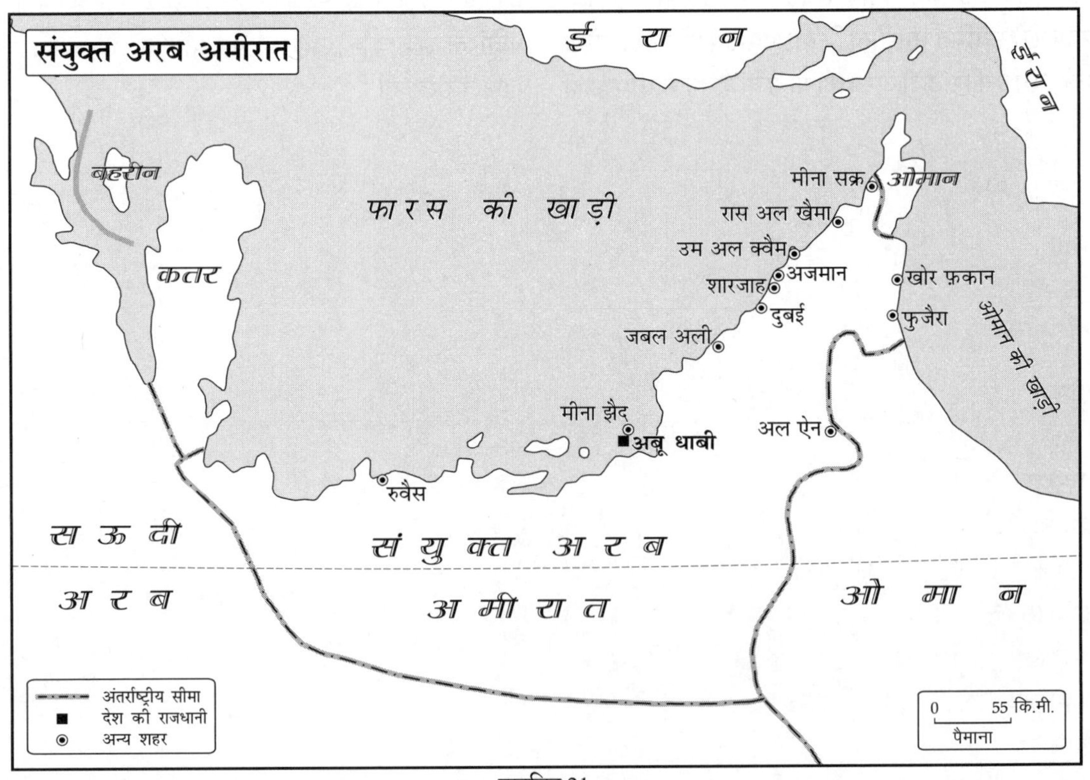

मानचित्र 21

अरब राज्यों में अत्यधिक महत्त्वपूर्ण है तथा भारत द्वारा अमीरात के साथ शुरू से ही व्यापारिक संबंध बने हुए थे। भारत, अमीरात से तेल का आयात करता है तथा वर्ष 1973 के बाद तेल की कीमतों के बढ़ने के कारण इन देशों की अर्थव्यवस्था में उछाल देखा गया और बड़ी संख्या में भारतीय मूल के लोग रोजगार के लिए इन देशों में पहुंचे। भारत की स्वतंत्रता के बाद गुटनिरपेक्ष नीति अपनाई गई तथा भारत ने सोवियत संघ के साथ वर्ष 1971 में शांति एवं मित्रता के समझौते पर हस्ताक्षर किए। वर्ष 1981 में खाड़ी सहयोग परिषद (Gulf Cooperation Council, GCC) की स्थापना हुई, जिसमें सऊदी अरब, संयुक्त अरब अमीरात, कतर, ओमान, बहरीन तथा कुवैत शामिल थे। खाड़ी सहयोग परिषद अमेरिका समर्थित संगठन है।

व्यापार

परंपरागत रूप में संयुक्त अरब अमीरात द्वारा पाकिस्तान के साथ संबंधों पर अत्यधिक बल प्रदान किया गया तथा कश्मीर मुद्दे पर अमीरात द्वारा पाकिस्तान का समर्थन किया गया है। भारत और अमीरात के बीच व्यापारिक संबंध बेहतर थे, परंतु राजनीतिक और सुरक्षा संबंधों का अभाव था। वर्ष 1991 में सोवियत संघ के विघटन के बाद शीत युद्ध के समीकरण समाप्त हो गए। भारत द्वारा उदारीकरण की आर्थिक नीति अपनाई गई और अरब देशों ने अर्थव्यवस्था के विविधीकरण के लिए भारत के बाजारों का लाभ उठाने का प्रयत्न किया, क्योंकि अरब देशों की अर्थव्यवस्थाएं मूलतः तेल एवं गैस के निर्यात पर निर्भर हैं। यद्यपि वर्ष 1996 में अफगानिस्तान में निर्मित तालिबान सरकार का समर्थन सऊदी अरब, अमीरात और पाकिस्तान द्वारा किया गया, जबकि भारत ने तालिबान सरकार को मान्यता प्रदान नहीं की।

सुरक्षा

वर्ष 2001 के बाद वैश्विक आतंकवाद समूचे विश्व की सुरक्षा के लिए महत्त्वपूर्ण चुनौती बन गया और अरब देश भी आतंकवाद से प्रभावित हुए तथा भारत पहले ही आतंकवाद से पीड़ित था। वर्ष 2001 के बाद भारत-अमेरिकी संबंधों में सकारात्मक विकास हुआ, जिसका प्रभाव भारत-अरब देशों पर भी देखा गया। भारत के आर्थिक उभार के बाद अरब देश तेल और गैस के निर्यात के लिए भारतीय बाजारों में पैठ बनाने का प्रयत्न करने लगे। इसलिए वर्तमान में भारत और संयुक्त अरब अमीरात के बीच अत्यधिक मधुर संबंध बने हुए हैं। वर्ष 1981 में इंदिरा गांधी की अमीरात यात्रा के बाद प्रधानमंत्री नरेन्द्र मोदी 34 वर्ष बाद वर्ष 2015 में अमीरात की यात्रा पर गए। वर्ष 2024 में भी प्रधानमंत्री मोदी ने अमीरात की यात्रा की। वर्तमान में भारत और अमीरात के बीच व्यापारिक संबंधों के अलावा राजनीतिक एवं सामरिक संबंधों के विकास का प्रयत्न किया जा रहा है। भारत में आतंकवादी गतिविधियों में शामिल आतंकवादी और उनके संगठन अमीरात में शरण लेते हैं, इसलिए दोनों देशों के बीच बेहतर संबंध आतंकवाद को नियंत्रित करने में भी सहायक होंगे। दोनों के बीच प्रत्यर्पण का समझौता किया जा चुका है, जिससे दोनों देश अपराधियों को एक-दूसरे को सौंपेंगे।

आर्थिक विकास का मॉडल

संयुक्त अरब अमीरात समूचे पश्चिम एशिया में और विकासशील देशों में विकास के मॉडल के रूप में उभर रहा है। अमीरात द्वारा अर्थव्यवस्था का विविधीकरण किया गया तथा तेल और गैस आधारित अर्थव्यवस्था को सेवा प्रधान अर्थव्यवस्था के रूप में परिवर्तित कर दिया गया, जिससे समूचे विश्व के व्यापारी अमीरात में अपने व्यापारिक केंद्रों की स्थापना कर रहे हैं। अमीरात का यह आर्थिक विकास पश्चिम एशिया में बढ़ते धार्मिक कट्टरवाद का प्रभावी विकल्प है। अमीरात द्वारा मुक्त आर्थिक क्षेत्र का निर्माण किया गया है तथा देश को व्यापार के लिए सर्वाधिक सरल और सुविधाजनक बनाया गया है। अतः अमीरात की विदेश नीति में व्यापार और वाणिज्य सर्वाधिक महत्त्वपूर्ण बन गया है। अमीरात के लिए भारत का बड़ा बाजार आकर्षण का केंद्र है तथा भारत, अमीरात से ज्यादा से ज्यादा निवेश आकर्षित करने का प्रयत्न कर रहा है। वर्ष 2022 में भारत एवं अमीरात के बीच समग्र आर्थिक सहभागिता समझौता (CEPA) हो गया है।

भारत और अमीरात के बीच व्यापारिक संबंधों में तीव्र वृद्धि हो रही है। वर्ष 2023-24 में दोनों देशों के बीच का द्विपक्षीय व्यापार 84 बिलियन डॉलर था। अतः चीन तथा संयुक्त राज्य अमेरिका के बाद अमीरात भारत का तीसरा सबसे बड़ा व्यापारिक सहयोगी बन गया है।

अमीरात में डायस्पोरा

अमीरात में भारतीय मूल के लगभग 35 लाख लोग रहते हैं, जो अमीरात की समूची जनसंख्या का एक-तिहाई हिस्सा है। इन

भारतीय मूल के लोगों के कारण भारत का अमीरात में निर्यात बढ़ता है तथा अमीरात से भारत को विदेशी मुद्रा प्राप्त होती है। वर्तमान में भारत और अमीरात के बीच खाड़ी क्षेत्र में नौसैनिक अभ्यास भी आयोजित किए जा रहे हैं। भारतीय नौसेना द्वारा समुद्री डकैती रोकने के लिए अरब देशों के साथ सहयोग किया जा रहा है तथा भारत इन देशों की नौसेनाओं को प्रशिक्षण भी दे रहा है। दोनों देशों के बीच सुरक्षा संबंधों में वृद्धि एक महत्त्वपूर्ण प्रगति है, जिसके अंतर्गत खुफिया आसूचनाओं का भी आदान-प्रदान किया जा रहा है तथा भविष्य में संयुक्त सैन्य उत्पादन के मुद्दे पर भी विचार किया जा रहा है। अतः अरब देशों के साथ केवल व्यापारिक और आर्थिक संबंध ही नहीं हैं, बल्कि रक्षा और राजनीतिक संबंधों का भी विकास हो रहा है।

भारत के ईरान के साथ अत्यधिक मित्रतापूर्ण संबंध हैं, जबकि खाड़ी सहयोग परिषद के देश जिसमें अमीरात भी शामिल है, ईरान के विरोधी हैं। भारत दोनों देशों के साथ प्रभावी संबंधों का विकास कर रहा है।

वर्ष 2015 में अमेरिका एवं ईरान के बीच परमाणु मुद्दे पर समझौता हुआ, जिससे अमेरिका और ईरान के बीच संबंध बेहतर हो गए और ईरान एवं अरब देशों के बीच भी बेहतर संबंधों की संभावना थी लेकिन अमेरिका के इस समझौते से हटने के बाद यह संभावना धूमिल हो गई। आलोचक यह मानते थे कि अमेरिका-ईरान परमाणु समझौते से ईरान पर लागू आर्थिक प्रतिबंध समाप्त हो गए हैं, जिससे ईरान शक्तिशाली बनकर उभरेगा और अरब देशों की सुरक्षा के लिए यह चिंता का विषय है।

यू.ए.ई. के प्रिंस की भारत यात्रा

यू.ए.ई. के प्रिंस शेख मोहम्मद बिन जाएद अल नहयान की भारत यात्रा जनवरी 2017 में संपन्न हुई। इस यात्रा के दौरान व्यापार, निवेश, ऊर्जा, जलवायु परिवर्तन से संबंधित नौ समझौतों पर हस्ताक्षर किए गए। इनमें साइबर सुरक्षा तथा साइबर तकनीक, अवसंरचनात्मक विकास में संस्थागत निवेश, नवीकरणीय ऊर्जा सहयोग, शांतिपूर्ण अन्वेषणों के लिए बाह्य अंतरिक्ष अन्वेषण, आदि सम्मिलित हैं। इस यात्रा के दौरान यू.ए.ई. ने भारत में 73 अरब डॉलर के निवेश की भी घोषणा की।

निष्कर्ष

संयुक्त अरब अमीरात विश्व व्यापार की राजधानी बन रहा है। अतः आतंकवाद, नृजातीय संघर्ष अमीरात के लिए गंभीर चुनौती हैं। भारत आतंकवाद से पीड़ित है, इसलिए सामरिक एवं सैन्य संबंधों के विकास पर बल दिया जा रहा है। पश्चिम एशियाई देशों में अमीरात भारत का सबसे बड़ा आर्थिक सहयोगी बन गया है।

अध्याय

5 भारत-इजरायल

India-Israel

● अरब राष्ट्रवाद का समर्थन ● इजरायल का समर्थन ● अरब राष्ट्रवाद में विखंडन ● भारत-इजरायल कूटनीतिक संबंध ● सहयोग के क्षेत्र ● भारत-इजरायल-ईरान ● डी-लिंकिंग नीति ● येरूसलम विवाद

इजरायल, पश्चिम एशिया में भूमध्य सागर के तट पर स्थित एक यहूदी राज्य है। यहां संसदीय लोकतांत्रिक व्यवस्था को अपनाया गया है। इजरायल की जनसंख्या 93 लाख है।

अरब राष्ट्रवाद का समर्थन

भारत द्वारा अरब राष्ट्रवाद और फिलिस्तीन का समर्थन किया गया तथा फिलिस्तीन के विभाजन को पश्चिमी देशों की शक्ति

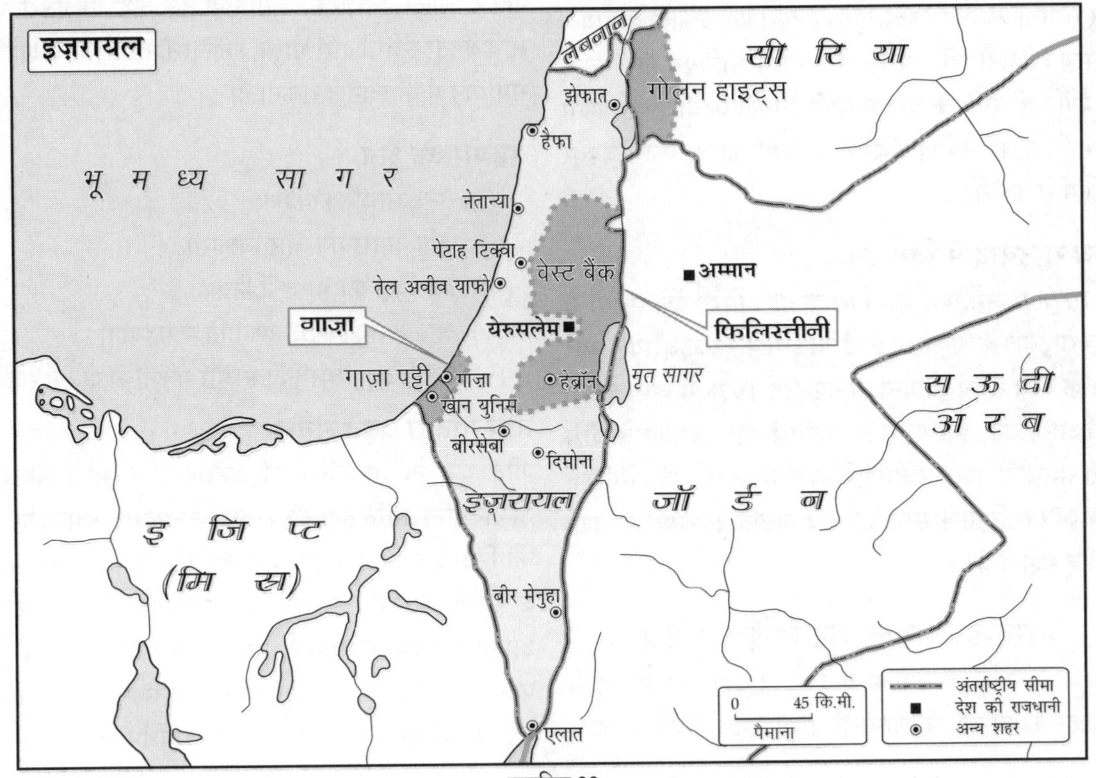

मानचित्र 22

राजनीति का परिणाम माना। फिलिस्तीन के विभाजन का विरोध मिस्र द्वारा किया गया और भारत, मिस्र का प्रमुख सहयोगी था। भारत और मिस्र, गुटनिरपेक्ष आंदोलन के संस्थापक सदस्यों में शामिल थे। भारत द्वारा फिलिस्तीन का समर्थन किया गया और फिलिस्तीन अरब राष्ट्रवाद का प्रतीक था तथा यह साम्राज्यवाद और उपनिवेशवाद विरोध का भी सांकेतिक मुद्दा था। वर्ष 1948 में भारत ने इजरायल को मान्यता प्रदान कर दी, लेकिन इजरायल के साथ भारत ने कूटनीतिक संबंधों की स्थापना नहीं की तथा भारत ने इजरायल को अलग-थलग करने का प्रयत्न किया।

इजरायल का समर्थन

इसके विपरीत इजरायल ने वर्ष 1962 में भारत-चीन के युद्ध तथा वर्ष 1965 के भारत-पाकिस्तान के युद्ध में भारत का समर्थन किया। इजरायल के अनुसार, कश्मीर भारत का अभिन्न अंग है। यह बिंदु उल्लेखनीय है कि सभी अरब राज्यों ने कश्मीर मामले पर भारत का समर्थन नहीं किया, लेकिन भारत ने अरब राज्यों का फिलिस्तीन के मुद्दे पर सदैव समर्थन किया। भारत ने गुटनिरपेक्ष विदेश नीति का पालन किया, जबकि इजरायल, अमेरिकी गुट का प्रमुख सदस्य था। शीत युद्ध की विश्व राजनीति में भारत, इराक और सीरिया के मध्य बेहतर संबंध निर्मित हुए, जबकि इजरायल के साथ दूरी बनी रही। वर्ष 1971 में भारत-सोवियत संघ मित्रता एवं शांति की संधि के बाद भारत-इजरायल के बीच दूरी बनना स्वाभाविक था, क्योंकि इजरायल, अमेरिका के सबसे बेहतर मित्रों में से एक था।

अरब राष्ट्रवाद में विखंडन

वर्ष 1978 में अमेरिका और मिस्र के बीच मित्रतापूर्ण संबंधों से अरब राष्ट्रवाद की एकता टूट गई एवं इसी के बाद इजरायल और मिस्र के बीच संबंध सामान्य हो गए। वर्ष 1978 में कैम्प डेविड वार्ता आयोजित हुई तथा इसके द्वारा मिस्र और इजरायल के बीच शांति समझौता हुआ। पश्चिम एशिया में भारत के संबंध सीरिया, इराक और लीबिया के साथ बेहतर थे, जबकि इजरायल इन देशों को शत्रु मानता था।

भारत-इजरायल कूटनीतिक संबंध

सोवियत संघ के विघटन के बाद भारत-अमेरिकी संबंधों में निकटता कायम हुई, परिणामस्वरूप भारत-इजरायल के संबंध भी सुधरे। वर्ष 1991 में चीन ने भी इजरायल के साथ कूटनीतिक संबंधों को बहाल कर दिया। वर्ष 1988 में संयुक्त राष्ट्र संघ के प्रस्ताव को स्वीकार करते हुए फिलिस्तीन मुक्ति संगठन (पी. एल.ओ.) ने द्वि-राष्ट्रवाद के सिद्धांत को स्वीकार कर लिया, जिससे फिलिस्तीन समस्या का शांतिपूर्ण समाधान संभव प्रतीत होने लगा। भारत ने इजरायल के प्रति अपनी परंपरागत नीति पर पुनर्विचार किया। वर्ष 1990 के बाद रूस ने भी अरब राष्ट्रवाद को समर्थन देने के साथ इजरायल से संबंध सुधारने का प्रयत्न किया। शीत युद्ध के दौरान अरब देशों ने अनेक मुद्दों पर भारतीय विदेश नीति का समर्थन नहीं किया तथा अंतर्राष्ट्रीय इस्लामी संगठन के मंच पर इस्लामी राष्ट्रों ने सदैव पाकिस्तान का साथ दिया। सोवियत संघ के विघटन के पश्चात् रक्षा आपूर्ति के लिए भारत ने इजरायल के महत्त्व को स्वीकार किया, क्योंकि इजरायल रक्षा सामग्री का एक महत्त्वपूर्ण निर्यातक देश है, इसलिए अब भारतीय विदेश नीति में समान दूरी का सिद्धांत (Theory of Equal Distance) अपनाया गया। फिलिस्तीन मुद्दे पर समर्थन देने के साथ भारत ने इजरायल के साथ भी पहली बार कूटनीतिक संबंध स्थापित किए। भारत-इजरायल संबंधों को फिलिस्तीन विरोधी मानना तार्किक नहीं है, बल्कि विचारकों ने तो यहां तक कहा कि इजरायल के साथ बेहतर संबंधों द्वारा भारत, फिलिस्तीन समस्या के शांतिपूर्ण समाधान में योगदान दे सकता है।

सहयोग के क्षेत्र

(i) सैन्य आधुनिकीकरण।
(ii) कृषि अनुसंधान और विकास।
(iii) इजरायल का भारत में निवेश।
(iv) आतंकवाद विरोधी रणनीति में सहयोग।
(v) राजनीतिक, सांस्कृतिक और तकनीकी क्षेत्र में सहयोग।

तीव्र गति से बढ़ते संबंध

शीत युद्ध के बाद विश्व में इजरायल के साथ संबंधों में उल्लेखनीय प्रगति हुई। वर्ष 1998 के पोखरण परमाणु परीक्षण की निंदा इजरायल ने नहीं की। वर्ष 1999 में कारगिल संकट के समय इजरायल ने भारत को महत्त्वपूर्ण सैन्य सामग्री की आपूर्ति की तथा इजरायल, भारत को सैन्य आपूर्ति करने वाला एक प्रमुख देश बन गया है। यह बिंदु उल्लेखनीय है कि कश्मीर मुद्दे पर इजरायल ने सदैव भारत का समर्थन किया।

एन.डी.ए. सरकार द्वारा भारत-इजरायल संबंधों को और सशक्त किया गया। आलोचकों के अनुसार एन.डी.ए. सरकार ने इजरायल के साथ संबंधों को विशेष महत्त्व दिया और इसका कारण भाजपा की हिंदूवादी नीतियां रही थी। लेकिन यह आलोचना पूर्णतः अतार्किक है, क्योंकि एन.डी.ए. सरकार ने इस्लामी राष्ट्रों के साथ संबंधों को भी उतना ही महत्त्व दिया, क्योंकि विदेश नीति राष्ट्रीय हित द्वारा निर्धारित होती है। इसलिए किसी सरकार विशेष के कारण संबंध पूर्णतः परिवर्तित हो जाएंगे, यह कहना कठिन है। वर्तमान समय में भारत-इजरायल के बीच मुक्त व्यापार के समझौते पर विचार-विमर्श किया जा रहा है। भारत-इजरायल के बीच 2023-24 में 6.53 बिलियन डॉलर का व्यापार हुआ। इसके अतिरिक्त दोनों देशों के बीच लोगों का आदान-प्रदान बढ़ाया जा रहा है। इजरायल के अनुसार, भारत के साथ उसके संबंध अमेरिका के बाद सबसे महत्त्वपूर्ण हैं। वर्ष 2011 में सब्जियों के लिए भारत-इजरायल उत्कृष्टता केंद्र की स्थापना हरियाणा में की गई तथा भविष्य में आंध्र प्रदेश के चित्तूर में एशिया की सबसे बड़ी डेरी की स्थापना पर विचार किया जा रहा है।

● संबंधों का मूल आधार

इजरायल, आधुनिक हथियारों को बेचने वाला प्रमुख राष्ट्र है तथा इजरायल का रक्षा उद्योग निर्यात पर निर्भर है। वर्ष 1988 में चीन में तियानमेन चौक की घटना के बाद अमेरिका ने चीन पर हथियारों के निर्यात पर प्रतिबंध लगा दिया। अतः इजरायल को हथियारों के नए बाजार की आवश्यकता थी, जबकि सोवियत संघ के विघटन के बाद भारत ने हथियारों की आपूर्ति के लिए इजरायल के साथ संबंधों को प्रगाढ़ किया। वर्ष 2006 से दोनों देशों के मध्य नए पीढ़ी के प्रक्षेपास्त्र की संयुक्त परियोजना पर समझौता हुआ तथा वर्ष 2007 में बराक प्रक्षेपास्त्र के संयुक्त उत्पादन पर भी समझौता हुआ। इससे यह प्रतीत होता है कि दोनों देशों के मध्य के संबंध केवल खरीदने-बेचने वाले संबंध नहीं हैं। वर्ष 2000 में जसवंत सिंह पहले भारतीय विदेश मंत्री थे, जिन्होंने इजरायल की यात्रा की। इसके बाद वर्ष 2012 में एस.एम. कृष्णा ने इजरायल की यात्रा की तथा इजरायल ने भारत को प्राकृतिक मित्र की उपमा दी। दोनों देशों के बीच खुफिया जानकारी के मुद्दे पर भी सहयोग हो रहा है और विदेश मंत्री की यात्रा के दौरान दोनों देशों के बीच प्रत्यर्पण संधि भी हुई।

भारत-इजरायल के मध्य सशक्त सामरिक संबंधों का विकास किया गया तथा वर्ष 1997 से 2000 के बीच भारत ने इजरायल से 500 मिलियन डॉलर की रक्षा खरीद की, जिसमें मानव रहित विमान एवं अवॉक्स रडार प्रणाली का आयात किया गया। इसके अतिरिक्त बराक मिसाइल विरोधी प्रणाली अत्यधिक उल्लेखनीय है।

● आंतरिक सुरक्षा में सहायक

भारतीय विदेश नीति का मूल उद्देश्य इजरायल के साथ दीर्घकालिक रक्षा संबंध स्थापित करना है, जिसके कारण निम्नलिखित हैं-

(i) कश्मीर में सीमापार आतंकवाद।
(ii) उत्तर-पूर्वी राज्यों में आतंकवाद।
(iii) आंतरिक सुरक्षा की गंभीर स्थिति।

भारत-इजरायल के मध्य सीमा सुरक्षा प्रबंध की तकनीकी और आतंकवाद का सामना करने की तकनीकी पर विशेष सहयोग हो रहा है। इजरायल को हमास और हिजबुल्लाह से सीधा खतरा है तथा पाकिस्तान द्वारा ईरान को चोरी छिपे परमाणु सामग्री प्रदान करने से समूची क्षेत्रीय सुरक्षा के लिए गंभीर चुनौती उत्पन्न हो रही है। दोनों देश मिलकर हिंद महासागर क्षेत्र में समुद्री सुरक्षा के मुद्दे पर भी सहयोग कर रहे हैं। भारत-इजरायल के बीच संबंधों का पहला दौर वर्ष 1992-97 में आरंभ हुआ। एन.डी.ए. सरकार ने इन संबंधों को अत्यधिक प्रगाढ़ और मधुर बनाया। विशेषकर सितंबर, 2001 के बाद भारत-इजरायल के मध्य आतंकवाद के मुद्दे पर प्रभावी सहयोग हुआ। भारत-इजरायल-अमेरिका के त्रिकोण रूपी सामरिक संबंध स्थापित हुए। वर्ष 2003 में पहली बार इजरायल के प्रधानमंत्री ने भारत की यात्रा की। वर्ष 2004 के बाद भारत-इजरायल के संबंध प्रगाढ़ हैं, लेकिन भारत द्वारा इजरायल की भी अनेक मुद्दों पर आलोचना की गई। वर्ष 2006 में इजरायल द्वारा लेबनान पर हमले की भारतीय संसद द्वारा निंदा की गई। विचारकों के अनुसार, कांग्रेस सरकार द्वारा इजरायल के साथ खुले संबंधों को बनाने से परहेज किया जाता है, क्योंकि कांग्रेस मुसलमान वोट बैंक का ध्यान रखती है, इसके अतिरिक्त भारत में वामपंथी इजरायल के साथ संबंधों को साम्राज्यवादी देश के साथ संबंध मानते हैं।

यह उल्लेखनीय है कि वर्ष 2011 की अरब स्प्रिंग के बाद ज्यादातर मुस्लिम राज्यों में इस्लामी दल सत्ता में आ रहे हैं। इसलिए

फिलिस्तीन मुद्दे पर इजरायल पर दबाव बन रहा है। भारत किसी भी देश में बलपूर्वक शासन परिवर्तन का विरोधी है। इससे यह स्पष्ट है कि भारत पश्चिमी एशियाई देशों के साथ संबंधों को भी प्रगाढ़ कर रहा है। अतः भारत, इजरायल और पश्चिमी एशियाई देशों के साथ समानांतर संबंधों का विकास कर रहा है।

• आतंकवाद

भारत पिछले तीन दशकों से सीमापार आतंकवाद से प्रभावित है तथा आंतरिक सुरक्षा के लिए आतंकवाद एवं उग्रवाद एक बड़ी चुनौती बनकर उभर रहा है। भारत में सीमापार से होने वाली अवैध घुसपैठ को रोकने के लिए इजरायल से सहायता ली जा रही है। इजरायल भी आतंकवाद से पीड़ित है और वर्तमान में आतंकवादी संगठनों के संबंध पूरी दुनिया में फैले हुए हैं। इसलिए इजरायल के साथ खुफिया सूचनाओं का आदान-प्रदान किया जा रहा है तथा भारत की आंतरिक सुरक्षा बेहतर करने के लिए पुलिस बल और सुरक्षा एजेंसियों के प्रशिक्षण में भी इजरायल की सहायता ली जा रही है। आतंकवाद की समस्या का समाधान करने हेतु दोनों देशों के मध्य एक संयुक्त कार्यदल की स्थापना हुई, जिसके द्वारा दोनों देशों के मध्य प्रशिक्षण, सूचना और हथियारों के आदान-प्रदान में भी सहयोग किया जा रहा है। भारत और इजरायल दोनों आतंकवाद से पीड़ित राष्ट्र हैं, लेकिन दोनों देशों के मुद्दे या समस्याएं अलग-अलग हैं–

(i) फिलिस्तीन मुद्दा, जम्मू एवं कश्मीर से पूर्णतया भिन्न है, क्योंकि इजरायल ने फिलिस्तीन के भू-भाग पर कब्जा कर लिया है, जबकि पाकिस्तान ने अनधिकृत रूप से भारत के जम्मू एवं कश्मीर के कुछ भाग पर अपना नियंत्रण बना लिया है।

(ii) इजरायल के अनुसार, आतंकवाद का मूल केंद्र ईरान है, जबकि भारत की मान्यतानुसार, आतंकवाद का मूल केंद्र पाकिस्तान है।

• आर्थिक सहयोग का मुद्दा

वर्ष 1992 से कूटनीतिक संबंध स्थापित होने के बाद दोनों देशों के मध्य द्विपक्षीय व्यापार में तीव्र वृद्धि हुई। भारत का बड़ा उभरता बाजार इजरायल के लिए महत्त्वपूर्ण है, जबकि भारत को इजरायल से बेहतर तकनीक प्राप्त हो सकती है और निवेश की भी संभावना है। व्यापारिक गतिविधियों को बढ़ाने के लिए वर्ष 1993 में 'संयुक्त वाणिज्यिक परिषद' की स्थापना हुई, जिसका मूल उद्देश्य व्यापार, निवेश, तकनीकी हस्तांतरण, सेवा और औद्योगिक क्षेत्रों में सहयोग बढ़ाना है। दोनों देशों के मध्य व्यापार और आर्थिक सहयोग की संधि हुई तथा दोनों देशों ने एक-दूसरे को सर्वाधिक वरीय राष्ट्र (MFN) का दर्जा दिया और दोहरे करारोपण को समाप्त करने का समझौता हुआ तथा भारत-इजरायल के मध्य द्विपक्षीय व्यापार तेजी से बढ़ रहा है। वर्ष 1992 में द्विपक्षीय व्यापार 200 मिलियन डॉलर था, जो वर्ष 2023 तक बढ़कर लगभग 6.5 बिलियन डॉलर (रक्षा क्षेत्र को छोड़कर) हो गया एवं दोनों देशों के मध्य मुक्त व्यापार के समझौते के मुद्दे पर भी बातचीत हो रही है। जनवरी, 2012 में इजरायल की यात्रा के दौरान भारतीय विदेश मंत्री एस.एम. कृष्णा ने इजरायल के साथ व्यापार को और बेहतर बनाने की प्रतिबद्धता को व्यक्त किया।

• गैर-सामरिक क्षेत्र में सहयोग

इजरायल, तकनीकी प्रधान राष्ट्र है और भारतीय अर्थव्यवस्था के प्रभावी विकास के लिए इजरायल का तकनीकी सहयोग अत्यधिक महत्त्वपूर्ण है। यह कृषि, पर्यावरण, स्वास्थ्य, संचार और सूचना क्षेत्र में देखा जा सकता है। वर्ष 1993 में 'विज्ञान और तकनीकी कोष' की स्थापना हुई। वर्ष 2002 तक मानव जैविकी से संबंधित छह संयुक्त परियोजनाओं को क्रियान्वित किया गया। भारत में कृषि क्षेत्र का अल्पविकास भारतीय अर्थव्यवस्था की सबसे बड़ी चुनौती है, क्योंकि भारत खाद्यान्नों का आयातक देश बन चुका है। अतः भारत में बढ़ती जनसंख्या की खाद्य सुरक्षा के लिए एक नई हरित क्रांति की आवश्यकता है। परिणामस्वरूप 'पूसा स्थित कृषि अनुसंधान केंद्र' में भारत-इजरायल शोध एवं विकास संगठन स्थापित किया गया है। राजस्थान एवं उसके समीपवर्ती क्षेत्रों में इजरायल की मरुस्थलीय कृषि तकनीक अत्यधिक प्रभावी हो सकती है।

इजरायल के चीन के साथ भी बेहतर संबंध हैं तथा वह पाकिस्तान के साथ भी बेहतर संबंध बनाने का इच्छुक है। इसलिए यह सोचना कि इजरायल आतंकवाद से लड़ने में भारत की सीधी मदद करेगा, अतार्किक है। यह सत्य है कि दोनों देशों के मध्य सहयोग हो रहे हैं और यह सहयोग भविष्य में और बेहतर होंगे। परंतु आतंकवाद के विरुद्ध भारत को स्वयं लड़ना होगा। दूसरी ओर, आतंकवाद के विरुद्ध लड़ाई में अन्य पश्चिमी एशियाई देशों का समर्थन भी अत्यधिक महत्त्वपूर्ण हो सकता है। सऊदी अरब द्वारा पाकिस्तान पर सीमापार आतंकवाद समाप्त करने के लिए दबाव

बनाया जा सकता है, क्योंकि वह पाकिस्तान को वित्तीय सहायता देने वाला प्रमुख राज्य है। भारत में आतंकवादी गतिविधियों में लिप्त आतंकवादी सऊदी अरब और संयुक्त अरब अमीरात जैसे देशों में शरण लेते हैं। इसलिए इन देशों के साथ संबंध सुधार कर आतंकवाद पर लगाम कसी जा सकती है। वर्ष 2021 में भारत और इजरायल ने यू.ए.ई. और अमेरिका के सहयोग से I2U2 नामक समूह का गठन किया। इसका लक्ष्य इन देशों के मध्य सुरक्षा, रक्षा व्यापार एवं प्रौद्योगिकी आदि क्षेत्रों में सहयोग बढ़ाना है।

• मानवाधिकार

वर्ष 2006 में मानवाधिकार के हनन (Human Rights Violations) को प्रतिबंधित करने के लिए संयुक्त राष्ट्र मानवाधिकार परिषद का गठन किया गया। इसमें 47 सदस्य हैं, जो विश्व के प्रत्येक महाद्वीप से जनसंख्या के अनुसार महासभा द्वारा निर्वाचित होते हैं। परिषद द्वारा उन देशों के विरुद्ध प्रस्ताव पारित किया जाता है, जो मानवाधिकार का उल्लंघन करते हैं। परिषद ने इजरायल के विरुद्ध अनेक बार प्रस्ताव पारित किए हैं। इसी क्रम में जून, 2015 में परिषद द्वारा इजरायल के विरुद्ध प्रस्ताव लाया गया, जिसमें भारत अनुपस्थित रहा। अमेरिका द्वारा प्रस्ताव का विरोध किया गया, जबकि रूस-चीन द्वारा प्रस्ताव का समर्थन किया गया। यह पहला अवसर था, जब भारत ने इजरायल के विरुद्ध किसी प्रस्ताव में इजरायल के विरुद्ध मतदान नहीं किया। इसे वर्तमान मोदी सरकार की विदेश नीति में बड़ा परिवर्तन माना जा रहा है। भारत के अनुसार, इस प्रस्ताव में इजरायल द्वारा आक्रमण की अंतर्राष्ट्रीय आपराधिक न्यायालय से जांच कराने की मांग की गई थी और भारत इस न्यायालय का सदस्य नहीं है, इसलिए भारत अनुपस्थित हो गया। इजरायल द्वारा भारत के इस दृष्टिकोण की प्रशंसा की गई।

2021 में पुनः इजरायल-फिलिस्तीन संघर्ष हुआ। युद्ध विराम के बाद यह मामला संयुक्त राष्ट्र मानवाधिकार परिषद में पहुंचा। यहाँ यह तय किया गया कि मामले की जाँच युद्ध अपराध के तौर पर होगी। फैसले से पहले हुई वोटिंग में भारत ने हिस्सा नहीं लिया।

भारत-इजरायल-ईरान

शीत युद्धोत्तर विश्व में भारत-इजरायल संबंधों को यथार्थवादी दृष्टिकोण से देखना होगा, वैचारिक और दलीय आधारों पर देखना उचित नहीं है। पश्चिम एशिया में भारत और ईरान के बीच अत्यधिक मित्रतापूर्ण संबंध हैं, जबकि इजरायल और ईरान परस्पर शत्रु हैं और ईरान ने अभी भी इजरायल को मान्यता प्रदान नहीं की है। वर्ष 2012 में इजरायली दूतावास के कर्मचारी पर भारत में हमला हुआ, जिसमें ईरान के संलग्न होने का आरोप है। अतः भारत-इजरायल के संबंध ईरान से प्रभावित हो रहे हैं। इजरायल, हथियार निर्यातक देश है। इसलिए वह चीन को भी हथियार निर्यात करने का प्रयास कर रहा है और पाकिस्तान भी इजरायल से हथियार प्राप्त करने का प्रयत्न कर रहा है। यह उल्लेखनीय है कि पाकिस्तान ने अभी भी इजरायल को मान्यता प्रदान नहीं की है। भविष्य में इजरायल और पाकिस्तान के मध्य बेहतर संबंध होने की संभावना है। वर्ष 2012 में संयुक्त राष्ट्र संघ में फिलिस्तीन को गैर-राज्य पर्यवेक्षक का दर्जा देने के पक्ष में भारत ने मतदान किया तथा भारत के साथ रूस और चीन ने भी फिलिस्तीन के पक्ष में मत दिया, जबकि इजरायल ने फिलिस्तीन के विरोध में मत दिया इसलिए फिलिस्तीन मुद्दा भी भारत-इजरायल संबंधों में बड़ी चुनौती है। भारत, अभी भी यह मानता है कि वर्ष 1967 के पहले के भू-भाग के आधार पर फिलिस्तीन राज्य का निर्माण होना चाहिए, जबकि इजरायल के अनुसार, फिलिस्तीनी समस्या को हल करने के लिए वर्ष 1967 को आधार बनाना तार्किक नहीं है, क्योंकि वर्तमान समय पहले से बदल चुका है।

डी-लिंकिंग नीति

वर्तमान सरकार द्वारा इजरायल एवं फिलिस्तीन के लिए अलग-अलग एवं पृथक यात्राओं का निर्धारण किया गया है। प्रधानमंत्री नरेन्द्र मोदी फिलिस्तीन जाने वाले पहले भारतीय प्रधानमंत्री हैं। वर्तमान समय में भारत सरकार द्वारा खुले तौर पर इजरायल से संबंधों को आगे बढ़ाया जा रहा है। स्वतंत्रता के बाद वर्ष 2017 में किसी भारतीय प्रधानमंत्री ने पहली बार इजरायल की यात्रा की है। इस यात्रा के दौरान रक्षा, स्पेस टेक्नोलॉजी, कृषि, जल संरक्षण आदि से संबंधित महत्त्वपूर्ण समझौते हुए। साथ ही दोनों देशों ने वैश्विक मुद्दों पर भी चर्चा की। दोनों देश आतंकवाद से मिलकर लड़ने तथा अनुभवों को साझा करने पर सहमत हुए।

इस यात्रा से यह स्पष्ट हो गया कि अब भारतीय विदेश नीति यथार्थवादी तथा परिपक्व है। सरकार ने स्पष्ट किया कि भारत अब भी फिलिस्तीन के मुद्दे पर उसका समर्थन करता है। अतः इजरायल-भारत संबंध को फिलिस्तीन को केंद्र में रखकर न देखा

जाए। भारत ने अब इजरायल संबंधों को लेकर मध्यम मार्ग का पालन किया है। भारत के लिए इजरायल एवं फिलिस्तीन दोनों के संबंधों को पृथक रूप में देखा जा रहा है।

येरूसलम विवाद

वर्ष 1967 के युद्ध में इजरायल ने समूचे येरूसलम पर नियंत्रण कर लिया। परंतु संयुक्त राष्ट्र संघ द्वारा इस समस्या के समाधान के लिए द्वि-राष्ट्रवाद का सिद्धांत दिया गया, जिसके अनुसार, फिलिस्तीन को पश्चिमी किनारा, गाजा एवं पूर्वी येरूसलम प्राप्त होगा, जबकि अन्य क्षेत्र एवं पश्चिमी येरूसलम पर इजरायल का नियंत्रण होगा। वर्तमान में अमेरिका द्वारा यह स्पष्ट नहीं किया गया है कि उसका दूतावास येरूसलम के किस क्षेत्र में होगा। इसलिए इस पर विवाद उत्पन्न हो गया है। परंतु भारत द्वारा अमेरिका के इस दृष्टिकोण का समर्थन नहीं किया गया है। इजरायल लंबे समय से येरूसलम को अपनी राजधानी घोषित करने का प्रयास कर रहा है येरूसलम ईसाई, इस्लाम तथा यहूदी तीनों धर्मों का महत्त्वपूर्ण धार्मिक स्थल है तथा पूर्वी येरूसलम में मुसलमानों का बाहुल्य है जबकि पश्चिमी येरूसलम में यहूदी रहते हैं। अमेरिका ने समूचे येरूसलम को इजरायल की राजधानी घोषित करते हुए अपने दूतावास को वहां स्थानांतरित करने की घोषणा की, जिसके परिणामस्वरूप अरब तथा अन्य इस्लामिक देशों ने अमेरिका के इस कदम का विरोध किया। भारत ने अमेरिका के इस दृष्टिकोण का समर्थन नहीं किया। वर्ष 2021 में हमास एवं इजरायल के बीच भीषण युद्ध आरंभ हो गया, जिसमें भारत ने प्रैगमैटिक नीति अपनाते हुए हमास की हिंसा का समर्थन नहीं किया। भारत के अनुसार इजरायल ने आत्मरक्षा के अंतर्गत कार्य किया, परंतु भारत आज भी फिलिस्तीनी समस्या के समाधान के लिए द्वि-राष्ट्रवाद का समर्थक है।

20 सूत्री गाजा शांति योजना

वर्ष 2023 में हमास द्वारा 'ऑपरेशन अल-अक्सा फ्लड' के अंतर्गत इजरायल पर अब तक का सबसे घातक हमला किया गया, जिसमें 1,200 इजरायली नागरिकों की मृत्यु हुई और 250 लोगों को बंधक बना लिया गया। इसके जवाब में इजरायल द्वारा 'ऑपरेशन आयरन स्वॉर्ड्स' की शुरुआत की गई, जिसके तहत अब तक लगभग 66,000 से ज्यादा फिलिस्तीनी मारे जा चुके हैं। इससे मानवाधिकारों पर एक बड़ा संकट खड़ा हो गया। इसके समाधान के लिए अक्टूबर 2025 में ट्रम्प द्वारा प्रस्तावित '20 सूत्री गाजा शांति योजना' पर समझौता हुआ, जिसके मुख्य प्रावधान एवं उद्देश्य निम्नलिखित हैं—

- गाजा से हमास का विसैन्यकरण।
- इजरायली बंधकों की रिहाई।
- गाजा क्षेत्र से इजरायली सेना की वापसी तथा गाजा का पुनर्निर्माण एवं विकास।
- पश्चिमी किनारे में कार्य करने वाले फिलिस्तीनी प्रशासनिक विशेषज्ञों एवं तकनीकी विशेषज्ञों की गाजा प्रशासन में नियुक्ति।
- अमेरिका एवं अरब साझेदारों द्वारा समर्थित एक 'अस्थायी अंतर्राष्ट्रीय स्थिरीकरण बल' की तैनाती।

भारत, चीन और रूस जैसी महाशक्तियों ने इसका समर्थन किया है। हमास ने पूरे शांति प्रस्ताव को पूर्ण रूप से अभी तक स्वीकार नहीं किया है। कुछ शर्तों के साथ हमास ने इस पर सहमति व्यक्त की है। वास्तविकता यह है कि इजरायल ने पश्चिमी किनारे में भी अपनी बस्तियां बसा रखी हैं और गाजा के भाग पर भी उसका नियंत्रण बना हुआ है। हमास का विसैन्यकरण इतना आसान नहीं है। फिलिस्तीनी समस्या का प्रभावी समाधान द्वि-राष्ट्रवाद है।

निष्कर्ष

फिलिस्तीन विवाद के समाधान के लिए भारत द्वि-राष्ट्रवाद के सिद्धांत का समर्थक है। इजरायल-भारत संबंध सर्वाधिक तीव्र गति से बढ़ते हुए संबंध हैं, परंतु फिलिस्तीन एवं पश्चिमी एशियाई देशों के साथ मधुर, मित्रतापूर्ण संबंधों के विकास पर समानांतर बल दिया जा रहा है।

अध्याय

6 फिलिस्तीन समस्या

Palestinian Conflict

● फिलिस्तीन समस्या ● येरूसलम समस्या तथा भारत-फिलिस्तीन संबंध ● प्रधानमंत्री नरेन्द्र मोदी की फिलिस्तीन यात्रा ● भारत और फिलिस्तीन ● अरब स्प्रिंग

फिलिस्तीन, पश्चिम एशिया में इजरायल के अधीन स्थित एक अर्द्ध राज्य है। यह इजरायल में दो भागों में विभाजित है। भूमध्य सागर के तट पर गाजा पट्टी तथा पूरब की तरफ वेस्ट बैंक है। यहां की जनसंख्या लगभग 50 लाख है। फिलिस्तीन एक अरब राज्य था, जहां सुन्नी मुसलमानों का निवास था, फिलिस्तीन में येरूसलम भी स्थित है, जो ईसाइयों, मुस्लिमों तथा यहूदियों तीनों के लिए समान रूप से महत्त्वपूर्ण है। मुसलमानों की अलअक्सा मस्जिद भी यहीं पर स्थित है। यहूदी धर्म का उदय भी येरूसलम में हुआ तथा येरूसलम ईसाई धर्म की जन्मस्थली भी है। प्रथम विश्व युद्ध के उपरांत इजरायल के निर्माण के लिए यहूदियों द्वारा यहूदीवाद का नारा दिया गया, जिसके अंतर्गत सभी यहूदी धर्म के मानने वाले लोगों से फिलिस्तीन में बसने का आग्रह किया गया, जिससे अरबों और यहूदियों के बीच संघर्ष होने लगा। द्वितीय विश्व युद्ध के दौरान जर्मनी में हिटलर ने यहूदियों का नरसंहार किया, जिससे बड़ी संख्या में यहूदी आकर फिलिस्तीन में बसने लगे, परिणामस्वरूप फिलिस्तीन के जनांकिकीय आंकड़ों में बड़ा परिवर्तन हुआ और फिलिस्तीनी जो पहले बहुमत में थे, बाद में अल्पमत में हो गए और यहूदियों का बहुमत स्थापित हो गया।

फिलिस्तीन समस्या

फिलिस्तीन का विभाजन

यहूदियों द्वारा अपने लिए एक अलग राज्य की मांग की गई। परिणामस्वरूप संयुक्त राष्ट्र महासभा ने नवंबर, 1947 में प्रस्ताव 181 पारित किया, जिसके द्वारा फिलिस्तीन का विभाजन फिलिस्तीन और इजरायल नामक दो राज्यों में कर दिया गया। इसके अनुसार, फिलिस्तीन का निर्माण गाजा और पश्चिमी किनारे से मिलकर हुआ तथा पूर्वी येरूसलम इसकी राजधानी बनाई गई। इस विभाजन का अरब देशों द्वारा हिंसक विरोध किया गया। परिणामस्वरूप अरब देशों ने मिस्र के नेतृत्व में इजरायल पर हमला कर दिया तथा अरब देशों में मिस्र के अलावा जॉर्डन, सीरिया, लेबनान और इराक ने भाग लिया, परंतु अरब देश युद्ध में पराजित हो गए।

फिलिस्तीन मुक्ति संगठन का निर्माण

फिलिस्तीन के संघर्ष को प्रभावी बनाने के लिए वर्ष 1964 में फिलिस्तीन मुक्ति संगठन (PLO) की स्थापना हुई, जिसे अरब देशों का समर्थन प्राप्त था। वर्ष 1967 में इजरायल और अरब देशों के बीच एक निर्णायक युद्ध हुआ, जिसे छह दिन का युद्ध (Six-Day War) भी कहा जाता है। इस युद्ध में इजरायल ने फिलिस्तीन

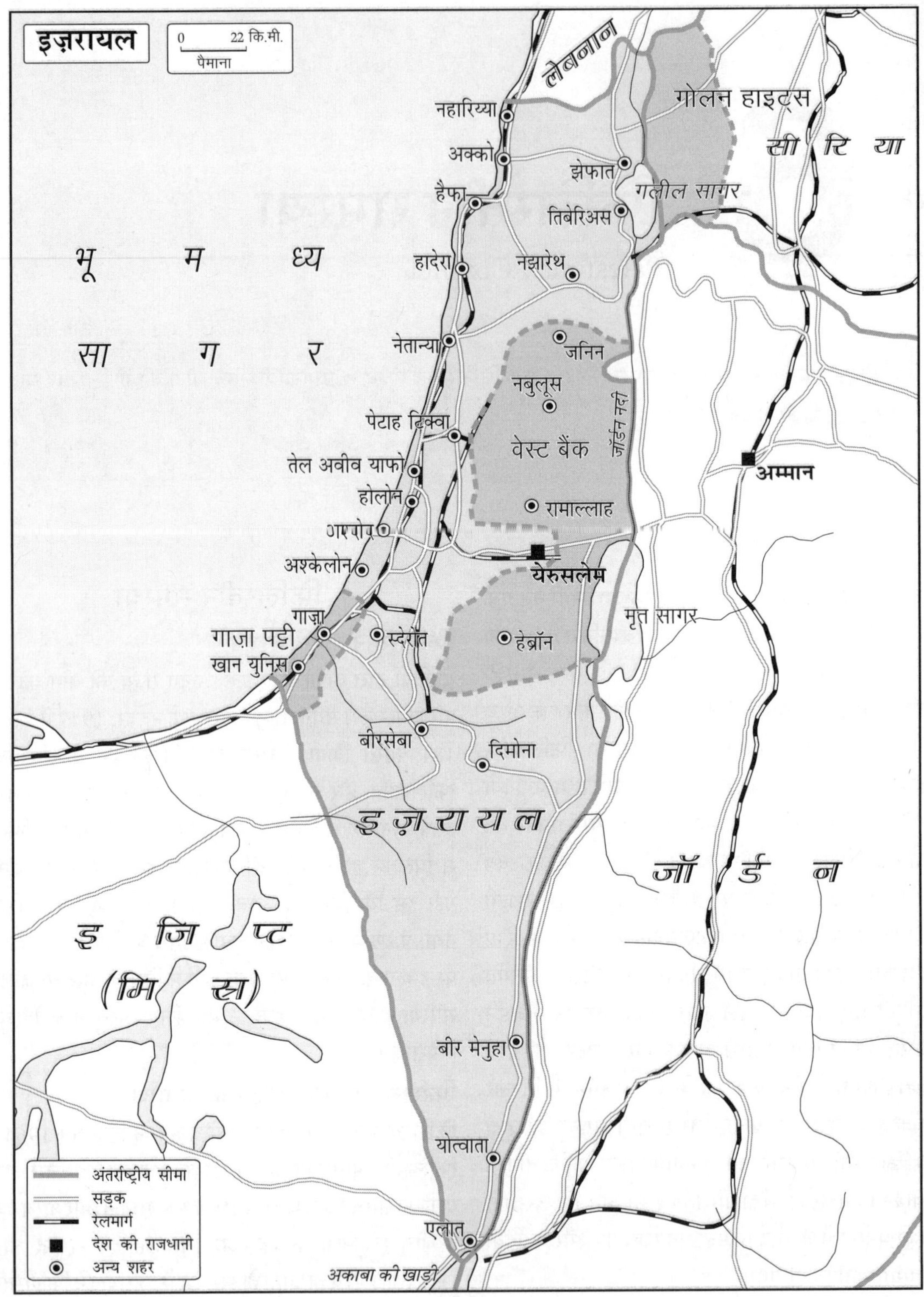
इज़रायल
0 22 कि.मी.
पैमाना
लेबनान
गोलन हाइट्स
सीरिया
नहारिय्या
अक्को
झेफात
हैफा
गलील सागर
तिबेरिअस
भूमध्य सागर
हादेरा
नझारेथ
नेतान्या
जनिन
नबुलूस
पेटाह टिक्वा
वेस्ट बैंक
जॉर्डन नदी
तेल अवीव याफो
होलोन
रामाल्लाह
अम्मान
अश्केलोन
येरुसलेम
गाज़ा
मृत सागर
गाज़ा पट्टी
स्देरोत
हेब्रॉन
खान युनिस
बीरसेबा
दिमोना
इज़रायल
जॉर्डन
इजिप्ट
(मिस्र)
बीर मेनुहा
योत्वाता
अंतर्राष्ट्रीय सीमा
सड़क
रेलमार्ग
देश की राजधानी
अन्य शहर
एलात
अकाबा की खाड़ी

मानचित्र 23

के पश्चिमी किनारे पर तथा गाजा क्षेत्र पर भी नियंत्रण कर लिया इसलिए भौगोलिक रूप में फिलिस्तीन राज्य का अस्तित्व समाप्त हो गया और फिलिस्तीनी नागरिक बड़ी संख्या में पड़ोसी देशों में शरणार्थी बनकर रहने लगे। फिलिस्तीनियों द्वारा वर्ष 1987 के बाद फिलिस्तीन नामक राज्य के निर्माण के लिए व्यापक आंदोलन आरंभ किया गया, लेकिन आरंभ में फिलिस्तीन मुक्ति संगठन (PLO) द्वारा इजरायल के विनाश का नारा दिया गया।

द्वि-राष्ट्रवाद

वर्ष 1991 में सोवियत संघ के विघटन के बाद विश्व में प्रभावी राजनीतिक बदलाव हुआ, जिसका प्रभाव फिलिस्तीन मुक्ति संगठन की रणनीति में भी देखा जा सकता है और वर्ष 1993 में इजरायल और फिलिस्तीन मुक्ति संगठन के बीच पहली बार सीधी बातचीत हुई और ओस्लो समझौते में पहली बार फिलिस्तीन द्वारा दो राष्ट्रों के विचार को स्वीकार कर लिया गया।

फिलिस्तीन राष्ट्र

इसके अनुसार, फिलिस्तीन का निर्माण पश्चिमी किनारे, गाजा तथा पूर्वी येरूसलम से मिलकर होगा तथा इसी समझौते द्वारा फिलिस्तीनी राष्ट्रीय अधिकारिता (Palestinian National Authority) का निर्माण किया गया और फिलिस्तीनियों ने पहली बार इजरायल के अस्तित्व को स्वीकार कर लिया। इजरायल ने यह माना कि फिलिस्तीन का वर्ष 1967 से पहले जिस भू-भाग पर नियंत्रण था, वह उसे वापस लौटा दिया जाएगा तथा इजरायल ने पश्चिमी किनारे में जिन बस्तियों का निर्माण किया था, उसे खाली कर देगा, जिससे यह प्रतीत हुआ कि फिलिस्तीनी समस्या का समाधान हो जाएगा। वर्ष 1993 के ओस्लो शांति समझौते के बाद फिलिस्तीनी अधिकारिता का गठन किया गया, जिसका नियंत्रण पश्चिमी किनारे पर था।

फिलिस्तीन की आंतरिक कलह

फिलिस्तीन मुक्ति संगठन द्वारा अपनाए गए दो राष्ट्रों के विचार को फिलिस्तीन के अतिवादी संगठन हमास द्वारा अस्वीकार कर दिया गया। हमास ने पुनः इजरायल के विनाश का नारा दिया और फिलिस्तीन की मुक्ति के लिए दूसरा आंदोलन वर्ष 2000 में आरंभ किया गया। इसके परिणामस्वरूप फिलिस्तीन मुक्ति संगठन और हमास के बीच गहरे मतभेद उत्पन्न हो गए तथा इजरायल और फिलिस्तीन के बीच भी संघर्ष बना रहा। गाजा पट्टी में हमास का प्रभाव बढ़ने लगा और वर्ष 2005 में इजरायल द्वारा गाजा क्षेत्र से अपनी सभी बस्तियां हटा दी गईं। वर्ष 2006 में फिलिस्तीन के पश्चिमी किनारे और गाजा पट्टी में निर्वाचन हुआ, जिस निर्वाचन में अलफतह नामक संगठन को पश्चिमी किनारे में विजय प्राप्त हुई, जबकि गाजा पट्टी पर हमास को चुनावी सफलता मिली। विश्व के अधिकांश देशों ने हमास को आतंकवादी संगठन घोषित कर रखा है और पश्चिमी किनारे की अलफतह को फिलिस्तीन की वास्तविक सरकार की मान्यता दी गई। हमास की आक्रामक कार्रवाई के जवाब में इजरायल द्वारा हमास की समूची सीमा के चारों ओर नाकेबंदी कर दी गई। इसके परिणामस्वरूप हमास द्वारा इजरायल पर हमले किए जाते हैं। इजरायल गाजा क्षेत्र पर निरंतर सैनिक हमले करता रहता है, जिससे भारी संख्या में आम लोग मारे जाते हैं।

वर्ष 2014 में एक महत्त्वपूर्ण प्रगति के अंतर्गत अलफतह और हमास के बीच समझौता हुआ और फिलिस्तीन में पहली बार राष्ट्रीय एकता की सरकार का निर्माण हुआ, जिसमें दोनों संगठनों के आपसी सहयोग से सरकार का निर्माण किया गया। राष्ट्रीय एकता की सरकार के निर्माण से फिलिस्तीनी समस्या के समाधान की उम्मीद जगी, परंतु राष्ट्रीय एकता सरकार के निर्माण द्वारा हमास ने अपना नियंत्रण पश्चिमी किनारे पर भी स्थापित करने का प्रयत्न किया। वर्ष 2015 में राष्ट्रीय एकता सरकार का पतन हो गया, जिससे समस्या पुन: उलझ गई।

समस्या समाधान में बाधा

इजरायल का कट्टरवादी और अतिवादी दृष्टिकोण फिलिस्तीनी समस्या के समाधान में बाधक बना हुआ है। इजरायल वर्ष 1967 के बाद पश्चिमी किनारे में स्थापित इजरायली बस्तियों को हटाने के लिए तैयार नहीं है। इजरायल ने यह भी कहा है कि नवीन फिलिस्तीनी राज्य का निर्माण वर्ष 1967 के भू-भाग के आधार पर नहीं हो सकता, क्योंकि वर्तमान में परिस्थितियां बिल्कुल परिवर्तित हो गई हैं। इजरायल के अनुसार, भविष्य का फिलिस्तीन राज्य अपनी सेना नहीं रख सकता तथा फिलिस्तीन से बाहर गए शरणार्थियों के फिलिस्तीन वापस आने का समर्थक नहीं है। इसलिए फिलिस्तीन समस्या अभी भी जटिल बनी हुई है, जिसके कारण समूचा पश्चिम एशिया अशांत बना हुआ है। 2021 में पुन: इजरायल-फिलिस्तीन संघर्ष हुआ। इस संघर्ष के दौरान हमास

की भूमिका की भारत ने निंदा की। भारत हमेशा से दो राष्ट्रों के सिद्धांत का समर्थक रहा है, परंतु इस संघर्ष के दौरान भारत का मानना था कि इजरायल ने अपनी आत्मरक्षा में जवाबी कार्रवाई की। इससे भारत के व्यावहारिक दृष्टिकोण को देखा जा सकता है।

व्यावहारिक समाधान

दो राष्ट्रों का निर्माण ही समस्या का व्यावहारिक समाधान है, जिसके अनुसार, इजरायल और फिलिस्तीन दोनों का अस्तित्व साथ-साथ संभव है। फिलिस्तीन का निर्माण गाजा, पश्चिमी क्षेत्र से मिलकर होना चाहिए और पूर्वी येरूसलम फिलिस्तीन की राजधानी होगी। फिलिस्तीन का निर्माण वर्ष 1967 के भू-भाग के आधार पर होना चाहिए तथा इजरायल को पश्चिमी किनारे की अपनी अवैध बस्तियां हटानी चाहिए और फिलिस्तीनी शरणार्थियों को फिलिस्तीन वापस आने का अधिकार प्रदान किया जाए। हमास का अतिवादी दृष्टिकोण तथा इजरायल सरकार का कट्टरपादी रवैया समस्या समाधान में सबसे बड़ी बाधा है।

येरूसलम समस्या तथा भारत-फिलिस्तीन संबंध

येरूसलम पश्चिमी एशिया का सबसे पुराना शहर तथा धार्मिक स्थल है। यह तीन धर्मों ईसाई, यहूदी तथा इस्लाम का पवित्र स्थल है। इजरायल की स्थापना के बाद यह क्षेत्र विवादों में रहा। पश्चिमी येरूसलम पूरी तरह से इजरायल के कब्जे में है, तथा यहां बहुसंख्यक जनसंख्या यहूदी है, जबकि पूर्वी येरूसलम मुस्लिम बाहुल्य क्षेत्र है। संपूर्ण येरूसलम को इजरायल अपनी राजधानी बनाना चाहता है। संयुक्त राज्य अमेरिका इसका समर्थन करता है। परंतु अब तक इसका क्रियान्वयन नहीं किया गया है। दिसंबर 2017 में संयुक्त राज्य अमेरिका ने येरूसलम को इजरायल की राजधानी मानते हुए अपने दूतावास को वहां स्थानांतरित करने की घोषणा की। इस घोषणा का विरोध अरब देशों के अलावा पश्चिमी यूरोप के देशों ने भी किया।

भारत ने भी अमेरिका के इस निर्णय का विरोध किया। भारत ने कहा कि फिलिस्तीन में किसी भी समस्या का समाधान शांतिपूर्ण ढंग से वार्तालाप के माध्यम से होना चाहिए तथा येरूसलम पर फिलिस्तीनियों के हक को स्वीकार किया। इस मुद्दे पर संयुक्त राष्ट्र (UN) में अमेरिकी निर्णय का विरोध किया गया, जिसमें भारत ने भी अमेरिकी निर्णय के विरोध में मत दिया तथा फिलिस्तीन का समर्थन किया। यह भारत की परिपक्व विदेश नीति का उदाहरण है।

प्रधानमंत्री नरेन्द्र मोदी की फिलिस्तीन यात्रा

फरवरी 2018 में फिलिस्तीन की यात्रा पर जाने वाले नरेन्द्र मोदी भारत के पहले प्रधानमंत्री हैं। इसे भारतीय कूटनीति का बैलेंसिंग एक्ट (Balancing Act) भी कहा गया। भारत तथा इजरायल में बढ़ते शक्ति संबंधों की दृष्टि से यह यात्रा काफी महत्त्वपूर्ण है। ऐसा कहा जा रहा था कि अब भारत का झुकाव इजरायल की तरफ हो रहा है। इस यात्रा के दौरान भारत तथा फिलिस्तीन के मध्य 6 समझौतों पर हस्ताक्षर किए गए। इसमें अस्पताल निर्माण, शैक्षिक सहयोग, प्रिंटिग प्रैस मशीनों के निर्यात तथा महिला सशक्तीकरण आदि शामिल हैं। इस यात्रा के दौरान प्रधानमंत्री मोदी को फिलिस्तीन का सर्वोच्च सम्मान 'ग्राउंड कॉलर ऑफ द स्टेट ऑफ पैलेस्टाइन' दिया गया।

भारत और फिलिस्तीन

भारत द्वारा फिलिस्तीन मुक्ति संगठन (PLO) को फिलिस्तीनियों का एकमात्र एवं वैध प्रतिनिधि कहा गया और वर्ष 1975 में पीएलओ का कार्यालय नई दिल्ली में स्थापित किया गया। 1980 में फिलिस्तीन के साथ पूर्ण राजनयिक संबंध की स्थापना भी हो गई। यद्यपि यह दिलचस्प है कि फिलिस्तीन को राज्य के रूप में मान्यता नहीं प्राप्त हुई थी। परंतु वर्तमान में भारत के फिलिस्तीन के साथ-साथ इजरायल के साथ भी मित्रतापूर्ण संबंध कायम हैं। भारत के अनुसार, दोनों का संबंध भारत के लिए पृथक रूप में महत्त्वपूर्ण है और यदि अरब राज्य इजरायल के साथ संबंध बना सकते हैं तो भारत ने भी इजरायल के साथ संबंध का निर्माण किया है। भारत द्वारा इजरायल-फिलिस्तीन के बीच डीलिंकिंग की नीति अपनाई गई है।

अरब स्प्रिंग

अरब राष्ट्रों की भाषा अरबी है, जिसमें पश्चिम एशिया एवं उत्तरी अफ्रीका महाद्वीप के देशों को शामिल किया जाता है। अरब देशों में अधिकांश तेल उत्पादक देश हैं, इसलिए इनकी आर्थिक स्थिति बेहतर है, परंतु लोकतांत्रिक शासन का इस क्षेत्र में अभाव रहा है। अतः लोकतंत्र की स्थापना के लिए आरंभ होने वाले आंदोलन को 'अरब स्प्रिंग' का नाम दिया गया। अरब स्प्रिंग

की शुरुआत ट्यूनीशिया में वर्ष 2010 में हुई, जहां आम जनता द्वारा भ्रष्टाचार, बेरोजगारी तथा गरीबी के विरुद्ध संघर्ष शुरू किया गया। अंततः यह राजनीतिक आंदोलन में परिवर्तित हो गया, क्योंकि लोगों ने समाज में विद्यमान समस्याओं को निरंकुश तानाशाही का परिणाम माना। इस अरब स्प्रिंग में मीडिया की भूमिका प्रेरक के रूप में सिद्ध हुई। अरब देशों में शासकों ने आम जनता पर नियंत्रण करने के लिए विचारधारा, दमन, पैसे के लालच या कुछ आर्थिक सुविधाओं का इस्तेमाल करके शासन किया। ट्यूनीशिया से शुरू हुई लोकतंत्र की यह मांग समूचे अरब देशों में फैल गई। मिस्र में वर्ष 1979 से सत्ता में रहे होस्नी मुबारक का भी पतन हो गया।

इसके अलावा यमन, बहरीन, लीबिया और सीरिया में भी इसका प्रभाव देखा गया। अरब स्प्रिंग के प्रभाव को निम्नलिखित तीन श्रेणियों में विभाजित किया जा सकता है-

- पहली श्रेणी में, ट्यूनीशिया, मिस्र और लीबिया जैसे देश हैं, जहां पुराने शासकों को सत्ता से उखाड़कर फेंक दिया गया।
- दूसरी श्रेणी में, सीरिया, यमन और बहरीन सम्मिलित हैं, जहां अभी भी संघर्ष और अनिश्चितता बनी हुई है।
- तीसरी श्रेणी में, सऊदी अरब, जॉर्डन एवं मोरक्को जैसे देश हैं, जो फिलहाल अरब स्प्रिंग की चपेट से बच गए हैं, लेकिन अपने आपको सुरक्षित रखने के लिए निरंतर चिंतित हैं।

अरब स्प्रिंग का प्रभाव

अरब स्प्रिंग के परिणामस्वरूप अरब देशों के शासन में 'अधिनायकवादी सत्ताओं' का अंत हुआ, परंतु जिन देशों में नए शासन की स्थापना हुई है, उनमें स्थायित्व की अभी भी गारंटी नहीं है। ऐसा माना जाता है कि ट्यूनीशिया एक ऐसा देश है, जहां अरब स्प्रिंग के बाद भी एक अस्थायी शासन की स्थापना हुई है। अरब स्प्रिंग के परिणामस्वरूप अरब देशों में इस्लामी विचारधारा और पंथनिरपेक्ष विचारधारा के मध्य लगातार संघर्ष देखे जा रहे हैं। इस अरब स्प्रिंग में इस्लामी विचारधारा की विजय हो रही है। इस्लामी विचारधारा का आधार रखने वाले 'मुस्लिम ब्रदरहुड आंदोलन' की स्थापना वर्ष 1920 के दशक में ही हो गई थी, लेकिन अरब स्प्रिंग के बाद ब्रदरहुड दल को राजनीतिक सत्ता में आने का मौका मिल गया। उदाहरण के लिए, जनवरी, 2012 में मिस्र में हुए चुनाव के परिणामस्वरूप मुस्लिम ब्रदरहुड दल की विजय हुई। ऐसा भी माना जाता है कि अरब देशों से इन पंथनिरपेक्ष शासकों को हटाने की योजना मूलतः अलकायदा की थी। इसलिए यह भी माना जाता है कि अरब स्प्रिंग से अलकायदा के प्रभाव में भी वृद्धि हुई और अरब स्प्रिंग के बाद अभी भी देशों में आंतरिक और नृजातीय संघर्ष कायम हैं। उदाहरण के लिए, लीबिया तथा सीरिया में नृजातीय संघर्ष बने हुए हैं। इसलिए पश्चिमी एशियाई (अरब) देशों में लोकतंत्र की बहाली तथा लोकतंत्र के स्थायी होने में अंतर है तथा जिन अरब देशों में सत्ता परिवर्तन नहीं हुआ है, वहां भी इस्लाम समर्थित रूढ़िवादी ताकतें ज्यादा प्रभावी हो रही हैं।

अरब स्प्रिंग का क्षेत्रीय शक्ति संतुलन पर प्रभाव

अरब और पश्चिमी एशियाई देशों में अमेरिका का प्रभुत्व सदैव बना रहा और इस क्षेत्र में अमेरिका द्वारा निर्मित व्यवस्था सदैव प्रभावी रही। परंतु वर्तमान सत्ता परिवर्तन के पश्चात् तुर्की, मिस्र और ईरान अपने प्रभाव को बढ़ाने का प्रयत्न कर रहे हैं। जबकि इजरायल और सऊदी अरब, अरब स्प्रिंग के बाद होने वाली घटनाओं से स्वयं को समायोजित करने का प्रयत्न कर रहे हैं। तुर्की ने स्वयं को क्षेत्रीय नेता के रूप में प्रस्तुत किया है और इस क्षेत्र की समस्याओं के समाधान में मध्यस्थता की भूमिका का भी निर्वाह किया है। तुर्की द्वारा ईरान के साथ भी संबंध बेहतर बनाए जाने का प्रयत्न किया जा रहा है, क्योंकि कई समस्याओं के संदर्भ में ईरान और तुर्की के हित एक जैसे हैं। मिस्र के तत्कालीन राष्ट्रपति मोहम्मद मोर्सी (Mohamed Morsi) ने अरब देशों के संबंधों को बढ़ावा दिया। यह सर्वाधिक उल्लेखनीय है कि संयुक्त राष्ट्र संघ के सितंबर, 2012 के सम्मेलन में उन्होंने फिलिस्तीनी राज्य के निर्माण का समर्थन किया। इजरायल से एन.पी.टी. पर हस्ताक्षर भी करने का अनुरोध किया। मिस्र ने ईरान के साथ भी संबंधों को बेहतर करने की पहल की और अगस्त, 2012 में मिस्र के राष्ट्रपति ने ईरान की यात्रा की। यह वर्ष 1979 के बाद मिस्र के राष्ट्रपति की पहली ईरान यात्रा थी। एक अत्यधिक महत्त्वपूर्ण निर्णय के अंतर्गत मिस्र ने फिलिस्तीनियों के आवागमन के लिए राफा मार्ग को पुनः खोल दिया।

अरब स्प्रिंग का अत्यधिक प्रभाव इजरायल पर भी पड़ा है, क्योंकि मिस्र के पूर्व राष्ट्रपति होस्नी मुबारक इजरायल के मित्र थे। वर्तमान समय में अरब देशों में इस्लामी दलों के प्रभावी होने के

कारण फिलिस्तीन को ज्यादा समर्थन प्राप्त होगा तथा इजरायल पर बड़ा दबाव बनेगा। जबकि दूसरी ओर, सऊदी अरब, ईरान के प्रभाव को कम करना चाहता है, लेकिन अरब स्प्रिंग के दूसरे चरण से स्वयं को बचाए रखना भी चाहता है। अरब स्प्रिंग के परिणामस्वरूप इस क्षेत्र में अमेरिका के प्रभाव में कमी होने की संभावना है तथा रूस और चीन लगातार अपने प्रभाव को इस क्षेत्र में बढ़ाने का प्रयत्न कर रहे हैं। वर्तमान समय में सीरियाई संकट इसका प्रत्यक्ष उदाहरण है। जब रूस और चीन द्वारा सीरिया मुद्दे पर सुरक्षा परिषद में अमेरिकी प्रस्ताव पर वीटो कर दिया गया, तो अरब स्प्रिंग लोकतंत्र की स्थापना के लिए आरंभ होने वाला महत्त्वपूर्ण आंदोलन था। परंतु यह आंदोलन अपने लक्ष्यों को प्राप्त करने में विफल हो गया। यमन में आंतरिक संघर्ष बना हुआ है। मिस्र में पुनः सैनिक शासन स्थापित हो गया और लोकतांत्रिक शासन समाप्त हो गया। तथा लीबिया में भी नृजातीय संघर्ष आरंभ हो गया है। पश्चिम एशिया में अस्थायित्व बना हुआ है, इसलिए लोकतंत्र स्थापना की उम्मीदें भी लगभग समाप्त हो रही हैं।

निष्कर्ष

पश्चिम एशिया की सभी समस्याओं का मूल कारण, महाशक्तियों के बीच शक्ति संघर्ष, नृजातीय संघर्ष एवं क्षेत्रीय शक्ति-प्रतिस्पर्धा है, जिससे यह क्षेत्र अस्थायित्व एवं संघर्ष का अखाड़ा बन गया है। संघर्ष के नवीन क्षेत्र एवं आयाम बदलते रहते हैं।

अध्याय

7 इस्लामिक स्टेट इन इराक एंड सीरिया

Islamic State in Iraq and Syria (ISIS)

● इस्लामिक स्टेट इन इराक एंड सीरिया ● उत्पत्ति ● विचारधारा एवं उद्देश्य ● अरब राज्यों का दृष्टिकोण ● इस्लामी राज्य की स्थापना ● वित्तीय स्रोत ● अमेरिका एवं पश्चिमी देशों का दृष्टिकोण ● वैश्विक प्रभाव ● भारत पर प्रभाव ● सीरिया संकट

पश्चिम एशिया में धार्मिक कट्टरवाद एवं पंथनिरपेक्ष विचारधारा के बीच आरंभ से ही संघर्ष रहे हैं तथा धार्मिक कट्टरवादी विचारधारा का प्रतिनिधित्व ब्रदरहुड आंदोलन द्वारा किया गया, जिसकी स्थापना मिस्र में हुई।

मिस्र से ही अरब राष्ट्रवाद का विचार प्रभावी हुआ, जो पंथनिरपेक्ष विचारधारा थी और तुर्की में समाजवादी पंथनिरपेक्ष विचारधारा प्रभावी थी। पश्चिम एशिया में पंथनिरपेक्ष विचारधारा का विरोध इस्लामी एकता (Pan Islam) के आधार पर किया

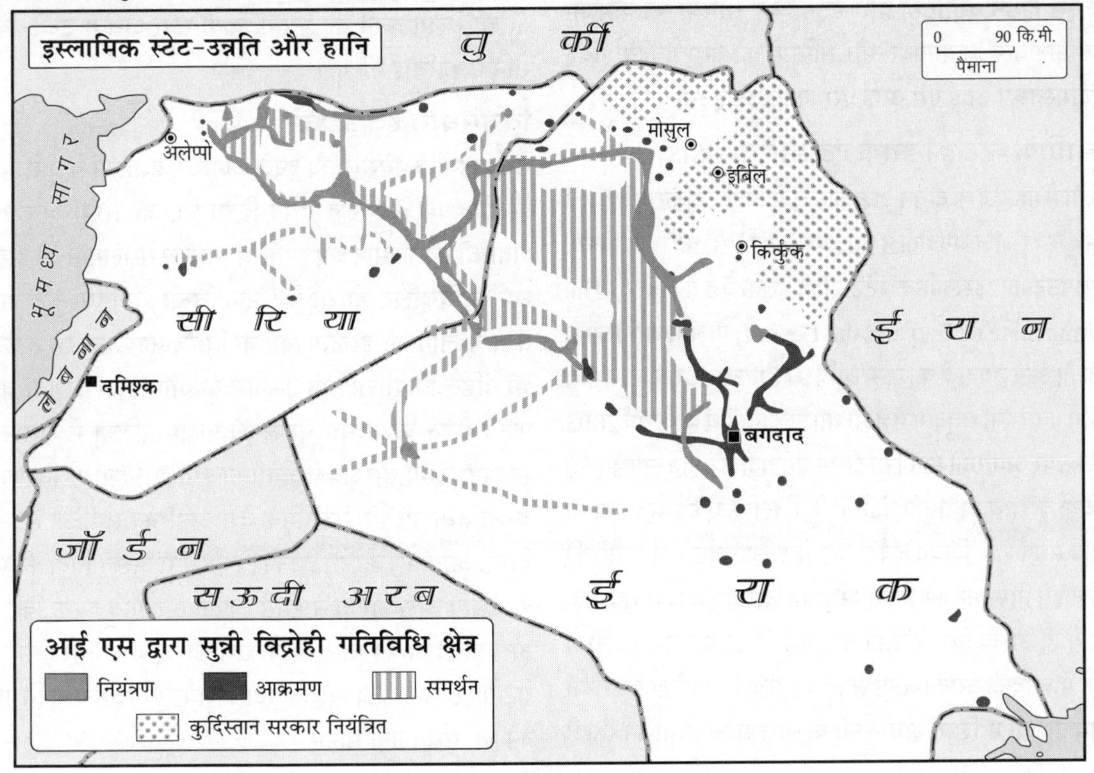

मानचित्र 24

गया और इस्लामी एकता का विचार सऊदी अरब द्वारा प्रभावी बनाया गया। वर्ष 1979 में ईरान में इस्लामी क्रांति के बाद सऊदी अरब और ईरान के बीच इस्लाम के नेतृत्व के लिए होड़ आरंभ हो गई। पश्चिम एशिया में धर्म के प्रभाव के अलावा शिया-सुन्नी के बीच मतभेद राज्यों के बीच मतभेद बन जाते हैं। ईरान एक शिया प्रधान देश है और इराक में शिया-सुन्नी की जनसंख्या लगभग बराबर है। ईरान ने सदैव इराक में शियाओं के शासन का समर्थन किया।

अमेरिका द्वारा वर्ष 1979 की इस्लामी क्रांति के बाद ईरान का विरोध किया गया तथा सऊदी अरब और संयुक्त अरब अमीरात का समर्थन किया गया। वर्ष 2003 के बाद पश्चिम एशिया में अमेरिका द्वारा ईरान को अलग-थलग करने की नीति अपनाई गई और ईरान के सहयोगी देश सीरिया के शासन को अस्थिर करने का प्रयत्न किया गया। पश्चिम एशिया में अरब स्प्रिंग के बाद पंथनिरपेक्ष शासन करने वाले शासक सत्ता से बाहर हो गए और धार्मिक शासन का प्रभाव बढ़ा, जिसकी आड़ में अलकायदा ने अपना प्रभाव बढ़ाया। अरब स्प्रिंग द्वारा धार्मिक कट्टरवाद का प्रभाव बढ़ा और पश्चिम एशिया में अस्थायित्व एवं नृजातीय संघर्ष बढ़े। इस दौरान अमेरिका द्वारा ईरान और सीरिया को कमजोर करने का प्रयत्न किया गया और सुन्नियों को बढ़ावा दिया गया, परिणामस्वरूप आई.एस.आई.एस. का उदय हुआ।

इस्लामिक स्टेट इन इराक एंड सीरिया (ISIS)

सीरिया में गृह युद्ध के दौरान अलकायदा से अलग होकर वर्ष 2013 में अबू बकर अल बगदादी ने आई.एस.आई.एस. का गठन किया। इस संगठन को 'इस्लामिक स्टेट ऑफ इराक एंड द लेवेंट' (The Islamic State of Iraq and the Levant) के नाम से भी जाना जाता है। अल बगदादी का जन्म वर्ष 1971 में उत्तरी इराक के समारा शहर में एक सुन्नी समुदाय में हुआ था। उल्लेखनीय है कि वर्ष 2003 में इराक पर अमेरिकी हमले के दौरान बगदादी ने अपने लगभग 30 साथियों के साथ अमेरिकी नीतियों के खिलाफ एक समूह बनाकर सशस्त्र संघर्ष शुरू किया। वर्ष 2005 में दक्षिणी इराक में अमेरिकी सेना ने इसे गिरफ्तार कर लिया और वह चार वर्ष जेल में रहा तथा जेल में ही अलकायदा संगठन के संपर्क में आया। वर्ष 2010 में इराक में बगदादी आतंकवादी समूह का सबसे बड़ा नेता बन गया। पश्चिम एशिया में शिया और सुन्नी के बीच सदैव विभाजन रहा है और सुन्नी बहुमत वाले देश पश्चिम एशिया में शियाओं के प्रभाव को सीमित करने की रणनीति अपनाते हैं। इसलिए सुन्नी प्रधान देशों द्वारा ईरान एवं सीरिया जैसे देशों को अलग-थलग करने का प्रयत्न किया गया। सीरिया और इराक में शिया शासकों के कारण सुन्नी समुदाय में उपेक्षा का भाव उत्पन्न हुआ।

उत्पत्ति

इराक में नौरूल मलकी की सरकार द्वारा शियाओं को प्राथमिकता दी गई तथा सुन्नियों में उपेक्षा का भाव उत्पन्न हुआ। परिणामस्वरूप सुन्नी संगठन द्वारा सरकार के विरुद्ध प्रदर्शन किया गया, जिसका समर्थन अलकायदा ने भी किया। अमेरिका द्वारा ईरान को अलग-थलग करने के लिए सीरिया में विद्रोहियों को सहायता दी गई, जिससे सीरिया के राष्ट्रपति असद को सत्ता से हटाया जा सके। सीरिया में असद सरकार के विरुद्ध सुन्नियों के विद्रोह को अमेरिका, सऊदी अरब, इजरायल व तुर्की ने सहायता दी। परिणामस्वरूप सुन्नी संगठन शक्तिशाली बन गए और आई.एस.आई.एस. का गठन हुआ। पश्चिम एशिया में महाशक्तियों ने अपना प्रभाव बनाए रखने के लिए पश्चिमी एशियाई देशों को सदैव विभाजित किया और जिन देशों द्वारा अमेरिका का विरोध किया गया, उन्हें या तो अलग-थलग करने का प्रयत्न किया गया अथवा उनके विरुद्ध सैनिक कार्रवाई की गई।

विचारधारा एवं उद्देश्य

ये ईसाइयों के विरोधी हैं। इनके अनुसार, ईसाइयों ने क्रूसेड द्वारा इस्लाम धर्म के विरुद्ध संघर्ष किया था, जो 10वीं और 11वीं शताब्दी में विद्यमान था। इनके अनुसार, वे मुसलमान जो इस्लाम धर्म से विचलित हो रहे हैं, उनके विरुद्ध भी हिंसा की जाएगी तथा वे लोग जो इस्लाम धर्म के विरुद्ध कार्य कर रहे हैं उनको भी दंडित किया जाएगा। इस्लाम के आधार पर अथवा कुरान एवं शरीयत के आधार पर समूचे पश्चिम एशिया में शासन की स्थापना करना, इस क्षेत्र से अमेरिका व पश्चिमी देशों को विस्थापित करना तथा जो भी इस्लामिक देश अमेरिका समर्थित हैं, उनके विरुद्ध आक्रमण करना। इसकी विचारधारा अलकायदा की भांति है, यद्यपि अलकायदा ने इससे अपना अलगाव व्यक्त किया है। अलकायदा के अनुसार, इसके द्वारा की गई बर्बर और हिंसात्मक घटनाएं ठीक नहीं हैं। अलकायदा ने शिया-सुन्नी के बीच विभाजन को भी उचित नहीं माना।

अरब राज्यों का दृष्टिकोण

पेरिस में संपन्न सम्मेलन में अरब देशों ने आई.एस.आई.एस. के विरुद्ध सैन्य कार्रवाई की मंजूरी दे दी है और ये स्वयं भी इसमें सहयोग कर रहे हैं, क्योंकि आई.एस.आई.एस. (ISIS) द्वारा सऊदी अरब व अन्य अरब राज्यों को यह धमकी दी गई थी कि वे अमेरिका से सभी प्रकार के संबंध समाप्त कर लें। तुर्की द्वारा आई.एस.आई.एस. के विरुद्ध हमले में अमेरिका का सहयोग किया जा रहा है, क्योंकि तुर्की नाटो का सदस्य है।

इस्लामी राज्य की स्थापना

आई.एस.आई.एस. द्वारा मुस्लिम देशों के लिए इस्लामी राज्य की स्थापना की घोषणा की गई, जो इस्लामी धार्मिक ग्रंथों के आधार पर संचालित होगा। समूचे मुस्लिम समुदाय के लिए एक इस्लामी राज्य का विचार दिया गया है, जिसका धार्मिक प्रधान खलीफा होगा तथा इसमें पश्चिमी लोकतांत्रिक पंथनिरपेक्ष शासन के लिए कोई स्थान नहीं होगा। विश्व के समूचे मुसलमानों की निष्ठा खलीफा के प्रति होनी चाहिए। यद्यपि इस विचार का समर्थन इंडोनेशिया, मलेशिया, टर्की, ईरान जैसे देश नहीं करते। आई.एस.आई.एस. ने शियाओं का विरोध किया है, इसलिए ईरान इसका विरोधी है। अतः इस्लामी राज्य की स्थापना व्यावहारिक प्रतीत नहीं होती है।

वित्तीय स्रोत

आई.एस.आई.एस. द्वारा इराक के तेल के कुओं पर नियंत्रण करके पैसा जुटाया गया। इसके अतिरिक्त अपहरण और नशीली दवाओं के अवैध व्यापार से वित्त अर्जित किया गया और धार्मिक संस्थाओं द्वारा भी इन्हें वित्तीय सहायता दी गई। यह एक ऐसा संगठन है, जो अपने वित्तीय संसाधन स्वयं उगाह रहा है।

अमेरिका एवं पश्चिमी देशों का दृष्टिकोण

आई.एस.आई.एस. के विरुद्ध अमेरिकी नेतृत्व में सीरिया व इराक पर हमला आरंभ किया गया, लेकिन यह बिंदु भी दिलचस्प है कि इस हमले में ईरान व सीरिया का साथ नहीं लिया गया है, जबकि ईरान व सीरिया के सहयोग के बिना आई.एस.आई.एस. को नियंत्रित करना कठिन है। अमेरिका की नीति ईरान व सीरिया को अलग-थलग करना तथा इनके प्रभाव को रोकना है। वर्ष 2015 में अमेरिका और ईरान के बीच एक ऐतिहासिक समझौता हुआ, जिसके द्वारा ईरान पर आरोपित आर्थिक प्रतिबंध समाप्त कर दिए गए और दोनों देशों के बीच बेहतर संबंधों की शुरुआत हुई, जिससे अमेरिका आई.एस.आई.एस. के विरुद्ध संघर्ष में ईरान का सहयोग ले सकता था और ईरान का सहयोगी सीरिया भी आई.एस.आई.एस. के विरुद्ध अमेरिका का सहयोग करने के लिए सहमत था। 2018 में अमेरिका इस समझौते से अलग हो गया।

वैश्विक प्रभाव

सीरिया से बड़ी मात्रा में लोगों का पलायन हो रहा है तथा पश्चिम एशिया में नवीन नृजातीय संघर्ष आरंभ हो गया है और यूरोप एवं अमेरिका द्वारा सीरिया के शासक असद को हटाने के बजाय, आई.एस.आई.एस. को नियंत्रित करने का प्रयत्न किया जा रहा है। आरंभ में आई.एस.आई.एस. द्वारा यह कहा गया कि वे इराक और सीरिया में इस्लामी राज्य की स्थापना करना चाहते हैं और वे इस राज्य में खलीफा की नियुक्ति करेंगे। परंतु इन्होंने पेरिस और बेल्जियम में आतंकवादी हमला किया तथा बांग्लादेश के ढाका शहर में भी इन्होंने विदेशियों को अपना निशाना बनाया, जिससे यह प्रतीत होता है कि इनका उद्देश्य समूचे विश्व में आतंक पैदा करना है। इराक और सीरिया में इनकी पकड़ जैसे-जैसे कमजोर हो रही है, ये विश्व के अन्य भागों पर अपने हमले बढ़ा रहे हैं।

भारत पर प्रभाव

आई.एस.आई.एस. का विस्तार भारत के लिए एक बड़ी वैचारिक चुनौती है, क्योंकि आई.एस.आई.एस. की विचारधारा धर्म को बढ़ावा देने वाली विचारधारा है, जबकि भारत एक पंथनिरपेक्ष देश है। आई.एस.आई.एस. का बढ़ता प्रभाव भारत की आंतरिक सुरक्षा हेतु गंभीर चुनौती प्रस्तुत करेगा। आई.एस.आई.एस. के बढ़ते प्रभाव के कारण पश्चिम एशिया में लगातार संघर्ष बढ़ रहे हैं और अस्थायित्व बना हुआ है। परिणामस्वरूप पश्चिम एशिया में बड़ी संख्या में रहने वाले भारतीय मूल के लोगों को भारत वापस आना पड़ रहा है, जिससे भारत को दोतरफा नुकसान हो रहा है। इससे भारत को विदेशी मुद्रा की प्राप्ति नहीं होगी और भारत में बेरोजगारी बढ़ेगी तथा भारत का विदेशी निर्यात भी प्रभावित होगा। भारत के तेल आपूर्ति का लगभग 60 प्रतिशत भाग पश्चिम एशियाई राज्यों से आता है और इराक, भारत को तेल निर्यात करने वाला प्रमुख देश है। आई.एस.आई.एस. का नियंत्रण इराक के तेल उत्पादित क्षेत्रों पर होने से भविष्य में तेल आपूर्ति एवं कीमतें प्रभावित हो सकती हैं।

आई.एस.आई.एस. द्वारा यह योजना बनाई गई है कि आने वाले समय में वह भारत पर नियंत्रण स्थापित करेगा। वर्तमान में भारतीय मूल के लोग भी आई.एस.आई.एस. के लड़ाकू दस्ते में शामिल हो रहे हैं, जो भारत की सुरक्षा के लिए अत्यधिक खतरनाक है। अमेरिका और पश्चिमी देशों द्वारा आई.एस.आई.एस. के विरुद्ध सैन्य संघर्ष में भारत से भी सैन्य योगदान का अनुरोध किया गया है। विचारकों के अनुसार, भारत को अपने अंतर्राष्ट्रीय दायित्वों का निर्वाह करना चाहिए, क्योंकि भारत एक महाशक्ति है। परंतु भारत द्वारा इस संघर्ष में सेना भेजने का विचार नहीं किया जा रहा है, क्योंकि पश्चिम एशिया के इस संघर्ष में एक देश के साथ होने का अभिप्राय दूसरे देश का सीधा विरोध है। इसलिए भारत सभी देशों के साथ संबंध बेहतर बनाए रखने पर बल दे रहा है।

वर्तमान में आई.एस.आई.एस. लगभग दम तोड़ चुका है परंतु वैचारिक रूप में इसका प्रभाव कायम है। पश्चिम एशिया में अपने राजनीतिक हितों की पूर्ति के लिए धार्मिक कट्टरवाद को प्रोत्साहित किया जाता है। धार्मिक मान्यताओं की आड़ में राजशाही शासन को वैधता प्रदान की जाती है। इस क्षेत्र में संगठन परिवर्तित होते रहते हैं, परंतु कट्टरवादी विचारधारा का प्रभाव निरंतर कायम है।

सीरिया संकट

सीरिया की आबादी लगभग 2.46 करोड़ है, जिसमें सुन्नी मुस्लिम बहुमत में हैं, परंतु शासक (असद) शिया समुदाय से था। सीरियाई विद्रोहियों ने दिसंबर 2024 में राष्ट्रपति बशर अल-असद के 24 वर्ष पुराने शासन को उखाड़ दिया। इस्लामी आतंकवादी समूह हयात तहरीर अल-शाम (HTS) के नेतृत्व में सीरियाई विद्रोहियों ने असद को सत्ता से बेदखल कर दिया। वर्तमान में तहरीर अल-शाम के प्रमुख अहमद अल-शरा सीरिया के अंतरिम राष्ट्रपति नियुक्त हुए हैं। सीरिया संकट के प्रमुख कारण अग्रलिखित हैं।

1. नृजातीय संघर्ष

सीरिया का शासक बशर अल-असद शिया समुदाय का था, जबकि बहुमत जनसंख्या सुन्नियों की है, इसलिए सुन्नी समुदाय द्वारा असद का विरोध किया गया। असद द्वारा शासन में धर्म का प्रयोग नहीं किया गया इसलिए कट्टरपंथी असद के विरोधी रहे।

2. क्षेत्रीय शक्ति संघर्ष

पश्चिम एशिया में ईरान एवं संयुक्त अरब अमीरात के बीच शक्ति प्रतिस्पर्धा बनी हुई है। ईरान शिया प्रधान देश है एवं इस्लाम के नेतृत्व का दावा करता है, जबकि संयुक्त अरब अमीरात सुन्नी प्रधान राष्ट्र है जो स्वयं को इस्लाम का नेता मानता है।

3. महाशक्तियों के हित

अमेरिका, सीरिया के शासक असद को सत्ता से हटाना चाहता था। अमेरिका ने असद पर लोकतंत्र एवं मानवाधिकारों के उल्लंघन का आरोप लगाया। वास्तविक रूप में अमेरिका ईरान को अलग-थलग करने के लिए सीरिया से सत्ता परिवर्तन कराना चाहता था क्योंकि अमेरिका ईरान का विरोधी है, जबकि सीरिया, ईरान का मित्र है। रूस एवं चीन इस सत्ता परिवर्तन के विरोधी हैं। अमेरिका का मित्र इजरायल भी असद को सत्ता से हटाना चाहता था, क्योंकि सीरिया, ईरान का मित्र है। ईरान, इजरायल का विरोधी है।

निष्कर्ष

भारत किसी राष्ट्र के आंतरिक मामले में हस्तक्षेप का विरोधी है एवं समस्या के शांतिपूर्ण समाधान का समर्थक है। पश्चिम एशिया में होने वाले अस्थायित्व से भारत की आंतरिक सुरक्षा एवं ऊर्जा सुरक्षा भी प्रभावित होती है।

भाग
7

मध्य एशिया

अध्याय

1 भारत और मध्य एशिया

India and Middle Asia

● भू-राजनीति ● प्राकृतिक संसाधन ● शासन प्रणाली ● कनेक्ट सेंट्रल एशिया नीति ● व्यापारिक संबंध ● ऊर्जा सुरक्षा ● कनेक्टिविटी ● क्षमता निर्माण कार्यक्रम ● सांस्कृतिक संबंध ● सामरिक संबंध ● रूस और मध्य एशिया ● चीन और मध्य एशिया ● मध्य एशिया और अमेरिका ● शंघाई सहयोग संगठन

भू-राजनीति (Geo-Politics)

सोवियत संघ अनेक राज्यों से निर्मित एक संघीय शासन था, जो समाजवादी विचारधारा द्वारा जोड़ा गया था, परंतु वर्ष 1991 में संघ का विघटन हो गया। मध्य एशियाई देश वर्ष 1991 से पहले पूर्व सोवियत संघ (USSR) का हिस्सा थे। वर्ष 1991 में सोवियत संघ के विघटन के बाद स्वतंत्र मध्य एशियाई देशों का उदय हुआ, जिसमें कजाकिस्तान, ताजिकिस्तान, उज्बेकिस्तान, तुर्कमेनिस्तान और किर्गीस्तान सम्मिलित हैं। ये भू-आबद्ध देश हैं। अतः व्यापार के लिए रूस एवं पश्चिमी एशियाई देशों पर निर्भर हैं। रूस और चीन इनके निकट स्थित दो महाशक्तियां हैं। इन देशों की जनसंख्या इस प्रकार है-

मध्य एशियाई देशों की जनसंख्या

देश	जनसंख्या
उज्बेकिस्तान	3 करोड़, 60 लाख
कजाकिस्तान	2 करोड़
ताजिकिस्तान	1 करोड़
किर्गीस्तान	71 लाख
तुर्कमेनिस्तान	70 लाख
कुल	लगभग 8 करोड़

प्राकृतिक संसाधन

यहां प्राकृतिक संसाधन विद्यमान हैं। इन देशों में इस्लाम धर्म के मानने वालों का बहुमत है, परंतु इन देशों में विद्यमान जीवनशैली पश्चिमी देशों से प्रभावित है। ये सभी राज्य पूर्व सोवियत संघ के भाग थे और भारत के सोवियत संघ के साथ संबंध मित्रतापूर्ण बने रहे। इसलिए इन देशों में भी भारत के प्रति सकारात्मक दृष्टिकोण विद्यमान है। इन देशों में पेट्रोलियम तथा गैस जैसे ऊर्जा संसाधनों की बहुलता है। यहां यूरेनियम के भंडार भी बड़ी मात्रा में उपलब्ध हैं। कजाकिस्तान में विश्व का 15 प्रतिशत यूरेनियम पाया जाता है। विश्व के कुल गैस भंडारों का 5 प्रतिशत भाग तुर्कमेनिस्तान में पाया जाता है।

शासन प्रणाली

वर्ष 1991 के बाद इन देशों में नृजातीय संघर्ष उत्पन्न हुआ। इन देशों में आज भी अधिनायकवादी शासन है और किर्गीस्तान को छोड़कर कोई भी देश लोकतांत्रिक नहीं है। सितंबर, 2001 के बाद मध्य एशिया में आतंकवाद का प्रभाव बढ़ने लगा। अफगानिस्तान में तालिबानी शासन के कारण इस क्षेत्र में धार्मिक कट्टरता का तीव्र प्रसार हुआ तथा वर्तमान में इन देशों में आतंकवादी अपना प्रभाव फैलाने का प्रयत्न कर रहे हैं। तुर्कमेनिस्तान में इस्लामिक मूवमेंट प्रमुख आतंकवादी संगठन

है, जिसके द्वारा इस क्षेत्र में आतंकवाद का प्रसार किया जाता है, जो अलकायदा से भी जुड़ा हुआ है। वर्ष 1991 के बाद भारत द्वारा उदारीकरण और निजीकरण की नीति अपनाई गई और इसलिए इन देशों के साथ परंपरागत संबंधों को व्यापारिक संबंधों में परिवर्तित करने का प्रयत्न किया गया।

कनेक्ट सेंट्रल एशिया नीति

इस नीति का आशय, मध्य एशियाई देशों के साथ संचार व परिवहन की कनेक्टिविटी पर बल देना है, क्योंकि मध्य एशियाई देश भू-आबद्ध हैं और भारत की सीमा इन देशों के साथ नहीं मिलती। भारत द्वारा इस नीति के अंतर्गत वाणिज्य, कनेक्टिविटी, वाणिज्यिक दूतावास तथा समुदाय कनेक्टिविटी (4C-Commerce, Connectivity, Consular and Community) पर महत्त्वपूर्ण बल दिया गया। भारत द्वारा मध्य एशियाई देशों के साथ संबंधों को और प्रगाढ़ बनाने के लिए जून, 2012 से ट्रैक-2 कूटनीति की पहल की गई है। यह उल्लेखनीय है कि इन क्षेत्रों के साथ भारत के सांस्कृतिक संबंध पहले से ही बेहतर रहे हैं।

व्यापारिक संबंध

भारत और ताजिकिस्तान के बीच वर्तमान में द्विपक्षीय व्यापार लगभग 50 मिलियन डॉलर है। यह द्विपक्षीय व्यापार अपनी क्षमता से अत्यधिक कम है, जिसे बढ़ाने का प्रयत्न किया जा रहा है। किर्गीस्तान और कजाकिस्तान में मध्य एशिया के जल संसाधन का लगभग 90 प्रतिशत भाग पाया जाता है। इसलिए जल विद्युत ऊर्जा के लिए भी इन क्षेत्रों का अत्यधिक महत्त्व है। मध्य एशियाई देश भारतीय वस्तुओं के निर्यात के नए केंद्र बन सकते हैं।

मध्य एशिया के देशों के साथ व्यापार (2023-24)

(मिलियन डॉलर में)

देश	आयात	निर्यात	कुल व्यापार
उज्बेकिस्तान	98.80	372.56	471.36
कजाकिस्तान	95.14	236.56	331.7
ताजिकिस्तान	0.01	51.64	51.65
तुर्कमेनिस्तान	74.93	37.46	112.39
किर्गीस्तीन	9.34	45.72	55.06

ऊर्जा सुरक्षा

तुर्कमेनिस्तान के साथ गैस पाइप लाइन बिछाने के प्रस्ताव पर गंभीरता से विचार किया जा रहा है। दोनों देशों के बीच इस गैस पाइप लाइन को बिछाने पर सैद्धांतिक सहमति हो चुकी है तथा यह गैस पाइप लाइन तुर्कमेनिस्तान, अफगानिस्तान, पाकिस्तान से होकर भारत (TAPI) आएगी, जिसमें 10 बिलियन डॉलर की राशि खर्च होगी, जिससे भारत की पश्चिम एशिया पर ऊर्जा के लिए अंतर्निर्भरता कम होगी।

कनेक्टिविटी

भारत की विदेश व्यापार नीति, 2015-20 में अंतर्राष्ट्रीय उत्तर-दक्षिण परिवहन कॉरिडोर (International North-South Transport Corridor) के महत्त्व पर अत्यधिक बल दिया गया है, जिसके द्वारा मुंबई से मॉस्को के बीच में ईरान होते हुए रेल, सड़क और जल परिवहन संपर्क को सुदृढ़ करने पर बल दिया जा रहा है। इस संपर्क द्वारा भारत का व्यापार सीधे पूर्वी यूरोपीय देशों तक फैलाया जा सकता है। भारत, विश्व का तीसरा सबसे बड़ा ऊर्जा का आयात करने वाला देश है और इन देशों के साथ बेहतर संपर्क से भारत की ऊर्जा सुरक्षा बेहतर होगी। भारत द्वारा इस उत्तर-दक्षिण कॉरिडोर के विकल्प को प्रभावी बनाने के लिए ईरान के चाबहार पत्तन का विकास किया जा रहा है तथा भारत में इसे विकसित करने के लिए 500 मिलियन डॉलर का निवेश भी किया गया है और यह कॉरिडोर चीन द्वारा प्रस्तावित समुद्री सिल्क परियोजना का विकल्प भी हो सकता है।

क्षमता निर्माण कार्यक्रम

भारत द्वारा मध्य एशिया क्षेत्र में क्षमता निर्माण कार्यक्रम का संचालन किया जा रहा है, जिसके द्वारा सूचना प्रौद्योगिकी क्षेत्र में प्रशिक्षण, शिक्षा एवं स्वास्थ्य क्षेत्र के विकास के लिए भारत स्थानीय लोगों के कौशल विकास कार्यक्रम में शामिल है। भारत के अंग्रेजी भाषी इंजीनियरों व डॉक्टरों द्वारा मध्य एशिया के लोगों को विभिन्न क्षेत्रों में प्रशिक्षण दिया जा रहा है।

सांस्कृतिक संबंध

मध्य एशियाई देश, पूर्व सोवियत संघ के भाग थे और सोवियत संघ के साथ भारत के सांस्कृतिक संबंध अत्यधिक महत्त्वपूर्ण थे। इसलिए मध्य एशियाई देशों में भारतीय संस्कृति एवं फिल्मों का अत्यधिक प्रभाव है। इस्लाम धर्म को मानने वाले इन देशों के भारत के साथ मुगल शासन के दौरान से ही संबंध कायम हैं तथा भारत सरकार द्वारा मध्य एशियाई

देशों के साथ सांस्कृतिक संबंधों को सुदृढ़ बनाने पर बल प्रदान किया गया है।

सामरिक संबंध

इस नीति की शुरुआत करते हुए सितंबर, 2012 में भारतीय राष्ट्रपति ने ताजिकिस्तान की यात्रा की। ताजिकिस्तान की सामरिक अवस्थिति अत्यधिक महत्त्वपूर्ण है, क्योंकि इसकी सीमाएं चीन, अफगानिस्तान, उज्बेकिस्तान व किर्गीस्तान से मिलती हैं। भारत के लिए ताजिकिस्तान का अत्यधिक महत्त्व है, क्योंकि इसकी सीमाएं अफगानिस्तान से लगती हैं। वर्ष 2014 में अफगानिस्तान से अंतर्राष्ट्रीय सेनाओं की संख्या कम कर दी गई है। भविष्य में संयुक्त राज्य अमेरिका भी यहां संबद्ध होगा। इसलिए भारत, मध्य एशियाई राज्यों के साथ सहयोग करके न केवल अफगानिस्तान में स्थायित्व लाने में सहायक होगा, बल्कि मध्य एशिया में भी शांति और स्थिरता बढ़ेगी और मध्य एशिया के साथ सामरिक सहभागिता का समझौता भी किया गया है। ताजिकिस्तान, विश्व का एकमात्र ऐसा देश है, जहां भारत का सैनिक अड्डा स्थित है। आयनी में स्थित इस सैनिक अड्डे को और विकसित करने का समझौता किया गया है। भारत द्वारा ताजिकिस्तान को सैनिक प्रशिक्षण भी दिया जा रहा है। यह भी उल्लेखनीय है कि अधिकांश मध्य एशियाई देश आतंकवाद, पृथकतावाद एवं नशीली दवाओं के अवैध व्यापार से त्रस्त हैं। इसलिए भारत के साथ इस क्षेत्र में भी सहयोग किया जा रहा है।

कजाकिस्तान और भारत के बीच आरंभ से ही सैन्य, आर्थिक, वैज्ञानिक और अंतरिक्ष क्षेत्रों में सहयोग विद्यमान रहे हैं। सोवियत संघ के विघटन के बाद रूस के पश्चात् कजाकिस्तान सबसे बड़ा देश है। भारत और कजाकिस्तान के प्रगाढ़ संबंधों को दोनों देशों के बीच नागरिक परमाणु समझौते के माध्यम से भी देखा जा सकता है। कजाकिस्तान और भारत के बीच ऊर्जा, सूचना प्रौद्योगिकी एवं स्वास्थ्य के क्षेत्र में भी सहयोग हो रहा है। कजाकिस्तान के पुनर्निर्माण में दोनों देशों की भूमिका उल्लेखनीय है। कजाकिस्तान के बढ़ते महत्त्व को देखते हुए वर्ष 2009 में कजाकिस्तान के राष्ट्रपति को भारतीय गणतंत्र दिवस के समारोह में मुख्य अतिथि के रूप में आमंत्रित किया गया।

जुलाई, 2015 में भारतीय प्रधानमंत्री नरेन्द्र मोदी द्वारा सभी मध्य एशियाई देशों की यात्रा की गई तथा उनकी यात्रा में आतंकवाद के विरुद्ध साझे सहयोग पर प्रमुख बल दिया गया। वर्तमान में पश्चिम एशिया में इस्लामी राज्य के निर्माण के लिए आई.एस.आई.एस. द्वारा की गई हिंसा का प्रभाव मध्य एशियाई देशों पर भी पड़ रहा है तथा आई.एस.आई.एस. में मध्य एशियाई देशों के नागरिक भी सम्मिलित हो रहे हैं। ऊर्जा आपूर्ति दोनों देशों के बीच सहयोग का बड़ा मुद्दा है। कजाकिस्तान के साथ भारत का पहले से ही यूरेनियम आपूर्ति का समझौता है। इसलिए अफगानिस्तान में शांति एवं स्थिरता बनाए रखना दोनों के साझे हित में है। यह भी उल्लेखनीय है कि भारत एक महाशक्ति है। इसलिए भारत के हित समूचे विश्व में फैले हुए हैं। मध्य एशियाई देशों में चीन का प्रभाव पहले ही बढ़ चुका है। इसलिए भारत भी इन देशों के साथ अपने परंपरागत संबंधों को सुदृढ़ कर रहा है। नरेन्द्र मोदी की कजाकिस्तान यात्रा के दौरान दोनों देशों के बीच रक्षा संबंधों के समझौते के ज्ञापन पर हस्ताक्षर हुए, जिसके अंतर्गत सेना के अधिकारियों का आदान-प्रदान, सैन्य प्रशिक्षण तथा संयुक्त सैनिक अभ्यास शामिल है। दोनों देशों के बीच यूरेनियम की आपूर्ति पर भी समझौता हुआ है। भारत का कजाकिस्तान के अलावा रूस, मंगोलिया, अर्जेंटीना, नामीबिया के साथ भी यूरेनियम आपूर्ति का समझौता हो चुका है, जिसके द्वारा भारत में परमाणु ऊर्जा के उत्पादन को बढ़ाया जाएगा।

रूस और मध्य एशिया

रूस द्वारा इस क्षेत्र पर सदैव अपना प्रभाव बनाया गया है। भौगोलिक रूप में मध्य एशियाई देश यूरोपीय देशों को तेल और गैस के निर्यात हेतु रूस पर निर्भर हैं। मध्य एशिया में बढ़ती कट्टरवादी विचारधारा से भी रूस की सुरक्षा के लिए खतरा उत्पन्न होता है और महाशक्ति होने के कारण रूस इन पड़ोसी देशों पर अपना प्रभाव बनाए रखना चाहता है।

चीन और मध्य एशिया

चीन, मध्य एशियाई देशों का पड़ोसी राज्य है और कजाकिस्तान की सीमा चीन से मिलती है। वर्तमान में चीन और मध्य एशियाई देशों के बीच द्विपक्षीय व्यापार बढ़कर 90 बिलियन डॉलर हो

चुका है। चीन द्वारा कजाकिस्तान से तेल की आपूर्ति की जाती है। तुर्कमेनिस्तान से प्राकृतिक गैस की आपूर्ति होती है तथा किर्गीस्तान और ताजिकिस्तान में सोने की खानों में चीन का निवेश है। चीन द्वारा मध्य एशियाई देशों की आधारभूत संरचना का विकास किया जा रहा है। इसलिए चीन, मध्य एशियाई देशों में अपनी गहरी पैठ बना चुका हैं। सिल्क मार्ग द्वारा चीन समूचे क्षेत्र का प्रभावी विकास कर रहा है जिससे चीन एवं यूरोप के बीच व्यापारिक दूरी कम होगी तथा मध्य एशियाई देशों को कनेक्टिविटी का लाभ मिलेगा।

मध्य एशिया और अमेरिका

मध्य एशियाई देशों की स्वतंत्रता के बाद अमेरिका द्वारा इन देशों में लोकतांत्रिक शासन स्थापित करने के लिए प्रोत्साहन दिया गया, जिससे चीन एवं रूस, अमेरिका के बढ़ते प्रभाव को अपने लिए खतरा मानने लगे। वर्ष 2011 में किर्गीस्तान मध्य एशियाई क्षेत्र में पहला देश बन गया, जहां सत्ता का लोकतांत्रिक एवं शांतिपूर्ण हस्तांतरण हुआ। अमेरिका द्वारा मध्य एशियाई देशों के साथ प्रभावी संबंध बनाए जा रहे हैं। सितंबर, 2001 में अमेरिका पर आतंकवादी हमले के बाद अफगानिस्तान में सैनिक कार्रवाई की गई तथा अफगानिस्तान में आतंकवादियों को नियंत्रित करने के लिए अंतर्राष्ट्रीय सेनाएं तैनात की गईं। मध्य एशियाई देशों के समर्थन द्वारा ही अफगानिस्तान में आतंकवाद पर प्रभावी नियंत्रण किया जा सकता है। वर्ष 2014 में अमेरिकी सेनाओं की अफगानिस्तान से युद्धक भूमिका समाप्त हो चुकी है। इसलिए भविष्य में अफगानिस्तान में स्थायित्व बनाए रखने के लिए मध्य एशियाई देशों का समर्थन आवश्यक है। वर्तमान में मध्य एशिया में अमेरिकी प्रभाव लगभग समाप्त होता जा रहा है।

शंघाई सहयोग संगठन (SCO)

सोवियत संघ के विघटन के बाद अमेरिका का प्रभाव समूचे विश्व पर निर्णायक बनकर उभरा और रूस दूसरे दर्जे की शक्ति बन गया। चीन द्वारा अमेरिका के प्रभाव को मध्य एशियाई क्षेत्रों में सीमित करने के लिए रूस के साथ सहयोग का निर्णय लिया गया। इसलिए वर्ष 2001 में शंघाई सहयोग संगठन की स्थापना (शंघाई फाइव, 1996 का विस्तार) हुई, जिसमें चीन की भूमिका अत्यधिक निर्णायक है। इसमें मध्य एशिया के चार राज्य (तुर्कमेनिस्तान को छोड़कर) ताजिकिस्तान, कजाकिस्तान, उज्बेकिस्तान, किर्गीस्तान तथा रूस, चीन, भारत, पाकिस्तान ईरान और बेलारूस सम्मिलित हैं। अफगानिस्तान व मंगोलिया पर्यवेक्षक राष्ट्र के रूप में शामिल है। वर्ष 2017 में भारत और पाकिस्तान को शंघाई सहयोग संगठन की सदस्यता प्रदान की गई। चीन के अनुसार, शंघाई सहयोग संगठन द्वारा भारत एवं पाकिस्तान के बीच संबंधों को सामान्य बनाया जाएगा, जबकि आलोचकों का मानना है कि चीन द्वारा भारत को प्रतिसंतुलित करने के लिए पाकिस्तान को संगठन की सदस्यता प्रदान की गई है।

शंघाई सहयोग संगठन की स्थापना का मूल उद्देश्य इस क्षेत्र में पृथकतावाद, आतंकवाद एवं कट्टरवाद को नियंत्रित करना है। वर्तमान समय में शंघाई सहयोग परिषद के उद्देश्यों का विस्तार हो रहा है और अब इसमें सुरक्षा के विषय तथा आर्थिक मुद्दों पर सहयोग को शामिल कर लिया गया है। सुरक्षा विशेषज्ञों ने शंघाई सहयोग परिषद को पूर्व के नाटो (नॉर्थ अटलांटिक ट्रिटी ऑर्गेनाइजेशन) का नाम दिया है। वर्तमान समय में चीन के प्रभावी उभार के कारण शंघाई सहयोग संगठन की भूमिका बढ़ रही है तथा चीन इस समूचे क्षेत्र में अपना प्रभुत्व बनाए रखना चाहता है।

निष्कर्ष

वर्तमान समय में भारत, शंघाई सहयोग परिषद का पूर्ण सदस्य बन गया है। भारत ने शंघाई सहयोग परिषद के प्रमुख राज्य ताजिकिस्तान के साथ वर्ष 2012 में सामरिक सहभागिता का समझौता किया है। भारत द्वारा मध्य एशिया को जोड़ने की नीति अपनाकर इस क्षेत्र में प्रभावी संबंधों का निर्माण किया जा रहा है। शंघाई सहयोग परिषद के पर्यवेक्षक राष्ट्रों में अफगानिस्तान के साथ भारत के संबंध अत्यधिक मधुर हैं। वर्ष 2012 में भारत द्वारा 'कनेक्ट सेंट्रल एशिया नीति' की घोषणा की गई, जिसके माध्यम से मध्य एशियाई देशों के साथ सामरिक, व्यापारिक और सांस्कृतिक संबंधों पर प्रभावी बल दिया गया है।

भाग

8

भारत और महाशक्तियां

1. भारत और संयुक्त राज्य अमेरिका
2. भारत-चीन
3. भारत-रूस
4. भारत-जापान
5. भारत-यूरोपीय यूनियन
6. भारत-चीन-रूस त्रिकोण

अध्याय

1 भारत और संयुक्त राज्य अमेरिका

India and USA

● इतिहास ● शीत युद्ध के दौरान मतभेद ● शत्रुतापूर्ण युग का आरंभ ● शीत युद्ध की राजनीति एवं अमेरिका का भारत विरोध ● शीत युद्ध के बाद संबंध ● राष्ट्रपति बाइडेन और भारत-अमेरिका संबंध ● कश्मीर मुद्दा ● मानवाधिकार का मुद्दा ● परमाणु मुद्दा ● आर्थिक सहयोग ● आर्थिक संबंध ● सामरिक संबंधों के नए चरण ● रक्षा समझौते के नए फ्रैमवर्क ● रक्षा संबंध ● अनौपचारिक सैन्य गठबंधन ● आतंकवाद ● भारतीय मूल के लोग और लोकतंत्र ● वीजा नीति ● अमेरिका की एशिया केंद्रित नीति ● नवीन वैश्विक व्यवस्था ● सिविल परमाणु समझौता

अमेरिका विश्व की एक प्रमुख महाशक्ति है। वरुण साहनी का कहना है कि अमेरिका विश्व की सबसे बड़ी सैन्य शक्ति और अर्थव्यवस्था है और यह वैश्विक व्यवस्था को निर्धारित करता रहा है। यह एक लोकतांत्रिक तथा उदार देश है। संयुक्त राज्य अमेरिका (USA) विश्व का चौथा सबसे बड़ा देश है। यहां लगभग 34 करोड़ जनसंख्या निवास करती है जो भारत तथा चीन के बाद तीसरे स्थान पर है। अंग्रेजी भाषी यह देश मूलतः इंग्लैंड तथा यूरोप के प्रवासियों द्वारा बसा है। द्वितीय विश्व युद्ध के बाद संयुक्त राज्य अमेरिका विश्व की दो महाशक्तियों में से एक था तथा वर्तमान में यह विश्व की अकेली सुपर पावर है। अमेरिका विश्व की सबसे बड़ी सैनिक ताकत एवं अर्थव्यवस्था है और इसके द्वारा विश्व व्यवस्था का निर्धारण होता है। यह विश्व की सबसे बड़ी आर्थिक शक्ति है। यह एक लोकतांत्रिक, उदारवादी और पूंजीवादी देश है।

इतिहास

द्वितीय विश्व युद्ध के पश्चात् अमेरिका विश्व का सबसे शक्तिशाली देश बनकर उभरा, जबकि भारत स्वतंत्र हुआ। स्वतंत्र भारत में लोकतांत्रिक शासन प्रणाली को स्वीकार किया गया एवं भारत ने गुटनिरपेक्ष विदेश नीति को अपनाया। भारत विकासशील देशों में एक प्रमुख लोकतांत्रिक राज्य था। अमेरिकी विदेश नीति का मूल उद्देश्य साम्यवाद को नियंत्रित एवं प्रतिसंतुलित करना था। अतः अमेरिका ने साम्यवाद को नियंत्रित करने में भारत से सहायता की अपेक्षा की, जबकि भारत ने स्वतंत्र एवं स्वायत्त विदेश नीति को अपनाया। भारत के आरंभिक विकास में अमेरिका ने अत्यधिक आर्थिक एवं तकनीकी सहायता प्रदान की एवं दोनों देशों की लोकतांत्रिक शासन प्रणाली के कारण भी संबंध मजबूत हुए।

शीत युद्ध के दौरान मतभेद

परंतु निम्नलिखित कारणों से शीत युद्ध के दौरान भारत एवं अमेरिकी संबंध प्रतिकूल हुए-

- भारत ने सार्वजनिक उद्यमों की प्राथमिकता का सिद्धांत अपनाया, जबकि अमेरिका ने निजी उद्यमों को बढ़ावा देने वाला सिद्धांत स्वीकार किया।
- कश्मीर मुद्दे पर अमेरिका ने भारत पर दबाव का प्रयोग किया तथा पाकिस्तान का समर्थन किया।
- भारत की गुटनिरपेक्ष विदेश नीति को अमेरिका ने स्वीकार नहीं किया।
- भारत द्वारा सोवियत संघ के साथ बेहतर संबंधों को अमेरिका ने संदेह के दृष्टिकोण से देखा।

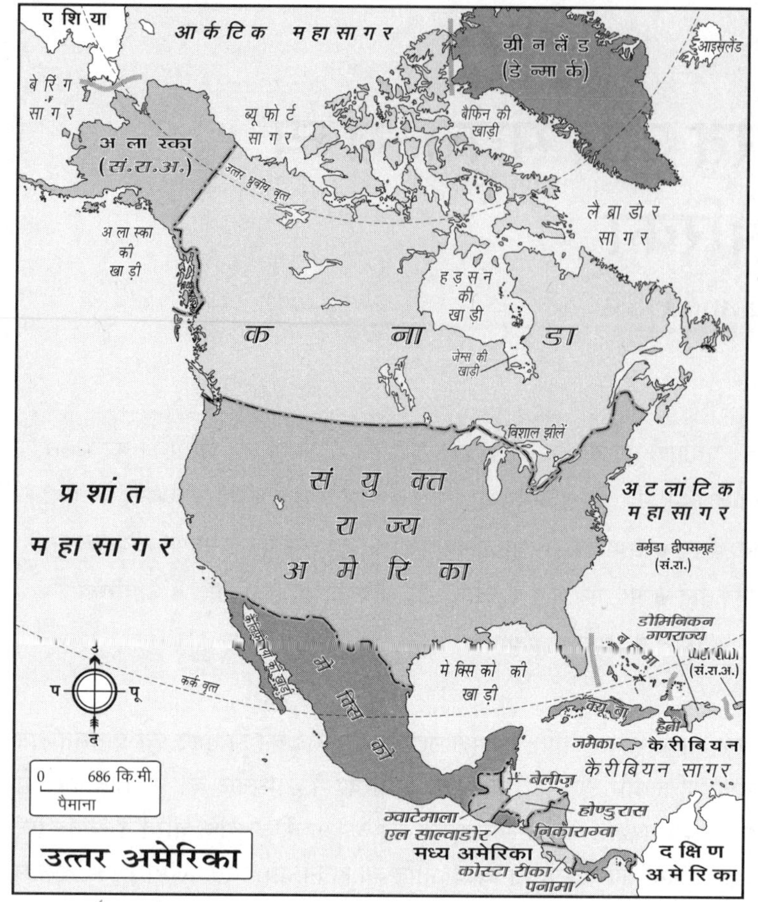

मानचित्र 25

- गोवा पर पुर्तगालियों का नियंत्रण था तथा पुर्तगाल नाटो का सदस्य था, इसलिए अमेरिका और पुर्तगाल के मध्य मित्रतापूर्ण संबंध थे। वर्ष 1961 में भारत द्वारा गोवा को पुर्तगालियों से मुक्त कराने के लिए अभियान शुरू हुआ। अतः गोवा की मुक्ति के संबंध में अमेरिका ने पुर्तगाल का समर्थन किया।

उपरोक्त मतभेदों के बावजूद 60 के दशक में भारत एवं अमेरिका के संबंध अत्यधिक बेहतर रहे। वर्ष 1962 में भारत-चीन युद्ध में अमेरिका ने भारत को पूर्ण समर्थन प्रदान किया तथा भारत को तकनीकी एवं आर्थिक सहायता भी प्रदान की। परंतु भारत एवं अमेरिका के मध्य ये मधुर संबंध ज्यादा दूरगामी सिद्ध नहीं हुए, क्योंकि वर्ष 1965 के भारत एवं पाकिस्तान युद्ध के बाद अमेरिका ने दोनों देशों को युद्ध के लिए समान रूप से उत्तरदायी माना और भारत के लिए आर्थिक और सैनिक सहायता पर भी प्रतिबंध लगा दिया, जिससे भारत एवं अमेरिकी संबंधों में दूरी बन गई।

शत्रुतापूर्ण युग का आरंभ

वर्ष 1971 में विश्व राजनीति में महत्त्वपूर्ण परिवर्तन हुए तथा अमेरिका एवं चीन के मध्य संबंध सामान्य हो गए और दोनों देश शत्रु से मित्र के रूप में परिवर्तित हो गए।

शीत युद्ध की राजनीति एवं अमेरिका का भारत विरोध

वर्ष 1971 में भारत एवं सोवियत संघ के बीच शांति एवं मित्रता की संधि संपन्न हुई, जिससे भारत और अमेरिका के बीच संबंध कटु हो गए। वर्ष 1971 में अमेरिका-चीन-पाकिस्तान एक साथ हो गए, इनका दृष्टिकोण भारत विरोधी था। इसी वर्ष भारत एवं पाकिस्तान के बीच युद्ध आरंभ हो गया, जिसमें अमेरिका ने पाकिस्तान की सहायता की और भारत के विरुद्ध अपना सातवां जहाजी बेड़ा यू.एस.एस. इंटरप्राइजेज बंगाल की खाड़ी में भेज दिया। अतः भारत-अमेरिकी संबंध निम्नतम बिंदु पर पहुंच गए। वर्ष 1974 में भारत ने शांतिपूर्ण परमाणु परीक्षण किया जिसकी अमेरिका ने कड़ी आलोचना की। भारत के ऊपर परमाणु एवं तकनीकी क्षेत्र में प्रतिबंध भी लगा दिया। वर्ष 1975 में भारत में आपातकाल लागू कर दिया गया, जिसकी अमेरिका ने कड़ी आलोचना की।

वर्ष 1977 में भारत में पहली बार गैर-कांग्रेसी सरकार का गठन हुआ और जनता पार्टी सरकार ने अमेरिका के साथ संबंध बेहतर करने पर बल दिया। इसमें जनता पार्टी सरकार सफल नहीं हुई, क्योंकि वर्ष 1979 में सोवियत संघ ने अफगानिस्तान में सैन्य हस्तक्षेप किया, जिससे नए शीत युद्ध की शुरुआत हुई। इसमें भारत ने स्पष्टतः सोवियत संघ का विरोध नहीं किया। अमेरिका ने सोवियत संघ का मुकाबला करने के लिए पाकिस्तान का प्रयोग फ्रंटलाइन राज्य के रूप में किया तथा पाकिस्तान को बड़ी आर्थिक एवं सैनिक सहायता प्रदान की, जिसका प्रयोग पाकिस्तान ने छुपे रूप में भारत के विरुद्ध किया। यह उल्लेखनीय है कि सोवियत संघ

और भारत की मित्रता के कारण अमेरिकी एवं भारतीय संबंधों में विरोधी दृष्टिकोण बना रहा। इंदिरा गांधी (वर्ष 1980) सरकार ने अमेरिका विरोधी दृष्टिकोण अपनाया।

वर्ष 1990 में सोवियत संघ के विघटन के बाद समूचे विश्व में आमूलचूल परिवर्तन हुआ और सोवियत संघ की सेनाएं अफगानिस्तान से वापस हो गईं। अतः वर्ष 1990 के बाद भारतीय विदेश नीति में अमेरिका के साथ संबंध बेहतर करने पर सबसे ज्यादा बल दिया गया, क्योंकि अमेरिका के साथ बेहतर संबंध भारत की आवश्यकता थी, विकल्प नहीं।

शीत युद्ध के बाद संबंध

शीत युद्धोत्तर विश्व में दुनिया में निर्णायक परिवर्तन हुआ। सोवियत संघ का विघटन हो गया। रूस एवं अमेरिका के मध्य संबंध बेहतर हो गए तथा रूस ने यूरोप-अमेरिका केंद्रित विदेश नीति अपनाई। इस एकध्रुवीय विश्व में अमेरिका दुनिया की एकमात्र सुपर पावर बनकर उभरा। इसलिए यह भारत के राष्ट्रीय हितों के अनुकूल था कि अमेरिका के साथ संबंधों को बेहतर किया जाए तथा शीत युद्धोत्तर विश्व में भारत ने आर्थिक उदारीकरण की नीति अपनाई, क्योंकि विश्व में भूमंडलीकरण को बढ़ावा दिया गया। आंतरिक रूप में भारतीय अर्थव्यवस्था अत्यंत खस्ताहाल थी। इसलिए भारतीय विदेश नीति में आर्थिक कूटनीति को अत्यधिक महत्त्व दिया गया तथा अमेरिका ने भी भारत को एक उभरते बाजार के रूप में देखा। शीत युद्धोत्तर विश्व में अमेरिका, विश्व की एकमात्र सुपर पावर है, जबकि भारत, विश्व की एक उभरती हुई शक्ति है। सुपर पावर द्वारा ही विश्व की समूची व्यवस्था का निर्धारण किया जाता है, जबकि उभरती शक्ति में यह क्षमता नहीं होती कि वह विश्व व्यवस्था को निर्धारित कर सके। परंतु उभरती हुई शक्ति द्वारा विश्व व्यवस्था का उल्लंघन किया जा सकता है। शीत युद्धोत्तर विश्व में दोनों देशों के मध्य नवीन संबंधों का निर्माण हुआ। ऐसा माना जा रहा है कि वर्तमान समय में भारत और अमेरिका के संबंध सबसे बेहतर हैं।

वैश्विक अलगाव

वर्ष 1991 के बाद भारत और अमेरिका के बीच द्विपक्षीय व्यापार में तीव्र वृद्धि हुई तथा अमेरिका द्वारा भारत में निवेश भी किया गया। आर्थिक रूप में दोनों देशों के बीच संबंध मजबूत हो रहे थे। परंतु परमाणु अप्रसार के मुद्दे पर अमेरिका भारत पर दबाव बनाए हुए था तथा अमेरिका ने भारत के ऊपर परमाणु अप्रसार संधि (NPT) तथा समग्र परमाणु परीक्षण निषेध संधि (CTBT) पर हस्ताक्षर करने का दबाव बनाया। तत्कालीन अमेरिकी राष्ट्रपति बिल क्लिंटन ने कहा कि काकेशस से लेकर कश्मीर तक विश्व में नृजातीय संघर्ष बने हुए हैं। भारत द्वारा समग्र परमाणु परीक्षण निषेध संधि पर हस्ताक्षर करने से इनकार कर दिया गया और वर्ष 1998 में भारत ने परमाणु परीक्षण किया, जिससे अमेरिका ने भारत के ऊपर कड़े आर्थिक प्रतिबंध लगा दिए तथा भारतीय अनुसंधान केंद्रों पर भी प्रतिबंध आरोपित किए गए। अमेरिका ने भारत को अलग-थलग करने की नीति अपनाई, जिसका भारतीय अर्थव्यवस्था पर अत्यधिक नकारात्मक परिणाम देखा गया और भारत-अमेरिकी संबंध पुनः निम्नतम बिंदुओं पर पहुंच गए। अमेरिका के अनुसार, भारत परमाणु हथियारों की दौड़ को बढ़ावा दे रहा है। वर्ष 1999 में पाकिस्तान द्वारा भारत के कारगिल क्षेत्र में परोक्ष रूप में अपने सैनिकों को भेजा गया, परंतु अमेरिका ने पाकिस्तान को नियंत्रण रेखा के सम्मान का निर्देश दिया और वर्ष 1998 के बाद यह पहला मौका था, जब अमेरिका ने भारत का विरोध नहीं किया।

संबंधों में सुधार

वर्ष 1998 में तत्कालीन अमेरिकी राष्ट्रपति बिल क्लिंटन की भारत यात्रा प्रस्तावित थी, परंतु भारत के परमाणु परीक्षण के कारण इसे स्थगित कर दिया गया। वर्ष 2000 में बिल क्लिंटन भारत की यात्रा पर आए, जिसमें भारत-अमेरिकी संबंधों को बेहतर बनाने का प्रयत्न किया गया। अमेरिका द्वारा भारत को बड़े बाजार के रूप में देखा गया तथा चीन के शक्तिशाली उभार को संतुलित करने के लिए भारत का महत्त्व स्वीकार किया गया। भारत विश्व का सबसे बड़ा लोकतांत्रिक देश है और भारतीय मूल के अमेरिकी अप्रवासियों द्वारा भारत-अमेरिकी संबंधों के सुधार में योगदान दिया गया। सितंबर, 2001 में अमेरिका में विश्व व्यापार केंद्र पर बड़ा आतंकवादी हमला हुआ, जिसमें 2000 से ज्यादा लोग मारे गए। इसके परिणामस्वरूप अमेरिकी विदेश नीति में 'आतंक के विरुद्ध युद्ध' का नारा दिया गया और भारत ने आतंकवाद का मुकाबला करने के लिए अमेरिका का पूर्ण सहयोग किया। अमेरिका ने सुरक्षा की इस नई चुनौती के बाद भारत के ऊपर आरोपित प्रतिबंधों को समाप्त करना आरंभ कर दिया और भारत-अमेरिकी संबंध लगातार बेहतर हुए।

निर्णायक परिवर्तन

वर्ष 2003 में तत्कालीन भारतीय प्रधानमंत्री अटल बिहारी वाजपेयी ने 'न्यूयॉर्क एशियाई सोसायटी' के समक्ष भाषण देते हुए कहा कि 'भारत एवं अमेरिका स्वाभाविक मित्र (Natural Ally) हैं। बुश प्रशासन ने शीत युद्धोत्तर विश्व में भारत और अमेरिका के मध्य संबंधों को अत्यधिक निर्णायक माना।' संयुक्त राज्य अमेरिका की दक्षिण एशिया मामलों की सहायक विदेश मंत्री क्रिस्टीना रोका ने कहा कि वर्ष 1947 के पश्चात् भारत एवं अमेरिका के मध्य इतने मधुर संबंध कभी नहीं रहे।

राष्ट्रपति बाइडेन और भारत अमेरिका संबंध

विदेश नीति राष्ट्रीय हितों से संचालित होती है, इसलिए राजनीतिक दलों के बदलाव से विदेश नीति में कोई परिवर्तन नहीं होता है। अमेरिका में बाइडेन डेमोक्रेटिक पार्टी से संबंधित हैं और ऐसा माना जाता है कि डेमोक्रेटिक पार्टी का दृष्टिकोण मानवाधिकार और लोकतंत्र के संबंध में ज्यादा कठोर होता है, इसलिए पूर्वोत्तर राज्यों और कश्मीर में भारत को अमेरिका की आलोचना का सामना करना पड़ सकता है। परंतु विदेश नीति में वैचारिक मुद्दों से ज्यादा महत्त्वपूर्ण सुरक्षा और आर्थिक हित होते हैं और वर्तमान में अमेरिका भारत के बड़े बाजार की अनदेखी नहीं कर सकता। भारत का अमेरिका से सैन्य सामग्री का आयात निरंतर बढ़ रहा है और इससे भी बढ़कर अमेरिका के लिए सबसे बड़ी सुरक्षा चुनौती चीन है। चीन को प्रतिसंतुलित करने के लिए अमेरिका को भारत के सहयोग की आवश्यकता है, इसलिए भविष्य में भारत-अमेरिका के बीच संबंध निश्चित रूप में प्रगाढ़ होंगे। राष्ट्रपति बाइडेन द्वारा अफगानिस्तान से सेनाओं को वापस बुलाने का अर्थ है कि उन्होंने ट्रम्प की नीतियों को ही आगे बढ़ाया। इन्होंने ईरान के प्रति अपने दृष्टिकोण में कोई परिवर्तन नहीं किया। वर्तमान अमेरिकी सरकार का भी यह स्पष्ट मत है कि चीन अमेरिकी हितों के लिए सबसे बड़ा खतरा है। इसलिए भारत-अमेरिकी संबंध दलीय हितों से ऊपर उठ चुके हैं।

सितंबर, 2021 में प्रधानमंत्री मोदी की, बाइडेन के राष्ट्रपति बनने के बाद पहली यात्रा हुई। इस यात्रा में भारत-अमेरिका के बीच सैन्य सामग्री के साझे उत्पादन की सहमति बन गई, जिससे यह प्रतीत होता है कि अमेरिका-भारत संबंध दलों एवं सरकारों के परिवर्तन से प्रभावित नहीं होंगे क्योंकि चीन के उभार से वैश्विक शक्ति संतुलन में निर्णायक परिवर्तन हुआ है, जिसे प्रतिसंतुलित करने के लिए भारत-अमेरिका सहयोग स्वाभाविक है।

कश्मीर मुद्दा

कश्मीर मुद्दे पर अमेरिका भारत का समर्थन करता है। अमेरिका के अनुसार, कश्मीर मुद्दा भारत का आंतरिक मामला है। उल्लेखनीय है कि 2019 में जब अनुच्छेद-370 को हटा दिया गया तो अमेरिका ने इस मुद्दे को भी भारत का आंतरिक मामला कहा। इसे भारत और अमेरिका के बीच मधुर होते संबंधों के तौर पर देखा जा सकता है।

मानवाधिकार का मुद्दा

शीत युद्धोत्तर विश्व में अमेरिकी विदेश नीति में लोकतंत्र, मानवाधिकार और शांति को महत्त्व दिया गया। वर्ष 1990 में अमेरिका के प्रतिनिधि सदन में एक विधेयक प्रस्तुत किया गया, जिसमें यह प्रावधान था कि भारत को सभी प्रकार के अनुदान स्थगित कर दिए जाएं, क्योंकि भारत 'एमनेस्टी इंटरनेशनल' को मानवाधिकारों के उल्लंघन की जांच की अनुमति नहीं दे रहा है। भारतीय विदेश नीति के अनुसार, अमेरिका की भांति भारत भी एक लोकतांत्रिक देश है, जहां एक निष्पक्ष न्यायिक प्रणाली है। इसलिए मानवाधिकारों के उल्लंघन का आरोप तार्किक नहीं है। वर्ष 1992 में अमेरिका के राज्य विभाग की वार्षिक रिपोर्ट में कहा गया है कि भारतीय सैनिक और अर्द्धसैनिक बलों द्वारा असम, जम्मू एवं कश्मीर तथा पंजाब में मानवाधिकारों का घोर उल्लंघन किया जा रहा है। परंतु सितंबर, 2001 के बाद अमेरिकी दृष्टिकोण में आमूल-चूल परिवर्तन हुआ तथा उसने स्वीकार किया कि भारत मूलतः सीमापार आतंकवाद से प्रभावित है और भारत के स्थायी लोकतंत्र की प्रशंसा भी की गई।

परमाणु मुद्दा

भारतीय विदेश नीति में आरंभ से ही वैश्विक व समग्र निःशस्त्रीकरण का समर्थन किया गया। भारत ने परिवर्तित क्षेत्रीय परिस्थितियों के कारण और भू-राजनीतिक बाध्यताओं के कारण परमाणु क्षमता प्राप्त की। 1974 और 1998 में परमाणु विस्फोट के बाद भारत और अमेरिका के संबंध प्रतिकूल अवश्य हुए, परंतु सितंबर 2001 के बाद अमेरिका ने भारत को अलग-थलग करने के बजाय परमाणु क्षेत्र में सहयोग का निर्णय लिया।

वर्ष 2005 में भारत और अमेरिका के मध्य सिविल परमाणु समझौते पर हस्ताक्षर किया गया, जिसे वर्ष 2008 से लागू कर दिया गया तथा अमेरिक्रा ने भारत के साथ संबंधों को निर्णायक महत्त्व प्रदान किया।

परमाणु आपूर्तिकर्ता समूह (NSG) ने जून, 2011 में भारत को दी जा रही परमाणु तकनीकी और ईंधन को प्रतिबंधित करने का कदम उठाया। जबकि वर्ष 2008 में भारत एवं अमेरिकी सिविल परमाणु समझौते का समर्थन परमाणु आपूर्तिकर्ता समूह द्वारा किया गया था। अमेरिका ने यह आश्वासन दिया है कि इससे भारत एवं अमेरिकी सिविल परमाणु समझौता प्रभावित नहीं होगा। तत्कालीन राष्ट्रपति ओबामा ने भारत की परमाणु आपूर्तिकर्ता समूह की सदस्यता का भी समर्थन किया। वर्तमान में भी अमेरिका परमाणु आपूर्तिकर्ता समूह में भारत की सदस्यता का समर्थन करता है।

आर्थिक सहयोग

स्मार्ट सिटी के साथ-साथ रक्षा प्रौद्योगिकी और व्यापार पहल (Defense Technology and Trade Initiative, DTTI) जैसे समझौते प्रमुख हैं। दोनों देश ऊर्जा सुरक्षा और स्वच्छ ऊर्जा को लेकर जल्द से जल्द समझौता करना चाहते हैं। यह समझौता भारत को अमेरिका के सबसे महत्त्वपूर्ण सहयोगी साझेदार देशों के समूह में शामिल करा देगा। नई निवेश संधि पर दोनों देश सहमत हो गए हैं तथा दोनों देशों में एक-दूसरे के निवेश को संरक्षण देने वाली द्विपक्षीय निवेश संधि पर भी बातचीत आगे बढ़ाने पर सहमति हो गई है। पिछले कुछ वर्षों में दोनों देशों के आपसी व्यापार में 60 प्रतिशत की वृद्धि हुई है और दोनों देशों ने लंबे समय से लंबित ' टोटलाइजेशन समझौते' (Totalization agreement) पर बातचीत के लिए सहमति जताई है, इससे अमेरिका में रह रहे लाखों भारतीयों को सामाजिक सुरक्षा संबंधी टैक्सों के जरिए फायदा मिलेगा। मोदी-ओबामा वार्ता का सबसे महत्त्वपूर्ण बिंदु परमाणु करार अवश्य था, लेकिन दूसरे क्षेत्रों में प्रगति का ध्यान भी रखा गया।

इस तरह का समझौता अमेरिका ने कनाडा, सऊदी अरब जैसे गिने-चुने देशों के साथ ही किया है। मोदी सरकार की सौर ऊर्जा से एक लाख मेगावाट बिजली बनाने की योजना में अमेरिकी कंपनियां हिस्सा लेने के लिए तैयार हैं। सबसे प्रमुख यह कि तरल प्राकृतिक गैस (एल.एन.जी.) के आयात पर सहमति हुई है। यह सहमति बन गई है कि अमेरिका से भारत को एल.एन.जी. का निर्यात किया जाएगा। कार्बन उत्सर्जन पर भी भारत सरकार ने लचीला रुख दिखाया है। इसी दौरान प्रधानमंत्री मोदी और बराक ओबामा के बीच हॉटलाइन संपर्क स्थापित करने का निर्णय लिया गया। यह पहला मौका था, जब भारतीय प्रधानमंत्री और अमेरिकी राष्ट्रपति सीधे हॉटलाइन से जुड़े। प्रधानमंत्री मोदी के अनुसार, इससे दोनों देशों के रिश्तों को नई ऊंचाई पर ले जाने में मदद मिलेगी।

रक्षा बजट पर 2023 में सर्वाधिक व्यय करने वाले देश (SIPRI Report के अनुसार)

क्रम सं.	देश	रक्षा बजट
1.	संयुक्त राज्य अमेरिका	916 बिलियन डॉलर
2.	चीन	296 बिलियन डॉलर
3.	रूस	109 बिलियन डॉलर
4.	भारत	83.6 बिलियन डॉलर
5.	सऊदी अरब	75.8 बिलियन डॉलर

भारत, दुनिया में सेवा क्षेत्र में बड़ी तेजी से आगे बढ़ रहा है और 10 सबसे बड़े बाजारों में से एक है। शीत युद्धोत्तर विश्व में तत्कालीन नरसिम्हा राव सरकार ने आर्थिक उदारीकरण की नीति अपनाते हुए भारत एवं अमेरिकी संबंधों में गुणात्मक परिवर्तन का आधार रख दिया। अमेरिका की सहायता से भारत को वर्ष 1991 में अंतर्राष्ट्रीय मुद्रा कोष (IMF) से आर्थिक सहायता प्राप्त हुई और आर्थिक उदारीकरण के कारण भारत दुनिया के 10 विशाल बाजारों में सम्मिलित हो गया है तथा दोनों देशों के मध्य आर्थिक हितों का सामंजस्य हो रहा है। नवंबर, 2010 में तत्कालीन अमेरिकी राष्ट्रपति बराक ओबामा ने भारत यात्रा की। इस यात्रा के दौरान अमेरिकी राष्ट्रपति ने कहा कि उनका उद्देश्य भारत के साथ व्यापारिक संबंधों को बढ़ाकर अमेरिका में हजारों नौकरियों का सृजन करना है।

आर्थिक संबंध

भारतीय और अमेरिकी अर्थव्यवस्थाएं परस्पर प्रतिस्पर्धी नहीं हैं, बल्कि एक-दूसरे की पूरक हैं। भारतीय अर्थव्यवस्था में सेवा क्षेत्र की बढ़ती वृद्धि को देखते हुए भारत को अमेरिकी वस्तुओं, सेवाओं और तकनीक की आवश्यकता है, क्योंकि अमेरिका के पास दुनिया की सबसे बेहतर तकनीक उपलब्ध है। भारत एवं अमेरिकी आर्थिक संबंधों का भविष्य बेहतर है, क्योंकि द्विपक्षीय व्यापार तीव्र गति से

बढ़ रहे हैं तथा दोनों देशों के मध्य लगभग 130 बिलियन डॉलर का द्विपक्षीय व्यापार है। अमेरिका द्वारा भारत में बड़ी मात्रा में निवेश किया जा रहा है तथा वित्तीय क्षेत्र में आर्थिक उदारीकरण के पश्चात् अमेरिका की विभिन्न कंपनियां भारत में निवेश कर रही हैं। अमेरिका वर्तमान में भारत का सबसे बड़ा द्विपक्षीय व्यापारिक भागीदार है। वर्तमान समय में अमेरिका में पढ़ने वाले सबसे ज्यादा छात्र भारतीय हैं। भारतीय अर्थव्यवस्था में दूसरी हरित क्रांति (Second Green Revolution) की आवश्यकता है, क्योंकि भारतीय अर्थव्यवस्था में कृषि क्षेत्र के विकास का अवरुद्ध होना सबसे बड़ी चिंता है। इस संदर्भ में भारत, अमेरिका से सहायता ले रहा है और आर्थिक संबंधों के उपरोक्त सामंजस्य के कारण ऐसा प्रतीत होता है कि दोनों देश एक-दूसरे के प्राकृतिक मित्र हैं।

चुनौतियां

अमेरिका की व्यापार नीति के अंतर्गत विभिन्न तरीकों से भारत जैसे विकासशील देशों की निर्यातित वस्तुओं पर प्रतिबंध लगाया जाता है, जिसमें सुपर-301 के अंतर्गत विभिन्न निर्यातों को प्रतिबंधित किया जाता है। इसके तहत ऐसे निर्यात को प्रतिबंधित किया जाता है, जो अनुचित व्यापार को बढ़ावा दे रहे हैं तथा अमेरिकी व्यापार को नुकसान पहुंचा रहे हैं। बाल श्रम और पर्यावरणीय मानकों के आधार पर भी निर्यात को प्रतिबंधित किया जाता है। कृषि क्षेत्र के व्यापार में भारत जैसे देशों के लिए, अमेरिकी सस्ते कृषि उत्पादों के विरुद्ध विशेष सुरक्षा उपाय (special safeguard mechanism) को लागू करने के संदर्भ में अभी भी विवाद है। आर्थिक मंदी के दौर में अमेरिकी प्रशासन ने भारत के आउटसोर्सिंग व्यापार को भी प्रतिबंधित करने का प्रयत्न किया। ट्रम्प द्वारा वर्तमान में चलाई जा रही 'टेरिफ वार' नीति से यह स्पष्ट है कि भारत महाशक्ति होने के कारण किसी एक देश पर निर्भर नहीं रह सकता। इसलिए भारत द्वारा 'मल्टी-अलाइनमेंट' की नीति अपनाई जा रही है, जो कि विकसित भारत के निर्माण में भी सहायक है।

सामरिक संबंधों के नए चरण

वर्ष 2004 से भारत-अमेरिका सामरिक संबंधों का विकास हुआ और अमेरिका द्वारा भारत को रक्षा सामग्री की आपूर्ति आरंभ कर दी गई। वर्ष 2004 में ही दोनों देशों के बीच सामरिक संबंधों के नए चरण (NSSP) के समझौते पर हस्ताक्षर हुए। वर्ष 2005 में भारत एवं अमेरिका के बीच सिविल परमाणु समझौते पर हस्ताक्षर हुए, जो दोनों देशों के बीच संबंधों में निर्णायक परिवर्तन का प्रमाण है।

भारत एवं अमेरिका के बीच राष्ट्रपति बुश की भारत यात्रा (वर्ष 2005) के दौरान सहयोग के समझौते पर भी हस्ताक्षर हुए। जिनमें निम्नलिखित मूल आधारों पर बल दिया गया-

(i) सामरिक सहयोग।
(ii) विज्ञान, तकनीकी एवं स्वास्थ्य के क्षेत्र में सहयोग।
(iii) ऊर्जा और मौसम परिवर्तन के क्षेत्र में सहयोग।
(iv) शिक्षा और विकास।
(v) आर्थिक, व्यापार और कृषि क्षेत्र में सहयोग।

यह दोनों देशों के बीच केवल ऊर्जा के क्षेत्र में समझौता ही नहीं, बल्कि दोनों देशों के मध्य विकसित होते सामरिक संबंधों का प्रमाण है। इस समझौते को वर्ष 2008 में लागू किया गया।

रक्षा समझौते के नए फ्रेमवर्क

वर्ष 2005 में भारत एवं अमेरिका के बीच रक्षा समझौते के नए फ्रेमवर्क पर हस्ताक्षर हुए, जिसके मूलभूत बिंदु निम्नलिखित हैं-

(i) सुरक्षा हितों में व्यापक सहयोग।
(ii) लॉजिस्टिक सहायता सुविधाओं का लेन-देन।
(iii) भारत की नौसेना का हिंद महासागर के बाहर विस्तार।

नवंबर, 2010 में अमेरिकी राष्ट्रपति ओबामा ने भारत की यात्रा के दौरान पहली बार सुरक्षा परिषद की स्थायी सदस्यता के लिए भारत का समर्थन किया। ओबामा ने कहा कि भारत एक उभरती शक्ति नहीं है, बल्कि भारत का पहले ही उभार हो चुका है।

अब भारत रक्षा सामग्री की आपूर्ति हेतु किसी एक देश पर निर्भर नहीं है। यद्यपि रूस अभी भी रक्षा सामग्री की आपूर्ति करने वाला प्रमुख देश है तथा अमेरिका के साथ सैन्य संबंधों से भारत को बेहतर तकनीकी क्षमता संपन्न सामग्रियां प्राप्त हो रही हैं। विद्वानों के अनुसार, अमेरिका, भारत के सैन्य बाजार से रूस को बाहर कर अपना नियंत्रण करना चाहता है। वर्तमान विश्व में चीन द्वारा सेना के आधुनिकीकरण पर बल देने के कारण भारत के लिए भी सैन्य आधुनिकीकरण करना आवश्यक और अनिवार्य है। इस संदर्भ में अमेरिका, भारत का एक महत्त्वपूर्ण सहयोगी बन गया है। यह बिंदु उल्लेखनीय है कि उभरता चीन, अमेरिकी प्रभुत्व के लिए सबसे बड़ी चुनौती है।

मालाबार सैनिक अभ्यास भारत, अमेरिका, ऑस्ट्रेलिया, जापान के बीच चतुष्कोणीय सामरिक सहयोग संबंधों का प्रगाढ़ उदाहरण है। भारत-अमेरिकी सामरिक संबंधों को चीन अपने

विरुद्ध मानता है इसलिए इस पर चीन को आपत्ति है। परंतु भारत के अनुसार अमेरिका के साथ संबंध चीन के विरोध में न होकर भारत के हितों के लिए हैं। भारत-अमेरिकी सामरिक संबंध का यह अभिप्राय नहीं है कि भारत-चीन के साथ संबंध समाप्त करना चाहता है, बल्कि अमेरिका के साथ संबंध सुदृढ़ करके भारत चीन के साथ अपनी सौदेबाजी की क्षमता बढ़ाकर चीन पर भी दबाव का प्रयोग करता चाहता है।

रक्षा संबंध

भारत हथियारों के आयात की दृष्टि से दुनिया के सबसे बड़े बाजारों में से एक है। वर्तमान में अमेरिका से भारत रक्षा सामग्री का बड़ी मात्रा में आयात कर रहा है। भारत द्वारा अमेरिका के विमान हरक्यूलिस ग्लोब मास्टर का आयात किया गया है। अमेरिका की रक्षा तकनीकी विश्व में सबसे बेहतर है। वर्तमान में अमेरिका द्वारा भारत के साथ रक्षा सामग्री के संयुक्त उत्पादन का भी संकेत दिया गया है। वर्ष 2011 में भारत, अमेरिका से हथियार खरीदने वाला तीसरा सबसे बड़ा देश बन गया तथा भारत ने अमेरिका से 4.5 बिलियन डॉलर के हथियारों की खरीद का समझौता किया। अप्रैल, 2011 में भारतीय रक्षा मंत्रालय द्वारा अमेरिका के बोइंग और लॉकहीड मार्टिन विमानों को नहीं खरीदा गया। अमेरिका के F-16 लड़ाकू विमानों की खरीद के संबंध में भारत ने सकारात्मक अनुक्रिया नहीं दिखाई, क्योंकि F-16 विमान पाकिस्तान के पास भी हैं।

अंतिम निरीक्षण प्रयोग का समझौता

(End User Monitoring Agreement 2009)

रक्षा संबंधों को प्रभावी बनाने के लिए दोनों देशों के बीच अंतिम निरीक्षण प्रयोग (End User Monitoring Agreement 2009) का समझौता हुआ है। अमेरिका ने यह समझौता उन देशों के साथ किया है, जिन्हें वह हथियार निर्यात करता है। इसकी मुख्य विशेषताएं निम्नलिखित हैं-

- अमेरिका द्वारा निर्यातित रक्षा उपकरणों को अमेरिका की अनुमति के बिना किसी अन्य देश को नहीं बेचा जाएगा।
- भारत, अमेरिकी रक्षा उपकरणों में सुधार नहीं करेगा।
- इन रक्षा उपकरणों के विभिन्न सामान अमेरिका से लिए जाएंगे।
- अमेरिका इन उपकरणों का निरीक्षण भी कर सकता है तथा निरीक्षण के स्थान का चयन भारत द्वारा निर्धारित किया जाएगा।

अमेरिकी राष्ट्रपति बराक ओबामा की दूसरी भारत यात्रा (वर्ष 2015) के दौरान मोदी-ओबामा वार्ता की एक महत्त्वपूर्ण उपलब्धि यह थी कि रक्षा क्षेत्र में आधुनिक तकनीकी के मुद्दे पर दोनों देशों ने रक्षा फ्रेमवर्क अनुबंध का अगले 10 वर्ष के लिए नवीनीकरण किया। इसमें संयुक्त सैन्य अभ्यास, गुप्तचर सूचनाओं का आदान-प्रदान और समुद्री सुरक्षा शामिल है। दोनों देशों के बीच रक्षा व्यापार तकनीकी पहल (Defense Trade and Technology Initiative, DTTI) का समझौता हुआ, जिसके अंतर्गत अमेरिका, भारत में रक्षा सामग्री के उत्पादन के लिए तकनीक भी हस्तांतरित करेगा। वर्ष 2015 में भारत-अमेरिका के बीच रक्षा संबंधों के फ्रेमवर्क पर हस्ताक्षर हुए, जिसके द्वारा आसूचना के आदान-प्रदान में वृद्धि, क्षेत्रीय एवं वैश्विक शांति की स्थापना के लिए आपस में सहयोग, सुरक्षा और आतंकवाद का सामना करने के लिए रक्षा प्रतिष्ठानों को सुदृढ़ बनाने का समझौता हुआ और दोनों देशों के बीच रक्षा सेवकों के आदान-प्रदान तथा सैनिक अभ्यास बनाए रखने पर सहमति व्यक्त की गई। दोनों देशों के बीच रक्षा संबंध संस्थागत हो चुके हैं, जिसके अंतर्गत रक्षा खरीद एवं उत्पादन समूह का गठन किया गया है। वरिष्ठ तकनीकी सुरक्षा समूह, संयुक्त तकनीकी समूह और सैन्य सहयोग समूह का गठन किया गया है तथा रक्षा क्षेत्र में संबंधों को प्रगाढ़ करने के लिए अमेरिका द्वारा यह संकेत दिया गया है कि भविष्य में भारत और अमेरिका के बीच रक्षा सामग्री के संयुक्त उत्पादन पर विचार किया जा रहा है।

अनौपचारिक सैन्य गठबंधन

A. लॉजिस्टिक सहयोग समझौता (Logistics Exchange Memorandum of Agreement, LEMOA)

वर्ष 2016 में भारत-अमेरिकी सामरिक संबंध और सुदृढ़ हो गए तथा दोनों देशों के बीच सेनाओं के लिए ईंधन की आपूर्ति एवं कल-पुर्जों की मरम्मत के क्षेत्र में आपसी सहयोग पर सहमति बनी। इसके अंतर्गत अमेरिकी सेनाएं भारत के सैनिक अड्डों पर तैनात नहीं होंगी। परंतु हिंद महासागर एवं समुद्री क्षेत्रों में दोनों देशों द्वारा एक-दूसरे को परिवहन तथा सैन्य संचालन के क्षेत्र में सहयोग दिया जाएगा। इसके द्वारा हिंद महासागर की सुरक्षा तथा समुद्री सुरक्षा एवं समुद्री डकैतों के विरुद्ध साझे सैनिक अभियान में भी सहयोग संभव होगा।

वर्तमान में भारत के सर्वाधिक सैन्य अभ्यास अमेरिका के साथ आयोजित किए जा रहे हैं तथा दोनों देशों की सेनाओं के बीच आपदा प्रबंधन तथा शांति अभियानों में भी सहयोग हो रहे हैं। इसके द्वारा दोनों देशों की सेनाओं के बीच निकटता बढ़ेगी तथा चीन की बढ़ती शक्ति को प्रतिसंतुलित करने में भी सहायक होगी।

B. उपग्रही संचार एवं आसूचना के लेन-देन में समझौता

(Basic Exchange and Cooperation Agreement, BECA)

चीन के आक्रामक दृष्टिकोण को देखते हुए भारत-अमेरिका के बीच सामरिक साझेदारी को और शक्तिशाली बनाया जा रहा है। परिणामस्वरूप भारत-अमेरिका के बीच लॉजिस्टिक सहयोग समझौता पहले ही संपन्न हो चुका है और अब Basic Exchange and Cooperation Agreement (BECA) पर समझौता हो चुका है। इसके अंतर्गत भारत और अमेरिका के बीच प्रक्षेपास्त्र एवं ड्रोन के प्रयोग के संबंध में उपग्रही आसूचना का लेन-देन होगा और दोनों देशों के बीच उच्च स्तर की जीपीएस सुविधा का सहयोग किया जागा, जिसका प्रयोग सेना भी कर सकती है। इसलिए दोनों देशों की वायुसेना के लिए भी उपग्रही संचार सुविधा उपलब्ध होगी। इसके द्वारा रक्षा उद्देश्यों के लिए मानचित्र एवं उपग्रही तस्वीर को भी साझा किया जाएगा, क्योंकि प्रक्षेपास्त्र ड्रोन जैसी आधुनिक रक्षा तकनीकी के लिए उपग्रही सूचना संचार का प्रयोग किया जाता है और अमेरिका का समूचे विश्व में उपग्रहों द्वारा नियंत्रण है।

C. सुरक्षा एवं संचार से संबंधित समझौता

(Communications Compatibility and Security Agreement, COMCASA)

ये दोनों देशों के बीच सैन्य सहयोग में सैन्य संचालन (Interoperability) के संबंध में सहयोग किया जाएगा, क्योंकि अमेरिका की सैन्य सामग्री भारत आयात कर रहा है, जिनके द्वारा encrypted संचार संबंधी सूचनाओं का लेन-देन किया जाएगा। जिस प्रकार आम व्यक्ति वॉट्सअप द्वारा संदेश भेजते हैं, ठीक उसी प्रकार कोमकासा द्वारा दोनों देशों के सैन्य पदाधिकारियों के बीच संचार का लेन-देन होगा, जिससे भारत-अमेरिका के बीच राडार सूचना का सहयोग और विभिन्न प्रकार के सैन्य सुरक्षा डेटा का भी लेन-देन किया जाएगा। इस सहयोग से यह प्रतीत होता है कि भारत अमेरिका का सर्वाधिक निकट सहयोगी हो चुका है, इसीलिए दोनों के बीच टू प्लस टू (2+2) वार्ता का आयोजन किया जा रहा है, जिसमें अमेरिका के रक्षा मंत्री, विदेश मंत्री तथा भारत के रक्षा मंत्री एवं विदेश मंत्रियों के बीच आपसी वार्ता का आयोजन होता है।

आतंकवाद

विश्व व्यापार केंद्र (WTC) पर अलकायदा ने 11 सितंबर 2001 को भीषण हमला किया, जिसमें 3,000 से ज्यादा लोगों की मौत हुई। इसके बाद बुश प्रशासन ने 'आतंक के विरुद्ध युद्ध' (War Against Terror) का नारा दिया। भारत ने इसे पूर्ण सहयोग का प्रस्ताव किया। वर्ष 2004 में अमेरिका ने पाकिस्तान के अनेक संगठनों को आतंकवादी संगठन घोषित किया, जिसमें हिजबुल-मुजाहिद्दीन, जैश-ए-मोहम्मद और लश्कर-ए-तैयबा प्रमुख हैं। यह बिंदु ध्यान देने योग्य है कि 26 नवंबर, 2008 को मुंबई में किए गए आतंकवादी हमले में लश्कर-ए-तैयबा का हाथ है। अब अमेरिका ने भारत की आतंकवाद की समस्या के संदर्भ में सकारात्मक प्रतिक्रिया व्यक्त की तथा पाकिस्तान पर सीमापार आतंकवाद समाप्त करने के लिए दबाव बनाया। मई, 2011 में अमेरिका की सैनिक कार्रवाई में पाकिस्तान के एबटाबाद में अलकायदा के मुखिया ओसामा बिन लादेन की हत्या कर दी गई। वर्ष 2011 में ही एक अमेरिकी सैनिक अधिकारी ने यह स्पष्ट कहा कि अफगानिस्तान में आतंकवाद, पाकिस्तानी खुफिया एजेंसी (ISI) द्वारा प्रायोजित है। अमेरिका ने पहली बार यह सार्वजनिक रूप में कहा। इसी मुद्दे पर अमेरिका एवं पाकिस्तान के बीच संबंध लगातार कटु होते जा रहे हैं। अमेरिका ने पाकिस्तान को दी जा रही आर्थिक सहायता पर भी प्रतिबंध लगा दिया है (वर्ष 2011)। इससे भारत का दृष्टिकोण प्रमाणित होता है, क्योंकि भारत द्वारा सदैव कहा गया कि वैश्विक आतंकवाद का सबसे बड़ा केंद्र पाकिस्तान है। इसके अतिरिक्त दोनों देशों के मध्य आतंकवाद के मुकाबले के लिए सैन्य और आसूचना के क्षेत्र में सहयोग किया जा रहा है। नशीली दवाओं के व्यापार को प्रतिबंधित करने के क्षेत्र में सहयोग हो रहा है तथा बढ़ती धार्मिक कट्टरता भारत तथा अमेरिका जैसे लोकतांत्रिक राज्यों के लिए एक महत्त्वपूर्ण चुनौती है।

भारतीय मूल के लोग और लोकतंत्र

भारत एवं अमेरिकी संबंध को प्रगाढ़ करने और नई ऊंचाइयों तक पहुंचाने में भारतीय मूल के लोगों का निर्णायक योगदान है।

अब भारतीय मूल के लोग अमेरिकी विदेश नीति को अत्यधिक प्रभावित कर रहे हैं। अमेरिकी चुनाव में हिलेरी क्लिंटन की उम्मीदवारी को भारतीय मूल के लोगों ने व्यापक आर्थिक सहयोग दिया था। अमेरिका में रह रहे भारतीय मूल के लोग (लगभग 48 लाख) अत्यधिक शिक्षित एवं संपन्न हैं। इसलिए भारत और अमेरिका को अब प्राकृतिक मित्र कहा जा रहा है तथा अमेरिका दुनिया का सबसे पुराना लोकतंत्र और भारत, विश्व का सबसे विशाल लोकतंत्र है। अतः लोकतंत्र के कारण वैचारिक आधार पर भी दोनों देशों के मध्य संबंध मित्रतापूर्ण हो रहे हैं।

वीजा नीति (Visa Policy)

तत्कालीन अमेरिकी राष्ट्रपति ट्रम्प ने वीजा नीतियां और भी सख्त कर दीं। अमेरिका में अधिकांश वीजाधारी भारत के तकनीकी विशेषज्ञ हैं। विशेषज्ञों को दिए जाने वाले H-1B वीजा में भी कटौती की गई। H-1B वीजा प्रारंभ में तीन वर्षों के लिए प्रदान किया जाता था किंतु इसका विस्तार नहीं किया गया और वार्षिक तौर पर मात्र 65,000 H-1B वीजा जारी किए गए। इन विशेषज्ञों के संबंधियों को भी अमेरिका में प्रवेश करने से प्रतिबंधित कर दिया गया। H-1B वीजाधारी तकनीकी विशेषज्ञों की पत्नियों को भी कार्य हेतु H-4 वीजा जारी नहीं किया गया। भारत ने इन नीतियों का विरोध किया है। हालांकि, राष्ट्रपति बाइडेन ने वीजा पर लचीली नीति अपनाई है। वर्तमान में अमेरिकी राष्ट्रपति ट्रम्प ने H-1B वीजा के लिए 1,00,000 अमेरिकी डॉलर के भुगतान को अनिवार्य कर दिया है। भारतीय आई.टी. कंपनियों पर इसका नकारात्मक प्रभाव पड़ने की संभावना है। इस निर्णय से H-1B वीजा में कटौती होने की संभावना है।

भारतीय और अमेरिकी अर्थव्यवस्थाएं प्रतियोगी नहीं हैं बल्कि एक-दूसरे की पूरक हैं। भारतीय अर्थव्यवस्था में सेवा क्षेत्र की बढ़ती वृद्धि को देखते हुए, भारत को अमेरिकी उत्पादों और तकनीक की आवश्यकता है क्योंकि अमेरिका के पास विश्व की सर्वोत्तम तकनीक है। भारत और अमेरिका के आर्थिक संबंधों का भविष्य सकारात्मक संभावनाओं से परिपूर्ण है क्योंकि द्विपक्षीय व्यापार तीव्र गति से बढ़ रहा है। दोनों देशों के बीच द्विपक्षीय व्यापार लगभग 130 बिलियन डॉलर है। अमेरिका भारत में विशाल स्तर पर निवेश कर रहा है और वित्तीय क्षेत्र में आर्थिक उदारीकरण के बाद कई अमेरिकी कंपनियां भारत में निवेश कर रही हैं। वर्तमान में, अमेरिका में पढ़ने वाले अधिकतर विद्यार्थी भारतीय हैं। भारत अमेरिका से सहयोग प्राप्त कर रहा है और आर्थिक संबंधों की समन्वयता से यह प्रतीत होता है कि दोनों देश एक-दूसरे के प्राकृतिक सहयोगी हैं।

अमेरिका की एशिया केंद्रित नीति

(Pivot to Asia Policy-2011)

वर्तमान में अमेरिकी विदेश नीति में पश्चिम एशिया एवं दक्षिणी एशिया के बजाय एशिया-प्रशांत क्षेत्र प्राथमिक बन रहा है, क्योंकि चीन के उभार को प्रतिसंतुलित करने के लिए अमेरिका प्रयत्नशील है। भारत और अमेरिका के बीच इस समय अनेक क्षेत्रीय मुद्दों पर भी सहयोग देखे जा रहे हैं। एशिया महाद्वीप में भारत, अमेरिका के महत्त्वपूर्ण सहयोगी के रूप में उभर रहा है। एशिया-प्रशांत का महत्त्व इसलिए भी है कि यह वर्तमान विश्व में आर्थिक केंद्र के रूप में भी उभर रहा है। इसलिए अमेरिका का मुख्य ध्यान इस एशियाई क्षेत्र पर है और अमेरिका अपने ज्यादातर सैनिकों की तैनाती इस क्षेत्र में कर रहा है। इसी के अंतर्गत ओबामा ने एशिया केंद्रित नीति का निर्माण किया, जिसके पांच मूल स्तंभ हैं-

(i) इस क्षेत्र में अमेरिका के सहयोगियों के साथ संबंधों को सुदृढ़ करना। जापान, दक्षिण कोरिया, थाईलैंड, फिलीपींस एवं ऑस्ट्रेलिया जैसे देश इस क्षेत्र में अमेरिका के परंपरागत सहयोगी हैं।

(ii) इस क्षेत्र में नई उभरती हुई शक्तियों के साथ संबंधों को सुदृढ़ करना। भारत के साथ संबंधों को अमेरिका ने 21वीं शताब्दी का सबसे महत्त्वपूर्ण संबंध कहा (Defining Relation of 21st Century) तथा अमेरिका ने मलेशिया को वैश्विक भागीदार के रूप में प्रस्तुत किया।

(iii) चीन के साथ प्रभावी और सकारात्मक संबंधों का निर्माण। अमेरिका के अनुसार, वह उभरते हुए चीन का स्वागत करेगा, लेकिन अपने हितों की रक्षा करने में कोई कमी नहीं रखेगा। अमेरिका के अनुसार वह चीन के साथ सैन्य संवाद को जारी रखेगा।

(iv) इस क्षेत्र के क्षेत्रीय संगठनों को शक्तिशाली बनाना। उदाहरण के लिए, आसियान को ज्यादा प्रभावशाली बनाने पर बल दिया गया।

(v) अमेरिका के अनुसार, उसकी एशिया केंद्रित नीति केवल

सैनिक विस्थापन की नीति नहीं है, बल्कि एशियाई देशों के साथ आर्थिक संबंधों को प्रभावी करने की नीति है और पार-प्रशांत देशों के साथ संबंधों को बेहतर करने की नीति है।

एशिया केंद्रित नीति में भारत का महत्त्व

शीत युद्धोत्तर काल में भारत और दक्षिण-पूर्व एशियाई देशों के मध्य संबंधों में तीव्र गति से वृद्धि हुई। अब इस एशिया प्रशांत क्षेत्र में भारत और अमेरिका एक-दूसरे के सहयोगी बनकर उभर रहे हैं। भारत एवं अमेरिका के साथ जापान, दक्षिण कोरिया, सिंगापुर, ऑस्ट्रेलिया जैसे राष्ट्र भी भारत के साथ मित्रतापूर्ण संबंध स्थापित कर चुके हैं। तत्कालीन अमेरिकी राष्ट्रपति ओबामा ने पूर्वी एशियाई क्षेत्र में भारत की उपस्थिति को बढ़ावा देने की नीति अपनाई, क्योंकि इस क्षेत्र में चीन का बढ़ता प्रभाव अमेरिकी हितों के प्रतिकूल है। ओबामा ने यह कहा कि भारत को 'पूर्व की ओर देखो की नीति' अपनाने के बजाय, 'पूर्वी एशिया के साथ संलग्न होने की नीति' अपनानी चाहिए। उनके अनुसार, भारत को 'धुर पूर्व' की नीति अपनाकर जापान, दक्षिण कोरिया एवं वियतनाम जैसे देशों के साथ सामरिक संबंधों को और प्रगाढ़ करना चाहिए, जिससे चीन को प्रतिसंतुलित किया जा सके, क्योंकि चीन द्वारा म्यांमार, पाकिस्तान, श्रीलंका और नेपाल के सहयोग से भारत को दक्षिण एशिया में घेरने की नीति अपनाई जा रही है। अमेरिका की एशिया केंद्रित नीति में भारत को केंद्रीय महत्त्व प्रदान किया गया है। ओबामा ने भारत से दक्षिण-पूर्व एशियाई क्षेत्र में बेहतर उपस्थिति बनाने का अनुरोध किया। अमेरिका, ऑस्ट्रेलिया, जापान और भारत के बीच के संबंध अत्यधिक मधुर हो रहे हैं। अमेरिका भारत के साथ हिंद महासागर में अपना सहयोग और बढ़ा रहा है।

भारत की रणनीति

भारत, अमेरिका के साथ अपने संबंधों को प्रमुखता प्रदान कर रहा है। भारत के हित दक्षिण एशिया और चीन के संदर्भ में अमेरिका से अलग हो सकते हैं। भारत, चीन के साथ भी अपने संबंध बेहतर करने का प्रयत्न कर रहा है। भारत की रणनीति है कि वह अमेरिका और चीन के साथ समानांतर रूप में संबंधों का विकास करे, क्योंकि अमेरिका यदि दुनिया की एकमात्र सुपर पावर है, तो चीन, भारत का पड़ोसी है और विश्व की दूसरी सबसे बड़ी अर्थव्यवस्था भी है।

इंडो-पैसेफिक रणनीति

भारत एक महाशक्ति है इसलिए भारतीय हितों का विस्तार केवल हिंद महासागर तक ही सीमित नहीं है। इंडो-पैसेफिक रणनीति द्वारा पश्चिम एशिया एवं दक्षिणी पूर्वी एशियाई देशों के साथ आर्थिक सामरिक एवं सांस्कृतिक संबंधों को सुदृढ़ किया जा रहा है। इस क्षेत्र में समुद्री संचार मार्ग को मुक्त रखने का समर्थन किया गया है। इसी के अंतर्गत अमेरिका, जापान और ऑस्ट्रेलिया के साथ साझे सामरिक चतुष्कोण का गठन भी किया गया है। गलवान संघर्ष के बाद सभी महाशक्तियों को यह आभास हो गया है कि चीन का शक्तिशाली प्रभुत्व विश्व व्यवस्था के लिए सकारात्मक नहीं है।

एशिया प्रशांत

भारत एक प्रमुख शक्ति है अतः भारत का प्रभाव मात्र हिंद महासागर तक सीमित नहीं है। एशिया प्रशांत का आदर्श भारत को अपवर्जित करता है और उसे दक्षिण एशिया तक सीमित रखने हेतु प्रतिबद्ध है। APEC एशिया-प्रशांत की संकल्पना का केंद्र है जिसमें चीन ने भारत के प्रवेश का विरोध किया है।

भारत की हिंद-प्रशांत नीति की छह अंतर्संबंधी परतें हैं। यह आंशिक रूप से महत्वाकांक्षा और आंशिक रूप से नीली अर्थव्यवस्था के क्षमता निर्माण पर आधारित है, जो परस्पर संपन्नता को निर्मित तथा एकीकृत करेगा। आसियान को केंद्रीय मानते हुए सुरक्षा-संबंधी अनौपचारिक गठबंधनों तथा समूहों का निर्माण किया जाएगा। भारतीय संस्कृति और धर्म उन संबंधों को जोड़ता है जिन्होंने सदियों से क्षेत्र को बांधे रखा है। हिंद महासागर हिंद-प्रशांत का केंद्र है और भारत लाल सागर (Red Sea) तथा प्रशांत के बीच सामरिक, आर्थिक तथा सांस्कृतिक विस्तार को और भी व्यापक करेगा।

जापान का कहना है कि मुक्त एवं खुला हिंद-प्रशांत एशिया के चीन-केंद्रित दृष्टिकोण का विकल्प है। जापान एशियाई तथा अफ्रीकी देशों में संरचनात्मक विकास करना चाहता है। चीन के पास ओबोर के रूप में हिंद-प्रशांत नीति का विकल्प है।

भारत हिंद-प्रशांत के विस्तार को और भी व्यापक करके आसियान सहित खाड़ी देशों और अफ्रीका को भी समाहित करना चाहता है। एक्ट ईस्ट नीति (Act East Policy) और हिंद-प्रशांत एक-दूसरे की संपूरक नीतियां हैं। अमेरिका चीन के भू-भागीय विस्तारवादी एजेंडा का प्रतिरोध करने हेतु प्रतिबद्ध

है। क्वॉड भी हिंद-प्रशांत रणनीति का भाग है। भारत ने जापान, अमेरिका और ऑस्ट्रेलिया के साथ सूचना आदान-प्रदान पर हस्ताक्षर किए हैं। ऑस्ट्रेलिया को मालाबार सैन्य अभ्यास हेतु आमंत्रित किया गया है।

क्वॉड (QUAD) का पहला सम्मेलन वर्ष 2021 में आयोजित किया गया। इन देशों में से किसी को भी चीनी आक्रामकता का भ्रम नहीं है। लद्दाख में चीन और भारत के बीच संघर्ष, तकनीक की चोरी, ताइवान पर साइबर हमले का खतरा, हांगकांग की राजनीति का अधिग्रहण और वुहान से फैला कोरोना वायरस वास्तविक सुरक्षा खतरे हैं। जापान ने यह भी कहा है कि ऑस्ट्रेलिया अकेला नहीं है। अमेरिकी राष्ट्रपति ने तकनीकी गठबंधनों का उल्लेख किया। किंतु क्वॉड में Countering America's Adversaries Through Sanctions & Act (CAATSA) भारत के लिए एक चुनौती है। वहीं दूसरी ओर, जापान और ऑस्ट्रेलिया जैसे क्वॉड के सदस्य RCEP के सदस्य भी हैं। क्वॉड के अंतर्गत आर्थिक सहयोग को सशक्त करने की आवश्यकता है।

प्राकृतिक सहयोगी

भारत और अमेरिका साझे लोकतांत्रिक मूल्यों का अनुसरण करते हैं। अमेरिका में रहने वाले भारतीय प्रवासी भारत और अमेरिका के संबंधों में जन-जन संपर्क को सशक्त कर रहे हैं। भारतीय प्रवासियों द्वारा Howdy Modi और Namaste Trump जैसे कार्यक्रमों का आयोजन भी किया गया।

कौटिल्य ने कहा था कि 'शत्रु का शत्रु, मित्र होता है।' चीन एक साझा सुरक्षा खतरा है। क्वॉड ने साझी सामरिक चिंताओं को सशक्त किया है। दोनों देश नियम-आधारित वैश्विक व्यवस्था का समर्थन करते हैं।

अनौपचारिक गठबंधन (Informal Alliance)

प्रारंभ में, मोदी सरकार ने अमेरिका और चीन के बीच संतुलित रवैया अपनाने की कोशिश की। भारत ने ममल्लापुरम सम्मेलन (2019) का आयोजन किया और चीन के साथ वुहान अनौपचारिक सम्मेलन (2018) में सहभागिता की। भारत ने चीन के साथ मैत्रीपूर्ण संबंध स्थापित करने के प्रयास किए, किंतु भारत और चीन के बीच गलवान संघर्ष (2020) ने भारत का दृष्टिकोण परिवर्तित कर दिया। भारत ने चीन की चिंताओं को नज़रअंदाज़ कर अमेरिका के साथ सहभागिता को सशक्त करने का निश्चय किया। अतः भारत ने LEMOA, BECA, COMCASA के रूप में अमेरिका के साथ तीन मूल समझौतों की नींव रखी।

दक्षिण एशिया की ओर अमेरिका की नीति

शीत युद्ध के दौरान, पाकिस्तान ने अमेरिका की विदेश नीति में केंद्रीय स्थिति प्राप्त कर ली थी। हालांकि, अमेरिका ने उत्तर शीत युद्ध काल के विश्व में पाकिस्तान के प्रति अपनी नीति परिवर्तित कर दी। और दक्षिण एशिया में भारत अमेरिका का करीबी सहयोगी बन गया। पाकिस्तान चीन के साथ सामरिक संबंध विकसित कर रहा है।

अमेरिका एक सशक्त बाजार के अभ्युदय और चीन को प्रतिरोधात्मक तौर पर संतुलित करने हेतु भारत को प्राथमिकता दे रहा है। अमेरिका ने भारत के साथ असैन्य परमाणु समझौते का समापन किया है। पाकिस्तान को ऐसी कोई सुविधा नहीं दी है। कश्मीर के मुद्दे पर भी अमेरिका भारत का समर्थन कर रहा है। तत्कालीन अमेरिकी राष्ट्रपति बराक ओबामा ने भारत के दौरे के बाद अकेले ही पाकिस्तान का दौरा किया। अमेरिका ने दक्षिण एशिया में संबंध-विच्छेद की नीति (delinking policy or De-hyphenated) अपनाई है। अब पाकिस्तान अमेरिका के लिए दोयम हो गया है। हालांकि, अमेरिका पाकिस्तान को नज़रअंदाज़ नहीं कर सकता, क्योंकि पाकिस्तान के पास परमाणु हथियार हैं। अफगानिस्तान में स्थिरता बनाए रखने हेतु पाकिस्तान की भूमिका महत्त्वपूर्ण है।

पश्चिमी एशिया की ओर अमेरिकी नीति

पश्चिमी एशिया विश्व में ऊर्जा की आपूर्ति का स्रोत है। अमेरिका को पश्चिमी एशिया से ऊर्जा की आवश्यकता है। क्षेत्रीय संघर्षों और राष्ट्र राज्यों के छोटे आकार के कारण, अमेरिका पश्चिमी एशिया में सुरक्षा प्रदायक की भूमिका निभा रहा है। पश्चिमी एशिया में इजरायल, संयुक्त अरब अमीरात, बहरीन और इराक, अमेरिका के सबसे महत्त्वपूर्ण सामरिक सहयोगी हैं। पश्चिमी एशिया में ईरान और सीरिया अमेरिका के प्रतिद्वंद्वी हैं।

नवीन वैश्विक व्यवस्था (New World Order)

लोकतांत्रिक मूल्यों की चुनौती (Threat to Democratic Values)

आर्थिक संकटों की बहुलता के कारण उदार पूंजीवादी लोकतंत्रों हेतु वैश्विक समर्थन में गिरावट आई है। चीन, रूस और तुर्की

राजनीतिक तथा अंतर्राष्ट्रीय आर्थिक मुद्दों पर संपूर्ण संप्रभुता की प्राप्ति हेतु एवं अपने विवादित राष्ट्रीय हितों की प्रतिपूर्ति हेतु निरंकुश प्रशासनिक व्यवस्थाएं अपना रहे हैं। चीन की साम्राज्यवादी नीति एक नियम-आधारित वैश्विक व्यवस्था के विरुद्ध है। चीन द्वारा दक्षिण चीन सागर में स्थित भू-भागों के उल्लंघन में यह साम्राज्यवाद स्पष्ट रूप में देखा जा सकता है। इन भू-भागों पर दक्षिण-पूर्व एशियाई देशों ने भी दावा किया है। चीन इस मुद्दे पर अंतर्राष्ट्रीय न्यायालय की मध्यस्थता स्वीकार करने हेतु तैयार नहीं है। चीन पाकिस्तान के सहयोग से भारत-चीन सीमा विवाद पर यथास्थिति परिवर्तित करने का प्रयास कर रहा है।

एक अनिश्चित विश्व (An Uncertain World)

एस. जयशंकर ने अपनी पुस्तक द *इंडिया वे : स्ट्रैटेजीज़ फॉर एन अनसर्टेन वर्ल्ड* (The India Way: Strategies for an Uncertain World) में 'एक अनिश्चित विश्व' के सिद्धांत को प्रतिपादित किया है। यह सिद्धांत उत्तर शीत युद्ध काल के विश्व में अभूतपूर्व घटनाओं से उपज रही वैश्विक कूटनीति के परिवर्तनों को समझने का प्रयास करता है। कभी एक खुली उदार पूंजीवादी अर्थव्यवस्था का सबसे मुख्य प्रतिपादक रहा अमेरिका आज सुरक्षात्मक नीतियां अपना रहा है। अमेरिका ने विश्व व्यापार संगठन और दोहा विकास एजेंडा जैसे कई महत्त्वपूर्ण अंतर्राष्ट्रीय समझौतों और अंतर-सरकारी संगठनों से पीछे हटने की चेतावनी भी दी है। अमेरिकी अरुचि के कारण जलवायु परिवर्तन से जुड़े पेरिस समझौते जैसे कई महत्त्वपूर्ण समझौतों पर विकास रुक गया है।

शक्ति पर आधारित राजनीति की प्रकृति को लेकर अंतर्राष्ट्रीय संबंधों के कई विचारकों के मध्य एक बहुव्यापी सैद्धांतिक दुविधा की स्थिति बनी हुई है जिसके तहत इस बात पर वाद-विवाद चल रहा है कि विश्व इस समय एकध्रुवीय है, द्विध्रुवीय है या बहुध्रुवीय। यूरोपीय संघ से ब्रिटेन के निकास (Brexit) ने यूरोपीय एकजुटता को खंडित कर दिया है। कई विचारकों ने इसे यूरोपीय संघ के गठबंधन के अंत की शुरुआत के रूप में भी देखा है जो अमेरिकी वर्चस्व के विरुद्ध यूरोपीय चुनौती का भी अंत होगा।

अमेरिका और चीन के बीच व्यापारिक युद्ध

वर्तमान अंतर्राष्ट्रीय विश्व व्यवस्था में अत्यधिक अनिश्चितता विद्यमान है। अमेरिकी राष्ट्रपति ट्रम्प द्वारा अमेरिका फर्स्ट की नीति का प्रयोग किया जा रहा है। ब्रिटेन, यूरोपीय यूनियन से अलग हो चुका है। ट्रांस पैसेफिक पार्टनरशिप से अमेरिका ने अलग होने की घोषणा कर दी है। अमेरिका की इस नीति का फ्रांस जैसे यूरोपीय मित्र भी समर्थन नहीं कर रहे हैं। अमेरिका द्वारा ईरान समझौते से अलगाव की घोषणा भी चौंकाने वाली है।

राष्ट्रपति ट्रम्प द्वारा चीनी उत्पादों पर बड़ी मात्रा में आयात प्रशुल्क बढ़ा दिए गए हैं। अमेरिका और चीन के बीच 600 बिलियन डॉलर का व्यापार है, जिसमें अमेरिका को लगभग 300 बिलियन डॉलर का व्यापारिक घाटा है। अमेरिका का आरोप है कि चीन बाजारवादी नीतियों का उल्लघंन कर रहा है, अपने उद्योगों को संरक्षित कर रहा है तथा अमेरिकी कंपनी के पेटेंट को भी चुरा रहा है। परिणामस्वरूप विश्व व्यापार पर इसका नकारात्मक प्रभाव देखा जा रहा है। अमेरिका द्वारा भारत के स्टील आयात पर भी प्रशुल्क बढ़ा दिए गए हैं। यह भी उल्लेखनीय है कि भारत-अमेरिका के बीच व्यापार में अमेरिका को व्यापार घाटा (44 बिलियन डॉलर) है। चीन का यह प्रयत्न है कि अमेरिका की इस संरक्षणवादी नीति के विरुद्ध भारत एवं चीन को साझा सहयोग करना चाहिए। अमेरिका विश्व की सबसे बड़ी महाशक्ति है, तो चीन का भी शक्तिशाली उभार हो रहा है और चीन, भारत का पड़ोसी है। इसलिए भारत, अमेरिका के साथ संबंध बेहतर करके चीन के साथ अपनी सौदेबाजी की क्षमता को बढ़ाना चाहता है, परंतु भारत द्वारा चीन के साथ संबंध सुदृढ़ करने पर प्रभावी बल दिया जा रहा है।

अमेरिका की आधिपत्यवादी नीति

अमेरिका द्वारा सीरिया में असद सरकार को हटाए जाने के लिए प्रयास किया गया, जबकि भारत इस समस्या के शांतिपूर्ण समाधान का समर्थक है। राष्ट्रपति ट्रम्प ने ईरान के विरुद्ध प्रतिबंध कठोर करने का प्रयास किया जिसे अमेरिका में Countering America's Adversaries Through Sanctions & Act (CAATSA) भी कहा जाता है। ट्रम्प का कहना था कि ईरान के प्रक्षेपास्त्र कार्यक्रम को भी समाप्त करने की आवश्यकता है, जबकि भारत ईरान के साथ मित्रतापूर्ण संबंध बनाने का इच्छुक है। अमेरिका ने यूक्रेन में रूस द्वारा किए गए हस्तक्षेप का कड़ा विरोध किया। जबकि भारत ने यूक्रेन मुद्दे पर मध्यममार्गी दृष्टिकोण अपनाते हुए

रूस का विरोध नहीं किया और यूक्रेन की एकता एवं अखंडता का समर्थन किया। अमेरिका ने इजरायल में स्थित दूतावास को येरूसलम में स्थानांतरित करने का समर्थन नहीं किया। अमेरिका की इन हस्तक्षेपवादी नीतियों के कारण भारत के समक्ष बड़ी चुनौती उत्पन्न होती है जिसमें अमेरिका का समर्थन भारत के लिए संभव नहीं है। अतः भारत, दक्षिण कोरिया और जापान की भांति अमेरिका का पिछलग्गू नहीं हो सकता। यह उल्लेखनीय है कि अमेरिका की आधिपत्यवादी नीति का फिलहाल भारत के लिए लाभ अधिक है। क्योंकि चीन के शक्तिशाली उभार को प्रतिसंतुलित करने के लिए भारत को अमेरिकी समर्थन की आवश्यकता है, क्योंकि चीन और रूस के संबंध अत्यधिक मित्रतापूर्ण हो गए हैं इसलिए चीन के साथ संघर्ष में भारत रूस से समर्थन की अपेक्षा नहीं कर सकता।

बहुपक्षीय मुद्दों पर मतभेद

- विश्व व्यापार संगठन (WTO) की वार्ताओं में भारत और अमेरिका के मध्य स्पष्ट मतभेद विद्यमान हैं। भारत द्वारा शुरू किए गए खाद्य सुरक्षा अधिनियम को अमेरिका विश्व व्यापार संगठन के नियमों के प्रतिकूल मानता है। जबकि भारत इसे गरीबी निवारण के लिए आवश्यकता मानता है। अतः यह सामाजिक विषय है जिसे व्यापार से जोड़ना ठीक नहीं है।
- अमेरिका ने पेरिस पर्यावरणीय समझौते से अपने को अलग करने की घोषणा कर दी है, जबकि भारत ने पर्यावरणीय समझौतों को प्रभावी रूप में लागू करने पर बल दिया है।

ट्रम्प का आगमन

राष्ट्रपति ट्रम्प रिपब्लिकन पार्टी से हैं और उनकी निम्नलिखित प्रस्तावित नीतियां भारत के लिए सकारात्मक सिद्ध हो सकती हैं-

- रूस-यूक्रेन संघर्ष में रूस के साथ शांति स्थापना का संदेश देना। यदि रूस और अमेरिका के संबंध सामान्य और मित्रतापूर्ण हो जाते हैं, तो यह भारत के लिए अत्यधिक सकारात्मक होगा।
- ट्रम्प की नीतियां चीन के विरुद्ध आक्रामक हो रही हैं और भारत-चीन के संबंध सीमा मुद्दे पर अभी भी प्रतिकूल हैं। अतः चीन को प्रतिसंतुलित करना दोनों का साझा हित है।

इसके अतिरिक्त कुछ मुद्दों को लेकर भारत को चुनौतियों का भी सामना करना पड़ सकता है-

- ट्रम्प कठोर प्रवासी नीतियां बनाने के समर्थक हैं, जिसका दुष्प्रभाव भारतीय प्रवासियों पर पड़ सकता है।
- ट्रम्प द्वारा संरक्षणवादी नीतियों को अपनाना।

सिविल परमाणु समझौता

स्वतंत्र भारत में परमाणु कार्यक्रम का आरंभ अमेरिका और कनाडा के सहयोग से हुआ। वर्ष 1974 में भारत द्वारा शांतिपूर्ण परमाणु परीक्षण के बाद अमेरिका ने भारत के ऊपर आर्थिक एवं तकनीकी प्रतिबंध आरोपित कर दिए। वर्ष 1998 में भारत द्वारा परमाणु परीक्षण के बाद अमेरिका ने पहले से विद्यमान प्रतिबंधों को और कड़ा कर दिया, परंतु वर्ष 2001 के बाद भारत और अमेरिका के बीच सहयोग और मित्रता का नया अध्याय शुरू हुआ।

समझौते का प्रभाव

भारत एवं अमेरिकी संबंधों में वर्ष 2008 को सिविल परमाणु समझौते की ऐतिहासिक उपलब्धि के लिए याद रखा जाएगा, क्योंकि वर्ष 1974 से अमेरिका ने भारत पर परमाणु ईंधन तथा तकनीकी आपूर्ति पर प्रतिबंध लगा रखा था, जो समझौते के साथ समाप्त हो गया। समझौता निम्न रूपों में संपन्न किया गया-

- भारत ने अपने सैन्य और असैन्य परमाणु रिएक्टरों का अलगाव किया तथा यह निर्धारित करने का अधिकार भारत को है कि कौन सा रिएक्टर ऊर्जा उत्पादन के लिए है।
- अमेरिका ने समझौते के लिए अपने वर्ष 1954 के घरेलू ऊर्जा अधिनियम के प्रावधानों में संशोधन किया, जिसे लोकप्रिय रूप में प्रावधान-1, 2, 3 आदि के रूप में भी जाना जाता है।
- समझौते को क्रियान्वित करने हेतु भारत ने अंतर्राष्ट्रीय परमाणु ऊर्जा एजेंसी से एक विशेष समझौता किया, जिसके द्वारा अंतर्राष्ट्रीय परमाणु ऊर्जा एजेंसी (IAEA) भारत के ऊर्जा उत्पादन करने वाले सिविल रिएक्टरों की जांच करेगी।
- अंतर्राष्ट्रीय परमाणु ऊर्जा एजेंसी के साथ भारत को विशेष समझौता करना पड़ा, क्योंकि भारत परमाणु अप्रसार संधि (NPT) पर हस्ताक्षर करने वाला राष्ट्र नहीं है।

- समझौते को क्रियान्वित करने हेतु परमाणु आपूर्तिकर्ता देशों के समूह (NSG) ने भारत के पक्ष में प्रस्ताव पारित किया। एन.एस.जी. उन 48 देशों का एक अनौपचारिक समूह है जिनके पास परमाणु तकनीक एवं इर्धन हैं तथा एन.एस.जी. द्वारा उन्हीं देशों को परमाणु तकनीक तथा इर्धन की आपूर्ति की जाती है, जिन्होंने परमाणु अप्रसार संधि (NPT) पर हस्ताक्षर कर दिए हों। परंतु भारत एकमात्र राष्ट्र है, जिसे परमाणु अप्रसार संधि पर हस्ताक्षर किए बिना परमाणु इर्धन और तकनीकी प्राप्त होगी।
- अंततः इस समझौते को अमेरिका के दोनों सदनों ने पारित कर दिया।
- बुश प्रशासन द्वारा वर्ष 2005 में किया गया समझौता, वर्ष 2008 में क्रियान्वित हो गया। यह समझौता व्यावहारिक रूप में वर्ष 2015 में तत्कालीन अमेरिकी राष्ट्रपति ओबामा की भारत यात्रा के दौरान लागू किया गया। भारत ने वर्ष 2010 में देश में परमाणु दुर्घटना से होने वाले नुकसान की भरपाई के लिए परमाणु उत्तरदायित्व अधिनियम का निर्माण किया, जिसमें यह उल्लिखित किया गया कि परमाणु दुर्घटना से होने वाले नुकसान की भरपाई का दायित्व विदेशी कंपनियों का होगा, जिस पर अमेरिका द्वारा आपत्ति व्यक्त की गई थी। अमेरिका ने विदेशी कंपनियों द्वारा भारत को यूरेनियम और रिएक्टर आपूर्ति की निगरानी करने का अधिकार मांगा था, जिसे ट्रैकिंग क्लॉज भी कहा जाता है। राष्ट्रपति ओबामा की भारत यात्रा के दौरान इन दोनों मुद्दों को सुलझा लिया गया। अमेरिका इस बात के लिए राजी हो गया कि परमाणु रिएक्टर की निगरानी अंतर्राष्ट्रीय परमाणु ऊर्जा एजेंसी द्वारा होगी और परमाणु दुर्घटना से होने वाले नुकसान की भरपाई के लिए बीमा पूल का गठन किया जाएगा।

ऊर्जा सुरक्षा

इस समझौते के लागू होने के बाद भारत परमाणु रिएक्टर और परमाणु ईंधन मुक्त रूप में सबसे सस्ते स्रोत से आयात कर सकता है। इससे स्पष्ट है कि भारत इस समझौते द्वारा त्वरित गति से बिजली उत्पादन कर सकेगा।

- आलोचकों की मान्यता है कि भारत एवं अमेरिका सिविल परमाणु समझौता घरेलू स्वायत्त क्षमता के विकास का विरोधी नहीं है, बल्कि घरेलू क्षमता और अंतर्राष्ट्रीय सहयोग एक-दूसरे के पूरक हैं, जबकि अंतर्राष्ट्रीय सहयोग से घरेलू क्षमता को बेहतर और प्रभावी बनाया जा सकता है।
- भारत एवं अमेरिका परमाणु समझौते का लाभ ऊर्जा के अलावा तकनीकी क्षेत्रों में भी प्राप्त होगा। अब भारत द्वैध प्रयोग की तकनीक का आयात कर सकता है।
- आलोचकों के अनुसार, भारत एवं अमेरिका सिविल परमाणु समझौता भारत के न्यूनतम परमाणु प्रतिरोध के विकास में बाधक है।

सामरिक पक्ष

यह समझौता दोनों देशों के बीच बढ़ते सामरिक संबंधों का उदाहरण है एवं इस समझौते को केवल ऊर्जा समझौते तक सीमित करना ठीक नहीं है। यह एक विशिष्ट समझौता है, जिससे यह प्रतीत होता है कि भारत एक महाशक्ति है तथा अमेरिका, भारत का सर्वाधिक महत्त्वपूर्ण सामरिक सहयोगी बन चुका है तथा विश्व में तकनीकी क्षमता में अभी भी अमेरिका का कोई विकल्प नहीं है। इस समझौते से भारत को एक विशेषाधिकार प्राप्त हो गया है और भारत, विश्व का एकमात्र देश है, जहां परमाणु रिएक्टर को नागरिक और सैनिक भागों में विभाजित किया गया है।

भारत एवं अमेरिका परमाणु समझौते (सिविल) के अंतर्गत अमेरिका के घरेलू परमाणु अधिनियम, 1954 में संशोधन किया गया तथा वर्ष 2006 में सीनेटर हेनरी हाइड ने इस अधिनियम के प्रावधानों में संशोधन किए। इसलिए वर्ष 1954 के अधिनियम और हाइड अधिनियम में अंतर आ गया, जो इस प्रकार हैं-

- वर्ष 1954 के अधिनियम में परमाणु परीक्षण पर किसी प्रकार का प्रतिबंध नहीं था, लेकिन हाइड एक्ट में यह वर्णित है कि दक्षिण एशिया में परमाणु हथियारों के भंडार में कमी की जाएगी और अंततः इसे समाप्त किया जाएगा। इस अधिनियम में यह भी प्रावधान है कि भारत के असुरक्षित परमाणु केंद्रों में विखंडनीय पदार्थों के उत्पादन को नियंत्रित

किया जाएगा। इन्हीं प्रावधानों के कारण आलोचकों ने कहा कि अमेरिका का मूल उद्देश्य भारत की परमाणु क्षमता को सीमित करना है। वह सिविल परमाणु समझौते द्वारा भारत को परमाणु अप्रसार के दायरे में लाने का प्रयास कर रहा है।

- वर्ष 1954 के अधिनियम के प्रावधान-1, 2, 3 के अंतर्गत उल्लिखित था कि भारत एवं अमेरिका सिविल समझौता समाप्त होने के बाद भारत को परमाणु ईंधन की आपूर्ति समाप्त नहीं होगी तथा वह अन्य देशों से भी ईंधन की आपूर्ति कर सकता है। हाइड अधिनियम में यह कहा गया कि भारत एवं अमेरिका समझौता समाप्त होने के बाद अमेरिका अन्य देशों द्वारा प्रदत्त तकनीक और ईंधन की आपूर्ति को भी प्रतिबंधित करेगा।

समझौते के बारे में कुछ लोगों का तर्क बिल्कुल उल्टा है। इनके अनुसार भारत एवं अमेरिका सिविल परमाणु समझौते का उद्देश्य भारत की सामरिक क्षमता में बढ़ोत्तरी करना है, क्योंकि भविष्य में चीन की बढ़ती शक्ति को संतुलित करना, अमेरिका का मूल उद्देश्य है और इसमें आंशिक सच्चाई है। इसलिए चीन ने इस समझौते का विरोध किया तथा उसने आयरलैंड और ऑस्ट्रिया जैसे छोटे देशों को इस समझौते के विरुद्ध उकसाया। जब समझौता संपन्न होने लगा, तो उसने रणनीतिक परिवर्तन करके यह कहा कि पाकिस्तान को भी ऐसी सुविधा प्राप्त होनी चाहिए।

परमाणु समझौता और भारत एवं अमेरिका संबंध

कुछ लोग भारत एवं अमेरिका सिविल परमाणु समझौते का विरोध तकनीकी या ऊर्जा पक्ष के आधार पर नहीं, बल्कि अमेरिका के साथ किसी भी तरह के सामरिक संबंधों के विरोध के आधार पर करते हैं। इनके अनुसार, अमेरिका इस संदर्भ में विश्वसनीय राष्ट्र नहीं है। इसका उत्तर है कि अंतर्राष्ट्रीय राजनीति में कोई राष्ट्र विश्वसनीय नहीं होता तथा हितों के अनुसार शत्रु और मित्र बदलते रहते हैं। आलोचकों के अनुसार, भारतीय विदेश नीति अमेरिका के दबाव में आ रही है। यह कहना तार्किक नहीं है, क्योंकि अमेरिका का प्रत्येक मुद्दे पर विरोध करना स्वतंत्र विदेश नीति का मानदंड नहीं है। इसलिए भारत के संबंध यदि प्रत्येक महाशक्तियों से बेहतर हैं, तो केवल भारत एवं अमेरिका संबंधों का विरोध करना तार्किक नहीं है।

मुचकुंद दुबे के अनुसार, इस समझौते का दोनों देशों पर अत्यधिक सकारात्मक प्रभाव होगा तथा भविष्य में भारत एवं अमेरिकी संबंध और प्रगाढ़ होंगे तथा इससे भारत में अमेरिकी निवेश में वृद्धि होगी, विशेषकर परमाणु क्षेत्र में निवेश की संभावना अधिक होगी। पारस्परिक विश्वास में वृद्धि हुई है तथा समझौते का प्रभाव न केवल द्विपक्षीय, बल्कि क्षेत्रीय और वैश्विक भी होगा, क्योंकि अमेरिका एक सुपर पावर है और हर राज्य उससे बेहतर संबंध बनाने को प्रयत्नशील है। इस दिशा में भारत द्वारा किया गया समझौता भी दीर्घकालिक रूप में राष्ट्रीय हित में है। वर्तमान में भारत ने अमेरिका के अलावा फ्रांस के साथ भी परमाणु रिएक्टर खरीदने का प्रयास किया है और ऑस्ट्रेलिया के साथ भी सिविल परमाणु समझौता वर्ष 2014 में संपन्न हो चुका है। भारत एवं अमेरिकी सामरिक संबंधों द्वारा भारत सैन्य आपूर्ति के लिए भी किन्हीं विशेष देशों पर निर्भर नहीं रह जाएगा।

समझौते का प्रभाव

सिविल परमाणु समझौता ISRO एवं NASA के बीच संपन्न अंतरिक्ष कार्यक्रम में सामरिक सहयोग के उदाहरण हैं। भारत-अमेरिकी सिविल परमाणु समझौते के बाद भारत का कजाकिस्तान, फ्रांस, रूस, दक्षिण कोरिया, ऑस्ट्रेलिया एवं जापान के साथ सिविल परमाणु समझौता केवल ऊर्जा अथवा बिजली का ही समझौता नहीं, अपितु यह भारत-अमेरिका के बीच बढ़ते सामरिक संबंधों का परिणाम है।

उल्लेखनीय है कि बराक ओबामा पहले अमेरिकी राष्ट्रपति हैं, जो भारत के गणतंत्र दिवस (26 जनवरी, 2015) में मुख्य अतिथि के रूप में शामिल हुए, जो भारत-अमेरिका के मजबूत होते रिश्ते को दिखाता है। चार महीने के अंदर मोदी-ओबामा की दूसरी मुलाकात ने अमेरिका और भारत के बीच संबंधों का नया दौर शुरू कर दिया। दोनों देशों के बीच मुख्य रूप से दो मुद्दों पर पिछले छह वर्ष से गतिरोध बना हुआ था, जो इस प्रकार था-

- अपने नाभिकीय रिएक्टरों पर अमेरिका की निगरानी को भारत ने मानने से इनकार कर दिया था।
- अमेरिका 'जवाबदेही के प्रावधान' पर सहमत नहीं था।

भारत द्वारा निर्मित परमाणु उत्तरदायित्व अधिनियम पर अमेरिका ने आपत्ति व्यक्त की। अमेरिका के अनुसार, परमाणु दुर्घटना के बाद भरपाई करने का दायित्व ऑपरेटर का होना चाहिए, तकनीकी आपूर्ति करने वाले देश का नहीं। लेकिन भारत के अधिनियम में आपूर्तिकर्ता को उत्तरदायी ठहराया गया है।

परमाणु करार को क्रियान्वित करने में सबसे बड़ी बाधा 'नाभिकीय उत्तरदायित्व कानून, 2008 एवं 2010' का उपबंध था। इस उपबंध के अनुसार, यदि अमेरिका द्वारा उपलब्ध कराए गए उपकरणों के कारण भारत में कोई परमाणु दुर्घटना (यूक्रेन के चेर्नोबिल और जापान के फुकूशिमा में हुई दुर्घटनाओं की तरह) होती है, तो परमाणु संयंत्र लगाने वाली कंपनी को नुकसान की भरपाई करनी होगी। यह शर्त दुर्घटना की स्थिति में आपूर्तिकर्ता को जिम्मेदार ठहराती है। अमेरिका और फ्रांस जैसे देशों का कहना था कि भारत, वैश्विक नियमों का पालन करे। वैश्विक नियमों के अनुसार, दुर्घटना की पहली जिम्मेदारी संबंधित कंपनी की होती है। उल्लेखनीय है कि भारत में सभी परमाणु संयंत्रों का संचालन सरकारी कंपनी 'भारतीय नाभिकीय ऊर्जा निगम' करती है। ऐसे में दुर्घटना की स्थिति में सरकार को मुआवजे की अदायगी करनी पड़ेगी।

नाभिकीय उत्तरदायित्व कानून, 2010 के अनुसार, किसी भी परमाणु दुर्घटना की आशंका में 1500 करोड़ रुपये का इंश्योरेंस पूल बनाने का प्रावधान है, जिससे पीड़ितों को तत्काल मुआवजा दिया जा सके। मोदी-ओबामा समझौते के अनुसार, मुआवजे का उत्तरदायित्व अमेरिकी कंपनियों का न होकर, भारतीय कंपनी तथा भारत सरकार का होगा। इस इंश्योरेंस पूल में 750 करोड़ रुपये परमाणु ऊर्जा निगम अर्थात् देश की चार सबसे बड़ी बीमा कंपनियां देंगी और 750 करोड़ रुपये भारत सरकार देगी तथा दोनों पक्षों द्वारा व्यावहारिक दृष्टिकोण अपनाते हुए छह वर्ष से चले आ रहे गतिरोध को समाप्त कर दिया गया है। अमेरिका ने निगरानी (Tracking) वाले प्रावधान को वापस ले लिया है, तो वहीं भारत ने लचीला रुख अपनाते हुए जवाबदेही का उत्तरदायित्व स्वयं ले लिया है। नाभिकीय ऊर्जा पर गतिरोध खत्म होने के बाद दोनों देश रोडमैप तैयार करने पर सहमत हुए हैं, जिससे सस्ती बिजली का रास्ता खुलेगा और दुर्घटना से निपटने के लिए 1500 करोड़ रुपये का इंश्योरेंस पूल बनाने के भारत के प्रस्ताव पर अमेरिका ने अपनी सहमति दे दी है तथा परमाणु करार से जुड़ी दो शर्तों पर अमेरिका सहमत हुआ है। पहला, अमेरिका परमाणु संयंत्रों की निगरानी वाले प्रावधान से पीछे हट गया है, ऐसा इसलिए किया गया, क्योंकि अंतर्राष्ट्रीय परमाणु ऊर्जा एजेंसी (IAEA) इस तरह के सभी रिएक्टरों की निगरानी करती ही है, ऐसे में दोहरे निगरानी के प्रावधान की आवश्यकता नहीं थी। दूसरा, अब परमाणु दुर्घटना के मुआवजे के लिए इंश्योरेंस पूल का निर्माण किया है, जिससे रिएक्टर और तकनीकी प्रदान करने वाली कंपनी को मुआवजा नहीं देना होगा। ये कंपनियां आकस्मिक दुर्घटना सहायता के लिए सेतु की तरह मिल-जुलकर काम करेंगी।

इस समझौते के अस्तित्व में आने से न केवल भारत को यूरेनियम की आपूर्ति सुनिश्चित होगी, बल्कि वह दोहरे उपयोग वाली तकनीक को भी हासिल कर सकेगा। इससे भारत के संबंध न केवल अमेरिका, बल्कि यूरोप के साथ भी राजनीतिक व कूटनीतिक रूप में सुदृढ़ होंगे और वैश्विक राजनीति में भारत का कद बढ़ेगा। इस समझौते द्वारा प्रधानमंत्री मोदी के 'मेक इन इंडिया' अभियान को फायदा होगा, क्योंकि अमेरिका रक्षा क्षेत्र में को-प्रोडक्शन और को-डेवलपमेंट अर्थात् साझा उत्पादन और साझा विकास के लिए आगे बढ़ने को तैयार है तथा रक्षा हथियारों का मिलकर विकास करने के लिए दोनों देशों ने परस्पर 5-5 अरब डॉलर का योगदान देने का निर्णय लिया है, जो 'मेक इन इंडिया' अभियान को मजबूत करेगा।

निष्कर्ष

आलोचकों की मान्यताएं पूर्णतः तार्किक प्रतीत नहीं होतीं, क्योंकि भारत ने एन.पी.टी. और सी.टी.बी.टी. पर हस्ताक्षर नहीं किए हैं। इसलिए परमाणु परीक्षण का मार्ग खुला है। सी.टी.बी.टी. अभी भी व्यवहार में प्रयुक्त नहीं है, क्योंकि अमेरिका सहित भारत, इजरायल और पाकिस्तान ने भी इस पर हस्ताक्षर नहीं किया है। यह समझौता सिविल क्षेत्र में है, सैन्य क्षेत्र इससे प्रभावित नहीं होगा।

समझौते से पहले ही भारत ने सिविल और सैन्य परमाणु रिएक्टर का विभाजन कर दिया है। भारत ने कंप्यूटर सिमुलेशन तकनीकी का विकास कर लिया है। अतः भारत द्वारा कंप्यूटर के माध्यम से परमाणु हथियारों का विकास किया जा सकता है और भारत को वास्तविक रूप में परमाणु परीक्षण करने की आवश्यकता नहीं होगी। इसलिए सामरिक क्षेत्र या क्षमता के प्रभावित होने का प्रश्न ही नहीं उठता। यह बात उल्लेखनीय है कि अंतर्राष्ट्रीय राजनीति के प्रत्येक समझौते यथार्थवादी दृष्टिकोण से परस्पर आदान-प्रदान पर आधारित होते हैं। इसलिए समझौतों का मूल उद्देश्य राष्ट्रीय हितों में वृद्धि होता है, उससे समझौता करना कदापि नहीं।

अध्याय

2 भारत-चीन

India-China

• एक देश दो व्यवस्थाएं • भाई-भाई का संबंध • भारत-चीन युद्ध • भारत-चीन के मध्य शत्रुतापूर्ण संबंधों की शुरुआत • चीन की परिवर्तित नीति • डी-लिंकिंग की नीति • शीत युद्धोत्तर विश्व में संबंध • अमेरिका का ह्रास • चीन का शांतिपूर्ण उभार • शी जिनपिंग आजीवन राष्ट्रपति • विवाद के विभिन्न मुद्दे • आर्थिक संबंधों में चुनौतियाँ • ब्रह्मपुत्र नदी पर बांध का मुद्दा • दक्षिण चीन सागर विवाद • परमाणु मुद्दा • कश्मीर मुद्दा • आतंकवाद • तिब्बत मुद्दा • एयर डिफेंस आइडेंटिफिकेशन जोन • भारत-चीन के बीच सहयोग के मुद्दे • बांग्लादेश-चीन-भारत-म्यांमार आर्थिक गलियारा • मोतियों की माला • वन बेल्ट वन रोड • एशिया का उदय एवं अविश्वास • चीन-पाकिस्तान • भारत-अमेरिका संबंध • एक महाशक्ति के रूप में भारत

चीन क्षेत्रफल की दृष्टि से विश्व का तीसरा सबसे बड़ा देश है। चीन की जनसंख्या 141 करोड़ है। यह एक प्राचीन सभ्यता वाला देश है। चीन, भाषा तथा संस्कृति के आधार पर भी एकरूपता धारित करने वाला विश्व का सबसे बड़ा देश है। यह स्वयं को 'मिडल किंगडम' कहता है, जिसके अनुसार चीन स्वर्ग एवं धरती के बीच स्थित राज्य है जो स्वर्ग से सबसे निकट है। इसलिए चीन की सभ्यता सबसे महान है। वर्तमान समय में यह देश आर्थिक तथा सैन्य दृष्टि से संयुक्त राज्य अमेरिका के बाद विश्व की दूसरी बड़ी शक्ति है। यह राजनीतिक रूप से एकदलीय समाजवादी व्यवस्था वाला देश है। परंतु आर्थिक रूप से उदारवादी-पूंजीवादी व्यवस्था को स्वीकार किया गया है। भारत के उत्तर की सीमाओं पर स्थित यह देश परंपरागत रूप से भारत का मित्र राज्य रहा है। परंतु 1962 में चीन द्वारा आकस्मिक आक्रमण ने इस मित्रता को भंग कर दिया। चीन में साम्यवादी शासन को स्वीकार किया गया है, जिसमें समूचे चीन के शासन पर साम्यवादी दल का केंद्रीय नियंत्रण बना हुआ है। तिब्बत, चीन का स्वायत्त भाग है तथा चीन द्वारा ताइवान को भी अपना भाग घोषित किया गया है।

एक देश दो व्यवस्थाएं

वर्ष 1949 में चीन का उदय एक साम्यवादी देश के रूप में हुआ। चीन के अनुसार, ताइवान भी चीन का भाग है। चीन में साम्यवादी आर्थिक प्रणाली अपनाई गई, जबकि ताइवान द्वारा उदारवादी आर्थिक व्यवस्था अपनाई गई। चीन में एकदलीय शासन विद्यमान है, जबकि ताइवान में बहुदलीय लोकतंत्र पाया जाता है। चीन के अनुसार, ताइवान चीन का भाग है, परंतु ताइवान की आर्थिक और राजनीतिक व्यवस्था अलग है। इसलिए चीन एक देश, दो व्यवस्था का सिद्धांत प्रतिपादित करता है। वर्ष 1997 में हांगकांग, जो पहले ब्रिटेन के नियंत्रण में था, चीन का भाग बन गया और हांगकांग में भी उदारवादी आर्थिक प्रणाली है। चीन ने यह आश्वासन दिया था कि हांगकांग में लोकतंत्र की स्थापना होगी। इस वादे को पूर्ण करने के लिए वर्ष 2015 में चीन द्वारा वर्ष 2017 में

हांगकांग में पहले वयस्क मताधिकार पर आधारित निर्वाचन की घोषणा की गई।

हांगकांग में निर्वाचन की घोषणा के बाद लोकतंत्र के समर्थकों द्वारा प्रदर्शन आरंभ हो गए, क्योंकि वर्ष 2017 के लिए निर्धारित निर्वाचन में भाग लेने वाले प्रत्याशियों के नाम का चयन चीन के साम्यवादी दल द्वारा होना था। हांगकांग में इसी विचारधारा का विरोध किया गया। हांगकांग के लोगों के अनुसार, हांगकांग के निर्वाचन में भाग लेने वाले पदाधिकारियों के नाम का चयन भी हांगकांग के लोगों द्वारा होगा। हांगकांग के आंदोलन को चीन में लोकतांत्रिक आंदोलन के आरंभ का संकेत माना गया है। यह उल्लेखनीय है कि वर्ष 1989 में चीन के छात्रों द्वारा तियानमान चौक पर लोकतंत्र की बहाली के लिए प्रदर्शन किया गया था, जिसका चीन ने सख्ती से दमन कर दिया। चीन, हांगकांग में आर्थिक उदारीकरण बनाए रखने का समर्थक है, परंतु राजनीतिक उदारीकरण का विरोधी है।

भारत-चीन के मध्य भौगोलिक एवं सांस्कृतिक संबंध विद्यमान हैं। चीनी यात्री ह्वेनसांग और फाहियान ने भारतीय सभ्यता और संस्कृति की खोज के लिए भारत की यात्रा की। दोनों देश एशिया की दो बड़ी महाशक्तियां हैं। भारतीय प्रधानमंत्री नेहरू ने एशियाई-अफ्रीकी एकता को शक्तिशाली बनाने के लिए चीन के साथ मित्रतापूर्ण संबंधों पर प्रभावी बल प्रदान किया। वर्ष 1949 में चीन में साम्यवादी व्यवस्था की स्थापना हुई, जिसे मान्यता देने वाला भारत पहला गैर-साम्यवादी देश था, जबकि शीत युद्ध के दौरान अमेरिका ने चीन के संयुक्त राष्ट्र संघ में प्रवेश का विरोध किया और भारत ने संयुक्त राष्ट्र संघ में चीन की सदस्यता का समर्थन किया। वर्ष 1950 में चीनी सेनाओं ने तिब्बत पर नियंत्रण कर लिया, जिसके बाद भारत ने तिब्बत को चीन के एक स्वायत्त भाग के रूप में मान्यता प्रदान कर दी।

भाई-भाई का संबंध

भारत-चीन के बीच आरंभ में अत्यधिक मित्रतापूर्ण संबंधों का विकास हुआ, जिसका सबसे बड़ा उदाहरण दोनों देशों के बीच पंचशील का समझौता है, जो तत्कालीन भारतीय प्रधानमंत्री नेहरू और चीनी प्रधानमंत्री चाऊ एन लाई के बीच हुआ। इसके मुख्य बिंदु निम्नलिखित हैं-

- एक-दूसरे की क्षेत्रीय अखंडता और संप्रभुता के लिए आपसी सम्मान की भावना पर आचरण करना।
- एक-दूसरे पर आक्रमण न करना।
- एक-दूसरे के आंतरिक मामलों में हस्तक्षेप न करना।
- परस्पर समानता और मित्रता की भावना।
- शांतिपूर्ण सहअस्तित्व ।

दोनों देशों के बीच मित्रता का यह स्वर्णिम समय वर्ष 1955 के बांडुंग सम्मेलन में भी देखा गया, जिसे एशियाई-अफ्रीकी सम्मेलन भी कहा गया।

भारत-चीन युद्ध

चीन की विदेश नीति में यथार्थवाद अत्यधिक प्रभावी रहा है। इसलिए चीन ने पहले भारत-चीन सीमा पर अपनी स्थिति को मजबूत कर लिया तथा कराकोरम राजमार्ग (वर्ष 1956-57) का भी निर्माण कर लिया। उसके बाद चीन ने आधिकारिक रूप में कहा कि भारत-चीन सीमा का स्पष्ट विभाजन नहीं हुआ है और चीन ने मैकमोहन रेखा को भी अस्वीकार कर दिया। उसने वर्तमान अरुणाचल प्रदेश को दक्षिणी तिब्बत कहा, जबकि चीन ने पहले सीमा विवाद का कभी भी उल्लेख नहीं किया। वर्ष 1959 में तिब्बत में तिब्बतियों ने चीन के विरुद्ध विद्रोह कर दिया और दलाई लामा समेत लाखों तिब्बती भारत आ गए, जिससे चीन का दृष्टिकोण भारत के विरुद्ध और आक्रामक हो गया तथा चीन द्वारा भारतीय सीमा पर अतिक्रमण होने लगा।

युद्ध का परिणाम

अंततः सितंबर, 1962 में चीन ने भारत पर सैनिक आक्रमण (अरुणाचल प्रदेश, जिसे पहले नेफा कहा जाता था और लद्दाख क्षेत्र पर) कर दिया और अक्साई चिन पर नियंत्रण कर लिया। चीन की सेनाएं अरुणाचल प्रदेश तक प्रवेश कर गई थी, जिसे बाद में वापस कर लिया गया। इस आक्रमण के बाद चीनी सेना ने एकतरफा युद्ध विराम घोषित कर दिया। वर्ष 1962 के युद्ध के पश्चात् चीन ने भारतीय भू-भाग के अत्यंत महत्त्वपूर्ण भागों पर नियंत्रण कर लिया है, क्योंकि लद्दाख एवं तिब्बत के मध्य 10 महत्त्वपूर्ण दर्रे हैं, जिससे भारत एवं तिब्बत के मध्य आवागमन होता था। चीन, हिमाचल प्रदेश के शिपकी ला दर्रे पर दावा प्रस्तुत कर रहा है। यह बिंदु ध्यान देने योग्य है कि पाक अधिकृत कश्मीर का कुछ भाग पाकिस्तान द्वारा चीन को सौंप दिया गया है। इस क्षेत्र में गिलगित, सिक्यांग के मध्य कराकोरम पहाड़ियों में अनेक दर्रों पर चीन ने नियंत्रण कर लिया है।

भारत-चीन के मध्य शत्रुतापूर्ण संबंधों की शुरुआत (बाय-बाय)

इसके बाद भारत-चीन संबंध अत्यधिक शत्रुतापूर्ण हो गए। भारत के अनुसार, जब तक चीन भारतीय क्षेत्र को मुक्त नहीं करेगा, तब तक चीन के साथ संबंधों को सामान्य नहीं किया जाएगा। चीन के इस आक्रमण के लिए भारतीय सेना और सरकार बिल्कुल तैयार नहीं थी। इसलिए इसे विदेश नीति की बड़ी विफलता माना गया। इस आक्रमण के बाद पड़ोसी भी भारत के विरुद्ध चीन कार्ड का प्रयोग करने लगे तथा पूरे विश्व में चीन ने यह प्रचार-प्रसार किया कि भारत एक साम्राज्यवादी देश है। इसलिए भारत तीसरी दुनिया के देशों का नेतृत्व नहीं कर सकता। इस युद्ध से भारत को बड़ा मनोवैज्ञानिक सदमा लगा। इस युद्ध के बाद चीन एवं पाकिस्तान की सदाबहार मित्रता आरंभ हुई और दोनों ने मिलकर भारत के विरुद्ध कार्य किया।

चीन ने कश्मीर मुद्दे पर पाकिस्तान का समर्थन किया। वर्ष 1965 के तथा वर्ष 1971 के भारत-पाकिस्तान युद्ध में चीन ने खुलकर पाकिस्तान का समर्थन किया। वर्ष 1974 में भारत के शांतिपूर्ण परमाणु परीक्षण को परमाणु ब्लैकमेलिंग कहा तथा वर्ष 1975 में सिक्किम के भारत में विलय का भी विरोध किया। वर्ष 1976 में भारत-चीन संबंधों को सामान्य करने के लिए एक नई पहल हुई, क्योंकि इस वर्ष भारत ने चीन में राजदूत को नियुक्त किया। वर्ष 1962 के बाद भारत का चीन में कोई राजदूत नहीं था। वर्ष 1977 में जनता पार्टी सरकार ने चीन के साथ संबंधों को सामान्य करने का प्रयत्न किया, लेकिन नए शीत युद्ध के कारण जनता पार्टी सरकार चीन के साथ संबंध सामान्य नहीं कर सकी। तत्कालीन भारतीय विदेश मंत्री अटल बिहारी वाजपेयी ने चीन की यात्रा की, लेकिन चीन द्वारा वर्ष 1979 में ही वियतनाम पर आक्रमण के बाद अटल बिहारी वाजपेयी भारत वापस आ गए।

चीन की परिवर्तित नीति

वर्ष 1979 में डेंग शियाओ पिंग ने चीनी विदेश नीति में आर्थिक मुद्दों पर सर्वाधिक बल दिया। इनके द्वारा चीन में आधारभूत संरचना के विकास पर अत्यधिक बल दिया गया। समाजवादी शासन के साथ बाजारवादी आर्थिक नीति अपनाई गई। विदेशी निवेश आकर्षित किया गया और इसके परिणामस्वरूप चीन में सड़कों का जाल बिछा दिया गया। उन्होंने कहा कि सीमा विवाद जैसे मुद्दों को आने वाली पीढ़ी के लिए छोड़ दिया जाना चाहिए।

डी-लिंकिंग की नीति (Policy of De-Linking)

आर्थिक और राजनीतिक मुद्दों के बीच अलगाव करने का प्रयत्न किया गया। वर्ष 1980 के दशक में भारत ने भी यह महसूस किया कि सीमा पर दोनों ओर से चीन और पाकिस्तान के साथ विवाद भारत के हित में नहीं है। इसलिए तत्कालीन भारतीय प्रधानमंत्री राजीव गांधी ने भारत-चीन संबंधों में सुधार के लिए उल्लेखनीय प्रयत्न किया। 34 वर्ष बाद वर्ष 1988 में राजीव गांधी ने चीन की यात्रा की। उन्होंने कहा कि चीन के साथ आर्थिक और व्यापारिक संबंध बढ़ाए जाएंगे तथा सीमा विवाद के कारण चीन के साथ संबंधों को स्थगित नहीं किया जाएगा।

शीत युद्धोत्तर विश्व में संबंध

वर्ष 1990 के बाद भारत-चीन के बीच व्यापारिक संबंधों को अत्यधिक महत्त्व दिया गया और सीमा विवाद बने रहने के बावजूद दोनों देशों के बीच द्विपक्षीय व्यापार में तेजी से वृद्धि हुई। भारत-चीन संबंध अत्यधिक जटिल बन गए, क्योंकि आर्थिक क्षेत्र में सहयोग तेजी से आगे बढ़ा, परंतु सीमा पर तनाव भी बना रहा, इसलिए सहयोग और संघर्ष दोनों प्रवृत्तियां विद्यमान रहीं। दोनों देशों के बीच बढ़ते संबंध में बड़ी बाधा वर्ष 1998 में उत्पन्न हुई, जब भारत द्वारा परमाणु परीक्षण किया गया और भारत के तत्कालीन रक्षा मंत्री जॉर्ज फर्नांडिस ने कहा कि चीन, भारत का सबसे बड़ा शत्रु है। चीन द्वारा भारत के परमाणु परीक्षण की कड़ी आलोचना की गई और चीन ने भारत के विरुद्ध प्रतिबंध लगाने के लिए सुरक्षा परिषद में प्रस्ताव प्रस्तुत किया।

वर्ष 2001 के बाद संबंध पुनः सामान्य होने लगे और वर्ष 2003 में तत्कालीन प्रधानमंत्री अटल बिहारी वाजपेयी द्वारा चीन की यात्रा की गई तथा सीमा विवाद को हल करने के लिए विशेष प्रतिनिधियों की नियुक्ति हुई। दोनों देशों के बीच व्यापार को बढ़ाने के लिए नाथुला दर्रा (सिक्किम) खोलने का समझौता किया गया। वर्ष 2005 में भारत और चीन के बीच सामरिक वार्ता आरंभ हुई तथा दोनों देशों के बीच संयुक्त सैन्य अभ्यास भी आयोजित किए गए। वर्ष 2008 में भारत-अमेरिका के बीच सिविल परमाणु समझौता संपन्न किया गया, जिसके परिणामस्वरूप चीन द्वारा सीमा क्षेत्र पर नियंत्रण रेखा का बार-बार उल्लंघन किया गया और भारत पर दबाव बनाने का प्रयत्न किया गया।

भारत-चीन संबंधों में पुन: कड़वाहट वर्ष 2010 के बाद उत्पन्न हुई तथा कश्मीर में तैनात भारतीय सेना के अधिकारी जनरल जायसवाल को चीन द्वारा वीजा नहीं दिया गया तथा कश्मीर के निवासियों के लिए चीन द्वारा स्टेपल वीजा प्रदान किया गया। दोनों देशों के बीच व्यापार में वृद्धि हुई। परंतु भारत-चीन व्यापार में भारत को बड़े व्यापार घाटे का सामना करना पड़ रहा है। वर्ष 2013 में चीन द्वारा चुमार, देपशांग क्षेत्रों में लगातार नियंत्रण रेखा का उल्लंघन किया गया, जिससे भारत-चीन संबंध अत्यधिक कटु हो गए। परंतु सितंबर, 2014 में चीन के राष्ट्रपति ने भारत की यात्रा की। राष्ट्रपति जिनपिंग की यह यात्रा आर्थिक व व्यापारिक मुद्दों पर केंद्रित रही। भारत और चीन के बीच कुछ महत्त्वपूर्ण समझौते हुए, जैसे- कैलाश मानसरोवर यात्रा के लिए तिब्बत के स्वायत्त क्षेत्र से एक नया रास्ता खोलने पर समझौता हुआ। भारतीय रेलवे के विकास एवं पुनर्निर्माण में सहयोग करने के लिए चीन द्वारा सहयोग का आश्वासन दिया गया और व्यापार के क्षेत्र में चीन द्वारा भारत में 20 अरब डॉलर के निवेश का लक्ष्य रखा गया। वर्ष 2015 में भारतीय प्रधानमंत्री की चीन यात्रा द्वारा संबंधों को पुनः सामान्य बनाने का प्रयत्न किया गया।

अमेरिका का ह्रास

1945 में चीन की विश्व अर्थव्यवस्था के सकल घरेलू उत्पाद में एक प्रतिशत हिस्सेदारी थी, जो अब बढ़कर लगभग 19 प्रतिशत हो गई है, जबकि अमेरिका की हिस्सेदारी 1945 में 45 प्रतिशत थी जो अब केवल 24 प्रतिशत है। वर्तमान में भारत, जापान, रूस, दक्षिण कोरिया, दक्षिण अफ्रीका, मध्य एशिया, आसियान आदि का सबसे बड़ा द्विपक्षीय व्यापारिक भागीदार चीन है। हिंद महासागर में भी चीन का प्रभाव बढ़ा है और दक्षिण चीन सागर में चीन ने अपने सैनिक अड्डे भी बना लिए हैं। चीन की बढ़ती शक्ति अमेरिका के प्रभुत्व को निर्णायक रूप में कम कर रही है, जिससे विश्व शक्ति का केंद्र यूरोप, अटलांटिक न होकर एशिया प्रशांत क्षेत्र बनता जा रहा है। चीन एवं भारत के बीच सीमा विवाद कायम है तथा डोकलाम मुद्दे पर चीन द्वारा आक्रामक रणनीति अपनाई गई।

चीन का शांतिपूर्ण उभार

चीन द्वारा अपने शक्तिशाली आर्थिक एवं सैनिक उभार को शांतिपूर्ण उभार का नाम दिया गया। चीन के अनुसार, चीन का शक्तिशाली उभार अन्य देशों के लिए खतरा नहीं, बल्कि विकास में सहायक होगा। चीन का शक्तिशाली उदय साम्राज्यवादी देशों के शक्तिशाली उदय से अलग होगा और चीन अपने विकास के लिए अन्य देशों का शोषण नहीं करेगा, ऐसी चीन की मान्यता है। चीन के आर्थिक विकास के कारण 21वीं शताब्दी को चीन की शताब्दी के रूप में व्यक्त किया गया और चीन के प्रभाव को समूचे विश्व में स्वीकार किया गया और कुछ लोगों ने चीन के उभार को एशियाई उभार के रूप में भी चित्रित किया।

शी जिंगपिंग आजीवन राष्ट्रपति

चीनी राष्ट्रपति शी जिनपिंग को आजीवन राष्ट्रपति का पद देने पर साम्यवादी दल ने मुहर लगा दी है। वर्ष 2049 तक अमेरिकी अर्थव्यवस्था को पीछे छोड़ने का लक्ष्य निर्धारित किया गया है क्योंकि आर्थिक विकास के लिए राजनीतिक स्थायित्व आवश्यक है। चीन के आर्थिक उभार के कारण उसके राजनीतिक मूल्य भी समूचे विश्व में प्रभावी होंगे। अतः भारत के लिए आर्थिक, सामरिक एवं वैचारिक रूप में चुनौती है क्योंकि भारत स्वयं को विश्व के सबसे बड़े लोकतांत्रिक देश के रूप में प्रस्तुत करता है। यह भी उल्लेखनीय है कि रूस के वर्तमान राष्ट्रपति व्लादीमीर पुतिन भी पांचवीं बार राष्ट्रपति के रूप में निर्वाचित हुए हैं। वर्ष 2000 के बाद रूस के शासन पर पुतिन का नियंत्रण बना हुआ है। पुतिन चीन के सबसे बड़े समर्थक हैं। अतः वर्तमान विश्व व्यवस्था में लोकतांत्रिक मूल्यों के लिए भी चुनौती उत्पन्न हो रही है, यद्यपि चीन के पास सॉफ्ट पावर का अभाव है।

विवाद के विभिन्न मुद्दे

सीमा विवाद का मुद्दा

भारत-चीन के बीच सीमा के पूर्वी सेक्टर में अरुणाचल प्रदेश स्थित है तथा पश्चिमी सेक्टर लद्दाख से होकर गुजरता है एवं मध्य सेक्टर हिमाचल प्रदेश और उत्तराखंड से लगा हुआ है। भारत और चीन के बीच लगभग दो हजार मील लंबी सीमा है। इस सीमा रेखा को समझौते तथा प्रशासकीय व्यवस्थाओं से नियमित किया गया था। इसके अतिरिक्त भारत-चीन प्राकृतिक सीमा रेखा (Natural Dividing Line) भी इतनी स्पष्ट है कि दोनों देशों की वास्तविक सीमाओं के विषय में किसी को शंका

हो ही नहीं सकती। समस्त भारत-चीन सीमा को सामान्य रूप से तीन भागों में विभाजित किया जा सकता है, जो इस प्रकार हैं- भूटान के पूर्व की सीमा, उत्तराखंड तथा हिमाचल प्रदेश से लगती मध्य सीमा और चीन के तिब्बत एवं शिनजियांग प्रदेशों से लद्दाख को पृथक् करने वाली पश्चिमी सीमा। भारत-चीन सीमा विवाद मुख्य रूप से उत्तर-पूर्व में मैकमोहन रेखा तथा उत्तर-पश्चिम में लद्दाख से संबंधित है।

मैकमोहन रेखा (The McMahon Line)

यह रेखा भूटान के उत्तर-पूर्व में भारत-चीन सीमा का विभाजन करती है। भारत ने सदैव ही इस रेखा को वैध रूप से निर्धारित सीमा रेखा माना है। परंतु चीन ने सदा इसको साम्राज्यवादी रेखा कहकर निंदा की है। वर्ष 1914 में शिमला में हुए ब्रिटिश भारत, चीन और तिब्बत के प्रतिनिधियों के एक सम्मेलन में इस सीमा रेखा को निर्धारित किया गया था। शिमला सम्मेलन में भारत का प्रतिनिधित्व ऑर्थर हेनरी मैकमोहन (Arthur Henry McMahon) ने किया था, वे भारत की तत्कालीन ब्रिटिश औपनिवेशिक सरकार के विदेश सचिव थे। एक समझौते के अनुसार, जैसा कि ऊपर वर्णन किया गया है, तिब्बत को आंतरिक और बाह्य दो भागों में विभाजित किया गया था। बाह्य तिब्बत और भारत का सीमा विभाजन ऊंची पर्वतमाला के मध्य किया गया। यह सीमा रेखा मैकमोहन के सुझाव पर निश्चित की गई और स्वयं मैकमोहन ने मानचित्र पर लाल पेन्सिल से एक रेखा खींचकर सीमा का विभाजन किया। इस प्रकार निर्धारित रेखा को मैकमोहन रेखा कहा जाता है। यह एक प्रकार से प्राकृतिक सीमा रेखा भी है, क्योंकि यह उत्तर में तिब्बत के पठार और दक्षिण में भारत की पर्वत श्रेणियों से निकलती है। जिस मानचित्र पर यह रेखा बनाई गई थी, उस पर चीन, तिब्बत और ब्रिटिश भारत के प्रतिनिधियों ने हस्ताक्षर किए थे, परंतु चीन सरकार ने इसका अनुमोदन नहीं किया। फिर भी चीन की किसी सरकार ने इस रेखा पर कभी आपत्ति भी नहीं की तथा भारत ने सदैव इसे मान्यता प्रदान की।

लद्दाख (Ladakh)

लद्दाख जम्मू एवं कश्मीर राज्य का अंग रहा है। जम्मू एवं कश्मीर राज्य, भारत की स्वतंत्रता से पूर्व, ब्रिटिश सम्राट की सर्वोच्च सत्ता (Paramountcy) के अधीन था। स्वतंत्रता के पश्चात् भारत में उसका विलय हो गया और वह भारत का अंग बन गया। यद्यपि इस क्षेत्र में लद्दाख-चीन सीमा किसी संधि द्वारा निर्धारित नहीं हुई थी, फिर भी शताब्दियों से भारत और चीन दोनों देश इस क्षेत्र की सीमा रेखा को मानते रहे थे। भारत के सभी मानचित्रों में इस सीमा रेखा को सदैव प्रदर्शित किया गया था, जो पर्यटक समय-समय पर भारत आए, उन्होंने भी अपनी रचनाओं में इसी सीमा का उल्लेख किया। भारत द्वारा वर्ष 1899 में चीन को भेजे गए एक पत्र में यह स्पष्ट कर दिया गया था कि अक्साई चिन (Aksai Chin) भारतीय प्रदेश का भाग था। जम्मू एवं कश्मीर राज्य के राजस्व अभिलेखों (Revenue Records) में भी अक्साई चिन को कश्मीर के लद्दाख प्रांत का भाग स्वीकार किया गया था तथा सीमा विवाद को लेकर वर्ष 1962 में चीन द्वारा भारत पर हमला कर दिया गया और भारत के बड़े भू-भाग पर नियंत्रण कर लिया, जिसके बाद भारत-चीन के संबंध अत्यधिक कटु हो गए।

सीमा विवाद सुलझाने का प्रयत्न

वर्ष 1988 में सीमा विवाद को सुलझाने के लिए एक संयुक्त कार्यदल की स्थापना हुई। वर्ष 1996 में नियंत्रण रेखा पर शांति और सद्भाव बनाए रखने का समझौता हुआ तथा वर्ष 2003 में प्रधानमंत्री अटल बिहारी वाजपेयी की चीन यात्रा के दौरान सीमा विवाद को सुलझाने के लिए विशेष प्रतिनिधियों की नियुक्ति हुई। विचारकों के अनुसार, सीमा विवाद का समाधान चीन के साथ बेहतर संबंध के लिए अनिवार्य शर्त है, लेकिन पर्याप्त नहीं। सीमा विवाद का मूल कारण चीन की आक्रामक विदेश नीति है और विशेष प्रतिनिधियों के मध्य अनेक चक्रों की वार्ता के बाद भी समस्या का प्रभावी समाधान निकलता प्रतीत नहीं होता।

सीमा विवाद एवं शक्ति संघर्ष

- भारत और चीन के बीच वर्तमान में वन बेल्ट वन रोड (One Belt One Road) और दक्षिण चीन सागर के मुद्दे पर स्पष्ट रूप में मत भिन्नता विद्यमान है।
- भारत और अमेरिका तथा भारत-जापान के बीच बढ़ते सामरिक संबंधों के परिणामस्वरूप सीमा विवाद के मुद्दे पर चीन का दृष्टिकोण ज्यादा सख्त होता जा रहा है।
- वर्तमान में पूर्वोत्तर राज्यों में आधारभूत संरचनाओं के विकास के लिए जापान भारत को बड़ी मात्रा में आर्थिक सहायता दे रहा है। इसलिए सीमा विवाद दोनों महाशक्तियों के बीच शक्ति संघर्ष का परिणाम है।

वास्तविक नियंत्रण रेखा पर शांति और सद्भाव का समझौता

भारतीय प्रधानमंत्री नरसिंम्हा राव ने वर्ष 1993 में चीन की यात्रा की तथा सीमा विवाद हल करने के लिए महत्त्वपूर्ण पहल की, जिसकी मूल विशेषताएं निम्नलिखित हैं-

- सीमा विवाद हल करने के लिए मित्रतापूर्ण एवं शांतिपूर्ण परामर्श, जिसमें कोई भी देश एक-दूसरे के विरुद्ध बल प्रयोग नहीं करेगा।
- वास्तविक नियंत्रण रेखा पर न्यूनतम सैनिकों की तैनाती।
- सैन्य अभ्यास करने से पहले एक-दूसरे को सूचित करना।
- असहमति की स्थिति में मित्रतापूर्ण परामर्श।
- दोनों एक-दूसरे के वायुक्षेत्र का उल्लंघन नहीं करेंगे।

विश्वास निर्माण के उपाय

(Confidence Building Measure)

वर्ष 1996 में भारत-चीन सीमा पर शांति बनाए रखने के लिए एक नई पहल की गई। जिसकी मूल विशेषताएं निम्नलिखित हैं-

- सीमा पर सैनिकों की कटौती।
- सैनिकों के संबंध में आंकड़ों का लेन-देन।
- दोनों पक्ष यह सुनिश्चित करेंगे कि सीमा पर कोई बड़ा सैनिक अभ्यास नहीं होगा।
- यदि कोई देश सीमा के दोनों ओर एक ब्रिगेड से ज्यादा का सैनिक अभ्यास कर रहा है, तो उसे पूर्व सूचना देनी होगी।
- वायुक्षेत्र का उल्लंघन नहीं होगा और यदि इसका उल्लंघन हुआ, तो इसकी जांच होगी और कूटनीतिक रूप में इसका समाधान होगा।
- सेना के हेलीकॉप्टर, वास्तविक नियंत्रण रेखा के 10 किमी. के दायरे में नहीं उड़ेंगे और वास्तविक नियंत्रण रेखा पर पूर्व अनुमति के बाद ही सेना के जहाजों को उड़ने की अनुमति होगी।
- कोई भी पक्ष नियंत्रण रेखा के दो किमी. के क्षेत्र में गोलीबारी नहीं करेगा और दोनों देशों के बीच फ्लैग मीटिंग और संचार बनाए रखा जाएगा।
- दोनों देश वास्तविक नियंत्रण रेखा के स्पष्टीकरण और उनको निर्धारित करने के लिए शीघ्र कार्य करेंगे।

सीमा रक्षा सहयोग समझौता

(Border Defence Cooperation Agreement, BDCA)

चीनी सेनाओं द्वारा चुमार, देपशांग, दौलतबेग ओल्डी, बुर्तसे क्षेत्र में वर्ष 2013 में लगातार भारतीय सीमा क्षेत्रों में अतिक्रमण किया गया, जिससे भारत एवं चीन के संबंधों में अत्यधिक तनाव उत्पन्न हो गया, जिसे समाप्त करने के लिए वर्ष 2013 में दोनों देशों के बीच सीमा रक्षा सहयोग का समझौता हुआ, जिसके महत्त्वपूर्ण प्रावधान निम्नलिखित हैं-

- एक महत्त्वपूर्ण प्रगति के अंतर्गत दोनों देशों की सीमा पर नशीली दवाओं, हथियारों तथा वन्य जीवों की तस्करी को रोकने के लिए संयुक्त पेट्रोलिंग का समझौता किया गया।
- समझौते में कहा गया कि सीमा पर दोनों देशों की सेनाएं एक-दूसरे का पीछा नहीं करेंगी।
- सीमा पर उत्पन्न होने वाले विवादों को शांतिपूर्ण व बातचीत द्वारा हल किया जाएगा।
- सीमा पर सैन्य अधिकारियों के बीच वार्ताएं आयोजित होंगी तथा उनके बीच सांस्कृतिक आदान-प्रदान बढ़ाया जाएगा।

आलोचकों के अनुसार, सीमा रक्षा सहयोग का समझौता सीमा प्रबंध का समझौता है, सीमा विवाद हल करने का समझौता नहीं। यह पहले किए गए विश्वास निर्माण के उपायों का ही एक भाग है, जिसमें कुछ नया नहीं है।

गलवान संघर्ष और भारत की रणनीति

समूचे सीमा क्षेत्र में चीन के बराबर सैनिकों की तैनाती से भारत ने यह स्पष्ट कर दिया कि भारत अपनी संप्रभुता की रक्षा के लिए सक्षम है और भारत किसी भी देश के दबाव के आगे झुकने के लिए तैयार नहीं है। इसके साथ सैन्य सामग्री की खरीद पर भी प्रभावी बल दिया गया और भारत द्वारा हिंद महासागर में आयोजित होने वाले मालाबार सैनिक अभ्यास में ऑस्ट्रेलिया को भी आमंत्रित किया गया तथा क्वॉड में सामरिक संबंध सुदृढ़ करने को विदेश नीति में प्राथमिक महत्व दिया गया। कूटनीतिक रूप में चीन के आक्रमक दृष्टिकोण के विरुद्ध भारत ने वैश्विक समर्थन भी अर्जित किया। इससे यह स्पष्ट है कि भारत चीन द्वारा निर्मित विश्व व्यवस्था स्वीकार करने के लिए तैयार नहीं है और न ही चीन का पिछलग्गू बनने के लिए सहमत है, परंतु भारत के लिए सर्वाधिक बड़ी चुनौती अर्थव्यवस्था को सुदृढ़

करना है, जिससे दीर्घकालिक रूप में चीनी खतरे का सामना किया जा सके।

गलवान सैन्य संघर्ष ने इस मिथ को भी समाप्त कर दिया कि दो देशों के बीच व्यापारिक संबंध सीमा विवाद को सुलझाने में सहायक हो सकता है। चीन का उदय न तो शांतिपूर्ण है और न ही यह एशिया का उदय है और चीन एक अवसर के बजाय चुनौती है।

प्रैगमैटिक नीति

भारत द्वारा डी-लिंकिंग नीति अपनाई गई। अतः आर्थिक संबंधों और सीमा विवाद को अलग-अलग देखने का प्रयास किया गया।

राजीव गांधी के कार्यकाल के दौरान सीमा विवाद के संबंध में भारत का दृष्टिकोण परिवर्तित हुआ। भारत के अनुसार सीमा विवाद एक जटिल मुद्दा है, जिसका समाधान अलग से किया जाएगा और अन्य क्षेत्रों में चीन के साथ संबंध बढ़ाए जाएंगे, जबकि वर्ष 1988 से पहले भारत का मानना था कि जब तक सीमा विवाद हल नहीं होगा, तब तक चीन के साथ संबंध सामान्य नहीं हो सकते। इन संबंधों को वर्ष 1988 की राजीव गांधी की यात्रा द्वारा परिवर्तित करने का प्रयत्न किया गया। शीत युद्धोत्तर विश्व में भारत और चीन के मधुर संबंधों के बावजूद कुछ विचारकों की मान्यता है कि चीन सदैव भारत के लिए एक खतरा है, जिससे सतर्क रहने की आवश्यकता है। सीमा विवाद के संदर्भ में यह मान्यता सत्य प्रतीत होती है, क्योंकि भारत और चीन के मध्य समूची 4,057 किमी. की सीमा रेखा का अभी भी सीमांकन नहीं किया गया है। वर्ष 1988 की राजीव गांधी की यात्रा से सीमा विवाद के संदर्भ में भारतीय दृष्टिकोण में परिवर्तन आया, जो निम्नलिखित है-

- भारत और चीन के मध्य सीमा विवाद अभी भी मूल समस्या है।
- सीमा विवाद का समाधान एक जटिल समस्या है, जिसका समाधान परस्पर सहयोग द्वारा किया जाएगा।
- अन्य क्षेत्रों में सहयोग बढ़ाने का प्रयास किया जाएगा।

डी-लिंकिंग नीति की समाप्ति

वर्ष 1988 में तत्कालीन भारतीय प्रधानमंत्री राजीव गांधी की चीन यात्रा के दौरान भारत ने डी-लिंकिंग नीति की शुरुआत की, जिसके अनुसार सीमा विवाद एक जटिल मुद्दा है, जिसे पृथक् रूप में हल किया जाएगा। इसका चीन के साथ संबंधों के अन्य पक्षों पर प्रभाव ही नहीं होगा, इसलिए भारत-चीन के बीच व्यापारिक संबंधों में तीव्र वृद्धि हुई है। परंतु वर्ष 2020 में गलवान में भारत-चीन के बीच सैन्य संघर्ष के बाद भारत द्वारा डी-लिंकिंग नीति को समाप्त कर दिया गया। भारत के अनुसार, सीमा विवाद और अन्य संबंध एक-दूसरे से अलग नहीं हैं और यदि सीमा विवाद के मुद्दे पर चीन का दृष्टिकोण आक्रामक है तो भारत चीन के साथ व्यापार के मामले में सख्त दृष्टिकोण अपनाएगा, इसीलिए चीन के अनेक ऐप को भारत में प्रतिबंधित किया गया। चीनी वैक्सीन के प्रयोग की भारत में अनुमति नहीं दी गई। अतः चीन के प्रति भारत की नीति ज्यादा मुखर है।

यहां यह भी उल्लेखनीय है कि भारत वियतनाम के साथ अपने संबंधों को मजबूत बना रहा है। भारत ने हांगकांग में लोकतांत्रिक आंदोलन का भी समर्थन किया। प्रधानमंत्री मोदी ने तिब्बती धार्मिक व आध्यात्मिक गुरु दलाई लामा को भी जन्मदिन की शुभकामनाएं दी। इससे ऐसा प्रतीत होता है कि भारत तिब्बत के प्रति अपनी नीति पर पुनर्विचार कर रहा है।

आर्थिक व व्यापारिक सहयोग तथा सीमा विवाद

1988 में भारत द्वारा चीन के प्रति प्रैगमेटिक एवं डी-लिंकिंग की नीति अपनाई गई। अतः चीन के साथ व्यापारिक संबंधों पर बल दिया तथा सीमा विवाद को हल करने के लिए अलग प्रयास होने लगे। दोनों देशों के बीच वर्तमान में लगभग 127 बिलियन डॉलर का द्विपक्षीय व्यापार हो गया है और भारत का दूसरा सबसे बड़ा द्विपक्षीय भागीदार चीन बन गया है। चीन की अनेक कपंनियों द्वारा भारत में निवेश भी किया गया है। परंतु व्यापार बढ़ने के बाद भी सीमा विवाद के मुद्दे पर चीन का दृष्टिकोण कठोर बना हुआ है और वह सीमा विवाद के मुद्दे पर भारत को कोई छूट नहीं दे रहा है। यह बिंदु महत्त्वपूर्ण है कि जैसे-जैसे चीन का आर्थिक उभार हो रहा है, सीमा मुद्दे पर चीन का दृष्टिकोण और सख्त होता जा रहा है। चीन आर्थिक क्षेत्र में भारत की चिंताओं को समझने के लिए इच्छुक है, लेकिन सीमा विवाद के मुद्दे पर वह भारत को तनिक भी छूट देने को तैयार नहीं है। ब्रह्मपुत्र नदी पर बांध बनाकर चीन, भारत पर अतिरिक्त दबाव का प्रयोग कर रहा है तथा आर्थिक संबंध सीमा विवाद को हल करने के लिए पर्याप्त नहीं हैं। उदाहरण के लिए, चीन और जापान के बीच आर्थिक संबंध बड़े प्रभावशाली हैं, परंतु शेंकाकू द्वीप के मुद्दे पर चीन में जापान के विरुद्ध हिंसक प्रतिक्रिया हुई। हालांकि वर्ष 2024 में ब्रिक्स सम्मेलन में मोदी

और जिनपिंग के बीच संपन्न हुई वार्ता में सीमा पर तनाव कम करने की पहल हुई। अब 2019 से स्थगित विशेष प्रतिनिधियों की फिर से वार्ता होगी।

वर्ष 1979 में चीन में डेंग शियाओ पिंग ने आर्थिक सुधार और आर्थिक समृद्धि पर मूल बल प्रदान किया। शीत युद्धोत्तर विश्व में चीन की विदेश नीति में आर्थिक समृद्धि, व्यापार एवं वाणिज्य पर अत्यधिक बल दिया जा रहा है। भारत द्वारा आर्थिक उदारीकरण अपनाए जाने के पश्चात् भारत और चीन के द्विपक्षीय व्यापार में निर्णायक वृद्धि हुई। वर्तमान समय में चीन, भारत का दूसरा सबसे बड़ा द्विपक्षीय व्यापारिक साझीदार बन गया है। व्यापार को बेहतर करने के लिए सिक्किम से होकर नाथूला दर्रा को भी खोला गया है। वर्ष 2003 की अटल बिहारी वाजपेयी की यात्रा में भारत और चीन के मध्य व्यापारिक और आर्थिक क्षेत्र में सहयोग के लिए एक संयुक्त कार्यदल की स्थापना हुई, कार्यदल की वार्षिक रिपोर्ट में कहा गया कि सेवा और निवेश के क्षेत्र में व्यापारिक सहयोग की संभावनाएं अधिक हैं।

दोनों देश वर्तमान समय में एशिया की दो बड़ी अर्थव्यवस्थाएं तथा विश्व की भी प्रमुख अर्थव्यवस्थाएं हैं। इसमें साझे सहयोग द्वारा राष्ट्रीय हितों की पूर्ति की जा सकती है। भारत का दूसरा सबसे बड़ा द्विपक्षीय व्यापारिक भागीदार चीन है। भारत-चीन के मध्य व्यापार चीन के अन्य व्यापारिक सहयोगियों की तुलना में अत्यधिक तेजी से बढ़ रहा है। एशियाई और दक्षिण एशियाई क्षेत्र में दोनों के मध्य मधुर संबंध शांति और सुरक्षा के मूल आधार हैं। यह भारत-चीन के बढ़ते आर्थिक संबंधों का उदाहरण है। भारत वर्तमान समय में चीन के निवेश को आकर्षित करने का प्रयत्न कर रहा है। वर्ष 1990 के बाद भारत व चीन के बीच व्यापारिक एवं आर्थिक संबंधों में निर्णायक प्रगति देखी गई तथा दोनों देशों के बीच द्विपक्षीय व्यापार में लगातार वृद्धि दर्ज की जा रही है।

आर्थिक संबंधों में चुनौतियां

भारत और चीन दोनों की अर्थव्यवस्थाएं प्रतिस्पर्धी हैं तथा अंतर्राष्ट्रीय बाजार में दोनों समान वस्तुओं का निर्यात करते हैं। भारत के अनुसार, चीन से आयातित वस्तुओं द्वारा भारतीय अर्थव्यवस्था के समक्ष बड़ा खतरा उत्पन्न हो गया है। भारत-चीन के द्विपक्षीय व्यापार के कारण भारतीय अर्थव्यवस्था में 'पराश्रितता सिंड्रोम' (Dependency Syndrome) का विकास हो रहा है और चीन की सस्ती वस्तुओं के कारण भारत के कई उद्योग बंद होने के कगार पर हैं। भारत-चीन के मध्य व्यापार में भारत को लगभग 100 बिलियन डॉलर का व्यापारिक घाटा है। भारत ने चीन को अभी भी बाजारवादी अर्थव्यवस्था का दर्जा नहीं दिया है। चीन, भारत पर मुक्त व्यापार समझौते के लिए दबाव का प्रयोग कर रहा है। परंतु भारत अभी इसके लिए सहमत नहीं है। भारतीय विदेश नीति के लिए सबसे बड़ी चुनौती आधारभूत संरचना को बेहतर करना और भारतीय अर्थव्यवस्था के विकास को और प्रभावी करना है, तभी दीर्घकालिक रूप में चीन की सामरिक चुनौती का मुकाबला किया जा सकता है।

चीन द्वारा अभी भी संरक्षणवादी नीतियों का प्रयोग किया जा रहा है। भारत के सॉफ्टवेयर, फार्मास्यूटिकल उत्पादों को चीनी बाजार में प्रवेश नहीं मिल पा रहा है। भारत सोयाबीन का बड़ा निर्यातक है फिर भी चीन सोयाबीन का आयात नहीं करता। चीन की मोबाइल कंपनी की भारत के मोबाइल बाजार में लगभग 45 प्रतिशत की हिस्सेदारी है। चीन भारत के बाजार का लाभ उठाना चाहता है।

ट्रैक-2 कूटनीति

भारत-चीन के बीच सहयोग को बढ़ाने के लिए वर्ष 2013 में एक नवीन पहल की गई, जिसके अंतर्गत सरकार के बीच वार्ताओं के बजाय, गैर-सरकारी लोगों के बीच वार्ताओं को बढ़ावा दिया गया, जिससे दोनों देशों के बीच सरकारी वार्ताओं के लिए बेहतर वातावरण का निर्माण हो सके तथा दोनों देशों के बीच अविश्वास कम हो सके। इसके अंतर्गत निम्नलिखित उपायों को अपनाया गया है-

- चीन के प्रधानमंत्री की भारत यात्रा (मई, 2013) के दौरान पहली बार भारत और चीन के सी.ई.ओ. की बैठक हुई।
- इस बैठक में दोनों देशों के बीच द्विपक्षीय व्यापार और निवेश बढ़ाने पर सहमति हुई तथा भारत ने चीनी निवेशकों को भारत की आधारभूत संरचना में निवेश के लिए आमंत्रित किया।
- दोनों देशों ने वर्ष 2014 को मित्रता विनिमय वर्ष के रूप में मनाने का निर्णय किया, क्योंकि इस वर्ष पंचशील समझौते

के 60 वर्ष पूरे हुए। इसी क्रम में दोनों देशों ने 100 युवाओं के वार्षिक विनिमय का निर्णय किया।

- दोनों पक्षों ने मीडियाकर्मियों के आदान-प्रदान और सहयोग बढ़ाने पर बल दिया, जिसमें भारत और चीन के उच्च स्तरीय मीडिया फोरम की बैठक होगी।
- दोनों देशों ने एक-दूसरे के शास्त्रीय ग्रंथों का एक-दूसरे की भाषा में अनुवाद पर सहमति व्यक्त की।
- लोगों के आदान-प्रदान को बढ़ाने के लिए वीजा प्रक्रियाओं को सरल बनाने पर भी सहमति व्यक्त की गई।

ब्रह्मपुत्र नदी पर बांध का मुद्दा

चीन द्वारा तिब्बत में ब्रह्मपुत्र नदी पर बांधों की एक शृंखला बनाने की सूचना नवंबर, 2010 में प्राप्त हुई। चीन द्वारा तिब्बत में जांगमू जल विद्युत परियोजना का निर्माण आरंभ हो चुका है, जो ल्हासा से 325 किमी. दूरी पर स्थित है। चीन के अनुसार, बांध द्वारा जल के प्रवाह को किसी भी रूप में मोड़ा नहीं जाएगा। भारत द्वारा उपग्रह से प्राप्त चित्र के अनुसार, ब्रह्मपुत्र नदी का पानी मोड़ा नहीं गया है। भविष्य में इस बांध का प्रयोग बिजली निर्माण के अलावा बाढ़ नियंत्रण और सिंचाई के लिए भी किया जा सकता है, जिससे भारत के हित निर्णायक रूप में प्रभावित हो सकते हैं।

वर्ष 2006 से चीन ने ब्रह्मपुत्र नदी (यारलुंग सांगपो) पर बांध बनाने का निर्णय लिया तथा वर्ष 2010 तक एक बांध का निर्माण भी कर लिया। नया विवाद वर्ष 2013 में उत्पन्न हुआ, जब चीन ने तिब्बत में तीन नए बांधों के निर्माण की घोषणा की। यह भारतीय सीमा से केवल 30 किमी. की दूरी पर है। चीन, विश्व में 13वां सबसे बड़ा सूखा क्षेत्र है तथा तिब्बत पूरे एशिया के पानी का बड़ा भंडार है और मेकांग नदी, ब्रह्मपुत्र नदी इत्यादि तिब्बत से होकर जाती हैं।

चीन का दृष्टिकोण

चीन का मानना है कि ब्रह्मपुत्र नदी पर बनाए जा रहे बांध से चीन केवल बिजली उत्पादन का कार्य करना चाहता है। चीन के अनुसार, ब्रह्मपुत्र नदी पर बनाए जा रहे बांध भारत जैसे देशों के पानी की मात्रा को प्रभावित नहीं करेंगे। यह भी उल्लेखनीय है कि चीन का किसी भी पड़ोसी राज्य के साथ जल बंटवारे का कोई समझौता नहीं है। वर्ष 1997 में गैर-नौवहन योग्य अंतर्राष्ट्रीय जल के विभाजन का समझौता (UN Convention on Non-Navigational Distribution of International Water) हुआ एवं गैर-परिवहन योग्य पानी के समझौते के संयुक्त राष्ट्र कन्वेंशन के विरोध में चीन ने वीटो का प्रयोग किया।

भारत का पक्ष

भारत के अनुसार, चीन केवल जल विद्युत योजना के लिए ही बांध का निर्माण नहीं कर रहा है, बल्कि वह सुरंग बनाकर पानी का मार्ग परिवर्तन (divert) करने की योजना बना रहा है। भारत के अनुसार, ब्रह्मपुत्र नदी उत्तर-पूर्वी राज्यों की जीवन रेखा है और पानी के विस्थापन से इस क्षेत्र पर न केवल आर्थिक प्रभाव पड़ेगा, बल्कि पारिस्थितिकी असंतुलन भी पैदा होगा एवं नीचे वाले राज्यों का भी पानी पर उतना ही अधिकार है।

ब्रह्मपुत्र नदी के बांध का मुद्दा केवल भारत और चीन के बीच का ही मुद्दा नहीं है, बल्कि इससे बांग्लादेश भी प्रभावित होगा। थाईलैंड एवं वियतनाम जैसे राज्यों ने भी चीन के ऊपर मेकांग नदी के पानी को विस्थापित करने का आरोप लगाया है। इसलिए भारत अन्य राज्यों को साथ लेकर चीन पर दबाव का प्रयोग कर सकता है। बांग्लादेश ने भारत-चीन को मिलाकर एक संयुक्त नदी जल आयोग की स्थापना का प्रस्ताव रखा है, जिसके द्वारा तीनों देश आपसी सहयोग द्वारा समस्या का समाधान कर सकते हैं।

दक्षिण चीन सागर विवाद

एशिया प्रशांत क्षेत्र में आने वाले दिनों में व्यापार में वृद्धि होने की सबसे अधिक संभावना है। यह प्रशांत महासागर में स्थित है। दुनिया के व्यापार का बहुत बड़ा भाग इस क्षेत्र में स्थित है, जो कि 70 प्रतिशत है। यहां गैस और तेल के बड़े भंडार होने की संभावना है। यहां द्वीपों की एक शृंखला है, लेकिन मानवीय बस्ती नहीं है। दक्षिण चीन सागर का विवाद, चीन और आसियान देशों के बीच है, जिसमें वियतनाम, ब्रूनेई, फिलीपींस, मलेशिया हैं। यह विवाद आसियान देशों के बीच भी विद्यमान है। स्प्रेटले और पार्सेल दो सबसे बड़े द्वीप हैं। वर्तमान समय में सभी द्वीपों के 80 प्रतिशत भाग पर चीन का नियंत्रण है।

संयुक्त राष्ट्र संघ समुद्री विधि के अनुसार, (United Nations Convention on the Law of the Sea, UNCLOS) राज्य के भू-भाग से 12 नॉटिकल मील समुद्री क्षेत्र तक राज्य की संप्रभुता का विस्तार होता है। जबकि 200 नॉटिकल मील तक

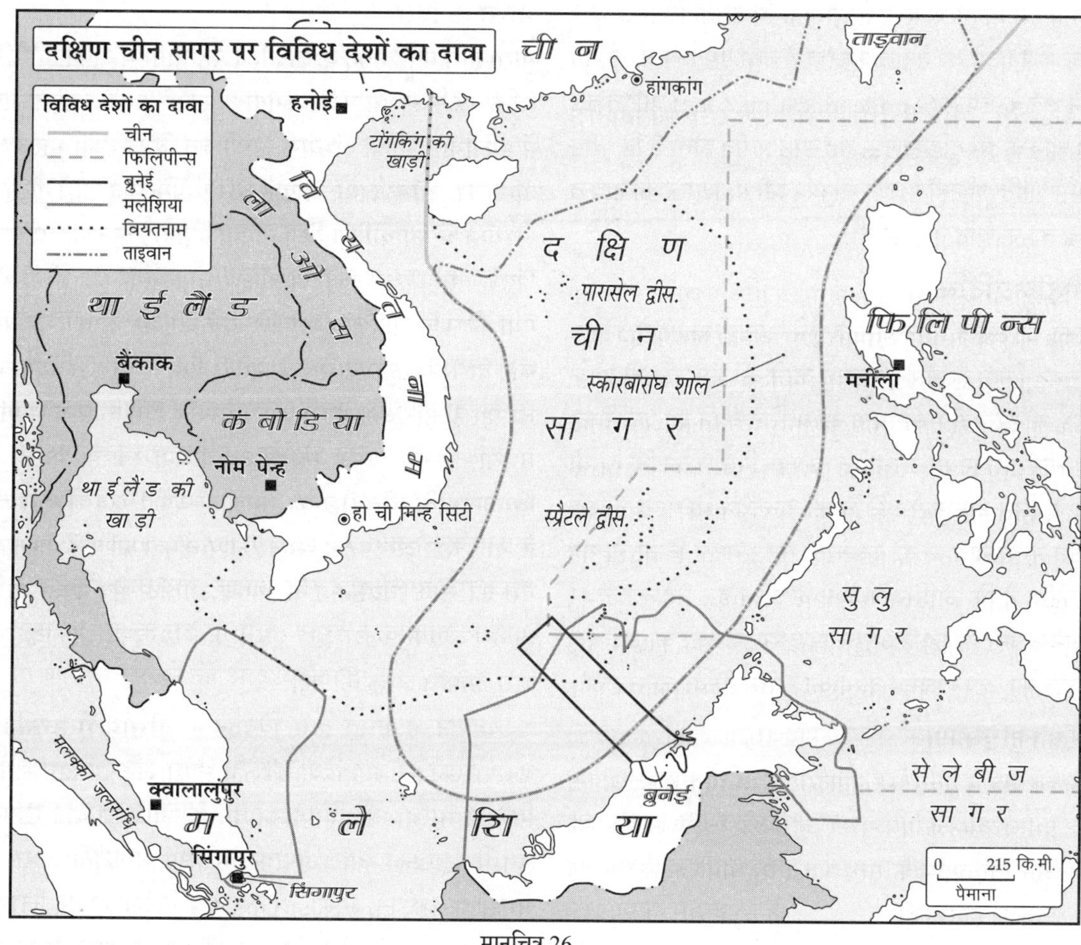

मानचित्र 26

राज्य के अनन्य आर्थिक क्षेत्र का विस्तार होता है। इसलिए इन द्वीपों पर नियंत्रण द्वारा चीन अपने अनन्य आर्थिक क्षेत्र का विस्तार करना चाहता है। इस विवाद के कारण अनन्य आर्थिक क्षेत्र का निर्धारण नहीं हो पा रहा है, जिससे समुद्री संचार मार्ग बाधित हो रहे हैं तथा इसे संयुक्त राज्य अमेरिका द्वारा समुद्री संचार मार्ग में बाधा माना जा रहा है। चीन द्वारा दक्षिणी चीन सागर में स्थित द्वीपों में सैनिक अड्डे के निर्माण का प्रयत्न किया जा रहा है और चीन ने इन द्वीपों पर एक हवाई पट्टी का निर्माण किया है।

अंतर्राष्ट्रीय न्यायाधिकरण का निर्णय

फिलीपींस द्वारा दक्षिण चीन सागर के विवाद को हल करने के लिए न्यायाधिकरण के समक्ष आवेदन दिया गया। न्यायाधिकरण ने फिलीपींस के पक्ष में निर्णय दिया तथा चीन के उस दावे को अस्वीकार कर दिया, जिसके अनुसार चीन नौ डैस लाइन तक अपना भू-भाग मानता है।

चीन की प्रतिक्रिया

चीन द्वारा न्यायाधिकरण के निर्णय को लागू करने से इनकार कर दिया गया। चीन के अनुसार, यह समुद्री क्षेत्र का विवाद नहीं है, बल्कि चीन की भौगोलिक संप्रभुता का मुद्दा है, जिस पर न्यायाधिकरण निर्णय नहीं दे सकता। चीन के अनुसार इस विवाद का समाधान द्विपक्षीय रूप में आपसी वार्ता द्वारा होना चाहिए। यह उल्लेखनीय है कि वर्ष 2002 में इस क्षेत्र में शांति बनाए रखने के लिए तथा विवाद के शांतिपूर्ण समाधान के लिए समुद्री आचार संहिता (Sea code of conduct) का निर्माण किया गया था,

परंतु चीन इसे मानने के लिए तैयार नहीं है। इसके विपरीत चीन इस क्षेत्र में सेनाओं को तैनात कर रहा है तथा इस क्षेत्र को उड़ान पहचान क्षेत्र के रूप में (Air Identification Zone) घोषित कर रहा है। चीन के इस दृष्टिकोण से यह स्पष्ट प्रतीत होता है कि चीन का उभार शांतिपूर्ण नहीं है तथा चीन अपनी महाशक्ति की ताकत पूरे विश्व को प्रदर्शित कर रहा है।

अंतर्राष्ट्रीय प्रतिक्रिया

अमेरिका, जापान व भारत जैसे देशों ने न्यायाधिकरण के निर्णय का स्वागत किया है और इसे लागू करने की मांग की है। इनके अनुसार, चीन समुद्री संचार मार्ग को बाधित करने का प्रयत्न कर रहा है। चीन द्वारा नियम आधारित विश्व के निर्माण का विरोध भी हो रहा है, जिसे अंतर्राष्ट्रीय विधि का उल्लंघन भी माना जा रहा है। भारत ने भी नौवहन की स्वतंत्रता का समर्थन किया है। यह उल्लेखनीय है कि आसियान देशों के बीच इस मुद्दे को लेकर विभाजन उत्पन्न हो रहा है और चीन द्वारा इन देशों को आर्थिक सहायता देकर अपने पक्ष में करने का प्रयास किया जा रहा है।

भारत का दृष्टिकोण

(i) इस क्षेत्र में एक्ट ईस्ट पॉलिसी के अंतर्गत भारत अपना प्रभाव बढ़ाने का प्रयास कर रहा है और विशेषकर सिंगापुर और वियतनाम के साथ भारत के सामरिक संबंधों का विकास हो रहा है।

(ii) चीन के हिंद महासागर क्षेत्र में बढ़ते प्रभाव के परिणामस्वरूप दक्षिण चीन सागर में भारत अपनी स्थिति सुदृढ़ कर रहा है। चीन भारत के पड़ोसी पाकिस्तान को सैन्य सहायता प्रदान करता है। इसलिए भारत चीन के पड़ोसी वियतनाम के साथ सैनिक संबंध बेहतर बनाने पर बल दे रहा है।

(iii) भारत नौवहन की स्वतंत्रता तथा समुद्री संचार मार्ग को खुला रखने का समर्थक है। भारत का यह भी मानना है कि नियम आधारित विश्व का निर्माण होना चाहिए और इस विवाद से भारत यह प्रमाणित करना चाहता है कि जिस प्रकार दक्षिण चीन सागर में चीन आक्रामक नीति अपना रहा है, ठीक उसी प्रकार चीन द्वारा भारत के साथ सीमा विवाद के मुद्दे पर भी आक्रामक दृष्टिकोण अपनाया जा रहा है।

भारत के हित

भारत द्वारा वर्ष 2000 के बाद हिंद महासागर में अपनी नौसैनिक शक्ति बढ़ाने का प्रयत्न किया गया और इसी क्रम में हिंद महासागर में मालाबार सैनिक अभ्यास आयोजित किया गया। भारत द्वारा अमेरिका, ऑस्ट्रेलिया, जापान के साथ मिलकर साझे नौसैनिक अभ्यास भी आयोजित किए गए। वर्ष 2005 के बाद भारत द्वारा अपने नौसैनिक जहाजों को दक्षिण चीन सागर क्षेत्र में भी भेजा गया, जिस पर चीन द्वारा आपत्ति व्यक्त की गई। भारत के अनुसार, चीन द्वारा संयुक्त राष्ट्र संघ के समुद्री कानूनों का उल्लंघन किया जा रहा है और चीन भारत पर आसियान देशों के साथ सामरिक संबंधों को कम करने का भी दबाव बना रहा है। भारत और वियतनाम के बीच गैस का समझौता वर्ष 1984 से बना हुआ है, परंतु चीन द्वारा पहले इस पर आपत्ति नहीं की गई। भारत द्वारा गैस की खोज वियतनाम के अनन्य आर्थिक क्षेत्र में की जा रही है। गैस ब्लॉक संख्या 127 एवं 128 में उत्खनन को लेकर चीन द्वारा आपत्ति व्यक्त की गई।

वर्तमान में भारत द्वारा वियतनाम के साथ गैस समझौता बनाए रखने पर बल दिया गया है। भारत और वियतनाम पुराने मित्र हैं। भारत और वियतनाम के बीच दक्षिणी चीन सागर में गैस के उत्खनन और उत्पादन के लिए समझौता हुआ। यह समझौता ओ.एन.जी.सी. (ONGC) विदेश निगम लिमिटेड तथा वियतनाम की गैस कंपनी के बीच हुआ तथा इसी समझौते के अंतर्गत भारत का एक जलपोत आई.एन.एस. (INS) ऐरावत दक्षिण चीन सागर में पहुंचा, जिसके विरुद्ध चीन ने आक्रामक प्रतिक्रिया व्यक्त करते हुए भारत को वापस जाने की धमकी दी। भारत के अनुसार, भारत और वियतनाम के बीच समझौता तथा भारत की दक्षिण चीन सागर में उपस्थिति केवल व्यापारिक उद्देश्यों के लिए है। वर्ष 2011 में दक्षिण चीन सागर के अंतर्राष्ट्रीय जल क्षेत्र में भारतीय जहाज को चीनी नौसैनिकों ने धमकी दी। जबकि भारत, वियतनाम समझौते के अंतर्गत वियतनाम के साथ मिलकर तेल खनन में सहयोग कर रहा है। भारतीय विदेश मंत्रालय ने यह स्पष्ट कहा कि भारत की उपस्थिति का मूल कारण वाणिज्यिक है तथा भारत का समर्थन जापान और वियतनाम द्वारा किया गया। भारत के अनुसार, इस समस्या का समाधान संयुक्त राष्ट्र संघ द्वारा निर्मित समुद्री कानून से होना चाहिए।

परमाणु मुद्दा (Nuclear Issue)

भारतीय विदेश नीति में चीन के साथ सदैव मित्रतापूर्ण संबंध बनाए रखने का प्रयत्न किया गया। उदाहरण के लिए, चीन की तिब्बत पर संप्रभुता को स्वीकार करना, वर्ष 1954 का पंचशील समझौता, चीन का संयुक्त राष्ट्र संघ में भारत द्वारा समर्थन। परंतु चीन ने वर्ष 1962 में भारत पर आक्रमण किया व वर्ष 1964 में चीन ने परमाणु परीक्षण किया। इसके परिणामस्वरूप भारतीय विदेश नीति में अपनी सुरक्षा बनाए रखने के लिए वर्ष 1974 में शांतिपूर्ण परमाणु परीक्षण किया गया, जिसे चीन ने परमाणु ब्लैकमेल की संज्ञा दी। शीत युद्धोत्तर विश्व में वर्ष 1998 में भारत द्वारा परमाणु परीक्षण के बाद भारत और चीन के संबंध अत्यधिक कटु हो गए तथा चीन ने सुरक्षा परिषद में 1172 नामक प्रस्ताव लाते हुए भारत पर कड़े प्रतिबंध की मांग की। चीन एकमात्र महाशक्ति है, जो परमाणु मुद्दे पर भारत के साथ बातचीत नहीं करता, क्योंकि चीन के अनुसार, इससे भारतीय परमाणु हथियारों को वैधता प्राप्त हो जाएगी।

भारत-अमेरिका सिविल परमाणु समझौते 2005 का विरोध करने वाला चीन मुख्य राष्ट्र था। जब भारत-अमेरिका के मध्य यह समझौता संपन्न हो गया, तो उसने पाकिस्तान को भी यह सुविधा दिलाने की मांग की। यह बिंदु उल्लेखनीय है कि चीन और पाकिस्तान के परमाणु क्षेत्र में परस्पर सहयोग के कारण भारतीय सुरक्षा के लिए एक बड़ा संकट उत्पन्न होता है। इससे स्पष्ट है कि दक्षिण एशिया और एशिया महाद्वीप में चीन, भारत को सदैव प्रतिसंतुलित करने की नीति अपनाता है। वर्ष 2010 में चीन एवं पाकिस्तान के मध्य सिविल परमाणु समझौता हुआ, जिसके द्वारा पाकिस्तान को चीन परमाणु क्षेत्र में भारी सहयोग प्रदान कर रहा है। चीन के अनुसार, पाकिस्तान को भी परमाणु क्षेत्र में भारत की भांति छूट मिलनी चाहिए। परंतु वर्तमान में चीन की विदेश नीति में भारत के प्रति महत्त्वपूर्ण परिवर्तन हुए हैं, जिसके कारण अग्रलिखित हैं-

- भारत का आर्थिक महाशक्ति के रूप में उदय।
- भारत का परमाणु शक्ति संपन्न होना।
- भारत, अमेरिका, जापान एवं सिंगापुर जैसे राष्ट्रों का परस्पर सामरिक सहयोग।
- सितंबर, 2001 के पश्चात् बढ़ती आतंकवादी गतिविधियों से चीन भी प्रभावित हो रहा है। इसलिए चीन भी पाकिस्तान में बढ़ते आतंकवाद का विरोधी है।

कश्मीर मुद्दा

वर्ष 1962 के भारत-चीन युद्ध के पश्चात् चीन ने कश्मीर को एक विवादास्पद क्षेत्र माना और कश्मीर में पाकिस्तान के जनमत संग्रह की मांग का समर्थन किया। कश्मीर मुद्दे पर चीन का दृष्टिकोण 1990 के बाद परिवर्तित हुआ है, जिसका स्पष्ट उदाहरण वर्ष 1999 में कारगिल संकट के दौरान देखने को मिला। जब चीन ने पाकिस्तान से नियंत्रण रेखा (LoC) का पालन करने को कहा तथा चीन ने कश्मीर समस्या का समाधान द्विपक्षीय रूप में करने की बात कही। वर्ष 1990 के पश्चात् चीन ने यह भी माना कि कश्मीर सीमापार आतंकवाद से प्रभावित है। वर्तमान में चीन की विदेश नीति में परिवर्तन देखा जा सकता है तथा उसने कश्मीर को पुनः विवादास्पद कहना शुरू कर दिया है। वह कश्मीर के निवासियों के लिए स्टेपल वीजा प्रदान कर रहा है और कश्मीर में तैनात सैन्य अधिकारियों की चीन यात्रा पर भी प्रतिबंध लगा दिया। चीन के शक्तिशाली उभार के कारण उसकी विदेश नीति भारत के प्रति लगातार आक्रामक हो रही है। इसलिए भारतीय सरकार द्वारा भी वर्ष 2011 में यह निर्णय किया गया कि भारत-चीन सीमा पर तैनाती के लिए 50,000 नए सैनिकों की भर्ती होगी।

आतंकवाद

भारत पिछले तीन दशकों से सीमापार आतंकवाद का मुकाबला कर रहा है। भारतीय संघ शासित क्षेत्र जम्मू एवं कश्मीर सीमापार आतंकवाद से प्रभावित है, जबकि वर्तमान में चीन के लिए आतंकवाद एक बड़ी चुनौती बनकर उभर रहा है। इसलिए आतंकवाद दोनों राज्यों की सुरक्षा के लिए एक गंभीर खतरा है। चीन का जिनजियांग प्रांत भी आतंकवाद से प्रभावित है। वर्ष 2009 में चीन के जिनजियांग प्रांत में विगत वर्षों की सबसे बड़ी हिंसा हुई तथा इससे भविष्य में चीन के लिए आतंकवाद की बड़ी चुनौती है। यद्यपि विचारकों के अनुसार, यहां कश्मीर और चेचेन्या जैसी समस्या नहीं है। 26 नवंबर, 2008 के मुंबई बम विस्फोट की चीन ने कड़ी निंदा की। सितंबर, 2001 के पश्चात् दोनों देश आतंकवाद की समाप्ति के लिए परस्पर सहयोग कर रहे हैं और अफगानिस्तान में बढ़ती आतंकवादी गतिविधियां दोनों देशों के हितों के प्रतिकूल हैं। वर्ष 2015 में गृह मंत्री

राजनाथ सिंह की चीन यात्रा के दौरान दोनों देशों के बीच आतंकवाद के विरुद्ध आसूचना के आदान-प्रदान का समझौता किया गया। परंतु वर्ष 2016 में सुरक्षा परिषद में पाकिस्तान के आतंकवादी संगठन जैश-ए-मोहम्मद के प्रमुख मसूद अजहर को आतंकवादी घोषित करने के प्रस्ताव पर चीन ने वीटो कर दिया, जिससे यह प्रतीत होता है कि चीन, भारत के विरुद्ध आतंकवाद के मुद्दे पर सहयोग करने के बजाय, पाकिस्तान का समर्थक है। चीन ने वर्तमान समय में अप्रत्यक्ष रूप से पाकिस्तान में आतंकवादी संगठनों के बचाव का प्रयास किया है। संयुक्त राष्ट्र में हाफिज सईद, सैयद सलालउद्दीन जैसे आतंकियों को वैश्विक आतंकवादी घोषित करने के प्रस्ताव का विरोध किया है। परंतु भारत के दबाव के कारण ब्रिक्स घोषणा पत्र में इन आतंकवादियों का उल्लेख किया गया है।

तिब्बत मुद्दा (Tibet Issue)

तिब्बत, भारत के उत्तर में स्थित है एवं भारत के अतिरिक्त उसकी दक्षिणी सीमा पर नेपाल, भूटान और म्यांमार (बर्मा) तथा उत्तरी सीमा पर चीन का सिक्यांग प्रांत स्थित है। तिब्बत के धार्मिक नेता दलाई लामा वहां के राज्याध्यक्ष भी हुआ करते थे। तिब्बत की सामाजिक व्यवस्था प्राचीन और सामंतवादी परंपराओं पर आधारित थी। ब्रिटिश सरकार ने वर्ष 1906 में चीन के साथ हस्ताक्षरित एक अन्य संधि द्वारा तिब्बत को चीन की प्रभुता (Suzerainty) के अधीन स्वीकार कर लिया। इस संधि को ब्रिटिश सरकार द्वारा चीन पर आरोपित (Dictated) संधि की संज्ञा दी गई। इसके अनुसार, यह व्यवस्था भी की गई कि ल्हासा (Lhasa) में एक ब्रिटिश प्रतिनिधि (Agent) नियुक्त किया जाएगा तथा ग्यांगट्सी (Gyangtse) तक भारत, तिब्बत के लिए डाक व्यवस्था स्थापित करेगा तथा साथ ही व्यापार मार्गों की सुरक्षा के लिए भारत को तिब्बत में अपने सैनिक तैनात करने का अधिकार भी मिला।

ब्रिटेन, चीन और तिब्बत के प्रतिनिधियों की बैठक वर्ष 1914 में शिमला में हुई। इस बैठक में तिब्बत पर चीन के प्रभुत्व (Suzerainty) को स्वीकार किया गया। परंतु तिब्बत को दो भागों में विभाजित कर दिया गया। बाह्य तिब्बत (Outer Tibet) तथा आंतरिक तिब्बत (Inner Tibet) जिसकी सीमा चीन से लगती थी। बाह्य तिब्बत की स्वतंत्रता स्वीकार कर ली गई और चीन ने उसके आंतरिक मामलों में हस्तक्षेप न करने का वचन दिया और उसने यह भी वचन दिया कि चीन की संसद में उसका कोई प्रतिनिधित्व नहीं होगा और न ही चीन के सैनिक बाह्य तिब्बत में तैनात किए जाएंगे, न ही वहां के प्रशासकीय अधिकारियों को चीन नियुक्त करेगा। चीन की तत्कालीन नवगठित साम्यवादी सरकार ने 1 जनवरी, 1950 को यह घोषणा की कि चीन की जनवादी सेना (People's Liberation Army) का एक महत्त्वपूर्ण कार्य था, तिब्बत को स्वतंत्र (Liberate) करवाना। भारत को अक्टूबर, 1950 में यह सूचना मिली कि चीन ने तिब्बत में पूरी तैयारी के साथ आक्रमण जैसी कार्रवाई आरंभ कर दी थी और चीन द्वारा तिब्बत पर नियंत्रण कर लिया गया तथा चीन की सेनाएं तिब्बत में तैनात हो गईं, जबकि पहले चीन ने तिब्बत की स्वायत्तता बनाए रखने का आश्वासन दिया था। तिब्बत पर चीन के नियंत्रण के बाद तिब्बतियों में चीन के विरुद्ध आक्रोश उत्पन्न हो गया और तिब्बत में संघर्ष हुए। तिब्बतियों का चीन द्वारा कठोर दमन किया गया, जिसके बाद मार्च, 1959 के मध्य में तिब्बत की राजधानी ल्हासा (Lhasa) में आकस्मिक विद्रोह शुरू हो गया। इसके परिणामस्वरूप चीनी और तिब्बती लोगों में हिंसात्मक संघर्ष आरंभ हो गया। चीन ने विद्रोह का इतना भीषण दमन किया कि दलाई लामा को अपनी सत्ता छोड़कर गोपनीय मार्ग से भारत के लिए पलायन करना पड़ा तथा उनके साथ हजारों तिब्बतवासी भी भारत आ गए। भारत ने उन्हें राजनीतिक शरण अवश्य प्रदान की, परंतु इस शर्त पर कि वे भारत की भूमि से चीन के विरुद्ध कोई आंदोलन नहीं चलाएंगे।

वर्तमान समय में भारत ने एक चीन नीति का सार्वजनिक समर्थन करना बंद कर दिया है, क्योंकि चीन की नीति में कश्मीर के प्रति दृष्टिकोण में बदलाव आया है। चीन, वर्तमान में कश्मीर को विवादास्पद क्षेत्र मान रहा है। पंडित नेहरू ने वर्ष 1950 में ही तिब्बत को चीन का एक स्वायत्त भाग माना। इसलिए भारतीय विदेश नीति में तिब्बत के मुद्दे पर हमेशा एकसमान दृष्टिकोण बना रहा। वर्ष 2003 में अटल बिहारी वाजपेयी की चीन यात्रा के दौरान तिब्बत को चीनी भू-भाग का एक स्वायत्त या अभिन्न भाग माना। भारतीय विदेश नीति में वर्ष 2008 में चीन में ओलंपिक खेलों के कारण तिब्बत का मुद्दा पुनः प्रभावी हुआ। भारत ने स्पष्ट कहा कि दलाई लामा भारत में एक धार्मिक गुरु के रूप में निवास कर रहे हैं तथा भारतीय भूमि पर चीन विरोधी किसी भी कार्रवाई का

समर्थन नहीं किया जाएगा, परंतु भारत सरकार ने यह भी कहा कि चीन सरकार को तिब्बतियों के साथ बातचीत करनी चाहिए। भविष्य में तिब्बत का मुद्दा भारत के लिए अत्यधिक निर्णायक महत्त्व का है, जिसके निम्नलिखित कारक हैं-

- चीन का प्रयास है कि दलाई लामा के साथ समझौता करके भारतीय क्षेत्रों पर अपना दावा और शक्तिशाली रूप में प्रस्तुत किया जाए।
- अरुणाचल प्रदेश के तवांग और सिक्किम जैसे क्षेत्रों में बौद्ध धर्मावलंबियों की संख्या अधिक है तथा अधिकांश बौद्ध मठों पर तिब्बतियों और दलाई लामा का प्रभाव है।
- दलाई लामा पर भारतीय प्रभाव के कारण भारत, चीन पर दबाव बनाने में सफल होता है, क्योंकि दलाई लामा भारत को गुरुदेश का दर्जा देते हैं। दलाई लामा के अनुयायी पूरी दुनिया में हैं।
- भारत में बड़ी संख्या में तिब्बती निवास कर रहे हैं। यदि ये लोग आक्रामक आंदोलन करते हैं, तो भारतीय सुरक्षा भी प्रभावित होगी।

तिब्बती अभी भी स्वायत्तता की मांग कर रहे हैं। इनके अनुसार इन्हें ताइवान की भांति स्वायत्तता चाहिए। यह उल्लेखनीय है कि 85,000 तिब्बती शरणार्थी भारत में तथा 20,000 तिब्बती शरणार्थी नेपाल में निवास कर रहे हैं।

एयर डिफेंस आइडेंटिफिकेशन जोन (ADIZ)

चीन ने अपनी विदेश नीति को जापान तथा अमेरिका की तरफ से मिल रही चुनौतियों के मद्देनजर आक्रामक स्वरूप देना प्रारंभ कर दिया है। चीन अपनी इस आक्रामकता के पीछे अपने सैन्य विस्तार, विवादित परंतु खनिज संसाधनों से पूर्ण द्वीपों पर कब्जा और विवादित आर्थिक कार्यक्रमों को आगे बढ़ाने की मंशा रखता है। इस दिशा में चीन ने नवंबर, 2013 में पूर्वी चीन सागर में अपना पहला 'एयर डिफेंस आइडेंटिफिकेशन जोन' बनाकर अंतर्राष्ट्रीय समुदाय को एक बार फिर अपना दबदबा दिखाने की कोशिश की है। उसने इस जोन में न सिर्फ विवादों से घिरे सेंकाकू द्वीप समूह के साथ जापान, दक्षिण कोरिया तथा फिलीपींस के वायु निषेध क्षेत्रों को शामिल किया है, बल्कि विदेशी विमानों के लिए प्रवेश के कड़े नियम-कायदे भी जारी किए हैं।

एयर डिफेंस आइडेंटिफिकेशन जोन को किसी क्षेत्र पर दावा ठोकने की कोशिश के तौर पर नहीं लिया जाता है। इसे अंतर्राष्ट्रीय सीमा का एक निर्धारित इलाका समझा जाता है, जिससे देश अपनी सीमा में प्रवेश करने वाले विमानों पर नजर रखते हैं। सबसे पहले अमेरिका ने वर्ष 1950 में कनाडा के साथ मिलकर ए.डी.आई.जेड. बनाने की घोषणा की थी। उस समय अमेरिका ने कहा था कि दुनिया के हर देश को अपनी सीमा में प्रवेश के नियम-कायदे तय करने का कानूनी हक हासिल है।

विवाद का कारण

अमेरिका सहित किसी और देश में विदेशी विमानों के प्रवेश को लेकर चीन जितनी कड़ी शर्तें लागू नहीं है। इन देशों के वायु निषेध क्षेत्र में सिर्फ जमीनी सीमा आती है, जबकि चीन ने इसके तहत हवाई सीमा को भी शामिल कर दिया है। चीन ने अपने ए.डी. आई.जेड. के तहत विदेशी विमानों के लिए जो नियम निर्धारित किए हैं, वे इस प्रकार से हैं-

- चीन के ए.डी.आई.जेड. में प्रवेश करने से पहले प्रत्येक विदेशी विमान को उसके विदेश मंत्रालय और नागरिक विमान प्राधिकरण को सूचना देनी होगी।
- पहले से तय समय पर ही प्रवेश की इजाजत मिलेगी, इस दौरान अंतर्राष्ट्रीय मानकों के तहत राष्ट्रीयता तथा पंजीकरण का चिह्न दिखाना जरूरी होगा।
- रेडियो सिग्नल के जरिए चीनी प्राधिकरण के संपर्क में बने रहना होगा, नियमों की अनदेखी करने पर चीन को मनचाही कार्रवाई की छूट होगी।

भारत-चीन के बीच सहयोग के मुद्दे

भारत और चीन एशिया महाद्वीप की दो महाशक्तियां हैं। दोनों देशों के मध्य सामरिक प्रतिस्पर्धा के बावजूद अनेक क्षेत्रों में परस्पर सहयोग भी देखा जा रहा है, क्योंकि दोनों विकासशील देश हैं। दोनों के आपसी सहयोग द्वारा एक नई विश्व व्यवस्था स्थापित करने में सहायता मिल सकती है, क्योंकि अनेक वैश्विक मंचों पर दोनों का दृष्टिकोण समान है-

- विश्व व्यापार संगठन (WTO) की वार्ताओं में आपस में सहयोग हो रहा है।
- जलवायु परिवर्तन के मुद्दे पर दोनों देशों का साझा दृष्टिकोण है।
- दक्षिण एशिया, हिंद महासागर क्षेत्र में आतंकवाद,

नशीली दवाओं के व्यापार को रोकने पर सहयोग किया जा रहा है।

- दोनों देश तेल और गैस के सबसे बड़े आयातक हैं। इसलिए ऊर्जा सुरक्षा में भी सहयोग किया जा रहा है।
- शंघाई सहयोग संगठन (SCO) में भारत को स्थायी सदस्यता प्रदान कर दी गई है। परिणामस्वरूप इस क्षेत्र के विकास में दोनों देश सहयोग कर रहे हैं।

बांग्लादेश-चीन-भारत-म्यांमार आर्थिक गलियारा (बी.सी.आई.एम. कॉरिडोर)

भारत, बांग्लादेश, चीन व म्यांमार के बीच व्यापार, परिवहन तथा पर्यटन को बढ़ाने के लिए परस्पर आर्थिक सहयोग का निर्णय लिया गया। पहले इसे कुनमिंग परियोजना के नाम से जाना जाता था। चीन के शिनजियांग और यूनान्न प्रांत सबसे पिछड़े क्षेत्रों में सम्मिलित हैं और ये चीन के समुद्री मार्ग से दूर भी हैं। इसलिए इन सुदूर क्षेत्रों के विकास के लिए चीन ने इस कॉरिडोर को प्रभावी बनाने का प्रयत्न किया। परंतु भारत इससे अलग हो गया जिसके पश्चात् चीन-म्यांमार आर्थिक गलियारा की संकल्पना सामने आई। भारत ने इसके विकल्प में कालादान मल्टी मॉडल ट्रांजिट ट्रांसपोर्ट परियोजना को पूर्ण करने पर बल दिया है जिसके द्वारा कोलकाता एवं मिजोरम के बीच म्यांमार होकर संपर्क स्थापित किया जाएगा।

मोतियों की माला (String of Pearl)

चीन द्वारा हांगकांग से लेकर अफ्रीका महाद्वीप के सूडान तक हिंद महासागर क्षेत्र में अपना प्रभाव बढ़ाने का प्रयास किया जा रहा है। जिसे अमेरिकी विद्वान एलन बुज द्वारा 'स्ट्रिंग ऑफ पर्ल्स' की नीति कहा गया। इसके अंतर्गत चीन, श्रीलंका के हैम्बनटोटा, पाकिस्तान के ग्वादर, म्यांमार के कोको द्वीप पर अपनी नौसैनिक एवं व्यापारिक क्षमता का विस्तार कर रहा है। इस आलोचना के बाद चीन ने सिल्क रूट का विचार दिया। जिसे वन बेल्ट वन रोड भी कहा जाता है।

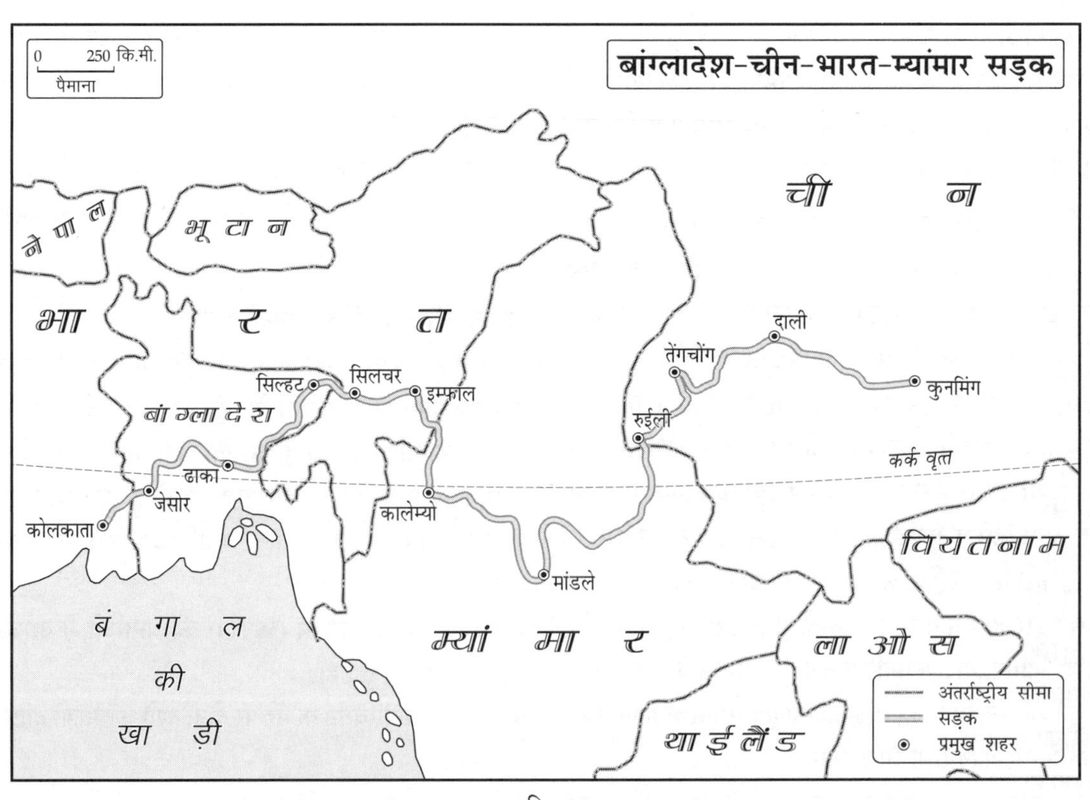

मानचित्र 27

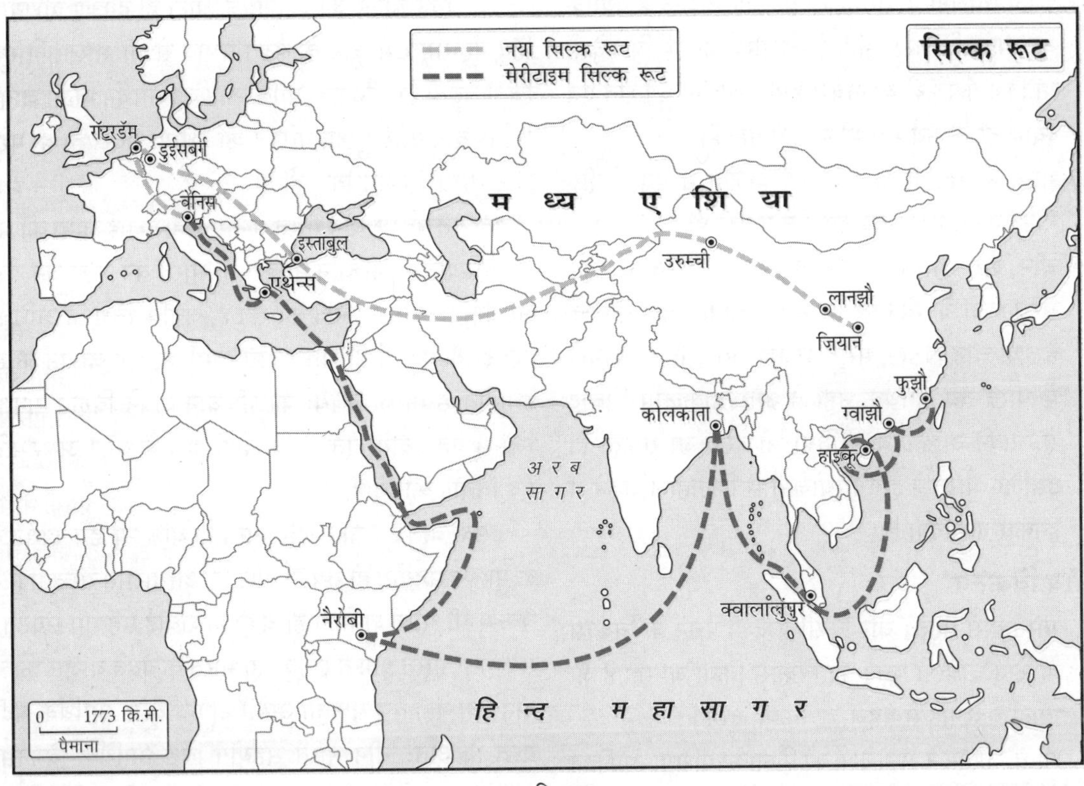

मानचित्र 28

वन बेल्ट वन रोड (OBOR)

समुद्री संचार के विकास को वन रोड के रूप में व्यक्त किया जाता है जिसके द्वारा चीन समुद्री पत्तनों का विकास करेगा तथा सड़क संपर्क को आर्थिक बेल्ट अथवा वन बेल्ट के रूप में व्यक्त किया जाता है। चीन द्वारा वन बेल्ट वन रोड के माध्यम से अपना सॉफ्ट पावर के रूप में प्रभावी विकास किया जा रहा है। बेल्ट द्वारा चीन एवं यूरोप (इटली) को सड़क संपर्क एवं रेल संपर्क से जोड़ा गया है। जो रूस, मध्य एशिया, पश्चिम एशिया होते हुए आगे बढ़ेगा तथा समुद्री सिल्क परियोजना वन रोड द्वारा चीन हिंद महासागर के सभी द्वीपीय देशों में समुद्री पत्तन का विकास कर रहा है जो केन्या होते हुए इटली तक जाएगा।

• आर्थिक महत्त्व (Economic Importance)

इस नीति द्वारा दक्षिण पूर्व एशियाई देशों, मध्य एशियाई देशों तथा अफ्रीका महाद्वीप के साथ व्यापारिक संबंध बढ़ाने पर बल दिया जा रहा है। चीन मध्य एशिया एवं अफ्रीका के प्राकृतिक संसाधनों का भी लाभ उठाना चाहता है और केन्या से समूचे अफ्रीकी देशों को जोड़ा जा रहा है। वर्तमान में चीन की आंतरिक खपत कम हो रही है और इस परियोजना द्वारा चीन के सार्वजनिक उद्यमों को अन्य देशों में निवेश (Investment) का अवसर प्राप्त हो रहा है।

• सामरिक प्रभाव

वर्तमान में चीन का शक्तिशाली उभार 21वीं शताब्दी की सर्वाधिक महत्त्वपूर्ण घटना है और चीन द्वारा अफ्रीका के जिबूती में अपना सैनिक अड्डा स्थापित किया गया है। पाकिस्तान के ग्वादर में भी वह अपना सैनिक अड्डा बना चुका है। इसलिए उसके बढ़ते आर्थिक प्रभाव से उसकी सामरिक क्षमता शक्तिशाली हो चुकी है।

भारत की आपत्ति

(i) भारत के अनुसार इस परियोजना में राज्यों की संप्रभुता का ध्यान नहीं रखा गया है। यह उल्लेखनीय है कि चीन-पाकिस्तान आर्थिक गलियारा पाकिस्तान अधिकृत कश्मीर से होकर जा रहा है जिस पर भारत अपना दावा व्यक्त करता है।

(ii) इस परियोजना में पारदर्शिता का घोर अभाव है क्योंकि यह स्पष्ट उल्लिखित नहीं है कि परियोजना में किन देशों या किन कंपनियों के निवेश होंगे, समझौते की शर्त एवं ब्याज दर के संबंध में भी स्पष्टता नहीं है।

(iii) भारत ने यह भी कहा कि परियोजना में पर्यावरणीय मानदंडों का भी पालन नहीं किया गया है।

(iv) चीन द्वारा भारत के पूर्वोत्तर राज्यों में आधारभूत संरचनाओं के विकास पर सदैव आपत्ति दर्ज की गई है तथा चीन NSG, मसूद अजहर आदि किसी मामले में भारत का समर्थक नहीं है और डोकलाम विवाद से उसकी आक्रामक नीतियां भी देखी जा सकती हैं। इसलिए भारत ने इस परियोजना से फिलहाल जुड़ने से इनकार कर दिया है।

भारतीय विकल्प

1 भारत द्वारा पहली बार किसी विदेशी पत्तन के विकास के लिए चाबहार पत्तन का विकास किया जा रहा है जो ग्वादर बंदरगाह से महज 72 किमी. दूर है।

2. भारत, जापान ने अन्य देशों को मिलाकर एशिया-अफ्रीका ग्रोथ कॉरिडोर के विचार का समर्थन किया है जिसके द्वारा लगभग 50 एशियाई-अफ्रीकी देश सहयोग करेंगे।

3. इसके द्वारा एशिया-अफ्रीका को समुद्री मार्ग से जोड़ने की रणनीति बनाई गई है। गुजरात के जामनगर पत्तन को अफ्रीका के जिबूती से जोड़ा जाएगा तथा मदुरै को जंजीबार से जोड़ा जाएगा। इसके अतिरिक्त भारत अफ्रीकी देशों में क्षमता निर्माण कार्यक्रम आगे बढ़ाएगा तथा जापान द्वारा आधारभूत संरचना का विकास किया जाएगा।

भारत एवं चीन के बीच आर्थिक सहयोग की अत्यधिक संभावनाएं हैं। परंतु जब तक सामरिक क्षेत्र में अविश्वास बना हुआ है तब तक आर्थिक सहयोग में भी बाधाएं उपस्थित होंगी। भारत चीन के साथ सहयोग करने में अधीनस्थ भागीदार बनने के लिए तैयार नहीं है।

एशिया का उदय एवं अविश्वास (Trust Deficit)

भारत-चीन के बीच अभी भी गंभीर अविश्वास बने हुए हैं क्योंकि चीन भारत के बड़े सीमा क्षेत्र पर अपना दावा व्यक्त कर रहा है। भारत-चीन के बीच द्विपक्षीय व्यापार में भारत को लगभग 85 बिलियन डॉलर का व्यापारिक घाटा है। दक्षिण एशिया एवं हिंद महासागर में चीन के बढ़ते प्रभाव से भी भारत की सुरक्षा चिंता बढ़ती है। चीन द्वारा पाकिस्तान का समर्थन किया जाता है। आतंकवाद और सुरक्षा परिषद की स्थायी सदस्यता के मुद्दे पर चीन भारत का समर्थक नहीं है।

तिब्बत मुद्दे पर चीन भारत से नाराज है। दलाई लामा की भारत में उपस्थिति से भी चीन नाखुश है। भारत वन बेल्ट वन रोड में भी चीन का समर्थन नहीं कर रहा है, जबकि विश्व के अधिकांश देश इसके पक्ष में हैं। भारत द्वारा अमेरिका एवं जापान के साथ स्थापित सामरिक संबंधों को भी चीन अपने विरुद्ध मानता है जिससे यह प्रतीत होता है कि दोनों देशों के बीच असहमतियां एवं विवाद कायम हैं।

इसके बावजूद चीन और भारत के बीच न्यू डेवलपमेंट बैंक के मुद्दे पर सहयोग हो रहा है। एशियाई आधारभूत संरचना निवेश बैंक में भी भारत शामिल हो चुका है। शंघाई सहयोग संगठन की सदस्यता भारत प्राप्त कर चुका है। भारत के बढ़ते बाजार को चीन अनदेखा नहीं कर सकता। अमेरिका एवं यूरोप आर्थिक मंदी से ग्रस्त हैं। अतः चीन-भारत सहयोग विश्व आर्थिक विकास के प्रेरक बन सकते हैं और 21वीं शताब्दी को एशियाई शताब्दी के रूप में परिवर्तित किया जा सकता है। चीन विश्व का सबसे बड़ा तेल आयातक देश है, जबकि भारत विश्व का तीसरा सबसे बड़ा तेल आयातक देश हैं। अतः सहयोग की अत्यधिक संभावना है।

चीन-पाकिस्तान

चीन एवं पाकिस्तान के बीच द्विपक्षीय व्यापार लगभग 30 बिलियन डॉलर है तथा पाकिस्तान द्वारा चीन को सर्वाधिक वरीयता वाले राज्य का दर्जा दिया गया है। चीन द्वारा पाकिस्तान में बड़ा निवेश किया जा रहा है और चीन, पाकिस्तान का बचाव सुरक्षा परिषद में भी करता है। चीन द्वारा पाकिस्तान को नौसैनिक पनडुब्बी प्रदान की गई है। वर्तमान समय में चीन द्वारा गिलगित-बाल्तिस्तान क्षेत्र में सैनिकों की तैनाती भारतीय सुरक्षा के लिए नवीन चुनौती है। यह उल्लेखनीय है कि गिलगित-बाल्तिस्तान क्षेत्र पाकिस्तान नियंत्रित कश्मीर का भाग है। चीन द्वारा काराकोरम राजमार्ग का विकास किया जा रहा है, जिससे चीन इस क्षेत्र में अपनी सामरिक उपस्थिति को और सुदृढ़ बना रहा है। अतः पाकिस्तान कारक भारत-चीन संबंधों में अत्यधिक महत्त्वपूर्ण

है। चीन द्वारा पाकिस्तान को परमाणु हथियारों के विकास में सहायता दी गई। पाकिस्तान के प्रक्षेपास्त्र विकास कार्यक्रम में भी चीन सहयोग प्रदान कर रहा है। वर्तमान विश्व में चीन और रूस के मधुर सामरिक संबंधों के विकास के परिणामस्वरूप पाकिस्तान को परोक्ष रूप में रूसी हथियार भी प्राप्त हो जाते हैं। इसलिए चीन का पाकिस्तान में प्रभाव भारतीय सुरक्षा के लिए गंभीर खतरा है। चीन द्वारा पाकिस्तान के ग्वादर पत्तन का विकास किया गया है तथा ग्वादर पत्तन से पाकिस्तान, चीन को जोड़ने का प्रयत्न कर रहा है। चीन और पाकिस्तान के बीच आर्थिक गलियारे का निर्माण हो रहा है, जो पाकिस्तान अधिकृत कश्मीर से होकर जाएगा। भारत-चीन संबंधों में आर्थिक सहयोग के बावजूद दक्षिण एशिया में चीन द्वारा भारत के प्रभाव को सदैव कम करने का प्रयत्न किया गया। चीन द्वारा दक्षिण एशिया में भारत को प्रतिसंतुलित करने के लिए दोहरी रणनीति का प्रयोग किया जाता है-

- पाकिस्तान का निरंतर समर्थन तथा पाकिस्तान के साथ सैन्य सहयोग।
- भारत के छोटे पड़ोसी देश नेपाल, बांग्लादेश एवं श्रीलंका के माध्यम से भारत को प्रतिसंतुलित करने का प्रयत्न।

भारत-अमेरिकी संबंध

वर्तमान में भारत और अमेरिका के बीच निकट व्यापारिक और प्रगाढ़ सामरिक संबंधों का विकास हो रहा है और अमेरिका भारत का सबसे बड़ा सामरिक साझेदार बन चुका है। चीन और अमेरिका के बीच द्विपक्षीय व्यापार 668 बिलियन डॉलर है, जिसमें अमेरिका व्यापारिक घाटे में है। परंतु अमेरिका द्वारा चीन को हथियारों का निर्यात नहीं किया जाता है। अतः चीन और अमेरिका के बीच सामरिक संबंध लगभग अनुपस्थित है। भारत-अमेरिका के बढ़ते सामरिक संबंधों के परिणामस्वरूप चीन द्वारा भारत के साथ सीमा विवाद के मुद्दे पर सख्त दृष्टिकोण अपनाया जा रहा है और चीन भारत पर दबाव बनाना चाहता है। अमेरिका द्वारा भारत को साथ लेकर चीन को संतुलित करने की नीति अपनाई जा रही है। परंतु भारत अपने राष्ट्रीय हितों को पूर्ण करने के लिए अमेरिका और चीन दोनों के साथ समानांतर संबंधों के विकास का प्रयत्न कर रहा है। भारत-अमेरिका से बेहतर संबंध बनाकर चीन से अपनी सौदेबाजी की क्षमता बढ़ाना चाहता है। शीत युद्धोत्तर विश्व में भारत और अमेरिका के मध्य बढ़ते संबंध अत्यधिक उल्लेखनीय और निर्णायक हैं। परंतु अमेरिका की बढ़ती उपस्थिति को चीन सदैव संदेह की दृष्टि से देखता है। समकालीन विश्व में चीन की उभरती शक्ति को प्रतिसंतुलित करने के लिए अमेरिका, भारत और जापान परस्पर सामरिक सहयोग कर रहे हैं। भारत-अमेरिका के बढ़ते संबंधों के कारण चीनी विदेश नीति पर दबाव बढ़ रहा है और चीन ने भी अब अपनी विदेश नीति में भारत को प्राथमिकता प्रदान की है।

एक महाशक्ति के रूप में भारत

भारत एक महाशक्ति है इस कारण यह विश्व में एक सक्रिय भूमिका निभाना चाहता है। भारत ने संयुक्त राष्ट्र सुरक्षा परिषद की स्थायी सदस्यता का भी दावा किया। लेकिन चीन कभी भी इस दावे का समर्थन नहीं करता है। भारत की पहचान उच्च स्तरीय परमाणु तकनीक प्राप्त एक जिम्मेदार देश के रूप में की जाती है। इसी कारण भारत परमाणु आपूर्तिकर्ता समूह (NSG) की सदस्यता की कोशिश कर रहा है। इसमें भी चीन भारत की सदस्यता में बाधा बन रहा है। चीन भारतीय लोकतंत्र का भी सम्मान नहीं करता जो कि दुनिया का सबसे बड़ा लोकतंत्र है।

निष्कर्ष

चीन एक साम्यवादी देश है, जहां सत्ता का हस्तांतरण शांतिपूर्ण रूप में होता है। चीन में वर्तमान राष्ट्रपति शी जिंगपिंग की आजीवन राष्ट्रपति के रूप में नियुक्ति चीन के राजनीतिक स्थायित्व को सुदृढ़ करेगी, परिणामस्वरूप विदेश नीति में भारत पर दबाव बढ़ेगा, क्योंकि चीन एवं भारत के बीच विषमता (Poor Asymmetry) विद्यमान है। अतः भविष्य की सबसे बड़ी चुनौती चीन के साथ संबंध निर्माण है।

अध्याय

3 भारत-रूस संबंध

India–Russia

• मित्रतापूर्ण संबंधों की शुरुआत • विश्वसनीय सहयोगी • शीत युद्ध के बाद भारत-रूस संबंध • रूस की मुखर विदेश नीति • सदाबहार मित्र • सुदूर पूर्व की नीति • ऊर्जा सुरक्षा • लोगों के बीच का संबंध • कश्मीर मुद्दा • आतंकवाद • परमाणु मुद्दा • क्षेत्रीय मुद्दे • महाशक्ति की आकांक्षा • वैश्विक मुद्दे • भविष्य की चुनौती • रूस-चीन सामरिक संबंध • भारत-रूस और अमेरिका • रूस-अमेरिका के बीच टकराव • भारत-रूस एवं चीन • रूस एवं पाकिस्तान • यूक्रेन संकट

रूस क्षेत्रफल की दृष्टि से विश्व का सबसे बड़ा देश है। रूस की जनसंख्या लगभग 14.43 करोड़ है। यह भूतपूर्व सोवियत संघ का उत्तराधिकारी राज्य है जो यूरोप तथा एशिया दोनों महाद्वीपों में फैला है। रूस भारत का परंपरागत घनिष्ठ मित्र रहा है। वर्तमान समय में यहां प्रजातांत्रिक, उदारवादी व्यवस्था विद्यमान है। भूतपूर्व सोवियत संघ द्वारा पोषित समाजवादी विचारधारा का प्रभाव सभी विकासशील देशों पर पड़ा है। सोवियत संघ ने छोटी अवधि में तीव्र आर्थिक एवं तकनीकी विकास किया था। सोवियत संघ का इतिहास कभी भी साम्राज्यवादी अथवा उपनिवेशवादी नहीं था। सोवियत संघ में राज्य नियंत्रित आर्थिक प्रणाली तथा एक दलीय शासन प्रणाली को अपनाया गया, जबकि भारत में एक लोकतांत्रिक व्यवस्था के अंतर्गत समाजवाद का लक्ष्य प्राप्त करने का प्रयत्न किया गया। सोवियत नेता स्टालिन के अनुसार, 'जो समाजवाद के साथ नहीं है, वह पूंजीवादी है।' अतः स्टालिन ने भारत एवं पंडित जवाहरलाल नेहरू को पूंजीवादी व्यवस्था का समर्थक माना। अतः आरंभ में भारत-सोवियत संघ के बीच संबंध मित्रतापूर्ण नहीं थे।

मित्रतापूर्ण संबंधों की शुरुआत

वर्ष 1953 में सोवियत संघ में ख़्रुश्चेव ने शासन सत्ता संभाली और उन्होंने शांतिपूर्ण सहअस्तित्व की मान्यता को स्वीकार किया। इन्होंने यह भी माना कि भारत पूंजीवादी व्यवस्था का समर्थक नहीं है। उन्होंने भारत की गुटनिरपेक्ष विदेश नीति का समर्थन किया तथा कश्मीर मुद्दे पर भी भारतीय दृष्टिकोण का समर्थन किया। यह उल्लेखनीय है कि भारत की आर्थिक प्रणाली सार्वजनिक उद्यमों की प्राथमिकता पर आधारित थी। अतः सोवियत संघ ने भारत में सार्वजनिक उद्यमों की स्थापना में सहयोग किया और भारत-सोवियत संघ के बीच संबंध लगातार मधुर होते गए। वर्ष 1962 के भारत-चीन युद्ध के दौरान सोवियत संघ ने चीन का समर्थन नहीं किया। सोवियत संघ के अनुसार, 'यह युद्ध समाजवाद और पूंजीवाद के बीच नहीं था, बल्कि यह दो देशों के बीच का युद्ध था।' वर्ष 1965 में भारत-पाकिस्तान युद्ध के बाद दोनों देशों के बीच ताशकंद समझौता हुआ, जो सोवियत संघ की मध्यस्थता में संपन्न हुआ। इसके बाद भारत-सोवियत संघ के मध्य संबंध मधुर होने लगे और इस युद्ध के बाद अमेरिका ने भारत पर हथियारों की आपूर्ति पर प्रतिबंध लगा दिया, जिससे भारत हथियारों की आपूर्ति के लिए सोवियत संघ पर निर्भर होने लगा। यह उल्लेखनीय है कि वर्ष 1962 के भारत-चीन युद्ध के बाद भारतीय सेनाओं के आधुनिकीकरण की आवश्यकता थी।

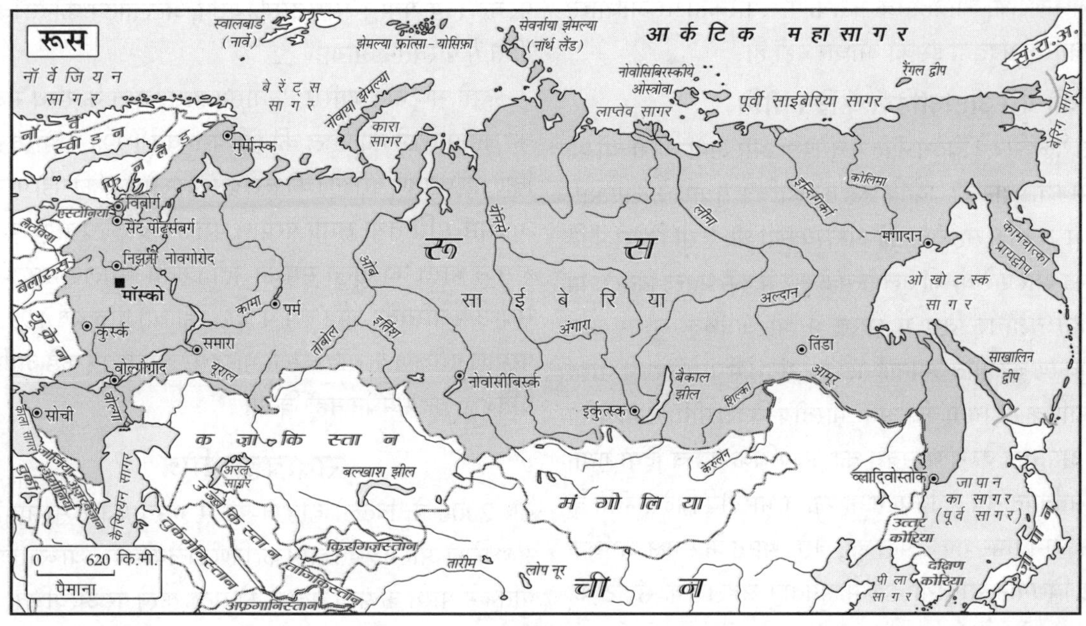

मानचित्र 29

विश्वसनीय सहयोगी

भारत-सोवियत संघ के बीच वर्ष 1971 की शांति और मित्रता की संधि के बाद संबंधों में गुणात्मक परिवर्तन हुआ। शीत युद्ध के दौर में भारत सोवियत संघ का सबसे बड़ा सामरिक सहयोगी बन गया। वर्ष 1971 के भारत-पाकिस्तान युद्ध के दौरान सोवियत संघ ने भारत को खुफिया सूचनाएं उपलब्ध कराई तथा संयुक्त राष्ट्र संघ सुरक्षा परिषद में भी भारत का समर्थन किया। यह बिंदु ध्यान देने योग्य है कि वर्ष 1971 के दौरान अमेरिका-चीन-पाकिस्तान के बीच एक सामरिक त्रिकोण बन गया था, जिसके बाद भारत ने सोवियत संघ के साथ शांति एवं मित्रता की संधि की, जो भारत की सुरक्षा के लिए आवश्यक थी।

वर्ष 1971 में इंदिरा गांधी को लोक सभा चुनाव में भारी सफलता प्राप्त हुई। वे भारत की प्रधानमंत्री बनीं तथा उन्होंने भारत में समाजवादी कार्यक्रमों को अपनाया। उन्होंने 'गरीबी हटाओ' का नारा दिया, बैंकों का राष्ट्रीयकरण किया तथा राजाओं के प्रिवी पर्स (Privy Purse) को समाप्त कर दिया। अतः इंदिरा गांधी ने घरेलू नीतियों में समाजवाद पर बल दिया तथा बाहरी संबंधों में भी समाजवाद को आगे बढ़ाया। भारत और सोवियत संघ के बीच संबंध इतने बेहतर हो गए कि वर्ष 1975 में भारत में लागू आपातकाल का, सिक्किम के भारत में विलय (वर्ष 1975) का तथा वर्ष 1974 में भारत द्वारा शांतिपूर्ण परमाणु परीक्षण के बाद परमाणु क्षेत्र में भी भारत का समर्थन किया।

वर्ष 1970 के बाद सोवियत संघ भारत का सबसे बड़ा व्यापारिक सहयोगी बन गया। भारत और सोवियत संघ के बीच रुपये-रुबल में व्यापार होता था तथा दोनों देशों ने एक-दूसरे का प्रबल समर्थन किया। वर्ष 1979 में सोवियत संघ द्वारा अफगानिस्तान में सैन्य हस्तक्षेप का भारत द्वारा विरोध नहीं किया गया। भारत हथियारों की आपूर्ति के लिए सोवियत संघ पर निर्भर हो गया, क्योंकि सोवियत संघ के हथियार सस्ते थे तथा उन्हें प्रदान करने के लिए सोवियत संघ ने कभी भी प्रतिकूल शर्तें नहीं थोपी। परंतु वर्ष 1990 में सोवियत संघ के विघटन के बाद उसके उत्तराधिकारी रूस के साथ नवीन आधारों पर संबंधों का विकास हुआ।

शीत युद्ध के बाद भारत-रूस संबंध

वर्ष 1991 के बाद के विश्व में भारत-रूस के द्विपक्षीय व्यापार रुपये और रूबल पर आधारित नहीं रहे, बल्कि दोनों के बीच डॉलर द्वारा व्यापार होने लगा। शीत युद्ध के बाद विश्व में भारत और रूस

के संबंध यथार्थ, व्यावहारिकता तथा पारस्परिकता पर आधारित हैं, वैचारिक सुदृढ़ता इसका आधार नहीं है।

रूस की यूरो अटलांटिक केंद्रित नीति

बोरिस येल्तसिन ने विदेश नीति में यूरोपीय और अमेरिकी राज्यों को प्राथमिकता प्रदान की, क्योंकि रूस को आर्थिक सुधारों के लिए भारी मात्रा में आर्थिक सहायता की आवश्यकता थी। रूसी विदेश नीति में भारत और एशिया को तुलनात्मक रूप में कम महत्त्व दिया गया।

शीत युद्धोत्तर विश्व में भारत में भी आर्थिक सुधार और उदारीकरण की नीति अपनाई गई। इस संदर्भ में अमेरिका ने भारत की आर्थिक सहायता की। अतः भारतीय विदेश नीति में भी यूरोप और अमेरिका के साथ संबंध को अत्यधिक महत्त्व दिया गया। परंतु सोवियत संघ के विघटन के पश्चात् भारतीय विदेश नीति के समक्ष निम्न समस्याएं उत्पन्न हुईं, जैसे- भारत के समक्ष आर्थिक संकट विद्यमान था तथा देश में भुगतान संतुलन के संकट की समस्या बनी हुई थी। वर्ष 1991 से पहले भारत के निर्यात का मूल केंद्र सोवियत संघ था। परंतु सोवियत संघ के विघटन के बाद भारत को नए व्यापारिक सहयोगी की तलाश थी। शीत युद्ध के दौरान भारत के हथियारों की आपूर्ति मूलतः सोवियत संघ के ऊपर निर्भर थी। सोवियत संघ के विघटन के बाद हथियारों की आपूर्ति भारत की सुरक्षा के लिए महत्त्वपूर्ण थी। वर्ष 1991 के बाद परमाणु मुद्दे पर रूस का खुला समर्थन प्राप्त नहीं हुआ, जिस प्रकार भारत को सोवियत संघ का समर्थन प्राप्त होता था।

रूस की मुखर विदेश नीति

वर्ष 1991 के बाद रूस ने यूरोपीय देशों एवं अमेरिका के साथ संबंध सुदृढ़ करने पर महत्त्वपूर्ण बल दिया, परंतु रूस को पर्याप्त आर्थिक सहायता प्राप्त नहीं हुई। अमेरिका के बढ़ते प्रभाव के कारण पूर्वी यूरोप में नाटो का विस्तार हुआ, जिससे रूस इस क्षेत्र में अपना प्रभाव बनाए रखने के लिए सक्रिय हुआ। मध्य एशिया में अमेरिका की उपस्थिति के परिणामस्वरूप रूस ने भारत और चीन के साथ संबंधों को बेहतर कर अमेरिका को प्रतिसंतुलित करने पर बल दिया। रूस द्वारा जॉर्जिया पर किए गए हमले से स्पष्ट है कि वह इस क्षेत्र में अमेरिका की उपस्थिति को सीमित करना चाहता है। जॉर्जिया और यूक्रेन को अमेरिका द्वारा प्रस्तावित नाटो की सदस्यता का रूस विरोधी है। वर्ष 1995 के पश्चात् रूसी विदेश नीति में पुन: भारत और एशियाई देशों के साथ संबंध बेहतर बनाने पर बल दिया गया, जिससे उसकी यूरोप, अटलांटिक केंद्रित विदेश नीति में परिवर्तन आया।

रूसी राष्ट्रपति बोरिस येल्तसिन द्वारा भारत के साथ संबंधों को बेहतर करने की पहल की गई। परंतु वर्ष 1998 में भारत द्वारा किए गए परमाणु परीक्षण की रूस द्वारा आलोचना की गई। परमाणु अप्रसार संधि तथा समग्र परमाणु परीक्षण प्रतिबंध संधि पर भी रूस ने भारत का खुला समर्थन नहीं किया। इसलिए भारत-रूस संबंधों में परिवर्तन स्पष्ट रूप में दिख रहा था। परंतु वर्ष 1998 के परमाणु परीक्षण के बाद रूस ने भारत पर लगाए गए कड़े आर्थिक प्रतिबंधों का समर्थन नहीं किया।

सदाबहार मित्र

वर्ष 2000 के दिल्ली घोषणा-पत्र में भारत एवं रूस सामरिक संबंधों को और मजबूत करने का निर्णय लिया गया तथा व्लादिमीर पुतिन ने भारत के साथ संबंधों को सुदृढ़ करने पर अत्यधिक बल दिया। भारत एव रूस के मध्य वर्ष 2000 से प्रत्येक वर्ष वार्षिक सामरिक शिखर वार्ता आयोजित होती है। वर्ष 2008 को भारत में 'रूस का वर्ष' के रूप में तथा वर्ष 2009 को रूस में 'भारत का वर्ष' के रूप में मनाया गया। यह भारत एवं रूस के मध्य सदाबहार संबंधों का स्पष्ट उदाहरण है कि भारत और रूस के मध्य सामरिक संबंध अत्यंत प्रगाढ़ और मित्रतापूर्ण हैं। भारत और रूस के मध्य संयुक्त अनुसंधान, विकास, विपणन और तकनीकी हस्तांतरण पर भी समझौता किया गया है। प्रक्षेपास्त्र, विकास एवं उड्डयन के क्षेत्र में भी भारत और रूस के मध्य परस्पर सहयोग हो रहा है।

संबंधों का केंद्र

शीत युद्धोत्तर विश्व में भी भारत अपनी सैन्य आवश्यकताओं का लगभग 60 प्रतिशत भाग रूस से आयात करता है। दोनों देशों के मध्य रक्षा संबंध क्रेता-विक्रेता तक सीमित नहीं हैं, बल्कि हथियारों का संयुक्त उत्पादन भी दोनों देशों द्वारा किया जाता है। दोनों देश मिलकर पांचवीं पीढ़ी के युद्धक विमान का विकास कर रहे हैं और ब्रह्मोस प्रक्षेपास्त्र निर्माण के लिए संयुक्त उद्यम स्थापित किया गया है।

भारत एवं रूस के मध्य अंतरिक्ष, परमाणु शक्ति, दूरसंचार एवं तकनीकी क्षेत्र में भी सहयोग हो रहा है। शीत युद्धोत्तर विश्व में भारत, दुनिया के सबसे बड़े हथियारों के बाजारों में से एक है। शीत युद्धोत्तर विश्व में भारत और चीन द्वारा रूस से रक्षा सामग्री के

आयात के कारण रूसी कारखाने बंद नहीं हुए, क्योंकि सोवियत संघ के विघटन के बाद रूस की आर्थिक स्थिति अत्यंत दयनीय थी। यदि भारत और चीन, रूस से हथियार न खरीदते तो रूस के कारखाने बंद होने के कगार पर थे।

यहां यह भी उल्लेखनीय है कि भारत आज भी सर्वाधिक संवेदनशील हथियारों का आयात रूस से करता है, जिसमें आई.एन.एस. विक्रमादित्य, आई.एन.एस. अरिहंत आदि शामिल हैं। ब्रह्मोस का साझा उत्पादन होता है। अमेरिका के दबाव के बावजूद भी भारत ने S-400 मिसाइल रक्षा प्रणाली का आयात रूस से किया।

सुदूर पूर्व की नीति (Act Far East Policy)

भारत-रूस के संबंध मित्रतापूर्ण और सदाबहार हैं और आज भी भारत अपनी सैन्य सामग्री की आपूर्ति के लिए रूस पर प्रभावी रूप में निर्भर है और कोविड-19 का सामना करने के लिए रूस द्वारा भारत को स्पूतनिक वैक्सीन प्रदान की गई। वर्ष 2019 में प्रधानमंत्री द्वारा ईस्टर्न इकोनॉमिक फोरम की बैठक में भाग लेने के लिए ब्लाडीबोस्टक की यात्रा की गई और यहां भारतीय वाणिज्य दूतावास की स्थापना भी की गई। यह उल्लेखनीय है कि भारत द्वारा रूस को एक बिलियन डॉलर की आर्थिक सहायता भी दी गई। यह प्रदर्शित करता है कि भारत एक महाशक्ति है और आजादी के बाद भारत रूस की आर्थिक सहायता पर निर्भर था, जबकि वर्तमान में भारत रूस को आर्थिक सहायता दे रहा है। ब्लाडीबोस्टक चीन और जापान के निकट है, जहां चीन-जापान का अत्यधिक निवेश भी है। इसीलिए भारत द्वारा रूस के साथ व्यापारिक सहयोग को सुदृढ़ करने के लिए डायमंड प्रोसेसिंग, पेट्रोलियम और नेचुरल गैस के व्यापार के लिए सहयोग हो रहा है और भारत ब्लाडीबोस्टक में तेल और गैस के उत्खनन के लिए निवेश भी कर रहा है।

ऊर्जा सुरक्षा (Energy Security)

भारतीय अर्थव्यवस्था, विश्व की बड़ी अर्थव्यवस्थाओं में सबसे तेजी से बढ़ती हुई अर्थव्यवस्था है तथा इस आर्थिक वृद्धि दर को बनाए रखने के लिए भारत को बड़ी मात्रा में ऊर्जा की आवश्यकता है, क्योंकि भारत, मूलतः तेल आयात पर निर्भर राष्ट्र है।

वर्तमान में रूस ऊर्जा सुपर पावर के रूप में उभर रहा है। वर्तमान में भारत एवं रूस संबंधों को व्यक्त करते हुए भारत के पूर्व पेट्रोलियम मंत्री ने कहा कि विगत् 50 वर्षों में रूस ने भारत की क्षेत्रीय अखंडता के निर्माण में योगदान दिया तथा आने वाले वर्षों में रूस, भारत की ऊर्जा सुरक्षा में सहायक होगा। पश्चिमी एशियाई क्षेत्रों में अस्थिरता व्याप्त है। इसलिए भारत एवं रूस के मध्य बेहतर संबंध मध्य एशियाई देशों से भी तेल और गैस प्राप्त करने में सहायक होंगे। वर्तमान में भारत और अमेरिका के बीच रक्षा संबंध तीव्र गति से बढ़ रहे हैं और भारत के लिए रक्षा सामग्री की आपूर्ति करने वाला तीसरा सबसे बड़ा देश अमेरिका बन गया है। भारत अभी भी रूस के रक्षा हथियारों के आयात पर निर्भर है, परंतु भविष्य में रक्षा संबंध परिवर्तित होने की संभावना है और ऊर्जा संबंधों को बेहतर बनाने की असीम संभावनाएं हैं, जो भविष्य में भारत-रूस संबंधों का मूल आधार हो सकता है।

भारत के लिए सबसे बड़े हथियार निर्यात करने वाले देश (SIPRI रिपोर्ट 2025)

क्रम सं.	देश	प्रतिशत
1.	रूस	36 प्रतिशत
2.	फ्रांस	21 प्रतिशत
3.	संयुक्त राज्य अमेरिका	14 प्रतिशत

विश्व के सबसे बड़े हथियार निर्यातक देश (SIPRI रिपोर्ट 2025)

क्रम सं.	देश
1.	संयुक्त राज्य अमेरिका
2.	फ्रांस
3.	रूस
4.	चीन
5.	जर्मनी

विश्व के सबसे बड़े हथियार आयातक देश (SIPRI रिपोर्ट 2025)

क्रम सं.	देश
1.	यूक्रेन
2.	भारत
3.	कतर
4.	सऊदी अरब
5.	पाकिस्तान

लोगों के बीच का संबंध (People to People Contact)

भारत एवं पूर्व सोवियत संघ के मध्य राजनीतिक, सामरिक एवं सांस्कृतिक संबंध भी अत्यधिक मधुर थे। सांस्कृतिक संबंधों को और बेहतर करने के लिए अनेक उपाय अपनाए गए हैं। मॉस्को में भारतीय दूतावास में पंडित जवाहरलाल नेहरू द्वारा सांस्कृतिक केंद्र की स्थापना की गई, जिसके द्वारा रूस की सभी संस्थाओं के साथ संबंध स्थापित किए गए हैं। मॉस्को में स्थित दर्शनशास्त्र संस्थान में भारतीय दर्शन के अध्ययन हेतु महात्मा गांधी पीठ स्थापित की गई। रूस में लगभग 20 संस्थाओं में 1,500 रूसी विद्यार्थियों को हिंदी की शिक्षा दी जाती है तथा रूसी लोगों में भारतीय नृत्य, संगीत, योग और आयुर्वेद के प्रति अत्यधिक रुचि है। 2011 में रवींद्रनाथ टैगोर की 150वीं जयंती के अवसर पर रूस में भारतीय संस्कृति का उत्सव तथा वर्ष 2012 में भारत में रूसी संस्कृति का उत्सव मनाया गया, क्योंकि वर्ष 2012 में भारत एवं रूस के कूटनीतिक संबंधों की स्थापना के 65 वर्ष पूरे हो गए। रूस में भारतीय मूल के लगभग 15,000 लोग निवास करते हैं तथा लगभग 60,000 भारतीय विद्यार्थी रूस के मेडिकल एवं तकनीकी संस्थाओं में अध्ययन कर रहे हैं।

कश्मीर मुद्दा

पूर्व-सोवियत संघ ने कश्मीर मुद्दे पर भारत का सदैव समर्थन किया तथा कश्मीर को भारत का अभिन्न अंग माना। सुरक्षा परिषद में कश्मीर मुद्दे पर सोवियत संघ ने भारत के पक्ष में वीटो किया और शीत युद्धोत्तर विश्व में रूस ने भी इसी परंपरागत नीति का पालन किया। रूस ने कश्मीर में प्रायोजित सीमापार आतंकवाद का विरोध किया तथा वर्ष 1999 में कारगिल मुद्दे पर भारत का स्पष्ट समर्थन किया। रूस ने कभी भी पाकिस्तान में चीन द्वारा भारत को प्रतिसंतुलित करने का समर्थन नहीं किया तथा आज भी दक्षिण एशिया में भारत को रूस सर्वाधिक महत्त्व प्रदान करता है। भारत द्वारा कश्मीर से अनुच्छेद 370 की समाप्ति को रूस ने भारत का आंतरिक मामला कहा, जिससे स्पष्ट है कि अनेक वैश्विक परिवर्तनों के बावजूद भारत-रूस के संबंध प्रगाढ़ बने हुए हैं।

आतंकवाद (Terrorism)

भारत एवं रूस दोनों देश आतंकवाद से ग्रस्त हैं। रूस में रूसी मूल के लोगों का बहुमत है, परंतु रूस के एक स्वायत्त क्षेत्र चेचेन्या में मुस्लिम जनसंख्या बहुमत में है। इसलिए चेचेन्या द्वारा रूस से अलगाव की मांग की जा रही है। रूस में चेचेन्या का क्षेत्र आतंकवाद से प्रभावित है तथा रूस के अनुसार, कश्मीर में आतंकवाद सीमापार से प्रायोजित है। सितंबर, 2001 के पश्चात् भारत और रूस ने आतंकवाद को रोकने के लिए आपस में समझौता किया। 26 नवंबर, 2008 को मुंबई आतंकवादी हमले की रूस ने कड़ी निंदा की तथा रूस ने आतंकवाद से निपटने के लिए प्रयोग किए जा रहे दोहरे मानदंडों का विरोध किया। रूस और भारत दोनों अफगानिस्तान में आतंकवाद को समाप्त करने के लिए परस्पर सहयोग कर रहे हैं। अफगानिस्तान में उभरने वाला आतंकवाद रूस के चेचेन्या तथा भारत के कश्मीर को प्रभावित करता है। यही कारण है कि सीमापार आतंकवाद के मुद्दे पर भी रूस ने हमेशा ही भारत का समर्थन किया है।

परमाणु मुद्दा (Nuclear Issues)

वर्ष 1974 के बाद भारत और रूस के बीच परमाणु क्षेत्र में उल्लेखनीय सहयोग हुआ। वर्ष 1974 के परमाणु परीक्षण के बाद सभी पश्चिमी देशों ने भारत के परमाणु कार्यक्रम पर प्रतिबंध लगा दिया था। इसके बाद भी सोवियत संघ द्वारा भारत को परमाणु ऊर्जा के विकास में सहायता प्रदान की गई। लेकिन वर्ष 1991 के बाद रूस द्वारा परमाणु क्षेत्र में भारत का एकतरफा समर्थन नहीं किया गया। शीत युद्धोत्तर विश्व में परमाणु अप्रसार के मुद्दे पर रूस, अमेरिकी दृष्टिकोण का समर्थन करने लगा तथा रूस ने भी भारत पर एन.पी.टी. पर हस्ताक्षर करने के लिए दबाव बनाया। रूस ने भारत को क्रायोजेनिक इंजन (cryogenic engine) देने से इनकार कर दिया। वर्ष 1995 के बाद जब रूसी अर्थव्यवस्था सुदृढ़ हुई, तो रूस ने परमाणु अप्रसार के मुद्दे को वैश्विक मानते हुए इसे भारत के साथ संबंधों में बाधा नहीं बनने दिया (यह समझौता भारत और रूस के बीच वर्ष 1988 में हुआ)। इस समझौते का कई पश्चिमी देशों ने विरोध किया और उनके अनुसार, रूस इसके द्वारा एन.एस.जी. (NSG) के प्रावधानों का उल्लंघन कर रहा है। वर्ष 1998 के भारत के परमाणु परीक्षण की आलोचना रूस ने भी की, परंतु रूस ने भारत पर कड़े आर्थिक प्रतिबंध लगाने का समर्थन नहीं किया। भारत एवं अमेरिका सिविल परमाणु समझौते के पश्चात् रूस एवं भारत के मध्य परमाणु ऊर्जा के क्षेत्र में सहयोग की संभावनाएं और व्यापक हो गई हैं।

सिविल परमाणु क्षेत्र में सहयोग

भारत में रूस के सहयोग से 'कुडनकुलम् परियोजना' का निर्माण किया गया तथा रूस के सहयोग से भविष्य में भारत के पूर्वी तटीय क्षेत्रों में छह नए रिएक्टर स्थापित करने पर भी विचार किया जा रहा है। रूस, भारत को परमाणु ईंधन देने वाला एक प्रमुख राष्ट्र है। रूस द्वारा परमाणु उत्तरदायी विधेयक के संबंध में कुछ असहमति व्यक्त की गई, जिसे भारत ने सुलझाने का प्रयत्न किया। रूस के अनुसार, परमाणु दुर्घटना की स्थिति में रिएक्टर देने वाला देश उत्तरदायी नहीं होगा। वर्ष 2015 में परमाणु उत्तरदायी विधेयक से संबंधित विवाद समाप्त हो गया, क्योंकि भारत द्वारा दुर्घटना के बाद मुआवजा देने के लिए बीमा पूल के निर्माण की घोषणा की गई है।

वर्ष 2017 से एनएसजी में भारत की सदस्यता का अमेरिका, जर्मनी, फ्रांस, जापान जैसी महाशक्तियों द्वारा समर्थन किया जा रहा है। जबकि चीन का तर्क है कि एनएसजी की सदस्यता के लिए जिन देशों ने परमाणु अप्रसार संधि (NPT) पर हस्ताक्षर नहीं किए हैं, उनकी सदस्यता के लिए पृथक मानदंड का निर्धारण होना चाहिए जिसके द्वारा चीन परोक्ष रूप में पाकिस्तान की सदस्यता का समर्थन कर रहा है, जबकि रूस ने चीन के इस दृष्टिकोण का समर्थन नहीं किया है। रूस का मानना है कि एनएसजी की सदस्यता के भारत के मुद्दे को पाकिस्तान के साथ जोड़ने की आवश्यकता नहीं है। अतः रूस ने भारत की एनएसजी सदस्यता का समर्थन किया है।

क्षेत्रीय मुद्दे (Regional issues)

रूस एवं चीन के मध्य अत्यधिक मधुर एवं मित्रतापूर्ण संबंधों का विकास हो रहा है। इसके कारण अधिकांश क्षेत्रीय एवं वैश्विक मुद्दों पर रूस एवं चीन के दृष्टिकोण साझे हैं। परंतु भारत एवं रूस के बीच अनेक क्षेत्रीय मुद्दों पर पृथक दृष्टिकोण देखे जा सकते हैं। दक्षिण चीन सागर के मुद्दे पर रूस चीन का समर्थक है। भारत नौवहन की स्वतंत्रता का समर्थन करता है। अफगानिस्तान में भारत द्वारा तालिबानियों का समर्थन नहीं किया जाता जबकि रूस का मानना है कि अफगानिस्तान में तालिबान के बजाय आईएसआईएस मुख्य खतरा है। इसके बावजूद सीरिया एवं फिलिस्तीन पर दोनों के दृष्टिकोण समान हैं।

शंघाई सहयोग संगठन (SCO)

सोवियत संघ के विघटन के बाद मध्य एशियाई राज्यों के साथ भी भारत के संबंध बेहतर हो चुके हैं। ताजिकिस्तान में भारत ने एक वायु सैनिक अड्डे के निर्माण का प्रस्ताव किया है। मध्य एशियाई देशों में प्राकृतिक गैस और तेल का विशाल भंडार भी पाया जाता है तथा इस क्षेत्र में प्रवेश के लिए रूस एक महत्त्वपूर्ण माध्यम है। रूस, चीन और मध्य एशियाई राज्यों द्वारा इस क्षेत्र में आतंकवाद, पृथकतावाद और कट्टरवाद का मुकाबला करने के लिए 'शंघाई सहयोग परिषद' की स्थापना की गई। वर्तमान में भारत भी इस संगठन का सदस्य बन गया है। इसलिए भारत और रूस के मध्य इस क्षेत्र में सहयोग अत्यधिक महत्त्वपूर्ण है। मध्य एशिया में भारत-कजाकिस्तान और भारत-ताजिकिस्तान के मध्य सामरिक संबंध हैं। ताजिकिस्तान में भारत का सैनिक अड्डा भी है और ताजिकिस्तान के साथ गैस पाइप लाइन बिछाने का प्रस्ताव भी है।

ब्रिक्स (BRICS)

ब्रिक्स द्वारा भारत, ब्राजील, रूस, चीन एवं दक्षिण अफ्रीका के बीच आर्थिक एवं वैश्विक मुद्दों पर बहुपक्षीय सहयोग की बात की गई। 2023 में 15वें ब्रिक्स सम्मेलन में मिस्र, ईरान, संयुक्त अरब अमीरात, सऊदी अरब एवं इथियोपिया को ब्रिक्स का स्थायी सदस्य बनाने का निर्णय लिया गया। ये 1 जनवरी, 2024 से ब्रिक्स में शामिल हो गए। हालांकि सऊदी अरब अभी औपचारिक रूप से इसका सदस्य नहीं बना है। जनवरी, 2025 में इंडोनेशिया भी ब्रिक्स का पूर्ण सदस्य बन गया है। ब्रिक्स विकास बैंक द्वारा विकासशील देशों में आधारभूत संरचना के विकास के लिए आर्थिक सहायता दी जा रही है। इससे वैश्विक अर्थव्यवस्था में अमेरिका के प्रभुत्व को भी नियंत्रित करने में सहायता प्राप्त होगी।

महाशक्ति की आकांक्षा (Assertive Policy)

रूसी राष्ट्रपति व्लादीमीर पुतिन पांचवीं बार राष्ट्रपति के रूप में निर्वाचित हुए हैं। इन्होंने रूस में निर्वाचन के दौरान यह कहा कि वे पश्चिमी देशों के मूल्यों को स्वीकार नहीं करेंगे। इसीलिए रूस एवं अमेरिका के बीच टकराव बढ़ रहा है तथा क्षेत्रीय एवं वैश्विक मुद्दों पर भी रूस स्वतंत्र दृष्टिकोण अपना रहा है। सीरिया में बशर अल-असद को सत्ता से हटाने के अमेरिकी प्रयासों का जोरदार विरोध किया गया। रूस द्वारा यूक्रेन पर आक्रमण करके क्रीमिया पर नियंत्रण स्थापित करना भी रूस की आक्रामक विदेश नीति का परिचायक है। रूस एवं अमेरिका के बीच टकराव को स्थायी मानना ठीक नहीं है। जून, 2018 में कनाडा में आयोजित G-7 की बैठक में अमेरिकी राष्ट्रपति ट्रम्प ने रूस को आमंत्रित

करने की पहल की, क्योंकि अमेरिका की चुनौती चीन से है, रूस उसके लिए समस्या नहीं है।

वैश्विक मुद्दे (Global Issues)

भारत और रूस दोनों का अंतर्राष्ट्रीय दृष्टिकोण समान है। बहुध्रुवीय विश्व व्यवस्था का समर्थन दोनों राज्य करते हैं। सुरक्षा परिषद का लोकतांत्रिकरण एवं भारत की सदस्यता का समर्थन रूस द्वारा सदैव किया गया। दोनों देशों ने मानवाधिकारों के आधार पर किसी भी राज्य के आंतरिक मामले में हस्तक्षेप का विरोध किया है। आतंकवाद एवं नशीले पदार्थों के व्यापार को प्रतिबंधित करने के लिए संयुक्त राष्ट्र संघ को मजबूत या महत्त्वपूर्ण बनाने का समर्थन किया जाता है। इनके अनुसार, आतंकवाद को किसी भी आधार पर औचित्यपूर्ण नहीं ठहराया जा सकता और पर्यावरणीय समस्या के समाधान के संदर्भ में दोनों यह मानते हैं कि समस्या का समाधान साझा लेकिन उत्तरदायित्व अलग-अलग होना चाहिए।

भविष्य में भारत एवं रूस के मध्य संबंधों के बेहतर होने की संभावना है, क्योंकि दोनों देशों के मध्य ऊर्जा और रक्षा सहयोग बने रहेंगे तथा क्षेत्रीय एवं वैश्विक मामलों पर दोनों देशों के मध्य के साझा दृष्टिकोण बेहतर संबंधों की आधारशिला रखते हैं।

भविष्य की चुनौती

शीत युद्धकालीन विश्व में भारत अपने निर्यात का 20 प्रतिशत हिस्सा केवल सोवियत संघ को करता था, परंतु शीत युद्धोत्तर विश्व में भारत एवं रूस के मध्य द्विपक्षीय व्यापारिक संबंध आशानुरूप नहीं हैं। भारत एवं रूस के बीच सामरिक संबंध पहले से ही सुदृढ़ बने हुए हैं, लेकिन द्विपक्षीय व्यापार, लगभग 65 बिलियन डॉलर है। दोनों देशों के बीच के व्यापार आज भी सरकारी व्यापार तक ही सीमित हैं और भारत की निजी कंपनियां रूस के साथ व्यापार को प्राथमिकता नहीं दे रही हैं। यह द्विपक्षीय व्यापार भारत एवं चीन, भारत एवं अमेरिका और भारत एवं आसियान की तुलना में काफी कम है। रूस कच्चे हीरे का प्रमुख उत्पादक देश है, जबकि भारत द्वारा कटे हुए हीरों का बड़ी मात्रा में निर्यात किया जाता है। इसके अतिरिक्त भारत द्वारा ऊर्जा आपूर्ति बनाए रखने के लिए रूस से गैस पाइप लाइन के समझौते पर भी विचार किया जा रहा है। विचारकों के अनुसार, दोनों देशों के मध्य प्रभावी व्यापारिक संबंध के अभाव के निम्नलिखित कारण हैं-

- भारतीय व्यापारी रूस के प्रति अनिच्छुक दृष्टिकोण रखते हैं तथा वे दक्षिण-पूर्वी एशिया, यूरोप, अफ्रीका तथा लैटिन अमेरिकी देशों को प्राथमिकता दे रहे हैं।
- रूसी भाषा और वहां के कानूनों की भी जानकारी का अभाव है।
- रूसी अर्थव्यवस्था अभी भी तेल और गैस पर निर्भर है और गतिशीलता का अभाव है।
- वर्तमान आर्थिक संकट के युग में रूसी अर्थव्यवस्था ज्यादा संकटग्रस्त हुई है , क्योंकि आर्थिक मंदी के परिणामस्वरूप तेल और गैस की कीमतों में कमी हुई।
- रूसी व्यापारी यूरोपीय देशों के साथ व्यापार को प्राथमिकता देते हैं, क्योंकि रूसी तेल और गैस के मूल आयातक देश यूरोपीय हैं।
- रूसी अर्थव्यवस्था में अभी भी पर्याप्त आर्थिक सुधार नहीं है और भारत ने रूस को बाजारवादी अर्थव्यवस्था का दर्जा दिया है। इसके बावजूद भारत में निजी क्षेत्र रूस के साथ व्यापारिक गतिविधियों में ज्यादा दिलचस्पी नहीं लेते।
- वर्तमान में अमेरिका और यूरोपीय देशों द्वारा रूस पर आर्थिक प्रतिबंध लगाए गए हैं, इसलिए भारत-रूस व्यापारिक संबंधों में वृद्धि की संभावना है। यह भी उल्लेखनीय है भारत द्वारा ईरान से रूस के बीच International transportation corridor between north and south के निर्माण पर बल दिया जा रहा है, जिससे भारत और रूस के बीच की भौगोलिक दूरी कम होगी और व्यापार बढ़ेगा।

रूस-चीन सामरिक संबंध

भारत एवं रूस के मध्य सामरिक संबंध प्रगाढ़ और मित्रतापूर्ण हैं। परंतु दोनों देशों के संबंधों का आधार अब पारस्परिक और यथार्थवादी है तथा राष्ट्रीय हितों से पूर्णतया प्रेरित हैं, क्योंकि भारत एवं रूस के मधुर संबंधों के बावजूद अब भारत केवल रूसी हथियारों पर ही निर्भर नहीं है, बल्कि अमेरिका और इजरायल से भी हथियारों की खरीद कर रहा है। किसी भी देश के लिए हथियारों की आपूर्ति के लिए एक ही स्रोत पर निर्भर होना राष्ट्रीय हितों के अनुकूल नहीं है। इसलिए भारतीय विदेश नीति में भी

यथार्थवाद प्रभावी है। विचारकों के अनुसार, अमेरिका का मूल उद्देश्य भारतीय हथियारों के बाजार से रूस को बाहर करना है। अब अमेरिका ने भी प्रस्ताव किया है कि वह भारत के साथ हथियारों के संयुक्त अनुसंधान और विकास हेतु समझौता करने का इच्छुक है।

दूसरी ओर, रूसी विदेश नीति में भी यथार्थवाद प्रभावी है तथा व्लादिमीर पुतिन के सत्ता में आने के पश्चात् रूसी अर्थव्यवस्था का तीव्र गति से विकास हुआ। रूस ने 'गोर्शकोव' नामक युद्धक जलपोत की कीमत 1.5 बिलियन डॉलर बढ़ाने का निर्णय लिया। यह बिंदु ध्यान देने योग्य है कि 'गोर्शकोव' का समझौता भारत ने उस समय किया था, जब रूसी अर्थव्यवस्था अत्यंत संकटग्रस्त थी। वर्ष 2000 के बाद रूस और चीन के बीच आर्थिक और सामरिक संबंधों में तीव्र वृद्धि हुई और चीन, रूस का सबसे प्रभावी सामरिक सहयोगी बन गया। चीन द्वारा रूस से हथियारों का आयात किया गया तथा चीन, विश्व में तेल और गैस आयात करने वाले सबसे बड़े देशों में से एक है और रूसी अर्थव्यवस्था तेल एवं गैस के निर्यात पर निर्भर है। दोनों देशों के बीच तेल पाइप लाइन बिछाने का समझौता किया गया है। रूस द्वारा चीन को वे हथियार प्रदान किए जा रहे हैं, जो पहले केवल भारत को ही प्रदान किए जाते थे। चीन इन हथियारों को पाकिस्तान को प्रदान करता है। एक उल्लेखनीय प्रगति के अंतर्गत वर्ष 2015 में रूस द्वारा पाकिस्तान को भी सैनिक सहायता देने का संकेत दिया गया। इसलिए भारत-रूस संबंधों पर इसका प्रभाव स्वाभाविक है। परंतु भारत द्वारा भी अमेरिका के साथ सामरिक संबंधों पर महत्त्वपूर्ण रूप से बल दिया जा रहा है। वर्तमान में भारत के लिए हथियारों का निर्यात करने वाला तीसरा सबसे बड़ा देश अमेरिका बन गया और इन परिवर्तनों के बावजूद भारत एवं रूस के मध्य अभी भी संबंध मित्रतापूर्ण और मधुर हैं, परंतु विचारधारा या भावना के बजाय, अब यथार्थ एवं व्यावहारिकता प्रभावी है।

भारत-रूस और अमेरिका

भारत रूस संबंध आज भी सदाबहार और मित्रतापूर्ण हैं, और रूस का फिलहाल भारत के लिए कोई विकल्प नहीं है और भारतीय सेनाओं की लगभग 60 प्रतिशत सैन्य सामग्री की आपूर्ति रूस द्वारा होती है और सुखोई, आई.एन.एस. अरिहंत, आई.एन.एस. विक्रमादित्य रूस द्वारा प्रदान की गई अत्यधिक महत्त्वपूर्ण और संवेदनशील सैन्य सामग्री है।

भारत और रूस के बीच ब्रह्मोस प्रक्षेपास्त्र का साझा उत्पादन हो रहा है। भारत को रूस से S-400 मिसाइल रक्षा प्रणाली भी प्राप्त हो गई। पांचवीं पीढ़ी के युद्धक विमान के मुद्दे पर भी वार्ता हो रही है और वर्तमान में सामरिक सहभागिता की नीति के अंतर्गत रक्षा सहयोग में निजी क्षेत्रों की सहभागिता से रक्षा संबंध और प्रगाढ़ होंगे। अमेरिका और पश्चिमी देशों द्वारा रूस को जी-8 से निलंबित कर दिया गया है। पश्चिमी देशों ने रूस के ऊपर भारी प्रतिबंध आरोपित कर दिए हैं और अमेरिका, भारत से यह अपेक्षा करता है कि भारत भी रूस के साथ व्यापारिक संबंधों को स्थगित करे। परंतु भारत-रूस के व्यापारिक और रक्षा संबंध आगे बढ़ रहे हैं। अतः भारतीय सरकार के लिए भारत-रूस संबंध महत्त्वपूर्ण चुनौती बने हुए हैं, क्योंकि अमेरिका, भारत के लिए अत्यधिक महत्त्वपूर्ण है तथा रूस की अनदेखी करना संभव नहीं है। भारत दोनों के साथ समानांतर संबंधों के विकास का प्रयत्न कर रहा है। अमेरिका को यह समझना होगा कि अमेरिका के राष्ट्रीय हितों को चुनौती चीन से मिलती है, रूस से नहीं। वर्तमान में भारत का सर्वाधिक निकट सामरिक साझेदार संयुक्त राज्य अमेरिका बन चुका है। इस समय भारत के अमेरिका के साथ सबसे बड़ी संख्या में सैनिक अभ्यास आयोजित हो रहे हैं। अमेरिका, भारत और जापान के बीच मालाबार सैनिक अभ्यास का आयोजन एवं अमेरिका, भारत, जापान और ऑस्ट्रेलिया के बीच सामरिक सहयोग के चतुष्कोण (Quadilateral) से यह प्रतीत होता है कि भारत, अमेरिका और जापान के बीच अत्यधिक निकट सामरिक संबंध का विकास हो चुका है। यह भी उल्लेखनीय है कि अमेरिका और जापान के सामरिक संबंध चीन के साथ नहीं हैं।

रूस-अमेरिका के बीच टकराव

रूस और अमेरिका के बीच तनाव शीतयुद्ध की भांति बने हुए हैं, यद्यपि रूस विश्व व्यवस्था को क्षतिग्रस्त करने की स्थिति में नहीं है, परंतु रूस-चीन सहयोग से अमेरिका के लिए बड़ी चुनौती उत्पन्न हो जाती है। दोनों के बीच यूक्रेन मुद्दे को लेकर विवाद कायम है और अमेरिका का यह मानना है कि रूस ने बल प्रयोग द्वारा क्रीमिया को हड़प लिया। अमेरिका का मानना है कि रूस द्वारा लोकतंत्र के विरुद्ध कार्य किया जा रहा है और रूसी राष्ट्रपति व्लादिमिर पुतिन ने रूस के विपक्षी दल के नेता को जेल में बंद कर रखा है। इसके अतिरिक्त रूस अपने पड़ोसी देशों में गैर-लोकतांत्रिक

शासकों का समर्थक भी है। रूसी राष्ट्रपति पुतिन चीन की भांति आजीवन राष्ट्रपति बने रहना चाहते हैं। 2021 के एक संविधान संशोधन में यह प्रावधान किया गया है कि कि पुतिन 2036 तक राष्ट्रपति बने रहेंगे। यह उदारवादी लोकतांत्रिक मूल्यों के लिए एक बड़ी चुनौती बन रही है। रूस पर यह भी आरोप है कि उसने अमेरिका में होने वाले चुनाव में भी साइबर हमले द्वारा दखल देने का प्रयास किया।

भारत-रूस एवं चीन

भारत-रूस के मध्य परंपरागत एवं मित्रतापूर्ण संबंध रहे हैं और शीत युद्ध में विश्व में भारत-रूस सामरिक संबंधों द्वारा भारत ने अमेरिका, चीन एवं पाकिस्तान को प्रतिसंतुलित किया। वर्ष 1960 से लेकर वर्ष 1990 के बीच रूस और चीन के बीच संबंध अत्यधिक कटु थे। परंतु शीत युद्ध की समाप्ति के बाद रूस एवं चीन के बीच प्रभावी सामरिक संबंधों का विकास हुआ है। विशेष तौर पर वर्ष 2000 के बाद रूस एवं चीन के बीच सामरिक संबंध अत्यधिक मधुर हो चुके हैं। रूस द्वारा चीन को वे हथियार प्रदान किए जा रहे हैं, जो पहले रूस केवल भारत को प्रदान करता था। इसके अतिरिक्त, रूस द्वारा प्रदान किए गए हथियार चीन के माध्यम से पाकिस्तान को भी प्राप्त हो रहे हैं। वर्तमान में रूस, पाकिस्तान से भी सैनिक संबंध बनाने की पहल कर रहा है। इससे रूस और भारत के परंपरागत संबंध प्रभावित होंगे। समकालीन युग में रूस का सबसे बड़ा सामरिक भागीदार चीन बन चुका है। दोनों के बीच लगभग 245 बिलियन डॉलर का द्विपक्षीय व्यापार है। चीन तेल और गैस का बड़ा आयातक देश है। जबकि रूस की अर्थव्यवस्था तेल और गैस के निर्यात पर निर्भर है। रूस और चीन के बीच 400 बिलियन डॉलर की गैस पाइप लाइन का भी समझौता हुआ है।

रूस एवं पाकिस्तान

अमेरिका द्वारा रूस पर कड़े आर्थिक प्रतिबंध आरोपित किए गए हैं। इसलिए रूस का झुकाव चीन की ओर हो रहा है और रूस द्वारा चीन को वह सैनिक सामग्री भी प्रदान की जाती है जो पहले भारत को दी जाती थी और वर्ष 2017 में पहली बार रूस द्वारा पाकिस्तान को भी सैन्य हैलीकॉप्टर प्रदान किए गए। पठानकोट आतंकवादी हमले के बाद भारत द्वारा पाकिस्तान को अलग-थलग करने का प्रयास किया गया। उस समय रूस ने पाकिस्तान के साथ सैन्य अभ्यास किया। यह उल्लेखीय है कि भारत की सुरक्षा के लिए सबसे गंभीर खतरा चीन और पाकिस्तान से है। रूस और चीन के बीच बढ़ते सामरिक संबंध से पाकिस्तान को भी लाभ प्राप्त हो रहा है। क्योंकि चीन पाकिस्तान को हथियार आपूर्ति करने वाला सबसे बड़ा देश बन गया है।

यह बिंदु भी उल्लेखनीय है कि रूस, चीन को हथियार प्रदान कर रहा है, तो भारत द्वारा अमेरिका, फ्रांस और इजरायल से भी भारी मात्रा में हथियार खरीदे जा रहे हैं। इसलिए वर्तमान संबंध यथार्थ और राष्ट्रीय हितों पर आधारित हैं। इन मतभेदों के बावजूद भारत-रूस के संबंध सदाबहार और मित्रतापूर्ण बने रहेंगे और रक्षा आपूर्ति के अलावा रूस, भारत के लिए ऊर्जा आपूर्ति का भी बहुत बड़ा स्रोत बनकर उभर रहा है।

यहां पर यह उल्लेखनीय है कि भारत के विदेश मंत्री एस. जयशंकर द्वारा जुलाई 2021 में जॉर्जिया की यात्रा की गई। यह किसी भारतीय विदेश मंत्री द्वारा की गई जॉर्जिया की पहली यात्रा है। जॉर्जिया एवं रूस के संबंध प्रतिकूल हैं। उल्लेखनीय है कि रूसी विदेश मंत्री ने अप्रैल 2021 में भारत की यात्रा की। और भारत की यात्रा के पश्चात् वे पाकिस्तान की यात्रा पर भी गए। स्पष्ट है कि भारत और रूस के मध्य अब प्रैगमैटिक द्विपक्षीय संबंधों का विकास हो रहा है।

यूक्रेन संकट

सोवियत संघ के विघटन के बाद सोवियत संघ में सम्मिलित पूर्व राज्यों में अभी भी रूसी मूल के लोग निवास करते हैं। रूस में आंतरिक रूप में भी नृजातीय संघर्ष बना हुआ है तथा रूस और अन्य राज्यों के बीच नृजातीय संघर्ष कायम हैं। इसी के परिणामस्वरूप रूस और जॉर्जिया के बीच हिंसक झड़पें हुईं तथा वर्तमान में रूस और यूक्रेन के बीच संघर्ष बना हुआ है। यूक्रेन के पूर्व राष्ट्रपति यूनाकोविच द्वारा रूस के साथ बेहतर संबंध बनाने की रणनीति अपनाई गई, जबकि यूक्रेन के लोग पश्चिमी देशों के साथ बेहतर संबंध बनाने के समर्थक थे। यूक्रेन के लोगों द्वारा यूक्रेन के राष्ट्रपति को सत्ता से हटा दिया गया एवं उन्होंने रूस में जाकर शरण ली। परिणामस्वरूप रूस द्वारा क्रीमिया में सैनिक हस्तक्षेप किया गया। मार्च, 2014 में यूक्रेन के क्रीमिया क्षेत्र पर रूस द्वारा नियंत्रण कर लिया गया और रूसी सेना की उपस्थिति में क्रीमिया में जनमत संग्रह करा लिया गया। क्रीमिया में रूसी मूल के लोग अभी भी बहुमत में हैं। उल्लेखनीय है कि वर्ष 1954 में

रूस द्वारा क्रीमिया को यूक्रेन को सौंप दिया गया था। वर्तमान में रूसी सैनिकों द्वारा क्रीमिया पर नियंत्रण के साथ-साथ पूर्वी यूक्रेन पर भी नियंत्रण कर लिया गया और रूसी सेनाओं द्वारा पूर्वी यूक्रेन में यूक्रेन विद्रोहियों का समर्थन किया गया। रूस द्वारा यूक्रेन में सेनाओं का भेजना यूक्रेन की संप्रभुता के विरुद्ध है।

रूस के अनुसार, यूक्रेन के पूर्व राष्ट्रपति यूनाकोविच को जानबूझकर सत्ता से बेदखल कर दिया गया और पश्चिमी देश यूक्रेन पर अपना प्रभाव बढ़ाने का प्रयत्न कर रहे थे, क्योंकि यूनाकोविच रूस के साथ संबंधों को प्रगाढ़ करने पर बल दे रहे थे। रूस के अनुसार, क्रीमिया का जनमत संग्रह वैधानिक व लोकतांत्रिक है। रूस ने यूरोपीय देशों से आयातित वस्तुओं पर प्रतिबंध लगा दिया। रूस द्वारा चीन के साथ 400 बिलियन डॉलर की गैस पाइप लाइन का समझौता किया गया तथा रूस ने चीन के साथ युआन व रूबल में व्यापार का समझौता किया। रूस के अनुसार, पश्चिमी देशों ने सर्बिया से कोसोवो के अलगाव का समर्थन किया था, क्योंकि कोसोवो में जनमत संग्रह आयोजित किया गया था। इसलिए यूक्रेन का जनमत संग्रह भी वास्तविक है।

पश्चिमी देशों ने क्रीमिया में कराए गए जनमत संग्रह को अवैधानिक माना। सुरक्षा परिषद के प्रस्ताव में सभी पश्चिमी देशों ने रूस का विरोध किया तथा रूसी सेनाओं की यूक्रेन में तैनाती का विरोध किया। रूस और पश्चिमी देशों के बीच अत्यधिक तनावपूर्ण संबंध हो गए हैं तथा रूस को जी-8 से निलंबित कर दिया गया है।

चीन का दृष्टिकोण

चीन, सुरक्षा परिषद के मतदान में अनुपस्थित रहा। चीन ने न तो रूस का विरोध किया और न ही क्रीमिया में जनमत संग्रह कराने का समर्थन किया। चीन और रूस के बीच 400 बिलियन डॉलर की गैस पाइप लाइन का समझौता हुआ है। इसलिए रूस पर लागू प्रतिबंध का प्रभाव कम हो जाता है।

भारत का दृष्टिकोण

भारत द्वारा मध्यममार्गी विदेश नीति अपनाई गई। भारत व रूस के बीच के संबंध अत्यधिक महत्त्वपूर्ण व मित्रतापूर्ण हैं। इसलिए भारत ने रूस का विरोध नहीं किया तथा भारत ने यूक्रेन की एकता व अखंडता का तथा समस्या के शांतिपूर्ण समाधान का समर्थन किया। यद्यपि यूक्रेन संकट के बाद भारत-रूस संबंधों में चुनौती उत्पन्न हुई है, क्योंकि भारत के संबंध अमेरिका एवं पश्चिमी देशों के साथ मित्रतापूर्ण एवं मधुर हैं। जबकि भारत-रूस संबंधों का प्रभाव भारत-अमेरिकी संबंधों पर पड़ रहा है, क्योंकि भारत-रूस व्यापारिक संबंधों से अमेरिका के आर्थिक प्रतिबंध का प्रभाव कम होता है।

यूक्रेन संकट एवं भारत

यूक्रेन संकट अमेरिका एवं रूस के बीच चलने वाले शक्ति संघर्ष का नया मैदान बन गया है, जिससे नए शीत युद्ध के उत्पन्न होने की भी संभावना है। यह यूक्रेन संकट भारतीय हितों को भी प्रभावित कर रहा है, जिसके उदाहरण निम्नलिखित हैं-

- रूस द्वारा की जाने वाली सैन्य आपूर्ति में विलंब।
- भारत पर अमेरिका का दबाव कि वह रूस के साथ व्यापार न करे और रूस से तेल का आयात भी न करे।
- भारत के लिए रूस और अमेरिका दोनों के साथ संबंध बेहतर बनाने में चुनौती उत्पन्न हो रही है।
- यूक्रेन संघर्ष से रूस और चीन में नजदीकियां बढ़ रही हैं, जो भारत के लिए चुनौतीपूर्ण हैं।
- यूक्रेन संघर्ष के कारण यदि अमेरिका कमजोर होता है, तो भारत के लिए एक नई चुनौती उत्पन्न होगी, क्योंकि चीन के शक्तिशाली होने से भारत के लिए चुनौतियां बढ़ेंगी और सीमा विवाद जैसी समस्याएं चुनौतीपूर्ण बनेंगी।

हालांकि भारत रूस और यूक्रेन दोनों के साथ संवाद के माध्यम से इस क्षेत्र में शांति बनाने का प्रयास कर रहा है।

निष्कर्ष

भारत-रूस संबंध अत्यधिक मित्रतापूर्ण हैं। ये संबंध टाइमटेस्टेड हैं। अनेक क्षेत्रीय एवं वैश्विक परिवर्तनों के बावजूद भारत-रूस संबंधों का आज भी कोई विकल्प नहीं है। दोनों के संबंधों में गहरा विश्वास विद्यमान है एवं हितों में टकराव अनुपस्थित है। भारत-रूस एक-दूसरे के विश्वसनीय सहयोगी हैं।

अध्याय

भारत-जापान

India-Japan

● भूमिका ● संबंधों में दूरी ● शीत युद्धोत्तर विश्व में संबंध ● भारत की महाशक्ति की आकांक्षा में सहायक ● भारत की पुनर्खोज ● द्विपक्षीय व्यापार ● एशिया-अफ्रीका ग्रोथ कॉरिडर ● परमाणु मुद्दा ● सामरिक सहयोग का समझौता ● सुरक्षा परिषद के सुधार में सहयोग ● शेंकाकू द्वीप ● शत्रु का शत्रु ● अमेरिका-जापान-भारत एवं ऑस्ट्रेलिया चतुष्कोण ● क्वॉड

भूमिका

जापान, एशिया महाद्वीप में स्थित द्वीपीय देश है। यह मुख्यतः चार द्वीपों से निर्मित है। जापान की जनसंख्या लगभग 12 करोड़ है। यहां पर बौद्ध धर्म का गहरा प्रभाव है। यह प्रशांत महासागर में एशिया महाद्वीप के पूर्वी किनारे पर स्थित है। जापान आर्थिक रूप से एक विकसित देश है। यह एक उदारवादी पूंजीवादी लोकतांत्रिक देश है।

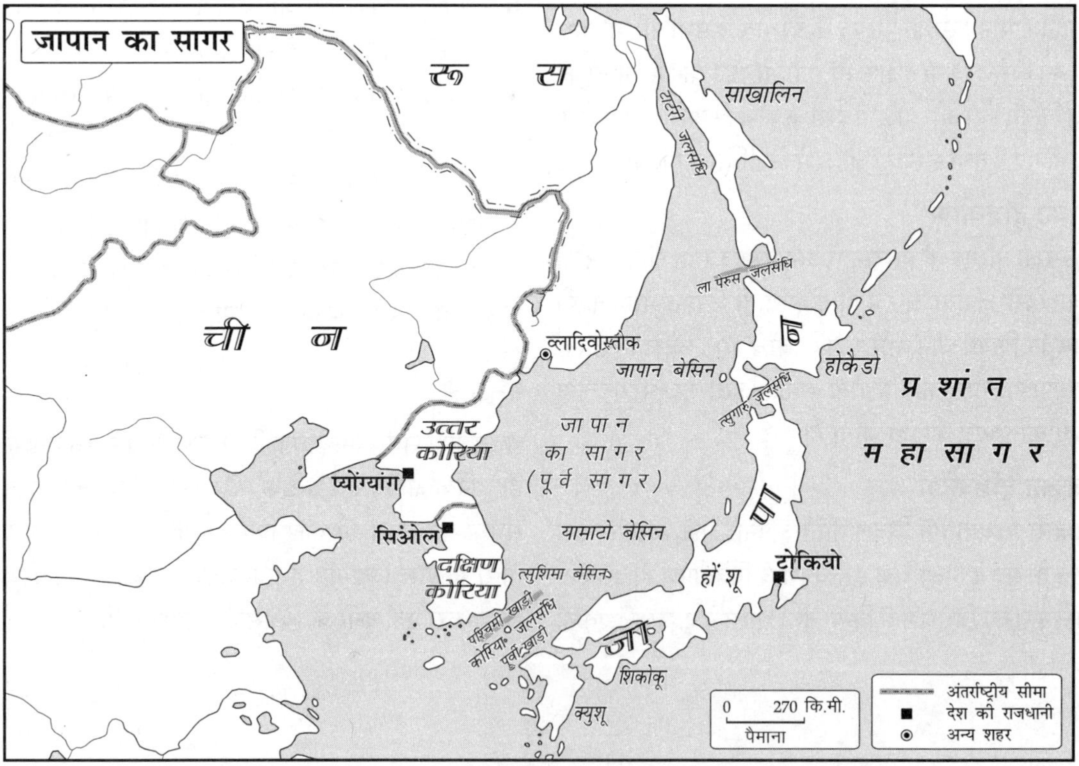

मानचित्र 30

भारत और जापान सांस्कृतिक और आर्थिक दृष्टि से सदैव एक-दूसरे के निकट रहे हैं। भारतीयों का प्रत्यक्षण (perception) जापानियों के संबंध में अत्यधिक सकारात्मक है।

संबंधों में दूरी

द्वितीय विश्व युद्ध के बाद जापानी विदेश नीति में शांति एवं आर्थिक विकास पर बल दिया गया, जिसे 'योशिदा सिद्धांत' भी कहा जाता है। जापान ने अमेरिका के साथ सैनिक संधि की तथा संयुक्त राज्य अमेरिका ने जापान की सुरक्षा का दायित्व लिया। स्वतंत्रता के बाद भारत ने गुटनिरपेक्ष विदेश नीति अपनाई तथा तीसरी दुनिया का नेतृत्व किया। दक्षिण एशिया में पाकिस्तान द्वारा भारत के साथ निरंतर युद्ध में संलग्न होने के कारण जापान ने इस क्षेत्र में अपनी दिलचस्पी नहीं दिखाई। भारत में सार्वजनिक उद्यमों की प्राथमिकता की आर्थिक प्रणाली अपनाई गई, जिससे जापान के साथ आर्थिक संबंध बेहतर नहीं हो सके।

वर्ष 1971 में भारत-सोवियत संघ शांति एवं मित्रता की संधि के कारण भारत-जापान संबधों में भी दूरी बन गई, क्योंकि शीत युद्ध के दौरान जापान, अमेरिका का सैनिक सहयोगी था। यह भी उल्लेखनीय है कि वर्ष 1971 में अमेरिका और चीन के संबंध सामान्य होने के बाद चीन और जापान के बेहतर संबंधों की शुरुआत हुई। वर्ष 1974 में भारत द्वारा शांतिपूर्ण परमाणु परीक्षण के बाद भारत-जापान संबंध और ज्यादा कटु हो गए। यद्यपि भारत ने इस परीक्षण को शांतिपूर्ण कहा, लेकिन जापान ने इसे मानने से इनकार कर दिया और उसने भारत पर परमाणु अप्रसार संधि 1968 पर हस्ताक्षर के लिए दबाव बनाया। जापान, विश्व में एकमात्र देश है, जिस पर परमाणु हमला हुआ है। इसलिए परमाणु मुद्दे पर जापान की प्रतिक्रिया ज्यादा संवेदनशील होती है। वर्ष 1980 के दशक में आसियान और उत्तर-पूर्व एशियाई देशों का प्रभावी आर्थिक उत्थान हुआ तथा जापान का इन देशों के साथ संबंध बेहतर हुआ। यह भी बिंदु ध्यान देने योग्य है कि वर्ष 1980 के दशक में भारतीय अर्थव्यवस्था की स्थिति लगातार खराब हो रही थी और भारत, पंजाब और उत्तर-पूर्वी राज्यों में आतंकवादी हिंसा का सामना भी कर रहा था।

तत्कालीन प्रधानमंत्री राजीव गांधी ने जापान के साथ संबंधों को बेहतर करने का प्रयत्न किया, क्योंकि भारत के आर्थिक विकास के लिए जापान की आर्थिक और तकनीकी सहायता की आवश्यकता थी, परंतु शीत युद्ध की विश्व राजनीति तथा भारत की आयात प्रतिस्थापन की आर्थिक नीति के कारण भारत-जापान संबंध राजनीतिक, सामरिक एवं आर्थिक रूप में बेहतर नहीं थे, जबकि बौद्ध धर्म का साझा सांस्कृतिक सहयोग विद्यमान था।

शीत युद्धोत्तर विश्व में संबंध

जापान, विश्व की तकनीकी महाशक्ति है। इसे 'सिविलियन सुपर पावर' भी कहा जाता है। दुनिया की चौथी सबसे बड़ी अर्थव्यवस्था भी जापान है। जापान, G-7, विश्व बैंक, ए.डी.बी, और आई.एम. एफ. का प्रभावशाली सदस्य है। अतः जापान द्वारा विश्व आर्थिक व्यवस्था का निर्धारण किया जाता है। यह विकासशील देशों को अनुदान देने वाला प्रमुख राष्ट्र है।

भारतीय विदेश नीति में वर्ष 1991 में आर्थिक उदारीकरण अपनाया गया और भारतीय अर्थव्यवस्था को संकट से उबारने के लिए जापान ने वर्ष 1991 में भारत को 500 मिलियन डॉलर की आर्थिक सहायता प्रदान की। अतः शीत युद्धोत्तर विश्व में भारत-जापान के बेहतर सांस्कृतिक संबंधों को आर्थिक और सामरिक रूप में भी प्रगाढ़ बनाने का प्रयत्न किया जा रहा है।

भारत की महाशक्ति की आकांक्षा में सहायक

जापानियों द्वारा भारत को दिए गए अनुदान की मात्रा और उसकी गुणवत्ता दोनों महत्त्वपूर्ण हैं, क्योंकि जापान ने बिजली, गैस, परिवहन तथा दूरसंचार जैसी आधारभूत संरचनाओं के विकास के लिए भारत को ऋण प्रदान किया। 'दिल्ली मेट्रो प्रोजेक्ट' जापानी अनुदान का सबसे बड़ा उदाहरण है। अगस्त, 2007 में जापानी प्रधानमंत्री ने भारत की यात्रा करते हुए 'दिल्ली-मुंबई औद्योगिक कॉरिडोर परियोजना' के लिए 100 बिलियन डॉलर सहायता देने का आश्वासन दिया। जापान द्वारा दी गई आर्थिक सहायता सर्वाधिक भारत को प्राप्त होती है। भारत द्वारा आर्थिक विकास तथा आधारभूत संरचना के विकास के लिए जापान से ज्यादा से ज्यादा निवेश आकर्षित करने का प्रयत्न किया गया तथा जापान की होंडा और सोनी जैसी कंपनियां भारतीय बाजार में अत्यधिक लोकप्रिय हैं और ये घर-घर में प्रचलित हैं। वर्ष 2001 के बाद भारत-अमेरिकी संबंधों में सकारात्मक बदलाव होने लगा और अमेरिका द्वारा भारत पर आरोपित प्रतिबंध हटाए जाने लगे। परिणामस्वरूप जापान ने भी भारत पर आरोपित प्रतिबंधों को हटाया और जापान द्वारा भारत-अमेरिकी सिविल परमाणु समझौते

का समर्थन किया गया। चीन के शक्तिशाली उभार के कारण जापान ने भारत के साथ संबंधों को बेहतर करने पर महत्त्वपूर्ण बल दिया।

भारत की पुनर्खोज

वर्ष 2000 में तत्कालीन जापानी प्रधानमंत्री योशिरो मोरी (Yoshiro Mori) की भारत यात्रा के बाद भारत-जापान संबंधों को नए आयाम दिए गए। यह उल्लेखनीय है कि वर्ष 1998 के परमाणु परीक्षण के बाद भारत-जापान के मध्य संबंध अत्यधिक प्रतिकूल हो गए थे। भारत और जापान ने लोकतांत्रिक मूल्यों और स्वतंत्रता की रक्षा और प्रसार के लिए वैश्विक उत्तरदायित्व निर्वाह करने के संबंध में सहमति व्यक्त की।

तत्कालीन जापानी प्रधानमंत्री शिंजो अबे (Shinzo abe) ने विशेष तौर पर भारत-जापान संबंधों को नया आधार दिया। वर्ष 2007 में भारतीय संसद के संयुक्त अधिवेशन को संबोधित करते हुए उन्होंने बृहत्तर एशिया का विचार दिया, जिसमें हिंद महासागर और प्रशात महासागर के देश जापान, भारत, ऑस्ट्रेलिया तथा अमेरिका होंगे, जो लोकतंत्र, स्वतंत्रता व मानवाधिकारों का सम्मान जैसे साझा मूल्यों को स्वीकार करते हैं। उन्होंने तो यहां तक कहा कि इस बिंदु पर आश्चर्य नहीं होना चाहिए कि आने वाले दशक में भारत-जापान के संबंध जापान-अमेरिका, जापान-चीन संबंधों से भी आगे निकल जाएं। जापानी प्रधानमंत्री शिंजो अबे ने भारत, ऑस्ट्रेलिया, अमेरिका एवं जापान के मध्य एक चतुष्कोणीय संवाद शुरू करने पर बल दिया। जापानी विदेश नीति में अमेरिका की भांति यह स्वीकार किया गया कि भारत को महाशक्ति बनने में सहयोग दिया जाएगा।

विगत् 50 वर्षों से जापान, भारत को अनुदान प्रदान करने वाला एक प्रमुख राष्ट्र है और वर्ष 1986 के बाद जापान, भारत को अनुदान देने वाला सबसे बड़ा राष्ट्र है। भारत की विश्व स्तरीय आधारभूत संरचना के विकास में जापान का अत्यधिक योगदान है। दिल्ली मेट्रो तथा मुंबई-अहमदाबाद बुलेट ट्रेन भारत-जापान सहयोग के उल्लेखनीय उदाहरण हैं। आर्थिक संबंधों को प्रगाढ़ करने के लिए समग्र आर्थिक सहभागिता समझौता किया गया। चीन एवं जापान के बीच लगभग 400 बिलियन डॉलर का द्विपक्षीय व्यापार विद्यमान है। जबकि भारत और जापान के बीच द्विपक्षीय व्यापार लगभग 23 बिलियन डॉलर है। वर्तमान में जापान के निवेश को भारत में बढ़ाने के लिए वाणिज्यिक मंत्रालय में एक विशेष प्रकोष्ठ का गठन किया गया है। इसके बावजूद दोनों देशों के बीच द्विपक्षीय व्यापार अपनी संभावना से अत्यधिक कम है।

जापान द्वारा भारत को दिए गए अनुदान के मूल कारण निम्नलिखित हैं-

- दक्षिण एशिया में भारत की महत्त्वपूर्ण भूमिका एवं भारत-जापान के मध्य मित्रवत् संबंध।
- भारत का विशाल आकार और बड़ी जनसंख्या।
- वर्ष 1991 के बाद अपनाई गई उदारीकृत आर्थिक व्यवस्था। लेकिन जापानी अर्थव्यवस्था पहले से ही बाजारवादी एवं उदारीकरण पर आधारित है।

द्विपक्षीय व्यापार (Bilateral Trade)

शीत युद्ध के बाद विश्व में आर्थिक उदारीकरण की नीति द्वारा भारत ने विश्व में अपनी नई पहचान विकसित करने का प्रयत्न किया और परंपरागत जापानी प्रत्यक्षण (Perception) में अब परिवर्तन हुआ है। शीत युद्ध के बाद विश्व में दक्षिण कोरिया, ताइवान जैसे देशों में श्रम अत्यधिक महंगा हुआ। दक्षिण-पूर्व एशिया के देशों में भी जीवन स्तर ऊंचा हुआ इसलिए जापान को एक वैकल्पिक निवेश क्षेत्र की आवश्यकता है, भारत जिसका एक स्वाभाविक विकल्प है। जापान द्वारा भारत में निवेश और व्यापार बढ़ाने के मूल कारण निम्नलिखित हैं-

- भारतीयों की सॉफ्टवेयर या सूचना क्षेत्र में विशेषज्ञता, जबकि जापान हार्डवेयर क्षेत्र में विशेषज्ञ है।
- भारत में विशाल मात्रा में कच्चे प्राथमिक संसाधन और खनिज हैं, जबकि जापान एक तकनीकी प्रधान देश है।
- भारत में श्रम सस्ता है।
- भारत, विश्व के उभरते विशाल बाजारों में से एक है।

भारत और जापान के द्विपक्षीय व्यापारिक संबंधों के अतिरिक्त दोनों देशों के मध्य वैज्ञानिक और तकनीकी सहयोग भी महत्त्वपूर्ण हैं तथा दोनों देशों के मध्य अंतरिक्ष अनुसंधान, बाह्य आकाश का शांतिपूर्ण प्रयोग, चंद्र अभियान, उपग्रह, संचार तथा आपदा प्रबंधन के लिए भी सहयोग का निर्णय लिया गया। इसके अतिरिक्त अनेक जापानी कंपनियों का भारत में निवेश भी है। वर्ष 2011 में भारत-जापान के बीच ऐतिहासिक द्विपक्षीय मुक्त व्यापार समझौता संपन्न हुआ, जिससे भारत-जापान के बीच व्यापार और निवेश में वृद्धि होगी। इसके अतिरिक्त दोनों

देशों के मध्य समग्र आर्थिक सहभागिता समझौता (CEPA) संपन्न हुआ। वर्तमान में जापान भारत में निवेश करने वाला पांचवां सबसे बड़ा राष्ट्र है।

समग्र आर्थिक सहभागिता समझौता (CEPA)

भारत और जापान के बीच का द्विपक्षीय व्यापार वर्तमान समय में लगभग 23 बिलियन डॉलर का है, जिसमें भारत, जापान को लगभग 5 बिलियन डॉलर का निर्यात करता है, जबकि जापान द्वारा भारत को लगभग 18 बिलियन डॉलर का निर्यात किया जाता है, जिससे स्पष्ट है कि व्यापार का संतुलन घाटा भारत के पक्ष में नहीं है और समग्र आर्थिक सहभागिता समझौते (CEPA) से इस व्यापारिक घाटे को दूर करने में सहायता मिलेगी। इस समझौते के बाद भारत के सॉफ्टवेयर कर्मियों को व्यापार का अवसर मिलेगा और नर्सिंग, सूचना एवं तकनीकी के क्षेत्रों में लाभ होगा तथा पर्यटन में भी वृद्धि होगी। भारत को इस समझौते से फार्मास्युटिकल (दवाइयां) और कृषि उत्पादों में भी लाभ होगा। इसके अतिरिक्त, भारत को जापानी बाजार में ऑटो पार्ट्स और औद्योगिक वस्तुओं के निर्यात में भी लाभ होगा।

भारत जापान का 18वां सबसे बड़ा व्यापारिक भागीदार है। जबकि चीन, जापान का सबसे बड़ा व्यापारिक भागीदार है। इसलिए भारत-जापान व्यापारिक संबंधों में प्रगति की असीम संभावनाएं हैं, क्योंकि भारत-जापान के राजनीतिक एवं सामरिक संबंध अत्यधिक बेहतर हैं। वर्ष 2011 में भारत-जापान के बीच मुक्त व्यापार का समझौता और समग्र आर्थिक व्यापार का भी समझौता हुआ। भारत द्वारा यह समझौता सिंगापुर, दक्षिण कोरिया के साथ पहले ही संपन्न हो चुका है। भारत द्वारा समग्र आर्थिक सहभागिता का यह समझौता पहली बार किसी विकसित देश के साथ संपन्न हुआ, जिससे भारत को रसायन, कृषि उत्पादों एवं चाय जैसे क्षेत्रों में बढ़त मिलेगी। यह उल्लेखनीय है कि कृषि और फार्मास्युटिकल जैसे क्षेत्रों में जापान ने अपनी अर्थव्यवस्था को संरक्षित किया है। इससे व्यापार व निवेश में बढ़ोत्तरी होगी और भारत की सूचना प्रौद्योगिकी की सेवाएं जापान में उपलब्ध होंगी, इससे भारत की सूचना प्रौद्योगिकी की सेवाओं को लाभ होगा। वर्तमान समय में चीन, दुनिया की दूसरी सबसे बड़ी अर्थव्यवस्था बन गया है तथा जापान चौथे स्थान पर आ गया है। इसलिए जापान भी भारत के बड़े बाजार का लाभ उठाना चाहता है।

द्विपक्षीय व्यापार की चुनौतियां

भारत में आधारभूत संरचनाओं का अभाव है, जिसमें सरकारी नीतियां और प्रक्रियाएं अभी भी जटिल हैं, जिसे सरल बनाने की आवश्यकता है। इसके अतिरिक्त भूमि अधिग्रहण तथा कठोर श्रम कानूनों की उपस्थिति भी दोनों देशों के व्यापार को बाधित करती है।

जापान द्वारा यह कहा जाता है कि भारत की सिविल सेवा कुशल नहीं है और भारत में निर्णय लेने की प्रक्रिया अत्यधिक विलंबकारी है। संघ राज्य के बीच विवाद भी निवेश को प्रभावित करते हैं। कोविड-19 के बाद विश्व की अनेक कंपनियां चीन का विकल्प ढूंढ रही हैं, इसके बावजूद भारत को इसका लाभ नहीं मिल रहा है।

एशिया-अफ्रीका ग्रोथ कॉरिडोर

भारत-जापान के बीच सामरिक सहयोग आधारभूत संरचनाओं के विकास के लिए भी देखा जा सकता है और पूर्वोत्तर राज्यों में जापान की सहायता से सामरिक रूप में अत्यधिक महत्त्वपूर्ण राजमार्गों का निर्माण हो रहा है जो भारत-चीन सीमा के निकट है।

भारत और जापान के बीच एशिया-अफ्रीका ग्रोथ कॉरिडोर के निर्माण पर भी सहयोग का प्रस्ताव किया गया है। यह परियोजना बहुपक्षीय होगी, जबकि बेल्ट एंड रोड परियोजना मूलतः चीन द्वारा निर्देशित है। इसमें पारदर्शिता और राज्यों की संप्रभुता का भी ध्यान रखा जाएगा। इसके द्वारा एशिया (भारत) और अफ्रीका महाद्वीप के बीच समुद्री संचार संपर्क स्थापित कर लिया जाएगा। गुजरात के जामनगर से जिबूती को जोड़ा जाएगा तथा मदुरै से जंजीबार के बीच समुद्री संपर्क स्थापित होगा। इसके अलावा, अफ्रीका महाद्वीप में जापान द्वारा आधारभूत संरचना का निर्माण किया जाएगा तथा भारत क्षमता निर्माण कार्यक्रम में सहयोग देगा।

परमाणु मुद्दा (Nuclear Issues)

जापानी विदेश नीति परमाणु हथियारों के प्रति अत्यधिक संवेदनशील है। जापान परमाणु हथियारों का कट्टर विरोधी है, क्योंकि जापान, विश्व का एक मात्र देश है, जिसने परमाणु हमले का दंश झेला है। वर्ष 1964 में चीन द्वारा परमाणु परीक्षण की जापान द्वारा कड़ी निंदा की गई और वर्ष 1974 के भारत के शांतिपूर्ण परीक्षण की जापान ने कड़ी आलोचना की। अतः परमाणु मुद्दे पर

दोनों देशों का दृष्टिकोण अलग-अलग है। भारतीय विदेश नीति के अनुसार, परमाणु अप्रसार के बजाय, सार्वभौमिक या वैश्विक परमाणु निःशस्त्रीकरण होना चाहिए, जबकि जापान ने परमाणु अप्रसार का समर्थन किया। जापान के अनुसार, क्षेत्रीय अप्रसार, परमाणु अप्रसार में सहायक है।

वर्ष 1998 के भारत के परमाणु परीक्षण के पश्चात् जापान ने अपना राजदूत वापस बुला लिया तथा भारत पर आर्थिक प्रतिबंध आरोपित कर दिए, परंतु भारत ने स्पष्ट किया कि उसका परमाणु परीक्षण सामरिक बाध्यताओं के कारण किया गया। इसलिए भारत ने न्यूनतम परमाणु प्रतिरोधक क्षमता को अर्जित करने की नीति का पालन किया तथा भारत ने यह भी कहा कि परमाणु परीक्षण के बाद भी भारत सार्वभौमिक निःशस्त्रीकरण का समर्थक है। सितंबर, 2001 के पश्चात् परिवर्तित वैश्विक परिप्रेक्ष्य में अमेरिका और भारत के मध्य परमाणु मुद्दे पर सहयोग होने लगा। परिणामस्वरूप जापान का दृष्टिकोण भी भारत के परमाणु कार्यक्रम के प्रति परिवर्तित हुआ और जापान ने भारत-अमेरिका सिविल परमाणु समझौते, 2005 का समर्थन किया। समकालीन विश्व में कोरिया द्वारा परमाणु परीक्षण के पश्चात् जापान की विदेश नीति में भी कुछ लोग परमाणु हथियारों का समर्थन कर रहे हैं, क्योंकि उत्तर कोरिया परमाणु मुद्दे पर छह देशों द्वारा संचालित परमाणु वार्ता से भी अलग हो गया है तथा उत्तर कोरिया की बढ़ती गतिविधियां जापानी सुरक्षा के लिए अत्यधिक गंभीर हैं।

परमाणु मुद्दे पर सहयोग व लाभ

भारत-अमेरिका सिविल परमाणु समझौते का जापान ने समर्थन किया और एन.एस.जी. में भी जापान ने भारत को विशेष छूट देने का समर्थन किया। जापान की हिताची और मित्सुबिशी जैसी कंपनियां परमाणु रिएक्टर के निर्माण में अग्रणी हैं। इसलिए जापान, भारत जैसे बड़े बाजार की अवहेलना नहीं कर सकता तथा भारत को परमाणु ऊर्जा के उत्पादन में निर्णायक बढ़त प्राप्त होगी। भारत का सिविल परमाणु समझौता अमेरिका, कनाडा, कजाकिस्तान, नामीबिया और दक्षिण कोरिया, फ्रांस, रूस, यूक्रेन, ब्रिटेन, जापान, बांग्लादेश, श्रीलंका, चेक गणराज्य, अर्जेंटीना एवं ऑस्ट्रेलिया जैसे देशों के साथ संपन्न हो चुका है। इसलिए भारत को एक उत्तरदायी राज्य माना जा रहा है।

सिविल परमाणु समझौता

नवंबर 2016 में प्रधानमंत्री मोदी की जापान यात्रा के दौरान टोक्यो में भारत व जापान के मध्य परमाणु ऊर्जा के शांतिपूर्ण उपयोग में सहयोग के लिए समझौते पर हस्ताक्षर किए गए, जापानी संसद ने भी इसे अपनी मंजूरी प्रदान कर दी है, 20 जुलाई 2017 से यह प्रभावी हो गया है। दोनों देशों के बीच की यह सहमति ऐतिहासिक मानी जा रही है। जापान की परमाणु रिएक्टर कंपनी तोशिबा का अमेरिकी कंपनी में भी हिस्सा है। हिताची कंपनी को परमाणु ऊर्जा के उत्पादन में अग्रणी माना जाता है। यह समझौता दोनों देशों के बीच बढ़ते सामरिक सहयोग का उदाहरण है। दोनों देशों के बीच सिविल परमाणु समझौते के संबंध में वर्ष 2010 में वार्ता शुरू हुई, परंतु वर्ष 2011 में फुकुशिमा परमाणु दुर्घटना के बाद वार्ता स्थिगित कर दी गई। इस सहयोग से भारत को परमाणु बिजली के उत्पादन में सहायता प्राप्त होगी।

सामरिक सहयोग का समझौता

(Strategic Co-operation Agreement)

शीत युद्धोत्तर विश्व में चीन के बढ़ते प्रभाव के कारण भारत और जापान दोनों की विदेश नीति पर इसका स्पष्ट प्रभाव पड़ा। जापान, चीन और भारत, एशिया की तीन महाशक्तियां हैं। उभरते चीन को प्रतिसंतुलित करने के लिए भारत और जापान के मध्य वैश्विक सामरिक सहायता या सहभागिता के समझौते पर हस्ताक्षर हुए। भारत-जापान के मध्य यह समझौता अत्यधिक उल्लेखनीय है, क्योंकि जापान का वैश्विक सामरिक समझौता भारत के अतिरिक्त केवल अमेरिका के साथ है। वर्तमान समय में भारत-जापान के मध्य 2+2 वार्ता आयोजित हो रही है, जिसके अंतर्गत दोनों देशों के रक्षा एवं विदेश मंत्री साथ-साथ वार्ता कर रहे हैं।

• इंडो-पैसेफिक सहयोग

जापान भारत की इंडो-पैसेफिक नीति का समर्थन कर रहा है। क्योंकि चीन द्वारा दक्षिणी चीन सागर में समुद्री संचार मार्ग को बाधित किया जा रहा है। इंडो-पैसेफिक का केंद्र हिंद महासागर है। भारत हिंद महासागर के केंद्र में अवस्थित है जबकि जापान अपनी ऊर्जा सुरक्षा के लिए हिंद महासागर पर निर्भर है। पश्चिम एशिया से हिंद महासागर होकर जापान के लिए तेल एवं गैस की आपूर्ति होती है। वर्तमान में हिंद महासागर क्षेत्र में चीन का बढ़ता प्रभाव दोनों की सुरक्षा के लिए एक साझी चुनौती है।

● दक्षिण चीन सागर

जापान के व्यापार के लिए दक्षिण चीन सागर का अत्यधिक महत्त्व है। जहां चीन द्वारा अपने सैनिक अड्डे का निर्माण किया जा रहा है तथा इस क्षेत्र में स्थित अधिकांश द्वीपों पर भी अपना दावा किया जा रहा है। अतः भारत और जापान इसे समुद्री नौवहन के सिद्धांत के विरुद्ध मानते हैं।

● समुद्री डकैती

सोमालिया के समुद्री डाकुओं द्वारा हिंद महासागर क्षेत्र की सुरक्षा के लिए समस्या उत्पन्न की जा रही है तथा भारत की नौसेना की शक्तिशाली उपस्थिति से जापान की ऊर्जा सुरक्षा एवं व्यापार की भी सुरक्षा संभव है।

● मालाबार नौसैनिक अभ्यास

इसकी शुरुआत 1992 में भारत और अमेरिका के बीच वार्षिक द्विपक्षीय नौसैनिक अभ्यास के रूप में हुई थी। वर्ष 2007 के बाद इसमें जापान और ऑस्ट्रेलिया को भी शामिल कर लिया गया। जापान को इस नौसैनिक अभ्यास में शामिल करने का चीन द्वारा विरोध किया गया। वर्ष 2007 में अमेरिका, भारत, जापान और ऑस्ट्रेलिया द्वारा साझा सैनिक अभ्यास किया गया था, जिस पर चीन ने अपनी नकारात्मक प्रतिक्रिया व्यक्त की थी। भारत और जापान के बीच हिंद महासागर की सुरक्षा और समुद्री सुरक्षा के मुद्दे पर महत्त्वपूर्ण सहयोग किया जा रहा है। भारत के अनुसार, यह अभ्यास किसी देश विशेष के विरुद्ध नहीं है। चीन और जापान के बीच दक्षिण चीन सागर और शेंकाकू द्वीप के मुद्दे पर विवाद बना हुआ है। इस संबंध में भारत-जापान सहयोग चीन के लिए चिंता का विषय है।

सुरक्षा परिषद के सुधार में सहयोग

जी-4 में चार सदस्य हैं जिसमें भारत, जापान, जर्मनी और ब्राजील शामिल हैं। ये चारों देश सुरक्षा परिषद में सुधार की मांग तथा सुरक्षा परिषद में स्थायी सदस्यता के लिए एक-दूसरे के दावे का समर्थन कर रहे हैं। भारत-जापान के मधुर संबंधों का प्रभाव क्षेत्रीय एवं वैश्विक है। परिणामस्वरूप भारत-जापान साझे रूप में सुरक्षा परिषद के विस्तार के समर्थक हैं तथा दोनों देश एक-दूसरे के दावे का भी समर्थन करते हैं, क्योंकि दोनों लोकतांत्रिक देश हैं। जापान, विश्व की चौथी सबसे बड़ी अर्थव्यवस्था है, जबकि भारत, विश्व की चौथी सबसे बड़ी अर्थव्यवस्था है। भारत, दुनिया का सबसे विशाल देश है तथा भारत की भूमिका संयुक्त राष्ट्र संघ शांति निर्माण कार्यक्रमों में अग्रणी रही है, जबकि जापान, संयुक्त राष्ट्र संघ को वित्तीय अनुदान प्रदान करने वाला एक प्रमुख राष्ट्र है।

शेंकाकू द्वीप

पूर्वी चीन सागर में शेंकाकू द्वीप (जिसे चीन में दिआऊ के नाम से जाना जाता है) को जापान ने एक निजी व्यापारी से खरीदकर इसका राष्ट्रीयकरण कर दिया। इसके बाद चीन ने इसके विरुद्ध तीव्र प्रतिक्रिया व्यक्त की और इस पर अपना दावा प्रस्तुत किया। चीन के अनुसार, यह द्वीप मूलतः चीन का है, जिसे जापानियों ने वर्ष 1895 के युद्ध में चीन से छीन लिया था। चीन के अनुसार, चीन पहले कमजोर राज्य था। इसलिए वह अपने समुद्री क्षेत्रों पर पूर्ण नियंत्रण नहीं कर सका। लेकिन वर्तमान समय में चीन शक्तिशाली है, इसलिए चीन इन द्वीपों की पूरी रक्षा करेगा। जापान ने इस द्वीप पर अपना नियंत्रण बताया और यह कहा कि चीन का इस पर कभी भी नियंत्रण नहीं था। इसलिए जापान ने इसका राष्ट्रीयकरण तथा इस पर सैन्य व्यवस्था बनाने का भी प्रयत्न किया।

चीन ने जापान के विरुद्ध नौसैनिक शक्ति के प्रयोग की धमकी दी और चीन के लोगों ने चीन में जापानी उद्योगों और दुकानों के विरुद्ध हिंसक प्रदर्शन किए। चीन के आक्रामक व्यवहार के कारण शेंकाकू द्वीप पर अभी भी यथास्थिति बनी हुई है। चीन के व्यवहार से यह प्रतीत होता है कि दोनों देशों के मध्य विद्यमान आर्थिक संबंध, राजनीतिक संघर्षों को पूर्ण तौर पर नहीं रोक सकते। 21वीं शताब्दी एशियाई शताब्दी है, जिसमें भारत-जापान संबंधों का विशेष तौर पर निर्णायक महत्त्व है, क्योंकि दोनों देशों के मध्य अतीत में विवाद नहीं रहा और वर्तमान समय में भी मधुर संबंध हैं। इसलिए भविष्य में यह संबंध और मित्रतापूर्ण एवं गतिशील होंगे तथा भारत-जापान संयुक्त रूप में एशियाई प्रशांत क्षेत्र से लेकर समूची विश्व व्यवस्था के निर्धारण में उल्लेखनीय भूमिका का निर्वाह करेंगे।

शत्रु का शत्रु

चीन के शक्तिशाली उभार से जापान के लिए प्रत्यक्ष एवं परोक्ष समस्याएं उत्पन्न हो रही हैं। चीन उत्तर कोरिया का सर्वाधिक महत्त्वपूर्ण सामरिक सहयोगी है। उत्तर कोरिया द्वारा अपनाई गई

आक्रामक नीति से जापान के लिए चुनौती उत्पन्न हो रही है। चीन का अत्यधिक निकट सामरिक सहयोगी पाकिस्तान है जो भारत की सुरक्षा के लिए प्रत्यक्ष खतरा बना हुआ है। इसीलिए भारत और जापान परस्पर सहयोग द्वारा चीन के प्रभाव को कम कर सकते हैं।

चीन का जापान के साथ लगभग 400 बिलियन डॉलर का द्विपक्षीय व्यापार है। परंतु सामरिक क्षेत्र में दोनों देशों के बीच प्रतिस्पर्धा बनी हुई है। शेंकाकू द्वीप के मुद्दे पर चीन द्वारा आक्रामक प्रतिक्रिया व्यक्त की गई तथा भारत-चीन के बीच अभी भी लंबा और जटिल सीमा विवाद बना हुआ है। इसलिए चीन का उभार दोनों देशों के लिए महत्त्वपूर्ण चुनौती बनकर उभर रहा है तथा भारत और जापान के बीच सैनिक सामग्री के लेन-देन पर भी वार्ता चल रही है। भारत, जापानी उभयचर (amphibious) विमान US-2 के खरीद की वार्ता कर रहा है एवं चीन द्वारा भारत पर जापान के साथ सामरिक संबंधों को कम करने का दबाव बनाया जा रहा है। क्योंकि भारत और जापान के बीच आर्थिक और सामरिक दोनों संबंध प्रगाढ़ हो रहे हैं। चीन का मानना है कि अमेरिका, भारत एवं जापान मिलकर चीन को घेरने की रणनीति अपना रहे हैं। इसलिए भारत-जापान के बीच बढ़ते आर्थिक संबंधों के पीछे सामरिक संबंध प्रभावी बन रहे हैं। भारत द्वारा अपने राष्ट्रीय हितों को ध्यान में रखते हुए दोनों देशों के साथ अलग-अलग संबंधों के विकास का प्रयत्न किया जा रहा है। सितंबर, 2001 के बाद अमेरिकी विदेश नीति में भी जापान की मुखर नीति का समर्थन किया गया, क्योंकि चीन के उभार से अमेरिका को नई चुनौती प्राप्त हो रही है। जापान-अमेरिका के मध्य वर्ष 2004 में प्रक्षेपास्त्र रक्षा प्रणाली के संबंध में समझौता हुआ। चीन के उभार के कारण एशिया में शक्ति संतुलन बनाए रखने के लिए भारत और चीन के मध्य भी हितों का संघर्ष बना हुआ है। भारत-अमेरिकी संबंधों के प्रगाढ़ होने से अमेरिका द्वारा भारत को एक महाशक्ति के रूप में विकास के लिए सहायता दी जा रही है। राष्ट्रपति बुश के कार्यकाल के दौरान भारत-अमेरिकी संबंधों में अत्यधिक निकट सामरिक संबंध बढ़े।

जबकि चीन की विदेश नीति में भारत एवं जापान दोनों देशों को प्रतिसंतुलित करने की नीति अपनाई जाती है। दूसरी ओर, टोकियो और नई दिल्ली के आपसी सहयोग द्वारा चीन के प्रभाव को प्रतिसंतुलित करने का प्रयत्न किया जा रहा है। वर्ष 2008 में जापान द्वारा प्रकाशित रक्षा श्वेतपत्र में चीन की रक्षा नीति और सैन्य आधुनिकीकरण से जापानी सुरक्षा पर प्रतिकूल प्रभाव को उजागर किया। भारत-जापान सहयोग का मूल उद्देश्य है कि चीन कम आक्रामक और अधिक सहयोगी व्यवहार अपनाए। वर्ष 2008 में भारतीय प्रधानमंत्री और जापान के मध्य वार्ता के परिणामस्वरूप दोनों देशों के मध्य सामरिक सहयोग के समझौते पर हस्ताक्षर हुए। वर्ष 2012 में जापान में शिंजो अबे आने के बाद और भारत में 2014 में मोदी सरकार आने के बाद संबंधों को नई ऊंचाई दी गई।

अमेरिका-जापान-भारत एवं ऑस्ट्रेलिया चतुष्कोण क्वॉड (QUAD)

अमेरिका द्वारा जापान एवं ऑस्ट्रेलिया को सुरक्षा उपलब्ध कराई जाती है क्योंकि अमेरिका के साथ इनका सैनिक गठबंधन है। भारत के इन देशों के साथ सामरिक सहयोग में वृद्धि हो रही है, लेकिन भारत का इन देशों के साथ सैनिक गठबंधन नहीं है। परंतु चीन के शक्तिशाली उभार के कारण इन लोकतांत्रिक देशों के बीच सामरिक सहयोग बढ़ाने की पहल हो रही है। इनके बीच कोई औपचारिक एवं संस्थात्मक सहयोग नहीं किया गया है। परंतु साझे हितों के आधार पर भविष्य में यह सहयोग प्रभावी हो सकता है। यह भी उल्लेखनीय है कि चीन इन देशों का बड़ा व्यापारिक सहयोगी है। अतः वर्तमान विश्व में संबंध अत्यधिक जटिल हो गए हैं, जहां सामरिक रूप में संघर्ष एवं आर्थिक रूप में सहयोग जारी है। इनके द्वारा कनेक्टिविटी, विकास, क्षेत्रीय सुरक्षा, आतंकवाद के विरुद्ध सहयोग एवं परमाणु अप्रसार के क्षेत्र में सहयोग पर बल दिया गया। इन देशों ने इंडो-पैसेफिक को स्वतंत्र, मुक्त एवं सर्वसमावेशी बनाने पर बल दिया। संबंध सदैव हित पर आधारित होते हैं और वर्ष 2020 में चीन द्वारा क्षेत्रीय समग्र आर्थिक सहभागिता समझौता (Regional Comprehensive Economic Partnership) किया गया, जिसमें जापान एवं ऑस्ट्रेलिया सम्मिलित हैं। इसलिए क्षेत्रीय सहयोग के साथ-साथ भारत को अपनी आर्थिक क्षमता में वृद्धि करनी होगी, जिससे चीन का मुकाबला किया जा सके।

क्वॉड (QUAD)

क्वॉड की अनौपचारिक शुरुआत 2004 में हुई जब अमेरिका, भारत, जापान एवं ऑस्ट्रेलिया ने सुनामी के बाद आपदा राहत कार्यों के लिए साझा सहयोग किया। वर्ष 2007 में जापानी प्रधानमंत्री शिंजो अबे ने एक औपचारिक सुरक्षा डायलॉग आरंभ

किया, जो चीन के विरुद्ध था। चीन की बढ़ती शक्ति को देखते हुए एवं शी जिनपिंग की आक्रामक नीतियों के मद्देनजर इंडो-पैसेफिक क्षेत्र में चारों देशों के बीच साझे सहयोग पर प्रभावी बल दिया गया। कोविड-19 के बाद क्वॉड ज्यादा प्रभावी हुआ। मालाबार नौसैनिक अभ्यास (2020) में अमेरिका, भारत, जापान के अलावा ऑस्ट्रेलिया को भी शामिल किया गया। 2021 में क्वॉड का पहला शिखर सम्मेलन भी आयोजित किया गया था। सितंबर 2024 में हुए छठे शिखर सम्मेलन में क्वॉड के सदस्य देशों ने आपसी सहयोग बढ़ाने हेतु निम्नलिखित क्षेत्रों पर ध्यान दिया-

(i) शिक्षा और अनुसंधान
(ii) बुनियादी ढांचा और कनेक्टिविटी
(iii) जलवायु परिवर्तन और स्वच्छ ऊर्जा
(iv) समुद्री सुरक्षा
(v) साइबर सुरक्षा
(vi) आतंकवाद का मुकाबला
(vii) अंतरिक्ष में सहयोग

अभी क्वॉड चीन को प्रतिसंतुलित करने की सीधी बात नहीं करता, परंतु ऑस्ट्रेलिया का चीन के प्रति परिवर्तित दृष्टिकोण यह प्रदर्शित करता है कि दक्षिण चीन सागर एवं पूर्वी चीन सागर तथा इंडो-पैसेफिक में चीन की बढ़ती नौसैनिक शक्ति से सुरक्षा खतरा उत्पन्न हो रहा है। चीन द्वारा ताइवान को नियंत्रित करने की धमकी नई चुनौती बन रही है।

भारत की स्थिति क्वॉड में सबसे चुनौतीपूर्ण है, क्योंकि भारत चीन के साथ सीमा साझा करता है। क्वॉड देशों के बीच तकनीकी सहयोग में भी भारत अन्य सदस्य देशों की तुलना में पीछे है। क्वॉड देशों ने अभी भी चीन के रोड बेल्ट प्रोजेक्ट के प्रभाव को सीमित करने के लिए आधारभूत संरचना के विकास का कोई ठोस प्रारूप निर्मित नहीं किया है। ब्लू डॉट नेटवर्क (BDN) एवं बिल्ड बैक बेटर वर्ल्ड को व्यावहारिक धरातल पर लाना शेष है।

भविष्य में क्वॉड का विस्तार आवश्यक है, जिसमें दक्षिण पूर्व एशियाई देशों और पूर्वी एशियाई देशों का सम्मिलन आवश्यक है। यूरोपीय देशों के सहयोग के बिना चीन को प्रतिसंतुलित करना संभव नहीं है। क्योंकि अमेरिका, यूनाइटेड किंगडम एवं ऑस्ट्रेलिया के बीच होने वाली सुरक्षा संधि (AUKUS) से फ्रांस अत्यधिक क्षुब्ध है। इस संधि से ऑस्ट्रेलिया, फ्रांसीसी परमाणु पनडुब्बी नहीं खरीदेगा, बल्कि अमेरिका, यूनाइटेड किंगडम मिलकर ऑस्ट्रेलिया में परमाणु पनडुब्बी विकसित करेंगे।

निष्कर्ष

भारत-जापान संबंध वाराणसी एवं क्योटो की भांति प्राचीन हैं। बौद्ध धर्म के साझे सांस्कृतिक आधार, आर्थिक, सामरिक संबंधों के क्षेत्र में सुदृढ़ हो रहे हैं। चीन के शक्तिशाली उभार के कारण भविष्य में भी भारत-जापान संबंध सुदृढ़ होंगे।

अध्याय

5 भारत-यूरोपीय यूनियन

India–European Union

• आर्थिक मुद्दा • कश्मीर मुद्दा • परमाणु अप्रसार का मुद्दा • सामरिक संबंध • प्रत्यक्षण में परिवर्तन • नीतिगत विकल्प • साझे लोकतांत्रिक मूल्य • भारत का दृष्टिकोण • क्षेत्रीय एवं वैश्विक मुद्दों पर दृष्टिकोण • भारत-जर्मनी • भारत-ब्रिटेन • भारत-फ्रांस

यूरोपीय यूनियन की जनसंख्या लगभग 45 करोड़ है। यूरोप तकनीकी रूप से सर्वोच्च विकसित है, शासन लोकतांत्रिक है और आर्थिक रूप में सबसे प्रतिस्पर्धी है। यह विश्व का सर्वाधिक संपन्न क्षेत्र है। भारत, जनसंख्या की दृष्टि से विश्व का सबसे बड़ा देश है। दुनिया की तेजी से बढ़ती अर्थव्यवस्था और सूचना प्रौद्योगिकी तथा संचार क्षेत्र में भारत, विश्व के अग्रणी राज्यों में से एक है। शीत युद्धोत्तर विश्व में पूरब-पश्चिम का विवाद अप्रासंगिक हो गया, क्योंकि वैचारिक संघर्ष के बजाय, आर्थिक मुद्दे प्राथमिक हो गए। भारतीय विदेश नीति में आर्थिक उदारीकरण अपनाने के बाद यूरोपीय यूनियन (EU) के साथ तीव्र गति से वाणिज्यिक और व्यापारिक संबंधों में वृद्धि हुई। यूरोपीय यूनियन का निर्माण एक ऐतिहासिक प्रक्रिया रही है, जिसकी शुरुआत द्वितीय विश्व युद्ध के बाद हुई।

वर्ष 1951 में कोयला और स्टील समुदाय के निर्माण द्वारा परस्पर सहयोग का निर्णय लिया गया, जिसमें पश्चिमी जर्मनी, फ्रांस, इटली, बेल्जियम, नीदरलैंड और लक्जमबर्ग सम्मिलित थे। वर्ष 1957 में 'यूरोपीय आर्थिक समुदाय' (EEC) की स्थापना हुई, तथा इसी वर्ष 'यूरोपीय परमाणु ऊर्जा समुदाय' (European Atomic Energy Community, EAEC) की भी स्थापना हुई। यूरोपीय आर्थिक समुदाय द्वारा सदस्य राज्यों के मध्य 'एकसमान प्रशुल्क संघ' का निर्माण किया गया। वर्ष 1957 में ही यूरोपीय राज्यों के मध्य सहयोग और समन्वय को बढ़ावा देने के लिए 'यूरोपीय आर्थिक समुदाय' के संस्थात्मक ढांचे का भी निर्माण किया गया। वर्ष 1967 में पूर्व में संपन्न सभी समझौतों या संधियों को मिलाकर 'यूरोपीय समुदाय' का निर्माण हुआ।

70 के दशक में ही यूरोपीय समुदाय में डेनमार्क, आयरलैंड, ब्रिटेन और नॉर्वे जैसे नए सदस्य सम्मिलित हुए। लेकिन नॉर्वे की संसद ने इस सदस्यता को अनुमोदित नहीं किया। इसलिए नॉर्वे यूरोपीय समुदाय का सदस्य नहीं बन सका। वर्ष 1979 में पहली बार यूरोपीय संसद के लिए प्रत्यक्ष चुनाव आयोजित किया गया। 80 के दशक में ग्रीस, स्पेन और पुर्तगाल भी यूरोपीय समुदाय के नए सदस्य हो गए। यह उल्लेखनीय है कि ये राष्ट्र पहले अधिनायकवादी शासन प्रणाली के अधीन थे। विश्व में इस समय शीत युद्ध का दूसरा चरण (नव-शीत युद्ध) विद्यमान था। परंतु यूरोपीय समुदाय का तीव्र गति से विकास हुआ। वर्ष 1987 में पारित हुए एकल यूरोपीय अधिनियम के अंतर्गत यूरोप को आर्थिक रूप में एकीकृत करने का निर्णय लिया गया तथा वर्ष 1992 तक यूरोपीय राज्यों में आर्थिक एकीकरण के लिए परिस्थितियों का निर्माण किया गया। 1992 में मॉस्ट्रिच संधि द्वारा यूरोपीय समुदाय को यूरोपीय यूनियन का नाम दिया गया।

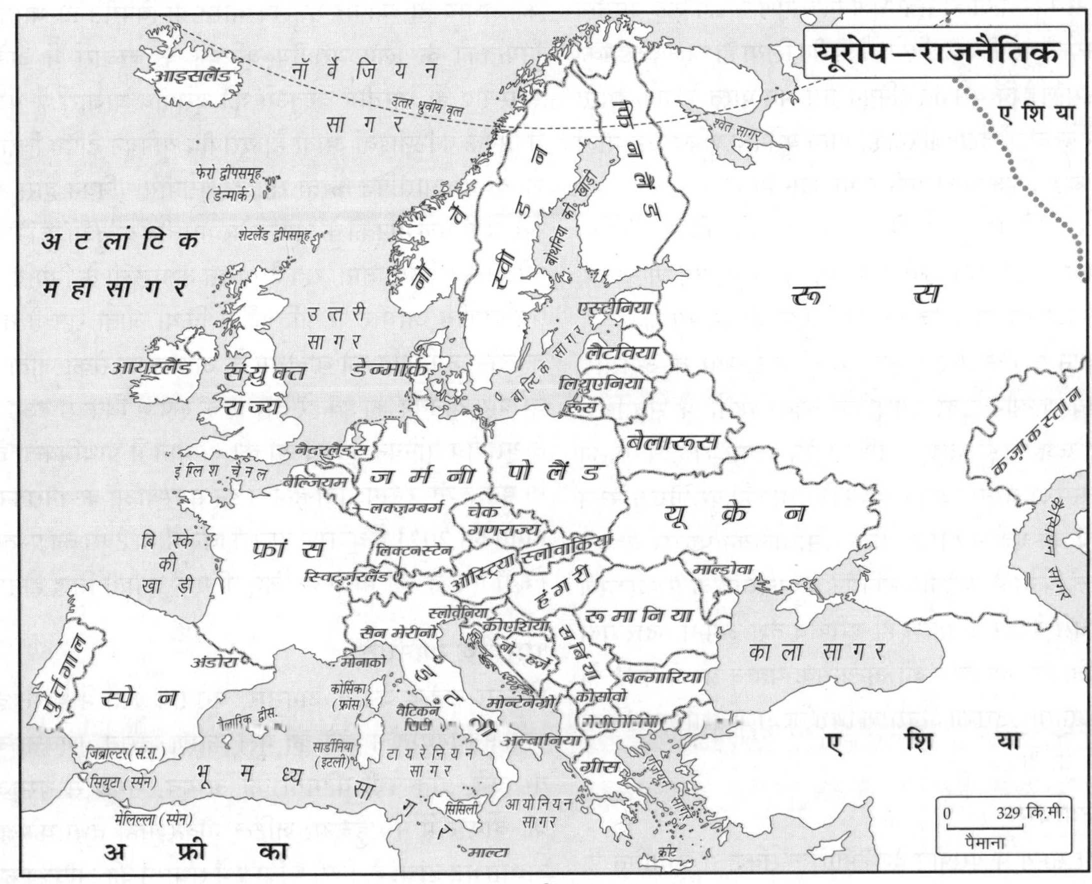

मानचित्र 31

1998 में एक यूरोपीय सेंट्रल बैंक की स्थापना का भी प्रावधान किया गया, जिससे भविष्य में यूरोपीय समुदाय में समान मुद्रा का प्रचलन हो सके। यूरोपीय यूनियन की राजधानी ब्रुसेल्स में है। वर्तमान में यूरोपीय यूनियन में 27 सदस्य देश हैं। यूनाइटेड किंगडम वर्ष 2020 में यूरोपीय यूनियन से अलग (BREXIT) हो गया था। एक उदारीकृत और लोकतांत्रिक भारत के प्रति यूरोपीय यूनियन के देशों के दृष्टिकोण में महत्त्वपूर्ण परिवर्तन हुआ है, जो निम्नलिखित हैं-

आर्थिक मुद्दा

भारत और यूरोपीय यूनियन के मध्य वर्ष 1980 में 4.4 बिलियन डॉलर का द्विपक्षीय व्यापार था, जो वर्ष 2023-24 में बढ़कर लगभग 190 बिलियन डॉलर हो गया। तथा यूरोपीय यूनियन द्वारा भारत के कुल प्रत्यक्ष विदेशी निवेश में 17 प्रतिशत का योगदान दिया गया। जनवरी 2026 में भारत और यूरोपीय यूनियन के मध्य मुक्त व्यापार समझौता (FTA) भी हो चुका है, जिसे 'मदर ऑफ ऑल डील्स' की संज्ञा दी जा रही है। यह समझौता भारत-यूरोपीय यूनियन के आर्थिक संबंधों और प्रमुख वैश्विक भागीदारों के साथ व्यापार के संबंध में ऐतिहासिक मील का पत्थर है। इसमें वस्तु, सेवा, निवेश और व्यापार में वृद्धि का लक्ष्य निर्धारित किया गया है। भारत और यूरोपीय यूनियन सबसे बड़े द्विपक्षीय व्यापारिक भागीदार हैं। यूरोपीय यूनियन, भारत को अनुदान देने तथा भारत में विदेशी निवेश करने वाला प्रमुख समुदाय है। भारत-यूरोपीय यूनियन के मध्य व्यापार और आर्थिक संबंध ही केंद्रीय या मूल आधार हैं। एक समुदाय के रूप में यूरोपीय यूनियन भारत का सबसे बड़ा व्यापारिक भागीदार है। यूरोपीय यूनियन द्वारा भारत में आने वाला एफ.डी.आई. अमेरिका और जापान के कुल एफ.डी.

आई. से भी ज्यादा है। सर्वाधिक महत्त्वपूर्ण रूप में कई भारतीय कंपनियों ने यूरोपीय कंपनियों को खरीद लिया है। यह बिंदु इसका स्पष्ट प्रमाण है कि यूरोपीय यूनियन द्वारा अब भारत को एक उभरते बाजार के रूप में देखा जा रहा है। भारत यूरोपीय यूनियन का नौवां सबसे बड़ा द्विपक्षीय व्यापारिक भागीदार है।

भारत-यूरोपीय यूनियन के मध्य व्यापार में अधिकांश हिस्सा (लगभग 85 प्रतिशत) जर्मनी, इंग्लैंड, फ्रांस, इटली, बेल्जियम, स्पेन, नीदरलैंड का है, जिसे व्यापक करने की जरूरत है।

ब्रिटेन के एक प्रसिद्ध कूटनयिक रॉबर्ट कूपर के अनुसार, यूरोपीय यूनियन उत्तर आधुनिक व्यवस्थाओं में सर्वाधिक बेहतर उदाहरण है। यह एक अधिराष्ट्रीय या पार-राष्ट्रीय संगठन है, जिसमें अत्यधिक अंतर्निर्भरता विद्यमान है। यूरोपीय यूनियन ने स्वयं को एक नागरिक शक्ति (सिविलियन पावर) के रूप में व्यक्त किया है। यूरोपीय यूनियन बहुपक्षवाद के संस्थाकरण का सबसे बेहतर उदाहरण है। यूरोपीय देश अपनी उदारवादी संस्कृति और व्यवस्था को अत्यधिक महत्त्व प्रदान करते हैं। इनके अनुसार, इसका अनुसरण विश्व के अन्य देशों द्वारा किया जा सकता है।

मुक्त व्यापार

वर्तमान समय में यूरोपीय देश आर्थिक संकट से प्रभावित हैं, इसलिए वे भारत के बड़े बाजार का लाभ उठाना चाहते हैं और भारत अपने व्यापार को बढ़ाने के लिए यूरोपीय यूनियन के साथ मुक्त व्यापार के समझौते पर लंबे समय से बातचीत कर रहा है। यह समझौता जनवरी 2026 में संपन्न हुआ। इस समझौते द्वारा भारत के इंजीनियरों और सूचना तकनीकी विशेषज्ञों को यूरोपीय देशों में जाने में सहायता मिलेगी तथा इससे भारत को स्वास्थ्य, पर्यटन और सेवा क्षेत्र में भी फायदा होगा। इस समझौते से यूरोपीय यूनियन को भी लाभ होगा, क्योंकि उन्हें भारत का बड़ा बाजार प्राप्त होगा और बैंकिंग एवं रिटेल के क्षेत्र में लाभ होगा तथा भारत के सभी क्षेत्रों में निवेश में भी लाभ होगा। भारत आर.सी.ई.पी. (RCEP) का भाग नहीं है इसलिए यूरोप और अमेरिका के साथ मुक्त व्यापार समझौता शीघ्र संपन्न करने की आवश्यकता है।

व्यापार में चुनौतियां

भारत-यूरोपीय यूनियन के मध्य व्यापारिक संबंधों में विविधता का अभाव है। व्यापार संतुलन भारत के विपरीत है। भारतीय निर्यातकों के लिए यूरोपीय यूनियन के बाजारों में अनेक समस्याएं हैं। भारतीय वस्तुओं को यूरोपीय बाजारों में भेजने में अनेक कठिनाइयां आती हैं। यूरोपीय यूनियन डंपिंग विरोधी शुल्क भी आरोपित करता रहा है। यूरोपीय यूनियन द्वारा श्रम और पर्यावरण मानकों के आधार पर भारतीय वस्तुओं के निर्यात को बाधित किया जाता रहा है। भारत के मछली के निर्यात को पर्यावरणीय आधार पर प्रतिबंधित किया जाता रहा है तथा कालीन के निर्यात को बालश्रम के आधार पर रोका जाता है। यूरोपीय यूनियन का इकहरे बाजार के रूप में विकास हुआ है। वे यूरोपीय यूनियन के सदस्यों को आयात में प्राथमिकता देते हैं। मुक्त व्यापार समझौता होने से इन समस्याओं का निराकरण होगा। वर्ष 2021 में यूनियन द्वारा कार्बन सीमा टैक्स का प्रस्ताव किया गया है, जो भारत के लिए भी एक चुनौती सिद्ध होगा।

भारतीय रणनीति

प्रोफेसर राजेन्द्र जैन के अनुसार, यूरोपीय देशों में भारत का अपेक्षित निर्यात न होने का मूल कारण खराब गुणवत्ता की वस्तुओं, प्रतिस्पर्धी कीमतों का अभाव, समय से वस्तुओं का बाजार में न पहुंचना, जटिल नौकरशाही तथा कमजोर आधारभूत ढांचा है, जिसे भविष्य में सुधारने की आवश्यकता है। यूरोपीय यूनियन विश्व का सबसे बड़ा इकहरा बाजार है। लेकिन यह अत्यधिक प्रतिस्पर्धी बाजार है, गतिशील है, लेकिन भेदभाव भी है। कीमत के प्रति सतर्क है, लेकिन गुणवत्ता भी महत्त्वपूर्ण है। एशियाई टाइगर (ताइवान, सिंगापुर और हांगकांग) ने यूरोपीय बाजारों में सफलतापूर्वक प्रवेश किया है, जिससे यह सिद्ध होता है कि सस्ती वस्तुएं, प्रभावी विपणन और बेहतर वितरण क्षमता द्वारा यूरोपीय बाजारों में पैठ बनाई जा सकती है।

समकालीन परिस्थितियों में भारत की स्थिति सुधर रही है और यूरोपीय देशों ने भारत को महत्त्व प्रदान किया है, जिसके कारण निम्नलिखित हैं-

- गतिशील लोकतांत्रिक राजनीतिक व्यवस्था।
- बड़ा बाजार।
- उदारीकरण एवं निजीकरण की नीति।
- निष्पक्ष प्रशासनिक और वैधानिक तंत्र।

- अंग्रेजी भाषा बोलने वालों की बड़ी संख्या।

उपरोक्त कारणों से यूरोपीय यूनियन के देशों द्वारा चीन, जापान और दक्षिण-पूर्व एशियाई देशों के साथ भारत को भी अत्यधिक महत्त्व प्रदान किया गया है। लेकिन इसमें निम्न बाधाएं हैं-

- यूरोपीय यूनियन के साथ व्यापार करने में अनेक भाषाओं की जानकारी आवश्यक है, जबकि भारतीय व्यापारी अंग्रेजी भाषा के बेहतर जानकार हैं।

कश्मीर मुद्दा

भारतीय विदेश नीति में कश्मीर मुद्दा अत्यधिक संवेदनशील रहा है और कश्मीर में पाकिस्तान द्वारा सीमापार आतंकवाद को प्रायोजित किया गया, लेकिन यूरोपीय देशों ने भारत की सुरक्षा चिंताओं को समझने के बजाय, भारत पर मानवाधिकारों के उल्लंघन का आरोप लगाया। यद्यपि परिवर्तित परिस्थितियों में यूरोपीय देशों का दृष्टिकोण बदला है तथा यूरोपीय देशों ने मुंबई बम विस्फोट की कड़ी आलोचना की और कश्मीर पर भी यूरोपीय देशों का दृष्टिकोण बदला और कारगिल संघर्ष के समय यूरोपीय देशों ने भारत का पूर्ण समर्थन किया।

परमाणु अप्रसार का मुद्दा

सितंबर, 2001 के बाद अमेरिका तथा अन्य यूरोपीय देशों ने ये प्रतिबंध समाप्त कर दिए। फ्रांस और ब्रिटेन ने भारत-अमेरिका सिविल परमाणु समझौते का समर्थन किया, जबकि आयरलैंड और ऑस्ट्रिया ने इस समझौते का कड़ा विरोध किया। यह उल्लेखनीय है कि यूरोपीय यूनियन के देशों में विदेश नीति के मुद्दे पर एकसमान दृष्टिकोण नहीं पाया जाता तथा ऑस्ट्रिया और आयरलैंड ने मूलतः परमाणु अप्रसार का समर्थन किया, भारत का विरोध नहीं। फ्रांस, भारत के सिविल परमाणु ऊर्जा उत्पादन में सहयोग देने वाला एक अग्रणी देश हो सकता है, जिसके लिए समझौता हो चुका है। अतः परमाणु मुद्दा अब संबंधों में बाधक नहीं है।

परमाणु आपूर्तिकर्ता समूह (Nuclear Supplier Group) भारत-अमेरिका सिविल परमाणु समझौते के मुद्दे पर परमाणु आपूर्तिकर्ता समूह (एन.एस.जी.) के छह देशों ने इस समझौते पर आपत्ति व्यक्त की है, जिनमें पांच (ऑस्ट्रिया, नॉर्वे, स्विट्ज़रलैंड, आयरलैंड एवं नीदरलैंड) यूरोपीय देश थे। यूनियन के बड़े सदस्यों में जर्मनी और फ्रांस, भारत की सदस्यता के समर्थक हैं। इनके अनुसार, भारत एक उत्तरदायी लोकतांत्रिक देश है, जिसे परमाणु क्षमता के शांतिपूर्ण प्रयोग का अधिकार होना चाहिए। जबकि स्वीडन, आयरलैंड जैसे देश भारत की सदस्यता को परमाणु अप्रसार के लिए हानिकारक मानते हैं। इनका विरोध भारत से नहीं है, अपितु ये परमाणु प्रसार के विरोधी हैं।

सामरिक संबंध

वर्ष 2020 में भारत और यूनियन के बीच सामरिक सहयोग पर प्रभावी बल दिया गया है। क्योंकि कोविड-19 की स्थिति को देखते हुए चीन को लोकतंत्र और नियम आधारित विश्व के लिए एक चुनौती माना जा रहा है। भारत और यूरोपीय यूनियन के मध्य निम्न मुद्दों पर समान दृष्टिकोण का विकास हो रहा है-

- वैश्विक आतंकवाद का मुकाबला भारत एवं यूनियन की साझी चुनौती है। क्योंकि यूरोपीय देशों के बीच अब सीमा विवाद अथवा सैन्य संघर्ष नहीं है। अतः आतंकवाद इनकी सुरक्षा के लिए सर्वाधिक गंभीर चुनौती है। जलवायु परिवर्तन की समस्या का समाधान का साझा हल खोजने के लिए पेरिस पर्यावरणीय वार्ताओं को लागू करने पर बल दिया जा रहा है।
- ऊर्जा सुरक्षा पर सहयोग एवं नशीले पदार्थों की तस्करी जो सुरक्षा के गैर-परंपरागत खतरे हैं। वर्तमान में यूरोपीय यूनियन द्वारा यह स्वीकार किया गया है कि भारत आतंकवाद का शिकार है।

सामरिक संबंध एक कमजोर कड़ी

भारत-यूरोपीय यूनियन के मध्य बेहतर सामरिक संबंधों का निर्माण हो चुका है तथा इन संबंधों के बावजूद कुछ चुनौतियां उल्लेखनीय हैं। उदाहरण के लिए, यूरोपीय यूनियन की विदेश नीति के पूर्व मुखिया जेवियर सोलाना ने कहा कि 'यूरोपीय यूनियन की विदेश नीति में भारत एक प्राथमिक देश नहीं है और उन्होंने इस बिंदु पर बल दिया कि भारत के साथ संबंधों को और प्रगाढ़ करने की आवश्यकता है।' एक वरिष्ठ फ्रांसीसी विद्वान क्रिस्टोफर जेफ्रेलो के अनुसार, 'भारत-यूरोपीय यूनियन के मध्य प्रभावी कूटनयिक और भू-राजनीतिक संबंधों का अभाव है।' ठीक इसी प्रकार भारतीय विदेश नीति में यूरोपीय यूनियन महत्त्वपूर्ण कारक नहीं है। भारतीय चिंतकों के अनुसार, 'यूरोप में सामरिक दृष्टि का अभाव है। इसलिए भविष्य की बहुध्रुवीय विश्व राजनीति में

यूरोपीय यूनियन के साथ सहभागिता को निम्न स्थान दिया जाता है।' परिणामस्वरूप भारतीय विदेश नीति में अमेरिका और पूर्वी एशियाई देशों को प्राथमिकता दी जाती है तथा यूरोपीय यूनियन अभी भी निचले पायदान पर स्थित है, क्योंकि यूरोपीय यूनियन की साझा विदेश नीति नहीं है।

भारत के बड़े सामरिक विश्लेषक सी. राजामोहन भी उपरोक्त दृष्टिकोण से सहमत प्रतीत होते हैं। उनके अनुसार, नई दिल्ली विश्व राजनीति में यूरोप की भूमिका से प्रभावित नहीं है। उनके अनुसार, 'यूरोपीय देशों में अमेरिकी विदेश नीति का विरोध पाया जा रहा है।' जबकि भारत जैसे परंपरागत अमेरिकी आलोचकों का दृष्टिकोण अमेरिका के साथ मिल रहा है। भारतीय विदेश नीति में अमेरिका की कई अप्रिय नीतियों का विरोध नहीं किया जा रहा है। उनके अनुसार, यूरोप, भारत के उभार के विषय में संदेहग्रस्त है, जबकि अमेरिका ने यह स्पष्ट कहा कि भारत के महाशक्ति के रूप में उभार में अमेरिका सहायक होगा।

उपरोक्त आलोचनाएं आंशिक हैं, क्योंकि भारत एवं मुख्य यूरोपीय महाशक्तियों इंग्लैंड, फ्रांस और जर्मनी के बीच घनिष्ठ आर्थिक और राजनीतिक संबंधों का विकास हो रहा है। यूरोपीय यूनियन के देशों ने भारत की सुरक्षा परिषद में स्थायी सदस्यता का समर्थन किया। यद्यपि यह उल्लेखनीय है कि यूरोपीय देशों की कोई साझा विदेश नीति नहीं है। यूरोपीय देश कुछ मामलों में साझा दृष्टिकोण रखते हैं। भविष्य में इन संबंधों को और प्रगाढ़ बनाने की आवश्यकता है। केवल ब्रिटेन, जर्मनी और फ्रांस के साथ ही संबंधों पर बल प्रदान न किया जाए, बल्कि चेक गणतंत्र, स्वीडन, स्पेन और हंगरी जैसे छोटे देशों के साथ भी संबंधों के विकास की संभावनाएं हैं और दोनों के मध्य सुरक्षा के गैर-परंपरागत खतरों के संबंध में सहयोग हो रहे हैं तथा दोनों के मध्य मुक्त व्यापार समझौता भी हो चुका है, जो भविष्य में संबंधों का सुदृढ़ आधार तैयार करेगा।

प्रत्यक्षण में परिवर्तन (Change in Perception)

परंपरागत रूप से यूरोपीय देशों के लिए भारत की छवि एक आध्यात्मिक देश, पिछड़े, संघर्षरत समाज, गरीबी के शिकार तथा प्राकृतिक आपदाओं से ग्रस्त देश की है। वर्तमान में भारत, दुनिया की चौथी सबसे बड़ी अर्थव्यवस्था बन गया है। शीत युद्धोत्तर विश्व में भारतीय अर्थव्यवस्था में तीव्र विकास हुआ। समकालीन युग में इस प्रत्यक्षण में परिवर्तन हो रहा है तथा भारत की उभरती अर्थव्यवस्था तथा स्थायी लोकतंत्र को विश्वव्यापी मान्यता प्राप्त हो रही है। आई.टी. (Information Technology) के क्षेत्र में भारत ने निर्णायक बढ़त प्राप्त की है, इसलिए यूरोपीय यूनियन के देशों में चीन के साथ भारत के महत्त्व में भी वृद्धि हुई है। समकालीन युग में यूरोपीय देशों में बढ़ती इस्लामिक कट्टरता के परिप्रेक्ष्य में भारतीय पंथनिरपेक्षता और बहुलवादी समाज को बहुत महत्त्व दिया जाता है।

नीतिगत विकल्प

भारत और यूरोपीय यूनियन के मध्य संबंधों को सुदृढ़ बनाने के लिए निम्नलिखित उपाय अपनाने होंगे-

- यूरोप के कुछ देशों को प्राथमिकता देने के साथ, यूरोप के सभी देशों में अपने हितों को विस्तार देना।
- यूरोप में पहुंचने हेतु पूर्वी यूरोप को मार्ग के रूप में प्रयोग करना।
- भारतीय कूटनयिकों को प्रशिक्षण देना तथा उन्हें विभिन्न यूरोपीय भाषाओं की जानकारी देना।
- भारतीय दूतावासों तथा वाणिज्यिक दूतावासों को ज्यादा गतिशील बनाना।
- सूचना अंतराल को दूर करना, जिसके लिए निम्न उपाय किए गए-
  (i) यूरोपीय महाद्वीप में पत्रकारों की तैनाती।
  (ii) यूरोपीय अर्थशास्त्र, समाजशास्त्र और राजनीति के विशेषज्ञों के मध्य बेहतर समन्वय।
  (iii) मीडिया कर्मियों का आदान-प्रदान।
  (iv) भारतीय विदेश नीति में यूरोपीय अध्ययन केंद्रों की स्थापना।
  (v) सांस्कृतिक कूटनीति को बढ़ावा देना और व्यवस्थित रूप में भारत के बारे में सकारात्मक सूचनाएं प्रदान करना कि भारत एक लोकतांत्रिक उदारवादी राज्य है, जिसकी अर्थव्यवस्था अत्यधिक गतिशील है।

साझे लोकतांत्रिक मूल्य

यूरोपीय यूनियन द्वारा भारत के साथ आर्थिक संबंधों पर अनेक समझौते हो चुके हैं तथा दो लोकतांत्रिक व्यवस्थाओं के बीच अब सामरिक संबंधों का भी विकास हो रहा है। यूरोपीय यूनियन द्वारा अब भारत को सकारात्मक रूप में देखा जा रहा है। यूरोपीय यूनियन के लिए भारत का महत्त्व इस बिंदु का प्रमाण है कि भारत-यूरोपीय

यूनियन के मध्य शिखर वार्ता भी आरंभ हो चुकी है तथा अमेरिका, रूस, कनाडा, चीन, जापान के अलावा भारत छठा देश है, जिसके साथ यूरोपीय यूनियन सामरिक संबंध बना रहा है। यूरोपीय यूनियन ने दक्षिण एशियाई क्षेत्र में भारत को निर्विवाद रूप में प्राथमिकता प्रदान की है। अब यूरोपीय यूनियन द्वारा एशिया में चीन और जापान के साथ-साथ भारत के साथ भी समान व्यवहार किया जा रहा है। वर्ष 2001 में भारत-यूरोपीय यूनियन के मध्य दूसरी शिखर वार्ता के दौरान यूरोपीय आयोग के तत्कालीन अध्यक्ष रोमानो प्रोदी ने कहा कि 'दोनों मिलकर इस अस्थायी विश्व में स्थायित्व लाने का प्रयत्न करेंगे।' यूरोपीय यूनियन ने न केवल भारत के विशाल लोकतंत्र की प्रशंसा की, अपितु भारत के उभरते बाजार को असीम संभावनाओं का क्षेत्र माना। फ्रांसीसी विद्वान डोमिनिक मोइजी ने विश्व स्तर पर भारत को एक स्वतंत्र एवं महत्त्वपूर्ण दोनों प्रकार की शक्ति माना। यूरोपीय यूनियन द्वारा एक बहुध्रुवीय विश्व में भारत की महत्त्वपूर्ण भूमिका का समर्थन किया गया।

भारत का दृष्टिकोण

यूरोपीय यूनियन के विशाल बाजार तथा इसके आकार एवं महत्त्व को भारत अत्यधिक प्राथमिकता देता है तथा यूरोपीय यूनियन भारत में निवेश का एक बड़ा स्रोत है। यह उच्च तकनीकी का मूल स्रोत है, जो भारत की आर्थिक और औद्योगिक वृद्धि के लिए अपरिहार्य है। सामान्यतः विकासशील देश और विशेष रूप में भारत अंतर्राष्ट्रीय राजनीति में यूरोपीय यूनियन को अत्यधिक सकारात्मक महत्त्व देते हैं और इसे अमेरिका द्वारा निर्मित एकध्रुवीय प्रभुत्व को प्रतिसंतुलित करने का प्रभावी माध्यम मानते हैं। अतः यूरोपीय यूनियन का उभार बहुध्रुवीय विश्व के निर्माण में सहायक होगा और एक पक्षवाद को प्रतिसंतुलित करने एवं शांति निर्माण में सहायक होगा।

क्षेत्रीय एवं वैश्विक मुद्दों पर दृष्टिकोण

लोकतंत्र एवं मानवाधिकार

लोकतंत्र और मानवाधिकार के मुद्दे पर अमेरिकी विदेश नीति में बल प्रयोग का समर्थन किया जाता है। अमेरिका ने इराक और अफगानिस्तान में ऐसी नीतियों का समर्थन किया। जबकि यूरोपीय यूनियन द्वारा लोकतंत्र और मानवाधिकारों को अत्यधिक महत्त्व दिया जाता है, लेकिन बल प्रयोग का समर्थन नहीं किया जाता तथा यूरोपीय यूनियन की मान्यता है कि बल प्रयोग से मानवाधिकारों का अत्यधिक उल्लंघन होता है। भारत की नीति यूरोपीय यूनियन के अधिक निकट है।

अंतर्राष्ट्रीय संगठन और बहुपक्षवाद

अमेरिका ने वर्ष 1972 की 'एंटी बैलिस्टिक मिसाइल संधि' से स्वयं को अलग कर लिया। वर्ष 2003 में इराक पर संयुक्त राष्ट्र संघ की बिना अनुमति के आक्रमण किया गया, जबकि यूरोपीय यूनियन द्वारा इन एकपक्षीय और एकतरफा नीतियों का समर्थन नहीं किया गया। फ्रांस और जर्मनी ने इराक पर आक्रमण (वर्ष 2003) का विरोध किया। भारतीय विदेश नीति में भी बहुपक्षवाद को अत्यधिक महत्त्व दिया जाता है और अंतर्राष्ट्रीय आपराधिक न्यायालय के मुद्दे पर भी भारत-यूरोपीय यूनियन के दृष्टिकोण ज्यादा मिलते-जुलते हैं।

आतंक के विरुद्ध युद्ध

वैश्विक आतंकवाद की समस्या से सभी की सुरक्षा के लिए समान रूप से खतरा है। यूरोपीय यूनियन ने आतंकवादी गतिविधियों की सामान्य परिभाषा और उनके संगठन की सूची निर्मित करने पर अधिक बल दिया, जबकि अमेरिका ने 'आतंक के विरुद्ध युद्ध' के नारे के अंतर्गत दुष्ट राष्ट्रों की संकल्पना प्रस्तुत की, जिसका फ्रांस एवं जर्मनी ने विरोध किया। यूरोपीय यूनियन ने अमेरिका की संकल्पना से स्वयं को अलग किया। अमेरिका ने 'वार ऑन टेररिज्म' का नारा दिया, जबकि यूरोपीय यूनियन ने 'आतंक के विरुद्ध संघर्ष' का नारा दिया। भारत ने भी अंतर्राष्ट्रीय आतंकवाद के विरुद्ध अमेरिका का सहयोग किया, क्योंकि भारत कई दशकों से आतंकवाद से पीड़ित है। भारत एवं यूरोपीय यूनियन के मध्य भी आतंकवाद का सामना करने के लिए समान रणनीति पर विचार-विमर्श हो रहा है। वर्ष 2008 के आतंकवादी हमले में अनेक यूरोपीय नागरिक भी मारे गए। इसीलिए अब यूरोपीय यूनियन द्वारा सीमापार आतंकवाद के मुद्दे पर भारत के साथ सहानुभूतिपूर्ण दृष्टिकोण अपनाया जाता है।

बहुध्रुवीय विश्व

भारत और यूरोपीय यूनियन दोनों बहुध्रुवीय विश्व के समर्थक हैं। फ्रांस ने स्पष्ट रूप में सुरक्षा परिषद में भारत की स्थायी सदस्यता का समर्थन किया है। इसके साथ ही, ब्रिटेन और जर्मनी ने भी, जो जी-4 का एक सदस्य है। वर्तमान समय में जी-7 की बैठकों में भारत को आमंत्रित किया जाता है। अतः भारतीय

नेतृत्व द्वारा एकध्रुवीय और एकपक्षीय नीतियों का समर्थन नहीं किया जाता।

भारत-जर्मनी

जर्मनी, यूरोप की सबसे बड़ी अर्थव्यवस्था है। जर्मनी की जनसंख्या लगभग 8 करोड़ है, जहां ईसाई धर्म तथा जर्मन भाषा प्रभावी है। यह एक उच्च तकनीक पर आधारित विकसित अर्थव्यवस्था है। राजनीतिक रूप में यह एक लोकतांत्रिक, उदारवादी, पूंजीवादी देश है।

व्यापारिक

वर्ष 1991 के उदारीकरण के बाद भारत द्वारा यूरोपीय देशों के साथ आर्थिक संबंधों पर प्रमुख बल दिया गया और जर्मनी, तकनीकी और आर्थिक रूप में यूरोप का सबसे शक्तिशाली देश है। जर्मनी, भारत और यूरोप के बीच व्यापारिक भागीदारी हुई, जो सर्वाधिक महत्त्वपूर्ण हैं। यरोपीय देशों में जर्मनी, भारत का सबसे बड़ा द्विपक्षीय व्यापारिक भागीदार है एवं दोनों देशों के बीच का व्यापार वर्तमान में लगभग 26 बिलियन डॉलर है। तकनीकी विकास को किसी भी देश की अर्थव्यवस्था के लिए अत्यधिक महत्त्वपूर्ण माना जाता है और जर्मनी, तकनीकी रूप में अत्यधिक सक्षम देश है और भारत के सेवा प्रधान उद्योगों के लिए तकनीकी की आवश्यकता है। पर्यावरण संरक्षण के लिए भी बेहतर तकनीकी जरूरी है।

तकनीक

भारत जर्मनी का दूसरा सबसे बड़ा तकनीकी सहयोगी है और दोनों के बीच वर्ष 2008 में नई दिल्ली में भारत-जर्मनी विज्ञान और तकनीक केंद्र की स्थापना हुई। वर्तमान में तकनीक के खरीद का अभिप्राय, बौद्धिक संपदा अधिकारों की खरीद है, जो विकासशील देशों के लिए अत्यधिक मंहगा विकल्प है। इसलिए दोनों के बीच तकनीकी सहयोग को बढ़ावा देने के लिए संयुक्त अनुसंधान तथा ऊर्जा, पर्यावरण और जल तकनीकी के विकास में सहयोग किया जा रहा है। दोनों देश संबंधों को विक्रेता और खरीददार से बढ़ाकर साझे सहयोग और संयुक्त उत्पादन पर बल दे रहे हैं। भारत और जर्मनी के बीच सहयोग केवल व्यापारिक मुद्दों पर ही नहीं है, बल्कि सामरिक सहयोग का भी प्रभावी विकास हो रहा है और दोनों के बीच दीर्घकालिक संबंध का भी विकास हो रहा है। जर्मनी और भारत के बीच सामरिक सहभागिता का समझौता भी संपन्न हो चुका है और भारत, जर्मनी का एकमात्र सामरिक सहभागी है, जो यूरोप से नहीं है। भारत और जर्मनी के बीच वर्ष 2013 में अंतर-सरकारी परामर्शकारी बैठक का आयोजन किया गया।

सामरिक

जर्मनी, विश्व की एक प्रमुख अर्थव्यवस्था है और भारत का उभार विश्व के बड़े बाजार के रूप में हो रहा है। इसलिए दोनों देशों के बीच सहयोग स्वाभाविक है। सुरक्षा परिषद की स्थायी सदस्यता के लिए दोनों जी-4 के प्रस्तावक सदस्य हैं। सुरक्षा परिषद में एक-दूसरे की सदस्यता के दावे का समर्थन करते हैं। जर्मनी ने भारत के परमाणु आपूर्तिकर्ता समूह (NSG) की सदस्यता का भी समर्थन किया। यह उल्लेखनीय है कि वर्ष 2012-2013 को जर्मनी में भारत वर्ष के रूप में मनाया गया। दोनों देशों के बीच सांस्कृतिक संबंधों को भी प्रगाढ़ बनाया जा रहा है। भारत, विश्व का सबसे बड़ा लोकतांत्रिक देश है एवं जर्मनी, यूरोप का सबसे बड़ा लोकतांत्रिक देश है। अतः दोनों के बीच साझे मूल्यों का भी सहयोग है।

भारत-ब्रिटेन

ग्रेट ब्रिटेन पश्चिम यूरोप में स्थित है, जिसमें इंग्लैंड, स्कॉटलैंड और वेल्स सम्मिलित हैं। ग्रेट ब्रिटेन की जनसंख्या लगभग 6.7 करोड़ है। यह आर्थिक रूप से उदारवादी पूंजीवादी राज्य है। जहां लोकतांत्रिक, संसदीय व्यवस्था आधारित राजनीतिक व्यवस्था है। यह इंग्लिश चैनल से यूरोप की मुख्य भूमि से अलग है।

डायस्पोरा

भारत और ब्रिटेन के बीच परंपरागत रूप में बेहतर संबंध रहे हैं। भारत के संविधान निर्माता इंग्लैंड में प्रचलित संसदीय शासन के अत्यधिक समर्थक थे। इसलिए भारत की स्वतंत्रता के बाद संसदीय शासन अपनाया गया तथा भारत अभी भी कॉमनवेल्थ का सदस्य है, जिसकी स्थापना इंग्लैंड द्वारा की गई थी। इंग्लैंड, अमेरिका का परंपरागत मित्र रहा है और वर्तमान में भारत के संबंध इंग्लैंड और अमेरिका दोनों देशों के साथ मित्रतापूर्ण बने हुए हैं और इंग्लैड में अभी भी भारतीय मूल के लगभग 16 लाख लोग निवास करते हैं।

व्यापारिक

ब्रिटेन भारत में निवेश करने वाले दस सबसे बड़े देशों में से एक है। तथा भारत की लगभग 1,200 कंपनियां इंग्लैंड में अपना व्यवसाय कर रही हैं। भारत की प्रसिद्ध मोटर निर्माता कंपनी टाटा

द्वारा इंग्लैंड की जगुआर कंपनी को खरीद लिया गया तथा भारत भी ब्रिटेन में निवेश करने वाला बड़ा देश है। दोनों देशों के बीच का द्विपक्षीय व्यापार लगभग 56 बिलियन डॉलर है। दोनों देशों के बीच निवेश को प्रोत्साहित करने के लिए संयुक्त आर्थिक और व्यापारिक समिति की स्थापना वर्ष 2005 में हुई। 2025 में दोनों देशों के बीच FTA भी हो चुका है।

सिविल परमाणु सहयोग

वर्ष 2008 में भारत-अमेरिका के बीच सिविल परमाणु समझौता हुआ और वर्तमान समय में भारत और ब्रिटेन के बीच भी सिविल परमाणु समझौता हो चुका है। भारत और ब्रिटेन के बीच सामरिक संबंधों का विकास हो चुका है तथा ब्रिटेन, सुरक्षा परिषद का स्थायी सदस्य है और ब्रिटेन द्वारा भारत की स्थायी सदस्यता का समर्थन किया जा रहा है। ब्रिटेन द्वारा भारत के विरुद्ध सीमापार आतंकवाद का भी विरोध किया गया है और कश्मीर मुद्दे पर भी ब्रिटेन, भारत का समर्थन कर रहा है।

सामरिक

भारत इस समय दुनिया के बड़े उभरते बाजारों में से एक और हथियारों का आयात करने वाला विश्व का सबसे बड़ा देश है। इसलिए ब्रिटेन, भारत के बाजार में हथियार निर्यात करने का प्रयत्न कर रहा है। ब्रिटेन विश्व के बड़े हथियार निर्यातक देशों में से एक है। वर्ष 2005 में दोनों देशों के बीच संयुक्त सैन्य अभ्यास भी हुआ और दोनों के बीच वर्तमान समय में सामरिक संबंध भी हैं। दोनों देशों के बीच सांस्कृतिक क्षेत्र में भी सहयोग किया जा रहा है तथा लोकतंत्र के साझे मूल्य दोनों देशों के संबंधों को और प्रगाढ़ बना रहे हैं। ब्रिटेन, विश्व का सबसे पुराना लोकतांत्रिक देश है, जबकि भारत, विश्व का सबसे बड़ा लोकतांत्रिक देश है।

भारत-फ्रांस

फ्रांस, यूक्रेन के बाद यूरोप का सबसे बड़ा देश है। फ्रेंच भाषी यह देश पश्चिम यूरोप की मुख्य भूमि पर अवस्थित है। यहां की जनसंख्या लगभग 6.5 करोड़ है। यह राजनीतिक रूप से लोकतांत्रिक, उदारवादी देश है तथा आर्थिक रूप से पूंजीवादी अर्थव्यवस्था को अपनाता है।

सामरिक

भारत एवं फ्रांस के बीच वर्ष 1991 के बाद प्रभावी संबंधों का विकास हुआ तथा फ्रांस, अमेरिका के नेतृत्व में निर्मित सुरक्षा संगठन नाटो का सदस्य है। यह सुरक्षा परिषद का स्थायी सदस्य तथा विश्व की एक प्रमुख अर्थव्यवस्था है। फ्रांस और भारत के बीच व्यापारिक, राजनीतिक एवं सैनिक संबंधों का प्रभावी विकास हो रहा है। भारत द्वारा रक्षा सामग्री की आपूर्ति के लिए सस्ते एवं बेहतर विकल्पों की तलाश की जा रही है। फ्रांस, रक्षा सामग्री का प्रमुख निर्यातक देश है।

हिंद महासागर

हिंद महासागर में भारत की स्वाभाविक एवं प्राकृतिक उपस्थिति है। भारत हिंद महासागर के मध्य में स्थित है। वर्तमान में हिंद महासागर क्षेत्र में चीन के प्रभाव में निरंतर वृद्धि हो रही है। हिंद महासागर में फ्रांस का अत्यधिक महत्त्वपूर्ण द्वीपों पर नियंत्रण है, जिसमें रियूनियन द्वीप (Reunion island), मायोटी द्वीप (Mayotte island) तथा स्कॉटर द्वीप (Scoter island) पर फ्रांस के नौसैनिक अड्डे हैं। इसके अतिरिक्त जिबूती में भी फ्रांस के लड़ाकू जहाज तैनात हैं। इसलिए भारत-फ्रांस के बीच हिंद महासागर के इन द्वीपों पर सहयोग का समझौता हुआ है। जो लॉजिस्टिक समझौते के समान है। इससे यह प्रतीत होता है कि वर्तमान में अमेरिका के बाद फ्रांस, भारत का दूसरा सबसे बड़ा सामरिक सहयोगी बन गया है।

सैन्य

भारत-फ्रांस के बीच लड़ाकू विमान (medium multirole combat aircraft) खरीदने का समझौता हुआ। इसके अंतर्गत भारत ने फ्रांस से 126 राफेल लड़ाकू विमान खरीदने का समझौता किया। भारत रक्षा हथियारों की आपूर्ति के लिए किसी एक देश पर निर्भर नहीं रहना चाहता। भारत और फ्रांस के बीच सामरिक संबंधों की स्थापना हो चुकी है। राफेल लड़ाकू विमानों की खरीद का समझौता भारत के इतिहास में (Mother of all defence deals) फ्रांस के साथ रक्षा का सबसे बड़ा सौदा है। इसके अतिरिक्त फ्रांस ने भारत को स्कॉरपीन (Scorpene) पनडुब्बी के निर्माण की तकनीक भी हस्तांतरित की है। एक महत्त्वपूर्ण समझौते के अंतर्गत दोनों देशों ने सतह से हवा में मार करने वाले प्रक्षेपास्त्र 'मैत्री' के साझे विकास की परियोजना पर समझौता किया है। इससे ऐसा प्रतीत होता है कि भारत-फ्रांस के रक्षा संबंध भारत-रूसी रक्षा संबंधों के मॉडल पर आगे बढ़ रहे हैं।

भारत-फ्रांस के बीच ऐतिहासिक लड़ाकू विमान के समझौते में समस्या उत्पन्न हो गई, क्योंकि फ्रांस ने विमानों की कीमतों

में वृद्धि कर दी तथा विमानों के भारत में उत्पादन के समझौते पर भी आपत्ति करने लगा। भारत ने रक्षा सामग्री की तत्काल आवश्यकताओं को देखते हुए फ्रांस से 36 राफेल विमान मंगाने का निर्णय किया है, जबकि आरंभिक रूप में 126 विमानों का समझौता किया गया था। सरकार द्वारा कंपनी की कीमत को लेकर आपत्ति व्यक्त की गई। पहले इस समझौते में यह उल्लिखित था कि 118 विमानों का निर्माण फ्रांस के सहयोग से भारत में होगा, परंतु फ्रांस द्वारा विमानों की कीमत बढ़ाने के बाद तथा तकनीक न प्रदान करने के कारण भारत द्वारा समझौते का पुनरावलोकन किया गया और व्यावहारिक नीति अपनाते हुए भारत द्वारा केवल 36 विमानों के आयात का निर्णय लिया गया। वर्तमान सरकार द्वारा 'मेक इन इंडिया' कार्यक्रम के अंतर्गत लड़ाकू विमानों के घरेलू उत्पादन पर भी बल दिया गया है।

सिविल परमाणु सहयोग

वर्ष 2008 में भारत और अमेरिका के बीच सिविल परमाणु समझौता हुआ, जिसके बाद भारत के लिए अन्य देशों से परमाणु रिएक्टर और परमाणु ईंधन प्राप्त करने का रास्ता साफ हो गया। फ्रांस, परमाणु रिएक्टर के अग्रणी निर्माताओं में से एक है तथा दोनों देशों के बीच सिविल परमाणु समझौता भी संपन्न हो चुका है। फ्रांस ने परमाणु आपूर्तिकर्ता समूह (NSG) में भी भारत की सदस्यता का समर्थन किया है। वर्तमान में भारत द्वारा परमाणु उत्तरदायित्व अधिनियम में परिवर्तन करते हुए दुर्घटना के बाद मुआवजा देने के लिए बीमा पूल के निर्माण की घोषणा की गई, जिससे मुआवजा देने का दायित्व निर्माता कंपनी का नहीं होगा। इस परिवर्तन से भारत, फ्रांस, सिविल परमाणु सहयोग प्रभावी होगा। यह उल्लेखनीय है कि वर्ष 2032 तक भारत अपने परमाणु बिजली उत्पादन की क्षमता को 63 हजार मेगावाट तक बढ़ाना चाहता है। फ्रांस की कुल बिजली का 78 प्रतिशत भाग परमाणु ऊर्जा से उत्पादित होता है, इसलिए सिविल परमाणु क्षेत्र में सहयोग की बेहतर संभावनाएं हैं।

व्यापारिक

वर्तमान में भारत द्वारा व्यापार व वाणिज्य पर अत्यधिक बल प्रदान किया जा रहा है। फ्रांस के साथ भी व्यापारिक संबंधों को बेहतर बनाने का प्रयास किया जा रहा है। भारत का बड़ा बाजार फ्रांसीसी लोगों के लिए आकर्षण का केंद्र है, क्योंकि वर्ष 2008 के बाद यूरोपीय देश आर्थिक मंदी के शिकार हैं। दोनों देशों के बीच वर्ष 2023-24 में द्विपक्षीय व्यापार लगभग 13 बिलियन डॉलर रहा है तथा अंतरिक्ष के क्षेत्र में भी दोनों में परस्पर सहयोग हो रहा है। दोनों देशों के बीच सहयोग से भारत को तकनीक का भी लाभ होगा और भारत द्वारा सुरक्षा परिषद की स्थायी सदस्यता का दावा किया गया है तथा फ्रांस, भारत की सुरक्षा परिषद की स्थायी सदस्यता का प्रबल समर्थक है। भारत, विश्व का सबसे बड़ा लोकतांत्रिक देश है तथा फ्रांस में लोकतांत्रिक शासन अत्यधिक शक्तिशाली है, इसलिए दोनों देशों के बीच लोकतंत्र का साझा मूल्य भी विद्यमान है।

निष्कर्ष

भारत एवं यूरोप के परंपरागत संबंध उपनिवेशवाद और साम्राज्यवादी रिश्ते से बंधे थे। आधुनिक स्वतंत्र भारत के निर्माण में संविधान निर्माताओं द्वारा यूरोपीय लोकतांत्रिक शासन एवं लोकतांत्रिक आदर्शों को अपनाया गया। वर्तमान में भारत के बाजार यूरोपीय उत्पादों के सर्वाधिक आकर्षण का केंद्र हैं। भारत में अर्थव्यवस्था के आधुनिकीकरण के लिए यूरोपीय तकनीक का प्रयोग किया जा रहा है।

अध्याय 6

भारत-चीन-रूस त्रिकोण

India–China–Russia Triangle

● रूस द्वारा त्रिकोण के समर्थन का कारण ● चीन द्वारा त्रिकोण के समर्थन का कारण ● भारत द्वारा त्रिकोण में सम्मिलित होने का कारण ● त्रिकोण की समस्याएं ● अमेरिका के भारत-रूस-चीन के साथ संबंध ● भारत का दृष्टिकोण और त्रिकोण ● गलवान संघर्ष और भारत-चीन-रूस त्रिकोण

वर्ष 1991 में सोवियत संघ का विघटन विश्व राजनीति की सर्वाधिक महत्त्वपूर्ण घटना थी और सोवियत संघ के विघटन के बाद रूस, सोवियत संघ का उत्तराधिकारी बन गया। परंतु रूस की अर्थव्यवस्था खस्ताहाल हो गई और रूस दूसरे दर्जे की शक्ति बन गया। सोवियत संघ के विघटन के बाद संयुक्त राज्य अमेरिका का प्रभाव समूचे विश्व में और शक्तिशाली बनकर उभरा। अमेरिका के बढ़ते प्रभाव से चीन भी अत्यधिक चिंतित हो गया। चीन द्वारा रूस के साथ मिलकर अमेरिका के बढ़ते प्रभाव को नियंत्रित करने का प्रयत्न किया गया। रूस का संबंध परंपरागत रूप में भारत के साथ बेहतर था, इसलिए भारत भी इस सहयोग में शामिल हो गया।

त्रिकोण की संकल्पना शीत युद्ध के बाद के विश्व में रूसी विदेश मंत्री प्रिमाकोव द्वारा वर्ष 1998 में प्रस्तुत की गई। अमेरिका के प्रभुत्व वाले एकध्रुवीय विश्व में अमेरिका को चुनौती देने के लिए इस त्रिकोण का विचार दिया गया। वर्ष 1990 के पश्चात् रूस की शक्ति में भारी गिरावट आ गई थी और आर्थिक व्यवस्था में सुधार के लिए रूस, अमेरिका और यूरोपीय देशों की आर्थिक सहायता पर निर्भर हो गया था। इसके परिणामस्वरूप अनेक वैश्विक मुद्दों पर रूस का दृष्टिकोण अमेरिका समर्थित बन गया। अमेरिका एवं पश्चिमी देशों द्वारा रूस की वैश्विक अवहेलना की गई और रूस को पर्याप्त आर्थिक सहायता प्राप्त नहीं हुई। इसी बीच वर्ष 2000 में व्लादिमीर पुतिन रूस के नए राष्ट्रपति निर्वाचित हुए। उन्होंने रूस को पुनः एक महाशक्ति के रूप में स्थापित करने का प्रयत्न किया और रूसी अर्थव्यवस्था को पटरी पर लाने की कोशिश की। रूसी अर्थव्यवस्था में सुधार होने के परिणामस्वरूप इस त्रिकोण का नारा दिया गया। रूस द्वारा अमेरिका के बढ़ते प्रभुत्व को प्रतिसंतुलित करने के लिए चीन एवं भारत के साथ संबंध पर विशेष बल दिया गया, जिससे त्रिकोण का विचार उत्पन्न हुआ। रूस ने अमेरिका के एकध्रुवीय प्रभुत्व के बजाय, बहुध्रुवीय विश्व का समर्थन किया।

तीनों देशों के त्रिकोण द्वारा व्यापार, कृषि, आपदा प्रबंधन, स्वास्थ्य सेवाएं, तेल और प्राकृतिक गैस के उत्पादन पर तथा परिवहन क्षेत्र में, उच्च तकनीकी, पर्यावरणीय क्षेत्र में सहयोग तथा सांस्कृतिक आदान-प्रदान और युवाओं के आदान-प्रदान पर सहयोग बढ़ाया जा रहा है। तीनों देश यह मानते हैं कि किसी भी राज्य के आंतरिक मुद्दे में एक पक्षीय सैनिक हस्तक्षेप नहीं होना चाहिए। संयुक्त राष्ट्र संघ को शक्तिशाली बनाने तथा वैश्विक आर्थिक व्यवस्था में सुधार का समर्थन सभी देशों द्वारा किया जाता है और ये देश विश्व को बहुध्रुवीय बनाने के समर्थक हैं।

रूस द्वारा त्रिकोण के समर्थन का कारण

सोवियत संघ के विघटन के बाद अमेरिका के नेतृत्व में नाटो (NATO) नामक सैन्य संगठन का प्रभाव बढ़ने लगा। नाटो द्वारा पूर्वी यूरोपीय देशों को नाटो में शामिल कर लिया गया, जो पहले रूस के प्रभाव में थे। नाटो के विस्तार से रूस का प्रभाव निकटवर्ती क्षेत्रों में कम होने लगा तथा सोवियत संघ में शामिल राज्य जैसे जॉर्जिया, यूक्रेन भी नाटो में शामिल होने के लिए प्रयत्न करने लगे। सोवियत संघ के विघटन के बाद मध्य एशियाई देशों का उदय हुआ, और काकेशस जैसे स्वतंत्र राज्यों का उदय हुआ, जिनमें अमेरिका द्वारा लोकतांत्रिक शासन को बढ़ावा दिया गया। परंपरागत रूप में इन देशों में एक दल का शासन विद्यमान था। अतः लोकतंत्र को बढ़ावा देकर अमेरिका ने इस क्षेत्र में अपना वैचारिक प्रभाव बढ़ाने का प्रयत्न किया।

सोवियत संघ के विघटन के बाद 15 नए राज्यों का निर्माण हुआ और सोवियत संघ का उत्तराधिकारी रूस बन गया। रूस के स्वायत्त क्षेत्र चेचेन्या में मुस्लिम जनसंख्या बहुमत में है, जबकि रूस में रूसी मूल के लोगों का बहुमत है। चेचेन्या द्वारा रूस से अलगाव की मांग की गई, जिसका रूस द्वारा बलपूर्वक विरोध किया गया। पश्चिमी देशों ने रूस के इस कार्य को मानव अधिकारों का विरोधी कहा। रूस के अनुसार यह मुद्दा आतंकवाद से जुड़ा हुआ है। वर्तमान में रूस एवं अमेरिका के बीच संबंध निम्नतम बिंदुओं पर हैं। रूस और यूक्रेन में युद्ध चल रहा है, जिसका अमेरिका और यूरोपीय देशों ने कड़ा विरोध किया है तथा अमेरिका और यूरोप द्वारा रूस पर कठोर आर्थिक प्रतिबंध भी आरोपित किए गए हैं। इन प्रतिबंधों के बाद रूस, चीन एवं भारत के साथ संबंधों को सुदृढ़ करने की नीति अपना रहा है। यह भी महत्त्वपूर्ण है कि मध्य एशिया में अमेरिका का बढ़ता प्रभाव रूस एवं चीन दोनों के हितों के प्रतिकूल है।

चीन द्वारा त्रिकोण के समर्थन का कारण

सोवियत संघ के विघटन के बाद अमेरिका की विदेश नीति में चीन के बढ़ते प्रभाव को नियंत्रित करना मूल उद्देश्य हो गया है। अमेरिका द्वारा ताइवान को सुरक्षा प्रदान की जाती है तथा ताइवान को हथियारों का निर्यात किया जाता है, जबकि चीन, ताइवान को अपना भाग मानता है। अमेरिका द्वारा तिब्बत में चीनी सरकार द्वारा तिब्बतियों के साथ भेदभाव को मानव अधिकार का उल्लंघन माना जाता है और अमेरिका तिब्बतियों की स्वायत्तता का समर्थक है। चीन के प्रभाव को सीमित करने के लिए अमेरिका ने एशिया केंद्रित नीति का समर्थन किया है, जिसके द्वारा अमेरिका अपनी सैन्य क्षमता का 60 प्रतिशत भाग एशिया-प्रशांत क्षेत्र में तैनात कर रहा है। दक्षिण चीन सागर के मुद्दे पर अमेरिका के अनुसार चीन समुद्री संचार मार्ग को बाधित कर रहा है। चीन का शक्तिशाली उभार अमेरिका के लिए आर्थिक एवं सामरिक दोनों प्रकार की चुनौती है और चीन द्वारा अमेरिका के बढ़ते प्रभाव को रोकने के लिए रूस तथा अन्य एशियाई देशों के साथ संबंध सुदृढ़ किए जा रहे हैं। चीन के अनुसार, हांगकांग में लोकतंत्र के आंदोलन का समर्थन पश्चिमी देशों द्वारा किया गया।

भारत द्वारा त्रिकोण में सम्मिलित होने का कारण

वर्ष 1990 के बाद अमेरिका द्वारा परमाणु अप्रसार संधि तथा समग्र परमाणु परीक्षण संधि पर हस्ताक्षर के लिए भारत पर दबाव बनाया गया तथा अमेरिका द्वारा भारत की आपत्ति के बावजूद पाकिस्तान को आर्थिक और सैनिक सहायता प्रदान की गई। भारत द्वारा वर्ष 1998 में परमाणु परीक्षण किया गया जिसके बाद अमेरिका ने भारत पर कठोर आर्थिक प्रतिबंध आरोपित कर दिए। अमेरिका द्वारा विश्व व्यापार संगठन तथा पर्यावरण के मुद्दे पर भी दबाव का प्रयोग किया गया तथा अमेरिका द्वारा भारत को अपना पिछलग्गू बनाने का प्रयत्न किया गया। भारत द्वारा सामरिक स्वायत्तता की नीति अपनाते हुए अमेरिका के दबाव का विरोध किया गया और भारत द्वारा बहुध्रुवीय विश्व का समर्थन किया गया, जबकि अमेरिका ने एकध्रुवीय विश्व पर बल दिया। अमेरिका द्वारा ईरान के साथ संबंधों को कम करने के लिए भारत पर दबाव का प्रयोग किया गया।

त्रिकोण की समस्याएं

रूस और चीन के मध्य बेहतर सामरिक संबंधों के बावजूद द्विपक्षीय व्यापारिक संबंध की प्रगति निराशाजनक है। रूस और चीन के वैश्विक दृष्टिकोण में समानता के बावजूद चीन और रूस के सीमा क्षेत्रों पर चीनियों द्वारा निरंतर सीमा समस्या उत्पन्न की जाती है। भारत एवं चीन के मध्य व्यापारिक संबंधों में वृद्धि के बावजूद सामरिक प्रतिस्पर्धा विद्यमान है। चीनी विदेश नीति द्वारा सदैव भारत के प्रभाव को कम करने का प्रयत्न किया जाता है।

इसलिए त्रिकोण की मान्यता में अनेक खामियां और समस्याएं हैं। यह बिंदु ध्यान देने योग्य है कि रूस और चीन की लंबी सीमा रेखा परस्पर मिलती है। इसलिए रूस चीन को ऐसे हथियारों का निर्यात नहीं करना चाहता, जिससे भविष्य में चीन उसकी सुरक्षा के लिए खतरा उत्पन्न करे। चीन की बढ़ती आर्थिक वृद्धि और प्रभावी सैन्य आधुनिकीकरण के परिणामस्वरूप भारत की सुरक्षा के लिए एक चुनौती प्रस्तुत हो रही है। यह जगजाहिर है कि चीन और पाकिस्तान के मध्य निकट संबंध हैं। इसलिए चीन, पाकिस्तान द्वारा भारत को प्रतिसंतुलित करने का प्रयत्न करता है। रूस, भारत को रक्षा आपूर्ति करने वाला सबसे बड़ा देश है, परंतु भारत द्वारा इजरायल और अमेरिका से रक्षा सौदों को लेकर रूस चिंतित है। रूस और भारत के संबंध भी शीत युद्धोत्तर विश्व में अत्यंत यथार्थवादी और व्यावहारिक हो गए हैं। रूस द्वारा गोर्शकोव की कीमत में वृद्धि इसका एक उदाहरण है। भारत अपनी रक्षा सामग्रियों की आपूर्ति के लिए पूर्णतया रूस पर निर्भर नहीं रहना चाहता।

अमेरिका के भारत-रूस-चीन के साथ संबंध

अमेरिका एवं चीन के बीच द्विपक्षीय व्यापार लगभग 575 बिलियन डॉलर है, जबकि रूस एवं चीन के बीच का द्विपक्षीय व्यापार लगभग 245 बिलियन डॉलर है। विश्व का प्रत्येक देश अमेरिका के साथ अपने संबंध बेहतर बनाए रखने का प्रयत्न करता है। चीन द्वारा यूक्रेन के मुद्दे पर रूस का समर्थन नहीं किया गया, इसलिए चीन सीधे अमेरिका विरोधी नीति को नहीं अपनाता और चीन एवं अमेरिका व्यापारिक रूप में एक-दूसरे पर अंतर्निर्भर हैं और विश्व में पर्यावरण एवं आतंकवाद की समस्या के समाधान के लिए आपस में सहयोग भी कर रहे हैं। ईरान की परमाणु समस्या के समाधान में चीन और अमेरिका दोनों द्वारा आपसी सहयोग किया गया। वर्ष 2015 में शंघाई में एपेक (APEC) की बैठक में दोनों देशों ने पर्यावरणीय प्रदूषण को रोकने के लिए बाध्यकारी समझौते पर भी सहमति व्यक्त की है। भारत और अमेरिका के मध्य वर्तमान में सर्वाधिक बेहतर सामरिक एवं आर्थिक संबंध बने हुए हैं तथा भारत और अमेरिका के बीच रक्षा संबंध लगातार बढ़ रहे हैं। वर्तमान में अमेरिका, भारत को रक्षा हथियारों की आपूर्ति करने वाला तीसरा सबसे बड़ा देश बन गया है। भारत-चीन के बीच सीमा मुद्दे पर गंभीर मतभेद बने हुए हैं। इसलिए यह प्रतीत होता है कि भारत-अमेरिकी संबंध भारत-चीन और भारत-रूसी संबंधों से भी बेहतर हो गए हैं। वर्ष 2005 का भारत एवं अमेरिका सिविल परमाणु समझौता एवं वर्ष 2015 में अमेरिकी राष्ट्रपति का भारत के गणतंत्र दिवस का मुख्य अतिथि बनना इसका उदाहरण है। अमेरिका के तीनों देशों के साथ अलग-अलग अच्छे संबंध ज्यादा बेहतर हैं तथा तीनों देशों के आपसी संबंध तुलनात्मक रूप में कमजोर हैं।

भारत का दृष्टिकोण और त्रिकोण

वर्तमान में भारत-चीन के बीच आर्थिक और व्यापारिक सहयोग निरंतर बढ़ रहा है। चीन द्वारा निर्मित एशियाई आधारभूत संरचना निवेश बैंक का भारत सदस्य है। इसके अतिरिक्त भारत, रूस और चीन ब्रिक्स (BRICS) के भी सदस्य हैं। अतः तीनों देशों के बीच सहयोग के अनेक बिंदु विद्यमान हैं। तीनों देश बहुध्रुवीय विश्व व्यवस्था के समर्थक तथा वर्तमान विश्व आर्थिक व्यवस्था में भी सुधार के पक्षधर हैं। भारत द्वारा आर्थिक विकास के लिए चीन के निवेश को प्रोत्साहित किया जा रहा है। इसलिए भारत, चीन के साथ संबंध बेहतर कर रहा है, परंतु भारत, अमेरिका और रूस के साथ भी संबंध बढ़ाने का प्रयत्न कर रहा है। भारत के अनुसार, त्रिकोण के आधार पर कोई देश किसी देश विशेष का विरोध नहीं करेगा, क्योंकि त्रिकोण की स्थापना के पीछे अमेरिका के बढ़ते प्रभाव को कम करने का विचार निहित है। वर्तमान में भारत-अमेरिका के मध्य अत्यधिक मित्रतापूर्ण और सामरिक संबंध बने हुए हैं और रूस के साथ भारत के संबंध परंपरागत रूप में बेहतर रहे हैं। भारत तीनों देशों के साथ स्वायत्त रूप में संबंध बेहतर करने का प्रयत्न कर रहा है। इसलिए त्रिकोण द्वारा भारत अपनी सौदेबाजी की शक्ति को बढ़ाना चाहता है तथा अनेक क्षेत्रीय और वैश्विक मुद्दों पर सहयोग का लाभ भी उठाना चाहता है, परंतु इस त्रिकोण द्वारा भारत, अमेरिका के विरुद्ध जाने का इच्छुक नहीं है।

गलवान संघर्ष और भारत-चीन-रूस त्रिकोण

गलवान संघर्ष के बाद भारत-चीन-रूस त्रिकोण के विचार पर प्रश्न उठ रहे हैं। भारत अब यह मान चुका है कि चीन की नीति आक्रामक एवं आधिपत्यवादी है एवं भारत को अस्थिर करना उसका प्रमुख उद्देश्य प्रतीत होता है।

निष्कर्ष

भारतीय विदेश नीति में यूरेशिया को सदैव महत्त्व दिया गया, परंतु इंडो-पैसेफिक राजनीति के अंतर्गत अमेरिका और जापान के साथ संबंध निर्माण को प्राथमिकता प्रदान की जा रही है। भारत-रूस-चीन त्रिकोण के बजाय, अमेरिका-भारत-जापान-ऑस्ट्रेलिया नामक सामरिक चतुष्कोण का विचार भारत की रुचि का नवीन क्षेत्र है।

भाग

9

वैश्विक संस्थाएं

1. संयुक्त राष्ट्र संघ
2. भारत-संयुक्त राष्ट्र संघ
3. विश्व व्यापार संगठन
4. भारत-विश्व व्यापार संगठन

अध्याय

1 संयुक्त राष्ट्र संघ

United Nations

● उद्देश्य ● कार्यकरण का सिद्धांत ● संयुक्त राष्ट्र की प्रकृति ● नवीन शीत युद्ध ● संयुक्त राष्ट्र संघ के कार्य ● संयुक्त राष्ट्र संघ में सुधार ● संरचनात्मक सुधार

द्वितीय विश्व युद्ध के बाद, वर्ष 1945 में संयुक्त राष्ट्र संघ (UNO) का निर्माण किया गया, जिससे विश्व में विद्यमान संघर्षों का शांतिपूर्ण समाधान किया जा सके। संयुक्त राष्ट्र संघ के निर्माण का उद्देश्य है कि विश्व राजनीति का संचालन बल और हिंसा के बजाय, सहयोग और सहअस्तित्व के आधार पर होना चाहिए। यह अंतर्राष्ट्रीय समुदाय के लिए अपरिहार्य तथा बहुपक्षवाद का आधार है। यह मानव के निम्नतर विकास से उच्चतर विकास का प्रतीक है। अंतर्राष्ट्रीय राजनीति में संयुक्त राष्ट्र संघ के अभाव में अराजकता एवं शक्तिशाली राज्यों का प्रभुत्व होगा। यह बहुपक्षवाद के विकास का सर्वोच्च रूप है। संयुक्त राष्ट्र संघ का कार्यकरण अंतर्राष्ट्रीय विधि पर आधारित है। इसके अनुसार, एक राज्य, दूसरे राज्य के आंतरिक मामले में हस्तक्षेप नहीं करेगा और संयुक्त राष्ट्र संघ द्वारा किसी राज्य के घरेलू मामलों में हस्तक्षेप नहीं किया जाएगा। संयुक्त राष्ट्र संघ एक विकल्प नहीं, बल्कि एक आवश्यकता है।

इन साझे मूल्यों को मानवता ने सदैव स्वीकार किया है, जिसमें शांतिपूर्ण सहअस्तित्व, स्वतंत्रता, समानता और मानवाधिकार जैसे मूल्य प्रमुख हैं, जो समान मानवीय चेतना से उत्पन्न हुए हैं। संयुक्त राष्ट्र संघ का मूल आधार अंतर्राष्ट्रीय विधि पर टिका हुआ है, जिसके अनुसार सभी राज्य समान संप्रभुता संपन्न हैं। संयुक्त राष्ट्र संघ का निर्माण तृतीय विश्व युद्ध को प्रतिबंधित करने के लिए ही नहीं, अपितु मानवता को सभी प्रकार के युद्धों से निजात दिलाने के लिए किया गया है।

उद्देश्य

संयुक्त राष्ट्र संघ के उद्देश्य चार्टर के अनुच्छेद-1 में उल्लिखित हैं, जो निम्नलिखित हैं-

- अंतर्राष्ट्रीय शांति और सुरक्षा बनाए रखना तथा उस उद्देश्य के लिए प्रभावी सामूहिक सुरक्षा उपाय करना, ताकि शांति के लिए खतरों को समाप्त किया जा सके तथा उन्हें दूर किया जा सके।
- सभी राष्ट्रों के मध्य मैत्रीपूर्ण संबंधों का विकास करना।
- आर्थिक, सामाजिक, सांस्कृतिक और मानवीय समस्याओं के समाधान के लिए अंतर्राष्ट्रीय सहयोग प्राप्त करना।
- इन सामान्य उद्देश्यों की प्राप्ति के लिए एक एकीकृत केंद्र का कार्य करना।

कार्यकरण का सिद्धांत

चार्टर के अनुच्छेद-2 में संयुक्त राष्ट्र के मार्गदर्शन के लिए निम्नलिखित सात सिद्धांतों का उल्लेख है-

- संयुक्त राष्ट्र के सभी सदस्यों की संप्रभु समानता।
- सदस्य राष्ट्रों द्वारा ग्रहण किए चार्टर के सभी उत्तरदायित्वों का स्वेच्छा से पालन करना।
- अंतर्राष्ट्रीय विवादों का शांतिपूर्ण समाधान, ताकि अंतर्राष्ट्रीय शांति, सुरक्षा और न्याय खतरे में न पड़े।
- सभी सदस्य ऐसा कुछ नहीं करेंगे, जिससे अन्य देशों की प्रादेशिक अखंडता के लिए वे बल प्रयोग या उसकी धमकी द्वारा किसी प्रकार का संकट उत्पन्न करें।
- सभी सदस्य संयुक्त राष्ट्र संघ को हरसंभव सहायता उपलब्ध कराएंगे तथा ऐसे देश को किसी प्रकार की सहायता नहीं देंगे, जिसके विरुद्ध संयुक्त राष्ट्र कोई कार्रवाई कर रहा होगा।
- संयुक्त राष्ट्र संघ इस बात का प्रयास करेगा कि जो देश संगठन के सदस्य नहीं हैं, वे भी संगठन के सिद्धांतों के अनुकूल आचरण करें।
- जो मामले मूलरूप से किसी भी देश के आंतरिक क्षेत्राधिकार (घरेलू अधिकारिता) में आते हैं, उनमें संयुक्त राष्ट्र हस्तक्षेप नहीं करेगा।

संयुक्त राष्ट्र की प्रकृति

संयुक्त राष्ट्र संघ का निर्माण विभिन्न राज्यों द्वारा किया गया है। संयुक्त राष्ट्र संघ राष्ट्र-राज्यों पर आधारित संगठन है, यह विश्व सरकार नहीं है, बल्कि एक अंतर्राष्ट्रीय संगठन है, जिसके निम्नलिखित उदाहरण हैं-

- संयुक्त राष्ट्र संघ की महासभा द्वारा विश्व के लिए विधि का निर्माण नहीं किया जाता, बल्कि प्रत्येक राज्यों की संसद उनके लिए विधि का निर्माण करती है।
- संयुक्त राष्ट्र संघ की अपनी सैन्य व्यवस्था नहीं है, बल्कि यह राष्ट्र-राज्यों के सैन्य सहयोग पर आधारित है।
- संयुक्त राष्ट्र संघ का अपना स्वायत्त वित्तीय स्रोत भी नहीं है, अपितु यह राज्यों के वित्तीय समर्थन पर आधारित है।

शीत युद्ध युगीन विश्व में महाशक्तियों की शक्ति प्रतिस्पर्द्धा के कारण संयुक्त राष्ट्र संघ की भूमिका पंगु हो गई, क्योंकि अपने समर्थक देशों के पक्ष में वीटो का लगातार दुरुपयोग किया गया, जबकि शीत युद्धोत्तर विश्व में अमेरिका नियंत्रित एकध्रुवीय विश्व में भी संयुक्त राष्ट्र संघ की उपेक्षा हुई। अमेरिका ने इराक व यूगोस्लाविया पर संयुक्त राष्ट्र संघ की अनुमति के बिना कार्रवाई की। वर्तमान समय में संयुक्त राष्ट्र संघ महाशक्तियों के वित्तीय सहयोग पर निर्भर है। महाशक्तियों द्वारा जानबूझकर इसे अशक्त बनाने का प्रयत्न किया जा रहा है।

संयुक्त राष्ट्र संघ, मूलतः एक अंतर्राष्ट्रीय संगठन है, जो राष्ट्र-राज्यों के सहयोग और समर्थन पर टिका हुआ है। इसलिए इसका अस्तित्व राष्ट्र-राज्यों से पृथक् नहीं है। अतः पॉमर और पर्किन्स की टिप्पणी सही है कि यदि संयुक्त राष्ट्र संघ असफल हो रहा है, तो इसका दायित्व राष्ट्र-राज्यों की शक्ति राजनीति पर है। संयुक्त राष्ट्र संघ, विश्व राजनीति का एक लघु रूप है, जो घटनाएं या समस्याएं बाह्य विश्व में उत्पन्न होती हैं, उन्हीं को संयुक्त राष्ट्र संघ में भी देखा जा सकता है। संयुक्त राष्ट्र संघ, विश्व सरकार नहीं, परंतु यह वैश्विक संगठन का सर्वोत्तम प्रतीक है। इसमें विश्व सरकार बनने की संभावना विद्यमान है।

वस्तुतः संयुक्त राष्ट्र संघ का निर्माण राष्ट्र-राज्यों के मध्य समन्वय और सहयोग के लिए किया गया। पॉल केनेडी के अनुसार, वर्तमान विश्व में संयुक्त राष्ट्र संघ से अत्यधिक अपेक्षाएं हैं। इसलिए या तो इन अपेक्षाओं में कमी करनी होगी अथवा संयुक्त राष्ट्र संघ के कार्यों में वृद्धि करनी होगी, क्योंकि संयुक्त राष्ट्र संघ की सबसे अधिक आवश्यकता विकासशील देशों को है। संयुक्त राष्ट्र संघ केवल नियंत्रणकारी संस्था ही नहीं, अपितु परिवर्तनकारी संस्था भी है। संयुक्त राष्ट्र संघ के आदर्शों में यह अंतर्निहित है कि विश्व राजनीति का संचालन अंतर्राष्ट्रीय विधि द्वारा होना चाहिए, शक्ति के आधार पर नहीं। भविष्य में इसे और प्रभावशाली एवं शक्तिशाली बनाने की आवश्यकता है।

नवीन शीत युद्ध

वर्तमान विश्व में अमेरिका और चीन के बीच जारी संघर्ष का प्रभाव संयुक्त राष्ट्र संघ पर पड़ना स्वाभाविक है, क्योंकि शक्ति संघर्ष के दौर में चीन, उत्तर कोरिया एवं ईरान जैसे राज्यों को प्रोत्साहित कर रहा है। ये राज्य अमेरिका विरोधी हैं, इसीलिए परमाणु अप्रसार सुनिश्चित करने में भी कठिनाई उत्पन्न होगी। विश्व स्वास्थ्य संगठन की भूमिका पर भी विवाद उठ रहा है। वर्तमान में अमेरिका इससे अलग हो गया है।

संयुक्त राष्ट्र संघ के कार्य

शांति एवं सुरक्षा

संयुक्त राष्ट्र संघ के चार्टर में अनुच्छेद-1 के अनुसार, संयुक्त राष्ट्र संघ का मूल कार्य विश्व शांति के लिए उत्पन्न खतरों को रोकना और समाप्त करना है। इसमें किसी भी आक्रामक राष्ट्र को सामूहिक रूप में दंडित करने का प्रावधान किया गया है। संयुक्त राष्ट्र संघ के चार्टर के अनुच्छेद-33 से 51 के अनुसार, सुरक्षा परिषद का यह मूल दायित्व है कि वह विश्व में शांति स्थापना के लिए पहल करे तथा इसके लिए सुरक्षा परिषद द्वारा सैन्य बलों की तैनाती, निःशस्त्रीकरण को प्रभावी रूप में लागू करना तथा परमाणु ऊर्जा के शांतिपूर्ण प्रयोग को बढ़ावा देना है। चैप्टर-VII के अंतर्गत सुरक्षा परिषद द्वारा पारित प्रस्ताव बाध्यकारी होते हैं। अनुच्छेद-43 के अंतर्गत प्रत्येक राज्य का यह दायित्व है कि वह सुरक्षा परिषद द्वारा पारित प्रस्तावों के अनुसार अपना सैन्य बल संयुक्त राष्ट्र संघ को उपलब्ध कराए।

संयुक्त राष्ट्र संघ की स्थापना के बाद शीत युद्ध के युग में ईरान विवाद, कोरिया संकट, कश्मीर समस्या, ग्रीस संकट, इंडोनेशिया समस्या, कांगो विवाद, साइप्रस विवाद और स्वेज संकट संयुक्त राष्ट्र संघ के समक्ष उत्पन्न हुए। परंतु वीटो (VETO) के कारण चैप्टर-VII का प्रयोग इन विवादों में नहीं किया जा सका। सुरक्षा परिषद द्वारा पारित प्रस्ताव के लिए सुरक्षा परिषद के 9 सदस्यों का समर्थन होना चाहिए और किसी भी स्थायी सदस्य का नकारात्मक मत नहीं होना चाहिए तथा सुरक्षा परिषद के स्थायी सदस्यों के नकारात्मक मत को ही लोकप्रिय रूप में वीटो कहा जाता है। सोवियत संघ और अमेरिका दोनों ने अपने सहयोगियों की सुरक्षा के लिए वीटो का प्रयोग किया। सोवियत संघ द्वारा सबसे अधिक वीटो का प्रयोग किया गया। सुरक्षा परिषद के स्थायी सदस्यों में अमेरिका तथा उसके मित्र ब्रिटेन एवं फ्रांस हैं। इसलिए सुरक्षा परिषद में अमेरिका का सदैव प्रभाव रहा है। अतः सुरक्षा परिषद में अमेरिका का परोक्ष बहुमत था। इसलिए विटकॉफ की टिप्पणी सही प्रतीत होती है कि शीत युद्ध के युग में संयुक्त राष्ट्र संघ का आरंभ ही त्रुटिपूर्ण रहा और राजनीतिक तथा सुरक्षा के मुद्दों पर संयुक्त राष्ट्र संघ प्रभावी नहीं हुआ। निःशस्त्रीकरण के संदर्भ में भी संयुक्त राष्ट्र संघ विफल रहा, परंतु पॉमर और पर्किन्स इस मत से सहमत नहीं हैं। इनके अनुसार, शीत युद्ध के युग में भी संयुक्त राष्ट्र संघ सफल रहा, जिसके उदाहरण निम्नलिखित हैं-

- शांति सेनाओं की तैनाती द्वारा संघर्षों को फैलने से रोका गया।
- संयुक्त राष्ट्र संघ द्वारा अनेक विवादों में मध्यस्थता की गई।
- संयुक्त राष्ट्र संघ द्वारा संघर्षों में होने वाले जन-धन की हानि को नियंत्रित किया गया।
- निःशस्त्रीकरण के संदर्भ में संयुक्त राष्ट्र संघ महासभा की निःशस्त्रीकरण समिति की भूमिका उल्लेखनीय है। 29 जुलाई, 1957 को 'अंतर्राष्ट्रीय परमाणु ऊर्जा एजेंसी' (International Atomic Energy Agency) का निर्माण हुआ, जिसका मूल कार्य उन देशों के परमाणु संयंत्रों की निगरानी करना है जिन देशों ने परमाणु अप्रसार संधि (NPT) पर हस्ताक्षर किए हैं।

शीत युद्धोत्तर युग में शांति एवं सुरक्षा का निर्माण

द्वितीय विश्व युद्ध के बाद संयुक्त राष्ट्र संघ का निर्माण राज्यों के परस्पर विवादों को सुलझाने के लिए किया गया। परंतु शीत युद्धोत्तर विश्व में राज्यों के आंतरिक संघर्ष प्रभावी हो गए और राज्य के अंतर्गत गृह युद्ध, नृजातीय और धार्मिक संघर्ष उत्पन्न हुए। वर्ष 1990 के बाद दुनिया से वैचारिक संघर्ष समाप्त हो गया, परंतु नृजातीय और पर्यावरणीय संकट उभरे, जिसकी कल्पना संयुक्त राष्ट्र संघ के निर्माताओं ने भी नहीं की थी। पॉल केनेडी के अनुसार, यह संभव है कि वर्ष 2045 में उत्पन्न होने वाले संकट की भविष्यवाणी करना वर्तमान समय में कठिन है। अब सुरक्षा का आशय, केवल सैन्य सुरक्षा तक सीमित नहीं है, बल्कि सुरक्षा के सामाजिक, आर्थिक और मानवीय पक्ष भी महत्त्वपूर्ण हो गए हैं। वैश्विक आतंकवाद वर्तमान विश्व में सभी राज्यों की सुरक्षा के लिए गंभीर खतरा है। सितंबर, 2001 के बाद संयुक्त राष्ट्र संघ द्वारा आतंकवाद पर नियंत्रण स्थापित करने के लिए अनेक प्रस्ताव पारित किए गए हैं, इनमें सर्वाधिक महत्त्वपूर्ण प्रस्ताव संख्या-1373 है, जिसके द्वारा आतंकवादी संगठनों को प्राप्त वित्तीय सहायता प्रतिबंधित की गई है और कोई भी देश आतंकवादी संगठनों को प्रशिक्षण अथवा राजनीतिक समर्थन नहीं दे सकता। आतंकवादी गतिविधियों पर नियंत्रण के लिए राज्यों के बीच आपसी सहयोग पर भी बल दिया गया है। वर्ष 2005 में संयुक्त

राष्ट्र संघ के महासचिव द्वारा आतंकवाद विरोधी टास्क फोर्स का गठन किया गया, जिसके द्वारा आतंकवाद को नियंत्रित करने के लिए राज्यों के बीच सहयोग और समन्वय पर बल दिया गया तथा आतंकवाद का मुकाबला करने के लिए राज्यों को तकनीकी और अन्य सहायता देने का प्रावधान किया गया।

शीत युद्धोत्तर विश्व में खाड़ी संकट (वर्ष 1990) के बाद संयुक्त राष्ट्र संघ से लोगों की अपेक्षाएं बढ़ी हैं, क्योंकि खाड़ी संकट में पहली बार सफलतापूर्वक चैप्टर-VII का प्रयोग सुरक्षा परिषद के सभी सदस्यों की आम सहमति से किया गया। शीत युद्धोत्तर विश्व में संयुक्त राष्ट्र संघ द्वारा संचालित शांति निर्माण कार्यक्रमों में उल्लेखनीय वृद्धि हुई है। वर्ष 1992 में तत्कालीन संयुक्त राष्ट्र महासचिव बुतरस बुतरस-घाली ने 'ऐन एजेंडा फॉर पीस' (An Agenda for Peace) का नारा दिया, जिसके अंतर्गत (चैप्टर-VI) संयुक्त राष्ट्र संघ ने पीस कीपिंग (Peace keeping) और पीस मेकिंग (Peace making) के अलावा पीस बिल्डिंग (Peace building) कार्यक्रमों का भी संचालन किया।

पीस कीपिंग (Peace Keeping)

इसके अंतर्गत युद्ध में शामिल देशों एवं पक्षों के बीच शांति स्थापित करने के लिए संयुक्त राष्ट्र संघ के शांति सैनिक तैनात किए जाते हैं। इनके द्वारा हथियारों का प्रयोग नहीं होता। बल्कि केवल आत्म रक्षा के लिए हथियार का प्रयोग करते हैं। वर्तमान में शांति सैनिकों के साथ चिकित्सकों की भी तैनाती होती है। इनकी नीली वर्दी के कारण इन्हें ब्लू हैलमेट भी कहा जाता है।

पीस मेकिंग (Peace Making)

इसे निवारात्मक कूटनीति भी कहा जाता है जिसके द्वारा दो पक्षों के बीच संघर्षों के उत्पन्न होने से पहले कूटनीतिक प्रयासों द्वारा शांति को स्थापित किया जाता है, जिससे भविष्य में उत्पन्न होने वाली हिंसा को रोका जा सके।

पीस बिल्डिंग (Peace Building)

शांति स्थापना के लिए सामाजिक एवं आर्थिक परिस्थितियों के निर्माण की आवश्यकता होती है। अतः राज्य में शिक्षा व स्वास्थ्य की सुविधाएं प्रदान करके एवं आधारभूत संरचनाओं के निर्माण द्वारा व्यक्तियों को रोजगार के माध्यम से शांति निर्माण संभव है। इसके अंतर्गत लोकतांत्रिक संस्थाओं के निर्माण पर भी बल दिया जाता है।

ब्रिटिश कोलंबिया विश्वविद्यालय द्वारा प्रकाशित रिपोर्ट, मानवीय सुरक्षा-2003 में संयुक्त राष्ट्र संघ की उपलब्धियों का उल्लेख निम्नलिखित रूप में किया गया है-

- विश्व में युद्धों की संख्या में कमी हो रही है।
- मानवीय नरसंहार एवं मानवाधिकार हनन पर प्रतिबंध आरोपित किए जा रहे हैं।
- हिंसक गतिविधियों में 40 प्रतिशत की कमी दर्ज की गई है।
- मानवीय नरसंहार मामलों में 80 प्रतिशत की कमी आई है।

आर्थिक भूमिका

आर्थिक मुद्दों पर संयुक्त राष्ट्र संघ की भूमिका अत्यंत महत्त्वपूर्ण है। संयुक्त राष्ट्र संघ के चार्टर के अनुच्छेद-1 में यह वर्णित है कि आर्थिक, सामाजिक, सांस्कृतिक एवं मानवीय समस्याओं को हल करने में परस्पर सहयोग की आवश्यकता है, जिसके द्वारा मानवाधिकार एवं मूलभूत स्वतंत्रता को बढ़ावा दिया जा सके। विकासशील देशों के विकास में संयुक्त राष्ट्र संघ की भूमिका अत्यंत महत्त्वपूर्ण है। वर्ष 1970 के दशक का मध्य आर्थिक क्षेत्र में संयुक्त राष्ट्र संघ के योगदान का स्वर्णकाल माना जाता है, क्योंकि इस दशक में संयुक्त राष्ट्र संघ के माध्यम से विकासशील देशों को निम्नलिखित सुविधाएं प्राप्त हुईं -

- विकासशील देशों को विकसित देशों द्वारा वरीयता व्यापार की सुविधा दी गई।
- विकासशील देश कर्ज के बोझ से परेशान हैं, इसलिए उनके ऋण या कर्ज की माफी का अनुरोध किया गया।
- विकसित देशों द्वारा विकासशील देशों को वित्तीय और मौद्रिक सहयोग प्रदान किया जाएगा।

संयुक्त राष्ट्र संघ मानवीय जीवन के प्रत्येक पक्ष को प्रभावित करता है तथा सुरक्षा एवं राजनीतिक संगठन से बढ़कर एक आर्थिक एवं सामाजिक संगठन भी है जिसके द्वारा विभिन्न कार्यक्रम, कोष एवं एजेंसी के माध्यम से आम लोगों की भलाई की जाती है।

कार्यक्रम (Programme)

संयुक्त राष्ट्र संघ एक सामाजिक इकाई भी है जिसके द्वारा विभिन्न प्रकार के विकास कार्यक्रम संचालित किए जाते हैं। संयुक्त राष्ट्र विकास कार्यक्रम (UNDP) के अंतर्गत विकासशील देशों में अनेक कार्यक्रम संचालित किए गए हैं। पर्यावरण की रक्षा के लिए संयुक्त राष्ट्र पर्यावरण कार्यक्रम (UNEP) की शुरुआत की गई है।

कोष (Fund)

संयुक्त राष्ट्र संघ द्वारा अनेक कोष भी निर्मित किए जाते हैं। विकासशील देशों को अंतर्राष्ट्रीय विकास संघ (IDA), अंतर्राष्ट्रीय वित्त कॉर्पोरेशन (IFC) द्वारा सहायता प्राप्त होती है। बच्चों की भलाई के लिए संयुक्त राष्ट्र अंतर्राष्ट्रीय बाल आपदा कोष (UNICEF) का गठन किया गया है।

एजेंसी (Agency)

विकासशील देशों की बढ़ती जनसंख्या को भोजन उपलब्ध कराना एक चुनौतीपूर्ण कार्य था। विकासशील देशों में भुखमरी को दूर करने के लिए खाद्य एवं कृषि संगठन (FAO) द्वारा विकासशील देशों को खाद्य सामग्री की सहायता प्रदान की गई। खाद्य एवं कृषि संगठन और विश्व स्वास्थ्य संगठन (WHO) आदि एजेंसियां एक-दूसरे के साथ मिलकर कार्य करती हैं। इनके सहयोग द्वारा भोजन, पोषण, स्वास्थ्य एवं बीमारियों की समस्या का समाधान किया जाता है।

संयुक्त राष्ट्र संघ की आर्थिक उपलब्धियां अत्यंत महत्त्वपूर्ण हैं। लेकिन महाशक्तियों के सुनियोजित प्रयास द्वारा आर्थिक मुद्दों को संयुक्त राष्ट्र संघ के मंच से बाहर कर दिया जाता है। जब विकासशील देशों ने वर्ष 1970 के दशक में नई अंतर्राष्ट्रीय आर्थिक व्यवस्था (NIEO) की मांग उठाई, तो विकसित देशों ने इसे संयुक्त राष्ट्र संघ के मंच से हटाने का प्रयत्न किया। समकालीन विश्व में मौद्रिक, वित्त, व्यापार, ऋण तथा विकास की नीतियों पर संयुक्त राष्ट्र संघ के मंच पर चर्चा नहीं होती। इन मुद्दों का निर्धारण पूर्णतया विश्व व्यापार संगठन (WTO), अंतर्राष्ट्रीय मुद्रा कोष (IMF) तथा विश्व बैंक (World Bank) के सहारे छोड़ दिया गया है। वर्तमान आर्थिक मंदी के दौर में विकासशील देशों की आर्थिक स्थिति अत्यंत चिंताजनक है। इसलिए विचारकों ने नई या दूसरी ब्रेटेनवुड्स व्यवस्था का समर्थन किया है। भीखू पारिख ने वर्तमान विश्व की एक विरोधाभासी प्रवृत्ति पर आक्षेप करते हुए कहा कि एक ओर, संयुक्त राष्ट्र संघ द्वारा मानवाधिकार, मानवीय सहायता तथा मानवीय नरसंहार समाप्त करने पर बल दिया जा रहा है, तो दूसरी ओर, अंतर्राष्ट्रीय आर्थिक प्रणाली पर अभी भी विकसित देशों का वर्चस्व है। महाशक्तियां संयुक्त राष्ट्र संघ को लोकतांत्रिक एवं बहुपक्षीय बनाने में बाधा उत्पन्न कर रही हैं तथा वे परिवर्तन के बजाय, यथास्थितिवाद की समर्थक हैं, जबकि संयुक्त राष्ट्र संघ एक अंतर्राष्ट्रीय संस्था है, जिसके द्वारा लिए गए निर्णयों का वैधानिक महत्त्व होना चाहिए, परंतु विकसित देश इसे एक परिचर्चात्मक संस्था के रूप में परिवर्तित करना चाहते हैं।

सामाजिक संस्था

संयुक्त राष्ट्र संघ की स्थापना का मूल उद्देश्य विश्व में शांति निर्माण की परिस्थितियों का निर्माण करना है, जिसके द्वारा मानवीय स्वतंत्रता संरक्षित हो सके। महिलाओं, शरणार्थियों तथा बच्चों के कल्याण में संयुक्त राष्ट्र संघ की भूमिका उल्लेखनीय है। विकासशील देशों में विश्व स्वास्थ्य संगठन (WHO) द्वारा विभिन्न बीमारियों के उन्मूलन का प्रयत्न किया जा रहा है, क्योंकि विकसित देशों से ये बीमारियां पूर्णतः समाप्त हो चुकी हैं। शरणार्थियों, राज्य विहीन लोगों की समस्याओं के लिए शरणार्थी उच्चायोग का गठन किया गया है। बच्चों के कल्याण के संदर्भ में यूनिसेफ (UNICEF) की भूमिका अत्यधिक महत्त्वपूर्ण है। यूनेस्को (UNESCO) द्वारा विश्व में साक्षरता में वृद्धि, शैक्षणिक स्तर में वृद्धि, मूलभूत वैज्ञानिक अनुसंधान एवं ज्ञान को बढ़ावा दिया जाता है। शीत युद्धोत्तर विश्व में सामाजिक, आर्थिक कल्याण के लक्ष्य प्रमुख हो चुके हैं। वर्ष 2015 तक संयुक्त राष्ट्र संघ द्वारा सहस्राब्दि विकास लक्ष्यों (Millennium Development Goals) के अंतर्गत निम्न उद्देश्यों को प्राप्त करने की घोषणा की गई थी-

- गरीबी और भुखमरी की समाप्ति।
- सभी को सार्वभौमिक प्राथमिक शिक्षा।
- लैंगिक समानता एवं महिला सशक्तीकरण।
- शिशु मृत्यु दर में कमी एवं प्रसूति स्वास्थ्य की बेहतर सुविधाएं।
- एड्स, मलेरिया, टीबी जैसी बीमारियों का पूर्णत: उन्मूलन।
- सतत् विकास का लक्ष्य प्राप्त करना।

संयुक्त राष्ट्र संघ द्वारा निर्धारित सहस्राब्दि विकास लक्ष्यों को प्राप्त करने में राज्यों की उपलब्धियां अलग-अलग हैं। चीन, ब्राजील जैसे देशों ने इन लक्ष्यों को प्राप्त करने में उल्लेखनीय प्रगति दर्ज की है, जबकि अफ्रीका के देशों की प्रगति निम्न तथा भारत की प्रगति मध्यम है। इसलिए वर्ष 2015 तक इन लक्ष्यों को प्राप्त करना व्यावहारिक नहीं था। विकसित देशों ने इन लक्ष्यों की प्राप्ति के लिए विकासशील देशों को वित्तीय सहायता प्रदान नहीं की।

सतत् विकास लक्ष्य

संयुक्त राष्ट्र संघ द्वारा वर्ष 2015 में सहस्राब्दि विकास लक्ष्यों के स्थान पर सतत् विकास लक्ष्यों (Sustainable Development Goals) को स्वीकार किया गया। जिसके अनुसार वर्ष 2030 तक इन लक्ष्यों को प्राप्त किया जाएगा। इन लक्ष्यों में सामाजिक, आर्थिक और पर्यावरणीय लक्ष्य शामिल हैं। गरीबी को सभी रूपों एवं सभी स्थानों से समाप्त करना, खाद्य सुरक्षा, पोषण तथा भुखमरी की समाप्ति और कृषि का सतत् विकास के अनुसार संचालन और इसके अतिरिक्त, सभी लोगों के लिए समान सर्वसमावेशी शिक्षा एवं स्वास्थ्य की सुविधा उपलब्ध कराई जाएगी। लिंग समानता तथा स्वच्छता एवं जल का प्रबंधन सतत् विकास के अनुसार किया जाएगा। सर्वसमावेशी आर्थिक विकास द्वारा सभी को रोजगार एवं कार्य प्रदान किया जाएगा। देशों के बीच और देश के अंदर विद्यमान आर्थिक विषमता की समाप्ति, पारिस्थितिकी की रक्षा एवं संरक्षण तथा जंगल को बनाए रखना, मरुस्थलीकरण को प्रतिबंधित करना तथा जैवविविधता की रक्षा एवं इसके साथ उन संस्थाओं और सहभागिता का विकास किया जाएगा, जिससे उद्देश्यों को लागू किया जा सके।

उपनिवेशवाद और साम्राज्यवाद का विरोध

संयुक्त राष्ट्र संघ का मूल आधार समान संप्रभु राष्ट्रों की संकल्पना पर आधारित है। द्वितीय विश्व युद्ध के बाद उपनिवेशवाद की समाप्ति के लिए ट्रस्टीशिप काउंसिल अथवा न्यास परिषद की भूमिका अत्यंत महत्त्वपूर्ण है। इसके द्वारा उन राज्यों का संरक्षण किया गया, जो स्वयं शासन के योग्य नहीं थे तथा पहले जर्मनी, जापान या ब्रिटेन के उपनिवेश थे। वर्ष 1960 के दशक तक उपनिवेशवाद का तेजी से पतन हुआ और बाद में दक्षिण अफ्रीका से रंगभेद नीति भी समाप्त हो गई। वर्ष 1994 में ट्रस्टीशिप परिषद के अंतर्गत, शासित देश पलाऊ स्वतंत्र हो गया और इसी के साथ ट्रस्टीशिप परिषद का कार्य भी समाप्त हो गया। ट्रस्टीशिप परिषद की समाप्ति देशों में उपनिवेशवाद की समाप्ति का प्रतीक है। वर्तमान विश्व में ट्रस्टीशिप परिषद को समाप्त कर दिया गया है, क्योंकि संयुक्त राष्ट्र संघ के निर्देशन में आने वाले सभी राज्य स्वतंत्र हो गए और न्यास परिषद का कार्य समाप्त हो गया। इसलिए यह वर्तमान में निलंबित है, परंतु इसका उल्लेख संयुक्त राष्ट्र संघ के चार्टर में अभी भी है।

मानवाधिकारों की रक्षा

संयुक्त राष्ट्र संघ द्वारा विश्व में शांति बनाए रखने के अलावा मानवाधिकार की रक्षा भी की जाती है। 10 दिसंबर, 1948 को संयुक्त राष्ट्र संघ के मंच पर मानवाधिकारों का सार्वभौमिक घोषणा-पत्र स्वीकार किया गया। वर्ष 1966 में मानवाधिकारों का अंतर्राष्ट्रीय प्रपत्र (International Bill of Human Rights) स्वीकार किया गया, जिसमें सिविल, राजनीतिक, सामाजिक एवं सांस्कृतिक अधिकारों का समन्वय किया गया। शीत युद्ध युगीन अंतर्राष्ट्रीय राजनीति में मानवाधिकारों के संरक्षण हेतु अमेरिका और सोवियत संघ के मध्य मतभेद विद्यमान थे, परंतु शीत युद्धोत्तर विश्व में संयुक्त राष्ट्र संघ द्वारा मानवाधिकारों की रक्षा के लिए अनेक संस्थाओं का निर्माण हुआ-

- वर्ष 1993 में मानवाधिकार उच्चायुक्त का गठन हुआ।
- वर्ष 1993 में ही मानवाधिकारों का वियना घोषणा-पत्र जारी किया गया।
- वर्ष 2002 में 'अंतर्राष्ट्रीय आपराधिक न्यायालय' (International Criminal Court) की स्थापना की गई, जिसके द्वारा मानव नरसंहार के दोषी व्यक्तियों को दंडित किया जा सके। इसका कार्य केवल मानवाधिकार के उल्लंघन करने वाले व्यक्तियों को दंडित करना है। मानवाधिकार का उल्लंघन राज्य और सरकार द्वारा भी नहीं किया जा सकता है। मानवाधिकार के उल्लंघन के आधार पर अंतर्राष्ट्रीय आपराधिक न्यायालय द्वारा व्यक्ति के ऊपर मुकदमा चलाया जाता है। युद्ध अपराध और जीनोसाइड के विरुद्ध न्यायालय लोगों को दंडित करता है। न्यायालय का मुख्यालय हॉलैंड के शहर हेग में स्थित है। भारत सहित रूस, चीन और अमेरिका भी इसके सदस्य नहीं हैं। इसके अतिरिक्त किसी देश विशेष में भी आपराधिक न्यायालय का गठन किया जा सकता है। न्यायालय द्वारा इराक के पूर्व राष्ट्रपति को मृत्यु दंड दिया गया। अंतर्राष्ट्रीयआपराधिक न्यायालय संयुक्त राष्ट्र संघ का अंग नहीं है, बल्कि यह संयुक्त राष्ट्र संघ के साथ सहयोग करता है। यह अंतर्राष्ट्रीय न्यायालय से पृथक् है।
- वर्ष 2006 में मानवाधिकार उच्चायोग के स्थान पर 'मानवाधिकार परिषद' की स्थापना की गई। यह 47 सदस्यीय संस्था है, जिसके सदस्यों का निर्वाचन प्रत्येक महाद्वीप से

किया जाता है। इसमें एशियाई अफ्रीकी देशों का बहुमत है और मानवाधिकार का उल्लंघन करने वाले देशों के विरुद्ध प्रस्ताव पारित किए जाते हैं। सदस्यों का निर्वाचन संयुक्त राष्ट्र संघ महासभा द्वारा तीन वर्षों के लिए किया जाता है।

पर्यावरणीय भूमिका

शीत युद्धोत्तर विश्व में मानवता के समक्ष नए संकट उत्पन्न हुए तथा पर्यावरणीय समस्या उनमें सबसे गंभीर है। यह समूची मानवता के अस्तित्व के लिए ही खतरा है, केवल किसी राज्य विशेष के लिए नहीं। शीत युद्धोत्तर विश्व में पृथ्वी सम्मेलन (वर्ष 1992), सतत् विकास का जोहांसबर्ग सम्मेलन (वर्ष 2002) अत्यधिक महत्त्वपूर्ण है। पर्यावरणीय संकट भयावह है, जिससे सभी परिचित हैं, परंतु इस समस्या के लिए उत्तरदायी कौन है, समस्या का समाधान कैसे हो तथा किन राज्यों का कितना योगदान हो, इसी मुद्दे पर मतभेद है। विकसित और विकासशील देशों के मध्य अभी भी मतभेद बने हुए हैं। विकासशील देश, विकसित देशों से तकनीकी और वित्तीय सहायता की मांग कर रहे हैं। विकासशील देशों के अनुसार, पर्यावरणीय समस्या के समाधान के लिए साझा लेकिन पृथक्-पृथक् उत्तरदायित्व होना चाहिए। इनके अनुसार, पर्यावरणीय समस्या के समाधान का दायित्व प्रत्येक देश का है, परंतु इसके समाधान के लिए देशों का योगदान एकसमान नहीं हो सकता, बल्कि अलग-अलग होगा। इसलिए अमीर देश ज्यादा वित्तीय योगदान और गरीब देश कम वित्तीय योगदान देंगे।

संयुक्त राष्ट्र संघ में सुधार

संयुक्त राष्ट्र संघ की स्थापना वर्ष 1945 में हुई थी। उस समय का विश्व वर्तमान विश्व से पृथक् था। संयुक्त राष्ट्र की स्थापना को लगभग 80 वर्ष हो गए हैं तथा विश्व में व्यापक आर्थिक एवं राजनीतिक परिवर्तन हो चुके हैं। अतः इस परिवर्तित परिवेश में संयुक्त राष्ट्र संघ में सुधार की आवश्यकता है, जिससे संयुक्त राष्ट्र संघ प्रभावी बना रहे।

गुटेरेस का प्रस्ताव

संयुक्त राष्ट्र महासचिव एंटोनियो गुटेरेस द्वारा वर्ष 2030 तक विकास का एजेंडा पूर्ण करने का लक्ष्य निर्धारित किया गया है। संयुक्त राष्ट्र संघ के प्रबंधन को बेहतर करने पर भी बल प्रदान किया गया है। इसके अंतर्गत कर्मचारियों की संख्या को तार्किक बनाया जाएगा और कार्य की प्रक्रिया पारदर्शी होगी तथा शांति निर्माण कार्यक्रमों को एकीकृत एवं प्रभावी बनाने पर बल दिया गया है। इसके अनुसार, शांति निर्माण कार्यक्रम को प्रभावी बनाने के तीन पक्ष होते हैं-

- शांति सेना की तैनाती करने वाले राज्य
- शांति कार्यक्रमों के लिए आर्थिक सहायता देने वाले राज्य, और
- जिन देशों में शांति कार्यक्रम का संचालन हो रहा है।

शांति निर्माण कार्यक्रमों को प्रभावी बनाने के लिए इन तीनों पक्षों के बीच सहयोग एवं समन्वय आवश्यक है तभी शांति निर्माण कार्यक्रम प्रभावी होगा।

तत्त्वात्मक सुधार

तत्त्वात्मक सुधार का अभिप्राय, वह सुधार है, जिनके द्वारा संयुक्त राष्ट्र संघ के चार्टर में वर्णित मूल उद्देश्यों को प्राप्त किया जा सके। पॉल केनेडी के अनुसार, 'संयुक्त राष्ट्र संघ के कार्यों में विस्तार तथा तर्कसंगत सुधारों की आवश्यकता है, क्योंकि संयुक्त राष्ट्र संघ से लोगों की अपेक्षाओं में वृद्धि हो रही है।'

पीस कीपिंग में सुधार

शीत युद्धोत्तर विश्व में संयुक्त राष्ट्र संघ द्वारा संचालित पीस कीपिंग (Peace keeping) और पीस बिल्डिंग (Peace building) के कार्यक्रम प्रभावी रूप में लागू करने के लिए निम्नलिखित सुधारों की आवश्यकता है-

- शांति सेनाओं की तैनाती त्वरित रूप में हो।
- प्रत्येक सदस्य राज्य शांति निर्माण कार्यक्रमों के प्रति प्रतिबद्ध हो। संयुक्त राष्ट्र संघ के चार्टर के अनुच्छेद-43 में वर्णित है कि सदस्य राष्ट्रों को अपनी सेना आवश्यकता पड़ने पर तत्काल उपलब्ध करानी चाहिए।
- शांति निर्माण कार्यक्रमों के लिए प्रशिक्षित सैनिकों की व्यवस्था हो।
- शांति निर्माण कार्यक्रमों का संचालन जब तीसरी दुनिया के देशों में हो, तो इसका नेतृत्व भी तीसरी दुनिया के देशों को ही सौंपा जाए।
- संयुक्त राष्ट्र संघ के महासचिव ने वर्ष 1992 में विश्व में शांति स्थापित करने के लिए शांति को बाध्यकारी रूप में लागू करने (Peace enforcement) के निर्णय का प्रस्ताव प्रस्तुत किया।

- शांति कार्यक्रमों को संचालित करने के लिए एक पीस बिल्डिंग आयोग (Peace Building Commission) का निर्माण भी होना चाहिए।

पीस कीपिंग और पीस बिल्डिंग के मुख्यतः तीन भाग हैं-

(i) जिन देशों में शांति की स्थापना की जानी है।

(ii) जिन देशों के सैनिक शांति स्थापना में शामिल हैं।

(iii) जिन देशों द्वारा शांति स्थापना के लिए फंडिंग की जाती है। पीस कीपिंग तथा पीस बिल्डिंग कार्यक्रमों को प्रभावी रूप से सफल बनाने के लिए इन तीनों के मध्य समन्वय होना आवश्यक है।

आर्थिक एवं सामाजिक परिषद में सुधार

संयुक्त राष्ट्र संघ द्वारा मानवाधिकार की रक्षा, पर्यावरण संरक्षण, महिला सशक्तीकरण एवं गरीबी निवारण हेतु अनेक कार्यक्रम संचालित किए जाते हैं, जिनका क्रियान्वयन अनेक एजेंसियों द्वारा होता है। समकालीन समय में इन एजेंसियों की कार्य प्रणाली में परिवर्तन की आवश्यकता है। भूमंडलीकरण और उदारीकरण के इस युग में विकास कार्यक्रमों में राष्ट्र-राज्य के अतिरिक्त अन्य गैर-सरकारी स्वैच्छिक संस्थाओं को भी सम्मिलित किया जाना चाहिए, जिसके उदाहरण निम्नलिखित हैं-

- विकास कार्यक्रमों में निजी क्षेत्रों की भागीदारी को बढ़ावा देने की आवश्यकता है।
- गैर-राष्ट्रीय कर्ताओं एवं बहुराष्ट्रीय कंपनियों को भी सम्मिलित करना चाहिए।
- सामाजिक, आर्थिक विकास के लिए अधिकांश अनुदान विकसित देशों द्वारा प्राप्त होते हैं। इसलिए विकसित देश, विकासशील देशों पर वैचारिक प्रभुत्व स्थापित करने का प्रयत्न भी करते हैं।
- आर्थिक एवं सामाजिक परिषद को विभाजित करके दो पृथक् परिषदों का निर्माण किया जाए।
- विकासशील देश और विशेषकर वे देश, जिनमें यह कार्यक्रम संचालित हो रहे हैं उनकी निर्णय-निर्माण में प्रमुख भूमिका होनी चाहिए।

वित्तीय सुधार

वर्तमान में संयुक्त राष्ट्र संघ के समक्ष वित्तीय संकट बना हुआ है। संयुक्त राष्ट्र संघ के लिए ज्यादा से ज्यादा वित्तीय संसाधनों को उपलब्ध कराना पहली चुनौती है, जबकि एक राज्य का वित्तीय योगदान एक निर्धारित सीमा से ऊपर नहीं होना चाहिए, अन्यथा संयुक्त राष्ट्र संघ तटस्थ और निष्पक्ष रूप में कार्य नहीं कर सकता। संयुक्त राष्ट्र संघ का बजट न्यूयॉर्क राज्य के प्रशासन के बजट से भी कम होता है। इसलिए इनके अनुसार, शीत युद्धोत्तर विश्व में संयुक्त राष्ट्र संघ के अप्रभावकारी या अशक्त होने का मूल कारण इसकी वित्तीय कमजोरी या अक्षमता है, शीत युद्ध युगीन विश्व में वीटो के प्रयोग के कारण संयुक्त राष्ट्र संघ का कार्यकरण प्रभावित हुआ। वर्तमान समय में संयुक्त राष्ट्र संघ को प्रभावशाली बनाने के लिए निम्नलिखित वित्तीय सुधार महत्त्वपूर्ण हैं-

- प्रत्येक सदस्य राज्य द्वारा अपना निर्धारित योगदान निश्चित समय पर देना चाहिए।
- संयुक्त राष्ट्र संघ के चार्टर के अनुच्छेद-19 के अनुसार, यदि किसी राष्ट्र का वित्तीय अनुदान बकाया होता है, तो उसे महासभा में मत देने का अधिकार नहीं होगा, परंतु यह प्रावधान व्यावहारिक रूप में लागू नहीं किया जाता, जिसे सख्ती से लागू करने की आवश्यकता है।
- अमेरिका, जर्मनी, जापान जैसे बड़े राष्ट्र भी अपनी निर्धारित राशि का भुगतान नहीं कर रहे हैं।
- उपरोक्त समस्याओं के समाधान के लिए अनेक सुझाव दिए गए हैं। समकालीन भूमंडलीकरण व उदारीकरण के युग में संयुक्त राष्ट्र संघ के वित्तीय स्रोत केवल राष्ट्र-राज्यों पर ही निर्भर नहीं होने चाहिए। विचारकों ने संयुक्त राष्ट्र संघ के वित्तीय स्रोत में वृद्धि के लिए निम्नलिखित सुझाव दिए हैं-

(i) साझी धरोहर जैसे खुला समुद्र, खुला आसमान के उपयोग पर कर।

(ii) वैश्विक वित्तीय विनिमय पर करारोपण।

(iii) अंतर्राष्ट्रीय वायुसेवाओं के टिकट पर सरचार्ज (अधिभार)।

(iv) अंतर्राष्ट्रीय पर्यटन पर शुल्क।

(v) ऐसे राष्ट्र, जिनकी राशि बकाया हो, उन पर विलंब शुल्क भी लगाया जाए, परंतु गरीब देशों को इससे छूट प्राप्त हो।

दक्षिण केंद्र (South Centre) के अनुसार किसी भी राज्य का वित्तीय योगदान एक निर्धारित सीमा से ऊपर नहीं होना चाहिए, जिसके लिए केंद्र के अनुसार किसी भी एक देश के योगदान की सीमा 10 या 12.5 प्रतिशत से अधिक न हो, क्योंकि एक राष्ट्र द्वारा

अधिक योगदान करने से संयुक्त राष्ट्र संघ वित्तीय रूप में उस राष्ट्र पर निर्भर हो जाता है तथा संयुक्त राष्ट्र संघ के तटस्थ कार्यकरण में बाधा उत्पन्न होती है। वर्तमान समय में अमेरिका, जर्मनी और जापान संयुक्त राष्ट्र संघ के कुल बजट का 50 प्रतिशत से अधिक का योगदान करते हैं। कुछ विचारकों के अनुसार, संयुक्त राष्ट्र संघ के समक्ष उत्पन्न संकट वित्तीय नहीं, बल्कि मूलतः राजनीतिक है, क्योंकि महाशक्तियों द्वारा जानबूझकर संयुक्त राष्ट्र संघ को अशक्त बनाने का प्रयत्न किया जाता है।

संरचनात्मक सुधार

महासभा

यह एक लोकतांत्रिक संस्था है, क्योंकि इसमें सभी राज्यों का समान प्रतिनिधित्व होता है। महासभा में कई प्रकार की समितियां हैं, जिनके माध्यम से यह कार्य करती है-

महासभा की समितियां-

- नि:शस्त्रीकरण एवं अंतर्राष्ट्रीय सुरक्षा समिति।
- आर्थिक एवं वित्तीय समिति।
- सामाजिक, मानवीय एवं सांस्कृतिक समिति।
- राजनीतिक एवं औपनिवेशिक स्वतंत्रता समिति।
- प्रशासनिक एवं आय-व्यय संबंधी समिति।
- कानूनी समिति।

महासभा की बैठक प्रतिवर्ष सितंबर माह में होती है। इसी बैठक में विभिन्न अध्यक्ष और कई उपाध्यक्षों का निर्वाचन होता है। इसका 80वां सत्र हाल ही में (सितंबर 2025, न्यूयॉर्क) आयोजित हुआ। इसमें जलवायु परिवर्तन, सुरक्षा परिषद में सुधार, रूस-यूक्रेन युद्ध, इजरायल-फिलिस्तीन संघर्ष जैसे मुद्दों के समाधान पर बल दिया गया। अनुच्छेद-18 के अनुसार, महासभा में प्रत्येक सदस्य को एक मत प्राप्त होगा तथा महासभा में किसी एक देश के पांच से अधिक प्रतिनिधि नहीं होंगे, परंतु सभी देशों को एक मत प्राप्त होगा।

महासभा के कार्य

अनुच्छेद-10 से 17 के बीच महासभा की शक्तियों का वर्णन है। संयुक्त राष्ट्र संघ का जो सदस्य अपना निर्धारित अंशदान न चुकाए, तो उसे महासभा में मतदान से वंचित किया जा सकता है, ऐसा अनुच्छेद-19 में वर्णित है। महासभा के महत्त्वपूर्ण निर्णय उस समय उपस्थित एवं मतदान करने वालों के दो-तिहाई बहुमत से लिया जाएगा, जिसमें निम्नलिखित विषय शामिल होंगे-

- अंतर्राष्ट्रीय शांति एवं सुरक्षा बनाए रखने की सिफारिश।
- सुरक्षा परिषद के अस्थायी सदस्यों का निर्वाचन।
- आर्थिक एवं सामाजिक परिषद के सदस्यों का निर्वाचन।
- संयुक्त राष्ट्र संघ में नए सदस्यों का प्रवेश।
- सदस्यों का निष्कासन।
- बजट पारित करना।

महासभा केवल परामर्शदात्री प्रस्ताव ही प्रस्तुत करती है तथा महासभा द्वारा विश्व के विभिन्न राज्यों के लिए सलाहकारी प्रस्ताव पारित किए जाते हैं। इसलिए महासभा द्वारा दुनिया के राज्यों के लिए विधि का निर्माण नहीं किया जाता।

संयुक्त राष्ट्र संघ के अंतर्राष्ट्रीय न्यायालय के न्यायाधीशों का निर्वाचन सामान्य बहुमत से होगा। वर्ष 1953 में भारत की विजयलक्ष्मी पंडित, संयुक्त राष्ट्र महासभा की पहली महिला अध्यक्ष थीं, जो संयुक्त राष्ट्र संघ के लोकतांत्रिक स्वरूप को प्रतिबिंबित करती हैं, क्योंकि सभी राष्ट्रों को महासभा में समान मत प्राप्त होते हैं, परंतु धीरे-धीरे इसकी भूमिका गौण होती जा रही है तथा इसमें निम्नलिखित सुधार अपेक्षित हैं-

- महासभा को पर्याप्त वित्तीय संसाधन और कर्मचारी उपलब्ध हों।
- महासभा के पूरे वर्ष के कार्यक्रमों का स्पष्ट निर्धारण हो।
- शांति निर्माण कार्यक्रम एवं मानवाधिकार से जुड़े मुद्दों पर इसकी विशेष भूमिका होनी चाहिए।
- सुरक्षा परिषद को नियंत्रित और संतुलित करने के लिए महासभा को शक्तिशाली बनाना आवश्यक है।
- महासभा को प्रभावशाली बनाने से विकासशील देशों की भूमिका में निर्णायक वृद्धि होगी, क्योंकि विकासशील देश वर्तमान समय में महासभा में बहुमत में हैं।

सुरक्षा परिषद

कार्य

- सुरक्षा परिषद का मूल कार्य, विश्व में शांति एवं सुरक्षा बनाए रखना है।
- हथियारों की दौड़ को रोकने का प्रयत्न करना।
- आक्रमणकर्ता राज्य के विरुद्ध सैन्य कार्रवाई करना।
- आक्रमण को रोकने या बंद करने के लिए राज्यों पर आर्थिक प्रतिबंध लगाना।

- सुरक्षा परिषद का प्रस्ताव राज्यों पर बाध्यकारी होता है। ईरान, सीरिया पर प्रतिबंध सुरक्षा परिषद द्वारा लगाए गए हैं।

संरचना

सुरक्षा परिषद के वर्तमान में 15 सदस्य हैं, जिसमें पांच स्थायी और दस अस्थायी हैं। वर्ष 1963 में चार्टर का संशोधन किया गया और अस्थायी सदस्यों की संख्या छह से बढ़ाकर दस कर दी गई। अस्थायी सदस्य, विश्व के विभिन्न भागों से लिए जाते हैं, जिसका अनुपात निम्नलिखित हैं-

- पांच सदस्य अफ्रीका, एशिया से।
- दो सदस्य लैटिन अमेरिका से।
- दो सदस्य पश्चिमी देशों से।
- एक सदस्य पूर्वी यूरोप से।

चार्टर के अनुच्छेद-27 में मतदान का प्रावधान दिया गया है। सुरक्षा परिषद में दोहरे वीटो का प्रावधान है। पहला, सुरक्षा परिषद के स्थायी सदस्य पहले वीटो द्वारा किसी मुद्दे को साधारण मामलों से अलग करने के लिए वीटो का प्रयोग करते हैं। दूसरी बार वीटो का प्रयोग उस मुद्दे को रोकने के लिए किया जाता है। परिषद के अस्थायी सदस्यों का निर्वाचन सुरक्षा परिषद की सहमति के द्वारा महासभा के उपस्थित और मतदान करने वाले सदस्यों के दो-तिहाई बहुमत से होता है। वर्ष 1971 में राष्ट्रवादी चीन (ताइवान) को स्थायी सदस्यता से निकालकर जनवादी चीन को स्थायी सदस्य बना दिया गया। सुरक्षा परिषद की बैठक वर्ष भर चलती रहती है। सुरक्षा परिषद में किसी भी कार्रवाई के लिए नौ सदस्यों के समर्थन की आवश्यकता होती है। लेकिन किसी भी स्थायी सदस्य का वीटो नहीं होना चाहिए तथा किसी स्थायी सदस्य की अनुपस्थिति को वीटो नहीं माना जाता है। सुरक्षा परिषद, संयुक्त राष्ट्र संघ का सबसे महत्त्वपूर्ण अंग है, क्योंकि इसके प्रस्ताव बाध्यकारी होते हैं एवं विश्व में शांति और सुरक्षा बनाए रखने का मूल दायित्व सुरक्षा परिषद को सौंपा गया है।

वर्तमान में सुरक्षा परिषद निम्नलिखित कारणों से विफल हो रही है-

- उत्तर कोरिया द्वारा परमाणु हथियार और प्रक्षेपास्त्रों का लगातार परीक्षण।
- यूक्रेन को भी सुरक्षा परिषद रूस के आक्रमण से नहीं बचा सकी।
- विश्व में आतंकवादी संगठनों पर कारगर नियंत्रण नहीं लग पा रहा है और सुरक्षा परिषद द्वारा प्रस्ताव संख्या-1267 पारित किया गया, जिसके अनुसार अलकायदा से संबंधित किसी भी आतंकवादी संगठन को कोई वित्तीय एवं आर्थिक सहायता नहीं दी जाएगी। प्रस्ताव-1373 भी पारित किया गया है, जिसके अनुसार कोई भी राज्य किसी भी आतंकवादी संगठन को किसी प्रकार की सहायता नहीं दे सकता। परंतु इसे क्रियान्वित नहीं किया जा सका और चीन द्वारा मसूद अजहर के मुद्दे पर वीटो का प्रयोग यह सिद्ध करता है कि महाशक्तियां सुरक्षा परिषद को अपने हितों के लिए प्रयुक्त करना चाहती है न कि विश्व शांति के लिए।

सुरक्षा परिषद में सुधार

शीत युद्धोत्तर विश्व में विश्व राजनीति में आमूलकारी परिवर्तन हुए हैं, परंतु सुरक्षा परिषद की संरचना अभी भी द्वितीय विश्व युद्ध के पश्चात् के शक्ति संतुलन को ही प्रकट करती है। इसलिए समकालीन विश्व में सुरक्षा परिषद की संरचना में परिवर्तन की आवश्यकता है। अतः सुरक्षा परिषद की विसंगतियों या खामियों को दो श्रेणियों में विभाजित किया जा सकता है-

- पारदर्शिता का अभाव।
- वैधानिकता का अभाव।

सुरक्षा परिषद अत्यधिक शक्तिशाली संस्था है, लेकिन इसमें पारदर्शिता का अभाव है। चूंकि सुरक्षा परिषद के स्थायी सदस्य गुप्त विचार-विमर्श द्वारा किसी भी मुद्दे पर निर्णय ले लेते हैं तथा मतदान औपचारिकता मात्र होता है। परंतु वर्ष 1994 से सुरक्षा परिषद के अध्यक्ष ने एक नई पहल की, जिसके अनुसार, पहली बार गैर-सदस्य राज्यों से भी सुरक्षा परिषद में विचार-विमर्श किया गया विशेषकर शांति निर्माण कार्यक्रमों के संदर्भ में। इनके अनुसार, सुरक्षा परिषद द्वारा उन सदस्यों से भी परामर्श किया गया, जो शांति कार्यक्रमों में योगदान दे रहे हैं।

संयुक्त राष्ट्र संघ के संस्थापक सदस्य 51 थे, लेकिन वर्तमान में इनकी संख्या 193 हो गई है, परंतु अभी भी सुरक्षा परिषद के स्थायी सदस्यों की संख्या पांच ही है। अफ्रीका और लैटिन अमेरिकी महाद्वीप का स्थायी सदस्यों में कोई प्रतिनिधित्व नहीं है। भारत सदृश विशाल लोकतांत्रिक उभरती हुई महाशक्ति को अभी भी स्थायी सदस्यता प्राप्त नहीं है। अमेरिका ने जर्मनी और जापान को स्थायी सदस्यता का सबसे बेहतर दावेदार माना, जिसके कारण निम्नलिखित हैं-

- दोनों देशों का संयुक्त राष्ट्र संघ में आर्थिक योगदान अत्यधिक है।
- दोनों देश दुनिया की बड़ी एवं शक्तिशाली अर्थव्यवस्थाएं हैं।

आलोचकों के अनुसार, ये दोनों राष्ट्र अमेरिका पर निर्भर हैं तथा अमेरिका के सामरिक मित्र हैं, इसलिए स्वतंत्र निर्णय लेने में अक्षम हैं। जब तीन यूरोपीय देश सुरक्षा परिषद में पहले से ही शामिल हैं, तो जर्मनी को सम्मिलित करने से यूरोपीय देशों की संख्या समानुपातिक रूप में ज्यादा होगी। सदस्यता का विस्तार वीटो के साथ हो या बिना वीटो के इस बिंदु पर भी मतभेद है। जिनेवा स्थित दक्षिण केंद्र (South Centre) के अनुसार, सुरक्षा परिषद की स्थायी सदस्यता ही समाप्त कर दी जाए तथा वीटो शक्ति का पूर्णतः उन्मूलन कर देना चाहिए, क्योंकि वीटो द्वारा मुट्ठीभर राष्ट्रों को विशेषाधिकार प्राप्त हो जाता है तथा इसका कार्य भी प्रभावित होता है।

सुधार के प्रस्ताव

11 मार्च, 2005 को संयुक्त राष्ट्र संघ के तत्कालीन महासचिव कोफी अन्नान ने सुरक्षा परिषद की सदस्य संख्या बढ़ाकर 24 करने का सुझाव दिया, परंतु सदस्यों की यह वृद्धि बिना वीटो की होगी। इन्होंने दो मॉडल सुझाए, जिसमें **पहला मॉडल** निम्नलिखित है-

- बिना वीटो के छह नए स्थायी सदस्य।
- तीन नए अस्थायी सदस्य, जिनका कार्यकाल दो वर्ष का होगा, जो लगातार दोबारा निर्वाचित नहीं होंगे।
- सदस्यता में यह विस्तार क्षेत्र के अनुसार किया जाएगा। एशिया एवं अफ्रीका महाद्वीप से दो-दो सदस्य लिए जाएंगे तथा अमेरिका और यूरोप प्रत्येक से एक सदस्य लिया जाएगा।

विश्व के विभिन्न क्षेत्रों से संयुक्त राष्ट्र संघ के निम्नलिखित सदस्य आते हैं-

- अफ्रीका महाद्वीप - 54
- एशिया प्रशांत - 56
- यूरोप - 48
- अमेरिका - 35

दूसरा मॉडल- कोफी अन्नान के दूसरे मॉडल की विशेषताएं निम्नलिखित हैं-

- स्थायी सदस्यों की संख्या में कोई वृद्धि नहीं होगी।
- आठ नए अर्द्ध स्थायी सदस्य सम्मिलित होंगे, जिनका कार्यकाल चार वर्ष का होगा, लेकिन इनका पुनर्निर्वाचन भी संभव है।
- एक सदस्य अस्थायी होगा, जिसका कार्यकाल दो वर्ष का होगा, लेकिन इनका पुनर्निर्वाचन संभव नहीं है।
- इसमें में भी कुल सदस्यों की संख्या 24 होगी।

समूह-4 (G-4) का प्रस्ताव

G-4 का प्रस्ताव भारत, ब्राजील, जर्मनी एवं जापान द्वारा लाया गया। इसके सह-प्रस्तावकों में बेल्जियम, भूटान, चेक रिपब्लिक, डेनमार्क, फिजी, फ्रांस, जॉर्जिया, यूनान, हैती, होंडुरास, आइसलैंड, किरिबाती, लातविया, लिथुआनिया, मालदीव, नौरू, पलाऊ, पोलैंड, पराग्वे, पुर्तगाल, सोलोमन द्वीप, तुवालू और यूक्रेन थे।

प्रस्ताव

- छह नए स्थायी सदस्य बिना वीटो के।
- G-4 के अलावा दो स्थायी सदस्य अफ्रीका महाद्वीप से।
- चार नए अस्थायी सदस्य होंगे।
- कुल सदस्य संख्या 25

कॉफी क्लब का प्रस्ताव

कॉफी क्लब उन देशों के समूह को कहते हैं, जिन्होंने G-4 के प्रस्ताव का विरोध किया। इस प्रस्ताव को आम सहमति के लिए एकता के नाम से भी जाना जाता है। यह प्रस्ताव अर्जेंटीना, कनाडा, कोस्टारिका, कोलंबिया, माल्टा, मैक्सिको, पाकिस्तान, इटली, स्पेन और तुर्की द्वारा प्रस्तुत किया गया। इनकी मांग निम्नलिखित हैं-

- स्थायी सदस्य संख्या में कोई परिवर्तन न हो।
- केवल दस नए अस्थायी सदस्यों को बढ़ा दिया जाए, जिनका निर्वाचन दो वर्ष के लिए होना चाहिए।
- इनके अनुसार, सुरक्षा परिषद की कुल सदस्य संख्या 25 होनी चाहिए, जिसमें 15 मतों से निर्णय लिया जाए।

भारत की स्थायी सदस्यता का दावा

वर्ष 1963 में जब सुरक्षा परिषद के अस्थायी सदस्यों में वृद्धि का प्रस्ताव किया गया, तो आरंभिक रूप में स्थायी सदस्यों ने इसका विरोध किया। अभी भी पांच स्थायी सदस्य अपना विशेषाधिकार बनाए रखना चाहते हैं। इसलिए अंतर्राष्ट्रीय राजनीति में सदस्यता का निर्धारण वस्तुनिष्ठ रूप में न होकर, शक्ति संतुलन के अनुसार होता है। अमेरिका ने सदैव ऐसे राज्यों की सदस्यता का समर्थन किया, जो अमेरिका के अनुसार अपनी विदेश नीति संचालित करें। आर्थिक

और वित्तीय योगदान सदस्यता के लिए एक महत्त्वपूर्ण शर्त है। परंतु विकासशील देशों के लिए आर्थिक योगदान की तुलना विकसित देशों से संभव नहीं है। भारत ने शीत युद्धोत्तर विश्व में सुरक्षा परिषद की स्थायी सदस्यता का दावा प्रस्तुत किया। सदस्यता प्राप्त करने के लिए सुरक्षा परिषद के पांच स्थायी सदस्यों का समर्थन प्राप्त होना चाहिए। वर्तमान में अमेरिका, ब्रिटेन, रूस व फ्रांस भारत की स्थायी सदस्यता के समर्थक हैं, जबकि चीन द्वारा भारत का सीधा समर्थन नहीं किया गया है, परंतु चीन ने सीधा विरोध भी नहीं किया है। सुरक्षा परिषद में स्थायी सदस्यों की वृद्धि के लिए चार्टर में संशोधन की आवश्यकता है, जिसके लिए महासभा के दो-तिहाई बहुमत का समर्थन आवश्यक हैं तथा सुरक्षा परिषद के स्थायी सदस्यों का समर्थन होना चाहिए। सुरक्षा परिषद में एशिया महाद्वीप से दो नए सदस्य शामिल किए जाएंगे, जिनमें जापान और भारत सर्वाधिक शक्तिशाली देश हैं। इसलिए क्षेत्रीय आधार पर भारत का दावा निर्णायक एवं महत्त्वपूर्ण है। G-4 के मुख्य प्रस्तावकों में भारत एक है तथा भारत के दावे के अन्य आधार निम्नलिखित हैं-

- भारत दुनिया का विशाल और सबसे बड़ा लोकतांत्रिक देश है और भारतीय लोकतंत्र के आदर्श तथा संयुक्त राष्ट्र संघ के चार्टर के उद्देश्य लगभग समान हैं।
- संयुक्त राष्ट्र संघ के आदर्शों में शांतिपूर्ण सहअस्तित्व तथा प्रत्येक राज्य की स्वतंत्रता का सम्मान किया गया है। भारत इन आदर्शों का समर्थक है।
- संयुक्त राष्ट्र संघ के शांति निर्माण कार्यक्रमों में अग्रणी भूमिका। भारत, संयुक्त राष्ट्र संघ में शांति सेनाओं में योगदान करने वाला सबसे बड़ा राष्ट्र है।
- भारत ने संयुक्त राष्ट्र संघ द्वारा संचालित 64 में से 43 शांति अभियानों में भागीदारी की है, जिसमें लगभग 1,60,000 भारतीय सैनिक तैनात किए गए। भारत वर्तमान में चल रहे 14 शांति अभियानों में से सात में भागीदारी कर रहा है।

भारत की सदस्यता की संभावना

भारत की स्थायी सदस्यता की दावेदारी प्राकृतिक और न्यायोचित है, परंतु विश्व राजनीति का निर्धारण शक्ति के आधार पर होता है, न्याय और लोकतंत्रीय आदर्शों के आधार पर नहीं। भारत, वर्तमान में विश्व के सभी प्रमुख समूहों का सदस्य है और विश्व का एकमात्र देश है, जिसने परमाणु अप्रसार संधि पर हस्ताक्षर नहीं किए हैं और उसे परमाणु ईंधन और तकनीकी प्राप्त हो रही है। भारत की उभरती अर्थव्यवस्था के कारण भारत का महत्त्व पूरी दुनिया में निरंतर बढ़ रहा है तथा अमेरिका के साथ संबंधों में उल्लेखनीय सुधार हुआ है।

अतः उभरता चीन, भारत और अमेरिका के सामरिक हितों में समस्या उत्पन्न कर रहा है। भारत-अमेरिका सिविल परमाणु समझौता तथा भारत की भूमिका G-7 की बैठकों में आतंकवाद एवं पर्यावरण की समस्याओं के संदर्भ में उभर रही है। इसलिए शक्ति संतुलन भारत के पक्ष में प्रतीत हो रहा है। अतः भारत के सदस्य बनने की प्रबल संभावना है।

आर्थिक एवं सामाजिक परिषद में सुधार

आर्थिक एवं सामाजिक परिषद में 54 सदस्य होते हैं, जिन्हें तीन वर्ष के लिए चुना जाता है। हर वर्ष 18 सदस्य सेवानिवृत्त होते हैं और उनके स्थान पर नए सदस्यों का चुनाव होता है। इनका मूल कार्य, विश्व का सामाजिक-आर्थिक विकास करना है। संयुक्त राष्ट्र संघ की समूची विशेषज्ञ एजेंसियां, जैसे- अंतर्राष्ट्रीय श्रम संगठन (ILO), खाद्य एवं कृषि संगठन (FAO), संयुक्त राष्ट्र शैक्षिक, वैज्ञानिक एवं सांस्कृतिक संगठन (UNESCO), विश्व स्वास्थ्य संगठन (WHO), आर्थिक एवं सामाजिक परिषद के निर्देशन में ही कार्य करती हैं। आर्थिक एवं सामाजिक परिषद के नियंत्रण में अनेक आयोगों की स्थापना भी की गई है। आर्थिक एवं सामाजिक परिषद द्वारा वर्तमान समय में सतत् विकास लक्ष्यों (SDG) को प्राप्त करने के लिए प्रयत्न किया जा रहा है। संयुक्त राष्ट्र संघ के पूर्व महासचिव बुतरस बुतरस-घाली के अनुसार, आर्थिक एवं सामाजिक परिषद सबसे महत्त्वपूर्ण संस्था होने के बावजूद अत्यधिक कमजोर है। विभिन्न एजेंसियों के कार्यों की पुनरावृत्ति पर प्रतिबंध होना चाहिए तथा इन एजेंसियों में विकासशील देशों का पर्याप्त प्रतिनिधित्व हो।

आलोचना

- वर्तमान में अमेरिका द्वारा UNESCO की सदस्यता के परित्याग से यह प्रतीत होता है कि महाशक्तियों द्वारा जान बूझकर संयुक्त राष्ट्र संघ को कमजोर करने के प्रयास किए जाते हैं। अमेरिका संयुक्त राष्ट्र संघ के लिए सबसे ज्यादा वित्तीय योगदान देता है, इसलिए अब अमेरिका द्वारा दिया गया पैसा UNESCO को प्राप्त नहीं होगा। हाल ही में अमेरिका विश्व स्वास्थ्य संगठन से भी अलग हो गया है।

- विश्व में अभी भी विकसित और विकासशील देशों के बीच आर्थिक विकास की गहरी खाई विद्यमान है और समूचा विश्व व्यापार विकासशील देशों के प्रतिकूल संचालित हो रहा है और संयुक्त राष्ट्र संघ की वित्तीय स्थिति पहले से ही डांवाडोल है। इसकी सामाजिक भूमिका को सुदृढ़ करने के लिए वित्तीय सुधारों की सख्त आवश्यकता है।

सचिवालय

संयुक्त राष्ट्र सचिवालय संयुक्त राष्ट्र संघ की प्रशासनिक संस्था है, जिसका कार्य संयुक्त राष्ट्र संघ के कार्यों का प्रशासनिक प्रबंध करना है। संयुक्त राष्ट्र संघ का महासचिव, संयुक्त राष्ट्र संघ का प्रशासनिक प्रधान होता है और महासचिव की नियुक्ति, सुरक्षा परिषद की सिफारिश पर महासभा द्वारा होती है। चार्टर में महासचिव के कार्यकाल का कोई प्रावधान नहीं है, परंतु महासभा द्वारा पारित प्रस्ताव के आधार पर महासचिव की नियुक्ति पांच वर्ष के लिए होती है तथा वह दोबारा भी नियुक्त किया जा सकता है। महासचिव का पुनर्निर्वाचन का प्रावधान समाप्त कर देना चाहिए तथा संयुक्त राष्ट्र संघ के कार्यालयों को विकासशील देशों में स्थानांतरित किया जाए तथा कर्मचारियों की संख्या में विकासशील देशों का पर्याप्त प्रतिनिधित्व हो। संयुक्त राष्ट्र संघ के महासचिव की भूमिका निम्नलिखित दो रूपों में देखी जा सकती है-

- सचिवालय के प्रधान के रूप में।
- एक कूटनीतिक दुनिया के पहले कूटनीतिज्ञ के रूप में।

वर्ष 1992 में संयुक्त राष्ट्र संघ के महासचिव ने नौकरशाही के आकार में कटौती करने का प्रस्ताव रखा। इनके अनुसार, कर्मचारियों की भर्ती के मानकों में वृद्धि होनी चाहिए, जिससे बेहतर और तटस्थ व्यक्तियों की भर्ती सुनिश्चित हो। सचिवालय के सदस्यों की भर्ती इस प्रकार हो कि कोई राष्ट्र विशेष उन्हें प्रभावित न कर सकें। महासचिव का चुनाव मुक्त रूप में होना चाहिए।

अंतर्राष्ट्रीय न्यायालय

इसका मुख्यालय हॉलैंड के शहर हेग में स्थित है। अंतर्राष्ट्रीय राजनीति में वैधानिक विवादों (राज्यों के मध्य) के समाधान के लिए अंतर्राष्ट्रीय न्यायालय की स्थापना की गई है। अंतर्राष्ट्रीय न्यायालय का निर्णय परामर्शकारी माना जाता है एवं अंतर्राष्ट्रीय न्यायालय द्वारा दिए गए निर्णय को बाध्यकारी रूप में लागू करने की शक्ति सुरक्षा परिषद के पास है। अंतर्राष्ट्रीय न्यायालय द्वारा राज्यों के मध्य उत्पन्न विवाद भी सुलझाए जाते हैं। जैसे-सीमा विवाद, जल विवाद इत्यादि। इसे स्वैच्छिक अधिकारिता भी कहा जाता है। इसके अतिरिक्त संयुक्त राष्ट्र संघ की विभिन्न एजेंसियां भी अंतर्राष्ट्रीय न्यायालय से विवाद के मुद्दों पर परामर्श ले सकती हैं। इसे 'परामर्शकारी अधिकारिता' कहा जाता है।

संरचना

अंतर्राष्ट्रीय न्यायालय की आधिकारिक भाषा अंग्रेजी और फ्रेंच है। न्यायालय में किसी एक राज्य के एक से अधिक नागरिक एक साथ न्यायाधीश नहीं हो सकते। अंतर्राष्ट्रीय न्यायालय में 15 न्यायाधीश होते हैं, जिनका कार्यकाल नौ वर्ष का होता है। इन्हें दोबारा चुना जा सकता है।

अंतर्राष्ट्रीय न्यायालय में न्यायाधीश के निर्वाचन के लिए 70 वर्षों में पहली बार एक रोचक एवं ऐतिहासिक विवाद उत्पन्न हो गया। क्योंकि महासभा में भारतीय न्यायाधीश दलबीर भंडारी को बहुमत प्राप्त हो गया जबकि सुरक्षा परिषद में ब्रिटिश न्यायाधीश ग्रीन वुड को बहुमत मिला। इस गतिरोध को तोड़ने के लिए सुरक्षा परिषद एवं महासभा के सदस्यों से मिलकर समिति के गठन का प्रावधान है। लेकिन समिति के गठन से पहले ही ब्रिटिश न्यायाधीश ने अपना नाम वापस ले लिया, जिससे भारतीय न्यायाधीश दलबीर भंडारी की विजय हुई। यह भारत की बड़ी कूटनीतिक सफलता है तथा वैश्विक पटल पर बढ़ती शक्ति का भी उदाहरण है।

निष्कर्ष

संयुक्त राष्ट्र संघ वर्तमान में विश्व शांति के लिए आवश्यक है। क्योंकि युद्ध अकेले किया जा सकता है परंतु शांति के प्रयत्नों के लिए सामूहिक प्रयासों की आवश्यकता है। वर्तमान में आतंकवाद, पर्यावरण सुरक्षा जैसी साझी चुनौतियां उत्पन्न हो रही हैं, जिनका समाधान सामूहिक रूप में ही संभव है।

अध्याय

2 भारत-संयुक्त राष्ट्र संघ

India-United Nation Organisation

● सुरक्षा परिषद ● रंगभेद नीति तथा उपनिवेशवाद की समाप्ति ● संयुक्त राष्ट्र संघ की निःशस्त्रीकरण योजना ● विकास के लिए ● शांति निर्माण ● विश्वसनीय शांति निर्माता ● आर्थिक और सामाजिक परिषद में भूमिका ● महासभा में भूमिका ● मानवाधिकार परिषद में भूमिका ● अंतर्राष्ट्रीय न्यायालय

भारत, संयुक्त राष्ट्र संघ (यूएनओ) का संस्थापक सदस्य है। 1 जनवरी 1942 को वाशिंगटन सम्मेलन तथा 26 जून 1945 को संपन्न सैन फ्रांसिस्को सम्मेलन जो यूएनओ से संबंधित था, में भारत भागीदार राष्ट्र था। 24 अक्टूबर 1945 को यूएनओ की स्थापना हुई। 51 देशों ने सबसे पहले यूएनओ चार्टर को स्वीकार किया। भारत उनमें से एक था। एक संस्थापक सदस्य के रूप में भारत सदैव संयुक्त राष्ट्र के आदर्शों तथा लक्ष्यों की प्राप्ति के लिए प्रतिबद्ध रहा है। भारत द्वारा संयुक्त राष्ट्र की सदस्यता अंतर्राष्ट्रीय शांति व सुरक्षा के प्रति भारतीय प्रतिबद्धता जाहिर करती है। इस मंच द्वारा भारत ने वैश्विक शांति एवं सहयोग बढ़ाने का प्रयास किया। शस्त्रीकरण, परमाणु हथियार तथा युद्धों का विरोध किया है। विकासशील तथा दक्षिण के देशों के हितों के लिए संघर्ष किया है।

भारत की विदेश नीति में संयुक्त राष्ट्र संघ की मूल मान्यताओं का सदैव पालन किया गया। भारतीय विदेश नीति के मूल आधार संयुक्त राष्ट्र संघ के आदर्शों के अनुकूल हैं। इसलिए भारत का योगदान संयुक्त राष्ट्र संघ के संदर्भ में उल्लेखनीय है। भारत ने सदैव संयुक्त राष्ट्र संघ को शक्तिशाली बनाने का समर्थन किया, क्योंकि संयुक्त राष्ट्र संघ मानवता तथा शांति का सबसे बड़ा समर्थक है और यह बहुपक्षवाद पर आधारित है तथा अंतर्राष्ट्रीय विधि इसके कार्यकरण का मूल आधार है।

सुरक्षा परिषद

सुरक्षा परिषद, संयुक्त राष्ट्र संघ का सर्वाधिक महत्त्वपूर्ण अंग है। शीत युद्धोत्तर विश्व में वर्ष 1991 में भारत सुरक्षा परिषद का अस्थायी सदस्य निर्वाचित हुआ। वर्ष 2011-12 के दौरान भी भारत परिषद का अस्थायी सदस्य था और भारत ने तत्कालीन खाड़ी संकट के संदर्भ में सुरक्षा परिषद द्वारा पारित प्रस्ताव संख्या-678 का समर्थन किया, जिसके अंतर्गत इराक को कुवैत खाली करने का निर्देश दिया गया। कुवैत की स्वतंत्रता के बाद इराक के उत्तरी क्षेत्र को उड़ान निषिद्ध क्षेत्र (No Flying Zone) घोषित किया गया। तब भारत ने इराक की एकता, अखंडता एवं संप्रभुता का समर्थन किया। लीबिया के संदर्भ में जब सुरक्षा परिषद ने इसे उड़ान निषिद्ध क्षेत्र घोषित किया, तो भारत मतदान से अनुपस्थित हुआ तथा प्रस्ताव संख्या-1973 के संदर्भ में भारत ने लीबिया की एकता और अखंडता का समर्थन किया। भारत ने किसी भी देश के आंतरिक मामलों में हस्तक्षेप का समर्थन नहीं किया तथा शासन परिवर्तन (Regime Change) की संकल्पना या लोकतंत्र के निर्यात का समर्थन कभी नहीं किया। यद्यपि यह भी उल्लेखनीय है कि भारत ने मानवाधिकार उल्लंघन का समर्थन नहीं किया। आलोचकों का मानना है कि लीबिया और सीरिया में उत्पन्न हुए संकट के पीछे अमेरिका और पश्चिमी देशों द्वारा जानबूझकर विद्रोहियों को सहायता प्रदान की गई। इसलिए

लीबिया के मुद्दे पर रूस और चीन ने अमेरिकी दृष्टिकोण का समर्थन नहीं किया।

सीरिया संकट को हल करने के लिए कोफी अन्नान ने छह सूत्रीय प्रस्ताव प्रस्तुत किया और सुरक्षा परिषद द्वारा सीरिया के विरुद्ध प्रस्ताव पारित किया गया, जिसमें नागरिकों की हत्या रोकने से संबंधित प्रस्ताव शामिल था। इसलिए भारत ने इस प्रस्ताव के पक्ष में मतदान किया, जबकि रूस और चीन ने इस पर वीटो का प्रयोग कर दिया। भारत ने सीरिया में शासन परिवर्तन का समर्थन नहीं किया, जैसाकि पश्चिमी देशों की मान्यता है। वैश्विक आतंकवाद से समूचे विश्व की सुरक्षा के लिए खतरा उत्पन्न हो रहा है। भारत, विगत् तीन दशकों से अधिक समय से सीमापार आतंकवाद से प्रभावित है। इसलिए भारत ने पहले ही संयुक्त राष्ट्र संघ में आतंकवाद का मुद्दा उठाया था। संयुक्त राष्ट्र संघ द्वारा पारित प्रस्ताव-1373 का भारत ने पूर्ण समर्थन किया।

रंगभेद नीति तथा उपनिवेशवाद की समाप्ति

पंडित जवाहरलाल नेहरू के शब्दों में शांति अविभाज्य है, इसी प्रकार स्वतंत्रता भी अविभाज्य है। भारतीय राष्ट्रीय आंदोलन, मूलतः साम्राज्यवाद, उपनिवेशवाद एवं रंगभेद नीति के विरोध का आंदोलन था। द्वितीय विश्व युद्ध के पश्चात् संयुक्त राष्ट्र संघ के आदर्शों को व्यावहारिक रूप में लागू नहीं किया गया, क्योंकि चार्टर में मानवाधिकार का संरक्षण मुख्य है, जिसके अनुसार, सभी व्यक्तियों को स्वतंत्रता प्राप्त है तथा प्रजाति, लिंग, धर्म और भाषा के आधार पर भेदभाव नहीं किया जाएगा, लेकिन अफ्रीका महाद्वीप से उपनिवेशवाद, साम्राज्यवाद को समाप्त करने के लिए भारत की मुख्य भूमिका थी। वर्ष 1960 में संयुक्त राष्ट्र संघ महासभा ने उपनिवेशवादी देशों और लोगों को स्वतंत्रता देने का घोषणा-पत्र जारी किया, जिसमें भारत की उल्लेखनीय भूमिका है।

वर्ष 1961 में इस घोषणा-पत्र को लागू करने का अध्ययन करने के लिए एक विशेष समिति की स्थापना की गई, जिसके अध्यक्ष एक भारतीय सी.एच. झा थे। इस समिति ने उन देशों और लोगों की सुनवाई की जहां अभी भी उपनिवेशी व्यवस्था कायम थी। इस समिति के सदस्य जूलियस न्येरेरे (तंजानिया), केनेथ कोंडा (जांबिया), सैम मिजोमा (नामीबिया), न्यूक्रोमा (घाना) थे। इन देशों में उपनिवेशवादी व्यवस्था समाप्त हुई, तो स्वाभाविक रूप में भारत के साथ संबंध अच्छे थे। ये सभी देश कालांतर में गुटनिरपेक्ष आंदोलन में शामिल हुए। वर्ष 1961 में जब भारत ने गोवा को पुर्तगालियों से मुक्त करा लिया, तो संयुक्त राष्ट्र संघ में भारतीय प्रतिनिधि ने कहा कि यह अभियान उपनिवेशवाद के विरुद्ध था, किसी देश के विरुद्ध नहीं।

संयुक्त राष्ट्र संघ की निःशस्त्रीकरण योजना

भारतीय विदेश नीति में सदैव निःशस्त्रीकरण पर बल प्रदान किया गया है। भारत ने सार्वभौमिक अविभेदकारी निःशस्त्रीकरण का सदैव समर्थन किया तथा इसमें परमाणु हथियारों का निःशस्त्रीकरण भी शामिल है। भारत की पहल से संयुक्त राष्ट्र संघ में वर्ष 1964 में परमाणु हथियारों के अप्रसार के एजेंडे को संयुक्त राष्ट्र संघ में प्रभावी रूप में सम्मिलित किया गया। वर्ष 1965 में भारत ने संयुक्त राष्ट्र संघ में अन्य समान देशों के साथ अंतर्राष्ट्रीय परमाणु संधि का समर्थन किया, लेकिन भारत ऐसा पहला देश था, जिसने परमाणु अप्रसार संधि को विभेदकारी कहा। संयुक्त राष्ट्र संघ के मंच पर भारत द्वारा केवल क्षैतिज अप्रसार ही नहीं, अपितु ऊर्ध्वाधर अप्रसार का भी समर्थन किया गया। भारत ही वह पहला देश है, जिसने वर्ष 1948 में परमाणु ऊर्जा के शांतिपूर्ण प्रयोग करने पर बल दिया तथा परमाणु हथियारों को पूर्णतः समाप्त करने का नारा दिया। भारत ही पहला देश है, जिसने संयुक्त राष्ट्र संघ में वर्ष 1954 में सभी तरह के परमाणु परीक्षण पर पूर्णतः प्रतिबंध लगाने की मांग की। यह मांग संयुक्त राष्ट्र संघ में पंडित जवाहरलाल नेहरू ने उठाई थी। वस्तुतः वर्ष 1963 में संपन्न आंशिक परमाणु परीक्षण संधि के निर्माण में भारत की भूमिका पहलकारी रही। वर्ष 1978 में भारत ने परमाणु हथियारों के प्रयोग पर प्रतिबंध का मुद्दा पुनः उठाया।

80 के दशक में जब नव शीत युद्ध में हथियारों की दौड़ तेज हो गई, तो वर्ष 1982 में भारत ने सभी प्रकार के विखंडनीय पदार्थ, परमाणु हथियारों तथा प्रक्षेपास्त्रों पर पूर्ण रूप में रोक लगाने की मांग की। वर्ष 1988 में संयुक्त राष्ट्र संघ के विशेष सत्र में तत्कालीन प्रधानमंत्री राजीव गांधी ने सभी प्रकार के घातक नरसंहार के हथियारों को वर्ष 2020 तक क्रमिक रूप में समाप्त करने की पहल की। वस्तुतः वर्ष 1996 की सी.टी.बी.टी. की संधि का सह-प्रस्ताव भारत का ही था, लेकिन विभेदकारी होने के कारण भारत ने हस्ताक्षर नहीं किए और आज भी भारतीय विदेश नीति की मान्यता है कि परमाणु निःशस्त्रीकरण व्यापक

एवं सार्वभौमिक रूप में संभव है, इसी संदर्भ में ईरान मुद्दे पर भारत ने परमाणु अप्रसार का समर्थन किया।

विकास के लिए

संयुक्त राष्ट्र संघ चार्टर के अनुच्छेद-53 में जीवन स्तर में वृद्धि करने, रोजगार प्रदान करने, सामाजिक एवं आर्थिक प्रगति का उल्लेख है। वर्ष 1960 के दशक में विकासशील देशों और भारत की सक्रिय पहल के परिणामस्वरूप संयुक्त राष्ट्र संघ के एजेंडे में विकास के मुद्दे को प्राथमिक रूप में स्वीकार किया गया। भारत के प्रोफेसर बी.आर. गाडगिल तथा वी.के.आर.वी. राव ने विकासशील देशों को दी जा रही आधिकारिक विकास सहायता के मुद्दे पर विचार किया। इन विशेषज्ञों के अनुसार, विकसित देशों को अपनी राष्ट्रीय आय का एक प्रतिशत विकासशील देशों को प्रदान करना चाहिए, जिसमें 0.7 प्रतिशत आधिकारिक विकास सहायता के रूप में होगा। डॉ. राव ने संयुक्त राष्ट्र संघ आर्थिक विकास कोष के निर्माण का सुझाव दिया, जो वर्तमान में यू.एन.डी.पी. (UNDP) के रूप में कार्यरत है, लेकिन विकसित देश कभी भी विकासशील देशों को आधिकारिक सहायता के रूप में राशि प्रदान नहीं करते। संयुक्त राष्ट्र के पूर्व महासचिव बुतरस बुतरस-घाली के अनुसार, शीत युद्धोत्तर युग में संयुक्त राष्ट्र संघ की भूमिका विकास के यंत्र के रूप में होगी, क्योंकि गरीबी, निरक्षरता, बेरोजगारी तथा स्वास्थ्य की समस्याएं और बढ़ती बीमारियां पूरी मानवता की सुरक्षा के लिए संकट उत्पन्न करती हैं। वर्तमान में सामाजिक समस्याओं, गरीबी, भुखमरी, अशिक्षा, मृत्युदर में सुधार आदि के लिए संयुक्त राष्ट्र ने सतत् विकास लक्ष्यों की घोषणा की है, जिसमें 17 प्रमुख लक्ष्य तथा 169 उपलक्ष्य घोषित किए गए हैं।

शांति निर्माण (Peace Building)

अंतर्राष्ट्रीय शांति एवं स्थायित्व के निर्माण के संदर्भ में भारत ने संयुक्त राष्ट्र संघ द्वारा संचालित शांति मिशनों में उल्लेखनीय भूमिका का निर्वाह किया है। भारत ने अपने सैनिकों की तैनाती किसी सामरिक लाभ के लिए नहीं, अपितु संयुक्त राष्ट्र संघ के आदर्शों को पूर्ण करने के लिए की है। संयुक्त राष्ट्र संघ की स्थापना से आज तक लगभग दो लाख भारतीय सैनिक पर्यवेक्षक की भूमिका में तथा नागरिक पुलिस अधिकारी के रूप में नियुक्त किए जा चुके हैं। संयुक्त राष्ट्र संघ द्वारा संचालित 64 शांति मिशनों में 43 में भारत की सक्रिय सहभागिता रही है और विश्व में शांति स्थापित करते हुए अभी तक 160 भारतीय सैनिक शहीद हुए हैं तथा शांति सेना में भारतीय सैनिकों की व्यावसायिक उत्कृष्टता की समूचे विश्व में सराहना हुई है। वर्तमान में भारत, विश्व में शांति सैनिकों का योगदान करने वाला दुनिया का सबसे बड़ा देश है।

द्वितीय विश्व युद्धोत्तर राजनीति में कोरिया संकट के माध्यम से शीत युद्ध एशिया में प्रवेश कर गया तथा कोरिया के इस संघर्ष में छह हजार भारतीय शांति सैनिकों की भूमिका उल्लेखनीय रही, जिसका नेतृत्व जनरल के. एस. थिमय्या ने किया। भारतीय शांति सेना ने कोरिया में सैन्य और चिकित्सकीय दोनों तरह की सहायता प्रदान की। संयुक्त राष्ट्र संघ के आपातकालीन सैन्य बल में वर्ष 1956-67 तक 12,000 भारतीय सैनिकों ने कार्य किया। वर्ष 1960 में कांगो में उत्पन्न हुए संकट को सुलझाने के लिए भारतीय शांति सैनिकों की भूमिका निर्णायक थी और कांगो में 39 भारतीय सैनिकों की मृत्यु भी हो गई। कांगो वह पहला बड़ा संकट था, जिसमें अंतर्राष्ट्रीय संघर्ष नहीं, अपितु गृह युद्ध की समस्या थी।

शीत युद्धोत्तर विश्व में संयुक्त राष्ट्र संघ के शांति मिशनों में लगातार एवं उल्लेखनीय वृद्धि हुई, क्योंकि शीत युद्धोत्तर युग में संघर्ष व्यापक एवं नए रूप में थे। भारतीय शांति सैनिकों की कंबोडिया में कार्रवाई तथा सोमालिया में किया गया भारतीय शांति मिशन का योगदान महत्त्वपूर्ण माना गया। सोमालिया के संपूर्ण सैनिकों का एक-तिहाई भाग भारतीय सैनिकों का था। सोमालिया के इस संकट के अलावा भारतीय शांति सैनिकों का योगदान मोजाम्बिक, लाइबेरिया, अंगोला, सिएरा लियोन और लेबनान में मुख्य रहा।

समकालीन समय में संयुक्त राष्ट्र संघ का शांति मिशन इथोपिया और इरीट्रिया में जारी है, जिसमें भारतीय शांति सैनिकों की भूमिका उल्लेखनीय है। यूगोस्लाविया में संयुक्त राष्ट्र संघ के सैन्य बल के मुख्य कमांडर लेफ्टिनेंट सतीश नांबियार थे, इनके नेतृत्व में बहुराष्ट्रीय सेनाओं की तैनाती की गई तथा इसी के साथ वर्ष 1960-69 के समय मेजर जनरल रिखे संयुक्त राष्ट्र संघ के महासचिव के संयुक्त सलाहकार थे। भारत द्वारा शांति निर्माण कार्यक्रम में पहली भागीदारी फिलिस्तीन में हुई। शीत युद्धोत्तर विश्व में संयुक्त राष्ट्र संघ द्वारा संचालित 23 शांति अभियानों में से 15 में भारत ने भागीदारी की। भारत द्वारा कुछ महत्त्वपूर्ण शांति अभियानों में भागीदारी की गई, जिनमें कंबोडिया, सोमालिया,

रवांडा, हैती और मोजाम्बिक उल्लेखनीय हैं। शांति अभियानों के संदर्भ में भारत का दृष्टिकोण निम्नलिखित है-

- भारत के अनुसार, संघर्षरत पक्षों पर सहमति के बाद ही शांति निर्माण अभियानों का संचालन होना चाहिए।
- भारत के अनुसार, शांति निर्माण कार्यक्रम और संयुक्त राष्ट्र संघ द्वारा संचालित अन्य कार्यक्रमों जैसे- मानवीय सहायता में स्पष्ट रूप में विभाजन होना चाहिए।
- भारत का ऐसा मानना है कि शांति कार्यक्रमों का निर्धारण देश की परिस्थितियों और आवश्यकता के आधार पर तय होना चाहिए।
- भारत के अनुसार, शांति निर्माण कार्यक्रमों में भागीदारी करने वाले सैनिक देशों को सही समय पर वित्त का भुगतान होना चाहिए।

आलोचकों ने भारत के शांति अभियान में भागीदारी की आलोचना करते हुए कहा कि भारत को अमेरिका, इंग्लैंड या ऑस्ट्रेलिया की भांति उन्हीं देशों में शांति निर्माण कार्यक्रमों में भागीदारी करनी चाहिए, जो भारत के हित से संबंधित हों। विचारकों के अनुसार, भारत की शांति निर्माण कार्यक्रमों में बढ़ती भागीदारी भारत की बढ़ती शक्ति आकांक्षा के कारण भी है, जो केवल आदर्शवादी मान्यताओं पर ही आधारित नहीं हैं। चीन और पाकिस्तान, भारत को चुनौती देने वाले राज्य हैं, क्योंकि इनकी भागीदारी भी शांति निर्माण कार्यक्रम में बड़ी प्रभावशाली है।

विश्वसनीय शांति निर्माता

मार्च, 2000 में संयुक्त राष्ट्र संघ के पूर्व महासचिव कोफी अन्नान ने शांति कार्यक्रमों के अध्ययन के लिए लखादर ब्राह्मी की अध्यक्षता में एक विशेषज्ञ समिति की स्थापना की। इस समिति के अनुसार, शांति अभियानों में सेना के टिके रहने की क्षमता और खतरे उठाने का साहस अधिक महत्त्वपूर्ण है, क्योंकि लंबे संघर्षों के परिणामस्वरूप सेना का टिके रहना कठिन होता है। जैसाकि वर्ष 1992 में अमेरिका ने सोमालिया से अनेक सैनिकों को वापस आने का आदेश दिया, क्योंकि मोगादिशु में अनेक अमेरिकी सैनिकों की हत्या कर दी गई। इस मामले में भारत की क्षमता निर्विवाद रूप में उल्लेखनीय है। संयुक्त राष्ट्र संघ के खतरनाक अभियानों में सोमालिया के अभियान को शामिल किया जाता है। वर्ष 1993 में भारत के सैनिकों और तीन डॉक्टरों की भी हत्या हुई लेकिन भारत, सोमालिया से नहीं हटा। इसी के साथ मिस्र, मलेशिया और नाइजीरिया के अभियानों को भी भारत ने अंततः पूरा किया। यद्यपि वर्ष 2000 में सिएरा लियोन से भारत ने सैनिकों की पहले वापसी कर दी।

भारत द्वारा संचालित शांति निर्माण कार्यक्रमों में अनेक कार्यक्रम गैर-सैन्य गतिविधियों से संबंधित रहे हैं। उदाहरण के लिए, कंबोडिया, अंगोला व मोजाम्बिक में चुनाव का निरीक्षण करने के लिए भारतीय शांति सैनिकों को तैनात किया गया और सोमालिया व रवांडा में भारतीयों को पुलिस कार्य भी सौंपे गए। सिएरा लियोन, अंगोला तथा कांगो में विस्थापित लोगों के पुनर्वास के लिए भारतीयों को तैनात किया गया तथा लेबनान और कंबोडिया में सिविल प्रशासन और राष्ट्र-निर्माण में भारतीयों को कार्य सौंपे गए। यह उल्लेखनीय है कि शीत युद्ध के बाद के युग में राज्यों के अंदर उत्पन्न होने वाले गृह युद्ध की संख्या में निर्णायक बढ़ोतरी हुई है। इसलिए वर्तमान समय में अधिकांश शांति निर्माण कार्यक्रम राज्यों के आंतरिक संघर्षों के संदर्भ में संचालित किए जा रहे हैं। जबकि शीत युद्ध के दौरान ज्यादातर शांति निर्माण कार्यक्रम दो राज्यों के मध्य होने वाले संघर्षों में संचालित किए गए।

भारतीय शांति निर्माण कार्यक्रम में उल्लेखनीय उपलब्धि सतीश नांबियार द्वारा अर्जित की गई, जो वर्ष 1992 के यूगोस्लावियाई शांति अभियान कार्यक्रम के मुखिया थे। जबकि वर्ष 2000 में जनरल विजय जेटली को सिएरा लियोन के शांति निर्माण कार्यक्रम में अध्यक्ष बनाया गया।

आर्थिक एवं सामाजिक परिषद में भूमिका

आर्थिक एवं सामाजिक परिषद द्वारा पूरे विश्व में लोगों के सामाजिक-आर्थिक कल्याण के कार्य संपादित किए जाते हैं, जिससे विश्व में युद्ध और संघर्ष की परिस्थितियां समाप्त हो जाएं। आर्थिक एवं सामाजिक परिषद द्वारा विश्व में शांति स्थापित करने का सकारात्मक प्रयत्न किया जाता है। भारत, आर्थिक एवं सामाजिक परिषद का पहला अध्यक्ष निर्वाचित किया गया था। परिषद द्वारा विश्व में बीमारी, गरीबी और अशिक्षा के उन्मूलन के लिए 'सतत् विकास लक्ष्य' को क्रियान्वित किया जा रहा है। इस संदर्भ में प्रतिवर्ष 50 मिलियन अमेरिकी डॉलर की अतिरिक्त आधिकारिक सहायता द्वारा इन लक्ष्यों को प्राप्त किया जा सकता है।

आर्थिक एवं सामाजिक परिषद के अंतर्गत कार्य करने वाली विभिन्न एजेंसियों में भी भारत की भूमिका उल्लेखनीय है। इन एजेंसियों से भारत को बड़ी आर्थिक सहायता भी प्राप्त हुई है। उदाहरण के लिए, यूनिसेफ (UNICEF) द्वारा अभी भी भारत को सबसे बड़ी आर्थिक सहायता प्रदान की जाती है। दूसरी ओर, संयुक्त राष्ट्र विकास कार्यक्रम (UNDP) द्वारा भी भारत को सर्वाधिक सहायता प्राप्त होती है तथा पर्यावरण के संरक्षण के लिए स्थापित यूनाइटेड नेशंस फ्रेमवर्क कन्वेंशन ऑन क्लाइमेट चेंज (UNFCCC) में भारत की भूमिका उल्लेखनीय है।

महासभा में भूमिका

संयुक्त राष्ट्र महासभा सर्वाधिक महत्त्वपूर्ण अंगों में से एक है, क्योंकि सभी राज्यों को इस संस्था में समान प्रतिनिधित्व प्राप्त होता है। संयुक्त राष्ट्र महासभा की पहली महिला अध्यक्ष विजयलक्ष्मी पंडित थीं। समकालीन समय में गठित होने वाले शांति निर्माण आयोग में भी भारत सदस्य है, क्योंकि विश्व के पहले पांच राज्यों में शांति निर्माण कार्यक्रमों में योगदान देने वालों में भारत सम्मिलित है। सितंबर 2025 में संयुक्त राष्ट्र महासभा का 80वां सत्र (न्यूयॉर्क) आयोजित हुआ। इसमें भू-राजनीतिक तनाव, जलवायु संकट, सतत् विकास लक्ष्य आदि बिंदुओं पर मुख्य बल दिया गया। भारत ने बहुपक्षवाद, सुरक्षा परिषद में सुधार, जलवायु न्याय और आतंकवाद का मुकाबला आदि मुद्दों पर बल दिया।

मानवाधिकार परिषद में भूमिका

वर्तमान विश्व में लोकतंत्र और मानवाधिकारों की प्रमुखता है। संयुक्त राष्ट्र संघ द्वारा मानवाधिकारों के संरक्षण को और प्रभावी बनाने के लिए वर्ष 2006 में मानवाधिकार परिषद की स्थापना हुई तथा इस परिषद में भारत को सदस्य के रूप में निर्वाचित किया गया। हाल में भारत लगातार दो बार (2019-21, 2022-24) इसका सदस्य निर्वाचित हुआ। श्रीलंका के मुद्दे पर मानवाधिकार परिषद में पहली बार भारत ने किसी देश विशेष के विरोध में मतदान किया, क्योंकि तमिलों की स्वायत्तता और पुनर्वास के संदर्भ में श्रीलंकाई सरकार द्वारा किए गए प्रयत्न पर्याप्त नहीं थे।

अंतर्राष्ट्रीय न्यायालय

विश्व के वैधानिक संघर्षों के शांतिपूर्ण समाधान के लिए संयुक्त राष्ट्र संघ का एक महत्त्वपूर्ण अंग अंतर्राष्ट्रीय न्यायालय है, जिसमें अनेक भारतीय न्यायाधीशों की भूमिका उल्लेखनीय रही है। वर्तमान में दलबीर भंडारी अंतर्राष्ट्रीय न्यायालय में चयनित होने वाले भारतीय न्यायाधीश हैं।

संयुक्त राष्ट्र संघ में भारत की महत्त्वपूर्ण भूमिका निर्विवाद है। यद्यपि पाकिस्तान द्वारा संयुक्त राष्ट्र संघ में सदैव कश्मीर का मुद्दा उठाया जाता है। फिलहाल एक उल्लेखनीय घटनाक्रम के अंतर्गत संयुक्त राष्ट्र संघ ने कश्मीर को दुनिया के प्रमुख विवादित विषयों की सूची से बाहर कर दिया है। वर्तमान समय में विश्व के ज्यादातर देश यह मानते हैं कि संयुक्त राष्ट्र संघ में उल्लेखनीय योगदान के आधार पर भारत का सुरक्षा परिषद में स्थायी सदस्यता का दावा और प्रबल हो जाता है।

भारत द्वारा अंतर्राष्ट्रीय संस्थाओं और संगठनों का सदैव समर्थन किया गया। भारत के अनुसार इन संस्थाओं द्वारा विवादों के शांतिपूर्ण समाधान में सहायता प्राप्त होती है।

निष्कर्ष

संयुक्त राष्ट्र संघ के मूल आदर्श, भारतीय विदेश नीति के मूल आधार रहे हैं। भारत के अनुसार, संयुक्त राष्ट्र संघ को ज्यादा लोकतांत्रिक एवं प्रतिनिधिपूर्ण संस्था बनाने की आवश्यकता है, जिससे विश्व में विवादों का शांतिपूर्ण समाधान हो सके तथा नियम आधारित विश्व पर प्रभाव बढ़ सके।

अध्याय

3 विश्व व्यापार संगठन

World Trade Organisation

● गैट का उद्देश्य ● प्रकृति ● विभिन्न चक्रों की वार्ताएं ● गैट के समक्ष चुनौतियां ● विकासशील देशों का दृष्टिकोण ● नवीन अंतर्राष्ट्रीय आर्थिक व्यवस्था की मांग ● उरुग्वे दौर की वार्ता ● विश्व व्यापार संगठन ● अमेरिका-चीन व्यापार युद्ध

अक्टूबर 1917 की क्रांति के बाद सोवियत संघ में राज्य नियंत्रित साम्यवादी आर्थिक प्रणाली का समर्थन किया गया, जबकि अमेरिका एवं पश्चिमी यूरोपीय देशों में पूंजीवादी आर्थिक प्रणाली का समर्थन किया गया। परंतु राज्यों की संरक्षणवादी नीतियों के कारण 1930 के दशक में अमेरिका और यूरोप में आर्थिक मंदी उत्पन्न हो गई। जिसका प्रभाव सोवियत अर्थव्यवस्था पर नहीं था। अतः अमेरिका द्वारा 1944 में अमेरिका के हैम्पशायर राज्य के ब्रेटेनवुड्स नामक स्थान पर एक सम्मेलन का आयोजन किया गया, जिससे अंतर्राष्ट्रीय मुद्रा कोष (IMF), विश्व बैंक (IBRD) एवं प्रशुल्क एवं व्यापार पर सामान्य समझौते (GATT) का निर्माण किया गया, ताकि विश्व में उदारवादी आर्थिक प्रणाली को बढ़ावा दिया जा सके।

गैट का उद्देश्य

द्वितीय विश्व युद्ध के बाद विश्व में मुक्त व्यापार को प्रभावी बनाने, और संरक्षणकारी नीतियों को प्रतिबंधित करने हेतु प्रशुल्कों की दरों को कम करने पर विचार-विमर्श आरंभ हुआ। क्योंकि प्रशुल्कों की उच्च दरों के कारण राज्यों के मध्य व्यापारिक आदान-प्रदान में गतिरोध बने हुए थे। अतः प्रशुल्क एवं व्यापार पर सामान्य समझौता (General Agreement on Tariffs and Trade, GATT) का प्रस्ताव वर्ष 1944 के ब्रेटेनवुड्स सम्मेलन में रखा गया, जिसके अंतर्गत विश्व में मुक्त व्यापार को प्रोत्साहित करने के लिए एवं प्रशुल्कों को कम करने के लिए एकसमान समझौता आरंभ हुआ।

प्रकृति

प्रशुल्क एवं व्यापार पर सामान्य समझौता (GATT) मूलतः एक अनौपचारिक एवं बहुपक्षीय संस्था थी, जिसमें परस्पर विचार-विमर्श द्वारा प्रशुल्कों को कम करने का समझौता हुआ, जिसे 'कॉन्फ्रेंस डिप्लोमेसी' भी कहा गया। प्रशुल्क एवं व्यापार पर सामान्य समझौता के निर्णय को लागू कराने के लिए किसी भी बाध्यकारी संस्था का अभाव था। अतः निर्णय परस्पर सहमति से लिए जाते थे।

विभिन्न चक्रों की वार्ताएं

प्रशुल्क एवं व्यापार पर सामान्य समझौता की प्रथम चक्र की वार्ता जिनेवा में आयोजित हुई, जिसमें प्रशुल्कों की कटौती पर विचार किया गया। वर्ष 1960 के दशक में प्रशुल्क एवं व्यापार पर सामान्य समझौता की केनेडी चक्र की वार्ता (1964-65) आरंभ हुई। इस चक्र की विशेषता थी-

- इसमें 54 देशों ने भागीदारी की, जिसमें यूरोपीय यूनियन (EU) का इकहरा प्रतिनिधित्व था।
- पहली बार प्रशुल्कों की कटौती में रेखीय तरीका अपनाया गया तथा वस्तु दर, वस्तु की कटौती का तरीका छोड़ दिया गया।

- इस चक्र की वार्ता में यह निर्णय लिया गया कि औद्योगिक वस्तुओं के प्रशुल्कों में 35 प्रतिशत की कटौती होगी।
- इस चक्र की वार्ता की आलोचना भी की गई, क्योंकि गैर-प्रशुल्की बाधाओं तथा कृषि उत्पादों के व्यापार पर कोई विचार नहीं किया गया।

द्वितीय विश्व युद्ध के बाद 'डॉलर डिप्लोमेसी' के अंतर्गत अमेरिका ने यूरोपीय अर्थव्यवस्थाओं का पुनर्निर्माण किया, क्योंकि ये दीर्घकालिक रूप में अमेरिकी हित में था, परंतु यूरोपीय आर्थिक समुदाय (European Economic Community, EEC) के निर्माण के बाद समुदाय ने अमेरिका (USA) की निर्यातित वस्तुओं के विरुद्ध संरक्षणकारी नीतियों का प्रयोग किया। इन्होंने एकसमान कृषि नीति का निर्माण किया तथा अपने खाद्य एवं कृषि उत्पादों की कीमतें कृत्रिम रूप में निर्धारित कीं। तत्कालीन समय में अमेरिका का सबसे बड़ा व्यापारिक भागीदार यूरोपीय आर्थिक समुदाय था। यूरोपीय राष्ट्रों की संरक्षणवादी नीतियों को लेकर अमेरिकी सीनेट ने विदेश नीति की आलोचना की, क्योंकि उनके अनुसार, मुक्त व्यापार का लाभ अमेरिका को नहीं, बल्कि अन्य देशों को मिल रहा है। वर्ष 1970 के दशक में विश्व में अमेरिकी प्रभुत्व में कमी हुई, जिसके कारण निम्न थे-

- वियतनाम संघर्ष में अमेरिका का लंबे समय तक उलझाव।
- राष्ट्रपति जॉनसन की कल्याणकारी नीतियां, जिससे अमेरिका को बड़ी मात्रा में कल्याणकारी कार्यों पर पैसा खर्च करना पड़ा।
- वर्ष 1973 का तेल संकट।

अतः वर्ष 1970 के दशक में अमेरिका का विश्व अर्थव्यवस्था में योगदान घट गया। जर्मनी एवं जापान ने अमेरिकी आर्थिक प्रभुत्व को कड़ी चुनौती प्रस्तुत की। अमेरिका की उदारवादी व्यापारिक व्यवस्था पर संकट प्रतीत होने लगा। इसी परिप्रेक्ष्य में राष्ट्रपति निक्सन की पहल के परिणामस्वरूप टोकियो चक्र की वार्ता (1973-79) आयोजित हुई।

गैट के समक्ष चुनौतियां

विश्व व्यापार में 1970 के दशक से उत्तरोत्तर वृद्धि हुई तथा औद्योगिक राज्यों के मध्य अभूतपूर्व आंतरिक आत्मनिर्भरता का विकास हुआ। अब यह प्रतीत होने लगा कि राज्यों के मध्य व्यापार में बाधा प्रशुल्क ही नहीं, बल्कि गैर-प्रशुल्की बाधाएं मुख्य हैं। विश्व में व्यापारिक आदान-प्रदान बढ़ने के पश्चात् व्यापार केवल वस्तुओं तक ही सीमित नहीं रहा, बल्कि कृषि तथा सेवा क्षेत्र के व्यापार में भी उल्लेखनीय वृद्धि हुई। इसलिए टोकियो चक्र की वार्ताओं में गैर-प्रशुल्की बाधाओं को समाप्त करने पर विशेष बल और विचार-विमर्श किया गया। गैर-प्रशुल्की बाधाओं के संदर्भ में आचार संहिता निर्माण पर भी बल दिया गया। उपरोक्त परिस्थितियों के संदर्भ में प्रशुल्क एवं व्यापार पर सामान्य समझौता (GATT) के नियम और समझौते अप्रासंगिक होने लगे। जापान का विश्व अर्थव्यवस्था में योगदान बढ़ने लगा, निर्यात में वृद्धि हुई तथा जापान ने अमेरिका के अलावा यूरोपीय राष्ट्रों को भी चुनौती दी। परंतु जापान की संरक्षणवादी नीतियों का अनुसरण दक्षिण-पूर्व एशियाई देशों ने किया। इसलिए अमेरिका और यूरोपीय देशों ने मुक्त व्यापार को कायम रखने पर परस्पर सहमति प्रदान की। अमेरिकी विदेश मंत्रालय ने मुक्त व्यापार के बजाय, उचित व्यापार का नारा दिया। अमेरिका का यह आरोप था कि अमेरिकी व्यापार के विरुद्ध अन्य राज्य प्रशुल्की एवं गैर-प्रशुल्की बाधाएं उत्पन्न कर रहे हैं। अमेरिकी व्यापार नीति में समान व्यवहार का मुद्दा उठाया गया तथा अमेरिका ने यहां तक धमकी दी कि यदि संरक्षणवादी नीतियां जारी रहीं, तो दुनिया में मुक्त व्यापार कायम नहीं होगा।

विकासशील देशों का दृष्टिकोण

विश्व में ब्रेटेनबुड्स संस्थाओं द्वारा मुक्त व्यापार को बढ़ाने पर बल दिया गया। दूसरी ओर, विकासशील देश साम्राज्यवाद और उपनिवेशवाद से मुक्त हो रहे थे। इन देशों ने अपने आर्थिक विकास के लिए विकसित देशों से अनुदान एवं सहायता प्राप्त की। 60 के दशक में विकासशील देशों ने समूची अंतर्राष्ट्रीय अर्थव्यवस्था में विषमता एवं भेदभाव को समाप्त करने का नारा दिया। विकासशील देशों के अनुसार, व्यापार की शर्तें उनके प्रतिकूल हैं। इसलिए उन्होंने वर्ष 1964 में संयुक्त राष्ट्र संघ के मंच से व्यापार और विकास के संदर्भ में नई वार्ता संयुक्त राष्ट्र व्यापार एवं विकास कॉन्फ्रेंस (अंकटाड) (The United Nation Conference on Trade and Development, UNCTAD) पर बल दिया, जिससे स्पष्ट प्रतीत होता है कि प्रशुल्क एवं व्यापार पर सामान्य समझौता के अंतर्गत संचालित मुक्त व्यापार विकासशील देशों के अनुकूल नहीं है। विकासशील देशों की इन

आपत्तियों को ध्यान में रखते हुए विकसित देशों ने समान राष्ट्रीय व्यवहार के बजाय, विभेदक व्यवहार को अपनाया, जिसके अंतर्गत विकसित देशों ने यह स्वीकार किया कि विकासशील देशों की वस्तुओं को विकसित देशों के बाजारों में विशेष वरीयता दी जाएगी। इसलिए इस प्रावधान को समान वरीयता व्यवस्था भी कहते हैं और सैद्धांतिक रूप में विभेदक व्यवहार अपनाया गया। परंतु व्यावहारिक रूप में विकसित देशों ने विकासशील देशों की वस्तुओं को अपने बाजारों में बाजारों में पहुंचने से रोकने के उपाय किए। वर्ष 1974 का 'मल्टी फाइबर समझौता' इसका स्पष्ट प्रमाण है, जिसके अंतर्गत विकसित देशों ने विकासशील देशों के टेक्सटाइल निर्यातों को बाजारों में पहुंचने से प्रतिबंधित किया। अतः 70 के दशक में विकासशील देश, विकसित देशों पर पूर्णतः निर्भर होने लगे। इनके अनुसार, अंतर्राष्ट्रीय आर्थिक प्रणाली पर विकसित देशों का पूर्ण प्रभुत्व है।

1970 के दशक में विकासशील देशों के समक्ष अविकास की समस्या उत्पन्न हुई। इस परिप्रेक्ष्य में विकासशील देशों ने संयुक्त राष्ट्र संघ के मंच से नवीन-अंतर्राष्ट्रीय आर्थिक व्यवस्था (NIEO) का नारा दिया। विकासशील देशों ने कहा कि हमें अनुदान नहीं, बल्कि व्यापार (Trade not Aid) की सही शर्तें चाहिए। क्योंकि विकसित देशों ने विकासशील देशों के व्यापार पर विभिन्न प्रकार के प्रतिबंध लगा रखे थे, जबकि वे विकासशील देशों को अनुदान देने का दिखावा करते थे। विकासशील देशों ने स्पष्ट कहा कि वर्तमान आर्थिक प्रणाली में इनका विकास संभव नहीं है।

नवीन अंतर्राष्ट्रीय आर्थिक व्यवस्था की मांग

(New International Economic Order)

- विकासशील देशों द्वारा अंतर्राष्ट्रीय मुद्रा कोष, विश्व बैंक की कार्यप्रणाली एवं संरचना में सुधार की मांग उठाई गई। मुद्रा कोष, विश्व बैंक एवं गैट का सामूहिक नाम ब्रेटेनवुड्स संस्था है, क्योंकि अमेरिका के ब्रेटेनवुड्स नामक शहर में इन संस्थाओं के निर्माण का समझौता हुआ था।
- विकासशील देशों ने विकसित देशों द्वारा अपनाई गई प्रतिबंधात्मक नीतियों का विरोध किया, जिनके कारण विकासशील देशों की निर्यातित वस्तुएं विकसित देशों के बाजारों में नहीं पहुंच पाती थीं।
- विकासशील देशों द्वारा औद्योगिक देशों के बाजारों में विकासशील देशों की पहुंच सुनिश्चित करने की मांग उठाई गई।
- विकसित देश वित्त एवं तकनीकी में अत्यधिक बेहतर हैं, जबकि विकासशील देशों के पास वित्त एवं तकनीकी का अभाव है। इसलिए विकासशील देशों ने विकसित देशों से तकनीकी हस्तांतरण की मांग उठाई।
- द्वितीय विश्व युद्ध के बाद अधिकांश विकासशील देशों ने अपने आर्थिक विकास के लिए अंतर्राष्ट्रीय वित्तीय संस्थाओं से ऋण प्राप्त किया, परंतु वे ऋण अदा नहीं कर सके और उनकी अर्थव्यवस्थाएं ऋण के बोझ से दब गईं और वे ऋण दुश्चक्र के शिकार हो गए।
- विकासशील देशों में अधिकांश प्राकृतिक संसाधन पाए जाते हैं, परंतु विकसित देशों द्वारा इन प्राकृतिक संसाधनों पर नियंत्रण किया गया है, क्योंकि विकसित देशों के पास बेहतर तकनीक है। इसलिए विकासशील देशों को यह लगने लगा कि उनकी राजनीतिक और प्रशासनिक आजादी अधूरी है, जब तक वे आर्थिक और तकनीकी रूप में स्वायत्त नहीं होंगे, तब तक विकसित देशों का नियंत्रण उन पर बना रहेगा।

उरुग्वे दौर की वार्ता

वर्ष 1986-94 के दौरान प्रशुल्क एवं व्यापार पर सामान्य समझौता (GATT) की उरुग्वे दौर की वार्ता आयोजित हुई। इस दौर में विश्व राजनीति में निर्णायक परिवर्तन हो रहे थे। सोवियत संघ द्वारा आर्थिक उदारीकरण की नीति अपनाई गई तथा विकासशील देशों द्वारा आर्थिक सुधार के लिए अंतर्राष्ट्रीय मुद्रा कोष (IMF) से सहायता प्राप्त की गई, जिसके कारण मुद्रा कोष ने विकासशील देशों पर अपनी शर्तें थोपनी शुरू कर दी। पूर्वी यूरोपीय साम्यवादी देशों की अर्थव्यवस्थाएं संकटग्रस्त हो गईं, जिससे समाजवादी अर्थव्यवस्था के प्रति विश्व का मोहभंग होने लगा। इस परिप्रेक्ष्य में अमेरिका ने बहुपक्षीय मुक्त व्यापार को और प्रभावी बनाने पर बल दिया तथा प्रशुल्क एवं व्यापार पर सामान्य समझौता की वार्ता में अनेक नए मुद्दों को शामिल किया गया, जो पहले प्रशुल्क एवं व्यापार पर सामान्य समझौता के मंच पर नहीं थे-

- सेवा का व्यापार।
- कृषि का व्यापार।

- व्यापार से संबंधित बौद्धिक संपदा अधिकार।
- व्यापार से संबंधित निवेश के उपाय।
- इसके अतिरिक्त सब्सिडी एवं कोटा जैसी गैर-प्रशुल्की बाधाओं को भी शामिल किया गया।

उरुग्वे दौर की वार्ता में अमेरिका ने यूरोप और जापान की शक्ति को प्रतिसंतुलित करने का प्रयत्न किया। विश्व व्यापार की वार्ताओं में अमेरिका की बहुराष्ट्रीय कंपनियों के विस्तार के लिए भी अवसर उपलब्ध कराए गए और उरुग्वे चक्र में गैर-प्रशुल्की बाधाओं को कम करने पर विचार हुआ। अमेरिका और यूरोपीय यूनियन के मध्य सब्सिडी के मुद्दे पर मतभेद उत्पन्न हुए।

विकासशील देशों का पक्ष

विकासशील देशों ने क्रियान्वयन के मुद्दे पर बल दिया। इनके अनुसार, उरुग्वे दौर की वार्ताओं में जिन नए मुद्दों को सम्मिलित किया गया, उन्हें लागू करने से पहले प्रशुल्क एवं व्यापार पर सामान्य समझौता के पहले के समझौतों को क्रियान्वित करने की जरूरत है। विकासशील देशों ने विभेदक व्यवहार लागू करने की मांग उठाई। विकासशील देशों ने व्यापार से संबंधित बौद्धिक संपदा अधिकार (TRIPS) मुद्दे पर आपत्ति उठाई-

(i) इससे विकासशील देशों में दवाइयां महंगी हो जाएंगी।
(ii) इससे खाद्यान्न सुरक्षा पर संकट उत्पन्न होगा।
(iii) विकासशील देश, अपने परंपरागत ज्ञान का प्रयोग भी अपने हितों के लिए नहीं कर सकेंगे।

विकासशील देशों ने व्यापार से संबंधित निवेश उपाय (TRIMS) का विरोध किया-

(i) विकासशील देशों के अनुसार, बहुराष्ट्रीय कंपनियों के साथ समान व्यवहार करने से उनके घरेलू उद्योग नष्ट हो जाएंगे।
(ii) विकासशील देशों की राष्ट्रीय संप्रभुता का भी उल्लंघन होगा।
(iii) बहुराष्ट्रीय कंपनियां विकासशील देशों से प्राप्त लाभ विकसित देशों को स्थानांतरित कर देती हैं।

विश्व व्यापार संगठन (WTO)

14 अप्रैल, 1994 को मोरक्को के मराकेश में 123 देशों ने मराकेश (Marrakesh) समझौते पर हस्ताक्षर किए तथा आठ वर्ष की उरुग्वे दौर की वार्ता के परिणामस्वरूप उसे विश्व व्यापार संगठन (WTO) में परिवर्तित करने का निर्णय लिया गया। 1 जनवरी, 1995 से प्रशुल्क एवं व्यापार पर सामान्य समझौता (GATT) की जगह विश्व व्यापार संगठन की स्थापना हुई, जिसके निम्न कारण थे-

- विश्व में व्यापार बढ़ाने के लिए गैर-प्रशुल्की प्रतिबंधों को समाप्त करना।
- कृषि, सेवा, वस्तु व व्यापार जैसे मुद्दों को भी सम्मिलित किया गया। अनेक देशों ने मुक्त व्यापार को प्रतिबंधित करने के लिए सब्सिडी और कोटा का प्रयोग किया, जिसे विश्व व्यापार संगठन में शामिल किया गया।
- विभिन्न देशों में अलग-अलग पेटेंट और ट्रेडमार्क नियमों के कारण विश्व व्यापार में बाधा उत्पन्न हुई।
- विश्व अर्थव्यवस्था में सेवा क्षेत्र का तीव्र विकास हुआ, इसलिए इसे वार्ताओं में शामिल किया गया।
- विकसित देशों की अर्थव्यवस्था में स्थिरता आ चुकी थी, इसलिए विकसित देशों ने विकासशील देशों को भी मुक्त व्यापार में सम्मिलित करने का प्रयास किया।
- सोवियत संघ के विघटन के पश्चात् समूचे विश्व में उदारीकरण एवं बाजारवाद के नियमों को स्वीकार किया गया, जिसे वाशिंगटन सहमति के नाम से भी जाना जाता है।
- पर्यावरण संरक्षण तथा सुरक्षा को बढ़ावा देना।

उपरोक्त परिवर्तन के परिणामस्वरूप प्रशुल्क एवं व्यापार पर सामान्य समझौता जैसे अनौपचारिक बहुपक्षीय मंच के बजाय, मुक्त व्यापार को प्रभावी करने के लिए एक औपचारिक एवं बाध्यकारी संस्था के निर्माण की आवश्यकता हुई, जिससे प्रशुल्क एवं व्यापार पर सामान्य समझौता की खामियां दूर की जा सकें।

बहुपक्षीय व्यापार के नियम

• गैर-भेदभावकारी व्यवहार

इसके दो आयाम हैं- सर्वाधिक वरीय राष्ट्र की संकल्पना तथा राष्ट्रीय समानता का सिद्धांत।

• पारस्परिकता

इसके अंतर्गत बहुपक्षीय वार्ताओं में एक राज्य द्वारा प्रदत्त सुविधाएं अन्य सभी राज्यों को प्राप्त होती हैं। इसलिए पारस्परिकता का नियम सर्वाधिक वरीय व्यापार का पूरक है।

• बाध्यकारी समझौता

विश्व व्यापार संगठन की बहुपक्षीय वार्ताओं में लिए गए सभी निर्णय बाध्यकारी होते हैं। यदि किसी राज्य को इन समझौतों पर आपत्ति है, तो वह विश्व व्यापार संगठन की विवाद निस्तारण समिति का सहारा ले सकता है।

• पारदर्शिता

विश्व व्यापार संगठन के सभी सदस्यों को अपनी व्यापारिक नीतियां और प्रशासनिक निर्णय अन्य राष्ट्रों के समक्ष प्रस्तुत करने होते हैं, जिससे कोई भी राज्य संरक्षणकारी नीतियों का प्रयोग न कर सके। विश्व व्यापार संगठन की व्यापार नीति की समीक्षा द्वारा पारदर्शिता का निर्माण किया जाता है।

• सेफ्टी वॉल्व का नियम

विशेष वरीय राष्ट्र और पारस्परिकता के नियमों का आपवादिक परिस्थितियों में उल्लंघन किया जा सकता है, यदि राज्य की आर्थिक स्थिति संकटग्रस्त हो या अर्थव्यवस्था में भुगतान के संतुलन का संकट विद्यमान हो।

संरचना

• प्रथम स्तर

विश्व व्यापार संगठन का सर्वोच्च निकाय मंत्रिस्तरीय निकाय है, जिसमें प्रत्येक देश के वाणिज्य मंत्री भाग लेते हैं तथा सभी देशों का मत समान होता है, परंतु निर्णय सामान्यतः मतदान द्वारा नहीं, बल्कि आम सहमति द्वारा लिए जाते हैं। आलोचकों के अनुसार, शक्तिशाली राष्ट्र सदैव सौदेबाजी करते हैं तथा सभी निर्णय व्यावहारिक रूप में ग्रीन रूम की बैठक में लिए जाते हैं, जिसमें अधिकांश विकासशील देश सम्मिलित नहीं होते हैं।

• द्वितीय स्तर

मंत्रिस्तरीय वार्ताओं के निर्णयों को क्रियान्वित करने के लिए नीतियों का निर्माण करने वाला सर्वोच्च निकाय सामान्य परिषद है, जिसकी बैठकें जिनेवा में सदैव चलती रहती हैं तथा जिसमें राज्यों के प्रतिनिधि सम्मिलित होते हैं। सामान्य परिषद के अंतर्गत विवाद निस्तारण समिति और व्यापार नीति समीक्षा समिति का कार्य संपादित होता है। विवाद निस्तारण समिति का मूल कार्य राज्यों के मध्य उत्पन्न विवादों का समाधान करना है। इस संस्था में सभी सदस्य देशों के प्रतिनिधि सम्मिलित होते हैं। आलोचकों के अनुसार, विकासशील देशों को इस समिति में समान अवसर प्राप्त नहीं होता, क्योंकि विवादों को सुलझाने की लागत बहुत ज्यादा है। इसलिए विकासशील देश भारी लागत के कारण विवादों को उठाने से परहेज करते हैं। व्यापार नीति समीक्षा समिति द्वारा राज्यों की व्यापारिक नीतियों की समीक्षा की जाती है।

• तृतीय स्तर

व्यापारिक परिषद, सामान्य परिषद के अधीन होती है। व्यापारिक परिषदें अलग-अलग विषयों के लिए अलग-अलग होती हैं। उदाहरण के लिए, वस्तु व्यापार परिषद का मूल कार्य अंतर्राष्ट्रीय व्यापार में वस्तुओं पर प्रशुल्कों के सामान्य समझौतों की देखभाल करना है। बौद्धिक संपदा अधिकार परिषद का मूल कार्य बौद्धिक संपदा से संबंधित विषयों और आंकड़ों को इकट्ठा करना है, जबकि सेवा परिषदों का कार्य सेवाओं के व्यापार पर निगरानी रखना है।

वार्ता चक्र

सिंगापुर बैठक

विकासशील देशों ने इस बैठक में क्रियान्वयन मुद्दे को उठाया। जिन मुद्दों पर प्रशुल्क एवं व्यापार पर सामान्य समझौते के विभिन्न चरणों की वार्ता में सहमति हुई थी, जिनमें निम्न मुद्दे मुख्य हैं-

- विकसित देशों द्वारा दी जा रही कृषि सब्सिडी समाप्त करना।
- वर्ष 1974 के मल्टी फाइबर समझौते को समाप्त करना।
- विकासशील देशों की वस्तुओं के साथ विशेष विभेदक व्यवहार करना।
- विकासशील देशों की वस्तुओं को विकसित देशों के बाजारों में पहुंच की मांग।

विकासशील देशों के अनुसार, नए मुद्दों पर वार्ता करने से पहले लिए गए निर्णयों को क्रियान्वित करना चाहिए। सिंगापुर बैठक में व्यापार को गैर-व्यापारिक मानदंडों के आधार पर भी प्रतिबंधित करने का प्रयत्न किया गया। विकसित देशों ने श्रम और पर्यावरणीय मानकों को व्यापार से जोड़ने का प्रयत्न किया। विकासशील देशों के अनुसार, श्रम मानकों का निर्धारण, अंतर्राष्ट्रीय श्रम संगठन (International Labour Organisation, ILO) द्वारा होना चाहिए तथा व्यापारिक मुद्दों को गैर-व्यापारिक मानदंडों के आधार पर प्रतिबंधित करने का विरोध किया गया, क्योंकि विकसित देश,

विकासशील देशों के श्रम की बढ़त को गैर-व्यापारिक मानदंडों से प्रतिसंतुलित करना चाहते थे।

विकसित देशों का दृष्टिकोण

विकसित देशों ने सिंगापुर बैठक में अनेक नए मुद्दों को सम्मिलित करने पर बल दिया, जो निम्नलिखित हैं-

- व्यापार को बढ़ावा देने के नाम पर विकसित देशों ने विकासशील देशों से अपनी अर्थव्यवस्था के उदारीकरण की मांग की जबकि विकासशील देश अपने उद्योगों को संरक्षित करना चाहते थे।
- विकासशील देशों द्वारा राज्य नियंत्रित अर्थव्यवस्था का प्रयोग किया गया, इसलिए सरकारी खरीद के माध्यम से विकासशील देशों की सरकारी कंपनियां निजी कंपनियों के साथ भेदभाव करती हैं तथा खरीद में सरकारी कंपनियों को प्राथमिकता देती हैं।
- व्यापार में निवेश के उपाय द्वारा सरकारी कंपनियों और निजी कंपनियों के बीच समान व्यवहार की मांग की गई।
- प्रतिस्पर्धा नीति को बढ़ावा देकर सरकारी कंपनियों के एकाधिकार को समाप्त करने पर बल दिया गया।

विकासशील देशों की आपत्ति

यह बिंदु उल्लेखनीय है कि व्यापार से संबंधित बौद्धिक संपदा अधिकार (TRIPS) और व्यापार से संबंधित निवेश उपाय (TRIMS) के मुद्दों पर विकासशील देशों को पहले से ही आपत्ति थी, क्योंकि पेटेंट, ट्रेडमार्क, कॉपीराइट जैसे बौद्धिक संपदा अधिकारों पर विकसित देशों का नियंत्रण है। अधिकांश अनुसंधान कार्य विकसित देशों में ही किए जाते हैं। विकासशील देशों के अनुसार, उनकी मूल समस्या विकास और गरीबी निवारण से संबंधित है। इसलिए सिंगापुर की शर्तों को अपनाने से विकासशील देशों के सामाजिक कल्याण से संबंधित कार्य प्रभावित होंगे। संयुक्त राष्ट्र व्यापार एवं विकास कॉन्फ्रेंस (UNCTAD) की एक रिपोर्ट के अनुसार, विश्व व्यापार संगठन के कार्यकरण के दस वर्ष बाद भी विकासशील देशों को इससे लाभ प्राप्त नहीं हो रहे हैं, क्योंकि आयात उदारीकरण से विकासशील देशों के आयात में वृद्धि हुई है। परंतु निर्यात में तुलनात्मक वृद्धि नहीं हो रही है। विकसित देशों ने विकासशील देशों के बाजार में अपनी पैठ बना ली, परंतु विकसित देशों ने अपने बाजारों को अभी भी संरक्षित कर रखा है तथा विकासशील देशों की वस्तुओं को अपने बाजारों में पहुंचने से प्रतिबंधित कर रहे हैं। इसलिए प्रथम दृष्ट्या यह सत्य प्रतीत होता है कि विश्व अर्थव्यवस्था पर अभी भी विकसित देशों का आधिपत्य है तथा वे विश्व व्यापार संगठन का प्रयोग अपने हितों को बढ़ाने के लिए कर रहे हैं।

दोहा विकास वार्ता (Doha Development Round)

सिंगापुर के पश्चात् सिएटल बैठक बुरी तरह विफल हुई तथा उसके पश्चात् दोहा विकास वार्ता आयोजित हुई, जिसमें व्यापार को विकास का प्रमुख यंत्र माना गया। विशेषज्ञों के अनुसार, बहुपक्षीय मुक्त व्यापार को बढ़ावा देने से विश्व में गरीबी, अभाव, निरक्षरता और कुपोषण जैसी समस्याएं स्वाभाविक रूप में दूर होंगी। इसलिए पहली बार व्यापार को सीधे विकास से जोड़ने का प्रयत्न किया गया। वर्ष 2003 तक दोहा विकास वार्ता को पूर्ण करने का लक्ष्य निर्धारित किया गया। विकास वार्ता में विकसित देशों ने यह कहा कि मुक्त वैश्विक व्यापार में अल्पविकसित देशों के हितों का विशेष ध्यान रखा जाएगा। विकसित देशों ने भी आश्वासन दिया कि वे अल्पविकसित देशों की वस्तुओं को अपने बाजारों में शुल्क मुक्त रूप में आयातित करेंगे। दोहा विकास वार्ताओं में निम्नलिखित मुद्दे आए-

- कृषि क्षेत्र में सब्सिडी का मुद्दा।
- गैर-कृषि क्षेत्र में औद्योगिक वस्तुओं की बाजार पहुंच का मुद्दा।
- सेवा क्षेत्र में व्यापार।
- सिंगापुर मुद्दा।
- विशेष व्यवहार का मुद्दा।

1. कृषि क्षेत्र का व्यापार

सिंगापुर बैठक में ही कृषि क्षेत्र में दी जाने वाली सब्सिडी को समाप्त करने का विकसित देशों ने आश्वासन दिया, परंतु इसे अभी भी लागू नहीं किया गया। विकसित देशों द्वारा कृषि क्षेत्र में भारी सब्सिडी प्रदान की गई, जिसे अनेक रूपों में व्यक्त किया जाता है-

- **घरेलू सहायता :** इसके अंतर्गत विकसित देश कृषि में भारी सब्सिडी प्रदान करते हैं। यह सब्सिडी अनेक रूपों में प्रदान की जाती है।
- **ग्रीन बॉक्स** : इसके अंतर्गत विकसित देशों द्वारा कृषि, शोध एवं विकास हेतु भारी मात्रा में सब्सिडी प्रदान की जाती है।

इसके पीछे यह तर्क दिया जाता है कि इन अनुसंधानों से पर्यावरण संरक्षण होगा।

- **ब्लू बॉक्स** : इसके अंतर्गत किसानों को सस्ते बीज, खाद एवं बिजली प्रदान की जाती है।
- **एम्बर बॉक्स** : इसके अंतर्गत किसानों को निर्यात हेतु सब्सिडी प्रदान की जाती है, जिससे विकसित देशों के कृषि उत्पाद सस्ते हो जाते हैं।

वर्ष 2015 के नैरोबी सम्मेलन में अल्पविकसित देशों के लिए विशेष सहायता की घोषणा की गई है। भारत को आशाओं के विपरीत कृषि सब्सिडी को चरणबद्ध तरीके से समाप्त करने को कहा गया। जबकि भारत खाद्य सुरक्षा तथा सीमांत कृषकों के हित में कृषि सब्सिडी अनिश्चित काल तक जारी रखने की मांग कर रहा था। नैरोबी पैकेज में यह निर्धारित किया गया कि विकसित देश तुरंत कृषि निर्यात सब्सिडी समाप्त करेंगे तथा विकासशील देश वर्ष 2018 तक इसे समाप्त करेंगे। विकासशील देशों को वर्ष 2023 तक कृषि पर दी जाने वाली विपणन एवं परिवहन सहायता को समाप्त करने का प्रावधान किया गया तथा नैफेड, ट्राफेड जैसे एजेंसियों को दी जाने वाली सहायता भी बंद करने का प्रावधान किया गया।

2. बाजार पहुंच (Market Access)

कृषि क्षेत्र में विकसित और विकासशील देश अपने बाजारों का उदारीकरण करने के लिए समझौता कर चुके हैं, जिसके अंतर्गत प्रशुल्कों की कटौती भी की जा रही है, जिससे कृषि उत्पादों के व्यापार में वृद्धि हो सके। परंतु विकसित देश सब्सिडी घटाने को तैयार नहीं हैं। वर्ष 2005 की हांगकांग बैठक में विकसित देश इस बिंदु पर सहमत हुए कि वे वर्ष 2013 तक कृषि क्षेत्र में दी जा रही निर्यात सब्सिडी पूर्णतः समाप्त कर देंगे। परंतु आलोचकों के अनुसार, यह समस्या का समाधान नहीं है, क्योंकि विकसित देशों द्वारा कृषि क्षेत्र को दी गई कुल सब्सिडी का भाग केवल 3.5 प्रतिशत है। इससे स्पष्ट है कि विकसित देश अभी भी कृषि क्षेत्र में सब्सिडी समाप्त करने को सहमत नहीं हैं। सिंगापुर से लेकर दोहा विकास वार्ता की प्रगति में सबसे बड़ी बाधा कृषि क्षेत्र से संबंधित ही है।

3. विशेष सुरक्षा उपाय
(Special Safeguard Mechanism)

विश्व व्यापार संगठन की जिनेवा वार्ता में भारत सहित अन्य विकासशील देशों ने सीमित कृषि उत्पादों पर अधिक आयात शुल्क लगाने की मांग की, ताकि वे उत्पाद विशेष सस्ती दरों पर उनके बाजारों में न पहुंच पाएं। भारत ने कहा कि विशेष सुरक्षा तंत्र का अधिकार सीमित न किया जाए तथा देशों को अपने कृषि क्षेत्र को देखते हुए इसके प्रयोग की पूर्ण अनुमति हो और देशों को किसी भी वस्तु पर विशेष सुरक्षा तंत्र का प्रयोग करने की विशेष छूट होनी चाहिए। सिर्फ 38 वस्तुओं को ही विशेष सुरक्षा उपाय (Special Safeguard Mechanism) के दायरे में रखा गया है। लेकिन भारत के अनुसार, एक निश्चित सीमा में कृषि उत्पादों के आयात में 15 प्रतिशत से अधिक वृद्धि होने पर विशेष सुरक्षा प्रणाली लागू करने की व्यवस्था हो। जबकि अमेरिका ने इसे 40 प्रतिशत रखने की मांग की। गैर-कृषि क्षेत्र में औद्योगिक वस्तुओं की बाजार पहुंच (Non-Agricultural Market Access, NAMA) की मांग की। विकसित देश औद्योगिक क्षेत्र में मुक्त व्यापार के समर्थक हैं। वे विकासशील देशों से अपने औद्योगिक क्षेत्रों को पूर्णतः उदारीकृत करने की मांग कर रहे हैं। विकासशील देशों के अनुसार, अभी उनका औद्योगिक क्षेत्र विकसित देशों की तुलना में अल्पविकसित है। इसलिए इन्हें अभी भी अपने घरेलू उद्योगों के संरक्षण की आवश्यकता है। विकसित देश अपने बाजारों में अभी भी विकासशील देशों की वस्तुओं को पहुंचने से प्रतिबंधित करते हैं तथा इन वस्तुओं के विरुद्ध 'एंटी डंपिंग' का प्रयोग करते हैं। वर्ष 2015 के नैरोबी सम्मेलन में विशेष सुरक्षा उपाय (Special Safeguard Mechanism, SSM) के तहत् विकासशील देशों को अत्यधिक आयात की दिशा में अपने कृषकों के हित में प्रशुल्क बढ़ाने की छूट दी गई है।

4. खाद्य सुरक्षा (Food Security)

भारत द्वारा निर्मित खाद्य सुरक्षा अधिनियम (Food Security Act) को मुक्त व्यापार के प्रतिकूल माना जा रहा है, क्योंकि भारत द्वारा न्यूनतम खरीद मूल्य द्वारा सरकार कृषि उत्पादों की बाजार कीमत से ज्यादा पर खरीददारी करती है। खाद्य सुरक्षा विधेयक के अंतर्गत इसे बाजार से कम कीमत पर आम लोगों को उपलब्ध करा दिया जाता है। इससे मुक्त व्यापार सीधे तौर पर बाधित होता है। अतः भारत के बाजारों में कोई देश अपने कृषि उत्पाद का निर्यात नहीं कर पाएगा।

विश्व व्यापार संगठन के मानकों के अनुसार, कोई भी देश अपने सकल कृषि उत्पाद के दस प्रतिशत से ज्यादा सब्सिडी

प्रदान नहीं करेगा। भारत द्वारा खाद्य सुरक्षा अधिनियम के माध्यम से जो सब्सिडी प्रदान की जा रही है, वह दस प्रतिशत की सीमा से ज्यादा है। अतः विश्व व्यापार संगठन के नियमों के विरुद्ध है। भारत ने इसका बचाव करते हुए तर्क दिया कि यह वर्ष 1986 के कृषि पदार्थों के मूल्यों पर आधारित है, जिसे परिवर्तित करना चाहिए, क्योंकि वर्ष 1986 के बाद कृषि पदार्थों की कीमतों में विकासशील देशों में बेतहाशा वृद्धि हुई। जबकि विकसित देशों के कृषि पदार्थों के मूल्य में यह वृद्धि नहीं हुई।

भारत का यह भी तर्क है कि संयुक्त राष्ट्र संघ द्वारा निर्धारित सतत् विकास लक्ष्यों (SDG) को प्राप्त करने हेतु गरीबी निवारण आवश्यक है, जिसके लिए खाद्य सुरक्षा आवश्यक है। भारत की इस आपत्ति को देखते हुए बाली बैठक में वर्ष 2017 तक भारत को खाद्य सुरक्षा अधिनियम लागू करने की अनुमति दे दी गई, जिसे शांति खंड (Peace Clause) कहा गया। वर्ष 2024 में अबू धाबी में हुए WTO के मंत्रिस्तरीय सम्मेलन में इसे आगे जारी रखने का निर्णय लिया गया है। परंतु लोगों का यह भी मानना है कि भारत को मिली हुई यह छूट समाप्त भी की जा सकती है। इसीलिए व्यापार बढ़ाने के समझौते पर भारत का मानना है कि भारत को खाद्य सुरक्षा अधिनियम में छूट मिलनी चाहिए, तभी वह व्यापार बढ़ाने के समझौते (Trade Facilitation Agreement) पर सहमत होगा।

वर्ष 2017 के ब्यूनस आयर्स सम्मेलन में विकसित देशों ने भारत द्वारा शांति खंड (Peace Clause) के तहत खाद्य सुरक्षा के लिए दी जा रही सब्सिडी तथा सार्वजनिक खाद्य भंडारण का विरोध किया। भारत इन प्रावधानों को स्थायी करने की मांग कर रहा था ताकि गरीबी तथा भुखमरी मिटाने में मदद मिल सके, जबकि पश्चिमी देश इसका समयबद्ध समापन चाहते हैं। परिणामतः इस पर कोई निर्णय नहीं लिया जा सका। भारत तथा चीन जैसे देशों ने विकसित देशों द्वारा दी जा रही फार्म सब्सिडी का विरोध किया।

5. सेवा क्षेत्र

सेवा क्षेत्र के व्यापार का अभिप्राय पर्यटन, होटल, बैंकिंग एवं बीमा का व्यापार है तथा सेवा के व्यापार में विकसित और विकासशील देशों के हित अलग-अलग है, क्योंकि सेवा के व्यापार को निम्नलिखित रूपों में विभाजित किया जाता है-

मोड-I : इसके अंतर्गत सेवा उत्पादों का भौतिक आदान-प्रदान होता है। उदाहरण के लिए, बिजनेस आउटसोर्सिंग। कोई प्रतिबंध नहीं।

मोड-II : इसके अंतर्गत सेवा निर्यातक देश में उपभोक्ताओं का गमन। उदाहरण के लिए, जैसे किसी सेवा निर्यातक देश में सेवा प्राप्त करने के लिए स्वयं मरीज का जाना या सेवा उपभोक्ता का निर्यातक देश में जाना, पर्यटन। कोई प्रतिबंध नहीं।

मोड-III : किसी देश में वाणिज्यिक इकाई या संस्था को स्थापित करना, जैसे- बैंकिंग, बीमा।

मोड-IV : इसके अंतर्गत प्राकृतिक व्यक्तियों का आवागमन होता है, जिसमें श्रम की गतिशीलता को भी रखा जाता है।

विमानन, पर्यटन एवं बीमा जैसे सेवा क्षेत्रों में विकसित देशों की अर्थव्यवस्थाएं अत्यंत प्रतिस्पर्धी हैं। विकसित देश इन क्षेत्रों में विकासशील देशों द्वारा लगाए गए प्रतिबंधों को हटाने की मांग कर रहे हैं। जबकि विकासशील देश श्रम के मुक्त आदान-प्रदान का समर्थन कर रहे हैं, क्योंकि विकसित देश तकनीकी रूप में अत्यधिक शक्तिशाली हैं। वर्ष 2017 में आयोजित ब्यूनस आयर्स की बैठक में ई-कॉमर्स के मुद्दे पर विकासशील देशों द्वारा आपत्ति व्यक्त की गई। क्योंकि ई-कॉमर्स से विकसित देशों को ज्यादा लाभ प्राप्त होगा तथा विकासशील देशों के छोटे व्यापारी प्रभावित होंगे।

वर्ष 2024 में आयोजित मंत्रिस्तरीय सम्मेलन में ई-कॉमर्स के जरिए डिजिटल रूप में आने वाली वस्तुओं एवं सेवाओं के आयात पर सीमा शुल्क की छूट की अवधि को दो वर्ष के लिए बढ़ा दिया गया है, जिसका विरोध विकासशील देशों ने किया।

विकासशील देशों के विकल्प

समकालीन विश्व में दुनिया के अधिकांश राष्ट्र विश्व व्यापार संगठन के सदस्य बन चुके हैं। परंतु विकसित देश इस संगठन का प्रयोग अपने हितों की रक्षा के लिए करना चाहते हैं। आरंभिक रूप में विकासशील देशों की प्रतिक्रिया विश्व व्यापार संगठन के प्रति ट्रोजनहॉर्स के रूप में रही, लेकिन अब विकासशील देश पलायनवादी न होकर विकसित देशों की भेदभावकारी नीतियों का सामूहिक विरोध कर रहे हैं तथा उन्हें अनेक सफलताएं भी प्राप्त हुई हैं-

- वर्ष 2003 की कानकुन बैठक में व्यापार से संबंधित बौद्धिक संपदा अधिकार (TRIPS) के मुद्दे पर विकासशील देशों को निर्णायक बढ़त प्राप्त हुई, क्योंकि इस बैठक में यह निर्णय लिया गया कि सार्वजनिक बीमारियों को व्यापार से संबंधित बौद्धिक संपदा अधिकार (TRIPS) के प्रावधानों से छूट होगी।

- विकसित देश इस बिंदु पर भी सहमत हो गए हैं कि श्रम मानकों का निर्णय निर्धारण अंतर्राष्ट्रीय श्रम संगठन (ILO) द्वारा किया जाएगा।
- विकसित देश अपनी निर्यात सब्सिडी वर्ष 2013 तक समाप्त करने पर सहमत हो चुके थे परंतु इसका प्रयोग अभी भी हो रहा है।

अतः विश्व व्यापार में अनेक असहमतियों के बावजूद मुक्त व्यापार बढ़ाने पर सहमति होती प्रतीत हो रही है। वर्ष 2008 में जिनेवा में आयोजित विश्व व्यापार संगठन की लघु मंत्रिस्तरीय वार्ता विभिन्न मतभेदों के कारण विफल हो गई। आर्थिक मंदी के दौर में प्रत्येक देश रोजगार बढ़ाने, अर्थव्यवस्था को मंदी से उबारने में सक्रिय हो गया। इसलिए दोहा विकास वार्ता के समक्ष एक नई चुनौती उत्पन्न हो गई। भविष्य में इसकी सफलता विकसित और विकासशील देशों के सहयोग पर निर्भर है, क्योंकि भूमंडलीकरण सर्वसमावेशी होना चाहिए, जिसके द्वारा सभी को लाभ प्राप्त हो, न कि केवल मुट्ठीभर लोगों का विशेषाधिकार बना रहे। इसलिए विकासशील देशों की मूल आपत्ति विश्व व्यापार संगठन से नहीं है, बल्कि विश्व व्यापार संगठन में विकसित देशों द्वारा निर्मित आधिपत्यवादी नियमों से है।

दिसंबर, 2013 में बाली के मंत्रिस्तरीय सम्मेलन में भारत सहित विकासशील देशों के समूह G-33 ने सब्सिडी के दायरे में खाद्य सुरक्षा पहलों की रक्षा के स्पष्ट उद्देश्य के साथ खाद्य भंडार के अधिग्रहण का प्रस्ताव दिया था। बाली पैकेज भारत और अन्य विकासशील देशों को जब तक वे अंतर्राष्ट्रीय व्यापार समझौता खत्म नहीं करते, तब तक बिना किसी कानूनी चुनौतियों के मुख्य खाद्य उपजों पर सब्सिडी देने की अनुमति देता है। यह अंतरिम शांति खंड (Peace Clause) भी प्रदान करता है। शांति खंड दिसंबर, 2013 से आगे चार वर्ष की अंतरिम अवधि की सुविधा देता है, जिसमें खाद्य सुरक्षा से जुड़े सभी मुद्दों पर चर्चा करने की बात कही गई, परंतु यह व्यवस्था अभी तक लागू है।

अमेरिका-चीन व्यापार युद्ध

अमेरिका-चीन व्यापार युद्ध का विश्व व्यापार संगठन पर नकारात्मक प्रभाव पड़ रहा है। क्योंकि व्यापार को प्रतिबंधित करने के लिए एकपक्षीय प्रशुल्क आरोपित किए जा रहे हैं। विवाद के कारण विवाद निवारण समिति में सदस्यों की नियुक्ति भी स्थगित हो गई, जिससे विश्व व्यापार संगठन की कार्यप्रणाली प्रभावित हुई। वर्तमान विश्व में राष्ट्रवाद का प्रभाव बढ़ रहा है। ब्रिटेन यूरोपीय यूनियन से अलग हो गया है इसलिए विश्व व्यापार संगठन के समक्ष चुनौती बढ़ गई है।

निष्कर्ष

विश्व व्यापार संगठन विश्व में बहुपक्षीय व्यापार को प्रभावी बनाने का माध्यम है। परंतु राष्ट्रीय हितों के टकराव संगठन की वार्ताओं को प्रभावित करते हैं। अमेरिका द्वारा अपनाई गई संरक्षणवादी नीतियों से संगठन के समक्ष नवीन चुनौती उत्पन्न हो रही है। विश्व राष्ट्रवाद का बढ़ता प्रभाव संगठन के लिए समस्या है। विश्व में व्यापार वृद्धि के साथ उत्तर-दक्षिण के बीच विद्यमान आर्थिक विषमता को भी समाप्त करने की आवश्यकता है।

अध्याय 4

भारत-विश्व व्यापार संगठन

India–World Trade Organisation

● प्रथम चरण ● द्वितीय चरण ● तृतीय चरण (भारत की सकारात्मक भूमिका)

भारत, विश्व व्यापार संगठन का प्रारंभिक सदस्य रहा है। भारत ने अपने तथा विकासशील देशों के हितों की रक्षा के लिए विश्व व्यापार संगठन में महत्त्वपूर्ण भूमिका निभाई है। भारत ने कृषि, श्रम, पर्यावरण एवं सब्सिडी पर विकासशील देशों के पक्ष में जनमत तैयार किया है। भारत ने विश्व व्यापार संगठन एवं भूमंडलीकरण का विरोध नहीं किया, बल्कि भारत ने भूमंडलीकरण को सर्वसमावेशी बनाने पर बल दिया। भूमंडलीकरण केवल विकसित देशों के लाभ के लिए संचालित नहीं होना चाहिए, बल्कि इसका लाभ सभी देशों को प्राप्त होना चाहिए। भूमंडलीकरण की प्रक्रिया को आगे बढ़ाने के लिए विश्व व्यापार संगठन की स्थापना की गई है और भारत का इस संगठन के प्रति दृष्टिकोण विभिन्न चरणों में व्यक्त किया जा सकता है-

प्रथम चरण

वर्ष 1996 की सिंगापुर बैठक तथा वर्ष 1998 की जिनेवा बैठक में भारत ने महज अपनी उपस्थिति दर्ज कराई। यद्यपि प्रशुल्क एवं व्यापार पर सामान्य समझौता (GATT) की उरुग्वे चक्र की वार्ताओं में भारत ने अनेक मुद्दों पर आपत्ति व्यक्त की थी, जिनमें व्यापार से संबंधित बौद्धिक संपदा अधिकार (TRIPS) एवं व्यापार से संबंधित निवेश उपाय (TRIMS) का मुद्दा प्रमुख था, क्योंकि भारत के अनुसार, इससे विकसित देशों को लाभ होगा तथा विकासशील देश घाटे में होंगे। इन आपत्तियों के बावजूद कराकास समझौते पर भारत ने हस्ताक्षर किए तथा विश्व व्यापार संगठन (WTO) का सदस्य बना, जिनके अनेक कारण थे। वर्ष 1991 में भारत ने उदारीकरण की नीति अपनाई तथा चीन जैसे साम्यवादी देश ने भी मुक्त बाजार को स्वीकार कर लिया। रूस ने भी उदारीकरण की नीतियों को लागू किया। भूमंडलीकरण के युग में कोई भी राज्य बिल्कुल अलग-अलग नीतियों का प्रयोग नहीं कर सकता। इसलिए विश्व व्यापार संगठन की सदस्यता भारत ने ग्रहण की तथा चयनात्मक एवं अपनी प्राथमिकताओं के अनुरूप भारत ने विश्व बाजार से संबंध स्थापित किया।

द्वितीय चरण

भारत द्वारा विश्व व्यापार संगठन के मंच पर सक्रिय भूमिका की शुरुआत की गई और विकासशील देशों के साथ आपसी सहयोग द्वारा संगठन के मंच पर विद्यमान भेदभावकारी मुद्दों का विरोध किया गया। सिएटल बैठक (वर्ष 1999) से भारत ने पर्यावरण एवं श्रम जैसे मुद्दों को व्यापार से जोड़ने का भारी विरोध किया। भारत ने निम्न मुद्दों पर आपत्ति उठाई-

- व्यापार से संबंधित बौद्धिक संपदा अधिकार (TRIPS) एवं व्यापार से संबंधित निवेश उपाय (TRIMS)
- सिंगापुर मुद्दा।
- भारत ने क्रियान्वयन मुद्दे पर बल दिया।

भारत ने ब्राजील, इंडोनेशिया जैसे विकासशील देशों के साथ मिलकर विकसित देशों द्वारा दी गई कृषि सब्सिडी का विरोध किया। वर्ष 2001 की दोहा विकास वार्ता तथा वर्ष 2003 की कानकुन बैठक में कृषि सब्सिडी के मुद्दे पर भारत ने प्रभावी विरोध दर्ज कराया। दोहा विकास वार्ता को लेकर विकसित देशों ने भारत पर आरोप लगाया कि भारत दोहा विकास वार्ता पूर्ण होने में बाधा उत्पन्न कर रहा है।

तृतीय चरण (भारत की सकारात्मक भूमिका)

विकसित देशों की आलोचना के विरोध में भारत ने यह तर्क दिया कि वह विकासशील देशों के हितों के संरक्षण के लिए रचनात्मक भूमिका का निर्वाह कर रहा है। भारत ने भेदभावकारी नीतियों का विरोध किया, न कि वार्ता को विफल बनाने का प्रयत्न किया। वर्ष 2008 में जिनेवा में आयोजित लघु मंत्रिस्तरीय वार्ता भी विफल रही, जिसका एक कारण कृषि क्षेत्र में सब्सिडी और कृषि क्षेत्र में दी जा रही विशेष सुरक्षा प्रणाली रही। भारत के अनुसार, कृषि क्षेत्र में भारत की खाद्य सुरक्षा ग्रामीण विकास से जुड़ी हुई है।

भारत के सकल घरेलू उत्पाद (GDP) में सेवा क्षेत्र का हिस्सा 50 प्रतिशत से अधिक है। आई.टी. तथा सॉफ्टवेयर के क्षेत्र में भारत ने उल्लेखनीय प्रगति दर्ज की। भारत की यह मांग है कि व्यक्तियों के आदान-प्रदान पर विकसित देशों द्वारा लगाए गए प्रतिबंध ढीले होने चाहिए।

1. एंटीडंपिंग एवं भारत

परंपरागत रूप में भारत, टेक्सटाइल का एक बड़ा निर्यातक है। परंतु विकसित देशों की डंपिंग विरोधी नीतियों के कारण भारतीय निर्यात अत्यधिक प्रभावित हुआ। विश्व व्यापार संगठन की वर्ष 2004 की वार्षिक रिपोर्ट में कहा गया है कि सर्वाधिक डंपिंग विरोधी नीतियों का प्रयोग अमेरिका ने किया, वहीं दूसरी ओर यूरोपीय यूनियन तथा चीन एवं अमेरिका ने भारत पर यह आरोप लगाया कि भारत डंपिंग नीतियों का प्रयोग कर रहा है।

2. भारत और विवाद निस्तारण समिति

भारत के अनुसार, विश्व व्यापार संगठन के विवाद निस्तारण तंत्र में सुधार करने की आवश्यकता है, क्योंकि विवाद निस्तारण की वैधानिक लागत बहुत ज्यादा है, जिससे विकासशील देशों की स्थिति अशक्त हो जाती है। भारत के अनुसार, इसमें निम्नलिखित सुधारों की आवश्यकता है-

- जो वाद अत्यंत तुच्छ किस्म का हो उसे ग्रहण नहीं करना चाहिए।
- विकसित और विकासशील देशों के मध्य विवाद में यदि विकासशील देशों की विजय हो, तो विकसित देशों द्वारा उन्हें समूची वैधानिक लागत का भुगतान किया जाना चाहिए।
- भारत के अनुसार, विकसित देश किसी वाद में पराजित होने के बाद भी एक निश्चित समय सीमा में निर्णयों को लागू नहीं करते। इसलिए यदि निस्तारण समिति के निर्णयों को लागू नहीं किया गया हो, तो दंड का प्रावधान होना चाहिए।
- विवाद निस्तारण समिति (Dispute Redressal Committee) में विकासशील देशों के साथ विशेष और विभेदक व्यवहार किया जाना चाहिए।

विश्व व्यापार संगठन एक वैश्विक संस्था है, जिसकी सदस्यता के लाभ और हानि दोनों हैं। भारत को अपने राष्ट्रीय हितों को बेहतर तरीके से पूर्ण करने के लिए विश्व व्यापार संगठन के साथ अपनी प्राथमिकताओं को चयनात्मक रूप में तय करना चाहिए। इसलिए प्रश्न यह नहीं है कि इस विश्व संस्था का सदस्य रहा जाए या नहीं, बल्कि कहीं अधिक महत्त्वपूर्ण प्रश्न यह है कि संगठन में रहते हुए अपने हितों को कैसे बेहतर तरीके से पूर्ण किया जाए। वैश्विक स्तर पर भारत ने विश्व व्यापार संगठन में आधिपत्यवादी नीतियों का विरोध किया। इस संगठन का पूर्ण लाभ उठाने के लिए हमें अपनी आधारभूत संरचनाओं का विकास करना होगा तथा सरकारी नियमों को और सरल एवं पारदर्शी बनाना होगा, जिससे विश्व व्यापार में भारत की भूमिका और हिस्सेदारी में प्रभावी वृद्धि हो।

भारत ने खाद्य सुरक्षा बनाए रखने के लिए खाद्य सुरक्षा अधिनियम का निर्माण किया। विश्व व्यापार संगठन ने इस अधिनियम को विश्व व्यापार के नियमों के प्रतिकूल माना और भारत पर इस बात का दबाव बनाया गया कि वह खाद्य सुरक्षा अधिनियम को समाप्त कर दे। भारत के अनुसार, खाद्य सुरक्षा

अधिनियम व्यापार को बाधित करने के लिए नहीं है, बल्कि भारत से गरीबी, बीमारी और अशिक्षा समाप्त करने के लिए है। भारत के अनुसार, यह विकासशील देशों के लिए कृषि आजीविका एवं ग्रामीण विकास का विषय है। यह विकासशील देशों के लिए व्यापार का मुद्दा नहीं है।

निष्कर्ष

भारत द्वारा विश्व व्यापार संगठन एवं भूमंडलीकरण का समर्थन किया गया है। परंतु भूमंडलीकरण एवं विश्व व्यापार संगठन सर्वसमावेशी होना चाहिए, जिसका लाभ सभी देशों को प्राप्त हो सके।

भाग

10

भारत एवं विकासशील देश

1. भारत-अफ्रीका
2. भारत-लैटिन अमेरिका

अध्याय

1 भारत-अफ्रीका

India-Africa

● भूमिका ● एशियाई-अफ्रीकी एकता ● आर्थिक वृद्धि का नया केंद्र ● वैचारिक के बजाय आर्थिक संबंध ● प्रो-एक्टिव नीति ● प्राकृतिक संसाधनों का भंडार ● क्षमता निर्माण कार्यक्रम ● ऊर्जा सुरक्षा ● आतंकवाद के विरुद्ध साझा सहयोग ● हिंद महासागर क्षेत्र में सहयोग ● भारतीय मूल के लोगों का मुद्दा ● सामरिक संबंध ● दक्षिण-दक्षिण सहयोग ● अफ्रीका के साथ उपक्षेत्रीय सहयोग ● नवीन पहल ● तीसरा भारत-अफ्रीका सम्मेलन, 2015 ● भारत-अफ्रीका संबंधों में चीन कारक ● एशिया-अफ्रीका ग्रोथ कॉरिडोर ● भारत लोकतंत्र का मॉडल

भूमिका

अफ्रीका विश्व का दूसरा बड़ा महाद्वीप है, जिसमें 54 देश अवस्थित हैं। यहां लगभग 154 करोड़ लोग निवास करते हैं। अफ्रीका हिंद महासागर की पश्चिमी सीमा बनाता है। सीधे समुद्र मार्ग से भारत को जोड़ता है। इसके अतिरिक्त अफ्रीका अभी एक विकासशील महाद्वीप है। कच्चे संसाधन की उपलब्धता के बावजूद इस महाद्वीप का विकास अभी नहीं हो पाया है।

एशियाई-अफ्रीकी एकता

भारतीय विदेश नीति में एशियाई-अफ्रीकी एकता पर सदैव जोर दिया गया और भारत ने अफ्रीका से साम्राज्यवाद, उपनिवेशवाद और रंगभेद (apartheid) की नीति समाप्त करने का सदैव समर्थन किया। पंडित जवाहरलाल नेहरू के अनुसार, एशियाई लोगों का अफ्रीका के लोगों के प्रति एक विशेष दायित्व है, जिस आजादी के बारे में हम सोचते हैं, वह कुछ विशिष्ट लोगों तक सीमित नहीं होनी चाहिए, बल्कि उसका विस्तार पूरी मानव जाति के लिए होना चाहिए। भारत का राष्ट्रीय आंदोलन केवल भारत की आजादी का आंदोलन नहीं था, बल्कि समूचे विश्व से उपनिवेशवाद एवं साम्राज्यवाद समाप्त करने का आंदोलन था। शीत युद्ध काल में भारत और मिस्र ने गुटनिरपेक्ष आंदोलन का आधार रखा तथा इस आंदोलन द्वारा अफ्रीकी लोगों की स्वाधीनता का जोरदार समर्थन किया गया।

वर्ष 1964 का गुटनिरपेक्षता सम्मेलन काहिरा (मिस्र) में तथा वर्ष 1970 का सम्मेलन लुसाका (जांबिया) में हुआ, जिसके द्वारा अफ्रीकी महाद्वीप से साम्राज्यवाद और उपनिवेशवाद की पूर्ण समाप्ति का नारा दिया गया। भारतीय विदेश नीति में दक्षिण अफ्रीका की रंगभेद नीति समर्थित सरकार को मान्यता प्रदान नहीं की गई। भारत और अफ्रीकी संबंध, विकासशील देशों अथवा तीसरी दुनिया की एकता के आधार पर निर्मित थे। भारत द्वारा गुटनिरपेक्ष आंदोलन आरंभ किया गया, जिसका समर्थन अफ्रीकी देशों द्वारा किया गया।

दक्षिण-दक्षिण सहयोग

वर्ष 1964 में विकासशील देशों के संगठन जी-77 का निर्माण हुआ, जिसमें भारत और अफ्रीकी देश शामिल थे। इनके द्वारा विश्व व्यापार को विकासशील देशों के अनुकूल करने की मांग उठाई गई। संयुक्त राष्ट्र संघ के मंच पर अफ्रीकी देशों और भारत

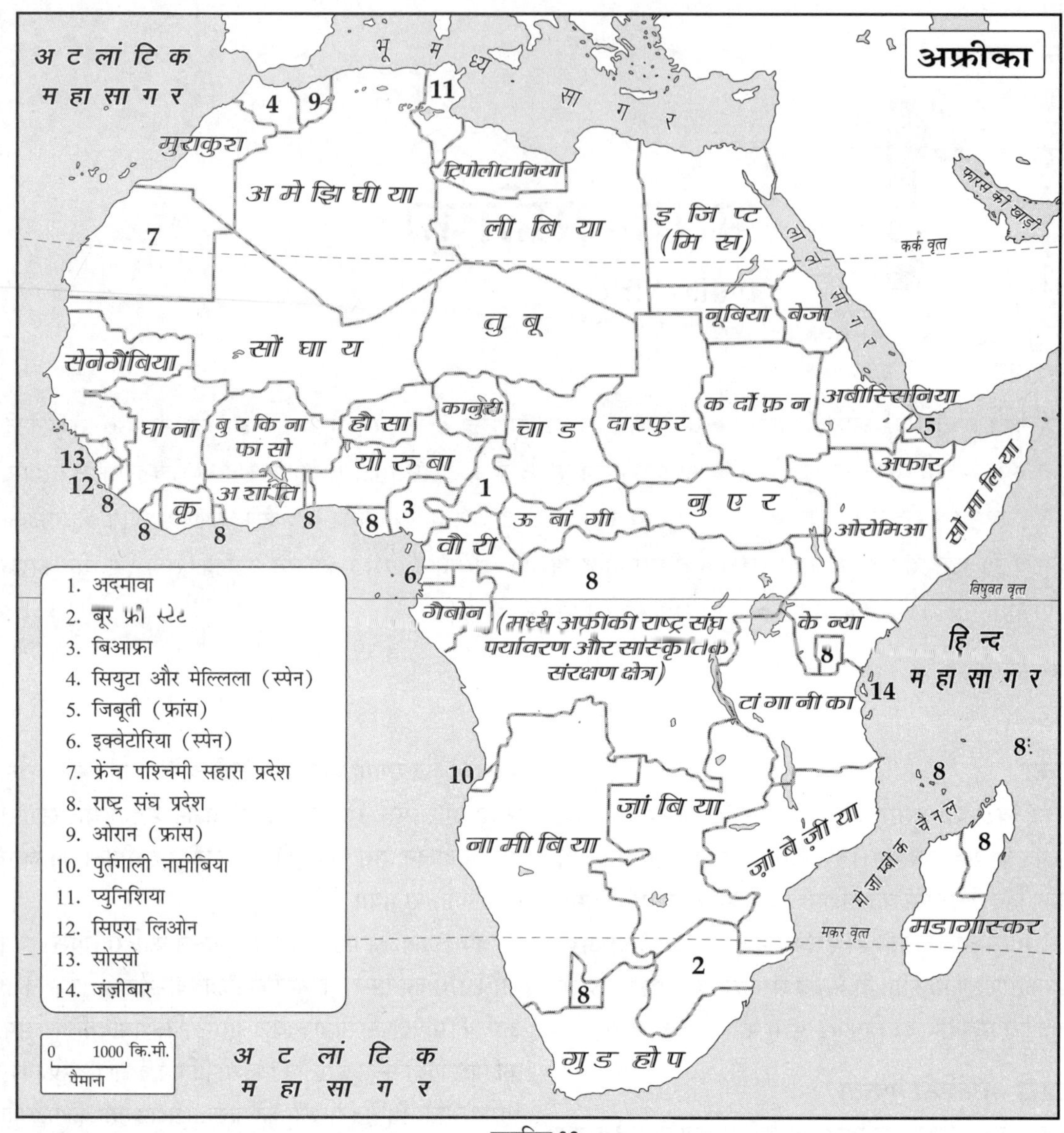

मानचित्र 32

के बीच सदैव सहयोग बना रहा। वर्ष 1974 में नव-अंतर्राष्ट्रीय आर्थिक व्यवस्था (NIEO) की मांग भारत और अफ्रीकी देशों ने मिलकर उठाई। जूलियस नेरेरे, केनेथ कोंडा और इंदिरा गांधी ने गुटनिरपेक्षता के द्वितीय चरण को प्रभावी रूप से आगे बढ़ाया। 1994 में दक्षिण अफ्रीका से रंगभेद नीति समाप्त हो गई एवं नामीबिया की स्वतंत्रता के बाद उपनिवेशवाद एवं साम्राज्यवाद का औपचारिक अंत हो गया और अफ्रीकी देश स्वतंत्र हो गए तथा उदारवादी नीतियों को भी अपनाने लगे।

आर्थिक वृद्धि का नया केंद्र (New Growth Pole)

परंपरागत रूप में अफ्रीका विश्व के सर्वाधिक विपन्न क्षेत्र के रूप में जाना जाता था। इसे शोषण का पर्याय माना गया। शीत युद्ध के बाद उदारीकरण एवं भूमंडलीकरण के युग में अफ्रीका में आधारभूत संरचनाओं के विकास पर बल दिया जा रहा है। अतः आर्थिक विकास की अत्यधिक संभावना है। क्योंकि प्राकृतिक संसाधनों की संपन्नता के बावजूद इनके पास वित्त एवं तकनीकी का अभाव है। जनसंख्या में वृद्धि के कारण यह एक बड़े बाजार

के रूप में भी उभर रहा है। अतः अफ्रीका के इस नवीन बाजार का लाभ उठाने के लिए चीन, अमेरिका एवं भारत द्वारा निवेश एवं व्यापार पर बल दिया जा रहा है।

वैचारिक के बजाय आर्थिक संबंध

शीत युद्धोत्तर विश्व में भारत-अफ्रीकी संबंधों को आर्थिक आधार देने का प्रयत्न किया गया और इस युग में भारतीय विदेश नीति में अफ्रीका महाद्वीप के साथ निवेश, वाणिज्य एवं व्यापार पर बल प्रदान किया गया।

भारत और अफ्रीका के व्यापार में तीव्र गति से बढ़ोत्तरी हो रही है। वर्ष 2001-02 में 5.5 बिलियन डॉलर का व्यापार था, जो वर्ष 2007-08 में बढ़कर 30 बिलियन डॉलर तक पहुंच गया। वर्ष 2010 में भारत एवं अफ्रीका का व्यापार 36 बिलियन डॉलर था, जो वर्ष 2024 में बढ़कर लगभग 100 बिलियन डॉलर तक हो गया। 2030 तक इसे 200 बिलियन डॉलर करने का लक्ष्य निर्धारित किया गया है। इसी दौरान चीन के साथ व्यापार 295 बिलियन डॉलर रहा।

भारत-अफ्रीका संबंधों में कुछ देशों के साथ व्यापारिक संबंध सर्वाधिक हैं, जिनमें दक्षिण अफ्रीका, नाइजीरिया, केन्या, सूडान, मॉरीशस, अल्जीरिया, घाना तथा तंजानिया प्रमुख हैं। वर्ष 2003 में सरकार ने फोकस अफ्रीका कार्यक्रम के अंतर्गत अफ्रीका महाद्वीप के सात देशों के साथ संबंधों पर विशेष बल दिया, जिनमें नाइजीरिया, दक्षिण अफ्रीका, मॉरीशस, केन्या, इथोपिया, तंजानिया और घाना शामिल हैं। भारतीय दवाओं की अफ्रीका में अत्यधिक मांग है, क्योंकि ये बहुत सस्ती हैं। अफ्रीका महाद्वीप के देशों में कुपोषण है तथा खाद्यान्न का अभाव है। इसलिए खाद्य सुरक्षा पर भारत और अफ्रीका के मध्य सहयोग हो रहा है। भारत द्वारा अफ्रीका में आधारभूत संरचना के निर्माण में महत्त्वपूर्ण योगदान दिया जा रहा है। इस संदर्भ में रेल का विकास, सूचना प्रौद्योगिकी, पार्क का निर्माण, टेली-शिक्षा, टेली-मेडिसिन के क्षेत्र में भारत का योगदान उल्लेखनीय है।

प्रो-एक्टिव नीति

- भारत को अफ्रीका में अपनी सॉफ्ट पावर के विकास पर बल देना चाहिए क्योंकि अफ्रीका महाद्वीप में बड़ी संख्या में भारतीय मूल के लोगों का निवास है। अफ्रीका महाद्वीप में संचालित क्षमता निर्माण कार्यक्रम को और प्रभावी बनाया जा रहा है।
- भारत और अफ्रीकी व्यापारिक संबंधों में अभी भी दक्षिण अफ्रीका को केंद्र बनाया जाता है तथा वहीं से बोत्सवाना, मोजाम्बिक, जिम्बाब्वे तथा नामीबिया को वस्तुएं भेजी जाती हैं तथा भविष्य में अफ्रीका महाद्वीप के प्रत्येक देश और क्षेत्रों के साथ व्यापार को विविधांगी बनाने पर बल है।
- ऐसे अफ्रीकी देश, जो अंग्रेजी भाषी नहीं हैं, उनके साथ भी व्यापारिक संबंध सुधारने पर बल है। अफ्रीका महाद्वीप में भारत के केवल 29 दूतावास थे, जिसे 2018 में बढ़ाकर 47 कर दिया गया है। अतः अफ्रीका में 18 नए दूतावासों की स्थापना की गई है। अमेरिका के 53 देशों में दूतावास हैं एवं चीन के दूतावास 48 देशों में हैं।
- वर्ष 2014 से अफ्रीकी देशों के लिए भारत की उच्च स्तरीय यात्राओं में गुणात्मक वृद्धि की गई है। छह वर्षों के दौरान लगभग 34 देशों की उच्च स्तरीय यात्राओं का आयोजन किया गया है। प्रधानमंत्री द्वारा मोजाम्बिक की यात्रा 34 वर्ष बाद की गई। इसके अतिरिक्त, पूर्व उप-राष्ट्रपति द्वारा ट्यूनिशिया की यात्रा की गई। राष्ट्रपति द्वारा आइवरी कोस्ट एवं घाना की यात्रा हुई। नामीबिया में किसी भारतीय राष्ट्रपति की 21 वर्ष बाद यात्रा का आयोजन किया गया। प्रधानमंत्री ने रवांडा एवं युगांडा की यात्रा की। 2024 में प्रधानमंत्री द्वारा नाइजीरिया की यात्रा की गई, जो पिछले 17 वर्षों में प्रधानमंत्री की पहली नाइजीरिया यात्रा थी। अभिप्राय यह है कि भारत के लिए अफ्रीका के प्रत्येक राज्य का महत्त्व है।

प्राकृतिक संसाधनों का भंडार

अफ्रीका महाद्वीप प्राकृतिक संसाधनों के मामले में अत्यधिक संपन्न है। दक्षिण अफ्रीका में सोना व हीरा, नाइजीरिया में तेल, नामीबिया में यूरेनियम तथा बोत्सवाना में फॉस्फेट विशाल मात्रा में विद्यमान है, जिसका भारत के औद्योगिक विकास के लिए अत्यधिक महत्त्व है और भारतीय कंपनियों द्वारा महाद्वीप में निवेश भी किया जा रहा है।

क्षमता निर्माण कार्यक्रम

वर्ष 2004 में गठित टीम-9 (Techno-Economic Approach for Africa-India Movement, TEAM-9) द्वारा अफ्रीका के आठ संसाधन संपन्न देशों को तकनीकी सहायता दी जाएगी एवं

भारत निवेश करेगा। इसमें बुर्कीना फासो, चाड, इक्वेटोरियल गिनी, आइवरी कोस्ट, माली, घाना, गिनी बिसाऊ एवं सेनेगल शामिल हैं। भारत द्वारा अफ्रीका महाद्वीप के देशों को तकनीकी सहायता प्रदान की जा रही है और इस कार्यक्रम के तहत अफ्रीकी अधिकारियों और कर्मचारियों को प्रशिक्षण दिया जाता है। इस कार्यक्रम में अफ्रीका महाद्वीप को भारत द्वारा अनुदान प्रदान किया जाता है। लगभग 15,000 अफ्रीकी छात्र प्रतिवर्ष भारत में शिक्षा हेतु आते हैं। अफ्रीका के अनेक देशों में भारतीय इंजीनियर, डॉक्टर, अध्यापक, लेखाकार क्षमता निर्माण में संलग्न हैं। क्षमता निर्माण कार्यक्रम में मानव संसाधन के विकास पर भी बल दिया गया है। भारत ने अफ्रीका के अल्प विकसित 34 देशों के लिए अपने बाजार में शुल्क मुक्त वस्तुओं के आयात का प्रावधान किया है।

अफ्रीका के विकास की नई सहभागिता परियोजना 'नेपाड' (New Partnership for Africa's Development, NEPAD) में भारत ने अफ्रीका को 200 मिलियन डॉलर का अनुदान दिया। वर्ष 2004 में तत्कालीन भारतीय राष्ट्रपति ए.पी.जे. अब्दुल कलाम ने अफ्रीका की यात्रा करते हुए कहा कि 'अफ्रीका महाद्वीप के साथ संबंध भारत की सर्वोच्च प्राथमिकता है।' अफ्रीका में भारत की विकास की साझेदारी का नया स्वरूप भी उभर रहा है। इस तरह भारत, नेपाड के साथ सहयोग कर रहा है। नेपाड की स्थापना वर्ष 2001 में हुई थी।

ऊर्जा सुरक्षा

भारत-अफ्रीका महाद्वीप के मध्य शीत युद्धोत्तर युग में संबंधों का झुकाव आर्थिक हो गया है। भारत को अपनी आर्थिक वृद्धि दर बनाए रखने हेतु बड़ी मात्रा में ऊर्जा की आवश्यकता है। विदेश नीति में ऊर्जा के लिए केवल एक क्षेत्र पर निर्भर होना दीर्घकालिक रूप में राष्ट्र हित में नहीं है। भारत के तेल आयात का लगभग 15 प्रतिशत भाग अफ्रीका महाद्वीप से आयात किया जाता है। नाइजीरिया और सूडान भारत को तेल आपूर्ति करने वाले मुख्य देश हैं। वर्ष 2007 में भारत और नाइजीरिया के मध्य तेल के बदले आधारभूत संरचना विकास का समझौता हुआ।

आतंकवाद के विरुद्ध साझा सहयोग

सोमालिया के समुद्री डकैत एवं मोजाम्बिक से होने वाली अवैध हथियारों तथा नशीली दवाओं की तस्करी से भारत के लिए भी सुरक्षा के गैर-परंपरागत खतरे उत्पन्न होते हैं। अफ्रीका महाद्वीप में आतंकवाद सुरक्षा के लिए एक नवीन चुनौती है और अल-शबाब से संबंधित संगठनों में बोको हराम एवं अलशबाब अति सक्रिय हैं। अतः अफ्रीका के साथ आसूचना एवं प्रशिक्षण के क्षेत्र में सहयोग किया जा रहा है।

हिंद महासागर क्षेत्र में सहयोग

भारत और दक्षिण अफ्रीका ने हिंद महासागर के देशों के मध्य आपसी सहयोग बढ़ाने हेतु वर्ष 1997 में हिंद महासागर तटवर्ती क्षेत्रीय संगठन की स्थापना की। इसके मुख्य संस्थापक भारत, दक्षिण अफ्रीका, ऑस्ट्रेलिया, मॉरीशस, ओमान, सिंगापुर और केन्या हैं। इस क्षेत्रीय संगठन में सुरक्षा के मामलों को चार्टर से बाहर रखा गया है तथा द्विपक्षीय व्यापारिक सहयोग बढ़ाने पर बल दिया गया है।

भारतीय मूल के लोगों का मुद्दा

भारत-अफ्रीकी संबंधों को प्रगाढ़ बनाने में भारतीय मूल के लोगों की अत्यधिक सकारात्मक भूमिका है। भारतीय मूल के लोग अफ्रीका महाद्वीप के अनेक देशों में निवास करते हैं। भारतीय मूल के लोगों की सर्वाधिक संख्या दक्षिण अफ्रीका, मॉरीशस, युगांडा और तंजानिया में है। भारतीय विदेश नीति में अफ्रीका के बढ़ते महत्त्व को देखते हुए भारतीय दूतावासों का विस्तार किया जा रहा है। वर्ष 2006 में भारत ने कांगो गणराज्य में अपना दूतावास पुनः खोला। भविष्य में इन दूतावासों की संख्या में और वृद्धि करने की आवश्यकता है।

सामरिक संबंध

चीन द्वारा अफ्रीका के जिबूती में सैन्य अड्डा बनाए जाने के बाद भारत इन क्षेत्रों के साथ सैन्य संबंध प्रभावी कर रहा है। इसी के अंतर्गत मोजाम्बिक को दो फास्ट इंटरसेप्टर बोट प्रदान की गई है और अफ्रीका-भारत क्षेत्रीय प्रशिक्षण अभ्यास (AFINDEX) के अंतर्गत भारत और अफ्रीका के बीच साझे सैन्य प्रशिक्षण आयोजित किए जाते हैं। इसके दूसरे संस्करण का आयोजन 2023 में किया गया। इसकी शुरुआत 2019 में हुई थी। वर्ष 2021 में भारत-अफ्रीका के बीच डिफेंस कॉन्क्लेव की भी शुरुआत हुई।

भारत-अफ्रीका महाद्वीप के संबंध हिंद महासागर क्षेत्र में शांति व सुरक्षा निर्माण हेतु महत्त्वपूर्ण हैं। दक्षिण अफ्रीका रक्षा सामग्री का एक प्रमुख निर्यातक देश है। दक्षिण अफ्रीका ने भारत को महत्त्वपूर्ण रक्षा सामग्री की आपूर्ति भी की है। दूसरी ओर, भारत अनेक अफ्रीकी देशों के सैनिकों को प्रशिक्षण देता है तथा भारत के

हथियारों का निर्यात भी इन देशों में करने के लिए प्रयत्न किए जा रहे हैं। चीन, सेशेल्स में एक सैनिक अड्डे का निर्माण कर रहा है। अतः अफ्रीकी देशों के साथ मिलकर भारत भी इस क्षेत्र में अपना सामरिक महत्त्व बढ़ाने हेतु प्रयत्नशील है। भारतीय सैनिकों का इस क्षेत्र में शांति निर्माण कार्यक्रमों में उल्लेखनीय योगदान रहा है। भारत ने कांगो, नामीबिया, मोजाम्बिक, सोमालिया, रवांडा एवं लाइबेरिया जैसे देशों में शांति सैनिकों की तैनाती की है। भारत द्वारा मोजाम्बिक, मेडागास्कर और सेशेल्स के साथ रक्षा संबंधों को सशक्त किया जा रहा है। भारत के तत्कालीन विदेश मंत्री प्रणव मुखर्जी ने कहा कि हिंद महासागर में सुरक्षा बनाए रखना भारत के लिए महत्त्वपूर्ण है, क्योंकि ज्यादातर एशियाई तेल और गैस इस क्षेत्र से होकर आते हैं। भारत ने मेडागास्कर में एक रडार की स्थापना भी की है। यह उल्लेखनीय है कि सोमालिया के समुद्री डाकू इन क्षेत्रों में जहाजों का लगातार अपहरण कर रहे हैं। भारत ने सेशेल्स को तटीय क्षेत्रों की रक्षा के लिए डोर्नियर विमान दिया है। अजम्पशन आइलैंड (Assumption Island) पर सैनिक अड्डे बनाने की वार्ता चल रही है।

भारत-अफ्रीका के संबंध निम्नलिखित स्तरों पर आधारित हैं-

(i) द्विपक्षीय स्तर पर

(ii) उपक्षेत्रीय स्तर पर।

(iii) अफ्रीकी संघ के स्तर पर।

दक्षिण-दक्षिण सहयोग

भारत-अफ्रीका के मध्य शीत युद्ध के काल में साम्राज्यवाद और उपनिवेशवाद के विरुद्ध साझा संघर्ष एवं रंगभेद का विरोध किया गया। शीत युद्धोत्तर विश्व में इन राजनीतिक संबंधों को और प्रभावी करने का निर्णय लिया गया। वर्ष 2008 के दिल्ली घोषणा-पत्र में दोनों ने सहयोग के निम्न मुद्दों का निर्धारण किया-

- दक्षिण-दक्षिण सहयोग के अंतर्गत भारत और अफ्रीकी देशों के बीच अधिकांश मुद्दों पर सहयोग किया जाता है। दक्षिण-दक्षिण सहयोग का अभिप्राय विकासशील देशों के बीच सहयोग है, क्योंकि विकासशील देशों की समस्याएं एकसमान हैं।
- विश्व को बहुपक्षीय तथा संयुक्त राष्ट्र संघ को लोकतांत्रिक बनाने पर बल दिया जाता है। इन दोनों का मानना है कि किसी राज्य के आंतरिक मामलों में महाशक्तियों का हस्तक्षेप नहीं होना चाहिए तथा संयुक्त राष्ट्र संघ के मंच पर सभी देशों का और सभी क्षेत्रों का वास्तविक प्रतिनिधित्व होना चाहिए।
- सुरक्षा परिषद के स्थायी सदस्यों में अफ्रीका महाद्वीप का एक भी देश नहीं है, जबकि संयुक्त राष्ट्र संघ महासभा में सबसे ज्यादा देशों की संख्या अफ्रीका महाद्वीप से है। भारत-सुरक्षा परिषद में अफ्रीकी देशों के प्रतिनिधित्व का समर्थक है और अफ्रीकी देशों द्वारा सुरक्षा परिषद में भारत की स्थायी सदस्यता का समर्थन किया गया है।
- जलवायु परिवर्तन के संदर्भ में साझा दृष्टिकोण का निर्माण किया गया है। भारत और अफ्रीकी देश यह मानते हैं कि पर्यावरणीय समस्या का समाधान साझे, परंतु पृथक्-पृथक् उत्तरदायित्व के सिद्धांत के आधार पर होना चाहिए। अतः पर्यावरणीय समस्या के समाधान के लिए विकसित देशों का योगदान विकासशील देशों से ज्यादा होना चाहिए।
- आतंकवाद के विरुद्ध संघर्ष, नशीले पदार्थों के व्यापार को रोकना, परमाणु हथियारों का अप्रसार तथा गरीबी एवं बीमारी दूर करने में आपसी सहयोग किया जा रहा है। अफ्रीका महाद्वीप में अभी भी गरीबी और बीमारी बड़ी समस्याएं हैं।
- विश्व व्यापार संगठन की दोहा विकास वार्ता में विकासशील देशों के हितों की रक्षा करना दोनों का समान उद्देश्य है, क्योंकि विकसित देश विश्व व्यापार संगठन की वार्ताओं को अपने हितों के अनुसार संचालित करना चाहते हैं।
- वर्ष 1964 में संयुक्त राष्ट्र संघ की व्यापार एवं विकास रिपोर्ट प्रकाशित हुई, जिसमें यह कहा गया कि विश्व व्यापार विकासशील देशों के प्रतिकूल है। इसके परिणामस्वरूप समूह-77 (G-77) का गठन किया गया, जिसे पुनर्जीवित करने की आवश्यकता है।

यह ध्यान देने योग्य है कि परमाणु अप्रसार पर भारत और दक्षिण अफ्रीका के मध्य मतभेद था, क्योंकि दक्षिण अफ्रीका ने परमाणु हथियारों का परित्याग कर दिया है। इसलिए दक्षिण अफ्रीका ने भारत से परमाणु अप्रसार संधि (NPT) तथा समग्र परमाणु परीक्षण प्रतिबंध संधि (CTBT) पर हस्ताक्षर करने का आग्रह किया, लेकिन वर्तमान में दक्षिण अफ्रीका, भारत-अमेरिका सिविल परमाणु समझौते का समर्थक है।

अफ्रीका के साथ उपक्षेत्रीय सहयोग

वर्ष 2005 में अफ्रीका महाद्वीप समूचे विश्व के ध्यान का केंद्र बन गया, क्योंकि इसी वर्ष 'टोनी ब्लेयर आयोग' ने अफ्रीका महाद्वीप से गरीबी, एड्स और अभाव समाप्त करने हेतु विश्व के अनेक देशों से अनुदान बढ़ाने का आग्रह किया तथा ऋणों को पूर्णतः माफ करने की अनुशंसा की। भारत भी इस मान्यता का समर्थक है और भारत-अफ्रीकी संबंध द्विपक्षीय, उपक्षेत्रीय और क्षेत्रीय तीनों स्तरों पर कायम हैं। उपक्षेत्रीय सहयोग के निम्नलिखित उदाहरण हैं-

- पश्चिम अफ्रीकी देशों का आर्थिक समुदाय (Economic Community of West African States, ECOWAS), इसमें 12 देश सदस्य हैं।
- दक्षिण अफ्रीकी विकास समुदाय (South African Development Community, SADC), इसमें 16 देश सदस्य हैं।
- मध्य अफ्रीकी देशों का आर्थिक समुदाय (Economic Community of Central African States, ECCAS), इसमें 11 देश सदस्य हैं।
- पूर्वी-दक्षिण अफ्रीकी राज्यों का साझा बाजार (Common Market for Eastern-Southern African States, COMESA), इसमें 21 देश सदस्य हैं।
- दक्षिण अफ्रीकी देशों का संघ (Southern African Customs Union, SACU), इसमें अफ्रीका महाद्वीप के पांच सदस्य हैं और इन्होंने एक साझा प्रशुल्क संघ का निर्माण कर लिया है।
- पूर्वी अफ्रीकी समुदाय (East African Community, EAC), यह पूर्वी अफ्रीकी देशों का एक संघटन है तथा इसमें आठ देश शामिल हैं।

नवीन पहल

भारत-अफ्रीका के बीच द्विपक्षीय संबंध पहले से ही बने हुए है, परंतु वर्ष 2008 में अफ्रीका महाद्वीप के साथ संबंधों को बेहतर करने के लिए एक नवीन पहल की गई और अफ्रीका महाद्वीप के सभी देशों को भारत आमंत्रित किया गया और भारत-अफ्रीका मंच शिखर सम्मेलन का आयोजन किया गया। अप्रैल, 2008 में पहली बार भारत की अफ्रीका नीति में प्रत्येक देश के साथ बेहतर संबंध निर्माण हेतु भारत-अफ्रीका मंच शिखर सम्मेलन नई दिल्ली में आयोजित हुआ, जिसमें दो मूल समझौते हुए-

- दिल्ली घोषणा-पत्र।
- भारत-अफ्रीका सहयोग फ्रेमवर्क।

दिल्ली घोषणा-पत्र, एक राजनीतिक दस्तावेज है, जिसमें द्विपक्षीय, क्षेत्रीय और अंतर्राष्ट्रीय मुद्दों पर सहयोग का निर्णय लिया गया, जिसमें संयुक्त राष्ट्र संघ का सुधार, मौसम परिवर्तन एवं वैश्विक आतंकवाद इत्यादि प्रमुख हैं।

अफ्रीकी देशों के साथ व्यापारिक संबंध

(बिलियन डॉलर में)

क्र.सं.	देश	आयात	निर्यात	कुलव्यापार
1.	द. अफ्रीका	10.54	8.71	19.25
2.	नाइजीरिया	4.23	3.66	7.89
3.	तंजानिया	4.61	3.29	7.90
4.	घाना	1.41	1.10	2.51
5.	इथोपिया	0.08	2.00	2.08
6	सूडान	0.35	1.20	1.55
7.	मोरक्को	1.22	1.51	2.73
8.	कांगो	0.12	0.17	0.29
9.	मोजाम्बिक	2.13	2.28	4.41
10.	सेनेगल	0.63	0.94	1.57
11.	अल्जीरिया	0.88	0.85	1.73

अफ्रीकी देशों की जनसंख्या

क्र.सं.	देश	जनसंख्या
1.	नाइजीरिया	23 करोड़, 71 लाख
2.	इथोपिया	13 करोड़, 52 लाख
3.	मिस्र	11 करोड़, 84 लाख
4.	कांगो गणराज्य	11 करोड़, 25 लाख
5.	दक्षिण अफ्रीका	6 करोड़, 48 लाख

भारत-अफ्रीका सहयोग फ्रेमवर्क में आर्थिक मुद्दों पर सहयोग का समझौता हुआ, जिसमें मानव संसाधन विकास, क्षमता निर्माण कार्यक्रम, शिक्षा, विज्ञान एवं तकनीकी, कृषि उत्पादन, खाद्य सुरक्षा, औद्योगिक वृद्धि, स्वास्थ्य और आधारभूत संरचना एवं विकास का समझौता शामिल है। यह उल्लेखनीय है कि केवल 14 अफ्रीकी राष्ट्राध्यक्ष और शासनाध्यक्षों ने इसमें भाग लिया, जबकि वर्ष 2006 में चीन में आयोजित अफ्रीका बैठक में 47 देशों ने भाग लिया था। इसलिए भविष्य में अफ्रीकी देशों के साथ संबंध

और प्रगाढ़ करने की आवश्यकता है। अगला भारत-अफ्रीका मंच शिखर सम्मेलन, वर्ष 2011 में हुआ। इस सम्मेलन में 16 अफ्रीकी राज्यों के प्रमुखों ने भाग लिया। यह सम्मेलन इथोपिया की राजधानी अदिस अबाबा में हुआ। इसके अंतर्गत भारत ने पांच बिलियन अमेरिकी डॉलर के अलावा, अनेक संस्थाओं के निर्माण हेतु 700 मिलियन डॉलर की अतिरिक्त सहायता भी प्रदान की। भारत ने सोमालिया में समुद्री डाकुओं की समस्या को हल करने के लिए अफ्रीकन यूनियन मिशन को भी दो मिलियन अमेरिकी डॉलर की सहायता प्रदान की। मार्च, 2005 में आयोजित पहले उच्च स्तरीय व्यापार सम्मेलन में भारत-अफ्रीका के बीच 14 बिलियन डॉलर से अधिक की परियोजनाओं पर वार्ता शुरू हुई। अगस्त 2024 में 19वां भारत-अफ्रीका व्यापार सम्मेलन आयोजित किया गया। इसमें व्यापार, निवेश, अफ्रीकी विकास आदि पर बल दिया गया। 2023 में भारत द्वारा 98 बिलियन डॉलर का निवेश किया गया था।

वर्ष 2014 में भारत-अफ्रीका शिखर सम्मेलन आयोजित करने का निर्णय लिया गया था, परंतु अफ्रीका महाद्वीप में इबोला नामक महामारी फैलने के कारण इस शिखर सम्मेलन को स्थगित कर दिया गया।

तीसरा भारत-अफ्रीका सम्मेलन 2015

यह सम्मेलन 29 अक्टूबर 2015 को नई दिल्ली में संपन्न हुआ। सम्मेलन की थीम थी 'पार्टनर इन प्रोग्रेस : टुवार्ड्स ए डायनामिक एंड ट्रांसफॉर्मेटिव एजेंडा'। इस सम्मेलन में अफ्रीकी संघ तथा अफ्रीकी आयोग के अध्यक्ष, अफ्रीकी क्षेत्रीय समुदायों के अध्यक्ष तथा अफ्रीकी राष्ट्रों के प्रतिनिधियों तथा अध्यक्षों ने भाग लिया। इस सम्मेलन में कृषि व्यापार, उद्योग तथा निवेश, सुशासन तथा नागरिक समाज, सूचना तथा संचार तकनीकी आदि महत्त्वपूर्ण मुद्दों पर बात हुई। इस सम्मेलन के दौरान भारत ने अफ्रीकी देशों को पांच वर्षों के लिए दस बिलियन डॉलर का लाइन ऑफ क्रेडिट देने की घोषणा की। साथ ही 100 मिलियन डॉलर आर्थिक अनुदान (Line of Credit) की घोषणा की। इस सम्मेलन के दौरान 'भारत-अफ्रीका सहयोग की सामरिक रूपरेखा' पर दिल्ली घोषणा-पत्र जारी किया गया। इस घोषणा पत्र में अफ्रीका के साथ समुद्री अर्थव्यवस्था विकसित करने, आतंकवाद, संयुक्त राष्ट्र सुधार, समुद्री सुरक्षा आदि मुद्दों पर सहयोग पर बल दिया गया। इसके अतिरिक्त महिला सशक्तीकरण, जलवायु परिवर्तन, शिक्षा व कौशल विकास, ई-गवर्नेंस, पर्यटन आदि पर सहयोग पर बल दिया गया।

भारत-अफ्रीका संबंधों में चीन कारक

यह उल्लेखनीय है कि चीन का व्यापार अफ्रीका के साथ वर्तमान में 295 बिलियन डॉलर है। अतः चीन की तुलना में भारत का अफ्रीका के साथ व्यापार (लगभग 100 बिलियन डॉलर) अभी भी कम है। चीनी विदेश नीति में अफ्रीकी देशों के साथ संबंधों पर विशेष बल दिया जा रहा है। चीन अफ्रीका का सबसे बड़ा द्विपक्षीय व्यापारिक भागीदार है। वर्तमान में चीन, अफ्रीका महाद्वीप के देशों को ऋण देने वाला सबसे बड़ा देश बन गया है।

चीन, सुरक्षा परिषद का स्थायी सदस्य भी है, जिससे चीन का प्रभाव इस क्षेत्र में लगातार बढ़ता जा रहा है। दूसरे शब्दों में, भारत एवं अफ्रीकी देशों के संबंधों की प्रगति अभी भी धीमी गति से बढ़ रही है। भारतीय विदेश नीति के लिए चीन की उपस्थिति चुनौतीपूर्ण है, जिसके निम्नलिखित कारण हैं-

- भारत और चीन दोनों देशों की अर्थव्यवस्थाएं प्रतिस्पर्धी हैं।
- दोनों देश इस क्षेत्र से अधिकाधिक ऊर्जा संसाधनों की प्राप्ति हेतु प्रयत्नशील हैं।
- अफ्रीका महाद्वीप के देशों का समर्थन, भारत की सुरक्षा परिषद की स्थायी सदस्यता हेतु महत्त्वपूर्ण है तथा चीन इसके विरुद्ध कूटनीति अपनाता है।

भारत और चीन की अफ्रीका महाद्वीप में उपस्थिति प्रतिस्पर्धी है, लेकिन चीन का मुकाबला बेहतर आर्थिक कूटनीति द्वारा ही किया जा सकता है। भारत अफ्रीका महाद्वीप के साथ संबंध निर्माण में अंतर्राष्ट्रीय मानकों और प्रतिबंधों का पालन करता है, जबकि चीन के विरुद्ध यह आरोप लगाया जाता है कि वह अफ्रीका महाद्वीप में नई उपनिवेशवादी नीतियों का प्रयोग कर रहा है। भारत और अफ्रीकी संबंधों के बारे में गुरजीत सिंह का कहना है कि साख और गहरे राजनीतिक संबंधों द्वारा भारत ने अफ्रीका के साथ अपने संबंधों को एक आधुनिक कार्यात्मक उपकरण के रूप में तब्दील कर दिया है।

चीन द्वारा वन बेल्ट वन रोड कार्यक्रम के अंतर्गत अफ्रीका की आधारभूत संरचना का विकास किया जा रहा है। अफ्रीका में चीन के बढ़ते आर्थिक प्रभाव के परिणामस्वरूप जिबूती में चीन ने अपना सैनिक अड्डा स्थापित कर लिया है। चीन के इस सैनिक

अड्डे के कारण हिंद महासागर में भी उसकी सामरिक क्षमता में निर्णायक वृद्धि होगी जो भारतीय सुरक्षा के लिए एक बड़ी चुनौती है। क्योंकि हिंद महासागर क्षेत्र परंरागत रूप में भारतीय प्रभाव वाला क्षेत्र रहा है। जबकि भारत द्वारा क्षमता निर्माण कार्यक्रम के माध्यम से अफ्रीकी विकास में सहायता दी जा रही है। भारत की अफ्रीका में उपस्थिति मूलतः निजी कंपनियों के माध्यम से है, जबकि अफ्रीका में चीन के ज्यादातर सरकारी उद्यम व्यापार में संलग्न हैं।

एशिया-अफ्रीका ग्रोथ कॉरिडोर

(Asia-Africa Growth Corridor)

चीन की रोड बेल्ट परियोजना के परिणामस्वरूप अफ्रीका महाद्वीप में चीन के प्रभाव में निर्णायक वृद्धि हो रही है जिसे प्रतिसंतुलित करने के लिए भारत एवं जापान के बीच एशिया-अफ्रीका ग्रोथ कॉरिडोर के निर्माण के समझौते पर सहमति हुई है। इसके अनुसार, जापान, अफ्रीका महाद्वीप में आधारभूत संरचना का विकास करेगा तथा भारत क्षमता निर्माण कार्यक्रम के विकास में सहयोग देगा। इस परियोजना में अनेक अफ्रीकी देशों को भी शामिल किया गया है। अतः यह बहुपक्षीय एवं पारदर्शी है। इसके द्वारा गुजरात के जामनगर पत्तन को अफ्रीका के जिबूती से जोड़ा जाएगा तथा मदुरै पत्तन को अफ्रीका के जंजीबार से जोड़ा जाएगा।

भारत लोकतंत्र का मॉडल

वर्तमान अफ्रीका महाद्वीप में सभी राज्यों द्वारा लोकतांत्रिक शासन अपनाया जा रहा है तथा सामाजिक एवं सांस्कृतिक विविधता के परिणामस्वरूप संघात्मक शासन को प्राथमिकता दी जा रही है। इसके परिणामस्वरूप भारत का संघात्मक संसदीय शासन अफ्रीकी देशों के लिए एक मॉडल है जिसका अनुकरण किया जा सकता है। चीन का अफ्रीका में बढ़ता प्रभाव भारत के इन लोकतांत्रिक मूल्यों के लिए भी बड़ी चुनौती है क्योंकि चीन विकासशील देशों के विकास के लिए एकदलीय शासन के मॉडल को सर्वाधिक बेहतर मानता है, जो चीन में है। भारत के लिए सर्वाधिक बढ़त दक्षिण अफ्रीका, युगांडा एवं केन्या जैसे देशों में बड़ी संख्या में भारतीय मूल के लोगों की उपस्थिति है।

निष्कर्ष

भारतीय विदेश नीति में अफ्रीका का महत्त्व वाणिज्यिक और व्यापारिक दृष्टि से उल्लेखनीय है। भारत अफ्रीका महाद्वीप के देशों के लिए लोकतंत्र और आर्थिक विकास का एक मॉडल है तथा दोनों देशों के संबंध व्यापारिक मुद्दों से बढ़कर तीसरे विश्व की एकता भी सुनिश्चित करते हैं। दोनों देश मिलकर शीत युद्धोत्तर विश्व को अधिक लोकतांत्रिक, बहुध्रुवीय और समतामूलक बनाने के लिए प्रतिबद्ध हैं।

अध्याय

2 भारत-लैटिन अमेरिका

India-Latin America

● दक्षिण-दक्षिण सहयोग ● उदारवादी लोकतंत्र की स्थापना ● आर्थिक सहयोग ● विदेश नीति का नवीन क्षेत्र ● कृषि क्षेत्र में सहयोग ● पारस्परिक हित ● व्यापार में बाधाएं ● ऊर्जा सुरक्षा ● राजनीतिक मुद्दा ● सांस्कृतिक सहयोग ● सुरक्षा परिषद में सुधार ● चीन का प्रभाव ● भारत-ब्राजील संबंध

दक्षिण अमेरिका, मैक्सिको, मध्य अमेरिका एवं कैरेबियाई देशों को सम्मिलित रूप से लैटिन अमेरिका कहा जाता है। यहां मुख्यतः स्पेनिश, फ्रेंच पोर्तगीज भाषाएं बोली जाती हैं। लैटिन अमेरिकी देशों पर पुर्तगाल एवं स्पेन का उपनिवेशवाद स्थापित था, जिसकी समाप्ति के बाद संयुक्त राज्य अमेरिका द्वारा लैटिन अमेरिका के कच्चे माल पर नियंत्रण के लिए प्रभुत्व स्थापित किया गया और लैटिन अमेरिका में अधिनायकवादी शासकों का समर्थन किया।

इसमें कुल 33 संप्रभु राज्य सम्मिलित हैं। इसका क्षेत्रफल एक करोड़, 91 लाख वर्ग किमी है, जो समस्त भू-भाग का 13 प्रतिशत है। लैटिन अमेरिका की जनसंख्या 66 करोड़, 75 लाख है। इसकी कुल जीडीपी 70 लाख मिलियन यूएस डॉलर है। इन देशों में ईसाई स्पेनिश संस्कृति प्रभावी है जो एंग्लो-सैक्सन संस्कृति से अलगाव रखती है।

दक्षिण-दक्षिण सहयोग

यह उल्लेखनीय है कि लैटिन अमेरिका, भारतीय दर्शन, योग और गांधी की शिक्षाओं से अत्यधिक प्रभावित है। भारतीय विदेश नीति में तीसरी दुनिया के साथ एकता के निर्माण हेतु प्रारंभ से ही बल दिया जाता रहा है। 1960 के दशक में उपनिवेशवाद विरोधी आंदोलन और संयुक्त राष्ट्र संघ (UNO) में व्यापार और विकास के मुद्दे पर (अंकटाड) भारत-लैटिन अमेरिका के मध्य सहयोग स्थापित हुआ। 70 के दशक में गुटनिरपेक्षता (NAM) का प्रभाव बढ़ने लगा। लैटिन अमेरिकी देशों ने गुटनिरपेक्षता के मंच द्वारा विश्व आर्थिक व्यवस्था को भी लोकतांत्रिक करने की मांग उठाई, क्योंकि 70 के दशक में तेल संकट के कारण भारत और लैटिन अमेरिका दोनों देशों की अर्थव्यवस्थाएं बुरी तरह प्रभावित हुईं तथा वर्ष 1974 में संयुक्त राष्ट्र संघ के विशेष अधिवेशन में मैक्सिको, वेनेजुएला, अफ्रीकी देशों तथा भारत ने मिलकर नव-अंतर्राष्ट्रीय आर्थिक व्यवस्था (NIEO) की मांग उठाई।

उदारवादी लोकतंत्र की स्थापना

1980 के दशक में लैटिन अमेरिका में आर्थिक संकट उत्पन्न हुआ। इन देशों ने बाजार अर्थव्यवस्था को अपनाना शुरू किया। परिणामतः इन देशों में अधिनायकवाद के स्थान पर लोकतंत्रीय शासन की स्थापना हुई। 80 के दशक से ही भारत ने अर्जेंटीना, ब्राजील और मैक्सिको के साथ संबंधों को सुदृढ़ करने के प्रयास आरंभ कर दिए थे।

भूमंडलीकरण के युग में भारत-लैटिन अमेरिकी संबंधों में तेजी से सुधार हुआ। भूमंडलीकरण के युग में इन बेहतर सांस्कृतिक संबंधों को आर्थिक रूप में भी प्रभावी करने का प्रयास किया जा रहा है। इसी संदर्भ में वाणिज्य मंत्रालय ने वर्ष 1997 में 'फोकस लैटिन अमेरिका' की नीति अपनाई। इस परिप्रेक्ष्य में दोनों देशों के संबंध निम्न मुद्दों पर विचारणीय हैं-

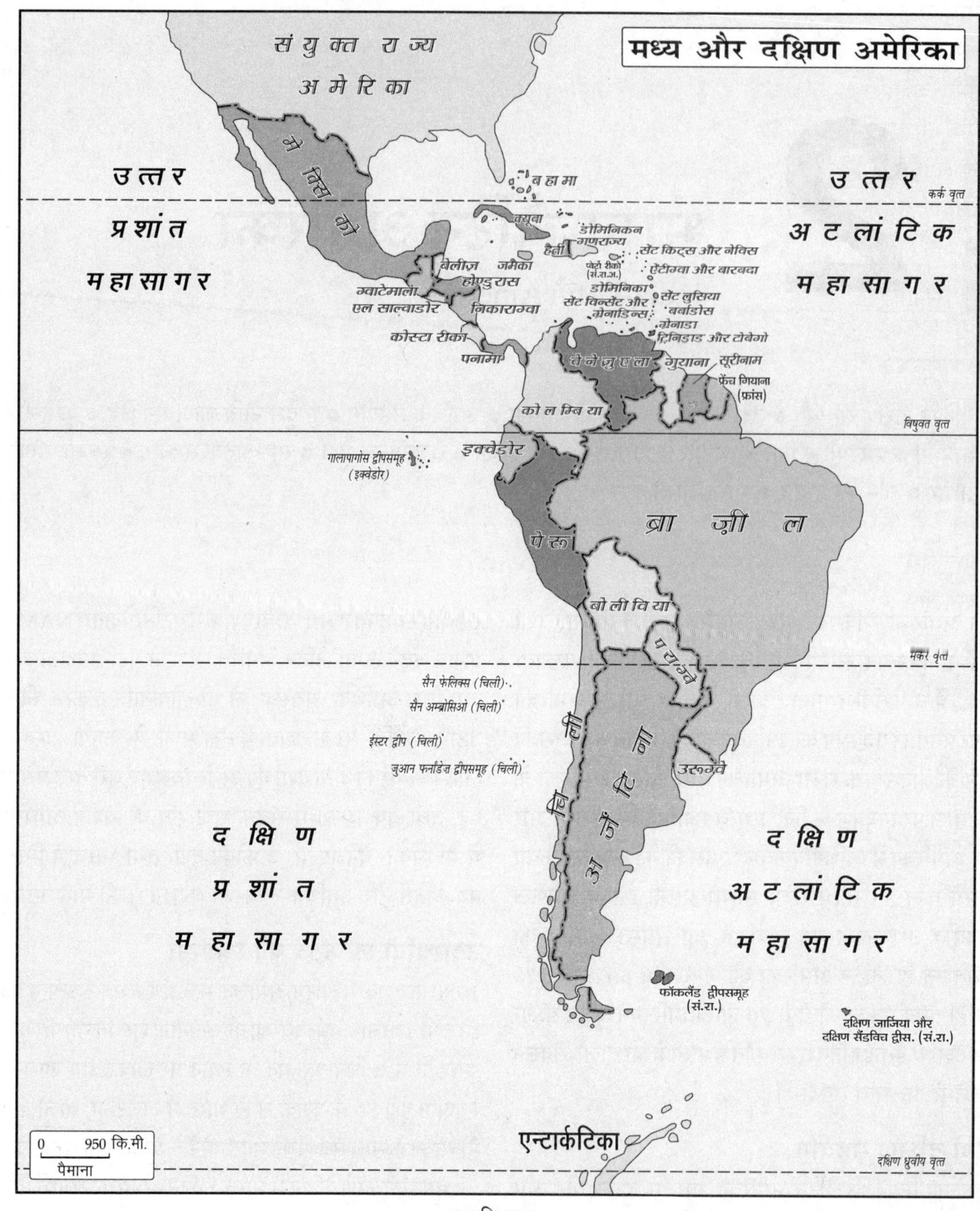

मानचित्र 33

आर्थिक सहयोग

भारतीय विदेश नीति में वर्ष 1990 के बाद लैटिन अमेरिकी देशों के साथ वाणिज्यिक संबंध स्थापित करने पर बल दिया गया। भारत और ब्राजील के मध्य कूटनयिक संबंध वर्ष 1947 से कायम हैं, लेकिन ब्राजील में भारतीय वाणिज्यिक दूतावास की स्थापना वर्ष 1996 में हुई।

आर्थिक रूप से भारत-लैटिन अमेरिकी देशों के मध्य अनेक क्षेत्रों में सहयोग किए गए, जिसमें व्यापार, निवेश, कृषि और विनिर्मित वस्तुएं मुख्य हैं। ब्राजील, अर्जेंटीना और मैक्सिको के साथ भारत के मुख्य वाणिज्यिक और व्यापारिक संबंध हैं। लैटिन अमेरिकी क्षेत्रों से भारत में पेट्रोलियम, खनिज पदार्थ, कृषि उत्पाद, ऑटो पार्ट्स, स्टील उत्पाद और कीमती पत्थरों का आयात किया जाता है। जबकि भारत द्वारा लैटिन अमेरिका को फार्मास्युटिकल, इलेक्ट्रॉनिक पुर्जे, कंप्यूटर सॉफ्टवेयर तथा आयुर्वेदिक जड़ी-बूटियों का निर्यात किया जाता है। इसके अलावा दोनों देशों के मध्य स्वास्थ्य, खाद्य प्रसंस्करण, शिक्षा, आधारभूत संरचना का निर्माण तथा नागरिक विमान के निर्माण में सहयोग किया जा रहा हैं। कैरेबियाई देशों के साथ भी वाणिज्यिक संबंधों को बेहतर बनाने का प्रयास किया जा रहा है। फार्मास्युटिकल, रसायन, इंजीनियरिंग उत्पाद, सॉफ्टवेयर, पेट्रोलियम और खनन में संयुक्त उद्यम लगाने की पर्याप्त संभावनाएं हैं। बजाज स्कूटर, रैनबैक्सी और ऑयल एंड नेचुरल गैस कॉर्पोरेशन (ONGC) ने संयुक्त उद्यमों की स्थापना भी की है।

विदेश नीति का नवीन क्षेत्र

प्रधानमंत्री नरेन्द्र मोदी द्वारा विदेश नीति में अत्यधिक गतिशीलता प्रदान की गई है। परंतु अभी भी लैटिन अमेरिकी देशों पर पर्याप्त बल नहीं है। प्रधानमंत्री द्वारा अभी तक इन देशों की पृथक् द्विपक्षीय यात्रा नहीं की गई है। और सभी लैटिन अमेरिकी देशों में भारतीय दूतावास भी नहीं हैं, जबकि भारत की सस्ती वस्तुओं के निर्यात के लिए लैटिन अमेरिका एक बड़ा बाजार बन रहा है।

कृषि क्षेत्र में सहयोग

ब्राजील, दक्षिण अमेरिका का सबसे बड़ा कृषि उत्पादक देश है। ब्राजील कृषि क्षेत्र की महाशक्ति है तथा भारत वर्तमान में खाद्यान्न पदार्थों का आयातक देश है, इसलिए भारत को दूसरी हरित क्रांति की आवश्यकता है। भारत के कृषि क्षेत्र का विकास अवरुद्ध हो गया है। इसलिए कृषि क्षेत्र में सहयोग की व्यापक संभावना है। लैटिन अमेरिकी देश सुअर का मांस, ऑरेंज जूस, कॉफी, सोयाबीन, चीनी, तंबाकू और पोल्ट्री के मुख्य निर्यातक हैं, जबकि भारत चावल, गेहूं और चीनी का प्रमुख उत्पादक देश है। भारतीय कृषि के समक्ष निम्नलिखित समस्याएं हैं-

- भारतीय कृषि का वाणिज्यीकरण नहीं हुआ है।
- भारत एक बड़ी जनसंख्या वाला देश है, जबकि लैटिन अमेरिका में जनसंख्या कम है।
- भारत कृषि का बड़ा उत्पादक होने के बावजूद भी बड़ा निर्यातक नहीं है।

एक अनुमान के अनुसार, वर्ष 2050 तक भारत की जनसंख्या 1 अरब, 66 करोड़ हो जाएगी तथा इस जनसंख्या के लिए खाद्य सुरक्षा बनाए रखना विदेश नीति की सबसे बड़ी चुनौती है। वर्तमान में भारत द्वारा मैक्सिको तथा चिली के साथ व्यापारिक संबंध बेहतर बनाने के समझौते किए गए तथा मर्कोसुर (MERCOSUR) के साथ भी मुक्त व्यापार क्षेत्र के लिए वार्ता चल रही है।

पारस्परिक हित (Mutual Interest)

लैटिन अमेरिकी देश कृषि उत्पादन एवं इथेनॉल के उत्पादन में अग्रणी हैं, जिसे भारत सीख सकता है। जबकि सूचना प्रौद्योगिकी, आटोमोबाइल के क्षेत्र में लैटिन अमेरिका भारत से अत्यधिक सीखना चाहता है।

व्यापार में बाधाएं

भारत-ब्राजील के मध्य द्विपक्षीय व्यापार 12 बिलियन डॉलर वार्षिक हो गया है। भारतीय स्टील कंपनी ने बोलीविया में दो बिलियन डॉलर का निवेश किया है। इसके अलावा उरुग्वे, पराग्वे, अर्जेंटीना के साथ भी वाणिज्यिक संबंधों में प्रगति हुई है। अतः व्यापारिक संबंधों को गतिशील बनाने में निम्नलिखित बाधाएं हैं-

- सीधी विमान सेवा नहीं है।
- एक-दूसरे की नीतियों, क्षमताओं और आयात प्रतिबंधों के विषय में सूचना का अभाव।
- भारत तथा लैटिन अमेरिका के मध्य बड़ी भौगोलिक दूरी है तथा इस दूरी को पाटने हेतु बेहतर वायु एवं समुद्री परिवहन की आवश्यकता है। समुद्री मार्ग से लैटिन अमेरिका पहुंचने में 45 दिन लगते हैं।
- अपर्याप्त बैंकिंग सुविधाओं के कारण व्यापार वृद्धि में समस्या है।
- भाषा की समस्या, क्योंकि लैटिन अमेरिकी देशों में अंग्रेजी नहीं बोली जाती।

इसके बावजूद लैटिन अमेरिका भारत के निर्यात के लिए आकर्षक बाजार है। अमेरिका फर्स्ट की नीति से भारत के लिए भी चुनौती उत्पन्न हो रही है। यूरोपीय यूनियन, ब्रिटेन के अलगाव से पीड़ित है। अतः विकासशील देश व्यापार के नवीन केंद्र सिद्ध होंगे।

ऊर्जा सुरक्षा

लैटिन अमेरिकी देशों में ब्राजील, वेनेजुएला जैसे देश गैस और तेल के बड़े भंडारों के स्रोत हैं। भारतीय अर्थव्यवस्था में 10 प्रतिशत की आर्थिक वृद्धि दर बनाए रखने हेतु भारी मात्रा में ऊर्जा की आवश्यकता है। भारतीय विदेश नीति में ऊर्जा आपूर्ति हेतु पश्चिम एशिया, अफ्रीका, मध्य एशिया के अलावा लैटिन अमेरिकी देशों को भी महत्त्व दिया जा रहा है। वर्ष 2006 में ऑयल एंड नैचुरल गैस कॉर्पोरेशन (ONGC) विदेश निगम लिमिटेड ने ब्राजील के साथ 400 मिलियन डॉलर निवेश किया और गैस अथॉरिटी ऑफ इंडिया लिमिटेड (GAIL) ने भी लैटिन अमेरिकी देशों के साथ समझौते किए।

वर्तमान विश्व में ऊर्जा सुरक्षा के साथ पर्यावरण प्रदूषण पर नियंत्रण भी एक मुख्य चुनौती है। इसलिए गैर-परंपरागत ऊर्जा स्रोतों के विकास के लिए ब्राजील के साथ सहयोग किया जा रहा है। ब्राजील इथेनॉल के निर्माण में विश्व का अग्रणी देश है और लैटिन अमेरिकी देश प्राकृतिक संसाधनों से संपन्न हैं तथा लोहे से लेकर थोरियम जैसे पदार्थों के बड़े निर्यातक भी हैं। लैटिन अमेरिकी देशों में भारत द्वारा आधारभूत संरचना विकास में सहयोग (विशेषतः रेलवे का विकास) किया जा रहा है। वर्ष 2006 से भारत और मर्कोसुर के मध्य वरीयता व्यापार संधि प्रभावी हो गई।

राजनीतिक मुद्दा

दोनों विकासशील राष्ट्र भारत और लैटिन अमेरिका परस्पर साझे सहयोग द्वारा विश्व राजनीति के लोकतांत्रिकरण के समर्थक हैं। विकासशील देश आज भी विकसित देशों द्वारा अपनाई गई भेदभावकारी नीतियों के शिकार हैं। इसलिए परस्पर सहयोग और एकता द्वारा बहुपक्षवाद को शक्तिशाली बनाया जा सकता है। दोनों देशों के मध्य एकता, दक्षिण-दक्षिण एकता का उदाहरण है। विश्व व्यापार संगठन (WTO) के मंच पर दोनों विकसित देशों की भेदभावकारी नीतियों का विरोध करते हैं और अंतर्राष्ट्रीय वित्तीय संस्थाओं के लोकतांत्रिकरण पर बल प्रदान करते हैं। दक्षिण-दक्षिण सहयोग का उदाहरण भारत, ब्राजील एवं दक्षिण अफ्रीका के मध्य स्थापित हुआ है। इससे एशिया, अफ्रीका और लैटिन अमेरिका तीनों महाद्वीपों के मध्य साझा दृष्टिकोण का विकास हो रहा है, तीनों विकासशील हैं तथा उभरती हुई अर्थव्यवस्थाओं के साथ तीनों लोकतांत्रिक भी हैं और तीनों के मध्य बेहतर वाणिज्यिक एवं व्यापारिक संबंध भी हैं तथा तीनों बहुध्रुवीय लोकतांत्रिक विश्व व्यवस्था के समर्थक भी हैं।

प्रधानमंत्री नरेन्द्र मोदी की विदेश नीति अत्यंत गतिशील रही है, लेकिन लैटिन अमेरिका पर पर्याप्त ध्यान नहीं दिया गया है। इसी कमी को पूर्ण करने के लिए 2018 में उप-राष्ट्रपति ने पनामा और ग्वाटेमाला की यात्रा की। वर्ष 2024 में प्रधानमंत्री मोदी ने भी ब्राजील और गुयाना की यात्रा की।

सांस्कृतिक सहयोग

लैटिन अमेरिका में भारतीय अध्यात्म एवं योग अत्यधिक लोकप्रिय है। योग के अनेक प्रशिक्षण केंद्र स्थापित हैं। लैटिन अमेरिकी कलाकार भारतीय फिल्मों में अभिनय के अत्यधिक इच्छुक हैं। अतः भारत की सॉफ्ट पावर का लैटिन अमेरिका में अत्यधिक प्रभाव है। लेकिन भारत अपनी इस सॉफ्ट पावर को भुना नहीं पा रहा है।

सुरक्षा परिषद में सुधार

भारत विश्व की उभरती हुई महाशक्ति है और तीव्र आर्थिक विकास तथा स्थायी लोकतंत्र द्वारा भारत का महत्त्व पूरे विश्व में बढ़ा है। भारत सुरक्षा परिषद की स्थायी सदस्यता का मुख्य दावेदार है। भारत के साथ ब्राजील भी सुरक्षा परिषद की स्थायी सदस्यता का प्रबल दावेदार है। दोनों देश एक-दूसरे की सदस्यता का समर्थन करते हैं। ब्राजील के साथ महत्त्वपूर्ण संबंधों का उदाहरण है कि वर्ष 2004 के गणतंत्र दिवस के अवसर पर मुख्य अतिथि के रूप में ब्राजील के तत्कालीन राष्ट्रपति लूला डिसिल्वा को आमंत्रित किया गया। वर्ष 2024 में भारत और ब्राजील के बीच का द्विपक्षीय व्यापार 12 बिलियन डॉलर का रहा। इसके अतिरिक्त भारत के प्रमुख व्यापारिक संबंध चिली, अर्जेंटीना और पराग्वे के साथ हैं। चिली के साथ भारत का वरीयता व्यापार का समझौता भी हो चुका है। समूचे लैटिन

अमेरिकी देशों के साथ भारत का व्यापार लगभग 44 बिलियन डॉलर है और भारत द्वारा लैटिन अमेरिका में लगभग 20 बिलियन डॉलर का निवेश किया गया है।

चीन का प्रभाव

वर्तमान में लैटिन अमेरिका का दूसरा सबसे बड़ा व्यापारिक सहयोगी चीन है। वर्तमान में दानों के मध्य 518 बिलियन डॉलर का व्यापार है। यहां यह भी उल्लेखनीय है कि वर्तमान में भारत का व्यापार लैटिन अमेरिकी देशों के साथ केवल 44 बिलियन डॉलर का है। चीन द्वारा आधारभूत संरचना के विकास से लैटिन अमेरिकी बाजार पट गए हैं। भारतीय कंपनियां लैटिन अमेरिका में स्थानीय व्यक्तियों को रोजगार प्रदान करती हैं। अतः भारत की छवि सकारात्मक है। भारत, क्षमता निर्माण कार्यक्रम में भूमिका निर्वाह कर रहा है।

भारत-ब्राजील संबंध

ब्राजील लैटिन अमेरिका का सबसे बड़ा देश है जिसकी जनसंख्या लगभग 21 करोड़ है। ब्राजील में आरंभिक रूप में तानाशाही शासन था, परंतु भारत और ब्राजील के आरंभिक संबंध विकासशील देशों के बीच एकता के आधार पर निर्मित थे। भारत द्वारा संयुक्त राष्ट्र संघ एवं विश्व के अनेक मंचों पर विकासशील देशों के विकास का मुद्दा उठाया गया तथा लैटिन अमेरिकी देशों ने विश्व की आर्थिक प्रणाली में परिवर्तन के लिए आंदोलन किया। वर्ष 1980 के दशक में ब्राजील की अर्थव्यवस्था संकटग्रस्त हो गई। अतः वर्ष 1990 के बाद ब्राजील द्वारा उदारवादी आर्थिक प्रणाली तथा लोकतांत्रिक शासन प्रणाली को अपनाया गया, जो ब्राजील में बहुत बड़ा परिवर्तन था।

वाणिज्यिक सहयोग

भारत-ब्राजील के बीच वर्ष 1947 में ही कूटनीतिक संबंधों की स्थापना हो गई थी, परंतु वाणिज्यिक दूतावास की स्थापना वर्ष 1990 के बाद हुई। अतः भारत द्वारा लैटिन अमेरिकी देशों के साथ अब व्यापार और वाणिज्य पर प्रभावी बल दिया गया। लैटिन अमेरिका भारत से 14 हजार किमी. दूर स्थित है, परंतु यह दूरी व्यापारिक संबंधों में बाधा नहीं है और वर्तमान में दोनों के बीच लगभग 12 बिलियन डॉलर का द्विपक्षीय व्यापार है। ब्राजील द्वारा भारत में ऑटोमोबाइल, सूचना प्रौद्योगिकी, खनन के क्षेत्रों में निवेश किया गया है तथा भारत की टाटा कंसल्टेंसी, विप्रो, इंफोसिस, महिंद्रा, रेनबैक्सी जैसी कंपनियों द्वारा ब्राजील में निवेश किया गया है। अतः ब्राजील व्यापार और निर्यात के लिए एक बड़ा बाजार है।

ब्राजील कृषि पर आधारित वस्तुओं का एक बड़ा निर्यातक देश है और भारत-ब्राजील के बीच कृषि क्षेत्र में सहयोग की असीम संभावनाएं है। भारत और ब्राजील के बीच भौगोलिक परिवेश की समानता होने के कारण वर्ष 2008 में कृषि में सहयोग का समझौता हुआ और यह उल्लेखनीय है कि ब्राजील कृषि उत्पादों का बड़ा निर्यातक है, जबकि भारत के लिए खाद्यान्नों के आयात की आवश्यकता है। इसके अतिरिक्त स्वास्थ्य, शिक्षा और आधारभूत संरचना के विकास के क्षेत्र में भी सहयोग हो रहा है।

ऊर्जा सुरक्षा

ब्राजील में तेल भी पाया जाता है और भारत की अनेक कंपनियां, जिसमें रिलायंस शामिल है, ब्राजील से पेट्रोलियम पदार्थों का आयात करती हैं। ब्राजील जैविक ईंधन का एक बड़ा उत्पादक देश है, जबकि भारत ऊर्जा उपभोग करने वाला विश्व का तीसरा सबसे बड़ा देश है। दोनों देशों के बीच जैविक ईंधन के क्षेत्र में सहयोग हो रहा है।

रक्षा सहयोग

भारत और ब्राजील के बीच रक्षा संबंध भी स्थापित हो चुके हैं, भारत द्वारा निर्मित रडारों का प्रयोग ब्राजील के विमानों में किया जा रहा है। ब्राजील द्वारा हल्के विमान एम्बर का निर्माण किया जाता है। अतः भारत ब्राजील के बीच रक्षा उत्पादन क्षेत्र में भी सहयोग की अत्यधिक संभावना है। ब्राजील द्वारा परमाणु आपूर्तिकर्ता समूह (NSG) में भारत की सदस्यता का समर्थन भी किया जाता है।

दक्षिण-दक्षिण सहयोग

भारत और ब्राजील के बीच व्यापारिक संबंधों के अलावा राजनीतिक एवं सामरिक क्षेत्रों में भी सहयोग किया जा रहा है और दोनों देश अनेक वैश्विक मंचों पर एक-दूसरे का समर्थन करते हैं। इसलिए विकासशील देशों के बीच एकता का आधार अभी भी बना हुआ है। दोनों देश इब्सा (IBSA), ब्रिक्स (BRICS), समूह-20 (G-20) और समूह-4 (G-4) के सदस्य हैं। भारत और ब्राजील के संबंध अत्यधिक तेजी से विकसित हो रहे है।

ब्राजील-चीन

ब्राजील और चीन के बीच संबंध भारत-ब्राजील संबंधों की तुलना में अत्यधिक आगे बढ़ चुके हैं। चीन द्वारा वर्ष 2007-2023 के बीच ब्राजील में 73 बिलियन डॉलर का निवेश किया गया। इसलिए ब्राजील में चीन की उपस्थिति भारत के लिए एक बड़ी चुनौती है। चीन एवं ब्राजील के बीच का द्विपक्षीय व्यापार 188 बिलियन डॉलर है।

निष्कर्ष

भारत एवं ब्राजील एक-दूसरे के निकट सहयोगी हैं जिनके बीच आर्थिक, राजनीतिक एवं सामरिक संबंधों का विकास हो रहा है।

भाग

11

क्षेत्रीय आर्थिक संगठन एवं समूह

1 यूरोपीय यूनियन (EU)

2. आसियान (ASEAN)

3. दक्षेस (SAARC)

4. नाफ्टा (NAFTA)

5. एपेक (APEC)

6. क्षेत्रीय समूह (Regional Group)

अध्याय

1 यूरोपीय यूनियन

European Union

● यूरोपीय संसद ● यूरोपीय आयोग ● यूरोपीय मंत्रिपरिषद ● यूरोपीय परिषद ● यूरोपीय न्यायालय ● यूरोपीय सेंट्रल बैंक ● शीत युद्ध के बाद प्रगति ● यूरोप का एकीकरण ● यूरोपीय यूनियन का विस्तार ● यूरोपीय यूनियन से इंग्लैंड का अलगाव ● भूमंडलीकरण के लिए चुनौती

द्वितीय विश्व युद्ध के बाद यूरोपीय देशों की अर्थव्यवस्थाएं खस्ताहाल हो गई थीं और यूरोप का सबसे शक्तिशाली राज्य जर्मनी युद्ध में पराजित हो गया था। ब्रिटेन और फ्रांस को युद्ध में विजय मिली थी। परंतु आर्थिक रूप में इनकी अर्थव्यवस्था कंगाल हो गई थी। अमेरिका द्वारा पश्चिमी यूरोप के पुनर्निर्माण के लिए इन्हें आर्थिक सहायता प्रदान की गई, जिसे 'मार्शल योजना' के नाम से जाना जाता है। द्वितीय विश्व युद्ध के बाद विश्व में शीत युद्ध विद्यमान था और अमेरिका द्वारा सोवियत संघ और साम्यवाद के प्रसार को प्रतिबंधित करने के लिए यूरोपीय देशों को भारी आर्थिक सहायता दी गई। फ्रांस और पश्चिमी जर्मनी द्वारा आर्थिक सहयोग की रणनीति पर विचार किया गया। परिणामस्वरूप यूरोपीय यूनियन की नींव रखी गई और राज्यों ने आपसी व्यापार को बढ़ाने के लिए अर्थव्यवस्था में संरक्षणवादी नीतियों का समापन किया। अतिवादी राष्ट्रवादी विचारधारा के परिणामस्वरूप द्वितीय विश्व युद्ध हुआ, जिससे समूची यूरोपीय अर्थव्यवस्था का विनाश हुआ। इसलिए यूरोपीय राज्यों ने वर्ष 1951 में कोयला और स्टील समुदाय के निर्माण द्वारा परस्पर सहयोग का निर्णय लिया, जिसमें पश्चिमी जर्मनी, फ्रांस, इटली, बेल्जियम, नीदरलैंड एवं लक्जमबर्ग सम्मिलित थे।

वर्ष 1957 में यूरोपीय आर्थिक समुदाय (EEC) की स्थापना हुई तथा इसी वर्ष यूरोपीय परमाणु ऊर्जा समुदाय (EAEC) की भी स्थापना हुई। यूरोपीय आर्थिक समुदाय द्वारा सदस्य राज्यों के मध्य एकसमान प्रशुल्क संघ का निर्माण किया गया। वर्ष 1957 में ही यूरोपीय राज्यों के मध्य सहयोग और समन्वय को बढ़ावा देने के लिए यूरोपीय आर्थिक समुदाय के संस्थात्मक ढांचे का भी निर्माण किया गया, जो निम्नलिखित हैं-

● यूरोपीय संसद

यूरोपीय संसद के सदस्यों का निर्वाचन यूरोपीय देशों के लोग प्रत्यक्ष निर्वाचन द्वारा करते हैं। यूरोपीय संसद में 751 सदस्य हैं, जो प्रत्येक पांच वर्ष में निर्वाचित होते हैं। संसद में यूनियन के सभी देशों का प्रतिनिधित्व देशों की जनसंख्या के अनुसार होता है। अतः जर्मनी का प्रतिनिधित्व ज्यादा है तथा संसद द्वारा यूनियन के बजट पारित किए जाते हैं।

● यूरोपीय आयोग

यह यूरोपीय यूनियन की नौकरशाही संस्था है। इसमें प्रत्येक सदस्य देश का एक प्रतिनिधि नियुक्त होता है, वर्तमान में इसमें कुल 27 प्रतिनिधि हैं। इसके द्वारा यूनियन में निर्मित सभी विधियों का प्रारूप तैयार किया जाता है तथा नई विधि का प्रस्ताव किया जाता है। यूरोपीय परिषद द्वारा आयोग के अध्यक्ष को मनोनीत किया जाता है, जिसे यूरोपीय संसद अनुमोदित करती है।

• यूरोपीय मंत्रिपरिषद

यूरोपीय मंत्रिपरिषद सदस्य देशों के विभिन्न मंत्रियों से मिलकर बनती है, इसलिए इसे यूरोपीय यूनियन का मंत्रिपरिषद कहा जाता है। इसकी विधायी और सीमित रूप में कार्यकारी शक्तियां हैं। यह यूनियन की प्रमुख निर्णय लेने वाली संस्था है। परिषद का एक अध्यक्ष होता है तथा परिषद में 27 देशों से एक-एक मंत्री शामिल होता है और जिस विषय पर परिषद में चर्चा होती है उस विभाग का मंत्री सदस्य देश से भाग लेता है।

• यूरोपीय परिषद

परिषद द्वारा यूनियन को राजनीतिक दिशा-निर्देश दिए जाते हैं। इसके द्वारा एक अध्यक्ष (President) का निर्वाचन होता है, जिसका कार्यकाल ढाई वर्ष का होता है। यह यूरोपीय यूनियन का प्रधान तथा यूरोपीय आयोग का अध्यक्ष होता है और इसमें सभी सदस्य राज्यों के निर्वाचित राष्ट्रपति भाग लेते हैं।

• यूरोपीय न्यायालय

इसके द्वारा विवादों का समाधान किया जाता है। यह लक्जमबर्ग में स्थित है और इसमें प्रत्येक देश से एक न्यायाधीश लिया जाता है। इनका कार्यकाल छह वर्ष का होता है। इनके द्वारा यूरोपीय यूनियन की संधियों और विधियों की व्याख्या की जाती है। यूनियन की विधियों और राज्यों की विधियों में होने वाले टकराव का समाधान किया जाता है।

• यूरोपीय सेंट्रल बैंक

यह फ्रैंकफर्ट में स्थित है। यूरोप में आर्थिक नीतियों की समानता और मौद्रिक एकीकरण के लिए सेंट्रल बैंक की भूमिका महत्त्वपूर्ण है। वर्ष 1999 में यूरोपीय यूनियन द्वारा यूरो नामक साझी मुद्रा अपनाई गई, जिसकी निगरानी सेंट्रल बैंक द्वारा की जाती है। सेंट्रल बैंक में बेलआउट पैकेज का प्रावधान नहीं है, परंतु ग्रीस के आर्थिक संकट को देखते हुए ग्रीस को बेलआउट (आर्थिक सहायता) पैकेज प्रदान किया गया।

वर्ष 1967 में पूर्व में संपन्न सभी समझौतों या संधियों को मिलाकर यूरोपीय समुदाय का निर्माण हुआ। यूरोपीय समुदाय द्वारा यूरोपीय देशों में वस्तु, सेवा और वित्त के आदान-प्रदान को प्रभावी बनाने और समान प्रशुल्क के समझौते को भी लागू करने का प्रयत्न किया गया।

1970 के दशक में यूरोपीय समुदाय का तीव्र आर्थिक विकास हुआ। पश्चिमी जर्मनी की अर्थव्यवस्था अत्यधिक शक्तिशाली हुई। यूरोपीय समुदाय द्वारा समान कृषि नीति का निर्माण हुआ तथा यूरोपीय बाजारों में अमेरिकी निर्यात को प्रतिबंधित करने का प्रयत्न किया गया। 1970 के दशक में ही यूरोपीय समुदाय में डेनमार्क, आयरलैंड, ब्रिटेन और नॉर्वे जैसे नए सदस्य सम्मिलित हुए। लेकिन नॉर्वे की संसद ने इस सदस्यता को अनुमोदित नहीं किया। इसलिए नॉर्वे यूरोपीय समुदाय का सदस्य नहीं बन सका। वर्ष 1979 में पहली बार यूरोपीय संसद के लिए प्रत्यक्ष चुनाव आयोजित किए गए। 80 के दशक में ग्रीस, स्पेन और पुर्तगाल भी यूरोपीय समुदाय के नए सदस्य हो गए। यह उल्लेखनीय है कि ये राष्ट्र पहले अधिनायकवादी शासन प्रणाली के अधीन थे। विश्व में इस समय शीत युद्ध का दूसरा चरण (नव-शीत युद्ध) विद्यमान था, परंतु यूरोपीय समुदाय का तीव्र गति से विकास हुआ।

वर्ष 1985 में शेनजेन संधि हुई, जिसके द्वारा यूरोपीय समुदाय में नागरिकों के मुक्त आवागमन का प्रावधान किया गया। वर्ष 1987 में संपन्न हुए एकल यूरोपीय अधिनियम के अंतर्गत यूरोप को आर्थिक रूप में एकीकृत करने का निर्णय लिया गया। इसी समझौते के अंतर्गत एक यूरोपीय सेंट्रल बैंक की स्थापना का भी प्रावधान किया गया, जिससे भविष्य में यूरोपीय समुदाय में समान मुद्रा का प्रचलन हो सके।

शीत युद्ध के बाद प्रगति

शीत युद्ध के दौरान पूर्वी और पश्चिमी यूरोप के बीच विभाजन विद्यमान था, जो वर्ष 1991 में समाप्त हो गया। बर्लिन की दीवार गिरने से पूर्वी जर्मनी एवं पश्चिमी जर्मनी के बीच एकीकरण हो गया। सोवियत संघ के विघटन के बाद पूर्वी यूरोपीय देशों द्वारा उदारवादी आर्थिक प्रणाली अपना ली गई तथा पूर्वी यूरोपीय देश आर्थिक सहायता के लिए अमेरिका और पश्चिमी यूरोप पर निर्भर हो गए और पूर्वी यूरोपीय देश भी यूरोपीय यूनियन में शामिल होने का प्रयत्न करने लगे। परिणामस्वरूप वर्ष 1992 में मॉस्ट्रिच संधि संपन्न हुई, जिसके द्वारा यूरोपीय समुदाय का नाम बदलकर यूरोपीय यूनियन कर दिया गया। यूरोपीय यूनियन के तीन मूल आधारों का निर्माण हुआ, जो अग्रलिखित हैं-

1. यूरोपीय आर्थिक समुदाय

मॉस्ट्रिच संधि द्वारा यूरोपीय यूनियन में साझी मुद्रा के प्रयोग का निर्णय लिया गया, जिसको व्यावहारिक रूप में वर्ष 2002 से लागू किया गया। यूरोपीय यूनियन इस समय विश्व का सबसे बड़ा इकहरा बाजार है, जहां सभी राज्यों में वस्तु, सेवाओं और वित्त का मुक्त आदान-प्रदान होता है। लेकिन वस्तुओं के व्यापार पर भेदभावकारी प्रशुल्क और कोटे का प्रयोग नहीं किया जा सकता। यूरोपीय यूनियन का विश्व की जी.डी.पी. के लगभग 14 प्रतिशत भाग पर नियंत्रण है। यूरोपीय यूनियन के सबसे बड़े व्यापारिक भागीदार अमेरिका, चीन और यूनाइटेड किंगडम हैं। वर्तमान समय में यूरोपीय यूनियन के राज्यों की आर्थिक नीतियों का एकीकरण हो चुका है तथा यूरो मुद्रा का प्रचलन हो चुका है। परंतु अभी केवल 20 राज्यों ने ही यूरो के प्रचलन को स्वीकार किया है, जिसके कारण निम्नलिखित हैं-

- यूरो अपनाने के पहले राज्य की आर्थिक और मौद्रिक नीति का प्रबंध बेहतर होना चाहिए।
- यूरोपीय यूनियन में जर्मनी की अर्थव्यवस्था अत्यधिक प्रभावशाली है, जबकि ग्रीस, स्पेन जैसे देशों की अर्थव्यवस्थाएं कमजोर हैं। राज्यों के आर्थिक आकार में विषमता के कारण समान मुद्रा अपनाने में समस्या उत्पन्न होती है।
- कुछ राज्य अपनी संप्रभुता बनाए रखने के नाम पर समान मुद्रा के प्रचलन को स्वीकार करने पर सहमत नहीं हैं।

यूरोपीय यूनियन में जर्मनी की अर्थव्यवस्था सबसे शक्तिशाली है और कभी-कभी यह कहा जाता है कि यूरोपीय यूनियन का जर्मनी होगा या जर्मनी का यूरोपीय यूनियन। कुछ लोगों के मतानुसार, यूरोपीय यूनियन के निर्माण के बाद अमेरिका और चीन जैसी शक्तिशाली अर्थव्यवस्था की तुलना में यूरोपीय यूनियन का विकास नहीं हो सका। वर्तमान समय में यूरोपीय यूनियन आर्थिक संकट से जूझ रहा है। पुर्तगाल और ग्रीस जैसे देशों की अर्थव्यवस्थाएं संकटग्रस्त हैं। इसलिए यूरोपीय यूनियन के समक्ष इस संकट को हल करने की चुनौती है। जर्मनी के लोगों का यह तर्क है कि ऐसे देशों की मदद करने के लिए हम अपने राष्ट्रीय हितों का बलिदान क्यों करें? यूरोपीय आर्थिक संकट जो पहले यूनान, आयरलैंड और पुर्तगाल में आरंभ हुआ, बाद में इससे बेल्जियम, फ्रांस, इटली, स्पेन और इंग्लैंड भी प्रभावित हुए। पुर्तगाल और यूनान की सहायता के लिए मई, 2010 में यूरोपीय यूनियन द्वारा 'यूरोपीय वित्तीय स्थायित्व सुविधा' की स्थापना की गई थी, जिसके द्वारा इस आर्थिक संकट को हल करने के लिए 750 बिलियन यूरो का आर्थिक पैकेज दिया गया था। जनवरी, 2011 में 'वित्तीय स्थायित्व यंत्र' की स्थापना हुई, जिसके द्वारा एक 'आपातकाल कोष कार्यक्रम' की घोषणा की गई। यूनान के कुल ऋण के 50 प्रतिशत को माफ कर दिया गया। इस आर्थिक संकट से यूरोप में राजनीतिक परिवर्तन हुए और कई सरकारों को त्यागपत्र देना पड़ा। यूरोपीय राज्यों ने यह निर्णय लिया कि सभी राज्य यूरो को अपनाएं, परंतु अभी केवल 20 देशों ने ही यूरो को स्वीकार किया है। अन्य सदस्यों ने इसे स्वीकार करने की प्रतिबद्धता व्यक्त की है। लेकिन राजनीतिक मतभेद बरकरार हैं, क्योंकि जर्मनी जैसे शक्तिशाली देशों ने कहा कि यूनान, आयरलैंड, पुर्तगाल को राजकोषीय खर्चे पर नियंत्रण करना चाहिए, जबकि इन छोटे देशों की जनता ने कल्याणकारी कार्यों को बनाए रखने की मांग की है। यह उल्लेखनीय है कि यूरोपीय सेंट्रल बैंक के प्रावधान के अनुसार, प्रत्येक राज्यों को अपना आर्थिक प्रबंध स्वयं बेहतर करना चाहिए। सेंट्रल बैंक के प्रावधानों में राहत देने (बेलआउट) की व्यवस्था नहीं है।

यूरो जोन का संकट

वर्ष 1999 में 17 यूरोपीय देशों ने समान आर्थिक और मौद्रिक नीति अपनाने का निर्णय किया। इन देशों ने साझी मुद्रा का प्रयोग किया। इसके लिए वर्ष 1998 में एम्सटर्डम संधि हुई, जिसके द्वारा यूरोपीय केंद्रीय बैंक की स्थापना हुई। यूरोप में साझी मुद्रा का प्रयोग 20 यूरोपीय देश कर रहे हैं। यूरोपीय यूनियन के वे देश जिन्होंने यूरो को नहीं अपनाया, उनमें बुल्गारिया, चेक गणराज्य, डेनमार्क, हंगरी, पोलैंड, रोमानिया तथा स्वीडन सम्मिलित हैं। जिन देशों ने यूरो को अपनाया है, उनमें ऑस्ट्रिया, बेल्जियम, साइप्रस, एस्टोनिया, फिनलैंड, फ्रांस, जर्मनी, ग्रीस, आयरलैंड, इटली, लक्जमबर्ग, माल्टा, नीदरलैंड , पुर्तगाल, स्लोवाकिया, स्लोवेनिया, स्पेन, लाटविया, लिथुआनिया और क्रोएशिया (2023) हैं। यूरो जोन के सदस्यों के लिए यह अनिवार्य है कि उनका राजकोषीय घाटा उनके सकल घरेलू उत्पाद के तीन प्रतिशत से ज्यादा नहीं होगा। लेकिन इस मानक का पालन सदस्य राज्यों

ने नहीं किया। इसके परिणामस्वरूप ग्रीस, आयरलैंड, इटली, पुर्तगाल, स्पेन, स्लोवाकिया और नीदरलैंड जैसे देश आर्थिक रूप में संकटग्रस्त हो गए, जिससे यूरो जोन का भविष्य खतरे में दिखने लगा। वर्तमान यूरो जोन संकट ग्रस्त देशों में ग्रीस, आयरलैंड, पुर्तगाल, स्पेन, इटली, स्लोवाकिया एवं हॉलैंड प्रमुख हैं। इस संकट से निजात पाने के लिए यूरो जोन में दो प्रकार के प्रावधान किए गए-

- यूरोपीय वित्तीय स्थायित्व सुविधा का निर्माण किया गया।
- यूरोपीय वित्तीय स्थायित्व तंत्र का भी निर्माण किया गया।

यूरोपीय जोन में बेलआउट पैकेज का कोई प्रावधान नहीं था, लेकिन संकटग्रस्त देशों को बचाने के लिए उन्हें बेलआउट पैकेज दिया गया। इस संकट द्वारा यूरोपीय यूनियन में राजनीतिक संघर्ष भी उत्पन्न हो गए, क्योंकि जर्मनी जैसे देशों ने ग्रीस जैसे देशों को पैसे के खर्च पर नियंत्रण रखने का निर्देश दिया, जबकि ग्रीस ने इन निर्देशों को मानने से इनकार कर दिया। दूसरी ओर, जर्मनी में भी समस्या उत्पन्न हुई, क्योंकि जर्मनवासियों ने कहा कि जर्मनी सरकार अपना पैसा ग्रीस के लिए खर्च न करे, क्योंकि यह जर्मन करदाताओं का पैसा है।

2. समान विदेश नीति और सुरक्षा का मुद्दा

यूरोपीय यूनियन आर्थिक दृष्टि से भीमकाय है, जबकि सुरक्षा की दृष्टि से बौना है, क्योंकि यूरोपीय यूनियन अभी भी अपनी सुरक्षा के लिए नाटो पर निर्भर है। यूरोपीय यूनियन के 27 देशों में से 23 देश नाटो के सदस्य हैं। ऑस्ट्रिया, साइप्रस, आयरलैंड, माल्टा जैसे यूरोपीय यूनियन के सदस्य नाटो के सदस्य नहीं हैं, बल्कि ये मूलतः तटस्थ राज्य हैं। अभी भी यूरोपीय यूनियन के समान रक्षा और विदेश नीति के निर्माण का लक्ष्य कोसों दूर है। वर्ष 2004 में प्रस्तावित यूरोपीय संविधान में यह स्पष्ट उल्लिखित था कि यूरोपीय यूनियन के लिए एक स्वायत्त सुरक्षा का प्रबंध और समान विदेश नीति का निर्माण होगा। फ्रांस और जर्मनी ने मिलकर यूरोपीय राज्यों के लिए एक पृथक् सुरक्षा संगठन बनाने का प्रयत्न किया, जिसमें बेल्जियम और लक्जमबर्ग को भी सम्मिलित करने का प्रस्ताव था, परंतु यह सफल न हो सका। यह बिंदु महत्त्वपूर्ण है कि क्या पेरिस और बर्लिन द्वारा नाटो का विकल्प निर्मित करना संभव होगा? दूसरे शब्दों में, यूरोपीय यूनियन के लिए क्या सुरक्षा प्रावधान अमेरिका से स्वायत्त रूप में संभव हैं?

1960 के दशक में तत्कालीन फ्रांसीसी राष्ट्रपति डिगोले ने कहा था कि यूरोपीय यूनियन के सदस्य अपने राष्ट्र की स्वायत्तता और स्वतंत्रता का परित्याग नहीं करेंगे। इसलिए यूरोपीय राज्य स्वयं इस मुद्दे पर विभाजित हैं कि यूरोपीय यूनियन की सुरक्षा नाटो द्वारा हो या उनकी सुरक्षा का स्वायत्त प्रबंध हो। पोलैंड और डेनमार्क आरंभ से ही एकसमान विदेश और सुरक्षा नीति के विरोधी हैं। पोलैंड ने नाटो की सुरक्षा को ज्यादा महत्त्वपूर्ण माना, इसलिए साझे संविधान का विरोध किया। डेनमार्क की स्थिति तो सबसे विचित्र है। उसके अनुसार, राज्यों की सुरक्षा का दायित्व स्वयं राज्यों का है। इसलिए डेनमार्क ने मॉस्ट्रिच संधि को दो बार अस्वीकृत किया था और समान मुद्रा के प्रचलन को भी डेनमार्क ने स्वीकार नहीं किया। दिसंबर, 2009 में लिस्बन संधि द्वारा यूरोपीय परिषद के स्थायी अध्यक्ष का प्रावधान किया गया, जिसका कार्यकाल ढाई वर्ष का होगा तथा विदेशी मामलों और रक्षा नीति के लिए एक उच्च प्रतिनिधि की नियुक्ति का प्रावधान किया गया। लिस्बन संधि द्वारा पहले की सभी संधियों को इकहरा बनाने का प्रयत्न किया गया।

3. समान गृह और न्याय के मामले

इसके अंतर्गत नागरिकों की आवाजाही, अप्रवासियों की समस्या सुलझाने के लिए नियमों का निर्माण किया गया। वर्ष 1985 की शेनजेन संधि द्वारा यूरोपीय नागरिकों को बिना पासपोर्ट पूरे यूरोप में भ्रमण करने की अनुमति प्रदान की गई। परंतु यह बिंदु उल्लेखनीय है कि नॉर्वे, स्विट्जरलैंड, आइसलैंड, यूरोपीय यूनियन के सदस्य नहीं हैं, परंतु इनके नागरिकों को यूरोपीय यूनियन में मुक्त आवागमन की सुविधा प्रदान की गई है, लेकिन दूसरी ओर, रोमानिया, बुल्गारिया जिन्हें वर्ष 2007 में यूरोपीय यूनियन की सदस्यता प्राप्त हुई, के नागरिकों को वर्ष 2014 तक यूरोपीय यूनियन में अबाध भ्रमण से प्रतिबंधित किया गया। वर्ष 1995 में ऑस्ट्रिया, फिनलैंड और स्वीडन जैसे तटस्थ राज्यों को भी यूरोपीय यूनियन की सदस्यता प्राप्त हो गई। परंतु यह बिंदु उल्लेखनीय है कि यूनियन की सदस्यता प्राप्त करने के लिए 'कोपेनहेगन मानदंडों' (वर्ष 1993) का निर्माण किया गया।

यूरोपीय यूनियन में वही देश शामिल हो सकता है, जिसने लोकतांत्रिक शासन प्रणाली को अपना लिया हो और सदस्य देश का मानवाधिकारों का बेहतर रिकॉर्ड होना चाहिए तथा

बेहतर राजकोषीय प्रबंध यूरोपीय यूनियन की सदस्यता के लिए आवश्यक है। इसलिए यूरोपीय यूनियन का विकास लोकतंत्र का विकास है तथा यूरोपीय यूनियन का बढ़ता प्रभाव उदारीकृत आर्थिक प्रणाली का बढ़ता प्रभाव है।

यूरोप का एकीकरण

वर्ष 2001 में नीस संधि (Treaty of Nice) द्वारा यूरोपीय यूनियन में 10 नए पूर्वी यूरोपीय राज्यों को सम्मिलित किया गया। ये पहले साम्यवादी खेमे में सम्मिलित राज्य थे, परंतु वर्ष 1990 के पश्चात् इन्होंने बाजारवादी अर्थव्यवस्था और लोकतांत्रिक शासन प्रणाली को स्वीकार कर लिया। अतः यूरोप में वैचारिक संघर्ष का युग समाप्त हो गया, जो विश्व राजनीति में आर्थिक तत्त्व (भू-अर्थ) के महत्त्व का प्रतीक है। इसलिए विश्व का प्रत्येक राज्य अपनी विदेश नीति में आर्थिक कारणों को अत्यधिक महत्त्व प्रदान कर रहा है। वर्ष 2007 में रोमानिया और बुल्गारिया तथा 2013 में क्रोएशिया को यूरोपीय यूनियन में शामिल किया गया।

लिस्बन संधि

साझे संविधान के निर्माण के प्रयत्न को फ्रांस और नीदरलैंड ने जनमत संग्रह द्वारा अस्वीकार कर दिया। वर्ष 2007 में 'लिस्बन संधि' द्वारा पुनः यूरोपीय राज्यों में एकता निर्मित करने का प्रयत्न किया गया। लिस्बन संधि के प्रस्ताव भी पहले के प्रस्तावित संविधान के अनुसार थे, इसमें एकसमान संविधान के निर्माण की भावना अंतर्निहित थी। जून, 2008 में आयरलैंड ने लिस्बन संधि को जनमत संग्रह द्वारा अस्वीकृत कर दिया था। इसलिए भविष्य में साझे संविधान के निर्माण पर प्रश्न चिह्न लग गया था। वर्ष 2009 में लिस्बन संधि को स्वीकार कर लिया गया, जिससे यूरोपीय यूनियन के संविधान निर्माण का आधार तैयार हो गया। इस संधि द्वारा यूरोपीय यूनियन में निम्नलिखित परिवर्तन हुए-

- यूरोपीय आयोग का एक स्थायी अध्यक्ष नियुक्त होगा, जिसका कार्यकाल ढाई वर्ष का होगा। इसके पहले यूरोपीय आयोग का अध्यक्ष उस देश का प्रधानमंत्री अथवा राष्ट्रपति होता था, जिस देश में इसका सम्मेलन आयोजित होता था।
- यूरोपीय संसद को दो सदनीय बना दिया गया।
- यूरोपीय यूनियन के विदेश मामलों तथा सुरक्षा नीति-निर्माण के लिए एक उच्च प्रतिनिधि नियुक्त किया गया, जिसका कार्यकाल पांच वर्ष का होगा। यह यूरोपीय आयोग का उप-राष्ट्रपति भी होगा।
- यूरोपीय यूनियन के अधिकारों का दस्तावेज निर्मित हुआ।
- यूरोपीय यूनियन में वैधानिक रूप में लागू मूल अधिकार का चार्टर स्वीकार किया गया।

लिस्बन संधि के प्रभाव के कारण यूरोपीय आयोग और यूरोपीय मंत्रिपरिषद के अधिकार कम हुए, जबकि यूरोपीय यूनियन का निर्माण एक वैधानिक व्यक्ति के रूप में हुआ।

यूरोपीय यूनियन का विस्तार

यूरोपीय यूनियन की सदस्यता के लिए अल्बानिया, बोस्निया, हर्जेगोविना, मॉण्टेनेग्रो, सर्बिया भी प्रयत्नशील हैं। परंतु तुर्की की सदस्यता को लेकर सबसे ज्यादा विवाद है तथा तुर्की की सदस्यता के विरोध में निम्नलिखित तर्क दिए जाते हैं, जैसे- यह भौगोलिक रूप में यूरोपीय देश नहीं है तथा इसकी सांस्कृतिक पहचान पृथक् है और अर्थव्यवस्था अत्यंत पिछड़ी है। मानवाधिकार का रिकॉर्ड अच्छा नहीं है तथा अस्थायी लोकतंत्र है।

सितंबर, 2001 के बाद यूरोपीय राज्य इस्लामी आतंकवाद के खतरे के प्रति ज्यादा सतर्क हुए हैं। तुर्की की जनसंख्या जर्मनी से भी अधिक है, जिससे पूरे यूरोपीय यूनियन में एक बड़ा जनांकिकीय परिवर्तन होगा। यूरोपीय यूनियन में अप्रवास की समस्या गंभीर होगी और अनेक देशों में रोजगार प्रभावित होगा। इसलिए कुछ लोगों ने तो यहां तक कहा कि तुर्की को सदस्यता देने का अभिप्राय, यूरोपीय यूनियन को मृत करना है। यूरोपीय यूनियन के देशों के बीच भौगोलिक एकता के साथ ईसाई सभ्यता की सांस्कृतिक एकता भी विद्यमान है, जिसे यूरोपीय यूनियन के देश बनाए रखना चाहते हैं। इसलिए तुर्की की सदस्यता का समर्थन नहीं किया जा रहा है, क्योंकि तुर्की में इस्लाम धर्म को मानने वाले लोगों का बहुमत है और तुर्की के शामिल होने से यूरोपीय यूनियन को आर्थिक समस्या के साथ-साथ सांस्कृतिक समस्या भी हो सकती है।

पक्ष में तर्क

तुर्की नाटो का सदस्य है तथा नाटो के प्रति निष्ठावान राज्य है। इसकी सदस्यता से यह प्रमाणित होगा कि यूरोपीय यूनियन में मुसलमानों के लिए भी दरवाजे खुले हैं, क्योंकि इस्लामी राज्यों में यह धारणा बनती जा रही है कि पश्चिमी देश इस्लाम विरोधी हैं। यूरोपीय यूनियन में ग्रीस, पुर्तगाल और स्पेन जैसे आर्थिक रूप

से कमजोर राज्यों को भी सम्मिलित किया गया है। इसलिए तुर्की को भी सदस्यता देना संभव है, जिससे तुर्की के आर्थिक विकास के पश्चात् अप्रवास की समस्या भी हल हो जाएगी, जिस प्रकार बुल्गारिया और रोमानिया के नागरिकों को वर्ष 2014 तक अन्य देशों में मुक्त आवाजाही से प्रतिबंधित किया गया, ऐसा प्रावधान तुर्की के लिए भी संभव है।

यूरोपीय यूनियन से इंग्लैंड का अलगाव (Brexit)

वर्ष 2016 में इंग्लैंड की जनता द्वारा एक ऐतिहासिक जनमत संग्रह माध्यम से इंग्लैंड को यूरोपीय यूनियन से पृथक् होने का जनादेश दिया गया, जिससे यूरोपीय यूनियन का बढ़ता विस्तार थम गया है। इंग्लैंड यूरोपीय यूनियन की दूसरी सबसे बड़ी अर्थव्यवस्था तथा यूरोपीय यूनियन का दूसरा सबसे बड़ा जनसंख्या वाला देश था। यूरोपीय यूनियन की लिस्बन संधि के अनुच्छेद-50 के अनुसार, इंग्लैंड को यूरोपीय यूनियन छोड़ने के लिए दो वर्ष का समय मिला, जिस दौरान वह यूरोपीय यूनियन को छोड़ने की शर्त के संबंध में समझौता करेगा। इंग्लैंड यूरोपीय यूनियन में कभी भी पूर्ण रूप में शामिल नहीं था। इंग्लैंड शेनजेन संधि में शामिल नहीं था। इंग्लैंड ने साझी मुद्रा यूरो को भी नहीं अपनाया।

अलगाव के कारण

यूरोपीय यूनियन में अनेक समस्याएं उत्पन्न हुई। शेनजेन संधि के कारण यूरोप के अन्य देशों के नागरिक भी इंग्लैंड में आकर रोजगार तलाशने लगे, जिससे स्थानीय लोगों का रोजगार प्रभावित हुआ और स्थानीय लोगों में प्रवासियों के प्रति असंतोष उत्पन्न होने लगा। यूरोप में होने वाली आतंकवादी घटनाओं के कारण भी स्थानीय लोगों में प्रवासियों के प्रति असंतोष उत्पन्न हुआ। यूरोपीय यूनियन के प्रशासनिक खर्च के लिए इंग्लैंड को आर्थिक योगदान भी देना पड़ा। यूरोपीय यूनियन द्वारा पर्यावरण, खाद्य सामग्री तथा घरेलू मामले में भी हस्तक्षेप किया गया, जिससे इंग्लैंड के निवासियों को यह प्रतीत होने लगा कि उनके ऊपर ब्रिटिश सरकार का नियंत्रण नहीं, बल्कि यूरोपीय यूनियन का नियंत्रण हो गया है, जिससे उनकी संप्रभुता का हनन हो रहा है और ब्रिटेनवासियों को यह लगने लगा कि उन्हें यूरोपीय यूनियन में शामिल होने से घाटा हो रहा है।

ब्रिटेन के लिए चुनौती

ब्रिटेन के यूरोपीय यूनियन से निकलने के निर्णय से यूरोपीय यूनियन में राजनीतिक अस्थायित्व उत्पन्न हो गया है। अभी तक यूरोपीय यूनियन का इकहरा बाजार इंग्लैंड के लिए उपलब्ध था और अब ब्रिटेन को 27 देशों के साथ अलग-अलग समझौता करना पड़ेगा। अभी तक यूरोप में व्यापार के लिए ब्रिटेन को केंद्रीय देश के रूप में देखा जाता था और अन्य देश यूरोपीय यूनियन से व्यापार करने के लिए ब्रिटेन को व्यापार का द्वार मानते थे। इंग्लैंड के अलग होने से स्कॉटलैंड और उत्तरी आयरलैंड में पुन: अलगाववादी आंदोलन उत्पन्न हो सकते हैं। क्योंकि दोनों प्रांतों के निवासियों ने यूरोपीय यूनियन में बने रहने के पक्ष में मतदान किया था।

भविष्य का विकल्प

यूरोपीय यूनियन के देशों के साथ साझे व्यापार के लिए नॉर्वे, आइसलैंड तथा लिकटेंस्टीन द्वारा पृथक् व्यापार समझौता किया गया है जिसके अनुसार ये देश यूनियन के साझे बाजार का लाभ उठाते हैं। परंतु यूरोपीय यूनियन के अन्य निर्णयों में शामिल नहीं हैं। इसलिए यूरोपीय यूनियन द्वारा इनके घरेलू मामले का निर्देशन नहीं किया जाता। लेकिन इंग्लैंड इस विकल्प को अपना सकता है।

यद्यपि इसके लिए यूरोपीय यूनियन के साथ समझौता और यूरोपीय यूनियन की सहमति आवश्यक है। जनमत संग्रह के बाद इंग्लैंड यूरोपीय यूनियन से अलग हो चुका है।

यूरोपीय यूनियन के साथ भारत के व्यापारिक संबंध

(बिलियन डॉलर में)

क्र.सं.	देश	आयात	निर्यात	कुल व्यापार
1.	जर्मनी	16.27	9.83	26.10
2.	इटली	5.80	8.77	14.57
3.	फ्रांस	7.14	7.97	15.11
4.	नीदरलैंड	22.37	5.00	27.37
5.	स्पेन	1.92	6.33	8.25
6.	बेल्जियम	7.24	7.84	15.08
7.	स्विट्ज़रलैंड	21.24	1.53	22.77
8.	पुर्तगाल	0.20	1.00	1.20

प्रमुख यूरोपीय देशों की जनसंख्या

क्र.सं.	देश	जनसंख्या
1.	जर्मनी	8 करोड़, 40 लाख
2.	फ्रांस	6 करोड़, 66 लाख
3.	इंग्लैंड	6 करोड़, 95 लाख
4.	इटली	5 करोड़, 92 लाख
5.	स्पेन	4 करोड़, 78 लाख
6.	पोलैंड	3 करोड़, 81 लाख
7.	रोमानिया	1 करोड़, 96 लाख
8.	नीदरलैंड	1 करोड़, 83 लाख
9.	ग्रीस	1 करोड़
10.	चेक गणराज्य	1 करोड़, 6 लाख
11.	बेल्जियम	1 करोड़, 17 लाख
12.	पुर्तगाल	1 करोड़, 4 लाख
13.	स्वीडन	1 करोड़, 6 लाख

क्षेत्रीय आर्थिक संगठनों का भविष्य

इंग्लैंड के यूरोपीय यूनियन से अलग होने के बाद यूरोपीय यूनियन के अन्य देश भी अलगाव के रास्ते पर जा सकते हैं, जिससे यह प्रतीत होता है कि यूरोप में पुनः राष्ट्रवाद का विकास प्रभावी हो रहा है। यद्यपि यह भी सत्य है कि यूरोपीय यूनियन की सबसे बड़ी अर्थव्यवस्था जर्मनी और फ्रांस हैं और जब तक ये यूरोपीय यूनियन में रहेंगी तब तक यूरोपीय यूनियन का भविष्य खतरे में नहीं है। परंतु इंग्लैंड के अलगाव से यूरोपीय यूनियन का आकर्षण समाप्त हुआ है। विद्वानों के अनुसार, यूरोपीय यूनियन की समस्या की मूल जड़ साझी मुद्रा है। राजनीतिक एकीकरण के बिना साझी मुद्रा का प्रयोग सदैव समस्या उत्पन्न करेगा, क्योंकि देशों की आर्थिक परिस्थितियां अलग-अलग हैं। इसलिए इनकी राजकोषीय नीति एकसमान नहीं हो सकती। यह भी उल्लेखनीय है कि यूरोपीय यूनियन के छोटे देश संगठन में शामिल होकर संगठन से आर्थिक सहायता प्राप्त कर लेते हैं।

भूमंडलीकरण के लिए चुनौती

वर्ष 2008 की आर्थिक मंदी के बाद ज्यादातर यूरोपीय देश संरक्षणवादी नीतियां अपना रहे हैं और इन देशों में राष्ट्रवाद का प्रभाव भी बढ़ रहा है, जिससे देशों के बीच होने वाले मुक्त व्यापार के लिए नवीन चुनौती उत्पन्न होगी। अतः वर्ष 1991 के बाद विश्व में उदारीकरण और भूमंडलीकरण का जो प्रभाव बढ़ा था, उसके लिए एक बड़ा संकट उभर गया है। जर्मनी यूरोप की सबसे बड़ी अर्थव्यवस्था है जो यूनियन के साथ है और ब्रिटेन द्वारा यूनियन को आर्थिक कारणों के बजाय सामाजिक कारणों से छोड़ा गया है। इसलिए उदारीकरण और भूमंडलीकरण के लिए यह एक चुनौती हो सकती है। परंतु संकट नहीं है।

निष्कर्ष

सोवियत संघ के विघटन के बाद यह प्रतीत होने लगा कि उदारीकरण-भूमंडलीकरण का कोई विकल्प नहीं है। परंतु वर्तमान में संरक्षणवाद, राष्ट्रवाद प्रभावी बन रहा है, जो क्षेत्रीय आर्थिक एकीकरण के लिए नवीन चुनौती है, अतः भूमंडलीकरण को सर्वसमावेशी बनाने की आवश्यकता है जिससे उसका लाभ सभी देश उठा सकें।

अध्याय

2 दक्षिण-पूर्व एशियाई देशों का क्षेत्रीय सहयोग संगठन (आसियान)

Association of South-East Asian Nations

● पृष्ठभूमि ● उद्देश्य ● आसियान की संरचना तथा क्रियाविधि ● शीत युद्धोत्तर युग में आसियान का विकास ● राजनीतिक परिप्रेक्ष्य ● आसियान की सफलता के कारण ● आसियान एवं दक्षेस की तुलना ● बिम्सटेक ● गंगा-मेकांग परियोजना ● क्षेत्रीय व्यापक आर्थिक साझेदारी और भारत

पृष्ठभूमि

आसियान (Association of Southeast Asian Nations) दक्षिण-पूर्व एशियाई देशों का संगठन है। आसियान की स्थापना वर्ष 1967 में हुई, जिसके संस्थापक सदस्य इंडोनेशिया, मलेशिया, थाईलैंड, फिलीपींस और सिंगापुर थे। सिंगापुर पहले मलेशिया का भाग था, परंतु वर्ष 1965 में यह मलेशिया

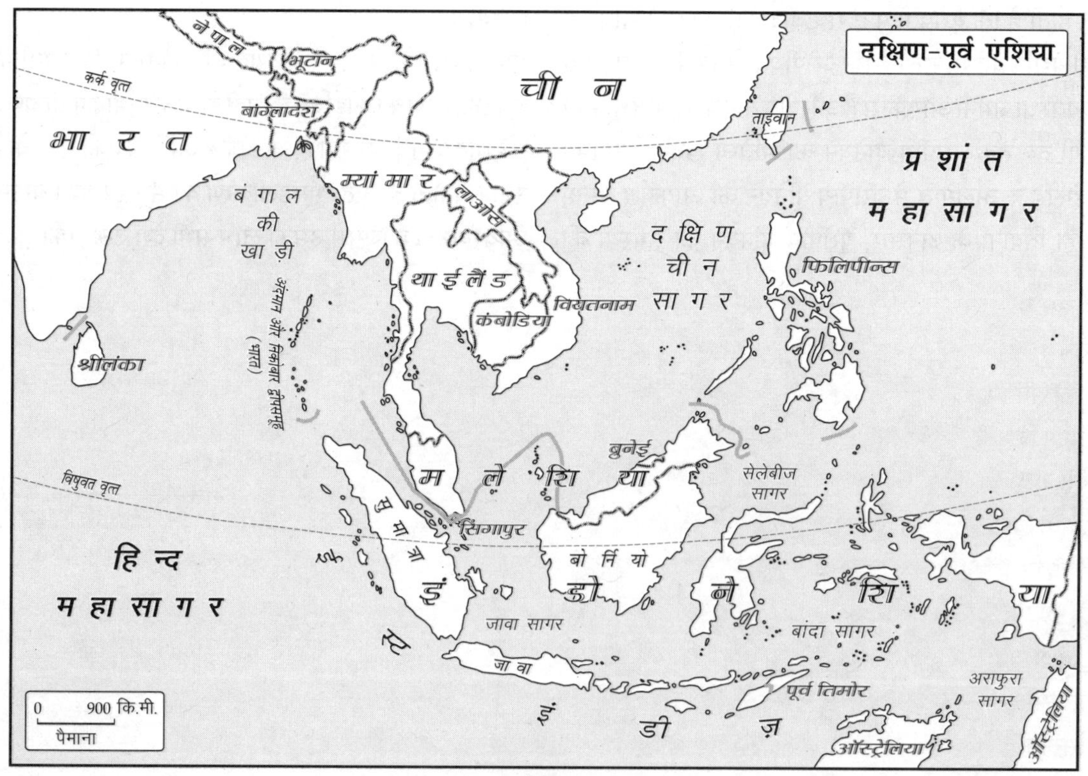

मानचित्र 34

से अलग हो गया। वर्ष 1965 में ही इंडोनेशिया में सुकर्णो के बजाय, सुहार्तो शासन में आ गए और उन्होंने पड़ोसी देशों के साथ बेहतर संबंध की नीति अपनाई तथा अमेरिका के साथ मित्रता पर विशेष बल दिया। आसियान के संस्थापक सदस्य अमेरिका के मित्र थे और इस दौरान विश्व में शीत युद्ध कायम था तथा अमेरिका और सोवियत संघ के बीच शक्ति संघर्ष चल रहा था। आसियान का पड़ोसी देश चीन साम्यवादी शासन अपना चुका था। इसलिए आसियान देशों को साम्यवादी विचारधारा से अपनी सुरक्षा के लिए खतरा प्रतीत होता है। अमेरिका द्वारा आसियान की स्थापना के लिए दक्षिण-पूर्व एशियाई देशों का समर्थन किया गया। इसलिए आसियान के निर्माण का मूल कारण साम्यवादी खतरे का सामना करना था।

दक्षिण-पूर्व एशियाई देशों में वियतनाम, लाओस और कंपूचिया (अब कंबोडिया) द्वारा साम्यवादी शासन अपनाया गया था। म्यांमार द्वारा चीन के साथ घनिष्ठ संबंध स्थापित कर लिया गया। अतः इन देशों का झुकाव समाजवाद की ओर था, इसलिए ये देश आसियान में शामिल नहीं हुए। वर्ष 1971 में अमेरिका एवं चीन के बीच कूटनीतिक संबंधों की स्थापना हो गई, इसलिए अमेरिका एवं चीन के बीच मधुर संबंध स्थापित हो गए, इसके कारण चीन के आसियान देशों के साथ बेहतर संबंध बन गए और अब चीन आसियान के लिए खतरा नहीं था। ब्रूनेई वर्ष 1984 में आजाद हुआ, जो पहले ब्रिटेन के नियंत्रण में था। इसी वर्ष ब्रूनेई आसियान का सदस्य भी बन गया। वर्ष 1980 के दशक में आसियान देशों द्वारा तीव्र आर्थिक विकास दर्ज किया गया और यह क्षेत्र आर्थिक विकास के केंद्र के रूप में उभरने लगा।

वर्ष 1991 में सोवियत संघ के विघटन के बाद विश्व से शीत युद्ध की समाप्ति हो गई। इसलिए पूंजीवाद और साम्यवाद के बीच विद्यमान विभाजन भी समाप्त हो गया। कंपूचिया (अब कंबोडिया) के गृह युद्ध की समाप्ति के साथ आसियान में सदस्य देशों में वैचारिक विभाजन का भी अंत हो गया और समाजवाद का कट्टर समर्थक वियतनाम वर्ष 1995 में आसियान का सदस्य बन गया। वर्ष 1997 में लाओस और म्यांमार भी आसियान में शामिल हो गए, तथा वर्ष 1999 में कंबोडिया भी आसियान का भाग बन गया। इसलिए वर्तमान में दक्षिण-पूर्व एशिया के सभी 11 देश आसियान के सदस्य हैं। तिमोर-लेस्ते 47वें आसियान शिखर सम्मेलन (कुआलालंपुर मलेशिया, 2025) में 11वें सदस्य के रूप में शामिल हुआ। इसी दौरान भारत-आसियान 22वां शिखर सम्मेलन भी आयोजित हुआ। आसियान को विकासशील देशों में सर्वाधिक प्रभावी क्षेत्रीय आर्थिक संगठन माना जाता है।

उद्देश्य

- क्षेत्र में आर्थिक, सामाजिक प्रगति और सांस्कृतिक विकास।
- स्थायित्व और शांति में वृद्धि।
- आर्थिक, सामाजिक, सांस्कृतिक, तकनीकी, वैज्ञानिक और प्रशासनिक क्षेत्रों में समान हितों के मुद्दों पर पारस्परिक सहायता और सक्रिय सहयोग।
- शैक्षिक, तकनीकी और प्रशासनिक क्षेत्रों में प्रशिक्षण तथा अनुसंधान में एक-दूसरे की सहायता।
- दक्षिण-पूर्व एशियाई देशों के अध्ययन को बढ़ावा देना।
- कृषि, उद्योग तथा व्यापार को बढ़ावा देना और परस्पर सहयोग करना।
- समान उद्देश्यों के लिए वर्तमान अंतर्राष्ट्रीय और क्षेत्रीय संगठनों में लाभकारी सहयोग को बढ़ावा देना।

आसियान की संरचना तथा क्रियाविधि

आसियान की सर्वोच्च नीति-निर्मात्री संस्था में राष्ट्र प्रमुखों की बैठक होती है। आसियान का सम्मेलन प्रति वर्ष आयोजित किया जाता है।

आसियान की मंत्रिस्तरीय बैठक (विदेश मंत्रियों की बैठक) का आयोजन भी वार्षिक आधार पर किया जाता है। इसके अतिरिक्त, कृषि, वानिकी, अर्थव्यवस्था, ऊर्जा, पर्यावरण, वित्त, सूचना, निवेश, श्रम कानून, ग्रामीण विकास, गरीबी निवारण, विज्ञान तथा तकनीक, समाज कल्याण, पार-राष्ट्रीय अपराध, यातायात, पर्यटन, ए.आई.ए. परिषद तथा ए.एफ.टी.ए. परिषद के क्षेत्रों पर भी मंत्रिस्तरीय बैठकों का आयोजन किया जाता है।

मंत्रिस्तरीय अंगों की सहायता के लिए वरिष्ठ अधिकारियों की 29 समितियां तथा 122 तकनीकी क्रियात्मक समूह होते हैं। आसियान के बाह्य संबंधों के संचालन के लिए आसियान में समितियों की स्थापना की गई है। ये समितियां ब्रुसेल्स, लंदन, नई दिल्ली, पेरिस, वाशिंगटन, टोकियो, कैनबरा, ओटावा, वैलिंग्टन, जिनेवा, सियोल, बीजिंग, मॉस्को, रोम में स्थित कूटनीतिक मिशनों के अध्यक्षों से मिलकर बनी होती हैं।

आसियान के महासचिव को गुणों के आधार पर नियुक्त किया जाता है। इस नियुक्ति के लिए मंत्रिस्तरीय सहमति आवश्यक

होती है। महासचिव की नियुक्ति पांच वर्ष के लिए की जाती है। महासचिव का कार्य आसियान की गतिविधियों की पहल करना, सलाह देना, समन्वय तथा उनका क्रियान्वयन सुनिश्चित करना होता है। आसियान सचिवालय के कार्यालयी सदस्यों की नियुक्ति क्षेत्रीय स्तर की खुली प्रतियोगिता द्वारा की जाती है।

आसियान में अंतर्सरकारी सहयोग बढ़ाने के लिए विभिन्न क्षेत्रों में विभिन्न विशेषज्ञ अंगों का निर्माण किया गया है। जैसे- आसियान विश्वविद्यालय नेटवर्क, आसियान ऊर्जा केंद्र, आसियान कृषि विकास योजना केंद्र, आसियान भूकंप सूचना केंद्र, आसियान जैव विविधता संरक्षण केंद्र, आसियान ग्रामीण युवा विकास केंद्र, आसियान मौसम विज्ञान केंद्र एवं आसियान पर्यटन सूचना केंद्र आदि प्रमुख हैं।

इसके अतिरिक्त सहयोगी गतिविधियों को बढ़ावा देने के लिए आसियान चैंबर्स ऑफ कॉमर्स एंड इंडस्ट्री, आसियान बिजनेस फोरम, आसियान पर्यटन संगठन, आसियान वनस्पति रोग परीक्षण इत्यादि संस्थाओं की स्थापना की गई है तथा आसियान से संबद्ध 53 गैर-सरकारी संगठन भी इस दिशा में कार्य कर रहे हैं।

शीत युद्धोत्तर युग में आसियान का विकास

सोवियत संघ के विघटन के बाद विश्व में व्यापार, निवेश तथा वाणिज्य पर अत्यधिक बल दिया गया। आसियान के सभी देशों में उदारीकरण की नीति पर बल दिया गया तथा आर्थिक सहयोग द्वारा ज्यादा से ज्यादा लाभ उठाने का प्रयत्न किया गया। आसियान देशों में विद्यमान आंतरिक संघर्ष भी समाप्त हो गया। आसियान व विश्व में वैचारिक संघर्ष की समाप्ति एवं सोवियत संघ के विघटन के बाद आसियान में भी साम्यवाद बनाम् पूंजीवाद के मध्य का संघर्ष समाप्त हो गया। वर्ष 1995 में वियतनाम, वर्ष 1997 में म्यांमार, लाओस और वर्ष 1999 में कंबोडिया आसियान के सदस्य बने। शीत युद्धोत्तर विश्व में यूरोपीय यूनियन, नाफ्टा के अतिरिक्त आसियान एक प्रभावी क्षेत्रीय आर्थिक संगठन माना जाता है। एशिया महाद्वीप और विकासशील देशों में इसकी भूमिका उल्लेखनीय है।

आसियान चार्टर का निर्माण 14वीं आसियान बैठक (2009) के दौरान हुआ, जिसे लोगों के चार्टर के नाम से जाना गया, क्योंकि इसमें आसियान के विकास को लोगों के विकास से संबंधित करने का प्रयत्न किया गया। सभी लोगों की भलाई और कल्याण आसियान का मूल उद्देश्य है। इससे पूर्व 2003 के बाली सम्मेलन में आसियान को नई उपलब्धि प्राप्त हुई।

आसियान घोषणा-पत्र के अंतर्गत निम्नलिखित तीन समुदायों की स्थापना हुई-

1. आसियान आर्थिक समुदाय।
2. आसियान सुरक्षा समुदाय।
3. आसियान सांस्कृतिक समुदाय।

1. आसियान आर्थिक समुदाय

आसियान दृष्टिकोण-2020 के अनुसार, समूचे आसियान क्षेत्र में वस्तु, सेवा, निवेश और पूंजी का मुक्त आदान-प्रदान होगा। यह निर्धारित किया गया कि आसियान को एक स्थायी, संपन्न और अत्यंत प्रतिस्पर्धी आर्थिक क्षेत्र के रूप में विकसित करना है। आसियान में साझे बाजार के निर्माण का उद्देश्य भी निर्धारित किया गया, जैसाकि इस समय केवल यूरोपीय यूनियन में है। इस संदर्भ में राज्यों के मध्य सहमति बनाने का प्रयत्न किया जा रहा है। क्षेत्रीय एकीकरण के लिए हवाईयात्रा, परिवहन, कृषि उत्पाद, इलेक्ट्रॉनिक वस्तुओं का व्यापार, मत्स्य उद्योग, स्वास्थ्य, रबड़ के उत्पाद, कपड़े, पर्यटन एवं लकड़ी की वस्तुओं को प्राथमिकता दी जाएगी। यह बिंदु ध्यान देने योग्य है कि आसियान में मुक्त व्यापार क्षेत्र समझौता लागू हो चुका है तथा इसे प्रभावी करने का प्रयत्न किया जा रहा है। आसियान के आर्थिक संकट का सामना करने के लिए 'चियांग माई पहल' (Chiang Mai Initiative) हुई, जिसके द्वारा आर्थिक संकट को हल करने के लिए आर्थिक कोष का गठन किया गया, जिसमें आसियान के सभी सदस्यों ने योगदान दिया। इसके अतिरिक्त चीन, जापान, दक्षिण कोरिया ने भी कोष में योगदान किया। वर्ष 1997 के आर्थिक संकट के दौरान आसियान देशों को वैश्विक आर्थिक संस्थाओं से पर्याप्त सहायता नहीं मिली। इसलिए इन्होंने कोष की स्थापना का निर्णय किया।

व्यवसायियों के आवागमन को बढ़ावा देने, विवादों के समाधान हेतु वर्तमान प्रावधानों को प्रभावी बनाने और इसे बाध्यकारी रूप में लागू करने का प्रयास किया जा रहा है। मुक्त व्यापार समझौता वर्ष 1992 से ही लागू है तथा वर्ष 2005

से लगभग सभी उत्पादों के प्रशुल्क को पांच प्रतिशत से नीचे किया जा चुका है। आर्थिक एकीकरण के संदर्भ में निम्नलिखित गतिविधियां भी उल्लेखनीय हैं-

- पूंजी बाजार का विकास एवं पूंजी खाते का उदारीकरण।
- वित्तीय सेवाओं का उदारीकरण तथा वित्तीय और मौद्रिक एकीकरण के लिए चार क्षेत्रों की पहचान की गई है।
- समूचे क्षेत्र को रेल एवं सड़क परिवहन से जोड़ने का प्रयास किया जा रहा है। इसके अतिरिक्त सामुद्रिक परिवहन तथा अंतर्देशीय जल परिवहन को भी विकसित करने का प्रयत्न किया जा रहा है।
- दूरसंचार को प्रभावी बनाना।
- आसियान क्षेत्र के लिए एक गैस पाइप लाइन परियोजना के निर्माण का भी प्रयत्न किया जा रहा है।
- मानव संसाधन विकास एवं खाद्य सुरक्षा के बारे में भी महत्त्वपूर्ण समझौते किए गए।

चुनौतियां

- आसियान में कुछ देश अत्यधिक पिछड़े हैं, (कंबोडिया, म्यांमार, लाओस) जिनका विकास करना सबसे महत्त्वपूर्ण है।
- वर्तमान आर्थिक संकट के दौरान दक्षिण-पूर्वी देशों की अर्थव्यवस्थाएं बुरी तरह प्रभावित हुई हैं, क्योंकि इनकी अर्थव्यवस्था निर्यात पर आधारित है।
- थाईलैंड में लोकतंत्र अस्थायी है।
- आर्थिक नीतियों के सही प्रबंध का अभाव है।
- भाई-भतीजावाद पर आधारित भ्रष्ट शासन अभी भी बना हुआ है।

आसियान और यूरोपीय यूनियन के मध्य शासन प्रणाली के संदर्भ में स्पष्ट भिन्नता है, क्योंकि यूरोपीय यूनियन की सदस्यता के लिए राज्यों का लोकतांत्रिक होना आवश्यक है, जबकि आसियान और दक्षेस में यह प्रतिबंध नहीं है।

2. आसियान सुरक्षा समुदाय

आसियान का निर्माण शीत युद्ध की अंतर्राष्ट्रीय राजनीति में हुआ, जिसमें अमेरिका की भूमिका उल्लेखनीय थी। अमेरिका की अब इस क्षेत्र में निम्नलिखित नीतियां हैं-

- इस क्षेत्र में आर्थिक एकीकरण को बढ़ावा देना।
- लोकतंत्र का प्रसार।
- सुरक्षा की नई संरचना का निर्माण।

साम्यवादी भय समाप्त होने के बाद भी इस क्षेत्र की सुरक्षा के लिए अनेक संकट विद्यमान हैं तथा इस क्षेत्र में स्थित मलक्का जलसंधि एक महत्त्वपूर्ण व्यापारिक मार्ग है, जिसमें समुद्री लुटेरों, आतंकवादियों और नशीले पदार्थों के व्यापार का खतरा है। दक्षिण-पूर्व एशियाई देशों में बढ़ता आतंकवाद और धार्मिक कट्टता इस क्षेत्र के लिए सबसे गंभीर खतरा है, वर्ष 2002 का बाली बम विस्फोट, वर्ष 2003 का मैरियट होटल बम विस्फोट और वर्ष 2004 में जकार्ता में ऑस्ट्रेलियाई दूतावास पर बम विस्फोट हुए। इस क्षेत्र में अबू सैय्यद संगठन, मोरो इस्लामिक लिबरेशन फ्रंट (फिलीपींस) जिसका संबंध अलकायदा के साथ भी है और इंडोनेशिया का मजलिसे मुजाहिद्दीन प्रमुख आतंकवादी संगठन हैं।

दक्षिण चीन सागर का विवाद

चीन एवं आसियान देशों के बीच में तथा आसियान देशों के बीच में भी इसमें स्थित द्वीपों को लेकर विवाद बने हुए हैं। आसियान देशों में मलेशिया, ब्रूनेई, फिलीपींस एवं वियतनाम इस क्षेत्र पर अपने-अपने दावे प्रकट करते हैं। वर्तमान में चीन द्वारा इस क्षेत्र में सैनिक अड्डे का निर्माण किया जा रहा है। चीन की इस आक्रामक नीति को समुद्री संचार की स्वतंत्रता के लिए खतरा माना जा रहा है। अमेरिका के अनुसार, चीन समुद्री संचार मार्ग को बाधित करने का प्रयत्न कर रहा है। भारत द्वारा इस क्षेत्र में समुद्री संचार मार्ग को मुक्त रखने की अपील की गई है।

दक्षिण चीन सागर का क्षेत्र मलक्का जल संधि और ताइवान जल संधि के मध्य है। यह क्षेत्र ताइवान और चीन के मध्य स्थित है, जिनमें लगभग 200 छोटे-छोटे द्वीप हैं, जिनमें पारासेल और स्प्रेटले द्वीप प्रमुख हैं, जिसका क्षेत्र लगभग तीन वर्ग किमी. का है। यह द्वीप मानवीय निवास के लायक नहीं है। लेकिन इसका अत्यधिक सामरिक महत्त्व है। जापान के तेल आयात का 75 प्रतिशत भाग इस क्षेत्र से होकर जाता है। इसमें तेल और प्राकृतिक गैस पाए जाने की भी संभावना है। स्प्रेटले का महत्त्व समुद्री नौवहन के लिए महत्त्वपूर्ण है तथा इस पर चीन और फिलीपींस दोनों अपना दावा करते हैं। अमेरिका, फिलीपींस

के दावे का समर्थक है। पारासेल पर चीन का नियंत्रण है, जिस पर वियतनाम और ताइवान भी अपना दावा प्रस्तुत कर रहे हैं। इसी क्षेत्र में वूडी द्वीप पर चीन ने एक हवाई पट्टी का निर्माण किया है। इसी दक्षिण चीन सागर क्षेत्र में भारत के जहाजों को हटने के लिए चीन द्वारा धमकी दी गई। पूर्वी एशियाई शिखर सम्मेलन में (2011) अमेरिका और रूस को नए सदस्य के रूप में सम्मिलित किया गया। ट्रम्प प्रशासन ने आसियान देशों को चीन के विरुद्ध एकजुट करने का प्रयास किया। अमेरिका का मानना है कि चीन आसियान क्षेत्र में व्यापारिक असंतुलन पैदा कर रहा है तथा सामरिक प्रभुत्व स्थापित कर रहा है क्योंकि उभरते चीन को प्रतिसंतुलित करने के लिए अमेरिका और भारत परस्पर सहयोग कर रहे हैं। उत्तर कोरिया द्वारा परमाणु विस्फोट के कारण इस क्षेत्र में सुरक्षा के लिए नई चुनौती उत्पन्न हो गई है।

वर्ष 1994 में आसियान क्षेत्रीय फोरम (ARF) की स्थापना हुई, जिसका मूल उद्देश्य इस क्षेत्र में विश्वास निर्माण में वृद्धि करना है। आसियान क्षेत्रीय फोरम में 10 आसियान देशों के अलावा अमेरिका, चीन, ई.यू., रूस, कनाडा, ऑस्ट्रेलिया, जापान व भारत महत्त्वपूर्ण सदस्य हैं। इसमें कुल 27 सदस्य हैं। इस क्षेत्र में सहयोग और शांति निर्माण के लिए निम्नलिखित महत्त्वपूर्ण समझौते भी किए गए-

(i) आसियान घोषणा, 1967
(ii) शांति क्षेत्र, स्वतंत्रता और तटस्थता की घोषणा, 1971
(iii) आसियान घोषणा, 1976
(iv) मित्रता और सहयोग की संधि, 1976
(v) दक्षिण-पूर्व एशियाई परमाणु हथियार मुक्त क्षेत्र, 1997
(vi) बाली घोषणा-पत्र, 2003

3. आसियान सांस्कृतिक समुदाय

आसियान में उल्लेखनीय प्रगति दर्ज की जा रही है, जिसे आसियान के 20वें सम्मेलन में देखा जा सकता है, जब आसियान देशों ने नारा दिया - 'एक समुदाय एक नियति।' वर्ष 2013 में संपन्न 22वें आसियान सम्मेलन में आसियान का नारा था- 'हमारे लोग और हमारा साझा भविष्य।' इसके द्वारा आसियान को जनकेंद्रित बनाया जा रहा है और आसियान अपनी एक साझा पहचान विकसित करने का प्रयत्न कर रहा है। वर्ष 2014 में संपन्न 25वें आसियान शिखर सम्मेलन का केंद्रीय विषय था- 'एक शांतिपूर्ण एवं समृद्ध समुदाय के लिए एकबद्ध आगे बढ़ना।' इस सम्मेलन में आसियान सचिवालय को मजबूत बनाने और इसके अंगों की समीक्षा की घोषणा की गई।

आसियान दृष्टिकोण-2020 के अनुसार, आसियान की एक साझी पहचान निर्मित करने पर बल दिया गया। यह बिंदु उल्लेखनीय है कि तत्कालीन मलेशियाई प्रधानमंत्री महातिर मोहम्मद ने एशियाई मूल्यों का नारा दिया था तथा उनके अनुसार, एशियाई मूल्य पश्चिमी समाजों के मूल्यों से पृथक् हैं। सांस्कृतिक समुदाय के अंतर्गत युवाओं, महिलाओं, स्थानीय लोगों के विकास में भागीदारी सुनिश्चित करना तथा सामुदायिक विकास द्वारा लोगों के जीवन स्तर में वृद्धि का प्रयत्न करना है। शिक्षा, तकनीकी विकास और संसाधनों के बेहतर प्रयोग द्वारा रोजगार में वृद्धि करना, जन स्वास्थ्य की देखभाल, बीमारियों की रोकथाम विशेषकर एड्स को नियंत्रित करना, छात्रों के मध्य आदान-प्रदान को बढ़ावा देना और सतत् विकास एवं पर्यावरणीय प्रदूषण को नियंत्रित करने के लिए कार्यक्रम, वृद्धों की देखभाल, सामाजिक कल्याण एवं परिवार को बनाए रखना। 45वां आसियान शिखर सम्मेलन 2024 में लाओस में आयोजित किया गया, जो क्षेत्रीय लचीलेपन और कनेक्टिविटी पर केंद्रित था।

राजनीतिक परिप्रेक्ष्य

आसियान और चीन के मध्य मुक्त व्यापार का समझौता हो चुका है, जो इस क्षेत्र के लिए अत्यधिक निर्णायक है। वर्ष 2009 में भारत और आसियान के मध्य मुक्त व्यापार समझौते पर हस्ताक्षर हो चुके हैं। उभरते चीन के कारण इस क्षेत्र का सामरिक संतुलन महत्त्वपूर्ण रूप में परिवर्तित हुआ है। इसलिए अमेरिका, जापान, ऑस्ट्रेलिया के मध्य सामरिक संबंध स्थापित हुए तथा दूसरी ओर अमेरिका, जापान, सिंगापुर और भारत जैसे लोकतांत्रिक देश इस क्षेत्र में नए सामरिक गठबंधन का निर्माण कर रहे हैं। चूंकि उभरता चीन, अमेरिका, जापान और भारत तीनों की सुरक्षा के लिए महत्त्वपूर्ण चुनौती है। 21वीं शताब्दी में एशिया-प्रशांत क्षेत्र शक्ति केंद्र के रूप में उभर रहा है और आसियान देश चीन को प्रतिसंतुलित करने के लिए भारत के साथ संबंधों को महत्त्व प्रदान कर रहे हैं। वर्ष 2008 में आयोजित पूर्वी एशिया शिखर सम्मेलन में दस आसियान देशों के अलावा चीन, जापान और भारत भी सम्मिलित थे। वर्ष 2024 में आयोजित 19वें पूर्वी एशिया शिखर

सम्मेलन में आसियान सदस्यों के साथ ऑस्ट्रेलिया, चीन, भारत, जापान, न्यूजीलैंड, दक्षिण कोरिया, रूस और अमेरिका ने भाग लिया। इस सम्मेलन में वैश्विक एवं क्षेत्रीय शांति, आर्थिक समृद्धि, खुला एवं सुरक्षित हिंद-प्रशांत क्षेत्र पर बल दिया गया।

आसियान की सफलता के कारण

आसियान को विकासशील देशों का सर्वाधिक सफल क्षेत्रीय आर्थिक संगठन माना जाता है। इस संगठन ने एक साझा पहचान विकसित की है एवं राज्यों के बीच राजनीतिक एवं नृजातीय विवाद अनुपस्थित हैं। संचार संपर्क की अत्यधिक बेहतर सुविधा का विकास किया गया है जिससे प्रत्येक देश अन्य देश से सड़क, जल एवं वायु संपर्क से जुड़ा हुआ है तथा सभी देशों द्वारा उदारवादी आर्थिक प्रणाली का प्रयोग किया जा रहा है। सदस्य देश एक-दूसरे को अपनी सुरक्षा के लिए खतरा नहीं मानते और समूचे क्षेत्र को परमाणु मुक्त क्षेत्र भी घोषित किया गया है। इसके अनुसार, कोई भी सदस्य परमाणु हथियार का निर्माण नहीं करेगा और न ही परमाणु पनडुब्बी के प्रवेश की अनुमति दी जाएगी।

आसियान एवं दक्षेस की तुलना

आसियान का गठन वर्ष 1967 में हुआ था और दक्षेस (SAARC) की स्थापना वर्ष 1985 में हुई थी। दक्षेस की स्थापना के इन 40 वर्षों में आशाजनक प्रगति नहीं हुई है, जबकि आसियान ने स्थापना के 25 वर्षों में अनेक उपलब्धियां दर्ज की थी। दक्षेस को अपेक्षाकृत कम सफलता मिली क्योंकि दक्षेस की बैठकों में जिन घोषणाओं एवं समझौतों पर सहमति बनी उन्हें लागू करने में विलंब किया गया। अतः दक्षेस को बेहतर बनाने में आसियान से सीख ली जा सकती है, क्योंकि संगठन का निर्माण ही नहीं, बल्कि इसको वास्तविक रूप में शक्तिशाली बनाने की आवश्यकता है। यह भारतीय राष्ट्रीय हितों के लिए महत्त्वपूर्ण तथा क्षेत्रीय शांति एवं संपन्नता के लिए आवश्यक है। आसियान और दक्षेस के निर्माण एवं प्रगति की तुलना निम्नलिखित है-

- आसियान का निर्माण चीनी साम्यवाद के बाहरी खतरे के परिणामस्वरूप हुआ, जबकि दक्षेस का निर्माण राज्यों ने अपनी आंतरिक वैधता एवं व्यवस्था को सुदृढ़ बनाने के लिए किया। 80 के दशक में बांग्लादेशी राष्ट्रपति जियाउर्रहमान ने जब दक्षेस के निर्माण का प्रस्ताव रखा, तो उस समय वहां सैनिक शासन था।
- सभी क्षेत्रीय आर्थिक संगठनों में एक राज्य की भूमिका सबसे शक्तिशाली होती है। आसियान के निर्माण का आधार इंडोनेशिया की समन्वयकारी नीति के परिणामस्वरूप हुआ, क्योंकि इंडोनेशिया इस क्षेत्र का सबसे विशाल देश था। उसने अपनी आक्रामक नीति का परित्याग करते हुए छोटे-छोटे देशों के प्रति सकारात्मक दृष्टिकोण अपनाया, क्योंकि तत्कालीन इंडोनेशियाई राष्ट्रपति सुहार्तो ने यह स्पष्ट देखा कि समन्वय एवं सहयोगकारी नीति इंडोनेशिया के लिए लाभकारी है। दक्षेस के निर्माण में आरंभिक रूप में भारत का दृष्टिकोण नकारात्मक था। भारत ने यह सोचा कि दक्षेस के माध्यम से पाकिस्तान छोटे राज्यों को एकत्रित करके भारत को घेरने की कार्रवाई करेगा। बाद में भारत ने दक्षेस को विकसित करने पर पूरा बल दिया। समकालीन समय में भारत द्वारा दक्षेस को प्रभावी बनाने का हरसंभव प्रयास किया जा रहा है। यद्यपि पाकिस्तान की असहयोगपूर्ण रणनीति के कारण दक्षेस को महत्त्वपूर्ण सफलता नहीं प्राप्त हो पा रही है।
- आसियान देशों ने अपनी एक पृथक् एव साझी पहचान का निर्माण किया। इसलिए आसियान के मंच पर सांस्कृतिक समुदाय का निर्माण भी किया गया, जबकि दक्षेस के अंतर्गत अभी एक साझी पहचान के निर्माण का कार्य शेष है। पाकिस्तान ने सदैव अपने आपको इस्लामिक देशों के साथ संबंधित करने का प्रयास किया। श्रीलंका ने भी स्वयं को दक्षिण-पूर्व एशियाई पहचान से जोड़ने का प्रयत्न किया तथा जिन दक्षेस राष्ट्रों के मध्य साझी सांस्कृतिक पहचान कायम है, वे अभी भी अपनी पृथक् राजनीतिक पहचान बनाने का प्रयत्न करते हैं। उदाहरण के लिए, भारत, पाकिस्तान एवं बांग्लादेश जैसे देशों के मध्य बेहतर साझे सांस्कृतिक संबंधों के बावजूद राजनीतिक पहचान का मुद्दा प्रमुख बन जाता है।
- इंडोनेशिया के पूर्व शासक सुहार्तो के अनुसार, 'आसियान राज्यों के मध्य सहयोग का मूल कारण उनकी राजनीतिक इच्छाशक्ति है।' जबकि दक्षेस के मंच पर क्षेत्रीय सहयोग में अनेक बाधाएं पैदा की गईं। इसलिए वर्ष 1990 में जब आसियान के निर्माण के 23 वर्ष पूरे हुए, तो उस समय आसियान राज्यों के मध्य का आंतरिक व्यापार उनके समूचे विश्व व्यापार का 15 प्रतिशत था। जबकि विगत् 25 वर्षों

में दक्षेस राज्यों के मध्य का आंतरिक व्यापार केवल पांच प्रतिशत ही है।

- आर्थिक रूप में आसियान की प्रगति उल्लेखनीय है तथा आसियान के मंच पर साझे बाजार के निर्माण का प्रयत्न किया जा रहा है। इसके लिए आसियान देशों ने बेहतर आधारभूत ढांचे का निर्माण किया और समूचे क्षेत्र को परिवहन एवं सूचना तंत्र से जोड़ा गया। उदाहरण के लिए, थाईलैंड, मलेशिया, सिंगापुर को उत्तर-दक्षिण एक्सप्रेस राजमार्ग से जोड़ दिया गया है। क्षेत्र के सभी बड़े हवाई अड्डों और राजधानियों के मध्य नियमित विमान सेवाएं हैं। जबकि दक्षेस में भारत-पाकिस्तान के मध्य सड़क संपर्क का अभाव है। भारत को अफगानिस्तान प्रवेश के लिए ईरान से होकर जाना पड़ता है। बांग्लादेश द्वारा भारत को पारगमन सुविधाएं उपलब्ध नहीं कराई जातीं। इसलिए भारतीय विदेश नीति द्वारा दक्षेस देशों को पार-राष्ट्रीय राजमार्ग से जोड़ने पर बल दिया जा रहा है।
- आसियान देशों ने अहस्तक्षेप की नीति को कड़ाई से लागू किया। अतः म्यांमार जैसे देश में सैनिक शासन होने के बावजूद आसियान ने इसमें सीधे सैन्य हस्तक्षेप से परहेज किया, जबकि दक्षेस के मंच पर सभी पड़ोसी देश अपनी आंतरिक समस्याओं के लिए भारत को उत्तरदायी बना देते हैं, क्योंकि भारत की सीमाएं सभी दक्षेस देशों से मिलती हैं। इसलिए दक्षेस में पड़ोसी राज्यों के आंतरिक नृजातीय संघर्ष तथा राजनीतिक अस्थायित्व से सीधे भारत प्रभावित हो जाता है।

बिम्सटेक (BIMSTEC)

आसियान एवं दक्षेस को आपस में जोड़ने वाले एक नए उपक्षेत्रीय संगठन बिम्सटेक (Bay of Bengal Initiative for Multi Sectoral and Technical Cooperation) (1997) का निर्माण किया गया। इसमें भारत, बांग्लादेश, श्रीलंका एवं थाईलैंड सम्मिलित थे। बाद में इसमें म्यांमार को भी सम्मिलित किया गया तथा वर्ष 2004 में नेपाल और भूटान भी सम्मिलित हो गए। बिम्सटेक संगठन भारत द्वारा निर्मित 'एक्ट ईस्ट पॉलिसी' (लुक ईस्ट पॉलिसी) का एक भाग है। शीत युद्धोत्तर भू-अर्थ प्रधान युग में बिम्सटेक राज्यों ने 13 मूल क्षेत्रों में सहयोग का निर्णय लिया जिसमें व्यापार, निवेश, तकनीकी, ऊर्जा, परिवहन एवं संचार, पर्यटन, मत्स्य पालन, कृषि, सांस्कृतिक सहयोग, पर्यावरण एवं आपदा प्रबंधन, जनस्वास्थ्य, लोगों के मध्य संबंध, गरीबी निवारण एवं आतंकवाद का विरोध और पार-राष्ट्रीय अपराध शामिल हैं। शीत युद्धोत्तर युग में भारतीय विदेश नीति में भू-अर्थ की प्राथमिकता है। विदेश नीति पहलकारी है। सभी क्षेत्रों एवं देशों के साथ बेहतर संबंध निर्मित करने का प्रयत्न किया जा रहा है। स्वतंत्रता के बाद भारत द्वारा सभी पड़ोसी देशों के साथ बेहतर संबंध बनाने का प्रयत्न किया गया।

भारत द्वारा बिम्सटेक के अन्य देशों के साथ बेहतर संबंध निर्मित करने के अन्य तर्क निम्नलिखित हैं-

- बिम्सटेक में थाईलैंड के अतिरिक्त सभी सदस्य मूलतः भारत के पड़ोसी राज्य हैं। इसलिए बिम्सटेक के साथ बनने वाला संबंध मूलतः पड़ोसी देशों का संबंध है। विदेश नीति में सबसे बड़ी प्राथमिकता पड़ोसी देशों के साथ बेहतर संबंध निर्माण की है, जिसका भारत ने परंपरागत रूप में पालन किया है।
- 'एक्ट ईस्ट पॉलिसी' (लुक ईस्ट पॉलिसी) और 'बिम्सटेक' दोनों के साथ संबंध बेहतर करने का एक बड़ा आंतरिक कारण है। भारत के उत्तर-पूर्वी राज्यों का विकास, जिन्हें सुरक्षा बोझ के बजाय, विकास केंद्र के रूप में परिवर्तित करने की योजना है, क्योंकि उत्तर-पूर्वी राज्य भौगोलिक रूप में बिम्सटेक देशों के निकट हैं।
- दक्षेस की असफलता के कारण भारत बिम्सटेक को सुदृढ़ करने पर बल दे रहा है। इसीलिए बिम्सटेक की बैठक में अफगानिस्तान एवं मालदीव को भी आमंत्रित किया गया। वर्ष 2017 में आयोजित दक्षेस की इस्लामाबाद बैठक का भारत द्वारा बहिष्कार किया गया। जबकि बिम्सटेक देशों के साथ भारत के किसी प्रकार के विवाद नहीं हैं।

गंगा-मेकांग परियोजना

भारत द्वारा पूर्व की ओर देखो की विदेश नीति के अंतर्गत आसियान देशों के साथ संबंध सुदृढ़ किए जा रहे हैं। भारत द्वारा बिम्सटेक का गठन किया गया है तथा वर्ष 2000 में गंगा-मेकांग सहयोग की शुरुआत हुई। इसमें भारत, थाईलैंड, म्यांमार, कंबोडिया, लाओस और वियतनाम शामिल हैं। यह उल्लेखनीय है कि भारत-वियतनाम के संबंध ऐतिहासिक रूप में मधुर एवं मित्रतापूर्ण रहे

हैं। भारत-म्यांमार एक-दूसरे के पड़ोसी हैं और दोनों देशों के बीच 1,400 किमी. की सीमा मिलती है तथा बौद्ध धर्म का साझा सांस्कृतिक आधार भी है। थाईलैंड और भारत के बीच वर्तमान में अत्यधिक मित्रतापूर्ण संबंध विकसित हो चुके हैं।

इस परियोजना द्वारा पर्यटन, शिक्षा, संस्कृति और परिवहन के मुद्दे पर आपस में सहयोग किया जा रहा है। इसके लिए इस समूह में पांच कार्यकारी समूहों का गठन किया गया है, जो निम्नलिखित हैं-

- पर्यटन का कार्यदल थाईलैंड के नेतृत्व में स्थापित किया गया है।
- शिक्षा के कार्यदल का नियंत्रण भारत को दिया गया है।
- संस्कृति का प्रभार कंबोडिया के हाथों में है।
- संचार एवं परिवहन का विषय लाओस को सौंपा गया है।
- वियतनाम को कार्य योजना समूह का मुखिया बनाया गया है।

गंगा-मेकांग परियोजना की दूसरी बैठक में यह निश्चित किया गया कि इन सभी विषयों में की गई प्रगति की समीक्षा के लिए प्रत्येक दो वर्ष में एक बार बैठक होगी। इस परियोजना द्वारा भारत अपनी सॉफ्ट पावर को बढ़ाना चाहता है तथा आसियान देशों के साथ बेहतर सांस्कृतिक संबंध का निर्माण कर रहा है। भारत और गंगा-मेकांग परियोजना के देशों के बीच व्यापार और पर्यटन में वृद्धि हो रही है। भारत द्वारा इन देशों के लिए अंग्रेजी शिक्षा कार्यक्रम में सहयोग की पहल की गई है। इस सहयोग को बढ़ाने के लिए ट्रांस-एशियाई राजमार्ग तथा रेल संपर्क पर भी बल दिया जा रहा है। भारत द्वारा थाईलैंड को सीधे राजमार्ग से जोड़ा जा रहा है, जो म्यांमार होकर जाएगा।

क्षेत्रीय व्यापक आर्थिक साझेदारी और भारत

वर्ष 2020 में दस आसियान देशों और उनके पांच अन्य मुक्त व्यापार साझेदार देशों (चीन, जापान, ऑस्ट्रेलिया, न्यूजीलैंड तथा दक्षिण कोरिया) के मध्य क्षेत्रीय व्यापक आर्थिक साझेदारी (Regional Comprehensive Economic Partnership) पर हस्ताक्षर किए गए। भारत ने इस समझौते से अलग रहने का निर्णय लिया है। आर.सी.ई.पी. से अलग रहने के पीछे भारत ने इस समझौते में कई विषयों और चिंताओं पर ध्यान नहीं दिया जाना बताया है। यहां यह भी उल्लेखनीय है कि भारत एक्ट ईस्ट नीति पर विशेष बल दे रहा है और इसी कारण आर.सी.ई.पी. की सदस्यता ग्रहण न करने के भारत के फैसले को आलोचकों ने तर्कसंगत नहीं माना है।

निष्कर्ष

दक्षेस के विकास के बाधित होने के कारण भारत 'पूर्व की ओर देखो' की नीति पर अतिरिक्त बल प्रदान कर रहा है। पाकिस्तान के असहयोग के कारण दक्षेस की प्रगति में बाधा बनी हुई है, जबकि आसियान देशों के साथ भारत का कोई राजनीतिक विवाद नहीं है और आसियान देश आर्थिक क्षेत्र में लगातार प्रगति कर रहे है। इसलिए क्षेत्रीय और उपक्षेत्रीय संगठनों द्वारा 'एक्ट ईस्ट नीति' को प्रभावी बनाया जा रहा है।

अध्याय

3 दक्षिण एशियाई क्षेत्रीय सहयोग संगठन (दक्षेस)

South Asian Association for Regional Cooperation

● साझी समस्याएं ● उत्पत्ति ● उद्देश्य ● संरचना ● दक्षेस की प्रगति ● दक्षेस में विद्यमान समस्याएं ● दक्षेस एवं बिम्सटेक ● दक्षेस का भविष्य ● दक्षेस और महाशक्तियां

दक्षेस (सार्क), दक्षिण एशिया में स्थित आठ देशों का क्षेत्रीय संगठन है, जिसमें भारत, पाकिस्तान, बांग्लादेश, श्रीलंका, भूटान, नेपाल, मालदीव व अफगानिस्तान सम्मिलित हैं। ये देश भाषा, संस्कृति, रहन-सहन व जलवायु में समान हैं। दक्षिण एशिया की कुल जनसंख्या दो अरब, दस करोड़ है। यह संगठन विश्व के कुल तीन प्रतिशत भू-भाग पर फैला है तथा विश्व की कुल जनसंख्या का 21 प्रतिशत है। दक्षेस (सार्क) की स्थापना का प्रयास बांग्लादेश द्वारा आरंभ किया गया।

साझी समस्याएं

वर्तमान उदारीकरण एवं भूमंडलीकरण के बीच दक्षेस विश्व के बड़े बाजार में से एक है, जिनके बीच आर्थिक सहयोग की अत्यधिक संभावना है। नेपाल एवं भूटान के पास जल विद्युत उत्पादन की प्रभावी क्षमता है, जबकि भारत एवं पाकिस्तान ऊर्जा के बड़े आयातक देश हैं।

दक्षेस देश भौगोलिक रूप में अंतर्संबंधित हैं। क्योंकि नेपाल एवं भूटान भूमि आबद्ध देश हैं, जो व्यापार के लिए भारत पर निर्भर हैं। बांग्लादेश तीन ओर से भारत से घिरा हुआ है तथा भारतीय राज्य त्रिपुरा तीन ओर से बांग्लादेश से घिरा हुआ है। बांग्लादेश को नेपाल एवं भूटान के साथ व्यापार के लिए भारत के भू-भाग की आवश्यकता है।

अलग राष्ट्र निर्माण के बाजवूद दक्षिण एशियाई देशों की सामाजिक-आर्थिक समस्याए साझी है। बाग्लादेश, नेपाल एव अफगानिस्तान अत्यधिक गरीब राज्य हैं। जहां भारत आर्थिक विकास में सहायक हो सकता है। भारत तकनीकी एवं आर्थिक रूप में पड़ोसी देशों के विकास में सकारात्मक भूमिका का निर्वाह कर रहा है।

आतंकवाद और नशीली दवाओं का अवैध व्यापार समूचे क्षेत्र की समान समस्या है, जिसका मुकाबला करने के लिए परस्पर सहयोग आवश्यक है। आतंकवाद एवं विभिन्न नृजातीय संघर्षों के समाधान के लिए आर्थिक विकास आवश्यक है। अतः परस्पर सहयोग सभी के लिए लाभकारी है।

उत्पत्ति

1979 में दक्षेस के निर्माण का आरंभिक प्रस्ताव बांग्लादेश के राष्ट्रपति जियाउर्रहमान की ओर से दिया गया। बांग्लादेश द्वारा प्रस्तावित क्षेत्रीय संगठन का विचार अत्यधिक महत्त्वपूर्ण था, क्योंकि दक्षिण एशिया विश्व का एकमात्र ऐसा क्षेत्र था, जिसमें विभिन्न देशों की स्वतंत्रता के 40 वर्ष बाद भी किसी क्षेत्रीय संगठन का निर्माण नहीं हो सका था। क्षेत्रीय संगठन के निर्माण के प्रस्ताव पर भारत की प्रतिक्रिया आरंभिक रूप में नकारात्मक रही, जिसके निम्नलिखित कारण थे-

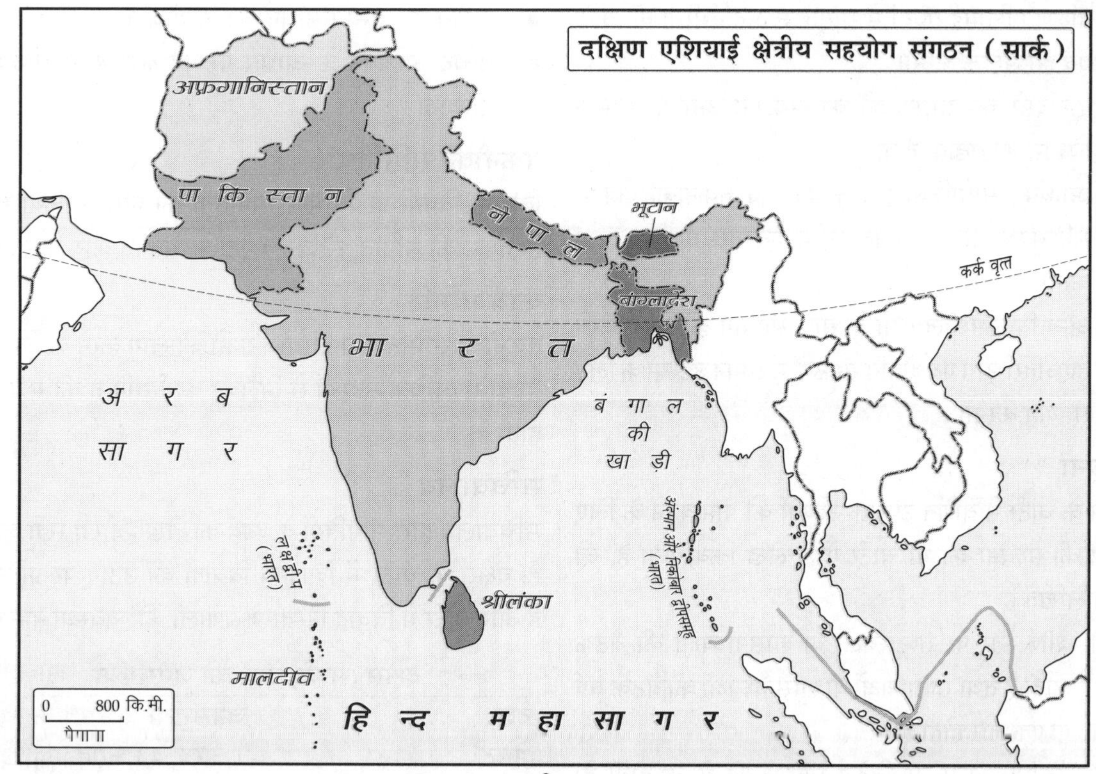

मानचित्र 35

(i) पड़ोसी देशों द्वारा सदैव भारत विरोधी नीति अपनाना।

(ii) पाकिस्तान और बांग्लादेश द्वारा द्विपक्षीय मुद्दों को अंतर्राष्ट्रीय मंचों पर उठाना।

अतः भारत, पड़ोसी देशों के प्रति संदेहपूर्ण था, क्योंकि पड़ोसी देश इस क्षेत्रीय मंच का प्रयोग द्विपक्षीय विवादों को उठाने के लिए तथा भारत को प्रतिसंतुलित करने के लिए कर सकते थे।

वर्ष 1980 के दशक में भारत ने इसके प्रति सकारात्मक दृष्टिकोण अपनाया और दक्षेस में अफगानिस्तान को भी सम्मिलित करने का प्रस्ताव किया। परंतु पाकिस्तान द्वारा इस प्रस्ताव को अस्वीकृत कर दिया गया। 1980-81 में सात दक्षेस राज्यों के मध्य परस्पर विचार-विमर्श आरंभ हुआ तथा वर्ष 1981 में कोलंबो में विदेश सचिवों की बैठक हुई और इसी वर्ष क्षेत्रीय सहयोग के विषयों के चुनाव के लिए समिति का निर्माण हुआ। वर्ष 1983 में नई दिल्ली में विदेश मंत्रियों की बैठक हुई। दक्षेस की स्थापना 8 दिसंबर, 1985 को हुई। दक्षेस की पहली बैठक 7-8 दिसंबर, 1985 को ढाका में संपन्न हुई। इसके अंतर्गत सहयोग के अनेक विषयों का चयन किया गया। जैसे- कृषि एवं संस्कृति, संचार एवं खेलकूद, शिक्षा, पर्यावरण और मौसम विज्ञान, ग्रामीण विकास, पर्यटन, परिवहन, नशीली दवाओं के व्यापार पर प्रतिबंध, महिलाओं का विकास, स्वास्थ्य और जनसंख्या संबंधी गतिविधियां, विज्ञान एवं तकनीकी जैसे क्षेत्र सम्मिलित थे।

उद्देश्य

विभिन्न क्षेत्रों में सहयोग के निर्माण के लिए समितियों का गठन किया गया तथा यह दक्षिण एशिया में एक महत्त्वपूर्ण पहल सिद्ध हुई, क्योंकि विभिन्न प्रकार के विवादों के बजाय, परस्पर सहयोग और समन्वय का निर्णय लिया गया। यह सहयोग निम्नलिखित उद्देश्यों को प्राप्त करने के लिए किया गया-

- दक्षिण एशिया के लोगों के जीवन की गुणवत्ता में वृद्धि।
- क्षेत्र के आर्थिक, सामाजिक और सांस्कृतिक विकास को तीव्र करना, जिससे सभी व्यक्तियों को गरिमामय जीवन का अवसर प्राप्त हो सके।

- दक्षिण एशियाई राज्यों में सामूहिक अंतर्निर्भरता की वृद्धि एवं इसे सशक्त करना।
- एक-दूसरे की समस्याओं को समझना और पारस्परिक विश्वास को बढ़ावा देना।
- आर्थिक, सामाजिक, सांस्कृतिक एवं तकनीकी क्षेत्र में सक्रिय सहभागिता को बढ़ावा देना एवं पारस्परिक सहायता करना।
- अन्य विकासशील देशों के साथ सहयोग को सुदृढ़ करते हुए अंतर्राष्ट्रीय एवं क्षेत्रीय संगठनों में समान उद्देश्यों के लिए सहयोग करना।

संरचना

दक्षेस के चार्टर में वर्णित उपरोक्त उद्देश्यों को प्राप्त करने के लिए दक्षेस की संरचना का भी चार्टर में उल्लेख किया गया है, जो निम्नलिखित है-

1 शीर्ष स्तर पर राष्ट्राध्यक्षों या शासनाध्यक्षों की बैठक होती है तथा राष्ट्राध्यक्षों या शासनाध्यक्षों की बैठक वर्ष में एक बार होती है।

2. द्वितीयक स्तर पर विदेश मंत्रियों की बैठक होती है। मंत्रिपरिषद की बैठक एक वर्ष में दो बार होती है। यदि आवश्यकता पड़े तो इसकी अतिरिक्त बैठक भी बुलाई जा सकती है, जिसके कार्य निम्नलिखित हैं-
   - संगठन की नीतियों का निर्माण करना।
   - सहयोग की प्रगति की समीक्षा।
   - नए क्षेत्रों में सहयोग का निर्णय।
   - यदि आवश्यक हो तो अतिरिक्त उपायों का निर्माण।
   - संगठन के सामूहिक एवं सामान्य हित के मुद्दों पर विचार-विमर्श करना।

विदेश सचिवों की बैठक

स्टैंडिंग कमेटी अर्थात् स्थायी समिति (Standing Committee) का निर्माण विदेश सचिवों से मिलकर होता है, जिसके कार्य निम्नलिखित हैं-

- सहयोग में समन्वय एवं उसका पर्यवेक्षण करना।
- कार्यक्रमों, परियोजनाओं को अनुशंसित करना एवं उनका वित्तीय प्रबंध करना।
- प्राथमिकताओं का निर्धारण।
- क्षेत्रीय एवं अन्य संसाधनों का परियोजन।
- उचित अध्ययन के आधार पर नए क्षेत्रों में सहयोग की पहचान।

तकनीकी समितियां

विभिन्न विषयों पर विभिन्न समितियों का निर्माण किया गया है। तकनीकी समिति, स्टैंडिंग कमेटी के अंतर्गत कार्य करती है।

कार्य समिति

तकनीकी समिति द्वारा परियोजनाओं को लागू करने के लिए दो या दो से अधिक सदस्यों से मिलकर कार्य समिति की स्थापना होती है।

सचिवालय

सचिवालय द्वारा समितियों के कार्य का लेखा-जोखा रखा जाता है। दक्षेस के चार्टर में द्विपक्षीय विवादों को उठाने पर प्रतिबंध है और चार्टर में विवाद निस्तारण प्रणाली की व्यवस्था नहीं है।

दक्षेस (सार्क) देशों की जनसंख्या

देश	जनसंख्या
भारत	1 अरब, 43 करोड़
पाकिस्तान	25 करोड़, 50 लाख
बांग्लादेश	17 करोड़, 40 लाख
अफगानिस्तान	4 करोड़, 30 लाख
नेपाल	2 करोड़, 96 लाख
श्रीलंका	2 करोड़, 31 लाख
भूटान	7 लाख, 96 हजार
मालदीव	5 लाख, 30 हजार

दक्षेस की प्रगति

1. आर्थिक क्षेत्र में

दक्षिण एशिया वरीयता व्यापार समझौता (SAPTA)

दक्षेस में आर्थिक सहयोग बढ़ाने हेतु वर्ष 1993 में दक्षेस वरीयता व्यापार समझौता साप्टा (SAPTA) स्वीकार किया गया। दक्षेस के सातवें सम्मेलन (ढाका में आयोजित) में साप्टा समझौते पर सभी सदस्य राष्ट्रों ने हस्ताक्षर किए। यह समझौता दिसंबर, 1995 से प्रभावी हुआ। इस समझौते का मूल उद्देश्य दक्षिण एशिया में प्रशुल्कों की कमी करना तथा गैर-प्रशुल्की बाधाओं को समाप्त करके व्यापार का उदारीकरण करना है। वरीयता व्यापार में

अल्पविकसित राष्ट्रों भूटान, नेपाल, बांग्लादेश को विशेष छूट देने का प्रावधान किया गया। साप्टा के अंतर्गत 5,500 वस्तुओं पर प्रशुल्क कम करने की बात की गई है और प्रशुल्कों में 10 से 20 प्रतिशत की कटौती का प्रावधान किया गया है। भारत ने अल्पविकसित देशों के लिए 50 से 100 प्रतिशत प्रशुल्कों में कटौती का आश्वासन दिया। वरीयता व्यापार को वर्ष 1995 से लागू किया गया। परंतु वरीयता व्यापार के समझौते में गैर-प्रशुल्की बाधाओं को हटाने पर कोई समझौता नहीं किया गया। इसके अतिरिक्त, अब तक पाकिस्तान ने भारत को सर्वाधिक वरीय राष्ट्र (MFN) का दर्जा नहीं दिया है।

दक्षिण एशिया मुक्त व्यापार समझौता (SAFTA)

दक्षेस में आर्थिक सहयोग बढ़ाने हेतु वर्ष 1993 में दक्षेस वरीयता व्यापार समझौते के पश्चात् वर्ष 2004 की इस्लामाबाद बैठक में दक्षेस को मुक्त व्यापार क्षेत्र (South Asian Free Trade Area, SAFTA) के रूप में परिवर्तित करने का निर्णय लिया गया और 1 जनवरी, 2006 से मुक्त व्यापार को लागू करने का भी निर्णय लिया गया। दक्षिण एशिया मुक्त व्यापार क्षेत्र (साफ्टा) के समझौते पर दक्षेस के इस्लामाबाद सम्मेलन में हस्ताक्षर किए गए। साफ्टा के लागू होने का समय 1 जनवरी, 2006 रखा गया तथा साफ्टा को पूर्ण रूप में प्रभावी होने का लक्ष्य वर्ष 2016 रखा गया था।

आर्थिक क्षेत्र में वर्ष 2004 के इस्लामाबाद सम्मेलन में दक्षेस को मुक्त व्यापार क्षेत्र निर्मित करने की घोषणा की गई। इसी बैठक में 'दक्षिण एशियाई विकास बैंक एवं ऊर्जा सहयोग' तथा प्रत्येक प्रकार के प्रशुल्कीय एवं गैर-प्रशुल्कीय बाधाओं को समाप्त करने पर बल दिया गया। दक्षेस को आर्थिक संघ के रूप में निर्मित करने से पहले कुछ आवश्यक शर्तें पूर्ण होनी चाहिए, जो निम्नलिखित हैं-

- श्रम एवं पूंजी बाजार का एकीकरण।
- परिवहन एवं संचार का विस्तार।
- मुक्त पारगमन सुविधाएं।
- समस्याओं के समाधान हेतु शिकायत निवारण तंत्र का निर्माण।
- ऊर्जा क्षेत्र में सहयोग।
- वित्तीय एवं मौद्रिक सहयोग।
- आर्थिक नीतियों में सामंजस्य, विशेषकर विनिमय दर और ब्याज दर में।

दक्षेस को वर्ष 2016 तक पूर्ण रूप में प्रभावी मुक्त व्यापार क्षेत्र के रूप में स्थापित करने का लक्ष्य निर्धारित किया गया था। परंतु व्यावहारिक रूप में अभी भी इस लक्ष्य को प्राप्त करने में अनेक चुनौतियां विद्यमान हैं। दक्षेस के सदस्यों के मध्य आपसी आर्थिक व्यापार उनके कुल व्यापार का मात्र पांच प्रतिशत भाग होता है, जबकि यूरोपीय यूनियन के सदस्यों का आपसी व्यापार उनके कुल व्यापार का 65 प्रतिशत भाग होता है। नाफ्टा (NAFTA) के सदस्यों के मध्य आपसी व्यापार 52 प्रतिशत है, जबकि आसियान में 26 प्रतिशत है। 2014 के बाद से दक्षेस के शिखर सम्मेलन भी स्थगित हैं।

विशेषताएं

साफ्टा के प्रावधान में दक्षेस देशों को दो भागों में विभाजित किया गया है- भारत, पाकिस्तान, श्रीलंका को विकासशील देशों में, जबकि नेपाल, भूटान, बांग्लादेश, मालदीव और अफगानिस्तान को अल्पविकसित (Least Developed Country) देशों में शामिल किया गया है। साफ्टा द्वारा दक्षेस में राष्ट्रों के मध्य वस्तुओं का व्यापार बढ़ाने का निर्णय लिया गया, जिससे सभी राष्ट्रों को लाभ प्राप्त हो और पूरे क्षेत्र का आर्थिक विकास सुनिश्चित हो सके। दक्षेस में मुक्त व्यापार का प्रावधान विश्व व्यापार संगठन के प्रावधानों के अनुसार किया गया। इसमें प्रशुल्कीय और गैर-प्रशुल्कीय दोनों प्रकार की बाधाओं को दूर करने का निर्णय लिया गया, अल्पविकसित देशों के लिए विशेष विभेदक व्यवहार का प्रावधान किया गया। गैर-अल्पविकसित देश अपने प्रशुल्कों को शून्य से पांच प्रतिशत तक नीचे करेंगे। इसके लिए वर्ष 2013 की समय सीमा निर्धारित की गई थी। अल्पविकसित देश वर्ष 2016 तक प्रशुल्कों को घटाकर शून्य से पांच प्रतिशत तक नीचे करने का प्रावधान था। मालदीव के लिए विशेष प्रावधान किया गया है। यदि कोई राज्य भुगतान संतुलन के संकट की स्थिति में है, तो वह दूसरे राज्यों को दी जा रही विशेष सुविधा स्थगित कर सकता है। इस समझौते द्वारा राज्यों के मध्य व्यापारिक विवादों को सुलझाने के लिए विवाद निस्तारण प्रणाली का भी निर्माण किया गया।

बाधाएं

अभी भी दक्षेस देशों द्वारा प्रतिबंधात्मक व्यापारिक नीतियां अपनाई जा रही हैं। दक्षेस के देश अभी भी आर्थिक सहायता के लिए बाह्य महाशक्तियों पर निर्भर हैं, जिसके कारण इन देशों को

अनुदान देने वाले राष्ट्र से वस्तुएं आयात करनी पड़ती हैं। इन देशों के उत्पाद की उच्च कीमत है, जिससे व्यापार बाधित होता है तथा भारत-बांग्लादेश एवं भारत-नेपाल के बीच भारी व्यापारिक असंतुलन बना हुआ है। व्यापार के लिए उचित आंकड़ों का अभाव है और व्यापार की जटिल प्रक्रियाएं हैं।

दक्षेस में सदस्य देशों की अर्थव्यवस्थाएं परस्पर प्रतिस्पर्धी हैं। उदाहरण के लिए, बांग्लादेश, श्रीलंका, नेपाल, भारत, पाकिस्तान और मालदीव सभी कपड़ों के मुख्य निर्यातक देश हैं। इसलिए विश्व बाजार में इनके मध्य परस्पर प्रतिस्पर्धा पाई जाती है। मालदीव, बांग्लादेश, श्रीलंका, पाकिस्तान ताजी मछलियों के बड़े निर्यातक हैं और ये विश्व बाजार में निर्यात के लिए प्रतिस्पर्धी होते हैं। भारत और श्रीलंका कटे हुए हीरे के मुख्य निर्यातक हैं, परंतु दक्षेस में कटे हुए हीरों का बाजार ही नहीं है। पाकिस्तान, भारत और श्रीलंका से चाय मंगाने के बजाय, केन्या से चाय आयात करता है, जबकि केन्या से चाय का आयात भारत से चाय के आयात की तुलना में महंगा है। पड़ोसी देशों की तुलना में भारत अनेक वस्तुओं का निर्यात कर सकता है, लेकिन पड़ोसी देश भारत की वस्तुओं की गुणवत्ता पर संदेह करते हैं। गैर-प्रशुल्कीय बाधाओं को कम करना अभी भी सबसे बड़ी चुनौती है, आधारभूत संरचना व सूचना एवं संचार का अभाव है।

वर्ष 2005 में भारत-श्रीलंका के मध्य मुक्त व्यापार का समझौता दक्षेस के विकास में एक मॉडल है, क्योंकि इस समझौते से श्रीलंका को अत्यधिक लाभ हुआ। अतः यह कहना पूर्णतया सत्य नहीं है कि मुक्त व्यापार द्वारा भारतीय अर्थव्यवस्था का पड़ोसी देशों की अर्थव्यवस्था पर पूर्णतः आधिपत्य हो जाएगा। यह बिंदु उल्लेखनीय है कि भारत का श्रीलंका के अलावा नेपाल और भूटान के साथ भी मुक्त व्यापार का समझौता हो चुका है तथा बांग्लादेश के साथ मुक्त व्यापार के समझौते के संदर्भ में विचार-विमर्श किया जा रहा है।

दक्षेस की 14वीं बैठक में अफगानिस्तान (2007) को नए सदस्य के रूप में सम्मिलित कर लिया गया तथा भारत अफगानिस्तान की वस्तुओं को भारतीय बाजारों में शुल्क मुक्त रूप में आयात की सुविधा प्रदान कर रहा है, क्योंकि अफगानिस्तान की अर्थव्यवस्था भी अल्पविकसित देशों में सम्मिलित है। वर्तमान समय में अफगानिस्तान के आर्थिक पुनर्निर्माण के लिए भारत भारी मात्रा में सहायता प्रदान कर रहा है। अतः मुक्त व्यापार के मार्ग में सबसे बड़ी बाधा पाकिस्तान का दृष्टिकोण है। पाकिस्तान की आपत्ति राजनीतिक पूर्वाग्रहों से प्रेरित है, आर्थिक तर्कों से नहीं। यद्यपि पाकिस्तान और बांग्लादेश के मध्य भी मुक्त व्यापार का समझौता है। बांग्लादेश और भारत के मध्य द्विपक्षीय व्यापार में व्यापार संतुलन, भारत के पक्ष में है, जिसके कारण बांग्लादेश, भारत के बाजारों में अपनी वस्तुओं को शुल्क मुक्त रूप में निर्यात करने के लिए दबाव बना रहा है।

साफ्टा के लाभ

विश्व व्यापार संगठन द्वारा भी क्षेत्रीय आर्थिक संगठनों के सदस्यों को सर्वाधिक वरीयता प्राप्त राष्ट्र (Most Favoured Nations) के दर्जे से छूट दी जाती है। इसलिए विकासशील देश मुक्त व्यापार के समझौते से वस्तुओं की लागत को कम कर सकते हैं तथा उत्पादन भी कुशल हो सकता है। मुक्त व्यापार समझौते से दीर्घकालिक रूप में राजनीतिक सहयोग का क्षेत्र भी खुल जाता है। पड़ोसी देशों के साथ व्यापार लाभकारी है, क्योंकि भौगोलिक निकटता के कारण व्यापार का आदान-प्रदान सस्ता एवं त्वरित होता है। भाषाई और सांस्कृतिक समानता के कारण व्यापार ज्यादा आसान होता है। मुक्त व्यापार द्वारा बाजार का विस्तार होता है और दीर्घकालिक रूप में निवेश में भी वृद्धि होती है। दक्षिण एशिया विश्व के ऐसे क्षेत्रों में है जहां व्यापार, उद्योग एवं आधारभूत संरचना के क्षेत्र में सहयोग का अभाव है। क्षेत्रीय आर्थिक एकीकरण से पूरे क्षेत्र का विकास होगा। भारत जैसे बड़े देश दक्षेस के अन्य देशों में बेहतर निवेश की क्षमता रखते हैं। यदि इस व्यापार में छोटे देश घाटे में रहते हैं, तो उनकी सहायता के लिए दक्षिण एशियाई विकास कोष की स्थापना की गई है, जिसमें 80 से 90 प्रतिशत तक का योगदान भारत एवं पाकिस्तान का होगा। इसके अतिरिक्त भारत ने छोटे देशों को एकतरफा छूट दी है तथा मुक्त व्यापार से तकनीकी एवं विज्ञान के क्षेत्रों में भी सहयोग होगा, जिसके परिणामस्वरूप अल्पविकसित देशों को लाभ होगा।

दक्षिण एशिया आर्थिक यूनियन

वर्ष 2015 तक दक्षेस कस्टम यूनियन के निर्माण की कल्पना की गई थी। यह भी कल्पना की गई थी कि यह कस्टम यूनियन, दक्षिण एशिया आर्थिक यूनियन का (वर्ष 2020 तक) मार्ग प्रशस्त करेगी, जिसमें दक्षेस राष्ट्रों की साझी मौद्रिक तथा राजस्व नीतियां होंगी

तथा प्रत्यक्ष विदेशी निवेश बढ़ाने के लिए एक साझा निवेश क्षेत्र भी होगा। दक्षेस के वाणिज्य मंत्रियों की पहली बैठक वर्ष 1996 में दिल्ली में आयोजित की गई। इसके अलावा इसी वर्ष दक्षेस का पहला व्यापार मेला भी आयोजित किया गया, जिसके माध्यम से सदस्य राष्ट्रों के व्यापारियों और औद्योगिक घरानों की भागीदारी को प्रोत्साहन मिला।

2. व्यापार को बढ़ावा देने हेतु संरचनाएं

व्यापार के मुक्त आदान-प्रदान एवं वस्तुओं की सीमापार आवाजाही के लिए प्रक्रियाओं एवं औपचारिकताओं को सरल एवं सामंजस्यपूर्ण बनाना, क्योंकि वर्तमान प्रक्रियाएं अत्यधिक जटिल, विलंबकारी एवं बाधाजनक हैं। व्यापार बढ़ाने के लिए बेहतर परिवहन एवं संचार सुविधाएं आवश्यक हैं। उदाहरण के लिए, दिल्ली से ढाका तक एक कंटेनर के आदान-प्रदान में 45 दिन लगते हैं। यदि भारत को पारगमन मार्ग उपलब्ध हो जाए, तो भारत एवं बांग्लादेश दोनों के लिए लाभकारी हैं। भारतीय राज्य त्रिपुरा से चटगांव पत्तन की दूरी केवल 75 किमी. है, जबकि अगरतला से कोलकाता की दूरी 1,645 किमी. है। यदि बांग्लादेश पारगमन मार्ग उपलब्ध करा दे, तो अगरतला से कोलकाता की दूरी केवल 350 किमी. तक सिमट जाएगी। ठीक इसी प्रकार अफगानिस्तान में प्रवेश के लिए भारत को पारगमन मार्ग उपलब्ध नहीं है। अतः भारत, अफगानिस्तान एवं मध्य एशियाई देशों में प्रवेश के लिए ईरान से होकर गुजरता है, परिणामस्वरूप सभी देशों को हानि होती है। दक्षेस में परिवहन को आसान बनाने के लिए निम्नलिखित उपाय किए जा सकते हैं-

- सीमा पर प्रशुल्कों की एकरूपता, प्रक्रियाओं का सरलीकरण एवं पारदर्शिता पर बल दिया गया है।
- आवागमन के लिए वीजा की सरलता को महत्त्वपूर्ण माना जा रहा है।
- जल परिवहन की क्षमता के प्रयोग पर भी विचार किया जा रहा है। कराची, मुंबई, कोलकाता एवं ढाका के बीच जल परिवहन का बेहतर विकास किया जा सकता है। दक्षेस की काठमांडू बैठक में एक महत्त्वपूर्ण निर्णय के अंतर्गत मोटर वाहन समझौता किया गया है। इससे भारत, नेपाल, भूटान एवं बांग्लादेश के बीच वाहनों के आवागमन की शुरुआत होगी, जिससे पर्यटन एवं व्यापार में वृद्धि होगी। हालांकि भूटान की संसद ने अभी इसको स्वीकृति नहीं दी है।

भारत तथा दक्षेस (सार्क) देशों के साथ व्यापारिक संबंध

(बिलियन डॉलर में)

क्र.सं.	देश	आयात	निर्यात	कुल व्यापार
1.	बांग्लादेश	2.00	11.46	13.46
2.	नेपाल	1.20	7.33	8.53
3.	श्रीलंका	1.40	4.11	5.51
4.	अफगानिस्तान	0.53	0.36	0.89
5.	पाकिस्तान	0.00	0.44	0.44
6.	भूटान	0.59	1.02	1.61
7.	मालदीव	0.00	0.51	0.51

दक्षेस के वर्ष 2014 के काठमांडू सम्मेलन में देशों के बीच वाहन एवं परिवहन का समझौता हुआ। इसमें भारत, बांग्लादेश, नेपाल और भूटान के बीच बस सेवा को शुरू करने पर समझौता हुआ। बस सेवा के बाद इस क्षेत्र में व्यापारिक वाहनों के आदान-प्रदान का समझौता करने की बात कही, जिससे दक्षेस के बीच व्यापार और पर्यटन की वृद्धि होगी। भारत-बांग्लादेश के बीच बस सेवा से भारत के उत्तर-पूर्वी राज्यों को लाभ प्राप्त हुआ है। भारत-नेपाल के बीच भी बस सेवा आरंभ हो गई है। पाकिस्तान ने इस समझौते को स्वीकार नहीं किया। भारत ने काठमांडू सम्मेलन में दक्षेस देशों के बीच ऊर्जा सहयोग पर भी बल प्रदान किया, परंतु पाकिस्तान के कारण ऊर्जा सहयोग का विचार स्वीकार नहीं किया गया। पाकिस्तान के अलावा अन्य राज्यों के साथ भारत के सहयोग निरंतर बढ़ रहे हैं, परंतु पाकिस्तान की सक्रिय भागीदारी के बिना दक्षेस का प्रभावी विकास संभव नहीं है।

3. सेवा क्षेत्र में सहयोग

दक्षेस के 16वें थिंपू सम्मेलन में एक महत्त्वपूर्ण निर्णय के अंतर्गत सेवा के मुक्त व्यापार पर समझौता हुआ। अभी भी दक्षेस में सेवा क्षेत्र में व्यापक उदारीकरण की आवश्यकता है। ज्यादातर दक्षेस देशों के जी.डी.पी. का एक भाग सेवा क्षेत्र से ही आता है तथा दक्षेस राज्यों के मध्य श्रम के मुक्त आदान-प्रदान पर भी विचार किया जा सकता है। यद्यपि श्रम के मुक्त आदान-प्रदान के संदर्भ में सुरक्षा चिंताएं अत्यधिक हैं। उदारीकरण के बाद निजी कंपनियों के

प्रभावशाली होने से सेवा क्षेत्र में सहयोग की असीम संभावनाएं हैं, विशेषकर पर्यटन, धार्मिक एवं तीर्थयात्राओं जैसे क्षेत्र में प्रभावी सहयोग किए जा सकते हैं।

भारत ने मई, 2017 में 'सार्क उपग्रह' (दक्षिण एशिया उपग्रह/जीसैट-9) का प्रक्षेपण किया, जो दक्षेस देशों में संचार सुविधाएं, डायरेक्ट टू होम, वीसैट (VSAT) इत्यादि उपलब्ध कराता है। यह भारत की तरफ से छोटे दक्षेस देशों को एक उपहार के रूप में प्रदान किया गया। इस उपग्रह में पाकिस्तान को सम्मिलित नहीं किया गया है।

4. वित्तीय सहयोग

दक्षेस के अंतर्गत निवेश के प्रोत्साहन पर बल दिया जा रहा है, जिससे छोटे देशों को अत्यधिक लाभ प्राप्त हो सकता है तथा छोटे देशों के प्रतिकूल व्यापार संतुलन की समस्या भी हल हो सकती है। भारतीय कंपनियों ने श्रीलंका में बड़ी मात्रा में निवेश किया है। भारतीय कंपनियां दक्षेस के अन्य देशों में भी निवेश की संभावनाओं पर विचार कर रही हैं, परंतु निवेश के संदर्भ में मूल समस्या राजनीतिक अविश्वास और सुरक्षा की है।

दक्षेस में क्षेत्रीय सहयोग के नए क्षेत्र भी खुले हैं, जिनमें अंतर क्षेत्रीय निवेश को प्रोत्साहन देना, कस्टम ड्यूटियों का सरलीकरण करना, दोहरे कराधान से बचाव इत्यादि शामिल हैं। निवेश, मध्यस्थता और दोहरे कराधान से बचाव पर गठित अंतर्सरकारी विशेषज्ञ समूह की पहली बैठक वर्ष 2004 में नई दिल्ली में आयोजित की गई। इस बैठक में 'दक्षेस मध्यस्थता परिषद' की स्थापना की संभावना पर विचार-विमर्श किया गया। बैठक के दौरान सभी दक्षेस सदस्य देश 'सीमित बहुपक्षीय कर संधि' पर सहमत हुए। एक 'कस्टम एक्शन प्लान' बनाने के लिए सहमति बनी तथा एक 'स्टैंडिंग कस्टम समन्वय समूह' का निर्माण किया गया, परंतु अभी भी ये प्रावधान पूर्णतः लागू नहीं हुए हैं। एक कस्टम सलाहकार की नियुक्ति का समझौता भी लागू नहीं हो पाया है। मानक, गुणवत्ता तथा मापन के लिए एक स्टैंडिंग समूह का गठन किया गया है।

5. ऊर्जा के क्षेत्र में सहयोग

दक्षेस के मंच पर ऊर्जा क्षेत्र में सहयोग से सभी को लाभ प्राप्त हो सकता है। इसका सबसे बेहतर उदाहरण, भारत और भूटान के मध्य विद्यमान ऊर्जा सहयोग है। इसके अतिरिक्त ईरान या मध्य एशियाई राज्यों से आने वाली गैस पाइप लाइन के लिए भारत एवं पाकिस्तान का सहयोग आवश्यक है। म्यांमार से भारत तक की गैस पाइप लाइन के लिए बांग्लादेश का सहयोग आवश्यक है। भारत-नेपाल के मध्य जल संसाधन के क्षेत्र में सहयोग की असीम संभावनाएं हैं।

6. सामाजिक एजेंडा

वर्ष 2004 में इस्लामाबाद (पाकिस्तान) में आयोजित सम्मेलन को एक मील का पत्थर कहा जा सकता है, क्योंकि इस सम्मेलन में दक्षेस सामाजिक चार्टर, दक्षिण एशियाई मुक्त व्यापार क्षेत्र के संबंध में फ्रेमवर्क समझौता और आतंकवाद के बारे में प्रोटोकॉल पर हस्ताक्षर किए गए। दक्षेस के सामाजिक चार्टर में दक्षिण एशियाई क्षेत्रों में गरीबी उन्मूलन, जनसंख्या स्थिरीकरण, महिला सशक्तीकरण, युवाओं का आवागमन, मानव संसाधन विकास, स्वास्थ्य और पोषण को बढ़ावा देना, बच्चों की सुरक्षा इत्यादि मुद्दों को शामिल किया गया है। इस चार्टर पर 12वें दक्षेस सम्मेलन इस्लामाबाद में हस्ताक्षर किए गए। इस सामाजिक चार्टर के दक्षिण एशिया में रहने वाले करोड़ों लोगों के जीवन पर दूरगामी प्रभाव होंगे। महिलाओं के मुद्दों पर ढाका की मंत्रिस्तरीय बैठक में दक्षेस का संयुक्त दृष्टिकोण स्वीकृत किया गया, जिसे बीजिंग में आयोजित चौथी विश्व महिला कॉन्फ्रेंस में प्रस्तुत किया गया। काठमांडू के 11वें दक्षेस सम्मेलन में दक्षेस देशों के विदेश मंत्रियों ने महिलाओं तथा बच्चों के दुर्व्यापार को रोकने के एक समझौते पर हस्ताक्षर किए तथा वर्ष 1990 को 'बालिका वर्ष' के रूप में घोषित किया गया। आडू सिटी (मालदीव) सम्मेलन में 'सहस्राब्दि विकास लक्ष्यों को प्राप्त करने के लिए महिलाओं के सशक्तीकरण तथा लैंगिक समानता के लिए एक विशेषज्ञ समूह का निर्माण किया गया तथा आतंकवाद के सभी रूपों की आलोचना की गई।

2001-2010 के दशक को दक्षेस का 'बाल अधिकारों का दशक' घोषित किया गया। दक्षेस के विदेश मंत्रियों द्वारा 'बाल कल्याण के क्षेत्रीय उपायों' के समझौते पर दक्षेस के काठमांडू सम्मेलन में हस्ताक्षर किए गए। दक्षेस के 12वें इस्लामाबाद सम्मेलन में भारत ने दक्षिण एशिया में गरीबी निवारण की परियोजनाओं के लिए 100 मिलियन डॉलर दिए। वर्ष 1991 में दक्षेस राष्ट्रों के विशिष्ट व्यक्तियों को शामिल कर एक स्वतंत्र 'दक्षिण एशिया गरीबी निवारण आयोग' की स्थापना की गई। 11वें दक्षेस सम्मेलन में दक्षिण एशिया गरीबी निवारण आयोग की

पुनर्संरचना की गई तथा इससे संबंधित नया आयोग वर्ष 2002 में स्थापित हुआ।

इसका चेयरमैन नेपाल के पूर्व प्रधानमंत्री बाबूराम भट्टाराई को बनाया गया तथा आयोग में प्रत्येक दक्षेस राष्ट्र से दो सदस्यों को मनोनीत किया गया। दक्षेस देशों द्वारा दक्षेस विकास बैंक की स्थापना का प्रावधान किया गया है। दक्षेस विकास कोष की औपचारिक स्थापना/शुरुआत 16वें दक्षेस सम्मेलन, 2010 (थिंपू, भूटान) में की गई। इस कोष द्वारा संस्थात्मक, मानव संसाधन परियोजनाओं तथा आधारभूत संरचना परियोजनाओं को धन मुहैया कराया जाएगा। वर्तमान में इस कोष में 570 मिलियन डॉलर हैं। वर्ष 1993 में जापान तथा दक्षेस के मध्य इस कोष की स्थापना के एम.ओ.यू. (MoU) पर हस्ताक्षर किए गए। इस कोष की स्थापना के दो लक्ष्य हैं- पहला, सदस्य देशों के मध्य किए जा रहे सहयोग को बढ़ावा देना तथा दूसरा, कोष द्वारा जापान व दक्षेस देशों के मध्य बौद्धिक आदान-प्रदान करना है। फंड की स्थापना से एक दशक तक प्रभावी तरीके से सहयोग गतिविधियों को समर्थन प्रदान किया गया। परंतु वर्ष 2002 से जापान ने फंड के प्रबंधन में सुधार की आवश्यकता के कारण कोष को धन प्रदान करना बंद कर दिया। वर्ष 2016-17 के लिए दक्षेस की सांस्कृतिक राजधानी बांग्लादेश को घोषित किया गया। दक्षेस राष्ट्रों के सांस्कृतिक संबंधों को मजबूत बनाने के लिए सदस्य देशों ने वर्ष 2016-17 को सांस्कृतिक विरासत के दक्षेस वर्ष (SAARC Year of cultural heritage) के रूप में मनाने का फैसला किया।

7. पर्यावरण

पर्यावरण की समस्या दक्षेस देशों के लिए बड़ी चुनौती है, क्योंकि पर्यावरणीय परिवर्तन से आर्थिक उत्पादन प्रभावित होता है तथा नदियों में उपलब्ध पानी कम हो रहा है। बांग्लादेश की उपजाऊ जमीन सुंदरवन में समाहित हो रही है और दक्षिण एशियाई देशों के बीच जल विभाजन की समस्याएं निरंतर उत्पन्न हो रही है। दक्षेस के सभी देश आपसी सहयोग द्वारा पर्यावरण का संरक्षण कर सकते हैं। दक्षेस के अनुसार, पर्यावरणीय समस्या का समाधान साझे, परंतु विभेदक उत्तरदायित्व के आधार पर होना चाहिए, जिसका अभिप्राय है कि पर्यावरणीय समस्या के समाधान का दायित्व सभी राज्यों का है, परंतु सभी राज्यों का योगदान एकसमान नहीं हो सकता, क्योंकि राज्यों की आर्थिक स्थिति अलग-अलग है। पर्यावरण के संबंध में अभी तक नौ मंत्रिस्तरीय बैठकें आयोजित हो चुकी हैं। दक्षेस देशों के पर्यावरणीय मंत्रियों की तीसरी बैठक वर्ष 1997 में मालदीव में आयोजित की गई थी। इस बैठक में आगामी क्योटो बैठक के संदर्भ में दक्षेस देशों का मौसम परिवर्तन के मुद्दे पर साझा दृष्टिकोण स्वीकृत किया गया। दक्षेस के पर्यावरणीय मंत्रियों की छठी बैठक थिम्पू में वर्ष 2004 में आयोजित की गई। इस बैठक में भूटान में एक 'दक्षेस वानिकी केंद्र' की स्थापना का अनुमोदन किया गया था। ऊर्जा पर तकनीकी समिति की पहली बैठक वर्ष 2002 में ढाका में आयोजित की गई। वर्ष 2005 में पाकिस्तान ने प्रस्तावित दक्षेस ऊर्जा केंद्र की मेजबानी करने का प्रस्ताव किया।

8. सांस्कृतिक सहयोग

वर्तमान में दक्षेस को राज्य केंद्रित होने के बजाय, जन केंद्रित बनाया जा रहा है। दक्षेस की प्रगति का लाभ आम लोगों को प्राप्त होना चाहिए। दक्षेस के सूचना मंत्रियों की पहली बैठक वर्ष 1998 में ढाका में आयोजित की गई। भारत में आयोजित दक्षेस सूचना मंत्रियों की तीसरी बैठक में काठमांडू में एक 'सूचना केंद' स्थापित करने का निर्णय लिया गया। दक्षेस की दृश्य-श्रव्य समिति (SAARC Audio-Visual Committee) भी कार्यरत है। टेलीविजन और रेडियो संगठन इस समिति के सदस्य होते हैं। इस समिति के माध्यम से दक्षेस देशों में कार्यक्रमों और गतिविधियों का आदान-प्रदान किया जाता है। इस्लामाबाद में आयोजित दक्षेस सूचना मंत्रियों की दूसरी बैठक में ट्यूनिश में आयोजित होने वाली 'वर्ल्ड समिट ऑन द इंफॉर्मेशन सोसायटी' में दक्षेस के साझा दृष्टिकोण को रखने का निर्णय स्वीकार किया गया।

9. आतंकवाद

आतंकवाद के दमन के लिए दक्षेस (सार्क) देशों के कन्वेंशन पर वर्ष 1987 में हस्ताक्षर किए गए। ये हस्ताक्षर तीसरी सार्क शिखर बैठक के दौरान हुए थे। इस कन्वेंशन को सभी सदस्य देशों ने अनुसमर्थन प्रदान किया। इस कन्वेंशन के प्रावधानों को प्रभाव में लाने के लिए देशों को अपने घरेलू कानून बनाने की आवश्यकता थी। भारत ने वर्ष 1993 में इस प्रकार का कानून बनाया। 11वां दक्षेस (सार्क) सम्मेलन 11 सितंबर, 2001 और 13 दिसंबर, 2001 की घटनाओं के बाद आयोजित हुआ। चौथा दक्षेस सम्मेलन वर्ष 1988 में इस्लामाबाद (पाकिस्तान) में आयोजित हुआ। इस सम्मेलन में दक्षेस (सार्क) देशों के नेता कई सकारात्मक पहलुओं

के साथ उपस्थित हुए, जिनमें मादक दवाओं तथा आतंकवाद के तरीकों को दूर करना शामिल था। सार्क देशों द्वारा वर्ष 1989 को "नशीली दवाओं के दुरुपयोग के विरुद्ध सार्क वर्ष" घोषित किया गया। पांचवां दक्षेस (सार्क) सम्मेलन वर्ष 1990 में माले (मालदीव) में आयोजित हुआ। इस सम्मेलन में क्षेत्रीय सहयोग के संदर्भ में कोई प्रगति नहीं हो सकी। इस सम्मेलन में नशीली दवाओं तथा दुर्व्यापार के बारे में एक समझौते पर हस्ताक्षर किए गए और इस सम्मेलन में आतंकवाद का मुद्दा छाया रहा। इस सम्मेलन के घोषणा-पत्र में आतंकवाद के मुद्दे पर पांच पैराग्राफ जारी किए गए थे। इस सम्मेलन में दक्षेस कन्वेंशन के पूरी तरह लागू करने की बात कही गई तथा सदस्य देशों से आतंकवाद व उनके वित्तीय क्षेत्रों व शरणस्थलियों के दमन का आह्वान किया गया। इस्लामाबाद के दक्षेस सम्मेलन में आतंकवाद के खिलाफ कन्वेंशन में एक अतिरिक्त प्रावधान पर भी हस्ताक्षर किए गए। इस प्रावधान में सदस्य देशों द्वारा आतंकवाद के वित्तीय स्रोतों पर अंकुश लगाना शामिल है। 1995 में कोलंबो में 'दक्षेस आतंकवाद अपराध मॉनिटरिंग डेस्क' (SAARC Terrorist Offences Monitoring Desk, STOMD) की स्थापना की गई।

पुलिस मामलों पर वर्ष 1996 तक दक्षेस की चार कॉन्फ्रेंस आयोजित की जा चुकी हैं। इन कॉन्फ्रेंस का लक्ष्य सदस्य राष्ट्रों द्वारा विशेषज्ञता में हिस्सेदारी करना तथा ऐसे अपराधों की जांच में सहयोग करना है, जिनका प्रभाव एक से अधिक देशों पर पड़ता है। दक्षेस सदस्य राष्ट्रों ने नशीली दवाओं के विषय में वर्ष 1990 में एक कन्वेंशन पर हस्ताक्षर किए। कोलंबो में दक्षेस नशीली दवा अपराध मॉनिटरिंग डेस्क की स्थापना की गई है। दक्षेस व संयुक्त राष्ट्र अंतर्राष्ट्रीय ड्रग्स कंट्रोल प्रोग्राम के मध्य एक एम.ओ.यू. पर हस्ताक्षर किए गए।

दक्षेस की आरंभिक बैठकों से ही आतंकवाद को समाप्त करने के लिए विभिन्न समझौते हुए, परंतु उनका वास्तविक क्रियान्वयन अभी तक नहीं हुआ। वर्ष 2005 में दक्षेस की ढाका बैठक में आतंकवाद की सभी रूपों में निंदा की गई और यह स्पष्ट कहा गया कि आतंकवाद को किसी भी रूप में औचित्यपूर्ण नहीं ठहराया जा सकता, क्योंकि आतंकवाद सभी राज्यों के लिए और इससे भी बढ़कर समूची मानवता के लिए खतरा है। सम्मेलन में आतंकवाद से लड़ने के लिए अपनाए जाने वाले दोहरे मानदंडों का भी विरोध किया गया। सदस्य देशों ने आतंकवाद के संदर्भ में संयुक्त राष्ट्र संघ सुरक्षा परिषद के प्रस्ताव संख्या-1373 को प्रभावी रूप में लागू करने पर बल दिया। यह बिंदु उल्लेखनीय है कि वर्ष 1985 की ढाका में पहली बैठक में ही आतंकवाद की समस्या का परीक्षण करने के लिए एक अध्ययन दल का गठन हुआ। वर्ष 1988 की चौथी दक्षेस (सार्क) बैठक में आतंकवाद को रोकने से संबंधित कन्वेंशन की पुष्टि की गई तथा लागू किया गया। वर्ष 1991 की कोलंबो बैठक में आतंकवाद को रोकने के लिए सभी राज्यों से विधि बनाने का आग्रह किया गया। वर्ष 1993 की ढाका बैठक में सूचनाओं के आदान-प्रदान तथा सूचनाओं की समन्वित कार्रवाई पर बल दिया गया। वर्ष 1993 में दक्षेस द्वारा नशीली दवाओं और मादक द्रव्यों से संबंधित कन्वेंशन पर समझौता हुआ।

दक्षेस में विद्यमान समस्याएं

1. सुरक्षा प्रत्यक्षण में भिन्नता

दक्षेस देशों के बीच सुरक्षा प्रत्यक्षण (Security Perception) में भिन्नता है। भारत, चीन को तथा पाकिस्तान, भारत को और अफगानिस्तान, पाकिस्तान को अपनी सुरक्षा के लिए खतरा मानता है। ऐसी परिस्थिति में क्षेत्रीय सहयोग की कल्पना निरर्थक है।

2. साझी पहचान का अभाव

आज तक दक्षिण एशियाई देशों के बीच किसी साझी पहचान का विकास नहीं हो सका। पाकिस्तान स्वयं को इस्लामी देश के रूप में मान्यता देता है। श्रीलंका अपनी निकटता दक्षिण-पूर्व एशियाई देशों से स्थापित करता है। पाकिस्तान क्षेत्रीय सहयोग के बजाय, भारत को प्रतिसंतुलित करने का प्रयास करता है। इसीलिए दक्षेस में सदैव चीन की सदस्यता का समर्थन करता रहता है।

3. राजनीतिक मुद्दे

दक्षेस के मंच पर द्विपक्षीय मुद्दों को उठाने पर प्रतिबंध है। दक्षिणी एशियाई देशों में अभी भी लोकतांत्रिक शासन स्थायी नहीं है। इनमें नृजातीय संघर्ष बने रहते हैं। इसलिए आर्थिक विकास हाशिये पर है और दक्षेस देश अभी भी भारत के प्रति मनोवैज्ञानिक रूप से भयभीत होते हैं।

4. संपर्क का अभाव

दक्षेस के मंच पर देशों के बीच संचार सुविधाओं एवं सड़क संपर्क का भी अभाव है, जिसके बिना क्षेत्रीय सहयोग की कल्पना प्रभावी नहीं हो सकती।

दक्षेस एवं बिम्स्टेक (SAARC & BIMSTEC)

दक्षेस में विद्यमान समस्या के कारण भारत द्वारा एक्ट ईस्ट नीति पर ज्यादा बल दिया जा रहा है, क्योंकि इन देशों के साथ भारत के किसी प्रकार के विवाद नहीं हैं। बिम्सटेक बैठक में मालदीव एवं अफगानिस्तान को भी आमंत्रित किया गया है जिससे यह प्रतीत होता है कि भारत पाकिस्तान के अलावा अन्य सभी दक्षेस देशों को बिम्सटेक के मंच पर आमंत्रित कर रहा है। दक्षेस के प्रति भारत की उम्मीद कम है और भारत दक्षेस के विकल्प पर विचार कर रहा है। दक्षेस में भारत-पाकिस्तान-बांग्लादेश पहले ब्रिटिश शासन के अधीन थे, अतः ये अपने आप को पृथक् दिखाने के लिए राष्ट्रवादी भावनाओं को आगे बढ़ाते हैं और पृथक् पहचान निर्मित करने पर बल देते हैं, जिससे सहयोग संभव नहीं हो पाता। वर्ष 2016 में इस्लामाबाद में आयोजित दक्षेस (सार्क) की बैठक का भारत द्वारा बहिष्कार किया गया और यह कहा गया कि दक्षेस में सहयोग संभव नहीं है क्योंकि पाकिस्तान भारत के विरुद्ध लगातार सीमापार आतंकवाद को प्रोत्साहित कर रहा है। बिम्सटेक में बांग्लादेश, भारत, म्यांमार, श्रीलंका, थाईलैंड, नेपाल एव भूटान पहले से ही सदस्य है। विगत 40 वर्षों मे दक्षेस की प्रगति अत्यधिक निराशाजनक रही है, जिससे अधिक उम्मीद करना व्यावहारिक नहीं है।

दक्षेस का भविष्य

अनेक समस्याओं के बावजूद यह उल्लेखनीय है कि दक्षेस एक बहुपक्षीय मंच है, जिसका प्रयोग भारत-पाकिस्तान द्विपक्षीय विवादों के लिए नहीं होना चाहिए क्योंकि दक्षेस चार्टर में द्विपक्षीय विवादों को उठाना प्रतिबंधित है। इसलिए दक्षेस भारत और पाकिस्तान के बीच सहयोग का एक प्रभावी मंच सिद्ध हो सकता है। पाकिस्तान एक पड़ोसी देश है, जिसका विदेश नीति में कोई विकल्प नहीं होता। अतः एक्ट ईस्ट नीति दक्षेस का विकल्प नहीं हो सकती। दक्षेस पड़ोसी देशों के बीच सहयोग का एक संस्थात्मक विकल्प प्रदान करता है, जिसके द्वारा सभी पड़ोसी देश एक साझे मंच पर उपस्थित होते हैं। अतः सहयोग की संभावना भी बढ़ती है। दक्षिण एशिया की सामाजिक-आर्थिक समस्याएं एकसमान हैं। इसलिए सहयोग से सभी को लाभ प्राप्त होगा। दक्षेस का सबसे बड़ा देश भारत है इसलिए दक्षेस को प्रभावी बनाने का दायित्व भी सर्वाधिक भारत का है।

दक्षेस और महाशक्तियां

दक्षेस का निर्माण दक्षिण एशियाई देशों के बीच आपसी सहयोग को बढ़ाने के लिए किया गया है, परंतु दक्षेस देशों द्वारा आपसी सहयोग बढ़ाने के बजाय, दूसरे राज्यों को प्रतिसंतुलित करने पर ज्यादा ध्यान दिया जाता है। पाकिस्तान द्वारा दक्षेस में चीन की सदस्यता का समर्थन किया गया। चीन की सदस्यता का समर्थन नेपाल जैसे छोटे देशों द्वारा भी किया गया। भारत ने चीन की सदस्यता का सीधा समर्थन नहीं किया। चीन को दक्षेस के पर्यवेक्षक राज्य का दर्जा दिया गया है। दक्षेस के सभी निर्णय आम सहमति से होते हैं। इसलिए चीन दक्षेस का पूर्ण सदस्य बनने से किसी भी निर्णय को रोक सकता है तथा भारत का द्विपक्षीय व्यापार नेपाल एवं भूटान के साथ सर्वाधिक है। चीन की सदस्यता के बाद भारत का व्यापार इन देशों के साथ भी पिछड़ जाएगा और भारत पहले से ही चीन के साथ व्यापारिक घाटे में है। चीन के अलावा अमेरिका, ईरान, जापान, यूरोपीय यूनियन, दक्षिण कोरिया, ऑस्ट्रेलिया, मॉरीशस, म्यांमार भी दक्षेस के पर्यवेक्षक राज्य हैं। भारत के अनुसार, पहले दक्षेस का आंतरिक विकास प्रभावी होना चाहिए तथा उसके बाद अन्य देशों को सदस्यता देने पर विचार होना चाहिए।

यह उल्लेखनीय है कि चीन के व्यापारिक और राजनीतिक संबंध पाकिस्तान, बांग्लादेश, श्रीलंका और नेपाल के साथ अत्यधिक मधुर हैं। चीन, मालदीव में भी अपनी पैठ बना रहा है और चीन, अफगानिस्तान में शांति की स्थापना के लिए तालिबानियों के साथ वार्ता कर रहा है। इसलिए चीन का दक्षिण एशिया में पहले ही प्रभाव स्थापित हो चुका है। आलोचकों के अनुसार, यदि भारत, चीन की सदस्यता का विरोध करेगा, तो वह दक्षेस में अलग-थलग पड़ सकता है और यदि चीन की सदस्यता का समर्थन करता है, तो दक्षेस में भारत का प्रभाव कम होगा।

निष्कर्ष

दक्षिण एशिया विश्व में अभी भी गरीबी, बीमारी, नृजातीय संघर्ष, आतंकवाद, परमाणु प्रसार जैसे नकारात्मक कारणों से जाना जाता है। क्षेत्रीय आर्थिक एकीकरण से इन समस्याओं का साझा समाधान संभव है। राष्ट्रवादी मान्यताओं एवं अविश्वास के कारण दक्षेस आर्थिक सहयोग का माध्यम नहीं बन सका। इसका भविष्य भारत-पाकिस्तान संबंधों पर निर्भर है।

अध्याय

4 उत्तरी अमेरिकी मुक्त व्यापार समझौता (नाफ्टा)

North American Free Trade Agreement (NAFTA)

● गठन के कारण ● कृषि क्षेत्र में समझौता ● पर्यावरणीय समझौता ● श्रम मानक ● आर्थिक पक्ष ● मुक्त आवागमन ● भविष्य की योजना ● संकट ● यू.एस.एम.सी.ए. ● मर्कोसुर

वर्ष 1991 में सोवियत संघ के विघटन के बाद विश्व में अर्थव्यवस्था का महत्त्व निर्णायक हो गया। प्रत्येक राज्य द्वारा अपनी विदेश नीति में वाणिज्य एवं व्यापार को प्राथमिकता प्रदान की गई। यूरोपीय यूनियन के प्रभावी विकास से यह सिद्ध हो गया कि आर्थिक सहयोग से ज्यादा लाभ अर्जित किया जा सकता है। अमेरिका द्वारा अपनी अर्थव्यवस्था के प्रभाव को बनाए रखने के लिए नाफ्टा के गठन की पहल की गई।

गठन के कारण

उत्तरी अमेरिकी मुक्त व्यापार समझौते (नाफ्टा) का निर्माण अमेरिका, कनाडा तथा मैक्सिको के आर्थिक समझौते द्वारा हुआ। यह समझौता 1 जनवरी, 1994 से लागू हुआ। उत्तरी अमेरिकी मुक्त व्यापार समझौते के निर्माण का मूल प्रेरक यूरोपीय यूनियन है, क्योंकि यूरोपीय यूनियन के बढ़ते एकीकरण के परिणामस्वरूप उत्तरी अमेरिकी महाद्वीप में भी क्षेत्रीय आर्थिक संगठनों के निर्माण को बढ़ावा मिला। नाफ्टा के तहत तीनों देशों के मध्य निम्नलिखित समझौते हुए।

कृषि क्षेत्र में समझौता

उत्तरी अमेरिकी मुक्त व्यापार समझौते द्वारा विश्व में पहली बार अमेरिका जैसे विकसित एवं मैक्सिको जैसे विकासशील देश के मध्य कृषि के संदर्भ में मुक्त व्यापार समझौता हुआ। यह अपने आप में विश्व का प्रथम उदाहरण है, जब किसी विकसित एवं विकासशील देश के मध्य कृषि क्षेत्र में मुक्त व्यापार समझौता हुआ तथा यह ध्यान देने योग्य है कि तीनों देशों में वस्तुओं के मुक्त व्यापार का समझौता हुआ।

उत्तरी अमेरिकी मुक्त व्यापार समझौते के मंच पर वस्तु एवं कृषि उत्पादों के व्यापार में भिन्नता रही। वस्तुओं के आदान-प्रदान के लिए तीनों राष्ट्रों के आपस में त्रिपक्षीय समझौते हुए, जबकि कृषि क्षेत्र पर तीनों राष्ट्रों ने अलग-अलग द्विपक्षीय समझौता किया। कनाडा और संयुक्त राज्य अमेरिका के द्विपक्षीय समझौते में अभी भी कृषि उत्पादों पर भारी प्रशुल्क एवं कोटा का प्रयोग किया जाता है। संयुक्त राज्य अमेरिका तथा मैक्सिको के बीच कृषि पर अलग द्विपक्षीय समझौता हुआ है तथा दोनों देशों के मध्य कृषि पर विवाद है। इसके बावजूद मैक्सिको का कृषि निर्यात 9.4 प्रतिशत वार्षिक रूप से बढ़ रहा है। संयुक्त राज्य अमेरिका और मैक्सिको के मध्य कृषि क्षेत्र में बड़ा एवं विशाल अंतर है, क्योंकि वर्ष 2000 के आंकड़ों के अनुसार, संयुक्त राज्य अमेरिका ने अपने कृषि क्षेत्र के लिए 10.1 बिलियन डॉलर की सब्सिडी प्रदान की, जो कि मैक्सिको के संपूर्ण कृषि बजट का 10 गुना है।

विकसित और विकासशील देशों के मध्य कृषि पर मुक्त व्यापार का समझौता वाकई जटिल है, क्योंकि विकासशील देशों की कृषि का आधारभूत ढांचा अत्यधिक कमजोर है, जबकि विकसित देशों में कृषि वाणिज्यिक रूप में की जाती है। उत्तरी

अमेरिकी मुक्त व्यापार समझौते के विस्तार की संभावना में मूल समस्या कृषि क्षेत्र के मुक्त व्यापार और पर्यावरण मानकों को लेकर थी। इसलिए लैटिन अमेरिकी देश क्षेत्रीय आर्थिक संगठन में शामिल होने के बजाय, परस्पर द्विपक्षीय समझौते कर रहे हैं।

पर्यावरणीय समझौता

पर्यावरण के संदर्भ में विकसित देशों में कठोर मानक अपनाए गए हैं, जबकि विकासशील देशों में ऐसे मानकों का अभाव है। इसलिए अमेरिका द्वारा पर्यावरणीय मानकों को शामिल करने पर बल दिया गया, जबकि मैक्सिको ने इसका समर्थन नहीं किया।

श्रम मानक

विकसित देशों जैसे संयुक्त राज्य अमेरिका और कनाडा में श्रम मानक अत्यधिक उच्च हैं। इसलिए विकसित देशों के ट्रेड यूनियन के दबाव के परिणामस्वरूप नाफ्टा द्वारा श्रम मानकों के संदर्भ में समझौता किया गया, जिससे विकसित देशों के रोजगार पर इसका कुप्रभाव न पड़े। मैक्सिको में श्रम अत्यधिक सस्ता है। इसलिए विकसित देशों को यह भय था कि उनकी कंपनियां विकासशील देशों में अपना निवेश करेंगी, जिससे अमेरिका और कनाडा का रोजगार प्रभावित होगा।

आर्थिक पक्ष

वर्ष 2006 के अंत तक उत्तरी अमेरिकी मुक्त व्यापार समझौते के देशों की संपूर्ण अर्थव्यवस्था का आकार 14 ट्रिलियन डॉलर था। इन तीनों देशों की जनसंख्या लगभग 42 करोड़ थी। वर्ष 1990 में इन देशों का संयुक्त निर्यात, विश्व निर्यात का 43 प्रतिशत था। जबकि वर्ष 2000 में इस संगठन के वैश्विक निर्यात का भाग 57 प्रतिशत हो गया। यह संगठन विश्व का सबसे बड़ा मुक्त व्यापार क्षेत्र है (सकल उत्पाद के संदर्भ में)। उत्तरी अमेरिकी मुक्त व्यापार समझौते के सदस्यों ने समझौते द्वारा निम्न उद्देश्य प्राप्त करने का लक्ष्य निर्धारित किया-

- व्यापार और निवेश में वृद्धि।
- रोजगार में वृद्धि एवं कार्य की परिस्थितियों एवं जीवन स्तर में सुधार।
- व्यापारिक संबंधों एवं विवादों का प्रबंध, श्रम और पर्यावरणीय नियमों को लागू करना।

उत्तरी अमेरिकी मुक्त व्यापार समझौते के निर्माण के समय कनाडा और मैक्सिको की समस्या अलग थी। उनके अनुसार, संयुक्त राज्य अमेरिका के साथ मुक्त व्यापार से उनके घरेलू उद्योग चौपट हो जाएंगे, जबकि संयुक्त राज्य अमेरिका की आशंका अलग थी। अमेरिकी इसलिए भयभीत थे, क्योंकि मुक्त व्यापार से उनके देश में रोजगार की कमी होगी। परंतु सभी देशों की आशंकाएं गलत सिद्ध हुईं। विश्व बैंक की रिपोर्ट के अनुसार, इस संगठन से सभी सदस्यों को लाभ प्राप्त हुआ है-

- वर्ष 2002 तक मैक्सिको के निर्यात में 20 प्रतिशत की वृद्धि हुई।
- मैक्सिको के प्रत्यक्ष विदेशी निवेश में 40 प्रतिशत की वृद्धि हुई।
- संयुक्त राज्य अमेरिका में रोजगार की संख्या में वृद्धि हुई।

वर्ष 1993 में संयुक्त राज्य अमेरिका में 110 मिलियन लोगों को रोजगार प्राप्त था, जो कि वर्ष 2006 में 137 मिलियन हो गया। अतः उपरोक्त तथ्यों से सिद्ध है कि मुक्त व्यापार से लाभ पारस्परिक होते हैं। यद्यपि मैक्सिको के आर्थिक आकार की तुलना में संयुक्त राज्य अमेरिका की अर्थव्यवस्था 20 गुनी है।

मुक्त आवागमन

मैक्सिको द्वारा नाफ्टा के विकास के दूसरे चरण को प्रभावी बनाने पर बल दिया गया। मैक्सिको ने लोगों के मुक्त आवागमन के विचार का समर्थन किया, जबकि अमेरिका और कनाडा लोगों के मुक्त आवागमन के विचार से सहमत नहीं हैं। अभी भी अमेरिका में बड़ी संख्या में मैक्सिको के अवैध शरणार्थी रह रहे हैं। इसलिए लोगों के मुक्त आवागमन से अमेरिका में शरणार्थियों की समस्या बढ़ जाएगी। मैक्सिको द्वारा अमेरिका में नशीली दवाओं का व्यापार भी होता है, इसलिए अमेरिका लोगों की आवाजाही को लेकर अत्यधिक सतर्क है और सितंबर, 2001 में अमेरिका पर आतंकवादी हमला हो गया। इसलिए अमेरिका ने मुक्त आवाजाही के विचार को अस्वीकृत कर दिया-

- सितंबर, 2001 के बाद सुरक्षा को लेकर सीमा पर आवाजाही को अत्यधिक प्रतिबंधित किया जाता है।
- तीनों देशों के मध्य 80 प्रतिशत व्यापार सड़क मार्ग से होता है, लेकिन आधारभूत संरचना के विकास पर बिल्कुल निवेश नहीं किया गया तथा तीनों देशों को जोड़ने वाली सड़कों के निर्माण को भी उपेक्षित किया गया।

- मैक्सिको के ट्रकों को अभी भी संयुक्त राज्य अमेरिका में सीधे प्रवेश की अनुमति नहीं है।
- बढ़ते अप्रवासियों के मुद्दे पर संयुक्त राज्य अमेरिका ने मैक्सिको की सीमा पर दीवार बनाने की पहल की, जिसका भारी विरोध हुआ।

विचारकों के अनुसार, संयुक्त राज्य अमेरिका के नेतृत्व में इस पूरे क्षेत्र में आर्थिक विकास संभव है तथा यह संयुक्त राज्य अमेरिका के हित में है कि वह उत्तरी और दक्षिणी मैक्सिको के मध्य हो रही आर्थिक विषमता को हल करने में सहयोग दे। अतः इस अमेरिकी क्षेत्र के लिए भी एक नए मार्शल प्लान की आवश्यकता है। विचारकों ने यूरोपीय यूनियन से तुलना करते हुए कहा कि यूरोपीय यूनियन में स्पेन और पुर्तगाल जैसे गरीब देशों की यूनियन के सदस्य सहायता करते हैं। इसलिए संयुक्त राज्य अमेरिका भी मैक्सिको की इसी प्रकार सहायता कर सकता है।

उत्तरी अमेरिकी मुक्त व्यापार समझौते के मंच पर उत्तरी अमेरिकी आर्थिक समुदाय निर्मित करने की पहल हुई तथा संपन्नता के लिए संधि करने का भी आह्वान किया गया। लेकिन सितंबर, 2001 के बाद 'स्मार्ट बॉर्डर' का नारा दिया गया। मार्च, 2005 में उत्तरी अमेरिका में सुरक्षा और संपन्नता की सहभागिता का समझौता हुआ। उत्तरी अमेरिकी मुक्त व्यापार समझौता विश्व में अर्थव्यवस्था के प्रभावी होने का प्रमाण है। तीनों देशों के मध्य समझौते के परिणामस्वरूप बड़ी संख्या में एक देश के श्रमिक, दूसरे देशों में गए। वर्ष 2001 में मैक्सिको के तत्कालीन राष्ट्रपति विल्सेंट फॉक्स ने लोगों की आवाजाही बढ़ाने के लिए मुक्त आवाजाही का प्रस्ताव रखा। यह ध्यान देने योग्य है कि संयुक्त राज्य अमेरिका तथा कनाडा के मध्य लोगों की मुक्त आवाजाही संभव है, लेकिन संयुक्त राज्य अमेरिका ने सितंबर, 2001 के बाद मुक्त आवाजाही के प्रस्ताव को स्थगित कर दिया, जिसके निम्न कारण हैं-

- मैक्सिको के लाखों नागरिक अवैध रूप से संयुक्त राज्य अमेरिका में रह रहे हैं।
- मैक्सिको द्वारा संयुक्त राज्य अमेरिका में अवैध नशीली दवाओं का व्यापार होता है।

अतः उत्तरी अमेरिकी मुक्त व्यापार समझौते के द्वितीय चरण की प्रगति स्थगित रही, लेकिन मैक्सिको ने उदारीकरण का पालन करते हुए वर्ष 2002 में यूरोपीय यूनियन के साथ तथा वर्ष 2004 में जापान के साथ मुक्त व्यापार समझौता किया।

भविष्य की योजना

भविष्य में एकसमान प्रशुल्क संघ निर्मित करने का प्रस्ताव है। संयुक्त राज्य अमेरिका ने एक दीर्घकालिक योजना प्रस्तुत की है, जैसे-समूचे अमेरिका महाद्वीप के मुक्त व्यापार क्षेत्र का निर्माण किया जाए, जिसमें ब्राजील के साथ सभी लैटिन अमेरिकी देशों को शामिल कर लिया जाए।

इन योजनाओं को क्रियान्वित करने में कुछ समस्याएं हैं, क्योंकि संयुक्त राज्य अमेरिका तथा लैटिन अमेरिका के मध्य मतभेद हैं तथा इस मुक्त व्यापार पर ब्राजील को आपत्ति है। संयुक्त राज्य अमेरिका की कोलंबिया और पेरू नीति पर भी ब्राजील को आपत्ति है। लैटिन अमेरिकी देशों के मध्य आपस में गंभीर विवाद हैं जैसे- इक्वाडोर और पेरू के बीच सीमा विवाद है। पराग्वे में लोकतंत्र बनाम् अधिनायकतंत्र के मध्य संघर्ष चल रहा है। Community of Latin American and Caribbean States (CELAC) जैसे संगठन भी नाफ्टा के भविष्य के लिए संदेह पैदा करते रहे हैं। कैरेबियाई और दक्षिण अमेरिकी राष्ट्रों ने लैटिन अमेरिकी देशों और कैरेबियाई देशों के समुदाय (CELAC) का गठन कनाडा तथा अमेरिका के बिना किया है। यह एक नया क्षेत्रीय संगठन है, जिसमें 33 देश सम्मिलित हैं। इन देशों की कुल आबादी लगभग 66 करोड़ है। इस संगठन में अमेरिका और कनाडा को आमंत्रित नहीं किया गया। इससे अमेरिकी राज्यों के संगठन (OAS) और अमेरिका की मुक्त व्यापार क्षेत्र के रूप में विकास (Free Trade Area of America) की संकल्पना पर भी ग्रहण लग गया है। लैटिन अमेरिकी देशों और कैरेबियाई देशों के समुदाय का विचार वेनेजुएला के पूर्व राष्ट्रपति हूगो चावेज और ब्राजील के पूर्व राष्ट्रपति लूला डिसिल्वा का है, जिन्होंने इसे वर्ष 2010 में प्रतिपादित किया।

लैटिन अमेरिकी देशों और कैरेबियाई देशों के समुदाय (CELAC) का सहयोग मर्कोसुर के साथ भी हो रहा है। इसके अलावा बोलीवियन एलायंस फॉर पीपुल्स ऑफ लैटिन अमेरिका का भी गठन किया गया है, जिसमें क्यूबा, वेनेजुएला, इक्वाडोर, बोलीविया और निकारागुआ जैसे समान विचार वाले देश सम्मिलित हैं। इससे उत्तरी अमेरिकी मुक्त व्यापार

समझौते के एकीकृत अमेरिका के विचार की संकल्पना प्रभावित होगी। लैटिन अमेरिकी देशों और कैरेबियाई देशों के समुदाय CELAC ने अमेरिका द्वारा क्यूबा पर आरोपित आर्थिक प्रतिबंध की आलोचना की और फॉकलैंड मुद्दे पर अर्जेंटीना का भी समर्थन किया।

संकट

अमेरिकी राष्ट्रपति ट्रम्प द्वारा यह कहा गया कि नाफ्टा अमेरिकी हितों के लिए नुकसानदेह है। ट्रम्प द्वारा अमेरिका में रहने वाले मैक्सिको के अवैध शरणार्थियों को अमेरिका से बाहर करने पर बल दिया गया। यह भी उल्लेखनीय है कि अमेरिकी राष्ट्रपति द्वारा ट्रांस पैसेफिक पार्टनरशिप की समाप्ति की घोषणा कर दी गई, जिससे नाफ्टा के भविष्य पर भी संकट उत्पन्न हो गया।

यू.एस.एम.सी.ए. (USMCA)

अमेरिका द्वारा नाफ्टा को अमेरिकी हितों के लिए हानिकारक कहा गया है और तत्कालीन अमेरिकी राष्ट्रपति ट्रम्प के प्रयासों से 2020 में नाफ्टा में यू.एस.एम.सी.ए. (US-Mexico-Canada Agreement) का समझौता हुआ, जिसके मूल लक्षण निम्नलिखित हैं-

1. **उत्पत्ति का नियम**- ऑटोमोबाइल उद्योग के 75 प्रतिशत उपकरण मैक्सिको में ही निर्मित होने चाहिए, तभी अमेरिका और कनाडा में इस पर शून्य शुल्क आरोपित होगा।

2. **श्रम प्रावधान**- वर्ष 2023 तक एक घंटे के लिए श्रमिकों को कम से कम 16 डॉलर का भुगतान होना चाहिए, जो ऑटोमोबाइल उद्योग में कार्य करते हैं।

3. **कनाडा के डेयरी उद्योग में अमेरिकी किसानों की पहुंच**- समझौते द्वारा कनाडा अपने डेयरी उद्योग अमेरिकी उत्पादों के लिए खोलेगा।

4. **बौद्धिक संपदा अधिकार**- अब कॉपीराइट की समय सीमा 50 वर्ष के लिए मान्य होगी। पहले यह 70 वर्ष के लिए लागू थी।

5. **सनसेट क्लॉज**- यू.एस.एम.सी.ए. का यह समझौता फिलहाल 16 वर्ष के लिए लागू होगा, जिसके बाद इसकी समीक्षा की जाएगी।

पहले नाफ्टा को भंग करने पर चर्चा हो रही थी, परंतु इसे संशोधन के साथ स्वीकार कर लिया गया, जिससे यह प्रतीत होता है कि क्षेत्रीय आर्थिक सहयोग का अभी भी महत्त्व बना हुआ है और चीन द्वारा आरसीईपी (RCEP) का निर्माण किया गया है, जो यह दिखाता है कि वर्तमान विश्व में संघर्ष के साथ सहयोग भी बना रहेगा।

मर्कोसुर

मर्कोसुर (Mercosur) लैटिन भाषा का शब्द है, जिसका अभिप्राय दक्षिण अमेरिकी राज्यों का मुक्त व्यापार क्षेत्र है। यह लैटिन अमेरिकी देशों का संगठन तथा साझा बाजार है। वर्ष 1991 में इसकी स्थापना अर्जेंटीना, ब्राजील, पराग्वे एवं उरुग्वे द्वारा की गई। वर्ष 2012 में वेनेजुएला को इसमें नए सदस्य के रूप में सम्मिलित किया गया। वेनेजुएला द्वारा अमेरिका विरोध की नीति अपनाई जाती है। अतः वेनेजुएला के मर्कोसुर में शामिल होने से दक्षिण अमेरिका एवं उत्तरी अमेरिका के बीच साझा आर्थिक सहयोग का विचार भी संकटग्रस्त हो गया। इससे यह प्रतीत होता है कि लैटिन अमेरिकी देश आपसी सहयोग द्वारा लाभ उठाना चाहते हैं। वर्ष 2016 से वेनेजुएला की सदस्यता निलंबित कर दी गई। 2024 में बोलीविया भी मर्कोसुर का पूर्ण सदस्य बन गया।

दक्षिण अमेरिकी देशों को लैटिन अमेरिका के देश भी कहा जाता है, क्योंकि यहां लैटिन भाषा बोली जाती है। दक्षिण अमेरिकी देशों में परपरागत रूप में समाजवाद का प्रभाव था और इनकी नीतियां अमेरिका विरोधी थीं तथा इन देशों में लोकतांत्रिक शासन प्रभावी नहीं था, परंतु वर्ष 1991 के बाद इन देशों में व्यापक परिवर्तन हुआ। इन देशों ने उदारवादी आर्थिक प्रणाली को अपना लिया तथा लोकतांत्रिक शासन प्रणाली को स्वीकार किया, जिसके बाद क्षेत्रीय संगठनों के निर्माण द्वारा आर्थिक सहयोग पर बल प्रदान किया।

निष्कर्ष

लैटिन अमेरिकी देशों द्वारा उदारीकरण-भूमंडलीकरण का प्रभावी प्रयोग करते हुए आर्थिक सहयोग पर बल दिया गया है। यहां पर यह उल्लेखनीय है कि यू.एस.एम.सी.ए. की सफलता काफी हद तक अमेरिका की नीतियों पर भी निर्भर है। लैटिन अमेरिका के देश आपसी आर्थिक सहयोग पर बल दे रहे हैं।

अध्याय 5

एशिया-प्रशांत आर्थिक सहयोग संगठन (एपेक)

Asia-Pacific Economic Cooperation (APEC)

● एशियाई-प्रशांत आर्थिक सहयोग संगठन ● राजनीतिक एवं सुरक्षा के मुद्दे ● चीन केंद्रित एपेक ● अमेरिका-चीन का व्यापारिक संघर्ष ● एपेक का विस्तार

एशिया-प्रशांत आर्थिक सहयोग संगठन

Asia-Pacific Economic Cooperation (APEC)

एशिया-प्रशांत क्षेत्र विश्व का बड़ा व्यापारिक भागीदारी का क्षेत्र है। 1990 के दशक में अमेरिका द्वारा थाईलैंड को किया जाने वाला निर्यात रूस से भी ज्यादा था। जबकि रूस भौगोलिक रूप से थाईलैंड के नजदीक है। अमेरिका द्वारा सिंगापुर को निर्यात इटली और स्पेन से अधिक था। इन तथ्यों से स्पष्ट है कि इस क्षेत्र का आर्थिक महत्त्व निर्विवाद है। जापान, दक्षिण कोरिया, थाईलैंड, फिलीपींस एवं ऑस्ट्रेलिया, अमेरिका के घनिष्ठ मित्र हैं। विचारकों के अनुसार, 21वीं शताब्दी में आर्थिक शक्ति का केंद्र एशिया-प्रशांत क्षेत्र होगा तथा आधुनिक युग के इतिहास में पहली बार यूरोपीय अटलांटिक विश्व के बजाय, एशिया-प्रशांत क्षेत्र आर्थिक शक्ति का केंद्र बनकर उभर रहा है। शीत युद्धोत्तर विश्व में अमेरिका के सामरिक तथा आर्थिक दोनों हित इस क्षेत्र में विद्यमान हैं। इस क्षेत्र में अमेरिका ने सदैव अपनी उपस्थिति बनाए रखी है। एपेक के माध्यम से शीत युद्धोत्तर विश्व में आर्थिक एकीकरण, व्यापारिक उदारीकरण द्वारा एक मुक्त वैश्विक अर्थव्यवस्था का समर्थन किया जा रहा है।

एपेक, एक क्षेत्रीय आर्थिक संगठन नहीं है, बल्कि आर्थिक एकीकरण और व्यापारिक उदारीकरण का प्रेरक है। इसकी स्थापना वर्ष 1989 में हुई। एपेक देशों का दुनिया के जी.डी.पी. (GDP) के लगभग 62 प्रतिशत भाग पर नियंत्रण है। दुनिया के कुल व्यापार में एपेक की भागीदारी लगभग 47 प्रतिशत है तथा दुनिया की कुल जनसंख्या का लगभग 38 प्रतिशत भाग है। एपेक का निर्माण एशिया-प्रशांत क्षेत्र में व्यापार की प्रगति के लिए किया गया। बोगार सम्मेलन वर्ष 1994 में एपेक के लिए वर्ष 2010 तक सभी प्रशुल्कों को पांच प्रतिशत से नीचे लाने का निर्णय लिया गया। विकासशील देशों को व्यापारिक प्रशुल्कों को पांच प्रतिशत से नीचे करने की समयावधि वर्ष 2020 निर्धारित की गई। इस अंतर का मूल कारण एपेक के सदस्यों में विद्यमान आर्थिक विषमता है तथा यह ध्यान देने योग्य है कि यह समयावधि राज्यों पर बाध्यकारी नहीं है। एपेक के तीन प्रमुख लक्ष्य हैं-

- व्यापार एवं निवेश में उदारीकरण।
- कारोबार में वृद्धि।
- आर्थिक और तकनीकी सहयोग।

एपेक के सदस्यों ने व्यापार में वृद्धि के लिए बाजार को खोलने, प्रशुल्कों में कटौती करने तथा व्यापार और निवेश में व्यापक बढ़ोत्तरी की है। एपेक देशों के मध्य वर्ष 1988 में औसत प्रशुल्क 16.4 प्रतिशत था, लेकिन वर्ष 2004 तक यह 6.4 प्रतिशत हो गया। एपेक के सदस्यों के मध्य व्यापार में वृद्धि हेतु लेनदेन तथा मूल्यों में कमी की जा रही है। वर्ष 2010 तक इसमें पांच प्रतिशत की और कटौती का प्रस्ताव था। व्यवसाय में बढ़ोत्तरी हेतु व्यापारिक सूचनाएं प्रदान करने

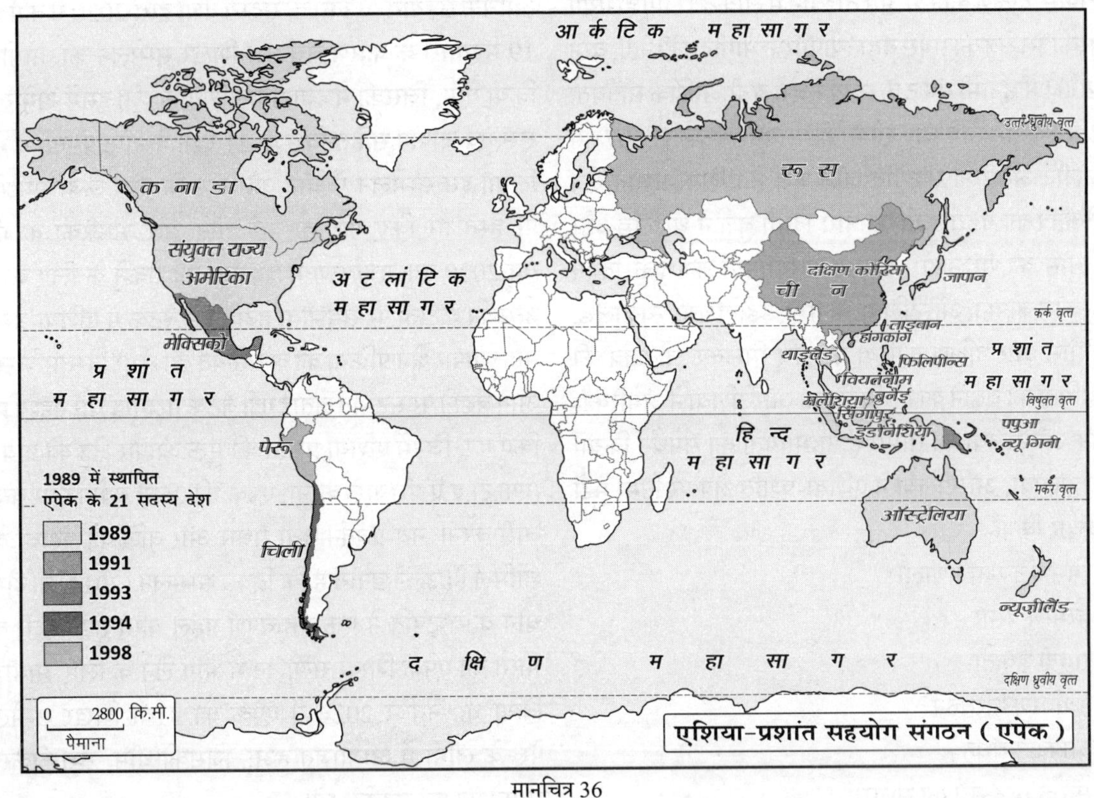

मानचित्र 36

की व्यवस्था हो रही है तथा इसके लिए नियंत्रण व्यवस्था, प्रतिस्पर्द्धी नियम तथा शासन व्यवस्था में परिवर्तन किए जा रहे हैं, जिससे आयात-निर्यात बढ़े। वस्तुओं की उत्पादन लागत में कमी हो, सस्ती वस्तुओं एवं सेवाओं की उपलब्धता हो तथा लोगों को रोजगार के अधिक अवसर प्राप्त हों। आर्थिक एवं वाणिज्यिक सहयोग को बढ़ाने हेतु तकनीकी सहयोग पर बल दिया जा रहा है ताकि प्रत्येक राज्य वैश्विक व्यापार का लाभ उठा सके। एपेक की ओसाका बैठक में 'ओसाका कार्य एजेंडा' तैयार किया गया, जिससे 'बोगोर लक्ष्यों' (Bogor Goals) को प्राप्त किया जा सके। 'ओसाका एजेंडे' में व्यापार, उदारीकरण तथा व्यापार में वृद्धि करने पर बल दिया गया। एजेंडे की घोषणाएं अग्रलिखित हैं-

- मुक्त तथा खुले व्यापार हेतु समग्र रूप से सभी बाधाओं पर विचार करना।
- अंतर्राष्ट्रीय व्यापार संगठन (WTO) के अनुरूप एपेक में भी कार्य प्रणाली पर अमल करना।
- एपेक देशों की अर्थव्यवस्था को ज्यादा प्रतिस्पर्द्धी बनाना तथा व्यापार और निवेश को उदारीकृत करना।
- एपेक सदस्यों की नियम, निर्देशन और प्रशासनिक प्रक्रिया पारदर्शी हो तथा प्रत्येक राष्ट्र वस्तु, सेवा और पूंजी के आदान-प्रदान में पारदर्शिता का पालन करे।
- एपेक में लचीली प्रक्रिया का पालन होगा, क्योंकि प्रत्येक सदस्य की क्षमता एवं आकार भिन्न-भिन्न हैं।

एपेक में अभी मुक्त व्यापार लागू नहीं है, क्योंकि यह क्षेत्रीय आर्थिक संगठनों की भांति कार्य नहीं करता। जैसे- नाफ्टा, यूरोपीय यूनियन, आसियान एवं सार्क है, जिनमें सभी में मुक्त व्यापार की व्यवस्था है।

राजनीतिक एवं सुरक्षा के मुद्दे

शीत युद्धोत्तर विश्व में इस क्षेत्र में वैचारिक ध्रुवीकरण समाप्त हो गया। सभी राज्य परस्पर सहयोग द्वारा आर्थिक लाभ एवं सुरक्षा निर्मित करने का उपाय कर रहे हैं। वर्तमान समय में चीन, वियतनाम और लाओस जैसे देशों ने बाजारवादी व्यवस्था अपना ली है।

फिलीपींस, दक्षिण कोरिया और ताइवान में लोकतंत्र लागू हो गया। अमेरिका इस क्षेत्र का सबसे बड़ा व्यापारिक भागीदार ही नहीं, वरन् वर्ष 2004 में सुनामी संकट के समय सबसे बड़ी आर्थिक सहायता करने वाला सहयोगी था। एपेक की सिडनी बैठक (2007) में तत्कालीन अमेरिकी राष्ट्रपति जॉर्ज बुश ने एशिया-प्रशांत क्षेत्र में लोकतंत्र को गहरा करने का नारा दिया। बुश ने थाईलैंड और फिलीपींस को गैर-नाटो के मुख्य सहयोगियों का दर्जा दिया। अमेरिका ने जापान, ऑस्ट्रेलिया, कनाडा, इंडोनेशिया, न्यूजीलैंड, फिलीपींस और दक्षिण कोरिया के साथ मिलकर लोकतंत्र की सहभागिता को बढ़ाने का निर्णय लिया। ऑस्ट्रेलिया ने अमेरिका-जापान-ऑस्ट्रेलिया की सामरिक सहभागिता का समर्थन किया। इसके अलावा, ऑस्ट्रेलिया ने एशिया-प्रशांत क्षेत्र पर निम्न मुद्दों पर विचार किया-

- मिसाइल रक्षा प्रणाली
- परमाणु प्रसार
- समुद्री डकैती
- पर्यावरण परिवर्तन
- आपदा प्रबंधन
- संयुक्त राष्ट्र संघ का सुधार।

एपेक की बैठकों में राजनीतिक मुद्दे अत्यधिक महत्त्वपूर्ण होते हैं। सबसे बड़ा विवाद चीन एवं ताइवान के मुद्दे पर है, क्योंकि ताइवान की सुरक्षा की गारंटी अमेरिका द्वारा प्रदान की जाती है। जबकि चीन, ताइवान को अपना एक भाग मानता है। एपेक दुनिया के उन गिने-चुने संगठनों में से है, जिनका ताइवान सदस्य है। ताइवान अभी तक संयुक्त राष्ट्र संघ का भी सदस्य नहीं है।

अमेरिका का मूल उद्देश्य चीन के बढ़ते आकार, शक्ति एवं महत्त्वाकांक्षा में कटौती करना है, क्योंकि चीन, अमेरिका के लिए भविष्य में सबसे बड़ी चुनौती के रूप में उभर रहा है। इसलिए भविष्य की विश्व व्यवस्था के निर्धारण में अमेरिका तथा चीन के संबंध निर्णायक होंगे।

फ्रीडमैन के अनुसार, भविष्य में जापान और चीन के मध्य संघर्ष अवश्य होगा। दूसरे दृष्टिकोण के अनुसार, वर्तमान भूमंडलीकृत अंतर्निर्भर विश्व में राज्यों के मध्य अंतर्निर्भरता में वृद्धि होगी और संघर्ष कम होंगे, क्योंकि सभी महाशक्तियां विश्व व्यवस्था को बनाए रखकर ही अपना हित पूरा कर सकती है। एशिया-प्रशांत आर्थिक सहयोग (एपेक) के सदस्य देशों द्वारा 2020 में कोविड-19 महामारी के कारण वर्चुअल शिखर सम्मेलन का आयोजन किया गया, जिसकी मेजबानी मलेशिया ने की। इसमें अमेरिका, रूस एवं जापान सहित विश्व के 21 देशों के राष्ट्र प्रमुखों ने भाग लिया। इस सम्मेलन में चीन और रूस के बीच ऊर्जा समझौतों पर हस्ताक्षर किए गए, तो वहीं चीन और अमेरिका के बीच वर्ष 2020 तक पर्यावरण में बदलाव को रोकने के लिए कार्बन उत्सर्जन कटौती पर समझौता हुआ। इस बैठक में एशिया-प्रशांत मुक्त व्यापार क्षेत्र प्रक्रिया को व्यवस्थित ढंग से पूरे विस्तार के साथ आगे बढ़ाने पर सहमति जताई गई। बैठक में प्रमुख चार उद्देश्य प्राप्त किए गए, जिनमें एशिया प्रशांत की मुक्त व्यापार क्षेत्र की प्रक्रिया (एफ.टी.ए.ए.पी) शुरू करना, एपेक की 25वीं वर्षगांठ पर बयान जारी करना, नव-प्रवर्तन तथा सुधार और वृद्धि को बढ़ावा देना शामिल है। उल्लेखनीय है कि ब्रिक्स सम्मेलन (2014) के दौरान चीन के राष्ट्रपति ने एक महत्त्वपूर्ण पहल करते हुए पहली बार भारत को एपेक शिखर सम्मेलन में भाग लेने के लिए आमंत्रित किया था। नवंबर 2024 में एपेक का 31वां शिखर सम्मेलन पेरू के लीमा में आयोजित हुआ, जिसकी थीम 'सशक्तीकरण, समावेशन एवं प्रवर्तन' थी।

चीन केंद्रित एपेक

21वीं शताब्दी में एशियाई-प्रशांत क्षेत्र आर्थिक विकास एवं शक्ति के केंद्र के रूप में उभर रहा है। चीन के प्रभावी आर्थिक उभार के कारण इस क्षेत्र का महत्त्व लगातार बढ़ रहा है। वर्ष 2014 में एपेक की बैठक शंघाई में आयोजित की गई। इस सम्मेलन में चीन का बढ़ता प्रभाव स्पष्ट रूप में देखा गया। एशियाई-प्रशांत क्षेत्र पर परंपरागत रूप से अमेरिका का वर्चस्व रहा है। परंतु चीन द्वारा इस प्रभाव को समाप्त करने का प्रयत्न किया जा रहा है। वर्तमान में इस क्षेत्र में स्थित देशों के साथ सबसे बड़ा आर्थिक व्यापार चीन के साथ है। इसलिए एपेक में चीन का महत्त्व बढ़ रहा है तथा रूस द्वारा भी चीन का सहयोग किया जा रहा है, क्योंकि अमेरिका और यूरोपीय यूनियन द्वारा रूस पर आर्थिक प्रतिबंध लगाया गया है, जिसका सामना करने के लिए रूस, चीन के साथ प्रभावी संबंधों का विकास कर रहा है। कुछ लोगों के अनुसार एपेक को चीन केंद्रित कहने के बजाय, एशिया केंद्रित कहना ज्यादा बेहतर होगा, क्योंकि वर्तमान में एशिया का उभार हो रहा है।

अमेरिका-चीन का व्यापारिक संघर्ष

अमेरिका-चीन के व्यापारिक संघर्ष के कारण क्षेत्रीय आर्थिक सहयोग प्रभावित होना स्वाभाविक है, क्योंकि अमेरिका का आरोप है कि चीन बाजारवादी नियमों का पालन नहीं कर रहा है तथा अमेरिका के बौद्धिक संपदा अधिकारों की चोरी भी कर रहा है। अमेरिका द्वारा चीन पर आधिपत्यवादी नीतियां अपनाने का भी आरोप लगाया गया है, जिससे एपेक का प्रभावित होना स्वाभाविक है।

एपेक का विस्तार

21 सदस्यीय एपेक की सदस्य संख्या में विस्तार की योजना है और भारत इसमें शामिल होने वाले बड़े दावेदारों में से एक है। भारत का समर्थन अमेरिका, जापान एवं ऑस्ट्रेलिया ने किया है तथा अन्य राज्यों में मंगोलिया है। यह बात ध्यान देने योग्य है कि मंगोलिया साम्यवादी व्यवस्था छोड़कर लोकतांत्रिक व्यवस्था अपना चुका है। सदस्यता के अन्य दावेदारों में पाकिस्तान, कोलंबिया और इक्वाडोर हैं। एपेक का यह विस्तार पहले ही किया जाना था, लेकिन वर्ष 1997 के एशियाई वित्तीय संकट के कारण इसे टाल दिया गया। इस संगठन में भारत के शामिल होने का कुछ देश समर्थन करते हैं, तो दूसरी ओर कुछ देशों का यह कहना है कि भारत के शामिल होने से एपेक का संतुलन एशियाई पक्ष में हो जाएगा।

निष्कर्ष

एशिया-प्रशांत 21वीं शताब्दी के आर्थिक विकास के केंद्र के रूप में उभर रहा है। इस क्षेत्र में सर्वाधिक क्षेत्रीय आर्थिक संगठनों का निर्माण किया गया है। परंतु ट्रांस-पैसेफिक पार्टनरशिप की समाप्ति के बाद इस क्षेत्र में आर्थिक एकीकरण पर संदेह व्यक्त किया जा रहा है। भारत के बढ़ते प्रभाव के परिणामस्वरूप भारत की दावेदारी भी महत्त्वपूर्ण है।

अध्याय

6 क्षेत्रीय समूह

Regional Groups

● ब्रिक्स ● इब्सा ● समूह-7 ● समूह-20 ● एशिया में विश्वास निर्माण एवं अंतःक्रिया पर आयोजित कॉन्फ्रेंस ● समूह-77 ● लैटिन अमेरिकी और कैरेबियाई देशों का संगठन ● अमेरिकी राज्यों का संगठन ● यूनासुर ● पेट्रोलियम निर्यातक देशों का संगठन

क्षेत्रीय समूह एवं संगठन सदैव अंतर्राष्ट्रीय राजनीति में महत्त्वपूर्ण रहे हैं। शीत युद्ध के दौर में सैनिक संगठनों का महत्त्व था, जबकि शीत युद्धोत्तर विश्व में आर्थिक संगठनों एवं समूहों का महत्त्व बढ़ रहा है, इसे बहुपक्षीय कूटनीति (Multilateral Diplomacy) भी कहा जाता है।

1. ब्रिक्स (BRICS)

विश्व में सदैव यूरोप तथा अमेरिका का आर्थिक प्रभुत्व रहा है। परंतु वर्ष 2008 की आर्थिक मंदी के बाद यूरोपीय एवं अमेरिकी अर्थव्यवस्था मंदी की शिकार हुई और विकासशील देशों की आर्थिक विकास दर में वृद्धि हुई। अतः विकासशील देश विश्व अर्थव्यवस्था के विकास के इंजन के रूप में काम कर रहे हैं। विकासशील देशों द्वारा आपसी सहयोग को बढ़ाने के लिए विभिन्न क्षेत्रीय संगठनों एवं समूहों का गठन किया गया है, जिनमें ब्रिक्स अत्यधिक महत्त्वपूर्ण है।

स्थापना

ब्रिक्स शब्द का प्रयोग जिम-ओ-निल (Jim-O-Neill) द्वारा किया गया, जिन्होंने विश्व की चार बड़ी अर्थव्यवस्थाओं के लिए इस शब्द का प्रयोग किया, जिसमें ब्राजील, रूस, भारत एवं चीन शामिल हैं तथा बाद में इसमें दक्षिण अफ्रीका को भी शामिल कर लिया गया है। ब्रिक्स की स्थापना वर्ष 2009 में हुई। इसका पहला सम्मेलन रूस में हुआ। यह उल्लेखनीय है कि वर्ष 2008 के बाद अमेरिका और यूरोप में आर्थिक मंदी का संकट था तथा इसका प्रभाव समूची विश्व अर्थव्यवस्था पर देखा गया। वर्ष 2010 में ब्रिक्स में दक्षिण अफ्रीका को भी शामिल कर लिया गया। वर्ष 2023 में हुए 15वें ब्रिक्स सम्मेलन में मिस्र, ईरान, संयुक्त अरब अमीरात और इथोपिया को शामिल करने का निर्णय लिया गया, जिससे ब्रिक्स प्लस (BRICS+) बना। 2025 में इसमें इंडोनेशिया भी शामिल हो गया।

महत्त्व

ब्रिक्स प्लस (BRICS+) देशों की जनसंख्या समूचे विश्व की जनसंख्या का 45 प्रतिशत है। इनका भू-भाग, विश्व के भू-भाग का 30 प्रतिशत है। ब्रिक्स प्लस की जी.डी.पी. विश्व की जी.डी.पी. का 37 प्रतिशत है। गोल्डमैन सैचस् (Goldman sachs) की रिपोर्ट के अनुसार, 'आने वाले समय में ब्रिक्स देशों की अर्थव्यवस्थाएं G-7 की अर्थव्यवस्था से बड़ी होगी।' यद्यपि यह उल्लेखनीय है कि ब्रिक्स प्लस में चीन की अर्थव्यवस्था अन्य सदस्य देशों के कुल आर्थिक आधार से भी बड़ी है।

साझा तत्त्व

ब्रिक्स के सभी देश अपने क्षेत्रों का नेतृत्व करने वाले देश हैं और इन देशों की अर्थव्यवस्थाएं दुनिया की तेजी से बढ़ती

हुई अर्थव्यवस्थाएं हैं। चीन, भारत एवं ब्राजील जैसे देशों को वर्तमान विश्व अर्थव्यवस्था का इंजन कहा जा रहा है। ये सभी देश विकासशील देशों का प्रतिनिधित्व करते हैं। वर्तमान आर्थिक मंदी के युग में इन देशों की अर्थव्यवस्थाओं का महत्त्व निर्णायक है। दुनिया में पहली बार ऐसा हो रहा है कि जब विकासशील देश आर्थिक शक्ति का केंद्र बनकर उभर रहे हैं। ये सभी देश विश्व की प्रभावी और महत्त्वपूर्ण बहुपक्षीय संस्थाओं के सदस्य भी हैं। जैसे- विश्व व्यापार संगठन, संयुक्त राष्ट्र संघ, G-20 और जलवायु परिवर्तन पर संयुक्त राष्ट्र फ्रेमवर्क आदि।

ब्रिक्स देशों में मतभेद

सीरिया के राष्ट्रपति असद को हटाने के संबंध में अरब लीग द्वारा पारित प्रस्ताव का भारत, ब्राजील और दक्षिण अफ्रीका ने समर्थन किया, जबकि चीन ने इसके विरोध में मत दिया। भारत और चीन के बीच पहले से ही सामरिक प्रतिद्वंद्विता विद्यमान है।

अंतर्राष्ट्रीय मुद्रा कोष (International Monetary Fund)

अंतर्राष्ट्रीय मुद्रा कोष (IMF) द्वारा विभिन्न सदस्य देशों को भुगतान संतुलन संकट के दौरान आर्थिक सहायता प्रदान की जाती है। आर्थिक सहायता प्राप्त करने वाले राज्यों को मुद्रा कोष की शर्त भी माननी पड़ती हैं। इस संस्था पर विश्व के प्रमुख सात विकसित देशों का आधिपत्य है जिनमें अमेरिका, जर्मनी, जापान, ब्रिटेन, फ्रांस, कनाडा एवं इटली हैं। इनका वित्तीय योगदान कोष के कुल योगदान का 50 प्रतिशत से ज्यादा है। इसमें जिन राज्यों का जिस अनुपात में वित्तीय योगदान होता है उसी अनुपात में उन्हें मतदान का अधिकार होता है। कोष का निदेशक यूरोपीय ही हो सकता है जिससे यह प्रतीत होता है कि समूची वैश्विक वित्तीय व्यवस्था पर विकसित देशों का प्रभुत्व है। ब्रिक्स विकास बैंक द्वारा पहली बार इसका एक विकल्प रखने का प्रयास किया गया।

ब्रिक्स विकास बैंक (नव-विकास बैंक)

ब्रिक्स का वर्ष 2012 का सम्मेलन भारत में हुआ और नई दिल्ली घोषणा-पत्र में कई मुद्दों को उठाया गया। ब्रिक्स देशों ने एक अलग विकास बैंक बनाने का निर्णय किया। यह एक प्रकार से अंतर्राष्ट्रीय मुद्रा कोष का विकल्प होगा, जो विकासशील देशों की विकास की समस्या को हल करेगा। वर्ष 2014 में ब्रिक्स विकास बैंक का गठन किया गया, जो विकासशील देशों का पहला प्रभावी और बहुपक्षीय विकास बैंक है। बैंक का मुख्यालय चीन के शंघाई में है। दक्षिण अफ्रीका में इसके क्षेत्रीय कार्यालय की स्थापना की गई है। बैंक के बोर्ड ऑफ गवर्नर का अध्यक्ष रूस होगा तथा ब्राजील को बोर्ड ऑफ डायरेक्टर का मुखिया बनाया गया है। बैंक का आरंभिक कोष 50 बिलियन डॉलर का है, जिसमें सभी सदस्यों का समान योगदान है और इसे बाद में बढ़ाकर 100 बिलियन डॉलर कर दिया जाएगा। इसमें प्रत्येक देशों को समान मतदान का अधिकार दिया गया है। अतः सभी सदस्यों का समान महत्त्व रहेगा। वर्तमान में इसमें नौ सदस्य हैं। ब्रिक्स देशों के अलावा इसमें बांग्लादेश, संयुक्त अरब अमीरात, मिस्र और अल्जीरिया को भी शामिल किया गया है।

नव-विकास बैंक द्वारा सदस्य देशों के लिए आधारभूत संरचना के विकास एवं सतत् विकास की परियोजनाओं के लिए आर्थिक सहायता प्रदान की जाएगा। जबकि अंतर्राष्ट्रीय मुद्रा कोष द्वारा भुगतान संतुलन के संकट के दौरान आर्थिक सहायता प्रदान की जाती है। यह उल्लेखनीय है कि ब्रिक्स के पांचों देशों में से भारत की आधारभूत संरचना सर्वाधिक पिछड़ी है। ब्रिक्स विकास बैंक अंतर्राष्ट्रीय मुद्रा कोष कोटा प्रणाली में सुधार के लिए भी दबाव समूह का कार्य कर रहा है। यह भी माना जाता है कि ब्रिक्स बैंक को सफल बनाने के लिए डोकलाम विवाद को चीन ने शांतिपूर्ण तरीके से हल करने पर बल दिया। अतः ब्रिक्स विकास बैंक भारत चीन संबंधों का एक नवीन, बहुपक्षीय एवं नवीन आधार प्रस्तुत करता है। BRICS विकास बैंक तथा एशियाई आधारभूत संरचना निवेश बैंक द्वारा चीन वैश्विक रूप में अमेरिका के प्रभुत्व को चुनौती दे रहा है तथा एशिया में जापान की प्राथमिकता के लिए भी बड़ी चुनौती बनकर उभर रहा है। चीन की आर्थिक विकास दर में कमी आई है। भारत की आर्थिक विकास दर भी अपेक्षित नहीं है तथा तेल की गिरती कीमतों के कारण एवं अमेरिका और यूरोप द्वारा लगाए प्रतिबंधों की वजह से रूसी अर्थव्यवस्था भी खस्ताहाल है। ब्राजील तथा दक्षिण अफ्रीका के समक्ष राजनीतिक अस्थिरता का संकट बना हुआ है।

भारत का दृष्टिकोण

चीन की अर्थव्यवस्था अन्य सभी देशों की अर्थव्यवस्थाओं से बड़ी है। इसलिए इस बैंक में चीन का स्वाभाविक प्रभुत्व होगा। इस बैंक के माध्यम से चीन अपनी मुद्रा युआन को एक अंतर्राष्ट्रीय मुद्रा बनाने का प्रयत्न करेगा। स्वाभाविक रूप में बैंक का मुख्यालय

भी चीन में है, जिस पर अन्य देशों को आपत्ति है। ब्रिक्स देशों ने यह निर्णय किया कि विकासशील देशों को उनके विकास के लिए उनकी स्थानीय मुद्रा में सहायता दी जाएगी। आरंभिक संदेह के बाद भारत ने इस बैंक का सदस्य बनने का निर्णय किया, क्योंकि चीन के साथ आर्थिक क्षेत्र में सहयोग द्वारा भारत का भी आर्थिक विकास होगा। चीन के साथ विद्यमान राजनीतिक विवादों के कारण चीन के साथ आर्थिक सहयोग बाधित करना उचित नहीं है।

एशियाई आधारभूत संरचना निवेश बैंक

(Asian Infrastructure Investment Bank, AIIB)

चीन के प्रभावी आर्थिक उभार का समूची विश्व अर्थव्यवस्था पर प्रभाव देखा जा सकता है। चीन द्वारा बैंक की स्थापना करके अंतर्राष्ट्रीय मुद्रा कोष, विश्व बैंक तथा एशियाई विकास बैंक का विकल्प रखने का प्रयत्न किया जा रहा है। अमेरिका और विकसित देशों द्वारा इन परंपरागत बैंकों पर नियंत्रण स्थापित किया गया है। परिणामस्वरूप इन बैंकों से एशियाई देशों को पर्याप्त आर्थिक सहायता नहीं मिल पाती है और विकासशील देशों में आधारभूत संरचना का विकास सबसे मुख्य चुनौती है।

एशियाई आधारभूत संरचना निवेश बैंक के संस्थापक सदस्यों में ऑस्ट्रेलिया, अजरबैजान, बांग्लादेश, ब्रुनेई, कंबोडिया, चीन, जॉर्जिया, भारत, इंडोनेशिया, ईरान, पाकिस्तान, दक्षिण कोरिया, श्रीलंका, वियतनाम, नेपाल, मंगोलिया, मालदीव, इजरायल, कजाकिस्तान, किर्गीस्तान, न्यूजीलैंड, ओमान, रूस, सिंगापुर, सऊदी अरब जैसे प्रमुख देश हैं। इसके अतिरिक्त, ऑस्ट्रिया, ब्राजील, मिस्र, फ्रांस, जर्मनी, इंग्लैंड जैसे देश इसके सदस्य हैं। यह बैंक ब्रिक्स विकास बैंक से तकनीकी रूप में अलग है, क्योंकि इस पर चीन का प्रभुत्व है, जबकि ब्रिक्स विकास बैंक में पांचों सदस्यों की समान भागीदारी है।

यह बैंक केवल आर्थिक रूप में महत्त्वपूर्ण नहीं है, बल्कि इसका अत्यधिक राजनीतिक एवं सामरिक महत्त्व है। एशियाई विकास बैंक पर जापान का प्रभुत्व बना हुआ है, जिसे चीन परिवर्तित करना चाहता है। अमेरिका द्वारा अपने सहयोगी देशों को इस बैंक में शामिल होने से रोका गया। ऑस्ट्रेलिया और दक्षिण कोरिया, अमेरिका की आपत्ति के बावजूद इसके सदस्य बन गए। इस बैंक द्वारा चीन की प्रस्तावित समुद्री सिल्क परियोजना के विकास के लिए वित्त उपलब्ध कराया जाएगा। भारत द्वारा इस बैंक की सदस्यता भारत के परिवर्तित व्यावहारिक दृष्टिकोण का परिणाम है, क्योंकि अलग-थलग रहकर चीन के बढ़ते प्रभाव को रोकना कठिन है, बल्कि आर्थिक क्षेत्र में चीन और भारत सहयोग द्वारा साझे लाभ उठा सकते हैं। इस बैंक में आरंभ में 50 बिलियन डॉलर से 100 बिलियन डॉलर की राशि जमा की जाएगी। इन संस्थाओं की स्थापना के कारण यह कहा जा रहा है कि 21वीं शताब्दी चीन की शताब्दी होगी।

क्षेत्रीय व्यापक आर्थिक भागीदारी (Regional Comprehensive Economic Partnership)

वर्ष 2020 में चीन द्वारा क्षेत्रीय व्यापक आर्थिक भागीदारी (RCEP) की नींव रखी गई, जो चीन के बढ़ते प्रभुत्व का उदाहरण है और राज्यों के बीच बढ़े आर्थिक सहयोग को प्रदर्शित करता है। इसमें आसियान के सभी सदस्य देश शामिल हैं। इसके अतिरिक्त चीन, जापान और दक्षिण कोरिया भी सम्मिलित हैं। ऑस्ट्रेलिया और न्यूजीलैंड भी इसके सदस्य हैं। एक ओर, कोविड-19 के बाद चीन का विरोध बढ़ रहा है, तो दूसरी ओर, चीन के ऊपर सभी राज्य आर्थिक रूप में निर्भर हो रहे हैं। यह अमेरिका के प्रभुत्व के लिए खुली चुनौती भी है। आरसीईपी के गठन से यह प्रतीत होता कि विश्व में नवीन शीत युद्ध का तर्क देना उचित प्रतीत नहीं होता क्योंकि जापान और चीन के बीच भले ही सामरिक संघर्ष कायम हो, परंतु आर्थिक अंतरनिर्भरता भी बनी हुई है। इसलिए वर्तमान विश्व अत्यधिक जटिल है। भारत के लिए यह सबसे बड़ी चुनौती है क्योंकि चीन के साथ सीमा विवाद कायम है, जबकि चीन आर्थिक रूप में समूचे विश्व में अपना प्रभाव स्थापित कर चुका है। भारत इसका सदस्य नहीं है, जिससे भारत के लिए आर्थिक चुनौती बनी हुई है। और चीन के व्यापार घाटे के कारण भारत इसमें शामिल नहीं हुआ।

2. इब्सा (IBSA)

इब्सा का अभिप्राय, भारत, ब्राजील एवं दक्षिण अफ्रीका से मिलकर बनने वाला समूह है। वर्ष 2001 में विश्व व्यापार संगठन में दोहा विकास वार्ता आरंभ हुई, जिसमें विकसित एवं विकासशील देशों के मध्य गहरे मतभेद उत्पन्न हो गए। विकासशील देशों ने विश्व व्यापार संगठन के मंच पर विकासशील देशों के हितों के संरक्षण का प्रयत्न किया। इसलिए इस समूह का गठन किया गया।

वर्तमान विश्व में भारत, ब्राजील, दक्षिण अफ्रीका जैसे देशों का प्रभावी उभार हो रहा है। इसलिए विकासशील देश भी शक्ति के नए केंद्र के रूप में उभर रहे हैं। विश्व में शक्ति का केंद्र यूरो अटलांटिक से एशिया-प्रशांत की तरफ परिवर्तित हो रहा है। यह दुनिया में बड़ा बदलाव है। इब्सा का निर्माण, विश्व व्यापार संगठन की वर्ष 2003 की कानकुन बैठक की असफलता के बाद किया गया। इसमें भारत, ब्राजील और दक्षिण अफ्रीका ने मिलकर इब्सा के निर्माण की नींव रखी। इसका पहला शिखर सम्मेलन वर्ष 2006 में ब्राजीलिया (ब्राजील) में हुआ।

उद्देश्य

इसका मूल उद्देश्य इन तीनों राज्यों के बीच कई मुद्दों पर विचार-विमर्श करना है, जिसके लिए इन्होंने सोलह कार्यकारी समूहों की स्थापना की है। इसके द्वारा कृषि, जलवायु परिवर्तन, पर्यावरण, शिक्षा, ऊर्जा, स्वास्थ्य, विज्ञान एवं तकनीकी, पर्यटन, व्यापार, संस्कृति और रक्षा संबंधों में सहयोग की पहल की गई तथा दक्षिण-दक्षिण सहयोग एवं विकासशील देशों के समूह गुटनिरपेक्ष आंदोलन (NAM), समूह-77 (G-77), एशिया-अफ्रीका बैठक, आसियान, दक्षेस इत्यादि पर बल दिया गया। इब्सा, दक्षिण-दक्षिण सहयोग का अनूठा उदाहरण है, जिसके द्वारा यह प्रयत्न किया जा रहा है कि विकासशील देशों को इस वर्तमान विश्व व्यवस्था में एक सम्मानजनक स्थान प्राप्त हो।

विशेषता

इब्सा के मंच पर तीनों देश लोकतांत्रिक हैं। ये तीन महाद्वीपों का प्रतिनिधित्व करते हैं और ये अपने क्षेत्र की उभरती और बड़ी अर्थव्यवस्थाएं हैं। इन देशों में विदेश नीति के मुद्दे पर भी आपस में सहयोग विद्यमान है। तीनों देशों के बीच सामरिक सहभागिता का संबंध भी है। इब्सा के सभी देशों का विश्व के अनेक मुद्दों पर साझा दृष्टिकोण भी है, जिसमें संयुक्त राष्ट्र संघ सुरक्षा परिषद में सुधार, जलवायु परिवर्तन, उचित व्यापारिक व्यवस्था और विश्व व्यापार संगठन में परस्पर सहयोग शामिल है। इब्सा के सदस्य देशों ने भारत-अमेरिका सिविल परमाणु समझौते (2005) का भी समर्थन किया।

भारत के लिए महत्त्व

इब्सा इस बिंदु का प्रतीक है कि भारतीय विदेश नीति में विकासशील देशों के साथ (दक्षिण-दक्षिण सहयोग) पर प्रभावी बल प्रदान किया जा रहा है। दक्षिण अफ्रीका और भारत के बीच लगभग 20 बिलियन डॉलर का द्विपक्षीय व्यापार है। ब्राजील के साथ वर्तमान समय में भारत का द्विपक्षीय व्यापार लगभग 12 बिलियन डॉलर है। भारत की अनेक निजी कंपनियां अफ्रीका और ब्राजील में अपना व्यापार कर रही हैं। यह भी उल्लेखनीय है कि भारत और दक्षिण अफ्रीका तथा ब्राजील के बीच किसी प्रकार की सामरिक प्रतिद्वंद्विता नहीं है, बल्कि सामरिक सहयोग है, क्योंकि इन देशों का अनेक वैश्विक मुद्दों पर साझा दृष्टिकोण है। इब्सा, भारत के लिए ब्रिक्स से ज्यादा महत्त्वपूर्ण है।

3. समूह-7 (G-7)

द्वितीय विश्व युद्ध के बाद अमेरिकी अर्थव्यवस्था का प्रभाव पूरे विश्व पर निर्णायक रूप में बना हुआ था। वर्ष 1970 के दशक में जर्मनी एवं जापान का भी प्रभावी आर्थिक उभार हुआ, परंतु अमेरिकी अर्थव्यवस्था का महत्त्व बरकरार रहा। वर्ष 1973 के तेल संकट के परिणामस्वरूप तेल उत्पादक देशों द्वारा तेल की कीमतों में अत्यधिक वृद्धि कर दी गई, जिसके कारण पूरे विश्व की अर्थव्यवस्था प्रभावित हुई। इसी संकट के बाद अमेरिका द्वारा समूह-7 की स्थापना की गई। इसमें अमेरिका, फ्रांस, जर्मनी, यूनाइटेड किंगडम, जापान, इटली तथा कनाडा सम्मिलित हुए। वर्ष 1975 में इसकी औपचारिक स्थापना हुई। वर्ष 1997 में इसमें रूस भी सम्मिलित हुआ, जिसके द्वारा वैश्विक आर्थिक मुद्दों पर विचार एवं परामर्श किया जाता है। वर्ष 2007 में जलवायु परिवर्तन के संबंध में एक बैठक का आयोजन किया गया, जिसमें पांच प्रमुख विकासशील देशों को भी आमंत्रित किया गया। इसलिए जी-8+5 का प्रयोग होने लगा। अब G-7 की बैठकों में चीन, ब्राजील, भारत, मैक्सिको एवं दक्षिण अफ्रीका को भी सम्मिलित किया जाता है। जी-8+5 का विचार वर्ष 2005 में जी-7 की बैठक में प्रस्तावित किया गया, क्योंकि प्रमुख विकासशील देशों के सहयोग के बिना विश्व व्यापार संगठन की वार्ताओं को संपन्न करना संभव नहीं है। वर्ष 2001 में दोहा विकास वार्ता आरंभ हुई थी, जिसमें विकसित एवं विकासशील देशों के बीच गहरे मतभेद उत्पन्न हो गए थे। अतः वैश्विक आर्थिक प्रबंध एवं वैश्विक पर्यावरण की समस्या के समाधान के लिए जी-8+5 का विचार प्रभावी हो गया। यूक्रेन के मुद्दे को लेकर जी-7 से रूस को निलंबित कर दिया गया। इसके बाद 2017 में जी-7 से रूस स्थायी रूप से बाहर हो गया है।

4. समूह-20 (G-20)

परंपरागत रूप में समूची विश्व अर्थव्यवस्था एवं वित्तीय व्यवस्था का नियंत्रण जी-8 द्वारा किया जाता था, जिसमें अमेरिका, कनाडा, जर्मनी, फ्रांस, यूनाइटेड किंगडम, इटली, रूस और जापान शामिल थे। वर्तमान में विकसित देशों की अर्थव्यवस्थाएं आर्थिक मंदी का सामना कर रही हैं और आर्थिक विकास के केंद्र विकासशील देश बन गए हैं। इसलिए जी-8 के अलावा एक नवीन समूह के निर्माण का निर्णय लिया गया, जिसमें विकसित देशों के अतिरिक्त विकासशील देश भी शामिल होने चाहिए। इसकी स्थापना वर्ष 1999 में की गई, जिसमें दुनिया की 20 बड़ी अर्थव्यवस्था वाले देशों ने मिलकर इसकी शुरुआत की। सदस्य देशों के राष्ट्राध्यक्ष प्रतिवर्ष समूह-20 (G-20) के शिखर सम्मेलन में भाग लेते हैं। यूरोपीय यूनियन का प्रतिनिधित्व, यूरोपीय यूनियन के चेयरपर्सन द्वारा किया जाता है। वर्ष 2023 में अफ्रीकी संघ (AU) भी समूह-20 का स्थायी सदस्य बन गया।

सदस्य देश

एशिया महाद्वीप से चीन, जापान, भारत, दक्षिण कोरिया, इंडोनेशिया, तुर्की, सऊदी अरब सदस्य हैं। यूरोप से ब्रिटेन, फ्रांस, जर्मनी, इटली, यूरोपीय यूनियन एवं रूस सदस्य हैं। अफ्रीका महाद्वीप से दक्षिण अफ्रीका एवं अफ्रीकी यूनियन तथा अमेरिका महाद्वीप से संयुक्त राज्य अमेरिका, कनाडा, मैक्सिको, ब्राजील, अर्जेंटीना सदस्य हैं और ऑस्ट्रेलिया महाद्वीप से ऑस्ट्रेलिया सदस्य है। इस संगठन का मूल उद्देश्य विश्व के वित्तीय मुद्दों पर सहयोग और परामर्श करना है।

महत्त्व

वर्ष 2008 के वाशिंगटन सम्मेलन के बाद इसके महत्त्व में निर्णायक वृद्धि हुई। यह उल्लेखनीय है कि वर्ष 2008 में अमेरिका और यूरोप वैश्विक आर्थिक मंदी के शिकार थे। इस सम्मेलन के बाद यह कहा गया कि आने वाले विश्व में समूह-8 (G-8) का स्थान समूह-20 (G-20) लेगा। यह उल्लेखनीय है कि चीन दुनिया की दूसरी सबसे बड़ी अर्थव्यवस्था है, जो G-8+5 का सदस्य भी है और फिलहाल ब्राजील की अर्थव्यवस्था इंग्लैंड की अर्थव्यवस्था से भी बड़ी हो गई है। भारत का बड़ा आर्थिक बाजार विश्व के आकर्षण के केंद्र के रूप में उभर रहा है। अतः समूह-20 का निर्माण विश्व में महत्त्वपूर्ण आर्थिक परिवर्तन का उदाहरण है और इसमें समूह-8 के पतन का संकेत भी निहित है। विकासशील देशों के बढ़ते आर्थिक महत्त्व के ही कारण वर्ष 2005 में G-8+5 की बैठक आरंभ हुई।

5. एशिया में विश्वास निर्माण एवं अंत:क्रिया पर आयोजित कॉन्फ्रेंस

(Conference on Interaction and Confidence Building Measures in Asia, CICA)

इसकी स्थापना का विचार पहली बार कजाकिस्तान द्वारा प्रस्तुत किया गया। इसका पहला शिखर सम्मेलन वर्ष 2002 में आयोजित हुआ। वर्तमान समय में इसमें भारत सहित 27 सदस्य हैं। यह एक अंतर्राष्ट्रीय संगठन है, जिसका उद्देश्य एशिया में शांति, सुरक्षा एवं स्थायित्व का निर्माण करना है। इस संगठन के अनुसार, एशिया में सुरक्षा का शेष विश्व की सुरक्षा के साथ गहरा संबंध है। इसका शिखर सम्मेलन चार वर्ष बाद आयोजित किया जाता है।

6. समूह-77 (G-77)

दूसरे विश्व युद्ध के समाप्त होने के बाद विकासशील देश, उपनिवेशवाद और साम्राज्यवाद की व्यवस्था से मुक्त होने लगे तथा इन्होंने विकासशील देशों के प्रभावी विकास पर बल दिया। परंतु वर्ष 1964 में व्यापार एवं विकास पर संयुक्त राष्ट्र संघ की वार्ता (UNCTAD) आयोजित हुई, जिसमें यह कहा गया कि अंतर्राष्ट्रीय व्यापार विकासशील देशों के हितों के प्रतिकूल है और अंतर्राष्ट्रीय व्यापार में विकसित देशों को लाभ प्राप्त होता है। अंतर्राष्ट्रीय व्यापार के अतिरिक्त अंतर्राष्ट्रीय वित्तीय संस्थाओं पर भी विकसित देशों का नियंत्रण बना हुआ है। इसलिए विकासशील देशों में आपसी सहयोग एवं एकता पर बल प्रदान किया, जिसे दक्षिण-दक्षिण सहयोग भी कहा जाता है और विकासशील देशों ने विश्व अर्थव्यवस्था में सुधार की मांग उठाई, जिससे व्यापार में विकासशील देशों को भी लाभ प्राप्त हो सके। वर्ष 1964 में समूह-77 की नींव रखी गई। इसमें आरंभिक रूप में 77 देश शामिल थे, जो विकासशील देश थे। यह विकासशील देशों का संगठन है और इसमें वर्तमान में 134 सदस्य हैं। इसके द्वारा विकासशील देशों ने विश्व व्यापार को अपने अनुकूल बनाने की मांग की।

7. लैटिन अमेरिकी और कैरेबियाई देशों का संगठन

(UN Economic Commission for Latin America and the Caribbean, ECLAC)

33 लैटिन अमेरिकी और कैरेबियाई देशों ने मिलकर दिसंबर, 2011 में एक आर्थिक और राजनीतिक संगठन का निर्माण किया। इसका उद्देश्य क्षेत्रीय व्यापार और एकीकरण को बढ़ावा देना एवं अंतर्राष्ट्रीय रिजर्व कोष की स्थापना करना था, जिससे आर्थिक संकट के समय सदस्यों को सहायता दी जाएगी। यह सर्व अमेरिकावाद (Pan-Americana) को बढ़ावा देने वाला संगठन है, जिसके अंतर्गत पूरे अमेरिकी महाद्वीप में एकता निर्मित करने का प्रयत्न किया जा रहा है। यह उल्लेखनीय है कि इसमें अमेरिका और कनाडा शामिल नहीं हैं। इसीलिए इस संगठन को अमेरिकी प्रभुत्व के विरुद्ध बनाया गया संगठन माना जा रहा है। इसमें क्यूबा, निकारागुआ, वेनेजुएला प्रमुख अमेरिका विरोधी देश हैं। यद्यपि यह उल्लेखनीय है कि इस संगठन में सम्मिलित कई देशों का अमेरिका के साथ मुक्त व्यापार का समझौता है, जिसमें कोस्टारिका, अलसल्वाडोर, ग्वाटेमाला, होंडूरस, कोलंबिया, पेरू और चिली का अमेरिका के साथ मुक्त व्यापार का समझौता है। इस संगठन में अनेक समस्याएं विद्यमान हैं, जैसे- ब्राजील इस संगठन का सबसे धनी देश है जबकि हैती सबसे गरीब देश है। संगठन के देशों के बीच विचारधारा का अंतर भी विद्यमान है, जैसे- क्यूबा, साम्यवादी विचारधारा को मानता है, जबकि वेनेजुएला समाजवादी है, तो वहीं कोलंबिया उदारवादी है। वर्ष 2015 में अमेरिका एवं क्यूबा के बीच कूटनीतिक संबंधों की स्थापना हो गई, जिससे यह प्रतीत होता है कि भविष्य में लैटिन अमेरिकी देशों का दृष्टिकोण अमेरिका के प्रति परिवर्तित हो सकता है।

8. अमेरिकी राज्यों का संगठन

(Organisation of American States, OAS)

पैन-अमेरिकाना का विचार (सर्व अमेरिकावाद) पहली बार अमेरिकी राज्यों के संगठन के रूप में स्थापित हुआ। इसे वर्ष 1948 में स्थापित किया गया, जिसमें 35 सदस्य हैं। यह कोलंबिया के सिमोन बोलिवर के विचारों की उपज थी, जिन्होंने वर्ष 1826 में ही ऐसे संगठन का प्रयास किया था और इसका मुख्यालय वाशिंगटन में है।

इसका मूल उद्देश्य महाद्वीप में शांति एवं सुरक्षा को सुदृढ़ करना है। इसके द्वारा लोकतंत्र को प्रोत्साहित किया जाएगा और अहस्तक्षेपवाद को बढ़ावा दिया जाएगा तथा क्षेत्र में विद्यमान समस्याओं का शांतिपूर्ण समाधान किया जाएगा। दक्षिण अमेरिकी देशों में गरीबी निवारण कार्यक्रम को प्रभावी रूप में लागू किया जाएगा तथा राजनीतिक, आर्थिक, सांस्कृतिक क्षेत्र में सहयोग, मानवाधिकारों की रक्षा एवं मुक्त व्यापार को बढ़ावा देने का प्रयत्न होगा।

अमेरिकी राज्यों के संगठन से वर्ष 1962 में क्यूबा को निलंबित कर दिया गया। इसीलिए क्यूबा और वेनेजुएला ने मिलकर लैटिन अमेरिकी और कैरेबियाई देशों के संगठन (CELAC) की स्थापना की और अमेरिकी प्रभाव को प्रतिसंतुलित करने का प्रयत्न किया। परंतु वर्ष 2015 में क्यूबा और अमेरिका के बीच कूटनीतिक संबंधों की स्थापना से अमेरिकी राज्यों के संगठन के निर्माण की संभावना और प्रभावी हो गई है।

9. यूनासुर (UNASUR)

लैटिन अमेरिकी देशों में क्षेत्रीय आर्थिक संगठनों के निर्माण पर प्रभावी बल दिया जा रहा है। इसी क्रम में वर्ष 2008 में यूनासुर की स्थापना हुई। दक्षिण अमेरिकी राज्यों का संघ यूनासुर वैधानिक प्रकृति का एक अंतर्राष्ट्रीय संगठन है। इसका निर्माण 12 दक्षिण अमेरिकी राज्यों ने मिलकर किया, जिन राज्यों के बीच साझा ऐतिहासिक, धार्मिक, भाषायी और सांस्कृतिक संबंध हैं। इसका मूल उद्देश्य क्षेत्र में समग्र विकास को बढ़ावा देना है, न कि केवल आर्थिक एकीकरण को बढ़ावा देना। सैन्य खर्चों की कटौती करना इसकी सबसे बड़ी प्राथमिकता है और इसके द्वारा लोकतांत्रिक संस्थाओं को प्रोत्साहित किया जाएगा। ऊर्जा और वित्तीय क्षेत्र में आपस में सहयोग को बढ़ावा देना संगठन की विषय सूची में शामिल है। संगठन में अनेक प्रकार की चुनौतियां भी विद्यमान हैं। संगठन के बड़े देशों ब्राजील, चिली, कोलंबिया, अर्जेंटीना और वेनेजुएला के मध्य संतुलन बनाए रखना कठिन समस्या है। इक्वाडोर और पराग्वे के संवैधानिक संकट को हल करना तथा वेनेजुएला और कोलंबिया के बीच विवाद के समाधान का मुद्दा क्षेत्रीय सहयोग में बाधा उत्पन्न करता है। इसका उद्देश्य महाशक्तियों के दखल से इस क्षेत्र को बचाए रखना है, जिसका अभिप्राय अमेरिकी हस्तक्षेप को प्रतिबंधित करना है। लैटिन

अमेरिकी देशों में आधारभूत संरचना के निर्माण तथा संचार और कनेक्टिविटी को बेहतर करने पर बल दिया जा रहा है। 2017 के बाद छह देशों ने इससे अपने आप को अलग कर लिया, जिससे यह निष्क्रिय बना हुआ है। अतः 2019 में कुछ देशों ने मिलकर प्रोसुर (PROSUR) नामक संगठन का निर्माण किया।

10. पेट्रोलियम निर्यातक देशों का संगठन

(Organisation of Petrolium Exporting Countries, OPEC)

स्थापना

विकासशील देश प्राकृतिक संसाधनों के दृष्टिकोण से सदैव संपन्न रहे हैं। परंतु इनके पास इन संसाधनों के दोहन की तकनीक का अभाव है। यूरोप और अमेरिका की ज्यादातर कंपनियां तेल उत्खनन के कार्यों में संलग्न हैं। इसलिए तेल उत्पादक देशों ने अपने प्राकृतिक संसाधनों पर नियंत्रण के लिए ओपेक का निर्माण किया। ओपेक की स्थापना वर्ष 1960 में हुई। ओपेक 12 तेल उत्पादक देशों का संगठन है। ओपेक द्वारा प्राकृतिक संसाधनों का राजनीतिक प्रयोग भी किया गया है। क्योंकि वर्ष 1973 में तेल उत्पादक देशों ने इजरायल और उसके मित्र देशों के लिए तेल का निर्यात बंद कर दिया था। क्योंकि इजरायल ने फिलिस्तीन के भू-भाग पर नियंत्रण कर लिया था।

प्रकृति

ओपेक कोई क्षेत्रीय आर्थिक संगठन नहीं है वरन् यह एक 'कार्टेल' है। कार्टेल का मूल कार्य कीमतों का नियंत्रण तथा व्यापार का संचालन करना होता है।

कार्य

तेल उत्पादक देश इस संगठन के माध्यम से तेल की कीमतों का निर्धारण व किस देश को तेल बेचा जाए, इसका भी निर्धारण करते हैं।

महत्त्व

ओपेक, विकासशील देशों के अपने प्राकृतिक संसाधनों पर नियंत्रण का उदाहरण है। इससे पहले बहुराष्ट्रीय कंपनियां तेल की कीमतों का निर्धारण करती थीं।

ओपेक के सदस्य राष्ट्र

1. अल्जीरिया	2. गैबॉन
3. कांगो गणराज्य	4. ईरान
5. इराक	6. कुवैत
7. लीबिया	8. नाइजीरिया
9. इक्वेटोरियल गिनी	10. सऊदी अरब
11. वेनेजुएला	12. संयुक्त अरब अमीरात

वर्तमान समय में ओपेक का महत्त्व कम हो गया है। ओपेक के बाहर तेल का उत्पादन अधिक हो रहा है। संयुक्त राज्य अमेरिका तथा रूस मुख्य तेल उत्पादक देश बन गए हैं। शेल गैस की खोज ने ओपेक देशों के महत्त्व को कम कर दिया। अतः वर्ष 2016 में ओपेक प्लस (OPEC+) की अवधारणा सामने आई, जिसमें ओपेक एवं दस गैर-ओपेक तेल उत्पादक देशों को सम्मिलित किया गया है।

भाग

12

प्रवासी (डायस्पोरा)

अध्याय

1 प्रवासी (डायस्पोरा)

Diaspora

• अनिवासी भारतीय • भारतीय मूल के व्यक्ति • भारत के समुद्रपारीय नागरिक • डायस्पोरा की प्रकृति • अप्रवास के कारण • प्रवासियों के प्रकार • प्रवासियों के संबंध में भारत की नीति • सरकार की नीतियां और कार्यक्रम • प्रवासी के लाभ • सुधार के सुझाव • कोविड-19 • प्रवासियों की समस्याएं

डायस्पोरा (प्रवासी) का शाब्दिक अभिप्राय है- फैल जाना अथवा बिखर जाना। अतः भारत से बाहर जाने वाले भारतीय मूल के वे लोग जो विश्व के विभिन्न भागों में रह रहे हैं, उन्हें प्रवासी कहा जाता है। प्रवासी में अनिवासी भारतीयों (NRI) तथा भारतीय मूल के लोगों (PIO) को शामिल किया जाता है। भारत के लगभग 3.50 करोड़ प्रवासी विश्व के 190 से ज्यादा देशों में फैले हुए हैं। प्रवासी में शामिल अनिवासी भारतीयों तथा भारतीय मूल के लोगों के बीच अंतर किया जाता है।

अनिवासी भारतीय (Non-Resident Indians, NRI)

अनिवासी भारतीय शब्द भारत के टैक्स कानून में उल्लिखित है। ऐसे भारतीय नागरिक, जो नौकरी अथवा व्यवसाय के उद्देश्य से वर्ष में 182 दिन अथवा उससे अधिक समयावधि तक विदेशों में रहते हैं और भारतीय पासपोर्ट धारण करते हैं, अनिवासी भारतीय (NRI) कहलाते हैं। संयुक्त राष्ट्र संघ और अन्य विदेशी नियुक्तियों पर भारत सरकार द्वारा भेजे जाने वाले व्यक्तियों को भी अनिवासी भारतीय का दर्जा दिया जाता है। अनिवासी भारतीयों द्वारा लंबे समय से मांग की जा रही थी कि उन्हें भी भारत के आम चुनाव में मतदान का अधिकार दिया जाए। भारत सरकार द्वारा वर्ष 2011 में एक अधिसूचना जारी करके अनिवासी भारतीयों को भारत में मतदाता के रूप में पंजीकरण कराने हेतु सुविधा प्रदान कर दी गई। मंत्रिमंडल द्वारा अनिवासी भारतीयों को प्रोक्सी मतदान के अधिकार देने की घोषणा की गई है। अतः उनके निर्देशन पर भारत में कोई अन्य व्यक्ति उनके मत का प्रयोग कर सकता है।

अनिवासी भारतीयों की सुविधाएं

भारतीय नागरिक होने के कारण उन्हें भारत में सभी प्रकार के शैक्षिक और आर्थिक अधिकार प्राप्त हैं। उन्हें मतदान का अधिकार भी दिया गया है। परंतु उन्हें कृषि योग्य भूमि खरीदने का अधिकार नहीं है। इन्हें राज्य के अंतर्गत सेवा प्राप्त करने का अधिकार नहीं है। मतदान का अधिकार दिया गया है। परंतु संवैधानिक पदों के लिए निर्वाचित अथवा नियुक्ति का अधिकार नहीं है।

भारतीय मूल के व्यक्ति

(Person Of Indian Origin, PIO)

जो भारतीय ब्रिटिश सरकार द्वारा विदेशों में चाय बागान और मजदूरों के रूप में कार्य करने के लिए ले जाए गए उन्हें पीआईओ का दर्जा दिया गया। इसके अलावा वे व्यक्ति, जो लगभग चार पीढ़ी पहले भारत से जा चुके थे और उन्होंने विदेशी नागरिकता ले ली थी, उन भारतीयों की संतानों को भारतीय

मूल के व्यक्ति (PIO) कहा जाता है और जिनके माता-पिता, दादा-दादी अथवा नाना-नानी में से कोई भी 'भारत शासन अधिनियम, 1935' के अंतर्गत आने वाले भारत का निवासी रहा था। उल्लेखनीय है कि ऐसे व्यक्ति जो पाकिस्तान, श्रीलंका, नेपाल, भूटान, अफगानिस्तान, चीन अथवा बांग्लादेश के नागरिक थे अथवा कभी रहे थे, उनकी संतानों को भारतीय मूल का दर्जा प्राप्त नहीं होगा।

भारतीय मूल के व्यक्ति (PIO) कार्ड के लाभ

वर्ष 2002 में भारतीय मूल के व्यक्तियों के लिए भारतवंशी कार्ड (PIO Card) की प्रक्रिया प्रारंभ की गई थी। इस कार्ड द्वारा भारतवंशियों को निम्नलिखित सुविधाएं दी गई थीं-

- पी.आई.ओ. कार्ड धारक व्यक्ति कार्ड जारी होने की तिथि से 15 वर्षों तक बिना वीजा के भारत आ सकता था।
- भारत में आने की तिथि से 180 दिनों तक 'विदेशी क्षेत्रीय पंजीकरण अधिकारी' (Foreigners Regional Registration Officer, FRRO) के पास पंजीकरण कराने से छूट दी गई थी।
- पी.आई.ओ. कार्ड धारक को भी अनिवासी भारतीयों (NRI) के समान आर्थिक, वित्तीय तथा शैक्षिक सुविधाएं प्राप्त थीं, परंतु कुछ सुविधाएं इनको नहीं मिलती थीं, जैसे- पी.आई.ओ. कार्ड धारक कृषि भूमि नहीं खरीद सकता था। चुनाव लड़ने जैसे राजनीतिक अधिकार इन्हें नहीं दिए गए थे। राष्ट्रपति एवं राज्यपाल जैसे उच्च संवैधानिक पदों पर इनकी नियुक्ति नहीं हो सकती थी और पी.आई.ओ. कार्ड धारक यदि भारत की नागरिकता लेना चाहता था, तो उसे कम से कम सात वर्षों तक भारत में निवास करने के बाद भारतीय नागरिकता के लिए आवेदन करना होता था। वर्ष 2015 में इसे समाप्त करके इसका विलय समुद्रपारीय नागरिकता में कर दिया गया।

भारत के समुद्रपारीय नागरिक

(Overseas Citizen of India, OCI)

वर्ष 1970 के दशक में अमेरिका और यूरोप जाने वाले डायस्पोरा के लिए ओ.सी.आई. की सुविधा प्रदान की गई। ऐसा व्यक्ति, जो भारतीय संविधान लागू होने के समय अथवा उसके पश्चात् कभी भी भारत का नागरिक बनने की योग्यता रखता था अथवा भारत के किसी ऐसे क्षेत्र का निवासी था, जो 15 अगस्त, 1947 के बाद भारत का अंग बन गया। ऐसे विदेशी नागरिकों को ओ.सी. आई. सुविधा प्रदान की गई, जिसके लिए नागरिकता अधिनियम 1955 में संशोधन किया गया। भारत सरकार द्वारा समुद्रपारीय नागरिकता का प्रारंभ वर्ष 2005 से किया गया है जिसके अनुसार नागरिकता अधिनियम, 1955 के खंड-71 के अंतर्गत रजिस्टर्ड होना चाहिए। इन योग्यताओं को धारण करने वाले व्यक्ति के पुत्र-पुत्री, पोता-पोती अथवा नाती-नातिन को भी ओ.सी.आई. कार्ड जारी किया जा सकता है और वह व्यक्ति जो कभी भी पाकिस्तान अथवा बांग्लादेश का नागरिक रहा हो, वह समुद्रपारीय भारतीय नागरिकता प्राप्त नहीं कर सकता। इसे लोकप्रिय रूप में दोहरी नागरिकता भी कहा जाता है। भारत के समुद्रपारीय नागरिक (OCI) कार्ड के निम्नलिखित लाभ हैं-

1. समुद्रपारीय भारतीय नागरिकों को बहुउद्देशीय आजीवन वीजा (Multipurpose lifelong visa) दिया जाता है, जिससे समुद्रपारीय भारतीय नागरिक कार्ड धारक व्यक्ति जितनी बार चाहे भारत आ सकता है। विदेश पंजीकरण अधिकारी (Foreign Registration Officer, FRO) के पास पंजीकरण कराने के लिए कोई समय सीमा निर्धारित नहीं की गई है। अतः इनको पंजीकरण कराने से छूट प्राप्त है।
2. ओ.सी.आई. कार्ड धारकों को अनिवासी भारतीयों (NRI's) को प्राप्त आर्थिक, वित्तीय तथा शैक्षिक सुविधाएं प्राप्त हैं, लेकिन इन्हें भूमि अथवा कृषि संपत्ति पर स्वामित्व का अधिकार नहीं दिया गया है।
3. ओ.सी.आई. कार्ड प्राप्त व्यक्तियों को भारत के कुछ महत्त्वपूर्ण उच्च पदों पर नियुक्त नहीं किया जा सकता, जैसे- राष्ट्रपति, उप-राष्ट्रपति, उच्चतम एवं उच्च न्यायालय के न्यायाधीश इत्यादि।
4. ओ.सी.आई. दर्जा प्राप्त व्यक्तियों को संसद तथा राज्य विधान मंडल की सदस्यता जैसे राजनीतिक अधिकार भी नहीं दिए गए हैं तथा इन्हें सरकारी नौकरियों (संघ एवं राज्य सरकार) के लिए भी योग्य नहीं माना गया है।

समुद्रपारीय नागरिकता की समाप्ति

यदि कोई व्यक्ति, जिसे ओ.सी.आई. का दर्जा प्राप्त है, वह समुद्रपारीय भारतीय नागरिकता (OCI) को त्यागना चाहता है,

तो उसे इस संबंध में निर्धारित प्रारूप के अनुसार घोषणा करनी पड़ेगी। केंद्र सरकार द्वारा ऐसी किसी घोषणा को स्वीकार करते ही ओ.सी.आई. दर्जा प्राप्त व्यक्ति की नागरिकता समाप्त हो जाएगी। इसके अतिरिक्त निम्नलिखित आधार पर समुद्रपारीय नागरिकता भारत सरकार द्वारा समाप्त की जा सकती है-

- यदि कोई व्यक्ति झूठे तथ्यों के आधार पर अथवा कोई तथ्य छुपाकर समुद्रपारीय नागरिकता (OCI) प्राप्त करता है।
- भारत के संविधान के प्रति असम्मान प्रकट करता है।
- भारत के युद्धरत होने की दशा में शत्रु देश के साथ व्यापार करना अथवा ऐसी जानकारी को साझा करना, जिससे शत्रु देश को लाभ हो और भारत को नुकसान पहुंचे।
- समुद्रपारीय नागरिकता (OCI) प्राप्त करने के बाद पांच वर्ष की समयावधि के अंदर दो वर्ष तक जेल में रहने पर ओ.सी. आई. दर्जा समाप्त किया जा सकता है।
- भारत सरकार की दृष्टि में ओ.सी.आई. कार्ड का दर्जा प्राप्त व्यक्ति से भारत की संप्रभुता, अखंडता, सुरक्षा एवं जनहित को नुकसान हो सकता है।

वर्तमान स्थिति

भारतीय संसद द्वारा नागरिकता (संशोधन) विधेयक, 2015 को मंजूरी दे दी गई है। इस विधेयक से भारतीय नागरिकता कानून, 1955 में संशोधन किया गया है। इस संशोधन द्वारा भारतीय मूल के व्यक्ति (PIO) कार्ड तथा समुद्रपारीय भारतीय नागरिक (OCI) कार्ड को एक साथ मिला देने का प्रावधान किया गया है। इस विधेयक द्वारा पी.आई.ओ. कार्ड योजना को समाप्त कर दिया गया है और अभी तक जारी किए गए पी.आई.ओ. कार्ड को ओ.सी.आई. कार्ड का दर्जा देने का प्रावधान किया गया है। ओ.सी.आई. कार्ड धारक व्यक्तियों का लाभ उनकी चौथी पीढ़ी तक के बच्चों को मिलेगा, जबकि यह सुविधा अभी तक केवल पी.आई.ओ. कार्ड धारक व्यक्तियों को ही मिलती थी।

डायस्पोरा की प्रकृति (Nature)

- चीन के विकास में चीनी डायस्पोरा का बड़ा योगदान माना जाता है। चीनी डायस्पोरा का स्वरूप एकलवादी (Homogenious) है, जबकि भारतीय समाज अत्यधिक विविधतापूर्ण एवं बहुलवादी है इसलिए डायस्पोरा का स्वरूप भी विविधतावादी है। उदाहरण- तमिल डायस्पोरा सिंगापुर, मलेशिया में बड़ी संख्या में निवास करते हैं तथा मलयालियों का प्रवास पश्चिम एशियाई देशों में होता है।
- गुजराती और मारवाड़ी अफ्रीका, यूरोप और अमेरिका में अत्यधिक प्रभावशाली स्थिति में हैं जबकि पंजाबियों का दबदबा अमेरिका, ऑस्ट्रेलिया, कनाडा में है।

विश्व बैंक द्वारा प्रसारित नवीनतम आंकड़ों के अनुसार, भारत, विश्व में सर्वाधिक विदेशी मुद्रा (Remittance) प्राप्त करता है, जो इस प्रकार है-

1. भारत - 135 बिलियन डॉलर, जी.डी.पी. का लगभग 3.2 प्रतिशत।
2. मैक्सिको - 68 बिलियन डॉलर।
3. चीन - 48 बिलियन डॉलर।
4 फिलीपींस - 40 बिलियन डॉलर।

भारत में जिन देशों से विदेशी मुद्रा (Remittance) आती है, वे इस प्रकार हैं-

1. संयुक्त अरब अमीरात - 27.7 प्रतिशत
2. संयुक्त राज्य अमेरिका - 19.2 प्रतिशत
3. सउदी अरब - 10.8 प्रतिशत
4. कुवैत - -
5. कतर - -

विश्व में रहने वाले प्रवासियों की सर्वाधिक संख्या भारतीयों की है। क्रम इस प्रकार है-

1. भारत - 32.5 मिलियन
2. मैक्सिको - 13 मिलियन
3. रूस - 11 मिलियन
4. चीन - 10 मिलियन

- अतः भारत के डायस्पोरा का स्वरूप एकतावादी नहीं है। इससे भी बढ़कर भारतीय डायस्पोरा भारतीय राजनीतिक व्यवस्था से असंतुष्ट रहते हैं। इसलिए वे भारत में निवेश को प्राथमिकता नहीं देते हैं। आलोचक यह भी मानते हैं कि भारतीय डायस्पोरा विवशता के कारण भारत से बाहर गया इसलिए वह भारत के प्रति अनुराग नहीं रखता।

अप्रवास के कारण

डायस्पोरा एक प्राकृतिक तथा मानवजनित घटना है। उचित जीवन दशाओं की खोज हेतु मनुष्य अपनी उत्पत्ति के समय से ही प्रवास करता रहा है। भारतीय डायस्पोरा का मुख्य कारण आर्थिक तथा राजनीतिक रहा है। इनका संक्षिप्त वर्णन निम्नलिखित है-

• आर्थिक कारण

भारत में जनसंख्या अत्यधिक है। बेरोजगारी, खासकर छिपी बेरोजगारी है और मजदूरी अत्यंत न्यून है। इसलिए विदेशों में रोजगार हेतु बड़ी संख्या में भारतीय प्रवास कर रहे हैं। खाड़ी देशों (अकुशल श्रम) तथा पश्चिमी देशों में (कुशल श्रम) प्रवास इसका उदाहरण है।

• विवाह

विदेशों में रह रहे भारतीय (PIO) सांस्कृतिक कारणों से भारतीय नागरिकों से विवाह करना पसंद करते हैं, जिसके परिणामस्वरूप दुल्हन को भारत से उस देश में प्रवास करना पड़ता है।

• शिक्षा

शिक्षा, प्रवास का महत्त्वपूर्ण कारण है। उच्च शिक्षा प्राप्त भारतीय अच्छे अवसरों की तलाश में विकसित देशों में प्रवास करते हैं तथा साथ ही विदेशों में शिक्षा प्राप्त भारतीय, विदेशों में ही बस जाते हैं।

• राजनीतिक कारण

राजनीतिक तथा जातीय दंगे भी प्रवास का कारण होते हैं, इजरायल डायस्पोरा इसका प्रमुख उदाहरण है। जातीय तथा धार्मिक कारणों से लोग अपने देश को छोड़कर सुरक्षित स्थानों की ओर प्रवास करते हैं। देश के कुछ इलाकों में गड़बड़ी के कारण पिछले कुछ वर्षों में बहुत से लोग अपने जन्म स्थान को छोड़कर अन्य क्षेत्रों में चले गए हैं। ऐतिहासिक रूप से धर्म प्रचार एवं शिक्षा हेतु भारतीयों ने प्रवास किया है तथा ब्रिटिश शासन के दौरान मजदूरों के रूप में भारतीयों को कैरेबियन द्वीप, फिजी, मॉरीशस आदि देशों में ले जाए गया।

प्रवासियों के प्रकार

• पुराना प्रवासी

महात्मा गांधी भारत के सबसे पहले प्रवासी माने जाते हैं। ब्रिटिश सरकार द्वारा भारतीय मूल के लोगों को अनेक देशों के उद्यमों में चाय बागानों में कार्य करने के लिए विदेश ले जाया गया, क्योंकि विश्व में दास प्रथा की समाप्ति के बाद श्रमिकों की मांग बढ़ गई थी। भारतीय मूल के वे लोग जो स्वतंत्रता से पहले विदेशों में जाकर बस गए, पुराने प्रवासी हैं। ये मूलतः मलेशिया, श्रीलंका, मॉरीशस, सूरीनाम, दक्षिण अफ्रीका, केन्या, युगांडा में रहते हैं। मॉरीशस को छोटा भारत के नाम से जाना जाता है और मॉरीशस की 12 लाख की जनसंख्या में भारतीय मूल के लोगों की आबादी 70 प्रतिशत है। मॉरीशस में हिंदी भाषा में समाचार-पत्र प्रकाशित होते हैं, भारतीय भाषाओं के टेलीविजन चैनल अत्यधिक लोकप्रिय हैं। सबसे बढ़कर मॉरीशस की सामरिक स्थिति इसलिए महत्त्वपूर्ण हैं, क्योंकि मॉरीशस से होकर बड़ी मात्रा में विदेशी निवेश भारत में आता है।

पश्चिम एशिया में बसने वाले भारतीय प्रवासी न तो पुरानी श्रेणी में आते हैं और न ही उन्हें नई श्रेणी में रखा जाता है। 1970 के दशक में तेल उत्पादक पश्चिमी एशियाई देशों में भारी मात्रा में मजदूरों की मांग बढ़ गई, क्योंकि तेल की कीमतें बढ़ने से पश्चिमी एशियाई अर्थव्यवस्थाओं में उछाल देखा गया। परिणामस्वरूप भारतीय मूल के लोग पश्चिम एशिया में जाकर बसने लगे। वर्तमान में भारतीय मूल के लगभग 87 लाख लोग पश्चिम एशियाई देशों में रह रहे हैं, जिनमें से 35 लाख लोग संयुक्त अरब अमीरात में और सऊदी अरब में 25 लाख से ज्यादा भारतीय मूल के लोगों का निवास है। इसके अतिरिक्त कुवैत, बहरीन में भारतीय मूल के लोगों की बड़ी संख्या है। विशेष तौर पर केरल की बड़ी जनसंख्या पश्चिमी एशियाई देशों में रहती है और केरल की समूची अर्थव्यवस्था पश्चिम एशियाई देशों की मुद्रा से संचालित होती है। पश्चिम एशिया में जाने वाले भारतीय मूल के लोग ज्यादातर अकुशल श्रमिक थे। परंतु वर्तमान में डॉक्टर, इंजीनियर भी इन देशों में बड़ी संख्या में जा रहे हैं। केरल से सबसे बड़ी संख्या में भारतीय मूल के

लोग पश्चिम एशिया में गए हैं और वर्तमान में पश्चिमी एशिया से भारत के लिए बड़ी मात्रा में विदेशी मुद्रा प्राप्त हो रही है। इसलिए सरकार द्वारा पश्चिमी एशियाई क्षेत्र के साथ संबंध बेहतर करने पर विशेष बल दिया जा रहा है।

• नवीन डायस्पोरा

इसमें भारतीय स्वतंत्रता के बाद भारत से जाने वाले प्रवासी और विशेष तौर पर 1970 और 80 के दशक में अमेरिका, कनाडा, ऑस्ट्रेलिया व न्यूजीलैंड जैसे विकसित देशों में जाने वाले प्रवासी थे। इनमें ज्यादातर डॉक्टर, इंजीनियर और वैज्ञानिक थे। अमेरिका द्वारा घरेलू कानून में एक बड़ा परिवर्तन किया गया, जिसके अनुसार, प्रशिक्षित श्रमिकों को अमेरिका में कार्य करने की अनुमति दी गई। परिणामस्वरूप भारतीय इंजीनियर और डॉक्टर बड़ी संख्या में अमेरिका में रोजगार के लिए गए। पहले इसे 'ब्रेनड्रेन' कहा जाता था, परंतु अब ये भारत के लिए आर्थिक और राजनीतिक रूप में सकारात्मक भूमिका का निर्वाह कर रहे हैं। भारत सरकार द्वारा आरंभिक रूप में अपनाई गई प्रवासी नीति इन नवीन प्रवासियों को आकर्षित करने के लिए थी, क्योंकि ये आर्थिक रूप से अत्यधिक संपन्न प्रवासी माने जाते हैं और इनका राजनीतिक प्रभाव बहुत ज्यादा है।

प्रवासियों के संबंध में भारत की नीति

महात्मा गांधी द्वारा सत्याग्रह की शुरुआत दक्षिण अफ्रीका से की गई और उन्होंने भारतीय मूल के व्यक्तियों तथा अफ्रीकी अश्वेत व्यक्तियों के साथ रंगभेद नीति का विरोध किया। भारत की स्वतंत्रता के बाद जवाहरलाल नेहरू ने भारतीय मूल के लोगों के साथ अलगाव की नीति पर बल दिया। उनके अनुसार, जो व्यक्ति जिस देश में निवास कर रहा है उसी देश के प्रति उसकी निष्ठा होनी चाहिए। इसलिए श्रीलंका में उत्पन्न तमिलों की समस्या को नेहरू ने श्रीलंका की आंतरिक समस्या कहा, जिसका समाधान करने का दायित्व श्रीलंकाई सरकार का है। नेहरू के बाद प्रधानमंत्री इंदिरा गांधी ने प्रवासियों के साथ भावनात्मक लगाव प्रदर्शित करने का प्रयत्न किया तथा उन्हें विदेशों में स्थित 'भारत के दूत' की संज्ञा दी। परंतु उन्होंने प्रवासियों को भारत से जोड़ने की किसी नीति का निर्माण नहीं किया। जनता पार्टी सरकार के समय तत्कालीन विदेश मंत्री अटल बिहारी वाजपेयी ने प्रवासियों को 'भारत से भागा भारतीय' कहा। राजीव गांधी के प्रधानमंत्रित्व काल के दौरान प्रवासियों के प्रति भारतीय नीति में थोड़ा परिवर्तन दिखाई देता है। उन्होंने वर्ष 1986 में उत्पन्न फिजी संकट के दौरान भारतीयों को समर्थन दिया। उन्होंने प्रवासियों के महत्त्व को स्वीकार करते हुए सैम पित्रोदा को भारत आमंत्रित किया तथा वर्ष 1984 में विदेश मंत्रालय के अंतर्गत प्रवासी भारतीय मामलों के विभाग की स्थापना की गई।

वर्ष 1991 में शीत युद्ध की समाप्ति के बाद विश्व में व्यापार, वाणिज्य और अर्थव्यवस्था का महत्त्व बढ़ने लगा, परंतु भारत आर्थिक रूप से संकट का सामना कर रहा था। वर्ष 1991 में भारत द्वारा उदारीकरण, निजीकरण की नीति अपनाई गई और प्रत्यक्ष विदेशी निवेश (FDI) आकर्षित करने पर बल दिया गया। वर्ष 1998 में भारत द्वारा परमाणु परीक्षण के बाद भारत पर कठोर आर्थिक प्रतिबंध लागू कर दिए गए थे। भारत आर्थिक संकट के दौर से गुजर रहा था इसलिए प्रवासियों के आर्थिक महत्त्व को समझा गया। अटल बिहारी वाजपेयी सरकार द्वारा रिसर्जेंट इंडिया बॉन्ड जारी किया गया, जिसमें प्रवासी भारतीयों द्वारा भारी निवेश किया गया। इससे प्रवासी भारतीयों का आर्थिक महत्त्व स्वाभाविक रूप में बढ़ गया। वर्ष 1998 में अटल बिहारी वाजपेयी सरकार ने अप्रवासी भारतीयों और भारतीय मूल के लोगों को 'भारत का विस्तारित परिवार' कहा और प्रवासियों को भारत से जोड़ने के लिए लक्ष्मीमल सिंघवी की अध्यक्षता में एक उच्च स्तरीय समिति का गठन किया गया।

इस समिति द्वारा प्रवासियों को भारत से जोड़ने के लिए निम्नलिखित सिफारिशें की गई-

- भारतीय मूल के लोगों की कार्ड की योजना।
- प्रवासी भारतीय दिवस और प्रवासी भारतीय सम्मान पुरस्कार की शुरुआत।
- भारतीय मूल के लोगों को दोहरी नागरिकता।
- प्रवासी भारतीय भवन का निर्माण।
- प्रवासियों को हवाई अड्डे पर बेहतर सुविधाएं उपलब्ध कराना।
- प्रवासी भारतीयों के साथ विवाह करने वाली महिलाओं का कल्याण।
- भारतीय प्रवासी मजदूरों को सुविधाएं उपलब्ध कराना।

- भारतीय प्रवासियों के संबंध में एक पृथक् संसदीय समिति का निर्माण।

इस उच्च स्तरीय समिति की रिपोर्ट को सरकार द्वारा क्रमिक रूप में लागू किया गया। सरकार द्वारा कई नीतियां और कार्यक्रम प्रवासी भारतीयों को भारत से जोड़ने के लिए आरंभ किए गए। प्रत्येक सरकार द्वारा इसे सुदृढ़ बनाया गया। वर्तमान में नरेन्द्र मोदी सरकार द्वारा प्रवासी भारतीयों को भारत से जोड़ने की सक्रिय और जोरदार पहल की गई है। उन्होंने अमेरिका के मेडिसन स्क्वॉयर पर भारतीय मूल के लोगों को संबोधित किया तथा ऑस्ट्रेलिया में भी भारतीय मूल के लोगों से सीधा संवाद स्थापित किया और सबसे बढ़कर चीन की यात्रा के दौरान उन्होंने भारतीय मूल के लोगों को संबोधित किया। उनकी सरकार द्वारा पी.आई.ओ. कार्ड को ओ.सी.आई. कार्ड में मिला दिया गया, जिससे प्रवासी भारतीयों को अनिवासी भारतीयों की सभी सुविधाएं प्राप्त हो गईं। उन्होंने भारतीय मूल के लोगों के साथ भावनात्मक संबंध को प्रगाढ़ करके उन्हें 'मेक इन इंडिया' कार्यक्रम में निवेश करने के लिए प्रोत्साहित किया। यह उल्लेखनीय है कि चीन के प्रवासियों द्वारा चीन में बड़ा निवेश किया गया है। उसी प्रकार भारतीय प्रवासियों को जोड़कर भारत का प्रभावी विकास किया जा सकता है।

प्रवासी भारतीयों का मामला पहले विदेश मंत्रालय द्वारा देखा जाता था, परंतु प्रवासियों की संख्या बढ़ने के कारण तथा प्रवासियों के महत्त्व में वृद्धि की वजह से प्रवासी भारतीयों के मामलों की देख-रेख के लिए वर्ष 2004 में एक अलग मंत्रालय का गठन किया गया। जिसका अब विदेश मंत्रालय में विलय कर दिया गया है। मंत्रालय द्वारा प्रवासी भारतीयों को विभिन्न प्रकार की सुविधाएं प्रदान की जाती हैं, जिनमें प्रमुख हैं-

(i) डायस्पोरा सेवा।
(ii) वित्तीय सेवा।
(iii) अप्रवास सेवा।
(iv) प्रबंध सेवा।

मंत्रालय के कार्य

(i) भारतीय दूतावासों में भारतीयों के कल्याण के लिए अधिकारियों की नियुक्ति।
(ii) दूतावासों में 24 घंटे की हेल्पलाइन (Helpline) सुविधा उपलब्ध कराना।
(iii) विशेष तौर पर खाड़ी देशों में भारतीयों को कानूनी मदद प्रदान करना।
(iv) महिलाओं के लिए टोल फ्री नंबर प्रदान किया गया।
(v) मंत्रालय ने खाड़ी देशों के साथ भारतीय मजदूरों के हितों के लिए समझौता किया।

पहलकारी नीति (Proactive Policy)

प्रधानमंत्री नरेन्द्र मोदी द्वारा डायस्पोरा को जोड़ने के लिए अत्यधिक प्रभावी नीति का प्रयोग किया गया, पी.आई.ओ. का विलय ओ.सी.आई. में कर दिया गया। एन.आर.आई. (NRI) को छद्म मतदान (Proxy-voting) का अधिकार दिया गया। प्रवासियों को विशेष सुविधा देने के लिए पश्चिमी एशियाई राज्यों से सीधा संपर्क किया गया। इन देशों में भारतीयों की वैधानिक समस्याओं का समाधान किया गया।

सांस्कृतिक कूटनीति का प्रयोग करके प्रवासियों को जोड़ने पर बल दिया गया।

सरकार की नीतियां और कार्यक्रम

• भारतीय समुदाय कल्याण कोष

(Indian Community Welfare Fund)

इस कोष द्वारा प्रवासी भारतीय नागरिकों को विभिन्न प्रकार की सुविधाएं प्रदान की जाती हैं, जो किसी मुसीबत में फंस गए हों। इसके द्वारा आपातकालीन स्वास्थ्य की सुविधा, वायु यात्रा की सुविधा तथा वैधानिक सहायता प्रदान की जाती हैं। ये सुविधाएं घरेलू कार्यों में संलग्न नागरिकों तथा अकुशल श्रमिकों को भी प्रदान की जाती हैं, उनके लिए आवास की सुविधा भी दी जाती है तथा उनकी ओर से सरकार द्वारा हर्जाना भी दिया जाता है। इसके लिए उन देशों में भारतीय केंद्रों की स्थापना की गई है, जहां भारतीयों की संख्या एक लाख से ज्यादा है। इस कोष से विदेश में पढ़ने वाले भारतीय समुदाय के छात्रों को भी सहायता प्रदान की जाती है। यह भारतीय समुदाय केंद्र उन देशों में स्थापित किया जाता है, जहां भारतीय छात्रों की संख्या बीस हजार से ज्यादा हो।

• महात्मा गांधी प्रवासी सुरक्षा योजना

सरकार द्वारा वर्ष 2012 में यह योजना आंरभ की गई, जिसके अंतर्गत भारतीय मूल के विदेशी लोगों को वित्तीय सुविधाएं प्रदान की गईं। इसके अंतर्गत राष्ट्रीय पेंशन योजना का निर्माण

किया गया, जिसका मूल उद्देश्य प्रवासी भारतीयों की वापसी और पुनर्वास की व्यवस्था करना है तथा उनके लिए पेंशन प्रदान की जाती है।

• प्रवासी भारतीय बीमा

यह विदेश में जाने वाले भारतीयों के लिए अनिवार्य है, जिसके अंतर्गत अधिकतम दस लाख की बीमा सुरक्षा प्रदान की जाती है, जिसमें 75,000 रुपये स्वास्थ्य खर्च के लिए दिए जाते हैं। यदि उसके परिवार का कोई व्यक्ति भारत में इलाज करा रहा है, तो उसे 50,000 रुपये प्रदान किए जाते हैं। प्रसूति सुविधाओं के लिए 25,000 रुपये तथा वैधानिक खर्च के लिए 30,000 रुपये प्रदान किए जाते हैं।

• भारत को जानो कार्यक्रम

(Know India Programme)

विदेश मंत्रालय द्वारा भारतीय मूल के विदेशी युवाओं के लिए तीन सप्ताह का प्रशिक्षण कार्यक्रम आयोजित किया जाता है। इस कार्यक्रम में शामिल युवाओं की उम्र 21 से 35 वर्ष की होनी चाहिए। यह कार्यक्रम राज्यों की सहभागिता द्वारा संचालित होता है, जिसमें भारत की आर्थिक, औद्योगिक, शैक्षिक, विज्ञान और तकनीकी, संस्कृति, सूचना तकनीकी क्षेत्र में प्रगति की जानकारी दी जाती है, जिससे ये युवा भारतीय संस्कृति और कला के दूत बन सकें तथा भारत की सकारात्मक छवि का विश्व में प्रसार करें।

• भारत में अध्ययन का कार्यक्रम

(Study India Programme)

इसकी शुरुआत वर्ष 2012 में की गई। पुणे स्थित सिम्बायोसिस विश्वविद्यालय द्वारा भारतीय मूल के नौ युवाओं को अध्ययन के लिए आमंत्रित किया गया, इसमें त्रिनिनाद और टोबैगो, मलेशिया, फिजी, दक्षिण अफ्रीका के युवा शामिल थे। इसके द्वारा वर्ष में दो बार लगभग चालीस छात्रों को भारतीय इतिहास, कला, संस्कृति, सामाजिक एवं आर्थिक विकास से परिचित कराया जाता है। कार्यक्रम में शामिल होने वाले युवाओं की उम्र 18 से 26 वर्ष के बीच होनी चाहिए। छात्रों के निवास, फीस व परिवहन का खर्च भारतीय सरकार द्वारा उठाया जाता है।

• प्रवासी बच्चों के लिए छात्रवृत्ति कार्यक्रम

(Scholarship Programme for Diaspora Children)

भारतीय प्रवासी मंत्रालय (वर्तमान में विदेश मंत्रालय के अंतर्गत) द्वारा वर्ष 2006-07 में इस कार्यक्रम की शुरुआत की गई। इसका उद्देश्य प्रवासी भारतीयों के बच्चों को भारत में उच्च शिक्षा की सुविधा उपलब्ध कराना तथा भारत को उच्च शिक्षा के केंद्र के रूप में विकसित करना है। इसके अंतर्गत 100 छात्रवृत्ति प्रदान की जाती है, जिनकी लागत 4,000 अमेरिकी डॉलर है, जो प्रति पाठ्यक्रम के अनुसार प्रदान की जाती है। इसके अंतर्गत भारतीय मूल के छात्रों को इंजीनियरिंग, विज्ञान, विधि एवं प्रबंधन के क्षेत्र में स्नातक पाठ्यक्रम के लिए छात्रवृत्ति प्रदान की जाती है।

• प्रवासी भारतीय युवा क्लब

(Overseas Indian Youth Club)

इसका उद्देश्य विदेश मंत्रालय द्वारा भारतीय मूल के युवाओं को भारत में हो रहे विकास से परिचित कराना है तथा उनमें भारत के प्रति लगाव की भावना का विकास करना है। इसके अंतर्गत दक्षिण अफ्रीका, मलेशिया, श्रीलंका एवं मॉरीशस में प्रवासी भारतीय युवा क्लब की स्थापना दूतावासों और वाणिज्यिक दूतावासों में की गई है।

• जड़ की खोज (Tracing the Roots)

यह कार्यक्रम प्रवासी भारतीय मंत्रालय द्वारा वर्ष 2008 में शुरू किया गया। भारत को जानने के इच्छुक भारतीय मूल के व्यक्ति विदेशों में स्थित भारतीय दूतावासों से सूचना प्राप्त कर सकते हैं। इसके लिए वे आवेदन-पत्र भर सकते हैं, जिसमें 30,000 रुपये की फीस देनी होगी। इस कार्यक्रम द्वारा मंत्रालय भारत के संबंधित राज्यों और जनपद प्रशासन को निर्देश देकर उस व्यक्ति द्वारा मांगी गई सूचना प्रदान करेगा। इस कार्यक्रम द्वारा भारतीय मूल के व्यक्ति अपने पूर्वजों के पैतृक स्थान की जानकारी ले सकते हैं तथा उनके परिवार की भी सूचना प्राप्त कर सकते हैं।

• महिलाओं के लिए वैधानिक एवं वित्तीय सहायता

(Scheme for Legal/Financial Assistance to Indian Women Divorced by their NRI husbands)

इस कार्यक्रम द्वारा उन भारतीय महिलाओं को सहायता प्रदान की जाती है, जिनका अपने पति से तलाक हो चुका है और विदेशी न्यायालय में मुकदमा चल रहा है। इसके अंतर्गत विकसित देशों में होने वाले मामलों के लिए प्रत्येक पीड़ित महिला को 3,000 डॉलर की सहायता दी जाती है तथा विकासशील देशों में प्रत्येक महिला को 2,000 डॉलर की सहायता दी जाती है।

इसके अतिरिक्त उसे अन्य वैधानिक सहायताएं भी उपलब्ध कराई जाती हैं। भारतीय दूतावासों, विभिन्न संगठनों अथवा गैर-सरकारी स्वैच्छिक संगठनों द्वारा सहायता प्रदान की जाती है।

● प्रवासी भारतीय दिवस

वर्ष 2003 से प्रत्येक वर्ष 9 जनवरी को प्रवासी भारतीय दिवस मनाया जाता है, क्योंकि इसी दिन महात्मा गांधी दक्षिण अफ्रीका से भारत आए थे। इस कार्यक्रम द्वारा प्रवासी भारतीयों को ज्ञान, विशेषज्ञता और विशेष कौशल से परिचित कराया जाता है। इस दिवस के माध्यम से व्यापार, निवेश, शिक्षा, संस्कृति, स्वास्थ्य एवं विज्ञान के विकास तथा तकनीकी विकास पर सीधे चर्चा करने का अवसर प्राप्त होता है। इस दिवस के उद्देश्य निम्नलिखित हैं-

(i) अप्रवासी भारतीयों की भारत के प्रति सोच तथा उनकी भावनाओं की अभिव्यक्ति के साथ ही उनके अपने देशवासियों के साथ सकारात्मक बातचीत के लिए एक मंच उपलब्ध कराना।

(ii) भारतवासियों को अप्रवासी बंधुओं की उपलब्धियों के बारे में बताना तथा अप्रवासियों को देशवासियों की उनसे अपेक्षाओं से अवगत कराना।

(iii) विश्व के 110 देशों में अप्रवासी भारतीयों का एक नेटवर्क बनाना।

(iv) भारत के दूसरे देशों से बनने वाले मधुर संबंध में अप्रवासियों की भूमिका के बारे में आम लोगों को बताना।

(v) भारत की युवा पीढ़ी को अप्रवासियों से जोड़ना।

(vi) भारतीय श्रमजीवियों को विदेश में किस तरह की कठिनाइयों का सामना करना होता है, इसके बारे में विचार-विमर्श करना।

● प्रवासी भारतीय सम्मान

भारतीय मूल के विदेशी व्यक्तियों को विदेश मंत्रालय द्वारा पुरस्कार दिया जाता है, जो भारतीय राष्ट्रपति द्वारा प्रवासियों को विशेष क्षेत्र में योगदान तथा उनके विशेष सम्मान के लिए प्रदान किया जाता है। वर्ष 2025 में यह सम्मान 27 लोगों व संस्थाओं को प्रदान किया गया। यह प्रवासी भारतीयों को दिया जाने वाला सर्वोच्च पुरस्कार है।

प्रवासी के लाभ

(i) प्रवासियों के कारण भारत की आंतरिक अर्थव्यवस्था पर भी सकारात्मक प्रभाव होता है। क्योंकि पश्चिम एशिया में रहने वाले मलयाली डायस्पोरा के कारण केरल की अर्थव्यवस्था पर सकारात्मक प्रभाव पड़ा, जबकि कनाडा में रहने वाले पंजाबियों के कारण पंजाब अत्यधिक समृद्ध हो गया। गुजरात के विकास में गुजराती प्रवासियों का बड़ा योगदान है। प्रवासी, विदेशों में रहने वाले भारत के दूत हैं और वर्तमान में अमर्त्य सेन, मेघनाथ देसाई, जगदीश भगवती, प्रोफेसर भीखू पारीक, जिन्हें वैश्विक भारतीय (Global Indian) का दर्जा दिया जाता है, ये विश्व में भारत की बेहतर छवि का निर्माण करते हैं।

(ii) भारत में प्रवासी वापस आकर भारत के विभिन्न क्षेत्रों के विकास में योगदान भी दे रहे हैं। उदाहरण के लिए, डॉ. नरेश त्रेहान ने भारत में विश्व स्तरीय चिकित्सालय स्थापित किया है। इसके अतिरिक्त अन्य क्षेत्रों में भी भारतीय प्रवासी अपना प्रभावी योगदान दे रहे हैं। हैदराबाद में भारतीय मूल के व्यक्ति द्वारा भारत के प्रसिद्ध बिजनेस स्कूल की स्थापना की गई है, जो अमेरिकी बिजनेस स्कूल के समान गुणवत्ता प्रदान करता है।

(iii) अमेरिका, ऑस्ट्रेलिया व कनाडा जैसे देशों में भारतीय डायस्पोरा अत्यधिक शक्तिशाली बन चुका है। इसके द्वारा भारत के लिए उन देशों में लॉबिंग (दबाव डालने का तरीका) की जा रही है तथा इनका राजनीतिक प्रभाव भी बढ़ रहा है और ये भारत के लिए विदेशों में भारतीय हितों का संरक्षण कर रहे हैं। उदाहरण के लिए, भारतीय प्रवासियों के बढ़ते प्रभाव के कारण कश्मीर मुद्दे पर अमेरिकी विदेश नीति का झुकाव भारत की ओर हो रहा है तथा भारत-अमेरिकी सिविल परमाणु समझौता संपन्न हुआ, जिसमें भारतीय मूल के लोगों का सकारात्मक प्रभाव माना जाता है। पश्चिम एशिया में विदेशी मूल के नागरिकों को नागरिकता प्रदान करने का प्रावधान नहीं है। इसलिए इनका राजनीतिक प्रभाव नहीं है, बल्कि भारतीय मूल के अनेक व्यापारियों ने पश्चिमी एशियाई देशों में बड़े व्यापारिक केंद्रों एवं उद्यमों की स्थापना की है।

(iv) वर्तमान में भारत, प्रवासियों से विदेशी मुद्रा प्राप्त करने वाला सबसे बड़ा देश बन गया है। वित्त वर्ष 2024-25 में भारत को प्रवासियों से लगभग 135 बिलियन डॉलर की विदेशी मुद्रा प्राप्त हुई है। इसमें सर्वाधिक योगदान संयुक्त

राज्य अमेरिका, संयुक्त अरब अमीरात और यूनाइटेड किंगडम का है। भारतीय मूल के लोगों की विदेशों में बड़ी उपस्थिति के कारण भारतीय वस्तुओं की विदेशों में मांग भी बढ़ गई है। अतः भारत को व्यापारिक लाभ भी मिल रहा है।

(v) इसकेअतिरिक्तभारतीयप्रवासियोंकोभारतमेंनिवेशकेलिए आकर्षित किया जा रहा है। 16वें प्रवासी भारतीय दिवस सम्मेलन में, प्रधानमंत्री मोदी ने इस बात पर बल दिया कि भारत को व्यापार करने के लिए सबसे अनुकूल देश बनाएंगे और भारत को 'मानो' और 'जानो' का नारा दिया।

(vi) भारतीय मूल के लोग अनेक देशों के प्रधानमंत्री और राष्ट्रपति जैसे पदों पर पहुंच चुके हैं, जिसमें ब्रिटेन, गुयाना, त्रिनिदाद एवं टोबैगो व मॉरीशस जैसे देश शामिल हैं। अमेरिका में भारतीय मूल के लोग अत्यधिक उच्च पदों पर पहुंच चुके हैं। इनमें काश पटेल, तुलसी गेबार्ड, विवेक रामास्वामी आदि प्रमुख हैं। कमला हैरिस अमेरिका की उप-राष्ट्रपति रह चुकी हैं।

सुधार के सुझाव

(i) प्रवासी भारतीयों को भारत के विकास के लिए शैक्षिक और स्वास्थ्य क्षेत्रों में भी शामिल करना चाहिए।

(ii) पर्यटन को बढ़ावा देने के लिए ज्यादा से ज्यादा प्रयत्न हों और इसी के अंतर्गत वर्तमान सरकार ने प्रवासियों को 'वीजा ऑन एराइवल' की सुविधा प्रदान की है।

(iii) प्रवासियों के लिए हवाई अड्डों पर नियम और सरल बनाए जाएं।

(iv) प्रवासियों के लिए निवेश की सुविधाओं को और आसान किया जाए।

(v) वर्तमान सरकार द्वारा पहली बार डायस्पोरा को भारत से जोड़ने की अति सक्रिय नीति को अपनाया जा रहा है और अमेरिका में मेडिसिन स्क्वॉयर तथा ऑस्ट्रेलिया में सीधे भारतीय मूल के लोगों के साथ संवाद करके उन्हें भारत से प्रभावी रूप से जोड़ने की पहल की गई।

कोविड-19

कोविड-19 महामारी के कारण भारत को पश्चिमी एशियाई देशों एवं अन्य देशों से भारतीय प्रवासियों को भारत लाने के लिए भारत सरकार द्वारा विभिन्न उड़ानों का आयोजन किया गया। जिससे लगभग 70 लाख प्रवासी भारतीयों को सकुशल भारत पहुंचाया गया। प्रवासी भारतीयों के भारत आने से स्वाभाविक रूप में भारत को आर्थिक घाटा हुआ, क्योंकि प्रवासियों से सर्वाधिक विदेशी मुद्रा प्राप्त करने वाला राज्य भारत है। परंतु इस महामारी के दौर में भारत द्वारा प्रवासियों की प्रभावी सहायता की गई। भारत द्वारा तमाम चिकित्सकीय उपकरण और वित्तीय सहायता प्रदान की गई। प्रवासियों के दबाव के कारण तत्कालीन राष्ट्रपति बाइडेन ने भारत के लिए चिकित्सा सुविधा प्रदान की, जिससे यह प्रतीत होता है कि प्रवासी भारत के लिए चुनौती और अवसर दोनों हैं।

प्रवासियों की समस्याएं

• अमेरिका एवं यूरोप में

अमेरिका, ऑस्ट्रेलिया व कनाडा जैसे देशों में प्रवासियों की अलग-अलग समस्याएं हैं। प्रशिक्षित डॉक्टर, इंजीनियर को कार्य करने के लिए अस्थायी समय के लिए H-1B वीजा प्रदान किया जाता है। H-1B वीजा से अमेरिका में रहने की अस्थायी अनुमति दी जाती है, जबकि ग्रीन कार्ड द्वारा किसी विदेशी व्यक्ति को अमेरिका में रहने की स्थायी अनुमति दी जा सकती है। H-1B वीजा तीन वर्ष के लिए प्रदान किया जाता है जिसे सामान्यतः बढ़ा दिया जाता था। परंतु वर्तमान में इसे बढ़ाया नहीं जा रहा है। H-1B वीजा प्राप्त करने वाले परिवार के सदस्यों को कार्य करने के लिए H-4 वीजा दिया जाता था जिस पर अब प्रतिबंध लगाया जा रहा है। वर्तमान में अमेरिका में कार्य करने वाले किसी इंजीनियर या डॉक्टर के परिवार के सदस्य अमेरिका नहीं जा सकते क्योंकि वीजा केवल प्रशिक्षित श्रमिकों को ही प्राप्त होगा। राष्ट्रपति ट्रम्प द्वारा यह भी निर्देश दिया गया कि अमेरिकी कंपनी रोजगार में पहले अमेरिकियों को प्राथमिकता देगी और यदि वे उपलब्ध नहीं है तभी विदेशी श्रमिकों को नौकरी दी जा सकती है। H-1B वीजा प्राप्त करने वाला सबसे बड़ा देश भारत है। इसलिए अमेरिका की कठोर वीजा नीतियों से डायस्पोरा प्रभावित होगा।

अमेरिका एवं पश्चिमी देशों में भारतीय डायस्पोरा द्वारा जिन भारतीय महिलाओं को तलाक दिया गया है, उनकी समस्याओं को हल करने के लिए सरकार द्वारा 24 घंटे की लगातार सुविधा प्रदान की जा रही है। कनाडा में प्रवासी भारतीयों द्वारा पंजाबी भाषा में शिक्षा व्यवस्था की मांग की जा रही है। ऑस्ट्रेलिया में

भारतीय मूल के लोगों के साथ हिंसात्मक घटनाएं होती रहती हैं, जिसे रोकने के लिए भारतीय सरकार द्वारा ऑस्ट्रेलियाई सरकार से बातचीत की जा रही है।

● पश्चिमी एशिया में

पश्चिम एशिया में बढ़ती बेरोजगारी की समस्या को हल करने के लिए तथा पश्चिमी एशियाई देशों में रहने वाले स्थानीय युवाओं के असंतोष को कम करने के लिए अनेक देशों द्वारा निताकत विधि (Nitaqat Law) का निर्माण किया गया है।

इस संदर्भ में सऊदी अरब द्वारा निताकत विधि (Nitaqat Law) का निर्माण किया गया, जिसके अंतर्गत यह प्रावधान किया गया है कि यदि कोई कंपनी 50 प्रतिशत से ज्यादा विदेशी नागरिकों को कार्य पर लगाती है, तो उसे प्रति व्यक्ति के हिसाब से प्रति माह 200 रियाल की राशि का भुगतान करना होगा। बहरीन और ओमान भी स्थानीय लोगों को रोजगार प्रदान करने के लिए इसी प्रकार की पहल कर रहे हैं।

पश्चिम एशिया में जाने वाले भारतीय मजदूरों को स्थानीय नियमों और कानूनों की जानकारी नहीं होती है। कई बार अवैध एजेंसियों द्वारा उन्हें पश्चिमी एशियाई देशों में भेजा जाता है, जिससे वे न तो वहां कार्य कर पाते हैं और न ही वापस अपने देश आ पाते हैं, ऐसे श्रमिकों को सरकार द्वारा वैधानिक सहायता उपलब्ध कराई जा रही है। इसके अतिरिक्त पश्चिम एशिया में आई.एस. आई.एस. के उत्पन्न होने के कारण तथा राज्यों के बीच आपसी संघर्ष के कारण प्रवासी भारतीयों का रोजगार प्रभावित होता है।

● अफ्रीका महाद्वीप में

आलोचकों के अनुसार, भारतीय सरकार अफ्रीका महाद्वीप में रहने वाले अप्रवासियों के हितों के प्रति चिंतित नहीं है। युगांडा की ईदी अमीन सरकार द्वारा भारतीय मूल के लोगों के विरुद्ध व्यापक हिंसा की गई। फिजी में भारतीय मूल के लोगों की संख्या लगभग 40 प्रतिशत है, परंतु भारतीय मूल के लोगों तथा स्थानीय लोगों के बीच सदैव संघर्ष बना रहा। इसलिए वर्तमान में लोकतांत्रिक चुनाव से फिजी में शांति और स्थायित्व की संभावना बन रही है। वर्ष 2014 में फिजी में लंबे अर्से के बाद लोकतांत्रिक चुनाव कराए गए और फिजी में सैनिक शासन समाप्त हो गया। इसके पूर्व फिजी में भारतीय मूल के महेंद्र चौधरी प्रधानमंत्री थे, जिन्हें सैनिक विद्रोह द्वारा अपने पद से हटा दिया गया।

● दक्षिण-पूर्व एशिया में

मलेशिया में भारतीय मूल के लोगों की बड़ी संख्या है। भारतीय मूल के लोगों को यहां ब्रिटिश सरकार द्वारा रबड़ के बागानों में कार्य करने के लिए लाया गया था। वर्तमान में मलेशिया की कुल जनसंख्या का आठ प्रतिशत भाग भारतीय मूल के लोगों का है। भारतीय मूल के लोगों द्वारा यह आरोप लगाया गया कि मलेशियाई सरकार जानबूझकर उनके साथ दोहरे दर्जे का बर्ताव कर रही है।

भारतीय मूल के लोगों ने इस संबंध में ब्रिटिश दूतावास के बाहर प्रदर्शन किया और ब्रिटिश सरकार से इस मामले में हस्तक्षेप करने का अनुरोध किया।

निष्कर्ष

वैश्वीकरण के वर्तमान युग में ग्लोबल इंडियन का विकास हुआ है, जिन्होंने प्रत्येक क्षेत्र में उपलब्धियां दर्ज की हैं। भारत के आर्थिक विकास में इनका सहयोग आवश्यक है। ये विदेशों में भारत के राजदूत हैं, जिन्होंने भारत की सकारात्मक छवि का निर्माण किया है। परंतु अनेक शासकीय प्रयासों के बावजूद इनका निवेश भारत में अपेक्षित नहीं है। इसके लिए पहले भारत में सुशासन को प्रभावी बनाने की आवश्यकता है।

अमेरिका द्वारा जारी विभिन्न प्रकार के वीजा

संयुक्त राज्य अमेरिका में कुल 185 प्रकार के वीजा दिए जाते हैं, जिनमें से भारतीय दृष्टि से प्रमुख वीजा हैं-

A-1, A-2, A-3 वीजा	किसी देश के आधिकारिक यात्रियों, मंत्रियों व राजनीतिज्ञों हेतु।
B-1, B-2 वीजा	व्यापार, पर्यटन हेतु कम समय की यात्राओं के लिए।
J-1 वीजा	शिक्षा, संस्कृति के प्रसार व प्रचार हेतु आगंतुकों को (Track-2)
H-1B वीजा	स्नातक डिग्री धारक, प्रोफेशनल्स, जो अमेरिका में नौकरी करना चाहते हैं, उनके लिए यह वीजा दिया जाता है। यह भारतीय प्रवासियों हेतु महत्त्वपूर्ण है। संयुक्त राज्य अमेरिका हर वर्ष H-1B वीजा का कोटा जारी करता है। आज मंदी के दौर में इसे कम दिया जा रहा है।
L-1 वीजा	यह वीजा अस्थायी रूप से प्रोफेशनल्स को दिया जाता है तथा यह वीजा आई.टी. क्षेत्र के लिए उपयोग किया जाता है। यह वीजा प्रोग्राम एच-1 वीजा के विकल्प के रूप में उपयोग किया जा रहा है।
ग्रीन कार्ड	यह वीजा अमेरिका में स्थायी प्रवास हेतु दिया जाता है तथा इस वीजा के लिए वहां दस वर्ष रहने के बाद आवेदन किया जा सकता है। वहां की महिलाओं या पुरुषों से शादी करने के तीन वर्ष बाद यह वीजा मिल जाता है। यह वीजा नागरिकता का एक चरण है।
H-4 वीजा	अमेरिका में कार्य करने वाले इंजीनियरों एवं तकनीकी विशेषजों की पत्नियों अथवा संबंधियों को कार्य करने की अनुमति हेतु प्रदान किया जाता है।

संदर्भ-ग्रंथ सूची

References

Bajpai, Kanti P., and Harsh V. Pant. 2013. *India's Foreign Policy.* Oxford Press.

Bakshi, Jyotsana. 2004. *Russia–China Relations.* New Delhi: Sipra Press.

Bandyopadhyaya, J. 2003. *The Making of India's Foreign Policy.* New Delhi: Allied Publishers.

Beri, Ruchita. 2014. *India–Africa.* New Delhi: Pentagon Press.

Chandra, Amiya. 2015. *India–Central Asia Relations.* New Delhi: Pentagon Press.

Chandra, Vishal. 2013. *India's Neighbourhood: The Armies of South Asia.* New Delhi: Pentagon Press.

Chandra, Vishal. 2015. *The Unfinished War in Afghanistan.* New Delhi: Penguin Press.

Chatterjee, Aneek. 2010. *International Relations Today.* New Delhi: Pearson.

Chatterjee, Aneek. 2017. *Neighbours, Major Powers and India's Foreign Policy.* New Delhi: Orient Blackswan.

Dahiya, Rumel. 2014. *Developments in the Gulf Region.* New Delhi: Penguin Press.

Dubey, Muchkund. 2013. *India's Foreign Policy.* New Delhi: Pearson Press.

Dutta, V.P. 1984. *India's Foreign Policy.* New Delhi: Vikas Publishing House.

Ganguly, Sumit. 2010. *India's Foreign Policy.* New Delhi: Oxford Press.

Gupta, Sanju. 2012. *India's Foreign Policy.* New Delhi: Pearson Press.

Jha, Pankaj. 2013. *India and China in Southeast Asia.* New Delhi: Manas Publications.

Khilanani, Sunil, et al. 2013. *Nonalignment 2.0.* New Delhi: Penguin Press.

Kumar, Surendra. 2015. *India and the World.* New Delhi: Wisdom Tree Press.

Nayak, Nihar. 2014. *Strategic Himalayas.* New Delhi: Pentagon Press.

Pasha, A.K. 2014. *India's Political and Foreign Relations with the Gulf Region*. New Delhi: Wisdom Publication.

Pattanaik, Smruti. 2012. *Four Decades of India–Bangladesh Relations.* New Delhi: Gyan Publication.

Shukla, P.P. 2014. *India–US Partnership: Asian Challenges and Beyond.* New Delhi: Wisdom Tree Press.

Stobdan, P. 2010. *India–Russia.* New Delhi: IDSA Press.

Venkataswamy, Krishnappa, and Princy George. 2012. *Grand Strategy for India 2020 and Beyond.* New Delhi: Pentagon Press.